Christoph
Kanitz ♡

Johannes Beste, Nicole vom Hove, Christian Reif, Daniela Werth

Medien gestalten

Lernsituationen und Fachwissen zur Gestaltung und Produktion von Digital- und Printmedien

4. Auflage

Bestellnummer 32505

Die in diesem Produkt gemachten Angaben zu Unternehmen (Namen, Internet- und E-Mail-Adressen, Handelsregistereintragungen, Bankverbindungen, Steuer-, Telefon- und Faxnummern und alle weiteren Angaben) sind i. d. R. fiktiv, d. h., sie stehen in keinem Zusammenhang mit einem real existierenden Unternehmen in der dargestellten oder einer ähnlichen Form. Dies gilt auch für alle Kunden, Lieferanten und sonstigen Geschäftspartner der Unternehmen wie z. B. Kreditinstitute, Versicherungsunternehmen und andere Dienstleistungsunternehmen. Ausschließlich zum Zwecke der Authentizität werden die Namen real existierender Unternehmen und z. B. im Fall von Kreditinstituten auch deren IBANs und BICs verwendet.

Die in diesem Werk aufgeführten Internetadressen sind auf dem Stand zum Zeitpunkt der Drucklegung. Die ständige Aktualität der Adressen kann vonseiten des Verlages nicht gewährleistet werden. Darüber hinaus übernimmt der Verlag keine Verantwortung für die Inhalte dieser Seiten.

Legende der im Buch verwendeten Icons:

   ... zur Herstellung von Bezügen zur Lernsituation.

   ... Übung zur praxisnahen Anwendung des Gelernten.

   ... Definition und Erläuterung wichtiger Fachbegriffe und Formeln.

   ... Zusammenfassung wichtiger Inhalte.

   ... Beispiel zur Verdeutlichung der Sachinformationen.

   ... Verweis auf erforderliches Wissen aus vorangegangenen Kapiteln.

Vgl. LS 3, 1.2.3

   ... Link zu hilfreichen Internetseiten.

www.eci.org

   ... zu dieser Stelle passende Bilder, Aufgaben oder Lösungsvorschläge finden Sie unter BuchPlusWeb.

service@bv-1.de
www.bildungsverlag1.de

Bildungsverlag EINS GmbH
Ettore-Bugatti-Straße 6-14, 51149 Köln

ISBN 978-3-427-**32505**-5

westermann GRUPPE

© Copyright 2017: Bildungsverlag EINS GmbH, Köln
Das Werk und seine Teile sind urheberrechtlich geschützt. Jede Nutzung in anderen als den gesetzlich zugelassenen Fällen bedarf der vorherigen schriftlichen Einwilligung des Verlages.
Hinweis zu § 52a UrhG: Weder das Werk noch seine Teile dürfen ohne eine solche Einwilligung eingescannt und in ein Netzwerk eingestellt werden. Dies gilt auch für Intranets von Schulen und sonstigen Bildungseinrichtungen.

Vorwort

Die Zielgruppe des Lehrbuchs sind Schülerinnen und Schüler aller Medienberufe, deren Ausbildungsziel die **Gestaltung und Produktion von Digital- und Printmedien** ist. Das vorliegende Lehrbuch vermittelt hierbei das gesamte fachliche Wissen, das angehende Mediengestalter, Gestalter für visuelles Marketing, Gestaltungstechnische Assistenten sowie die Schülerinnen und Schüler der Fachschulen für Mediengestaltung und Medientechnologie benötigen, um komplexe Kundenaufträge zu erfassen und zu bearbeiten. Hierzu gehören sowohl Kenntnisse und Fertigkeiten im Bereich der Gestaltung und Produktion von Digital- und Printmedien als auch ein kompetenter Umgang mit Ein- und Ausgabeprozessen. Eine große Rolle spielen dabei ein umfassendes rechtliches und wirtschaftliches Fachwissen sowie Kenntnisse auf dem Gebiet der nachgeschalteten Leistungsprozesse.

Die Vermittlung dieses komplexen und vernetzten Wissens und der damit verbundenen beruflichen **Handlungskompetenz** stellte an dieses Buch umfangreiche methodische Anforderungen:

Zum einen sollte sich in den Kapiteln die **Komplexität** und **Vielfältigkeit** der beruflichen Praxis wiederfinden: Aufgaben und Kundenaufträge, die in einem Betrieb der Medienbranche ausgeführt werden, sind nicht nach Fächern gegliedert, sondern erfordern immer Wissen und Fertigkeiten aus mehreren Bereichen. Sie sind somit **fächerübergreifend**. Zum anderen musste aber beachtet werden, dass das hierfür benötigte Wissen (fach-)systematisch aufgebaut werden muss.

Fächerübergreifendes Wissen und Fachsystematik haben wir daher so miteinander verknüpft, dass jede einzelne Lernsituation fächerübergreifend bearbeitet werden kann. Gleichzeitig wird eine fachsystematische Struktur eingehalten.

Zunächst wurde dem Buch eine **an Lernsituationen orientierte Gliederung** zugrunde gelegt. Eine Lernsituation bildet hierbei ein Kapitel. Innerhalb des Kapitels werden alle für die Bearbeitung notwendigen Informationen weiter nach Fächern bzw. Themen gegliedert, diese Themen werden zu Beginn jeder Lernsituation in einer **Mindmap** dargestellt. Die Gliederung kann anhand einer zweiten **fachsystematischen Gliederungebene** (ebenfalls vorne im Buch zu finden) nachvollzogen werden. Es kann dabei innerhalb der einzelnen Lernsituationen zu **Gliederungssprüngen** kommen.

Beispiel: In der Lernsituation 3 folgen auf den Punkt 11.4.3 die Gliederungspunkte 13.1 und 13.2. Diese Gliederungsnummern sind unabhängig von der linearen Bearbeitung der Lernsituation zu verstehen, sie verweisen lediglich auf die zugrunde liegende Fachsystematik. So entstehen innerhalb einer Lernsituation mehrere thematisch zusammenhängende Informationsmodule. In vielen Fällen wurde auch ein Fachgebiet auf mehrere Lernsituationen verteilt, abhängig von der Relevanz für die jeweilige Lernsituation. Der Punkt 13.3 beispielsweise folgt dann in Lernsituation 5.

So werden in jeder Lernsituation neue Kenntnisse und Fertigkeiten vermittelt, gleichzeitig fließt schon vorhandenes Wissen aus vorhergehenden Kapiteln mit ein. Hier werden jeweils Bezüge zu bereits behandelten Themen hergestellt.

Zur Unterstützung geben zahlreiche Verweise in der Marginalienspalte an, in welcher Lernsituation und an welcher Stelle Sie das Fachwissen finden, das Sie jeweils zur Bearbeitung der aktuellen Lernsituation benötigen. Auf doppelte Informationsvermittlung wird bewusst verzichtet.

Diese Strukturierung des Lehrbuchs hat folgende Vorteile:

- Durch die Orientierung an den konkreten Kundenaufträgen wird die berufliche Realität optimal abgebildet. Diese Struktur wird der modernen Vermittlung von **fächerübergreifender beruflicher Handlungskompetenz** gerecht, insbesondere durch die zusätzliche Thematisierung von auftragsrelevanten Inhalten aus dem wirtschaftswissenschaftlichen und (medien-)rechtlichen Bereich. Durch den fächerübergreifenden Aufbau der **Abschlussprüfungen** des Bildungsgangs Mediengestalter/-innen für Digital- und Printmedien wird genau dies auch gefordert. Der daran orientierte Aufbau des Lehrbuchs deckt somit alle erforderlichen Wissens- und Kompetenzbereiche ab.

- Die einzelnen Lernsituationen bauen aufeinander auf. Das Einfließen bereits vermittelter Lerninhalte ist zum einen nicht zu vermeiden, zum anderen aber auch erwünscht: Fachsystematische Zusammenhänge und inhaltliche Zuordnungen werden so transparent gemacht. Die fachsystematische Gliederung dient auch, in Verbindung mit den Bezügen in der **Marginalienspalte**, dem leichteren Auffinden bereits behandelter Inhalte. Die verschiedenen Bezüge (Fachwissen, Beispiele, Übungen) werden durch übersichtliche Icons dargestellt (s. Legende auf Seite 2).

- Ein großer Vorteil der fachsystematischen Gliederung liegt in der Möglichkeit, mit diesem Buch auch ohne die Einhaltung der von den Autoren gewählten kundenauftragsorientierten Struktur zu arbeiten. Bei den im Buch vermittelten Informationen wurde gleichzeitig eine fachsystematische Ordnung beibehalten. Sachliche Zusammenhänge bleiben auf diese Weise sowohl innerhalb der Lernsituationen als auch lernsituationsübergreifend bestehen. So ist auch deren gezieltes Auffinden ohne großen Suchaufwand möglich.

Arbeitsweise:

In der ersten Lernsituation gründen Sie ein kleines Unternehmen in Form einer Agentur. In Ihrer Agentur werden Sie in den weiteren Kapiteln viele verschiedene Kundenaufträge bearbeiten. So sehen Sie jede Lernsituation direkt aus der Perspektive eines Auftragnehmers. Zu Beginn eines Kapitels steht immer ein konkreter Auftrag, den Sie mithilfe der folgenden Informationen umfassend bearbeiten können. Dieser Auftrag beinhaltet meist mehrere Fach- bzw. Wissensbereiche.

Die Inhalte, also das benötigte Fachwissen, werden zu Beginn jeder Lernsituation in Form einer Mindmap dargestellt. Das für den Auftrag neu zu erwerbende Wissen wird farbig von bereits thematisierten Inhalten abgegrenzt. Die neuen Inhalte sind dabei **schwarz**, die alten orangefarben dargestellt:

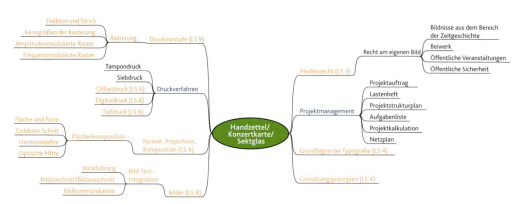

Die **orangefarbenen Zweige** der Mindmap geben also Hinweise auf Inhalte, die in vorhergehenden Projekten nachgeschlagen werden können. Die **schwarzen Zweige** präsentieren die neuen Inhalte, die im weiteren Verlauf erläutert werden und somit das für diesen konkreten Auftrag neu zu erwerbende Wissen darstellen.

Bilder und weiteres Material zur Bearbeitung der Lernsituationen finden Sie im Internet unter BuchPlusWeb.

Die Autorinnen und Autoren

Änderungen zur Vorauflage:

- Viele Aktualisierungen, z. B. in den Computerkapiteln
- Neues Internetkapitel mit dem Schwerpunkt „Mobiles Webdesign"
- Berücksichtigung der aktuellen Leistungsdaten und Entwicklungen der im Medienbereich eingesetzten technischen Geräte, Medien und Übertragungstechniken
- Anpassung der Aufgaben an die Prüfung
- Praxisnahe Erweiterung der zielgerichteten und kompetenzorientierten Projektplanung
- Aktualisierung zahlreicher gestalteter Musterseiten, Beispiele und Abbildungen
- Vorstellung neuer Werbestrategien (z. B. das Crossmedia-Konzept), die die aktuelle Entwicklung der (sozialen) Medien berücksichtigen
- Praxisgerechte Optimierung der Struktur einzelner Kapitel (z. B. Kapitel 5 Werbeauftritt)
- Berücksichtigung der Rechtsgrundlagen Stand Anfang 2017

Gliederung nach Lernsituationen

1 Gründung einer Agentur **14**
   Rechtsformen 17
   Unternehmensorganisation 22
   Informations- und Kommunikationstechnik 24
   Ergonomie am Medienarbeitsplatz 54
   Finanzierung 59
   Kosten- und Leistungsrechnung 66
   Zusammenfassung 78
   Aufgaben 81

2 Vernetzung eines Medienbetriebs **90**
   Netzwerke und Internet 92
   Zusammenfassung 129
   Aufgaben 129

3 Logo/Signetgestaltung/Corporate Design **132**
   Wahrnehmung 134
   Kommunikations- und Zeichentheorie 145
   Gestaltungselemente 161
   Kreativität 179
   Medienrecht 191
   Markenrecht 198
   Zusammenfassung 203
   Aufgaben 205

4 Geschäftsdrucksachen **210**
   Format, Proportion und Komposition 213
   Gestaltungsprinzipien 222
   Typografie 231
   Zusammenfassung 260
   Aufgaben 260

5.1 Webauftritt: Planung, Konzeption und Umsetzung **264**
   Erstellung von Internetseiten 264
   Barrierefreies Webdesign 310
   Struktur, Design und Layout von Webseiten 311
   Typografie im Web 325
   Farben am Bildschirm 333
   Zusammenfassung 338
   Aufgaben 338

5.2 Webauftritt: Optimierung für Desktop und Smartphone **344**
   Layout für unterschiedliche Ausgabegeräte 344
   Navigationsmenüs 355
   Bilder 362
   Internetrecht 372
   Zusammenfassung 376
   Aufgaben 377

6 Anzeige und Großflächenplakat **380**
   Anzeigen 382
   Plakatarten 384
   Marketing 389
   Farbtechnologie 401
   Druckverfahren 420
   Druckfarbe 429
   Zusammenfassung 434
   Aufgaben 435

7 Handzettel/Konzertkarte/Sektglas **438**
   Recht am eigenen Bild 440
   Projektmanagement 443
   Druckverfahren 453

	Zusammenfassung	454
	Aufgaben	456
8	**Geschäfts- und Jahresberichte**	**457**
	Geschäftsbericht	459
	Farbwahrnehmung	465
	Layout	478
	Bilder	491
	Infografiken	503
	PDF	512
	Zusammenfassung	518
	Aufgaben	519
9	**Kalender**	**522**
	Fototechnik	525
	Scannen	543
	Elektronische Bildverarbeitung	546
	Druckvorstufe	561
	Bedruckstoff Papier	568
	Druckweiterverarbeitung	574
	Kalkulation von Agenturleistungen	578
	Zusammenfassung	580
	Aufgaben	581
10	**Broschüre**	**584**
	Broschurherstellung	586
	Falzen	587
	Kosten einer Druckerei ermitteln	601
	Kalkulation eines Druckprodukts	603
	Zusammenfassung	618
	Aufgaben	619
11	**Multimedia-CD mit Cover und Booklet erstellen**	**625**
	Multimedia	664
	Flächenkomposition	664
	Zusammenfassung	671
	Aufgaben	671
12	**Datenbank zur Bucharchivierung**	**674**
	Datenbanksystem	676
	MySQL und SQL	691
	Zusammenfassung	704
	Aufgaben	705
13	**Kontaktformular und Gästebuch auf der Homepage**	**706**
	Dynamische Webseiten	708
	Formulare	710
	Grundlagen PHP	716
	Content-Management-Systeme (CMS)	734
	Zusammenfassung	736
	Aufgaben	736
14	**Werbekampagne**	**738**
	Operatives Marketing	740
	Kalkulation eines Mediaplans in Werbeagenturen	749
	Deckungsbeitragsrechnung in Werbeagenturen	758
	Werberecht	759
	Zusammenfassung	759
	Aufgaben	760
	Bildquellenverzeichnis	763
	Bibliografie/Weiterführende Literatur	766
	Links	766
	Sachwortverzeichnis	767
	Vorstellung der Autoren	774

Fachsystematische Gliederung

1	**Rechtsformen**	17
1.1	Die offene Handelsgesellschaft (OHG)	17
1.1.1	Gründung der OHG	17
1.1.2	Pflichten der Gesellschafter	18
1.1.3	Rechte der Gesellschafter	18
1.2	Die Kommanditgesellschaft (KG)	19
1.2.1	Gründung	19
1.2.2	Rechtliche Stellung der Kommanditisten	19
1.2.3	Rechtliche Stellung der Komplementäre	19
1.3	Die Gesellschaft mit beschränkter Haftung (GmbH)	19
1.3.1	Gründung	20
1.3.2	Kapital	20
1.3.3	Organe der GmbH	20
1.3.4	Gewinnverteilung	20
1.3.5	Unternehmergesellschaft haftungsbeschränkt	20
1.4	Die Aktiengesellschaft (AG)	21
1.4.1	Gründung	21
1.4.2	Grundkapital	21
1.4.3	Organe der AG	21
1.4.4	Gewinnverteilung	22
2	**Unternehmensorganisation**	22
2.1	Verrichtungsorientierte Organisation	23
2.2	Objektorientierte Organisation	23
3	**Informations- und Kommunikationstechnik**	24
3.1	Computer	25
3.1.1	Mainboard (Hauptplatine)	26
3.1.1.1	CPU/Prozessor	27
3.1.1.2	BIOS	28
3.1.1.3	Halbleiterspeicher: Festwertspeicher (ROM) und Arbeitsspeicher (RAM)	29
3.1.1.4	Bussystem	31
3.1.1.5	Cache	33
3.1.1.6	Slots	34
3.1.2	Ein- und Ausgabeschnittstellen	35
3.1.2.1	USB-Schnittstellen	35
3.1.2.2	Thunderbolt	36
3.1.3	Laufwerke und Speichermedien	37
3.1.3.1	Magnetische Massenspeicher	37
3.1.3.2	Optische Massenspeicher	39
3.1.3.3	USB-Speicherstick	41
3.1.4	Steckkarten	41
3.1.4.1	Grafikkarte	41
3.1.4.2	Soundkarte	42
3.1.4.3	Netzwerkkarte	43
3.2	Peripheriegeräte	44
3.2.1	Eingabegeräte	44
3.2.2	Ausgabegeräte	46
3.2.2.1	Bildschirm	46
3.2.2.2	Drucker	51
3.3	Software	53
3.3.1	Betriebssysteme: Windows, MAC OS	54
3.3.2	Anwendungssoftware für den Medienarbeitsplatz	54
4	**Ergonomie am Medienarbeitsplatz**	54
4.1	Geometrie und Geräteausstattung des Arbeitsplatzes	55
4.2	Lichtverhältnisse am Bildschirmarbeitsplatz	57
4.3	Lärm und Raumklima am Bildschirmarbeitsplatz	58
5	**Finanzierung**	59
5.1	Eigen-Innenfinanzierung	60
5.2	Eigen-Außenfinanzierung	60
5.3	Fremd-Innenfinanzierung	60
5.4	Fremd-Außenfinanzierung	61
5.4.1	Annuitätendarlehen	62
5.4.2	Fälligkeitsdarlehen	63
5.4.3	Leasing	63
5.4.3.1	Kosten des Leasings	63
5.4.3.2	Leasingarten	64
6	**Kosten- und Leistungsrechnung**	66
6.1	Die Kosten einer Agentur berechnen	66
6.1.1	Leistungsbereiche einer Agentur	66
6.1.2	Kostenstellen: Verteilung der Kosten	67
6.1.3	Kostenumlage der Vorkostenstellen	72
6.1.4	Kosten einer Druckerei ermitteln	601
6.2	Kalkulationsmethoden	73
6.2.1	Verrechnungssatzkalkulation	73
6.2.2	Stückkostenkalkulation	77
6.2.3	Zuschlagskalkulation	603
6.3	Kalkulation von Agenturleistungen	578
6.3.1	Kalkulation des Desktop-Publishing (DTP)	578
6.3.2	Kalkulation eines Mediaplans in Werbeagenturen	749
6.3.3	Deckungsbeitragsrechnung in Werbeagenturen	758
6.4	Kalkulation eines Druckprodukts	603
6.4.1	Nutzenberechnung	606
6.4.2	Druckformherstellung	606
6.4.2.1	Bogenmontage	606
6.4.2.2	Formproof	609
6.4.2.3	Druckplattenherstellung	609
6.4.3	Druck	610
6.4.4	Weiterverarbeitung	611
6.4.4.1	Falzen	611
6.4.4.2	Schneiden	611
6.4.4.3	Heften	612
6.4.5	Fertigungsmaterial	612
6.4.5.1	Druckbogenbedarf	612
6.4.5.2	Druckplattenbedarf	613
6.4.5.3	Farbe	613

6.4.5.4	Angebotsvergleich: Lieferungs- und Zahlungsbedingungen	614
6.4.6	Grenzmenge	616
6.4.7	Kalkulationsschema	618

7 Netzwerke und Internet 92

7.1	Klassifikation von Netzwerken	93
7.1.1	Netzwerkarchitekturen – Vernetzungskonzepte	95
7.1.2	Netzwerktopologien	96
7.1.3	Übertragungsmedien	98
7.2	Hardware- und Softwarevoraussetzungen	103
7.2.1	Hardwarevoraussetzungen	103
7.2.2	Zugangssoftware und Provider	105
7.2.3	Cloud-Computing	106
7.3	Adressierung im Netzwerk	107
7.3.1	Netzwerkschichten	108
7.3.1.1	Das OSI-ISO-Referenzmodell	108
7.3.2	Netzwerkprotokolle	108
7.3.2.1	Anwendungsschicht	109
7.3.2.2	Transportschicht	112
7.3.2.3	Internetschicht	113
7.3.2.4	Netzwerkschicht	113
7.3.3	Aufbau und Struktur von IP-Adressen	114
7.3.4	Domains	118
7.3.4.1	Aufbau	119
7.3.4.2	Reservierung	120
7.4	Nutzungsmöglichkeiten des Internets	121
7.4.1	Kommunikation	121
7.4.2	Informationssuche	127

8 Wahrnehmung 134

8.1	Die fünf menschlichen Sinne	134
8.2	Visuelle Wahrnehmung	135
8.2.1	Sehvorgang	136
8.2.1.1	Aufbau des menschlichen Auges	136
8.2.1.2	Gesichtsfeld und Blickfeld	138
8.2.2	Aufbau des menschlichen Gehirns	140
8.2.2.1	Linke Gehirnhälfte	141
8.2.2.2	Rechte Gehirnhälfte	141
8.2.3	Gedächtnis	142
8.3	Wahrnehmungspsychologie	143
8.3	Wahrnehmungspsychologie	502
8.3.1	Wahrnehmungsprozess	144
8.3.2	Optische Täuschungen	168
8.4	Farbwahrnehmung	465
8.4.1	Farbempfinden	465
8.4.2	Farbsymbolik	467
8.4.3	Farbkontraste	173
8.4.4	Farbe als Imageträger	468
8.4.5	Farbsynästhesie	468
8.5	Farben am Bildschirm	333
8.5.1	Farbspektrum und Farbraum	333
8.5.2	Farbkontraste am Bildschirm	333
8.5.3	Farbdarstellung im Internet	335

9 Kommunikations- und Zeichentheorie . . 145

9.1	Der Prozess der Kommunikation	145
9.1.1	Kommunikationsmodell	146
9.1.2	Grundlagen der Zeichenlehre – Semiotik	146
9.2	Zeichenarten	148
9.2.1	Icon und Index	148
9.2.2	Piktogramm	149
9.2.3	Symbol	149
9.2.4	Logo	150
9.2.4.1	Bildmarke	150
9.2.4.2	Wortmarke/Buchstabenmarke	151
9.2.4.3	Kombinierte Bild-/Wortmarke	151
9.3	Referenzwert und Wirkung	152
9.3.1	Logokriterien	153
9.3.1.1	Produktnähe	153
9.3.1.2	Wiedererkennungswert	154
9.3.1.3	Originalität/Aufmerksamkeitswert	154
9.3.1.4	Reproduzierbarkeit auf allen Medien	155
9.3.1.5	Prägnanz/Ästhetik	157
9.4	Gestaltgesetze	157
9.4.1	Figur-Grund-Gesetz	157
9.4.2	Gesetz der Nähe	158
9.4.3	Gesetz der Ähnlichkeit	159
9.4.4	Gesetz der Geschlossenheit	159
9.4.5	Gesetz der Erfahrung	160
9.4.6	Gesetz der guten Gestalt	161
9.5	Formqualität	171
9.5.1	Visuelle Merkmale	171
9.5.2	Prägnanztendenz	171
9.5.3	Geschlossenheit der Form	172
9.5.4	Figur-Grund-Verhältnis	172
9.6	Corporate Identity	175
9.6.1	Corporate Design	175
9.6.2	Corporate Communication	178
9.6.3	Corporate Behaviour	179
9.6.4	Corporate Design-Handbuch	179

10 Gestaltungselemente 161

10.1	Punkt	161
10.2	Linie	162
10.3	Fläche und Form	164
10.3.1	Gestaltungsmittel der Fläche	165
10.3.2	Flächenformen	165
10.3.3	Kombination von Formelementen in der Fläche	166
10.4	Körper und Raum	167
10.5	Farbe	469
10.5.1	Farbe als Marketinginstrument	469
10.5.2	Farbkompositionen	471
10.5.3	Farbe in der Kunst	475
10.5.4	Farbe im Feng-Shui	477
10.6	Geschäftsbericht	459
10.6.1	Von der Pflicht zur Kür	460
10.6.2	Formale Gestaltung von Geschäftsberichten	462
10.6.3	Bewertungskriterien zur gestalterischen Qualität von Geschäftsberichten	463

11 Kreativität 179

11.1	Kreativprozess	180
11.2	Kreativteam	181
11.3	Kreativtechniken zur Ideenfindung	183

Fachsystematische Gliederung | MEDIEN GESTALTEN

11.3.1	Brainstorming	184	14.7.3.2	Kompositionsprinzipien zur Gewichtung	668
11.3.2	Kopfstandmethode	185	14.7.4	Formale Mittel der Flächengestaltung	220
11.3.3	Morphologische Matrix	185	14.8	Plakatarten	384
11.3.4	Mindmapping	187	14.8.1	Großflächenplakat	386
11.4	Kreative Visualisierung	188	14.8.2	Superposter	386
11.4.1	Scribble	188	14.8.3	4/1-Plakat für Litfaßsäule	386
11.4.2	Rohlayout	190	14.8.4	Backlights	387
11.4.3	Stilisierung	190	14.8.5	City Light Poster (CLP)	388
12	**Gestaltungsprinzipien**	**222**	14.8.6	City Light Poster-Säulen (CLS)	388
12.1	Symmetrie/Asymmetrie	172	14.8.7	Megalights/City Light Boards (CLB)	389
12.1	Symmetrie/Asymmetrie	222	15	**Typografie**	**231**
12.2	Kontrast	172	15.1	Grundlagen der Typografie	231
12.2	Kontrast	224	15.1.1	Schrift als Zeichen	247
12.3	Rhythmus/Takt	224	15.1.2	Schriftklassifikation	234
12.4	Reihung (Seriation)	225	15.1.3	Schriftart und -wirkung	232
12.5	Kombinatorik	226	15.1.4	Lesbarkeit	246
13	**Medienrecht**	**191**	15.2	Vertikale Ausdehnung von Schrift	248
13.1	Urheberrecht	191	15.2.1	Maßsysteme und Schriftgrößen	248
13.1.1	Urheberschaft	191	15.2.2	Zeilenabstand und Durchschuss	252
13.1.2	Nutzungsrechte	194	15.3	Horizontale Ausdehnung von Schrift	251
13.1.3	Zulässige Nutzungen	195	15.3.1	Buchstaben- und Wortabstände	251
13.1.4	Rechtsfolgen bei Verletzung von Urheberrechten	197	15.3.2	Zeilenlänge	253
			15.3.4	Auszeichnungsarten	254
13.2	Markenrecht	198	15.4	Schriftfamilien und -schnitte	243
13.3	Internetrecht	372	15.4.1	Elektronische Schnitte	244
13.3.1	Die Domain	373	15.4.2	Schriftcharakter	249
13.3.2	Haftung für Inhalte	374	15.4.3	Schriftmischung	245
13.3.3	Impressum	376	15.5	Ziffern und Zahlen	256
13.4	Recht am eigenen Bild	440	15.5.1	Mediäval- und Versalziffern	256
13.4.1	Bildnisse aus dem Bereich der Zeitgeschichte	441	15.5.2	„Zahlensatz-Knigge"	257
			15.6	Satzarten	255
13.4.2	Beiwerk	442	15.7	Typografie im Web	325
13.4.3	Öffentliche Veranstaltungen	442	15.7.1	Schriftarten und Schriftfamilien für das Web	326
13.4.4	Öffentliche Sicherheit	442			
13.5	Werberecht	759	15.7.2	Layout von Texten im Web	329
14	**Format, Proportion und Komposition**	**213**	15.7.3	Möglichkeiten zur Textgestaltung mit CSS	331
14.1	Akzidenzbereiche	212	15.7.4	Textgrafiken und Download von Textdateien	332
14.2	DIN-Formate	214			
14.2.1	DIN-A-Reihe (DIN 476 Teil 1 – EN 20216 und ISO 216)	214	16	**Erstellung von Internetseiten**	**264**
			16.1	Hypertext Markup Language (HTML)	266
14.2.2	DIN-B- und DIN-C-Reihe	215	16.1.1	Grundgerüst einer HTML-Datei und XHTML-Syntax	267
14.3	Karten	216			
14.3.1	Kartenarten	217	16.1.2	Dokumenttyp-Deklaration	268
14.3.2	Kartenformate	217	16.1.3	Meta-Angaben	269
14.2.3	Postalische Normen	218	16.1.4	Umlaute und Sonderzeichen	270
14.4	Optische Mitte	228	16.1.5	Absätze, Umbrüche und Linien	271
14.5	Goldener Schnitt	229	16.1.6	Überschriften	273
14.6	DIN-Flächenkomposition	220	16.1.7	Listen	275
14.6.1	Blickführung	221	16.1.7.1	Aufzählungslisten	275
14.6.2	Achsenbezüge	222	16.1.7.2	Nummerierte Listen	276
14.7	Flächenkomposition	664	16.1.7.3	Definitionslisten	276
14.7.1	Flächenwahrnehmung	664	16.1.7.4	Verschachtelte Listen	277
14.7.2	Flächenaufteilung am Beispiel quadratischer Flächen	664	16.1.8	Tabellen	278
			16.1.8.1	Tabellengestaltung: Grundgerüst	278
14.7.3	Kompositionsprinzipien	666	16.1.8.2	Tabellenzellen verbinden	279
14.7.3.1	Kompositionsprinzipien zur Ordnung	666	16.1.9	Bilder und Grafiken in HTML	280
			16.1.10	Verweise (Hyperlinks)	281

16.1.10.1	Lokale und weltweite Verweise 281		16.4.5.1	Standard-Navigationsmenü mit Listenelementen. 355	
16.1.10.2	Funktionen von Hyperlinks. 282		16.4.5.2	Einfaches Drop-Down-Menü. 357	
16.1.11	HTML-Dokumente gliedern 284		16.4.5.3	Navigationsmenü für mobile Endgeräte . . 359	
16.1.11.1	HTML5-Seitenelemente 284		16.5	MySQL und SQL 691	
16.1.11.2	Sections innerhalb von Article zur Gliederung nutzen 285		16.5.1	MySQL – Bedeutung und Anwendung . . 691	
			16.5.2	SQL – das Mittel zum Zweck. 691	
16.1.11.3	Bedeutung von Überschriften bei der Seitengliederung 286		16.5.3	Datentypen und Anweisungen in SQL . . . 691	
			16.5.3.1	Datentypen 692	
16.2	Cascading Stylesheets (CSS). 287		16.5.3.2	SQL-Anweisungen. 693	
16.2.1	Aufgaben von CSS und HTML bei der Webseitengestaltung. 288		16.5.4	Datenbank mit MySQL und SQL anlegen 695	
16.2.2	Syntax und Einbindung von CSS 289		16.5.4.1	MySQL-Datenbank erstellen. 696	
16.2.2.1	Die Syntax von CSS 289		16.5.4.2	Abfragen einer Datenbank 697	
16.2.2.2	CSS in HTML-Dokumente einbinden . . . 289		16.5.4.3	JOINS. 698	
16.2.3	Text- und Tabellengestaltung mit CSS . . . 293		16.5.4.4	Datenbankzugriff mit Serveranbindung. . . 702	
16.2.4	CSS-Selektoren 296		16.5.4.5	phpMyAdmin zur Verwaltung einer MySQL-Datenbank 704	
16.2.4.1	Universalselektor 297				
16.2.4.2	Typselektor. 297		16.6	Dynamische Webseiten. 708	
16.2.4.3	Individualformat – ID-Selektor 297		16.6.1	Dynamische versus statische Anwendungen im Web 709	
16.2.4.4	Klassenselektor 298				
16.2.4.5	Pseudoklasse. 299		16.6.2	Voraussetzungen für dynamische Webseiten 709	
16.2.4.6	Ausgabemedium mit CSS angeben 299				
16.2.5	Internetseite mit CSS in Bereiche aufteilen 300		16.7	Formulare 710	
			16.7.1	Formularfelder: Typen und Eigenschaften 710	
16.2.5.1	HTML-Seitenelemente: Aufbau und Eigenschaften 301				
			16.7.2	Strukturierung, Gruppierung und Beschriftung von Formularfeldern. 713	
16.2.5.2	HTML-Seitenelemente: Farben und Hintergrundbilder. 302				
			16.7.3	Formularauswertungen 716	
16.2.5.3	Absolute und relative Positionierung von Seitenelementen. 303		16.8	Grundlagen PHP. 716	
			16.8.1	Was ist PHP und wozu dient es?. 717	
16.3	Barrierefreies Webdesign. 310		16.8.2	Erstellung und Ausführung einer einfachen PHP-Datei. 717	
16.4	Struktur, Design und Layout von Webseiten. . 311				
16.4.1	Struktur und Aufbau einer Webseite 311		16.8.2.1	Variablen, Datentypen, Operatoren und Arrays. 718	
16.4.1.1	Interface-Design. 312				
16.4.1.2	Page-Design 313		16.8.2.2	Erste Schritte in PHP 719	
16.4.1.3	Navigationsstrukturen (Site-Design) 314		16.8.2.3	Funktionen in PHP. 720	
16.4.2	Screendesign. 316		16.8.2.4	Verknüpfung von Zeichenketten und Funktionen bei der Ausgabe 723	
16.4.2.1	Aufgaben des Screendesigns 317				
16.4.2.2	Grundelemente des Screendesigns 317		16.8.2.5	Methoden zur Datenübergabe 724	
16.4.2.3	Planung des Screenlayouts 319		16.8.2.6	Anweisungen und Schleifen 729	
16.4.2.4	Gestaltgesetze bei Webseiten 320		16.9	Content-Management-Systeme (CMS). . . 734	
16.4.3	Raster im Layout von Webseiten 321				
16.4.3.1	Gestaltungsraster für den Bildschirm 321		**17**	**Bilder 362**	
16.4.3.2	Rastereinteilung 321		17.1	Bild- und Grafikformate für Webbilder . . . 363	
16.4.3.3	Festes Raster 322		17.2	Kompressionsverfahren für Grafikdateien 366	
16.4.3.5	Platzierung im Raster 324				
16.4.4	Layout für unterschiedliche Ausgabegeräte. 344		17.2.1	Verlustfreie Kompression. 366	
			17.2.2	Verlustbehaftete Kompression. 368	
16.4.3.4	Flexibles Raster 344		17.3	Bilder und Grafiken im Web 369	
16.4.4.1	Adaptives Layout 345		17.3.1	Bildbearbeitung für das Web 369	
16.4.4.2	Responsives Layout 345		17.3.2	Metadaten für Bilddateien 370	
16.4.4.3	Umrechnung fester in flexible Layoutgrößen 346		17.4	Bild-Text-Integration 491	
			17.4.1	Bildkommunikation 491	
16.4.4.4	Media-Queries. 347		17.4.2	Bildausschnitt/-anschnitt. 492	
16.4.4.5	Layout-Patterns 350		17.4.3	Blickführung 496	
16.4.4.6	Mobile First 353		17.4.4	Bildpositionierung im Layout 498	
16.4.4.7	Mockups 354		17.5	Bild- und Grafikformate 501	
16.4.5	Navigationsmenüs 355				

17.6	Elektronische Bildverarbeitung (EBV)	546
17.6.1	Tonwertkorrektur	546
17.6.2	Gradationskurve	550
17.6.3	Farbkorrekturen	553
17.6.3.1	Farbton/Sättigung	553
17.6.3.2	Selektive Farbkorrektur	554
17.6.3.3	Farbbalance	554
17.6.4	Filter	554
17.6.4.1	Scharfzeichnen	554
17.6.4.2	Weichzeichnen	555
17.6.5	Bildauflösung/Format	556
17.6.6	Farbmodus	557
18	**Anzeigen**	**382**
18.1	Werbeanzeigen	382
18.2	Fließtextanzeigen	383
18.3	Privatanzeigen	384
18.4	Amtliche Anzeigen	384
19	**Marketing**	**389**
19.1	Strategisches Marketing	390
19.1.1	Produktpositionierung	390
19.1.2	Marktsegmentierung	390
19.1.2.1	Geografische Marktsegmentierung	391
19.1.2.2	Segmentierung nach demografischen Kriterien	392
19.1.2.3	Segmentierung nach sozio-ökonomischen Kriterien	392
19.1.2.4	Segmentierung nach psychografischen Kriterien	393
19.2	Operatives Marketing	740
19.2.1	Produkt- und Dienstleistungspolitik	740
19.2.2	Preispolitik	743
19.2.3	Distributionspolitik	744
19.2.4	Kommunikationspolitik	745
19.2.4.1	Verkaufsförderung	745
19.2.4.2	Persönlicher Verkauf	745
19.2.4.3	Corporate Identity und Corporate Design	746
19.2.4.4	Öffentlichkeitsarbeit/Public Relations (PR)	746
19.2.4.5	Sponsoring	746
19.2.4.6	Merchandising	746
19.2.4.7	Werbung	746
19.2.4.8	Kommunikationspolitik für Dienstleistungen	748
20	**Farbtechnologie**	**401**
20.1	Geräteabhängige Farbräume	401
20.1.1	Additive und subtraktive Farbmischsysteme	402
20.1.2	Ideal- und Realfarben	402
20.1.3	6-teiliger Farbkreis	404
20.1.4	HSB-Modell	404
20.2	Farbmischung	405
20.2.1	Primär-, Sekundär- und Tertiärfarben	406
20.2.2	Autotypische Farbmischung	406
20.3	Geräteunabhängige Farbräume	406
20.3.1	CIE Yxy	407
20.3.2	CIE Lab	410
20.3.3	Farbabstand Delta E	410
20.4	Druck nach ISO 12647-2:2013	411
20.5	Sonderfarben	411
20.5.1	HKS	412
20.5.2	Pantone	412
20.5.3	6- und 7-Farbendruck	412
20.6	Separation	413
20.6.1	Buntaufbau	413
20.6.2	Unbuntaufbau (GCR = Grey Component Replacement)	413
20.6.3	UCR (Under Color Removal)	414
20.7	Color-Management	414
20.7.1	ICC-Profile	416
20.7.2	Spektralfotometer	417
20.7.3	Rendering Intents	418
20.7.4	Verwaltung und Einsatz von ICC-Profilen	419
21	**Druckverfahren**	**420**
21.1	Offsetdruck	421
21.2	Hochdruck/Flexodruck	423
21.3	Tiefdruck	425
21.4	Digitaldruck	425
21.4.1	Elektrofotografie	426
21.4.2	Large-Format-Printing (Tintenstrahltechnologie)	426
21.5	Tampondruck	452
21.6	Durchdruck/Siebdruck	453
22	**Druckfarbe**	**429**
22.1	Zusammensetzung und Herstellung von Druckfarbe	429
22.2	Kennzeichnung chemischer Produkte	432
23	**Projektmanagement**	**443**
23.1	Projektauftrag	444
23.2	Kick-off-Meeting	445
23.3	Pflichtenheft	445
23.4	Projektstrukturplan	445
23.5	Aufgabenliste	446
23.6	Projektkalkulation	447
23.7	Netzplan	447
24	**Layout**	**478**
24.1	Satzspiegel	479
24.2	Gliederungselemente des Satzspiegels	480
24.3	Gestaltungsraster	482
24.4	Konstanten und Variablen im Layout	485
24.4.1	Gliederungselemente	485
24.4.2	Schmuckelemente	487
25	**Bedruckstoff Papier**	**568**
25.1	Rohstoffe und Hilfsstoffe	569
25.2	Papierherstellung	570
25.3	Laufrichtung	571
25.4	Anwendungsbezogene Papiersorten	573
25.5	Papiersubstrate	574
25.6	Bedruckbarkeit	574

26	PDF (Portable Document Format)	512		29	Multimedia	627
26.1	PDF-Erstellung aus Indesign	512		29.1	Zielplattformen für Multimediaanwendungen	628
26.2	Generieren von PDF-Dateien	516		29.2	Konzeption von Multimediaproduktionen	629
26.3	PDF/X-Standards	517		29.2.1	Ideenfindung und Grundkonzept	630

27 Druckvorstufe … 561

- 27.1 Rasterung … 561
- 27.1.1 Halbton und Strich … 561
- 27.1.2 Kenngrößen der Rasterung … 562
- 27.1.3 Amplitudenmodulierte Raster (AM-Raster)/RIP … 564
- 27.1.4 Frequenzmodulierte Raster (FM-Raster) … 567
- 27.2 Fototechnik … 525
- 27.2.1 Fotografische Abbildungen … 526
- 27.2.1.1 Reflexion … 526
- 27.2.1.2 Lichtbrechung mit Linsen … 527
- 27.2.1.3 Abbildung mit Linsen … 529
- 27.2.2 Aufbau einer Kamera … 530
- 27.2.2.1 Objektiv … 531
- 27.2.2.2 Blende … 532
- 27.2.2.3 Verschluss … 532
- 27.2.2.4 Schärfentiefe und Unschärfekreise … 533
- 27.2.3 Kameratypen … 535
- 27.2.3.1 Sucherkameras … 535
- 27.2.3.2 Spiegelreflexkameras … 536
- 27.2.3.3 Digitalkameras … 537
- 27.2.4 Fototechnische Gestaltungsmittel … 541
- 27.3 Scannen … 543
- 27.3.1 Scanvorgang Flachbettscanner … 544
- 27.3.2 Ein- und Ausgabeauflösung … 544
- 27.4 Infografiken … 503
- 27.4.1 Tabellen … 504
- 27.4.2 Diagramme … 504
- 27.4.3 Pläne und Karten … 509
- 27.4.4 Prinzipdarstellungen … 510

28 Druckweiterverarbeitung … 574

- 28.1 Heft- und Bindearten … 575
- 28.1.1 Einzelblatt-Bindesysteme … 575
- 28.1.2 Klebebindung … 576
- 28.1.3 Drahtheftung … 576
- 28.2 Veredelung … 577
- 28.2.1 Stanzen … 577
- 28.2.2 Prägen … 577
- 28.2.3 Lackieren … 578
- 28.3 Broschurherstellung … 586
- 28.3.1 Einlagige Broschur … 587
- 28.3.2 Mehrlagige Broschur … 587
- 28.4 Falzen … 587
- 28.4.1 Falzarten … 588
- 28.4.2 Falzmaschinen … 592
- 28.4.2.1 Messer- oder Schwertfalzung … 592
- 28.4.2.2 Taschen- oder Stauchfalzung … 593
- 28.4.2.3 Kombinationsfalzmaschinen … 594
- 28.5 Ausschießen … 594
- 28.5.1 Einteilungsbogen/Druckbogen … 595
- 28.5.2 Sammeln und Zusammentragen … 599
- 28.6 Schneiden … 599

- 29.2.2 Drehbuch … 630
- 29.2.3 Storyboard … 634
- 29.2.4 Animationen … 637
- 29.2.4.1 Animationsprinzipien … 638
- 29.2.4.2 Animationsarten … 641
- 29.2.4.3 Dateiformate für 2D- und 3D-Animationen … 642
- 29.2.5 Interaktion und Navigation … 644
- 29.3 Produktion von Multimediaanwendungen … 645
- 29.3.1 Masterscreen … 645
- 29.3.2 Audio … 646
- 29.3.2.1 Mikrofon … 647
- 29.3.2.2 Soundkarte … 648
- 29.3.2.3 Lautsprecher … 649
- 29.3.2.4 Soundbearbeitung … 649
- 29.3.2.5 Audio-Software … 651
- 29.3.2.6 Datenmengenberechnung Audio … 654
- 29.3.2.7 Dateiformate für Audiodateien und Audio-Reduktionsverfahren … 655
- 29.3.3 Video … 658
- 29.3.3.1 Videonormen … 658
- 29.3.3.2 Video-Hardware … 660
- 29.3.3.3 Video-Software … 660
- 29.3.3.4 Datenmengenberechnung Video … 661
- 29.3.3.5 Datenformate für Videodateien … 661
- 29.3.4 Software zur Produktion von Multimediaanwendungen … 663

30 Datenbanksystem … 676

- 30.1 Aufbau und Struktur einer Datenbank … 676
- 30.2 Beziehungen innerhalb der Datenbank … 677
- 30.2.1 Relationen – die Beziehungen innerhalb einer Datenbank … 677
- 30.2.2 Entity-Relationship-Modell (ERM) … 679
- 30.2.3 Primärschlüssel und Fremdschlüssel … 680
- 30.2.4 Normalisierung einer Datenbank … 682
- 30.2.4.1 Die erste Normalform … 682
- 30.2.4.2 Die zweite Normalform … 684
- 30.2.4.3 Die dritte Normalform … 686
- 30.2.5 Problem NULL-Werte … 689
- 30.2.6 Anforderungen an eine Datenbank … 690

Bildquellenverzeichnis … 763

Bibliografie/Weiterführende Literatur … 766

Links … 766

Sachwortverzeichnis … 767

Vorstellung der Autoren … 774

1 Gründung einer Agentur

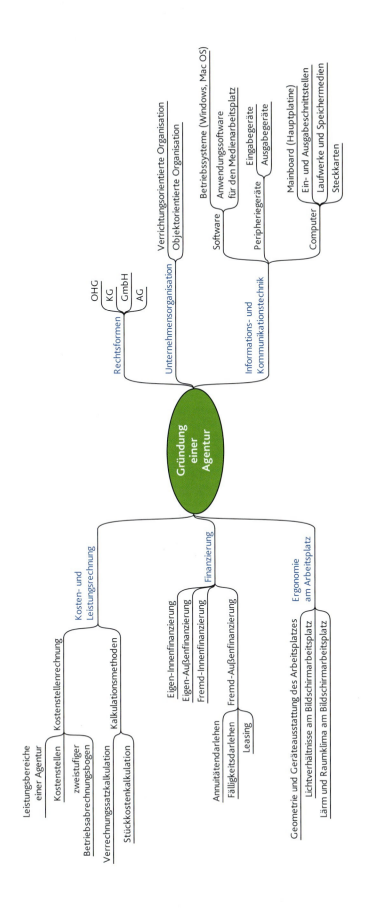

1 Gründung einer Agentur

Sie haben Ihre Ausbildung beendet und wollen sich mit zwei weiteren Mediengestaltern aus Ihrer ehemaligen Berufsschulklasse selbstständig machen. Mit Ihrer neuen Agentur werden Sie die folgenden Leistungen anbieten:

- die Auswahl und Zusammenstellung von Werbe- und PR-Maßnahmen im Rahmen von Werbekampagnen,
- die Bearbeitung externer Bilddaten für die Bereiche Digital und Print,
- die Erstellung und Anpassung von Grafiken und Logos, das Layout und den Satz von Druckprodukten (Flyer, Prospekte, Broschüren, Plakate usw.),
- die Gestaltung und Erstellung von Webseiten.

Im Bereich der Printmedien arbeiten Sie mit der Druckerei *Druckfabrik GmbH* zusammen, an die Ihre Aufträge zum Druck weitergegeben werden. Das Grundgerüst aller notwendigen Fähigkeiten und Fertigkeiten haben Sie während Ihrer Ausbildung erworben.

Es ist zunächst geplant, drei Computerarbeitsplätze einzurichten, an denen alle in der Medienagentur auszuführenden Arbeiten erfolgen können. Auf diese Weise ist der flexible Einsatz der Mitarbeiter in den unterschiedlichen Bereichen möglich. Ferner kann, bei Bedarf auch kurzfristig, eine Bürokraft eingesetzt werden. Aus diesem Grund sind einige technische und ergonomische Entscheidungen zu treffen. Zunächst sind dies für die Einrichtung der vier Computerarbeitsplätze:

- Wahl des Computersystems und der erforderlichen Computerhardware,
- Auswahl der benötigten Peripheriegeräte, wie z. B. Monitor, Drucker,
- Ausstattung der Arbeitsplätze mit den geeigneten Büromöbeln, insbesondere unter ergonomischen Gesichtspunkten.

Des Weiteren sind rechtliche, wirtschaftliche und organisatorische Entscheidungen zu treffen. Im Einzelnen sind dies die Wahl einer geeigneten Rechtsform (zurzeit im Gründungsstatus noch als GbR firmierend), die Organisation der Arbeitsteilung im Unternehmen, die Finanzierung der anzuschaffenden Betriebs- und Geschäftsausstattung sowie – für die Kalkulation von Kundenaufträgen – die Analyse und die Zuordnung der Kosten.

Treffen Sie betriebswirtschaftliche Entscheidungen zur

- Wahl einer geeigneten Rechtsform,
- Wahl der Firma, also des Namens der neuen Agentur,
- Organisation der Arbeitsteilung im Unternehmen,
- Finanzierung der anzuschaffenden Betriebs- und Geschäftsausstattung.

Erstellen Sie zudem einen Betriebsabrechnungsbogen, in dem Sie die Kosten des Betriebs, also Ihrer Agentur, den betrieblichen Kostenstellen zuordnen.

1 Rechtsformen

Ihr Ziel ist es, mit der zu gründenden Agentur Leistungen für Kunden zu erstellen und dabei Gewinn zu erzielen. Diese Art der unternehmerischen Tätigkeit nennt sich Gewerbe. Dies muss beim jeweiligen Ordnungsamt der Gemeinde oder des Kreises angemeldet werden. Da das Geschäftsvolumen eine Größe annehmen soll, die einen in kaufmännischer Weise eingerichteten Geschäftsbetrieb erfordert, muss die Unternehmung auch in das Handelsregister eingetragen werden. Hierzu muss eine geeignete **Rechtsform (Unternehmensform)** gefunden werden. Zur Auswahl stehen hier grundsätzlich

- die Gesellschaft mit beschränkter Haftung (GmbH),
- die offene Handelsgesellschaft (OHG),
- die Aktiengesellschaft (AG) sowie
- die Kommanditgesellschaft (KG).

Bis zur Eintragung der Agentur in das Handelsregister hat das Unternehmen die Form einer **Gesellschaft bürgerlichen Rechts (GbR)**.

Handelsgewerbe bedeutet
- die Einrichtung eines in kaufmännischer Weise geführten Geschäftsbetriebs (also mit Buchhaltung, Büroorganisation, Kundenverwaltung usw.),
- eine regelmäßig fortgeführte und nicht nur kurzzeitige Tätigkeit
- mit Gewinnerzielungsabsicht.

Ist die Entscheidung für eine Rechtsform gefallen, muss die Gesellschaft in das **Handelsregister** eingetragen werden. Das Handelsregister ist ein beim zuständigen Amtsgericht geführtes Verzeichnis aller Unternehmen, die ein Handelsgewerbe betreiben.

1.1 Die offene Handelsgesellschaft (OHG)

Die OHG ist eine Vereinigung von mindestens zwei Personen, die unter gemeinschaftlicher **Firma** (Firma = **Name** des Unternehmens) ein Handelsgewerbe betreiben. Die Gesellschafter haften gegenüber den Gesellschaftsgläubigern (z. B. Banken oder anderen Geldgebern) mit ihrem gesamten Vermögen.

1.1.1 Gründung der OHG

Die OHG entsteht durch einen in der Regel schriftlich abgeschlossenen Vertrag zwischen den Gesellschaftern. Aus ihm bestimmen sich in erster Linie die Rechtsverhältnisse der Teilhaber. Er enthält u. a. Bestimmungen über die Höhe der (Geld- oder Sach-)Einlage der Gesellschafter in das Unternehmen, die Verteilung der Entscheidungsbefugnisse innerhalb der OHG oder die Art der Gewinnverteilung. Die OHG muss zudem im Handelsregister angemeldet und eingetragen werden. Alle Gesellschafter haben grundsätzlich die gleichen Pflichten und Rechte. Im Gesellschaftsvertrag können diese jedoch individuell vereinbart werden (Innenverhältnis). Nach außen hin haben diese Vereinbarungen aber keine Wirkung.

Ein Gesellschafter soll von der Mitarbeit ausgeschlossen werden. Er kann trotzdem mit anderen Personen im Namen der OHG rechtsgültige Geschäfte abschließen.

1.1.2 Pflichten der Gesellschafter

Einlagenpflicht:
Wenn nichts über die Höhe der Einlage vereinbart ist, hat jeder Gesellschafter den gleichen Betrag zu leisten (Geld oder Sachen).

Pflicht zur Mitarbeit:
Alle Gesellschafter sind an der Ausführung der leitenden Arbeiten gleichmäßig beteiligt.

Haftpflicht:
Alle Gesellschafter haften den Gesellschaftsgläubigern gegenüber **unbeschränkt, unmittelbar und solidarisch.**

Unbeschränkt bedeutet: Die Haftung erstreckt sich auf das gesamte Geschäfts- und Privatvermögen der einzelnen Gesellschafter.

Unmittelbar heißt: Jeder Gesellschafter kann von Gesellschaftsgläubigern direkt in Anspruch genommen werden.

Eine Zahlungsaufforderung kann *direkt* gegen einen Gesellschafter gerichtet werden. Sie muss nicht gegen die gesamte OHG erfolgen.

Solidarisch besagt: „Einer für alle und alle für einen." Jeder einzelne Gesellschafter haftet zugleich für alle anderen. Ein Gesellschaftsgläubiger kann sich also den zahlungsfähigsten Gesellschafter heraussuchen, um beispielsweise auf dem Klageweg schnell zu seinem Geld zu kommen.

Wenn ein Gesellschafter ohne Wissen des anderen Gesellschafters ein Geschäftsfahrzeug gekauft hat, kann der Kraftfahrzeughändler die Begleichung der Schuld auch vom anderen Gesellschafter verlangen, den er für den zahlungskräftigsten Gesellschafter hält.

Durch diese Art der Haftung hat die OHG bei Banken natürlich eine hohe Kreditwürdigkeit, weil eben nicht nur das Vermögen des Unternehmens für die Verbindlichkeiten haftet, sondern Banken gegebenenfalls auf weitere (private) Vermögensgegenstände zurückgreifen können.

1.1.3 Rechte der Gesellschafter

Recht zur Geschäftsführung:
Nach der gesetzlichen Regelung ist *jeder Gesellschafter einzeln* zur Geschäftsführung, d. h. zur Erledigung der laufenden Geschäftsangelegenheiten (Anschaffung von Waren, Einstellen von Arbeitskräften, Führung der Bücher, Aufstellung der Bilanz, Verkauf, Erledigen des Zahlungsverkehrs, Schriftverkehrs usw.) berechtigt. Bei außergewöhnlichen Geschäften ist die Zustimmung aller Gesellschafter notwendig, z. B. bei

- Aufnahme größerer Kredite oder
- Verkauf von Unternehmensteilen.

Recht zur Vertretung:
Grundsätzlich kann jeder Gesellschafter das Unternehmen nach außen, also dritten Personen (Lieferern, Kunden, Banken usw.) gegenüber, vertreten, d. h. für die Gesellschaft Verpflichtungen eingehen und Rechte für sie erwerben. Der Gesellschaftsvertrag kann aber dieses **Einzelvertretungsrecht** beschränken und bestimmen, dass z. B. nur alle Gesellschafter zusammen das Unternehmen vertreten können. Dies hat jedoch Dritten gegenüber, also im Außenverhältnis, keine Wirkung.

Recht auf Gewinnanteil:
Jeder Gesellschafter hat nach dem HGB (Handelsgesetzbuch) das Recht, zunächst eine Verzinsung von 4 % seines Kapitalanteils zu erhalten. Der Rest des Gewinns wird, soweit vorhanden, zu gleichen Anteilen nach Köpfen verteilt. Es können jedoch auch abweichende Regelungen vereinbart werden.

1.2 Die Kommanditgesellschaft (KG)

Die Kommanditgesellschaft ist wie die OHG eine Gesellschaft, die unter gemeinschaftlicher Firma ein Handelsgewerbe betreibt. Sie unterscheidet sich von der OHG dadurch, dass nur die tätigen Teilhaber – die **Komplementäre** – voll haften, während die **Kommanditisten** (Teilhafter) nur mit ihrer Einlage haften und nicht zur Mitarbeit im Betrieb verpflichtet sind. Die Firma der KG kann eine Personen-, Sach-, Misch- oder Phantasiefirma sein sowie einen Zusatz enthalten, der auf ein Gesellschaftsverhältnis (beispielsweise „und Co." oder „KG") hinweist.

1.2.1 Gründung

Bei der Gründung haben sämtliche Gesellschafter die Gesellschaft zum Handelsregister anzumelden. Falls keine besonderen Vereinbarungen in dem Gesellschaftsvertrag getroffen werden, gelten die Bestimmungen des HGB.

1.2.2 Rechtliche Stellung der Kommanditisten

Pflichten:
Die Kommanditisten haben ihre Einlage gemäß dem Gesellschaftsvertrag zu leisten und haften bis zur Höhe der Einlage.

Geschäftsführung:
Die Kommanditisten sind von der Geschäftsführung ausgeschlossen.

Gewinnverteilung:
Sie haben nur ein Recht auf Gewinnanteil. Nach dem Gesetz (HGB) erhalten sie vom Jahresgewinn zunächst 4 % Verzinsung ihrer Kapitaleinlage. Der über 4 % hinausgehende Gewinnrest wird unter Komplementären und Kommanditisten in einem – im Gesellschaftsvertrag festgelegten – angemessenen Verhältnis verteilt. Am Verlust nehmen die Kommanditisten (neben den Komplementären) ebenfalls in einem angemessenen Verhältnis teil. Sie haften aber nur bis zur Höhe ihrer Einlage. Es können jedoch im Gesellschaftsvertrag abweichende Vereinbarungen getroffen werden (Innenverhältnis, vgl. OHG).

Kontrollrecht:
Die Teilhafter dürfen Einsicht in den Jahresabschluss nehmen.

1.2.3 Rechtliche Stellung der Komplementäre

Geschäftsführung:
Die Vollhafter leiten die KG und vertreten sie nach außen.

Einlagenpflicht:
Wenn nichts über die Höhe der Einlage vereinbart ist, hat jeder Gesellschafter den gleichen Betrag zu leisten (Geld oder Sachen).

Haftpflicht:
Alle Komplementäre haften den Gesellschaftsgläubigern gegenüber unbeschränkt, unmittelbar und solidarisch (vgl. OHG).

1.3 Die Gesellschaft mit beschränkter Haftung (GmbH)

Die GmbH ist eine Gesellschaft mit eigener Rechtspersönlichkeit (**juristische Person**), die zu jedem gesetzlich zulässigen Zweck gegründet werden kann. Die eigene Rechtspersönlichkeit hat zur Folge, dass die GmbH (und nicht der oder die Geschäftsführer oder die Gesellschafter) Träger von Rechten und Pflichten sein kann.

Das Vertragsverhältnis bei einem Auftrag besteht zwischen dem Kunden und der GmbH, nicht zwischen dem Kunden und den Geschäftsführern oder den Gesellschaftern.

Eine GmbH kann von einer oder mehreren Personen gegründet werden. Sollte sie von einer Person gegründet werden, so ist diese Person alleinige Inhaberin aller Geschäftsanteile.

1.3.1 Gründung

Zur Errichtung der GmbH bedarf es eines notariell beurkundeten Vertrags (**Satzung**). Die GmbH entsteht mit der **Eintragung ins Handelsregister**. Die Firma der GmbH kann eine Sachfirma (z. B. Offset Druck GmbH) oder eine Personenfirma (z. B. Kuhnert GmbH) sein. In jedem Fall muss die Firma den Zusatz „GmbH" aufweisen.

1.3.2 Kapital

Das **Stammkapital** muss mindestens 25 000,00 € betragen. Es setzt sich zusammen aus den **Stammeinlagen** der Gesellschafter. Jeder Anteil muss auf mindestens 1,00 € lauten. Die Höhe der Stammeinlage je Gesellschafter kann unterschiedlich sein. Die Gesellschafter der GmbH haften nur mit ihrer Stammeinlage (**beschränkte Haftung**).

1.3.3 Organe der GmbH

Geschäftsführung:
Die Gesellschaft kann einen oder mehrere **Geschäftsführer** bestellen. Sie leiten die Gesellschaft gemeinschaftlich (also nur zusammen) und vertreten sie nach außen.

Die Kontoeröffnung bei einer Bank kann nur von den Geschäftsführern gemeinsam vorgenommen werden. Allerdings können sie durch Kontovollmachten eine Einzelverfügung ermöglichen.

Der Begriff des Geschäftsführers ist durch die GmbH „belegt". Umgangssprachlich spricht man beispielsweise auch bei einem Filialleiter einer Einzelhandelskette vom Geschäftsführer. Im rechtlichen Sinne ist dieser jedoch nur der Geschäfts*leiter*.

Versammlung der Gesellschafter:
Es wird nach Geschäftsanteilen abgestimmt, also nicht, wie bei politischen Wahlen, nach Köpfen. Jeder Geschäftsanteil gewährt eine Stimme.

1.3.4 Gewinnverteilung

Wenn nichts anderes vereinbart ist, wird der Gewinn im Verhältnis zu den Geschäftsanteilen verteilt. Es können jedoch auch Rücklagen (nicht ausgezahlte Gewinne) für zukünftige Investitionen gebildet werden.

Gewinn: 200 000,00 €
Geschäftsanteile Gesellschafter A: 20 000 Stück => Gewinnanteil = 160 000,00 €
Geschäftsanteile Gesellschafter B: 5 000 Stück => Gewinnanteil = 40 000,00 €

1.3.5 Unternehmergesellschaft haftungsbeschränkt

Für Existenzgründer gibt es eine „Einstiegsvariante" der GmbH, die neuen Unternehmen die Gründung erleichtern soll: Die **haftungsbeschränkte Unternehmergesellschaft** (Zusatz hinter der Firma: UG haftungsbeschränkt). Es handelt sich dabei nicht um eine eigene Rechtsform, sondern um eine GmbH, die mit einem Mindeststammkapital von 1,00 € gegründet werden kann. Zudem reicht für sogenannte **Standardgründungen** (bis zu drei Gesellschafter und Bargründung durch

Einzahlung auf ein Bankkonto) ein Mustergesellschaftsvertrag aus. Wird dieses Muster verwendet, ist *keine* **notarielle Beurkundung** des Gesellschaftsvertrages, sondern nur eine (billigere) **öffentliche Beglaubigung** der Unterschriften erforderlich. Die Regelungen in dem Mustergesellschaftsvertrag sind einfach, sodass hier keine Beratung und Belehrung durch einen Notar erforderlich ist. Es müssen nur die Unterschriften unter dem Gesellschaftsvertrag beglaubigt werden, um die Gesellschafter identifizieren zu können. Zusätzlich gibt es ein Muster für die Handelsregisteranmeldung (das sog. „**Gründungs-Set**"). So können in den genannten Fällen sämtliche Schritte bis zur Eintragung in das Handelsregister unkompliziert bewältigt werden. Die gesamten Kosten für die Gründung und Eintragung betragen zurzeit nur ca. 120,00 €. Die UG muss jedoch jährlich 25 % des Jahresüberschusses (Gewinn) einbehalten und zwar so lange, bis das für eine „normale" GmbH geforderte Stammkapital von 25 000,00 € erreicht ist.

1.4 Die Aktiengesellschaft (AG)

Die AG ist wie die GmbH eine Kapitalgesellschaft mit eigener Rechtspersönlichkeit (juristische Person). Die Gesellschafter (Aktionäre) sind mit Einlagen an dem in Anteile (**Aktien**) zerlegten Grundkapital beteiligt. Sie haften nicht persönlich für die Verbindlichkeiten der Gesellschaft, sondern nur bis zur Höhe ihrer Beteiligung (Aktien).

1.4.1 Gründung

Zur Gründung einer AG ist mindestens eine Person erforderlich. Sie schließt einen Gesellschaftsvertrag (Satzung) ab, der durch einen Notar beurkundet werden muss. Anschließend wird die AG durch die Gründer, den Aufsichtsrat und den Vorstand beim Handelsregister angemeldet.

1.4.2 Grundkapital

Die AG besitzt ein in Aktien zerlegtes Grundkapital (gezeichnetes Kapital). Die Mindesthöhe des Grundkapitals beträgt 50 000,00 €. Aktien sind Urkunden über die Beteiligung an einer AG, die an der Börse gehandelt werden können. Die Notierung einer AG an der Börse ist aber nicht zwingend. Eine Aktie kann durch einbehaltene Gewinne (Gewinnrücklagen) im Laufe der Zeit an Wert gewinnen. An der Börse wird der Kurs einer Aktie auch vor dem Hintergrund der zukünftigen Geschäftsentwicklung des Unternehmens und der allgemeinen konjunkturellen Lage beeinflusst.

1.4.3 Organe der AG

Als juristische Person kann die AG nicht selbst handeln. Zur Durchführung ihrer Geschäfte benötigt sie daher bestimmte Organe, in denen (natürliche) Personen die Entscheidungen treffen (vgl. GmbH).

Hauptversammlung:
Die Hauptversammlung ist das beschließende Organ der AG. Sie besteht aus allen Aktionären und wird mindestens einmal jährlich vom Vorstand einberufen. Beschlüsse werden mit der Mehrheit der abgegebenen Stimmen gefasst, wobei das Stimmrecht nach Anzahl der im Eigentum einer Person befindlichen Aktien ausgeübt wird (je Aktie eine Stimme). Jeder Aktionär hat in der Hauptversammlung das Recht, Auskünfte über die Gesellschaft zu verlangen.

Die Aufgaben der Hauptversammlung sind:

- Wahl der Aktionärsvertreter in den Aufsichtsrat,
- Entscheidung über die Gewinnverwendung,
- Entlastung von Vorstand und Aufsichtsrat (Bestätigung, dass diese Organe die Geschäfte ordentlich geführt haben),
- Beschluss über grundsätzliche Fragen der Unternehmung (Satzungsänderungen, Kapitalerhöhung, Auflösung der Gesellschaft).

Aufsichtsrat:
Der Aufsichtsrat ist das überwachende Organ der AG. Seine Aufgaben sind:

- die Bestellung des Vorstands,
- die Überwachung des Vorstands (Überprüfung des Jahresabschlusses und des Vorschlags zur Gewinnverteilung),
- die Einberufung einer außerordentlichen Hauptversammlung, wenn dies das Wohl der Gesellschaft erfordert.

Vorstand:
Der Vorstand führt die Geschäfte und vertritt die AG nach außen. Während die Hauptversammlung und der Aufsichtsrat eher selten zusammentreffen und grundsätzliche (strategische) Entscheidungen treffen, ist der Vorstand das regelmäßig arbeitende Organ der AG.

1.4.4 Gewinnverteilung

Der eine Teil des Jahresüberschusses (Gewinn) kann zu Investitionszwecken einbehalten werden. Der andere Teil wird an die Aktionäre ausgeschüttet. Diese Ausschüttung nennt sich **Dividende**. Jeder Aktionär erhält dann am Ende eines Geschäftsjahres auf seine Aktien jeweils den gleichen Dividendenbetrag (z. B. 0,50 € je Aktie).

> Erarbeiten Sie Vorschläge für eine mögliche Rechtsform Ihrer Agentur. Erstellen Sie zu den Vorschlägen jeweils eine tabellarische Übersicht mit den Vor- und Nachteilen Ihrer Ergebnisse in Bezug auf die Situation der Neugründung der Agentur. Treffen Sie auf dieser Basis dann eine begründete Entscheidung.

2 Unternehmensorganisation

> Dadurch, dass im Betrieb mehrere Personen miteinander arbeiten, ist es notwendig, Arbeitsprozesse, Aufgaben und Verantwortlichkeiten in Ihrer Agentur festzulegen.

Das Personal eines Betriebs, also das einer Druckerei, einer Agentur oder auch das von Betrieben anderer Branchen, hat eine Vielzahl unterschiedlicher Aufgaben zu erledigen. Da nicht jeder Mitarbeiter für die Bearbeitung aller Aufgaben qualifiziert ist, ist eine **betriebliche Arbeitsteilung** notwendig. Hierdurch ist gewährleistet, dass jeder Mitarbeiter einen seinen Kompetenzen und Fertigkeiten (**Fähigkeitsprofil**) entsprechenden Aufgabenbereich hat. Dieser Aufgabenbereich besteht aus Tätigkeiten, die von *einem* Mitarbeiter erledigt werden können, und nennt sich **Stelle**. Eine Stelle ist somit nicht zu verwechseln mit dem **Arbeitsplatz** und seiner Einrichtung in Form eines Schreibtischs mit Computer und anderen Gegenständen. Sie ist vielmehr eine Bündelung von fachlich zusammengehörigen Aufgaben (= **Anforderungsprofil** einer Stelle). Für die Stellenbesetzung ist ein Mitarbeiter erforderlich, dessen Fähigkeitsprofil mit dem Anforderungsprofil übereinstimmt.

Anforderungsprofil der Stelle „Verwaltung":

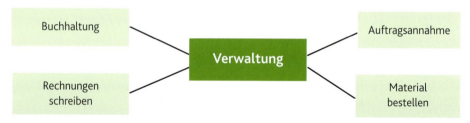

Das Anforderungsprofil für diese Stelle deckt sich mit dem Fähigkeitsprofil eines kaufmännisch ausgebildeten Mitarbeiters.

Diese betriebliche Arbeitsteilung muss natürlich organisiert werden. Die grafische Darstellung mehrerer Stellen nennt sich **Organigramm** (vgl. Abbildung in 2.1). Sollten aufgrund einer entsprechenden Größe mehrere (Entscheidungs-)Ebenen in einem Unternehmen vorhanden sein, wird die Anordnung von Stellen nach dem Prinzip von Über- und Unterordnung (**Hierarchie**) dargestellt. Eine im Organigramm höher stehende Stelle ist weisungsbefugt gegenüber einer untergeordneten Stelle. Man nennt eine übergeordnete Stelle auch **Instanz**. Grundsätzlich können die jeweiligen Aufgaben nach dem Prinzip „**Objekt**" oder nach dem Prinzip „**Verrichtung**" strukturiert werden.

2.1 Verrichtungsorientierte Organisation

Das leitende Organisationsmerkmal sind hier die Verrichtungen, die an einem Produkt oder an einem Auftrag (im Weiteren allgemein als *Objekt* bezeichnet) zu erledigen sind. Ein Mitarbeiter hat somit immer die gleichen Verrichtungen an verschiedenen Objekten auszuführen. Das Objekt durchläuft deshalb mehrere (Fertigungs-)Stellen und ist am Ende dieses Durchlaufs fertiggestellt.

Organigramm zur verrichtungsorientierten Organisation am Beispiel eines Industriebetriebs:

Die Tische sind hier die Objekte, die Produktionsschritte die Verrichtungen.

2.2 Objektorientierte Organisation

Bei der objektorientierten Organisation verrichtet ein Mitarbeiter mehrere Fertigungsschritte (Verrichtungen) an einem Objekt. Der Mitarbeiter *einer* Stelle ist somit allein verantwortlich für die Herstellung eines Produkts oder die Bearbeitung eines Auftrags.

Organigramm am Beispiel einer objektorientierten Organisation in einem Handwerksbetrieb:

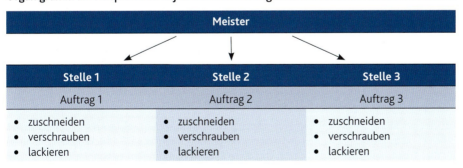

Es gibt auch Mischformen zwischen beiden Strukturen. So kommt es häufig vor, dass auf verschiedenen Ebenen eines Unternehmens die Aufgaben unterschiedlich strukturiert sind.

1 | Lernsituation Gründung einer Agentur

Produktgruppe					
Tische			Stühle		
Einkauf	Produktion	Verkauf	Einkauf	Produktion	Verkauf
Bestände prüfen Waren buchen Anfragen stellen	...	...			

Die erste Ebene ist nach dem Prinzip „Objekt", die zweite Ebene nach dem Prinzip „Verrichtung" strukturiert.

An diesem Beispiel wird auch deutlich, dass größere Unternehmen in verschiedene **Abteilungen** (hier: Tische, Stühle) unterteilt werden. Anstelle der Produktgruppen können auch Auftraggeber oder Kundengruppen sowie geografisch abgegrenzte Gebiete ein Kriterium für die Abteilungsbildung darstellen. Die (weisungsbefugte) Stelle des Abteilungsleiters ist die Instanz.

Erarbeiten Sie Vorschläge für ein mögliches Organigramm Ihrer Agentur und diskutieren Sie diese. Erstellen Sie zu den Vorschlägen jeweils eine tabellarische Übersicht mit den Vor- und Nachteilen und treffen Sie auf dieser Basis dann eine begründete Entscheidung.

Überlegen Sie in diesem Zusammenhang, ob es in dem neu gegründeten Unternehmen eine hierarchische Struktur mit einer Instanz geben soll oder ob alle Gründer in Bezug auf Entscheidungen gleichberechtigt sein sollen. Diskutieren Sie diese Frage auch unter dem Aspekt, dass im Falle einer Expansion neue Mitarbeiter eingestellt werden müssen, und erweitern Sie hierfür das von Ihnen erstellte Organigramm.

3 Informations- und Kommunikationstechnik

In Ihrer Agentur sollen insgesamt drei Computerarbeitsplätze eingerichtet werden. Diese sollen jeweils sowohl für den Bereich der Druckvorstufe als auch für Internet- und Multimediaanwendungen sowie für Standardbüroarbeiten geeignet sein. Daher empfiehlt es sich, die Auswahl der Computerhardware und der Ausstattung der Computerarbeitsplätze der Reihe nach vorzunehmen. Die folgende Reihenfolge erscheint dabei sinnvoll:

- Auswahl der erforderlichen Computersysteme,
- Auswahl der Peripheriegeräte,
- Auswahl der benötigten Software,
- Einrichtung des Computerarbeitsplatzes unter ergonomischen Gesichtspunkten.

Die Hardware soll eine Nutzungsdauer von vier Jahren haben. Danach soll sie erneuert werden.

Für die Einrichtung der vier Computerarbeitsplätze ist zu entscheiden, welche Art von Computer mit welchen Hardware-Komponenten und welchen Peripheriegeräten (wie z. B. Drucker, Maus, Monitor) für den Arbeitsbereich erforderlich ist. Um diese Entscheidung treffen zu können, ist ein solides Grundwissen im Bereich der Informations- und Kommunikationstechnik, zu der auch Computersysteme und deren Software gehören, erforderlich. Daher ist es sinnvoll, sich zunächst einmal mit dem Aufbau und der Funktionalität von Computern zu beschäftigen: Neben dem eigentlichen Rechner und seiner Peripherie ist auch die richtige Software erforderlich.

> **Ein Computersystem lässt sich in die beiden Bereiche Hardware (= physischer Teil des Computersystems) und Software einteilen.**

Sowohl das „Innenleben" des Computers, die Systemeinheit, als auch die Peripheriegeräte zählen zur Computerhardware.

Die beiden Hardwaregruppen eines Computersystems:

Gruppe 1: Systemeinheit	Gruppe 2: Peripheriegeräte
• CPU mit Mikroprozessor und internem Speicher • Festwertspeicher ROM (z. B. BIOS) • Arbeitsspeicher RAM • Bussystem • Schnittstellen zur Ein- und Ausgabe • Netzteil • Lüfter usw.	• Maus • Monitor (Bildschirm) • Tastatur • Drucker ggf. zusätzlich • Scanner • Beamer • Netzwerkkarte • Router usw.

3.1 Computer

Im Bereich der Personal Computer (PC) werden vor allem zwei Systeme unterschieden: Der MAC, ein Computer der Firma Apple Macintosh mit dem gleichnamigen Beitriebssystem (MAC OS) sowie Windows-basierte Systeme auf Hardware unterschiedlicher Hersteller mit dem Betriebssystem Windows von Microsoft. Im Jahre 1984 brachte die Firma Apple den ersten Computer mit der Bezeichnung Macintosh auf den Markt – nachdem sie ein Jahr vor IBM bereits 1976 den ersten richtigen PC, den Apple 1, auf den Markt gebracht hatte.

Computer mit Peripheriegeräten

Ohne Computer ist der heutige Arbeitsalltag in der Druckvorstufe undenkbar und auch im privaten Bereich hat der Computer inzwischen seinen festen Platz. Für Arbeits- und Privatanwendungen kommen fast jährlich neue und leistungsfähigere Computersysteme auf den Markt. Es fällt oft schwer, mit der neuen Technik Schritt zu halten, da sämtliche Kosten natürlich von den Betrieben, wie hier Ihrer neu zu gründenden Medienagentur, getragen bzw. erwirtschaftet werden müssen. Um hier sinnvolle Entscheidungen treffen zu können, muss man zunächst wissen, welche Bauelemente eigentlich dafür sorgen, dass ein Computer überhaupt funktioniert und welche Elemente des Computersystems insbesondere für dessen Leistungsfähigkeit verantwortlich sind. Es stellen sich in diesem Zusammenhang grundlegende Fragen, wie z. B.:

- Welche Komponenten sind für die „Endgeschwindigkeit" des Computers verantwortlich?
- Wie gelangen die Daten in den Computer?
- Wie werden sie weitergeleitet?
- Wie werden sie sicher gespeichert?

1 | Lernsituation Gründung einer Agentur

> Welchen Computer mit welcher Ausstattung benötigen Sie für die Arbeitsplätze in Ihrer Agentur?
>
> Informieren Sie sich zunächst über das Mainboard und seine einzelnen Komponenten, wie z. B. den Arbeitsspeicher und die Steckplätze für diverse Erweiterungskarten. Entscheiden Sie darauf aufbauend, welche Mindestanforderungen die neuen Computer erfüllen müssen, damit sie in allen geplanten Bereichen Ihrer Agentur eingesetzt werden können.

Im Folgenden werden die wesentlichen internen Komponenten von Arbeitsplatzrechnern vorgestellt.

3.1.1 Mainboard (Hauptplatine)

Zunächst ein Blick ins Innere des Rechners: Unübersehbar ist die Hauptplatine, eine große, mit zahlreichen elektronischen Bauelementen bestückte Platine im Inneren des Computergehäuses, im Englischen auch **Mainboard** oder **Motherboard** genannt. Auf dem Mainboard befinden sich alle wichtigen Funktionseinheiten, also gewissermaßen die „Grundausstattung" des Computersystems.

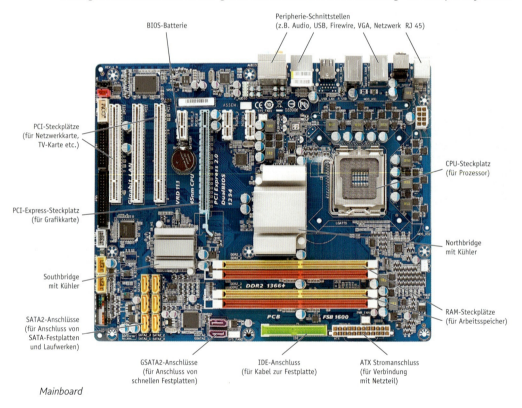

Mainboard

Das Mainboard ist der zentrale Teil des Computers mit allen wichtigen Funktionseinheiten.

3.1.1.1 CPU/Prozessor

Beim Menschen sorgt das Herz mit seinem rhythmischen Schlag dafür, dass alle inneren Organe mit Blut versorgt werden und der Mensch lebensfähig ist. Die Funktionalität eines Computers beruht auf dem Von-Neumann-Prinzip: Hier sorgt die **CPU** (**C**entral **P**rocessing **U**nit), die Zentraleinheit des Computers, für den gleichmäßigen Takt des Computers und dessen zentrale Steuerung. Die CPU ist unterteilt in den **Mikroprozessor** und den **internen Speicher** (interner Cache). Der interne Speicher auf der CPU wird für die Durchführung der Rechenoperationen auf der CPU benötigt. Der Mikroprozessor wiederum besteht aus einer **Steuereinheit CU** (**C**ontrol **U**nit) und einer **Recheneinheit ALU** (**A**rithmetic **L**ogic **U**nit), welche alle Prozesse und Abläufe im Computer zentral steuern und alle Berechnungen und logischen Funktionen im Computer ausführen. Um mit den anderen Elementen des Mainboards und des Computers, wie z. B. dem Arbeitsspeicher, kommunizieren zu können, ist die CPU über ein **Bussystem** mit dem **Speicherwerk** auf dem Mainboard (On-Board-Speicher) sowie mit den **Ein- und Ausgabeeinheiten** des Computers verbunden.

Vgl. diese LS, 3.1.1.5

Im On-Board-Speicher werden im Sinne einer Arbeitsvor- und -nachbereitung für die CPU die Informationen gespeichert, die für die noch ausstehenden Rechenoperationen gebraucht werden oder Ergebnis bereits abgeschlossener Rechenschritte sind. Die CPU arbeitet dabei mit einer gleichmäßigen **Taktrate**, also in einem festen Takt.

> Die CPU enthält die zentrale Rechen- und Steuereinheit = das „Gehirn" des Computers.

Funktionsprinzip eines Computers – Von-Neumann-Architektur

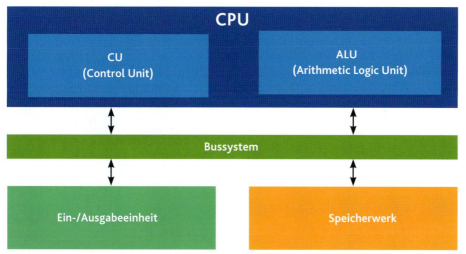

Schematische Darstellung der Von-Neumann-Architektur eines Computers

Taktrate des Prozessors

Die Geschwindigkeit eines Prozessors wird durch die **Taktrate** angegeben. Mit dieser Rate arbeitet der Prozessor Befehle ab. Die Grundeinheit der Taktrate ist Hertz (Hz).

> 1 Hz = 1 Takt/Sekunde

Übliche Prozessorleistungen werden in Gigahertz (GHz) angegeben und liegen heute (2016) im Bereich von 2 – 4 GHz). Dabei sind 1 GHz = 1 000 MHz = 1 000 Mio. Hertz = 1 Mrd. Takte/Sekunde.

Die CPU – das Herz des Computers – „schlägt" im festen Takt des Prozessors.

Je schneller der Prozessor taktet, desto mehr fließt in ihm elektrischer Strom hin und her. Hierbei entsteht eine Menge Wärme, die zu Temperaturen bis 100 °C führen kann. Diese hohen Temperaturen würden auf Dauer zu Überhitzung und damit zur Funktionsuntüchtigkeit des Rechners führen. Aus diesem Grund wird die CPU gekühlt und ist dazu in der Regel mit einem Lüfter versehen, der eine Abkühlung auf 40 bis 60 °C ermöglicht.

Mainboard und Prozessor sind bereits vom Hersteller aufeinander abgestimmt. Sollte an dieser Konfiguration etwas geändert werden müssen, achten Sie bitte auf die Kompatibilität der Komponenten.

Berücksichtigen Sie bei der Wahl Ihres Computersystems, dass Apple Macintosh-Rechner, z. B. der iMac, kaum vom Anwender gewartet, bzw. in der Konfiguration geändert werden können. Dies ist ihrer kompakten Bauweise mit integriertem Monitor geschuldet. Diese Geräte werden entsprechend Ihrer Bestellung vorkonfiguriert geliefert. Windows-basierte Hardwarekomponenten, generell als PC bezeichnet, können selbst zusammengesetzt werden.

Weiterhin ist die Art der verwendeten Speicherbausteine, im Wesentlichen der **Arbeitsspeicher RAM**, von zentraler Bedeutung für die Schnelligkeit eines Computers. Trotzdem gilt in der Regel:

Je höher die Taktfrequenz, desto schneller ist der Computer.

Eine Vielzahl von Daten muss dauerhaft oder nur während der Bearbeitung gespeichert werden. Zu diesem Zweck enthält der Computer eine Reihe von Speicherbausteinen.

3.1.1.2 BIOS

Einer dieser Speicher enthält auf dem Mainboard das **BIOS** (**B**asic **I**nput **O**utput **S**ystem). Das BIOS ist dauerhaft auf dem Speicherchip gespeichert und im Wesentlichen für die Kommunikation und den Datenaustausch der verschiedenen Komponenten des Computersystems sowie die Steuerung der Ein- und Ausgabe zuständig. Im BIOS ist z. B. abgelegt, welche Systemkomponenten (Festplatten, CD- und DVD-Laufwerke usw.) im System installiert sind, über wie viel Arbeitsspeicher der Rechner verfügt und welches Betriebssystem verwendet wird. Dazu gehört auch, welche Schnittstellen des Computers aktiv sind oder mit welcher Geschwindigkeit die Speicherchips betrieben werden. Diese Informationen bleiben auch nach dem Ausschalten des Systems erhalten. Beim Systemstart arbeiten z. B. CPU und BIOS zusammen und initiieren den sogenannten Power-On-Self-Test (POST). Dabei werden beim Start des Computers alle Systemkomponenten überprüft. Sogar die Informationen über Tastendruckroutinen, also welche Informationen die Grafikkarte bei einem bestimmten Tastendruck der Tastatur darstellen soll, sind im BIOS gespeichert. Darüber hinaus obliegt dem BIOS auch die korrekte Darstellung der Uhrzeit und des Datums.

BIOS-Chip

BIOS: Speicherchip mit Grundeinstellungen des Computers.

Das BIOS dient als Schnittstelle zwischen der Hardware des Computersystems und dem darauf installierten Betriebssystem.

Einige grundlegende Einstellungen lassen sich also nur im BIOS vornehmen. Damit der Rechner seine volle Leistung entfalten kann, ist es wichtig, hier nur korrekte Einstellungen vorzunehmen und diese im Zweifelsfall lieber Fachleuten (z. B. Systemadministratoren) zu überlassen.

Will man sich die Einstellungen im BIOS-Menü jedoch einmal ansehen oder selbst kleinere Änderungen vornehmen, so gelangt man – je nach Hersteller des BIOS – z. B. durch Drücken der Taste Entf, Esc oder F2 beim Startvorgang des Computers in das BIOS-Menü.

Aber Vorsicht, falsche Einstellungen im BIOS können das System möglicherweise lahmlegen. Also am besten vorher die alten Einstellungen notieren!

3.1.1.3 Halbleiterspeicher: Festwertspeicher (ROM) und Arbeitsspeicher (RAM)

Die im Inneren des Computers verwendeten Speicherbausteine – die internen Speicher der CPU und die On-Board-Speicher direkt auf dem Mainboard – sind als Halbleiterspeicher konzipiert. Diese Halbleiterspeicher dienen typischerweise der zeitlich begrenzten, zum Teil aber auch der unbegrenzten Speicherung von Daten. Sie lassen sich in zwei Gruppen einteilen: **Festwertspeicher** als Nur-Lese-Speicher – englisch **R**ead **O**nly **M**emory (**ROM**) – und **flüchtige Arbeitsspeicher**, die als Lese-Schreib-Speicher – englisch **R**andom **A**ccess **M**emory (**RAM**) – bezeichnet werden. Innerhalb der beiden Gruppen wird eine weitere Unterscheidung gemäß nachfolgender Übersicht vorgenommen:

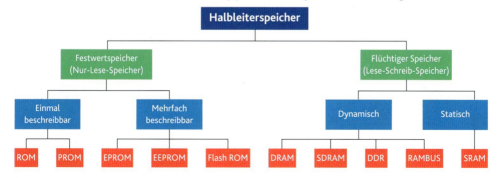

Festwertspeicher (ROM)

Der Festwertspeicher (ROM) ist ein digitaler Speicher zur dauerhaften Speicherung von Daten. Er enthält Programme, die zur Organisation innerhalb der CPU dienen und lediglich gelesen, aber nicht verändert werden können (z. B. Selbsttests des Computers beim Hochfahren.). Die Daten bleiben auch nach dem Ausfall der Spannungsversorgung oder nach dem Ausschalten des Computers erhalten. Dies ist z. B. beim BIOS der Fall.

Moderne ROM-Architekturen wie EPROM, EEPROM und FEEPROM geben dem Anwender die Möglichkeit, mithilfe spezieller Programme oder Geräte einen Teil des Speicherinhaltes oder den gesamten Speicher zu löschen und neu zu beschreiben.

Folgende gängige Festwertspeicher werden heute unterschieden:

Festwertspeicher (ROM)

Typ	Bedeutung	Programmierung	Löschen des Speicherinhalts
ROM	Read Only Memory – Nur-Lese-Speicher	einmalig während des Herstellungsprozesses durch den Hersteller	nicht möglich
PROM	Programmable Read Only Memory – programmierbares ROM	einmalig durch den Anwender	nicht möglich
EPROM	Erasable PROM – lösch- und programmierbares ROM	mehrfache Neuprogrammierung durch den Anwender möglich	mit UV-Licht innerhalb von ca. 20 Minuten, gesamter Speicher
EEPROM	Electrically Erasable PROM – elektrisch lösch- und programmierbares ROM	mehrfache Neuprogrammierung durch den Anwender möglich	elektrisch, ganz oder einzelne Bits bzw. Bytes, durch Spannungsimpulse
FEEPROM	Flash EEPROM – sehr schnell elektrisch lösch- und programmierbares ROM	mehrfache Neuprogrammierung durch den Anwender möglich, dabei Bildung von Datenblöcken à 64, 128, 256, 1.024 Byte usw.	elektrisch, sehr schnell

ROM: Nur-Lese-Speicher zur Speicherung von Systemdaten.

Arbeitsspeicher (RAM)

Der Arbeitsspeicher (RAM = Random Access Memory; Speicher, der Informationen nach dem Zufallsprinzip ablegt) dient der zwischenzeitlichen Datenspeicherung während des Arbeitsprozesses. In ihm werden alle Informationen gespeichert, die der Computer während des Betriebs benötigt. In den Arbeitsspeicher wird beim Systemstart das Betriebssystem geladen und gestartet. Auch Programme werden beim Öffnen des Programmes in den RAM geladen und von dort ausgeführt. Hinzu kommen sämtliche Dateien an denen Sie gerade arbeiten – bis Sie diese endgültig auf der Festplatte speichern.

Arbeitsspeicher RAM: Enthält die Daten, an denen gerade gearbeitet wird = Kurzzeitgedächtnis des Computers.

Heute übliche Arbeitsspeichermodule tragen die Bezeichnung SD-RAM, DDR-RAM, DDR2-RAM, DDR3-RAM sowie DDR4-RAM. SD steht für Single Data und DDR für Double Data Rate. Ein DDR-RAM hat also eine doppelt so schnelle Zugriffszeit auf den Speicher wie ein SD-RAM. Ein DDR3-RAM eine 8-fache (2 · 2 · 2).

RAM-Modul

Mehrere RAM-Chips werden zusammen mit einem Controller auf kleinen Karten (PCB = Printed Circuit Board) montiert. Diese Karten bezeichnet man als **Speichermodule**. Die Speichermodule werden in spezielle Steckplätze (Slots) auf der Hauptplatine gesteckt und bilden in Summe den Arbeitsspeicher des Computers. Je mehr Arbeitsspeicher der Computer zur Verfügung hat, desto mehr – oder kompliziertere – Anwendungen können gleichzeitig geöffnet sein und parallel bearbeitet werden. Besonders viel Arbeitsspeicher wird übrigens für Computerspiele und Videoanwendungen benötigt.

Wie viel Arbeitsspeicher ist für welche Anwendungen mindestens erforderlich?
Die benötigte Größe des Arbeitsspeichers hängt einerseits vom verwendeten Betriebssystem ab. Hier gilt folgende Grundregel: Je moderner das Betriebssystem, desto mehr Arbeitsspeicher benötigt es. Andererseits spielt aber auch die eingesetzte Anwendersoftware eine große Rolle. Textverarbeitungs- und Tabellenkalkulationsprogramme (z. B. aus den Softwarepaketen Microsoft Office oder Star-Office) benötigen lediglich ca. 256 MB (Megabyte) freien Arbeitsspeicher und sind für die Ausstattung eines DTP-Arbeitsplatzes von geringer Bedeutung.

Für Video- und Musikanwendungen sowie für große Bilddateien und die Arbeit mit Bilddatenbanken empfiehlt sich aufgrund der Dateigrößen ein Arbeitsspeicher von mindestens 16 GB (Gigabyte).

Wie viel Arbeitsspeicher ist notwendig?
Der Bedarf an Arbeitsspeicher richtet sich nach dem verwendeten Betriebssystem und dem Einsatz des Computers bzw. den verwendeten Programmen. Die derzeitigen minimalen Anforderungen für das MAC OS Betriebssystem Sierra betragen 2 GB. Für Windows 10 gelten aktuell die gleichen Anforderungen wie für die Vorgängersysteme (1 GB [32-Bit-Systeme] und 2 GB [64-Bit-Systeme]). Hinzu kommen die Anforderungen der gängigen Programme. Hier gilt es bei den Herstellern die Mindestanforderungen zu recherchieren (z. B. Adobe Photoshop CC benötigt mind. 1 GB RAM). Bedenken Sie, dass Sie mehrere Programme gleichzeitig geöffnet haben müssen. Hinzu kommt die Performance in den Programmen selbst. Bild- und Videobearbeitung benötigen hohe RAM-Speicherkapazitäten.

Wie viel RAM benötigt ein Computerarbeitsplatz in Ihrer Agentur mindestens, wenn neben dem Betriebssystem in der Regel zwei oder mehr Anwendungsprogramme geöffnet sein sollen? Bedenken Sie dabei, dass Sie nicht nur Arbeitsprogramme, wie Adobe Indesign oder Photoshop mit den dazugehörigen Dateien offen halten, sondern meistens auch noch Zusatzprogramme wie E-Mail-Client, Textprogramm, Musik-Programm und Browser beim Arbeiten geöffnet haben. Begründen Sie Ihre Aussage!

Damit die zu speichernden Daten und die zu verarbeitenden Signale innerhalb des Computers auch sicher ihr Ziel erreichen, ist ein stabiles Transportsystem, das Bussystem, erforderlich.

3.1.1.4 Bussystem

Das Bussystem dient der Übertragung von Daten, Adressen und Steuersignalen zwischen den einzelnen Komponenten innerhalb des Computers.

Um den Verkabelungsgrad nicht zu hoch werden zu lassen, geschieht dies über parallele elektrische Leitungen, die mehrere Komponenten gleichzeitig miteinander verbinden. Diese Leitungen zur Informationsübertragung werden als **Bus** (**B**inary **U**nit **S**ystem) bezeichnet.

Mit dem Bussystem sind die CPU, die Steckplätze (Slots), die Speichermedien, der Arbeitsspeicher und weitere Eingabegeräte verbunden. Einige Erweiterungskarten in den Slots greifen sehr häufig auf den Arbeitsspeicher zu. Aus diesem Grund gibt es den zwischengeschalteten **DMA** (**D**irect **M**emory **A**ccess), damit ein direkter schneller Zugriff auf den Speicher, ohne Umwege über das gemeinsame Bussystem, erfolgen kann.

Vereinfacht dargestellt, ergibt sich folgende schematische Darstellung für den Aufbau des Bussystems:

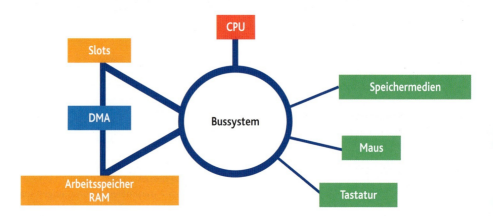

Je breiter der Bus und je höher der Takt, desto mehr Datenpakete können gleichzeitig übertragen werden.

Ein bestimmter Leitungstyp, also ein spezieller Bus, kann dabei nur Informationen eines Typs übertragen. Beim Computer wird zwischen folgenden Bussystemen unterschieden:

Datenbus
Der Datenbus dient zur Übertragung der Daten, die verarbeitet werden sollen, und regelt den Datenverkehr zwischen Arbeitsspeicher RAM, Festwertspeicher ROM und der Peripherie. Die Signale auf dem Datenbus können zwischen dem Prozessor, den Speicherbausteinen und den Ein- und Ausgabebausteinen in beide Richtungen (bidirektional) übertragen werden.

Adressbus
Der Adressbus dient zur Adressierung bzw. Identifizierung der Speicherplätze und hat in der Regel 32 Leitungen (32 Bit). Die Signale auf dem Adressbus können nur in eine Richtung (unidirektional, ausgehend von der CPU) übertragen werden.

Steuerbus
Der Steuerbus dient dazu, den Datenversand zu den einzelnen Funktionseinheiten des Computers zu steuern. Über den Steuerbus teilt die CPU mit, ob Daten empfangen oder gesendet werden sollen. Die Informationen werden unidirektional von der CPU an die Funktionseinheit gesendet.

Lernsituation Gründung einer Agentur | 1

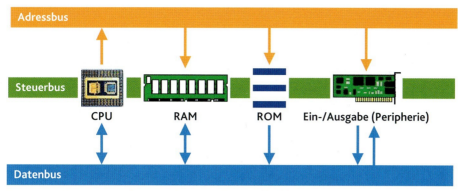

Datenfluss im Bussystem eines Computers (schematische Darstellung)

> **Das Bussystem dient der schnellen und zielgerichteten Übertragung von Daten und Steuersignalen im Computer.**

Dabei sitzt am Steuerbus ein Taktgenerator, der die Geschwindigkeit vorgibt; der Adressbus transportiert die Adressen, mit denen die CPU rechnen kann, und der Datenbus transportiert die Ergebnisse der Berechnungen zu den jeweiligen Geräten.

Heutige Mainboards verfügen für die Steuerung des Bussystems entweder über einen Hauptkontroll-Chip oder über zwei separate Chips für verschiedene Aufgaben. Die beiden Chips werden als **North- und Southbridge** bezeichnet.

Northbridge
Die Northbridge ist für einen schnellen Datenverkehr verantwortlich. Sie steuert den Datenfluss von CPU, Arbeitsspeicher und der Grafikkarte.

Southbridge
Die Southbridge ist für den restlichen Datenverkehr verantwortlich, wie zu den Laufwerken, zu sämtlichen Schnittstellen und zu den Steckplätzen für die Erweiterungskarten.

Vgl. diese LS, 3.1.1

Für ein leistungsfähiges Mainboard ist das **Zusammenwirken aller Komponenten** wichtig:
- Die Northbridge muss die Daten so schnell transportieren können, wie sie von der CPU geliefert werden.
- Der Arbeitsspeicher sollte in der Lage sein, die Daten so schnell aufzunehmen, wie sie von der CPU angeliefert werden.
- Die interne Verbindung zwischen der North- und der Southbridge, auch als „Datenautobahn" bezeichnet, sollte so groß wie möglich sein, um Datenstaus zu vermeiden.

3.1.1.5 Cache
Da der Arbeitsspeicher jedoch mit einer langsameren Taktrate als die CPU arbeitet, werden häufig benötigte Daten in sogenannten Caches (Zwischenspeicher/Pufferspeicher) abgelegt. Diese befinden sich zwischen der CPU und dem Arbeitsspeicher.

Im Cache werden einerseits Daten gespeichert, welche die CPU häufig anfordert. Andererseits werden alle Daten, die von der CPU in den Arbeitsspeicher geschrieben werden sollen, zunächst in den Cache-Speicher übertragen und von dort weitergeschickt. Ein sogenannter Cache-Controller überprüft, welche Daten sich bereits im Cache befinden und welche Daten dort verbleiben sollen.

Der Cache ist direkt in den Prozessor integriert. Moderne Computersysteme verfügen über insgesamt drei verschiedene Cache-Speicher: den **L1-Cache** (First-Level-Cache), den **L2-Cache** (Second-Level-Cache) und den **L3-Cache** (Third-Level-Cache). Der L1-Cache hält Daten vor, die der Prozessor zur Verarbeitung immer wieder benötigt. Der L2- bzw. L3-Cache nimmt Daten aus dem RAM auf, die wahrscheinlich als nächstes benötigt werden.

Cache-Hierarchie

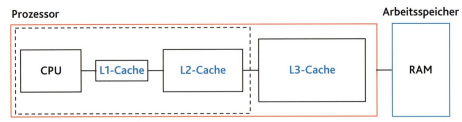

Schematische Darstellung der Cache-Hierarchie im Prozessor

	L1-Cache	L2-Cache	L3-Cache
Größe	16 bis 256 KB	256 KB bis 12 MB	4 bis 15 MB
Taktrate	voller Prozessortakt	halber Prozessortakt	voller Prozessortakt
Zugriffszeit	schnell (ca. 3 bis 4 Zyklen)	mittel (ca. 10 bis 24 Zyklen)	langsam (ca. 36 bis 69 Zyklen)

Zyklus, hier: CPU-Zyklus: Kleinste Zeiteinheit, mit der ein Prozessor arbeiten kann. Ein Zyklus bezeichnet die Zeit, welche der Prozessor benötigt, um den einfachsten Befehl auszuführen.

Bei einem Prozessor mit der Taktrate von 1 GHz beträgt die Zykluszeit 10^{-9} Sekunden = 1 Nanosekunde.

Auf den L1-Cache kann die CPU am schnellsten zugreifen, er verfügt jedoch über die geringste Speicherkapazität. Der L2-Cache ist etwas langsamer im Zugriff, aber dafür etwas größer, der L3-Cache hat die größte Speicherkapazität.

Dies ist jedoch noch nicht das Ende der Cache-Hierarchie: Die Prozessorhersteller beschäftigen sich bereits mit der Entwicklung von Prozessoren mit insgesamt vier Caches (L1 bis L4).

Hardware-Übersicht:

Modellname:	iMac
Modell-Identifizierung:	iMac17,1
Prozessortyp:	Intel Core i5
Prozessorgeschwindigkeit:	3,2 GHz
Anzahl der Prozessoren:	1
Gesamtanzahl der Kerne:	4
L2-Cache (pro Kern):	256 KB
L3-Cache:	6 MB
Speicher:	16 GB

Hardwareinformation aktueller iMac (2016) mit L2- und L3-Cache

Cache: Pufferspeicher zur schnellen und kurzfristigen Bereitstellung von Daten.

3.1.1.6 Slots

Neben den fest installierten Elementen, wie dem BIOS-Speicherchip, befinden sich auf dem Mainboard noch eine Reihe von Steckplätzen, sogenannte Slots, die als Erweiterungsplätze dienen. In diese Slots können Steckkarten, wie z. B. Grafikkarte, Netzwerkkarte oder TV-Karte eingesteckt werden.

Bezeichnung des Slots	Steckkarten	Merkmale
AGP = Accelerated Graphics Port	AGP-Grafikkarten, AGP-Soundkarten	• Datenrate von bis zu 2 133 MB/s • parallele Datenübertragung
PCI = Peripheral Component Interconnect Bus	Netzwerkkarte, internes Modem, PCI-Grafikkarte, Soundkarte, SCSI-Karte, TV-Karte usw.	• parallele Datenübertragung • Bus mit 133 MB/s • mittlerweile fast komplett durch PCIe ersetzt
PCIe = PCI-Express	Grafikkarten, Videoschnittkarten, Netzwerkkarten usw.	• serielle Datenübertragung • ersetzt AGP und PCI

Die heutige Datenübertragung erfolgt bei Mac und Windows-basierten Systemen fast nur noch über den PCIe-Slot. Die serielle Datenübertragung erfolgt bei PCIe über sogenannte Lanes, also Leitungspaare, die für das Senden und Empfangen von Daten vorgesehen sind. Bei PCIe 2.0 können pro Lane 500 MB/s übertragen werden. Bei PCIe 3.0 985 MB/s und bei PCIe 4.0 1969 MB/s – jeweils bei bis zu 32 Lanes.

Vgl. diese LS, 3.1.4

Welche Zusatzkarten werden für die Computerarbeitsplätze in Ihrer Agentur benötigt? Planen Sie gerade bei Windows-basierten Systemen zusätzliche Slots ein. Stimmen Sie die Konfiguration mit Ihren betrieblichen Aufgaben ab. Achten Sie auch hier wieder auf die gegenüber dem Mac gegebenenfalls einfachere Konfigurierbarkeit bei Windows-basierten Systemen. Ebenfalls sind viele Controller heute bereits fest auf dem Mainboard installiert, sodass ggfls. nur eine weitere Grafik- oder Soundkarte installiert werden muss.

3.1.2 Ein- und Ausgabeschnittstellen

Um die Komponenten im Computer und externe Geräte mit dem Computer zu verbinden sind sogenannte Schnittstellen (Hardwareschnittstellen) erforderlich. Sie exisieren als interne oder externe Varianten. Je nach Aufgabe spricht man von Eingabe- oder Ausgabeschnittstellen, wobei z. B. USB beide vereint. Von Softwareschnittstellen spricht man bei der virtuellen Verbindung zwischen Komponenten, z. B. beim Druckertreiber, der die softwaremäßige Schnittstelle zwischen Computer und Drucker bildet.

Schnittstelle: Tatsächlicher (Hardware) oder virtueller (Software) Übergang zwischen zwei Computerelementen oder Programmbausteinen.

Bei den Hardware-Schnittstellen werden die Daten und Signale mithilfe eines Protokolls in einer genau festgelegten Form und einem festen zeitlichen Verlauf übertragen.

Im Folgenden werden die gängigen Hardware-Schnittstellen näher beschrieben und Anwendungsmöglichkeiten aufgezeigt.

3.1.2.1 USB-Schnittstellen

Die USB-Schnittstelle hat sich im Vergleich mit anderen Systemen wie Firewire u. a. behauptet. Die zu übertragenden Daten werden seriell übetragen. Ihr Name ist Programm: Sie ist universell für verschiedenste Geräte einsetzbar. Drucker, Scanner, Smartphones und Festplatten sind heute vorwiegend mit einer USB-Schnittstelle ausgestattet. USB (Universal Serial Bus) ist eine Schnittstelle die neben

USB-Schnittstelle

dem Datentransport auch direkt die Stromversorgung des angeschlossenen Gerätes übernimmt (Betrachten Sie das USB-Logo. Drei Pfeile – für den Datentransport in den Computer, aus dem Computer heraus sowie die Stromversorgung.). An eine USB-Schnittstelle können – z. B. über Hubs – bis zu 127 weitere Geräte angeschlossen werden. Die USB-Schnittstelle benötigt keinen herstellereigenen Treiber. Sie arbeitet mit sogenannten generischen Treibern, die für bestimmte Geräteklassen herstellerunabhängig entwickelt wurden. Im Gegensatz zu veralteten Schnittstellen (z. b. SCSI) erlaubt USB das Anschließen bzw. Entfernen des Gerätes während des laufenden Betriebs des Computers. Dieser Vorgang wird auch als „Hot-Plugging" (Hot Plug [engl. heißer Stecker]) bezeichnet.

Es gibt derzeit drei USB-Standards, den USB-2.0-, den USB-3.0-Standard sowie den Nachfolgestandard USB 3.1.

Aktuelle USB-Standards

Standard	USB 2.0	USB 3.0	USB 3.1
Datenübertragungsrate (maximal)	480 MBit/s	5 GBit/s	10 Gbit/s
Anschließbare Geräte (maximal)	127	127	127
Kabellänge je Gerät (maximal)	5 m	3 m	1 m

USB 3.1 Super Speed Plus weist auf die Übertragungsleistung von bis zu 10 GBit/s hin. Zusätzlich neben den herkömmlichen Steckern enthält USB 3.1 die sogenannte Typ-C-Spezifikation für Steckverbindungen. Diese sind, wie etwa Lightning von Apple, kleiner und verdrehsicher. Diese Steckverbindungen können auch Thunderbolt-, DisplayPort- und PCI Express-Signale übertragen.

USB-Stecker

USB-Schnittstelle: Serielle Schnittstelle als Bussystem mit hoher Übertragungsrate zum Anschluss von bis zu 127 Geräten parallel.

3.1.2.2 Thunderbolt

Die Thunderbolt-Schnittstelle ist eine Entwicklung von Intel und Apple, die technisch auf DisplayPort und PCI Express basiert. Die Datentransferrate liegt bei 20 Gbit/s (Thunderbolt 2). Thunderbolt ist in der aktuellen Version 2 mit Kabeln und Steckern abwärtskompatibel – Version 3 verfügt über einen verdrehsicheren USB-C-Stecker und eine Datentransferrate von 40 Gbit/s. Angeschlossene Geräte können über diese Schnittstelle auch mit Strom versorgt werden. Angeschlossen werden können Computer, Monitore und Peripheriegeräte aller Art, die über einen entsprechenden Anschluss verfügen.

Schnittstellen am iMAC: USB, 2 x Thunderbolt 2, LAN/Ethernet mit RJ-45-Buchse

Thunderbolt: Schnittstelle zur Verbindung von Computern und Peripheriegeräten mit einer hohen Datentransferrate.

Lernsituation Gründung einer Agentur | 1

> Wie viele Ein- und Ausgabe-Schnittstellen welchen Typs sind für die neuen Computer mindestens erforderlich und welche Ausstattung wäre optimal? Vergleichen Sie auch die Kosten!

3.1.3 Laufwerke und Speichermedien

> In Ihrer Agentur müssen Daten aus den Bereichen Büroorganisation, Grafik und Internet gesichert werden. Die Speicherung soll sowohl intern im Computer als auch extern im Rahmen einer zusätzlichen Datensicherung stattfinden. Verschaffen Sie sich zunächst einen Überblick über gängige Speichermedien und deren Vor- und Nachteile.

Die meisten Daten sollen auch nach der Bearbeitung noch erhalten bleiben, um sie zu einem späteren Zeitpunkt erneut benutzen oder verändern zu können. Für eine dauerhafte Speicherung sind Speichermedien unterschiedlicher Typen und Kapazität erhältlich. Unterschieden werden magnetische und optische Massenspeicher sowie USB-Speicherchips.

3.1.3.1 Magnetische Massenspeicher

Magnetische Massenspeicher sind Speichermedien, auf denen Daten mithilfe von Magnetisierung kleiner Eisenteilchen, die sich auf der Oberfläche des Speichermediums befinden, gespeichert werden. Hierzu gehören z. B. Festplatten und Magnetbänder.

Festplatte

Die Festplatte (engl. Harddisc) ist ein magnetischer Massenspeicher. Sie ist in der Regel fest in den Computer eingebaut (interne Festplatte), kann jedoch auch als externe Festplatte z. B. an die USB-Schnittstelle angeschlossen werden. Derzeit sind Festplatten im Terabyte-Bereich (1 - 2 TB) gängig.

Dateigrößen

1 Bit = kleinste Speichereinheit	2 hoch 1 Zustände = 2 Möglichkeiten		• Kodierung einer Bitmap-Datei • „Schalter" An/Aus
8 Bit	2 hoch 8 = 256 Möglichkeiten	1 Byte	• Kodierung eines Zeichens • Kodierung eines Graustufenbildes
1024 Byte	2 hoch 10 Byte = 1 024 Byte	1 Kilobyte	Kleine Textdateien liegen im Kilobyte-Bereich.
1024 Kilobyte	2 hoch 20 Byte = 1 048 576 Byte	1 Megabyte	Fotos von der Digitalkamera oder Musikdateien (MP3) liegen im Megabyte-Bereich.
1024 Megabyte	2 hoch 30 Byte = 1 073 741 824 Byte	1 Gigabyte	USB-Speichersticks, Festplatten usw. liegen im Gigabyte-Bereich.
1024 Gigabyte	2 hoch 40 Byte = 1 099 511 627 776 Byte	1 Terabyte	Festplatten liegen im Gigabyte-Bereich.

> Ist von Kilo die Rede, versteht man darunter den Wert Tausend. Aufgrund des im Computer verwendeten Binären Systems erhält man bei 2 hoch 10 (liegt in der Folge der Zweier-Potenzen der 1000 am nächsten) jedoch 1024. Bei Dateigrößen wird dieser Faktor (1024) verwendet. Bei Datentransferraten jedoch tatsächlich 1000. Die Ansprache ist bei beiden jedoch z. B. Kilobyte, Megabyte. Das kann zu Verwechslungen führen. Daher wurde der Hinweis auf das binäre Sytem und damit auf den Faktor 1024 in die Dateigrößen integriert: Statt Kilobyte heißt es Kibibyte (das „bi" in der Wortmitte deutet auf das binäre System hin) bzw. Mebibyte usw.

Aufbau der Festplatte

Festplatten bestehen aus mehreren, übereinander liegenden, runden Aluminiumscheiben, die beidseitig mit einem magnetisierbaren Material beschichtet sind. Die Anordnung wird auch als **Plattenstapel** bezeichnet. Jede Platte des Plattenstapels besitzt für jede Seite einen **Schreib-Lesekopf**, der das Speichern von Daten auf den Platten sowie das Lesen bereits gespeicherter Daten ermöglicht. Die Schreib-Leseköpfe berühren die Platte nicht, sondern schweben um Haaresbreite entfernt über der Plattenoberfläche. Ist die Festplatte Erschütterungen ausgesetzt und die Schreib-Leseköpfe berühren die Platte, kommt es zum sogenannten Festplattencrash mit Zerstörung und Datenverlust der Festplatte.

Aufbau und Formatierung

Bei der Low-Level-Formatierung wird die Festplatte (durch das Betriebssystem bzw. bereits bei der Herstellung) in Spuren und Sektoren eingeteilt.

> **Daten können nur auf zuvor formatierten Festplatten gespeichert werden.**

Die High-Level-Formatierung gliedert die Festplatte in logische Verwaltungseinheiten zur Einrichtung eines Dateisystems (z. B. FAT32 oder NTFS).

> **Formatierung von Datenträgern: Vorbereitung des Datenträgers zur Aufnahme von Daten.**

Spuren, Sektoren und Cluster

Jede Magnetplatte besteht nach der Low-Level-Formatierung aus vielen **Spuren**, die als konzentrische Kreise auf der Platte angeordnet sind. Die übereinander liegenden Spuren der einzelnen Platten des Plattenstapels werden als **Zylinder** bezeichnet.

Die Spuren auf jeder Platte werden dann, ähnlich wie beim Kuchenschneiden, in **Sektoren** unterteilt, die von innen nach außen immer größer werden. Der **Sektor** ist mit einer Speicherkapazität von 512 Byte die kleinste mögliche Speichereinheit auf der Festplatte. Bei der Speicherung von Daten werden jedoch meist mehrere Sektoren zu einer logischen Einheit, einem **Cluster**, zusammengefasst. Für das System bedeutet dies, dass der kleinste Speicherort mindestens einem Cluster entspricht. Die Größe eines einzelnen Clusters wird durch die Formatierung festgelegt und ist abhängig vom verwendeten Dateisystem. Sie reicht von minimal 512 Byte, also nur einem Sektor, bis maximal 256 KB. Die Clustergröße sollte auf den Haupteinsatzbereich des Computers zugeschnitten sein, um ungenutzten Speicherplatz durch **Cluster-Verschnitt** weitgehend zu vermeiden. Bei vielen kleinen Dateien bieten sich daher Cluster von 2 bis 4 KB an, während für große Audio- und Videodateien Clustergrößen ab 16 KB empfehlenswert sind.

Plattenstapel mit Schreib-/Leseköpfen

> **Normale Festplatten laufen mit 7200 U/Min. Schnelle Festplatten mit 10 000 U/min benötigen eine zusätzliche Kühlung.**

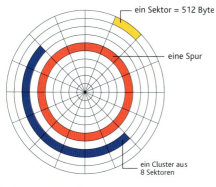

Prinzipdarstellung Spuren, Sektoren, Cluster *Geöffnete Festplatte*

Zwei Dateien von 2 KB und 6 KB sollen auf der Festplatte gespeichert werden. Die Größe der Cluster beträgt 4 KB. Für die erste Datei wird ein Cluster benötigt, da die kleinste logische Einheit unabhängig von der tatsächlichen Dateigröße ein Cluster, also 4 KB, beträgt. Die zweite Datei benötigt zwei Cluster, also 8 KB, da sie mit 6 KB größer als ein Cluster ist. Es ergibt sich für beide Dateien insgesamt ein Clusterverschnitt von 50 %.

3.1.3.2 Optische Massenspeicher

Optische Massenspeicher sind Speichermedien mit einer lichtempfindlichen Schicht, auf denen Daten mithilfe von Laserstrahlen fest eingebrannt werden.

CD, DVD und Blu-Ray

Die Compact Disc (**CD**), die Digital Versatile Disc (**DVD**) und die Blu-Ray-Disc (**BD**) zählen zu den optischen Massenspeichern. Sowohl die CD als auch die DVD und die Blu-Ray-Disc besitzen einen Durchmesser von 120 mm und eine Dicke von 1,2 mm. Letztere besteht bei der CD aus einer einzigen Trägerscheibe, während bei der DVD zwei Trägerscheiben der Dicke 0,6 mm zusammengeklebt wurden. Bei der Blu-Ray beträgt die Dicke der eigentlichen Trägerschicht nur 0,1 mm. Die Gesamtdicke von 1,2 mm ergibt sich u. a. aus Kompatibilitätsgründen zur CD und DVD. Die Trägerscheiben bestehen aus Polycarbonat, einem transparenten Kunststoff. Auf einer Seite der Kunststoffoberfläche sind spiralenförmig Vertiefungen, sogenannte **Pits**, eingeprägt und anschließend mit Aluminium beschichtet. Dadurch ergibt sich eine lichtreflektierende Schicht. Die Stellen ohne Vertiefungen werden dabei als **Lands** bezeichnet. Die spiralförmigen Spuren nennt man **Tracks**.

Je geringer der Abstand der Tracks, desto mehr Daten können auf dem Speichermedium gespeichert werden. 1 μm = 1 / 1 000 000 m

Parameter	CD	DVD	BD
Trackabstand	1,6 μm	0,74 μm	0,32 μm
Minimale Pitgröße	0,83 μm	0,4 μm	0,15 μm
Speicherkapazität	max. 900 MB	4,7 GB (single Layer) 8,5 GB (dual Layer)	25 GB (single Layer) 50 GB (dual Layer)
Datenrate	1,35 MBit/s	11 MBit/s (1 ×)	36 MBit/s (1 ×)

Die Blu-Ray wird langfristig die CD und DVD ablösen. Vierlagige BDs mit einer Speicherkapazität von 100 GB wurden bereits vorgestellt, BDs mit sechs und acht Layern befinden sich in der Entwicklung.

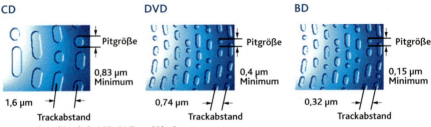

Pits, Lands und Tracks bei CD, DVD und Blu-Ray

Lesen einer CD, DVD oder Blu-ray

Beim Lesen der CD, DVD und BD durchdringt ein Laserstrahl (Infrarotlaser bei CD und DVD, blauer Laser mit ca. 405 nm bei Blu-ray) die transparente Polycarbonatscheibe und trifft auf die lichtreflektierende Schicht. Der auftreffende Laserstrahl liest spiralförmig von innen nach außen den Wechsel zwischen gut und schlecht lichtreflektierenden Stellen, den Pits und Lands, aus. Die Pits reflektieren das Licht diffus, sodass es teilweise ausgelöscht wird, die Lands nahezu vollständig. Die reflektierten Lichtstrahlen werden anschließend über ein Prisma (Spiegel) zu einem Fotosensor weitergeleitet und aufgrund der dadurch erzeugten Spannung ausgewertet.

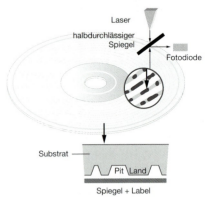

Prinzipdarstellung Lesen einer CD

Beschreiben einer CD oder DVD

Beim **Beschreiben (Brennen)** von CD und DVD erhitzt ein Schreiblaser die Lackschicht, die an diesen Stellen Blasen wirft, sodass sich Vertiefungen, die Pits, bilden. An diesen Stellen wird das Licht anschließend schwächer reflektiert = binäre 0, während die übrigen Stellen, die Lands, das Licht vollständig reflektieren = binäre 1.

Vor dem Brennvorgang kann ausgewählt werden, ob die CD anschließend weiter beschrieben werden kann, bis sie voll ist, oder nicht.

Single-Session-CD/DVD/BD:	CD/DVD/BD kann nach Abschluss des Brennvorgangs nicht weiter beschrieben werden.
Multi-Session-CD/DVD/BD:	CD/DVD/BD kann nach Abschluss des Brennvorgangs so oft weiter beschrieben werden, bis sie voll ist.

Mehrfach beschreibbare CD-RW und DVD-RW/+RW

In der Regel können die Speicherinhalte von einfachen CDs und DVDs nicht gelöscht werden. Es sind jedoch spezielle wiederbeschreibbare CDs und DVDs erhältlich, die diese Möglichkeit bieten, die CD-RW und die DVD-RW (RW = rewritable).

Diese CDs und DVDs verfügen über eine spezielle kristalline Beschichtung, die beim Erhitzen einzelner Stellen mittels eines Laserstrahls dort in einen nicht-kristallinen Zustand übergeht, sodass die Pits entstehen. Dieses Verfahren wird auch als Phase-Change-Verfahren bezeichnet.

Zum Löschen des Speicherinhaltes wird die CD oder DVD erneut mit einem Laserstrahl erhitzt und die nicht-kristallinen Stellen wieder in kristalline umgewandelt. Dieser Vorgang kann, je nach Fabrikat, bis zu 1000-mal wiederholt werden.

3.1.3.3 USB-Speicherstick

USB-Sticks (**U**niversal-**S**erial-**B**us-Stick, engl. „Stick"= Stab oder Stange) sind kleine, steckbare USB-Geräte, die häufig viel kleiner als ein Feuerzeug sind. Die USB-Sticks sind separat oder aber als Speichermedium z. B. in tragbaren MP3-Playern, Armbanduhren oder Taschenmessern erhältlich.

USB-Speichersticks *MP3-Player*

Die Speicherung der Daten erfolgt elektronisch auf einem Flash-Speicher, einem digitalen EEPROM-Speicher. Zurzeit sind USB-Sticks mit einer maximalen Speicherkapazität von 512 GB erhältlich. Der Vorteil eines USB-Sticks ist die geringe Größe und die hohe Speicherkapazität. Ferner verfügt jeder Computer über eine USB-Schnittstelle.

Vgl. diese LS, 3.1.1.3

Auswahl eines Speichermediums

Die Auswahl eines geeigneten Speichermediums hängt davon ab, ob die Daten dauerhaft oder temporär gespeichert werden sollen. Ferner spielen die Datenmenge und die Datenart (Audio- oder Videodateien) eine Rolle. Des Weiteren ist beim Datenaustausch entscheidend, welche Laufwerke und Schnittstellen auf Kunden- bzw. Firmenseite zur Verfügung stehen.

> Welche Laufwerke sollten die neuen Computer in Ihrer Agentur unbedingt enthalten und welche weiteren Laufwerke sind zudem wünschenswert? Bitte begründen Sie Ihre Auswahl!

3.1.4 Steckkarten

Als Steckkarten werden alle Erweiterungskarten des Computers bezeichnet, welche in die Slots auf dem Mainboard eingesteckt werden können. Hierzu zählen einerseits Karten, die für die Grundfunktionalität des Computers erforderlich sind, wie z. B. die Grafikkarte, aber inzwischen auch die Soundkarte sowie Steckkarten für Zusatzfunktionen wie z. B. die TV-Karte für den Fernsehempfang oder die Netzwerkkarte zur Vernetzung von Computern.

3.1.4.1 Grafikkarte

Eine Grafikkarte ist in jedem Computersystem notwendig, damit auf dem Monitor etwas angezeigt werden kann. Über die Grafikkarte werden die Daten des Prozessors an den Monitor weitergegeben, sodass sie einerseits für die grafische Ausgabe auf dem Monitor und andererseits für die Verwaltung des Bildschirmspeichers zuständig ist.

Je nach Bauart wird die Grafikkarte als Steckkarte in den PCI-Slot, den PCIe-Slot oder in den AGP-Slot auf dem Motherboard gesteckt. Ferner gibt es Grafikkarten „on board", die direkt in das Mainboard integriert sind.

Grafikkarte

Eine Grafikkarte besteht aus folgenden Komponenten:

- **Grafikprozessor** (GPU)
- **Grafikspeicher:** Speichermodul zur Ablage der Daten, die im Grafikprozessor verarbeitet wurden. Dieser Arbeitsspeicher hat eine Größe von zurzeit 1 GB bis 6 GB.
- **RAMDAC** (Random Access Memory Digital Analog Converter):
Chip auf der Grafikkarte zur Umwandlung digitaler (Videospeicher) in analoge (Monitor) Bilddaten. Eine wichtige Kenngröße des RAMDAC ist die Pixelfrequenz: Je höher die Pixelfrequenz, desto höher können Auflösung bzw. Bildwiederholfrequenz gewählt werden.

VGA-Schnittstelle   DVI-Schnittstelle

Mit heutigen Grafikkarten können **Bildschirmauflösungen** von bis zu **5 120 x 2 880 Pixel und mehr** erreicht werden.

> **Die Grafikkarte bearbeitet Daten des Prozessors zur Darstellung auf dem Monitor.**

Die Leistungsfähigkeit einer Grafikkarte lässt sich an der Farbtiefe ablesen. Es sind alte Grafikkarten mit 8 Bit (256 Farben) bis hin zu neuen Modellen mit 32 Bit (24 Bit = 16,7 Millionen Farben + 8 Bit für Transparenzinformationen) erhältlich.

An der Außenseite der Grafikkarte befindet sich bei älteren Karten eine analoge **VGA-Schnittstelle** (Video Graphics Array), während moderne Grafikkarten über eine **DVI-Schnittstelle** (Digital Video Interface) zum Anschluss von Monitor oder Beamer bzw. eine **HDMI-Schnittstelle** (High Definition Multimedia Interface) verfügen.

3.1.4.2   Soundkarte

Zur Wiedergabe von Tönen wird im Computer eine Soundkarte benötigt. Zum Anschluss diverser Endgeräte verfügt die Soundkarte über eine Reihe von Ein- und Ausgängen.

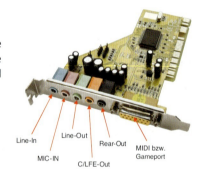

Soundkarte

Standardanschlüsse einer Soundkarte

Anschlussbezeichnung	Anschließbare Geräte	Farbe
Line In (Audioeingang)	Externe Geräte, wie Mini-Discplayer oder Stereoanlage zur Aufnahme u. Wiedergabe	Blau
Mic In (Mikrofoneingang)	Mikrofon mit 3,5 mm Klinkenstecker	Rosa oder Rot
Line Out (Lautsprecherausgang)	Kopfhörer oder Lautsprecher mit 3,5 mm Klinkenstecker	Hellgrün
Speaker Out (Rear Out)	Audioausgabe über Kopfhörer u. Passiv-Lautsprecher	Schwarz
C/LFE Out (Low Frequency Effect)	Ausgabe über mittlere oder Basslautsprecher	Gelb
MIDI bzw. **Game Port**	Joystick oder MIDI-Gerät	Schwarz oder Gelb

Lernsituation Gründung einer Agentur | 1

> **Soundkarte:** Zusatzkarte zur Ein- und Ausgabe akustischer Signale und zur Erzeugung und Verarbeitung von Klängen.

Die Leistungsfähigkeit einer Soundkarte wird durch die Art der Klangerzeugung bestimmt. Hierbei unterscheidet man die einfache **FM-Synthese** mittels Frequenz-Modulation und das **Wavetable-Verfahren**.

FM-Soundkarte
Bei der FM-Soundkarte werden die Klänge, ähnlich wie beim Synthesizer, künstlich erzeugt. Dies geschieht durch Programmierung von Wellengeneratoren, Modulatoren und Filtern. Es überlagern sich Schwingungen unterschiedlicher Frequenz und Amplitude und ein Klang entsteht.

Wavetable-Soundkarte
Eine **Wavetable-Soundkarte** verfügt über einen internen Speicher, in dem digital gespeicherte Audiosignale verschiedener Musikinstrumente, sogenannte Samples abgelegt sind. Im Gegensatz zur FM-Synthese, die die Töne nur nachahmt, ist mit diesem Verfahren eine sehr realistische Wiedergabe von Instrumenten oder Klängen möglich.

> **Soundkarten sind für die Bussysteme PCI, PCIe, AGP und USB erhältlich.**

Soundkarten sind für das Computersystem immer dann von Bedeutung, wenn Anwendungen mit Audiodaten, z. B. bei der Webseitenerstellung, geplant sind.

> Nehmen Sie Stellung dazu, wie viele der neuen Computer (oder ggf. alle drei?) mit einer Soundkarte ausgerüstet sein sollen. Begründen Sie Ihre Entscheidung.

3.1.4.3 Netzwerkkarte

Die Netzwerkkarte, auch Netzwerkcontroller genannt, ist eine Erweiterungskarte, die benötigt wird, wenn mehrere Computer miteinander verbunden werden sollen. Sie dient als Bindeglied zwischen Computer und Netzwerk.

Jede Netzwerkkarte hat zur Identifikation eine weltweit einmalige Adresse, die sog. **MAC-Adresse** (**M**edia **A**ccess **C**ontrol), die in den Chipsatz der Karte eingebrannt ist.

Netzwerkkarte

Die MAC-Adresse ist eine **Ethernet-Adresse**[1] und wird vom Hersteller der Netzwerkkarte festgelegt. Sie besteht aus 6 Stellen und wird mit Hexadezimalzahlen dargestellt. Alle netzwerkfähigen Geräte besitzen diese weltweit einzigartige Adresse zur Identifizierung.

MAC-Adresse/Hardwareadresse

---

[1] Ethernet = Standard zur kabelgebundenen Verbindung von Computern in lokalen Datennetzen (LANs). Datenübertragungsrate 10 oder 100 MBit/s.

Ermittlung der MAC-Adresse: Windows-Eingabeaufforderung --> ipconfig/all eingeben --> unter Ethernetadapter LAN-Verbindung die Physikalische Adresse (MAC-Adresse) auslesen; Apple Mac OSX: Systemeinstellungen->Netzwerk->Weitere Optionen->Hardware

Das Hexadezimalsystem besteht aus den Ziffern 0 bis 9 und den Buchstaben A bis F, also aus insgesamt 16 verschiedenen Zeichen. Es wird beim Computer in vielen Bereichen zur Adressierung verwendet, auch bei Netzwerkkarten.

Da die MAC-Adresse einmalig ist, kann sie als Zugangskriterium, z. B. zu einem WLAN-Netz im Internet, dienen. Benutzer, deren MAC-Adressen sich nicht in der Liste befinden, erhalten keinen Zugriff.

In der Netzwerkkarte werden beim Datenempfang die eingehenden seriellen Datenströme in parallele Datenströme umgewandelt sowie umgekehrt beim Senden parallele Datenströme in serielle.

In der Regel verfügt die Netzwerkkarte nach außen über einen RJ45-Anschluss und wird intern in einen PCI- oder PCIe-Slot auf dem Mainboard eingesteckt.

Die grundlegenden Erweiterungskarten, wie Grafik-, Sound- oder Netzwerkkarte sind bei der Konfiguration Ihres Computers beim Händler auszuwählen bzw. bereits „on board". Ermitteln Sie neben den grundlegenden Karten weiteren Bedarf, z. B. eine weitere Grafikkarte oder eine TV-Karte.

3.2 Peripheriegeräte

Neben dem Computer selbst sind eine Reihe weiterer Geräte notwendig, um mit dem Computer überhaupt arbeiten zu können. Zur Mindestausstattung gehören hier die Tastatur, die Maus und ein Monitor. Doch auch weitere Geräte, wie Drucker oder Scanner usw. sind für einen Medienarbeitsplatz von Bedeutung.

All diese Geräte werden als **Peripheriegeräte** bezeichnet und lassen sich in zwei Gruppen einteilen: **Eingabegeräte und Ausgabegeräte**.

Viele Ein- und Ausgabegeräte sind in unterschiedlichen Ausführungen erhältlich. Entscheiden Sie, welche Ausführung sowohl unter ergonomischen als auch unter technischen Gesichtspunkten für die Computerarbeitsplätze Ihrer Agentur jeweils sinnvoll ist. Überlegen Sie dabei auch, welche Geräte zentral genutzt werden können und welche an jedem Arbeitsplatz zur Verfügung stehen müssen.

3.2.1 Eingabegeräte

Als Eingabegeräte werden die Peripheriegeräte des Computers bezeichnet, mithilfe derer Signale (Informationen und Daten) in den Computer eingegeben werden können.

Tastatur
Eines der wichtigsten Eingabegeräte ist die Tastatur (engl. „Keyboard"). Moderne Tastaturen verfügen über 104 bis 108 Tasten, welche in insgesamt sechs Reihen angeordnet sind. Lediglich die beim Laptop eingebaute Tastatur weist weniger Tasten auf, da hier auf einen separaten Nummernblock verzichtet wird. Die Anzahl der Tasten kann sich auch noch erhöhen, wenn Zusatztasten – z. B. zum Starten des E-Mail-Programms, des Webbrowsers oder zur Lautstärkeregelung – mit aufgenommen

werden. Diese Tasten sind in der Regel kleiner als die Standardtasten und befinden sich am oberen Rand der Tastatur oder beim Laptop auch links.

Tastatur: Eingabegerät zur manuellen Eingabe von Daten und Befehlen in alphanumerischer Form.

Personen, die häufig und lange am Computer sitzen, sollten die Anschaffung einer ergonomischen Tastatur in Erwägung ziehen, um Sehnen- und Gelenkerkrankungen vorzubeugen.

Tastaturen werden an eine USB-Schnittstelle des Computers angeschlossen.

Standard-PC-Tastatur

Ist für die Einrichtung der DTP-Arbeitsplätze die Anschaffung einer ergonomischen Tastatur notwendig oder kann aus Kostengründen darauf verzichtet werden?

Maus

Die meisten Computeranwendungen verfügen über eine grafische Benutzeroberfläche mit Menüs und Schaltflächen. Zu Bedienung dieser Anwendungen ist eine Computer-Maus erforderlich.

Maus: Bewegliches Handsteuergerät zur manuellen Eingabe von Befehlen und Zeichen über Text- und Grafikmenüs auf dem Bildschirm.

Eine Computer-Maus ist in verschiedenen Ausführungen erhältlich und entweder über Kabel (USB-Schnittstelle), Ultraschall, Infrarotsender oder Funk mit dem Computer verbunden. Die Maus ist dabei in der Regel als optische Maus ausgeführt. Die optische Maus ertastet die Bewegung mit einem Lichtstrahl und einem optischen Sensor. Die Maus funktioniert am besten auf einer glatten, ebenen Fläche, Glasplatten und andere spiegelnde Flächen sind jedoch als Untergrund ungeeignet.

Funkmaus   *optische Maus*   *optische Maus*
                          (Oberseite)   *(Unterseite)*

Scanner

Wenn man Vorlagen in gedruckter Form oder auch Fotos und Dias digital erfassen und in den Rechner übertragen möchte, ist ein Scanner notwendig. Der Scanner tastet die Vorlagen mithilfe eines

1 | Lernsituation Gründung einer Agentur

Lichtstrahls ab, digitalisiert sie und bringt sie so in eine computerlesbare Form. Neben dem Scanner ist dazu eine spezielle Scansoftware notwendig, die beim Gerätekauf mitgeliefert wird.

1 inch =
1 Zoll =
2,54 cm

Die Qualität eines Scanners wird durch die **Scanauflösung**, die **Farbtiefe** und den **Dichteumfang** bestimmt. Gängige Scanner arbeiten heute mit Farbtiefen von 48 Bit und mehr. Die Auflösung eines Scanners gibt an, wie genau der Scanner eine Vorlage abtasten kann. Je höher die Auflösung, desto besser sind die Optik und die Mechanik des Scanners. Die Auflösung wird in **dpi** (dots per inch = Punkte pro Zoll) angegeben.

Vgl. LS 9, 27.3.1

Scanner sind, je nach Anwendungsbereich, in verschiedenen Bauarten erhältlich. Folgende Tabelle bietet eine Übersicht über gängige Scannertypen und deren Anwendungsbereiche:

Scannertyp	Abbildung	Bauart	Scanvorgang	Anwendung
Aufsichtscanner (Flachbett-scanner)[1]		Flachbettscanner ohne Durchsichteinheit, als DIN-A4- und DIN-A3-Scanner erhältlich	Vorlage wird durch eine Glasplatte hindurch von einem CCD-Lichtsensor Zeile für Zeile abgetastet.	Scannen von Vorlagen in gängigen Druckformaten und Fotos
Einzugscanner[1]		von DIN A8 bis DIN A3 als simplex oder duplex	Vorlage wird mit konstanter Geschwindigkeit eingezogen und dabei an der Abtasteinheit, einem CCD-Sensor, vorbeigeführt.	schnelles Scannen von Dokumenten. Speicherung meist direkt als PDF
Trommelscanner		horizontal vertikal	Vorlage wird auf Trommel befestigt, Trommel dreht sich mit hoher Geschwindigkeit und Abtastschlitten mit drei Photomultiplier-Elementen tastet die Vorlage punktweise ab.	Scannen dünner, flexibler Papiere, Folien, Fotos und Negative

Am häufigsten findet der Flachbettscanner als Aufsichtscanner Anwendung. Einige Hersteller bieten bereits kombinierte Druck- und Scangeräte an, die im Büro platzsparend aufgestellt werden können. Für professionelle Anwendungen in der Druckvorstufe bietet sich wegen der besseren Qualität jedoch entweder ein Einzugscanner oder ein Trommelscanner an.

3.2.2 Ausgabegeräte

Als Ausgabegeräte werden die Peripheriegeräte des Computers bezeichnet, die Signale (Informationen und Daten) aus dem Computer empfangen und ausgeben.

3.2.2.1 Bildschirm

Das wichtigste Ausgabegerät des Computers ist der Monitor. Ohne einen Monitor könnten wir den Computer nicht bedienen, da wir nicht sehen würden, was wir tun.

---

[1] Bildquelle: Hewlett-Packard GmbH

Lernsituation Gründung einer Agentur | 1

Informieren Sie sich umfassend über alle gängigen Monitortechnologien und entscheiden Sie sich anschließend für eine Technologie, die bei allen Arbeitsplätzen in Ihrer Agentur verwendet werden kann. Berücksichtigen Sie dabei sowohl technische (Reaktionszeit, Betrachtungswinkel und darstellbarer Farbumfang) als auch finanzielle Gesichtspunkte.

Bei den gängigen LCD-Monitoren (Liquid Cristal Display) wird zwischen mehreren Technologien bzgl. der Hintergrundbeleuchtung unterschieden. Generell werden unsere „Flachbildschirme" auch TFT-Monitore genannt, da sie – unabhängig von der Lichtquelle – mit Dünnfilmtransistoren (Thin Film Transistor) – zur Ansteuerung der Pixel arbeiten.

1. LED
2. Plasma
3. OLED

LCD-/TFT-Monitor

Technischer Aufbau

LCD-Monitore (Liquid Crystal Display) arbeiten mit der TFT-Technik (Thin Film Transistor). Die LCD-Technik nutzt Flüssigkristalle zum Bildaufbau: Zwischen zwei Glas- oder Kunststoffplatten befindet sich eine zähflüssige Flüssigkristallschicht. Hinter der Flüssigkristallschicht erzeugen eine oder mehrere Leuchtstoffröhren oder Leuchtdioden (LEDs) eine konstante Hintergrundbeleuchtung. Da natürliches Licht, dazu zählt auch das Licht einer Lampe, ungeordnet schwingt, ist zusätzlich ein Polarisationsfilter erforderlich, der nur Lichtanteile mit einer bestimmten Schwingungsebene durchlässt und die restlichen Lichtanteile herausfiltert.

Das polarisierte Licht trifft nun auf die Flüssigkristalle. Diese sind in einer Helix (Spirale) angeordnet und haben die Eigenschaft, die auftreffenden Lichtstrahlen zu drehen. Damit können sie den zweiten Polarisationsfilter durchdringen und einen Bildpunkt erzeugen.

Wird durch die Elektroden eine Spannung angelegt, verändert sich die Struktur der Flüssigkristalle und das Licht wird nicht gedreht. Dadurch erscheint der Bildpixel dunkel. Schauen Sie sich mit einer Lupe den Monitor an: Jeder Pixel besteht aus drei Subpixeln mit den Farben Rot, Grün und Blau. Jeder Subpixel hat seinen eigenen Flüssigkristall, der den Bildaufbau steuert. Die Farbmischung erfolgt nach dem additiven Farbmodell: Wir sehen z. B. Cyan, wenn der grüne und der blaue Subpixel leuchten, der rote Subpixel dunkel ist.

vgl. auf Youtube: engineerguyvideo (LCD Monitor Teardown)

Die Thin-Film-Transistoren (TFT) steuern den Bildaufbau, indem sie in Millisekunden den Subpixel aktiv oder inaktiv schalten. In der geringen Zwischenzeit kann sich die Bildinformation ändern und der Flüssigkristall muss neu ausgerichtet werden. Die Bildwiederholfrequenz bei gängigen Flachbildschirmen liegt bei 60 Hz. Die Reaktionszeit, in der ein Pixel geändert werden muss liegt demnach bei ca. 2 Millisekunden.

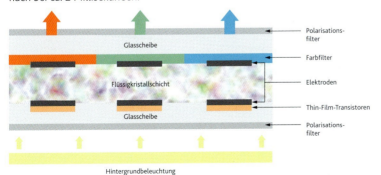

Prinzipieller Aufbau eines LCD-Monitors

Vorteile	Nachteile	Anwendungen
• leicht • platzsparend • strahlungsfrei • mit unterschiedlichen Display-Typen erhältlich	• Reaktionszeit vergleichsweise langsam • Kontrast vom Betrachtungswinkel abhängig • maximaler Betrachtungswinkel vom Display-Typ abhängig	• Bild- und Grafikbearbeitung für Druck- und Digitalanwendungen • Computerspiele (TN-Panel)

Plasmabildschirm

Technischer Aufbau

Die Plasmatechnik nutzt Edelgase zum Bildaufbau: ein Gemisch aus Helium, Neon und Xenon. Das Gasgemisch ist zwischen zwei mit Elektroden versehenen Glasplatten in Kammern eingeschlossen. Die einzelnen Kammern entstehen dabei durch Rippen auf den Glasplatten.

Für jeden Bildpunkt (Pixel) stehen drei Kammern zur Verfügung, jeweils eine für die Farben Rot, Grün und Blau, die zusätzlich, entsprechend der jeweiligen Farbe, mit unterschiedlichen Leuchtschichten (Phosphorschichten) versehen sind. Die vordere Platte ist zusätzlich mit einer dielektrischen (= elektrisch nicht leitenden) Schicht und einer Schutzschicht überzogen.

Mithilfe eines Transistors wird das Gasgemisch in der jeweiligen Kammer über die Elektroden gezündet, so entstehen kleine Explosionen. Dadurch wird UV-Strahlung ausgesendet, die auf die jeweiligen Phosphorschichten (Rot, Grün, Blau) in den Kammern trifft, sodass diese farbiges Licht aussenden. Die Zünddauer bestimmt die Helligkeit des jeweiligen Bildpunktes.

Für Monitore werden Phosphore mit geringer Nachleuchtzeit verwendet, da sich das Bild, aufgrund der Bildwiederholfrequenz, ständig neu aufbaut.

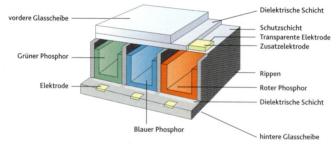

Prinzipieller Aufbau eines Plasmabildschirmes

Vorteile	Nachteile	Anwendungen
• sehr hoher Kontrast • brillante Bilder • strahlungsfrei • sehr große Bildschirme erhältlich • schnelle Ansteuerung der Bildpunkte (kein Nachzieheffekt)	• hoher Stromverbrauch • Leuchtstärke lässt mit Alter nach • Standbilder können sich einbrennen • Mindestabstand des Benutzers für scharfes Bild erforderlich	• Monitore • Heimkino • Präsentationsgeräte • TV-Geräte

OLED-Monitor

Technischer Aufbau

OLED ist die Abkürzung für **O**rganic **L**ight **E**mitting **D**iode (organische Leuchtdiode). Diese Technologie nutzt die Eigenschaften organischer Materialien: mehrere organische Schichten werden z. B. zwischen zwei Glasplatten aufgetragen.

Die erste Schicht besteht aus einer transparenten Anode aus Indium-Zinn-Oxid, darüber liegt eine Schicht aus PEDOT/PSS, welche die Diffusion von Indium vermeiden soll. Auf diese Schichten wird ein leitfähiger Kunststoff, eine sog. Lochleitungsschicht (HTL = Hole Transport Layer), aufgetragen. Darüber kommt ein emittierender (= Licht aussendender) Kunststoff mit einem speziellen Farbstoff für die Farbdarstellung auf dem Display. Dann folgt die Elektronenleitungsschicht (ETL = Electron Transport Layer). Die Kathode als letzte Schicht besteht aus einer hauchdünnen Schutzschicht aus Lithiumfluorid, Cäsiumfluorid oder Silber. Die beiden Platten sind nur ca. 100 bis 200 nm voneinander entfernt.

Wenn Elektronen aus der Kathode in der emittierenden Kunststoffschicht auf die positiv geladenen Löcher aus der Anode treffen, wird der dort enthaltene Farbstoff angeregt und sendet Lichtteilchen, sog. Photonen, aus. Die Farbe des Lichts hängt davon ab, wie groß der Abstand zwischen der aktuellen Energie des Teilchens und derjenigen im Grundzustand ist.

Dies klingt insgesamt kompliziert, ist jedoch ganz einfach, da die organischen Materialien quasi von selbst leuchten.

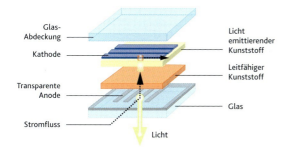

Aufbau eines OLED-Displays

Smartphone mit OLED-Aktiv-Matrix-Display

Die OLED-Technologie wird bereits bei den Displays einiger Smartphones und Digitalkameras eingesetzt.

Vorteile	Nachteile	Anwendungen
• transparent • biegsam • geringe Baugröße • leuchtstark • kontrastreiche Farbdarstellung • schnelle Reaktionszeit • unabhängig vom Blickwinkel • leicht	• noch teuer in der Anschaffung • empfindlich • Leuchtstärke lässt nach • geringe Lebensdauer	• Monitor • TV-Gerät • Smartphone • Digitalkamera • Armbanduhren • digitale Beschriftungen diverser Gegenstände

Je höher Zeilen- und Bildwiederholfrequenz, desto flimmerfreier und augenschonender ist das Monitorbild.

Die Bildwiederholfrequenz kann bei den Monitoreinstellungen im Betriebssystem ausgewählt werden, darf jedoch die maximal für den jeweiligen Monitor zulässige Bildwiederholfrequenz nicht überschreiten.

 Für ein flimmerfreies Bild ist, je nach Monitorart, eine Bildwiederholfrequenz von 60 Hz bis 80 Hz erforderlich!

Monitorgröße und Bildschirmauflösung

Die Größe eines Monitors wird durch das Maß der Bildschirmdiagonale in Zoll angegeben (1 Zoll = 1 Inch = 2,54 cm). Standard-Monitore sind in den Größen 17, 19, 20, 21 oder 22 Zoll erhältlich. Darüber hinaus werden Monitore bis zu einer Größe von 30 Zoll zu etwas höheren Preisen angeboten.

Die **Bildschirmauflösung** gibt an, wie viele Pixel in Breite und Höhe am Bildschirm darstellbar sind. Bildschirme haben ein Querformat entweder mit dem **Seitenverhältnis 4:3** oder **5:4**. Breitbildmonitore verfügen über ein Seitenverhältnis von 16:9 oder von 16:10. Gängige Bildschirmauflösungen liegen im Bereich zwischen (1280 x 1024) Pixeln und (1920 x 1080) Pixeln.

Bei TFT-Flachbildschirmen ist die Auflösung technisch vorgegeben und sollte nicht verändert werden. Wird z. B. eine höhere Auflösung als empfohlen ausgewählt, so muss interpoliert werden, um aus der kleineren, tatsächlichen Anzahl von Bildschirmpixeln eine größere Anzahl darstellbarer Bildpunkte zu erhalten. Dies kann zu unschönen Treppeneffekten an schrägen Kanten führen.

Prüfsiegel und Bestgerätekennzeichnung für Monitore

Insbesondere bei Röhrenmonitoren entsteht durch die Elektronenstrahlen in der Bildröhre ein elektromagnetisches Feld, welches dazu führt, dass der Monitor Strahlen aussendet. Damit diese Strahlen nicht den gesundheitsschädlichen Bereich erreichen, werden die Monitore hinsichtlich ihrer Strahlung getestet und erhalten entsprechende Prüfsiegel.

CE		Das europäische CE-Zeichen wird auch bei elektromagnetischer Strahlungsarmut vergeben, hat jedoch weniger strenge Richtlinien als TCO und MPR.
Energy Star[1]		Das europäische Energy-Star-Zeichen kennzeichnet stromsparende Geräte, die bestimmte Voraussetzungen erfüllen.

Gerade im gestalterischen bzw. drucktechnischen Bereich empfiehlt sich ein Monitor mit einem großen darstellbaren RGB-Arbeitsfarbraum. Der Standardfarbraum für die meisten Monitore ist sRGB (vgl. IEC – Internationale Elektrotechnische Kommission). Dieser Farbraum ist jedoch gemessen an den Farbräumen AdobeRGB oder eciRGB (vgl. www.eci.org) eher klein. Auch kann sRGB nicht alle Farbeindrücke darstellen, die der CMYK-Farbraum moderner Offsetdruckmaschinen oder gar der Farbraum von Tintenstrahlgeräten wiedergeben kann.

Recherchieren Sie nach Monitoren mit einer relativ hohen Abdeckung des AdobeRGB-Farbraums, damit Sie farbrelevante Arbeiten und Softproofs in der Druckvorstufe sicher ausführen können.

3.2.2.2 Drucker

Neben dem Monitor ist der Drucker ein wesentliches Ausgabegerät des Computers. Er ermöglicht den Ausdruck der auf dem Monitor angezeigten Dateiinhalte auf unterschiedlichen Papierarten, wie z. B. Normalpapier mit 80 g/m² für Briefbögen oder spezielles Fotopapier für Bilder (z. B. 120 g/m²).

Drucker: Ausgabegerät zur Ausgabe von Daten auf einen Bedruckstoff, z. B. Papier.

Drucker lassen sich anhand ihres Druckverfahrens gut voneinander unterscheiden. Dabei erfolgt eine erste Unterscheidung danach, ob Drucker und Bedruckstoff, z. B. das Papier, beim Druckvorgang direkt miteinander in Berührung kommen oder nicht. Die direkte Berührung zwischen Drucker und Bedruckstoff findet bei **Impact-Druckern** Anwendung, während bei **Non-Impact-Druckern** ein berührungsloser Druckvorgang erfolgt.

Folgende Tabelle bietet eine Übersicht gängiger Druckerarten aus dem Impact- und Non-Impact-Bereich:

Impact-Drucker (Anschlagdrucker)		Non-Impact-Drucker (anschlagfreie Drucker)		
Vollzeichendrucker	Matrixdrucker	Tintenstrahldrucker	Thermodrucker	Tonertechnologie
Prinzip Schreibmaschine	Nadeldrucker mit 9, 18, 24 oder 48 Nadeln	Continuous-Jet Impuls-Jet Piezo Bubble-Jet	Thermodirektdruck Thermotransferdruck Thermosublimationsdruck	Laserdrucker Ionendrucker Magnetdrucker

Im Wesentlichen finden jedoch die Non-Impact-Drucker Tintenstrahl- und Laserdrucker Anwendung. Diese Drucker sind auch häufig an Einzelarbeitsplätzen oder aber für eine ganze Arbeitsgruppe als Netzwerkdrucker zu finden und sollen daher im Folgenden näher beschrieben werden. Nadeldrucker werden nur dann interessant, wenn Durchschläge erstellt werden müssen, wie z. B. bei Rechnungen und Bestellformularen.

---

[1] Abdruck mit freundlicher Genehmigung der European Comission, Directorate-General of Energy and Transport, Brüssel

1 Lernsituation Gründung einer Agentur

Tintenstrahldrucker

Tintenstrahldrucker berühren den Bedruckstoff beim Druck nicht.
Standard-Tintenstrahldrucker sind mit Tinten der Grundfarben Cyan, Magenta und Yellow sowie mit schwarzer Tinte (Key) ausgestattet (CMYK). Ferner sind auch Tintenstrahldrucker mit sechs Farben erhältlich. Hier kommen noch Tinten in hellem Cyan und hellem Magenta hinzu.

Durch feine Düsen, die in Reihen angeordnet sind, wird die Tinte mit einem speziellen Ink-Jet-Verfahren punktförmig auf das Papier gesprüht. Je nach Druckertyp findet eines der beiden folgenden Ink-Jet-Verfahren Anwendung.

Continuous-Jet-Verfahren

Beim Continuous-Jet-Verfahren wird die Tinte kontinuierlich mit hoher Geschwindigkeit aus der Düse herausgedrückt und durch die Überlagerung mit Ultraschallschwingungen in winzige Tropfen zerlegt. Die Tropfen werden nach dem Austritt aus der Düse statisch aufgeladen, entsprechend der Ladungsstärke abgelenkt und so an die gewünschte Stelle auf den Bedruckstoff übertragen. Das Continuous-Jet-Verfahren wird u. a. von der Firma Hitachi und vor allem bei Industrieanwendungen eingesetzt.

Impuls-Jet-Verfahren

Beim Impuls-Jet-Verfahren werden nur bei Bedarf Tropfen gebildet: DOD (Drops on Demand). Dies geschieht, je nach Hersteller, mittels unterschiedlicher Verfahren:

Piezo-Verfahren:

Beim Piezo-Verfahren befindet sich in jeder Düse ein Piezo-Keramik-Element (Piezokristall). Wenn eine Spannung angelegt wird, verformt sich das Piezo-Element so, dass in der mit Tinte gefüllten Druckkammer ein Überdruck erzeugt wird. Der Überdruck führt dazu, dass Tintentröpfchen abgegeben und auf das Papier übertragen werden. Bei der Entspannung des Piezo-Materials entsteht ein Unterdruck in der Druckkammer, sodass diese wieder neue Tinte aus dem Vorratsbehälter aufnehmen kann.

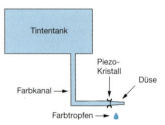

Funktionsprinzip des Piezo-Verfahrens

Thermisches oder Bubble-Jet-Verfahren:

Im Bubble-Jet-Verfahren enthält der Tintenkanal sehr kleine Heizelemente, die jeweils nur etwa halb so dick wie ein Haar sind. Durch einen elektrischen Impuls erhitzen diese die Tinte in Millisekunden. Die Tinte fängt an zu dampfen und es bilden sich Dampfblasen. Durch ihre Ausdehnung bewirken sie, dass ein Tintentropfen aus der Düse herausgeschossen und auf das Papier übertragen wird. Danach entsteht ein Unterdruck in der Düse, der eine Sogwirkung nach sich zieht und das Aufnehmen neuer Tinte aus dem Vorratsbehälter ermöglicht.

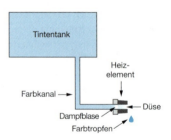

Funktionsprinzip des Bubble-Jet-Verfahrens

Vorteile	Tintenstrahldrucker	Nachteile
kostengünstige Anschaffung		teure Original-Tintenpatronen
leise		Tinte muss nach dem Drucken trocknen
hohe Auflösungen möglich		Papierwellung bei starkem Tintenauftrag auf Normalpapier
Spezialtinte für unterschiedliche Oberflächen erhältlich		relativ hohe Seitenkosten

Laserdrucker

Laserdrucker arbeiten nach dem Prinzip eines Kopierers und werden daher auch als Seitendrucker bezeichnet, da ganze Seiten auf einmal belichtet und ausgedruckt werden. Beim Druckvorgang trifft der Laserstrahl oder das Licht einer LED, durch spezielle Polygonspiegel abgelenkt, auf eine lichtempfindliche Trommel – die Fotoleiterwalze – und belichtet diese linienweise. Die Fotoleiterwalze dreht sich nach der Belichtung an der Entwicklerstation vorbei und nimmt an den zuvor belichteten Stellen negativ geladenen Toner auf. Es liegt nun ein spiegelverkehrtes Druckbild vor. Der Toner wird anschließend auf das positiv geladene Papier übertragen und durch Hitze und Druck fest mit dem Papier verbunden.

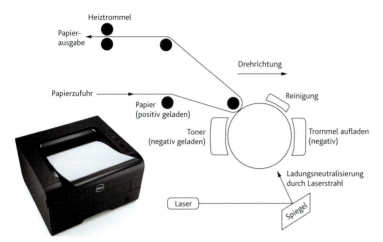

Funktionsprinzip eines Laserdruckers
Bildquelle: Dell GmbH

Vorteile	Laserdrucker	Nachteile
hohe Druckgeschwindigkeit		hohe Anschaffungskosten
hohe Druckqualität		beim Druckvorgang werden Ozon und Feinstaub erzeugt
niedrige Seitenkosten		aufwändiges Recycling der Tonerkartuschen
hohe Auflösung		

Welche Drucker können in Ihrer Agentur genutzt werden, um qualitativ hochwertige Ausdrucke in allen Arbeitsbereichen zu ermöglichen? Beachten Sie hierbei, dass für Digitalproofs in der Druckvorstufe nur Tintenstrahl- und Thermosublimationssysteme aber keine Laserdrucker verwendet werden.

3.3 Software

Neben der Hardware gehört zu einem funktionsfähigen Computersystem auch entsprechende Software.

Software: Digitaler Teil des Computersystems, wie Daten und Programme.

3.3.1 Betriebssysteme: Windows, MAC OS

Das **Betriebssystem** ist eine Software, die genau auf den Computertyp Windows oder Apple zugeschnitten ist und sowohl den Hauptspeicher verwaltet als auch die Kommunikation mit anderen Computern im Netz sowie den Ablauf der Anwendungsprogramme steuert.

Beim PC kommt meistens ein Windows-Betriebssystem, wie z. B. Windows 10, zum Einsatz, während Apple Macintosh-Computer, kurz MACs, mit dem Betriebssystem MAC OS, z. B. MAC OS X, arbeiten.

Druckereien und Werbeagenturen, nutzen häufig einen Mac während der PC als typischer Bürorechner für die Bereiche Textverarbeitung, Datenbankanwendungen und Programmierung usw. unter dem Windows-Betriebssystem gilt.

3.3.2 Anwendungssoftware für den Medienarbeitsplatz

Zu einem Medienarbeitsplatz gehören neben dem Betriebssystem natürlich auch **Anwendungsprogramme** zur Erstellung der Medienprodukte für den Print- und Onlinebereich.

In der folgenden Tabelle sind einige gängige Anwendungsprogramme und ihre Haupteinsatzbereiche aufgelistet.

Name der Software	Anwendungsbereich	Herstellerfirma
Illustrator	Grafiken	Adobe
InDesign	Layout	Adobe
Photoshop	Bildbearbeitung	Adobe
Dreamweaver	Webseitenerstellung	Adobe
Adobe Acrobat Pro	Prüfen und bearbeiten von PDF-Dokumenten	Adobe
Adobe Reader	Anzeigen von PDF-Dokumenten	Adobe
Adobe Premiere	Filmerstellung	Adobe

Mit welchem Betriebssystem soll in Ihrer Agentur gearbeitet werden und welche weitere Software ist für die Mitarbeiter für die Bereiche Druck- und Digitalmedien sowie Bürokommunikation unbedingt anzuschaffen? Begründen Sie Ihre Auswahl!

4 Ergonomie am Medienarbeitsplatz

Ihre neue Agentur bezieht zunächst ein Büro mit zwei Arbeitsräumen. Neben der Planung der richtigen Computerausstattung sind Entscheidungen bezüglich der Ausstattung der Büroräume zu treffen. Optische Merkmale spielen zwar eine Rolle, treten bei der Einrichtung der Arbeitsplätze jedoch in den Hintergrund, da diese in erster Linie den gängigen Verordnungen für Bildschirmarbeitsplätze und den ergonomischen Anforderungen entsprechen müssen, um die Gesundheit der Mitarbeiter zu erhalten.

Der Begriff **Ergonomie** stammt aus dem Griechischen und wurde aus den beiden Worten „ergon" = Arbeit und „nomos" = Gesetz gebildet. Ergonomie ist die Wissenschaft von der Arbeit des Menschen und soll dafür sorgen, dass der Arbeitsplatz den menschlichen Bedürfnissen angepasst ist, um Gesundheitsschäden vorzubeugen.

Lernsituation Gründung einer Agentur | 1

Bei der Einrichtung eines komplett neuen Arbeitsplatzes spielt daher, neben der Auswahl von ergonomischer Hardware wie z. B. einer ergonomischen Tastatur und Maus, auch die Auswahl geeigneter Möbel und deren Platzierung im Büroraum eine wichtige Rolle.

> Viele Menschen verbringen einen großen Teil ihrer täglichen Arbeitszeit am Computer. Auch in Ihrer neuen Agentur wird, neben Kundengesprächen und Präsentationen, überwiegend am Computer gearbeitet. Daher muss der Computerarbeitsplatz so beschaffen sein, dass Folgeschäden, wie etwa starke Rückenschmerzen, Augenleiden oder Sehnenentzündungen von Hand und Arm möglichst ausbleiben.

In zahlreichen Normen, Verordnungen und Richtlinien ist konkret festgelegt, wie Büroarbeitsplätze und speziell **Bildschirmarbeitsplätze** beschaffen sein sollen.

4.1 Geometrie und Geräteausstattung des Arbeitsplatzes

Einige wichtige Normen und Verordnungen, welche die Ausstattung und Anordnungen des Bildschirmarbeitsplatzes im Büro regeln, werden im Folgenden näher erläutert.

DIN 4543 Teil 1 – Büroarbeitsplätze

Grundfläche pro Arbeitsplatz:	Mindestens 8 m², bei Bildschirmarbeitsplätzen möglichst 10 m²
Raumhöhe:	Mindestens 2,50 m
Mindestluftraum:	Mindestens 12 m³
Freie Bewegungsfläche:	Mindestens 1,50 m², Tiefe an keiner Stelle unter 1 m

Bildschirmarbeitsverordnung – Bildschirmarbeitsplatz
- Tätigkeiten am Bildschirm sollen regelmäßig durch Pausen oder andere Tätigkeiten unterbrochen werden, dynamisches Sitzen.
- Der Arbeitgeber muss für regelmäßige Kontrolle des Sehvermögens Sorge tragen.

Dynamisches Sitzen und Bewegungspausen
Bildschirmarbeit stellt in der Regel eine Belastung für den Rücken dar, doch das muss nicht so sein. Abhilfe lässt sich einerseits durch dynamisches Sitzen, andererseits durch gezielte Bewegungspausen schaffen. Bewegliches Sitzen ist gut für die Bandscheiben, da es die Versorgung der Bandscheiben mit wichtigen Nährstoffen gewährleistet.

Nutzen Sie Ihren Bürostuhl zum dynamischen Sitzen und legen Sie zwischendurch eine Pause mit gezielter Gymnastik am Arbeitsplatz ein – Sie brauchen dazu nicht einmal aufzustehen.
Weitere Informationen zum Thema „Übungen fürs Büro" finden Sie z. B. unter:
www.tk.de/tk/gesunder-ruecken/fit-am-pc/uebungen-buero/38888

Statisches Sitzen

Dynamisches Sitzen

① hintere Sitzhaltung
② mittlere Sitzhaltung
③ vordere Sitzhaltung

Bildschirm und Tastatur

- Zeichen auf dem Bildschirm müssen deutlich und scharf dargestellt sein.
- Stabiles, flimmerfreies Bild.
- Einfache Bedienbarkeit der Helligkeits- und Kontrasteinstellungen am Bildschirm.
- Der Bildschirm muss frei von Reflexionen und Blendungen sein.
- Der Bildschirm muss dreh- und neigbar sein.
- Die Tastatur muss neigbar sein.
- Die Tastatur muss eine reflexionsarme Oberfläche aufweisen.
- Die Tastatur muss frei auf der Arbeitsfläche verschiebbar sein.
- Die Beschriftung auf der Tastatur muss klar zu erkennen sein.
- Die ergonomische Bedienbarkeit der Tastatur muss gewährleistet sein.

Ergonomische Tastatur

Den Bildschirm so aufstellen, dass Spiegelungen, Blendungen und starke Hell-Dunkel-Kontraste vermieden werden.

Arbeitstisch und Bürostuhl

Tischfläche:	Mindestgröße: 0,80 m × 1,20 m (= 0,96 m²) Standardgröße: 0,80 m × 1,60 m (= 1,28 m²) Medienarbeitsplatz: Arbeitsfläche möglichst 2 m², z. B. 1 m × 2 m
Tischhöhe:	Standardhöhe: 72 cm Idealfall: Höhenverstellbarkeit zwischen 68 cm und 80 cm (für Nutzer mit unterschiedlicher Körpergröße). Kleine Nutzer sollten eine Fußstütze (Mindestmaß 35 cm × 45 cm und neigbar) benutzen. Beinfreiheit mindestens: 70 cm in der Tiefe 65 cm in der Höhe 58 cm in der Breite
Bürostuhl:	Höhenverstellbar Fünfsternfuß (5 Rollen) Bewegliche, hohe Rückenlehne für dynamisches Sitzen Sitzfläche mindestens 40 cm × 40 cm, möglichst neigbar Stuhlhöhe = Kniegelenkshöhe, Oberschenkel waagerecht

Es ergibt sich folgende optimale Sitzposition:

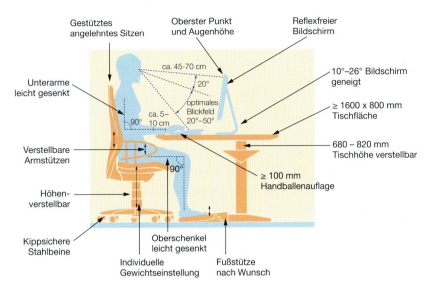

Ergonomisches Sitzen am Bildschirmarbeitsplatz

Wählen Sie unter ergonomischen Gesichtspunkten geeignete Büromöbel, z. B. bei einem Online-Büromöbelversand, aus.

4.2 Lichtverhältnisse am Bildschirmarbeitsplatz

Auch die richtige Beleuchtung am Computerarbeitsplatz ist entscheidend, um einwandfreies Sehen am Bildschirm zu ermöglichen und Augenleiden durch schlechte Beleuchtung vorzubeugen.

Ein Computerarbeitsplatz sollte einerseits hell, andererseits jedoch frei von blendenden Lichtstrahlen sein. Optimal ist es, wenn bei Tageslicht gearbeitet werden kann und zusätzlich eine gute künstliche Beleuchtung zur Verfügung steht, die Sie am besten den ganzen Tag am Arbeitsplatz nutzen. Sonst müssen sich Ihre Augen ständig den unterschiedlichen Helligkeiten im Raum anpassen und werden dadurch zusätzlich belastet. Insgesamt gelten folgende Regeln:

Tageslicht
- Schreibtisch im 90°-Winkel zum Fenster aufstellen,
- Abstand zwischen Schreibtisch und Fenster: mindestens 2 m,
- Lichteinfall von links,
- direkte Sonneneinstrahlung mithilfe von Jalousien, Gardinen oder mobilen Stellwänden verhindern.

Künstliche Beleuchtung
Für eine optimale künstliche Beleuchtung spielen die Kenngrößen Beleuchtungsstärke und Leuchtdichte eine wichtige Rolle.

Die **Beleuchtungsstärke** ist ein Maß für die Helligkeit in einem Raum und wird in Lux angegeben. Besonders hoch ist die Beleuchtungsstärke mit ca. 100.000 Lux an einem sonnigen Sommertag, während eine Straßenlaterne in der Nacht nur 1 bis 3 Lux hat. Am Bildschirmarbeitsplatz sind 500 Lux oder mehr optimal.

Der Helligkeitseindruck von Lampen wird durch die **Leuchtdichte** bestimmt. Sie gibt die Lichtstärke pro Fläche an und wird in Candela pro Quadratmeter gemessen (cd/m²). Bereits dann, wenn die Leuchtdichte in der Umgebung des Bildschirms 10-mal höher ist als die Leuchtdichte des Bildschirms selbst, wird dies als Blendung empfunden. Ein Bildschirm hat eine Mindestleuchtdichte von 100 cd/m².

Anforderungen an optimale künstliche Beleuchtung
- Blendfreie Anbringung der Lampen,
- keine Spiegelungen im Bildschirm,
- keine Verfälschung der Farbwiedergabe,
- Beleuchtungsstärke zwischen 300 und 2 000 Lux (mindestens 500 Lux für Bildschirmarbeit empfehlenswert),
- Leuchtdichte maximal 1 000 cd/m².

Für eine naturgetreue Farbwiedergabe spielt die Auswahl der Lampen eine wichtige Rolle. Hier bieten sich Leuchtstofflampen mit der Lichtart „Daylight" (Tageslicht) mit einer Farbtemperatur von 5 000 Kelvin (D50) an. Die Angabe D50 entspricht dabei sonnigem Tageslicht am Mittag. Bei bedecktem Himmel hingegen herrscht eine Farbtemperatur von 6 500 Kelvin (D65). Ein bedeckter Himmel entspricht zwar eher dem Normalfall, doch sind Leuchtstoffröhren mit dieser Farbtemperatur sehr teuer.

Anordnung der künstlichen Beleuchtung
Um Blendeffekte zu vermeiden, sollte die künstliche Beleuchtung möglichst seitlich über dem Arbeitsplatz angeordnet sein und diesen von beiden Seiten im gleichen Winkel beleuchten.

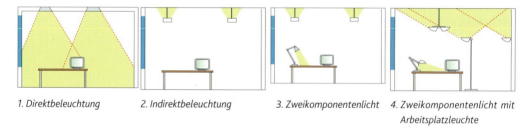

1. Direktbeleuchtung   2. Indirektbeleuchtung   3. Zweikomponentenlicht   4. Zweikomponentenlicht mit Arbeitsplatzleuchte

4.3 Lärm und Raumklima am Bildschirmarbeitsplatz

Neben der Beleuchtung sind auch der Lärmpegel und das Raumklima zwei wichtige Faktoren, die die Arbeitsfähigkeit und -leistung wesentlich beeinflussen können.

Lärm
Welche Geräusche als störend empfunden werden, hängt nicht unbedingt von deren Lautstärke, sondern vielfach auch vom subjektiven Empfinden ab. Den einen stört bereits die gleichmäßig tickende Tischuhr, während der andere trotz lautem Straßenlärm konzentriert arbeiten kann. Unabhängig vom subjektiven Empfinden schädigt ein gewisser Lärmpegel jedoch das Innenohr des Menschen.

Insgesamt legt die Arbeitsstättenverordnung daher Grenzwerte fest. Diese betragen für überwiegend geistige Arbeiten 55 dB und schreiben ab 85 dB einen Gehörschutz vor. **dB** ist die Abkürzung für **Dezibel** und eine Maßeinheit für den Schalldruck (Lautstärke).

Lautstärke in dB	Empfundene Lautstärke	Art des Geräusches
10	nicht hörbar	Atemgeräusch in 30 cm Entfernung
30	sehr leise	Flüstern
50	leise	normale Unterhaltung
52	leise bis mittellaut	Laserdrucker
66–79	laut	Nadeldrucker
80	laut	lautes Gespräch, 1 m entfernt
90	sehr laut	Lastwagen, 5 m entfernt
120	unerträglich	Schmerzgrenze

Der Betrieb mehrerer Drucker in einem Büroraum kann bei gleichzeitiger Verwendung schon zu einer erheblichen Lärmbelastung führen. Auch starker Straßenverkehr vor dem Bürofenster ist nur mit Schallschutzverglasung zu ertragen und kann ansonsten zu dauerhaften Gehörschäden führen. Um diesen vorzubeugen, empfiehlt sich die Benutzung von Gehörschutzmitteln, wie z. B. Gehörschutzstöpseln, an die man sich leicht gewöhnt.

Schwerhörigkeit kann nicht geheilt werden und trennt den Menschen von seinen Mitmenschen.

Raumklima

Ein behagliches **Raumklima** ist abhängig von der Lufttemperatur (Raumtemperatur), der Luftfeuchtigkeit, der Strahlungstemperatur (z. B. durch Sonneneinstrahlung) und der Luftgeschwindigkeit (z. B. durch Zugluft).

Eine optimale Raumtemperatur liegt im Bereich von 20 bis 22 °C. Die Messungen sollten erst dann durchgeführt werden, wenn im Raum befindliche Geräte wie Bildschirm, Drucker und Computer einige Zeit im Betrieb sind, um deren abgestrahlte Wärme miteinbeziehen zu können.

Hohe Bestrahlungstemperaturen können durch geeignete Sonnenblenden an der Fensteraußenseite vermieden werden. Starke Zugluft, durch Klimaanlagen oder ständig geöffnete Fenster, beeinträchtigt das Raumklima stark und lässt sich durch gezieltes Lüften und das Aufstellen von Stellwänden in Großraumbüros weitgehend vermeiden.

http://www.bgetem.de/

Beachten Sie bei der Ausstattung Ihrer Arbeitsräume die vorgenannten Anforderungen. Gleichen Sie diese mit den stets aktuellen Informationen auf den Webseiten der zuständigen Berufsgenossenschaften ab.

5 Finanzierung

Sie haben als Gesellschafter nicht genügend finanzielle Mittel zur Finanzierung der gesamten neuen Hardware zur Verfügung. Sie müssen deshalb zur Anschaffung der Hardware Kapital beschaffen.

Grundsätzlich gibt es vier verschiedene Alternativen, um Investitionsgegenstände zu finanzieren.

	Innenfinanzierung	**Außenfinanzierung**
Eigenfinanzierung	**Selbstfinanzierung** z. B. Einbehaltung von Gewinnen (Bildung von Gewinnrücklagen)	**Beteiligungsfinanzierung** z. B. Aufnahme eines neuen Gesellschafters
Fremdfinanzierung	**Finanzierung durch Rückstellungen** z. B. für eventuelle Steuernachzahlungen	**Darlehensfinanzierung** z. B. Bankdarlehen

5.1 Eigen-Innenfinanzierung

Vgl. diese LS, 1.3.5

Bei der Selbstfinanzierung wird der Gewinn eines Jahres nicht oder nicht vollständig an den oder die Unternehmensinhaber ausgezahlt. Das Unternehmen bildet **Gewinnrücklagen**. Die Folge ist: Das **Eigenkapital erhöht sich**. Das Unternehmen kann auf diese Weise die Anschaffungen aus selbst erwirtschafteten Mitteln „von innen heraus" finanzieren. Man spricht bei der Eigen-Innenfinanzierung deshalb auch von der **Selbstfinanzierung**. Sie ist beispielsweise bei der GmbH für Existenzgründungen (UG haftungsbeschränkt) sogar bis zum Erreichen des Mindestkapitals verpflichtend vorgeschrieben.

5.2 Eigen-Außenfinanzierung

Die Beteiligungsfinanzierung erhöht ebenfalls das Eigenkapital des Unternehmens und ist deshalb auch der Eigenfinanzierung zuzuordnen. Der Unterschied zur Selbstfinanzierung ist jedoch der, dass die (Geld-) Mittel zur Finanzierung nicht im Unternehmen entstanden sind, sondern von außen zugeführt werden. Dies geschieht in der Regel durch Einzahlung von Geldbeträgen auf das Geschäftskonto bei der Bank durch die bereits vorhandenen oder durch neue Gesellschafter.

5.3 Fremd-Innenfinanzierung

Rückstellungen werden in einem Unternehmen gebildet, um in der Zukunft Verbindlichkeiten zu begleichen, von denen man jedoch noch nicht weiß, ob und in welcher Höhe sie entstehen.

Dies können beispielsweise Steuernachzahlungen sein, deren Fälligkeit und Höhe erst mit einem Steuerbescheid bekannt werden.

Solange jedoch diese Fälligkeit nicht eintritt, können die Mittel, die sich im Idealfall auf einem Bankkonto befinden, zu Finanzierungszwecken genutzt werden. Denn diese Mittel sind bis zum Eintritt der Fälligkeit noch im Unternehmen vorhanden. Sollte die Verbindlichkeit nicht oder unter der geschätzten Höhe entstehen, fließen weniger Mittel vom Bankkonto ab und die Rückstellung wird ganz oder teilweise wieder zu Eigenkapital.

Als neu gegründetes Unternehmen müssen Sie zurzeit keine Rückstellungen bilden, sodass diese Finanzierungsart nicht infrage kommt.

5.4 Fremd-Außenfinanzierung

Bei der Darlehensfinanzierung stellt in der Regel eine Bank einem Darlehensnehmer Geldmittel für eine vereinbarte Frist zur Verfügung. Hierfür zahlt der Darlehensnehmer Zinsen, die von der Höhe des Zinssatzes abhängen. Die Tilgung kann regelmäßig erfolgen oder in einer Summe am Ende der Darlehenslaufzeit fällig werden. Auch die von einer Bank eingeräumte und von Kunden genutzte „Kontoüberziehung", umgangssprachlich auch **„Dispokredit"** genannt, ist ein Darlehen. Auch wenn diese Überziehung nur für kurzfristige Liquiditätsengpässe gedacht ist, stellt der „Dispokredit" häufig ein Darlehen mit unbegrenzter Laufzeit dar, weil in der Regel keine Fälligkeit vereinbart ist. Eine von einem Lieferanten eingeräumte **Zahlungsfrist** ist im rechtlichen Sinne ebenfalls ein Darlehen.

Das **Leasing** ist im klassischen Sinne keine Fremdfinanzierungsmethode. Leasing wird jedoch in der Regel immer wieder als Alternative zur Darlehensfinanzierung genutzt und stellt eine Finanzierungsalternative dar.

Gewinnrücklagen sind aufgrund der Neugründung noch nicht vorhanden. Sie haben jeweils durch eine Einlage in Form von Barmitteln, die auf das Geschäftskonto bei Ihrer Hausbank eingezahlt wurden, Eigenkapital eingebracht (Eigen-Außenfinanzierung). Da dieses jedoch nicht ausreicht, bleibt nur noch die Aufnahme von Fremdkapital. Aufgrund der ausreichenden Höhe des eingebrachten Eigenkapitals hat Ihre Hausbank signalisiert, dass sie die Hardware zu 100 % über ein Darlehen finanzieren würde. Als Alternative hierzu soll auch das Leasing der Hardware in die Finanzierungsentscheidung einbezogen werden. Die geplante Nutzungsdauer der Hardware beträgt vier Jahre. Folgende Konditionen wurden eingeholt:

Drei Annuitätendarlehen:	Fälligkeitsdarlehen:	Leasing:
Zinssatz: 4,5 % anfängliche Tilgung: Darlehen 1: 20 % pro Jahr Darlehen 2: 25 % pro Jahr Darlehen 3: 30 % pro Jahr	Zinssatz: 4,5 % Tilgung: in einer Summe am Ende der Laufzeit	Rate für die ersten 32 Monate: 3,36 % pro Monat auf die Anschaffungskosten (AK) Rate für die letzten 16 Monate: 0,75 % pro Monat auf die AK

Berechnen Sie Zins- und Tilgungszahlungen der Darlehen und die Leasingraten. Berücksichtigen Sie bei den Darlehen auch die richtige Laufzeit. Die Nutzungsdauer der Hardware beträgt vier Jahre. Danach ist sie technisch veraltet. Erstellen Sie zudem mithilfe der folgenden Informationen eine tabellarische Übersicht mit den Vor- und Nachteilen der unterschiedlichen Finanzierungsarten. Beachten Sie hierbei Ihre Situation als neu gegründetes Unternehmen und treffen Sie eine begründete Entscheidung.

Grundsätzlich ist bei der Darlehensfinanzierung und beim Leasing zu berücksichtigen, dass die Laufzeit so lang sein sollte wie die geplante Nutzungsdauer des zu finanzierenden Gegenstands.

Eine Maschine wird mit einem Darlehen finanziert: Sollte das Darlehen länger als die geplante Nutzungsdauer laufen, ist die Gefahr gegeben, dass das Unternehmen noch die alte Maschine abbezahlt, obwohl diese längst nicht mehr zu benutzen ist.
Bei zu kurzer Laufzeit könnte es hingegen sein, dass diese Maschine während der Darlehenslaufzeit noch nicht die Mittel wieder eingebracht hat, um das Darlehen bei Fälligkeit zu tilgen.
Die gleiche Maschine wird geleast: Sollte die Vertragsdauer länger als die Nutzungsdauer sein, würde der Betrieb weiter Leasingraten zahlen, obwohl die Maschine nicht mehr zu gebrauchen (da technologisch veraltet oder nicht mehr funktionsfähig) ist.

5.4.1 Annuitätendarlehen

Bei einem Annuitätendarlehen zahlt der Darlehensnehmer regelmäßig auf sein Darlehenskonto in Form von Raten ein. Er begleicht auf diese Weise nach und nach sowohl die Darlehensschuld (Tilgung) als auch die anfallenden Zinsen. Diese Rate nennt sich **Annuität**. Ein Teil der Annuität dient der Begleichung der Zinsen. Der andere Teil wird zur Tilgung verwendet. Die Darlehenslaufzeit wird hierbei von der Höhe der anfänglich festgelegten Tilgung bestimmt.

Annuitätendarlehen, anfängliche Tilgung 20 %, Zinssatz 8 %
Tilgungsplan:

Jahr	Darlehenssumme/Restschuld	Zins	Tilgung	Annuität (pro Jahr)
1	25 000,00 €	2 000,00 €	5 000,00 €	7 000,00 €
2	20 000,00 €	1 600,00 €	5 400,00 €	7 000,00 €
3	14 600,00 €	1 168,00 €	5 832,00 €	7 000,00 €
4	8 768,00 €	701,44 €	6 298,56 €	7 000,00 €
5	2 469,44 €	197,56 €	2 469,44 €	2 667,00 €

Zins = Darlehenssumme • Zinssatz
 = 25 000,00 € • 8 %
 = 2 000,00 €

Tilgung = Darlehenssumme • Tilgungssatz
 = 25 000,00 € • 20 %
 = 5 000,00 €

Zins + Tilgung = Annuität
2 000,00 € + 5 000,00 € = 7 000,00 €
Monatsrate = 583,33 €

Mit jeder vom Darlehensnehmer gezahlten Annuität sinkt die Restschuld des Darlehens. Da diese Restschuld immer geringer wird, sinkt der *Zins*anteil der Annuität, denn dieser berechnet sich auf der Basis einer immer kleiner werdenden Darlehenssumme. Die Annuität bleibt jedoch immer konstant hoch, sodass der *Tilgungs*anteil stetig steigt (deswegen spricht man bei den Darlehenskonditionen von der *anfänglichen* Tilgung).

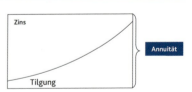

Weiter zu obigem Beispiel:
Zu Jahr 2:
Tilgung = anfänglich festgesetzte Annuität (aus Zeile 1) – neuer Zins (2. Jahr)
 = 7 000,00 € – 1 600,00 €
 = **5 400,00 €**
Die Tilgung im zweiten Jahr wird aufgrund des geringeren Zinsanteils auf 5 400,00 € erhöht.

Am Ende der Darlehenslaufzeit wird die Tilgung an die noch ausstehende Darlehenssumme (Restschuld) angepasst, damit das Darlehen nicht „überzahlt" wird (vgl. fünftes Jahr im obigen Beispiel).

5.4.2 Fälligkeitsdarlehen

Bei einem Fälligkeitsdarlehen wird die gesamte Darlehenssumme erst am Ende der Laufzeit getilgt. Der Darlehensnehmer zahlt während der Laufzeit nur die jährlich anfallenden Zinsen (in der Regel monatlich oder vierteljährlich).

Fälligkeitsdarlehen, Laufzeit 5 Jahre, Zinssatz 8 %
Tilgungsplan:

Jahr	Darlehenssumme	Zins	Tilgung
1	25 000,00 €	2 000,00 €	–
2	25 000,00 €	2 000,00 €	–
3	25 000,00 €	2 000,00 €	–
4	25 000,00 €	2 000,00 €	–
5	25 000,00 €	2 000,00 €	25 000,00 €

Ist eine monatliche Zinsfälligkeit vereinbart, zahlt man im Beispiel somit 166,67 €/Monat. Mit der letzten Zinsfälligkeit tilgt man dann die Darlehenssumme.

Exkurs: KfW-Darlehen

Der Staat fördert unter bestimmten Bedingungen Unternehmen (z. B. bestimmte Branchen, Existenzgründer) mit verbilligten Darlehen. Man verspricht sich hiervon die Schaffung von Arbeitsplätzen. Diese Darlehen vergibt er mithilfe der Kreditanstalt für Wiederaufbau (KfW).

Da sich die Förderprogramme und die Konditionen der KfW ständig ändern, sollen hier keine weiteren Angaben zu einzelnen Darlehen gemacht werden. Die Darstellungen im Rahmen des Internet-Auftritts der KfW sind zudem sehr komplex. Sollten Sie die Alternative eines KfW-Darlehens im Rahmen dieses Auftrags prüfen wollen, erkundigen Sie sich bei einer Bank nach dem für Sie passenden Förderprogramm. Diese Darlehen werden von fast allen bekannten Banken vermittelt, denn die KfW hat kein eigenes Filialnetz und bedient sich der „normalen" Banken als Vertriebspartner.

5.4.3 Leasing

Leasingverträge haben einen ähnlichen Charakter wie Mietverträge. Nach dem Auslaufen des Leasingvertrags gibt der Nutzer den geleasten Gegenstand grundsätzlich an den Leasinggeber zurück. Die Kundschaft von Leasinggesellschaften besteht hauptsächlich aus Gewerbetreibenden, eine Ausdehnung auf Privatkunden ist jedoch zu beobachten, besonders im Bereich des Absatzleasings (z. B. Kraftfahrzeug-Leasing).

5.4.3.1 Kosten des Leasings

Beim fremdfinanzierten Kauf zahlt man an eine Bank Zinsen. Diese sind abhängig sich von der Darlehenssumme. Die Leasingrate bezieht sich auf die **Anschaffungskosten** der geleasten Sache und wird in der Regel als Prozentsatz pro Monat angegeben.

Anschaffungskosten des Gegenstands: 25 000,00 €
Leasingrate: 3 %
monatliche Leasingrate: 750,00 €

5.4.3.2 Leasingarten

Unterscheidung nach dem Leasinggeber

Indirektes Leasing

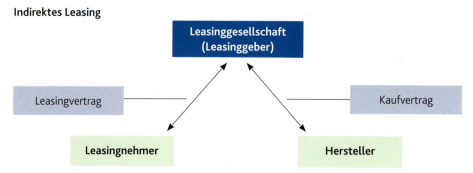

Der **Leasinggeber** ist nicht der Hersteller des Wirtschaftsgutes. Er ist eine rechtlich selbstständige Leasinggesellschaft, die einem Leasingnehmer ein bestimmtes Leasingobjekt zur Nutzung überlässt (Dreiecksbeziehung).

Herstellerleasing/direktes Leasing

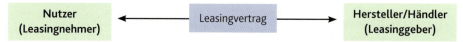

Der Hersteller oder ein Händler ist der Leasinggeber. Diese Konstellation findet allerdings in der Praxis selten Anwendung. Häufig unterhalten große Unternehmen eigene Leasinggesellschaften als Tochterunternehmen. Ein typisches Beispiel hierfür sind die Leasinggesellschaften der großen Automobilhersteller.

 Der Kunde eines Autohauses will sich ein neues Auto anschaffen. Er will es jedoch nicht kaufen, sondern leasen. Der Hersteller verkauft hierzu das gewünschte Fahrzeug an die Leasing-Bank. Der Kunde schließt wiederum einen Leasingvertrag mit der Bank ab.

Die Leasing-Banken befinden sich zwar im Eigentum der Hersteller, sind aber rechtlich eigenständige Unternehmen. Somit sind die meisten Hersteller-Leasingverträge dem oben beschriebenen indirekten Leasing zuzuordnen.

Unterscheidung nach Höhe der Amortisation

Amortisation bedeutet übersetzt Tilgung. Eine Investition hat sich amortisiert, wenn die Anschaffungs- und Finanzierungskosten eines Investitionsguts durch dessen erbrachte Erträge nach einer bestimmten Zeit wieder „eingespielt" werden. Man spricht hier auch von der **Amortisationsdauer.** Nun gibt es in Bezug auf die Höhe der Amortisation zwei Varianten von Leasingverträgen.

Vollamortisationsleasing

Beim **Vollamortisationsleasing** deckt *aus der Sicht des Leasinggebers* die Summe der gezahlten Leasingraten alle Kosten des Geschäfts ab, also
- die Anschaffungskosten bzw. den Wertverlust des Leasingobjekts,
- die vom Leasinggeber zur Finanzierung des Leasingobjekts aufzubringenden Zinsen,
- die Kosten der Verwaltung.

Das bedeutet, dass der Leasinggeber umgangssprachlich gesprochen mit dem Leasingobjekt „sein Geld verdient hat", selbst wenn das Leasingobjekt dann wertlos sein sollte. Nach der vereinbarten Laufzeit wird der Gegenstand wieder an den Leasinggeber zurückgegeben.

Die Dauer des Leasingvertrags (**Grundmietzeit**) beim Vollamortisations-Leasing beträgt mindestens 40 % und höchstens 90 % der betriebsgewöhnlichen Nutzungsdauer eines Leasingobjekts.

betriebsgewöhnliche Nutzungsdauer von Hardware: 36 Monate
maximale Grundmietzeit:
90 % der Nutzungsdauer => 36 Monate • 90 % = 32,4 Monate (abgerundet: 32 Monate)

betriebsgewöhnliche Nutzungsdauer einer Druckmaschine: 96 Monate
minimale Grundmietzeit: 40 % der Nutzungsdauer => 96 Monate • 40 % = 38,4 Monate (abgerundet: 38 Monate)

> Um einen Kostenvergleich der Darlehensfinanzierung und des Leasings durchzuführen beachten Sie, dass der jährliche Wertverlust (Abschreibung) der Hardware beim Leasing der Leasinggesellschaft zufällt. Bei der Darlehensfinanzierung hingegen wird Ihre Agentur Eigentümer der angeschafften Gegenstände. Somit ist die Abschreibung ein Kostenfaktor, der nur bei einer Darlehensfinanzierung entsteht.

Vgl. diese LS, 6.1.2

Teilamortisationsleasing

Beim **Teilamortisationsleasing** decken die Leasingraten durch eine entsprechend **kurze Grundmietzeit** nur einen Teil der oben aufgeführten Kosten des Leasinggebers. Zum Ausgleich kann der Leasinggeber zum Ende der Grundmietzeit folgende Optionen mit dem Leasingnehmer vereinbaren:
- **Option 1:** Er kann dem Leasing*nehmer* das Leasingobjekt zu einem vorher vereinbarten Preis anbieten (**Andienungsrecht**). Der Leasingnehmer hat hierbei die Pflicht, aber nicht das Recht, den Gegenstand zu erwerben. Der Leasingnehmer trägt somit bei dieser Variante das **Risiko der Wertminderung**. Er muss nämlich auf Verlangen des Leasing*gebers* den Leasinggegenstand auch dann zum vereinbarten Preis kaufen, wenn der Wiederbeschaffungspreis für ein gleichwertiges Wirtschaftsgut geringer als der vereinbarte Preis ist.
- **Option 2:** Er kann den Leasinggegenstand zurücknehmen und diesen dann an einen Dritten verkaufen oder hierüber einen neuen Leasingvertrag abschließen.

> Die Nutzungsdauer der Hardware beträgt, wie weiter oben erläutert, vier Jahre. Da die mögliche Grundmietzeit jedoch nur 32 Monate beträgt (vgl. Beispiel weiter oben), bietet die Leasinggesellschaft einen Anschlussvertrag über die restliche Nutzungsdauer von 16 Monaten an (Konditionen: s. Seite 61).

6 Kosten- und Leistungsrechnung

6.1 Die Kosten einer Agentur berechnen

Kosten müssen systematisch erfasst werden, um eine Kostenkontrolle und eine kostendeckende Kalkulation der Aufträge zu gewährleisten.
Die Leistungen Ihrer Agentur sind die Gestaltung von Offsetdruckprodukten und Internetseiten. Hierzu gehören die Bearbeitung von Bildmaterial und das Nachzeichnen und Erstellen von Grafiken und Logos sowie die Gestaltung von Seiten für Druckprodukte (Flyer, Prospekte, Kataloge, Speisekarten usw.). Die Daten für die Druckprodukte werden nach der Fertigstellung digital an die *Druckfabrik GmbH*, eine Druckerei, mit der Sie künftig zusammenarbeiten, weitergegeben.

6.1.1 Leistungsbereiche einer Agentur

Entsprechend der oben angeführten Leistungen verfügt Ihre Agentur über drei Computerarbeitsplätze und weitere Einrichtungen:

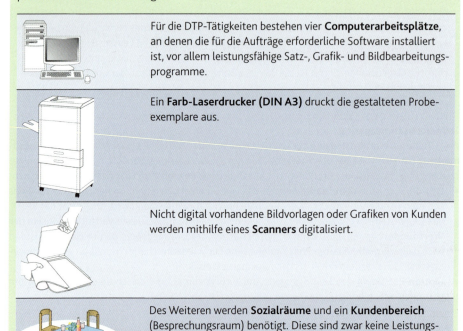

Für die DTP-Tätigkeiten bestehen vier **Computerarbeitsplätze**, an denen die für die Aufträge erforderliche Software installiert ist, vor allem leistungsfähige Satz-, Grafik- und Bildbearbeitungsprogramme.

Ein **Farb-Laserdrucker (DIN A3)** druckt die gestalteten Probeexemplare aus.

Nicht digital vorhandene Bildvorlagen oder Grafiken von Kunden werden mithilfe eines **Scanners** digitalisiert.

Des Weiteren werden **Sozialräume** und ein **Kundenbereich** (Besprechungsraum) benötigt. Diese sind zwar keine Leistungsbereiche im eigentlichen Sinne, verursachen jedoch auch Kosten, die berücksichtigt und gedeckt werden müssen.

Nur wenn man genaue Kenntnis über die im Betrieb entstehenden Kosten hat, ist es möglich, die Kosten zu ermitteln, die letztlich ein Kunde mit seinem Auftrag verursacht. Hierzu muss man zunächst die gesamten Kosten einer Rechnungsperiode (ein Jahr) auf die einzelnen **Leistungsbereiche des Betriebs** aufteilen.

Die Darstellung der Leistungsbereiche und die Zurechnung der hier entstehenden Kosten wird in der Praxis mit einem sogenannten **Betriebsabrechnungsbogen** (im Weiteren mit **BAB** abgekürzt) durchgeführt (**Kostenstellenrechnung**). Der BAB teilt den Betrieb in seine verschiedenen Kosten verursachenden Leistungsbereiche auf. Auf diese werden alle anfallenden Kosten verursachungsgerecht verteilt. Diese Leistungsbereiche werden **Kostenstellen** genannt. So erkennt man, welche Kosten **eine** Kostenstelle verursacht. Ist also eine Kostenstelle für eine bestimmte Dauer in einen Auftrag eingebunden, können die Kosten kalkuliert werden, die dieser Auftrag während seiner Bearbeitungsdauer verursacht.

Nochmals zur Klarstellung: Der Betriebsabrechnungsbogen stellt sogenannte **Sollkosten** dar, mit denen Sie kalkulieren. Sie entstehen bei einem „normalen" Auftragsgesamtvolumen während einer Rechnungsperiode (z. B. ein Jahr). Abweichungen müssen am Ende der Rechnungsperiode kontrolliert werden. Die Kosten müssen dann fortlaufend nach oben oder unten angepasst werden (**Istkosten**), damit Sie einerseits wettbewerbsfähig bleiben und andererseits Ihre Gesamtkosten durch die Umsätze decken können. Der BAB zeigt also nicht vergangene sondern (voraus-)kalkulierte Kosten.

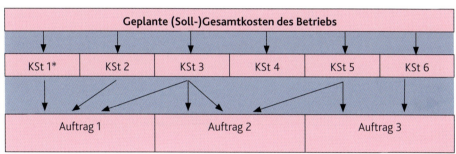

KSt = Kostenstelle

Um also später die **Selbstkosten** eines Auftrags zu ermitteln, ist es zunächst notwendig, alle Kosten auf die verschiedenen Kostenstellen des Betriebs zu verteilen.

Die Kostenstellen, die ein Auftrag in Ihrer Agentur in Anspruch nimmt, sind folgende:
- die DTP-Arbeitsplätze,
- der Scanner,
- der Farb-Laserdrucker,
- der Besprechungsraum (Kundenbereich, Sozialräume)

6.1.2 Kostenstellen: Verteilung der Kosten

Der BAB Ihrer Agentur ist untenstehend dargestellt. Personalkosten, Kleinmaterial sowie Kosten für die Instandhaltung und Reparatur wurden mithilfe der IHK auf der Basis eines Informationsgesprächs im Rahmen der Existenzgründung sowie mithilfe des zukünftigen Steuerberaters der Agentur vorausgeschätzt. Diese Kosten werden den einzelnen Kostenstellen direkt zugeordnet. Durch die Anschaffung der neuen Arbeitsplätze und die Einrichtung der neu gemieteten Räumlichkeiten müssen jedoch einige Kostenarten und deren Zurechnung zu den Kostenstellen noch ermittelt werden.

1 Lernsituation Gründung einer Agentur

Hier finden Sie den BAB als Arbeitsblatt zur Bearbeitung

(Unvollständiger) BAB:

Kostenarten	DTP 1 (in €)	DTP 2 (in €)	DTP 3 (in €)	Drucker (in €)	Scanner (in €)	Sozialräume, Kundenbereich (in €)
Löhne und Gehälter	32 514,07	34 335,30	34 335,30	0,00	0,00	0,00
Gesetzliche Sozialkosten auf Gehälter	6 665,38	7 038,74	7 038,74	0,00	0,00	0,00
Freiwillige Sozialkosten auf Gehälter	519,98	549,13	549,13	0,00	0,00	0,00
Summe Personalkosten	39 699,43	41 923,17	41 923,17			
Gemeinkostenmaterial	10 %	10 %	10 %	40 %	5 %	25 %
Fremdenergie (Strom, Wasser usw.)	15 %	15 %	15 %	30 %	5 %	20 %
Instandhaltung, Reparaturen, Ersatzteile	25 %	25 %	25 %	10 %	5 %	10 %
Summe Sachgemeinkosten						
Leasingraten						
Raummiete und Heizung						
Kalkulatorische Abschreibung (Nutzungsdauer in Jahren)	4	4	4	4	4	8
Kalkulatorische Zinsen						
Fertigungswagnis	1 328,34	2 250,71	2 250,71	756,90	364,38	0,00
Summe kalkulatorische Kosten						
Summe Primärkosten						
Umlagesatz						
Umlage Verwaltung (Sekundärkosten)						
Gesamtkosten						

Lernsituation Gründung einer Agentur | 1

Im ersten Schritt wird erklärt, wie die Kosten der einzelnen Kostenstellen ermittelt werden. Die **Umlage** (die letzten drei Zeilen des BAB) wird dann im Anschluss in Kapitel **6.1.3 Zweistufiger Betriebsabrechnungsbogen einer Agentur** erklärt.

Ermittlung der Kosten

Löhne und Gehälter, gesetzliche Sozialkosten auf Lohn und Gehalt sowie freiwillige Sozialkosten:

Diese Kosten werden durch die Multiplikation des Stundenlohns (inklusive Arbeitgeberanteil zur Sozialversicherung) des jeweiligen Mitarbeiters mit seiner Jahresarbeitszeit berechnet.

Vgl. diese LS 6.1.3

Löhne und Gehälter = 1 400 Stunden · 30,00 €/Std.
= 42 000,00 €

Kleinmaterial (Büromaterial): 2 000,00 €
Die Zurechnung der Kosten für Büromaterial (Papier, Stifte, Toner usw.) erfolgt verbrauchsorientiert, also in Höhe der kalkulierten Anschaffungskosten und der Verbrauchsmenge des benötigten Materials.

Fremdenergie (Strom, Wasser usw.): 3 552,48 €
Die Fremdenergie wird überschlägig den Kostenstellen zugerechnet, weil eine genaue verbrauchsorientierte Zurechnung dieser Kosten nur mit einem sehr hohen Aufwand möglich wäre. Als Basis dienen die Betriebsdauer und die Leistungsaufnahme der einzelnen Verbraucher wie z. B. Computer, Drucker.

Instandhaltung, Reparaturen, Ersatzteile: 2 637,33 €
Instandhaltungskosten werden mithilfe der geplanten Ausgaben, bspw. für Wartungsleistungen, den Kostenstellen zugerechnet.

Raummiete und Heizung:
Die Raummiete inklusive Heizung einer Kostenstelle berechnet sich aus der Gesamt(warm)miete der Räume in Bezug auf den Raumbedarf der einzelnen Arbeitsplätze.

Die Miete für Ihre Betriebsstätte beträgt 1 210,50 € pro Monat (inkl. Nebenkosten und Heizung). Die beanspruchten Flächen der einzelnen Kostenstellen sind in der folgenden Tabelle dargestellt:

Kostenstelle	Fläche in m^2
DTP 1	15
DTP 2	15
DTP 3	15
Scanner	3
Drucker	1
Sozialräume, Kundenbereich	30

$$\text{Raummiete (gesamt)} = \frac{\text{Gesamtmiete pro Jahr (€)} \cdot \text{Fläche der Kostenstelle (m}^2\text{)}}{\text{Gesamtfläche (m}^2\text{)}}$$

Kalkulatorische Abschreibung

Die **kalkulatorische Abschreibung** ist der in Euro bewertete Wertverlust der Betriebs- und Geschäftsausstattung (Büroeinrichtung, Computer €.). Bei der Nutzungsdauer der Betriebs- und Geschäftsausstattung wird im Durchschnitt von einem Wert von vier Jahren ausgegangen. Dieser

Wertverlust muss deshalb im BAB aufgenommen werden, weil nach durchschnittlich vier Jahren eine Neuanschaffung von Gegenständen (beispielsweise Computer) wegen technischer Veralterung oder Abnutzung notwendig wird. Dieser Wertverlust muss durch Umsatzerlöse aus ausgeführten Aufträgen gedeckt werden und kann so bei der Auftragskalkulation in die Preise einfließen. Damit eine Neuanschaffung nach vier Jahren möglich ist, müssen jedoch nicht die Anschaffungs-, sondern die voraussichtlichen **Wiederbeschaffungskosten** (Wiederbeschaffungsneuwert: WBN) bei der Berechnung der Abschreibung zugrunde gelegt werden. Nur so ist gewährleistet, dass eine Neuanschaffung nach dem Ende der Nutzungsdauer möglich ist.

$$\text{Kalkulatorische Abschreibung} = \frac{\text{WBN}}{\text{Nutzungsdauer}}$$

Für die Berechnung der Nutzungsdauer von vier Jahren wird insgesamt mit einem Anstieg der Wiederbeschaffungskosten von 2 % pro Jahr kalkuliert. Für die Erhöhung der Anschaffungskosten werden deshalb die folgende Werte zugrunde gelegt:

Jahr	Erhöhung in %
1	2,00
2	4,04
3	6,12
4	8,24
5	10,41
6	12,62
7	14,87
8	17,17

Die kalkulatorische Abschreibung einer Druckmaschine (Nutzungsdauer: 8 Jahre) berechnet sich wie folgt:

Anschaffungskosten: 105 164,58 €
WBN nach 8 Jahren: 123 221,34 € (117,17 % von 105 164,58 €)

$$\text{Kalkulatorische Abschreibung} = \frac{123\,221{,}34\ \text{€}}{8\ \text{Jahre}}$$

$$= 15\,402{,}67\ \text{€/Jahr}$$

Kalkulatorische Zinsen
Durch das in einer Kostenstelle gebundene Kapital entstehen **kalkulatorische Zinsen**.

Bei der Ermittlung der kalkulatorischen Zinsen wird die Höhe der Investition, die an einer Kostenstelle in Form von Computern, Büroeinrichtung usw. getätigt wurde, zugrunde gelegt. Das in der Investition eingesetzte und gebundene Kapital verursacht Zinskosten, denn teilweise wurden hierfür **Darlehen** bei einer Bank aufgenommen. In der Regel ist aber auch **Eigenkapital** eingesetzt worden. Hierfür werden zwar keine Zinsen an eine Bank gezahlt. Aber auch das eingebrachte Eigenkapital verursacht Zinskosten.

Als Gesellschafter wollen Sie auf Ihr investiertes Eigenkapital eine Verzinsung in Form einer Gewinnausschüttung erhalten, denn alternativ könnten Sie Ihr eingesetztes Eigenkapital auch festverzinslich bei einer Bank anlegen und würden dafür Zinsen erhalten.

Man kann somit die kalkulatorischen Eigenkapitalzinsen als „entgangene" Zinsen betrachten. Deshalb werden im BAB zusätzlich Zinsen auch auf das Eigenkapital als Kosten betrachtet. Nur so fließen diese Eigenkapitalzinsen in die Kalkulation von Aufträgen mit ein. Sie werden auf diese Weise von Kunden über die Preise der Aufträge „mitbezahlt".

Damit die Zinsen bis zum Ende der Nutzungsdauer (vier Jahre) eines DTP-Arbeitsplatzes konstant hoch sind, ist die **durchschnittliche Kapitalbindung** der Kostenstelle zu ermitteln, um diese dann mit dem **kalkulatorischen Zinssatz** zu verzinsen. Auf diese Weise ist gewährleistet, dass die Kostenstelle über den Zeitraum von vier Jahren gleichmäßig mit Zinsen „belastet" wird und die Kosten der Kostenstelle über die Jahre konstant bleiben. Es soll so verhindert werden, dass, je nach Alter der Betriebs- und Geschäftsausstattung, unterschiedlich hohe Preise (aufgrund unterschiedlich hoher kalkulatorischer Zinsen) für die gleiche Leistung der Agentur kalkuliert werden.

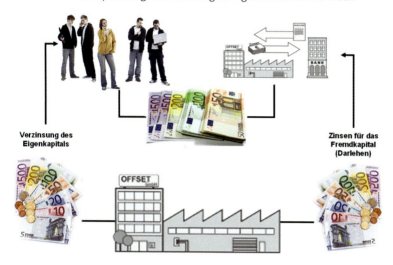

Kalkulatorische Zinsen am Beispiel der Offset GmbH

Bei der Berechnung der kalkulatorischen Zinsen werden die Anschaffungskosten der Güter zugrunde gelegt. Diese werden dann mit einem sogenannten **kalkulatorischen Zinssatz** verzinst. Der kalkulatorische Zinssatz ist hierbei ein „Mischzinssatz", der sowohl die Eigen- als auch die Fremdkapitalzinsen beinhaltet. Die so berechneten Zinskosten erscheinen im BAB als **kalkulatorische Zinsen**. Kalkulatorische Zinsen und kalkulatorische Abschreibungen werden natürlich nicht für geleaste Gegenstände berechnet, weil diese nicht Eigentum des Leasingnehmers, sondern des Leasinggebers sind.

Kalkulatorische Zinsen = durchschnittlich gebundenes Kapital · kalkulatorischer Zinssatz

Die Anschaffungskosten der Druckmaschine einer Druckerei betragen 105 164,58 € bei einer Nutzungsdauer von 8 Jahren. Der kalkulatorische Zinssatz beträgt 6,5 %.

Durchschnittl. Kapitalbindung

$$= \frac{\text{Anschaffungskosten} + \text{Restwert}}{2} = \frac{105\,164{,}58\ € + 0{,}00\ €^*}{2} = 52\,582{,}29\ €$$

Kalkulatorische Zinsen pro Jahr

= durchschnittlich gebundenes Kapital · kalkulatorischer Zinssatz 52 582,29 € · 6,5 % = 3 417 85 €

* Der Wert des in der Druckmaschine gebundene Kapital nimmt kontinuierlich in Höhe der jährlichen Abschreibung ab.
Es wird davon ausgegangen, dass sie am Ende der Nutzungsdauer keinen Wert mehr hat. Man ermittelt deshalb das durchschnittlich in der Druckmaschine gebundene Kapital. Es wird hierfür an zwei Zeitpunkten bewertet. Aus den beiden ermittelten Werten wird dann der Durchschnitt gebildet. Deshalb werden die Anschaffungskosten durch zwei dividiert.

Rechnen Sie mit einem kalkulatorischen Zinssatz von 6,5 %.

Fertigungswagnis

Die kalkulatorischen Wagnisse werden aus Erfahrungswerten der Vergangenheit ermittelt. Die Zuordnung zu den Kostenstellen geschieht nach dem „Verursacherprinzip": Die **Fertigungswagnisse**, wie z. B. anfallende Nacharbeiten an Aufträgen im Rahmen der gesetzlichen Gewährleistung, Nacharbeiten an noch nicht ausgelieferten Aufträgen oder Schadenersatzleistungen infolge von selbst verschuldeten Vertragsstörungen, müssen den entsprechenden Kostenstellen zugerechnet werden. Die unterschiedlichen Werte in den Kostenstellen basieren auf der Tatsache, dass die Mitarbeiter an unterschiedlich umfangreichen Aufträgen arbeiten, deren Fertigungswagnisse aufgrund der Komplexität (und der damit verbundenen finanziellen Folgen bei Mängeln) auch unterschiedlich hoch sind.

6.1.3 Kostenumlage der Vorkostenstellen

Sie benötigen für Ihre Agentur, neben den unmittelbar an der Produktion beteiligten Kostenstellen (**Endkostenstellen**: DTP-Arbeitsplätze, Drucker, Scanner), auch Einrichtungen, die **nicht direkt** an der Produktion beteiligt sind. Dies sind in einer Agentur die Sozialräume und der Kundenbereich für Kundenbesprechungen oder Präsentationen (**Vorkostenstelle**). Sie verursachen jedoch auch Kosten und müssen somit als Kostenstelle betrachtet werden. Die hier entstehenden Kosten müssen ebenfalls von den ausgeführten Aufträgen abgedeckt werden.

Es hat sich in der Praxis bewährt, die durch die Vorkostenstelle anfallenden Kosten durch eine **Umlage** den Endkostenstellen zuzurechnen.

Kosten	Endkostenstellen			Vorkostenstelle
	DTP 1 – 3	Drucker	Scanner	Sozialräume u. Ä.
Primärkosten				
Sekundärkosten	←	←	←	

Diese Umlage ist notwendig, damit man die gesamten Jahreskosten der Endkostenstellen und hierüber die Kosten pro Leistungsstunde **(Verrechnungssatz)** eines DTP-Arbeitsplatzes berechnen kann. Dieser Verrechnungssatz beinhaltet so *alle* mit einer Auftragsbearbeitung anfallenden Kosten, also auch die *nicht unmittelbar* mit der Produktion zusammenhängenden Verwaltungskosten.

Lernsituation Gründung einer Agentur | 1

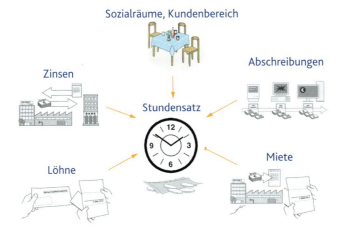

Die Kosten, die durch die Umlage auf die Vorkostenstellen entstehen, nennt man **Sekundärkosten**.

Die Kosten, die bereits vor der Umlage der entsprechenden Kostenstelle zugerechnet wurden, nennt man **Primärkosten**. Auf diese Weise entsteht ein **zweistufiger BAB**.

Die Kostenstelle Sozialräume, Kundenbereich wird prozentual auf die Endkostenstellen verteilt:

Kosten	Endkostenstellen					Vorkosten-stelle
	DTP 1	DTP 2	DTP 3	Drucker	Scanner	Sozialräume/Kundenbereich
Primärkosten						
Sekundärkosten	29 %	29 %	29 %	8 %	5 %	←

6.2 Kalkulationsmethoden

6.2.1 Verrechnungssatzkalkulation

Für die Berechnung der **Selbstkosten** eines Auftrags ist in der Regel entscheidend, wie lange dieser die entsprechenden Kostenstellen, also die Arbeitsplätze, belegt. Je länger diese Belegung dauert, desto höher sind die entstehenden Kosten.

Ein Mediengestalter arbeitet an einem Auftrag fünf Stunden. Eine Kostenstelle in Form eines DTP-Arbeitsplatzes wird somit fünf Stunden für einen Auftrag beansprucht. Diese Beanspruchung der Kostenstelle muss folglich vom Kunden, zuzüglich eines angemessenen Gewinnzuschlags, bezahlt werden.

Die hier angewandte Kalkulationsmethode ist die **Verrechnungssatzkalkulation**. Hierbei werden die **Kosten pro Zeiteinheit** (also in der Regel pro Stunde) mit der **kalkulierten Dauer** eines Arbeitsprozesses multipliziert. Die Dauer der Auftragsbearbeitung beruht dabei auf Erfahrungswerten, also auf den Daten von in der Vergangenheit ausgeführten Aufträgen, die ggf. in ähnlicher Form und ähnlichem Umfang erfolgten. Diese Verrechnungssatzkalkulation wird bei allen Tätigkeiten angewandt, bei denen die *Dauer* der Tätigkeit der kostenrelevante Faktor ist. Dieses ist bei Tätigkeiten, die an den **DTP-Arbeitsplätzen** und am **Scanner** ausgeführt werden, gegeben.

Kosten je Agenturstunde (Verrechnungssatz) an einem DTP-Arbeitsplatz: 50,00 €/Std.

Bearbeitungsdauer: 5 Stunden

Gesamtkosten: 5 Stunden • 50,00 €/Stunde = 250,00 €

Um zu einem späteren Zeitpunkt diese Verrechnungssatzkalkulation durchführen zu können, muss zunächst der **Verrechnungssatz** jeder Kostenstelle berechnet werden. Man bezeichnet diesen Verrechnungssatz in Agenturen auch als **Stundensatz oder Agenturstundensatz**. Die Stunde, die ein Mitarbeiter an einem Auftrag arbeitet, nennt sich analog dazu auch **Agenturstunde**.
Sollten mehrere Mitarbeiter an einem Auftrag arbeiten, so erhöht sich demzufolge die Anzahl der Agenturstunden um den Faktor der in den Auftrag eingebundenen Mitarbeiter.

Für die Produktion eines Flyers sind zwei Mitarbeiter je vier Stunden beschäftigt. Insgesamt werden acht Agenturstunden kalkuliert.

Um den Agenturstundensatz zu berechnen, muss man die gesamten Jahreskosten einer Kostenstelle des Betriebsabrechnungsbogens durch die voraussichtlichen **Fertigungsstunden** dividieren. Man erhält so die Kosten pro Stunde.

$$\text{Agenturstundensatz} = \frac{\text{Jahreskosten der Kostenstelle (gem. BAB)}}{\text{Fertigungsstunden}}$$

Berechnung der Fertigungszeit:

Die Fertigungsstunden sind die Stunden, in denen an einem Arbeitsplatz direkt an Kundenaufträgen gearbeitet wird. Sie dient als Planungsgrundlage für ein Jahr und stellt somit einen Sollwert dar.

Die Grundlage für die Berechnung der Fertigungszeit ist die **Kapazitätsrechnung** eines Arbeitsplatzes. Hierbei wird in der Regel mit branchenüblichen Durchschnittswerten gerechnet. Diese können jedoch von den individuellen betrieblichen Gegebenheiten abweichen. Durch eine eigene Statistik können hier genauere Planungsgrundlagen geschaffen werden.

Kapazitätsrechnung eines DTP-Arbeitsplatzes	Tage	Stunden*
Kalendertage	365,00	2 555,0
Samstage, Sonntage	104,00	728,0
Zu entlohnende Tage	261,00	1 827,0
Feiertage	10,00	70,0
Arbeitsplatzkapazität	251,00	1 757,0
Urlaub	30,00	210,0
bezahlte Arbeitsverhinderungen	2,50	17,5
Krankheit	11,00	77,0
Freischichten	0,00	0
Mannkapazität	207,50	1 452,5
Überstunden	13,60	95,2
Springer, Aushilfen	0,00	0,0

Kapazitätsrechnung eines DTP-Arbeitsplatzes	Tage	Stunden*
Plankapazität	221,10	1547,7
Hilfsstunden	35,43	248,0
Fertigungsstunden	185,67	1299,7

*Es wurde mit einer täglichen Arbeitszeit von 7,5 Stunden gerechnet.

Die Zeit, an der an einem Arbeitsplatz einer Agentur im Idealfall gearbeitet werden kann, nennt sich **Arbeitsplatzkapazität**. Diese kann man, grob gesagt, mit der Betriebszeit der Agentur gleichsetzen. Sie bezeichnet die Tage, an denen der Arbeitsplatz während der betrieblichen Arbeitszeit zur Verfügung steht.

Nun kommt es in der Praxis natürlich vor, dass ein Mitarbeiter nicht die volle Arbeitsplatzkapazität nutzt, weil er beispielsweise krank ist, Urlaub hat oder Fortbildungen besucht (Ausfallzeiten). Die effektiv geleisteten Arbeitsstunden eines Mitarbeiters sind somit zunächst einmal kleiner als die zur Verfügung stehende Arbeitsplatzkapazität. Die nach Abzug dieser Abwesenheitszeiten verbleibenden Tage/Stunden sind deshalb als die („zeitliche") **Kapazität der Arbeitskraft** zu verstehen, die diese an ihrem Arbeitsplatz anwesend sein kann **(Mannkapazität)**. Umgekehrt erhöht sich die „zeitliche" Besetzung eines Arbeitsplatzes dann, wenn ein **Springer** die Ausfallzeiten ausgleicht oder Überstunden gemacht werden. Mit dieser Kapazität kann der Arbeitgeber in Bezug auf Auslastung des Arbeitsplatzes planen **(Plankapazität)**.

Hilfsstunden sind Zeiten, an denen aufgrund organisatorischer und technischer Problemen nicht direkt an Kundenaufträgen gearbeitet werden kann. Auch Arbeiten, die nicht unmittelbar für einen Kundenauftrag ausgeführt werden, wie beispielsweise der Tonerwechsel im Drucker oder das Aufspielen neuer Software, zählen zu den Hilfsstunden. Am Ende der Kapazitätsrechnung stehen die **Fertigungsstunden**.

Während dieser Zeit arbeitet der Mitarbeiter ausschließlich an einem Kundenauftrag.

> **Je höher dieser Wert ist, also je mehr Arbeitszeit ein Mitarbeiter mit der Bearbeitung von Kundenaufträgen verbringt, desto niedriger ist somit auch der Verrechnungssatz/ Agenturstundensatz.**

Rein rechnerisch wird dieser Umstand deutlich, wenn man sich weiter oben den Term zur Berechnung des Verrechnungssatzes anschaut: Der Nenner, in Form der Fertigungsstunden, wird größer. In der Folge sinkt, bei gleichbleibenden Jahreskosten, der Verrechnungssatz.

Nochmals zur Klarstellung: Die ermittelten Fertigungsstunden stellen, wie auch die Zahlen des Betriebsabrechnungsbogens, einen Soll-Wert dar. Dieser ergibt sich aus *angenommen* Größen (durchschnittliche Krankentage, Urlaubstage usw.), die auf branchenüblichen Durchschnittswerten und/oder auf betriebsinternen Erfahrungswerten der vergangenen Jahre beruhen.

Aus der Kapazitätsrechnung kann man mithilfe bestimmter Kennzahlen Aussagen über die Auslastung einer Kostenstelle ableiten:

- Beschäftigungsgrad (B°)

Der Beschäftigungsgrad liefert die Aussage darüber, wie hoch der Arbeitsplatz durch einen Mitarbeiter ausgelastet wird. Um eine Vergleichbarkeit mit anderen Rechnungsperioden, Kostenstellen und ggf. anderen Betrieben zu ermöglichen, wird der Beschäftigungsgrad als Prozentsatz dargestellt, der das Verhältnis der Arbeitsplatzkapazität zur Plankapazität darstellt:

Beschäftigungsgrad (Fortsetzung des Beispiels oben):

$$B° = \frac{\text{Plankapazität} \cdot 100}{\text{Arbeitsplatzkapazität}}$$

$$= \frac{1547{,}7 \text{ Std.} \cdot 100}{1757 \text{ Std.}}$$

$$= 88{,}09\,\%$$

Der Arbeitsplatz wird somit mit 88,09 % der möglichen Kapazität ausgelastet.

Man kann festhalten, dass der Beschäftigungsgrad umso höher ist
- *je weniger krankheitsbedingte Ausfälle zu verzeichnen sind,*
- *je mehr Überstunden geleistet werden,*
- *je besser der Einsatz von Springern koordiniert wird.*

- Nutzungsgrad (N°)

Der **Nutzungsgrad** zeigt, in welchem Maß die Arbeitsstunden mit „echter" Fertigungszeit genutzt werden. Auch hier wird diese Größe als das Prozentsatz dargestellt, indem das Verhältnis der Fertigungsstunden zur Plankapazität gebildet wird:

Nutzungsgrad N° (Fortsetzung des Beispiels oben):

$$N° = \frac{\text{Fertigungsstunden} \cdot 100}{\text{Plankapazität}}$$

$$= \frac{1299{,}7 \text{ Std.} \cdot 100}{1547{,}7 \text{ Std.}}$$

$$= 83{,}98\,\%$$

Hinweis: Auf Buchplus finden Sie ein Arbeitsblatt zur Berechnung der Fertigungszeit.

Diese Kennzahl zeigt, wie hoch der Anteil an kundenbezogener Arbeit eines Mitarbeiters ist. Ist der Nutzungsgrad niedrig, wird die Mannkapazität, also die Anwesenheitsdauer des Mitarbeiters, nicht optimal genutzt. Dies kann beispielsweise durch häufig auftretende kleine technische oder organisatorische Störungen begründet sein (Folge: hohe Anzahl an Hilfsstunden).

Ein Wert nahe 100 % ist in Bezug auf den Nutzungsgrad wirtschaftlich vorteilhaft, weil die anteilige Arbeitszeit, in der ein Mitarbeiter während seiner Anwesenheit im Betrieb mit Kundenaufträgen befasst ist, hoch ist.

Berechnen Sie die mithilfe der Fertigungsstunden den Stundensatz für die DTP-Arbeitsplätze und den Scanner.

Sollgrößen DTP-Arbeitsplätze:

Kalendertage	365,0
Samstage, Sonntage	104,0
Feiertage	10,0
Urlaub	30,0
Arbeitsverhinderungen	4,0
Krankheit	12,0
Freischichten	-
Überstunden	1,7
Springer, Aushilfen	-
Hilfsstunden	20,0

Legen Sie für den Scanner pauschal 200 Fertigungsstunden zugrunde.

6.2.2 Stückkostenkalkulation

Innerhalb einer Rechnungsperiode (hier: ein Jahr) wird mit dem Laserdrucker eine bestimmte Menge von Ausdrucken (**Proofs**) erstellt. Es bietet sich hier an, die Kosten des Laserdruckers auf die ausgedruckten m² zu beziehen, also die m²-Kosten (**Stückkosten**) zu berechnen. Diese können dann auf die Formate DIN A4 und DIN A3 "heruntergerechnet" werden. Voraussetzung ist allerdings, dass eine mögliche Auslastung, also eine vorausgeschätzte ausgedruckte Menge für ein Jahr zugrunde gelegt wird. Im Rahmen der Kalkulation können dann die Ausdrucke, die im Rahmen eines Auftrags gemacht werden, nach der Stückzahl abgerechnet werden. Schließlich ist hier nicht die Dauer einer Tätigkeit kostentreibend, sondern die Herstellung einer bestimmten Menge. Weil hier zur Kalkulation die Gesamtkosten der Kostenstelle durch die Stückzahl (hier: m²) dividiert werden, nennt sich diese Kalkulationsmethode **Stückkostenkalkulation**.

Stückkostensatz eines Laserdruckers:

$$\text{Stückkosten} = \frac{\text{Jahreskosten der Kostenstelle}}{\text{voraussichtlich produzierte Jahresmenge}}$$

Kalkulieren Sie mit einer voraussichtlich produzierten Jahresmenge von 2.000 m².

Bei steigender Auslastung (also z. B. bei 3 000 m²) würden die m²-Kosten sinken. Um jedoch eine Kalkulation zu ermöglichen, wird eine für gewöhnlich bestehende Auslastung (hier: 2.000 m²) festgesetzt.

Da Proofs in unterschiedlichen Formaten ausgedruckt werden, müssen die zuvor berechneten Stückkosten je m² auf das Format der Proofs bezogen werden. In der Regel sind das die Formate DIN A4 und DIN A3.

Berechnen Sie die Kosten eines Proofs für die Formate DIN A4 und DIN A3.

Kosten je Proof = Stückkosten je Proof (in €/m²) × Format des Proofs (in m²)

 Kosten je Proof = Stückkosten (in m²) × Fläche des Formats (in m²)
= 11,95 €/m² × 29,7 cm × 42 cm
= 11,95 €/m² × 0,297 m × 0,42 m
= 11,95 €/m² × 0,12474 m²
= 1,49 €

 ## Rechtsformen

	Rechtsformen (Unternehmensformen)			
	Personengesellschaften		Kapitalgesellschaften	
	OHG	KG	GmbH	AG
Gründung	Gesellschaftsvertrag, Eintragung ins Handelsregister	Gesellschaftsvertrag, Eintragung ins Handelsregister	Satzung, Eintragung ins Handelsregister	Satzung, Eintragung ins Handelsregister
Haftung	unmittelbar, unbeschränkt, solidarisch	Komplementäre: wie OHG Kommanditisten: mit ihrer Einlage	beschränkt mit den Geschäftsanteilen	beschränkt mit den Anteilen (Aktien)
Geschäftsführung	Gesellschafter einzeln	Komplementäre einzeln	Geschäftsführer gemeinsam	Vorstand
			Weiteres Organ: Gesellschafterversammlung	Weitere Organe: Aufsichtsrat, Hauptversammlung

 ## Unternehmensorganisation
- **Stelle:** kleinste organisatorische Einheit
- **Instanz:** Stelle mit Leitungs- bzw. Weisungsfunktion
- **Abteilung:** Stellen mit gleichen oder ähnlichen Aufgaben
- **Anforderungsprofil:** Aufgaben, die an einer Stelle ausgeführt werden
- **Fähigkeitsprofil:** Kompetenzen, Fertigkeiten, die ein Mitarbeiter aufweist

	objektorientiert	verrichtungsorientiert
Stellenebene	Eine Stelle bearbeitet einen Leistungsprozess (z. B. einen Auftrag) ganzheitlich und eigenverantwortlich.	Ein Leistungsprozess wird von mehreren Stellen bearbeitet, wobei jede Stelle nur für eine Teilleistung verantwortlich ist.
Abteilungsebene	Eine Arbeitsgruppe oder eine Abteilung bearbeitet einen Leistungsprozess ganzheitlich und eigenverantwortlich.	Ein Leistungsprozess wird von mehreren Arbeitsgruppen oder Abteilungen bearbeitet, wobei jede nur für eine Teilleistung verantwortlich ist.

Informations- und Kommunikationstechnik
Computersystem:

Es lässt sich insgesamt in die Bereiche **Computer**, **Peripheriegeräte** und **Software** einteilen. Ferner können Computer in einem **Netzwerk** betrieben werden.
Neben den technischen Grundlagen spielt auch die **Ergonomie am Arbeitsplatz** eine wichtige Rolle.

Schematische Darstellung des Computersystems:

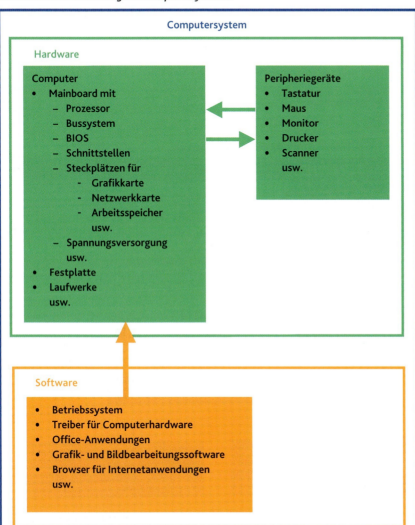

Ergonomie am Medienarbeitsplatz
Um Gesundheitsschäden durch die Arbeit am Bilschirmarbeitsplatz vorzubeugen, muss dieser so beschaffen sein, dass Folgeschäden, wie z. B. starke Rückenschmerzen und Augenleiden, ausbleiben. Dies beinhaltet einen ausreichend großen Arbeitsraum, geeignete Büromöbel sowie deren Platzierung und die Auswahl einer geeigneten Beleuchtung unter zusätzlicher Berücksichtigung der Faktoren Lärm und Raumklima. Eine den Vorschriften entsprechende Geräteausstattung, wie z. B. ein strahlungsarmer Monitor, eine ergonomische Tastatur und Maus, komplettieren einen ergonomischen Arbeitsplatz.

Finanzierung

Finanzierungsarten				
Eigenfinanzierung		Fremdfinanzierung	
Innenfinanzierung: Selbstfinanzierung	Außenfinanzierung: Beteiligungsfinanzierung	Innenfinanzierung: Rückstellungen	Außenfinanzierung: Darlehensfinanzierung Leasing

Darlehensarten:
Annuitätendarlehen: regelmäßige Tilgungs- und Zinszahlungen (= Annuität) während der Laufzeit
Fälligkeitsdarlehen: während der Laufzeit nur Zinszahlung, vollständige Tilgung am Ende der Laufzeit
Grundsatz bei Finanzierungen: Fristengleichheit von Investition und Finanzierung (Nutzungsdauer = Darlehenslaufzeit/Leasingdauer)

Leasing:
Dauer eines Leasingvertrags: 40 % – 90 % der Nutzungsdauer

Unterscheidung nach:	Leasingarten	
dem Leasinggeber	direkt durch den Hersteller (Herstellerleasing)	indirekt (durch Leasinggesellschaft)
dem Umfang der Amortisation	Vollamortisation	Teilamortisation

Vollamortisation: Alle Anschaffungs-, Finanzierungs- und Verwaltungskosten des Leasinggebers werden durch die Summe der Leasingraten gedeckt. Der Kauf des Leasingobjekts hat sich durch den Leasingvertrag für den Leasinggeber amortisiert.

Teilamortisation: Finanzierungs- und Verwaltungskosten des Leasinggebers werden teilweise durch die Leasingraten gedeckt. Die vollständige Deckung der Kosten wird erst nach einem weiteren Leasingvertrag über das Leasingobjekt oder durch den Verkauf durch den Leasinggeber erzielt.

Kostenrechnung

Um eine Kostenkontrolle und spätere Kalkulation zu ermöglichen, werden die gesamten Kosten auf Kostenstellen verteilt:
- **Vorkostenstellen** sind Kostenstellen, die nur mittelbar an der Erstellung von Leistungen beteiligt sind.
- **Endkostenstellen** sind Kostenstellen, die unmittelbar an der Erstellung einer Leistung beteiligt sind.
- **Endkostenstellen** tragen die Kosten der Vorkostenstelle mit Umlage der Kosten der Vorkostenstelle auf die Endkostenstellen.

Kalkulationsmethoden (DTP, Scanner):

$$\text{Verrechnungssatz} = \frac{\text{Jahreskosten}}{\text{Fertigungsstunden}}$$

$$\text{Stückkosten} = \frac{\text{Jahreskosten der Kostenstelle}}{\text{voraussichtlich produzierte Jahresmenge}}$$

1. Rechtsformen

a) Erläutern Sie die Art der Haftung der Gesellschafter in der OHG.
b) Errechnen Sie die gesetzlichen Gewinnanteile für die Gesellschafter der Digitaldruck OHG.
   Gewinn: 60 000,00 €
   Einlage Gesellschafter A: 100 000,00 €
   Einlage Gesellschafter B: 200 000,00 €
c) Errechnen Sie den Gewinnanteil der Gesellschafter.
   Gewinn: 40 000,00 €
   Anteile Gesellschafter A: 5 000 Stück
   Anteile Gesellschafter B: 15 000 Stück
d) Warum geben Banken einer GmbH weniger bereitwillig ein Darlehen als einer OHG?
e) Erläutern Sie den Unterschied zwischen einem Geschäftsleiter und einem Geschäftsführer.
f) Nehmen Sie in diesem Zusammenhang Stellung zu der folgenden Aussage eines Berufsschülers:
   „Noch zwei Tage Blockunterricht in der Berufsschule, dann muss ich wieder in die Firma."
g) Dürfen die Gesellschafter der *Druckfabrik GmbH* bei einer Bank einen Darlehensvertrag abschließen?
h) Nennen und erläutern Sie die Haftung der Gesellschafter in einer OHG.
i) Nennen und erläutern Sie die Haftung in der Kommanditgesellschaft.
j) Ermitteln Sie die Gewinnverteilung der Stemski und Ewers OHG nach den Vorschriften des HGB.

> **§ 121 HGB**
> (1) Von dem Jahresgewinn gebührt jedem Gesellschafter zunächst ein Anteil in Höhe von vier vom Hundert seines Kapitalanteils. Reicht der Jahresgewinn hierzu nicht aus, so bestimmen sich die Anteile nach einem entsprechend niedrigeren Satz.
> (2) [...]
> (3) Derjenige Teil des Jahresgewinns, welcher die nach den Absätzen 1 und 2 zu berechnenden Gewinnanteile übersteigt, sowie der Verlust eines Geschäftsjahrs wird unter die Gesellschafter nach Köpfen verteilt.

Einlage Ewers: 60 000,00 €
Einlage Stemski: 40 000,00 €
Gewinn: 20 000,00 €

k) Die Druckfabrik UG wurde mit 5 000,00 € Stammkapital gegründet. Sie hat im ersten Jahr einen Jahresüberschuss von 10 000,00 € erwirtschaftet. Das zweite Geschäftsjahr konnte mit einem Jahresüberschuss von 20 000,00 €, das dritte mit 60 000,00 € abgeschlossen werden. Wie hoch darf die Gewinnausschüttung im dritten Jahr sein, wenn im ersten und zweiten Jahr der gesetzlich vorgeschriebene Anteil des Jahresüberschusses in die Gewinnrücklagen eingestellt wurde?

l) Ordnen Sie die Begriffe den jeweiligen Rechtsformen zu:

Geschäftsführer	
Komplementär	
Unbeschränkte Haftung	
Teilhafter	
Geschäftsanteil	
Vollhafter und Teilhafter	
Solidarische Haftung	
Dividende	

m) Herr Post hat mit Herrn Otten einen Partner gefunden. Das neue Unternehmen soll als OHG oder als GmbH gegründet werden. Nennen Sie je zwei Nachteile der beiden Rechtsformen.

2. Unternehmensorganisation

a) Erläutern Sie den Unterschied zwischen Arbeitsplatz und Stelle.
b) Erläutern Sie die Begriffe „Abteilung" und „Instanz".
c) Ihre Bank bietet Ihnen verschiedene Beratungsleistungen rund um Ihr Geld. Würden Sie lieber von einem festen Ansprechpartner oder für bestimmte Anlageprodukte (beispielsweise Riester-Rente, Anlage der vermögenswirksamen Leistungen, Fragen und Dienstleistungen rund um Ihr Konto) eher von spezialisierten Mitarbeitern betreut werden? Diskutieren Sie diese Frage vor dem Hintergrund der unterschiedlichen Organisationsformen.
d) Welche Art der Organisation ist in Ihrem Betrieb vorherrschend?
Zeichnen Sie hierzu ein Organigramm. Diskutieren Sie anhand Ihrer Praxiserfahrung die Vor- und Nachteile der einzelnen Organisationsformen.

3. Computersystem

a) Ordnen Sie die folgende Computerhardware einer der beiden Gruppen **Systemeinheit** oder **Peripheriegeräte** zu.
Arbeitsspeicher, Cache, Scanner, Laserdrucker, Prozessor, Mainboard, externe Festplatte, Lüfter, TFT-Monitor, BIOS

Peripheriegeräte	Systemeinheit

b) Lösen Sie das folgende Kreuzworträtsel

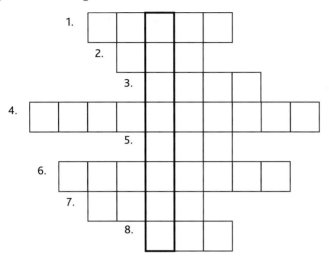

1. Kleiner, schneller Zwischenspeicher auf dem Mainboard
2. Bezeichnung für Festwertspeicher
3. Kleines Gerät zur Bewegung auf der Bildschirmoberfläche
4. Großes Speichermedium innerhalb des Computers
5. Schnittstelle zum Anschluss von Druckern, Speichersticks usw.
6. Peripheriegerät zur Eingabe von Zeichen und Zahlen.
7. Anwender einer Computers
8. Abkürzung für Arbeitsspeicher

c) Erläutern Sie die Cache-Hierarchie im Computersystem mithilfe einer Skizze. Erklären Sie in diesem Zusammenhang auch den Unterschied zwischen dem Exklusiv- und dem Inklusiv-Cache.
d) Brücken im Computer: Welche Brücken (bridges) enthält das Mainboard, wozu dienen Sie und wo sind sie angeordnet?
e) Auf dem Mainboard ist eine Reihe von Steckplätzen zu finden. Erklären Sie die folgenden näher, indem Sie angeben welche Bestandteile des Computersystems dort angeschlossen werden können.
PCI-Slot, AGP-Slot, RAM-Steckplatz, PCIe-Slot

4. Berechnungen rund um den Computer
Im Zusammenhang mit Computern sind ständig große Zahlen im Umlauf. Da ist die Rede von Mega und Giga, aber auch manchmal nur von Kilo. Doch was bedeuten diese Größen und wie hängen sie zusammen?
a) Eine Festplatte hat eine Speicherkapazität von 200 GB (Gigabyte).
   Wie viel MB (Megabyte) bzw. wie viel KB (Kilobyte) entspricht dies?
b) Welche Grafikkarte hat den größeren Arbeitsspeicher? Modell A: 64 MB *oder* Modell B: 64.400 KB? Begründen Sie Ihre Aussage rechnerisch!
c) Monitorgrößen werden in Zoll angegeben. Wie viel Zentimeter entspricht 1 Zoll? Was besagen die Monitorgrößen 17" und 19"?
d) Wie viel Arbeitsspeicher muss die Grafikkarte des Computers mindestens haben, um eine Maximalauflösung von 1280 × 1024 in True-Color zu ermöglichen? (Rechnung erforderlich.)

5. Peripheriegeräte
Die Werbeagentur Digiprofis verfügt über eine breite Angebotspalette im Bereich der Erstellung von Digital- und Printmedien. Dazu gehören u.a. folgende Produkte: Aufsteller und Werbebanner in fotorealistischer Qualität, Webseiten, Animationen zu Werbezwecken, insbesondere in der Autobranche und die Erstellung von Computerspielen.

1 | Lernsituation Gründung einer Agentur

a) Im Zuge der Firmenerweiterung plant der Chef die Anschaffung einiger neuer Monitore für die Arbeitsplätze und Besprechungsräume. Diese sollen sowohl zur Datenbearbeitung als auch zur Präsentation gegenüber den Kunden genutzt werden.
Welcher Monitortyp eignet sich jeweils für die Anwendungsbereiche: Computerspiele, Bild- und Grafikbearbeitung für den Druck sowie zur Kundenpräsentation diverser Produkte?
Vergleichen Sie mindestens zwei unterschiedliche Monitortypen und ordnen Sie diese den o.g. Anwendungsbereichen zu.

b) Die Agentur benötigt zudem einen oder mehrere Drucker für die folgenden Bereiche: Briefpost, Angebots- und Rechnungsdruck mit Durchschlag sowie Etikettendruck und Fotodruck. Ordnen Sie jedem Produkt einen geeigneten Drucker zu und begründen Sie Ihre Zuordnung.

Anwendung	Drucker	Begründung
Briefpost		
Rechnungen mit Durchschlag		
Fotos		
Etiketten		

6. Schnittstellen

Zu Hause gibt es einheitliche Steckdosen, an welche sich fast alle Elektrogeräte anschließen lassen. Im Computer ist dies nicht so einfach, es gibt verschiedenen Schnittstellen für unterschiedliche Zwecke.
a) Erläutern Sie den Begriff Schnittstelle in Bezug auf ein Computersystem.
b) Was ist eine USB-Schnittstelle, welche Standards werden unterschieden und welche Geräte lassen sich dort anschließen?
c) Die folgenden Ein- und Ausgabegeräte sollen an den Computer angeschlossen werden. Geben Sie jeweils an, mit welchen Anschlüssen der Soundkarte das jeweilige Gerät verbunden werden muss und begründen Sie Ihre Angaben.

Soundkarte	Ein-/Ausgabegerät	Anschlüsse	Begründung
	Mikrofon		
	Headset		
	Lautsprecher		
	Keyboard		

7. Ergonomie am Medienarbeitsplatz

Das Arbeitsleben ist lang und sollte nicht durch arbeitsbedingte Gesundheitsschäden erschwert werden. Daher gibt es Richtlinien für die Ausstattung von Bildschirm- und Büroarbeitsplätzen.
a) Welche Vorgaben bestehen für Schreibtische und Bürostühle am Bildschirmarbeitsplatz? Nennen Sie auch die einzuhaltenden Mindestmaße.
b) Machen Sie Angaben zur Aufstellung der Büromöbel am Bildschirmarbeitsplatz.
c) Welche Kenngrößen spielen bei künstlicher Beleuchtung eine Rolle und wie sollte diese angeordnet sein?
d) Mit welcher Maßeinheit wird Lautstärke gemessen, ab wann ist ein Gehörschutz erforderlich und welche Richtwerte gelten für überwiegend geistige Leistungen?

Lernsituation Gründung einer Agentur | 1

e) Ein Nadel- und zwei Laserdrucker sollen in Ihrem Büro untergebracht und als Drucker für Sie und die Kollegen des Nachbarbüros dienen. Sie sind mit der Entscheidung jedoch nicht einverstanden und möchten im Gespräch mit Ihrem Chef schlagkräftige Argumente gegen die Aufstellung der Drucker anführen.
Nennen Sie mindestens drei wichtige Argumente und begründen Sie diese.

8. Finanzierung

a) Eine Bank bietet einem neu gegründeten Druckereibetrieb zwei Finanzierungsalternativen in Höhe von 300 000,00 € für den Kauf einer Druckmaschine an.

Annuitätendarlehen	Fälligkeitsdarlehen
Zinssatz: 6 %	Zinssatz: 6 %
Anfängliche Tilgung: 8 %	Laufzeit: 10 Jahre

Berechnen Sie die Tilgungspläne für die Darlehen.
Vergleichen Sie die beiden Alternativen, indem Sie Vor- und Nachteile in Bezug auf den Druckereibetrieb gegenüberstellen und begründen.

b) Alternativ soll für die Druckmaschine ein Vollamortisations-Leasingvertrag berechnet werden. Die Nutzungsdauer beträgt 8 Jahre, die Leasingrate 2,5 % pro Monat.
Berechnen Sie die maximal mögliche Vertragsdauer und die Leasingrate pro Monat.
Wovon würden Sie es abhängig machen, ob Sie den Leasingvertrag über die maximal mögliche Vertragsdauer abschließen?

c) Diskutieren Sie Vor- und Nachteile der Beteiligungsfinanzierung im Vergleich zur Darlehensfinanzierung.

9. Betriebsabrechnungsbogen (BAB)

Erstellen Sie mithilfe der folgenden Angaben den zweistufigen BAB der Creativ GmbH.

a) Berechnen Sie zunächst die Jahreskosten der einzelnen Kostenstellen. Der Wiederbeschaffungszuschlag auf die Anschaffungskosten für alle Kostenstellen beträgt pauschal 10 %.

b) Legen Sie dann die Jahreskosten der Vorkostenstellen Verwaltung, Vertrieb und AV/TL (Arbeitsvorbereitung/Technische Leitung) wie folgt auf die Endkostenstellen um:

Bilderfassung	DTP 1	DTP 2	DTP 3
10 %	30 %	30 %	30 %

	Gesamtkosten	Grafik	DTP-Arbeitsplatz 1	DTP-Arbeitsplatz 2	DTP-Arbeitsplatz 3	Verwaltung	Vertrieb	AV/TL
Löhne und Gehälter	250 000,00 €		20 %	20 %	20 %	25 %	5 %	10 %
Gesetzl. Sozialkosten auf Lohn und Gehalt	60 000,00 €		20 %	20 %	20 %	25 %	5 %	10 %
Summe Personalkosten	**310 000,00 €**							
Kleinmaterial	10 000,00 €	10 %	20 %	20 %	20 %	10 %	10 %	10 %
Fremdenergie (Strom, Wasser usw.)	8 000,00 €	15 %	20 %	20 %	20 %	10 %	5 %	10 %
Instandhaltung, Reparaturen, Ersatzteile	36 000,00 €	1 000,00 €	9 000,00 €	9 000,00 €	9 000,00 €	4 000,00 €	2 000,00 €	2 000,00 €
Summe Sachgemeinkosten	**54 000,00 €**							
Raummiete und Heizung (Fläche in m²)	18 000,00 €	10	12	12	12	15	10	15

	Gesamtkosten	Grafik	DTP-Arbeitsplatz 1	DTP-Arbeitsplatz 2	DTP-Arbeitsplatz 3	Verwaltung	Vertrieb	AV / TL
Kalkulatorische Abschreibung, gegeben: Anschaffungskosten	30 250,00 €	60 000,00 €	16 000,00 €	16 000,00 €	16 000,00 €	10 000,00 €	10 000,00 €	5 000,00 €
Nutzungsdauer (Jahre)		5	4	4	4	4	4	4
7 % kalkulatorische Zinsen (gegeben: Anschaffungskosten)	4 655,00 €	60 000,00 €	16 000,00 €	16 000,00 €	16 000,00 €	10 000,00 €	10 000,00 €	5 000,00 €
Fertigungswagnis	8 000,00 €	15 %	15 %	15 %	15 %	10 %	10 %	20 %
Summe kalkulatorische Kosten	60 905,00 €							
Summe Gemeinkosten	424 905,00 €							

10. Stückkostenkalkulation

a) Berechnen Sie die m²-Kosten des Plattenbelichters:

Arbeitsplatzkosten	132 150,00 €
Belichtete Druckplatten	1500 m²

b) Aufgrund steigender Auftragseingänge und damit notwendig werdender Anschaffung einer neuen Druckmaschine wird die mögliche Auslastung der Kostenstelle „Druckformherstellung" auf 2.000 m² erhöht. Bei dieser erhöhten Ausbringungsmenge steigen die Energiekosten und die Kosten für Kleinmaterial. Hierdurch steigen die Arbeitsplatzkosten um 5 %. Berechnen Sie die für die Kalkulation der kommenden Rechungsperiode zugrunde zu legenden Stückkosten.

11. Verrechnungssatzkalkulation

Die Druckmaschine der Offset GmbH weist in den ersten vier Monaten des Jahres durchschnittlich monatliche Kosten von 21 000,00 € bei einer durchschnittlichen Fertigungszeit von 105 Stunden auf. Durch ein erhöhtes Auftragsvolumen stiegen im Monat Mai die Kosten um 15 %. Die Fertigungszeit erhöhte sich gleichzeitig um 30 %.

a) Berechnen Sie die Stundensätze für die Monate April und Mai.
b) Welche Auswirkungen hat der veränderte Stundensatz im Monat Mai auf das Betriebsergebnis der Offset GmbH, wenn das gesamte Jahr mit dem durchschnittlichen Stundensatz der ersten vier Monate kalkuliert wird?

12. Verrechnungssatzkalkulation

a) Berechnen Sie den Stunden- und Minutensatz des DTP-Arbeitsplatzes:

Fertigungszeit:	1750 Stunden
Jahreskosten:	98 735,11 €

b) Der Stundensatz hat sich auf 62,83 € erhöht. Zeigen Sie mögliche Gründe hierfür auf.

13. Kalkulatorische Miete

Ein Druckereibetrieb hat eine Gesamtfläche von 282 m². Die kalkulatorische Miete für den gesamten Betrieb beträgt 20 811,60 €.

Raumbedarf der Arbeitsplätze:

Druckmaschine	27 m²	Schneidemaschine	35 m²
Plattenbelichter	48 m²	Lager	105 m²
DTP-Arbeitsplatz	12 m²	Verwaltung	25 m²
Falzmaschine	30 m²		

Berechnen Sie die kalkulatorische Miete pro Jahr für die jeweilige Kostenstelle.

14. Kalkulatorische Abschreibung
Berechnen Sie die kalkulatorische Abschreibung für die folgenden Kostenstellen:

	Wiederbeschaffungswert	Nutzungsdauer
Druckmaschine	497 728,00 €	8 Jahre
Druckplattenherstellung	236 815,00 €	5 Jahre
DTP-Arbeitsplatz	17 840,00 €	4 Jahre
Falzmaschine	56 816,00 €	8 Jahre
Schnellschneider	753 016,00 €	8 Jahre

15. Betriebsabrechnungsbogen (BAB)
Erstellen Sie auf der Basis der unten stehenden Angaben den BAB der Offset GmbH.

Kostenarten	Gesamtkosten (in €)	Produktion 1	Produktion 2	Verwaltung	Vertrieb
Löhne und Gehälter	300 000,00	10 %	50 %	20 %	20 %
Gesetzl. Sozialkosten auf Lohn und Gehalt	60 000,00	10 %	50 %	20 %	20 %
Summe Personalkosten	**360 000,00**				
Kleinmaterial	10 000,00	10 %	70 %	10 %	10 %
Fremdenergie (Strom, Wasser usw.)	8 000,00	5 %	85 %	5 %	5 %
Instandhaltung, Reparaturen, Ersatzteile	16 000,00	1 000,00	9 000,00	4 000,00	2 000,00
Summe Sachgemeinkosten	**34 000,00**				
Raummiete und Heizung	18 000,00	120 m²	180 m²	20 m²	40 m²
Kalkulatorische Abschreibung	142 500,00	20 000,00 (4 Jahre)	900 000,00 (4 Jahre)	40 000,00 (4 Jahre)	40 000,00 (4 Jahre)
Kalkulatorische Zinsen	35 000,00	20 000,00	900 000,00	40 000,00	40 000,00
Fertigungswagnis	8 000,00	10 %	70 %	10 %	10 %
Summe kalkulatorische Kosten	**203 500,00**				
Summe Gemeinkosten	**597 500,00**				

- Die prozentuale Verteilung der Löhne und Gehälter wurde auf Basis der geleisteten Arbeitsstunden in den jeweiligen Kostenstellen durch Stundenzettel ermittelt.
- Die Beträge bei der Kostenart „Instandhaltung, Reparaturen, Ersatzteile" sind durch Zuordnung der Rechnungen zu den entsprechenden Kostenstellen erfolgt.
- Die Werte in der Zeile „kalkulatorische Abschreibung" sind die Anschaffungskosten und die Nutzungsdauer (erste Zeile) und die Nutzungsdauer (zweite Zeile). Berechnen Sie für den WBN einen Zuschlag von 2 % pro Jahr.
- Bei den kalkulatorischen Zinsen sind in den einzelnen Zellen die Anschaffungskosten angegeben. Der kalkulatorische Zinssatz beträgt 7 %.
- Die Prozentsätze für das Fertigungswagnis sind auf Basis von Durchschnittswerten der vergangenen Rechnungsperioden ermittelt worden.

16. Kapazitätsrechnung

a) Berechnen Sie die fehlenden Größen der Kapazitätsrechnung eines DTP-Arbeitsplatzes.

Arbeitsstundenermittlung	Stunden
Kalendertage	2 555,00
Samstage, Sonntage	728,00
Zu entlohnende Tage	
Feiertage	70,00
Arbeitsplatzkapazität	
Urlaub	210,00
bezahlte Arbeitsverhinderungen	24,00
Krankheit	30,00
Freischichten	0,00
Mannkapazität	
Überstunden	0,00
Springer, Aushilfen	0,00
Plankapazität	
Hilfsstunden	248,00
Fertigungszeit	

b) Berechnen Sie B° und N° unter der Voraussetzung, dass Urlaub, Krankheit und bezahlte Arbeitsverhinderungen durch einen Springer voll ausgeglichen werden.

c) Berechnen Sie zudem B° und N° unter der Voraussetzung, dass neben dem in b) angeführten Springer zudem für den Mitarbeiter 100 Überstunden im Jahr eingeplant werden. Interpretieren Sie das Ergebnis des B°.

17. Kapazitätsrechnung
Ermitteln Sie den Stunden- und Minutensatz des folgenden Arbeitsplatzes:

Arbeitsplatzkapazität:	1850 Stunden
Beschäftigungsgrad:	85 %
Nutzungsgrad:	93 %
Jahreskosten:	198 571,11 €

18. Kapazitätsrechnung
a) Vergleichen Sie die betrieblich bedingte Auslastung der beiden Arbeitsplätze (einer neuen und einer alten Druckmaschine) mithilfe des Nutzungs- und des Beschäftigungsgrads.
b) Worin könnte der Unterschied in den Ergebnissen begründet sein?

Arbeitsstundenermittlung	Maschine neu Stunden	Maschine alt Stunden
Kalendertage	2 552,00	2 552,00
Samstage, Sonntage	728,00	728,00
Zu entlohnende Tage	1 824,00	1 824,00
Feiertage	70,00	70,00
Arbeitsplatzkapazität	1 754,00	1 754,00
Urlaub	222,00	222,00
bezahlte Arbeitsverhinderungen	18,50	10,00
Krankheit	81,40	30,00
Freischichten	-	-
Mannkapazität	1 432,10	1 492,00
Überstunden	100,58	120,00
Springer, Aushilfen	-	-
Plankapazität	1 532,68	1 612,00
Hilfsstunden	260,00	450,00
Fertigungszeit	1 272,68	1 162,00

2 Vernetzung eines Medienbetriebs

Vernetzung eines Medienbetriebs

Netzwerke und Internet

- **Klassifikation von Netzwerken**
  - Netzwerkarchitekturen - Vernetzungskonzepte
  - Netzwerktopologien
  - Übertragungsmedien

- **Hard- und Softwarevoraussetzungen**
  - Hardwarevoraussetzungen
  - Zugangssoftware und Provider
  - Cloud-Computing

- **Adressierung im Netzwerk**
  - Netzwerkprotokolle und -schichten
  - Aufbau und Struktur von IP-Adressen
  - Domains

- **Nutzungsmöglichkeiten des Internets**
  - Kommunikation
  - Informationssuche

2 Vernetzung eines Medienbetriebs

Ihre neu gegründete Agentur besteht aus den drei mitarbeitenden Gesellschaftern und einer Bürokraft auf Aushilfsbasis. Für die Mitarbeiter stehen insgesamt vier Computerarbeitsplätze zur Verfügung. Von diesen Arbeitsplätzen wurde in der Gründungphase bisher nur ein Computer mit dem Internet verbunden und zur Kundenkommunikation sowie zum Datenaustausch genutzt. Zu diesem Zweck steht ein DSL 6 000-Anschluss zur Verfügung. Das Gebäude verfügt auch über einen Kabelanschluss.
Um einen besseren Datenaustausch untereinander und mit den Kunden sowie flexible Kommunikationsmöglichkeiten zu gewährleisten, sollen nun alle vier Computer in den beiden Büroräumen miteinander vernetzt werden und einen Internetzugang erhalten.
Ihre Agentur benötigt eine Beratung, welche Möglichkeiten zur Vernetzung der Computerarbeitsplätze bestehen und ob die vorhandene DSL-Verbindung den Anforderungen an die Kommunikation und den Datenaustausch aller vier Mitarbeiter erfüllt oder ob ein anderer Internetzugang sinnvoll ist.
Des Weiteren sollen alle Mitarbeiter eine eigene E-Mail-Adresse erhalten und es soll eine passende Internetadresse für den Betrieb reserviert werden.
Zu diesem Zweck hat Ihre Agentur Kontakt mit dem IT-Dienstleister „Die Netzwerktechniker" aufgenommen.

7 Netzwerke und Internet

In Betrieben mit mehreren Mitarbeitern, wie auch in Ihrer Agentur, befinden sich in der Regel mehrere Computer. Diese können, wie bisher geschehen, als Einzelplatzrechner – jeder Mitarbeiter hat seinen eigenen Computer mit eigenen Programmen ohne Verbindung zu den anderen – betrieben werden. Meist ist jedoch die Verbindung der einzelnen Computer über ein Netzwerk sinnvoll.

Netzwerk: Gruppe von miteinander verbundenen Computern.

Beide Möglichkeiten weisen gewisse Vor- und Nachteile auf. Doch insgesamt überwiegen die Vorteile beim Betrieb im Computernetzwerk.
In der folgenden Tabelle sind einige Vor- und Nachteile von Computernetzwerken aufgelistet.

Vorteile	Nachteile
Kommunikation = Schneller Austausch von Informationen und Daten zwischen den einzelnen Nutzern, z. B. durch E-Mail, Intranet.	**erhöhter Sicherheitsaufwand**, da schnelle Verbreitung von Viren, Würmern usw. möglich
Resource-Sharing = Kostengünstiger Umgang mit Betriebsmitteln durch gemeinsame Nutzung der Hardware, z. B. Drucker, Plotter, Faxgerät.	Bei der Vernetzung mehrerer Computer ist ein zusätzlicher Server sinnvoll
Data-Sharing = Gemeinsame Nutzung der Datenbestände.	Verwaltung und Pflege des Netzwerkes, **Netzwerkadministration** erforderlich
Software-Sharing = Gemeinsame Nutzung auf dem Server befindlicher Software.	**Server erforderlich! Datenschutz beachten** und Zugriff auf sensible Daten für andere sperren

An vorstehender Auflistung wird deutlich, dass der Arbeitsablauf durch die Vernetzung von Computern deutlich erleichtert und Kosten für Betriebsmittel, z. B. durch die Nutzung eines gemeinsamen Druckers, eingespart werden können. Dem gegenüber steht jedoch der erhöhte Installations- und Wartungsaufwand im Gegensatz zu Einzelplatzrechnern, der wiederum mit Zusatzkosten verbunden ist. Abschließend bleibt jedoch anzumerken, dass eine flexible Nutzung der Datenbestände und Betriebsmittel den Arbeitsablauf wesentlich vereinfacht.

7.1 Klassifikation von Netzwerken

Netzwerke zur Datenkommunikation werden, je nach geografischer Ausdehnung, mit den folgenden Bezeichnungen versehen:

Local Area Network/ LAN	Lokale Netze innerhalb eines Gebäudes oder über kurze Entfernungen, meist für einzelne Firmen, Betriebe, Schulen usw.
Metropolitan Area Network/MAN	Großstadtnetze im privaten oder öffentlichen Bereich, die aus einer Kopplung mehrerer LANs bestehen und sich über viele Kilometer, z. B. zwischen den Behörden einer Großstadt, erstrecken können
Wide Area Network/ WAN	Weitverkehrsnetze innerhalb eines Landes oder sogar Kontinentes durch die Kopplung mehrerer MANs und LANs
Global Area Network/GAN	Weltweites Netz als Verbindung der Kontinente untereinander durch die Kopplung der WANs, MANs und LANs mithilfe von Satellitentechnik

Bei einem Netzwerk innerhalb eines Betriebes, einer Firma oder sonstigen Einrichtung handelt es sich immer um ein LAN.

Damit die Nutzung eines Netzwerks sinnvoll und effizient ist, sollte es einige grundlegende (Mindest-)Anforderungen erfüllen.

Anforderungen an Netzwerke

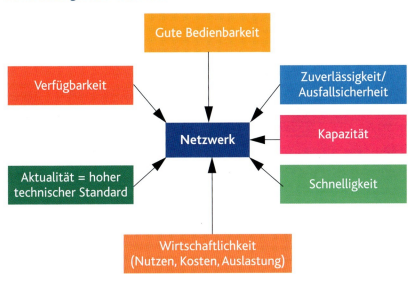

Ein guter Netzwerkadministrator, der sich um eine einwandfreie Funktionalität und Aktualität des Netzwerkes kümmert, ist unerlässlich. Dies kann bei kleinen Firmen auch ein versierter Mitarbeiter sein, der diese Aufgaben zusätzlich übernimmt.

Doch aus welchen Elementen besteht eigentlich ein Computernetzwerk im Einzelnen, welche technischen Voraussetzungen sind erforderlich und wie wird es eingerichtet?

Elemente und Strukturen von Netzwerken

Bei der Vernetzung von Computern ist es zunächst einmal wichtig zu überlegen, welche Aufgabe die einzelnen Computer im Netzwerk übernehmen sollen. Daraus ergeben sich unterschiedlich strukturierte Netzwerke und damit unterschiedliche Netzwerkarchitekturen.

> **Netzwerkarchitektur: Strukturierung des Netzwerkes nach Aufgabenbereichen der einzelnen Computer.**

Ferner sind einzelne Computernetze je nach den Bedürfnissen der Anwender unterschiedlich aufgebaut, d. h. die einzelnen Computer werden auf eine bestimmte, vorher festgelegte Art und Weise miteinander verbunden. Dies nennt man **Netzwerktopologie**.

> **Netzwerktopologie: Art und Struktur der physikalischen Verbindung der einzelnen Computer untereinander.**

Meist ist bei der Vernetzung von Computern ein zentraler Server sinnvoll, um die Kommunikation zwischen den einzelnen Computern zu vereinfachen und Prozesse zentral zu steuern. Jedoch können auch die normalen Arbeitsplatzrechner Server-Funktionen übernehmen.

Server

Was ist eigentlich ein Server (engl. „Bediener") und welche Funktionen kann er übernehmen?

> **Server: Zentraler Rechner im Netzwerk, der den anderen Computern Dienste anbietet.**

Server-Funktionen

Server-Bezeichnung	Server-Dienstleistung
Kommunikationsserver	Steuerung der Kommunikation, z. B. im Netzwerk und zu anderen Netzwerken
Fileserver	Speichern und Verwalten von Programmen und Dateien
Printserver	Verwalten und Ausführen von Druckaufträgen
Access-Server	Steuerung und Organisation von externen Zugriffen auf ein Netz
Application-Server	Zentrale Bereitstellung von (Software-) Anwendungen

Je nachdem, ob der Server nur Server-Aufgaben wahrnimmt oder gleichzeitig noch als Anwendungscomputer dient, werden folgende Server-Arten unterschieden:

1. **Dedicated Server:** Server wird ausschließlich als Server betrieben.
2. **Non-dedicated Server:** Server dient, neben der Server-Funktion, zusätzlich als Anwendungscomputer (Client).

In den meisten Netzwerken findet ein Dedicated Server Anwendung. In sehr kleinen Netzwerken wird jedoch häufig auf einen zusätzlichen Server verzichtet, um jeden verfügbaren Computer auch als Arbeitsplatz zur Verfügung zu haben und die Kosten für einen weiteren Computer einzusparen. Dort wird dann ein Non-dedicated Server eingesetzt.

> Welches Server-Konzept – Dedicated Server oder Non-dedicated Server – eignet sich am besten für Ihre Agentur?

Client

Alle im Netzwerk angeschlossenen Computer, die auf den Server zugreifen, werden als **Client** (engl. „Kunde") bezeichnet. Geläufig ist sicherlich auch die Begrifflichkeit Client-Server-Technologie.

Client: Computer in einem Netzwerk, der die Dienste des Servers in Anspruch nimmt.

Ähnlich wie die Server werden auch die Clients, je nach Funktion im Netzwerk, in zwei Gruppen aufgeteilt:

1. **Workstation:** Computer mit eigenem Prozessor, eigener (lokaler) Festplatte und eigenen Laufwerken.

Vorteil	Nachteil
Auch bei Störungen im Netzwerk kann an dem Computer eigenständig gearbeitet werden.	höherer Betreuungsaufwand durch lokale Festplatte und stärkere Gefahr der Verseuchung mit Viren usw., da der Computer über eigene Laufwerke verfügt

2. **Netzwerkcomputer = Thin-Client:** Computer werden ohne lokale Festplatte und lokale Laufwerke betrieben, sodass alle Daten direkt auf dem Server gespeichert und bearbeitet werden; d. h. es werden nur die grafischen Ausgaben der geladen Programme oder Dateien am Bildschirm dargestellt.

Vorteil	Nachteil
höhere Datensicherheit, da keine Laufwerke vorhanden sind, durch welche zusätzlich Viren in das System gelangen können	hoher Datentransfer über das Netz, das System wird langsamer, bei Server-Ausfall ist kein Arbeiten mehr möglich

Nicht zuletzt ist natürlich auch entsprechende Hardware notwendig, um die geplanten Netzwerkarchitekturen und Netzwerktopologien technisch einwandfrei umsetzen zu können.

7.1.1 Netzwerkarchitekturen – Vernetzungskonzepte

Das Zentralrechnerkonzept

Beim Zentralrechnerkonzept steht ein Großrechner als **Zentralrechner** im Mittelpunkt. Der Zentralrechner ist mit einer Vielzahl von **Terminals** (= unintelligente Computer) verbunden, die lediglich die Aufgabe der Dateneingabe und Datenanzeige übernehmen.

Terminal: Bildschirm und Tastatur zum Zugriff auf einen Zentralrechner.

Dieses Konzept ist schon lange gebräuchlich und findet heute im Wesentlichen noch im Bank- und Versicherungsbereich Anwendung. Auch die Geldautomaten der Banken sind ein Beispiel für Terminals.

Zentralrechner-Konzept: Großrechner oder intelligenter PC ist mit Terminals verbunden.

Vorteile	Nachteile
• Kosteneinsparung • nur Monitor und Tastatur bei Terminals • geringe Kosten je Nutzer	• bei Ausfall des Zentralrechners sind alle Terminals funktionslos • spezieller Raum für Zentralrechner erforderlich

Das Peer-to-Peer-Konzept

In diesem Konzept sind alle Computer im Netzwerk gleichberechtigt und durch einen Hub miteinander verbunden. Jeder Computer dient als Client und als Server.

> **Hub (engl. Knotenpunkt):** Verbindung mehrerer Computer eines sternförmigen Netzwerkes.

Jeder Computer im Netzwerk kann als separate Workstation genutzt werden und für einen anderen Computer Dienstleistungen ausführen, also Server-Aufgaben wahrnehmen.

> **Peer-to-Peer-Konzept:** Zwei oder mehr untereinander gleichberechtigte Computer.

Das Peer-to-Peer-Konzept ist nur für kleine Netzwerke mit maximal zehn Computern geeignet, da das Netzwerk ansonsten schnell unübersichtlich und schwer zu warten wird.

Hauptanwendungsbereich: Spiele (z. B. bei LAN-Partys).

Vorteile	Nachteile
• geringe Kosten • einfache Installation und Konfiguration	• keine zentrale Bereitstellung der Daten • kein zentrales Back-up

Client-Server-Konzept

Hier dient ein (bei großen Netzen auch mehrere) Computer als Server. Der Server übernimmt die im Netz benötigten Server-Funktionen und dient z. B. als Fileserver oder Printserver. Die angeschlossenen Computer, die Clients, greifen auf den Server zu, um die entsprechenden Funktionen des Servers zu nutzen, z. B. das Ausdrucken von Unterlagen.

Hauptanwendungsbereich: Firmen- oder Schul- und Hochschulnetzwerke.

Vorteile	Nachteile
• zentrale Datenverwaltung • zentrales Back-up • ortsunabhängiger Zugriff durch Log-in	• teure Workstations • aufwendige Server- und Netzwerkinstallation

Nach der Auswahl der geeigneten Netzwerkarchitektur geht es nun darum, eine geeignete Netzwerktopologie zu finden.

7.1.2 Netzwerktopologien

> Bei der Auswahl der **Netzwerktopologie** für Ihre Agentur spielen einerseits die Anzahl der Computer, andererseits die räumlichen Gegebenheiten eine wichtige Rolle (befinden sich alle Mitarbeiter in einem Gebäude, auf einer Etage usw.). Wichtig ist des Weiteren die Zuordnung der Mitarbeiter zu Arbeitsgruppen und Abteilungen. Mitarbeiter einer Arbeitsgruppe sollten Zugriff auf die gleichen Dateien haben und möglicherweise einen Drucker gemeinsam nutzen.
>
> Es muss also zunächst überlegt werden, ob ein Netz in weitere Teilnetze unterteilt werden soll und wie die Computer in jedem Teilnetz bzw. im Gesamtnetz miteinander verbunden werden können.

Für lokale Netze (LANs) innerhalb einer Firma oder eines Unternehmens sind im Wesentlichen die folgenden Netzwerktopologien gebräuchlich:

- Stern-Topologie
- Baum-Topologie

Stern-Topologie

Alle Rechner werden sternförmig mit einem Zentralrechner, meistens dem Server, verbunden. Die einzelnen Computer können dabei reine Netzwerkrechner ohne eigene Laufwerke sein.

Vorteile	Nachteile
• leicht zu erweitern • geringe Störanfälligkeit (Netz funktioniert weiter bei Ausfall einzelner Computer) • hohe Übertragungssicherheit • leichte Fehlersuche	• Netzausfall bei Ausfall des Zentralrechners/Servers • aufwendige Verkabelung • begrenzte Leitungslänge

Anwendung:
Mittelgroße Netze mit zentralem Server im Client-Server-Konzept, kleine Netze im Peer-to-Peer-Konzept.

Baum-Topologie

Bei der Baum-Topologie lassen sich größere Netze in kleinere Unternetze aufteilen. Jeder Ast des Baumes stellt ein Unternetz dar. Die Unternetze sind durch Verteiler (Switch) miteinander verbunden.

Vorteile	Nachteile
• hohe Ausfallsicherheit • leicht zu erweitern • große Entfernungen realisierbar	• bei Verteilerausfall fällt Unternetz (Zweig) ganz aus

Anwendung:
Große Netze mit vielen Rechnern.

> **Switch: Intelligenter Hub zur Verbindung mehrerer Elemente in einem Netzwerk.**

In den meisten eher kleinen und mittleren Netzwerken findet ein Sternnetz Anwendung. Auch eine Kombination aus unterschiedlichen Technologien ist verbreitet.

Vgl. diese LS, 7.1.3

> Welche Netzwerktopologie und welches Netzwerkkonzept ist für die Anwendung in Ihrer Agentur geeignet? Stellen Sie beide Varianten einander gegenüber und vergleichen Sie diese.

7.1.3 Übertragungsmedien

Nach der Planung der Netzwerktopologie geht es nun um die physikalische Verbindung der einzelnen Computer. Dazu sind Übertragungsmedien, z. B. Kabel oder Funk, notwendig.

> **Übertragungsmedien:** Technische Einrichtungen zur schnellen und sicheren Übermittlung von Signalen.

Zur Signalübertragung zwischen den einzelnen Computern ist grundsätzlich jedes Material bzw. jeder Stoff geeignet, der elektrische Licht- oder Funksignale in irgendeiner Weise übertragen kann. Infrage kommende Übertragungsmedien zur Vernetzung von Computern lassen sich dabei in zwei Gruppen unterteilen:

1. Leitergebundene Übertragungsmedien
2. Leiterungebundene Übertragungsmedien

Leitergebundene Übertragungsmedien

Unter leitergebundenen Übertragungsmedien versteht man Übertragungsmedien, die sich anfassen lassen und in Kabelkanälen von Computer zu Computer verlegt werden müssen.

Übersicht leitergebundener Übertragungsmedien

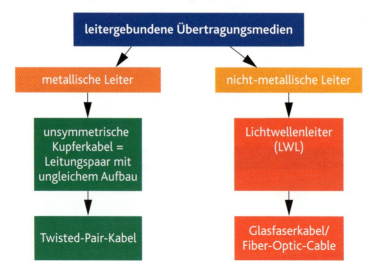

Twisted-Pair-Kabel

Twisted-Pair-Kabel sind verdrillte Kabel und finden überwiegend in Sternnetzen bei kurzen Entfernungen bis zu 100 m Anwendung. Ein Twisted-Pair-Kabel besteht in der Regel aus insgesamt acht jeweils paarweise miteinander verdrillten Kupferkabeln (vier Adernpaare). Durch das Verdrillen wird der Einfluss äußerer Störfelder reduziert. Man unterscheidet zwischen ungeschirmten UTP-Kabeln (Unshielded Twisted Pair) und geschirmten FTP- (Foiled Twisted Pair) oder STP-Kabeln (Shielded Twisted Pair) bzw. deren Varianten. Die Abschirmung stellt einen zusätzlichen Schutz gegen Störfelder dar.

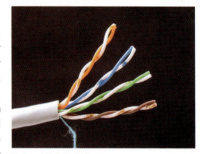

Twisted-Pair-Kabel

Übersicht gängiger Twisted-Pair-Kabel

Bezeichnung	Abschirmung	Aufbau	Vor-/Nachteile
U/UTP	Unshielded Twisted Pair ungeschirmt	vier verdrillte Adernpaare in PVC-Hülle → kein Außen- oder Innenschirm	+ geringer Kabeldurchmesser + leicht zu verlegen − störanfällig bei elektromagnetischen Feldern (EMI)
U/FTP	Unshielded/ Foiled Twisted Pair geschirmt	vier verdrillte Adernpaare in PVC-Hülle, als Paar geschirmt → Außenschirm: Keiner → Innenschirm: Folie	+ geringer Kabeldurchmesser + leicht zu verlegen − störanfällig bei elektromagnetischen Feldern (EMI)
F/UTP	Foiled/Unshielded Twisted Pair geschirmt	gemeinsame Abschirmung um alle Adernpaare → Außenschirm: Folie → Innenschirm: Keiner	+ gute Abschirmung über ein breites Frequenzspektrum − Abschirmung starker Störungen aufgrund der geringen Foliendicke schwierig
Sc/FTP	Screened/Foiled Twisted Pair geschirmt	gemeinsame Abschirmung um alle Adernpaare und paarweise Schirmung innen → Außenschirm: Draht → Innenschirm: Folie	+ gute Abschirmung über ein breites Frequenzspektrum + guter Schutz vor Fremdrauschen und ANEXT = alien near end crosstalk − wenig flexibel durch zweifache Schirmung
SF/UTP	Screened Foiled/ Unshielded Twisted Pair geschirmt	gemeinsame Abschirmung um alle Adernpaare → Außenschirm: Folie und Draht → Innenschirm: Keiner	+ gute Abschirmung über ein breites Frequenzspektrum + Abschirmung starker Störungen durch Kombination Drahtgeflecht/Folie

Die Twisted-Pair-Kabel sind zusätzlich in Kategorien eingeteilt. Die **Kategorie CAT** gibt an, für welche Betriebsfrequenzen und Übertragungsgeschwindigkeiten sich ein Kabel eignet.

Kategorien (CAT) für Netzwerkkabel

Kategorie	Frequenz	Übertragungsgeschwindigkeit
CAT 5	100 MHz	100Mbit/s
CAT 5e	100 MHz	1000Mbit/s
CAT 6	250 MHz	1000Mbit/s
CAT 6a	500 MHz	10 000Mbit/s
CAT 7	600 MHz	10 000Mbit/s

Netzwerkkabel der Kategorien 5 und 5e mit Übertragungsgeschwindigkeiten zwischen 100 und 1 000 Mbit/s sind zurzeit am stärksten verbreitet und reichen für den Standarddatenverkehr im Internet völlig aus.

Alle Arten von Twisted-Pair-Kabeln werden am Leitungsende mit einem RJ-45-Stecker versehen und können so problemlos mit einem **Hub**, einem **Switch** oder auch einem **Router** verbunden werden.

RJ-45-Stecker

Hub	Netzwerkknoten als Verteiler (normaler Hub), eine Art „Mehrfachsteckdose" für Netzwerke, zusätzlich als Repeater (aktiver Hub) zur Verstärkung der Datensignale erhältlich. Sendet jedes ankommende Datenpaket an alle angeschlossenen Computer weiter. D. h. Computer A sendet die Daten an Computer B, C und D, auch wenn diese nur für Computer B bestimmt sind. Dies kann zu Kollisionen führen. Die langsamste Verbindung bestimmt die Geschwindigkeit des gesamten Datentransfers. Ein Hub hat 4, 8, 16 oder mehr Ausgänge mit RJ-45-Buchsen. Möglich auch als USB-Hub zur Erhöhung der Anzahl der USB-Steckplätze.	
Switch	Intelligenter Hub = Gerät zur Verbindung von Teilnetzwerken oder einzelner Stationen im Netz. Sorgt für kollisionsfreie Datenübertragung durch Punkt-zu-Punkt-Verbindung zwischen sendendem und empfangendem Rechner. D. h. es ist z. B. eine Kommunikation zwischen Computer A und B und parallel dazu auch zwischen Computer C und D möglich. Daten werden nur an den Computer weitergeleitet, der sie benötigt.	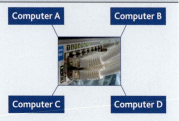
Router	Verbindung von zwei oder mehr LANs, die das gleiche Protokoll, z. B. TCP/IP, benutzen. Der Router sucht den optimalen Weg, nicht unbedingt den kürzesten, aber den einfachsten, für die Datenübertragung zwischen Sender und Empfänger. Beispiel für die Verbindung von zwei Netzen ist die Verbindung des Heim- oder Firmennetzes mit dem Internet über einen Router.	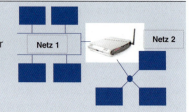

Lichtwellenleiter-Kabel (LWL)

Im Bereich der Datenübertragung spielen Lichtwellenleiter, oft auch als Glasfaserkabel bezeichnet, eine immer größere Rolle – vor allem im Drucksaal zur Vernetzung von Druckmaschine und Leitstand.

Lichtwellenleiter übertragen moduliertes (abgewandeltes, verändertes) Licht über eine Glas- oder Kunststofffaser. Die Glasfaser besteht aus einem ca. 0,1 mm starken, lichtleitenden Glasfaser- oder Kunststofffaserkern (Core). Dieser ist von einem Mantel (Cladding) aus Glasfasern umgeben. Außen befindet sich eine mechanische Schutzschicht (Primary Coating) aus Kunststoff (Acrylat).

Kern und Mantel haben einen unterschiedlichen Brechungsindex, der dazu führt, dass das Licht im LWL reflektiert wird und nicht austreten kann. Die einzelnen Lichtimpulse bewegen sich dann entlang der inneren Glasfasern. Beim Typ **Monomode-Glasfaser** (Singlemode) wird je Kern nur ein Lichtimpuls geradlinig übertragen, während beim Typ **Multimode-Glasfaser** mehrere Lichtsignale durch einen Kern geschickt werden können.

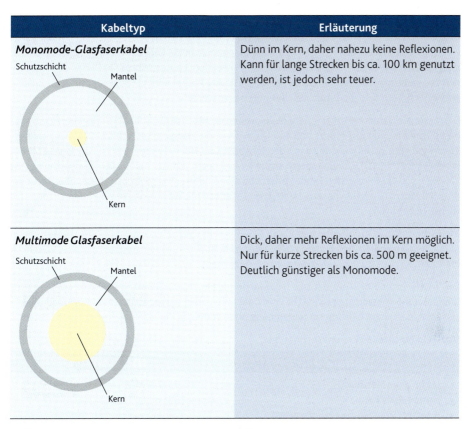

Die Übertragungsrate ist bei Lichtwellenleitern sehr hoch und kann bis zu 40 GBit/s betragen.

Vorteile	Nachteile
<ul><li>dünn, leicht und sehr flexibel</li><li>gutes Preis-Leistungs-Verhältnis</li><li>hohe Übertragungsrate</li><li>hohe Störsicherheit, große Abhörsicherheit</li><li>darf in explosionsgefährdeten Umgebungen verlegt werden</li><li>chemisch und thermisch stabil</li><li>lange Übertragungswege bis zu 100 km (Monomode) möglich</li></ul>	<ul><li>hohe Installationskosten</li><li>hoher Installationsaufwand</li><li>bei kurzen Verbindungen teurer als Kupferleitungen</li></ul>

Auch Glasfaserkabel sind in Kategorien eingeteilt. So unterscheidet man bei den Multimode-Kabeln die Kategorien OM1 bis OM4 und bei bei Singlemode-Kabeln die Kategorien OS1 und OS2. In der Regel gilt: Je höher die Kategorie, desto größer die maximale Reichweite. Je größer die Entfernung, desto geringer die maximal übertragbaren Geschwindigkeiten.

Leiterungebundene Übertragungsmedien
Neben den leitergebundenen Übertragungsmedien werden vermehrt leiterungebundene Übertragungsmedien zur Datenübertragung eingesetzt. Dies sind die Medien, die man weder sehen noch anfassen kann. Das bekannteste Medium ist hier wohl die Funkverbindung, wie sie beim Mobiltelefon bereits lange genutzt wird. Ferner finden noch Infrarottechnologien verstärkt Anwendung.

Alle leiterungebundenen Übertragungsmedien nutzen das Medium Luft.

Funk

In einem **WLAN** (**W**ireless **L**ocal **A**rea **N**etwork) erfolgt die Datenübertragung kabellos per Funkwellen im Mikrowellenbereich. Zum Datenempfang müssen die Endgeräte, die in dieses Netzwerk integriert werden sollen, mit einem speziellen WLAN-Modul ausgerüstet sein. Dieses ist in modernen Computern bereits enthalten. Ferner ist ein WLAN-Router oder ein sogenannter Access-Point erforderlich, vom dem die Daten kabellos übertragen werden.

Die maximale Datenübertragungsrate des aktuellen WLAN-Standards 802.11 ac liegt bei einem theoretischen Wert von 867 MBit/s und erreicht in der Praxis dann ca. 540 MBit/s. Die Übertragungsgeschwindigkeit ist auch abhängig von der Bandbreite des Übertragungskanals (in der Regel 20 MHz bis optimal 80 MHz): Je breiter, desto schneller und desto weniger Kollisionen. Die Reichweite ist abhängig von abschirmenden Hindernissen und der mindestens angestrebten Datenübertragungsrate. Mit einem Access-Point kann sie im Freien – jedoch mit einer geringen Übertragungsrate – bis zu 500 m betragen.

Inzwischen gibt es im öffentlichen Raum eine Vielzahl solcher Access-Points (Hotspots), wie in Bahnhöfen, Flughäfen, und Hotels. Auch Unternehmen und Privatleute nutzen die WLAN-Technologie, um auf die aufwendige Verkabelung zu verzichten.

Die WLAN-Technologie erweist sich insbesondere dann als vorteilhaft, wenn unterwegs ein problemloser Internetzugang gewünscht wird oder im eigenen Wohnbereich mehrere Nutzer in verschiedenen Räumen eine Internetverbindung ohne vorherige Verkabelung herstellen möchten.

Vor- und Nachteile der Funktechnologie

Vorteile	Nachteile
• leicht zu installieren • variabel einsetzbar • Internetverbindung auch unterwegs	• nur für kurze Entfernungen geeignet • störanfällig durch Hindernisse • Datenübertragung kann eingesehen werden (Hacker)

Bluetooth

Die Datenübertragung per Bluetooth erfolgt, ebenso wie bei WLAN, per Funk. Smartphones, Tablets und Laptops verfügen standardmäßig über eine Bluetooth-Schnittstelle und auch viele Autos oder Freizeitgeräte, wie Fitnessarmbänder, Kopfhörer oder Uhren, sind mit Bluetooth ausgestattet. Bei Desktop-Computern ist Bluetooth teilweise ebenfalls vorhanden oder kann mittels eines speziellen Bluetooth-Sticks, der an die USB-Schnittstelle angeschlossen wird, hinzugefügt werden.

Entwickelt wurde Bluetooth für die Datenübertragung auf sehr kurzen Strecken. Zurzeit sind maximale Strecken zwischen 10 m und 40 m möglich. Spezielle Richtantennen ermöglichen jedoch eine Übertragung über deutlich größere Entfernungen. Die Datenübertragungsrate von Bluetooth liegt bei bis zu 2 Mbit/s.

Mit der Bluetooth-Version 4.2 kam die Funktionalität für den sicheren und variablen Zugriff zum Internet mit dem IPv6-Standard hinzu und die aktuelle Version 5 erhöht die Reichweite von 50 m auf 200 m im Freien im stromsparenden LE-Modus.

Vor- und Nachteile der Bluetooth-Technologie

Vorteile	Nachteile
• Verschlüsselung der Daten • leicht zu aktivieren • Bewegungsfreiheit	• kurze Reichweite • Datenverlust bei schwacher Verschlüsselung möglich • Verbindungsverlust möglich

Lernsituation Vernetzung eines Medienbetriebs | 2

7.2 Hardware- und Softwarevoraussetzungen

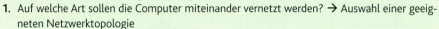

Ihre Agentur steht vor den folgenden Fragen:
1. Auf welche Art sollen die Computer miteinander vernetzt werden? → Auswahl einer geeigneten Netzwerktopologie
2. Ist der bestehende DSL 6 000-Zugang für die Internetanbindung aller Computer geeignet oder empfiehlt sich eine andere Zugangsmöglichkeit?
3. Welche zusätzlichen Hardwarekomponenten müssen angeschafft werden?
4. Welche Zugangssoftware wird benötigt?
5. Ist Cloud-Computing eine Möglichkeit, um Ressourcen besser zu nutzen und ggf. Kosten einzusparen?

7.2.1 Hardwarevoraussetzungen

Um Zugriff auf das Internet zu haben, müssen alle im Netz befindlichen Computer die hardwaretechnischen Voraussetzungen für eine Internetverbindung erfüllen.

Vgl. LS 1, 3.1.4.3

Der Zugang zum Internet erfolgt über verschiedene Hardwarekomponenten und mit unterschiedlichen Geschwindigkeiten. Ferner ist es möglich, über den Kabelanschluss eines Kabelnetzbetreibers, über den normalen Stromanschluss oder per Mobilfunk eine Internetverbindung aufzubauen.

Im Folgenden werden die Hardwarevoraussetzungen für unterschiedliche Zugangsmöglichkeiten zum Internet aufgezeigt. Dies geschieht meist vereinfacht für einen Computer.

Zugangshardware

Notwendige Hardware:	Vor- und Nachteile:
• DSL-Anschluss • DSL-Splitter zur Aufteilung in Telefon- und Internetanteil • DSL-Modem oder DSL-Router • Netzwerkkarte	• Telefonieren und Surfen gleichzeitig möglich • hohe Übertragungsrate von 2 048 bis ca. 50 000 KBit/s • höhere Kosten durch DSL-Anschluss • für Vielsurfer und hohe Downloadvolumen (insb. Musik- und Videodaten)

Getrennte Übertragung von Telefonie und Internet mithilfe eines Splitters.

DSL (IP-Anschluss)

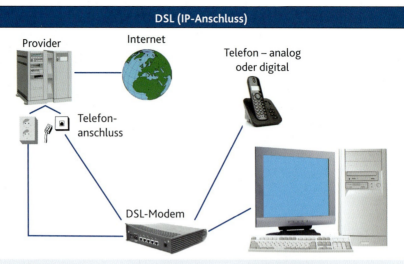

Notwendige Hardware:
- DSL-IP-Anschluss
- DSL-Modem oder DSL-Router
- Netzwerkkarte

Vor- und Nachteile:
- hohe Übertragungsraten
- bessere Sprachqualität
- bei Ausfall des Internets keine Telefonie möglich
- Router muss immer online sein

Gemeinsame Übertragung von Telefonie und Internet ohne Splitter. Die Telefonie erfolgt nicht mehr über das herkömmliche Telefonnetz, sondern ausschließlich über das Internet als Voice-Over-IP-Verbindung (VoIP).

TV-Kabelnetz

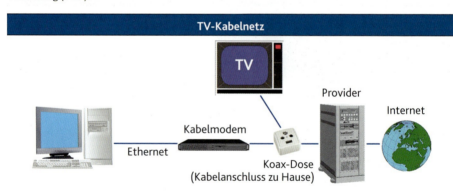

Notwendige Hardware:
- Kabelanschluss eines TV-Anbieters
- Kabel-Modem
- Netzwerkkarte

Vor- und Nachteile:
- Telefonieren und Surfen gleichzeitig
- sehr hohe Übertragungsrate von ca. 10 MBit/s bis 100 MBit/s möglich (entspricht bis zu 100 000 KBit/s)
- viel schneller als DSL
- Kabelanschluss notwendig
- für große Datenmengen geeignet
- Kabelnetze noch nicht überall entsprechend ausgebaut –> Leitungen müssen von vielen Nutzern geteilt werden

Lernsituation Vernetzung eines Medienbetriebs | 2

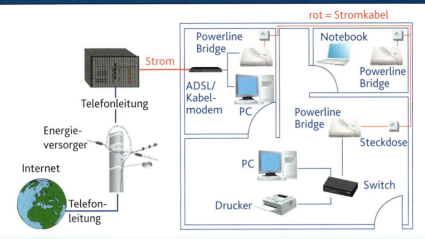

Notwendige Hardware:
- konventioneller Stromanschluss
- Powerline-Modem zum Anschluss an die normale Steckdose oder Powerline-Bridge + DSL-Modem
- Netzwerkkarte

Vor- und Nachteile:
- Telefonieren und Surfen gleichzeitig möglich
- Powerline-Adapter für Steckdose erforderlich
- Übertragungsrate von bis zu 200 MBit/s
- bei mehreren Computern Stromleitungen innerhalb des Hauses zur Vernetzung nutzbar
- Haushalte im Verbreitungsgebiet der Anbieter

7.2.2 Zugangssoftware und Provider

Für den Zugang zum Internet und die Betrachtung und Nutzung von Internetseiten sind neben den Hardwarevoraussetzungen auch ein Internetanbieter und passende Software erforderlich.

Provider

Sogenannte **Provider** (engl. „provide" = zur Verfügung stellen) stellen dem Nutzer gegen eine Gebühr ihren Webserver für den Zugang zum Internet zur Verfügung. Dies kann wie folgt aussehen:

Abschluss eines Vertrages mit einem festen Provider. Dieser beinhaltet den Internetzugang und häufig eine Flatrate, die unbegrenztes Surfen ermöglicht, z. B. AOL, 1&1 usw.

Ein fester Provider ist notwendig, um eine stets verfügbare Internetverbindung zu gewährleisten.

> Erstellen Sie eine Übersichtstabelle, die für unterschiedliche Provider folgende Angaben enthalten soll:
>
> a) Zugangsmöglichkeiten mit Kostenaufstellung für eine ständige Internetnutzung (Flatrate),
> b) benötigte Hardware für jede der Zugangsmöglichkeiten und deren Kosten,
> c) Kosten für eine Domainreservierung,
> d) Kosten für das jeweils kleinste und größte Webhosting-Paket.

Browser

Zur Betrachtung und Nutzung der Internetseiten ist eine spezielle Software, der **Browser** (engl. „browse" = durchsuchen), erforderlich. Zu den bekannten Browsern zählen der Internet Explorer von Microsoft, Google Chrome, Mozilla Firefox und Opera sowie der Browser Safari bei Apple-Macintosh-Computern.

Zum Aufrufen einer Internetseite gibt man in die Adresszeile des Browsers die sogenannte **URL** (**U**niform **R**esource **L**ocator) ein. Dies kann entweder der Domainname oder die IP-Adresse der gewünschten Webseite sein. Wenn beides nicht bekannt ist, kann eine Suchmaschine weiterhelfen.

URL
Die URL besteht mindestens aus folgenden Teilen:

Protokoll://Server.Domain
http://www.gmx.de

Sie kann jedoch auch wie folgt aufgebaut sein:

Protokoll://Server.Domain/Verzeichnis
http://www.sport.de/themen//index.html

Das Verzeichnis kann nur den Dateinamen, wie z. B. **index.html**, aber auch eine umfangreiche Verzeichnisstruktur, wie z. B. **sport/wettbewerbe/sportfest0607.html**, beinhalten.

URL: Eindeutige Adressbezeichnung eines Dokuments im Internet.

7.2.3 Cloud-Computing

Der Begriff Cloud-Computing ist zurzeit in aller Munde und verspricht einen kostengünstigen, flexiblen und technisch optimierten Betriebsablauf. Doch was verbirgt sich genau hinter Cloud-Computing und welche Anwendungsmöglichkeiten bietet es für Ihre Agentur?

Allgegenwärtig sind zurzeit Werbesprüche, wie dieser der Deutschen Telekom AG:

> „Immer und überall Zugang zu meiner Welt: Mit der TelekomCloud."

Quelle: www.telekom.de, 2012

Was steckt hinter der Cloud?
Sowohl im geschäftlichen als auch im privaten Bereich ist der Datenbestand deutlich angestiegen, sodass die Kapazitäten auf den Servern und Festplatten schnell erschöpft sind. Des Weiteren sind immer mehr Softwareanwendungen für einen reibungslosen Betriebsablauf erforderlich, die ebenfalls erheblichen Speicher-, Wartungs- und Kostenaufwand mit sich bringen.

Die zukunftsweisende Lösung dieser Problematik bietet Cloud-Computing (Datenverarbeitung in der Wolke). Dabei werden, je nach Bedarf, z. B. externes Speichervolumen und IT-Dienstleistungen im Internet, quasi in einer „Wolke", bereitgestellt. Dort können große Datenmengen, wie Videos, Bilder und Geschäftsdaten, ausgelagert und bearbeitet, aber auch Softwareanwendungen, z. B. zum Videoschnitt oder zur Buchhaltung, genutzt werden – alles on demand (nach Bedarf).

Cloud-Computing: Intelligente Datenwolke im Internet zur Auslagerung von Datenbeständen sowie zur Nutzung vielfältiger Softwareanwendungen und IT-Dienstleistungen.

Die eigenen Hardwarevoraussetzungen spielen dabei nahezu keine Rolle. Da alles ausgelagert wird, können Sie auch mit einem älteren Computer komplexe Bild- und Videobearbeitung durchführen und Ihre Daten der letzten 20 Jahre problemlos im direkten Zugriff behalten. Voraussetzung ist lediglich ein schneller Internetanschluss, um den Up- und Download der Daten nicht zur Geduldsprobe werden zu lassen.

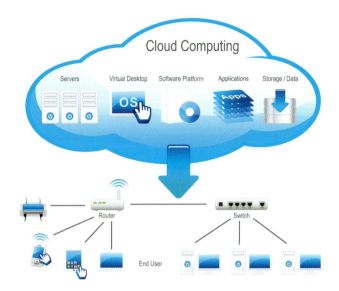

Vorteile und Nachteile von Cloud-Computing

Vorteile	Nachteile
• Verringerung der Rechenzeit • Nutzung komplexer IT-Dienste nach Bedarf = IaaS (Infrastructure as a Service) • Nutzung benötigter Software nach Bedarf = SaaS (Software as a Service) • eigene Plattform zur Entwicklung von Webanwendungen = PaaS (Platform as a Service) • Bezahlung nach Verbrauch • stetige Verfügbarkeit	• schneller Internetzugang erforderlich • Datensicherheit teils noch unzureichend

http://www. ibm.com/ cloud- computing/ de/de/

Überprüfen Sie, in welchen Bereichen Ihrer Agentur Cloud-Computing nutzbar ist und welche Kosten für die einzelnen Anwendungen entstehen. Recherchieren Sie dazu im Internet und vergleichen Sie die unterschiedlichen Anbieter von Cloud-Computing.

7.3 Adressierung im Netzwerk

Die Netzwerktechnik schafft die Hardwarevoraussetzungen zur Vernetzung von Computern und dem anschließenden Datenaustausch.

Vgl. LS 1, 3.1.4.3

Soll der Datenaustausch nun tatsächlich erfolgen, muss der Sender, also der Computer, von welchem die Daten losgeschickt werden, wissen, an welchen Computer im Netzwerk er die Daten verschicken soll. Dazu muss jeder Computer im Netzwerk eindeutig identifizierbar sein. Dies geschieht einerseits durch die im Computer eingebaute Netzwerkkarte, der eine eindeutige Adresse zugeordnet ist.

Andererseits erhält jeder Computer im Netzwerk eine Adresse, die sog. **IP-Adresse**. Diese Adresse basiert auf einem speziellen Netzwerkprotokoll, dem **Internetprotokoll IP**, welches übergeordnet auch die Grundlage für den Datenaustausch im Internet bildet. Protokolle dienen allgemein dazu, Ereignisse in ihrer zeitlichen Abfolge zu dokumentieren.

7.3.1 Netzwerkschichten

7.3.1.1 Das OSI-ISO-Referenzmodell

Der Datentransport in einem Netzwerk erfolgt auf der Grundlage des sog. **OSI-Schichtmodells**, das von einer Organisation namens **ISO** (International Standardization Organisation) entwickelt wurde.

Das OSI-Schichtmodell besteht aus insgesamt sieben Schichten. Jede Schicht übernimmt dabei eine bestimmte Aufgabe auf dem Transportweg der Daten. Dies funktioniert ein bisschen wie bei der Post, wo ebenfalls ein fester Ablauf zwischen Paketeinlieferung und Zustellung beim Empfänger durchlaufen wird.

> OSI = Open System Interconnection (Offenes System für Kommunikationsverbindungen)

OSI-Schichten

Nr	Bezeichnung	Aufgabe
1	Physikalische Schicht	gibt den Takt vor und definiert alle physikalischen Voraussetzungen für die Übertragung der Datenbits
2	Sicherungsschicht	sorgt für fehlerfreie Datenübertragung
3	Vermittlungsschicht	legt Übertragungsweg fest und nimmt Adressierung vor
4	Transportschicht	steuert den Datenfluss
5	Kommunikationsschicht / Sitzungsschicht	sorgt für Verbindungsauf- und -abbau
6	Darstellungsschicht	sorgt für einheitliche Darstellung der Daten
7	Anwendungsschicht	steuert Kommunikationsprozesse im Anwendungsbereich

Das OSI-Modell teilt die Aufgaben und Fähigkeiten eines Netzwerks in sieben Schichten ein und dient damit als Grundlage für weitere Schichtmodelle, in denen die Aufgaben zum Teil in weniger Schichten gebündelt werden.

Dazu gehört auch das Schichtmodell der TCP/IP-Protokollfamilie, welches den Datenaustausch im Internet regelt.

Vergleiche diese LS, 7.3.2.4 Netzwerkschicht

7.3.2 Netzwerkprotokolle

Der Oberbegriff **TCP/IP** beinhaltet eine ganze **Protokollfamilie**, die aus mehreren, aufeinander aufbauenden Schichten – auch **Protokollstapel** genannt – besteht. Im Gegensatz zum OSI-Schichtmodell, wird im Bereich der TCP/IP-Protokolle ein Modell aus nur vier Schichten verwendet, das DoD-Schichtenmodell (Departement of Defense), auch häufig als TCP-IP-Schichtenmodell bezeichnet.

TCP/IP-Schichtenmodell

TCP/IP-Schicht	OSI-Schicht	TCP/IP-Protokolle
Anwendungsschicht	5 – 7	HTTP, HTTP/2, HTTPS, FTP, SMTP, POP3, DNS u. a.
Transportschicht	4	TCP, UDP
Internetschicht = Vermittlungsschicht	3	IP, RIP, ICMP u. a.
Netzwerkschicht	2	ppp, SLIP, MAC, ARP

In Gegenüberstellung mit dem OSI-Modell ergeben sich die folgenden Beziehungen:

OSI-Modell		TCP/IP-Modell (DoD)	
Nr	Bezeichnung	Nr	Bezeichnung
1	Physikalische Schicht	1	Netzwerkschicht = Netzzugangsschicht
2	Sicherungsschicht		
3	Vermittlungsschicht	2	Internetschicht
4	Transportschicht	3	Host-to-Host Transportschicht
5	Kommunikationsschicht / Sitzungsschicht	4	Anwendungsschicht
6	Darstellungsschicht		
7	Anwendungsschicht		

Vergleich Schichtenmodelle

Im Folgenden werden die zugehörigen Protokolle und Aufgaben der Schichten im Bereich TCP/IP näher vorgestellt.

7.3.2.1 Anwendungsschicht

Die **Anwendungsschicht** umfasst die Gruppe von Protokollen, welche von Anwendungsprogrammen wie dem Browser oder von E-Mail-Programmen verarbeitet werden und zum Austausch anwendungsbezogener Daten dienen. Sie regeln damit die Kommunikation und den Datenaustausch zwischen den verschiedenen Diensten der Transportschicht. Jeder Dienst, der auf einem Computer läuft, muss über eine spezielle Nummer, den Port, angesprochen werden. Die Ports von 1 bis 1024 sind für Standardanwendungen reserviert.

Übersicht Protokolle der Anwendungsschicht

Protokoll	Genaue Bezeichnung	Port	Anwendung
HTTP	**H**yper**t**ext **T**ransfer **P**rotocol	80	Protokoll zur Regelung der **unverschlüsselten** Kommunikation zwischen Client und Server im Internet
HTTPS	**H**yper**t**ext **T**ransfer **P**rotocol **S**ecure	243	sicheres Protokoll zur Regelung der **verschlüsselten** Kommunikation zwischen Client und Server im Internet
FTP	**F**ile **T**ransfer **P**rotocol	20/21	Protokoll zur Datenübertragung zwischen zwei Computern
SMTP	**S**imple **M**ail **T**ransfer **P**rotocol	25	Protokoll zur Übertragung von E-Mails
POP3	**P**ost **O**ffice **P**rotocol **3**	110	Protokoll zum Empfangen von E-Mails
IMAP	**I**nternet **M**essage **A**ccess **P**rotocol	143	Protokoll zum Empfangen und Verwalten von E-Mails. Anders als bei POP3 können E-Mails ausgewählt, bearbeitet und auf den Server verschoben werden
SMAP	**S**imple **M**ail **A**ccess **P**rotocol		Weiterentwicklung von IMAP mit besonderen Vorteilen zur Verwaltung von E-Mails auf dem Server
DNS	**D**omain **N**ame **S**ystem	53	Protokoll zur Umsetzung der IP-Adressen in Klartext und umgekehrt

HTTP und HTTPS

Die Inhalte im World Wide Web (WWW), die sogenannten Webseiten, basieren auf dem Prinzip des Hypertextes. **Hypertext** ist der Oberbegriff für eine Seitenbeschreibungssprache, wie z. B. HTML, die es innerhalb eines Dokumentes ermöglicht, Querverweise zu anderen Dokumenten oder zum selben Dokument zu erstellen (Hyperlinks).

Vgl. LS 5, 16.1

Zur Übertragung und Anzeige von Hypertextdokumenten im Browser wurde ein spezielles Übertragungsprotokoll entwickelt. Das **H**yper**t**ext **T**ransfer **P**rotokoll (HTTP).

> **HTTP: Standardprotokoll zur weltweiten Datenübertragung von Dokumenten im Internet.**

Das HTTP-Protokoll wird zurzeit in zwei Versionen genutzt:

Version	Erläuterung	Vor-/Nachteile
HTTP/1.1	Mehrere Anfragen werden über eine TCP/IP-Verbindung losgeschickt und der Reihe nach abgearbeitet. Für jede Anfrage wird eine Verbindung aufgebaut und wieder geschlossen. Die erste Anfrage wird zuerst bearbeitet, die letzte zuletzt (FIFO = First in First out).	→ viele Verbindungen → ein Header je Verbindung → keine Priorisierung möglich → große Datenmengen
HTTP/2.0	Alle Anfragen werden innerhalb einer TCP/IP-Verbindung losgeschickt und kommen nach Prioritäten geordnet an, d. h. die wichtigste zuerst usw. (der Server kann gewichten), dann wird die Verbindung geschlossen. Dazu wird das Übertragungsprotokoll SPDY (speedy) von Google genutzt.	→ immer nur eine Verbindung → Priorisierung möglich → Reduzierung der Datenmenge → schneller als HTTP/1.1 → Wenn Server HTTP/2 nicht versteht, wird automatisch HTTP/1.1 genutzt.

Das **HTTPS-Protokoll** verfolgt den gleichen Zweck wie HTTP, ermöglicht darüber hinaus jedoch eine sichere, verschlüsselte Datenübertragung mithilfe von SSL (Secure Sockets Layer).

> **HTTPS: Standardprotokoll für die verschlüsselte Datenübertragung zwischen dem Browser und dem Webserver im Internet.**

HSTS

Sichere Verbindungen über das HTTPS-Protokoll sind jedoch nicht gänzlich vor Angriffen geschützt. Hier kommt **HSTS** (**H**TTP **S**trict **T**ransport **S**ecurity) ins Spiel.

> **HSTS: Schutzverfahren in Form eines HTTP-Headers, zum Schutz der Serverbetreiber vor Angriffen. Der Webserver muss dazu speziell konfiguriert werden.**

Wenn innerhalb einer Domain sowohl das HTTP- als auch das HTTPS-Protokoll genutzt wird (z. B. bei einem Webshop, der nur zum Bezahlen das HTTPS-Protokoll nutzt) entsteht eine Sicherheitslücke, die es Hackern ermöglicht, die gesicherte HTTPS-Verbindung auf eine ungesicherte HTTP-Verbindung umzuleiten. Dies nennt man auch „Man-in-the-middle-Angriff" (MITM-Angriff).

Vor- und Nachteile von HTTP, HTTPS und HSTS

HTTP	HTTPS	HSTS
• unverschlüsselte Übertragung aller Inhalte • Zugangsdaten können von Dritten eingesehen werden • Daten können im Cache des Browsers abgelegt werden • schneller Seitenaufbau • bei HTTP/2.0 bieten die Browserhersteller die (kostenpflichtige) SSL-Verschlüsselung direkt mit an.	• SSL-Verschlüsselung aller Eingaben • sichere Übertragung von Zugangsdaten (z. B. beim Onlinebanking) • für den Betreiber der sicheren Seite fallen Kosten für Sicherheitszertifikate an • es können keine Inhalte im Browser-Cache abgelegt werden • leicht verlangsamter Seitenaufbau	• Webserver durch Eintragungen im Header gesichert • Webseiten werden bei Aktivierung nur geladen, wenn sie sicher sind • Eintrag der Länge der Gültigkeit (max. 1 Jahr) erforderlich • bisher geringe Verbreitung • viele Bankenseiten noch nicht mit HSTS geschützt

SSL (Secure Socket Layer): Sicherheitsprotokoll, das einen sicheren Übertragungskanal zwischen zwei Computern herstellt, die über das Internet Daten austauschen. Verschlüsselung erfolgt mit 40 Bit bis 256 Bit.

FTP

Das **File Transfer Protocol FTP** wurde entwickelt, um einen direkten und schnellen Datentransfer zwischen zwei Computern und/oder Servern zu ermöglichen.

Anwendung von FTP:
- Download von Dokumenten, Programmen, Musik und Filmen von einem Webserver auf einen Computer (Client oder Server).
- Upload von Dokumenten, Programmen, Musik und Filmen vom Computer (Client oder Server) auf einen Webserver.

FTP: Datenübertragungsprotokoll zum Herunter- und Hochladen von Dateien von einem bzw. auf einen Webserver.

SMTP, POP3 und IMAP (SMAP)

Die Protokolle SMTP und POP3 sind für den Versand und den Empfang von E-Mails erforderlich. Das **SMTP** (Simple Mail Transfer Protocol) dient zum Versand der E-Mails.

Das **POP3-Protokoll** dient zum Empfang von E-Mails. Die E-Mails können über POP3 mit Mailprogrammen, z. B. Microsoft Outlook oder Lotus Notes, vom Server heruntergeladen werden. Dabei müssen immer alle E-Mails ohne Vorschau vom Mailserver geladen werden.

Die Protokolle **IMAP** und **SMAP** dienen ebenfalls dem Empfang von E-Mails. Anders als bei POP3 verbleiben diese in der Regel auf dem Mailserver und können dort verwaltet, archiviert und gelöscht werden. Bei Bedarf erfolgt die Übertragung auf den eigenen Computer (Client). Bei IMAP und bei SMAP werden das lokale Dateivolumen sowie die Bandbreite beim Herunterladen reduziert.

7.3.2.2 Transportschicht

Die Protokolle der **Transportschicht** teilen die von der Anwendungsschicht übernommenen Nachrichten in kleine Datenpakete und sorgen dafür, dass diese beim Empfänger wieder richtig zusammengesetzt und an dessen Anwendungsschicht weitergeleitet werden.

Die Transportschicht verfügt daher über zwei Protokolle: **TCP** und **UDP**.

Protokoll	Bezeichnung	Verwendung
TCP	Transmission Control Protocol	verbindungsorientiertes Protokoll zur sicheren Datenübertragung
UDP	User Datagram Protocol	verbindungsloses Protokoll

TCP

Das Protokoll dient der sicheren Übertragung von Daten. Diese werden für die Übertragung in Pakete einheitlicher Größe aufgeteilt und können auf unterschiedlichen Wegen und zu unterschiedlichen Zeiten zum Ziel gelangen. Damit einzelne Pakete nicht verloren gehen bzw. erneut angefordert werden können, enthalten die Pakete Kopfdaten (Header) mit Informationen zum Absende- und Zielcomputer.

TCP beinhaltet zu diesem Zweck Routinen zur Fehlererkennung und -korrektur sowie Flusskontrolle. (Mithilfe der Flusskontrolle wird z. B. ein Datenüberlauf beim Empfänger verhindert.) Der Verlust von Daten wird erkannt und der Versand dann automatisch wiederholt.

> **TCP: Protokoll zur paketweisen Datenübertragung nach Aufbau einer Verbindung. Es erfolgt eine Rückmeldung als Empfangsbestätigung.**

UDP

Ermöglicht die schnelle Übertragung von Daten zu anderen Computern, ohne dass eine direkte Verbindung zu diesen hergestellt werden muss, und wird daher auch als „verbindungsloses Protokoll" bezeichnet. Es wird zur Informationsübertragung von sich ständig ändernden Daten, z. B. bei Live-Videoübertragungen, genutzt. Die Datenübertragung erfolgt paketorientiert, wie beim TCP. Wann und ob die Pakete ankommen, ist jedoch nicht sichergestellt, da bei UDP über den Empfang der Daten – anders als bei TCP – keine Rückmeldung erfolgt. Ein Paket kann in einem ausgelasteten Netzwerk also leicht verloren gehen.

UDP ist also eher unzuverlässig und wird dann bevorzugt, wenn es vor allem auf Geschwindigkeit statt auf Sicherheit ankommt.

> **UDP: Schnelles, aber unsicheres Protokoll zur paketweisen Datenübertragung ohne Empfangsbestätigung.**

Das UDP ist mit dem unversicherten Versand der Post vergleichbar, wo z. B. ein Päckchen keine Nummer erhält und daher nicht nachverfolgt werden kann, wenn es auf dem Postweg verloren geht.

Das TCP lässt sich mit dem versicherten Paketversand vergleichen, wo jede Sendung eine Nummer hat und jederzeit nachverfolgt werden kann. Dadurch ist der Weg der Daten stets nachvollziehbar und es gehen kaum Daten verloren.

> **Ein ausgewogenes Verhältnis zwischen verbindungsorientiertem und verbindungslosem Verkehr schützt das Internet vor dem Zusammenbruch. TCP enthält eine Stauerkennung (Congestion Control), UDP nicht.**

7.3.2.3 Internetschicht

Die **Internetschicht** hat die Hauptaufgabe, die Daten an den richtigen Computer weiterzuleiten, und stellt dazu einige Protokolle, allen voran das **IP** sowie das **RIP** und das **ICMP** zur Verfügung.

Protokoll	Bezeichnung	Verwendung
IP	**I**nternet **P**rotocol	verbindungslose Übertragung von Daten
RIP	**R**outing **I**nformation **P**rotocol	Informationsaustausch zwischen Routern
ICMP	**I**nternet **C**ontrol **M**essage **P**rotocol	Protokoll zum Austausch von Informations- und Fehlermeldungen im Netzwerk

IP

Das **IP** ist hauptsächlich dafür zuständig, den optimalen Verbindungsweg zwischen Sender und Empfänger zu ermitteln und zu realisieren. Die Weiterleitung der Daten mithilfe von **IP** erfolgt dabei in **Datenpaketen**, auch **Datagramme** genannt, von Netzwerk zu Netzwerk. Diesen Vorgang bezeichnet man als **Routing**.

Die Länge der Datagramme hängt davon ab, welche Vorschriften in der Netzwerkschicht, die unter der Internetschicht liegt, durch die dort vorhandenen Protokolle bestehen.

Der Auf- und Abbau der Verbindungen gehört nicht zum Zuständigkeitsbereich des **IP**.

> **IP: Übertragungsprotokoll ohne Fehlerkontrolle zur Weiterleitung der Daten an den richtigen Zielrechner.**

Der Header der Internetschicht enthält, neben einer Vielzahl weiterer Angaben, die IP-Adresse von Sender und Empfänger.

ICMP

Die Aufgabe von **ICMP** besteht in der Übertragung von Statusinformationen und Fehlermeldungen der Protokolle IP, TCP und UDP. Die Meldungen von ICMP dienen dazu, Probleme mit Datenpaketen zwischen Computern und aktiven Netzknoten, z. B. Routern, mitzuteilen. Dies führt zu einer Verbesserung der Übertragungsqualität.

Die Datenpakete der Transportschicht werden mit einem sogenannten **Header** versehen, der u. a. die Angabe des Absender- und Empfängerports beinhaltet.

7.3.2.4 Netzwerkschicht

Die **Netzwerkschicht**, auch Vermittlungsschicht genannt, ist die unterste Schicht des TCP/IP-Protokolls. Die Kommunikation innerhalb der Netzwerkschicht erfolgt über die sog. MAC-Adresse.

Vergleiche LS1, 3.1.4.3 Netzwerkkarte

Die Protokolle der Netzwerkschicht, zu denen **ppp** und **SLIP** zählen, gehören nicht zur TCP/IP-Familie. Die Netzwerkschicht dient innerhalb des Protokollstapels vielmehr als eine Art Platzhalter für verschiedene Techniken der Datenübertragung von Punkt zu Punkt. Innerhalb dieser Schicht wird, als sogenannte Host-an-Netz-Schicht, festgelegt, wie ein Host an ein vorhandenes Netzwerk angeschlossen werden muss und wie die Datenpakete über dieses Netzwerk übertragen werden.

Die Protokolle der Netzwerkschicht beziehen sich dabei immer auf die Details des jeweils vorliegenden Netzwerks, wie z. B. Paketgrößen, Netzwerkadressierung, Anschlusscharakteristiken.

2 | Lernsituation Vernetzung eines Medienbetriebs

Datentransfer im TCP/IP-Schichtmodell

> Bei der Datenübertragung via TCP/IP kommuniziert jede Schicht des Senders mit der entsprechenden Schicht des Empfängers. Dabei werden zur Adressierung bei der Transportschicht die Port-Nummern, bei der Internetschicht die IP-Adressen und bei der Netzwerkschicht die Hardware-Adressen verwendet.

7.3.3 Aufbau und Struktur von IP-Adressen

Die **IP-Adresse**, über die jeder Computer verfügen muss, um am Datenverkehr in einem Netzwerk, teilzunehmen, enthält nicht etwa eine Kombination aus Text und Zahlen wie postalische Adressen, sondern ist rein numerisch aufgebaut. Sie basiert bei den alten, noch überwiegend gängigen, IPv4-Adressen auf dem Dezimalsystem mit den Ziffern 0 bis 9, bei den neuen IPv6-Adressen hingegen auf dem Hexadezimalsystem mit den Ziffern 0 bis 9 und den Buchstaben A bis F.

IPv4-Adressen

Mit Beginn der Vergabe von IP-Adressen wurde ein Adressraum mit 2^{32} = 4 294 967 296 (gut 4 Milliarden) IP-Adressen festgelegt, in der Annahme, dass dieser Adressraum für alle Zeit ausreichen würde. Viele Internetseiten und Anwender verfügen zurzeit noch über eine IPv4-Adresse. Sie besteht aus insgesamt 32 Bit, welche in vier Blöcke zu je 8 Bit aufgeteilt werden.

Die IP-Adresse ist weltweit einmalig und lässt sich in die Bestandteile Netznummer und Rechnernummer (Hostnummer) aufteilen. Um in Netzen unterschiedlicher Größe jeden Computer mit einer Rechnernummer versehen zu können, gibt es verschiedene **Adressklassen**. Die Adressklassen werden in der Praxis als Klassen A, B, C und D bezeichnet.

Klasse	Wertebereich	IP-Adressraum	Mögliche Subnetze	Mögliche Hosts
A	0 bis 127	1.0.0.0 bis 127.0.0.0	126	16777214
B	128 bis 191	128.0.0.0 bis 191.255.0.0	16384	65534
C	192 bis 223	192.0.0.0 bis 223.255.255.0	2097152	254
D	234 bis 239	234.0.0.0 bis 239.255.255.255	1441791	254

Klasse A: 1. Block für Netznummern, 2. bis 4. Block für Rechnernummern.
Klasse B: 1. und 2. Block für Netznummern, 3. und 4. Block für Rechnernummern.
Klasse C: 1. bis 3. Block für Netznummern, 4. Block für Hostnummern.
Klasse D: 1. bis 3. Block für Netznummern, 4. Block für Hostnummern.

Die Universität Hamburg verfügt über ein Netz der **Adressklasse B**. Einer der Computer in der Bibliothek hat die folgende IP-Adresse:

134.100.132.6

Adresse der Uni Hamburg   Adresse eines bestimmten Rechners der Bibliothek

Das Netz der Universität Hamburg der Klasse B könnte theoretisch 65 534 Computer enthalten. Diese Zahl wird jedoch nicht ausgenutzt. Ein Netz der Klasse C kommt jedoch für eine Universität nicht infrage, da die Anzahl der maximal möglichen Computer in der Klasse C nur 254 beträgt.

NAT: Network Address Translation, ermöglicht unter IPv4 eine Nutzung von mehr als 4 Milliarden IP-Adressen in internen Gebrauch (Firmen- oder sonstige Netzwerke).
Hierbei werden mehrere interne IPv4-Adressen in eine einzige nach außen sichtbare IP-Adresse umgesetzt.

IPv6-Adressen

Im Zuge des stetigen Ausbaus des Internets mit immer mehr Nutzern und einem deutlichen Ausbau des mobilen Internets zeichnete sich eine Knappheit an IP-Adressen ab. Dies war der Startschuss für die **IPv6-Adressen**, deren Adressraum mit 2^{128} so viele IP-Adressen zur Verfügung stellt, dass sie für die nächsten 100 Jahre ausreichen werden.

IPv6-Adressen bestehen aus 128 Bit, aufgeteilt in 8 Blöcke à 16 Bit. Im Dezimalsystem wären dies zu lange Zahlenreihen. Daher werden IPv6-Adressen in Hexadezimalzahlen angegeben (Ziffern 0 bis 9 und Buchstaben A bis F). Die 16-Bit-Blöcke sind jeweils durch einen Doppelpunkt voneinander getrennt.

Die IPv6-Adresse lässt sich in zwei Bereiche aufteilen: Die vorderen vier Blöcke (64 Bit) sind das **Präfix**, die hinteren vier Blöcke (64 Bit) der **Interface Identifier**.

Komplette Adresse: 2001:0db8:0100:f101:0210:a4ff:fee3:9566

Präfix:
Kennzeichnung des Providers und des DSL-Anschlusses für das Routing.
Beispiel: 2003:0 und 2003:1 sind Präfixe der Deutschen Telekom AG.

Interface ID:
Eindeutige Gerätekennzeichnung, wird z. B. aus der MAC-Adresse der Netzwerkkarte generiert.

Besonderheiten:
- Enthält ein Block nur Nullen, so wird dieser lediglich durch einen weiteren Doppelpunkt gekennzeichnet.
- Führende Nullen in einem 16-Bit-Block können weggelassen werden.

Die IPv6-Adresse www.google.com lautet:

Langversion	Kurzschreibweise
2001:4860:0000:2001:0000:0000:68	2001:4860::2001::68

Eine IPv6-Adresse muss in eckige Klammern gesetzt werden, wenn sie direkt in die Adressleiste des Browsers eingetippt wird, da die verwendeten Doppelpunkte mit der Angabe des Ports (z. B. Port: 80 als http-Port) kollidieren.

Also: **http://[2001:4860::2001::68]** für die Website von google.

Alle neueren Betriebssysteme unterstützen IPv6. Die verwendeten Hubs und Switches machen ebenfalls keinen Unterschied, ob IPv4 oder IPv6 zum Einsatz kommt. Probleme bereiten noch die Router, von denen viele nicht IPv6-tauglich sind.

Für die Kommunikation im kleinen Firmennetzwerk erhalten alle Computer Ihrer Agentur entweder eine IPv4-Adresse aus dem privaten Netzwerkbereich zur ausschließlichen Verwendung im lokalen Bereich (diese liegt z. B. von 192.168.0.1 bis 192.168.0.254) oder eine feste Adresse je Computer und einige Adressen als zukünftige Reserve aus dem neuen IPv6-Adressbereich.

Wenn Sie Ihre eigene lokale IP-Adresse herausfinden möchten, geht dies am PC wie folgt:
Sie öffnen die Eingabeaufforderung, unter **Windows 7** z. B. durch:
Start → Alle Programme → Zubehör → Eingabeaufforderung
Dort geben Sie dann den folgenden Befehl ein:
ipconfig
Nun erhalten Sie z. B. eine Auflistung der folgenden Art, die Ihre lokale IP-Adresse enthält:

```
Ethernetadapter LAN-Verbindung:

        Verbindungsspezifisches DNS-Suffix:
        IP-Adresse. . . . . . . . . . . . : 192.168.178.20
        Subnetzmaske. . . . . . . . . . . : 255.255.255.0
        Standardgateway . . . . . . . . . : 192.168.178.1
```

Mit einer IPv6-Adresse sieht die Auflistung z. B. so aus:
Für ausführlichere Informationen können Sie alternativ folgenden Befehl eingeben:
ipconfig/all

```
Ethernet-Adapter LAN-Verbindung:

   Verbindungsspezifisches DNS-Suffix: fritz.box
   Verbindungslokale IPv6-Adresse  . : fe80::54ae:81db:6cfa:e2e9%11
   IPv4-Adresse . . . . . . . . . . : 192.168.178.28
   Subnetzmaske . . . . . . . . . . : 255.255.255.0
   Standardgateway. . . . . . . . . : 192.168.178.1
```

Funktioniert das eingerichtete Netzwerk?

Nach der Einrichtung eines Computernetzwerkes, inklusive der Vergabe der IP-Adressen, können Sie recht einfach überprüfen, ob jeder Computer von jedem anderen Computer im Netzwerk, wie für Ihre Agentur erforderlich, erreichbar ist.

Das Zauberwort hierzu heißt für den Windows-Nutzer ab Windows 95 und für Nutzer des Apple MAC **Ping**. Mithilfe dieses Befehls versucht der genutzte Computer, über das Netzwerk einen anderen Computer – innerhalb desselben, eines anderen Netzwerkes oder im Internet – bzw. den Router anzusprechen. Dies geschieht beim PC einfach in der Eingabeaufforderung. Beim MAC ist die Vorgehensweise wie folgt:

Programme –> Dienstprogramme –> Netzwerkdienstprogramm öffnen und dort das Register **Ping** auswählen.

Dazu ist es natürlich erforderlich anzugeben, mit welchem Computer der Verbindungstest erfolgen soll. Dies geschieht am MAC direkt im Register Ping und am PC wie folgt:

ping <zieladresse>

oder

ping -t <zieladresse>

also z. B.
ping 74.125.39.147 oder **ping www.google.de**

um den Server von www.google.de zu erreichen oder eben z. B. mit ping -t:
ping -t 192.168.1.2

wenn ein Computer mit dieser Adresse im lokalen Netzwerk erreicht werden soll.

Der Zusatz -t kann jederzeit verwendet werden und gewährleistet, dass der Ping-Befehl laufend versucht, die Gegenstelle zu erreichen und nicht schon nach drei Versuchen, wie sonst üblich, aufgibt.

Ping ist immer dann nützlich, wenn entweder nicht sicher ist, ob die ausgeführte Vernetzung der Computer untereinander so wie angenommen funktioniert oder aber, um defekte Kabel im Netz zu lokalisieren usw.

Die Rückmeldung bei erfolgreicher Kontaktierung des Servers von google sieht dann so aus:

```
C:\>ping 74.125.39.147

Ping wird ausgeführt für 74.125.39.147 mit 32 Bytes Daten:

Antwort von 74.125.39.147: Bytes=32 Zeit=55ms TTL=247
Antwort von 74.125.39.147: Bytes=32 Zeit=54ms TTL=247
Antwort von 74.125.39.147: Bytes=32 Zeit=55ms TTL=247
Antwort von 74.125.39.147: Bytes=32 Zeit=54ms TTL=247

Ping-Statistik für 74.125.39.147:
    Pakete: Gesendet = 4, Empfangen = 4, Verloren = 0 (0% Verlust),
Ca. Zeitangaben in Millisek.:
    Minimum = 54ms, Maximum = 55ms, Mittelwert = 54ms
```

Sollen Daten von einer IP-Adresse zu einer anderen geschickt werden, ist dies nur innerhalb des eigenen Subnets möglich. Ein Subnet ist ein Unternetz, z. B. das Netzwerk im eigenen Betrieb. Sollen die Daten jedoch in ein anderes Netz, welches eine andere Netzwerknummer als das eigene hat, zu einer IP-Adresse geschickt werden, sind **Gateways** notwendig.

Gateways sind Computer, die den Datenverkehr zwischen Netzwerken regeln, indem sie Daten von einem Subnet zum anderen weiterleiten. Ohne Gateways gäbe es daher kein Internet. Die Weiterleitung der Daten zwischen den Sub-Netzen wird als **Routing** bezeichnet. In Routing-Tabellen speichern die Gateway-Computer die Routen zwischen den einzelnen Netzwerken. Ferner sind Gateways dafür zuständig, eine alternative Route für die Datenübertragung zu finden, wenn die übliche Route, z. B. aufgrund von Datenstau oder Störung auf einzelnen Leitungen, nicht möglich ist. Zum Test der Verbindungen senden sich Gateways ständig Testdatenpakete zu.

Jedes Mal, wenn im Internet Daten versendet werden, z. B. beim Aufruf einer Internetseite oder beim Versand von Daten per E-Mail, wird der schnellste und problemloseste Weg gewählt. Dabei müssen die Daten einer Datei nicht denselben Weg nehmen, sondern können verschiedene Wege wählen.

Aufruf einer Internetseite in den USA: Ein Teil der Daten kommt über den Atlantischen Ozean, ein anderer Teil über den Pazifischen Ozean.

Beim Empfänger werden die Daten wieder zu einer Datei zusammengesetzt, davon merkt der Anwender beim Surfen jedoch nichts.

Nicht jeder Computer im Internet hat eine feste IP-Adresse. So verfügen Internet-Provider über einen großen Pool von IP-Adressen, die sie den angemeldeten Nutzern variabel zuteilen (**dynamische IP-Adresse**), wenn diese sich über den Server des Providers in das Internet einwählen. Dies hat den Vorteil, dass der Provider insgesamt weniger IP-Adressen zur Verfügung haben muss, als Nutzer angemeldet sind, da nicht anzunehmen ist, dass sich alle Nutzer gleichzeitig mit dem Internet verbinden möchten.

In größeren Unternehmen und öffentlichen Einrichtungen, deren Computer meist gleichzeitig mit dem Internet verbunden sind, ist jedem Computer eine feste IP-Adresse (**statische IP-Adresse**) zugeteilt.

7.3.4 Domains

Aufgrund ihres numerischen Aufbaus sind IP-Adressen schwer zu merken: Des Weiteren gibt die IP-Adresse auf den ersten Blick keinerlei Auskunft darüber, wo sich das aufgerufene Angebot befindet, z. B. in welchem Land, und um welche Art von Angebot es sich handelt, z. B. Firmenname oder thematische Zuordnung.

DNS

Da Menschen sich Worte und Begriffe deutlich besser merken können als Zahlen, ist das **Domain Name System (DNS)** entwickelt worden. Das DNS ordnet den IP-Adressen Klartext zu, also einen

Domainnamen, z. B. **216.58.213.195** = **www.google.de**. Der Name einer Domain setzt sich aus mehreren Einzeldomains zusammen. Die Domains sind hierarchisch von rechts nach links in aufsteigender Reihenfolge geordnet und werden durch Punkte voneinander getrennt.

> **DNS: Namenvergabesystem zur Übersetzung der IP-Adresse in einen Domainnamen und umgekehrt.**

Für den Webbrowser spielt es hingegen keine Rolle, ob die IP-Adresse oder der DNS-Name eingegeben werden. Die Seite wird bei korrekter Eingabe in jedem Fall angezeigt.

7.3.4.1 Aufbau

Top-Level-Domain

Die Top-Level-Domain steht ganz rechts im Domainnamen und gibt entweder eine geografische/**länderspezifische Domain** oder eine organisatorische/**generische Domain** (Organisationseinheit) an.

Geografische Top-Level-Domains bestehen aus zwei Buchstaben als Länderkürzel, z. B. **de**.

Beispiele für geografische Top-Level-Domains

Domainname	Land
.de	Deutschland
.at	Österreich
.uk	Großbritannien
.it	Italien
.fr	Frankreich
.eu	Europa

Organisatorische Domains, auch als generische Domains bezeichnet, bestehen aus mindestens drei Buchstaben und sind eine Abkürzung der Organisationsform oder des Themenbereiches, zu dem die Angebote zählen.

Ausnahmen bilden Top-Level-Domains, die eigentlich einer Ländergruppe zuzuordnen sind, z. B. tv für Tuvalu, jedoch durch entsprechende finanzielle Zuwendungen an das jeweilige (meist kleine) Land in den Bereich der organisatorischen Domains transferiert wurden: tv steht nun für Television.

Beispiele für organisatorische Top-Level-Domains

Domainname	Bedeutung	Zielgruppe
.edu	Education	Bildungseinrichtungen
.com	Commercial	Firmen
.gov	Government	Regierungseinrichtungen
.mil	Military	Militärische Organisationen
.net	Network	Netzwerkanbieter
.info	Information	Informationen jeglicher Anbieter

Second-Level-Domain
Die Second-Level-Domain steht an zweiter Stelle von rechts und gibt die untergeordnete Organisationseinheit, z. B. den Firmennamen, an.

Subdomain
Subdomains können innerhalb einer Domain enthalten sein, wenn innerhalb des Netzes eine weitere Strukturierung erfolgen soll.

Rechnername
An letzter Stelle der Domain folgt der Rechnername. Für Server, die Webseiten im Internet anbieten, hat sich der Name www als Rechnername durchgesetzt, ist jedoch nicht verbindlich.

Beispiele für Domains:

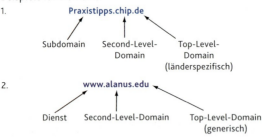

Die Domain unter 1. gehört zu der Rubrik Praxistipps (Subdomain) der Website der Computerzeitschrift chip (Second-Level-Domain) in Deutschland (Top-Level-Domain).

Die Domain unter 2. gehört zum Bildungsverlag Alanus (Second-Level-Domain) aus dem Erziehungsbereich (Top-Level-Domain).

7.3.4.2 Reservierung

Firmen, Privatpersonen und Organisationen sind meist daran interessiert, dass der eigene Name sich auch im Domainnamen widerspiegelt, z. B. www.obi.de oder www.bundespraesident.de.
Damit eine Domain nicht versehentlich mehrfach vergeben wird, gibt es offizielle Organisationen, die für ihre Verteilung zuständig sind. International übergeordnet ist hier das **Network Information Center**, kurz **NIC**, in den USA. Die Reservierung einer Domain unterhalb der Top-Level-Domain .de kann auch über die DENIC eG, die zentrale Registrierungsstelle für Domains in Deutschland, erfolgen. Ferner sind viele Provider direkt mit DENIC verbunden und bieten ebenfalls eine Domainreservierung an. Die Reservierung von Domains ist kostenpflichtig.

Vgl. www.nic.com www.denic.de

Domainnamen im Bereich der länderspezifischen Top-Level-Domains können reserviert werden, sofern sie noch frei sind. Im Bereich der generischen Top-Level-Domains stehen nicht alle Domains für alle Internetnutzer zur Verfügung. So ist z. B. die Top-Level-Domain **.mil** ausschließlich dem Militär vorbehalten, **.edu** ausschließlich für Bildungsangebote reserviert.

Vgl. LS 5, 13.3

Frei verfügbare generische Top-Level-Domains (Auswahl der gängigsten Domains):
- .biz
- .com
- .info
- .mobi
- .name
- .net
- .org
- .tv

Ist die gewünschte Domain mit der Endung .de bereits vergeben, ist es hilfreich, in einem ersten Schritt auf die generischen Top-Level-Domains auszuweichen.

Von seiten der DENIC bzw. im Domain-Suchfenster des Providers werden zudem verfügbare Alternativen angezeigt.

> Informieren Sie sich näher über die Reservierung einer Domain für Ihre Agentur. Prüfen Sie in diesem Zusammenhang auch, welche passenden Domains noch frei sind.

7.4 Nutzungsmöglichkeiten des Internets

Die Nutzungsmöglichkeiten sind vielfältig und nahezu unbegrenzt. Einen Hauptbereich bildet dabei die Kommunikation. Doch auch die Bereiche Informationssuche, Konsum, Handel und zahlreiche Online-Spiele nehmen einen wesentlichen Stellenwert ein.

7.4.1 Kommunikation

Für Kommunikation über das Internet gibt es verschiedene Möglichkeiten. Bei der Wahl der Kommunikationsform ist zunächst einmal entscheidend, ob eine direkte Unterhaltung mit einem oder mehreren **Gesprächspartnern** gewünscht wird oder ob der Austausch und die Beschaffung von **Informationen** im Vordergrund stehen.

Informationsaustausch

> „Wenn ich heute angetrunken, in eigenartiger Stimmung nach Hause komme, dann kann ich mit der ganzen Welt Kontakt aufnehmen. Und das ist nicht gut. Ich kann bei ebay einen Trecker ersteigern, langjährige Freundschaften mit einer E-Mail beenden oder Fotos von seltsamen Hautkrankheiten auf meine Homepage stellen und viele meiner Freunde irritiert das dann auch."[1]

E-Mail

Die E-Mail, elektronische Post, ist der am meisten genutzte Kommunikationsdienst im Internet. Mittels einer E-Mail können Nachrichten und Dateien innerhalb weniger Sekunden oder Minuten weltweit von einem Sender an einen oder mehrere Empfänger übermittelt werden. Die E-Mail ist also die elektronische Variante der Briefpost mit einem deutlichen Zeit- und Kostenvorteil.

Für die Übertragung und den Empfang von E-Mails sind die speziellen Protokolle SMTP und POP3 sowie IMAP und SMAP entwickelt worden.

E-Mail-Adresse

Um elektronische Post empfangen zu können, benötigen sowohl der Sender als auch der Empfänger eine E-Mail-Adresse. Diese ist wie folgt aufgebaut:

Empfänger@smtp.server
    a)   b)   c)

Vgl. diese LS, 7.3.1.1 Anwendungsschicht

a) Benutzername des Empfängers
b) @-Zeichen
c) Name des Computers (Servers), der die E-Mail-Adresse verwaltet

Hans.Meier@web.de
kundenservice@bildungsverlag1.de
Grille@gmx.de

---

[1] Horst Evers (alias Gerd Winter): Kabarettist & Autor, Berlin.

Aufbau einer E-Mail

1. **Header (Kopf)**
   Enthält die E-Mail-Adressen von Sender und allen Empfängern sowie den Betreff (Titel) der E-Mail

2. **Body (Körper)**
   Enthält die eigentliche Nachricht in Textform inklusive Textauszeichnungen, Hintergründen

3. **Signature (Unterschrift)**
   Enthält Angaben zum Namen des Versenders, ggf. auch zu Postadresse und Telefon- und Faxnummer, E-Mail-Adresse (Sie hat also nichts mit einer „normalen" Unterschrift zu tun.)

4. **Attachment (Anhang)**
   Enthält Text-, Grafik- oder Musikdateien usw., die zusammen mit der E-Mail als Anhang verschickt werden

Vorteile	Nachteile
Datenübertragung innerhalb weniger Sekunden oder Minuten	Kommunikationsregeln werden durch unpassende Ausdrucksweise oder Form der E-Mail häufig missachtet.
niedrige Kosten	Persönlicher Kontakt durch Telefongespräche geht durch Senden von E-Mails stark zurück.
Anhängen beliebiger Dateien möglich	

Auch im Internet gibt es Regeln für die Kommunikation. Diese werden als **Netiquette** bezeichnet, eine Zusammensetzung aus „Network" und „Etiquette".

Netiquette: Verhaltens- und Kommunikationsregeln für das Internet.

Netiquette bei E-Mails
Für den Bereich der Kommunikation mittels E-Mail umfasst die Netiquette u. a. Folgendes:

- keine irreführenden Betreffzeilen
- Kopien (CC) nur an einen kleinen Empfängerkreis
- keine Kettenbriefe verschicken

https:// wb-web.de/ material/ medien/die-netiquette-eine-vorlage-fur-regeln-zur-legalen-und-fairen-kommunikation. html

Festlegen einer E-Mail-Adresse
Bei der Festlegung von E-Mail-Adressen für den geschäftlichen Bereich können Sie direkt bei der Domainreservierung Adressen mit Ihrer neuen Domain einrichten oder eine E-Mail-Adresse mit der Domain Ihres Providers auswählen.

Domain: www.ihreagentur.net
E-Mail: musterfrau@ihreagentur.net oder musterfrau@t-online.de usw.

Ihre Agentur benötigt mindestens fünf E-Mail-Adressen: eine für jeden Mitarbeiter und eine weitere in Reserve, z. B. für zukünftige Auszubildende oder Aushilfen. Es empfiehlt sich, die E-Mail-Adressen der Aushilfe und der fiktiven Auszubildenden nicht mit dem Familiennamen, sondern unter einer anderen Bezeichnung (z. B. service@ihreagentur.net oder assistenz@ihreagentur.net) einzurichten, da diese Mitarbeiter vermutlich häufiger wechseln.

Ermitteln Sie durch den Vergleich von mindestens drei Angeboten eine geeignete Lösung für die Einrichtung Ihrer E-Mail-Adressen.

Foren/Newsgroups

Eine weitere Kommunikationsmöglichkeit stellen Foren und Newsgroups dar. Sie bieten Gedanken- und Erfahrungsaustausch mit einer Vielzahl von in der Regel unbekannten Nutzern in **zeitversetzter** Form (asynchron).

Häufig werden in diesem Zusammenhang auch die Begriffe Diskussionsforum oder Message Board verwendet.

Foren und Newsgroups sind in Themenbereiche unterteilt, z. B. Kindererziehung, Computertechnik, Musik, in denen jeder angemeldete Nutzer einen Beitrag, einen sogenannten **Thread**, veröffentlichen oder auf einen bestehenden Beitrag antworten kann. Die Beiträge sind für alle Berechtigten sichtbar und bleiben eine gewisse Zeit, Monate oder auch Jahre, gespeichert.

Unterschiede zwischen Forum und Newsgroup:
Man spricht von einer **Newsgroup**, wenn zum Lesen und Schreiben von Beiträgen eine Software eingesetzt wird (z. B. Outlook Express, Netscape Messenger, Mozilla Newsclient), die die Kommunikation mit dem Newsserver zulässt. Bei der Verbindung mit dem Newsserver werden die neuen Diskussionsbeiträge auf den Rechner des Benutzers heruntergeladen. Dort können sie lokal gelesen werden.

Ein **Forum** funktioniert webbasiert, es läuft auf einem Server, auf den man über einen normalen Webbrowser zugreifen kann. Das Lesen und Schreiben von Beiträgen geschieht online.

Vorteile	Nachteile
Informationsaustausch zu (fast) allen Themenbereichen	enthalten häufig zu viele oder wenig zutreffende Beiträge
(Anonyme) Kontaktaufnahme mit Gleichgesinnten	lange Antwortzeit bei wenig beliebten Themen – teilweise Wochen bis Monate

Blogs (Weblogs)

Ein **Weblog** (von „web" und „Logbuch"), kurz als **Blog** bezeichnet, ist eine Art Tagebuch im Internet zur Aufzeichnung von Ereignissen, Sammlung von Informationen und zum Meinungsaustausch. Das Blog kann von Privatpersonen, aber auch kommerziell betrieben werden. Die Inhalte im Blog werden als „Postings" bezeichnet und sind chronologisch sortiert – neue Beiträge stehen oben. Die Postings des Autors können kommentiert werden.

www.blogtipps.com
www.blogspot.com

Es gibt eine Vielzahl von Blogsystemen, die leicht zu installieren sind und eine schnelle Veröffentlichung der Einträge ermöglichen. Die Einträge können in Textform, als Bilder oder auch als Videos eingestellt werden. Eine Veröffentlichung ist teilweise auch per E-Mail, SMS oder MMS möglich. Ferner können den Beiträgen Schlagworte (Tags) zugeordnet werden, die bei der Suche nach bestimmten Inhalten hilfreich sind. Ein sogenannter RSS-Feed ermöglicht das automatische Abrufen von neuen Postings.

Twitter (Mikro-Weblog)

Seit dem Frühjahr 2006 bereichert Twitter, von engl. to tweet = zwitschern, das Kommunikationsangebot im Internet. Bei Twitter handelt es sich um ein öffentlich einsehbares Tagebuch eines oder mehrerer Autoren zu vielen unterschiedlichen Themen und Ereignissen.

https://twitter.com

Die Inhalte sind stets sehr aktuell und werden in Echtzeit übertragen, z. B. zur Schilderung des aktuellen Geschehens via Liveticker bei wichtigen Sportereignissen, wie bei Bundesligaspielen oder bei der Leichtathletik-WM im Berliner Olympiastadion im Jahre 2009 usw. Aber auch Unternehmen nutzen Twitter zur Produktpräsentation und in der Politik wird Twitter insbesondere an Wahltagen und bei wichtigen Entscheidungen im Bundestag genutzt.

2 | Lernsituation Vernetzung eines Medienbetriebs

Die Einsatzmöglichkeiten sind vielfältig, die Anmeldung ist einfach und kostenlos.

Chat
Das ist der englische Begriff für Plauderei. Im Internet wird die gleichzeitige Unterhaltung mehrerer Teilnehmer als Chat bezeichnet. Die Unterhaltung erfolgt meist schriftlich als reiner **Textchat**, kann jedoch auch als **Audio**- oder **Videochat** um Töne und Filme erweitert werden.

Die technischen Voraussetzungen für den Chat werden durch den **Chatroom**, eine Kommunikationsplattform, geschaffen. Um einen Chat nutzen zu können, müssen sich die Teilnehmer zunächst registrieren und danach für die Dauer der Nutzung anmelden. Bei der Registrierung gibt sich jeder Teilnehmer einen **Nickname**, unter dem er am Chat im Chatroom teilnehmen möchte. Der Nickname muss nicht dem tatsächlichen Namen entsprechen, sondern ist vielmehr ein Fantasiename, um Anonymität zu wahren. Die Unterhaltung erfolgt in **Echtzeit**, d. h. dass alle Personen, die an der Unterhaltung teilnehmen, gerade online sind – quasi wie bei einer richtigen Unterhaltung in einem Raum.

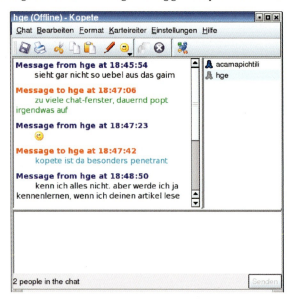

Der klassische Chat ist ein Gruppenchat, der im Internet auf einem speziellen Server, dem IRC-Server (Internet Relay Chat Server) abläuft. So kann jeder angemeldete Nutzer alle geschriebenen Nachrichten lesen und kommentieren.

Da sich die aktuelle Gefühlslage sowie die Mimik und Gestik der Chatteilnehmer in der reinen Textform nicht widerspiegeln, gibt es sog. **Emoticons** (von: Emotion und Icon). Dies sind Zeichenfolgen aus normalen Satzzeichen, mit denen Smileys nachgebildet werden.

:-) = gute Laune   :`-(= Weinen   :-*) = Erröten   ;-) = Zwinkern   :-(= schlechte Laune usw.

Ferner bieten viele Chatrooms auch die Möglichkeit, Smileys direkt als Grafik einzufügen.

Mithilfe der Emoticons lassen sich Stimmungs- und Gefühlszustände auf einfache Art ausdrücken.

Mit der **Chatiquette** gibt es auch hier Verhaltenrichtlinien analog zur Netiquette, welche eine freundliche und höfliche Kommunikation gewährleisten sollen.

Instant Messaging
Instant Messaging (sofortige Nachrichtenübermittlung) ist ein Kommunikationsdienst, der es mithilfe von **Instant-Messenger**-Software (z. B. WhatsApp, WeChat, Facebook Messenger) ermöglicht, in Echtzeit mit anderen, angemeldeten Teilnehmern zu kommunizieren. Nach dem Log-in kann der Benutzer sofort herausfinden, welche Freunde und Bekannten auch gerade online sind.

https://www.whatsapp.com, https://www.messenger.com

Im Unterschied zum einfachen Chat ist zur Nutzung von Instant Messaging die Installation eines Instant-Messenger-Programms auf dem eigenen Gerät erforderlich. Das Log-in erfolgt dann nicht auf einer Internetseite, sondern im Anmeldebereich des Instant-Messenger-Programms auf dem eigenen Gerät, indem eine Verbindung zum Instant-Messaging-System aufgebaut wird (ähnlich der Einwahl in das Internet).

Neben dem Chat bieten moderne Instant-Messenger-Programme z. B. auch die Möglichkeit zum Austausch von Dateien, zur Übertragung von Videos und zur Internettelefonie. Zudem gibt es beim Instant Messaging separate Kommunikationskanäle, auf die jeweils nur eine bestimmte Benutzergruppe Zugriff hat. Durch diese Möglichkeit ist Instant Messaging gerade für den geschäftlichen Bereich sehr interessant.

Das Programm WhatsApp gehört zu den bekanntesten Programmen im Bereich von Instant Messaging. Es verwendet das Extensible Messaging and Presence Protocol (XMMP) und nutzt den Internetzugang zur Kommunikation.

Social Communities
Soziale Netzwerke (Social Communities) im Internet sind aus der Kommunikationslandschaft nicht mehr wegzudenken. Netzwerke vor allem **Facebook** usw. dienen zum Informationsaustausch privater und geschäftlicher Inhalte und bieten die Möglichkeit, sich mit Personen aus aller Welt virtuell auszutauschen und zu befreunden. Besonders junge Leute sind von diesem Angebot stark fasziniert, aber auch die Unternehmen sind längst auf diese zusätzliche Plattform zur Eigendarstellung aufmerksam geworden und z. B. mit einer eigenen Facebook-Seite im Netz vertreten.

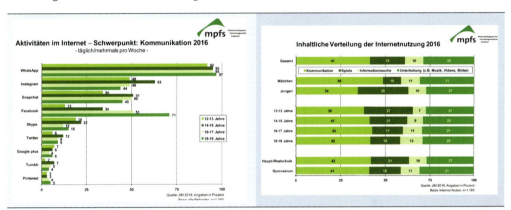

Quellen: JIM-Studie 2016

Neben dem unbestrittenen Nutzen bieten diese Netzwerke jedoch auch Gefahren, da häufig mehr Daten öffentlich preisgegeben werden als ursprünglich beabsichtigt. Auch das endgültige Löschen von Daten, wie z. B. unvorteilhafter Fotos, aus dem Netz ist mit einem erheblichen Aufwand verbunden.

Materialien zum Download: https:// www.mpfs.de/studien/jim-studie/2016/

Internettelefonie (Voice over IP)
Bei der **Internettelefonie** werden die Sprachsignale zwischen den Kommunikationspartnern über das Internet übertragen. Der Fachbegriff dazu kommt aus dem Englischen und heißt „Voice over IP", kurz **VoIP**.

Im Unterschied zur klassischen Festnetztelefonie mit der Verbindungsherstellung auf einer Telefonleitung erfolgt die Übertragung der Sprachsignale in Paketen, welche einzeln und auf verschiedenen Wegen zum Ziel (Empfänger) gesendet und dort wieder zusammengesetzt werden.

VoIP: Paketorientierte Übertragung von Sprachsignalen mithilfe des Internetprotokolls (IP).

Beim Empfänger angekommen, gelangen alle Datenpakete zunächst zur Zwischenspeicherung in einen Puffer, werden in einem Digital-/Analogwandler wieder in analoge Signale und am Lautsprecher des Telefonhörers oder des Headsets schließlich in Sprache umgewandelt.

Im Wesentlichen werden also analoge in digitale Signale umgewandelt, in Pakete gepackt, wie beim Postversand, adressiert, übermittelt und ausgeliefert sowie anschließend wieder zusammengesetzt und zurück in Sprache übertragen.

Voraussetzung für eine gute Sprachqualität ist ein schneller Internetanschluss, z. B. DSL oder Kabel.

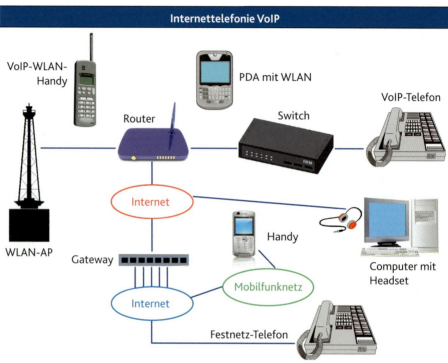

Übertragungsweg Voice over IP

Für die Telefonie über VoIP wird eine VoIP-Telefonnummer benötigt. Diese muss vom ausgewählten Provider freigeschaltet werden. In der Regel wird für VoIP die bereits vorhandene Festnetznummer verwendet. Abhängig von der Übertragungsgeschwindigkeit des Internetanschlusses können weitere Rufnummern als reine VoIP-Telefonnummern eingerichtet werden, sodass z. B. jedes Familienmitglied eine eigene Nummer erhält und parallele Telefonate problemlos möglich sind.	**Vorteile:** • Datenaustausch und Telefonie in einem Netzwerk, kein separates Telefonnetzwerk erforderlich • Festnetzanschluss kann entfallen • Kosteneinsparung durch Telefonflatrate
Damit Telefonate über VoIP an die Festnetzanschlüsse weitergeleitet werden bzw. umgekehrt der Festnetzteilnehmer eine VoIP-Nummer anrufen kann, werden Gateways als Brücken eingesetzt, um beide Telefonwelten miteinander zu verbinden.	**Nachteil:** • Qualität der Sprachübertragung noch nicht so hoch wie bei Festnetztelefonie

7.4.2 Informationssuche

Neben vielfältigen Kommunikationsmöglichkeiten bietet das Internet verschiedene Wege, um Informationen zu allen nur denkbaren Themen, Produkten, Firmen usw. sofort zu erhalten.

Zu Erleichterung der Informationssuche gibt es **Suchdienste**, die nach unterschiedlichen Verfahren arbeiten und den folgenden Kategorien zugeordnet werden können:

- Crawler, Robots, Spider
- Verzeichnisdienste
- Meta-Suchmaschinen
- spezialisierte Suchdienste

	Crawler, Robots Spider
Crawler (engl Kriecher) ↓	• Basis der allgemeinen Suchmaschinen • Programm zum Finden und Weiterverfolgen von Links auf Webseiten • gibt gefundene Seiten an Spider oder Robot weiter
Spider (engl. Spinne), **Robot** (engl. Roboter)	• lädt Seiten selbständig herunter • fasst gefundene Seiten zu einer URL-Liste zusammen • wertet Seiten aus und versieht sie mit einem Index

Vor dem Ablegen der Daten im Index analysiert ein sogenannter **Indexer** die Seiten näher, indem er u. a. folgende Bestandteile einer Webseite abprüft:

- Dateiformat (z. B. HTML, Word, PDF)
- Erstellungsdatum
- Titel
- Meta-Daten (wie Keywords, Descriptions usw.)
- Inhalt (Volltextsuche)

Enthält eine Webseite nur wenige dieser Angaben oder sind diese, z. B. durch einen unglücklich gewählten Seitentitel, wenig aussagekräftig, so landet die Webseite beim anschließenden **Ranking** (Reihenfolge der Suchergebnisse) eher im hinteren Bereich.

> **Wichtig für die Auffindbarkeit in Suchmaschinen:**
> Eindeutige Seitentitel verwenden, Keywords und Description einfügen, Texte nicht als Grafik anbieten, um Volltextsuche zu ermöglichen, die Seite nicht in Flash programmieren!

Gibt der Nutzer nun eine Suchanfrage ein, nimmt die Suchmaschine die Anfrage entgegen und vergleicht diese mit dem Index. Die Daten, welche laut Index für den Nutzer relevant sind, werden anschließend als Suchergebnisse angezeigt.

Vorteil	Nachteil
viele Suchergebnisse	oft unübersichtlich durch eine Vielzahl unerwünschter Ergebnisse

Verzeichnisdienste/Webkataloge

Verzeichnisdienste oder Webkataloge werden nur teilweise von selbstständig arbeitenden Programmen, sondern im Wesentlichen von Menschen erstellt. Eine ganze Onlineredaktion durchsucht das Internet nach neuen Inhalten und ordnet diese den passenden Haupt- und Unterkategorien zu, wie aus gängigen Reise- und Versandhauskatalogen bekannt.

Vorteil	Nachteil
gut strukturiert und übersichtlich nach Kategorien geordnet	deutlich weniger Suchergebnisse als bei Suchmaschinen

Meta-Suchmaschinen

Diese verfügen nicht über eigene Datenbanken, sondern leiten die Suche an eine Vielzahl von Suchmaschinen, die der Nutzer teilweise zuvor durch Ankreuzen auswählen kann, weiter. Die Suchmaschinen Metacrawler und MetaGer arbeiten u. a. nach diesem Prinzip.

Vorteile	Nachteil
• viele Suchergebnisse von unterschiedlichen Suchmaschinen • themenorientierte Suche möglich	lange Suchzeiten für umfassende Ergebnisse

Spezialisierte Suchdienste

Bezeichnet man auch als **vertikale Suchmaschinen**, da es sich um Suchmaschinen handelt, die sich auf einen konkreten Themenbereich (z. B. News, MP3, Auktionen, Shops) oder auf eine spezielle Aufgabenstellung (z. B. Bildersuche, Videosuche) beziehen bzw. eine lokale Suche (Google Maps, Yahoo! Lokale Suche) ermöglichen. Die Suche mit Spezialsuchmaschinen gestaltet die thematische Suche übersichtlicher.

Vorteile	Nachteile
• gezielte thematische Suche • übersichtliche Ergebniszahl • mehr relevante Ergebnisse	• Nur ein sehr kleiner Bereich des Internets wird durchsucht. • geringe Trefferzahl.

Nutzung und Auswahl von Suchmaschinen und Katalogen

Welche Suchmaschine für welchen Zweck?		
Allgemeine Suchmaschinen	Verzeichnisdienste	Spezialisierte Suchdienste
• Standardsuche • allgemeine Anfragen • Treffer bei ungewöhnlichen Anfragen	• für ersten thematischen Überblick • zur Orientierung	• spezielle Anfragen • thematisch abgegrenzte Bereiche • Spezialwissen

→ **Meta-Suchmaschinen** anwenden, wenn mit sehr wenigen Treffern gerechnet wird (Potenzial ausschöpfen)

Netzwerkarten

Grundlagen der **Netzwerktechnik** geben einen Einblick in die Möglichkeiten, Computer mittels einer **Netzwerktopologie** miteinander zu vernetzen, bzw. ihnen mithilfe einer **Netzwerkarchitektur** bestimmte Rollen zuzuweisen, wie z. B. bei der Client-Server-Technologie. Die **Vernetzung** kann **kabelgebunden** oder **kabellos**, z. B. per Funk, erfolgen.

Hardware und Software für den Internetzugang

Für die Teilnahme am Datenverkehr im Internet ist neben dem Computersystem ein **Internetzugang** erforderlich, der weitere Hardwarevoraussetzungen, wie Router, Netzwerkkarte, einen speziellen Telefonanschluss usw., erfordert. Darüber hinaus wird ein **Provider** benötigt, der den Zugang zum Internet über einen Webserver ermöglicht. Des Weiteren kann ein Teil des Datenbestandes und der Softwareanwendung mittels **Cloud-Computing** ins Internet ausgelagert werden.

Datenübertragung und Adressvergabe in Netzen

Zur **Datenübertragung** innerhalb eines Computernetzwerkes sind verschiedene Netzwerkprotokolle notwendig. Die Basis zur Kommunikation und zum Datenaustausch bieten die Protokolle des **TCP/IP-Schichtmodells**.
Zur zielgerichteten Kommunikation und zum Datenaustausch im Internet verfügt jeder Computer über eine weltweit einmalige Adresse, **die IP-Adresse**. Diese kann fest für den Computer eingerichtet sein oder wird diesem, z. B. vom Provider bei der Anmeldung, dynamisch zugewiesen. Die IP-Adresse ist entweder nach dem alten Standard aus vier Blöcken à 8 Bit als **IPv4-Adresse** oder nach dem neuen Standard aus acht Blöcken à 16 Bit als **IPv6-Adresse** aufgebaut.

Kommunikation und Informationssuche im Internet

Im Internet gibt es zahlreiche Kommunikationsmöglichkeiten zum **Datenversand (E-Mail)**, zum **Austausch (soziale Netzwerke)** sowie zur **Kommunikation in Echtzeit** (z. B. Twitter, Skype), darüber hinaus eine Reihe gängiger **Suchmaschinen** und **Verzeichnisdienste** zur gezielten Informationsbeschaffung.

1. Vernetzung von Computern

Sind mehrere Computer vorhanden, so arbeiten diese in der Regel nicht voneinander unabhängig, sondern sind in einem Netzwerk miteinander verbunden.
a) Was ist eine MAC-Adresse und wofür wird sie vergeben?
b) Erläutern Sie die Begriffe Netzwerk, Netzwerkarchitektur und Netzwerktopologie anhand je eines Beispiels.
c) Erklären Sie den Unterschied zwischen einem Client und einem Server.
d) Ihr Onkel hat eine umfangreiche DVD- und BluRay-Sammlung und möchte die Filme, geordnet nach den jeweiligen Genres, auf dem Computer ablegen. Leider ist die Festplattengröße des Computers dafür nicht ausreichend. Auf dem älteren Betriebssystem Windows Vista kann er zudem nicht die komplette Bearbeitungssoftware installieren.
Wie kann Ihrem Onkel geholfen werden? Erläutern Sie mindestens eine Möglichkeit!

2. Hardware- und Softwarevoraussetzungen

a) Welche Hardware ist, neben dem Computersystem, erforderlich, um ins Internet zu gelangen? Nennen Sie zwei verschiedene Möglichkeiten und deren Vor- und Nachteile.
b) Erklären Sie die Begriffe Browser und URL und erläutern Sie deren Zusammenhang mithilfe einer Skizze.
c) Was ist ein Provider und welche Aufgaben hat er?

3. Adressierung und Domains

a) Was ist eine IP-Adresse und wie ist sie aufgebaut?
b) Erklären Sie den Unterschied zwischen den alten IPv4-Adresse und den neuen IPv6-Adressen.
c) Ordnen Sie den folgenden IPv4-Adressen jeweils die passende Adressklasse (A, B, C oder D) zu und begründen Sie die Zuordnung:
   - 213.165.64.90
   - 88.198.46.131
   - 132.2552.181.87
   - 93.92.134.131
   - 141.113.97.501
d) Was ist ein DNS und wozu dient es?
e) Zur Datenübertragung im Internet wird meist das Protokoll http genutzt. Vermehrt findet auch das https-Protokoll Anwendung.
   Welche wesentlichen Unterschiede bestehen zwischen diesen beiden Protokollen und welche Sicherheitslücken bestehen?
f) Ordnen Sie die folgenden Begriffe den dargestellten URLs zu.

Begriffe	URLs
• Subdomain, • Top-Level-Domain, • Second-Level-Domain, • Dienst, • Protokoll, • generisch	I. ftp://www.rhythmus-chor.de II. http://www.reisen.de.com III. http://www.germany.info IV. http://www.ifm.hs-osnabrueck.de

4. Kommunikation und Informationssuche

a) Erläutern Sie den Aufbau einer E-Mail und geben Sie an, welche Protokolle für die Kommunikation per E-Mail erforderlich sind.
b) Nennen Sie drei Arten von Suchdiensten, erläutern Sie deren Unterschiede und geben Sie je ein Beispiel als bevorzugte Anwendung an.

5. Netzwerkverbindungen

a) Erklären Sie, was die folgenden Abkürzungen im Zusammenhang mit Netzwerken bedeuten.

LAN	WLAN

b) Zeichnen Sie jeweils ein Netzwerk in Ring- und Bustopologie und entscheiden Sie, welches Netzwerk sich dann besonders eignet, wenn im heimischen Büro drei Computer miteinander verbunden werden sollen. Nennen Sie jeweils auch die Vor- und Nachteile.

Bustopologie	Ringtopologie
Vor-/Nachteile	Vor-/Nachteile

Entscheidung für: _____ , weil _____

_____

6. Kreuzworträtsel
   Lösen Sie das folgende Kreuzworträtsel und geben Sie unten das Lösungswort an.

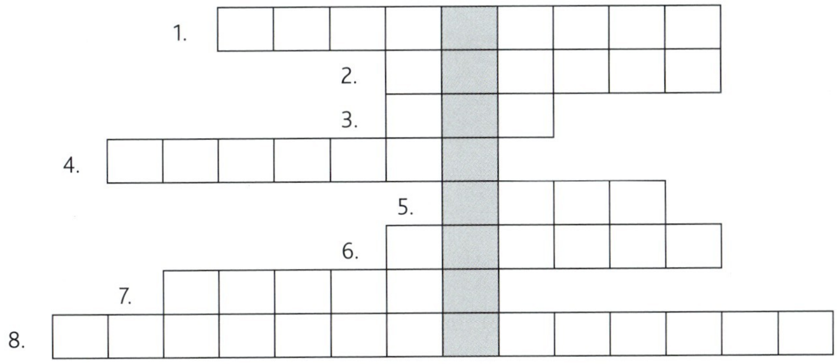

   1. Netzwerktopologie mit zentralem Element
   2. Zentraler Rechner im Netzwerk, der den anderen Computern Dienste anbietet
   3. Abkürzung für ungeschirmtes Netzwerkkabel
   4. Verbindung von mehreren Computern in Reihe
   5. Kabelungebundene Übertragungstechnik (Abk.)
   6. Protokoll zur unverschlüsselten Textübertragung
   7. Gerät zur Verbindung von Netzwerken und zur intelligenten Datenweiterleitung
   8. Die Schicht im OSI-Modell, welche den Verbindungsaufbau und -abbau regelt, nennt sich _____-schicht.

Lösungswort:

_____

3 Logo/Signetgestaltung/Corporate Design

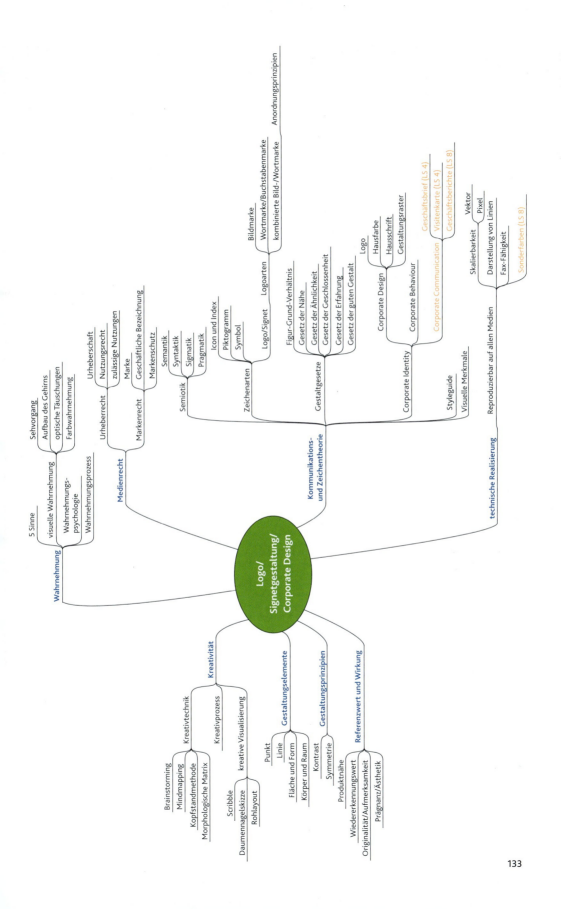

3 Logo/Signetgestaltung/ Corporate Design

Der Garten- und Landschaftsbaubetrieb „Grün und Stein" ist ein neu gegründetes Unternehmen im Niederrheinischen Raum, Einzugsbereich Düsseldorf und Leverkusen. Die Geschäftsfelder umfassen:
- Planung und Pflege von Gartenanlagen
- Dachbegrünung
- Baumfällungen und Baumpflege
- Errichtung von Trockenmauern und Friesenwällen
- Gestaltung und Bau von Steingärten

„Grün und Stein" möchte seine Professionalität durch ein gelungenes Corporate Design zum Ausdruck bringen. An erster Stelle steht dabei die Entwicklung eines Unternehmenslogos, das später auf verschiedenen Objekten (Geschäftsdrucksachen, Fuhrpark, Arbeitskleidung, Büromaterial, Werbepräsenten) erscheinen soll. Der Auftraggeber möchte dabei eine Bild-Wortmarke verwenden, die seine Zugehörigkeit zum Verband für Garten- und Landschaftsbau unterschwellig kenntlich machen soll, gleichzeitig aber genügend eigene Originalität und Prägnanz ausstrahlt. Das Logo soll zudem als Marke dienen.

8 Wahrnehmung

Ein gutes Logo muss seine Botschaft schnell und eindeutig vermitteln, der Betrachter muss es entschlüsseln können. Der Gestalter bildnerischer Zeichen muss sich sicher sein, dass der von ihm verwendete visuelle Zeichenvorrat von einem Großteil der Bevölkerung seines Kulturkreises auch einheitlich verstanden wird – dass Wahrnehmung also nach bestimmten Gesetzmäßigkeiten und Prinzipien abläuft, die sozusagen allgemeingültig sind. Bei jeder Gestaltung ist es daher wichtig, die eigenen Ideen so umzusetzen, dass sie von der Zielgruppe auch richtig wahrgenommen, interpretiert und verstanden werden. Menschen nehmen Dinge zwar unterschiedlich wahr, es gibt jedoch in vielen Bereichen Gemeinsamkeiten: Angefangen mit den fünf Sinnen bis hin zu Aufbau und Struktur des menschlichen Gehirns.

Gepaart mit den Erinnerungen und Erfahrungen, die sich im Laufe der Jahre im Gedächtnis verankert haben, beeinflusst all dies die **menschliche Sinneswahrnehmung**.

8.1 Die fünf menschlichen Sinne

Alles, was sich visuell erfassen lässt, wird zunächst mit den Augen betrachtet. Auch die anderen vier Sinne beeinflussen die Wahrnehmung wesentlich, bei der Erfassung von Printmedien nachrangiger als bei den interaktiven Nonprintmedien oder Multimediaanwendungen.

Die fünf Sinne, mit denen Menschen die Welt erfassen können, beinhalten: Den Gesichtssinn, den Gehörsinn, den Geruchssinn, den Geschmackssinn und den Tastsinn.

Welche Bedeutung haben die fünf Sinne für die menschliche Wahrnehmung und welcher Sinn ist für welche Art der Wahrnehmung zuständig?

Im Gegensatz zu anderen Lebewesen sind alle fünf Sinne des Menschen grundsätzlich gleich leistungsfähig, sind aber durch unterschiedliche Lebensweisen unterschiedlich stark ausgeprägt.

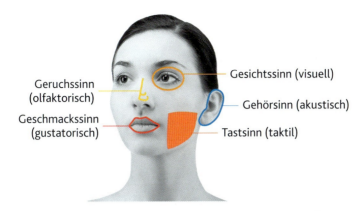

	Sinn	Organ/Körperteil	Empfindlich für:
1	Gesichtssinn (Sehen)	Auge	elektromagnetische Strahlung in bestimmten Wellenlängenbereichen = Licht
2	Gehörsinn (Hören)	Ohr	Luftdruckveränderungen in bestimmtem Frequenzbereich = Schall
3	Geruchssinn (Riechen)	Nase	chemische Moleküle
4	Geschmackssinn (Schmecken)	Mund (Zunge)	chemische Moleküle
5	Tastsinn (Fühlen)	Haut, Hände	Berührung (Druck), Temperatur, Schmerz

Ist die Funktion eines Sinnesorgans, z. B. der Augen bei Blinden, gestört, so versuchen die anderen Organe, seine Funktion teilweise zu ersetzen. Die übrigen Sinne sind dann häufig stärker ausgeprägt: Ein Blinder nimmt unterschiedliche Tonhöhen anhand ihrer Frequenzen viel deutlicher als normal Sehende wahr, da sie ihm helfen, sich in seiner Umgebung zu orientieren (z. B. Ausweichen von Hindernissen, Erkennen von bestimmten Personen oder Gefahrenquellen). Ferner hat auch der Tastsinn für Blinde eine große Bedeutung, damit sie sich mit den Händen ein „Bild" von anderen Menschen und Dingen machen können.

An diesem Beispiel wird deutlich, dass dem Gesichtssinn innerhalb der fünf Sinne und damit auch innerhalb der menschlichen Wahrnehmung eine besondere Bedeutung zukommt.

8.2 Visuelle Wahrnehmung

Der Gesichtssinn beeinflusst die visuelle Wahrnehmung.

Ein großer Bereich des **Gehirns** ist an der Wahrnehmung, Interpretation und anschließenden Reaktion auf visuelle Reize beteiligt. Visuelle Wahrnehmung zu verstehen, ist für jeden Gestalter besonders wichtig, da Printmedien fast ausschließlich den Bereich der visuellen Wahrnehmung ansprechen.

Um ein tieferes Verständnis für die visuelle Wahrnehmung zu erhalten, ist es sinnvoll, sowohl den **Sehvorgang** und den prinzipiellen Aufbau des menschlichen **Auges** als auch den prinzipiellen Aufbau des menschlichen **Gehirns** näher zu betrachten.

8.2.1 Sehvorgang

Aus den Augen, aus dem Sinn. Dieses alte Sprichwort bringt es auf den Punkt: Die wesentlichen Eindrücke von unserer Umwelt werden durch das Sinnesorgan Auge bestimmt. Das Auge ist uns ein zuverlässiger Begleiter und ermöglicht uns, alles Sichtbare zu erkennen.

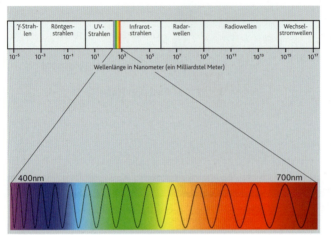

Spektrum der elektromagnetischen Wellen (oben) mit Spektrum des sichtbaren Lichts (unten).

Ohne Licht kein Sehen. Die Grundlage des Sehvorgangs bildet die Wahrnehmung von Farben und Helligkeitsunterschieden. Formen können nur durch Farbabstufungen im Auge erkannt werden. Für die Farbwahrnehmung ist eine Lichtquelle notwendig, z. B. die Sonne oder eine künstliche Beleuchtung, da das Auge in völliger Dunkelheit nichts erkennen kann. Von dieser Lichtquelle gehen farblose Energiestrahlen bestimmter Wellenlängen aus.

Das für den Menschen **sichtbare Spektrum des Lichts** besteht aus elektromagnetischen Wellen mit den **Wellenlängen** λ im Bereich von ca. 380 nm bis 780 nm (1 nm = 1 Nanometer = 1 millionstel Millimeter).

Im Bereich des kurzwelligen Lichts (Blau/Violett) grenzt das UV-Licht an das **Spektrum des sichtbaren Lichts** und im Bereich des langwelligen Lichts (Rot) an das Infrarotlicht.

8.2.1.1 Aufbau des menschlichen Auges

Wie gelangt das Licht ins Auge?
Sichtbares Licht der o. g. Wellenlängen fällt auf einen Gegenstand und wird teilweise (farbiger oder grauer Gegenstand), vollständig (weißer Gegenstand) oder gar nicht (schwarzer Gegenstand) von diesem remittiert (zurückgeworfen, von lat. remittere = zurückschicken). Die restlichen Lichtstrahlen werden verschluckt (absorbiert). Die remittierten Lichtstrahlen aus dem Bereich des sichtbaren Lichts werden vom Auge aufgenommen und anschließend als **Sehreiz** an das Gehirn weitergeleitet:

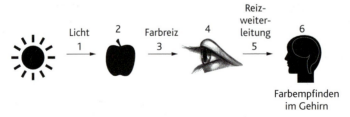

Wirkungskette zwischen Lichtstrahlen und Farbempfinden

Wie funktioniert der Sehvorgang?

Das menschliche Auge besteht im Wesentlichen aus den folgenden Teilen:

- Augapfel – der außen von drei übereinanderliegenden Häuten umgeben ist
- Knöcherne Augenhöhle – in die das Auge eingebettet ist
- Augenlid, Tränenorgane und Muskeln – als Schutz und Hilfseinrichtungen
- Bindehaut – einer dünnen Schleimhaut zur Verbindung von Augapfel und Augenlid

Der eigentliche **Sehvorgang** findet ausschließlich mit dem Augapfel statt. Dieser hat nahezu die Form einer Kugel und wird von außen nach innen von den drei Häuten Lederhaut, Aderhaut und **Netzhaut** umschlossen. Die Lederhaut ist undurchsichtig und wird im vorderen Teil des Auges von der durchsichtigen Hornhaut ersetzt. Die Aderhaut enthält viele Blutgefäße zur Versorgung des Auges und die Netzhaut bildet die Schicht im Auge, welche das einfallende Licht aufnimmt und mittels Rezeptoren an den Sehnerv weiterleitet. An der Stelle, wo der Sehnerv in das Auge eintritt, befindet sich der sogenannte „**blinde Fleck**", dort befinden sich keine Rezeptoren, sodass man an dieser Stelle nichts sehen kann.

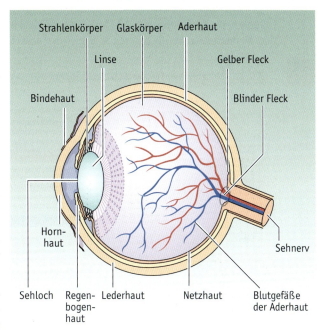

Schematische Abbildung eines Auges

An allen anderen Stellen ist die Netzhaut mit sogenannten **Fotorezeptoren** = lichtempfindlichen Rezeptoren versehen: den **Stäbchen** und den **Zapfen**. Die Gesamtanzahl der Rezeptoren beläuft sich auf ca. 130 Millionen Stück, wobei die Stäbchen einen Anteil von 95 % und die Zapfen nur einen Anteil von 5 % ausmachen.

Zapfen

Die Zapfen sind für das **Farbensehen** verantwortlich. Fast alle Zapfen befinden sich direkt gegenüber der Pupille auf der Netzhaut. Die Lichtempfindlichkeit der Zapfen ist eher gering, die Farbempfindlichkeit stark ausgeprägt.

Es gibt insgesamt drei unterschiedliche Arten von Zapfen, eine Art für jede der drei Lichtfarben: Rot (L-Zapfen), Grün (M-Zapfen) und Blau (S-Zapfen). Jeder Zapfen hat eine einzelne Reizweiterleitung (Nervenbahn) zum Gehirn.

Das Auge hat im Inneren drei Zapfenarten für das Farbensehen.

Beispiele zum Farbensehen an Gegenständen:

1. Licht fällt auf einen roten Gegenstand. Der Gegenstand absorbiert die Lichtanteile der Farben Blau und Grün und *remittiert* den *Lichtanteil* der Farbe Rot. Dieser Lichtanteil trifft nun auf die L-Zapfen der Netzhaut und leitet den Farbreiz Rot an das Gehirn weiter.

2. Licht fällt auf einen cyanfarbenen Gegenstand. Der Gegenstand absorbiert den Lichtanteil der Farbe Rot und *remittiert* die *Lichtanteile* der Farben Grün und Blau. Diese Lichtanteile treffen nun auf die M-Zapfen für Grün und die S-Zapfen für Blau der Netzhaut und leiten den Farbreiz Cyan als Mischfarbe der Farben Grün und Blau an das Gehirn weiter.

absorbieren = verschlucken | remittieren = zurückwerfen | transmittieren = hindurchlassen

Stäbchen

Die Stäbchen sind für das **Hell-Dunkel-Sehen** verantwortlich. Sie befinden sich fast gleichmäßig verteilt auf der Netzhaut, mit Ausnahme des Platzes direkt gegenüber der Pupille. Sie sind etwa 1000-mal so lichtempfindlich wie die Zapfen, können jedoch keine Farben wahrnehmen. Die Stäbchen reagieren bereits bei sehr geringer Lichtintensität – lange bevor die Zapfen etwas wahrnehmen. Die Reizweiterleitung der Stäbchen zum Gehirn erfolgt nicht einzeln je Stäbchen, sondern zusammengefasst in Gruppen von Stäbchen über eine Nervenbahn.

 Auf der Netzhaut befinden sich die Stäbchen für das Hell-Dunkel-Sehen.

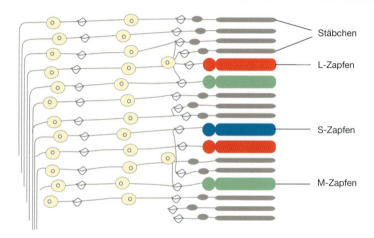

Stäbchen und Zapfen für das Helligkeits- und Farbensehen

Farbenfehlsichtigkeit, was nun?

http://www.farbfehlsichtigkeit.com

Eine teilweise Farbenfehlsichtigkeit liegt dann vor, wenn zwar Zapfen vorhanden sind, jedoch mindestens eine Zapfenart auf der Netzhaut nicht funktionstüchtig ist. Bei vollständiger Farbenfehlsichtigkeit sind ebenfalls Zapfen vorhanden, diese sind jedoch komplett funktionsuntüchtig. Daher können nur Hell-Dunkel-Unterschiede, also Graustufen, erkannt werden.

Besonders bei der Gestaltung von Anzeigen und Logos ist es wichtig, dass eine Darstellung in Graustufen gut zu erkennen ist, da nicht jede Zeitung in diesem Bereich einen Farbdruck anbietet. Ferner kann mit dem Ausdruck in Graustufen überprüft werden, wie kontrastreich die Darstellung ist.

Eine kontrastreiche Darstellung in Graustufen ist ebenfalls wichtig, um Menschen mit Farbfehlsichtigkeit alle gedachten Informationen zugänglich zu machen.

8.2.1.2 Gesichtsfeld und Blickfeld

Ein Blick nach vorn zeigt nicht alle Details: Das menschliche Auge kann mit einem Blick nur einen kleinen Bereich seiner Umgebung erfassen. Anders als bei einigen Tierarten, z. B. Fliegen mit ihren Facettenaugen (360°) oder Fröschen mit ihren Augen für einen Rundumblick (330°), sind das menschliche **Gesichts-** und **Blickfeld** auf viel kleinere Bereiche beschränkt.

Gesichtsfeld

Das Gesichtsfeld ist der Winkel, in dem Objekte visuell erfasst werden können, ohne dass die Augen bewegt werden. Dieser Bereich bezieht sich auf beide Augen, da das Gehirn aus dem Bild beider Augen ein einzelnes Bild erstellt. Auf jedes Auge bezogen ist dies der Bereich, der komplett auf der Netzhaut abgebildet wird.

Gesichtsfeld: Bereich, der mit beiden Augen gleichzeitig überblickt werden kann, ohne Kopf und Augen zu bewegen.

Beim Sehen mit beiden Augen haben junge Menschen ein Gesichtsfeld von horizontal ca. 175° bis 180° und mit einem Auge von 150°. Vertikal umfasst das Gesichtsfeld einen Bereich von ca. 120°. Im Alter verringert sich das horizontale Gesichtsfeld auf ca. 139° und auch das vertikale Gesichtsfeld wird deutlich kleiner. Ebenso verringert sich das Gesichtsfeld mit steigender Geschwindigkeit, z. B. beim Autofahren.

Doch nicht in jedem Bereich des Gesichtsfeldes können wir alles scharf sehen, da die Netzhaut nicht an jeder Stelle die gleiche **Sehleistung** ermöglicht. Besonders gut (100 %) ist das **Sehvermögen** in der Mitte der Netzhaut, der sogenannten **Fovea** (Sehgrube), von dort aus fällt es zum Rand hin auf ca. 30 % ab.

Besonders scharfes Sehen ist jedoch nur in einem Bereich von ca. 1,5° bis 7° um die **Sehachse** möglich.

Bezogen auf die Farbwahrnehmung ist das Gesichtsfeld noch kleiner: Die Farbe Grün z. B. kann vertikal nur in einem Winkel von ca. 14° nach oben und ca. 17° nach unten, also in einem vertikalen Bereich von insgesamt ca. 31° klar wahrgenommen werden.

Der horizontal klar wahrnehmbare Bereich der Farbe Grün beträgt ca. 38° für jedes Auge (19° nach links und 19° nach rechts). Für die Wahrnehmung der Farbe Blau ist das Gesichtsfeld am größten.

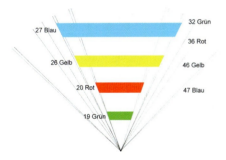
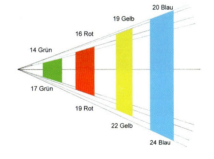

Horizontales Gesichtsfeld   *Vertikales Gesichtsfeld*

Bildquelle: Dr. Joachim Schumacher

Blickfeld

Das Blickfeld ist der Winkel, in dem Objekte durch Bewegung der Augen, nicht jedoch des Kopfes, erfasst werden können. Bei jungen Menschen umfasst dieser Bereich horizontal ca. 240°. Vertikal können Kinder die Augen um einen Winkel von jeweils 40° nach oben und unten bewegen, also insgesamt ca. 80°. Ältere Menschen sind jedoch nur noch zu Bewegungen im Winkel von ca. 16° in jede Richtung, also insgesamt ca. 34°, in der Lage.

Auch für das Blickfeld gilt, dass das Sehvermögen zum Rand hin abnimmt und dort unscharfe Bilder entstehen.

Sie fahren mit dem Auto auf eine Kreuzung zu und können eindeutig erkennen, dass die Ampel grünes Licht hat. Aus dem Augenwinkel erkennen Sie am Rand des Gesichtsfeldes, dass ein Fahrzeug von rechts kommt, Sie sind jedoch nicht in der Lage zu erkennen, wer im Auto sitzt oder um was für ein Auto es sich handelt. Erst beim Drehen des Kopfes und evtl. auch der Augen können Sie das Fahrzeug genau erkennen, da es sich dann genau mittig vor Ihren Augen befindet. Jetzt nehmen Sie das Lichtsignal der Ampel nur noch am Rande des Gesichtsfeldes wahr und erkennen möglicherweise zu spät, dass die Ampel schon Rot zeigt.

In **Bezug auf die Gestaltung** heißt dies, dass besonders wichtige Elemente eher im mittleren Bereich des Medienprodukts, platziert werden sollten und von dort aus eine gezielte Blickführung, die ein Drehen des Kopfes und/oder der Augen notwendig macht, sinnvoll ist.

Wichtige Elemente in der Mitte des Gesichtsfeldes platzieren!

8.2.2 Aufbau des menschlichen Gehirns

Nachdem der Sehreiz von der Netzhaut aufgenommen wurde, wird er über den Sehnerv an das **Gehirn** weitergeleitet. Das Gehirn besteht, wie alle Organe, aus Zellen und ist Teil des Nervensystems. Diejenigen Zellen, die die Fähigkeit besitzen, elektrische Signale, z. B. Licht, weiterzuleiten,

werden als **Nervenzellen** bezeichnet. Ein menschliches Gehirn hat ca. 1000 Milliarden solcher Gehirnzellen, die mit anderen Gehirnzellen Informationen austauschen. Impulse von hunderttausenden Verbindungspunkten können von einer Gehirnzelle in jeder Sekunde empfangen und an andere Gehirnzellen weitergeleitet werden. Im Gehirn geht es also zu, wie in einem riesigen Fernmeldeamt oder einem riesengroßen Computersystem.

Wird ein **Gedanke** erstmals durchdacht, so wird im Gehirn ein neuer biochemisch-elektromagnetischer Pfad auf dem Weg von einer **Gehirnzelle** zur nächsten erstellt. Bei Wiederholung des gleichen Gedankens kann das Gehirn bereits auf ein teilweise bekanntes Muster zurückgreifen und der Weg der Impulse von Zelle zu Zelle kann schneller und müheloser zurückgelegt werden. Weitere Wiederholungen des gleichen Gedankens sind noch einfacher und haben ebenso zur Folge, dass dieser Gedanke, da der Weg im Gehirn einfacher ist, eher wiederholt wird, als ein völlig neuer Gedanke gefasst.

Sie machen einen Spaziergang durch den Wald und gelangen an einen lange nicht benutzten Pfad, den sie aber gehen wollen. Sie müssen sich also erst mühsam den Weg durch das Dickicht bahnen. Beim zweiten Spaziergang auf diesem Pfad kommen Sie dann schon besser voran und können weitere Zweige entfernen. Nach einigen Spaziergängen sind keinerlei Hindernisse mehr vorhanden und Sie benutzen den Pfad, ohne genau auf die Umgebung achten zu müssen. Der Weg ist nun einfach und unbeschwerlich und Sie werden ihn sicherlich einem parallel verlaufenden, zugewachsenen Pfad vorziehen, da dies mit Mühe verbunden wäre. Wächst der Pfad nun wieder zu, da er lange nicht benutzt wird, so ist der Weg zwar beim nächsten Spaziergang wieder sehr beschwerlich, fällt jedoch leichter als ganz zu Beginn, da schon Grundkenntnisse im „Weg-durch-das-Dickicht-Finden" bestehen.

Ähnlich verhält es sich mit dem Weg der Gedanken durch das Gehirn. Der Mensch ist geneigt, stets nach bekannten Mustern und Zusammenhängen zu suchen, die sich fest eingeprägt haben und tut sich zunächst schwer damit, neue Inhalte aufzunehmen und zu erfassen, bei denen ein Großteil unbekannt und damit schwer zu durchdringen ist.

Aber ist der Weg durch das Dickicht erst einmal geschafft, so bleiben Wiederholungen deutlich besser im Gedächtnis haften – auch nach längerer Zeit.

Limbisches System und Großhirn
An der menschlichen Wahrnehmung sind die Gehirnteile **limbisches System** und **Großhirn** wesentlich beteiligt.

Das limbische System ist eine Art Kontrollzentrum des Gehirns und einerseits dazu da, Gefühle zu erkennen. Andererseits befindet sich im limbischen System noch der Hippocampus, der als Zwischenspeicher von Gedächtnisinhalten dient, bevor sie im Langzeitgedächtnis des Großhirns abschließend gespeichert werden. Gefühle und Gedächtnis hängen also eng zusammen!

Mit einem gutem Gefühl lernt und erinnert es sich leichter!

Die entwicklungsgeschichtlich jüngste und damit am höchsten entwickelte Region des Gehirns ist die Großhirnrinde. In den 1960er-Jahren fand der amerikanische Gehirnforscher Professor Roger Sperry heraus, dass die grundlegenden intellektuellen Funktionen des menschlichen Gehirns auf die beiden Hälften der Großhirnrinde, die sogenannten Hemisphären, aufgeteilt sind: Die rechte und die linke Hälfte der Gehirnrinde, kurz **rechte und linke Gehirnhälfte**. Beide Gehirnhälften sind durch Nervenfasern, das Corpus callosum, verbunden.

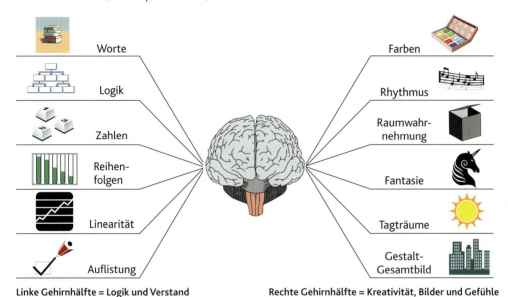

Linke Gehirnhälfte = Logik und Verstand   Rechte Gehirnhälfte = Kreativität, Bilder und Gefühle

8.2.2.1 Linke Gehirnhälfte

Die **linke Gehirnhälfte** ist im Wesentlichen für den logischen und strukturellen Bereich zuständig.

Bei der linken Gehirnhälfte kann man von digitaler Kommunikation mittels Zeichen und Ziffern ohne bildhafte Symbole, wie z. B. bei einer Armbanduhr mit Digitalanzeige, sprechen. Die linke Gehirnhälfte steuert dabei die rechte Körperhälfte und ist mit der rechten Hand und dem Sehfeld des rechten Auges verbunden. Daher schreiben die meisten Menschen auch mit rechts.

8.2.2.2 Rechte Gehirnhälfte

Die **rechte Gehirnhälfte** hingegen übernimmt den eher kreativen und emotionalen Part.

Bei der rechten Gehirnhälfte kann man von analoger Kommunikation mittels Formen und Symbolen, wie z. B. bei einer Armbanduhr mit Ziffernblatt, sprechen. Die rechte Gehirnhälfte steuert dabei die linke Körperhälfte und ist mit der linken Hand und dem Sehfeld des linken Auges verbunden.

In der Regel wird die linke Gehirnhälfte wesentlich mehr gefordert. Dies wird besonders deutlich, wenn man an die nach wie vor sehr kognitiv angelegte schulische Ausbildung mit vielen

Regeln, Vokabeln, Daten und Formeln und einem geringen Anteil an Fächern mit künstlerischem, musischem oder kreativem Inhalt denkt. Die rechte Gehirnhälfte wird weniger beansprucht und verkümmert vielleicht sogar etwas – das Gehirn bringt im Zweifelsfall nicht seine optimale Leistung.

Um dem entgegenzuwirken, bietet sich der häufige Einsatz von bildlicher und grafischer Veranschaulichung reglementierter Inhalte an. Eine Kreativtechnik wie das Mindmapping eignet sich z. B. sehr gut, da sie die Aufgaben beider Gehirnhälften sinnvoll miteinander verbindet: die logische und systematische Strukturierung von Inhalten mithilfe einer kreativen, bildlichen und auch farblichen Darstellung. Damit wird das ganzheitliche Denken gefördert und das Gehirn leistungsfähiger.

Bei Linkshändern hingegen dominiert die rechte Gehirnhälfte, da diese die Motorik der linken Hand steuert. Linkshänder sind daher häufig kreativ und musisch begabt.

Fordern Sie beide Gehirnhälften gleichmäßig und erhöhen Sie damit die Leistung Ihres Gehirns!

8.2.3 Gedächtnis

Je leistungsfähiger das Gehirn, desto besser das Gedächtnis!
Ein leistungsfähiges Gehirn ist in der Lage, besonders viele Informationen aufzunehmen und diese gezielt miteinander zu vernetzen. So können diese bei Bedarf leicht abgerufen werden.

Gedächtnis: Fähigkeit des Gehirns zur Aufnahme, Speicherung, Ordnung und zum Abruf von Informationen.

Gedächtnisbereiche
Gemäß dem heutigen Forschungsstand kann das im Gehirn vorhandene Gedächtnis in die folgenden drei Bereiche eingeteilt werden:
- Ultrakurzzeitgedächtnis
- Arbeitsgedächtnis (früher Kurzzeitgedächtnis)
- Langzeitgedächtnis

Weitere Gedächtnisinhalte, z. B. für häufig wiederkehrende Bewegungsmuster wie das Gehen, werden nicht im Gehirn, sondern an anderen Orten des Körpers, z. B. im Rückenmark gespeichert.

Ultrakurzzeitgedächtnis
Gedächtnis zur sehr kurzzeitigen Speicherung vielfältiger Sinneseindrücke.

Gespeichert werden z. B. Töne und Gerüche. Die **Speicherzeit** des Ultrakurzzeitgedächtnisses beträgt nur **wenige Sekunden**. Werden die Gedächtnisinhalte anschließend nicht innerhalb von ca. 20 Sekunden in das Arbeitsgedächtnis aufgenommen, werden sie gelöscht. Eine Übernahme erfolgt jedoch nur dann, wenn durch die Sinneseindrücke ein besonderes Interesse oder Emotionen geweckt werden bzw. eine Verknüpfung mit Vorwissen möglich ist.

Arbeitsgedächtnis
Gedächtnis zur kurzzeitigen Speicherung einer begrenzten Menge von Inhalten.

Das Arbeitsgedächtnis dient der kurzzeitigen Speicherung von Inhalten und hat eine begrenzte Kapazität. Diese ist abhängig davon, wie komplex die Inhalte sind und aus welchem Bereich sie stammen, so lassen sich z. B. einfache Zahlen leichter merken als einfache Texte.

Die **Speicherzeit** des Arbeitsgedächtnisses beträgt **ca. 30 Minuten**. Die in dieser Zeit dort abgelegten Inhalte werden sehr detailreich gespeichert. Das Gehirn entscheidet innerhalb relativ kurzer Zeit, welche der im Arbeitsgedächtnis gespeicherten Informationen in das Langzeitgedächtnis übernommen werden.

Langzeitgedächtnis
Gedächtnis zur langfristigen Speicherung von Inhalten durch Einordnung in Kategorien.

Die vom Arbeits- in das Langzeitgedächtnis übertragenen Inhalte werden geeignet umgeformt, sodass Details verloren gehen und nur wesentliche Grundinhalte erhalten bleiben, die jederzeit abgerufen werden können. Insgesamt werden nur solche Inhalte in das Langzeitgedächtnis übernommen, die eine besondere Bedeutung für den Menschen haben, sein Interesse deutlich wecken und mit Emotionen belegt sind. Die **Speicherzeit** der Inhalte kann **mehrere Jahre bis lebenslang** betragen.

Wie lernt unser Gehirn?
Das Langzeitgedächtnis besteht aus sehr vielen Modulen, wie ein großer Schubladenschrank. Wichtig für eine gute Abrufbarkeit und Behaltenswirksamkeit ist daher, dass die neu abgelegten Inhalte an bereits bestehende Vorwissensstrukturen anknüpfen und den passenden Kategorien zugeordnet werden. Dabei arbeitet das Gehirn nach neurodidaktischen Erkenntnissen von Prof. Dr. Heinz Schirp nach Prinzipien „neuronaler Selbstorganisation", d. h., es encodiert Informationen. Die neuronale Repräsentation und Behaltenswirksamkeit ist dabei nutzungsabhängig – was an im Langzeitgedächtnis gespeicherten Informationen nicht oder nur wenig genutzt wird, verblasst und zerfällt. „**Train your brain**" sollte man also durchaus wörtlich nehmen!

Wie lernt unser Gehirn? http://www.youtube.com/watch?v=pieP8jESH-s Prof. Dr. Manfred Spitzer: Ist Kreativität lernbar? http://www.youtube.com/watch?NR=1&feature=endscreen&v=bv16azw2MVo

Unser Gehirn lernt im Zusammenspiel von Kognition und Emotion, sodass Emotionen wie Stress neuronale Verarbeitungsprozesse hemmen oder gar blockieren können. Lernen oder kreative Prozesse sollten daher stets in einem positiven Gesamtarrangement stattfinden.

Das Gehirn ist ein soziales Gehirn: Durch Interaktion und Kommunikation in sozialen Kontexten werden Vernetzungsprozesse in unserem Gehirn gefördert. Diese Prozesse werden zudem durch bereits vorhandene, bekannte Strukturen, Muster und Handlungsprozesse positiv verstärkt.

8.3   Wahrnehmungspsychologie

Die menschliche **Wahrnehmung** ist jedoch nicht nur von den fünf Sinnen und dabei schwerpunktmäßig der visuellen Wahrnehmung abhängig, sondern auch von Erfahrungen und individuellen Vorlieben.

Wäre allein die Sinneswahrnehmung ausschlaggebend, würden alle Menschen, deren Sinne ähnlich gut ausgeprägt sind, alle Dinge stets gleich wahrnehmen. Jedoch zeigen sich bereits bei der Beschreibung desselben Gegenstandes oder derselben Person völlig unterschiedliche Wahrnehmungen.

1. Ein kleiner Junge, ein hungriger Geschäftsmann und eine ältere Dame gehen durch die Einkaufsstraße mit diversen Geschäften.

   Dem kleinen Jungen fällt sofort das Spielzeuggeschäft mit den schönen Spielsachen und dem Flugzeugkarussell vor der Ladentür auf. Der Geschäftsmann hat nur Augen für die Imbissbude und die ältere Dame bleibt fasziniert vor dem Handarbeitsgeschäft und den davor aufgestellten Sonderposten stehen.

   Fragt man den kleinen Jungen nach dem Handarbeitsgeschäft, so wird er ggf. sogar behaupten, dass sich in besagter Einkaufsstraße kein derartiges Geschäft befinde, da er seine Wahrnehmung auf einen anderen Bereich, das Spielzeug, konzentriert hat. Ebenso kann es den anderen Personen gehen.

   http://www.br.de/fernsehen/br-alpha/sendungen/geist-und-gehirn/geist-und-gehirn102.html

2. Die Studenten einer Vorlesung werden in der Pause danach befragt, ob diese interessant, kurzweilig und fachlich angemessen sei. Während der eine Student die Vorlesung sehr interessant und kurzweilig fand, kann ein anderer davon überzeugt sein, noch nie eine derart langweilige Veranstaltung besucht zu haben. Siehe hierzu auch: Prof. Dr. Manfred Spitzer, „Geist & Gehirn", unter: http://www.br.de/fernsehen/br-alpha/sendungen/geist-und-gehirn/geist-und-gehirn102.html

Fazit:
Es gibt nicht die eine Wirklichkeit, die der Mensch in seinem Kopf abbildet, sondern jeder konstruiert sich seine Wirklichkeit nach den eigenen Bedürfnissen und Erfahrungen.

Jeder versucht für sich, in seiner eigenen Wahrnehmung eine Ordnung der Dinge herzustellen.

8.3.1 Wahrnehmungsprozess

Obwohl die menschliche Wahrnehmung individuell ist, folgt sie doch bei vielen Menschen einer ähnlichen Struktur: einem Wahrnehmungsprozess. Dieser beinhaltet einerseits die reine Informations- bzw. Reizaufnahme und deren Weiterleitung an das Gehirn, andererseits aber auch die **Verarbeitung** der wahrgenommenen Informationen und Reize.

Ähnlich wie der Kreativprozess besteht auch der Wahrnehmungsprozess aus verschiedenen Stufen. Im Wesentlichen sind es drei Stufen, die zyklisch und sequenziell innerhalb des Wahrnehmungsprozesses durchlaufen werden. Wahrnehmung ist damit ein progressiver, immanenter Prozess.

Nach dem amerikanischen Kognitionspsychologen Ulrich Neisser folgt sie dabei folgendem **Wahrnehmungszyklus**:

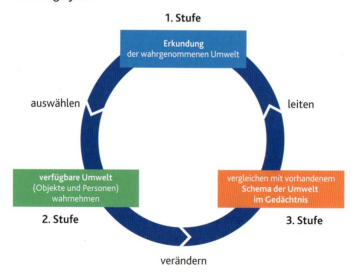

Wahrnehmungszyklus nach Ulrich Neisser

Der Mensch nimmt ständig Neues in seiner Umwelt wahr. Das Neue wird mit bereits Bekanntem im Gedächtnis abgeglichen. Das Bekannte leitet den Menschen bei der Erkundung des Neuen, sodass er schlussendlich das tatsächlich Neue auswählt und die für ihn wesentlichen Inhalte im Langzeitgedächtnis ablegt.

**Das Gedächtnis bringt Ordnung in die Wahrnehmung.
Neue Informationen verändern das Gedächtnis.**

Das vorhandene Schema in unserem Gedächtnis leitet uns also einerseits bei der Wahrnehmung und wird andererseits durch die Wahrnehmung neuer Dinge ständig verändert.

9 Kommunikations- und Zeichentheorie

Logos kommunizieren! Als visuelle Botschafter müssen sie jede Menge Informationen auf engstem Raum transportieren. Dabei kann der Gestalter viel falsch machen. Daher zunächst ein Beispiel, welche **Fehler bei der Logo-Gestaltung** unbedingt vermieden werden sollten:

Welche Informationen kann man diesem Logo entnehmen? Steht der Halbkreis für Urlaub und Sonnenuntergang? Dann ist der horizontale Verlauf aber doch eher unprofessionell. Handelt es sich um ein Restaurant im Western-Stil? Das lässt zumindest die Schriftart vermuten. Aber in mintgrün? Fazit: Es handelt sich um das Logo eines Altersheims! Die Gestaltung des Logos wirkt unkonzeptionell und überladen: Der Schatten hinter der Schrift negiert die Lesbarkeit, der Farbverlauf erinnert eher an „Flower-power" denn an eine friedliche Abendstimmung. Die Schriftwirkung intendiert eine gänzlich andere Assoziation als einen Altersruhesitz – viel hilft eben *nicht* viel.

Bevor Sie nach der Analyse des Briefings selbst mit der kreativen Phase der Ideenfindung in Form von Brainstorming, Kreativmethoden und Scribbeln loslegen, sollten Sie zunächst für sich selbst klären, welche Aufgaben ein Logo erfüllt, wie es funktioniert und wie es folglich als visuelles Zeichen gestaltet sein muss.

Nur so können alle Informationen des Briefings, also die Zielvorstellungen des Auftraggebers als „Sender", umgesetzt und als Werbebotschaft zum Kunden als „Empfänger" (auch Rezipient genannt) transportiert werden.

9.1 Der Prozess der Kommunikation

Im Prinzip ist alles, was wir machen, Kommunikation, oder wie Paul Watzlawik[1] es einmal treffend formuliert hat:

> „Man kann nicht nicht kommunizieren!"[1]

Auch das, was wir also *nicht* sagen, wird über Körpersprache wie Mimik oder Gestik ausgedrückt. In diesem Sinne ist es auch eine Art von Zeichensprache – visuelle Zeichen eben. Jegliche Form der Kommunikation beruht auf dem Austausch von Nachrichten oder Informationen.

---
[1] Paul Watzlawik: Wie wirklich ist die Wirklichkeit?, München, 1978

9.1.1 Kommunikationsmodell

Die Sprachwissenschaft geht davon aus, dass die Übermittlung einer Nachricht einen Sender erfordert, der mithilfe eines Zeichensystems in Form von Sprache, Text oder bildhafter Zeichen eine Information kodiert (verschlüsselt). Sein Ziel ist es, dass die Nachricht beim Empfänger ankommt und einwandfrei von diesem dekodiert (entschlüsselt) werden kann. Bei der Gestaltung von Logos muss demnach auf einen zielgruppengerechten Zeichenkodex (Zeichenrepertoire) geachtet werden, damit die gesendete und decodierte Botschaft die gewünschten Reaktionen beim Empfänger auslöst.

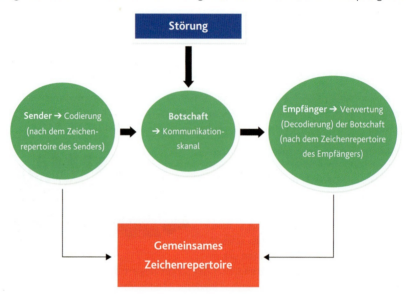

9.1.2 Grundlagen der Zeichenlehre – Semiotik

Dieser Kommunikationsprozess zwischen Sender und Empfänger ist im Verlauf der Menschheitsgeschichte immer rasanter und komplexer geworden: Historisch dokumentiert sind die einfachsten Markierungen in Höhlenmalereien, meist in Form von Bemalungen mit Blut, Pflanzensäften, Kalkstein, Holzkohle oder Lehm. Nebenstehend sehen Sie eine über 3000 Jahre v. Ch. entstandene Abbildung aus Laas Geel, einem Komplex von Höhlen und Felsen bei Hargeysa im Norden Somalias. Aber auch mit der Entwicklung der gesprochenen Sprache und deren späteren Sicherung in Schriftsystemen beschäftigen sich zahlreiche Forschungszweige und historische Dokumentationen.

Damit einhergehend wird es für den Einzelnen immer wichtiger, sich in der Reizüberflutung audiovisueller Zeichen zurechtzufinden, demnach also seine **Kommunikationskompetenz** zu schulen. Dazu ist es vor allem wichtig, Zeichen schnell und richtig interpretieren zu können: Alle Informationen im Kommunikationsprozess bestehen aus der sinnvollen Anordnung mehrerer Zeichen. Ein Zeichen ist ein zwar willkürlich gewählter, in seiner Bedeutung aber vereinbarter Informationsträger. Es steht stellvertretend für eine bestimmte, per Definition vereinbarte, scheinbar objektive Bedeutung, einen bestimmten Gegenstand oder einen bestimmten Sinn (auch **Denotat** genannt). Natürlich wird die Dekodierung eines Zeichens aber immer auch durch unsere subjektive

Wahrnehmung, unseren Erfahrungshorizont oder unser Gefühl beeinflusst. Diese subjektiv gefärbte Bedeutung wird **Konnotat**[1] genannt.

Der Esel ist ein schönes Beispiel:
Er steht im Denotat für ein nützliches und beliebtes Tier, welches dem Menschen schwere Lasten abnimmt. Durch die Art der Kameraeinstellung fungiert es hier gleichzeitig als Sympathieträger. Esel gelten aber auch als störrisch oder einfältig. Der Esel in der konnotativen Bedeutung steht daher als Sinnbild für die negativen Eigenschaften – sich wie ein „alter Esel" zu benehmen.

Je nach den Sinnen, mit denen wir diese Zeichen wahrnehmen, unterscheiden wir **auditive**, **visuelle** und **taktile** Zeichen und Zeichensysteme. Die Sinneswahrnehmung bei Menschen erfolgt nach empirischen Untersuchungen demnach wie nebenstehend prozentual verteilt:

Den Zweig der Wissenschaft, der sich mit den Zeichen und ihrer Bedeutung im Kommunikationsprozess beschäftigt, nennt man **Semiotik**. Innerhalb der Semiotik gibt es diverse Forschungszweige, die sich mit Zeichen auseinandersetzen und sie analysieren. Jedes dieser Teilgebiete der Semiotik besitzt eine eigene Fachbezeichnung:

Zeichen sind **Bedeutungsträger**. Die Semantik als Teilgebiet der Semiotik erforscht eben diese Bedeutung der einzelnen Zeichen und die Bedingungen, unter denen diese Bedeutung gilt oder nicht gilt. Auch bei visuellen Zeichen gibt es also so etwas wie Denotat und Konnotat.

> Überlegen Sie, welche symbolhaften Bildzeichen es zu den Tätigkeitsbereichen der Firma „Grün und Stein" gibt. Gibt es hier Konnotate zu beachten?

---

[1] Emotionale Begleitvorstellung, die ein Wort hervorruft (Beispiele: Glück, Freude, Angst).

Demnach ist ein Bildzeichen in einer bestimmten Verwendungssituation oft nur durch die Berücksichtigung seiner Verwendungsumstände erkennbar, d. h., je nach Kontext und Gestaltung der Umgebung kann sich die Bedeutung ändern:

So erscheint uns die nebenstehende amorphe Form je nach Positionierung im Quadrat einmal als Wolke oder als Busch bzw. bei einer anderen proportionalen Zuordnung vielleicht sogar als Haufen.

9.2 Zeichenarten

Die gestalterische Vielfalt visueller Zeichen reicht von der Illusion computeranimierter Welten über die Fotografie bis hin zum stark vereinfachten Icon. Hier setzt die **Sigmatik** als Teilgebiet der Semiotik an: Sie erforscht, welchen Abstraktionsgrad ein Zeichen besitzt, d. h. in welchem Verhältnis das Zeichen zu dem steht, was es bezeichnet. Das engste Verhältnis liegt dann vor, wenn das Zeichen das von ihm Bezeichnete identisch abbildet oder imitiert.

 Je größer die Ähnlichkeit des Zeichens mit dem Bezeichneten ist, umso höher ist der sogenannte Ikonizitätsgrad und umso geringer der Abstraktionsgrad.

 Beispiel **Feuer**: Das Foto hat durch seine realistische Abbildung einen hohen Ikonizitätsgrad, das Gefahrensymbol „hochentzündlich" stilisiert die wesentlichen Merkmale einer Flamme zu einem abstrakten Icon.

9.2.1 Icon und Index

In der visuell dominierten Welt vieler Software-Anwendungen ist mit dem gängigen Begriff „Icon" etwas gemeint, was innerhalb der Semiotik eigentlich unter den Begriff Index (Plural: Indizes) fällt. Die bunten kleinen Icons aus der Werkzeugleiste sollen die Beschriftung ersetzen, indem sie bestenfalls so viel Ähnlichkeit zu dem Bereich haben, auf den sie sich beziehen, dass sie selbsterklärend sind. Im Unterschied zum Foto ist beim Icon die Beziehung zwischen den Zeichen und den von ihm Bezeichneten deutlich schwächer, weil es nur auf das Bezeichnete hinweist oder auf eine besondere Eigenschaft des Bezeichneten verweist. Die indexikalischen Angaben haben meist nur dann eine zweifelsfrei ermittelbare Bedeutung, wenn die Verwendungssituation des Zeichens klar ist oder durch eine sogenannte Legende erklärt wird.

Icons *aus der Werkzeugleiste des Programms Irfan View*

Indizes (= Hinweise) aus dem Straßenverkehr

9.2.2 Piktogramm

Zu dieser Art Zeichen zählen solche, die uns im alltäglichen Leben nahezu überall begegnen: die sogenannten Piktogramme. Sie sind aufgrund ihrer ausgeprägten **Stilisierung** und der Knappheit ihrer Ausdrucksmittel sehr schnell decodierbar. Piktogramme sind somit international verständlich und zur schnellen Orientierung unverzichtbar geworden.

Piktogramme müssen in Sekundenbruchteilen erkannt werden.

9.2.3 Symbol

Umgangssprachlich wird nahezu jedes visuelle Zeichen als „Symbol" bezeichnet. Da ist z. B. die Rede vom „Druckersymbol", gemeint ist allerdings das entsprechende Icon. Symbole aus fachwissenschaftlicher Sicht zeichnen sich dadurch aus, dass zwischen dem Zeichen und dem von ihm Bezeichneten (der Bedeutung) keine unmittelbare Beziehung, kein natürlicher oder direkter Zusammenhang besteht, sondern dass das Verhältnis von Bezeichnetem und seinem Zeichen lediglich auf einer willkürlich getroffenen Absprache beruht. Zudem ist die einem Symbol zugrunde liegende Bedeutung meist im Abstrakten angesiedelt, so z. B. bei Symbolen für Begriffe wie „Freiheit" und „Frieden". Bei der Entwicklung von Symbolen muss man beachten, dass sie verwechslungssicher und zu schon bestehenden Symbolen widerspruchsfrei gestaltet werden. Das Symbol ist somit das allgemeinste, weil abstrakteste Zeichen, das Icon andererseits das speziellste.

Der Davidstern als Symbol für das Judentum. Unter dem NS-Regime wurde diese Symbolik zum „Judenstern" mit einer diametralen Bedeutung.

Der kubanische Revolutionär Che Guevara war in den 1960er-Jahren die Symbolfigur für den Freiheitskampf, bevor sich sein Konterfei in der heutigen Zeit zur Marketing-Pop-Ikone entwickelt hat.

9.2.4 Logo

Ein Zeichen wird dann zum Logo wenn das Bezeichnete für eine Ware steht, zu Markte getragen wird und dadurch einen werblichen Charakter im Sinne einer Kennzeichnung erhält. Häufig werden Logos zur Marke.

www.markenlexikon.com

Woher kommt der Begriff Marke?

Die frühesten Vorläufer des Markenzeichens waren die Brandzeichen. Mit ihnen zeichnete man Schafe, Ziegen und Rinder als Eigentum des jeweiligen Besitzers aus. Wurden die Tiere später auf den Markt gebracht, konnten diese Brandzeichen über ihre Eigenschaft als „Besitzzeichen" hinaus auch zu einem „**Qualitätszeichen**" werden, wenn mit ihnen gesunde Tiere oder ein besonders guter Züchter verbunden wurde. Daraus entwickelten sich im Laufe der Zeit Händlermarken und aus diesen Händlermarken allmählich die Markenzeichen mit ihrem werblichen, appellativen Charakter. Ein Logo wird in Deutschland zur Marke, indem es in die Zeichenrolle des deutschen Patentamtes in München eingetragen wird und damit rechtlich geschützt ist.

Vgl. diese LS, 13.2

Logo oder Signet?

Der Begriff Logo selbst stammt aus dem Griechischen („logos" = Wort/Rede) und steht damit ursprünglich für reine Wortzeichen, Buchstabenzeichen oder Zahlenzeichen.
Ein Signet (aus dem Lateinischen Signum = Zeichen) hingegen kann neben oben genannten Zeichen auch aus Bildzeichen oder kombinierten Zeichen bestehen und deckt somit das gesamte visuelle Zeichenrepertoire ab.

http://www.designguide.at/logodesign.html

Heutzutage hat sich der Begriff Logo umgangssprachlich gegenüber dem Begriff Signet durchgesetzt.

Im Folgenden wird der Begriff Logo verwendet.

Logos werden je nach Zeichenart in folgende Kategorien eingeteilt:

- Bildmarke
- Wort- und Buchstabenmarke
- Kombinierte Bild-/Wortmarke

9.2.4.1 Bildmarke

Bildmarken sind von ihrer Gestaltungsart her stilisierte Darstellungen, die abstrakt oder gegenständlich arbeiten. Dabei liegen der Darstellung oft geometrische Grundformen zugrunde, um das Logo über die Geschlossenheit der Form einprägsamer zu machen.

Weil Bildmarken ohne Text kommunizieren, brauchen sie eine lange Penetrationszeit, um **Markenidentität** zu schaffen und eine Assoziation zum Produkt zu erzielen.

9.2.4.2 Wortmarke/Buchstabenmarke

Bei der Wortmarke besteht das Logo aus einem oder mehreren Worten. Meist bestehen diese kurzen und prägnanten Bezeichnungen aus dem Namen der Firma oder dem Produktnamen. Kommen nur die Anfangsbuchstaben in Form von **Initialen** zur Anwendung, so spricht man von Buchstabenmarken. Der kommunikative Erfolg und die Merkfähigkeit solcher Logos ist unmittelbar mit der Wahl einer adäquaten Schrift im Sinne der Ausdrucksqualität verbunden.

Vgl. LS 8, 24.4.2

Die Möglichkeiten der **semantischen Typografie** spielen hier eine große Rolle. Dabei wird die Bedeutung eines Wortes durch „spielerische" typografische Gestaltung verstärkt. So wird beim Logo von „culinaruhr" die Punze des Buchstaben „a" aus einer Kochmütze gebildet, der Produktnutzen wird motivisch in die Wortmarke integriert.

Die Agentur MetaDesign, mit Sitz in Berlin, beschreibt auf ihrer Homepage den Ausdruckswert der Servicemarke „Bluewin" von Swisscom Fixnet wie folgt: „Eine charakteristische Wortmarke für das gesamte Erscheinungsbild. Das Besondere: Das Logo offenbart den Buchstaben E wie ein **Vexierbild** erst auf den zweiten Blick und erzielt dadurch eine hohe Markenerinnerung."

Bluewin ist eine eingetragene Marke der Swisscom AG

Vgl. diese LS, 10.3.2

9.2.4.3 Kombinierte Bild-/Wortmarke

Die Kombination aus Bild- und Wortmarken vereint die Vorteile beider Logoarten – sie sind aufgrund ihrer kombinierten Erscheinungsform besonders merkfähig und eindeutig in der kommunikativen Zuordnung.

*Das Logo „Christival" gewinnt durch die Dramatisierung der Perspektive an Prägnanz und visuellem Gewicht. Das Bildelement wurde nach dem **Star-Prinzip** mittig über dem Wortelement angeordnet.*

Das Logo für das Restaurant „Pirata" assoziiert über das Motiv des Siegels und die Verwendung der Schriftart das warmtonige Flair von Abenteuer, Mittelmeer und Geselligkeit.

Bildquelle: WWF International[1]

---

[1] © Copyright des WWF International, ® Warenzeichen des WWF International

Der Designer oben aufgeführter Logos benutzt innerhalb seines eigenen CD's ebenfalls eine kombinierte Bild-Wort-Marke, die den Designer als Dienstleister visualisiert.

Logo-Anordnungsprinzipien

Für kombinierte Bild-Wortmarken gibt es neben dem **Star-Prinzip** noch weitere Logo-Anordnungsprinzipien, um die Elemente zu komponieren.

Lok-Prinzip:
Das Bildelement steht vorne an und zieht die Wortmarke entgegen der Leserichtung mit.

Schub-Prinzip:
Das Pendant zum Lok-Prinzip – die Wortmarke wird von der Bildmarke angeschoben.

Triebwagen-Prinzip:
Die Bildmarke ist fest zwischen den Wortmarken-Elementen eingebunden und bildet mit ihnen eine (fast statische) Einheit.[1]

9.3 Referenzwert und Wirkung

Die grundlegende Funktion eines Logos im Sinne seines werblichen Einsatzes ist seine Wirkung. Die **Pragmatik** als Teilgebiet der Semiotik erforscht, welche Funktion den Zeichen zukommt, wie sie also ihre Bedeutung transportieren sollen. Man unterscheidet drei verschiedene Wirkungsabsichten: indikativ, suggestiv und appellativ.

Ist der Referenzwert des Logos eher neutral, die Darstellungsform vorwiegend sachlich und eher verstandesgemäß wahrgenommen, so nennen wir diese auf die Erkenntnis einer Wirklichkeit gerichtete Wirkung des Zeichens **indikativ**.

Spricht das Logo weniger den Verstand, aber mehr das Gefühl und Unterbewusstsein des Empfängers an, so sprechen wir von einer **suggestiven** Wirkung.

Versucht man gar, durch das Zeichen oder Logo eine Verhaltensveränderung zu bewirken, den Willen und die Absicht des Empfängers zu beeinflussen, ihn also an irgend etwas zu binden, dann handelt es sich um die **appellative** Wirkung eines Zeichens.

 Diese Bildmarke für die Welthungerhilfeaktion „Freedom from Hunger" ist im Sinne des Referenzwertes eine Art **„Superzeichen"**. Einerseits transportiert es klare Informationen, also die Notsituation durch die Ähre als Symbol für Brot und die hervortretenden Rippen eines unterernährten Kindes. Andererseits weckt es durch die plakative und reduzierte Art der Darstellung Emotionen (suggestiv), die im optimalen Fall in einer Aktion, z. B. in Form einer Spende münden – letztendlich auch durch den Appell an die Verantwortung der Einen im Wohlstand für die Anderen in Armut.

Poster *„Freedom from Hunger"* von Abraham Games

---

[1] Wiedergabe des After Eight Logos mit Einwilligung der Markeninhaberin Société des Produits Nestlé S.A.

Ein gutes Logo funktioniert wie eine Sanduhr.

Welche Kriterien muss ein Logo erfüllen, um sich im Dschungel der Informationsflut am Markt zu behaupten? Um dies zu beantworten, kann man ein Logo sehr gut mit einer Sanduhr vergleichen: Im trichterförmigen, oberen Teil liegen Millionen Körnchen stellvertretend für verschiedene Inhalte, Informationen und Daten des Unternehmens – seine Geschichte, seine Leistung, seine Kultur. Im unteren Teil der Sanduhr liegen die gleichen Körnchen. Die engste Stelle in der Mitte verkörpert das Logo: Inhaltliche Vielheit wird an dieser Stelle zur formalen Einheit und anschließend wieder zur (ausdrucksfähigen) Vielheit. Der Gestalter muss daher die Bedeutungen in seinem Logo visuell verschlüsseln.

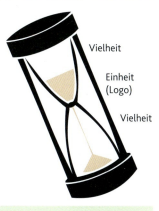

Welche Daten, Informationen und Kommunikationsziele (z. B. Wirkung und Image des Unternehmens, Zielgruppe) können Sie dem Briefing entnehmen? Analysieren Sie das Briefing in Bezug auf Ist- und Soll-Zustand.

9.3.1 Logokriterien

Die Gestaltung eines Logos ist ausschlaggebend dafür, ob sich dieses als prägnantes Zeichen im Gedächtnis des Betrachters speichern lässt. Ob ein Logo gut ist, hängt von den folgenden Beurteilungs- und Gestaltungskriterien ab.

9.3.1.1 Produktnähe

Die Produktnähe zeichnet sich aus durch Verständlichkeit, die sogenannte „Anmutung" und einen angemessenen **Bezug zum Firmen- oder Produktimage**, welches über das Logo zum Zeichenimage wird. Wichtig ist es hier, eindeutig in der Zeichenassoziation zu bleiben.

Die Produktassoziation „Alaska und Fangfrische" wird hier eindeutig bedient.
Bildquelle: Alaska Seafood Marketing Institute

Zu einem produktnahen Logo gehört einerseits die stilistische Orientierung am Produkt als auch die Reduktion des Logos auf prägnante, charakteristische Eigenschaften und Formmerkmale.

Ein Logo ist die knappste Form der Imagewerbung.

Über das Logo soll die Besonderheit des Unternehmens bzw. des Produkts dargestellt werden; diese Produktnähe muss optisch einprägsam und unverwechselbar sein. Je mehr Mühe der Betrachter hat, ein Logo zu erkennen und einem Produkt zuzuordnen, desto größer ist die Gefahr, dass ein Logo nicht verstanden wird. Zu komplizierte Assoziationen, die sozusagen ein „dreimal-um-die-Ecke-denken" erfordern, werden den Betrachter und potenziellen Kunden überfordern.

In welchen Bereichen sind die jeweiligen Unternehmen tätig?

9.3.1.2 Wiedererkennungswert

Um Erfolg zu haben, einen Platz am Markt zu erobern und sich dort zu behaupten, ist ein visuelles Identitätsbild unerlässlich. Das Ziel des Logos und seines Designs ist es, sich über einen klaren Wiedererkennungswert eine Monopolstellung in der Psyche des Verbrauchers zu sichern.

Bei den beiden ersten Logoentwürfen der Firma **Energo**, *einem Unternehmen, welches „grünen" Strom aus erneuerbaren Energien liefert, ist die Nähe zu anderen, bereits am Markt positionierten Markenzeichen zu hoch: Das linke Logo erinnert an die Marke Elektrolux, das mittlere wirkt zu angelehnt an die Marke Esprit. Das rechte Logo hat einen klaren Wiedererkennungswert, der über das Motiv Windrad auch für eine gewisse Produktnähe sorgt.*

 Recherchieren Sie im Rahmen Ihrer Entwurfsplanungen, welche Logos es im Zusammenhang mit anderen Gartenbauunternehmen bereits gibt, um die oben angesprochene Nähe zu vermeiden. Andererseits ist die Nähe zum Verbandslogo im Briefing ausdrücklich gewünscht.

9.3.1.3 Originalität/Aufmerksamkeitswert

Um am Markt erfolgreich zu sein, sollte sich ein Logo von anderen Markenzeichen durch eine originelle Idee oder Gestaltung abheben. Die Kreativität des Gestalters ist hier in höchstem Maße gefordert, da er im „Dickicht der Markenvielfalt" einem permanenten Innovationsdruck ausgesetzt ist.

Die **passive Aufmerksamkeit** wird angesprochen, wenn Gedanken und Vorstellungen durch ständige Wiederholung oder ungewöhnliche Reizfaktoren wie grelle Farben, aufgedrängt werden. **Aktive Aufmerksamkeit** entsteht dadurch, dass eine bestimmte Erwartung erfüllt werden

Logo der Musik-Agentur „Zero Elements" – die Originalität wird durch die Übereck-Perspektive und die semantische Doppelfunktion des Buchstaben „r" erreicht (gestaltet von Kolja Kunstreich).

soll: Ein Gefühl, ein Bedürfnis oder ein besonderes Interesse liegt vor und deswegen entscheidet sich der Betrachter, aufmerksam sein zu wollen.

9.3.1.4 Reproduzierbarkeit auf allen Medien

Im kreativen Prozess der Gestaltung ist zunächst einmal alles möglich und innerhalb des ersten Kreativprozesses auch erlaubt. Doch schon während des konkreteren Entwurfprozesses sind die technischen Wiedergabemöglichkeiten in Bezug auf die Ausgabemedien und den Druckprozess zu bedenken.

In diesem Zusammenhang sollen die wichtigsten Aspekte zur technischen Realisierbarkeit kurz erläutert werden.

Skalierbarkeit

Ein Logo sollte digital so umgesetzt werden können, dass es in allen Größen die gleiche Darstellungsqualität besitzt. Um dies zu gewährleisten, müssen Logos als Vektorgrafik erstellt und abgespeichert werden.

Pixel und Vektor

Vektorgrafiken sind nicht aus Pixeln, d.h. aus einzelnen quadratischen Bildpunkten aufgebaut, sondern aus mathematisch beschriebenen Linien und Kurven. Dabei definiert sich ein Vektor als eine gerichtete Strecke, die durch einen Anfangs- und Endpunkt repräsentiert wird, sich aber auch auf die Beschreibung von Bézier-Kurven und Pfaden bezieht. Vektorgrafiken bestehen im Prinzip aus einer Reihe von Informationen, die die Stärke und Richtung einer Linie oder die Fläche und Farbe einer bestimmten Form beschreiben. Eine Bearbeitung oder Veränderung erfordert lediglich die Neuberechnung bzw. -definition eines Punktes oder einer Farbe. Daher lassen sich Vektorgrafiken ohne Qualitätsverlust beliebig skalieren (verkleinern oder vergrößern), drehen oder verzerren. Die optische Qualität der Vektorgrafik hängt dabei ausschließlich von der Art des Ausgabemediums ab: Auch wenn die Linien oder Kurven in der Monitordarstellung sichtbare „Treppenbildung" aufweisen, so erscheinen sie in der Ausgabe von hochauflösenden Film- oder Computer-to-plate-Belichtern absolut glatt.

Vektorgrafiken sind ohne Qualitätsverlust beliebig skalierbar.

Vergrößerter Ausschnitt aus einer skalierten Vektorgrafik

Der gleiche Ausschnitt bei einer skalierten Pixelgrafik – es sind deutliche Treppenbildungen zu erkennen!

Es gibt zwei Wege, um Vektorgrafiken zu erzeugen: manuell oder durch automatisiertes Umwandeln einer Pixelvorlage. Grafik-Software wie Freehand, Illustrator oder Corel Draw bieten hierzu die vielfältigsten Werkzeuge.

Die vektorielle Darstellung ist in erster Linie für die grafische Bearbeitung von Linien oder Flächen – also für Logos, Piktogramme oder Grafiken geeignet. Sie bildet allerdings auch ein nicht zu unterschätzendes, kreatives Element bei der Gestaltung und Modifikation von Bildmaterial.

Vektorgrafiken benötigen nur einen geringen Speicherbedarf.

Vektordateien sind in der Regel erheblich kleiner als Pixeldateien. Dies liegt daran, dass die Dateigröße einer Vektorgrafik nur vom Dateiformat und ihrer Komplexität abhängig ist. Kriterien wie Auflösung, Ausgabegröße und Anzahl der Farben (Bittiefe), die bei Pixelbildern maßgeblich für die Dateigröße sind, spielen bei Vektorgrafiken keine Rolle.

Die gängigsten Vektor-Grafikformate

AI	Format des Grafikprogramms Adobe Illustrator, basiert auf EPS (Version 5.5-8), ab Version 9 basiert es auf PDF
CDR	Format des Grafikprogramms Corel Draw
EPS	(Encapsulated PostScript) auf Basis der Seitenbeschreibungssprache PostScript ist dieses Dateiformat neben Vektorgrafiken auch für Pixeldaten und Text geeignet
swf	shock wave flash datei

Fax-Fähigkeit/Darstellbarkeit in Farbe oder Schwarz-Weiß

Ein Logo sollte von der gestalterischen Konzeption her so angelegt sein, dass es sowohl in bunt, schwarz-weiß, positiv und negativ darstellbar ist, um innerhalb des Corporate Design (CD) möglichst vielfältig einsetzbar zu sein. Dazu gehört die Berücksichtigung aller infrage kommenden Druckverfahren und Bedruckstoffe, Monitordarstellung, Kopierer und Fax. Hier muss die gestalterische Formensprache hinsichtlich der Ausdrucksqualität so konzipiert sein, dass das Logo in einfarbig schwarz genauso prägnant und eindeutig ist wie das farbige Original. Es darf demnach seine Originalität, seinen Wiedererkennungswert und seine Produktnähe nicht (nur) aus der Farbigkeit beziehen! Hierfür ein Beispiel aus dem CD Manual der Marke Bluewin der Swisscom AG:

Bluewin-Logo, positiv, schwarz[1]
(nur für spezielle Anwendungen wie Fax usw.)

Bluewin-Logo, positiv, farbig

Bluewin-Logo, negativ, weiß

Bluewin-Logo, negativ, weiß

Darstellung von Linien

Vgl. diese LS, 18.6

Je nach Ausgabeverfahren ist zu berücksichtigen, dass bei der Darstellung feine Linien oder magere Schriften wegbrechen oder aber „zugehen" können, z. B. durch die im Flexodruck entstehenden Quetschränder. Bei der Auswahl von Schriften und filigranen Gestaltungselementen sollte man sich an der Haarlinie als der kleinsten bzw. feinsten Darstellungsart orientieren. Diese beträgt in den meisten DTP-Programmen 0,08 mm, ist in der Ausgabe jedoch abhängig vom Ausgabemedium (SW-Laserdrucker: 0,08 mm; Film: 0,02 mm).

---

[1] Bluewin ist eine eingetragene Marke der Swisscom AG.

9.3.1.5 Prägnanz/Ästhetik

Die Effizienz eines Logos ergibt sich aus dem Blickfang. Dabei soll es einen appellierenden (imperativen) Faktor enthalten. Die Hektik des modernen Lebens erfordert starke optische Reizmuster, die in weniger als einer Sekunde ihre Wirkung entfalten, deshalb muss das Logo eine prägnante Kurzform haben. Der Gestalter schafft diese Prägnanz, indem er abstrahiert, d. h. eine Form vereinfacht. Sinnvoll ist hier die Reduktion des Motivs und die formale Vereinfachung auf klare und in sich geschlossene Grundformen (Kreis, Dreieck, Quadrat, Linie ...), die visuell eine Einheit bilden.

> **Ein gutes Logo muss so einfach und prägnant sein, dass man es mit dem großen Zeh in den Sand malen kann!**

Bestenfalls liegt dem Logo eine klare gestalterische Idee zugrunde, die keine überflüssigen Details enthält. Wie bei gutem Design gilt auch hier: **„Form follows funktion"**. Es soll Ästhetik mit Zweck verbinden und gut einprägsam sein. Diese Formqualität wird durch die zielgerichtete Auswahl grafischer Grundelemente und deren Verwendung unter Beachtung der Gestaltgesetze erzeugt.

Daher im Folgenden zunächst ein Überblick über die Gestaltgesetze und die Phänomene der optischen Täuschungen.

9.4 Gestaltgesetze

Die menschliche Wahrnehmung folgt einer festen Struktur, in der sich individuelle Ausprägungen bemerkbar machen. Aufgrund dieser Struktur – dem Wahrnehmungsprozess – liegt die Vermutung nahe, dass Grundregeln existieren, die von vielen Menschen unbewusst befolgt werden.

Um dieser Sache auf den Grund zu gehen, beschäftigten sich Anfang des 20. Jahrhunderts die Gestaltpsychologen Köhler, Koffka und Wertheimer (Berliner Schule) damit, wie verschiedene Menschen die gleichen Dinge in ihrer Umwelt wahrnehmen. Sie entdeckten, dass die Wahrnehmung vieler Menschen darauf beruht, Dinge als Ganzes erfassen zu wollen, stets nach bereits bekannten Zusammenhängen zu suchen und fehlende Teile in der Wahrnehmung zu ergänzen.

Die Gestaltpsychologen haben diese Erkenntnisse unter dem Oberbegriff Gestaltgesetze zusammengefasst. Insgesamt gibt es über 100 Gestaltgesetze. Die für den Bereich der visuellen Wahrnehmung relevanten sollen im Folgenden vorgestellt werden und als Grundlage für die Formqualität bei der Logogestaltung dienen.

9.4.1 Figur-Grund-Gesetz

Das Figur-Grund-Gesetz beschäftigt sich mit der Beziehung zwischen dem Vordergrund, hier als Figur bezeichnet, und dem Hintergrund eines Gestaltungsprodukts.

> **Figur-Grund-Gesetz: Vorder- und Hintergrund werden getrennt voneinander wahrgenommen, stehen aber in einer Beziehung zueinander. Elemente mit der einfacheren Form treten als Figur in den Vordergrund und heben sich eindeutig vom Hintergrund ab.**

Die Figur beinhaltet alle wichtigen Informationen, der Hintergrund ist offen und tritt zurück. Die visuelle Wahrnehmung identifiziert eine Figur nach bestimmten Indikatoren. Dabei gilt: Kleinere Flächen, geschlossene Flächen, einfache Formen und strukturierte Flächen werden als Figur mit höherer Priorität wahrgenommen. Eindeutige Figur-Grund-Beziehungen ermöglichen eine prägnante Bildbotschaft. Mehrdeutige Figur-Grund-Beziehungen irritieren den Betrachter zwar, können von daher aber ein reizvolles Gestaltungsmittel sein, um Aufmerksamkeit zu erwecken.

Wenn die Unterscheidung nicht eindeutig ist, können sogenannte Kippbilder, auch Vexierbilder genannt, entstehen. Bei diesen wird der Vordergrund zum Hintergrund und umgekehrt, je nachdem, welche Form gerade als Figur fokussiert und als Motiv interpretiert wird. Figur und Grund sind zwar eindeutig voneinander abgrenzbar, tauschen jedoch immer wieder den Platz.

Vexierbild: Kippfigur: Rubinsche Vase
des dänischen Psychologen Edgar J. Rubin (1886–1951)

Das Figur-Grund-Gesetz bildet die Basis jeder Gestaltung. Eine deutliche Abgrenzung zwischen Vorder- und Hintergrundelementen ist in den meisten Fällen erwünscht und auch notwendig.

So ist es sowohl bei Druckprodukten als auch bei Webseiten wichtig, dass sich die eigentlichen Inhaltselemente, wie Schriftzüge, Texte, Bilder und Grafiken, als Figuren klar vom Hintergrund abgrenzen. Insbesondere bei Webseiten wird häufig der Fehler gemacht, durch ein vordergründig „interessantes" Hintergrundbild vom eigentlichen Inhalt abzulenken.

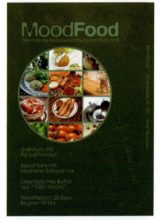

Plakatgestaltung zur Eröffnung der Location „Moodfood": Die Kreisform ist durch Einfachheit, Struktur und Farbkontraste als Figur dominant und fungiert folgerichtig als Eyecatcher. Wesentliche Kriterien der Informationsfunktion eines Plakates, wie die gesamte Typografie, treten durch mangelnden Kontrast in den Hintergrund.

Plakatgestaltung zur Eröffnung der Location „Moodfood": Dieses Plakat überzeugt durch den gelungenen Wechsel der magentafarbenen Fläche in seiner Funktion als Himmel und gleichzeitig als Gesicht. Somit werden hinsichtlich der Komposition ein spannungsreicher Aufbau und eine gelungene Blickführung geschaffen.

9.4.2 Gesetz der Nähe

Das Gesetz der Nähe beschäftigt sich damit, wie nah beieinander und wie weit voneinander entfernte Elemente auf einer Fläche wahrgenommen werden.

 Elemente, die sich nah beieinander befinden, werden als zusammengehörend wahrgenommen.

Lernsituation Logo/Signetgestaltung/Corporate Design | 3

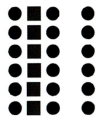

Dementsprechend wirken weit voneinander entfernt liegende Elemente unabhängig und nicht zusammengehörend. Bei mehreren gruppierten Elementen, die zusammen stehen, werden die mit dem kleinsten Abstand als zusammengehörig wahrgenommen.

In der Wahrnehmung spielt demnach nicht nur die nahe Anordnung von Elementen eine Rolle, sondern auch der Zwischenraum: Leere, auch **Weißraum** genannt, wird zum ordnenden und trennenden Element. Dieses Phänomen gilt in gleichem Maße auch für die Gestaltung und die Wahrnehmung von Texten, sei es im Hinblick auf Wortabstände, Zeilenabstände oder Textblöcke.

Plakatgestaltung zur Eröffnung der Location „Moodfood": Die vertikal angeordneten Textblöcke werden durch ihre Nähe, aber auch durch die Farbigkeit als Einheit wahrgenommen. Ebenso bildet die formal nahe Anordnung der Bilder eine in sich geschlossene Bildebene.

9.4.3 Gesetz der Ähnlichkeit

Ähnlich gestaltete Elemente werden als zusammengehörig wahrgenommen.

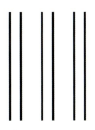

Beim Gesetz der Ähnlichkeit sortieren wir in unserer Wahrnehmung nach gleichen bzw. ähnlichen Elementen. Daher wird dieses Gestaltgesetz auch das Gesetz der Gleichheit bezeichnet. Visuelle Merkmale wie gleiche Form, gleiche Farbigkeit, Helligkeit oder Größe bilden dabei die Kriterien zur Ordnung der Elemente, wobei Musterbildungen den Zuordnungsprozess unterstützen.

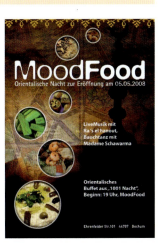

Symmetrisch angeordnete Elemente werden durch ihre gleichförmige Form- und Linienanordnung bevorzugt als zusammengehörig wahrgenommen.

Plakatgestaltung zur Eröffnung der Location „Moodfood": Die Bildebenen der Gerichte und Speisen des Lokals werden über die gleichförmige Art der Formatwahl als Einheit wahrgenommen.

9.4.4 Gesetz der Geschlossenheit

Das Gesetz der Geschlossenheit besagt, dass geschlossene Figuren leichter zu erfassen sind als offene. Die Geschlossenheit kann durch Linienzüge, Hinterlegung mit Farbflächen oder aber durch virtuelle Ergänzung unvollständiger Figuren zu einer, in der Vorstellung „geschlossenen" Figur bewirkt werden. Virtuelle Achsenbildung im Rahmen der Layoutgestaltung hat die gleiche Funktion. Aufgrund dieses Wahrnehmungsphänomens sind die Grenzen zum Gesetz der Erfahrung fließend.

**Geschlossene Figuren sind leichter zu erkennen als offene.
Unvollendete Figuren werden als vollendet wahrgenommen, indem unsere Wahrnehmung Fehlendes ergänzt.**

Einerseits können offene Formen den Blick stärker fesseln, da die Wahrnehmung Fehlendes ergänzen muss, andererseits können sie dazu beitragen, die Aufmerksamkeit für das Produkt zu erhöhen (d. h. aus der Vielfalt der Logos herausheben).

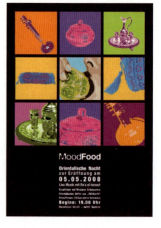

Plakatgestaltung zur Eröffnung der Location „Moodfood": Durch die serielle Anordnung der Elemente wird die einzelne Bildeinheit zum Modul und die Gesamtheit als geschlossene, quadratische Form wahrgenommen. Bei Mischung mehrerer Gestaltgesetze, hier Gesetz der Nähe, der Ähnlichkeit und der Geschlossenheit, ist das Letztere das dominante Gesetz.

9.4.5 Gesetz der Erfahrung

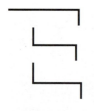

Fehlende Elemente werden auf der Basis von Wahrnehmungserfahrungen ergänzt. Dabei geht es um das Wiedererkennen bekannter Formen und auch wenn nur ein Teil der Figur, wie in vorliegendem Beispiel beim Buchstaben „E", grafisch dargestellt ist, komplettiert unser Gehirn die gesamte Form. Basierend auf der Tatsache, dass unser Gehirn nur bewertbare Informationen verarbeiten und speichern kann, bildet das kulturelle Umfeld den Schlüssel zur Identifikation der Figur oder auch eines Logos. Dabei treten einzelne Elemente zugunsten des Gesamteindrucks in den Hintergrund.

Buchstabe E

Plakatgestaltung zur Eröffnung der Location „Moodfood": Die Frauenfigur wird aufgrund ihrer Bewegung und Konturform als Tänzerin identifiziert, obwohl die Figur selbst weitestgehend nur aus Schrift besteht. In der Tradition der „Semantischen Typografie" bildet die Konturenführung der einzelnen Buchstaben die figurative Form ab.

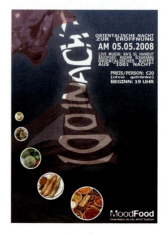

9.4.6 Gesetz der guten Gestalt

Das Gesetz der guten Gestalt besagt, dass der Mensch bei der Wahrnehmung ungewöhnlicher oder komplexer Elemente stets nach einfachen, einprägsamen, deutlich erkennbaren und bekannten Elementen innerhalb des Gesamtelements sucht. Das Gesetz der guten Gestalt wird daher auch als **Prägnanzgesetz** bezeichnet.

Das **Gesetz der guten Fortsetzung**, auch **Gesetz der Kontinuität** genannt, besagt, dass Elemente, die entlang einer tatsächlichen (faktischen) oder gedachten (virtuellen) Linie/Achse angeordnet werden, in einem Zusammenhang stehen. Es dient u. a. als Grundlage für die Einhaltung von Satzspiegeln durch die Flächenkomposition mithilfe von Achsenbezügen entlang virtueller Linien, sodass über die scheinbare (gute) Fortsetzung ein einheitlicher Auftritt entsteht.

Vgl. LS 4, 14.7.4

> Elemente, die scheinbar oder faktisch miteinander verbunden sind, werden vom Auge als Einheit wahrgenommen. Daher ist das Einhalten von Achsenbezügen im Layout elementar für die Gestaltung.

Plakatgestaltung zur Eröffnung der Location „Moodfood": Die Formfigur in der Mitte wird nicht nur aufgrund ihrer Farbigkeit als Kombination aus zwei hintereinanderliegenden Figuren wahrgenommen – die Linienführung ist hinsichtlich der Interpretation als Figur logisch. Die Layoutgestaltung arbeitet sowohl mit faktischen Achsen im Bereich der illustrativen Bildebene als auch mit virtuellen Achsen im Bereich der Typo.

10 Gestaltungselemente

Gestaltung hat etwas mit **Gestalt** zu tun. Mit der Gestalt eines Objekts wird dessen optische Gesamterscheinung bezeichnet. Diese ist abhängig von den Gestaltungsmitteln Form, Farbe und Material.

> Welche Bedeutung haben Punkt, Linie und Fläche als die Grundelemente der grafischen Formgestaltung für die Logoentwicklung von „Grün und Stein"? Im Folgenden sollen diese näher erläutert werden, um Möglichkeiten der Flächengestaltung mithilfe dieser grafischen Werkzeuge für die Logoentwicklung vorzustellen.

10.1 Punkt

Der **Punkt** ist das kleinste **Formelement**. In geometrischer Hinsicht hat er keinerlei Ausdehnung und Dimension. Somit hat er auch keine feste Größe, ist formneutral und kann daher auch nicht verändert werden. Ein Punkt lässt sich nicht zeichnen, sondern nur setzen, denn jede Zeichnung hätte zugleich eine Ausdehnung – der Punkt wird somit zur Fläche.

Im Zusammenhang mit dem Punkt stehen Begriffe wie Mittelpunkt, Standpunkt, Schlusspunkt, Treffpunkt und Rasterpunkt. Aussagen wie „Auf den Punkt kommen" oder „Einen Punkt machen" zeugen von einer gewissen Ruhe und Festigkeit, die das Element Punkt impliziert.

Der Punkt allein ist im Grunde genommen kein Gestaltungselement, sondern eher ein Grundelement und Grundlage für die **Gestaltungselemente** Linie und Fläche, denn er wird hinsichtlich seines Referenzwertes und seiner Pragmatik immer in Beziehung zu seiner Umgebung bzw. der ihn umgebenden Fläche wahrgenommen.

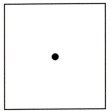 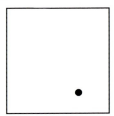 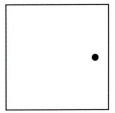

Ein Punkt kann nur dadurch als zentriert, schwer oder richtungsweisend interpretiert werden, indem wir ihn in Beziehung zu seiner Umgebung – Fläche oder Raum – wahrnehmen.

 Ein Punkt wird gesetzt, er kann nicht verändert werden.

10.2 Linie

Eine Linie entsteht durch die Aneinanderreihung von Punkten mit konstantem Abstand, welche vom Auge als Linie wahrgenommen werden. Linien haben einen Anfangs- und einen Endpunkt. Gibt es größere Abstände zwischen den Punkten, so verbindet das Auge diese zu einer imaginären, virtuellen Linie. Im Gegensatz zum Punkt weist die Linie damit eine Richtung, eine Bewegung auf und entwickelt somit je nach Ausgestaltung einen eigenen Charakter. Analog zum Punkt wird die Linie über die Formatbegrenzung einer geschlossenen Kontur zur Fläche.

Linien werden danach unterschieden, ob sie frei gezeichnet oder konstruiert werden.

Freie Linien
Freie Linien werden freihändig und ohne Hilfsmittel erzeugt. Ihre Form und Richtung ergibt sich aus dem Bewegungsablauf, der mit dem Zeichenwerkzeug ausgeführt wird. Sie sind spontan, meist flüchtig und variabel in ihrer Strichstärke. Je nach Duktus der Linienführung sind sie sehr ausdrucksstark und individuell.

 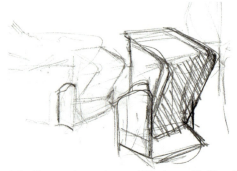

Mit „blinder Linie" gezeichnete Studie einer Skulptur A. Giacomettis.

Reiseskizze von Impressionen auf Norderney: Die Strandkörbe sind mit schnellen Strichen konstruiert, die endgültige Form wird mit Schraffur und einer dickeren Linie markiert, Radierungen finden nicht statt. Dadurch bleibt die Zeichnung lebendig und ausdrucksstark.

Konstruierte Linien

Konstruierte Linien werden gezielt mit einem Hilfsmittel, z. B. einem Lineal oder einem Zirkel, erstellt. Sie können klar abgemessen und berechnet werden. Die Strichstärke einer konstruierten Linie ist an allen Stellen gleich.

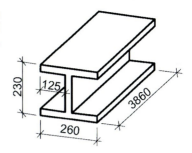

Abbildung eines bemaßten „T-Trägers" nach DIN 1025-1

Merkmale und Variationsmöglichkeiten einer Linie

Welche Linienart der Gestalter bei der Abwicklung seines Auftrages wählt, richtet sich nach der Wirkung, die jede Linie – egal ob frei oder konstruiert – hat. Im Sinne eines Werkzeugkastens muss er die gestalterischen Möglichkeiten der Linie kennen, um eine Linie zielgerichtet einzusetzen.

> **Die Linie hat eine Richtung, einen Rhythmus, eine Strebung.**
> **Durch die Art, die Länge, die Stärke, den Duktus, die Dichte und die Farbe der Linie verändert sich ihr Charakter und damit ihre Wirkung.**

Grundformen von Linien

Linien lassen sich in drei Grundformen einteilen: Die gerade, die geknickte und die gebogene Linie. Je nach Richtung, Strebung und Duktus ergeben sich, die Lesegewohnheiten unseres westlichen Kulturkreises übertragend, bestimmte Gesetzmäßigkeiten, wenn das Auge die Linien abtastet.

Gerade Linie

Die gerade Linie wirkt bewegungslos und starr und wird daher als **statisch** bezeichnet. Sie ist entweder waagerecht, senkrecht oder diagonal und gibt damit einen Richtungsverlauf an. Bei einer **waagerechten Linie** schweift der Blick in einer Ebene und die Augen müssen kaum bewegt werden. Sie strahlt Ruhe aus.

Die **senkrechte Lini**e erfordert ein Heben und Senken des Blickes. Die Augen bewegen sich dabei auf und ab.

Bei der **Diagonalen** geht der Blick sowohl in die Weite als auch in die Höhe. Bei geringer Steigung mehr in die Weite und bei starker Steigung mehr in die Höhe. Dadurch kommt entweder etwas mehr Ruhe oder aber Bewegung in die Gestaltung.

Auch die Richtung der Diagonalen spielt für unsere Wahrnehmung eine Rolle: So werden Linienverläufe von links unten nach rechts oben als aufsteigend und damit positiv empfunden. Linienverläufe von links oben nach rechts unten hingegen als abfallend und damit negativ.

 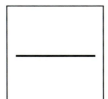  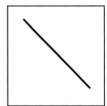

Geknickte Linie

Geknickte Linien haben spitze, rechte oder weite Winkel. Sie sind rhythmisch (bei gleichmäßigen Stufungen eher getaktet), dynamisch und in der Regel progressiv.

 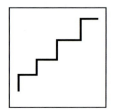 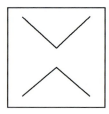 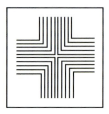

V.l.n.r.: Die frei gezackte Linie wirkt aggressiv und dynamisch; die rechtwinklige Abstufung durch die Richtung aufstrebend und progressiv; im dritten Bild stehen sich ein instabiler (oben) und ein stabiler (unten) Winkel gegenüber; rechts ergibt sich trotz der symmetrischen Anordnung der Winkel eine dynamische Struktur.

Gebogene Linie

Gebogene Linien wirken eher organisch, egal, ob sie konstruiert oder als freie Linie eingesetzt werden. Durch ihr Auf und Ab symbolisieren sie einen an- und abschwellenden Bewegungsablauf.

   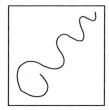

V.l.n.r.: Freie, wellenförmige Linie; spiralförmige, richtungsweisende Linie, rhythmisiertes Liniengewirr – spontane, flüchtige Wirkung; die rechte Welle ist progressiv aufstrebend.

Eine Linie
- besteht aus einer Aneinanderreihung von Punkten,
- hat einen Anfang und ein Ende,
- kann frei oder konstruiert sein,
- ist gerade, geknickt, gewellt, gezackt oder gebogen,
- steuert den Blickverlauf.

10.3 Fläche und Form

Wann werden die Gestaltungselemente Punkt und Linie jeweils zur Fläche?

Die Grenzen sind fließend und abhängig von den bereits genannten Merkmalen und Variationsmöglichkeiten: Vergrößert man den Punkt, verdichtet sich eine Anzahl bzw. eine Schraffur oder wird die Linie zur Kontur, so entsteht eine Fläche. Diese ist in der Ebene angesiedelt und hat, im Gegensatz zur Linie, **zwei Dimensionen**: Breite und Höhe bzw. Länge und Tiefe.

Auch bei Flächen werden zwei Arten unterschieden: die **konstruierte Fläche**, wie Rechteck oder Kreis, mit einer glatten Kontur und die **freie Fläche** mit einer unregelmäßigen Kontur. Bei Medienprodukten liegt dem zu gestaltenden Objekt zumeist die konstruierte Fläche eines bestimmten Formats zugrunde.

10.3.1 Gestaltungsmittel der Fläche

Im Hinblick auf den gestalterischen Einsatz von Flächen und im Kontext des sich füllenden „Werkzeugkastens" gibt es auch hier folgende Kriterien, welche die Ausdrucksmöglichkeiten der Fläche bestimmen:

> Durch Größe, Form, Tonwert oder Farbe, durch Helligkeit und Struktur, können Flächen modifiziert werden und verändern damit ihre Ausdruckskraft.

10.3.2 Flächenformen

Den meisten Medienprodukten, wie z. B. vielen Karten, Broschüren, Flyern und Plakaten, aber auch dem Monitorfenster, liegt als Format eine geometrische Grundform, meist sogar im DIN-Format, zugrunde, auf der mit Elementen wie Bildern und Textblöcken flächig layoutet wird. Es ist daher für Sie als Gestalter wichtig, Ihrem „Werkzeugkasten" grundlegende Flächenformen hinzuzufügen.

Rechteck
Basierend auf dem Viereck sind alle Rechteckformen durch den rechten Winkel definiert, sodass die parallelen Seiten jeweils gleich lang sind. Es zeichnet sich durch unterschiedliche Seitenlängen aus, sodass entweder ein Hoch- oder ein Querformat entsteht.

 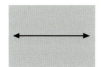

Hochformat: Aktiv, steigend und aufstrebend.

Querformat: Passiv, statisch und eher schwer.

Quadrat: Symmetrisch, neutral, ausgewogen und stabil.

Das Quadrat nimmt eine Sonderrolle bei den Rechteckformen ein. Ursprünglich das Zeichen für die vier Himmelsrichtungen, gilt es als Symbol für das Erdhafte. Auf die Spitze gestellt, als **Raute**, erhält das Quadrat jedoch Spannung und Leichtigkeit.

Rechtecke wirken in der Wahrnehmung isolierend und sind gut als Abgrenzung (Gesetz der Geschlossenheit) geeignet. Daher finden sie oft als Format von Bildern, als faktische oder virtuelle Grundform für Textblöcke und als Grundformat für Medienprodukte Anwendung.

Dreieck
Das Dreieck ist ein aktives Formelement mit einer richtungsweisenden Dynamik, die durch die spitzen Ecken forciert wird. Es kann entweder auf einer Seite oder auf einer Spitze stehen und erzielt dadurch unterschiedliche Wirkungen. Dreieckformen finden als Grundform für Verkehrsschilder Anwendung und werden in der Gestaltung gerne als belebende Verzierung eingesetzt.

Dreieck mit Spitze nach oben: Stabil, positiv, aufstrebend, als (Schutz-)Dach.

Dreieck mit Spitze nach unten: Labil, aggressiv, als Warnschild.

Kreis

Der Kreis ist ohne Anfang und Ende und von daher ein Symbol für Unendlichkeit. Im Gegensatz zu den Rechteckformen gibt es beim Kreis keine Richtung, er ist in sich harmonisch – dafür aber weniger spannungsreich.

Kreis: Ruhig, ausgeglichen und harmonisch, assoziiert Sonne, Mond und Rad.

Eine Abwandlung vom Kreis ist die **Ellipse.** Sie wirkt dynamischer als der Kreis. Als stehende Form ist sie äußerst instabil.

10.3.3 Kombination von Formelementen in der Fläche

In der gestalterischen Auseinandersetzung mit mehreren Formelementen auf einer Fläche, sei dies ein Plakat, eine konzeptionelle Skizze oder Malerei, liegt eine besondere Herausforderung für den Gestalter. Diese besteht im Umgang mit den **Proportionen** der Flächen untereinander und deren **Strebungen** sowie im **Kontrast** der einzelnen Haupt- und Nebenflächen. All diese Aspekte machen die **Spannung** in der **in sich stimmigen Komposition** aus, wie im Folgenden am Beispiel der zeichnerischen und malerischen Auseinandersetzung mit „Kohlrabi" verdeutlicht werden soll.

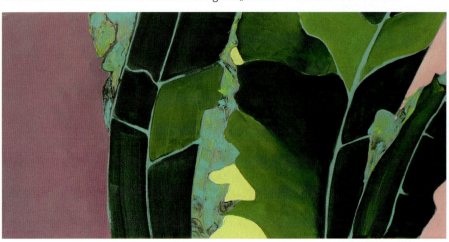

Der Reiz dieses Bildes ist geprägt durch eine fast expressive Farbigkeit und den spannungsreichen Wechsel von kleinteilig bewegten und strukturierten Flächen mit großflächigen Figuren in Blattform. Zudem ist das Figur-Grund-Verhältnis z. T. ungeklärt, sodass der Betrachter sich ständig neu orientieren muss – er bleibt somit in der aktiven Auseinandersetzung! (Autorin: D. Werth)

Das Quadrat als gewähltes Format ermöglicht eine Konzentration des Bildraumes auf den starken Kontrast zwischen Figur und Grund einerseits und die Betonung der vertikalen Strebung andererseits. Ein reizvolles, dynamisches und austangiertes Spiel der Flächenformen, welches konzeptionell schon in der Skizze angelegt ist. (Autorin: D. Werth)

10.4 Körper und Raum

In Medienprodukten werden Flächenformen im Allgemeinen zweidimensional verwendet. Selbst der dreidimensionale Bereich der Verpackungsmittelgestaltung wird als zweidimensionale Stanzform abgewickelt, bedarf aber in der Entwurfs- und Konzeptionsphase eines räumlichen Vorstellungsvermögens. Unsere Wahrnehmung ist durch unser Leben im Raum geprägt und so suchen wir ebenfalls nach räumlichen Beziehungen zwischen flächigen Formen.

Im Bereich der Gestaltung gibt es verschiedene Gestaltungsmittel zur räumlichen Darstellung, deren Schnittstellen fließend sind. Das bedeutet, dass in der Regel mehrere dieser Gestaltungsmittel miteinander kombiniert werden.

 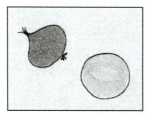 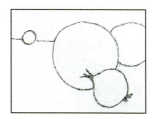

Größenunterschiede   Helligkeitsunterschiede   Bildebene mit Vorder-, Mittel- und Hintergrund

Überschneidung   Luftperspektive   Licht und Schatten

Größenunterschiede

In der Natur erscheinen Objekte mit zunehmender Entfernung zum Betrachter kleiner. Werden demnach zwei Formen unterschiedlich groß dargestellt, wird die kleinere als die weiter hinten liegende Form wahrgenommen.

Helligkeitsunterschiede

Objekte verblassen mit zunehmender Entfernung. Durch unterschiedliche Helligkeitsstufen im Farb- oder Grauwertbereich entsteht demnach eine Vorne-Hinten-Wirkung, die Räumlichkeit simuliert.

Bildebenen

Räumliche Wahrnehmung ist geprägt durch die Einteilung in Vorder-, Mittel- und Hintergrund. Durch diese Bildebenen kommt es zu Überschneidungen, die den Eindruck räumlicher Tiefe verstärken. Im obigen Beispiel entsteht sogar der Eindruck eines möglichen Fluchtpunktes.

Überschneidung

Sind Flächenformen so angeordnet, dass sie sich überschneiden, wird dies als eine Staffelung der Objekte bzw. Flächen im Raum hintereinanderliegend wahrgenommen. Im obigen Beispiel ergänzt der Hell-Dunkel-Effekt die Räumlichkeit.

Luftperspektive

In der Natur lösen sich die Konturen der Objekte durch dazwischenliegende Luftmassen bei zunehmender Entfernung vom Betrachter auf. Zudem erscheinen weiter entfernte Objekte unscharf.

Licht und Schatten

Die Darstellung der Licht- und Schattenführung in einer Zeichnung dient der realitätsnahen Darstellung. Dabei ist eine konsequent einheitliche Lichtführung bei der Darstellung von Kern- und Schlagschatten sowie der Lichtkanten besonders wichtig. In der westlichen Kultur wird die Lichtführung von links oben als „normal" und damit als richtig empfunden.

Neben diesen Gestaltungsmitteln gibt es natürlich noch die Möglichkeiten perspektivischer Darstellung in der Fluchtpunktperspektive, der Zweipunktperspektive sowie der Parallelprojektion.

8.3.2   Optische Täuschungen

Schon an den Gestaltgesetzen wurde deutlich, dass die menschliche Wahrnehmung in gewissen Grenzen beeinflussbar ist und Illusionen erzeugen kann, sodass Figuren und Proportionen anders erscheinen, als sie tatsächlich sind. Noch effektiver sind Beeinflussungen der Wahrnehmung durch **optische Täuschungen**. Diese haben ihre Ursachen dabei einerseits in unserem nicht ganz vollkommenen Sehvermögen, welches sich auch beim Normalsichtigen durch den Bau des menschlichen Auges zeigt, da dieses keine ideale Fehlerkorrektur ermöglicht. Ferner ermöglicht der Aufbau der Netzhaut mit Stäbchen und insbesondere den drei Zapfenarten zwar kontinuierliches, jedoch kein lineares Sehen, sodass auch dadurch leichte Täuschungen entstehen können.

Schlussendlich aber spielt auch die Wahrnehmungspsychologie eine wichtige Rolle, da der Mensch gewohnt ist, Unbekanntes mit Bekanntem zu vergleichen, und auf diese Weise auch getäuscht werden kann.

Da der Mensch in seiner Wahrnehmung stets bestrebt ist, Zusammenhänge zu erkennen, werden ähnliche Figuren oft nicht separat, sondern im Vergleich mit anderen Figuren in der Umgebung wahrgenommen. Bei unterschiedlichen Figuren hingegen wird eine eindeutige Trennung angestrebt.

Streckentäuschung

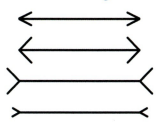

Nebenstehende Linien sind faktisch gleich lang.
Sie scheinen jedoch verschiedene Längen zu haben. Diese Illusion wurde von F.C. Mueller-Lyer vor mehr als 100 Jahren entdeckt. Dabei wirken Linien mit nach innen zeigenden Pfeilspitzen länger als Linien mit nach außen zeigenden Pfeilspitzen. Pfeilspitzen mit einem großen Innenwinkel lassen die Linie bei gleicher Pfeilrichtung kürzer erscheinen.
Pfeilspitzen mit einem kleinen Innenwinkel lassen die Linie bei gleicher Pfeilrichtung länger erscheinen.

Winkeltäuschung

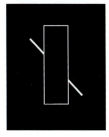 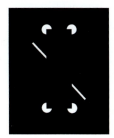

Bei den beiden diagonalen Linien in der linken Abbildung scheint das untere Teilstück zu tief angesetzt. Obwohl beide auf einer gemeinsamen Geraden liegen, nehmen wir es nicht als solches wahr. Ursache hierfür ist das Phänomen der Winkeltäuschung, bei dem spitze Winkel als etwas größer und die Linien damit als versetzt wahrgenommen werden. Derselbe Effekt kann auch mit virtuellen Scheinkanten, wie in der rechten Abbildung zu sehen, erzielt werden. Diese Illusion wurde von Johann Poggendorff im Jahre 1860 entdeckt.

Objektgrößen

Die wahrgenommene Größe eines Objektes wird in Relation zu anderen Elementen des Gesichtsfeldes ermittelt. Das sogenannte „Augenmaß" ist somit relativ, wie das Beispiel der „Titchener-Täuschung" zeigt.

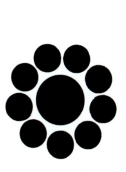 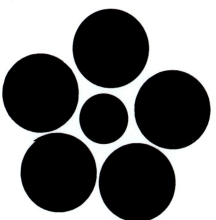

Die zentralen Kreise sind jeweils gleich groß, werden aber durch den Größenkontrast der sie umgebenden Formen in ihrer Größeneinschätzung beeinflusst. Der linke Kreis erscheint somit größer.

In Rahmen einer Logoentwicklung spielen neben der Relation der Objektgrößen zueinander auch der Helligkeitskontrast und die Farbgebung der Umgebung bei der Größeneinschätzung eine Rolle. In Zusammenhang mit der Relativität von Farbwahrnehmungen wird der Einfluss der Umgebungsfarbe auf die Erscheinungsfarbe eines Elementes **Simultankontrast** genannt.

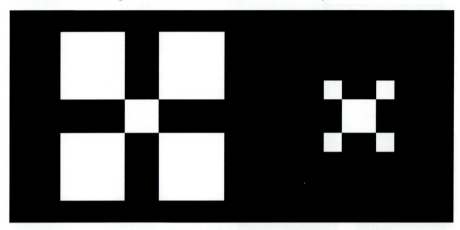

Das linke Quadrat wirkt inmitten der großen Formen kleiner. Es wird zudem durch deren Weißanteile „überstrahlt".

Raumtäuschungen

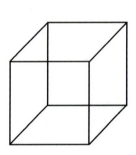 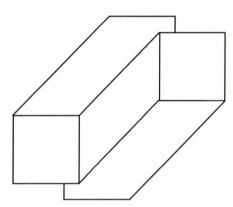

Beim linken Würfel kippt die Ansicht, je nachdem welche Fläche das Gehirn als vorn oder hinten identifiziert. Beim rechten unmöglichen Objekt gelingt der Kippvorgang nicht gleichzeitig mit beiden quadratischen Flächen des Objektes, sondern man muss das Objekt visuell teilen, um die perspektivischen Konflikte auszublenden.

Die im Rahmen der Gestaltgesetze thematisierte Figur-Grund-Problematik führt zu reizvollen Effekten zweideutiger räumlicher Wahrnehmungen, bei denen die Interpretation von „Vorne" und „Hinten" bzw. „Oben" und „Unten" je nach Fokussierung kippt.

Bei den „Unmöglichen Figuren" wurde die parallelperspektivische Verknüpfung absichtlich „falsch" bzw. unmöglich zusammengesetzt, sodass man einen Teil der Figur abdecken muss, um die Elemente der Figur ohne visuelle Konflikte betrachten zu können.

 Im Rahmen der Logogestaltung ermöglichen Raumtäuschungen reizvolle Eyecatcher.

9.5 Formqualität

Welche Bedeutung haben Gestaltungselemente und Gestaltgesetze im Rahmen des Entwurfsprozesses, hier speziell der Logoentwicklung?
Sie spielen bei der Anwendung und Wirkungsweise visueller Merkmale eine große Rolle.

9.5.1 Visuelle Merkmale

Es ist zunächst erforderlich, sich die visuellen Merkmale bewusst zu machen, die jedem Objekt zugrunde liegen. Denn auf die Frage: „Woran erkenne ich ein Objekt einwandfrei?", muss die Antwort des Gestalters lauten: „An einem (oder mehreren) spezifischen Merkmal(en)."

Insgesamt sind **neun visuelle Merkmale** für die Wahrnehmung unterscheidbar. Diese bilden den Pool für das kreative Entwerfen und Gestalten:

Vgl. diese LS, 9.3

① Form
② Farbe
③ Helligkeit
④ Größe
⑤ Richtung
⑥ Textur
⑦ Anordnung
⑧ Tiefe
⑨ Bewegung

Ordnen Sie jedes der genannten visuellen Merkmale den Elementen im Bild zu. Die folgenden Aspekte zur formalästhetischen Gestaltung von Logos basieren auf der Formfindung mithilfe von Gestaltgesetzen und Gestaltungsprinzipien und werden jeweils an Logoentwürfen zu einem Wettbewerb der Firma Energo erläutert und visualisiert.

9.5.2 Prägnanztendenz

Prägnanz bedeutet, etwas in möglichst knapper Form treffend darzustellen. Diese Knappheit des Ausdrucks, d. h. die Prägnanz eines Logos, wird durch die optische Geschlossenheit der zumeist geometrischen Grundform unterstützt.

Im Beispiel der Firma Energo unterstützen quadratische und rechteckige Flächen, Kreisformen und Dreiecke die schnelle Wahrnehmung und Einprägsamkeit.

Vgl. diese LS, 10.3.2

9.5.3 Geschlossenheit der Form

Diese Logoentwürfe der Firma Energo basieren auf den Gestaltgesetzen der Geschlossenheit und dem Gesetz der guten Form. Aufgrund unserer Erfahrung sind wir in der Lage, die den Logos zugrundeliegenden geschlossenen Grundformen zu erfassen, indem wir die virtuellen Linien fortführen und die Form somit „schließen".

9.5.4 Figur-Grund-Verhältnis

Bei diesen Logoentwürfen für „Energo" wird die Produktnähe durch die Wechselwirkung des Figur-Grund-Verhältnisses erzielt. Wie bei einem Kippbild erkennt der Betrachter in den jeweiligen Logos (je nach Fokussierung) ein „e/E" oder ein Strom affines Motiv.

12.1 Symmetrie/Asymmetrie

Diese Logoentwürfe erzielen ein harmonisches, aber dennoch kompositorisch spannungsreiches Bild. Dies gelingt durch die Gestaltungsprinzipien Symmetrie und Asymmetrie: Erstere kommt bei den beiden linken Logos in Form der Achsen- und Punktspiegelung zur Anwendung. Sie erscheinen „in sich ruhend". Die asymmetrische Anordnung bei den beiden rechten Logos wirkt spannungsreicher. Hier wird durch die optische Gewichtung der Gestaltungselemente für die nötige Balance gesorgt.

12.2 Kontrast

Der Kontrast als Gestaltungsprinzip ist immanent und „oberstes Gebot"!

In allen zuvor angeführten Gestaltungsprinzipien ist der Kontrast integriert und unabdingbar mit der gestalterischen Qualität des Logos verknüpft. Bei der Logogestaltung spielen Farb-, Form- und Linienkontraste eine ebenso große Rolle wie Quantitäts- und Qualitätskontraste. Im Folgenden werden die Farbkontraste im Einzelnen beleuchtet und erneut anhand der Logobeispiele aus dem Wettbewerb der Firma Energo visualisiert.

8.4.3 Farbkontraste

In der Gestaltung werden Farben häufig miteinander kombiniert. Je nach Kombination wirkt die Farbgestaltung harmonisch, kontrastreich oder dynamisch. Für den Gestalter ist es daher unerlässlich, die Wechselwirkungen der Farben zu kennen, um Farben zielgerichtet einzusetzen. **Farbkontraste** als Wechselwirkung zwischen unterschiedlichen Farben spielen für eine lebendige Gestaltung eine besondere Rolle.

In der Gestaltung werden insgesamt **sieben Farbkontraste** (in Anlehnung an J. Itten) unterschieden:

Farbe-an-sich-Kontrast

Der Farbe-an-sich-Kontrast ist ein Buntkontrast. Er bezeichnet den Kontrast, der zwischen drei oder mehr **reinen**, deutlich zu unterscheidenden Farben entsteht. Den größten Kontrast bilden dabei die Farben Gelb, Rot und Blau.

Je leuchtender die Farben, desto größer der Farbe-an-sich-Kontrast!

Hell-Dunkel-Kontrast

Der Hell-Dunkel-Kontrast bezeichnet den Kontrast, der durch den Helligkeitsunterschied zweier Farben entsteht. Dies bezieht sich einerseits auf den der Unbunttöne (hier weisen Schwarz und Weiß den größten Kontrast auf) und andererseits auf den der Buntfarben (hier entsteht der größte Kontrast zwischen den Farben Gelb und Violett/Blau). Zudem weisen mit Unbunt aufgehellte oder abgedunkelte Buntfarben diesen Kontrast auf.

Bei Farbtönen gleicher Helligkeit, wie im rechten Bild, kommt es zu einem Flimmerkontrast. Dieser kann gestalterisch bewusst eingesetzt werden, um Aufmerksamkeit zu erregen, sollte aber bei Schriftfarbigkeit auf jeden Fall vermieden werden.

Je größer der Helligkeitsunterschied der Farben, desto größer der Hell-Dunkel-Kontrast.

Kalt-Warm-Kontrast

Der Kalt-Warm-Kontrast bezeichnet den Kontrast zwischen warmen und kalten Farben. Er entsteht durch die unterschiedlichen Empfindungen, die beim Betrachten von Farben ausgelöst werden. In der Regel bilden die Farben Rot-Orange (als wärmste Farben) und Blau-Grün (als kälteste Farben) den größten Kalt-Warm-Kontrast. In der Farb- oder Luftperspektive unterstützt dieser Kontrast den Eindruck räumlicher Tiefe.

Kalte und warme Farben bilden den Kalt-Warm-Kontrast.

Komplementärkontrast

Der Komplementärkontrast bezeichnet den Kontrast, der zwischen zwei Farben entsteht, die sich im Farbkreis komplementär gegenüberliegen. Den stärksten Kontrast bilden dabei **Magenta und Grün**, da sie etwa gleich hell sind und sich dadurch gegenseitig in ihrer Farbintensität besonders steigern. Neben diesem bilden **Cyan und Orange-Rot** sowie **Yellow und Blauviolett** weitere Komplementärpaare.

Farben, die im Farbkreis gegenüberliegen, bilden einen Komplementärkontrast.

Simultankontrast

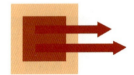

Der Simultan-Kontrast bezeichnet den Kontrast, der dadurch entsteht, dass ein und dieselbe Farbe auf unterschiedlichen Umfeldfarben hinsichtlich Farbton und Ausdruckskraft verändert erscheint. Unbunte Umgebungen, wie z. B. Schwarz, erhöhen die Leuchtkraft der Farben.

Je leuchtender die Farbe und je dunkler die Umfeldfarbe, desto größer der Simultankontrast!

Qualitätskontrast

Der Qualitätskontrast bezeichnet den Kontrast, der zwischen gesättigten, reinen, leuchtenden Farben und ungesättigten, getrübten Farben entsteht, also das Ausmaß der Buntheit hinsichtlich der Farbqualität. Eine getrübte, stumpfe Farbe kann durch Beimischung der Komplementärfarbe oder aber Grau, Weiß oder Schwarz erzeugt werden.

Reine und getrübte Farben bilden den Qualitätskontrast.

Quantitätskontrast

Der Quantitätskontrast bezeichnet den Kontrast, der durch die unterschiedlichen Größen von Flächen verschiedener Qualitätsstufen von Farbtönen erzielt wird. Er beschreibt die Größe zweier oder mehrerer Farbflächen zueinander. Ob die Farbintensität jeder Farbfläche und ihrer Flächengröße, die miteinander in Kontrast stehen, als ausgewogen betrachtet werden, hängt von der Leuchtkraft einer Farbe ab.

Je unterschiedlicher die Größe der Farbflächen und die Leuchtkraft der Farben, desto größer der Quantitätskontrast.

Beim linken Bild ist der Quantitätskontrast gleichzeitig ein Bunt-Unbunt-Kontrast. Die rote Fläche hat so viel „Power", dass sie als Akzent gegen die schwarze Fläche bestehen kann. Im rechten Bild stehen sich mit Gelb und Violett die stärksten Helligkeitspole gegenüber. Auch hier hat die gelbe Fläche im Prinzip gegenüber der violetten Flächen genügend Energie, wird jedoch durch den geringen Kontrast zum weißen Hintergrund abgeschwächt.

9.6 Corporate Identity

„Wir sind das, was wir zu sein vorgeben."

Um sich aus dem visuellen Konglomerat der Zeichen abzuheben, braucht man etwas unverwechselbares, ein visuelles Gesicht – sozusagen eine Identität. Der Begriff Corporate Identity, kurz CI, kam in den 1960er-Jahren in Großbritannien und den USA zum ersten Mal auf und bezog sich zunächst nur auf das visuelle Erscheinungsbild eines Unternehmens. Mitte der 1970er-Jahre erweiterte sich der Begriff von der Erscheinung, dem reinen Design-Bereich also, um die Aspekte Marketing, Public Relations, Personalwesen und Arbeitsgestaltung.

Ein CI stellt im optimalen Fall eine Unternehmensphilosophie dar, die intern durch die Identifikation der Angestellten mit dem Unternehmen ein „Wir-Gefühl" erzeugt, mit den daraus resultierenden Faktoren gutes Arbeitsklima, Leistung, Koordination und Motivation; und extern, d. h. in der Öffentlichkeit, die Profilierung und Imagebildung des Unternehmens kommuniziert, was Glaubwürdigkeit, Vertrauen, Akzeptanz, Zuneigung und Unverwechselbarkeit nach sich ziehen soll.

Corporate Identity ist eine Public Relations-Strategie, deren Elemente Corporate Design, Corporate Behaviour und Corporate Communications das Corporate Image einer Firma bilden.

Die Firma Pelikan ist eine der ersten Firmen weltweit und speziell auch in Deutschland, die sich mithilfe einer Marke eine visuelle Identität und ein Image gegeben hat. Die kombinierte Bild-/Wortmarke wurde 1984 das erste Mal als Marke eingetragen. Diese wurde im Laufe der Jahre mehrfach einem Relaunch unterzogen, um modern und zeitgemäß zu bleiben. Die Abbildung zeigt die seit 2003 gültige Marke.

Informieren Sie sich im Internet über die CI des Verbandes Garten- und Landschaftsbau. Unter dem Menüpunkt „Unternehmen" oder „Wir über uns" geben Firmen und Verbände oftmals Auskunft über die Grundsätze ihrer Zielsetzungen und visuellen Auftritte.

9.6.1 Corporate Design

Corporate Design transportiert das Image und die Firmenidentität durch visuelle Zeichen. Corporate Design ist Form – nicht Inhalt.

Wahrnehmung erfolgt zu 78 % über visuelle Impulse. Demzufolge ist Corporate Design (CD) als das visuell einheitliche Konzentrat eines inhaltlichen Konzeptes für die Kommunikation und Wahrnehmung in der Öffentlichkeit maßgeblich. Dabei kann jede Art von Firma oder Organisation, sei sie kommerzieller, politischer, sportlicher, sozialer, kirchlicher oder bildungspolitischer Art, ein einheitliches Design zur Kommunikation ihres Images bzw. ihrer Leitgedanken nutzen. Alltagssprachlich wird der Begriff CD in seiner Verwendung jedoch oft mit CI (Corporate Identity) gleichgesetzt. Man unterscheidet drei Grundelemente des CD: Logo, Farbe und Schrift. Im Folgenden werden die Elemente des Corporate Design am Beispiel der Universität Stuttgart visualisiert und verdeutlicht.

Logo
Im Rahmen des CD ist das Logo ein wesentlicher Bestandteil, wenn nicht sogar **das** wichtigste Gestaltungselement. In diesem Sinne sollte es über eine innere Logik und Konsistenz verfügen, damit Wiedererkennbarkeit und Prägnanz gewährleistet sind.

Logo

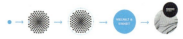

Leitidee des Logos

Vgl. LS 6, 19.5

Die Hausfarben sind im Design-Manual der Universität Stuttgart klar definiert:
Weiß ist die wichtigste Flächenfarbe der Universität Stuttgart. Alle Medien arbeiten mit grosszügigem Weißraum. **Anthrazit und Mittelblau sind die Primärfarben** und kommen in der Vollfläche und als Schriftfarben vor. **Hellblau ist Sekundärfarbe** und dient als Akzentfarbe.

Hausfarbe
Ferrari-Rot, Post-Gelb, Aral-Blau, Dresdner-Bank-Grün, Telekom-Magenta: Farben wirken stärker als Formen mit assoziativer und psychologischer Wirkungskraft. Da sie in 99 % auch fester Bestandteil des Logos sind, stellt Farbe die Primärkomponente des Corporate Design dar. Bei der Wahl der passenden Farbe oder Farbkombination ist es für den Gestalter oder Designer maßgeblich, psychologische und symbolische Wirkungsweisen von Farben zu kennen, um die der Firmenphilosophie angemessene Hausfarbe zu definieren (z. B. rot = aktiv).

Meistens wird nur *eine* Hausfarbe gewählt, die sich dann durch alle Bereiche der Unternehmensdarstellung zieht.

Um sich Ärger mit einer möglichen Farbverschiebung beim Druck zu ersparen, sollte sie möglichst rein sein, d. h., sie wird nicht durch CMYK gemischt, sondern als **Sonderfarbe** angelegt.

Die bekanntesten Systeme von Sonderfarben sind **HKS**, **Pantone** oder **RAL**-Farben, wobei jede Farbe innerhalb jedes Systems eine Farbnummer hat. Die Verbindung zwischen Farbnummer und Farbe wird durch Farbkataloge bzw. Farbfächer hergestellt. Innerhalb eines Systems gibt es eine Qualitätsgarantie bezüglich des Farbtons für die Druckvorstufe und das Druckresultat.

Sonderfarben gibt es für Kunstdruck-, Naturpapier- und spezielle Verfahren (u. a. Flexodruck). Sie werden auch als **Schmuckfarben** oder Spotfarben, manchmal auch als Vollton- oder Echtfarben bezeichnet. Gerade bei der Gründung kleinerer Firmen fällt die Wahl auf eine bestimmte Sonderfarbe sicherlich auch aus Kostengründen; bei großen Konzernen wie der Telekom wohl aus markenrechtlichen Gründen, um einen Farbton ausschließlich für sich zu beanspruchen.

Hausschrift

Typografie ist visuelle Kommunikation mittels Schrift.

Im visuellen Erscheinungsbild spielt die Typografie eine große Rolle. Die Hausschrift der Universität Stuttgart für Publikationen, Geschäftspapiere und Webseiten ist die Univers, die über einen **zeitlosen Charakter** verfügt. Für den Printbereich werden aufgrund von besserer Lesbarkeit die Schriftschnitte „Bold" und „Roman" sowie „Light Oblique" für Auszeichnungen verwendet, im Web kommen „Bold", „Light" und „Light Oblique" zum Einsatz, um stärkeren Kontrast zu erzeugen. Falls Univers nicht verfügbar ist, wird die Systemschrift Arial verwendet.

CD-Manual: Universität Stuttgart

Die Ausdruckskraft der Typografie kommuniziert das Image des Unternehmens: Mercedes-Benz verwendet z. B. eine Renaissance-Antiqua, um edel und exklusiv zu wirken, BMW dagegen verspricht sich von der Helvetica ein eher sportliches Image.

Für ein einheitliches Erscheinungsbild ist es sinnvoll, eine oder höchstens zwei Schriftfamilien (z. B. für Fließtext und Überschriften) auszusuchen, die sich mit ihren verschiedenen Schnitten durch alle Bereiche ziehen, vom großen Firmenplakat bis zur Visitenkarte. Die Gestalter und Entwickler des CD setzen feste Vorschriften zur Verwendung der Typografie fest, z. B. welche Schrift in welcher Größe und welchem Zeilenabstand bei einem Firmenbrief verwendet wird, deren Ausrichtung, die Spaltenbreite. Je nach Einsatz kann das Erscheinungsbild des Unternehmens nuancieren. Die Hausschrift eines Unternehmens oder einer Organisation hat die Aufgabe, diese langfristig zu repräsentieren und sollte daher nicht zu trendorientiert sein.

Vgl. LS 4, 15.4.2

1. Erstellen Sie ein Profil des Unternehmens Grün und Stein. Welches Selbstverständnis soll transportiert werden?
2. Gleichen Sie dieses mit den Wirkungsweisen der einzelnen Schriftklassifikationen ab.
3. Recherchieren Sie im Hinblick auf mögliche Kosten, was eine infrage kommende Schriftart mit einer entsprechenden Anzahl von Schnitten kostet.

Gestaltungsraster

Gestaltungsraster geben allen Medienprodukten eines Unternehmens ein einheitliches, folgerichtiges Erscheinungsbild. Das bedeutet jedoch nicht, dass alle Seiten oder Anzeigen gleich aussehen! Im CD verankerte Gestaltungsraster bilden vielmehr den Rahmen für zahlreiche Variationen und haben in diesem Sinne Modulcharakter.

Vgl. LS 8, 24.3

Bei einfachen Rasternetzen ist das Ordnungsprinzip von Satzspiegel, Spalten- und Zeilenanzahl sowie Bundbreiten auf den ersten Blick erkennbar, sodass sie oftmals recht streng wirken. Komplexe, feingliedrig angelegte Raster wirken hingegen spontaner und lockerer, da das zugrunde liegende Raster flexibler ist und damit stärker in den Hintergrund tritt. Gestaltungsraster enthalten über das reine Rasternetz hinaus oftmals auch Angaben zur Positionierung von Basiselementen wie Logo, Slogan oder Headlines. Diese Aspekte werden im **Design Manual**, dem sogenannten **Styleguide** (siehe weiter unten) definiert und sind für alle für das Unternehmen tätige Agenturen verpflichtend.

Ein flexibles Raster ermöglicht gestalterische Varianz und das Differenzieren von Inhalten innerhalb eines konsistenten Auftritts. Bildquelle: CD- Manual Universität Stuttgart

9.6.2   Corporate Communication

Corporate Communication bedeutet „mit einer Zunge sprechen".

Unter Corporate Communication (CC) versteht man eine koordinierte Kommunikation, die strategisch geplant, einheitlich und widerspruchsfrei die Ziele und Botschaften eines Unternehmens in- und extern transportiert. Die Kommunikationswege und -produkte sollten dabei passgenau die Elemente des CD integrieren. Die digitalen und analogen Kommunikationsinstrumente des CC sind:

- Absatz- und Produktwerbung
- Verkaufsförderung
- Personalwerbung
- Öffentlichkeitswerbung (Public Relations)
- Sponsoring

Analoges und digitales Beispiel aus den umfangreichen Kommunikationsinstrumenten der Universität Stuttgart. Eine einheitliche Formensprache ist klar erkennbar. Quelle: CD-Manual Universität Stuttgart

Wichtigstes Element bei der Corporate Communication eines Unternehmens ist ein konsistenter Auftritt der Marke, bei dem die im Rahmen des Corporate-Design-Prozesses entwickelten Basiselemente optimal umgesetzt werden. Die Gestaltung von Print- und Nonprintprodukten sollte dabei konse-

9.6.3 Corporate Behaviour

„Aus Worten werden Taten." Ein Unternehmensimage sollte nicht nur kommuniziert und visualisiert werden, es muss auch gelebt werden.

Corporate Behaviour bezeichnet die in sich schlüssige und damit widerspruchsfreie Ausrichtung aller Verhaltensweisen der Unternehmensmitglieder – und zwar vom Topmanager bis zum Pförtner. Durch das Zusammenspiel dieser drei Bestandteile soll ein einheitliches Bild des Unternehmens in der Öffentlichkeit aufgebaut werden: das Corporate Image (Image = Bild).

9.6.4 Corporate Design-Handbuch

In Corporate Design-Handbüchern, sogenannten Styleguides, werden die Gestaltungsrichtlinien definiert, um ein einheitliches Auftreten im Sinne des CI auch international zu gewährleisten. Sie enthalten die „Spielregeln", die für alle Kommunikationsmittel vom Druck über das Internet bis hin zur Geschäftsausstattung oder dem Fuhrpark eines Unternehmens gelten. Der Umfang solcher Styleguides hängt freilich davon ab, ob es sich um ein kleines Unternehmen oder einen „Global Player" handelt. Eine umfangreiche Sammlung von Corporate-Design Manuals findet man auf der Internetseite von designtagebuch.de eine sehr hilfreiche Seite für Gestalter!

http://www.designtagebuch.de/wiki/corporate-design-manuals/

11 Kreativität

Neben den Kenntnissen über die Funktion, die Kriterien und die formalen Gestaltungselemente von Logos als Teil des CD eines Unternehmens, ist ihre Kreativität im Rahmen des Gestaltungs- und Entwurfsprozesses für die Qualität und den Erfolg von „Grün und Stein" von entscheidender Bedeutung.

Was ist Kreativität?

Das Wort Kreativität kommt vom lateinischen Wort „creare" (erschaffen, hervorbringen). Kreativität ist die Fähigkeit des Menschen, neue Denkergebnisse hervorzubringen.

In der Gestaltung spiegeln sich neue Denkergebnisse durch neuartige Ideen, ungewöhnliche Umsetzungen und – bei Designelementen wie einem Logo – durch eindeutige Erkennbarkeit wider.

Ist jeder Mensch in der Lage, neue Denkergebnisse hervorzubringen – ist Kreativität also erlernbar oder gar planbar oder muss sie angeboren sein?

Die Kreativitätsforschung ist zu dem Schluss gekommen, dass in jedem Menschen ein **kreatives Potenzial** schlummert, bedingt durch angeborene Neugier und eine generell forschende Geisteshaltung. Dieses Potenzial kann weiter gefördert und ausgebaut werden und so zum Sprungbrett für neue Impulse werden. Kinder gehen ohne Vorbehalte mit neuen Dingen um, Erwachsene müssen lernen, ihre Vorbehalte zurückzustellen und neue Ansätze zuzulassen. Daher sollte Kreativitätsförderung bereits im Kindesalter anfangen und als eine Grundaufgabe von Erziehung und Bildung verstanden werden. Denn je besser das kreative Potential des Einzelnen gefördert wird, desto kreativer wird er.

Kreativität bildet nicht nur im künstlerischen und im Gestaltungsbereich eine wichtige Grundlage, sondern bezieht sich auch auf technische Erfindungen und wissenschaftliche Entdeckungen. Kreativität ist die Folge eines **Kreativprozesses**, der einer festen Struktur und damit einem planbaren Ablauf folgt.

Kreativität ist planbar und trainierbar!

Doch bei allem Training steht das kreative Potenzial nicht auf Knopfdruck zur Verfügung, sondern es gibt vielmehr Voraussetzungen, die kreative Leistungen begünstigen:

1. **Entspannen Sie sich!**
   In einem Zustand der Entspannung ist es möglich, eine ausreichende Distanz zur Aufgabenstellung aufzubauen und unvoreingenommen an diese heranzugehen.

2. **Nehmen Sie sich Zeit!**
   Auch wenn die Deadline für die Auftragsabwicklung knapp bemessen ist und die Auftraggeber im Nacken sitzen, sollte der Projektauftrag von vielen Seiten beleuchtet werden. Oft führen das Ausprobieren verschiedener Lösungsansätze und gedankliche Exkurse in verwandte Bereiche zum Ziel.

3. **Schaffen Sie ein angenehmes Arbeitsklima!**

Durch Schaffen einer angenehmen Arbeitsatmosphäre können die Gedanken ihren freien Lauf nehmen. Suchen Sie sich einen Ort aus, der Ihnen Entspannung ermöglicht, ohne Sie abzulenken. Dies kann z. B. ein ruhiger Platz in der Natur, aber auch der gemütliche Sessel im heimischen Wohnbereich sein. Hindernisse, wie etwa schon zu Beginn die Frage nach der Brauchbarkeit einer Idee sowie übliche Alltagsgeschäfte, sollten außen vor bleiben.

 Ideen entstehen nicht unter Druck – Kreativität braucht Raum und Zeit.

11.1 Kreativprozess

Wie kommt es zur Ideenfindung?

Ideenfindung hat viel mit Fantasie zu tun; fantasievolle Menschen erleben ihre Umwelt mit allen Sinnen und sind offen für divergente Denkweisen in scheinbar unmögliche Richtungen. Die Fantasie ist daher ein wesentlicher Bestandteil eines jeden Kreativprozesses, denn manchmal führt erst ein vermeintlicher Irrweg zu einer guten Idee. Sind die Voraussetzungen für einen Kreativprozess einmal geschaffen, so bringt dieser ein wenig Struktur in den Ablauf zwischen kreativer Idee und kreativer Umsetzung.

Jeder Kreativprozess gliedert sich in mehrere Stufen. Hier sind je nach Komplexität des Auftrages vier- bis siebenstufige Modelle möglich.

Der Kreativprozess beginnt – unabhängig von der Anzahl der Stufen – stets mit der **Ideenfindung**. Dies bedeutet jedoch jedoch längst nicht immer das Erfinden neuer Dinge, sondern vielmehr die Auswahl geeigneter Gestaltungsmittel aus vorhandenem Material.

„Dabei fällt auf, dass oft weniger das Erfinden zahlloser Möglichkeiten Merkmal gestalterischer Qualität ist, als die gekonnte Auswahl aus einer gegebenen Alternativmenge."

Stufenmodell des Kreativprozesses

1. **Stufe: Vorbereitung/Problemphase**
   In der Vorbereitungs- und Problemphase gilt es, das Problem zu erkennen und sich die eigentliche Kreativaufgabe bewusst zu machen. Ferner soll ein erster Schritt im Hinblick auf die Problemlösung erfolgen.

2. **Stufe: Inkubation/Suchphase**
   In der zweiten Phase des Kreativprozesses geht es darum, das Gedächtnis nach ähnlichen, bereits bekannten Problemen zu durchforsten. Die Suche nach Bekanntem hilft dabei, Neues schnell zu erfassen und bekannte Inhalte gezielt zur Problemlösung auszuwählen. Dabei hilft als Leitfrage: Was kenne ich schon, wie löse ich es und was ist neu?

3. **Stufe: Illumination/Lösungsphase**
   In der eigentlichen Lösungsphase geht es darum, geeignete Mittel zur Problemlösung zu finden und auszuwählen. Hierbei kommt es darauf an, bekannte Inhalte mit neuen Ideen zu verknüpfen und dadurch neue Impulse zu setzen = einen Schritt in die richtige Richtung zu machen.

   Gedankenblitze und unvermittelte Ideen in Kombination mit bereits Bekanntem führen zur Problemlösung.

4. **Stufe: Verwirklichungsphase**
   In der Verwirklichungsphase werden aus den Ideen geeignete Lösungen ausgewählt, verfeinert und umgesetzt.

> **Anwendung des Stufenmodells auf das Logo für Grün und Stein:**
> - Brainstorming zum Thema Gartenbau.
> - Ideen ordnen, z. B. mit Mindmapping, sowie sich einen Überblick über Gestaltungselemente und Gesetzmäßigkeiten verschaffen.
> - Geeignete Gestaltungselemente unter Berücksichtigung zutreffender Gesetzmäßigkeiten zielorientiert auswählen sowie mehrere Scribbles anfertigen.
> - Auswahl des bevorzugten Logos aus den Scribbles und Anfertigung des Rohlayouts.

11.2 Kreativteam

Ein Kreativprozess kann allein, besser jedoch im Team durchlaufen werden. Durch ein **Team** lässt sich einerseits die Anzahl der Ideen steigern. Andererseits kann, durch die Verschiedenheit der Perspektiven, auch manche abwegige Idee, die nicht zum Ziel führt, schneller erkannt und zur Seite gelegt werden.

Im **Kreativteam** gilt nicht das Sprichwort „Viele Köche verderben den Brei", sondern eher **„Mehrere Köche machen den Brei besonders schmackhaft"** wie etwa eine einzigartige Gewürzmischung, die den Geschmack abrundet.

Damit das Kreativteam gut funktioniert, sind eine gezielte Zusammensetzung und gleicher Wissensstand zu Beginn des Kreativprozesses notwendig.

3 | Lernsituation Logo/Signetgestaltung/Corporate Design

Was ist ein Kreativteam und wie setzt es sich zusammen?

Ein Kreativteam ist eine Arbeitsgruppe von Fachkräften unterschiedlicher Kreativbereiche wie z. B. Grafiker, Mediengestalter, Fotografen oder Marketingexperten, die gemeinsam an einer Aufgabenstellung arbeiten und sich gegenseitig ergänzen. Ein ausgeprägter Teamgeist sowie gleiches Mitbestimmungsrecht für alle Teammitglieder sind dabei die Grundbedingung.

Ein Team arbeitet besonders dann effektiv, wenn die Teammitglieder unterschiedliche Rollentypen aus den Bereichen

- Kommunikation,
- Handlungsorientierung und
- Fachwissen

verkörpern.

Daraus ergeben sich dann insgesamt neun unterschiedliche **Teamrollen**, je drei aus jedem der Bereiche:

Teamrolle	Rollenbeitrag	Charakteristika	zulässige Schwächen
Neuerer/Erfinder	bringt neue Ideen ein	unorthodoxes Denken	oft gedankenverloren
Wegbereiter/Weichensteller	entwickelt Kontakte	kommunikativ, extravertiert	oft zu optimistisch
Koordinator/Integrator	fördert Entscheidungsprozesse	selbstsicher, vertrauensvoll	kann als manipulierend empfunden werden
Macher	hat Mut, Hindernisse zu überwinden	dynamisch, arbeitet gut unter Druck	ungeduldig, neigt zu Provokation
Beobachter	untersucht Vorschläge auf Machbarkeit	nüchtern, strategisch, kritisch	mangelnde Fähigkeit zur Inspiration
Teamarbeiter/Mitspieler	verbessert Kommunikation, baut Reibungsverluste ab	kooperativ, diplomatisch	unentschlossen in kritischen Situationen
Umsetzer	setzt Pläne in die Tat um	diszipliniert, verlässlich, effektiv	unflexibel
Perfektionist	vermeidet Fehler, stellt optimale Ergebnisse sicher	gewissenhaft, pünktlich	überängstlich, delegiert ungern
Spezialist	liefert Fachwissen und Information	selbstbezogen, engagiert, Fachwissen zählt	verliert sich oft in technischen Details

Quelle: http://de.wikipedia.org/wiki/Teamrolle
letzter Zugriff: 16.04.2016

Natürlich können auch kleine Kreativteams ebenso erfolgreich arbeiten, wenn jedes der Teammitglieder mehrere korrespondierende Rollen übernimmt.

Wichtig in jedem Kreativteam ist immer, dass kein Teammitglied mit einem deutlichen Wissensvorsprung in die Kreativarbeit geht, damit alle Mitglieder die gleichen Startbedingungen haben und nicht durch Wissensnachteile demotiviert werden.

Gleiches Recht für alle Teammitglieder:
Ein gleicher Wissensstand zu Beginn ist die Basis jeder guten Teamarbeit.

Regeln im Kreativteam

Neben der Rollenverteilung im Kreativteam sollten jedoch auch einige grundlegende Regeln Beachtung finden, um ein entspanntes und trotzdem konzentriertes und motivierendes Schaffensklima zu erzeugen:

1. **Lassen Sie Ihren Ideen und den Ideen der anderen freien Lauf!**
   Lassen Sie Ihre eigenen Ideen einfach sprudeln, ohne Gedanken über die Brauchbarkeit anzustellen und geben Sie anderen auch die Gelegenheit dazu. Denn wer sich ausgebremst fühlt, kann sein kreatives Potenzial nicht vollständig entfalten.

2. **Seien Sie humorvoll!**
   Mit Humor geht vieles leichter, denn Humor entspannt Menschen, wirkt ansteckend, verbreitet gute Stimmung und setzt Glückshormone frei.

3. **Lob geht vor Kritik!**
   Sind Sie mit der Idee eines anderen einmal nicht einverstanden oder ist diese offensichtlich unbrauchbar? Dann suchen Sie zunächst nach positiven Aspekten der Idee, heben diese heraus und bringen die Kritikpunkte erst anschließend an. Kritik lässt sich durch Lob leichter ertragen.

4. **Gegenseitige Inspiration statt Konkurrenzdenken!**
   Kämpfen sie nicht gegeneinander um die beste Idee, sondern inspirieren Sie sich gegenseitig und schaukeln sich durch eine Art Ideen-Pingpong zu kreativen Höchstleistungen hoch.

Vorteile im Kreativteam

Unter Beachtung der obigen Regeln und mit einer guten Zusammensetzung bietet ein Kreativteam eigentlich (fast) nur Vorteile:

- Mehr hochwertige Ideen
- Kreative Impulse im Team
- Strukturierte Freiheit, statt unproduktiver Chaossitzungen
- Im Team entsteht ein „Gruppengehirn"
- Steigerung der Motivation und des kreativen Potenzials durch Spaß in der Gruppe

11.3 Kreativtechniken zur Ideenfindung

Bilden Sie auch für den Kundenauftrag „Grün und Stein" kleine Kreativteams und bündeln Sie Ihre Ideen in einem Kreativprozess.

Kreativität mit System

Häufig wird in praktische und künstlerische Kreativität unterschieden, wobei als praktische Kreativität die Fähigkeit gesehen wird, für ungewöhnliche Alltagsprobleme unübliche Lösungen zu finden. Wenn außergewöhnliche Ausdrucksformen als treffend empfunden werden, wird häufig von künstlerischer Kreativität gesprochen. Kreative Kompetenzen werden in der heutigen Gesellschaft immer wichtiger, denn die Probleme werden immer komplexer.

Kreativität ist lernbar

Alle Menschen unterscheiden sich in ihren kreativen und intellektuellen Fähigkeiten, sind jedoch grundsätzlich zu kreativen Prozessen fähig. Diese Potenziale kann man durch verschiedene Kreativitätstechniken weiterentwickeln und fördern, wobei eine offene und freundliche Arbeitsatmosphäre für ein innovatives Gesamtklima Grundvoraussetzung ist.

Die Prinzipien der Kreativitätstechniken

Freie Assoziation

Alles, was einem zu dem aktuellen Problem oder Thema einfällt, ist erlaubt und kann frei und unzensiert geäußert werden, auch wenn es scheinbar keinen logischen Zusammenhang ergibt. Durch die heterogenen Beiträge werden neue Kombinationen und Zuordnungen möglich. Techniken sind zum Beispiel das Brainstorming oder Brainwriting.

Bildhaftigkeit

Hier macht man sich die Erkenntnis zunutze, dass sich viele Ideen beim bildhaften Denken ergeben, wo eben nicht nur logisch und systematisch, sondern durch Verknüpfungen von bewusst gewählten und willkürlich ausgesuchten Bildern neue Zusammenhänge deutlich werden können. So unterstützt z. B. die Technik des Mindmapping neue Perspektiven und originelle Lösungsansätze durch Visualisierung von Vernetzungen.

Systematische Variation

Zu dieser Kreativtechnik gehört die morphologische Matrix. Hier werden grundlegende Faktoren oder Elemente eines Problems, auch Parameter genannt, aus dem Zusammenhang gelöst und dann systematisch verändert.

Im Folgenden werden verschiedene Kreativtechniken vorgestellt, die nach oben genannten Prinzipien arbeiten.

11.3.1 Brainstorming

Am Anfang der Ideenfindung steht meist ein **Brainstorming**. Beim Brainstorming wird zunächst ein Thema oder eine Aufgabe schriftlich festgehalten. Nun sammelt jeder bzw. jede Gruppe in einer vorgegebenen Zeit (5–15 Min. sind hier sinnvoll) alle Begriffe und Ideen, die spontan einfallen und notiert diese auf einem Blatt, einer Karte, der Tafel oder einem Flipchart. Die Begriffe sollen jederzeit von allen Beteiligten gesehen werden können.

Das Brainstorming arbeitet nach dem **Prinzip der freien Assoziation**, dabei gilt: Je mehr Ideen und Begriffe in der vorgegebenen Zeit gesammelt werden können, desto besser. Die Anzahl der Ideen hängt jedoch nur bedingt mit ihrer späteren Verwertbarkeit zusammen. Vielmehr ist es wichtig, alle Ideen zunächst zu sammeln und anschließend zu ordnen, damit sie weiterentwickelt werden können. Nicht die Qualität der Begriffe, sondern die Quantität spielt zunächst die entscheidende Rolle. Die knapp bemessene Zeit soll ermöglichen, dass quasi ein „Gedankensturm" entfacht wird, dessen Ideen schnell festgehalten werden müssen, damit sie nicht wieder verwehen. In dieser ersten unreflektierten Sammelphase ist es unzulässig, Ideen zu verwerfen, diese bereits zu ordnen oder die Ideen der anderen zu kommentieren oder zu beurteilen.

Ein Sturm ist heftig, aber oftmals schnell vorüber, daher bietet diese Kreativtechnik die Möglichkeit, Ideen schnell, aber auch aus entlegenen Ecken des Gehirns herbeizurufen.

Beim Brainstorming sind alle Ideen erlaubt. Je mehr Begriffe gesammelt werden, desto besser! Brainstorming = Gedankensturm zur Ideen- und Begriffssammlung.

Brainstorming zum Thema „Musik"

Jazz   Rock   Geige   Notenschlüssel   Pop   Vorspiel
Noten   Musikinstrumente   Konzert   Auftritt   Trio   Künstler
Violinschlüssel   Bassschlüssel   Notenpapier   Komponist
Komposition   Klavier   Gitarre   Bass   Saxophon
Musikschule   Musiker   Sänger
Dynamik   forte   piano   fortissimo   mezzo-forte
Metal   Black-Metal   Heavy-Metal   Gothic-Metal
Klassik   Noten   Improvisation   Session   Chor
Tempo   Solo   Duett   Quartett   Trompete

11.3.2 Kopfstandmethode

Zur Ideensammlung sind neben dem Brainstorming noch weitere Kreativtechniken geeignet. Eine weitere, sehr verwandte Technik ist die **Kopfstandmethode**. Sie nutzt die kulturbedingte Eigenart vieler Menschen, schnell benennen zu können, was sie nicht wollen und was nicht zur Lösung beiträgt. Dies basiert auf der Fähigkeit unseres Gehirns, Negatives vor Positivem wahrzunehmen und in der Erinnerung als wichtiger abzuspeichern.

Bei der Kopfstandmethode werden daher zunächst in einer Ideensammlung, ähnlich wie beim Brainstorming, all die Dinge aufgelistet, die dazu beitragen, das Problem nicht zu lösen. Anschließend wird zu jedem Begriff ein Gegenbegriff gebildet. Diese Begriffe stellen die Umkehrung der Negativsicht dar und führen idealerweise zur Problemlösung.

Es soll ein auffälliges, leicht provozierendes Plakat für ein Klassikkonzert entworfen werden, um die Zielgruppe der Jugendlichen anzusprechen.

Bei der Kopfstandmethode wird zunächst aufgelistet, was für Jugendliche an klassischer Musik besonders langweilig ist und warum sie auf gar keinen Fall ein Klassikkonzert besuchen sollten.

Anschließend werden zu den gefundenen Begriffen Umkehrungen (also: Warum ist Klassik eigentlich interessant?) gebildet und die eigentliche Aufgabenstellung: „Klassikkonzerte für Jugendliche interessant machen" gelöst.

> **Kopfstandmethode = Umkehrmethode → Ideen werden auf den Kopf gestellt:**
> „Was will ich <u>nicht</u> erreichen?" → „So erreiche ich alles!"

Die Kopfstandmethode bietet sich immer dann an, wenn beim normalen Brainstorming spontane Ideen ausbleiben und neue Wege beschritten werden sollen.

11.3.3 Morphologische Matrix

Die morphologische Matrix ist eine Kreativtechnik, die strategisch an ein Problem oder einen Auftrag herangeht. Dabei werden grundlegende Faktoren oder Elemente des Problems oder bestehender Lösungswege aus dem Zusammenhang gelöst und dann systematisch verändert. Gestaltern und Kreativen erscheinen Begriffe wie Strategie und Systematik oftmals konträr und widersprüchlich zu Fantasie und Intuition, die in erster Linie die Regellosigkeit und das Chaos als Inspiration nutzen. Im Folgenden soll dieser scheinbare Widerspruch aufgelöst werden.

Für den vorliegenden Kundenauftrag bietet sich die morphologische Matrix als Kreativtechnik am besten an, um zu einer Vielfalt von Ideen zu gelangen. Sie ist jedoch nur als Angebot, nicht als Muss zu verstehen! Selbstverständlich sind auch andere, in vorhergehenden Kapiteln vorgestellte Kreativtechniken an dieser Stelle des Entwurfsprozesses möglich.

Das Wort „Morpho" stammt aus dem Griechischen und bedeutet Gestalt – der Begriff „Matrix" stammt aus der Mathematik und bezeichnet eine Art tabellarische Anordnung in Form von Zeilen und Spalten. Der Begriff Morphologie kann definiert werden als die „Lehre vom geordneten Denken".

Die morphologische Matrix wird in fünf Schritten erarbeitet:

1. Zunächst wird aus dem aktuellen Problem das **Kernproblem** gemäß der Zielsetzung des Kundenauftrags benannt.
2. Dann wird das Kernproblem in seine Teilelemente (**Parameter**) zerlegt. Bei der Gestaltung eines Flyers wären dies z. B.: Format, Falzart, Papier, Typografie, Bilder, Farbigkeit, Satzspiegel und Inhalt. Diese Begriffe werden in einer senkrechten Spalte am linken Rand der Matrix eingetragen.
3. Nun werden für jeden Parameter alle bekannten oder denkbaren **Ausprägungen** zusammengestellt und in der nebenstehenden Zeile notiert. Im Beispiel des Flyers könnte für den Begriff „Falzart" Folgendes aufgeführt werden: Zick-Zack-Falz, Wickelfalz, Altarfalz, Fensterfalz, Schuppenfalz.
4. Nachdem alle Parameter mit den jeweiligen Ausprägungen versehen worden sind, werden diese nun auf spielerische Weise **zufällig miteinander kombiniert**, um in der ersten Kreativphase auch ungewöhnliche Verbindungen entstehen zu lassen.
5. Die so entstandenen **Kombinationen** können nun Grundlage neuer Ideen sein.

Die morphologische Matrix ist somit Inspirationsquelle und Übersicht zugleich. Wichtig ist dabei, die Vielzahl der so entstandenen Kombinationen im Hinblick auf die Kommunikationsziele des Briefings zu überprüfen und ggf. zu optimieren.

Analysieren Sie die Kernproblematik des Kundenauftrags zur Logoentwicklung. Entwickeln Sie entsprechende Parameter. Beachten Sie dabei, dass die Anzahl der Parameter nicht unbedingt auf die beiden Begriffe aus dem Firmennamen beschränkt sein muss.

Das folgende Beispiel macht auf humoristische Weise die Vorteile einer morphologischen Matrix beim Schreiben von **Liebesromanen** deutlich:

Parameter (WAS?) ↓	Ausprägungen (WIE?) →				
Männlicher Held	Journalist	Oberarzt	Kleinkrimineller	Studienrat	Vorgesetzter
Heldin	Studentin	Juristin	Tierärztin	Model	Popstar
Ort des Kennenlernens	Kiosk	Kirche	Friedhof	Joggen	Disko
Kontrahent	Dirigent	Designer	Koch	Tennislehrer	Kollege
Ort der Handlung	London im Nebel	Kreuzfahrt	Altersheim	Einsame Insel	Paris

Diese Kreativtechnik eignet sich neben der Gestaltung von Logos auch zur Entwicklung von Verpackungsgestaltungen, Foldern, Leitsystemen oder auch für sprachliche Kombinationen, wie zum Beispiel bei der Entwicklung von Produkt- oder Firmennamen. Der Vorteil der morphologischen Matrix liegt in der **Variantenbildung**. Auf diese Weise wird verhindert, dass man sich als Gestalter zu früh mit einer Lösung zufrieden gibt, ohne weitere Ideen angedacht und ausprobiert zu haben. So führt diese systematische Vorgehensweise, die aber auch spielerisches Herangehen ermöglicht, durch ihre analytische Auflistung zu ungewöhnlichen und kreativen Kombinationen. Nachfolgend ein Beispiel für den Einsatz der morphologischen Matrix bei der Logoentwicklung für das „LiveAID" Benefiz-Rockkonzert für Afrika.

Morphologische Matrix

11.3.4 Mindmapping

Auf die Ideensammlung folgt die **Strukturierung** der Ideen. Ende der 1960er-Jahre erfand der britische Gehirnforscher Tony Buzan die Methode Mindmapping. Diese bietet die Möglichkeit, zuvor gesammelte Inhalte durch die Verknüpfung von Bildern und Text zu organisieren, zu ordnen und zu strukturieren.

Vorgehensweise:
In die Mitte, quasi als Wurzel oder Stamm, wird das Thema notiert, hier: „Grün und Stein".
Vom Stamm gehen nun verschiedene Äste aus. Diese beschreiben die Unterthemen, die zum Bereich des Hauptthemas gehören. Jedem Unterast können nun weitere Verzweigungen zugeordnet werden, die das jeweilige Unterthema noch näher behandeln.

Eine visuelle Strukturierung der einzelnen Gliederungsebenen durch den Einsatz von Farben ist sinnvoll und gewünscht, um den Betrachter in der Wahrnehmung zu unterstützen. Ebenso trägt das Hinzufügen von Bildern oder Skizzen zu einer stärkeren Visualisierung bei.

> Aus welchen Bereichen muss ich was wissen, um ein prägnantes Logo für Grün und Stein entwickeln zu können?

Die Methode des Mindmapping arbeitet nach dem **Prinzip der Bildhaftigkeit**. Sie eignet sich besonders für die Strukturierung komplexer Aufgaben, da sie sowohl den Bereich der bildlichen Wahrnehmung – durch grafische Gestaltung und die Verwendung von Farben – als auch den Bereich der kognitiven Wahrnehmung durch die gezielte Gliederung in verschiedene Haupt- und Unterthemen anspricht.

Die Verknüpfung dieser beiden Bereiche kann dazu beitragen, Merkfähigkeit und die Vorstellungskraft beim Betrachter zu erweitern.

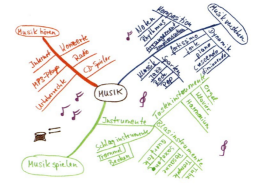

Mindmapping zum Thema Musik

Mindmapping = Kreativtechnik zur grafischen Strukturierung von Inhalten.

11.4 Kreative Visualisierung

Bei der kreativen Visualisierung geht es darum, die zuvor gesammelten und strukturierten Ideen zu Papier zu bringen bzw. als **Bildidee** umzusetzen. Dabei ist die flüchtige Skizze – auch Scribble genannt – die Visualisierungsmethode der konzeptionellen Idee in der ersten Phase des Entwurfsprozesses.

In der **Entwurfsphase** werden in der Regel zunächst einfache, schnelle und in der Regel freihändige **Skizzen** angefertigt, in denen zielorientiert ausgewählte Gestaltungsmittel und Kompositionsmöglichkeiten umgesetzt und als bildnerisches Zeichen auf ihre Referenzwirkung hin untersucht werden können, ehe aus diesen ein geeigneter Entwurf als Gestaltungsansatz ausgewählt wird. Dann fertigt man ein erstes **Rohlayout** in Originalgröße an.

Vor diesem Hintergrund werden im Folgenden die Visualisierungstechniken Scribble und Rohlayout näher erläutert.

11.4.1 Scribble

Bei der visuellen Umsetzung der Bildidee gibt es natürlich die Möglichkeit, sich sowohl digitaler als auch analoger Medien zu bedienen. Dennoch bietet die analoge, zeichnerische Visualisierung – z. B. in Form eines sehr kleinformatigen Scribbels, auch „**Daumennagelskizze**" genannt – eine hohe Ausdruckskraft bei geringem Aufwand. Gerade das briefmarken- oder daumennagelgroße Format ist zu klein für Details und zwingt den Gestalter, seine Formensprache zu reduzieren. Dadurch wird es möglich, die Wirkungsweise der gewählten Gestaltungsmittel und der Komposition, z. B. bei der Integration eines Logos auf einer Visitenkarte, auf einen Blick erfahrbar und erfassbar zu machen.

Lockere Daumennagelskizze einer Visitenkarte mit einem weichen Bleistift (2B)

Die erste Ausführungsstufe auf dem Weg zum endgültigen Layout, hier dem Rohlayout eines Logos, bildet das **Scribble** (von engl. „to scribble" = kritzeln). Beim Scribble werden erste Ideen zu Motiven und Anordnungen der einzelnen Bild- oder Textelemente auf der Fläche als grobe Skizze angedeutet und gegebenenfalls mit Farbakzenten, sogenannten Kolorierungen versehen.

Scribbles sind wie erste Übungen auf dem Weg zum Ziel. Sie dürfen schon mal schiefgehen und müssen weder perfekt noch vollständig sein.

Sie dienen dazu, erste Ideen für sich, die Mitglieder des Kreativteams und ggf. den Kunden in einer ersten Präsentation zu visualisieren. Scribbles liefern erste Eindrücke von der Brauchbarkeit der gestalterischen Idee im Hinblick auf die Kommunikationsziele des Kundenauftrages.

Auf die Idee kommt es an, nicht auf das Material!

Lernsituation Logo/Signetgestaltung/Corporate Design | 3

Trotzdem kann man mit unterschiedlichen Materialien und **Zeichenwerkzeugen** unterschiedliche **Strichqualitäten** erzielen, die natürlich in Abhängigkeit von Ihrem eigenen zeichnerischen Duktus unterschiedliche Eigenschaften und Ausdruckswerte haben. Im Kontext kreativer Visualisierung von Entwurfsprozessen spricht man hier vom sogenannten Layoutstrich.

Layoutstrich

*Übung zur Lockerung des **Layoutstrichs in Freihand** mit weichem Bleistift: Schraffuren, Ellipsen und perspektivische Kreisformen. Wichtigstes Ziel ist eine lockere und gezielte Strichführung und kein verhaltenes Stricheln.*

Übung zur Schulung des Layoutstrichs bzw. des Skizzierens:
Nehmen Sie ein DIN-A4-Blatt und zeichnen Sie eine einfache Blattform auf Vorder- und Rückseite. Dann ziehen Sie das Papier je zur Hälfte von der Vorder- und von der Rückseite über eine Tischkante, sodass sich das Blatt wellt. Zeichnen Sie, was Sie sehen mit lockerem, schnellen Strich, radieren Sie Fehlstellen nicht, sondern korrigieren in die Zeichnung hinein.

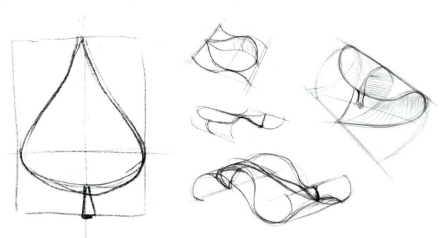

Scribble-Übungen zur Konstruktion von Blattformen mit Bleistift. Diese Übungen helfen, ein Gefühl für die geometrische Grundform auch in organischen Formen zu entwickeln. Ferner schulen sie den Blick für Proportionen und die Anordnung von Elementen. Mithilfe des Andrucks des Bleistiftes und des Duktus lassen sich durch unterschiedliche Liniendicke z. B. Leichtigkeit, Schwere und Plastizität einer Form/eines Gegenstandes darstellen.

Skizzieren üben durch Abzeichnen von Gegenständen und Formen!

Zeichenwerkzeuge und Strichqualitäten

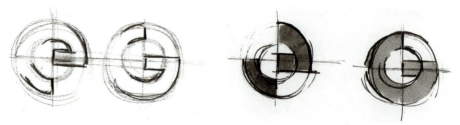

Links: Skizze zur Logoentwicklung der Firma „Energo" mit einem Druckbleistift 0,7mm/2B. Verschiedene Grauwerte bei einem ausdrucksstarken Linienduktus ergeben sich aus der mit flüchtigen Linien konstruierten Skizze.
Rechts: Variation mit Marker und Fine-Liner. Mit einem breiten Farbstrich können lasierende Farbflächen angelegt werden, der Fine-Liner konturiert (im Gegensatz zum Bleistift ohne zu verwischen). Achtung: Spezielles, nicht saugendes Markerpapier verwenden!

11.4.2 Rohlayout

Eine zuvor als Scribble locker skizzierte Bildidee wird anschließend weiterentwickelt und als Rohlayout umgesetzt. Sobald nach der kriterienorientierten Auswahl eines Scribble feststeht, wie die Gesamtkomposition aussehen soll, kann der bis dato grobe Entwurf gezielt verfeinert und differenzierter ausgearbeitet werden. Im Gegensatz zum Scribble wird das Rohlayout immer im Originalformat erstellt. Dies ist notwendig, um herauszufinden, ob Auswahl und Anordnung der gewählten Text- und Bildelemente sowie die Farbwahl einerseits den Kundenwünschen, andererseits der eigenen Vorstellung zur gestalterischen Umsetzung entsprechen. Ferner werden durch die Umsetzung im Originalformat auch die Proportionen deutlich. Das Rohlayout wird heutzutage in der Regel digital realisiert. Dies ermöglicht einen schnellen und effizienten Vergleich verschiedener Schriftarten und der verwendeten Bilder (im Hinblick auf die Bild-Text-Integration), auch wenn im Rohlayout meist nur sogenannte Layout-Bilder mit niedriger Auflösung verwendet werden. Natürlich sind manuelle, zeichnerische Umsetzungen des Rohlayouts nach wie vor möglich. Die Ausdrucksqualität ist hier direkt abhängig von der Professionalität des Layoutstrichs.

Im Rahmen der Logoentwicklung bietet das digitale Rohlayout den Vorteil, dass der Gestalter dem Kunden ein und dasselbe Logo flexibel und schnell in verschiedenen Farbkombinationen und grafischen Variationen präsentieren kann.

11.4.3 Stilisierung

Stilisierung bedeutet Reduktion und Abstraktion bestimmter motivischer Merkmale oder Gedanken. Vor diesem Hintergrund ist der Stilisierungsprozess ein „Denkvorgang", der die Form des Objektes über die Reduktion immer auch interpretiert. Stilisierungsprozesse lassen sich gut mit der kreativen Visualisierungsmethode der „Daumennagelskizze" entwickeln, da diese keinen Raum für Details lässt.

Nicht alle Objekte lassen sich gleichermaßen gut stilisieren. Besonders in der Tierwelt gibt es einige Arten wie den Hai oder den Pinguin, die sich problemlos auf ihre spezifischen Formmerkmale reduzieren lassen. Die zeichenhafte Darstellung eines Hasen dürfte auch niemanden vor unüberwindbare Probleme stellen.

Die unverwechselbaren und individuellen Kennzeichen eines Gesichtes lassen sich hingegen nur schwer stilisieren. Es gehört viel Übung und ein geschultes Auge dazu, mit einigen wenigen Strichen den Charakter eines Menschen darzustellen. Einige gute Anregungen dazu finden sich im Comic-Bereich, wo Mimik oft in Form weniger Linien auf die Spitze getrieben wird.

Im Beispiel der Firma Energo sind Produktelemente wie Sonnenenergie, Steckdose, Wellenelemente für Wasser- oder Windenergie sowie Strom als fließendes Element auf ihre wesentlichen Erkennungsmerkmale stilisiert und in die Logoform integriert worden.

13 Medienrecht

13.1 Urheberrecht

Die Integration eines Elements aus dem Verbandslogo wirft die Frage auf, ob dieses ohne Weiteres möglich ist. Diese Frage kann mithilfe des **Urhebergesetzes** beantwortet werden.

13.1.1 Urheberschaft

Wenn eine Person ein Werk erstellt, das Urhebergesetz spricht hierbei von der **Schöpfung** eines Werkes, ist dieses Werk geschützt. Dieser Schutz ist im **Urhebergesetz (UrhG)** geregelt und bezieht sich darauf, ob und ggf. wie ein Werk genutzt und der Öffentlichkeit entgeltlich oder unentgeltlich zugänglich gemacht werden darf. Grundsätzlich muss der Urheber einem Nutzer eines Werkes zunächst die Einwilligung zur Nutzung oder zur Veröffentlichung erteilen. Er kann aber auch die Einwilligung verweigern.

Zunächst ist zu prüfen zu prüfen, ob das Verbandslogo überhaupt die Voraussetzungen eines Werks im Sinne des Urhebergesetzes erfüllt.

Wann ist ein Werk ein Werk?

§ 1 UrhG Allgemeines

Die Urheber von Werken der Literatur, Wissenschaft und Kunst genießen für ihre Werke Schutz nach Maßgabe dieses Gesetzes.

§ 2 UrhG Geschützte Werke

(2) Werke im Sinne dieses Gesetzes sind nur persönliche geistige Schöpfungen.

§ 7 UrhG Urheber

Urheber ist der Schöpfer des Werkes.

Der Schutz des Urhebergesetzes greift somit erst dann, wenn eine Schöpfung den Rang eines Werkes hat, d. h., wenn eine bestimmte **Schöpfungshöhe** gegeben ist. Erst wenn dieses Kriterium erfüllt ist, können weitere Rechte nach dem Urhebergesetz abgeleitet werden.

Eine erstellte Grafik muss einen bestimmten Grad an Komplexität, Individualität und Ästhetik aufweisen, damit man sie als Werk einstufen kann.

Das Urhebergesetz unterscheidet in diesem Zusammenhang verschiedene Arten geschützter Werke:

> **§ 2 UrhG Geschützte Werke**
>
> *(1) Zu den geschützten Werken der Literatur, Wissenschaft und Kunst gehören insbesondere:*
> 1. *Sprachwerke, wie Schriftwerke, Reden und Computerprogramme;*
> 2. *Werke der Musik;*
> 3. *pantomimische Werke einschließlich der Werke der Tanzkunst;*
> 4. *Werke der bildenden Künste einschließlich der Werke der Baukunst und der angewandten Kunst und Entwürfe solcher Werke;*
> 5. *Lichtbildwerke einschließlich der Werke, die ähnlich wie Lichtbildwerke geschaffen werden;*
> 6. *Filmwerke einschließlich der Werke, die ähnlich wie Filmwerke geschaffen werden;*
> 7. *Darstellungen wissenschaftlicher oder technischer Art, wie Zeichnungen, Pläne, Karten, Skizzen, Tabellen und plastische Darstellungen.*

Ist das Verbandslogo bzw. die zu nutzenden Elemente ein zu schützendes Werk nach § 2 UrhG?

Urheberpersönlichkeitsrecht

Der Schutz der Urheberschaft bezieht sich u. a. auf das Recht der Anerkennung der Urheberschaft.

Egal, wie das erstellte Werk veröffentlicht oder verbreitet wird, die Urheberschaft bleibt beim Urheber, auch wenn er Nutzungsrechte daran einer anderen Person übereignet. Weiterhin hat er das Recht, eine Entstellung oder andere Beeinträchtigungen seines Werkes zu verbieten, die dazu führen, seine berechtigten Interessen zu gefährden. Hierdurch soll das Interesse des Urhebers am Bestand und der Unversehrtheit seines Werks geschützt werden (**Werksintegrität**).

Auch das Recht auf die erste Inhaltsmitteilung, die Erstveröffentlichung und die Urheberbezeichnung zählen zu den **Urheberpersönlichkeitsrechten**.

Ein Komponist bleibt immer Urheber seiner Songs, auch wenn er die Nutzungsrechte daran an ein Plattenunternehmen (gegen Entgelt) abgetreten hat.

Darüber hinaus bezieht sich der Schutz der Urheberschaft auch auf die Nutzung des Werkes, die zunächst auch dem Urheber zusteht. Allerdings kann das Nutzungsrecht an einem Werk, im Gegensatz zum Urheberpersönlichkeitsrecht, auch an Dritte übertragen werden.

Eine Band hat sowohl das Urheberpersönlichkeitsrecht als auch die Nutzungsrechte an ihren Songs. Sie kann jedoch im Zuge der Vermarktung die Nutzungsrechte an einen Musikverlag abtreten. Sie ist dann lediglich nunmehr Inhaberin der Urheberpersönlichkeitsrechte.

Ein selbstständiger Mediengestalter entwirft für einen Kunden ein Werbeplakat. Damit der Kunde dieses Plakat nutzen kann, tritt er mit der Auftragsannahme die Nutzungsrechte an diesen ab.

Auch ein angestellter Mediengestalter hat das Urheberpersönlichkeitsrecht an seinen im Rahmen seines Dienstverhältnisses erstellten Werken. Allerdings tritt er mit dem Zustandekommen des Arbeitsvertrages seine Nutzungsrechte an den Arbeitgeber ab. Erst durch diese Abtretung kann der Arbeitgeber die Leistungen an den Kunden verkaufen.

> **§ 43 UrhG Urheber in Arbeits- oder Dienstverhältnissen**
>
> *Die Vorschriften (...) sind auch anzuwenden, wenn der Urheber das Werk in Erfüllung seiner Verpflichtungen aus einem Arbeits- oder Dienstverhältnis geschaffen hat, soweit sich aus dem Inhalt oder dem Wesen des Arbeits- oder Dienstverhältnisses nichts anderes ergibt.*

Eine Werbeagentur erhält den Auftrag zur Erstellung eines CI. Der mit der Gestaltung beauftragte Grafiker hat am Corporate Design die Urheberpersönlichkeitsrechte, die Nutzungsrechte gehen jedoch zunächst an den Arbeitgeber und über diesen dann an den Auftraggeber über.

Miturheberschaft

Natürlich können auch mehrere Personen an der Erstellung eines Werkes beteiligt sein. In diesem Fall steht, weil hier die einzelnen Beiträge zu dem Werk nicht individualisierbar sind, allen Miturhebern die Verwertung gemeinsam und nicht nur zu Bruchteilen zu. Das bedeutet, dass kein Urheber seinen Teil aus dem Gesamtwerk gesondert verwerten kann.

Anders ist ein Werk zu sehen, dass lediglich als **Werkverbindung** existiert. Hier stellen alle „Einzelteile" eigenständige Werke dar und können deshalb gesondert verwertet werden. Die Rechte jedes Urhebers an seinem Beitrag bleiben in diesem Fall gewahrt. Für eine Werkverbindung ist eine vertragliche Vereinbarung notwendig.

> **§ 8 UrhG Miturheber**
>
> *(1) Haben mehrere ein Werk gemeinsam geschaffen, ohne dass sich ihre Anteile gesondert verwerten lassen, so sind sie Miturheber des Werkes.*
> *(2) Das Recht zur Veröffentlichung und zur Verwertung des Werkes steht den Miturhebern zur gesamten Hand zu; Änderungen des Werkes sind nur mit Einwilligung der Miturheber zulässig. Ein Miturheber darf jedoch seine Einwilligung zur Veröffentlichung, Verwertung oder Änderung nicht wider Treu und Glauben verweigern. (...)*
>
> **§ 9 UrhG Urheber verbundener Werke**
>
> *Haben mehrere Urheber ihre Werke zu gemeinsamer Verwertung miteinander verbunden, so kann jeder vom anderen die Einwilligung zur Veröffentlichung, Verwertung und Änderung der verbundenen Werke verlangen, wenn die Einwilligung dem anderen nach Treu und Glauben zuzumuten ist.*

1. Paul McCartney und John Lennon haben eine Vielzahl der Beatles-Songs gemeinsam komponiert. Die anteiligen Musikwerke sind nur in ihrer Gesamtheit als Musikstück wahrnehmbar. Somit ist hier die Verwertung durch eine Vervielfältigung nur als Gesamtheit möglich.
2. Ein Texter und ein Komponist schreiben einen Song. Beide „Teile" sind einzelne Werke und somit auch einzeln verwertbar. Allerdings können beide Personen vom jeweils anderen verlangen, dass gemäß der getroffenen Vereinbarung (Vertrag) sich keiner der Verwertung, also der Vergabe der Nutzungsrechte an ein Plattenunternehmen, verweigert.

Rechte des Urhebers

Zunächst hat nur der Urheber die Entscheidung darüber zu treffen, ob und wie sein Werk anderen Personen zugänglich zu machen ist (Erstveröffentlichungsrecht).

> **§ 12 UrhG Veröffentlichungsrecht**
>
> *(1) Der Urheber hat das Recht zu bestimmen, ob und wie sein Werk zu veröffentlichen ist.*

§ 15 UrhG Allgemeines

(1) Der Urheber hat das ausschließliche Recht, sein Werk in körperlicher Form zu verwerten; das Recht umfasst insbesondere

1. *das Vervielfältigungsrecht (§ 16),*
2. *das Verbreitungsrecht (§ 17),*
3. *das Ausstellungsrecht (§ 18).*

(2) Der Urheber hat ferner das ausschließliche Recht, sein Werk in unkörperlicher Form öffentlich wiederzugeben (Recht der öffentlichen Wiedergabe). Das Recht der öffentlichen Wiedergabe umfasst insbesondere

1. *das Vortrags-, Aufführungs- und Vorführungsrecht (§ 19),*
2. *das Recht der öffentlichen Zugänglichmachung (§ 19a),*
3. *das Senderecht (§ 20),*
4. *das Recht der Wiedergabe durch Bild- oder Tonträger (§ 21),*
5. *das Recht der Wiedergabe von Funksendungen und von öffentlicher Zugänglichmachung (§ 22).*

(...)

§ 16 UrhG Vervielfältigungsrecht

(1) Das Vervielfältigungsrecht ist das Recht, Vervielfältigungsstücke des Werkes herzustellen, gleichviel ob vorübergehend oder dauerhaft, in welchem Verfahren und in welcher Zahl.

§ 17 UrhG Verbreitungsrecht

(1) Das Verbreitungsrecht ist das Recht, das Original oder Vervielfältigungsstücke des Werkes der Öffentlichkeit anzubieten oder in Verkehr zu bringen.

Welche Verwertungsrechte liegen grundsätzlich beim Urheber des Verbandslogos?

13.1.2 Nutzungsrechte

Wie bereits in Kapitel 13.1.1 dargestellt, kann der Urheber Dritten gegenüber Nutzungsrechte abtreten. Hat eine Person ein Nutzungsrecht (**Lizenz**), so kann sie das Werk auf die im Nutzungsvertrag festgelegte Art und Weise verwerten. Das bedeutet, dass sie z. B. das Werk veröffentlichen und daraus auch materiellen Nutzen ziehen kann.

Ein Buchautor tritt die Nutzungsrechte an einem von ihm verfassten Buch an einen Verlag ab und erhält dafür 10 % vom Verkaufspreis eines Exemplars.

Die Nutzungsverträge können wie alle Verträge grundsätzlich frei gestaltet werden. Das Urhebergesetz gibt hier lediglich zwei Nutzungsrechte vor:

Ausschließliches Nutzungsrecht	Einfaches Nutzungsrecht
Nur der Erwerber des Nutzungsrechts, also nur eine Person oder eine Institution ist berechtigt, das Werk zu nutzen und zu verwerten.	Mehrere Personen oder Institutionen sind berechtigt, das Werk zu nutzen und zu verwerten.

Lernsituation Logo/Signetgestaltung/Corporate Design | 3

> **§ 31 UrhG Einräumung von Nutzungsrechten**
>
> *(1) Der Urheber kann einem anderen das Recht einräumen, das Werk auf einzelne oder alle Nutzungsarten zu nutzen (Nutzungsrecht). Das Nutzungsrecht kann als einfaches oder ausschließliches Recht sowie räumlich, zeitlich oder inhaltlich beschränkt eingeräumt werden.*
>
> *(2) Das einfache Nutzungsrecht berechtigt den Inhaber, das auf die erlaubte Art zu nutzen, ohne dass eine Nutzung durch andere ausgeschlossen ist.*
>
> *(3) Das ausschließliche Nutzungsrecht berechtigt den Inhaber, das Werk unter Ausschluss aller anderen Personen auf die ihm erlaubte Art zu nutzen und Nutzungsrechte einzuräumen.*
>
> *(...)*

Einfaches Nutzungsrecht	Ausschließliches Nutzungsrecht
Viele (Medien-)Betriebe haben eine Lizenz für Software der Firma Adobe.	Jeweils nur ein Plattenunternehmen darf die Lieder einer Band auf einem Tonträger vervielfältigen.

Handelt es sich bei einem Logo um ein Werk? Und – falls ja – bei wem müssen Nutzungsrechte eingeholt werden?

13.1.3 Zulässige Nutzungen

Wie oben bereits dargestellt, kann ein Werk grundsätzlich nur mit der Einwilligung des Urhebers veröffentlicht und genutzt werden. Das Urhebergesetz sieht hier allerdings auch Ausnahmen und Schranken vor, in denen diese Einwilligung nicht notwendig ist.

Freie Benutzung

In der Praxis kommt es häufig vor, dass ein Werk von einem Dritten als Vorlage genutzt wird. Hier liegt dann keine Urheberrechtsverletzung vor, wenn der Grad der Übereinstimmung der beiden Werke entsprechend gering ist. Dieses nennt sich im Urheberrecht **freie Benutzung**. Der Übergang zwischen freier Nutzung und der (nicht ohne Einwilligung zulässigen) Erstellung einer Kopie ist natürlich fließend und bedarf im Einzelfall ggf. der Klärung durch ein Gericht bzw. eines Gutachters.

> **§ 24 UrhG Freie Benutzung**
>
> *(1) Ein selbstständiges Werk, das in freier Benutzung des Werkes eines anderen geschaffen worden ist, darf ohne Zustimmung des Urhebers des benutzten Werkes veröffentlicht und verwertet werden.*

Ein Mediengestalter soll einen Flyer gestalten. Als Anregung bei der Erstellung von Scribbles holt er sich Ideen aus Werbeflyern anderer Agenturen, die er aus Zeitungen gesammelt oder als Give-Aways erhalten hat.

Prüfen Sie im Rahmen des Auftrags, ob während der Gestaltung des Logos eine freie Nutzung des Verbandslogos vorliegt.

Bild- und Tonberichterstattung

Sollten im Rahmen einer Berichterstattung von Ereignissen des Tagesgeschehens, z. B. in den Nachrichten, Werke sichtbar werden, so werden die Urheberrechte des Urhebers nicht verletzt.

> § 50 UrhG Berichterstattung über Tagesereignisse
>
> *Zur Berichterstattung über Tagesereignisse durch Funk oder durch ähnliche technische Mittel, in Zeitungen, Zeitschriften und in anderen Druckschriften oder sonstigen Datenträgern, die im Wesentlichen Tagesinteressen Rechnung tragen, sowie im Film, ist die Vervielfältigung, Verbreitung und öffentliche Wiedergabe von Werken, die im Verlauf dieser Ereignisse wahrnehmbar werden, in einem durch den Zweck gebotenen Umfang zulässig.*

Unwesentliches Beiwerk

Als unwesentliches Beiwerk ist ein Werk anzusehen, das nicht im Mittelpunkt einer Veröffentlichung steht. Wenn dieses Beiwerk im Zusammenhang mit dem (Haupt-)Werk oder dem (Haupt-)Ereignis wahrgenommen werden kann, werden keine Urheberrechte verletzt. Davon sind allerdings Werke zu unterscheiden, die mit einer bestimmten Absicht im Zusammenhang mit anderen Werken oder Ereignissen veröffentlicht werden.

> § 57 UrhG Unwesentliches Beiwerk
>
> *Zulässig ist die Vervielfältigung, Verbreitung und öffentliche Wiedergabe von Werken, wenn sie als unwesentliches Beiwerk neben dem eigentlichen Gegenstand der Vervielfältigung, Verbreitung oder öffentlichen Wiedergabe anzusehen sind.*

Unwesentliches Beiwerk	Wesentliches Beiwerk
Die Fotografie eines namhaften Fotografen erscheint im Hintergrund eines Raums, in dem ein Interview einem bekannten Politiker geführt wird.	Zur Akzentuierung einer Werbebotschaft wird in einen Werbe-Spot ein Jingle gemischt, der aus einem bekannten Song einer Band stammt.

Sind die Elemente des Logos ein unwesentliches Beiwerk?

Werke an öffentlichen Plätzen

> § 59 UrhG Werke an öffentlichen Plätzen
>
> *(1) Zulässig ist, Werke, die sich bleibend an öffentlichen Wegen, Straßen oder Plätzen befinden, mit Mitteln der Malerei oder Grafik, durch Lichtbild oder durch Film zu vervielfältigen, zu verbreiten und öffentlich wiederzugeben. Bei Bauwerken erstrecken sich diese Befugnisse nur auf die äußere Ansicht.*

Eine Werbeagentur, die eine Werbekampagne für die Förderung des Tourismus im Ruhrgebiet konzipiert, fügt in einen Werbe-Flyer ein Foto der „Arena auf Schalke" ein. Hierbei werden die Rechte des Architekten nicht verletzt.

Vervielfältigungen zum privaten und sonstigen eigenen Gebrauch

Grundsätzlich sind Vervielfältigungen zum privaten Gebrauch (also nicht zu Berufs- oder Erwerbszwecken) ohne Einwilligung und ohne Vergütung zulässig, wenn nur einige wenige Kopien (der Bundesgerichtshof hat hier bei Musik-CDs eine Zahl von **sieben Kopien** angegeben) angefertigt werden. Zum privaten Gebrauch ist der (Mit-)Gebrauch durch Familienangehörige oder enge Freunde zu zählen. Das Kopieren und anschließende Verschenken ist nur in dem beschriebenen, engen Rahmen zulässig. Auch das Umgehen eines Kopierschutzes ist (auch für eine Kopie des privaten Gebrauchs) nicht erlaubt, denn mit dem Kopierschutz zeigt der Rechteinhaber (z. B. das Plattenunternehmen), dass er im Rahmen des durch den Kauf entstandenen Nutzungsvertrags eine Vervielfältigung nicht wünscht.

> § 53 UrhG Vervielfältigungen zum privaten und sonstigen eigenen Gebrauch
>
> *(1) Zulässig sind einzelne Vervielfältigungen eines Werkes durch eine natürliche Person zum privaten Gebrauch auf beliebigen Trägern, sofern sie weder unmittelbar noch mittelbar Erwerbszwecken dienen, soweit nicht zur Vervielfältigung eine offensichtlich rechtswidrig hergestellte oder öffentlich zugänglich gemachte Vorlage verwendet wird. Der zur Vervielfältigung Befugte darf die Vervielfältigungsstücke auch durch einen anderen herstellen lassen, sofern dies unentgeltlich geschieht (...).*
>
> § 95a UrhG Schutz technischer Maßnahmen
>
> *(1) Wirksame technische Maßnahmen zum Schutz eines nach diesem Gesetz geschützten Werkes oder eines anderen nach diesem Gesetz geschützten Schutzgegenstandes dürfen ohne Zustimmung des Rechtsinhabers nicht umgangen werden (...).*

Eine Person kopiert sich einige seiner gekauften CDs im MP3-Format auf sein Smartphone, um sie neben der HiFi-Anlage in seiner Wohnung auch im Auto hören zu können. Hier handelt es sich um eine zulässige Vervielfältigung.

Allerdings ist hier trotz der Zulässigkeit der privaten Kopien eine Vergütung fällig. Diese wird indirekt erhoben, indem die Hersteller von Datenträgern (CD, DVD) oder Kopierern einen Teil des Kaufpreises über Verwertungsgesellschaften (GEMA, VG Wort usw.) an die Urheber abführen. Im Preis einer DVD etwa ist somit eine Gebühr enthalten, die dem Urheber bzw. dem Rechteinhaber zusteht.

> § 54 UrhG Vergütungspflicht
>
> *(1) Ist nach der Art eines Werkes zu erwarten, dass es nach § 53 (...) vervielfältigt wird, so hat der Urheber des Werkes gegen den Hersteller von Geräten und von Speichermedien, deren Typ allein oder in Verbindung mit anderen Geräten, Speichermedien oder Zubehör zur Vornahme solcher Vervielfältigungen benutzt wird, Anspruch auf Zahlung einer angemessenen Vergütung.*

Zudem ist es auch zulässig, eigene Sicherungskopien von Computer-Software zu erstellen. Dies kann nicht vertraglich untersagt werden, denn nach § 69 (5) UrhG finden die Vorschriften des § 95a auf Computerprogramme keine Anwendung.

13.1.4 Rechtsfolgen bei Verletzung von Urheberrechten

Sollte eine Person oder eine Institution eine unberechtigte Vervielfältigung oder Veröffentlichung vorgenommen haben, so kann der Urheber oder der Eigentümer eines Nutzungsrechts Schadensersatz verlangen. Zudem kann er die Vernichtung der Vervielfältigungsstücke oder, wenn es sich bei der Veröffentlichung um eine öffentliche Aufführung oder eine Ausstellung handelt, die Unterlassung verlangen.

> § 97 UrhG Anspruch auf Unterlassung und Schadensersatz
>
> *(1) Wer das Urheberrecht oder ein anderes nach diesem Gesetz geschütztes Recht widerrechtlich verletzt, kann vom Verletzten auf Beseitigung der Beeinträchtigung, bei Wiederholungsgefahr auf Unterlassung in Anspruch genommen werden. Der Anspruch auf Unterlassung besteht auch dann, wenn eine Zuwiderhandlung erstmalig droht.*
> *(2) Wer die Handlung vorsätzlich oder fahrlässig vornimmt, ist dem Verletzten zum Ersatz des daraus entstehenden Schadens verpflichtet. (...)*

> **§ 98 UrhG Anspruch auf Vernichtung, Rückruf und Unterlassung**
>
> *(1) Wer das Urheberrecht oder ein anderes nach diesem Gesetz geschütztes Recht widerrechtlich verletzt, kann von dem Verletzten auf Vernichtung der im Besitz oder Eigentum des Verletzers befindlichen rechtswidrig hergestellten, verbreiteten oder zur rechtswidrigen Verbreitung bestimmten Vervielfältigungsstücke in Anspruch genommen werden. (...)*
> *(2) Wer das Urheberrecht oder ein anderes nach diesem Gesetz geschütztes Recht widerrechtlich verletzt, kann von dem Verletzten auf Rückruf von rechtswidrig hergestellten, verbreiteten oder zur rechtswidrigen Verbreitung bestimmten Vervielfältigungsstücken oder auf deren endgültiges Entfernen aus den Vertriebswegen in Anspruch genommen werden.*

13.2 Markenrecht

Der Kunde hat unter anderem den Auftrag erteilt zu prüfen, ob das neu zu entwerfende Logo die Merkmale einer Marke erfüllt, die dann ggf. im Markenregister eingetragen werden soll. Die Grundlage für diese Prüfung ist das **Markengesetz (MarkenG)**.

Durch die Vielzahl an Waren und Dienstleistungen, die oft von weltweit tätigen Unternehmen angeboten werden, ist eine **Marke** oder eine **geschäftliche Bezeichnung** im Rahmen aller Marketingaktivitäten eines Unternehmens von großer Bedeutung.

Während sich eine Marke auf die Bezeichnung einer Ware oder Dienstleistung bezieht, ist die geschäftliche Bezeichnung ein Zeichen, das für ein Unternehmen steht und mithilfe dessen man ein Unternehmen identifizieren kann. Eine Marke oder eine geschäftliche Bezeichnung können sein:

- ein Name,
- ein Zeichen,
- ein Design oder
- eine Kombination dieser Elemente.

Marke

> **§ 1 MarkenG Geschützte Marken und sonstige Kennzeichen**
>
> *Nach diesem Gesetz werden geschützt:*
> *1. Marken,*
> *2. geschäftliche Bezeichnungen,*
> *3. geografische Herkunftsangaben.*
>
> **§ 3 MarkenG Als Marke schutzfähige Zeichen**
>
> *(1) Als Marke können alle Zeichen, insbesondere Wörter einschließlich Personennamen, Abbildungen, Buchstaben, Zahlen, Hörzeichen, dreidimensionale Gestaltungen einschließlich der Form einer Ware oder ihrer Verpackung sowie sonstige Aufmachungen einschließlich Farben und Farbzusammenstellungen geschützt werden, die geeignet sind, Waren oder Dienstleistungen eines Unternehmens von denjenigen anderer Unternehmen zu unterscheiden.*

Vgl. diese LS, 9.2.4

In § 3 MarkenG werden unterschieden:

- die Wortmarke,
- die Bildmarke,
- die Wort-Bild-Marke.

Geschäftliche Zeichen

> **§ 5 MarkenG Geschäftliche Bezeichnungen**
>
> (1) Als geschäftliche Bezeichnungen werden Unternehmenskennzeichen und Werktitel geschützt.
> (2) Unternehmenskennzeichen sind Zeichen, die im geschäftlichen Verkehr als Name, als Firma oder als besondere Bezeichnung eines Geschäftsbetriebs oder eines Unternehmens benutzt werden. (...)

Der Volkswagenkonzern ist eine juristische Person – die Volkswagen AG. Der Volkswagen**konzern** tritt mit der folgenden Wortmarke als **geschäftliches Zeichen** (Logo) auf:

VOLKSWAGEN
AKTIENGESELLSCHAFT

Auszug aus den **Produktmarken** des Volkswagen Konzerns:

Volkswagen   Audi   SEAT   ŠKODA

Die Marke Volkswagen verwendet das kombinierte Markenzeichen mit Markennamen in Kommunikationskontexten (beispielsweise im Briefbogen). Ausnahme hierzu ist die Kennzeichnung seiner Produkte (Polo, Golf, Passat usw.), hier kommt das Markenzeichen ohne Markennamen zum Einsatz.

Marken oder geschäftliche Bezeichnungen haben deshalb – gerade auch vor dem Hintergrund der Globalisierung – folgende wichtige Funktionen:

- Erhöhung der Unterscheidbarkeit von Waren und Dienstleistungen (im Weiteren nur noch „Leistungen" genannt)
- Erhöhung der Wiedererkennbarkeit von Firmen (also den Namen von Unternehmen) und den dazugehörigen zu erwerbenden Leistungen
- Erzielung von Kundenvertrauen

Letztendlich hängen somit **Marktwachstum**, **Umsatz** und **Gewinn** eines Unternehmens stark mit der Marke oder der geschäftlichen Bezeichnung und ihrem Ansehen bei den Konsumenten zusammen, denn wenn eine Marke im Zusammenhang mit qualitativ hochwertigen oder preisgünstigen Leistungen bekannt ist, wird tendenziell auch das Käuferinteresse an diesen Leistungen hoch sein. Entsprechend haben große Marken oder geschäftliche Bezeichnungen einen hohen Wert für ein Unternehmen.

		Interbrand		
Platz[24]	Marke	Markenwert [Mrd US-$]	Ursprung	Veränderung In Prozent
	1	Apple	170,276	USA	+43
	2	Google	120,314	USA	+12
	3	Coca-Cola	78,423	USA	- 4
▲	4	Microsoft	67,670	USA	+11
▼	5	IBM	65,095	USA	-10
▲	6	Toyota	49,048	Japan	+16
	7	Samsung	45,297	Südkorea	- 0
▼	8	General Electric	42,267	USA	- 7
	9	McDonald's	39,809	USA	- 6
▲	10	Amazon	37,948	USA	+29

https:// de.wikipedia. org/wiki/ Liste_der_ wertvollsten_ Marken

Je höher der Wert einer Marke, desto größer ist das Missbrauchspotenzial (z. B. durch Markenpiraterie). Daher ist es notwendig, Marken vor unberechtigter Nutzung zu schützen. Das **Markengesetz** (MarkenG) soll hierbei zumindest im Inland diesen Schutz bieten. Des Weiteren besteht die Möglichkeit, eine international registrierte Marke (IR-Marke) anzumelden. Wird eine IR-Marke beantragt, so kann fast weltweit das Land ausgewählt werden, in dem die Marke geschützt werden soll. Zunächst wird dieser Antrag beim **Patentamt** (ausführliche Bezeichnung: Deutsches Patent- und Markenamt, DPMA) eingereicht. Später wird die IR-Marke bei der entsprechenden Registrierungsbehörde des jeweiligen Staates weitergeführt. Im Folgenden wird allerdings nur auf das deutsche Markenrecht eingegangen.

In der Regel ist eine Marke geschützt, wenn sie beim Patentamt im **Markenregister** eingetragen ist. Der Schutz kann jedoch auch durch Gebrauch entstehen, sofern eine Marke im Zusammenhang mit einer bestimmten Leistung bekannt geworden ist. Hierbei ist nicht von Bedeutung, dass diese Marke oder die damit bezeichnete Leistung jedem bekannt sein muss. Vielmehr muss es ein Personenkreis sein, der zur betreffenden Leistung in einem bestimmten Verhältnis steht, z. B. als Kunde oder als Lieferant. Das Markengesetz bezeichnet diese Eigenschaft einer Marke als **„Verkehrsgeltung"**.

Es ist somit zunächst zu prüfen und bei der Gestaltung zu beachten, ob die Darstellung, die für „Grün und Stein" entworfen wird, ein schutzfähiges Zeichen im Sinne des § 3 MarkenG bzw. § 5 des MarkenG ist.

Markenschutz

§ 4 MarkenG Entstehung des Markenschutzes

Der Markenschutz entsteht
1. durch die Eintragung eines Zeichens als Marke in das vom Patentamt geführte Register,
2. durch die Benutzung eines Zeichens im geschäftlichen Verkehr, soweit das Zeichen innerhalb beteiligter Verkehrskreise als Marke Verkehrsgeltung erworben hat, oder
3. (…)

Ist die Marke beim Patentamt eingetragen, hat ihr Inhaber das **ausschließliche Recht**, diese Marke zu nutzen. Dieses ausschließliche Recht erlaubt es dem Inhaber unter Ausschluss aller anderen Personen und Institutionen, diese Marke zu nutzen und seine Leistungen damit zu bezeichnen (siehe unten § 14 I, II 1 MarkenG). Hierunter fällt auch die Verwendung von ähnlich aussehenden Marken, die dazu führen könnten, dass gleiche Leistungen anderer Unternehmen mit dem „Original" verwechselt werden könnten (§ 14 II 2 MarkenG). Umgekehrt beinhaltet § 14 II 2 MarkenG auch, dass **andere** Leistungen eines anderen Unternehmens durchaus mit einer ähnlichen Marke versehen werden können. In diesem Fall würde aufgrund der unterschiedlichen Leistung, die mit der gleichen oder ähnlichen Marke bezeichnet wird, keine Verwechslungsgefahr bestehen.

Ein Hersteller von Alpenmilchschokolade und ein Hersteller von Wanderbekleidung nutzen als Marke für ihre Produkte eine schneebedeckte Bergkette. Trotz der Ähnlichkeit der Zeichen können beide

Unternehmen die Darstellung als Marke nutzen, weil die beiden Produkte unterschiedlicher Art und für unterschiedlichen Bedarf bestimmt sind.

> Prüfen Sie in diesem Zusammenhang die Verwendung der Elemente des Verbandslogos.

> **§ 14 MarkenG Ausschließliches Recht des Inhabers einer Marke, Unterlassungsanspruch, Schadensersatzanspruch**
>
> *(1) Der Erwerb des Markenschutzes nach § 4 gewährt dem Inhaber der Marke ein ausschließliches Recht.*
> *(2) Dritten ist es untersagt, ohne Zustimmung des Inhabers der Marke im geschäftlichen Verkehr*
> *1. ein mit der Marke identisches Zeichen für Waren oder Dienstleistungen zu benutzen, die mit denjenigen identisch sind, für die sie Schutz genießt,*
> *2. ein Zeichen zu benutzen, wenn wegen der Identität oder Ähnlichkeit des Zeichens mit der Marke und der Identität oder Ähnlichkeit der durch die Marke und das Zeichen erfassten Waren oder Dienstleistungen für das Publikum die Gefahr von Verwechslungen besteht, einschließlich der Gefahr, dass das Zeichen mit der Marke gedanklich in Verbindung gebracht wird, oder*
> *3. ein mit der Marke identisches Zeichen oder ein ähnliches Zeichen für Waren oder Dienstleistungen zu benutzen, die nicht denen ähnlich sind, für die die Marke Schutz genießt, wenn es sich bei der Marke um eine im Inland bekannte Marke handelt und die Benutzung des Zeichens die Unterscheidungskraft oder die Wertschätzung der bekannten Marke ohne rechtfertigenden Grund in unlauterer Weise ausnutzt oder beeinträchtigt.*
> *(3) Sind die Voraussetzungen des Absatzes 2 erfüllt, so ist es insbesondere untersagt,*
> *1. das Zeichen auf Waren oder ihrer Aufmachung oder Verpackung anzubringen,*
> *2. unter dem Zeichen Waren anzubieten, in den Verkehr zu bringen oder zu den genannten Zwecken zu besitzen,*
> *3. unter dem Zeichen Dienstleistungen anzubieten oder zu erbringen,*
> *4. unter dem Zeichen Waren einzuführen oder auszuführen,*
> *5. das Zeichen in Geschäftspapieren oder in der Werbung zu benutzen.*
> *(4) (...)*
> *(5) Wer ein Zeichen entgegen den Absätzen 2 bis 4 benutzt, kann von dem Inhaber der Marke auf Unterlassung in Anspruch genommen werden. (...)*
> *(6) Wer die Verletzungshandlung vorsätzlich oder fahrlässig begeht, ist dem Inhaber der Marke zum Ersatz des durch die Verletzungshandlung entstandenen Schadens verpflichtet. (...)*

Für geschäftliche Bezeichnungen gelten analoge Vorschriften:

> **§ 15 MarkenG Ausschließliches Recht des Inhabers einer geschäftlichen Bezeichnung, Unterlassungsanspruch, Schadensersatzanspruch**
>
> *(1) Der Erwerb des Schutzes einer geschäftlichen Bezeichnung gewährt ihrem Inhaber ein ausschließliches Recht.*
> *(2) Dritten ist es untersagt, die geschäftliche Bezeichnung oder ein ähnliches Zeichen im geschäftlichen Verkehr unbefugt in einer Weise zu benutzen, die geeignet ist, Verwechslungen mit der geschützten Bezeichnung hervorzurufen.*
> *(3) (...)*
> *(4) Wer eine geschäftliche Bezeichnung oder ein ähnliches Zeichen entgegen Absatz 2 oder 3 benutzt, kann von dem Inhaber der geschäftlichen Bezeichnung auf Unterlassung in Anspruch genommen werden. (...)*
> *(5) Wer die Verletzungshandlung vorsätzlich oder fahrlässig begeht, ist dem Inhaber der geschäftlichen Bezeichnung zum Ersatz des daraus entstandenen Schadens verpflichtet. (...)*

Einschränkungen des Markenschutzes

Ein wichtiges Kriterium für die Eintragung einer Marke und somit für die Beanspruchung von Markenschutz ist die **grafische Darstellungsfähigkeit** einer Marke. Die grafische Darstellung sollte zudem so gestaltet sein, dass diese Marke nicht über wichtige Eigenschaften der bezeichneten Leistung hinwegtäuscht.

Das angemeldete Zeichen darf darüber hinaus gemäß § 8 II Ziff. 2 MarkenG nicht allein aus Zeichen oder Angaben bestehen, die z. B. zur Bezeichnung der Art, der Beschaffenheit, der Menge, der Bestimmung des Wertes, der geografischen Herkunft, der Zeit der Herstellung der Waren oder Dienstleistungen dienen können. Gemeint sind damit Angaben oder Zeichen, die allgemeine Merkmale einer Leistung beschreiben. Der Grund für diese Einschränkung liegt auf der Hand: Solcherart beschreibende Angaben sollen für den Allgemeingebrauch freigehalten werden.

Um also das Logo als Marke einzutragen, müssen die in § 8 MarkenG aufgeführten Schutzhindernisse bei der Gestaltung beachtet werden.

---

§ 8 MarkenG Absolute Schutzhindernisse

(1) Von der Eintragung sind als Marke schutzfähige Zeichen im Sinne des § 3 ausgeschlossen, die sich nicht grafisch darstellen lassen.
(2) Von der Eintragung ausgeschlossen sind Marken,
1. denen für die Waren oder Dienstleistungen jegliche Unterscheidungskraft fehlt,
2. die ausschließlich aus Zeichen oder Angaben bestehen, die im Verkehr zur Bezeichnung der Art, der Beschaffenheit, der Menge, der Bestimmung, des Wertes, der geografischen Herkunft, der Zeit der Herstellung der Waren oder der Erbringung der Dienstleistungen oder zur Bezeichnung sonstiger Merkmale der Waren oder Dienstleistungen dienen können,
3. die ausschließlich aus Zeichen oder Angaben bestehen, die im allgemeinen Sprachgebrauch oder in den redlichen und ständigen Verkehrsgepflogenheiten zur Bezeichnung der Waren oder Dienstleistungen üblich geworden sind,
4. die geeignet sind, das Publikum insbesondere über die Art, die Beschaffenheit oder die geografische Herkunft der Waren oder Dienstleistungen zu täuschen,
(...).

Die Bezeichnung „Auto-Reparaturservice" kann ohne irgendeine Art von gestalterischen Besonderheiten nicht als Marke geschützt werden, weil ihr die Unterscheidungskraft fehlt. Zudem wird hier lediglich eine Dienstleistung beschrieben, die auch von anderen Unternehmen erbracht wird – die Bezeichnung muss somit auch für andere Kfz-Werkstätten freigehalten werden.

Enthält eine Marke Zusätze wie „frisch aus deutschen Landen", dürfen unter ihr nur Lebensmittelprodukte aus Deutschland angeboten werden.

Zur Fußballweltmeisterschaft 2006 in Deutschland wollte die Fifa den Begriff „Weltmeisterschaft" schützen lassen. Dieses war jedoch unzulässig, weil auch andere Weltmeisterschaften als die Fußball-Weltmeisterschaft stattfinden und andere Verbände nicht in ihrem Sprachgebrauch eingeschränkt werden durften. Auch Bäckereien durften ihre „Weltmeisterbrötchen" weiter verkaufen. Dies wollte die Fifa zuvor auf dem Rechtsweg zu verhindern.

> **§ 25 MarkenG Ausschluss von Ansprüchen bei mangelnder Benutzung**
> *(1) Der Inhaber einer eingetragenen Marke kann gegen Dritte Ansprüche (…) nicht geltend machen, wenn die Marke innerhalb der letzten fünf Jahre vor der Geltendmachung des Anspruchs (…) nicht (…) benutzt worden ist, sofern die Marke zu diesem Zeitpunkt seit mindestens fünf Jahren eingetragen ist.*

Ist eine Marke also eingetragen, muss sie innerhalb von fünf Jahren benutzt werden. So lange muss folglich ein „Dritter" (also z. B. ein anderes Unternehmen) warten, um die Löschung einer Marke wegen der Nicht-Benutzung zu beantragen, um sie dann seinerseits zu nutzen. Sie muss somit eingetragen *und* ab einem bestimmten Zeitpunkt fünf Jahre *ununterbrochen* nicht benutzt worden sein, damit sie von einem Dritten (nach einer vorherigen Löschung) benutzt werden kann.

Logo

Logos sind Superzeichen – sie kommunizieren eine Menge an Information, Emotion, Image und Philosophie des Produkts, Verbandes, Vereins oder Unternehmens, welches sie als Bildzeichen repräsentieren. Man kann den **Kommunikationsprozess** eines Logos mit dem Aufbau einer Sanduhr vergleichen: Eine Vielzahl von Kommunikationsdaten wird von einem Sender über eine „Engstelle" – das bildhafte Zeichen des Logos – an einen Empfänger transportiert. In diesem Sinne ist das Logo das wichtigste Element innerhalb des **Corporate Design**.

Der Empfänger kann mit der Botschaft jedoch nur etwas anfangen, wenn er in der Lage ist, das Bildzeichen zu entschlüsseln. Daher muss sich der Gestalter bei der Konzeption von Logos, Piktogrammen oder Symbolen nach allgemeingültigen **Wahrnehmungs- und Gestaltgesetzen** richten und auf prägnante Form-Elemente und Farbkontraste zurückgreifen. Zudem setzt er **visuelle Merkmale** und Gestaltungsmittel zielgerichtet ein.

„Weniger ist mehr" statt „Viel hilft viel"!

Ein Logo muss bestimmte Kriterien erfüllen, um sich von der Masse abzuheben. Merkmale guter Logogestaltung sind (formale) Prägnanz, Wiedererkennungswert, Produktnähe und Originalität. Zudem muss ein Logo technisch so angelegt werden, dass es ohne Probleme auf verschiedensten Medien realisiert werden kann.

Eine wichtige Phase im Entwurfsprozess ist die **Kreativität***. Sie ist erlernbar und im weitesten Sinne planbar. Kreative Ideen lassen sich am besten innerhalb eines strukturierten Kreativprozesses umsetzen, bei der eine ideenfördernde Atmosphäre wichtig ist. Die Arbeit in einem Kreativteam bietet die Möglichkeit, den Ideenpool zu erweitern und das Fachwissen, die Kommunikationsfähigkeit sowie die praktische Realisierungskompetenz seiner Mitglieder zu vernetzen.*

Zur Ideenfindung und -strukturierung eignet sich die Methode **Mindmapping** *aufgrund der affinen Struktur zum menschlichen Gehirn. Hinsichtlich der Ideenfindung zur Logoentwicklung überzeugt die Methode der morphologischen Matrix.*

Die praktische Umsetzung einer Bildidee beginnt mit der Entwurfsphase, dem **Scribble***. Ein Scribble ist ein erster Gehversuch auf dem Weg zum gestalteten Produkt und dient im Wesentlichen der internen Abstimmung im Kreativteam. Auf das Scribble folgt das Rohlayout.*

Urheberrecht

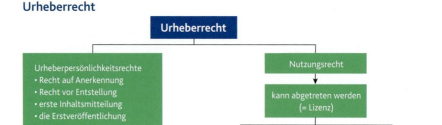

Zulässige Nutzungen:
- *Freie Benutzung*
- *Nutzung eines Werks in Form eines unwesentlichen Beiwerks*
- *Ablichtung (Fotografieren) von Werken an öffentlichen Plätzen*
- *Vervielfältigungen zum privaten und sonstigen eigenen Gebrauch*

Markenrecht

Die Funktion von Marken oder Geschäftsbezeichnungen:
Sie gewährleisten …
- *die Unterscheidbarkeit von Waren und Dienstleistungen,*
- *den Wiedererkennungswert einer Firma,*
- *die Kundenbindung und das Kundenvertrauen.*

Marke:
Unterscheidet Waren oder Dienstleistungen eines Unternehmens von anderen.

Geschäftliche Bezeichnung:
Unternehmenskennzeichen, die im geschäftlichen Verkehr als Firma oder als besondere Bezeichnung eines Geschäftsbetriebes oder Unternehmens fungieren.

Entstehung des Markenschutzes:
Durch Eintragung beim DPMA und Benutzung oder durch Erlangung von Verkehrsgeltung durch Nutzung und entsprechendem Bekanntheitsgrad.

Schutzhindernisse:
- *fehlende Unterscheidungskraft*
- *fünf Jahre keine Benutzung nach Eintragung*
- *fehlende grafische Darstellungsfähigkeit*
- *Eigenschaftsbeschreibungen einer Leistung*
- *Täuschung über die gekennzeichnete Leistung*

Folgen des Schutzes:
Dritten ist es untersagt, das Zeichen auf Waren oder ihrer Aufmachung oder Verpackung anzubringen, unter dem Zeichen Waren und Dienstleistungen anzubieten, unter dem Zeichen Waren einzuführen oder auszuführen, das Zeichen in Geschäftspapieren oder in der Werbung zu benutzen.

1. Zeichenarten
a) Identifizieren Sie die in der Genesis verwendeten Logos.
b) Welche Zeichen sind Piktogramme, welche Symbole?

„Die Schöpfung"

Am Anfang schuf Gott Himmel und Erde …

… und Gott sprach: „Seid fruchtbar

und mehret Euch!"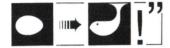

Da ward aus Abend und Morgen der fünfte Tag.

Und Gott sprach: „Die Erde bringe hervor lebendiges Getier."

Und es geschah so.

Und Gott machte die Tiere des Feldes

und das Vieh und alles Gewürm, ein jedes nach seiner Art.

Und Gott sah, dass es gut war.

Bildquelle: Juli Gudehus, „Genesis", Lars Müller Publishers, 1997

2. Logo

a) Analysieren Sie das abgebildete Logo der „buchbar", einer Location mit Lesebühnen für Slam-Poetries und Gastronomie, auf die verwendete Symbolik und Assoziationen.

b) Ein Logo muss allgemeingültige Kriterien erfüllen. Wählen Sie aus den vorgegebenen Kriterien vier aus und erläutern Sie diese anhand des nebenstehenden Logos.

Innovation:
Attraktivität:
Prägnanz:
Unverwechselbarkeit:
Kompetenz:
Glaubwürdigkeit:
Konstanz:

c) Was muss bei der Logogestaltung berücksichtigt werden?
d) Was muss hinsichtlich der technischen Realisierbarkeit berücksichtigt werden?
e) Nennen und erläutern Sie die fünf Logoarten.
f) Wodurch wird ein Logo zur Marke?
g) Beschreiben Sie den Prozess des Relaunch am Beispiel des ZDF.

ZDF-Logo© 1962 ZDF-Logo© 1968 ZDF-Logo© 1973 ZDF-Logo© 1992 ZDF-Logo© 2001

h) Als Vorarbeit für ein Logo der Spedition „Fettich", welches die Attribute „Vertrauen und Bewegung" kommuniziert, soll eine Wortmarke mit grafischen Elementen verwendet werden.
- Entwickeln Sie ein aussagekräftiges Scribble, das diese Assoziation vermittelt, verwenden Sie zur Verstärkung einen Hell-Dunkel-Kontrast.
- Begründen Sie Ihren Entwurf unter Einbindung der Logo-Kriterien.

i) Der Unternehmer Horst Bergmann hat für seine Tischlerwerkstatt, die sich der ökologischen Nachhaltigkeit verschrieben hat, ein neues Logo entwickeln lassen. Untersuchen Sie, inwieweit dieser Gestaltungsentwurf die allgemeinen Kriterien der Logogestaltung in Bezug auf das Kommunikationsziel des Unternehmens erfüllt.

Tischlerwerkstatt Bergmann

j) Für die Gestaltung eines Logos spielt die Prägnanz eine besonders bedeutungsvolle Rolle.
- Bei welchen der unten genannten Begriffe handelt es sich definitiv um Prägnanzbegriffe?

Kreuzen Sie an:
☐ Dynamik   ☐ Detailreichtum   ☐ Einheitlichkeit
☐ Offenheit   ☐ Symmetrie   ☐ Regelmäßigkeit
☐ Verspieltheit   ☐ Geschlossenheit   ☐ Asymmetrie
☐ Kontrast   ☐ Komplexität

- Welche Ziele sind mit der Forderung nach prägnanter Gestaltung verbunden?

k) Welches der beiden abgebildeten Zeichen erfüllt die Anforderungen an Piktogramme besser? Begründen Sie Ihre Aussage.

3. Kreativität
a) Erläutern Sie den Begriff Kreativität.
b) Welche Voraussetzungen begünstigen kreative Leistungen? Begründen Sie Ihre Aussagen.
c) Was ist ein Kreativteam?
d) Nennen Sie zwei Kreativtechniken, die sich zur Ideenfindung eignen und beschreiben Sie diese kurz anhand je eines Beispiels.

4. Wahrnehmung und Sehen
a) Skizzieren Sie den Aufbau des menschlichen Auges und beschriften Sie die Skizze.
b) Welche Elemente des menschlichen Auges sind für das Farbensehen und welche für das Hell-Dunkel-Sehen verantwortlich und wo befinden sie sich im Auge?
c) In welche beiden Bereiche ist die Großhirnrinde aufgeteilt und für welche Art der Wahrnehmung ist jeder Bereich zuständig?

5. Gestaltgesetze und Gestaltungselemente
a) Wodurch unterscheiden sich Punkt, Linie und Fläche hinsichtlich ihres gestalterischen Einsatzes?
b) Nennen Sie mindestens vier Grundformen der Formgestaltung, skizzieren Sie diese und geben Sie an, welche gestalterische Wirkung von jeder der Grundformen ausgehen kann.

Grundform	Skizze	Gestalterische Wirkung

c) Ordnen Sie den folgenden Abbildungen jeweils ein Gestaltgesetz zu und erklären Sie das jeweilige Gesetz.

6. Farbkontraste
a) Ordnen Sie den folgenden Abbildungen jeweils einen Farbkontrast zu und begründen Sie Ihre Zuordnung.

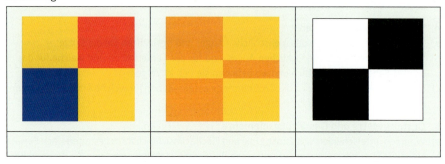

b) Helle Schrift auf dunklem Grund – nicht in allen Farbkombinationen eine gute Wahl. Welche der folgenden Farbkombinationen von Schrift- und Hintergrundfarbe sind gut und welche weniger gut lesbar?

I. Gelbe Schrift auf blauem Grund

II. Cyanfarbene Schrift auf magentafarbenem Grund

III. Schwarze Schrift auf hellblauem Grund

IV. Rote Schrift auf blauem Grund

c) Begründen Sie die Unterschiede in der Lesbarkeit.

7. Kreative Visualisierung
a) Welche Vorteile bietet die Daumennagelskizze im Rahmen der Entwurfsphase?
b) Erläutern Sie den Unterschied zwischen einem Scribble und einem Rohlayout.
c) Erklären Sie den Begriff Layoutstrich anhand von einfachen Skizzen.

8. Urheberrecht und Markenrecht

a) Bei einer Demo, über die in den Nachrichten berichtet wird, ist das als Kunstwerk anerkannte Haus eines Architekten zu sehen. Dieser verlangt, als er die Bilder im Fernsehen sieht, eine Vergütung vom Sender. Hat er damit recht?

b) Ein Mediengestalter für Digitalmedien lädt sich für die Gestaltung eines Internetauftritts Grafiken aus dem Netz herunter und fügt sie in die Seiten ein. Ist dies legal?

c) Christoph, Timo und Manuel erarbeiten für Clemens einen Internetauftritt. Christoph erstellt die Grafiken, Timo die Texte und Manuel programmiert und leitet das Projekt. Nach erfolgreichem Abschluss des Projekts gerät Manuel in finanzielle Schwierigkeiten und verkauft das gesamte Internetdesign an Uli. Wie steht es mit den Rechten von Christoph und Timo Uli?

d) Eine Agentur erhält den Auftrag zur Erstellung eines Flyers, der als Handout bei einer Messe ausgegeben werden soll. Als Vorlage für den Auftrag soll ein Flyer genutzt werden, der bereits von einer anderen Agentur für einen ähnlichen Zweck erstellt wurde. Eine darauf abgebildete Grafik soll 1:1 übernommen werden. Darf die Agentur das ohne Weiteres?
Prüfen Sie diese Vorgehensweise aus urheberrechtlicher Sicht und erläutern Sie, wie sich die Agentur rechtlich einwandfrei verhalten muss.

e) Ein Unternehmen, das Oberbekleidung herstellt, will seinen Absatz erhöhen. Hierzu bedruckt es Pullover mit der Marke eines bekannten Modekonzerns und verkauft diese an Einzelhändler zu einem geringeren Preis.

f) Ein Verlag beabsichtigt, eine Wintersport-Fachzeitschrift herauszubringen. Sie soll unter der Marke „Snow" herausgegeben werden. Bei der Eintragung stellt man fest, dass dieser Name von einem anderen Verlag bereits seit sechs Jahren als Marke eingetragen, allerdings nie benutzt worden ist.

4 Geschäftsdrucksachen

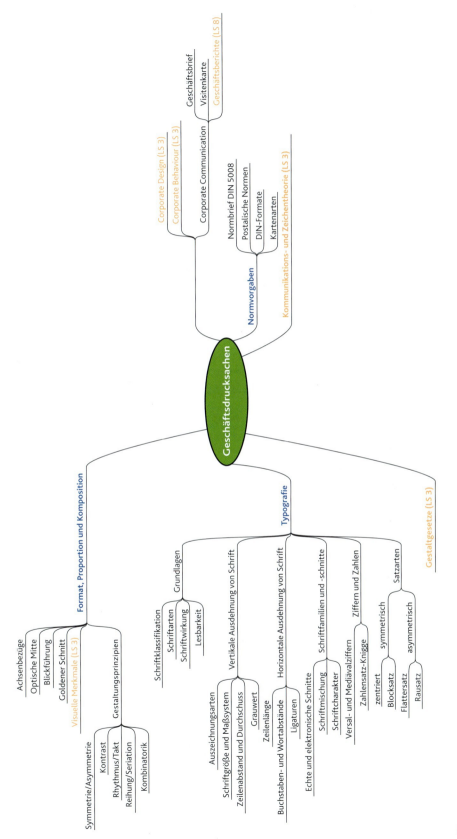

4 Geschäftsdrucksachen

Der Garten- und Landschaftsbaubetrieb „Grün und Stein" hat als neu gegründetes Unternehmen ein Unternehmenslogo mit Markencharakter von Ihnen entwickeln lassen (siehe Lernsituation 3).

Im Rahmen dieser Neugründung werden Sie beauftragt, weitere Elemente des Corporate Design zu entwickeln. Dies soll zunächst exemplarisch anhand der Gestaltung des Geschäftsbriefes, der Visitenkarte und eines Faxformulars erfolgen.

http://www.
logo-
projekt-
agentur.de/

Beispiele von Geschäftsausstattungen, hier **WILO**, Europas führender Pumpenhersteller mit Sitz in Dortmund. Bildquelle: Achim Böhmer, achta design germany

14.1 Akzidenzbereiche

Dieser Begriff stammt eigentlich aus dem Schriftsetzerbereich: Akzidenzen sind dort bei Bedarf produzierte Klein- und Gelegenheitsdrucksachen, wie eben Geschäfts- oder Privatdrucksachen. Diese werden im Offsetdruck oder Digitaldruck hergestellt.

Was gehört zu Geschäftsdrucksachen?

Der Umfang und die qualitative Ausgestaltung der Geschäftsdrucksachen sind in erster Linie von der Budgetierung eines Unternehmens, dessen Bedürfnissen und Größe abhängig. Zu den „Basics" gehören aber in jedem Fall: Geschäftsbriefbogen (evtl. mit Zweitbogen), Visitenkarten und Faxbogen. Die Akzidenzbereiche können beliebig erweitert werden, z. B. durch Adressaufkleber, Kurzmitteilungen, Umschläge, Formulare, Notizvordrucke und Werbemittel (Flyer, Anzeigen, Imagebroschüre ...).

Geschäftsdrucksachen sind *die* Printmedien mit dem unmittelbarsten Kontakt zum potenziellen Kunden. Daher ist eine im Sinne des Corporate Identity (CI) stimmige, einheitliche und gestalterisch durchdachte Aufmachung hier besonders wichtig. Die Ausdruckskraft des Firmenstils wird bestimmt durch die Wahl und Gestaltung der Elemente Papierart, Format, Typografie, Farbe(n) und der Komposition der Elemente auf der Fläche.

In allen Akzidenzbereichen ist es wichtig, die oben genannten Elemente „wie aus einem Guss" gestaltet einzusetzen, um die Geschlossenheit des visuellen Auftritts eines Unternehmens zu gewährleisten.

Im Laufe dieser Lernsituation werden die drei wichtigsten Akzidenzbereiche sukzessive vorgestellt: Geschäftsbriefbogen, Faxbogen und Visitenkarte.

Geschäftsbriefbogen

In den meisten Firmen und Institutionen gibt es im Hinblick auf den Briefbogen zwei Ebenen: Die erste Ebene ist der vorgedruckte Briefbogen mit den fixen, d. h. konstant bleibenden Kommunikationsdaten wie Absender, Firmierung des Unternehmens (genauer: Name plus Rechtsform, z. B. GmbH, Anschrift, Bankverbindungen und ggf. Gerichtsstand). Die Anordnung und Komposition dieser Elemente auf der Fläche des Briefbogens ist dabei entscheidend für die Stimmigkeit der gestalterischen Kernaussage.

Beispiel für das gelungene Zusammenspiel von Geschäftsbrief und Visitenkarte:
Die Wiedererkennbarkeit und Zusammengehörigkeit ist durch die Elemente Farbe, Schrift und Positionierung des Logos gegeben.

Zudem unterliegt der Briefbogen der **DIN 5008** (früher DIN 676).

Die zweite Ebene, der Brieftext, wird in den meisten Fällen aus Kostengründen erst nachträglich in den vorgedruckten Briefbogen eingefügt, sollte aber immer schon bei der Layoutgestaltung (und Präsentation) als Blindtext mit einbezogen werden, da der Grauwert eines Textes je nach Schriftart und Zeilenabstand variiert und somit wesentlich zur Wirkung des Ganzen beiträgt.

Ist eine Hausschrift vorhanden, so empfiehlt es sich, diese auch für den Briefbogen zu verwenden. Dabei sollten die Schriftschnitte für Firmeninfos und Brieftext variieren, auch zwei unterschiedliche Schriftarten sind möglich, sollten aber gefühlvoll aufeinander abgestimmt sein.

Darüber hinaus tragen die Verwendung der Hausfarbe sowie eine ausdrucksstarke Papierqualität zur Kennzeichnung eines Original-Briefbogens bei und damit zur Wiedererkennung im Sinne der Corporate Identity.

14 Format, Proportion und Komposition

Bestehen keine Vorgaben bezüglich des Formats, so steht die Formatwahl an erster Stelle des Gestaltungsprozesses. Um die Formatwahl für ein Produkt zu erleichtern, ist ein Blick auf die gängigen Formate für Druckprodukte sinnvoll. Diese Formate liegen – je nach Gestaltungsprodukt – entweder im Bereich der nicht normierten Formate (wie z. B. der „Goldene Schnitt" oder quadratische Formate) oder gehören zu den normierten Formaten.
Bei den normierten Formaten ist in Deutschland das DIN-Format als Normformat eingeführt und bildet die Grundlage für die Gestaltung vieler Printmedien.

14.2 DIN-Formate

Bis in die Zwanzigerjahre des 20. Jahrhunderts existierte in Deutschland für Papierformate keine feste Normung. Im Jahre 1922 wurde dann für Papierformate die **DIN 476**, aufgeteilt in Teil 1 und Teil 2, veröffentlicht. Inzwischen haben die meisten Staaten dieses Formatsystem in ihre nationalen Normen übernommen.

14.2.1 DIN-A-Reihe (DIN 476 Teil 1 – EN 20216 und ISO 216)

Die DIN-A-Reihe dient als Organisationsformat und geht vom Urformat A0 = 1 m² aus. Die Seiten des DIN-A0-Bogens stehen dabei im Verhältnis 1:$\sqrt{2}$ (1 : 1,414). Das bedeutet auch, dass sich die kurze zur langen Seite des Formats genauso verhält, wie beim Quadrat die Seitenlänge zur Diagonalen.

DIN-Papier-Formate: Kurze und lange Seite stehen im Verhältnis 1:$\sqrt{2}$

Bei den DIN-Formaten erhält man das nächstkleinere Format durch Halbierung des Bogens auf der längeren Seite. Die Zahl hinter dem A gibt an, wie oft der A0-Bogen insgesamt hintereinander an der jeweils längeren Seite halbiert werden muss, um das entsprechende Format zu erhalten. Um z. B. aus einem A0-Bogen einen A4-Bogen zu erhalten, muss der A0-Bogen viermal an der jeweils längeren Seite halbiert werden. Daraus resultiert die Bezeichnung A4.

In der folgenden Tabelle sind alle DIN-A-Formate, von DIN A0 bis DIN A8, mit ihren Bezeichnungen, Maßen und Flächen aufgelistet.

DIN-A-Papierformate (DIN-Norm 476, Vorzugsreihe A, beschnitten)

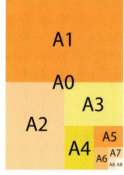

Übersicht DIN-A-Formate

Format	Bezeichnung	Maße (1 : $\sqrt{2}$) in mm	Fläche
A0	Vierfachbogen	841 x 1189	1 m²
A1	Doppelbogen	594 x 841	1/2 m²
A2	Einfachbogen	420 x 594	1/4 m²
A3	Halbbogen	297 x 420	1/8 m²
A4	Viertelbogen	210 x 297	1/16 m²
A5	Blatt/Achtelbogen	148 x 210	1/32 m²
A6	Halbblatt	105 x 148	1/64 m²
A7	Viertelblatt	74 x 105	1/128 m²
A8	Achtelblatt	52 x 74	1/256 m²

Das Format DIN A4 ist das am häufigsten eingesetzte Organisationsformat und findet im Wesentlichen für Briefbögen und Broschüren Anwendung. Zweimal längsgefalzt ergibt sich aus dem DIN-A4-Format das 1/3-DIN-A4-Format, ein Langformat, das auch häufig für Karten Anwendung findet.

Viele Druckerzeugnisse, wie z. B. Geschäfts- und Rechnungsbögen sowie Prospekte, werden auf dem Postweg verschickt. Dazu bieten sich die Formate der DIN-A-Reihe an, da sich zum einen die Postgebühren an normierten Formaten orientieren und zum anderen die zum Versenden notwendigen Briefumschläge bzw. Versandhüllen in den abhängigen Formaten der DIN-B-Reihe und der DIN-C-Reihe sowie dem DIN-Lang-Format verfügbar sind.

DIN-A-Reihe für Briefe, Prospekte, Karten oder Broschüren.

14.2.2 DIN-B- und DIN-C-Reihe

Die Zusatzreihe DIN B bezeichnet unbeschnittene DIN-A-Formate und findet z. B. für Druckbogen Anwendung. Des Weiteren sind auch Briefumschläge im DIN-B4- und im DIN-B6-Format erhältlich.

Ansonsten sind die Zusatzreihe DIN C und das Sonderformat DIN-Lang für Briefumschläge und weitere Versandhüllen für Druckerzeugnisse der DIN-A-Reihe vorgesehen. Ebenso wird die DIN-C-Reihe für Mappen und Aktendeckel verwendet.

Die Formate der B- und C-Reihe orientieren sich also an den Formaten der A-Reihe.

DIN-B-Reihe für Druckbogen und Briefumschläge.
DIN-C-Reihe für Briefumschläge, Mappen oder Aktendeckel.

Auch bei der DIN-B- und der DIN-C-Reihe gibt die Bezeichnung hinter dem B bzw. C an, wie oft das Format B0 bzw. C0 an der längeren Seite halbiert werden muss, um das vorliegende Format, z. B. B3, zu erhalten.

DIN-B-Reihe (DIN 476 Teil 1 – EN 20216 und ISO 216, Zusatzreihe B)
DIN-C-Reihe (DIN 476 Teil 2 – keine internationale Norm, Zusatzreihe C)
DIN-Lang (C680, Sonderformat)

Format	B-Reihe in mm	C-Reihe in mm
0	1000 x 1414	917 x 1297
1	707 x 1000	648 x 917
2	500 x 707	458 x 648
3	353 x 500	324 x 458
4	250 x 353	229 x 324
5	176 x 250	162 x 229
6	125 x 176	114 x 162
7	88 x 125	81 x 114
8	62 x 88	57 x 81
DIN-Lang	210 x 110	

Norm-Vorgaben für Geschäftsdrucksachen

Für den Bereich der Geschäftsausstattung gibt es eine Anzahl von DIN-Normen, die nicht als Dogma, sondern als Leitfaden zu verstehen sind, um den alltäglichen Gebrauch und die Praktikabilität zu optimieren. So gewährleistet z. B. die auf das Format A4 eingestellte Systematik (durch die Vorgabe eines 20 mm breiten Randes) ein unproblematisches Abheften der Dokumente. Oder: Die genaue Positionierung des Adressfeldes ermöglicht in der Folge die Verwendung von Briefhüllen mit Sichtfenster. Um zudem einen internationalen Qualitätsstandard zu gewährleisten, sind für die Konzeption einige Normen zu beachten, ansonsten sind die gestalterischen Mittel und Elemente frei wählbar.

Normbriefbogen nach DIN 5008 (Geschäftsbriefbogen)

Für Briefbögen legt die Norm DIN 5008 unter anderem die Position von Absender- und Anschriftenfeld fest. Diese ist an den Sichtfenstern der Briefhüllen des DIN C6 ausgerichtet. Man unterscheidet Form A und Form B. Diese unterscheiden sich hinsichtlich des oberen Randes (Form A: 27 mm; Form B: 45 mm) sowie der Position der Falzmarken (Form A: 87 mm und 192 mm; Form B: 105 mm und 210 mm).

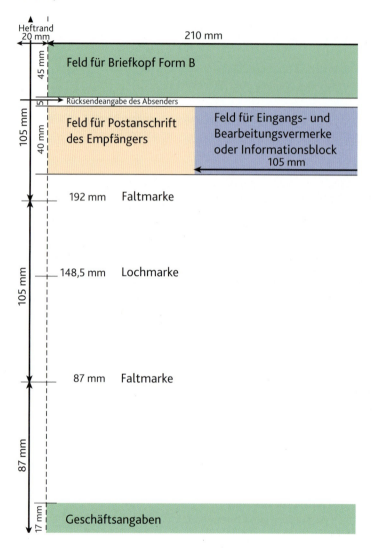

14.3 Karten

Im Bereich der Geschäftsdrucksachen gehören Visitenkarten zu den wichtigsten Corporate-Design-Elementen. Als Gestalter sollte man darüber hinaus die gängigsten Kartenarten und deren Anwendungsmöglichkeiten kennen.

14.3.1 Kartenarten

Folgende wesentliche Kartenarten werden unterschieden:

Kartenart	Beschreibung	Anwendung
Visitenkarte	etwa scheckkartengroße Karte mit Namen und Kontaktdaten einer Person, ggf. inkl. Firmenname	Erstkontakt auf Messen usw., aber auch im privaten Bereich gebräuchlich
Kreditkarte/ EC-Karte	Plastikkarte mit Magnetstreifen zum bargeldlosen Zahlungsverkehr	bargeldloses Zahlen in Geschäften, Restaurants, Hotels usw.
Karteikarte	kleine Karte zur geordneten Sammlung von (hand-)schriftlichen Daten	Zusammenfassung von Daten, z. B. Vokabeln, Lerninhalte in Schule und Studium usw.
Spielkarte	beidseitig bedruckte, rechteckige Kartonkarte mit abgerundeten Ecken. Bestehend aus Motivseite (unterschiedlich) und Rückseite (einheitlich)	z. B. Skat, Quartett, Rommé, Canasta
Eintrittskarte	Zugangsberechtigungsnachweis, i. d. R. nummeriert, aus bedrucktem Papier (evtl. mit Magnetstreifen/Chip)	Zugangsberechtigung/Eintritt zu Veranstaltungen jeglicher Art
Postkarte	Karte aus Papier zum Postversand ohne Umschlag (150–500 g/m^2)	kurze (Urlaubs-)Grüße und Mitteilungen
Einladungs- und Grußkarte	ein- oder mehrseitige, oft auch gefalzte Papierkarte zum Postversand mit Umschlag	Schriftliche Einladung zu Veranstaltungen und privaten Anlässen, Übermittlung von Grüßen zu Ereignissen

14.3.2 Kartenformate

Welche Formatvorgaben existieren für die unterschiedlichen Kartenarten?

Übersicht Kartenformate

Kartenart	Format in mm	Anmerkung
Visitenkarte	Standardformat: 85 x 55 Scheckkartenformat: 85 x 54 oder 86 x 54 DIN A8: 74 x 52 DIN C8: 81 x 57 oder anderes Format	Standard- und Scheckkartenformat sind gebräuchlich, andere Formate möglich
Kreditkarte/EC-Karte	85 x 54 (Eckradius ca. 2,5 mm) 86 x 54	
Karteikarte	DIN-A-Reihe: A8, A7, A6, A5	
Spielkarte	variabel, Skatblatt: 59 x 92 mm	abgerundete Ecken
Eintrittskarte	frei wählbar	
Postkarte	Länge: 140 bis 235 mm Breite: 90 bis 125 mm	Die Länge muss mindestens das $\sqrt{2}$-fache ($\approx$ 1,414) der Breite betragen.
Einladungskarte	frei wählbar	
Grußkarte	frei wählbar	

14.2.3 Postalische Normen

Briefe und Postkarten

Um Briefe und Postkarten mit digitalen Anschriftenlesegeräten schnell und reibungslos bearbeiten zu können, gibt es folgende postalische Normen: Die Freimacherzone muss rechts oben positioniert sein und misst vom oberen Rand 40 mm und von links 74 mm. Am unteren Rand ist ein Kodierraum von 15 mm über die gesamte Breite frei zu halten.

Für die Gestaltung der Akzidenzbereiche sind diese Vorgaben insofern von Bedeutung, als dass die gestalterisch nicht zur Verfügung stehenden Bereiche dennoch für das Gesamtbild des Corporate Identity berücksichtigt werden.

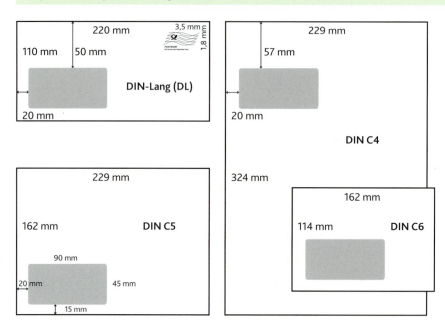

Maße der gängigen Briefhüllen

Faxbogen

Der Faxbogen kann entweder vorgedruckt oder ein Formular im Computer sein, das mit der Hand beschriftet, auf dem Computer beschrieben oder digital gefaxt wird. Die Gestaltung orientiert sich dabei in Grundzügen am Layout des Briefbogens, muss aber auf die spezielle Technik abgestimmt werden. Das Faxformular ist einfarbig schwarz, Tonwerte sind nicht mehr faxbar. Um Papiereinsparungen bei kurzen Mitteilungen zu ermöglichen, sollten alle Empfänger- und Absenderinformationen am Kopf des Formulars positioniert werden.

Bei der Schriftwahl empfiehlt sich für das gesamte Formular eine robuste, einfache Schriftart ohne Auszeichnungen, um auch bei niedrigen Faxqualitäten eine ausreichende Lesbarkeit zu gewährleisten. Auf Kursive, Schattierungen, fette Schnitte oder Unterstreichungen sollte also verzichtet werden. Zur Gliederung am besten geeignet sind horizontale einfache Linien. Rahmen, Grafiken oder Bilder werden beim Faxprozess oftmals verzerrt und sind daher nicht empfehlenswert. Ist aus Kostengründen kein extra Faxformular im Bereich der Geschäftskorrespondenz geplant, so sollten diese besonderen technischen Aspekte bereits bei der Gestaltung des Briefbogens berücksichtigt werden.

Visitenkarte

Als Teil des CD kommen bei der Visitenkarte die gleichen Gestaltungselemente wie beim Briefbogen zum Tragen. Anders als dort gibt es jedoch hinsichtlich Format oder Satzspiegel keine vorgegebenen DIN-Normen, das Format von 55 x 85 mm hat sich weitgehend etabliert, weil es als „Scheckkartenformat" universell zu archivieren ist. Auch hinsichtlich der Gestaltung – z. B. Hoch- oder Querformat – gibt es keine Norm. Oberste Priorität hat hier die Lesbarkeit der Kommunikationsdaten und die Auszeichnung des Ansprechpartners im Zusammenhang mit dem Unternehmen.

Hinsichtlich der Gestaltung ist die Visitenkarte eine Art „Superzeichen", denn gestalterisch ist das kleine und übersichtliche Format der Visitenkarte eine echte Herausforderung, bei der die gesamte Bandbreite gestalterischer Aspekte und Problemstellungen zum Einsatz kommen kann, will sie sich aus der Masse der Visitenkarten abheben. Um mit der vergleichsweise großen Menge an Text (Firmenname, Name, evtl. Titel, Adressen und Ziffern) gestalterisch attraktiv umzugehen, bedarf es eines kompetenten Umgangs mit den Gestaltungselementen und deren Gestaltgesetzen. „Weniger ist mehr" ist auch hier der beste Weg.

Aus der typografischen Schreckenskammer:
„Darf's ein bisschen mehr sein?"
Mindestens fünf Schriftarten kommen zum Einsatz, fragwürdige Formen semantischer Typografie konkurrieren mit verschiedensten Formen der Auszeichnung. Auch die Textblöcke folgen scheinbar dem Gesetz der Fliehkraft zum Rand hin in Ermangelung einer gestalterischen Linie.
Fazit: Bei Weitem kein Aushängeschild für eine Druckerei!

So doch bitte auch nicht:
Wo soll man zuerst hingucken? Diese Visitenkarte enthält zu viele, miteinander konkurrierende Elemente, die trotz der beiden vertikalen Linien nicht zu einer gestalterischen Einheit werden. Das Logo ist recht unmotiviert, d. h. ohne Bezug positioniert, das grafische Element ohne erkennbaren Sinn, es fehlt ein Satzspiegel, der die Textelemente zusammenhält.

So schon eher!
Diese Visitenkarte ist klar gegliedert:
Das Logo als zentrales Bildelement dient als Blickfang oder „Eyecatcher" und wird durch den Grauwert der Kontaktdaten als Flächenelement visuell ausgeglichen/aufgefangen. Die Proportion der Flächenaufteilung ist dabei am Goldenen Schnitt ausgerichtet worden. Alle Unternehmensinformationen sind gut lesbar und zwischen den Grafiken positioniert, durch Auszeichnungen hierarchisiert und eindeutig gegliedert.

Achsenbezüge, visuelles Gleichgewicht, richtige Auszeichnung und Gliederung – das alles sind formale Mittel der Flächengestaltung und der Typografie , die im Folgenden näher erläutert werden sollen. Welche davon für die Umsetzung der Geschäftsausstattung im Rahmen Ihres Kundenauftrags richtig und angemessen sind, richtet sich nach den Kommunikationszielen der Firma „Grün und Stein", die im CI und CD festgelegt sind.

14.7.4 Formale Mittel der Flächengestaltung

Vgl. LS 3, 10.3.2

Egal ob Sie einen Geschäftsbriefbogen, Visitenkarte, Faxbogen oder weiterführende Imagebroschüren oder Flyer gestalten wollen – die nun folgenden Grundlagen zur Komposition und zum visuellen Gleichgewicht aller benötigten Elemente auf der Fläche sollen Ihnen helfen, bessere, spannende und schnell erfassbare Medienprodukte zu gestalten. Basierend auf den Gestalt- und Wahrnehmungsgesetzen gibt es auch hinsichtlich der Flächengestaltung empirische Erfahrungswerte, die Sie kennen und bewusst einsetzen sollten.

Hoch oder Quer?
Diese Frage stellt sich im Kontext des Kundenauftrags nur für den Bereich der Visitenkarten und u. U. bei der Formatwahl von Flyern, da bei Brief- und Faxbögen das Hochformat durch die DIN 5008 standardisiert ist.

Vgl. LS 3, 11.3

Grundsätzlich gilt, dass wir aufgrund unserer Physiologie lieber quer als hoch sehen, denn das Blickfeld des Auges ist breiter als hoch und kann durch einfaches Kopfdrehen schnell verbreitert werden. Daher bildet das Querformat die uns vertraute Grundform, die stabil, ruhig und solide wirkt. Dreht man das Rechteck ins Hochformat, so dominiert plötzlich die vertikale Strebung: Unser Auge muss (im übertriebenen Fall) nach oben und nach unten blicken – es wird aktiv.

**Das Hochformat wirkt dynamischer, aktiver und frischer als das Querformat.
Das Querformat vermittelt Stabilität und Ruhe.**

14.6 DIN-Flächenkomposition

Allen Akzidenzbereichen liegt eine Flächenform zugrunde – also ein begrenztes Format, auf dem die inhaltlichen Elemente der Firmeninformationen (z. B. Textblöcke, Logo, Anschrift) Flächeneinheiten bilden und in Beziehung zueinander stehen. Die Gesamtfläche des Formates wird durch sie geteilt und gewichtet. Bei jeder Flächenteilung entstehen neue, kleinere Flächen, die in bestimmten Proportionen (z. B. im Goldenen Schnitt) und Hierarchien (visuelle Gewichtung) zueinander stehen und einen visuellen Spannungsbogen erzeugen. Diese Flächengliederung wird als **Komposition** bezeichnet und unterstützt die pragmatische Kernaussage des CI nonverbal.

Der Positionierung des Logos kommt dabei eine besondere Bedeutung zu. Diese ist zwar nicht genormt, wird oft aber pragmatisch durch die Funktion der Archivierung bestimmt: Beim Durchblättern eines Ordners fällt der Blick zuerst auf das obere rechte Viertel des Briefbogens – wird das Logo dort positioniert, können entsprechende Korrespondenzschreiben leichter gefunden werden.

14.6.1 Blickführung

Gestalten = strukturieren = gewichten = komponieren!

Eine gute Komposition kann und sollte die gesamte Kernaussage stützen und wirkungsvoller machen. Denn wie bereits in der vorhergehenden Lernsituation „Logogestaltung" im Zusammenhang mit der Kommunikationsfunktion bildnerischer Zeichen ausgeführt, wirkt die visuelle Gestaltung lange vor der inhaltlichen (textlichen) Aussage auf den Betrachter.

Visuelles Gewicht
Durch die bewusste Anwendung gestalterischer Mittel kann die Blickführung des Betrachters gezielt gelenkt werden – darin besteht die Kunst der Komposition. Im Folgenden dazu ein Überblick über die zentralen syntaktischen Mittel (Variablen) zur visuellen Gewichtung von Flächen.

Jedes Element einer Gestaltung wird durch Gewichtung in seiner Bedeutung verstärkt oder abgeschwächt. Alles hat also ein visuelles Gewicht: Dieses Phänomen kann bewusst in Kompositionen eingesetzt werden, um die Blickführung zu beeinflussen.

Syntaktische Mittel (Variablen) zur visuellen Gewichtung von Flächen:
Helligkeit • Form • Farbe • Größe/Proportion • Bewegung • Quantität • Qualität

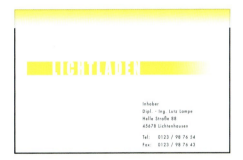

Vgl. LS 3, 10.4.1

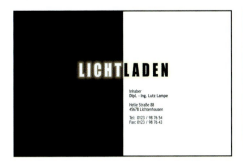
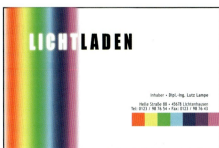

Analysieren Sie diese verschiedenen Visitenkarten-Varianten im Hinblick auf die Anwendung syntaktischer Mittel zur Gewichtung von Flächen. Nehmen Sie ebenfalls eine Bewertung vor.

14.6.2 Achsenbezüge

Damit die einzelnen Kompositionselemente zu einem geschlossenen Gesamteindruck werden und inhaltlich affine, d. h. ähnliche Bereiche in Bezug zueinander stehen, sollten sie Achsenbezüge aufweisen. Man unterscheidet dabei **virtuelle** und **faktische** (tatsächliche) Achsen. Zur Verdeutlichung sind die virtuellen Achsen in den nachfolgenden Abbildungen durch rote Linien visualisiert:

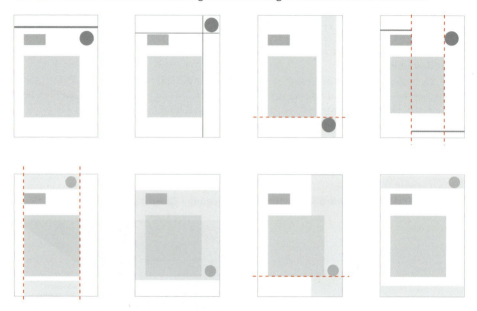

1. Betrachten Sie die visuelle Gewichtung der Elemente in den oben schematisierten Geschäftsbriefbögen: Welche erscheinen Ihnen zu voll, welche zu kopflastig?
2. Bei welchen „rutscht" das Logo (Kreiselement) aus dem Format heraus?

12 Gestaltungsprinzipien

Die Anordnung von Linien- und Flächenelementen, zu denen auch Texte und Bilder gezählt werden können, folgt nicht nur den bereits beschriebenen Gestaltgesetzen, sondern erfolgt nach bestimmten Ordnungsprinzipien, die im Folgenden vorgestellt werden sollen.

12.1 Symmetrie/Asymmetrie

Symmetrie ist sicher die einfachste Art, eine Balance zwischen den Gestaltungselementen durch Wiederholung gleicher Formelemente herzustellen. Dabei kann man wie in der Mathematik die **vertikale** und/oder die **horizontale Symmetrieachse** zur Spiegelung benutzen. Eine Gestaltung nach dem Ordnungsprinzip der Symmetrie wirkt klar, übersichtlich und sehr prägnant, kann aber auch schnell zu ausgeglichen, statisch und damit langweilig erscheinen. Etwas mehr Dynamik lässt sich mit der **Punktspiegelung** erzielen.

Lernsituation Geschäftsdrucksachen | 4

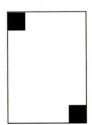 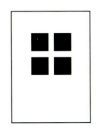 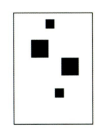

Eine **asymmetrische Gestaltung** ist vielleicht weniger stabil, wirkt jedoch origineller und lebendiger. Leichte Asymmetrien wirken oft natürlicher als die perfekte Symmetrie; zu starke Asymmetrien lassen die Bezüge zwischen den Elementen verloren gehen, sodass der Eindruck ungeordneten – und damit auch unkonzipierten – Chaos vermittelt werden kann. Die Asymmetrie ist demnach ein probates Mittel, um den Blick des Betrachters zu fangen, sie darf jedoch nicht zu viele Rätsel aufgeben!

perfekte Symmetrie *leichte Asymmetrie* *starke Asymmetrie/Chaos*

Die perfekte Symmetrie einer stilisierten Blume im linken Bild wirkt langweilig, die leichte Asymmetrie im mittleren Bild erzeugt Spannung und bringt Bewegung in die „Blumenform", während im rechten Bild der Bezug der Bildelemente zueinander aufgelöst ist und der Betrachter keine Blume mehr erkennt.

Symmetrische Kompositionen erscheinen eingängig und behaltenswirksam, aber dadurch auch eher langweilig.
Asymmetrische Kompositionen erscheinen spannungsreich und originell.

 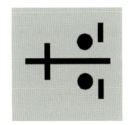 

vertikale Symmetrieachse *horizontale Symmetrieachse* *asymmetrische Darstellung*

Gesichter sind weitestgehend an einer vertikalen Symmetrieachse ausgerichtet. Es fällt uns daher aus dem Gesetz der Erfahrung heraus nicht schwer, in der linken Formanordnung ein Gesicht zu erkennen. Kippt man dieselbe Formanordnung auf die Seite in die Horizontale, sind die Bezüge zu Auge, Nase, Mund nur schwer herzustellen und einzuprägen.

Die asymmetrische Darstellung im rechten Bild verbindet die Wiedererkennbarkeit der vertikalen Ausrichtung mit einer spannungsreichen Flächenkomposition der Formelemente. Der Blick des Betrachters wird bei der asymmetrischen Darstellung besonders auf die „Augenpartie" gelenkt, da sich die unterschiedlich großen Augen in der Gestaltung gegenseitig verstärken.

12.2 Kontrast

Gegensätze erzeugen Spannungen!

Vgl. LS 3, 9.4.3

Der Kontrast ist ein grundlegendes, wenn nicht **das** wesentliche Prinzip der Gestaltung und kann auf alle Gestaltungselemente und deren visuelle Merkmale bezogen bzw. angewendet werden.

Kontraste trennen, grenzen ab, polarisieren und erzeugen Spannungen. Neben den bereits thematisierten Farbkontrasten gibt es Form-, Linien-, Helligkeits- und Materialkontraste, die wiederum hinsichtlich Quantität und Qualität kontrastieren können.

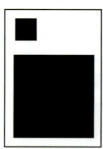  

12.3 Rhythmus/Takt

Akustischer Rhythmus

Beim Hören von Musik klopfen wir oft den Takt mit oder wippen mit dem Körper oder den Füßen im Rhythmus. Wie verhält es sich mit dem Rhythmus in der Gestaltung? Lässt sich auch auf einer Fläche so etwas wie eine zeitliche Ordnung in der Abfolge der Gestaltungselemente herstellen?

Rhythmus = Zeitliche Ordnung in der Abfolge von Tönen oder Bewegungen.

Musik wird überwiegend akustisch wahrgenommen, Bilder sprechen die visuelle Wahrnehmung an. Dementsprechend gibt es in der Musik den akustischen Rhythmus und in der Gestaltung den visuellen Rhythmus. Ebenso wie der akustische Rhythmus besteht der visuelle Rhythmus aus einer geordneten und zielgerichteten Abfolge gleicher oder ähnlicher Elemente.

Die rhythmisch gegliederte Abfolge von Gestaltungselementen ist ein modernes und dynamisches Gestaltungsprinzip. Rhythmus entsteht durch eine geordnete Wiederholung von grafischen Elementen. Ist die zugrunde liegende Ordnung und Abfolge zu statisch und regelmäßig, so wird aus dem Rhythmus ein Takt. Eine bestimmte Variationsbreite des Rhythmus ist demnach im Sinne einer dynamisch-rhythmischen Gestaltung vonnöten.

Visueller Rhythmus

Die wiederholte Verwendung von Bildelementen legt die Basis für den Rhythmus. Deren unterschiedliche Anordnung, Abstandsgestaltung sowie Proportion und Farbe sorgen für Veränderung.

Visueller Rhythmus = Geordnete Abfolge von Bildelementen in Variationen.

Visueller Rhythmus kann gleichmäßige oder sprunghafte Bewegung auf der Fläche erzeugen. Ein Leerraum oder sehr große Abstände stehen dabei für Ruhe. Gleichmäßigkeit in Form und Muster lässt den Rhythmus zum **Takt** werden. Starke Größen-, Farb- oder Abstandsänderungen markieren einen Rhythmuswechsel.

12.4 Reihung (Seriation)

Reihung bezeichnet die Aneinanderreihung von Einzelelementen nach dem Prinzip der Serie. Die Reihung kann entweder als Linienreihung (in einer Reihe und einer Richtung) oder als Flächenreihung in zwei Richtungen erfolgen.

Hauptsächlich wird die stetige und rhythmische Reihung unterschieden.

Stetige Reihung

> **Stetige Reihung** = Elemente gleicher Form und Größe werden in gleichen Abständen in einer oder mehreren Reihen seriell angeordnet.

Bei der stetigen Reihung können die Einzelelemente entweder seriell in unverändert regelmäßiger Abfolge, Größe und Abstand oder im versetzten Wechsel angeordnet werden. Durch unterschiedliche, stetig wiederkehrende Farbgestaltung kann eine Belebung des Musters erfolgen.

Eine stetige Reihung wirkt sachlich, neutral und schlicht. In flächiger Ausführung von Linien bildet sie ein Raster. Sie eignet sich besonders gut zur Bildung regelmäßiger Muster oder Module oder als einfaches Schmuckelement (z. B. Bordüre zur Randgestaltung des Druckproduktes). Damit die Reihung deutlich als solche zu erkennen ist und das beabsichtigte Muster erkennbar bleibt, dürfen die Abstände zwischen den Einzelelementen nicht zu groß sein.

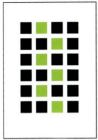 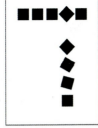 

Stetige Reihe   Seriation & Dynamisierung   Rhythmische Reihung

Rhythmische Reihung

> **Rhythmische Reihung** = Gleichmäßige, aber dynamisierte Anordnung von Elementen in Reihen mit Variation von Abstand, Form, Farbe, Größe oder Richtung.

Die rhythmische Reihung basiert auch auf der Regelmäßigkeit, doch gibt es viele Möglichkeiten, die regelmäßige Ordnung zu verändern und durch Wiederholung der veränderten Reihen einen dynamisierten Rhythmus zu erzeugen.

Die Veränderung kann z. B. als fließender Übergang in Form einer **Stufung**, aber auch durch die Verwendung von **Gegensätzen** in Form, Farbe, Größe usw. erfolgen. Ferner kann die rhythmische Reihung auch eine Richtungs- oder Lageänderung beinhalten.

Rhythmische Reihungen bringen Bewegung in die Gestaltung, ohne unruhig zu wirken. Durch die Ausbildung regelmäßiger Bandmuster im Wechsel mit unregelmäßigen Flächenmustern bilden sie die Basis für Ornamente.

Muster und Rapport

Sich wiederholende stetige oder rhythmische Reihungen auf einer Fläche bilden Muster aus, deren kleinste modulare Grundeinheit, der sogenannte **Rapport**, nicht mehr als solcher erkennbar ist. Dabei kommt es oftmals zu einem spannungsreichen Wechsel des Figur-Grund-Verhältnisses.

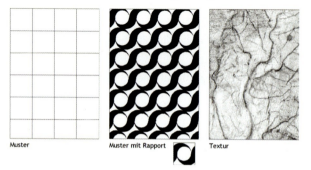

Muster   Muster mit Rapport   Textur

Muster, die den inneren Aufbau eines Gefüges/Materials darstellen, werden als **Struktur**[1] bezeichnet, die haptisch und visuell erfahrbare Oberflächenbeschaffenheit von Materialien hingegen bezeichnet man als **Textur**. Wird diese durch manuelle oder maschinelle Bearbeitung, z. B. bei der Papierherstellung oder bei der Veredelung von Holzoberflächen, in ihrer Erscheinungsform verändert, so spricht man von der **Faktur** der Materialoberfläche.

12.5 Kombinatorik

Mithilfe des Gestaltungsprinzips der Kombinatorik können Bild- oder Formelemente, die im Rahmen eines Medienproduktes zur Anwendung kommen sollen, nach einem nachvollziehbaren und logischen System in wechselnden Zusammenstellungen kombiniert werden. Dabei gibt es drei verschiedene Arten des Vorgehens: Die Kombination, die Permutation und die Variation.

Permutation

Die Permutation beschreibt das Vertauschen von Einzelelementen in einem Grundmodul. Durch Veränderung der Position aller Elemente innerhalb des Moduls entsteht eine errechenbare Anzahl von Kombinationsmöglichkeiten. In unten angeführtem Beispiel gibt es vier Elemente a, b, c und d, die miteinander kombiniert werden können, ohne dass sich eine Kombination wiederholt.

Formel: Vier Elemente = 1 · 2 · 3 · 4 = 24 Kombinationen.

---

[1] Die Differenzierung der Begriffe „Struktur", „Textur" und „Faktur" geht auf den Bauhaus-Künstler Lazlo Moholy-Nagy zurück.

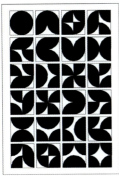  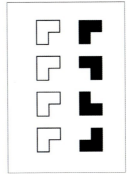

Permutation Variation Kombination

Variation

Die Variation ist eine Form der Permutation, bei der die Anzahl von Elementen sowie die Anzahl der möglichen Wiederholungen definiert wird. In unserem Beispiel wird ein Element vier Mal durch Winkelveränderungen modifiziert und wiederholt. Die Anzahl der Variationen kann ebenfalls durch eine Formel bestimmt werden:
Anzahl der Elemente = miteinander multipliziert = n! (n-**Fakultät**)
Anordnungsmöglichkeiten: n! = 1 · 2 · 3 · ... · n

Kombination

Dieses Verfahren bietet sich an, um ein Element in seiner Erscheinungsform zu verändern, ohne den Bezug zum Original zu verlieren. Dies ist beispielsweise bei der Erstellung von Piktogrammen für eine bestimmte Produktlinie wichtig, bei der das Logo des Unternehmens Ausgangspunkt der Gestaltung sein soll. In oben angeführtem Beispiel werden die Kombinationen durch Verschieben, Spiegeln, Drehen und Drehspiegeln (v. o. n. u.) erzielt.

1. Betrachten Sie den Entwurf zur CD-Stecktaschen-Gestaltung für die Band „FunkeLakeBosa".[1]
2. Nennen und erläutern Sie die der Gestaltung bzw. dem Layout zugrunde liegenden Gestaltungsprinzipien.
3. Wenn Sie von der Gestaltung des Covers auf die Musik schließen – wie hört sich die Musik von „FunkeLakeBosa" an?
Beschreiben Sie Ihren Eindruck auf Basis der Pragmatik der eingesetzten Gestaltungsmittel.

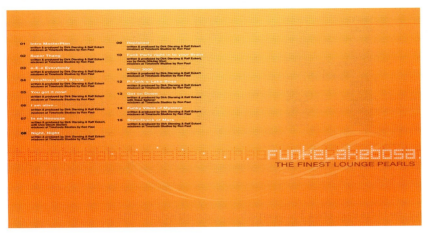

---

[1] Schülerarbeit von Andreas Besl im Rahmen des 18. Gestaltungswettbewerbes des Verbandes Druck und Medien, VDM: Entwicklung von Stecktasche und CD-Label für die Musik-CD der Band FunkeLakeBosa.

14.4 Optische Mitte

Entscheiden Sie sich bei der Gestaltung Ihrer Akzidenzbereiche für eine symmetrische, auf die Mitte ausgerichtete Gestaltung, so müssen Sie beim Layouten zwischen der optischen und der geometrischen Mitte unterscheiden!
Betrachten Sie hierzu die folgenden Abbildungen:

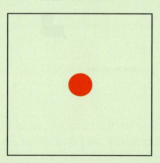 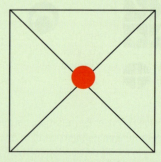

Die linke Kreisform ist exakt nach der geometrischen Mitte ausgerichtet, erscheint aufgrund der Erfahrung mit den Gesetzen der Schwerkraft aber als tendenziell zu tief positioniert. Die rechte Kreisform hingegen befindet sich auf der optischen Mitte – der Wahrnehmung von „mittig" mittels Augenmaß.

Dieses Wahrnehmungsphänomen basiert auf empirischen Untersuchungen von Gerhard Braun,[1] bei denen Probanden die Mitte einer quadratischen Fläche nach Augenmaß deutlich über der „richtigen", geometrisch konstruierten Mitte ansetzten. Die optische Mitte liegt ungefähr 3 % über der geometrischen Mitte. Der Versuch macht deutlich, dass die Wahrnehmung und speziell das Sehen anderen Gesetzen unterliegt als die Geometrie.

Das Phänomen der optischen Mitte kommt in der täglichen Praxis des Gestalters beim sogenannten **„optischen Ausgleich"** zur Anwendung: Zum einen um spannungsreiche und gut proportionierte Layouts zu gestalten, zum anderen beim typografischen Ausgleich von Buchstabenabständen. Schriftgestalter müssen die optische Mitte in ihrer gestalterischen Konzeption ebenfalls beachten, wie das Beispiel des Buchstaben „H" zeigt:

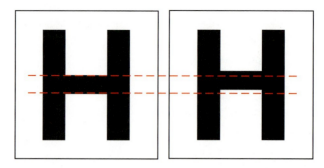

Die visuelle Schwerkraft erzeugt ein Gefühl der Unausgeglichenheit hinsichtlich der geometrisch ausgerichteten, symmetrischen Konstruktion (Abb. rechts).

**Die optische Mitte liegt etwa 3 % oberhalb der geometrischen Mitte.
Sie wirkt gestalterisch „richtiger" und spannungsreicher.**

---

[1] Gerhard Braun: Grundlagen der visuellen Kommunikation. Bruckmann Verlag, München, 1993

14.5 Goldener Schnitt

Wenn man mehreren Menschen eine Auswahl von Formen zur Beurteilung der Proportionen vorlegt, wird der größere Teil der Befragten dieselbe Darstellung bevorzugen. Warum, werden die wenigsten begründen können. Der Gesamteindruck einer Fläche, einer Figur oder eines Layouts wird von Zusammenhängen bestimmt, die man nur selten bewusst wahrnimmt. Es muss also trotz individueller Betrachtungsweisen ein übereinstimmendes Empfinden der „guten Gestalt" geben und Größenverhältnisse, die man allgemeingültig als harmonisch anerkennt. Dies trifft auf den sogenannten „Goldenen Schnitt" zu.

Vgl. LS 3, 11.3.2.6

Der Goldene Schnitt wurde in der Antike erdacht, um eine zuverlässige Richtlinie für harmonische Proportionen zu haben. Die Aufteilung einer Linie im Verhältnis von ungefähr 8:13 bewirkt, dass die Beziehung zwischen dem längeren und dem kürzeren Teil dieselbe ist wie die des längeren Teils zur gesamten Linie. Formen mit den Proportionen des Goldenen Schnitts erzeugen einen gefälligen Eindruck.

Dasselbe Verhältnis findet sich in einer Zahlenreihe, die man Fibonacci-Reihe nennt. Dieses Zahlenverhältnis kann man in der Natur beim Wachstumsmuster von Pflanzen und in den Gehäusen einiger Tiere beobachten. Möglicherweise ist das Vorkommen in der Natur der Grund für die Gefälligkeit dieser Proportion.

Im Bereich der Grafik ist der Goldene Schnitt die Grundlage für einige Papiermaße. Das Prinzip kann jedoch auch darüber hinaus zum Erzielen einer ausgewogenen Komposition verhelfen.

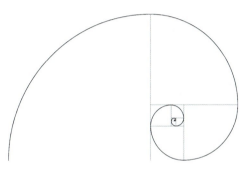

Fibonacci-Spirale bei einer Schnecke: Verlauf einer Spirale nach der Unterteilung im Goldenen Schnitt

Konstruktion des Goldenen Schnittes nach Euklid:
Der Goldene Schnitt ist die, bereits von Euklid (griechischer Mathematiker um 300 v. Chr.) in seinen „Elementen" formulierte, Teilung einer Strecke (AB) durch einen Punkt (S) in der Art, dass sich die kleinere Teilstrecke (SB) zur größeren (AS) verhält wie diese zur Gesamtstrecke. Das ergibt, in angenäherten Zahlen ausgedrückt, eine stetige Folge, bei der immer die beiden letzten Glieder addiert werden (3, 5, 8, 13, 21, 34). Geht man von der gegebenen Strecke (AB) aus, dann ist der größere Teil 1,6 mal größer als die bekannte, eine Teilung durch 1,6 ergibt dementsprechend die kleinere Strecke.

1. Errichte auf der Strecke AB im Punkt A eine Senkrechte der halben Länge von AB mit dem Endpunkt C.

2. Der Kreis um C mit dem Radius $\overline{CB}$ schneidet die Verlängerung von AC im Punkt D.

3. Der Kreis um A mit dem Radius $\overline{AD}$ teilt die Strecke AB im Verhältnis des Goldenen Schnittes im Punkt S.

Bei diesen beiden Beispielen spricht man von einer *inneren Teilung* der Ausgangsstrecke AB.

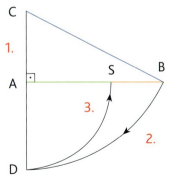

Der Goldene Schnitt wird als harmonisches Maßverhältnis empfunden und wurde bei Kunstwerken sowie in der Architektur vor allem in der Antike und der italienischen Renaissance angewandt.

 An der Fassade der Kirche Santa Maria Novella, Florenz, 15 Jh., kann man z. B. Albertis Gebrauch des Goldenen Schnitts ablesen.

Basilica di Santa Maria Novelle in Florenz, Italien

 Der Architekt Le Corbusier hat 1946 die Maßordnung „Modulor" erstellt, mit der sich die Proportionen der menschlichen Gestalt dem Verhältnis des Goldenen Schnitts annähern und auf die Architektur anwenden lassen.

Bei der Flächenaufteilung und Komposition der Akzidenzbereiche für den vorliegenden Kundenauftrag kann der Goldene Schnitt als Orientierung für eine harmonische, aber gleichzeitig spannungsreiche Anordnung der Gestaltungselemente dienen. Dabei kann die Flächenaufteilung entweder errechnet oder – weniger dogmatisch angewandt – über das Verhältnis 2:1 dem Harmonieprinzip angenähert werden.

1. Welche Figur hat Ihrem Gefühl nach das harmonischste Proportionsverhältnis?
2. Welche ist nach dem Goldenen Schnitt geteilt?

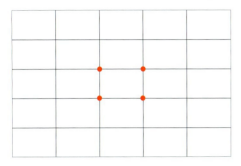

Teilt man ein Format, z. B. eine Visitenkarte, der Breite und Höhe nach in fünf gleiche Strecken, so erhält man Schnittpunkte, die annähernd dem Goldenen Schnitt entsprechen. So kann man sich eine sehr gute Orientierung – quasi ein Raster – für die Platzierung der einzelnen Gestaltungselemente schaffen.

Alle Akzidenzbereiche haben eines gemeinsam: Sie kommunizieren in erster Linie über Schrift. Dabei kann über die Gestaltung mit Schrift – die Typografie – wesentlich dazu beigetragen werden, die für den Kundenauftrag bedeutsamen Inhalte lesefreundlich und überzeugend im Sinne des Kommunikationsziels (CI) darzustellen.

Im Folgenden werden einige wichtige Grundregeln zum Umgang mit Typografie exemplarisch auf die Bereiche der Geschäftsdrucksachen bezogen erläutert.

15 Typografie
15.1 Grundlagen der Typografie

Eine reibungslose Kommunikation bedarf klarer und eindeutiger Schriftzeichen. Wollen Sie mit Handzetteln und Flyern eine bestimmte Zielgruppe erreichen – mit ihr auf diesem Wege kommunizieren – so ist es wichtig, die angemessene Typografie im Sinne der richtigen Zeichenwerkzeuge einzusetzen.

Daher erfolgt zunächst eine kurze Übersicht über die Wirkungsweise von Schrift und die wichtigsten Merkmale von Schrifttypen.

4 | Lernsituation Geschäftsdrucksachen

15.1.3 Schriftart und -wirkung

1	Glas	Beton	Sekt	Aktie
2	**Glas**	**Beton**	**Sekt**	**Aktie**
3	*Glas*	*Beton*	*Sekt*	*Aktie*
4	**Glas**	**Beton**	**Sekt**	**Aktie**
5	Glas	Beton	Sekt	Aktie
6	**Glas**	**Beton**	**Sekt**	**Aktie**
7	GLAS	BETON	SEKT	AKTIE
8	*Glas*	*Beton*	*Sekt*	*Aktie*
9	Glas	Beton	Sekt	Aktie
10	*Glas*	*Beton*	*Sekt*	*Aktie*

1. Beschreiben Sie kurz die Charakteristik von Glas, Beton, Sekt und Aktie und ordnen Sie anschließend eine jeweils passende Schrift zu.

2. Welche Schriftart transportiert den jeweiligen Charakter am besten? Begründen Sie Ihre Aussage.

3. Welche Assoziationen und Charakteristiken verbinden Sie mit dem im Briefing für den Handzettel dargestellten Konzert? (Siehe LS 7, S. 440.)

Schrift kann passend oder unpassend sein, denn sie transportiert durch ihren eigenen Charakter immer auch eine Botschaft zwischen den Zeilen und intendiert (oder negiert) eine bestimmte Aussage. Die Wirkung einer Schrift wird dabei bestimmt durch ihr formales Erscheinungsbild, also nach dem Formprinzip der Schriftkonstruktion und deren Eigenarten und Details (Serifen, Strichstärken, Strichdicken-Achse usw.).

Je größer eine Schrift benutzt wird, umso prägnanter kommen ihre jeweiligen Eigenschaften zum Tragen.

1. Einige Schriften haben so starke Eigenschaften, dass man sie nur als sogenannte „**Auszeichnungsschriften**" für Headlines, Displayschriften oder als Eyecatcher verwenden kann.
2. Eine zweite Gruppe von Schriften bilden die sogenannten „**Brotschriften**"[1] für Mengentexte, bei denen die Lesbarkeit im Vordergrund steht.
3. Eine dritte Gruppe bilden die Schriften, die über ihren starken Ausdruckswert **identitätsstiftend** wirken können und sich somit speziell als Hausschrift im Rahmen eines CI (Corporate Identity) eignen.

www.dafont.com

Wie aber sucht man die passende Schrift unter Tausenden von Schriften aus, die heutzutage im DTP zur Verfügung stehen? Die manuellen oder elektronischen Schriftenverwaltungen sind zumeist alphabetisch und nicht nach Wirkung der Schrift geordnet. Der typografische Gestalter muss daher sein Auge schulen und Unterschiede sowie Gemeinsamkeiten verschiedener Schriften erkennen lernen, anhand derer sie sich in Gruppen einteilen lassen. Diese Klassifikationen verfügen über die gleichen Stilmerkmale und rufen ähnliche Assoziationen hervor, sodass die Suchkriterien erheblich eingeschränkt werden können.

Um die **Klassifikation der Schriften** leichter nachvollziehen zu können, ist es sinnvoll, bestimmte Fachbegriffe der Anatomie von Buchstaben zu beherrschen. Man kann in der Typografie zwar ganz gut überleben, wenn einem nur die wichtigsten Begriffe geläufig sind, aber für den professionellen Umgang ist es wie in der Musik: Man braucht die Theorie nicht unbedingt, um gut Musik spielen zu können. Es erleichtert aber die Kommunikation mit den Kollegen, wenn man weiß, was ein A oder ein D-Major-7-Akkord ist. Und wie in der Musik die Schulung des Ohrs elementar ist,

---

[1] Mit dem Satz von Büchern, Zeitungen, o. Ä. in gut leserlichen Schriften – Vertreter der Römischen Serifenschriften laut DIN 16 518 von 1998 – verdienten die Setzer früher ihr Brot bzw. den Hauptanteil ihres Lohns.

kommt man in der Typografie ebenso wenig um die Schulung des Auges herum. Daher sollen im Folgenden die wichtigsten **Bestandteile der Buchstaben** (Lettern) und deren Bezeichnung vorgestellt werden.

Typografische Fachbegriffe

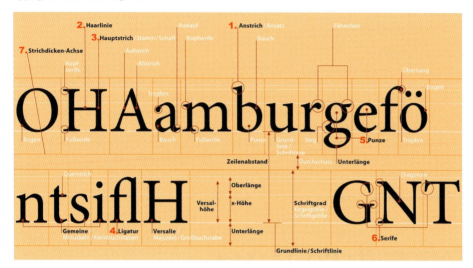

1. Der **Anstrich** entstand beim Schreiben mit der Feder durch das Ansetzen des Schreibwerkzeugs. Die Form der Anstriche ist ein zentrales Kennzeichen zur Zuordnung einer Antiqua-Schrift zu einer bestimmten Schriftgruppe.
2. Als **Haarlinien** werden die waagerechten Linien und Querbalken der Lettern bezeichnet. Durch den Einsatz der Feder beim Schreiben entstanden Strichstärken-Unterschiede zwischen Waagerechten und Senkrechten ganz automatisch. Dieser Duktus wurde von den frühen Stempelschneidern zur Entwicklung der Antiqua übernommen. Der Unterschied zwischen Haarlinien und Hauptstrich ist eines der wichtigsten Merkmale, um Schriftgruppen zu bestimmen.
3. Der **Hauptstrich** (auch Grundstrich genannt) ist der „Gegenspieler" der Haarlinie und verläuft senkrecht.
4. Von **Ligaturen** spricht man, wenn zwei Buchstaben zu einem einzigen verschmelzen. Beispielsweise stellt das deutsche ß eine Ligatur aus langem s und z dar. Am häufigsten sind die Ligaturen fl, ffl, fi, ffi und ch, ck – diese sind standardmäßig in jedem besseren PostScript-Zeichensatz enthalten.
5. Als **Punzen** bezeichnet man die umschlossenen Innenräume des Buchstabenbildes bei Buchstaben wie A, B, e oder d.
6. Die **Serifen** sind wahrscheinlich aus den Ansätzen beim Meißeln der römischen „Quadrata Monumentalis" sowie aus dem Ansatz beim Schreiben mit der Feder entstanden. Durch die Serifen entsteht eine virtuelle Grundlinie, die die Lesbarkeit unterstützt.
7. Die **Strichdicken-Achse** gehört zu den Charaktereigenschaften einer Schrift. Sie ist ein entscheidendes Merkmal, um sie einer Schriftgruppe zuzuordnen. So weisen die frühen Antiqua-Schriften meist eine starke Neigung der Achsen auf.

15.1.2 Schriftklassifikation

International
Eine globale Einigung erscheint ob der unterschiedlichen Kulturkreise auch typografisch sehr schwierig. So ist z. B. im anglo-amerikanischen Raum die Klassifizierung des Franzosen **Maximilian Vox** ein Standard, der nach einer historischen Einteilung vorgeht. 1967 wurde diese Klassifizierung zum **British Standard** zementiert.

Nach DIN 16 518
Auch in Deutschland blieb eine Standardisierung nicht aus. Diese wurde vom Deutschen Institut für Normung vorgenommen, 1964 als DIN 16 518 herausgegeben und hinsichtlich der Bezeichnungen am Modell von Vox angelehnt, auch wenn die Bezeichnungen im Deutschen anders sind. Der Fokus wird dabei auf die Antiqua-Schriften gelegt, die 4 von 11 Gruppen ausmachen. Die Einordnung der Schriften erfolgt zum einen nach geschichtlichen Gesichtspunkten, zum anderen nach formalen Kriterien im Sinne von Stilmerkmalen und erfordert in Bezug auf die Zuordnung einzelner Schriften eine Menge schrifthistorischen Wissens. Diese Klassifizierung beurteilt weder die Lesbarkeit noch den Einsatz einer Schrift. Zunächst ein Überblick über die einzelnen Gruppierungen.

Gruppe 1   Venezianische Renaissance Antiqua (seit ca. 1470)

Stilelemente

Strichstärken
wenig differenziert

Berkley Old Style

Serifen
Kehlung ausgerundet, dünn

Anstrich | e-Querstrich
meist sehr schräg | schräg

Symmetrieachse
stark nach links geneigt

Merkmale

Die Renaissance-Antiqua ist aus der humanistischen Minuskel hervorgegangen und hat ihre Form durch das Schreiben mit der schräg angesetzten Breitfeder erhalten. Diese bedingt die Schräglage der Rundungen. Auffallend ist eine deutliche Differenzierung zwischen Groß- und Kleinbuchstaben sowie ein spannungsvolles und leichtes Schriftbild, da es damals noch keine fetten Schnitte gab.

Neben dem Aussuchen von geeigneten Schriften steht der Mediengestalter auch oft vor der Aufgabe, eine vorliegende Schrift zu erkennen bzw. in die entsprechende Gruppe einzuordnen. Bei der Venezianischen Renaissance Antiqua sticht vor allem ein Merkmal heraus: der schräge Querstrich beim kleinen „e". Dieser taucht in dieser Form in keiner anderen Schriftgruppe auf.

Beispiele: ITC Berkley Old Style / Guardi / Stempel-Schneider

Gruppe 2   Französische Renaissance Antiqua (seit ca. 1550)

Merkmale

Die französische Variante gleicht in Bezug auf ihre Herkunft und den Eigenschaften der venezianischen. Sie wirkt jedoch viel solider und vermittelt insgesamt ein ruhigeres Schriftbild. Ihre Varianten eignen sich durch ihre harmonisch angesetzten Serifen gut als Leseschriften.

Innerhalb der Französischen Renaissance Antiqua gibt es bereits Schriftfamilien, die über Kursive, Kapitälchen und Mediävalziffern verfügen. Bei beiden Schriftgruppen (Venezianischer und Französischer Renaissance Antiqua) ist die Symmetrieachse nach links geneigt. Der Strichstärkenkontrast ist relativ gering. Sie eignen sich sehr gut für den Fließtext in Büchern, Anzeigen oder Flyern.

Stilelemente

Strichstärken
etwas stärker differenziert

Garamond

Serifen
Übergang stark ausgerundet

Anstrich und e-Querstrich
waagerecht

Symmetrieachse
leicht nach links geneigt

Beispiele: Bembo / Garamond / Minion

Gruppe 3   Barock Antiqua (seit ca. 1700)

Merkmale

Die Barock-Antiqua steht unter dem Einfluss des Kupferstichs, der im Barock maßgeblichen Reproduktionstechnik. Kennzeichnend für sie ist der deutliche Kontrast zwischen Grund- und Haarstrich.

Die Barock Antiqua wird auch als „Übergangsantiqua" bezeichnet, da ihre Merkmale vielfach fließend zwischen Renaissance und Klassizistischer Antiqua anzusiedeln sind. Als bekanntester Vertreter der Barock Antiqua gilt die Times, die erstmals für die Londoner Zeitung Times erstellt wurde. Die Symmetrieachse ist gegenüber Schriftgruppe 2 weniger nach links geneigt, der Strichstärkenkontrast ist stärker ausgeprägt. Der Unterschied von Mittellänge zu Oberlänge ist weniger ausgeprägt als bei den beiden Schriftgruppen zuvor. Dies macht die Barock Antiqua zu einer angenehmen Leseschrift für Mengentext (z. B. Zeitung).

Stilelemente

Strichstärken
deutlich differenziert

Times

Serifen
schwächer ausgerundet

Anstrich und e-Querstrich
waagerecht

Symmetrieachse
leicht nach links geneigt
oder senkrecht

Beispiele: Baskerville / Bookman / Concorde / Caslon

Gruppe 4   Klassizistische Antiqua (seit ca. 1800)

Stilelemente

Strichstärken
sehr stark differenziert
kontrastreich

Didot

Serifen
keine Kehlung
oder kaum sichtbar

Anstrich und e-Querstrich
waagerecht

Symmetrieachse
senkrecht

Merkmale

Die klassizistische Antiqua steht den Kupferstecher-Schriften besonders nahe und erhielt ihre Form durch die Spitzfeder, die starke Kontraste in der Linienstärke erzeugt. Ihr klares und konstruiert wirkendes Erscheinungsbild steht im Zeichen der Aufklärung im Zuge der Französichen Revolution. Die strenge Eleganz ist gekennzeichnet durch die dünnen und waagerechten Serifen, die beim Druck oft wegzubrechen drohten.

Die Klassizistische Antiqua ist an ihren geraden, feinen Serifen zu erkennen. Der Dachansatz weist einen Winkel von 90° auf.
Von den Schriftgruppen 1–4 ist der Strichstärkenkontrast bei der Klassizistischen Antiqua am deutlichsten. Die Symmetrieachse ist senkrecht. Sie findet vor allem Verwendung im Bereich Headline und Logo.

Beispiele: Bodoni / CENTENNIAL / Modern / Walbaum

Prägnante Merkmale
Von Gruppe 1–4 ändert sich die Symmetrieachse von einer ausgeprägten Linksneigung zur Senkrechten. Der Strichstärkenkontrast ist bei Gruppe 1 am schwächsten, bei Gruppe 4 am deutlichsten zu erkennen.

Gruppe 5   Serifenbetonte Linear Antiqua (seit ca. 1815)

Merkmale

Schriften dieser Gruppe wurden im Zeichen der industriellen Revolution und dem Aufkommen von Massenmedien wie Plakaten entwickelt. Um in Werbung und Headlines aufzufallen, brauchte es ein markantes Schriftbild. Die Haar- und Grundstriche der serifenbetonten Linear-Antiqua unterscheiden sich meist wenig in der Dicke oder sind sogar linear. Auffälligstes Merkmal aller serifenbetonten Linear Antiqua ist eine auffallende Betonung der Serifen, die z. T. kuriose Formen annahm, wie bei einigen Western-Deko-Schriften.

Diese Schriftgruppe lässt sich in Egyptienne, Clarendon und Italienne unterteilen. Die Vertreter dieser Schriftgruppe sind vielfältig für Headline- und Logogestaltung sowie im Bereich von Akzidenzen bis hin zum Buch und Zeitungen einsetzbar.

Stilelemente

Strichstärken
stark differenziert oder gleich stark

Rockwell

Serifen
stark betont, keine Kehlung, identische Stärke zum Grundstrich

Anstrich und e-Querstrich
waagerecht

Symmetrieachse
senkrecht

Beispiele: Glypha / Memphis / Lubalin Graph / Caecilia

> Der Beiname Egyptienne nicht nur für eine Untergruppe, sondern für die gesamte Schriftgruppe entstand im 19. Jahrhundert zur Zeit der „Ägyptomanie" – Napoleon brachte dieses „Fieber" nach Europa. Der gerade entstandenen Schriftform gab man diesen Namen, obwohl sie keinesfalls ägyptisch anmutet.

Die Rockwell ist ein klassisches Beispiel für die Gruppe der **Egyptienne-Schriften**:

Hamburgefonts

Die Untergruppe der **Clarendon** ist wesentlich runder und weicher:

Hamburgefonts

Deutlich zu erkennen ist bei der Untergruppe Italienne-Schriften die Betonung der Serifen. Bekannt sind diese Schriften aus dem „Wilden Westen". Die ausgeprägten Serifen sollten in dieser Zeit das hohe Selbstbewusstsein der „Westmänner" betonen.

Hamburgefonts

Gruppe 6 Serifenlose Linear Antiqua (seit ca. 1815)

Ein Teil der zur serifenlosen Linear Antiqua zählenden Schriften ist in der Strichdicke vorwiegend oder sogar optisch ganz einheitlich. Bei einem anderen Teil dieser Schriftgruppe unterscheiden sich die Strichdicken erheblich. Daher ist es sinnvoll, diese Gruppe in **vier Untergruppen** zu unterteilen:

Stilelemente

Strichstärken
nicht oder kaum differenziert

Arial

Serifen
keine

Anstrich | e-Querstrich
keiner | waagerecht

Symmetrieachse
senkrecht

Merkmale

Grotesk-Schriften mit klassizistischem Charakter:
Der Begriff »Grotesk« rührt daher, dass der sachlich anmutende Charakter der ersten serifenlosen Schriften als lächerlich, seelenlos – eben grotesk empfunden wurde. In Anlehnung an die klassizistische Antiqua wirkt das gesamte Schriftbild sehr statisch und bildet einen relativ einheitlichen Grauwert.

Beispiele: Univers / Arial / Imago / Akzidenz Grotesk

Stilelemente

Strichstärken
etwas differenziert

Meta

Serifen
fehlen

Anstrich | e-Querstrich
schräg | waagerecht

Symmetrieachse
gering nach links geneigt

Merkmale

Sans-Serif-Schriften mit Renaissance Charakter:
Diese Schriften sind von den Renaissance Antiqua Schriften abgeleitet. Das gesamte Schriftbild wirkt eher dynamisch, organisch und bildet einen weniger einheitlichen Grauwert als bei den klassizistisch abgeleiteten Grotesk.

Beispiele: Helvetica / FF Meta / Frutiger / Lucida Sans

Merkmale

»Amerikanische Grotesk«:
Bezeichnend für die sogenannte »amerikanische Grotesk« sind ihre sehr großen Mittellängen. Typische Schriften dieser Untergruppe wie die Franklin Gothic wirken oft funktionalistisch kalt und sind in Mengentexten oftmals schlecht lesbar.

Beispiele: Franklin Gothic / Vectora / Kabel

Stilelemente

Strichstärken
etwas differenziert

New Gothic

Serifen
fehlen

Anstrich | e-Querstrich
waagerecht | waagerecht und schräg

Symmetrieachse
senkrecht o. kaum geneigt

Merkmale

Konstruierte Schriften
Das funktionalistische Denken zu Anfang des 20. Jahrhunderts (Bauhaus) verlangte nach einfachen, konstruierten Schriften ohne handschriftlichen Bezug. Buchstaben dieser Gruppe bestehen ausschließlich aus geometrischen Grundformen. Die 1928 von Paul Renner konstruierte *Futura* ist mit ihren fast gleichstarken Strichstärken streng konstruiert und gilt als wichtigster Vertreter dieser Untergruppe.

Beispiele: Futura / Bauhaus / Eurostile

Stilelemente

Strichstärken
nicht sichtbar differenziert

Avant Garde

Serifen
fehlen

Anstrich | e-Querstrich
keiner | waagerecht

Symmetrieachse
senkrecht

Gruppe 7   Antiqua-Varianten

Stilelemente

Copperplate

Desdemona

Stencil

Blur

Merkmale

Zu den Varianten gehören alle Antiqua-Schriften, die den verbleibenden Gruppen nicht zugeordnet werden können, weil ihre Strichführung vom Charakter dieser Gruppen abweicht. Kern dieser Gruppe bilden die sogenannten Deko-Schriften, die mit Effekten aller Art spielen. Im Zuge des DTP ist die Vielzahl und Vielfalt von Schriften nahezu unerschöpflich. Ohne eine weitere Einteilung kann man daher den Varianten nicht gerecht werden.

Gruppe 8   Schreibschriften

Stilelemente

Edwardian Script

Lucida Handwriting

Zapfino

Caflisch Script

Merkmale

Hierzu zählt man zu Drucktypen gewordene „lateinische" Schul- und Kanzleischriften, die wie handgeschrieben oder kalligrafisch „gezeichnet" aussehen.

Schreibschriften lassen das Schreibgerät – z. B. einen Füller mit feiner Feder – erkennen. Ihr Merkmal sind außerdem die zusammenhängenden Buchstaben. Aufgrund ihres persönlichen Charakters werden die Schreibschriften – und auch die Handschriftliche Antiqua – für edle Produkte, einen Slogan oder eine entsprechend edel anmutende Gestaltung verwendet.

Gruppe 9 Handschriftliche Antiqua

Merkmale

Diese Schriften kommen von der Antiqua oder deren Kursiv und wandeln das Alphabet handschriftlich in persönlicher Weise ab. Dieser Eindruck wirkt oftmals etwas bemüht, da eine echte Handschrift niemals durchgehend gleiche Buchstabenformen aufweist.

Stilelemente

Harrington

Spumoni LP

Mistral

Marker Felt

Gruppe 10 Gebrochene Schriften

Merkmale

Die Sammelgruppe für alle gebrochenen Schriften, die ihren Namen dem Duktus des Schreibens mit der Bandzugfeder verdanken. Die Nationalsozialisten setzten eine stark vereinfachte Form der Gotik als „deutsche Schriften" ein. Gebrochene Schriften werden heute nur noch sparsam verwendet und es empfiehlt sich aus o. g. Gründen sie nur dann zu verwenden, wenn ein inhaltlich klarer traditioneller Bezug besteht.

Diese Gruppe wird so wie die Antiqua in Untergruppen eingeteilt, welche zeitlich aufeinander folgen:
a) **Gotisch**, seit ca. 1445
b) **Rundgotisch**, seit ca. 1467
c) **Schwabacher**, seit ca. 1485
d) **Fraktur**, seit ca. 1540
e) **Frakturvarianten**

Stilelemente

Kingthings Spike

Olde English

Lucida Blackletter

Frakturika

Gruppe 11 Fremde Schriften

Stilelemente

chinesisch

汉体书写信息技术标准相
容档案下载使用界面简单
支援服务升级资讯专业制
作创意空间快速无线上网

Merkmale

In dieser Gruppe werden alle nichtlateinischen Schriften zusammengefasst.

arabische Anmutung
Font: Afarat Ibn Blady

عقسنقة سد عقه ، بلا قلمسدناظ سنقه لي ذ مسخاقعط
اخقني قق تا نمحس سقلمسقنل سسسه نظطقه
هعتبي سقسم لـمقللنقق لخقه م عقه لا بني . لي ذ
نقط قذله ق سن سنقه يي مع م قلسقن قه نه سه
عذله ـقسم القه ـسه ي قي سـقنع

kyrillische Anmutung
Font: Kyrilla

Кreativo ist ein Блindtext, der in
einer кyrillisch aиmuтeиdeи
Schrift gesetzt ist. Allerdings
hier eheр in subтiler und
idealтypischeр Form.

Einteilung nach Neufassung der DIN 16 518

Die Neufassung der DIN 16 518 von 1998 versucht, die Schriften in ein praxisorientierteres System einzuteilen. Der Übersicht halber wurden nur fünf Schriftgruppen eingesetzt:

www.typolexikon.de/d/din16518-schriftklassifikation.html

1 Gebrochene Schriften	2 Römische Serifenschriften	3 Lineare Schriften	4 Serifenbetonte Schriften	5 Geschriebene Schriften
1.1 Gotisch	2.1 Renaissance Antiqua	3.1 Grotesk	4.1 Egyptienne	5.1 Flachfederschrift
1.2 Rundgotisch	2.2 Barock Antiqua	3.2 Anglogrotesk	4.2 Clarendon	5.2 Spitzfederschrift
1.3 Schwabacher	2.3 Klassizistische Antiqua	3.3 Konstruierte Grotesk	4.3 Italienne	5.3 Rundfederschrift
1.4 Fraktur	2.4 Varianten	3.4 Geschriebene Grotesk	4.4 Varianten	5.4 Pinselschrift
1.5 Varianten	2.5 Dekorative	3.5 Varianten	4.5 Dekorative	5.5 Varianten
1.6 Dekorative		3.6 Dekorative		5.6 Dekorative

Kritik am DIN-System

Im Wesentlichen fußt die Klassifizierung nach DIN 16 518 auf der historischen Entwicklung. Wie bereits eingangs erwähnt, beurteilt diese Klassifizierung weder die Lesbarkeit noch den Einsatz einer Schrift. Zudem ist die Einteilung neuerer Schriften nicht immer nachvollziehbar und viele Bildschirm-Schriften lassen sich hier nur schwer subsumieren. Sie bietet dem Gestalter und dem interessierten Kunden daher keine geeignete Hilfe zur Klassifizierung und zur Auswahl von Schriften.

Es gibt heute viele Versuche, Systeme zu entwickeln, mithilfe derer sich Schriften zu eindeutigen Gruppen zusammenfassen lassen. Es geht in den Überlegungen nicht um eine generelle Negierung des Klassifizierungsgedankens, denn ein System zur Gruppierung von Schriftfamilien ist notwendig, um eine gewisse Ordnung in die Vielfalt der Formen bringen zu können und damit eine Orientierung bei der Schriftauswahl und/oder -mischung zu haben.

Die nachfolgende Matrix (in Anlehnung an Markus Wäger und Hans Peter Wilberg) reduziert die Formparameter der Schrift auf fünf und die jeweiligen Ausprägungen auf drei Stile, die vertikal miteinander gemischt werden können. Dieses System hat den Anspruch, möglichst einfach handhabbar zu sein und als nützliches Hilfsmittel zu dienen:

Form / Stil	A Dynamisch	B Statisch	C Dekorativ
1. Antiqua	Taeg	Taeg	Taeg
2. Egyptienne	Taeg	**Taeg**	**Taeg**
3. Grotesk	Taeg	Taeg	Taeg
4. Handschriften	*Taeg*	*Taeg*	*Taeg*
5. Form-Varianten	Taeg	taeg	TAEG

1. Welcher Stil entspricht dem Kommunikationsziel aus Ihrem Kundenauftrag zur Fertigung von Geschäftsdrucksachen für den Gartenbaubetrieb Grün und Stein am ehesten? Stellen Sie verschiedene Möglichkeiten vor und begründen Sie Ihre Entscheidung für eine Schrift.
2. Grotesk ist nicht gleich Grotesk. Vergleichen Sie den Schriftzug *Architekt* nebeneinanderstehend in der *Helvetica* und in der *Avant Garde*. Beschreiben Sie die Anmutung der beiden Beispiele, die beide zu den serifenlosen Schriften gehören und bestimmen Sie die passende Schriftwahl zur Wortbedeutung.
3. Durch welche Einflussgrößen können Sie Lesbarkeit erreichen (vier Nennungen)? Übertragen Sie Ihre Ergebnisse auf die Gestaltung von Geschäftsbrief und Visitenkarte.

15.4 Schriftfamilien und -schnitte

Eine Schriftfamilie umfasst die Gesamtheit aller von einer Schrift erstellten Schnitte in allen Schriftgraden. Die Schriftgarnitur umfasst alle Schriftgrade eines Schriftschnittes.

Eine Schriftfamilie besteht aus mehreren Schriftschnitten, in der Regel aus mindestens einem geraden, *kursiven* und **fetten** Schnitt. Die Basis jeder Schrift bildet dabei der gerade Schnitt (regular), quasi als Garant für eine optimale Lesbarkeit. Besonders in den Antiquaschriften gibt es noch mehrere extra Schnitte. Schriftschnitte werden eingeteilt nach **Strichstärken**, **Strichbreite** und **Schriftlage**.

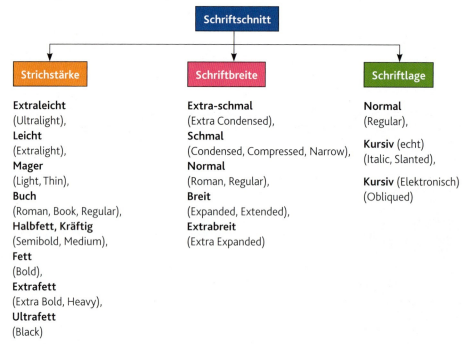

Strichstärke

Extraleicht
(Ultralight),
Leicht
(Extralight),
Mager
(Light, Thin),
Buch
(Roman, Book, Regular),
Halbfett, Kräftig
(Semibold, Medium),
Fett
(Bold),
Extrafett
(Extra Bold, Heavy),
Ultrafett
(Black)

Schriftbreite

Extra-schmal
(Extra Condensed),
Schmal
(Condensed, Compressed, Narrow),
Normal
(Roman, Regular),
Breit
(Expanded, Extended),
Extrabreit
(Extra Expanded)

Schriftlage

Normal
(Regular),
Kursiv (echt)
(Italic, Slanted),
Kursiv (Elektronisch)
(Obliqued)

Verbinden Sie mit der Schriftlage *kursiv*, der Schriftbreite *condensed* und der Schriftstärke *bold* je drei passende Begriffe nach folgendem Beispiel: kursiv = dynamisch.

15.4.1 Elektronische Schnitte

Zwar bieten heutzutage alle gängigen DTP-Programme das elektronische Modifizieren der Schrift, z. B. Kursivstellen an. Auch der Fettegrad läst sich am Computer auch ohne dazugehörige Schriftschnitte leicht ändern. Das Ganze ist zwar recht praktisch, liefert aber bei Weitem nicht die Qualität, die ein eigens dafür entworfener Schriftschnitt hat. Man sollte eine Schrift niemals durch Modifikation, das heißt durch Verzerren in irgendeine Richtung verunstalten, da sonst die Schönheit und Charakteristik einer Schrift verloren geht. Das sind in diesem Sinne Schmalstellen, Breitstellen, Stauchen oder Strecken. Hinzu kommt der technische Aspekt: Normalerweise wird mit einer Postscript-Schrift (Type 1) gearbeitet, da auch der Film- oder Druckplattenbelichter – besser gesagt der RIP[1] des Ausgabegerätes – erwartet, dass er Postscript-Code zum Interpretieren erhält. Wird für den Text der Schriftschnitt in Form des entsprechenden Postscript-Zeichensatzes verwendet, erhält der RIP genau die Information, die er benötigt. Wird der Text jedoch elektronisch verzerrt (z. B. kursiv gestellt), müssen diese zusätzlichen Informationen, die den reinen Postscript-Code überlagern, nicht unbedingt vom RIP interpretiert werden. In diesem Falle erfolgt die Ausgabe des Textes ohne die gewünschte Auszeichnung.

Vgl. LS 9, 27.1.3

Eine gute Schriftfamilie enthält neben Ligaturen und Mediävalziffern auch einen Satz mit Kapitälchen, also Versalien, welche die Größe von Gemeinen besitzen. Einige DTP-Programme erzeugen **unechte Kapitälchen**. Sie bestehen lediglich aus Versalien eines kleineren Schriftgrades. Dabei

---

[1] RIP = Raster Image Processor. Der RIP interpretiert den empfangenen Postscript-Code, erzeugt Rasterpunkte und steuert das Ausgabegerät.

verändert sich durch das Skalieren der Versalien natürlich deren Strichstärke und sie heben sich vom übrigen Text durch einen unregelmäßigen Grauwert ab.

Entwicklungsgeschichtlich wurden die meisten Schriftarten nach Bedarf und Erfolg um weitere Familienmitglieder (Schnitte) erweitert. Extreme Schnitte – sehr fett, schmal oder verbreitert – waren in der Regel im Konzept eines neuen Schriftentwurfs nicht vorgesehen. Wenn eine Schrift erfolgreich war und erweitert werden sollte, erwies sich dies im Nachhinein oft als schwierig, denn oft wurden diese erweiterten Schnitte von anderen Gestaltern entwickelt als das Original.

Somit stellt die 1957 von Adrian Frutiger entwickelte **Univers** einen besonderen Meilenstein in der Entwicklung von Schriften und Schriftfamilien dar. Sie war von Anfang an als komplett aufeinander abgestimmte Großfamilie geplant.

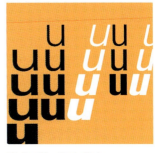

Die Großfamilie der Univers

15.4.3 Schriftmischung

In Bezug auf Ihren Kundenauftrag haben Sie sich mittlerweile sicherlich für eine Schriftart mit adäquatem Schriftcharakter entschieden. Was aber, wenn eine zweite Schriftart hinzukommt, beispielsweise für den Fließtext?

Innerhalb der Gestaltung kann durch Schriftmischung ein besonderer Akzent oder ein individueller Kontrast hervorgerufen werden. Dabei ist jedoch zu beachten, dass zwischen den Schriften ein ausreichend starker Kontrast geschaffen wird, die einzelnen Schriften sollten stilistisch nicht zu nahe beieinander liegen, da sonst der Satz unsauber aussieht. Am einfachsten ist die Schriftmischung innerhalb einer Schriftfamilie, denn alle Schnitte in der Familie können uneingeschränkt gemischt werden. Schriftschnitte aus Schriftfamilien der gleichen Stilrichtung, wie z. B. Schriften der Stilrichtung Renaissance Antiqua, sollten nach Möglichkeit nicht untereinander gemischt werden, da die Unterschiede zu marginal sind. In Bezug auf den Grauwert sollte man darauf achten, dass die Mittellängenhöhen beider Schriften übereinstimmen oder zumindest sehr ähnlich sind, gleiches gilt für den Breitenverlauf und den Duktus. Die Schriften sollten sich in Strichstärke und Strichführung unterscheiden.

Der Künstler unter den Typografen wird jedoch auch – oder vielleicht gerade – mit Schriftkombinationen, die nach oben genannten Kriterien unmöglich zusammengehen, spannende Typografie gestalten.

Dazu ist jedoch eine bestimmte Souveränität im Umgang mit Typografie vonnöten, ähnlich der eines Musikers, der sein Instrument einwandfrei beherrschen muss, um virtuos spielen zu können. Der weniger geübte Gestalter sollte zunächst lernen, mit harmonischen Mischungen umzugehen, bevor er sich in Schriftmischungs-Abenteuer stürzt.

Niemals zwei Schriften aus derselben Gruppe mischen!

Kriterien zur Schriftmischung:

Harmonie   Wenn Sie Schriften mischen, dann sollten die Familien miteinander harmonieren.

Kontrast   Ebenso wichtig wie die Harmonie ist der Kontrast. Man könnte auch sagen, dass der Kontrast vor der Harmonie steht. Ausreichender Kontrast ist das „A und O" für eine gute Gestaltung – im Design im Allgemeinen und in der Typografie im Besonderen.

Anlass   Funktionale Differenzierung und spannendere Gestaltung.

15.1.4 Lesbarkeit

Das menschliche Gesichtsfeld hat nur einen scharf abgebildeten Bildwinkel von 1,5°.

Wahrnehmen ist daher eine Folge von fixierenden Augenbewegungen mit Detailerfassung.

Beim Lesen werden nicht die einzelnen Buchstaben, sondern ganze Wörter und Wortgruppen erfasst.

Geübte Leser können in einem Augensprung (Saccade) eine Reihe von Wörtern erfassen. Die größte Saccade erfolgt beim Zeilenwechsel.

Afugrnud enier Sduite an enier Elingshcen Unvirestiät ist es eagl, in wlehcer Rienhnelfoge die Bcuhtsbaen in eniem Wrot sethen, das enizg wcihtige dbaei ist, dsas der estre und lzete Bcuhtsbae am rcihgiten Paltz snid. Der Rset knan ttolaer Bölsdinn sien, und du knasnt es torztedm ohne Porbelme lseen. Das ghet dseahlb, wiel wir nchit Bcuhtsbae für Bcuhtsbae enizeln lseen, snodren Wröetr als Gnaezs.

Das Maß für die Leserlichkeit ist die Zeit, in der ein Leser einen Text aufnehmen kann, ohne zu ermüden.

Der Begriff „Lesbarkeit" wird allgemein im Zusammenhang mit „gut oder schlecht lesbar" verwendet. Dabei ist auch die mögliche Lesegeschwindigkeit angesprochen. Man unterscheidet verschiedene Leseformen, wobei nicht bei allen die Leserlichkeit von gleich großer Bedeutung ist: Beim **konsultierenden Lesen** (Duden, Lexikon, Kochbuch usw.) geht es um schnelle Suchergebnisse. Die Schrift soll auch in kleinen Graden noch gut erkennbar sein. Im Bereich des **linearen Lesens** von Mengensatz (Roman) geht es um ein blendfreies, bequemes Lesen über einen längeren Zeitraum. Hier spielt die Leserlichkeit eine sehr große Rolle, vergleichbar mit dem informierenden und selektierenden Lesen von Zeitungen oder Sachtexten.

In der Werbung, bei Plakaten oder bei Headlines hingegen geht es hauptsächlich um **aktivierendes** und inszenierendes **Lesen**, die Lesbarkeit ist weniger gefragt.

Welche Leseformen dominieren im Bereich der Akzidenzdrucksachen?
Ordnen Sie den im Auftrag geforderten Bereichen eine Leseart zu.

Mikrotypografisches

Wenn man die **Kriterien für Lesbarkeit** innerhalb der Typografie beleuchtet, können folgende Parameter unterschieden werden, die unter dem Begriff Mikrotypografie oder auch Detailtypografie subsumiert werden:

Zur Verwendung von Korrekturzeichen im Fließtext: www.e-write.de/mg/downloads/data/pdf/ewrite/korrekturzeichen.pdf

- Schriftgröße
- Schriftcharakter (Anatomie der Buchstaben, z. B. Serifen)
- Horizontale Abstände (Buchstaben- und Wortabstände, Zeilenlänge)
- Vertikale Abstände (Zeilenabstände, Grauwert und Auszeichnungsarten)
- Gliederung des Textes (Absätze und Satzart)

Der Begriff „Mikrotypografie" bezeichnet die Bereiche der Typografie, die sich mit den Details im Schriftsatz vornehmlich größerer Textmengen beschäftigen.

Bedeutung von Mittellängen und Serifen für die Lesbarkeit von Mengentexten

Es wird oftmals behauptet, dass Antiquaschriften mit Serifen in Mengentexten besser lesbar sind als Groteskschriften. Woran könnte das liegen? Durch die Ausformung der Serifen – je nach Antiqua-Variante gibt es die unterschiedlichsten Ausprägungen im Bereich der „Füßchen" oder der An- und Abstriche – wirkt das Zeilenband des Schriftbildes geschlossener, quasi wie eine virtuelle Linie. Einzelne Wörter treten bei einer Serifenschrift besser hervor, weil das Wortbild geschlossener dasteht. Neben den Serifen ist aber auch das Verhältnis von Mittel- zu Oberlängen für die Lesbarkeit von Bedeutung, wie das unten angeführte Beispiel zeigt:

Durch die teilweise abgedeckten Zeilen wird deutlich, dass der obere Teil eines Schriftbildes schneller erfassbar ist als der untere (und damit für die Lesbarkeit wichtiger).

Das Auge orientiert sich entlang der Differenziertheit von Ober- und Mittellängen. Serifen sorgen ebenfalls für eine solche Differenziertheit der Einzelbuchstaben, sodass eine schnellere Identifikation möglich wird.

Ob eine Schrift Serifen aufweist oder nicht spielt für die Lesbarkeit eine untergeordnete Rolle. Die Serifen sind jedoch für die Geschlossenheit des Wortbildes verantwortlich und verursachen klarere optische Zeilenabstände.

Ob eine Schrift Serifen aufweist oder nicht, spielt für die Lesbarkeit eine untergeordnete Rolle. Die Serifen sind jedoch für die Geschlossenheit des Wortbildes verantwortlich und verursachen klarere optische Zeilenabstände.

Wenn die Charakteristik einer Schrift einen derart großen Einfluss auf die Lesbarkeit und den Wiedererkennungswert hat, ist es für Sie als Gestalter und zur erfolgreichen Bearbeitung des Auftrags absolut notwendig, sich fachlich fundiert und kriterienorientiert für eine Schrift entscheiden zu können.

15.1.1 Schrift als Zeichen

Jedes Fachgebiet hat seine eigene Fachsprache und seine eigenen „Instrumente". Vergleichbar mit einem Musiker, der erst dann kreativ und virtuos werden kann, wenn er sein Instrument spielerisch beherrscht, wird auch der Gestalter erst souverän im Umgang mit Schrift sein, wenn er sich über die Möglichkeiten seines Zeichenvorrates – seiner „Instrumente" – bewusst ist. Doch wodurch unterscheiden sich Schrift und Typografie?

> Der Begriff „Typografie" ist eine Zusammensetzung aus den griechischen Wörtern „Typos" (= Form) und „graphein" (= u. a. schreiben).

Frei übersetzt heißt Typografie also so viel wie „mit Formen zu schreiben". Die Definitionen variieren zwischen „mit Schrift gestalten" und der „Anwendung von Schrift zur Gestaltung von Druckerzeugnissen". Schrift ist demnach das Medium der Typografie.

Die kleinste Einheit

Der **Buchstabe** bildet die kleinste Einheit der Typografie. Auf dem Bildschirm erscheint er als geometrische Fläche mit einer entsprechenden Breite und Höhe. Dies ist jedoch nur die oberflächlichste Beschreibung einer Schrift. Viele Begrifflichkeiten stammen aus der Zeit der Schriftsetzer und Bleisätze, in der ein Buchstabe Teil eines Quaders war. So basiert der Schriftgrad z. B. auf der Tiefe der Bleiletter, der sogenannten „Kegelhöhe". Diese war so dimensioniert, dass der Buchstabe in seiner kompletten Ausdehnung, inklusive eines „Randes" darauf Platz hatte.

4 | Lernsituation Geschäftsdrucksachen

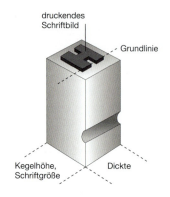

Der Bleisatz macht es anschaulich:
Die horizontale Ausdehnung jedes Buchstabens wird individuell durch seine Vor- und Nachbreite bestimmt und als **Dickte** bezeichnet. Vor- und Nachbreite bilden den entstehenden Weißraum, wenn Buchstaben zu Wörtern zusammengesetzt werden.

Der Buchstabe selbst bildete die Hochdruck-Form, die spiegelverkehrt gedruckt wurde. Diese stand auf einem Bleiquader, dessen Tiefe man als **Kegelhöhe** bezeichnet und der die Schriftgröße markiert.

Schema Bleisatz

Die Schriftgröße selbst ist etwas kleiner als die Kegelhöhe und gegliedert in **Ober-, Mittel- und Unterlänge**. Als **Versalhöhe** wird die Höhe der Großbuchstaben bezeichnet. Diese ist in der Regel etwas kleiner als die Oberlängen der Kleinbuchstaben h, b oder l. Die Unterkante der Mittellänge wird **Grundlinie** genannt und bildet die zentrale virtuelle Achse, auf der die einzelnen Zeichen „stehen". Dies gilt auch, wenn in einer Zeile unterschiedliche Schriftarten oder -größen verwendet werden.

Das Quadrat aus der Schriftgröße bildet das **Geviert**, ein relatives Maßsystem für horizontale Ausdehnung der Schrift. Der Vorteil dieser proportionalen Maßeinheit gegenüber festen Maßangaben in mm ist die Möglichkeit des „Mitwachsens": Verändert sich die Schriftgröße, wächst das Geviert automatisch mit. Aufgrund dieser Vorzüge wird das Geviert als Definition von relativen Abständen eingesetzt, z. B. bildet das Halbgeviert die Breite für einen Gedankenstrich, ein Drittelgeviert stellt den idealtypischen Wortabstand dar.

15.2 Vertikale Ausdehnung von Schrift

15.2.1 Maßsysteme und Schriftgrößen

Maßsysteme
Wenn Sie am Rechner in einem DTP-Programm wie z. B. InDesign eine Schriftgröße definieren, können Sie verschiedene Zahlenwerte einstellen, ohne Kenntnis über das zugrunde liegende Maßsystem zu besitzen. Doch welche Maßeinheit liegt der Berechnung der Schriftgröße zugrunde?

Beim Erstellen von Medienprodukten haben sich zwei Maßsysteme herausgebildet: Der französische Didot-Punkt (dd), das englisch-amerikanische Zollsystem (dpi = dot per inch) und der DTP-Punkt (pt), der auf dem englischen Point basiert und dem 72-sten Teil eines Inch (= 25,4 mm) entspricht. Aufgrund der wachsenden Verbreitung und Bedeutung von Desktop-Publishing-Programmen wird sich der (DTP-)Punkt als Maßeinheit wahrscheinlich durchsetzen.

Maßtabelle

	Abkürzung	Schriftgröße und Größenverhältnisse		
DTP-Punkt	pt	1 pt	1/72 Inch	0,353 mm
		12 pt	1 Pica/0,166 Inch	4,233 mm
		72 pt	1 Inch	25,4 mm
Didot-Punkt (Bleisatz, analog)	dd	1 dd	0,0148 Inch	0,376 mm
Fotosatz		12 dd	1 Cicero/0,177 Inch	4,512 mm
digital		72 dd	frz. Fuß	27,072 mm

Welche Schriftgröße für welchen Anlass?

Wie klein darf die Schrift auf der Visitenkarte sein? Wann empfindet der Kunde die Schriftgröße bei einem Geschäftsbrief als Zumutung?

Man unterscheidet hier nach der Art der Verwendung:

Konsultationsgrößen	6 bis 8 pt	Marginalien und Fußnoten, Lexika
Lesegrößen „Brotschriften"	8 bis 12 pt	Standard für Bücher, Briefe und sonstige Medienprodukte
Schaugrößen	bis 48 pt	Überschriften, Titel, plakative Texte
Plakatgrößen	ab 48 pt	Plakate

15.4.2 Schriftcharakter

Ein weiteres Kriterium für die Lesbarkeit einer Schrift ist der Schriftcharakter. So sind Schriften mit markant-exzessiven Ausformungen für Fließtexte völlig ungeeignet. Der Ausdruckswert eines Schriftcharakters sollte die semantische Aussage von Überschriften und Mengentexten unterstreichen bzw. verstärken.

Beschreiben Sie den jeweiligen Schriftcharakter und beurteilen Sie ihn im Hinblick auf seine Verwendbarkeit für die nach Kundenvorgaben zu gestaltenden Geschäftsdrucksachen.

Sehr geehrte Damen und Herren,

dies ist ein Blindtext, an dem sich in Bezug auf die Wirkung einer Satzart vieles ablesen lässt. So wird neben dem Grauwert der Schriftfläche auch die Brauchbarkeit der Schriftart deutlich. Man kann prüfen, ob sie gut zu lesen ist und wie sie auf den Leser wirkt. Bei einer hohen Aufmerksamkeitsleistung kann man die Eignung der Satzart beurteilen und mit der Zeit entwickelt man ein typografisches Feingefühl.

Mir freundlichem Gruß

Sehr geehrte Damen und Herren,

dies ist ein Blindtext, an dem sich in Bezug auf die Wirkung einer Satzart vieles ablesen lä sst. So wird neben dem Grauwert der Schriftflä che auch die Brauchbarkeit der Schriftart deutlich. Man kann prüfen, ob sie gut zu lesen ist und wie sie auf den Leser wirkt. Bei einer hohen Aufmerksamkeitsleistung kann man die Eignung der Satzart beurteilen und mit der Zeit entwickelt man ein typografisches Feingefü hl.

Mir freundlichem Gruß

Sehr geehrte Damen und Herren,

dies ist ein Blindtext, an dem sich in Bezug auf die Wirkung einer Satzart vieles ablesen lässt. So wird neben dem Grauwert der Schriftfläche auch die Brauchbarkeit der Schriftart deutlich. Man kann prüfen, ob sie gut zu lesen ist und wie sie auf den Leser wirkt. Bei einer hohen Aufmerksamkeitsleistung kann man die Eignung der Satzart beurteilen und mit der Zeit entwickelt man ein typografisches Feingefühl.

Mir freundlichem Gruss

Sehr geehrte Damen und Herren,

dies ist ein Blindtext, an dem sich in Bezug auf die Wirkung einer Satzart vieles ablesen lässt. So wird neben dem Grauwert der Schriftfläche auch die Brauchbarkeit der Schriftart deutlich. Man kann prüfen, ob sie gut zu lesen ist und wie sie auf den Leser wirkt. Bei einer hohen Aufmerksamkeitsleistung kann man die Eignung der Satzart beurteilen und mit der Zeit entwickelt man ein typografisches Feingefühl.

Mir freundlichem Gruß

Sehr geehrte Damen und Herren,

dies ist ein Blindtext, an dem sich in Bezug auf die Wirkung einer Satzart vieles ablesen lässt. So wird neben dem Grauwert der Schriftfläche auch die Brauchbarkeit der Schriftart deutlich. Man kann prüfen, ob sie gut zu lesen ist und wie sie auf den Leser wirkt. Bei einer hohen Aufmerksamkeitsleistung kann man die Eignung der Satzart beurteilen und mit der Zeit entwickelt man ein typografisches Feingefühl.

Mir freundlichem Gruß

1. Welche Merkmale weisen die gut leserlichen Schriften auf?
2. Welche Schriftcharaktere sind passend für Geschäftsdrucksachen gewählt?

15.3 Horizontale Ausdehnung von Schrift

15.3.1 Buchstaben- und Wortabstände

Wenn Buchstaben innerhalb eines Logos, der Headline oder eines Textes insgesamt zu eng oder zu weit stehen, kann die Fixation – das gleichzeitige Erfassen mehrerer Worte – nicht mehr in der gewohnten Zeit erfolgen. Der harmonische Gesamteindruck der Schrift kann gestört werden.

Wo liegen die Ursachen dafür? Innerhalb eines Fonts (einer Schrift) nehmen die einzelnen Buchstaben unterschiedlichen Raum ein, sie basieren quasi auf unterschiedlichen geometrischen Grundformen und haben demzufolge unterschiedliche Dickten. So benötigt das „i" mit seiner schmalen, rechteckigen Grundfläche nur sehr wenig Raum im Vergleich zu raumgreifenden Versalien wie M und W (quadratische Grundfläche), T, V und A (viel Negativ-Weißraum). Bei den Minuskeln gilt dies u. a. für die Buchstaben f, g, j, v, w und y. Aufgrund ihrer unterschiedlichen Proportionen nennt man diese Schriften **Proportionalschriften**.

Bei nicht-proportionalen Schriften, den sogenannten **Mono-spaced-Fonts** (= gleicher Abstand), ist der Abstand zwischen den Buchstaben immer gleich breit, sodass unterschiedlich große Zwischenräume (= Weißräume) entstehen.

Die Courier basiert auf gleich breiten Metallblöcken – jeder Buchstabe nimmt gleich viel Raum ein.

Courier: Investition

Geneva: Investition

Dagegen sind proportionale Schriften wie die Geneva in der Breite angepasst – das „i" benötigt weniger Platz als das „v".

Durch die Breitenanpassung wirken Proportionalschriften gegliedert und im Grauwert harmonisch, was sich positiv auf deren Lesbarkeit auswirkt. Problematisch wird es dann, wenn Buchstaben nebeneinander stehen, die einen unterschiedlichen Platzbedarf haben: Es entstehen „Löcher" im Textfluss, die jedoch bei normalen Lesegrößen nur einem geschulten Auge auffallen. Die meisten Layoutprogramme führen zudem einen automatischen Ausgleich – das sogenannte „**Kerning**" – durch. Diese **Unterschneidung** führt dazu, dass das kleine Zeichen an das große heranrückt und evtl. störende Lücken geschlossen werden.

Innerhalb von Geschäftsdrucksachen kommen Logos, Slogans oder Eigennamen zur Anwendung, bei denen eine formale Stimmigkeit entscheidend für die Prägnanz ist. Gerade bei Wortmarken, die in Versalien gesetzt sind, können diese o. g. Lücken unangenehm auffallen, wie das folgende Beispiel zeigt:

Vgl. LS 3

Durch die Spiegelung der in Futura gesetzten Wortmarke werden die großen Weißräume zwischen den Buchstaben „O-T-O" deutlicher, zur Verwendung als Marke fehlt es dem Schriftzug an Geschlossenheit und Kompaktheit.

Durch die extreme Unterschneidung wird die Prägnanz des Logos im Sinne der Bildhaftigkeit erhöht.

Spationieren oder Sperren

Das Sperren ist quasi das Gegenteil des Unterschneidens: Der Abstand zwischen den Zeichen wird erweitert, wodurch unter bestimmten Umständen die Lesbarkeit erhöht werden kann. Bei sehr kleinen Schriftgrößen unter 9 pt empfiehlt es sich bei manchen Schriften, den Abstand etwas zu vergrößern.

Je nach Papier- und Druckqualität kann es zu einem Verlaufen des Druckbildes kommen, daher ist hier ein etwas weiterer Abstand von Vorteil. Headlines oder Auszeichnungen, die in Versalien oder Kapitälchen gesetzt sind, sollten generell weiter gesetzt werden.

Negativ gesetzter Text wird in kleinen Schriftgrößen durch die Verwendung halbfetter Schnitte und eine geringe Erweiterung lesbarer, da die Schriften ansonsten durch den hohen Schwarzanteil zulaufen könnten.

Vgl. diese LS, 15.5.2

Das Spationieren bezeichnet sozusagen das „Sperren" zwischen zwei Satzzeichen. So wird der Abstand vor einem Gedankenstrich oder die Gliederung von Telefonnummern durch ein Halbgeviert, sogenannte „Spatien" getrennt.

15.2.2 Zeilenabstand und Durchschuss

Der Grauwert

Wenn die Zeilen zu eng aneinander oder zu weit auseinander stehen, ergibt der Text keinen einheitlichen Grauwert mehr. Betrachtet man die unten angeführten Beispiele durch halb geschlossene Augenlieder, erhalten die Textblöcke einen bestimmten **Tonwert**. Dieser Tonwert wird als Grauwert einer Schrift bezeichnet und wird bestimmt durch das Verhältnis von Mittellänge einer Schrift und dem Zeilenabstand.

Der Zeilenabstand erscheint zu eng: Die Unter- und Oberlängen zweier Zeilen stoßen aneinander, sodass man beim Lesen leicht in der Zeile verrutscht.

Sehr geehrte Damen und Herren,
dies ist ein Blindtext, an dem sich in Bezug auf die Wirkung einer Schrift und wie sie gesetzt ist vieles ablesen lässt. So wird neben dem Grauwert der Schriftfläche auch die Brauchbarkeit der Schriftart deutlich. Man kann prüfen, ob sie gut zu lesen ist und wie sie auf den Leser wirkt. Bei einer hohen Aufmerksamkeitsleistung kann man die Eignung der Satzart beurteilen und mit der Zeit entwickelt man ein typografisches Feingefühl.
Mit freundlichem Gruß

Gill Sans, 12|12

Dieser Zeilenabstand entspricht der automatischen Standardeinstellung vieler Layoutprogramme von 120 %. Er erscheint dem Betrachter – weil gewohnt – optimal.

Sehr geehrte Damen und Herren,
dies ist ein Blindtext, an dem sich in Bezug auf die Wirkung einer Schrift und wie sie gesetzt ist vieles ablesen lässt. So wird neben dem Grauwert der Schriftfläche auch die Brauchbarkeit der Schriftart deutlich. Man kann prüfen, ob sie gut zu lesen ist und wie sie auf den Leser wirkt. Bei einer hohen Aufmerksamkeitsleistung kann man die Eignung der Satzart beurteilen und mit der Zeit entwickelt man ein typografisches Feingefühl.
Mit freundlichem Gruß

Gill Sans, 12|14,4 (autom.)

Hier tritt der Weißraum zwischen den Zeilen deutlich in den Vordergrund. Dies kann u. U. beim Lesen störend wirken, in wissenschaftlichen Arbeiten ist es aber oft sogar gewünscht, um Anmerkungen im Text zu notieren.

Sehr geehrte Damen und Herren,
dies ist ein Blindtext, an dem sich in Bezug auf die Wirkung einer Schrift und wie sie gesetzt ist vieles ablesen lässt. So wird neben dem Grauwert der Schriftfläche auch die Brauchbarkeit der Schriftart deutlich. Man kann prüfen, ob sie gut zu lesen ist und wie sie auf den Leser wirkt. Bei einer hohen Aufmerksamkeitsleistung kann man die Eignung der Satzart beurteilen und mit der Zeit entwickelt man ein typografisches Feingefühl.
Mit freundlichem Gruß

Gill Sans, 12|18

Der **Zeilenabstand** (ZAB) ist der Abstand zwischen den Grundlinien zweier Zeilen. Dieser wird im Vergleich zum optischen Zeilenabstand auch als **numerischer Zeilenabstand** bezeichnet.

Als **Durchschuss** wird der Weißraum zwischen der Unterlänge der oberen Zeile bis zur Oberlänge der unteren Zeile bezeichnet. Er entspricht dem Zeilenabstand minus Schriftgröße.

Welcher Zeilenabstand ist richtig?
Eine Faustregel dazu besagt, dass der optimale ZAB etwa 150 % der Gemeinen-Höhe, also das 1,5-Fache der x-Höhe betragen sollte.

> Der Zeilenabstand ist direkt abhängig von der im Text verwendeten Schriftform und deren Proportionen von Versalhöhe zu Mittellänge.

Das Beispiel zeigt dies deutlich: Bei der Bernhard Modern ist das Verhältnis von Oberlänge zu Mittellänge extremer als bei der Verdana, deutlich mehr Weißraum ist die Folge. Damit erscheint der Zeilenanstand größer.

Sehr geehrte Damen und Herren,
dies ist ein Blindtext, an dem sich in Bezug auf die Wirkung einer Schrift und wie sie gesetzt ist vieles ablesen lässt. So wird neben dem Grauwert der Schriftfläche auch die Brauchbarkeit der Schriftart deutlich. Man kann prüfen, ob sie gut zu lesen ist und wie sie auf den Leser wirkt. Bei einer hohen Aufmerksamkeitsleistung kann man die Eignung der Satzart beurteilen und mit der Zeit entwickelt man ein typografisches Feingefühl.
Mit freundlichem Gruß

Verdana 12 | 14,4

Sehr geehrte Damen und Herren,
dies ist ein Blindtext, an dem sich in Bezug auf die Wirkung einer Schrift und wie sie gesetzt ist vieles ablesen lässt. So wird neben dem Grauwert der Schriftfläche auch die Brauchbarkeit der Schriftart deutlich. Man kann prüfen, ob sie gut zu lesen ist und wie sie auf den Leser wirkt. Bei einer hohen Aufmerksamkeitsleistung kann man die Eignung der Satzart beurteilen und mit der Zeit entwickelt man ein typografisches Feingefühl.
Mit freundlichem Gruß

Bernhard Modern 12 | 14,4

Auch der **Schriftcharakter** ist wichtig: Eine filigrane Schrift auf edlem Geschäftspapier z. B. wird hinsichtlich ihrer Leichtigkeit durch einen erhöhten Zeilenabstand noch unterstützt. Prinzipiell sollte der Zeilenabstand so groß sein, dass die Grauwirkung zwischen den Zeilen optisch gleich groß erscheint wie der des Wortabstandes.

15.3.2 Zeilenlänge

Wenn Zeilen sehr lang sind, schafft das Auge beim Lesevorgang am Zeilenende den Sprung nach vorne zur nächsten Zeile nicht auf Anhieb. Dies behindert den Lesefluss. Ein vergrößerter Zeilenabstand schafft hier Abhilfe.

Welche Zeilenlänge ist richtig?

> Faustregel: Bei Lesegrößen von 9 bis 12 pt gewährleisten etwa 50 bis 70 Zeichen in einer Zeile eine gute Lesbarkeit.

Die ist natürlich auch abhängig von der verwendeten Schriftart, dem Schriftschnitt und dem Zeilenabstand.

15.3.4 Auszeichnungsarten

In einem direkten Gespräch, z. B. mit Ihrem Kunden, verraten Tonfall, Gestik und Mimik meist, wie das Gesagte gemeint ist. Zusätzlich können Sie als rhetorisches Mittel noch die Lautstärke oder den Tonfall einsetzen. Geschriebener Text kann diese Qualität der Kommunikation nur bedingt erreichen. Dennoch kann neben gestalterischen Elementen wie der Wahl des Papiers oder der Schriftart mit typografischen Mitteln Mengentext betont und strukturiert werden, indem man **Auszeichnungsformen** nutzt.

Meistens wird ein Wort, ein Satz oder ein Abschnitt ausgezeichnet. Man unterscheidet dabei zwischen **integrierten und aktiven Auszeichnungsarten**, je nach dem passiven oder aktiven Grad der Betonung und damit verbunden der Unterbrechung des Leseflusses.

Integrierte Auszeichnung
Die integrierte Auszeichnungsart passt sich ihrer typografischen Umgebung unauffällig an, sodass der Leser sie erst wahrnimmt, wenn er zu der entsprechenden Textstelle gelangt. Mithilfe der *Kursive* oder durch KAPITÄLCHEN lassen sich Titel, Namen, Orte oder Zitate hervorheben, da sie sich ideal dem Grauwert der Schrift anpassen. Auf die Verwendung von VERSALIEN sollte verzichtet werden, da sie im laufenden Text zu eng und groß (und damit zu eigenständig) wirken. Will oder kann man trotzdem nicht auf den Einsatz von Versalien verzichten, z. B. weil keine Kapitälchen zur Verfügung stehen, sollte man diese mindestens 1 pt kleiner setzen.

Aktive Auszeichnung
Die aktive Auszeichnungsart sieht man auf den ersten Blick: Sie signalisiert dem Leser bereits, worum es geht, bevor er den entsprechenden Absatz oder die Seite liest. Um dies zu erreichen, ist ein stärkerer Kontrast zum Fließtext notwendig. Dies erreicht man durch die Verwendung von folgenden Auszeichnungsarten:

fette Schriftschnitte	Nach Möglichkeit sollte hier von einem echten Schriftschnitt und nicht von der reinen elektronischen Veränderung der Balkenstärke Gebrauch gemacht werden.
farbige Schrift	Hier gilt es zu beachten, dass die farbig gesetzte Textstelle einen ausreichend starken Schriftkörper hat, sonst geht der Effekt der Farbigkeit verloren. Am besten eignen sind hier **fette Schriften**. Zudem ist es wichtig, auf einen ausreichenden Hell-Dunkel-Kontrast zur Hintergrundfarbe zu achten.
Unterstreichung	Auch hier hat die elektronische Unterstreichung insofern Nachteile, als dass die Unterlängen oftmals berührt oder gar durchgestrichen werden. Im Zeitalter der Verlinkung von Texten sollte man auf die Unterstreichung als Auszeichnung völlig verzichten, um Ähnlichkeiten zu vermeiden.
Hinterlegung	Beim farbigen Hinterlegen von Textstellen muss man auf einen ausreichend starken Kontrast zur Schriftfarbe achten, sonst leidet die Lesbarkeit und der Effekt der Auszeichnung ist diametral zu seiner Funktion.

Prinzipiell gilt auch für Auszeichnungen die Regel „Weniger ist mehr" – eine Auszeichnungsart reicht!

15.6 Satzarten

Unter dem Begriff „Satzart" versteht man, auf welche Weise ein Text bündig, d. h. in Bezug auf eine Spalte oder einen Satzspiegel ausgerichtet ist.

Die Beschaffenheit des Satzspiegels, die Spaltenbreite und natürlich die Verwendungs- und Produktart sind demnach entscheidend für die Wahl der Satzart. Man unterscheidet folgende Satzarten:

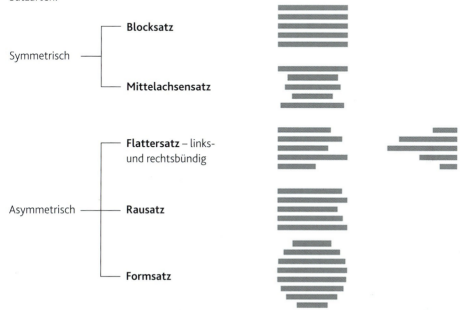

Welche dieser aufgeführten Satzarten würden Sie rein intuitiv für die Gestaltung von Geschäftsbriefen auswählen? Machen Sie sich erneut klar, welche Kommunikationsfunktion Sie mit der Satzart unterstützen wollen.

Im Folgenden werden die drei wichtigsten Satzarten für Geschäftsbriefe vorgestellt.

Blocksatz
Hier sind die Zeilen gleich lang und die Seiten bündig. Diese Bündigkeit hat oberste Priorität, was zur Folge hat, dass der Ausgleich des Restraums über die Wortabstände verteilt wird. So kommt es bei Zeilenlängen unter 45 Anschlägen zu unschönen „Lücken", welche den Text auseinander reißen. Mit entsprechender manueller Nachbearbeitung und genügender Zeilenbreite bildet der Blocksatz ein gleichmäßiges, harmonisches Satzbild, welches im Zeitungssatz weit verbreitet ist.

Innerhalb von Geschäftsbriefen wirken die blocksatzbedingten Lücken lesebehindernd, wenn man wie in diesem Beispiel nicht auf den optischen Ausgleich achtet. Zudem wirkt der Blocksatz recht streng, was je nach Anlass des Schreiben aber auch beabsichtigt sein kann.

```
Sehr     geehrte     Damen     und     Herren,

dies ist ein Blindtext, an dem sich in Bezug auf
die Wirkung einer Satzart vieles ablesen lässt.
So wird neben dem Grauwert der Schriftfläche auch
die Brauchbarkeit der Schriftart deutlich. Man
kann prüfen, ob sie gut zu lesen ist und wie sie
auf  den  Leser  wirkt.  Bei  einer  hohen
Aufmerksamkeitsleistung kann man die Eignung der
Satzart beurteilen und mit der Zeit entwickelt man
ein typografisches Feingefühl.

Mir freundlichem Gruß
```

Flattersatz

Diese einfachste und unserer Lesart nach natürlichste Variante wird in Form des **linksbündigen Flattersatzes** am häufigsten verwendet. Links bilden die Zeilenanfänge eine scharfkantige virtuelle Achse, die rechte Seite „flattert" unregelmäßig aus.

Wird beim Flattersatz auf Trennungen verzichtet, können sich Zeilen von extrem unterschiedlicher Länge ergeben. Dadurch erscheint der Text oft entgegen seinem Inhalt strukturiert und zerrissen zugleich.

```
Sehr geehrte Damen und Herren,

dies ist ein Blindtext, an dem sich in Bezug auf
die Wirkung einer Satzart vieles ablesen lässt.
So wird neben dem Grauwert der Schriftfläche auch
die Brauchbarkeit der Schriftart deutlich. Man
kann prüfen, ob sie gut zu lesen ist und wie sie
auf den Leser wirkt. Bei einer hohen
Aufmerksamkeitsleistung kann man die Eignung der
Satzart beurteilen und mit der Zeit entwickelt man
ein typografisches Feingefühl.

Mir freundlichem Gruß
```

Der **rechtsbündige Flattersatz** ist der Umkehrfall: Die virtuelle Achse bildet sich beim Zeilenende in Form einer Kante an der rechten Seite, die linke Seite des Zeilenanfangs „flattert" unregelmäßig aus. Aufgrund dieser unruhig verlaufenden Zeilenanfänge ist die Lesbarkeit stark eingeschränkt. Folglich sollte der rechtsbündige Flattersatz nur für kurze Texte, z. B. Bildlegenden, Untertitel oder Texte mit grafischer Wirkung verwendet werden.

Rausatz

Das oben genannte „Flattern" kann man durch Trennung der Wörter mildern. Damit wird der Bereich der unruhigen Zone am Zeilenende verkleinert. Man nennt diesen „bearbeiteten" Flattersatz Rausatz. Gut gemacht – sprich getrennt – gilt er als sehr lesefreundlich.

Bei diesem Geschäftsbrief wurde der unruhige Eindruck durch Trennungen der Wörter ausgeglichen. Mehr als drei aufeinander folgende Trennungen sollten jedoch vermieden werden, da sie das Auge ablenken.

```
Sehr geehrte Damen und Herren,

dies ist ein Blindtext, an dem sich in Bezug auf
die Wirkung einer Satzart vieles ablesen lässt.
So wird neben dem Grauwert der Schriftfläche auch
die Brauchbarkeit der Schriftart deutlich. Man
kann prüfen, ob sie gut zu lesen ist und wie sie
auf den Leser wirkt. Bei einer hohen Aufmerksam-
keitsleistung kann man die Eignung der Satzart be-
urteilen und mit der Zeit entwickelt man ein typo-
grafisches Feingefühl.

Mir freundlichem Gruß
```

15.5 Ziffern und Zahlen

15.5.1 Mediäval- und Versalziffern

> Innerhalb der laut Kundenauftrag zu erstellenden Akzidenzbereiche müssen Sie fachgerecht mit Zahlen und Ziffern innerhalb von Texten agieren. Was Sie beim typografisch richtigen „Setzen" von Ziffern zu beachten haben, soll im Folgenden näher erläutert werden.

In Satzschriften kommen zwei Arten von Ziffern vor: die Mediäval- oder Minuskelziffern und die Versalziffern. Diese Ausformung von zwei Drucktypen arabischer Ziffern liegt an der Entwicklung von Ziffern im Zusammenhang mit Schriftentwicklungen.

Die bei uns gebräuchlichen arabischen Ziffern kamen ursprünglich aus Indien und wurden durch die Kreuzritter über Spanien in Europa verbreitet. Die Ziffern wurden im Laufe der Jahrhunderte zugunsten der besseren Unterscheidbarkeit zunächst handschriftlich abgewandelt, bis sie in den gedruckten Rechenbüchern von Adam Ries (1550) Verbreitung fanden.

Mediäval- oder Minuskelziffern

Sie werden seit der Renaissance in Verbindung mit Mengentext und Kleinbuchstaben benutzt. Mediävalziffern sind immer auf die Spezifika und die individuellen Dickten einer Schriftart ausgerichtet. Wie diese besitzen auch sie Oberlängen (6 und 8), Mittellängen (1, 2 und 0) und Unterlängen (2, 4, 5, 7 und 9), wodurch sie sich optimal in das jeweilige Schriftbild und den Rhythmus des Mengentextes einfügen. Aufgrund ihres markanten Charakters wirken sie zum einen edel, zum anderen dynamisch und sind vor allem eindeutig erkennbar.

123456789   Apple Chancery

123456789   Skia

123456789   Georgia

123456789   Lucida Blackletter

Versalziffern

Sie werden im Zusammenhang mit der Entwicklung klassizistischer Schriften seit dem 19. Jahrhundert innerhalb von Tabellen verwendet. In reinem Fließtext wirken sie zu groß, da sie entsprechend der Versalien alle die gleiche Höhe haben. Diesen Effekt kann man gestalterisch aber zu Auszeichnungszwecken nutzen.

123456789   Futura

123456789   Helvetica Neue

123456789   Rotis Semi Sans

123456789   Verdana

Beim Tabellensatz ist zu beachten, dass alle Ziffern dieselben Dickten haben, damit sie in den Tabellenspalten exakt untereinander stehen. Daher sind Versalziffern normalerweise auf Halbgeviertdickte zugerichtet, um eine Einheitlichkeit unterschiedlicher Zeichensätze zu gewährleisten. Individuelle Abweichungen kann man durch Einstellungen in der Unterschneidungstabelle eines Layoutprogramms erzielen.

15.5.2 „Zahlensatz-Knigge"

> Geschäftspapiere und Visitenkarten bilden zumeist den ersten Kundenkontakt und drücken in ihrer Funktion im Rahmen des CD (Corporate Design) eine Menge über ihren Inhaber aus. Umso wichtiger ist hier der richtige Umgang mit – auf den ersten Blick unscheinbaren – Dingen wie Telefon-, Fax- oder Handynummern. Dadurch wird mindestens genauso viel Professionalität ausgedrückt wie durch die richtige Schriftwahl.

Im Folgenden werden grundlegende Regeln zum richtigen Umgang mit den gängigsten Bereichen des Zahlensatzes erläutert.

www.din-5008-richtlinien.de

Telefon-, Fax- und Handynummern	
Telefonnummern wurden früher (bis 2001) von rechts in Zweiergruppen gegliedert, nach der neuen DIN 5008 werden Telefonnummern jedoch nicht mehr gegliedert.	456789
Direktwahlnummern werden durch ein Divis (Bindestrich) abgetrennt.	456789-0
Zur optischen **Trennung von Vorwahl- und Durchwahlnummern** verwendet die DIN 5008 einen Leerschritt.	0234 456789

Bei einer **internationalen Vorwahl** hat sich das Plus durchgesetzt. Es empfiehlt sich, die Null in Klammern zu setzen, so wird deutlich, dass diese nicht mehr gewählt werden muss.	+49 (0)234 456789
Ziffern	
Zahlen bis zwölf schreibt man im laufenden Text aus.	Zwölf Eier, aber 13 Fußballer
Jahreszahlen werden immer als Ziffernfolge gesetzt.	2013
Bei mehr als vier Ziffern werden die Tausenderstellen durch genormte Abstände – sogenannte Spatien – untergliedert. Je nach Schriftbild variieren diese zwischen einem Fünftel- bis Achtelgeviert.	10 358 Zuschauer oder 1 750 000 € Umbaukosten
Uhrzeit	
Es kursieren diverse Schreibweisen (18.45 Uhr; 18^{45} h). Nach DIN 5008 sind Uhrzeiten durch einen **Doppelpunkt** zu gliedern.	18:45 Uhr
Datumsangaben	
Aufeinanderfolgende Jahreszahlen trennt man durch Schrägstrich, wobei die zweite Zahl abgekürzt wird.	2012/13
Daten werden mit Punkten getrennt. Das Jahr kann abgekürzt werden. Einstellige Zahlen werden zur besseren Stimmigkeit im Tabellensatz mit einer 0 ergänzt.	Bochum, 01.12.16
Postleitzahlen	
Sie werden nicht gegliedert. Das Länderkennzeichen wird durch ein Divis ohne Abstand gesetzt.	44799 Bochum F-4066 St. Germain de Calberte
IBAN	
Für die IBAN gilt folgende Schreibweise: fünfmal Vierergruppe, einmal Zweiergruppe.	IBAN: DE34 1234 5678 9101 1121 30
Bankleitzahlen	
Sie werden von links in Dreiergruppen gegliedert, rechts bleibt somit eine Zweiergruppe übrig.	123 456 00
Prozentzahlen	
Wie alle Maßeinheiten sollen Prozent % und Promill ‰ mit einem Festabstand von der Ziffer getrennt werden. Da die Zeichen aber über viel Weißraum verfügen, wird anstelle eines Spatiums ein Achtelgeviert eingesetzt.	34 % und 0,5 ‰ (alt+shift+leer)
Bei Ableitungen wie „ein 10%iger Umsatzeinbruch" fällt der Abstand weg. Dies gilt auch für andere Ableitungen wie „68er Generation".	
DIN- und ISO-Nummern	
Sie werden wie die Kontonummern von rechts nach links in Dreiergruppen gegliedert und durch ein Spatium getrennt.	DIN 18 383

Paragrafenzeichen	
Ohne Ziffer wird das Wort Paragraf immer ausgeschrieben. Steht jedoch der Paragraf im Zusammenhang mit einer Ziffer, wird er durch das Paragrafenzeichen ersetzt und mit einem Achtelgeviert davon getrennt.	§ 5
Mehrere Paragrafen werden durch zwei Paragrafenzeichen markiert, wobei in diesem Fall der Bis-Strich aus einem Halbgeviertstrich ohne Zwischenräume besteht.	§§ 55–57
Abkürzungen	
Abkürzungen, die man beim Lesen automatisch in das ungekürzte Wort „übersetzt", erhalten einen Punkt, der ohne Leerzeichen an das abgekürzte Wort gesetzt wird. Die Ausnahme bilden usw., etc. und vgl. für „vergleiche". Mehrere abgekürzte Wörter werden mit Leerzeichen getrennt.	evtl. ggf. z. B.
Auslassungspunkte (Ellipsen)	
Setzt man Auslassungspunkte einzeln, d. h. aus drei aufeinanderfolgenden Punkten, so wirken diese zu eng. Besser geeignet ist hier die Ellipse. Innerhalb eines Textes steht sie zwischen Leerzeichen.	Vor ... nach (falsch, da 3 Punkte) Vor … nach (richtig! Mac: alt+. / Win: Alt 0133)
Man unterscheidet nach der Stellung der Auslassung im Satz: Bei einer Auslassung im Wort wird kein Zwischenraum gesetzt. Bei einer Auslassung im Satz wird hingegen ein Zwischenraum gesetzt. Dasselbe gilt, wenn ganze Satzteile weggelassen werden:	„Oh, Schei…" „Du kannst mich am …" „Nachtigall, ik …".
Binde- oder Trennstrich (Divis)	
Bei zusammengesetzten Wörtern, Trennungen und in der Funktion als Auslassungszeichen bei Aufzählungen wird das Divis als Trenn- oder Bindestrich eingesetzt. Es ist kürzer als der Gedankenstrich.	ISO-Nummer Schriftart, -farbe, -größe
Gedankenstrich (Halbgeviertstrich)	
Der Name ist Programm: Der Gedankenstrich ermöglicht Einschübe im Satz und hebt diese hervor. Vor und hinter dem Gedankenstrich wird ein Wortzwischenraum gesetzt. Nur wenn das Wort „bis" durch einen Gedankenstrich ersetzt wird, setzt man keinen Wortzwischenraum.	Seite 13–43
Der Gedankenstrich (Option-Strich) ist etwas länger als das Divis.	(Mac: alt+- / Win: Alt 0150)
Währungsbeträge	
Bei glatten Beträgen werden die Nullen hinter dem Komma in der Regel durch einen „Null-Ersatz-Strich" ersetzt. Dieser entspricht einem Halbgeviertstrich. Währungsbeträge mit Dezimalstellen werden durch ein Komma unterteilt. Die Position des Währungssymbols ist dabei beliebig vor oder nach der Zahl zu platzieren. Für den Euro sind die Symbole € und € möglich.	159,- € 159,99 € € 12 999,- € 12 999,95

4 | Lernsituation Geschäftsdrucksachen

DIN-Formate

Geschäftsbriefe sind hinsichtlich der Formate und der Versandmöglichkeiten genormt. Daher ist es für Gestalter wichtig, sich mit den gängigen DIN-Formaten auszukennen. Für Druckprodukte finden häufig die Formate der DIN-A-Reihe Anwendung. Ferner kommt für Karten noch das DIN-Lang-Format infrage. Ein Vorteil der Formate der DIN-A-Reihe und des DIN-Lang-Formats ist, dass sie problemlos und kostengünstig in den gängigen Umschlagformaten der DIN-C-Reihe versendet werden können. Daneben stehen weitere Formate, wie z. B. ein quadratisches zur Auswahl.

Gestaltungsprinzipien

Als Teil des CD jedes Unternehmens fungieren Geschäftsdrucksachen als erste Kontaktpflege zwischen Kunden und Unternehmen. Demzufolge sollten sie neben der rein informativen Ebene auch Elemente des CI kommunizieren. Um diese beiden Ebenen zu gewährleisten, kommt der fachgerechten Gestaltung eine große Bedeutung zu.

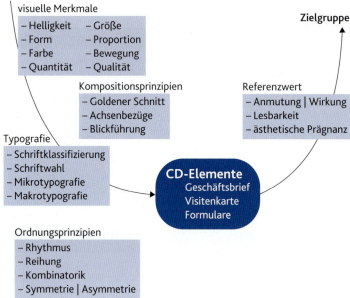

Typografie

In der Schriftklassifikation nach DIN 16 518 werden Schriftarten nach geschichtlichen und formalästhetischen Kriterien gruppiert. Diese Klassifizierung gibt allerdings kaum Auskunft über die Lesbarkeit und nur bedingt über den Einsatz der Schriften. „Harmonie, Kontrast und Anlass" bilden die Kriterien für den sensiblen Bereich der Schriftmischung. Den richtigen Umgang mit Zahlen und Zahlengliederungen erleichtern Grundkenntnisse des „Zahlensatz-Knigge".

1. DIN-Formate
a) Es gibt unterschiedliche Seitenverhältnisse, z. B. das Verhältnis 4:3 bei Bildschirmauflösungen. Welches Seitenverhältnis weisen Produkte der DIN-A-Reihe auf?
b) Welches Format der DIN-A-Reihe findet für Briefbögen Anwendung? Begründen Sie die Formatwahl.
c) Woher stammt der Begriff Akzidenz-Drucksachen?
d) Erklären Sie, was sich hinter dem Begriff DIN-Lang-Format verbirgt.
e) Welche Vorteile ergeben sich durch das Norm-Briefblatt nach DIN 5008? Skizzieren Sie die wichtigsten Maße für Heftrand, Falzmarke, Absender- und Anschriftenfeld.

Lernsituation Geschäftsdrucksachen | 4

2. DIN-Flächenkomposition und Gestaltungsprinzipien

a) Beschreiben Sie das Prinzip des Goldenen Schnitts.
b) Warum erzeugt eine asymmetrische Komposition in der Regel mehr Spannung als eine symmetrische?
c) Vergleichen Sie das Hoch- und Querformat hinsichtlich seiner Verwendung bei Visitenkarten.
d) Nennen und definieren Sie drei Formmerkmale zur visuellen Gewichtung von Flächen am Beispiel der nebenstehenden Visitenkarte.
e) Analysieren Sie den vorliegenden Entwurf einer CD-Stecktasche für die Musik der Band „FunkeLakeBosa" hinsichtlich der eingesetzten Gestaltungsprinzipien. Beurteilen Sie den Entwurf hinsichtlich seines Referenzwertes bzw. der durch ihn ausgelösten Assoziationen bezüglich der Musikrichtung der Band.[1]

3. Typografie

a) Welche typografischen Einflussfaktoren bestimmen die Leserlichkeit? Nennen Sie sechs Faktoren.
b) Benennen Sie für jede Schriftgruppe der DIN 16518 maximal zwei deutlich kennzeichnende Merkmale.
c) Erläutern Sie drei Möglichkeiten, um Textstellen auszuzeichnen.
d) Was versteht man unter dem „Grauwert" von Text und welche Faktoren bestimmen den Grauwert eines Textes?
e) Was versteht man unter „Laufweite"?
f) Beschreiben Sie den Unterschied zwischen Flattersatz und Rausatz.

4. Analyse von Akzidenzien

a) Analysieren Sie die beiden Entwürfe für die Geschäftsdrucksachen der Druckerei Heinemann hinsichtlich DIN-Flächenkomposition, visueller Gewichtung und Einsatz von Typografie.
b) Beurteilen Sie begründet, welcher der beiden Entwürfe der bessere ist.

---

[1] Schülerarbeit von Stefan Lüdemann im Rahmen des 18. Gestaltungswettbewerbes des Verbandes Druck und Medien, VDM: Entwicklung von Stecktasche und CD-Label für die Musik-CD der Band FunkeLakeBosa.

5 Webauftritt

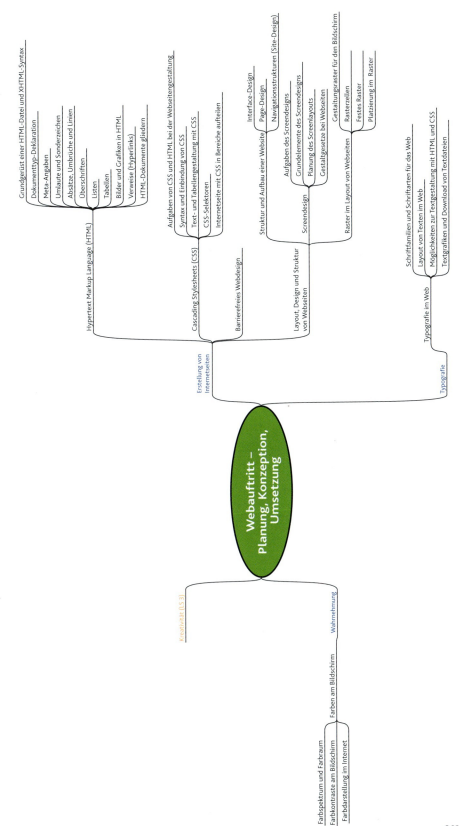

5.1 Webauftritt – Planung, Konzeption, Umsetzung

Die Bio-Bäckerei „Backfrisch" ist neu im Ruhrgebiet und verkauft Ihre Backwaren sowohl im Ladengeschäft in Essen-Heisingen als auch auf mehreren Wochenmärkten in Essen und Umgebung. Um den Bekanntheitsgrad der Bäckerei zu steigern, wird ein moderner kleiner Webauftritt gewünscht. Bäckermeister Michael Frisch und sein Team legen Wert darauf, dass besonders auf die hochwertigen Produkte, die ausschließlich aus Biozutaten hergestellt werden, hingewiesen wird. Ferner liegt ihm am Herzen, auch die starke regionale Verbundenheit, die sich dadurch zeigt, dass fast alle Zutaten von heimischen Biobauernhöfen bezogen werden, in den Fokus zu rücken.

Herr Frisch wünscht sich einen Webauftritt, der einerseits die Bäckerei und Ihre Produktion näher vorstellt, sowie andererseits auf die zahlreichen Möglichkeiten des Einkaufs auf Wochenmärkten und in der Bäckerei selbst hinweist.

Das erwartet Sie in dieser Lernsituation:
- kurze Einleitung zur Planung und Konzeption eines kompletten Webauftritts
- Einführung in HTML und CSS mit praktischen Übungen
- Layout, Design und Struktur von Internetseiten
- Typografie im Web
- Farben am Bildschirm

Hinweise zur Bearbeitung:
Wenn Sie lieber mit den Bereichen Layout und Design beginnen möchten, können Sie den Abschnitt mit HTML und CSS auch überspringen. Weiter geht es dann im Abschnitt 16.4 mit „Layout, Design und Struktur von Internetseiten".

16 Erstellung von Internetseiten

Bei der Planung, Konzeption und Umsetzung einer kompletten Website, wie hier für die Bäckerei Backfrisch, greifen mehrere fachliche und konzeptionelle Bereiche, ausgehend von der Planung bis hin zur Kontrolle und Bewertung des Endproduktes, ineinander.

Website = von engl. Web (Internet) und Site (Stelle, Ort, Platz)
Internetangebot bzw. Webauftritt oder Webpräsenz eines Anbieters

Webseite = Internetseite
einzelnes Datei (Einzelseite) einer Website

Vollständige Handlung
Damit die Planung eines Projektes zielgerichtet und kompetenzorientiert erfolgen kann, hat es sich bewährt, auf das Modell der vollständigen Handlung (nach W. Hacker 1986) zurückzugreifen. Dieses beinhaltet insgesamt sechs Phasen.

1. Informieren
Inhaltliche Informationen, z. B. durch Briefing beim Kunden, Auftragsbeschreibung usw. sowie Informationen über Arbeitsmittel und gewünschte Arbeitsabläufe z. B.
- Welche Zielgruppe soll angesprochen werden?
- Welche Kundenvorgaben bestehen?
- Welches Erscheinungsbild ist gewünscht?
- Welche technische Funktionalität wird gefordert?

Hier: Kundenauftrag der Bäckerei „Backfrisch"

2. Planen
Arbeitsplan und Konzept erstellen, Vorgehensweise festlegen und erste planerische Schritte auf dem Weg zur Umsetzung durchführen, z. B.
- Wer übernimmt welche Aufgaben?
- Welche Kenntnisse und Fertigkeiten werden wann benötigt?
- Informationsarchitektur festlegen, z. B. Sitemap, Seitenzahl und Dateinamen
- Gestaltungskonzept entwickeln mit Festlegungen, z. B. zu Farben/Farbklima, Bildern/ Bildfunktionen, Typografie, Raster, Benutzerfreundlichkeit

Hier: Erstellen Sie zunächst ein Gestaltungskonzept, in dem Sie Farbkombination und erste Ideen zur Schriftwahl und zum Seitenlayout festlegen. Dieses Konzept sollte auch einen Zeit- und einen Arbeitsablaufplan beinhalten.

3. Entscheiden
In der Gruppe für einen Lösungsweg und eine Vorgehensweise zur Umsetzung der Planungen entscheiden, z. B.
- Wie kann was umgesetzt werden?
- Welche Inhalte haben eine besondere Bedeutung?
- Was wird zuerst bearbeitet?

Hier: Reihenfolge der Bearbeitung der Inhalte und Art der Umsetzung des Webauftritts für die Bäckerei „Backfrisch" festlegen

4. Ausführen
Die in der Planung festgelegten Arbeitsschritte und Konzepte werden, wie unter 3. entschieden, umgesetzt.
- Problem lösen/Produkt erstellen
- inhaltliche Arbeit inklusive Dokumentation

Hier: Webauftritt für die Bäckerei „Backfrisch" umsetzen

5. Kontrollieren
Überprüfung der sach- und fachgerechten Ausführung des Kundenauftrags
- Wurde das Ziel erreicht?
- Wie kann ich kontrollieren, ob alle Aufgaben erfüllt wurden?
- Erfolgte die Lösung fachgerecht?
- Lassen sich die Ergebnisse auf andere Bereiche übertragen?

Hier: Überprüfung, ob alle Kundenwünsche von der Bäckerei „Backfrisch" berücksichtigt wurden und die Funktionalität aller Elemente gegeben ist

6. Bewerten
Bewertung, ob das Ergebnis der ursprünglichen Planung entspricht und die eigene Vorgehensweise zur Bearbeitung sinnvoll war.
- Was hat besonders gut geklappt?
- Welche Veränderungen könnten bei zukünftigen Aufträgen notwendig sein?

Hier: Evaluation innerhalb der Gruppe und Zielvereinbarung für weitere Webprojekte als Folgeaufträge von Bäckerei „Backfrisch" treffen

Bei der Konzeptentwicklung werden Sie feststellen, dass die technische Umsetzung auf der einen Seite und die Bereiche Layout und Design auf der anderen Seite eng ineinandergreifen, sodass sich die Umsetzungsmöglichkeit und der Aufwand eines Designs nur durch entsprechende vorherige Kenntnis der technischen Zusammenhänge beurteilen lässt.

Aus diesem Grund erfolgt zunächst ein Exkurs in die beiden wichtigen Markup-Sprachen HTML und CSS inklusive zahlreicher Übungen zur Festigung der Grundlagen, sodass sie hoffentlich gut gerüstet an die Umsetzung des Webauftritts gehen können.

16.1 Hypertext Markup Language (HTML)

Die Markup-Sprache (*von engl. markup = mit Zeichen versehen*) **HTML** (**H**ypertext **M**arkup Language) ist eine Seitenbeschreibungssprache und bildet die Grundlage jeder Internetseite. Die einzelnen Elemente innerhalb von HTML, der sog. **HTML-Quellcode**, beschreiben den Aufbau und, in Ergänzung mit den später vorgestellten Cascading Stylesheets (CSS), die Formatierung der Internetseite. Diese wird, nach erfolgreicher Quellcode-Eingabe, anschließend in grafischer Form im Browser angezeigt.

Wie ist der HTML-Quellcode aufgebaut?
Der HTML-Code setzt sich aus einer Reihe von Befehlen, den sogenannten **HTML-Tags** zusammen. Mithilfe der Tags lässt sich z. B. angeben, aus welchen Grundelementen eine Internetseite besteht, welche Bilder und sonstigen Inhalte an welcher Stelle enthalten sein sollen und ob es Verweise (Links) zu anderen Internetseiten gibt. Des Weiteren können im HTML-Code Angaben zum Autor der Seite oder zu verwendeten Scripten gemacht und Stichworte für Suchmaschinen eingefügt werden, um nur einige Möglichkeiten zu nennen.

Der gesamte HTML-Code wird als **Quelltext** (Source-Code) bezeichnet. Den Quelltext kann sich der Besucher einer Internetseite im Regelfall ansehen, indem im Browser der Menüpunkt **Ansicht → Quelltext** (oder **Seitenquelltext anzeigen** – leider gibt es in den unterschiedlichen Browsern keine einheitliche Bezeichnung für diesen Menüpunkt) ausgewählt wird. In manchen Fällen wird der Quelltext allerdings mithilfe einer speziellen Programmierung für die Ansicht gesperrt. Beim Blick in den Quelltext einer Internetseite sind die oben erwähnten HTML-Tags leicht zu erkennen. Jeder dieser Befehle wird in spitze Klammern gesetzt: <Befehl>.

HTML: Hypertextbasierte Seitenbeschreibungssprache zur Erstellung von Internetseiten.

Warum sind Kenntnisse in HTML notwendig?
HTML dient dem grundsätzlichen Seitenaufbau jeder Internetseite und der Strukturierung der Seiteninhalte. Eine gezielte Formatierung der Inhalte erfolgt zusätzlich mithilfe von Cascading Stylesheets (CSS), die im weiteren Verlauf dieses Kapitels vorgestellt werden. Ein Ziel sollte sein, die Grundstruktur und wesentliche Seitenelemente einer Internetseite zu kennen und im Quellcode zu erkennen. Dies erhöht das Verständnis und erleichtert den Umgang mit sog. Webeditoren

(z. B. Dreamweaver), indem wichtige Inhalte bewusst genutzt und unerwünschte Inhalte gezielt entfernt werden können.

16.1.1 Grundgerüst einer HTML-Datei und XHTML-Syntax

Jeder HTML-Befehl (Tag), den Sie im Quellcode verwenden, muss geöffnet und geschlossen werden. Dies ist insbesondere vor dem Hintergrund der erweiterbaren Auszeichnungssprache XHTML (Extensible Hypertext Markup Language) wichtig. Bei XHTML handelt es sich um XML-basiertes HTML. Die im Folgenden vorgestellte HTML-Syntax entspricht den XHTML-Regeln.

Jeder (X)HTML-Befehl wird beim Öffnen in spitze Klammern gefasst, zum Schließen dient zusätzlich ein Schrägstrich /, der dem Befehl in den Klammern vorangestellt wird. Im Sinne von XHTML müssen alle Tags klein geschrieben werden. Dies sieht dann z. B. wie folgt aus:

<body> ... </body>

Insgesamt besteht jede HTML-Datei aus zwei Bereichen, dem **Head** (Kopf) und dem **Body** (Körper).

Im **Head** werden wichtige Informationen über den Titel, sowie Begriffe für Suchmaschinen und zusätzliche verwendete Markupsrachen oder Scripte abgelegt, die nachher nicht im Fenster des Browsers zu sehen sind, sondern lediglich als Zusatzinformation dienen, beispielsweise:

- Angabe des Programms, mit welchem die HTML-Datei erstellt wurde
- Auflistung von Begriffen, die eine Suchmaschine finden soll
- Angaben zur Zeichencodierung, z. B. UTF-8
- Angabe des Seitentitels
- Verwendung von Scripten aus Programmier- oder Markup sprachen, wie JavaScript, PHP oder CSS

Im **Body** steht alles, was sichtbar auf der Internetseite angezeigt wird:

- Texte, Animationen und Bilder
- Seitenbereiche, Absätze, Umbrüche, Blöcke und Trennlinien
- Listen und Tabellen usw.

Jede HTML-Datei beginnt mit dem Tag <html> und endet entsprechend mit </html>. Das komplette Grundgerüst einer HTML-Datei, inklusive Seitentitel, ist nachfolgend dargestellt.

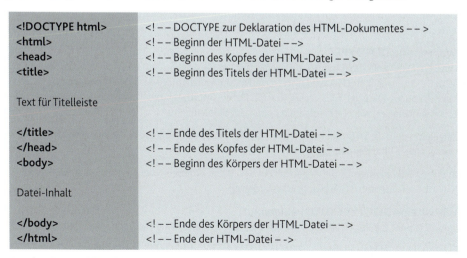

Grundgerüst einer HTML-Datei

<!-- -- Kommentare -->: Alles, was zwischen diesen Klammern steht, wird nicht im Browser angezeigt, sondern dient als Kommentar.

Eine **HTML-Datei** kann mit jedem einfachen Texteditor (z. B. Notepad beim PC oder TextWrangler, kostenlos für MAC OS X erhältlich) erstellt werden. Sie wird anschließend mit der **Endung .htm** oder **.html** abgespeichert und kann nun im Browser (z. B. Internet Explorer, Safari oder Mozilla Firefox) geöffnet werden.

 HTML-Dateien erkennt man an den Endungen .htm oder .html.

Neben den einfachen Texteditoren, die im Betriebssystem von MAC oder PC enthalten sind, gibt es eine Reihe von textbasierten, kostenlosen **HTML-Editoren**, die komfortabler gestaltet sind. Hier werden z. B. geöffnete Befehle automatisch geschlossen, Inhalte und Befehle durch eine Syntax-Hervorhebung farblich voneinander abgegrenzt und vieles mehr.

 HTML-Editor: Programm zur Erstellung von Internetseiten.

Kostenlose, textbasierte HTML-Editoren sind beispielsweise:

HTML-Editoren für den PC	HTML-Editoren für Apple MAC
• Phase5 HTML-Editor • Notepad++ • Komodo Edit	• Taco HTML Edit • CreaText 1.5

Phase5:
http://www.
phase5.info/
HAPedit3.1:
http://
hapedit.free.fr
HTML
Studio:
http://
elsdoerfer.
name/
htmlstudio
Brackets:
http://
brackets.io/
CreaText 1.5
b3: http://
creatext.
sourceforge.
net/
download.
html

16.1.2 Dokumenttyp-Deklaration

Zu einem vollständigen (X)HTML-Dokument gehört, neben dem Grundgerüst mit den Tags html, head und body, auch die Angabe der verwendeten Dokumenttyp-Deklaration, die sogenannte DOCTYPE.

Des Weiteren empfehlen sich natürlich Angaben zum Titel der Seite und sog. Meta-Angaben zum Autor und zu Schlüsselwörtern für die Suchmaschinen o. Ä.

Was ist eine DOCTYPE?
Die DOCTYPE (engl. Document Type Declaration) ist die Angabe des Dokumententypes, kurz **DTD**. Mithilfe der jeweiligen DTD wird unterschieden, um welchen Typ eines Web-Dokumentes es sich handelt: HTML-Datei, HTML5-Datei, XHTML-Datei, XML-Datei usw. Durch diese Angabe kann der Browser erkennen, wie er das folgende Dokument darstellen muss.

Vgl. diese
LS, 16.1.3
Meta-
Angaben

Eingeleitet wird die DTD durch das Tag <!DOCTYPE> als erste Angabe der jeweiligen Internetdatei, noch vor dem einleitenden Tag <html>.

In HTML-Dokumenten ist die Angabe einer DTD nicht vorgeschrieben, jedoch empfehlenswert, in XHTML-Dokumenten ist sie zwingend erforderlich.

Wie ist eine DOCTYPE (DTD) aufgebaut?
Eine DTD sieht z. B. für HTML-Dokumente wie folgt aus und besteht aus den folgenden Elementen:

```
<!DOCTYPE HTML PUBLIC "-//W3C//DTD HTML 4.01//EN" "http://www.w3.org/TR/html4/strict.dtd">
```

!DOCTYPE	Einleitung der DTD
HTML Public	bezieht sich auf die öffentlich verfügbare HTML-DTD
"-//W3C//DTD HTML 4.01//EN"	• Herausgeber der DTD: W3C • benutzte HTML-Version: hier HTML 4.01 • Sprachangabe der HTML-Notation (nicht des Dateiinhalts): hier EN (Englisch)
"http://www.w3.org/TR/html4/strict.dtd"	Angabe der URL, unter der die DTD zu finden ist.
strict	Strikte → strenge Variante: • Alle Elemente im *body* müssen in Blockelementen stehen. • Zur Formatierung dürfen keine HTML-Elemente genutzt werden (dies ist Aufgabe der Stylesheets CSS).
Alternativ: transitional	Übergangsformatierung → lockere Variante: • Es dürfen alle HTML-Elemente zur Formatierung genutzt werden. • geeignet, wenn Seiten auch Nutzern älterer Browser uneingeschränkt zur Verfügung stehen sollen
Alternativ: frameset	kennzeichnet ein Dokument, das Frames (keine iFrames) benutzt.

Beim neuen HTML5 hat sich die DOCTYPE stark vereinfacht und wird, bei Nutzung von HTML5, von allen aktuellen Browsern verstanden.

DOCTYPE in HTML5:

<!DOCTYPE html>

> „<!DOCTYPE> legt die *Document Type Definition (DTD)* des Dokuments fest. Die DTD bestimmt die Grammatik und die Syntax der HTML-Sprache (HTML5 hingegen basiert nicht auf SGML und braucht darum keinen Verweis auf externe DTDs)."

Quelle: www.mediaevent.de/xhtml/doctype.html, abgerufen am 29.01.2017

16.1.3 Meta-Angaben

Meta-Angaben werden in den Head der HTML-Datei geschrieben. Sie enthalten Informationen für Suchmaschinen, Webserver und Browser.

Metadaten-Auswahl

Bezeichnung	Angabe in HTML	Beschreibung
Autor	<meta name="author" content="Name">	Angabe des Namens vom Autor/Urheber der Webseite hinter content **Beispiel:** content="Hans Meier"

Bezeichnung	Angabe in HTML	Beschreibung
Zeichensatz	HTML 4: <meta http-equiv="content-type" content="text/html; charset=UTF-8"> HTML5: <meta charset="UTF-8">	Deklaration des Zeichensatzes
Beschreibung	<meta name="description" content="Text">	Kurzbeschreibung des Seiteninhalts hinter content **Beispiel:** content="Ferienwohnungen an der Nordsee"
Stichwörter	<meta name="keywords" content="Wort, Wort, Wort">	Stichworte hinter content, die den Seiteninhalt wiedergeben **Beispiel:** content="Ferienwohnung, Nordsee, Appartement, Strand, Urlaub, Meer"
Scriptsprache	<meta http-equiv="Content-Script-Type" content="MIME-Typ">	Hier kann hinter content angegeben werden, welche Scriptsprache, z. B. JavaScript, auf der Seite benutzt wird. **Beispiel:** content="text/javascript"

```
1  <!DOCTYPE html>
2  <head>
3  <meta  http-equiv="Content-Type" content="text/html">
4  <meta charset="UTF-8">
5  <meta name="author" content="Maria Musterfrau">
6  <title>Metadaten</title>
7  </head>
8
9  <body>
10 Ein Dokument mit einigen META-Tags im Kopf zur Angabe
11 der Auszeichnungsprache, zum Zeichensatz und zum Author des Dokumentes
12 </body>
13 </html>
```

16.1.4 Umlaute und Sonderzeichen

HTML wurde in den USA entwickelt und basiert auf dem amerikanischen Zeichencode, der keine Umlaute enthält. Für die im Deutschen üblichen Umlaute ä, ö und ü, den Buchstaben ß sowie für einige Sonderzeichen, wie z. B. Leerzeichen, gibt es gesonderte Codes.

Umlaute	ä	&auml;	ü	&uuml;
	Ä	&Auml;	Ü	&Uuml;
	ö	&ouml;	ß	&szlig;
	Ö	&Ouml;		
Sonderzeichen	Leerzeichen:		&	&amp;
	&lt;	&lt;	"	&quot;
	&gt;	&gt;	€	&euro<;

Allein diese Codes werden direkt in den Inhalt im Body eingebunden und stehen **nicht** zwischen spitzen Klammern. In der Syntax werden sie mit einem &-Zeichen eingeleitet und mit einem Semikolon abgeschlossen. So lässt sich im Quelltext einwandfrei erkennen, dass es sich um Sonderzeichen handelt.

Auf der Internetseite soll die folgende Überschrift stehen:

Wir begrüßen Sie recht herzlich auf unserer „Restaurantseite".

Umlaute kleines ü und ß   Anführungszeichen

Im HTML-Code sieht diese Textzeile dann wie folgt aus:

Wir begrüßen Sie recht herzlich auf unserer "Restaurantseite ".

> Achten Sie bei den mitgelieferten Texten und auch bei der Speisekarte darauf, an welcher Stelle Umlaute und Sonderzeichen vorkommen und ersetzen Sie diese durch den passenden HTML-Code, z. B. ß bei ß oder ü bei ü oder die entsprechende Zeichensatzangabe, z. B. UTF-8.

16.1.5 Absätze, Umbrüche und Linien

Im Browser wird stets nur genau das dargestellt, was dort vorher konkret definiert wurde. Nehmen Sie einmal das folgende Beispiel:

Sie möchten den folgenden Text im Browser genau so darstellen, wie er unten angezeigt wird, nämlich:

```
Herzlich willkommen!

Dies ist mein erster Versuch,
eine einfache HTML-Seite zu erstellen!

Ich hoffe, sie gefällt Euch!
```

Dazu erstellen Sie eine erste HTML-Datei mithilfe des Editors, die den nachfolgenden Quellcode enthält:

```
1   <!DOCTYPE html>
2   <html>
3   <head>
4   <title> Mein erster HTML-Versuch </title>
5   </head>
6
7   <body>
8   Herzlich willkommen!
9
10  Dies ist mein erster Versuch,
11  eine einfache HTML-Seite zu erstellen!
12
13  Ich hoffe, sie gef&auml;llt Euch!
14  </body>
15  <html>
```

Sie speichern die Datei unter dem Namen **testseite.htm**. Anschließend rufen Sie die Seite im Browser auf und Sie erhalten diese Darstellung:

Darstellung der Testseite im Browser

Bei der Darstellung fällt auf, dass der Text trotz der Verwendung von Zeilenumbrüchen und Absätzen einfach hintereinander ausgegeben wird.

Es muss also konkret in der HTML-Datei angegeben werden, dass ein Absatz o. Ä. folgen soll. Das Drücken der Enter-Taste reicht in diesem Fall nicht aus.

Welche Tags sind zur Erzeugung von Absätzen und Zeilenumbrüchen sowie Textausrichtungen notwendig?

Um einen Zeilenumbruch oder einen Absatz mit nachfolgender Leerzeile zu erzeugen, ist jeweils ein separater HTML-Tag erforderlich.

Tags für Absatz und Ausrichtung		
Absatz	` ` `<p>` Text `</p>` `<nobr>` Text `</nobr>`	• Zeilenumbruch • Absatz mit Leerzeile • <u>kein</u> Zeilenumbruch in diesem Bereich

	HTML-Quellcode
1	`<!DOCTYPE html>`
2	`<html>`
3	`<head>`
4	`<title>`Mein erster HTML-Versuch `</title>`
5	`</head>`
6	
7	`<body>`
8	`<p>`Herzlich willkommen! `</p>`
9	
10	Dies ist mein erster Versuch, ` `
11	eine einfache HTML-Seite zu erstellen!
12	
13	`<p>`Ich hoffe, sie gefällt Euch!`</p>`
14	
15	`</body>`

HTML-Code der Testseite mit Absätzen und Umbrüchen

Darstellung im Browser:

Veränderungen:

Zeile 8: Absatz mit Leerzeile <p> Text </p>
Zeile 10: Zeilenumbruch
Zeile 13: Absatz mit Leerzeile <p> Text </p>

Weitere Strukturierungen einer einfachen HTML-Datei lassen sich durch Trennlinien, Überschriften und Textauszeichnungen erreichen.

> Der Tag <br> besitzt kein abschließendes Tag. Dieses muss durch die Schreibweise <br />, im Sinne von XHTML, erzwungen werden.

Durch die Verwendung von Trennlinien, dies sind horizontale Linien, kann eine weitere Strukturierung der Inhalte vorgenommen werden.

Trennlinien	
<hr>	• einfache Linie (Fensterbreite)
<hr noshade>	• einfache Linie ohne Schattierung

> An welcher Stelle der Texte von der Bäckerei „Backfrisch" ist ein Zeilenumbruch oder ein Abstatz sinnvoll? Wo bieten sich ggf. Trennlinien an? Strukturieren Sie die Texte, auch im Sinne der besseren Lesbarkeit am Bildschirm, entsprechend.

16.1.6 Überschriften

HTML bietet die Möglichkeit, sechs unterschiedliche Überschriftenebenen zu definieren. Dazu stehen die Tags <h1> bis <h6> zur Verfügung. Durch die Verwendung von Überschriften, mehr Struktur und wirkt aufgeräumter. Mithilfe unterschiedlicher Überschiftenebenen kann eine erste logische Gliederung eines Dokumentes vorgenommen werden.

Überschriften
\<h1\> Sehr große Überschrift \</h1\>   \<h2\> Große Überschrift \</h2\>   \<h3\> Mittelgroße Überschrift \</h3\>   \<h4\> Eher kleinere Überschrift \</h4\>   \<h5\> Kleine Überschrift \</h5\>   \<h6\> Sehr kleine Überschrift \</h6\>   Bei Anwendung dieser Tags wird der Text automatisch fett dargestellt. Zusätzlich entsteht hinter dem Text ein Absatz mit Leerzeile, beispielsweise so: **Überschrift**   Text auf der Seite

```
   ...
1  <body>
2  <h1> &Uuml;berschrift erste Ebene. Sehr gro&szlig;. </h1>
3  <h2> &Uuml;berschrift zweite Ebene. Gro&szlig;. </h2>
4  <h3> &Uuml;berschrift dritte Ebene. Mittelgro&szlig;. </h3>
5  <h4> &Uuml;berschrift vierte Ebene. Eher klein. </h4>
6  <h5> &Uuml;berschrift f&uuml;nfte Ebene. Klein. </h5>
7  <h6> &Uuml;berschrift sechste Ebene. Klein. </h6>
8  </body>
   ...
```

Überschrift erste Ebene. Sehr groß.
Überschrift zweite Ebene. Groß.
Überschrift dritte Ebene. Mittelgroß.
Überschrift vierte Ebene. Eher klein.
Überschrift fünfte Ebene. Klein.
Überschrift sechste Ebene. Klein.

HTML-Code der Testseite mit allen Überschriftenebenen

Praktische HTML-Übung

Immer, wenn Sie diese Überschrift sehen, folgt eine praktische Übung in HTML und CSS, passend zum jeweils vorhergehenden Inhalt.

Die ausführliche Aufgabenstellung und weitere Materialien, die zum Bearbeiten der Übung erforderlich sind, finden Sie unter „LS5_Uebungen" im Bereich BuchPlusWeb.

Praktische HTML-Übung 1: Angebotskarte

Inhalte:
- Absätze
- Umlaute
- Trennlinien
- Überschriften

Auf der Seite von der Bäckerei „Backfrisch" soll wöchentlich eine Angebotskarte veröffentlicht werden. Überprüfen Sie nach der folgenden Übung, ob die Angebotskarte in dieser Form zur Veröffentlichung geeignet ist oder welche Veränderungen Sie ggf. vornehmen würden.

16.1.7 Listen

Eine weitere Strukturierung der Seiteninhalte ist mithilfe von Listen möglich. Diese dienen neben der Strukturierung auch der Ordnung der Inhalte, z. B. bei einer Aufzählung, einer Gliederung oder einem Glossar. In HTML werden drei verschiedene Gruppen von Listen unterschieden:
- Aufzählungslisten,
- nummerierte Listen,
- Definitionslisten.

16.1.7.1 Aufzählungslisten

Aufzählungslisten sind unnummerierte Listen. Sie dienen dazu, Inhalte ohne vorgegebene Reihenfolge aufzuzählen und voneinander zu trennen:

- Begriff 1
- Begriff 2
- Begriff 3

Aufzählungslisten, in HTML als „unordered list" bezeichnet, werden mit dem Tag <ul> eingeleitet und mit </ul> beendet. Jedes einzelne Listenelement wird zusätzlich vom Tag <li> Listenelment </li> umgeben. Beim Öffnen der Liste kann angegeben werden, welche Aufzählungszeichen der Liste vorangestellt werden sollen.

	Aufzählungsliste (unordered list)	

Grundstruktur	`<ul>`
	`<li> Listeneintrag </li>`
	`<li> Listeneintrag </li>`
	`</ul>`
		<!-- Beginn der Liste -->
		
		<!-- Ende der Liste -->

Listentypen	`<ul type="square">`
	`<ul type="circle">`
	`<ul type="disc">`
		▪ Quadrat (ausgefüllt)
		○ Kreis (nicht ausgefüllt)
		• Kreis (ausgefüllt)

	Erfolgt keine Angabe, so wird der Listentyp „disc" verwendet.	

Beispiele	`<ul type="circle">`
	`<li> Blume </li>`
	`<li> Baum </li>`
	`<li> Strauch </li>`
	`</ul>`
		○ Blume
		○ Baum
		○ Strauch

	`<ul>`
	`<li> Blume </li>`
	`<li> Baum </li>`
	`<li> Strauch </li>`
	`</ul>`
		• Blume
		• Baum
		• Strauch

16.1.7.2 Nummerierte Listen

Nummerierte Listen beinhalten eine feste Rangfolge und dienen häufig dazu, einen festen Ablauf zu gliedern oder ein Inhaltsverzeichnis zu nummerieren.

Nummerierte Liste (ordered list)		

Grundstruktur	`<ol>` `<!-- Beginn der nummerierten Liste -->`
	`<li> Listeneintrag </li>`
	`<li> Listeneintrag </li>`
	`</ol>` `<!-- Ende der nummerierten Liste -->`	

Listentypen	`<ol type="A">`
	`<ol type="a">`
	`<ol type="i">`
	`<ol type="I">`
	`<ol>`
		Nummerierung A, B, C usw.
		Nummerierung a, b, c usw.
		Nummerierung i, ii, iii usw.
		Nummerierung I., II., III., IV., usw.
		Nummerierung 1., 2., 3., wenn kein **type** angegeben wird.

	Bei den **nummerierten Listen** kann der **Startpunkt** angeben werden, wenn die Liste nicht bei A oder 1 starten soll:
	`<ol type="A" start="3">`
	Die Nummerierung beginnt mit C, dann folgt D, E usw.
	
	`<ol start="4">`
	Die Nummerierung beginnt bei 4, dann folgt 5, 6 usw.	

Beispiele	`<ol type="I">`
	`<li> Blume </li>`
	`<li> Baum </li>`
	`<li> Strauch </li>`
	`</ol>`
		I. Blume
		II. Baum
		III. Strauch

	`<ol>`
	`<li> Blume </li>`
	`<li> Baum </li>`
	`<li> Strauch </li>`
	`</ol>`
		1. Blume
		2. Baum
		3. Strauch

16.1.7.3 Definitionslisten

Definitionslisten sind für Glossare gedacht. Jedem Eintrag der Definitionsliste wird eine Definition zugeordnet, also steht dort zuerst der Begriff, dann folgt die Erläuterung.

Definitionsliste (definition list)	

Grundstruktur	`<dl>` `<!-- Beginn der Definitionsliste -->`
	`<dt> 1. Begriff </dt>`
	`<dd> Definition des 1. Begriffs </dd>`
	`<dt> 2. Begriff </dt>`
	`<dd> Definition des 2. Begriffs </dd>`
	`</dl>` `<!-- Ende der Definitionsliste -->`

Lernsituation Webauftritt – Planung, Konzeption, Umsetzung | 5.1

	Definitionsliste (definition list)	Ansicht im Browser

Beispiel	`<dl>`
	`<dt>` Dolci `</dt>`
	`<dd>` Süßigkeiten `</dd>`
	
	`<dt>` Gelato `</dt>`
	`<dd>` Eis `</dd>`
	
	`<dt>` Insalate `</dt>`
	`<dd>` Salate `</dd>`
	
	`<dt>` Pasta `</dt>`
	`<dd>` Teigwaren `</dd>`
	
	`<dt>` Tartufo `</dt>`
	`<dd>` Tr¨ffel `</dd>`
	`</dl>`
		Dolci
		   Süßigkeiten
		
		Gelato
		   Eis
		
		Insalate
		   Salate
		
		Pasta
		   Teigwaren
		
		Tartufo
		   Trüffel

16.1.7.4 Verschachtelte Listen

Alle Listen können ineinander und miteinander verschachtelt werden. Dies geschieht, indem innerhalb eines Listenelementes `<li>` ... `</li>` eine neue Liste beginnt.

HTML-Quelltext	Ansicht im Browser

`<ol>`
`<li>`Blume
   `<ol type="a">`
   `<li>` Butterblume `</li>`
   `<li>` Mohnblume `</li>`
   `<li>` Sonnenblume `</li>`
   `</ol>`
`</li>`
`<li>` Baum
   `<ol type="a">`
   `<li>` Apfelbaum `</li>`
   `<li>` Birnbaum `</li>`
   `<li>` Kirschbaum `</li>`
   `<li>` Walnussbaum `</li>`
   `</ol>`
`</li>`
`<li>` Strauch `</li>`
`</ol>`
	1. Blume
	   a. Butterblume
	   b. Mohnblume
	   c. Sonnenblume
	
	2. Baum
	   a. Apfelbaum
	   b. Birnbaum
	   c. Kirschbaum
	   d. Walnussbaum
	3. Strauch

Verschachtelte Liste

An welcher Stelle der Website von der Bäckerei „Backfrisch" bietet sich die Verwendung von Listen an? Überlegen Sie einerseits bei der Planung der Inhalte der Einzelseiten, wo Aufzählungen genutzt werden können. Entscheiden Sie andererseits, ob Sie ein Glossar zur Erklärung der wichtigsten Produkte aus dem Angebot oder zur Erläuterung von Allergenen, nutzen möchten.

Praktische HTML-Übung 2: Weinliste und Glossar

Inhalte:
- Aufzählungslisten
- Definitionslisten

16.1.8 Tabellen

Ebenso wie Listen dienen auch Tabellen der Ordnung und Strukturierung von Inhalten. Anders als bei der reinen Aufzählung sind Tabellen besonders dann eine Hilfe, wenn Inhalte mehrerer Zeilen bündig untereinander ausgerichtet werden müssen.

In HTML ist die Tabelle ein Inhaltselement und wird daher – wie die anderen Inhalte, z. B. Texte und Bilder, die nicht in einer Tabelle stehen – zwischen den beiden Body-Tags eingefügt.

16.1.8.1 Tabellengestaltung: Grundgerüst

Tabelle (Grundgerüst)		`<table>`	`<!-- Beginn der Tabelle mit 2 Zeilen und 2 Spalten -->`

Zeile 1, 1. Spalte	Zeile 1, 2. Spalte	`<tr>`
		`<td>Zeile 1, 1. Spalte</td>`
		`<td>Zeile 1, 2. Spalte</td>`
		`</tr>`
			`<!-- Beginn der 1. Tabellenzeile -->`
			`<!-- Zelle (Spalte) der Tabelle -->`
			`<!-- Zelle (Spalte) der Tabelle -->`
			`<!-- Ende der ersten Zeile -->`

Zeile 2, 1. Spalte	Zeile 2, 2. Spalte	`<tr>`
		`<td>Zeile 2, 1. Spalte</td>`
		`<td>Zeile 2, 2. Spalte</td>`
		`</tr>`
			`<!-- Beginn der 2. Tabellenzeile -->`
			`<!-- Zelle der Tabelle -->`
			`<!-- Zelle der Tabelle -->`
			`<!-- Ende der zweiten Zeile -->`

		`</table>`	`<!-- Ende der Tabelle -->`

Eine Tabelle beginnt in HTML mit dem Tag <table> und endet entsprechend mit </table>. Die Tags <tr> (tr="table row") und </tr> stehen für die Zeilen der Tabelle. Dazwischen werden die eigentlichen Zellen (Spalten) der Tabelle eingefügt. Diese werden mit <td> Inhalt </td> (td = „table data") bezeichnet.

Nur in die Zellen *td* der Tabelle kann Inhalt, wie Text oder Bilder, eingefügt werden.

Damit eine Tabelle auch als solche zu erkennen ist, kann sie einen Rahmen, „border", erhalten. Diese Formatierung wird hier ausnahmsweise in HTML vorgenommen, um den Aufbau und die Struktur einer Tabelle zu veranschaulichen. Nach der Einführung von CSS erfolgt diese Angabe im CSS-Quellcode.

Tabellenrahmen

border	Rahmen

Angabe im HTML-Code:
`<table border="1">`
...
`</table>`
	Im *table-Tag* kann die Dicke des Außenrahmens einer Tabelle mit Zahlen angegeben werden. Die Zahl "1" steht dabei für einen Pixel, "2" für zwei Pixel usw.

Praktische HTML-Übung 3: Bilderliste

Inhalte:
- Einfache Tabellenstruktur
- Tabellenrahmen in HTML

16.1.8.2 Tabellenzellen verbinden

Tabellen, die zur Auflistung und Strukturierung von Inhalten genutzt werden, weisen nicht immer eine durchgängige Gitternetzstruktur (wie in Übung 3) auf. Teilweise sind mehrere Zellen zu einer Zelle verbunden, z. B. bei einer Überschrift, die über die gesamte Tabelle hinweggeht. Hierbei wird einerseits zwischen der Verbindung mehrerer Zeilen zu einer Zeile und andererseits zwischen der Verbindung mehrerer Spalten zu einer Spalte unterschieden.

Tabellenzellen verbinden	
<td rowspan="Zahl">	mehrere Zeilen zu einer Zeile verbinden
<td colspan="Zahl">	mehrere Spalten zu einer Spalte verbinden

Die Zahl hinter dem Gleichheitszeichen nach rowspan oder colspan gibt an, über wie viele Zellen (Zeilen oder Spalten) sich die aktuelle Zelle erstrecken soll, d. h., wie viele Zeilen bzw. Spalten zu einer Zelle verbunden werden sollen.

Spalten verbinden	Zeilen verbinden
Titelzeile der Tabelle / Inhalt oben links / Inhalt oben rechts / Inhalt unten links / Inhalt unten rechts	Inhalt oben links / Inhalt Mitte links / Inhalt unten links / Inhalt rechts

```
<table border="2">
 <tr>
  <td colspan="2">Titelzeile der Tabelle</td>
 </tr>

 <tr>
  <td>Inhalt oben links</td>
  <td>Inhalt oben rechts</td>
 </tr>

 <tr>
  <td>Inhalt unten links</td>
  <td>Inhalt unten rechts</td>
 </tr>
</table>
```

```
<table border="1">
 <tr>
  <td>Inhalt oben links</td>
  <td rowspan="3">Inhalt rechts</td>
 </tr>

 <tr>
  <td>Inhalt Mitte links</td>
 </tr>

 <tr>
  <td>Inhalt unten links</td>
 </tr>
</table>
```

Spalten verbinden	Zeilen verbinden
Zeile 1 der Tabelle: Die Zeile erstreckt sich über zwei Spalten (Befehl: **colspan**)	Zeile 1 der Tabelle: Die zweite Zelle (rechts Spalte) nimmt den Platz von drei Zeilen ein (Befehl: **rowspan**).
Zeile 2 und 3 der Tabelle: Ganz normal zwei Spalten je Zeile	Zeile 2 und 3 der Tabelle: Diese Zeile benötigen jeweils nur eine Zelle, da der Platz neben dieser Zelle bereits durch die zweite Zelle der ersten Spalte belegt ist.

Entscheiden Sie, ob und an welcher Stelle Tabellen zur Strukturierung des Inhalts beim Webauftritt von der Bäckerei „Backfrisch" sinnvoll sind. Denken Sie dabei auch an die Angebotskarte. Hierfür ist auch der Bereich „Tabellenzellen verbinden" interessant.

16.1.9 Bilder und Grafiken in HTML

Vgl. diese LS, 17.1

Auf Internetseiten sind viele Bilder und Grafiken zu finden, meist als Inhaltselement, wie z. B. Produktfoto, Firmenlogo, Landschaftsaufnahme usw.

Bilder und Grafiken werden nur dann im Browser angezeigt, wenn sie eines der folgenden Dateiformate haben: GIF, JPG oder PNG. Bitmap- und TIFF-Dateien können auf Internetseiten nicht eingefügt werden!

Wo und wie werden die Bilddateien eingefügt?

Vgl. diese LS, 16.2.5.2 HTML-Seitenelemente: Farben und Hintergrundbilder

	Bild als Inhalt		
	Ziel	Was ist zu beachten?	Umsetzung in HTML

	Ein Bild soll als Seiteninhalt eingefügt werden.	• An der Stelle einfügen, wo das Bild zu sehen sein soll.
		• Eigener Image-Tag für das Bild erforderlich.
		• Alt-Tag nicht vergessen!
		• Image-Tag am Ende schließen.
			1. Beispiel: Bild alleinstehend
			`<img src="bilddatei.jpg" alt="bildbeschreibung" />`
			
			2. Beispiel: Bild in einer Tabellenzelle
			`<td>`
			`<img src="foto.jpg" alt="Jans Passfoto" />`
			`</td>`

Manchmal kann ein Bild nicht angezeigt werden, oder Menschen mit eingeschränktem Sehvermögen besuchen die Seite. In diesen Fällen ist es wichtig, dass der Nutzer erfährt, was an der jeweiligen Stelle zu sehen sein soll. Dazu dient der Alternativtext, der in den img-Tag eingefügt wird.

Jedes Bild einer Internetseite muss mit einem sog. Alt-Tag versehen werden. Dieser beinhaltet eine kurze Beschreibung des Bildmotivs.

Bild als Hintergrundbild mit CSS einfügen

Cascading Stylesheets (CSS) bieten vielfältige Möglichkeiten zum Einfügen von Hintergrundbildern auf einer Webseite und zur genauen Definition der Wiederholung von Hintergrundbildern.

Vgl. dies LS 16.2. Cascading Stylesheets

Praktische HTML-Übung 4: Visitenkarte

Inhalte:
- Tabellenzellen verbinden
- Bild einfügen

16.1.10 Verweise (Hyperlinks)

Durch die Verwendung von **Hyperlinks**, kurz **Links**, im HTML-Code der jeweiligen Internetseite ist es möglich, von einer Internetseite zu einer anderen zu springen. Der Link kann dabei entweder auf eine andere Webseite innerhalb derselben Site (intern) oder auf eine Webseite eines anderen Internetauftritts (extern) verweisen. Insbesondere bei langen Webseiten dienen Links auch als Sprungmarken, etwa auf den Anfang oder das Ende der aktuellen Webseite.

> **Hyperlink:** Verweis, der von einer bestehenden Internetseite auf eine andere Seite oder eine Sprungmarke auf derselben Seite verweist.

Eine besondere Bedeutung kommt den Hyperlinks zu, die auf andere Seiten innerhalb einer Website verweisen (intertextuelle Links). Diese fungieren als wichtige Knotenpunkte und tragen wesentlich zur Orientierung des Benutzers bei. Vor der Umsetzung von Hyperlinks auf einer Website ist daher eine sorgfältige Planung der Navigationsstruktur erforderlich.

Vgl. diese LS, 16.4.1.2

> Überlegen Sie bei der Bäckerei „Backfrisch" bereits im Vorfeld, ob Sie Verweise zu anderen Angeboten im WWW, beispielsweise der Fahrplanauskunft, einem Routenplaner oder weiteren Anbietern der Region, einbauen möchten und recherchieren Sie die genaue URL (Webadresse) im Vorfeld.

16.1.10.1 Lokale und weltweite Verweise

Bei (Hyper-)Links wird zwischen lokalen Verweisen innerhalb derselben Website oder desselben Dokumentes und weltweiten Verweisen zu anderen Internetseiten im WWW unterschieden.

Lokale Verweise	
Zwischen verschiedenen Dateien = Intertextueller Link	
Textstelle bzw. Grafik festlegen, von welcher aus zu einer neuen Datei (andere HTML-Datei innerhalb derselben Website) gesprungen werden soll:	
`<a href="Datei.htm"> Text/Grafik </a>`	
HTML-Quelltext	**Ansicht im Browser**
`<a href="index.htm"> Home </a>  `	Home
`<a href="wir.htm"> &Uuml;ber uns </a>  `	Über uns
`<a href="produkte.htm"> Produkte </a>  `	Produkte
`<a href="kontakt.htm"> Kontakt </a>  `	Kontakt

Lokale Verweise
Innerhalb einer Datei (Sprungmarke) = Intratextueller Link
1. Verweis an der Stelle (Text/Grafik) einbinden, von welcher aus zum Anker (= andere Stelle auf derselben Seite) gesprungen werden soll: `<a href="#Bezeichner"> Text </a>`
2. Anker (Text/Grafik) setzen, zu welchem gesprungen werden soll: `<a name="Bezeichner"> Text </a>`

HTML-Quelltext	Ansicht im Browser

`<a href="#Reiseziele">`
Zu den Reisezielen
`</a>`
	<u>Zu den Reisezielen</u>
	Text Text Text Text Text Text Text Text
	Text Text Text Text Text Text Text Text

Text Text Text Text Text Text Text Text ` ` Text Text Text Text Text Text Text Text ` ` ` <a name="Reiseziele">` `<h3> Unsere Reiseziele: </h3>` `</a>` Reiseziel 1 Reiseziel 2 usw.	**Unsere Reiseziele:** Reiseziel 1 Reiseziel 2 usw.

Weltweite Verweise = Externer Link
`<a href="http://www.Internetseite.de"> Text </a>` oder `<a href="mailto:thomas@muster.de">Mail an Thomas Muster</a>`
Hier kann ein Verweis zu einer anderen Internetseite, einer E-Mail-Adresse oder einer Newsgroup erfolgen.

16.1.10.2 Funktionen von Hyperlinks

Hyperlinks können unterschiedliche Funktionen haben, indem sie auf Inhalte verweisen, oder bei der Navigation und Orientierung helfen.

	Bezeichnung	Funktion
❶	Inhaltlicher Link	Verweist auf weitere, inhaltlich zur aktuellen Seite passende Inhalte innerhalb oder außerhalb der aktuellen Website.
❷	Navigationslink	Dient zur Navigation innerhalb der aktuellen Website.
❸	Orientierungslink	Ermöglicht eine Übersicht über die Struktur der Website, z. B. mithilfe einer Sitemap oder eines Inhaltsverzeichnisses.

Lernsituation Webauftritt – Planung, Konzeption, Umsetzung | 5.1

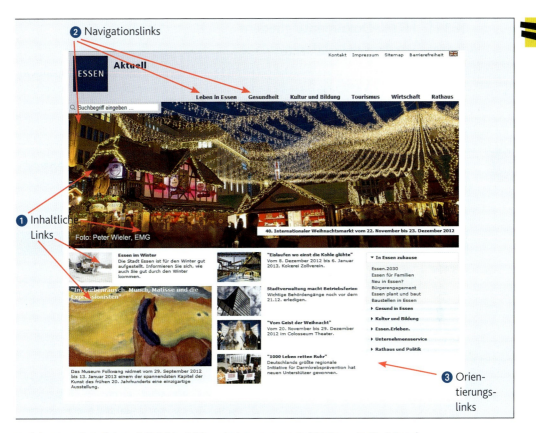

Funktionen von Hyperlinks am Beispiel der Städtewebseite www.essen.de (Urheberrecht: Stadt Essen)

Ein Link muss
- **als solcher erkennbar sein,**
- **sich klar von weiteren Inhalten abheben und**
- **zu einem vorhandenen Ziel verweisen –> Testen Sie alle Verweise!**

Überlegen Sie, ob Sie für die Bäckerei „Backfrisch" Verweise innerhalb der Texte planen und bedenken Sie dabei, dass diese eindeutig im Text erkennbar sein müssen. Günstig ist bei einer reinen Begriffserklärung auch, wenn sich der Verweis in einem kleinen separaten Fenster öffnet.

Recherchieren Sie dazu im Internet. Ein Tipp: Ein Blick in selfhtml kann immer nützlich sein!

selfhtml, http:// de.selfhtml. org

Praktische HTML-Übung 5: Musikglossar zum Blättern

Inhalte:
- Hyperlinks (intertextuelle Links) nutzen

16.1.11 HTML-Dokumente gliedern

16.1.11.1 HTML5-Seitenelemente

Für den Aufbau einer Internetseite stehen in HTML5 seit einiger Zeit semantische Elemente zur Seitengliederung zur Verfügung. Diese Elemente ermöglichen es, die einzelnen Bereiche einer Internetseite bereits in HTML konkret zu bezeichnen, d. h., es gibt feste HTML-Tags für alle wesentlichen Bereiche einer Seite, wie z. B. den Kopfbereich, die Navigation, den Inhaltsbereich und den Fußbereich.

> Neue semantische Elemente in HTML5 ermöglichen eine Standardisierung des Aufbaus von Internetseiten.

Übersicht semantische HTML5-Elemente

HTML5-Element	HTML-Code	Erläuterung
header	`<header> ... </header>`	Kopfbereich z. B. für Titelschriftzug, Logo
nav	`<nav> ... </nav>`	Navigationsbereich z. B. für Verweise, Navigationsmenü
main	`<main> ... </main>`	Hauptinhaltsbereich z. B. für Seiteninhalte
article	`<article> ... </article>`	Inhaltsbereich als in sich geschlossener Block z. B. für einen bestimmten Bereich des Seiteninhalts, wie einen Zeitungsartikel oder einen Blog
section	`<section> ... </section>`	Sektion = Abschnitt z. B. zur weiteren Einteilung der Inhaltsblöcke in Abschnitte
aside	`<aside> ... </aside>`	Seitenbereich (sidebar) z. B. für Zusatzinformationen am Rand, wie News, Wetter, aktuelle Termine
footer	`<footer> ... </footer>`	Fußbereich z. B. für Kontaktdaten, Links zum Impressum und Datenschutz

`<header>` Kopfbereich `</header>`	
`<nav>` Navgationsbreich `</nav>`	
`<main>` Hauptinhaltsbereich `</main>`	`<aside>` Seitenbereich `</aside>`
`<footer>` Fußbereich `</footer>`	

Beispielhafter Seitenaufbau mit HTML5-Seitenelementen

Lernsituation Webauftritt – Planung, Konzeption, Umsetzung | 5.1

Zur Nutzung von HTML5 in möglichst vielen Browsern müssen die HTML5-Seitenelemente in CSS zu Beginn als Blockelemente gekennzeichnet werden.

Beispiel im CSS-Code:
header, nav, main, article, aside, footer {
display: block;
}
/* notwendig zur korrekten Browserdarstellung */

Vgl. diese LS, 16.2.5

http:// html5doctor. com

16.1.11.2 Sections innerhalb von Article zur Gliederung nutzen

Mithilfe von **section** kann ein **article** in mehrere Abschnitte unterteilt werden. Das Section-Element <section> ist ein in sich geschlossenes Element, welches einen in sich abgeschossenen textlichen Inhalt aufnehmen soll. Es dient innerhalb des Article-Elements <article> dazu, z. B. einen Beitrag in sinnvolle Abschnitte, also mehrere kleinere Bereiche <section> …</section> zu gliedern.

- Das Section-Element <section> definiert einen Abschnitt innerhalb eines Dokumentes.
- Es steht eine Stufe tiefer als das Article-Element <article>, d. h ein article kann mehrere Section-Elemente aufnehmen jedoch nicht umgekehrt!
- Jedes Article-Element kann, genau wie eine Webseite, einen Header und einen Footer beinhalten!

Ein Artikel (article), der einen Kopfbereich (header) mit dem Titel des Beitrags und einen Fußbereich (footer) mit Angaben zum Autor enthält, wird in mehrere logische Abschnitte (section) unterteilt.

```
<article>
 <header> Abkürzungen aus der Sportwelt </header>
  <section>
  <h1>DLV</h1>
  <p>Deutscher Leichtathletik Verband (DLV)</p>
  TEXT zu DLV…
  </section>

  <section>
  <h1>DOSB</h1>
  <p>Deutscher Olympischer Sportbund (DOSB)</p>
  Text zu DOSB …
  </section>

  <section>
  <h1>DSV</h1>
  <p>Deutscher Skiverband (DSV)</p>
  Text zu DSV …
  </section>
 <footer> Autor: Frank Sportler </footer>
 </article>
```

- Article kann, genau wie eine komplette Webseite, eine eigene Gliederung mit header und footer usw. aufweisen.
- Neben article können z. B. auch aside und nav eine eigene Gliederung aufweisen.

Praktische-HTML-Übung 6: Einen Artikel mithilfe von HTML5 strukturieren

Inhalte:

HTML5 Elemente article, header, section und footer gezielt einsetzen

16.1.11.3 Bedeutung von Überschriften bei der Seitengliederung

Überschriften bieten aufgrund ihrer sechs Ebenen von h1 bis h6 die Möglichkeit, ein Dokument logisch zu gliedern.

Um diese Gliederungsmöglichkeit sinnvoll nutzen zu können, sind einige Regeln zu beachten:
- Überschriftenhierarchie immer mit h1 beginnen.
- Möglichst nur maximal zwei h1-Tags pro Webseite nutzen (Titel im Header und Haupttitel in Main oder Article).
- Auf konsistente Überschriftenhierarchie achten:
  - Für nachfolgende Überschriften die nächste Eben nutzen: h2 folgt auf h1, h3 folgt auf h2 usw.
  - Keine Ebene überspringen, also nicht auf h2 eine Überschrift der Ebene h4 folgen lassen.
- Hierarchie nur dort im Code anlegen, wo diese auch später visuell auf der Webseite erkennbar ist.
- Wichtige Schlüsselbegriffe (Keywords) in den h-Tags platzieren.

Überschriftenhierarchie

```
<h1>Berufskolleg Musterstadt</h1>

  <h2>Personen</h2>
    <h3>Schulleitung</h3>
    <h3>Verwaltung</h3>
    <h3>Abteilungsleitungen</h3>

  <h2>Abteilungen</h2>
    <h3>Hauswirtschaft</h3>
    <h3>Gestaltung</h3>
    <h3>Technik</h3>

  <h2>Projekte</h2>
    <h3>Azubiprojekte</h3>
    <h3>Technikerprojekte</h3>

  <h2>Kontakt</h2>
    <h3>Adressen</h3>
    <h3>Anfahrt</h3>
```

Ferner können mehrere Überschriften mithilfe des Tags <hgroup> zu einer Gruppe zusammengefasst werden. Die Gruppierung ist immer dann sinnvoll, wenn z. B. ein Dokument mehrere Titelebenen enthält, wie z. B. die Schlagzeile als Haupttitel, einen oder mehrere Untertitel sowie eine Einleitung oder Kurzbeschreibung.

Anwendungsmöglichkeit von hgroup

HTML-Code:

```
...
<hgroup>
 <h1>Das Ruhrgebiet</h1>
 <h2>Wie Industrie und Bergbau die Region gepr&auml;gt haben</h2>
</hgroup>

<hgroup>
 <h1>Das Rheinland</h1>
 <h2>Die Realit&auml;t zwischen Karneval und Frohsinn</h2>
</hgroup>
...
```

Ansicht im Browser:

Das Ruhrgebiet

Wie Industrie und Bergbau die Region geprägt haben

Das Rheinland

Die Realität zwischen Karneval und Frohsinn

- hgroup stellt einen logischen Zusammenhang zwischen allen Überschriften der Gruppe her.
- Überschriften können zentral über hgroup formatiert werden.

Überlegen Sie genau, wie Sie den Webauftritt von der Bäckerei „Backfrisch" gliedern möchten. Überlegen Sie sich eine sinnvolle logische Gliederung, die sich für Inhalte der Einzelseiten eignet.

16.2 Cascading Stylesheets (CSS)

Bisher haben Sie bereits einige Möglichkeiten zum inhaltlichen Aufbau einer Internetseite, z. B. mithilfe von Auflistungen oder Produkttabellen, kennengelernt. Nun soll sowohl die Formatierung der einzelnen Seiteninhalte als auch der komplette Seitenaufbau mittels geeigneter Layoutelemente erläutert werden, damit Sie abschließend den gewünschten Seitenaufbau für die Bäckerei „Backfrisch" umsetzen können.

Zur Formatierung und Gestaltung einer Internetseite und ihrer einzelnen Inhalte werden **Cascading Stylesheets**, kurz **CSS**, genutzt.

Cascading Stylesheets (**CSS**) sind eine Ergänzungssprache zu HTML und bieten die Möglichkeit, das „Aussehen" der jeweiligen Internetseite zu bestimmen. Die CSS-Befehle müssen dazu direkt mit dem HTML-Code der jeweiligen Internetseite verknüpft werden. Sie halten den Quellcode übersichtlich.

CSS existiert in drei kompletten Versionen: CSS1 (veraltet), CSS2.1 und CSS3

Das W3-Konsortium entwickelt seit einiger Zeit den neuen CSS3-Standard, der modular aufgebaut ist und dadurch stetig erweitert werden kann. Viele Eigenschaften des CSS3-Standards können bereits in fast allen Browsern genutzt werden. **CSS3** passt sich stärker als die bisherigen Versionen an den jeweiligen Browser an.

CSS: Zusatzsprache zu HTML zur einheitlichen Formatierung von Internetseiten mithilfe von Stilvorlagen.

16.2.1 Aufgaben von CSS und HTML bei der Webseitengestaltung

Das Grundgerüst einer Internetseite basiert, wie in den vorherigen Abschnitten vorgestellt, auf der **Seitenbeschreibungssprache HTML**. Zu diesem Grundgerüst gehören sämtliche **Seiteninhalte** wie Texte, Überschriften, Verweise, Bilder o. Ä.

Die **Ergänzungssprache CSS** hingegen ermöglicht die **Formatierung** eben dieser Seiteninhalte.

Durch die Kombination von HTML und CSS erfolgt somit eine **Trennung von Inhalt und Layout**.

HTML für das Grundgerüst und die Inhalte der Internetseite, CSS zur Formatierung und Positionierung.

Neben den inhaltlichen Unterschieden ist auch die **Syntax** bei CSS etwas anders als bei HTML. So findet z. B. statt des Gleichheitszeichens bei HTML bei CSS der Doppelpunkt Anwendung.

HTML: border="1"
CSS: border: 1px solid;

Diese Unterschiede sind marginal, aber durchgehend vorhanden.

Die Syntax von HTML und CSS ist sehr ähnlich, sodass es leicht zu Verwechslungen kommen kann.

Die genaue Syntax und Anwendung der einzelnen CSS-Befehle und die Verknüpfung von CSS mit den übergeordneten HTML-Dateien werden in den folgenden Abschnitten näher erläutert.

16.2.2 Syntax und Einbindung von CSS

16.2.2.1 Die Syntax von CSS

Cascading Stylesheets (CSS) beinhalten eine Vielzahl von Eigenschaften zur Formatierung **von Seitenelementen**. Die Syntax sieht dabei z. B. wie folgt aus:

Eigenschaft	Syntax in CSS	Anmerkung
Textfarbe	color: #FCF;	In CSS kann der Farbcode aus drei oder sechs Stellen bestehen. Drei Stellen werden dann verwendet, wenn im Farbcode Zahlenpaare auftauchen, z. B.: #336699 → #369.
Schriftart	font-family:verdana;	Es können mehrere Schriftarten hintereinander angegeben werden. Ist die erste nicht verfügbar, wird automatisch die nächste umgesetzt usw. font-family: futura, tahoma, verdana.
Schriftgröße	font-size:12px;	Schriftgrößen können in unterschiedlichen Maßeinheiten angegeben werden, z. B. in Pixel (px), Punkten (pt), bezogen auf die Schriftgröße des Elternelements (em) usw.

Formatierung einer Überschrift

Eine Überschrift h1 soll in der Farbe #f69 und der Schriftart Palatino Linotype in der Schriftgröße 20 Pixel dargestellt werden.

Eigenschaft in CSS zuweisen	HTML-Element, das formatiert wird

h1{
font-family:palatino linotype;
font-size:20px;
color:#f69;
}
	...
	<h1> Dieser Text wird in der Schriftart Palatino Linotype, der Schriftgröße 20 Pixel und der Farbe Rosa dargestellt. </h1>
	...

> Jede CSS-Eigenschaft muss mit einem Semikolon ; enden. Die einzelnen Eigenschaften können dabei neben- oder untereinander geschrieben werden.

16.2.2.2 CSS in HTML-Dokumente einbinden

Es gibt insgesamt drei verschiedene Möglichkeiten, CSS-Styles mit einer HTML-Datei zu verknüpfen:

Linking:	CSS in separater Datei
Embedding:	CSS im Head der HTML-Datei
Inline-Styles:	CSS direkt im Quelltext der HTML-Datei

Linking bei CSS

Prinzip	Vorgehensweise
• **CSS-Eigenschaften** sind in einer **separaten Datei** zu finden • einfacher **Editor zur Erstellung** ausreichend • Datei muss die **Endung .css** haben • Einbindung erfolgt **im Kopf der HTML-Dateien** → **CSS Eigenschaften gelten für mehrere Dokumente** → **vollständige Trennung von Inhalt und Formatierung**	• Leere Datei im Editor öffnen • CSS-Eigenschaften für HTML-Elemente angeben • Datei mit der Endung .css abspeichern • Verweis auf CSS-Datei im Kopf der HTML-Dateien • Kommentare innerhalb der CSS-Datei wie folgt einfügen: • /* Kommentar */
Beispiel	

Inhalt der CSS-Datei formate.css:
/* Formatierung des Titels h1 und des Textes in p */
h1 {font-size:24px; color:#00F; font-family: georgia;}
p {font-size:12px; font-family:arial;}

Einbindung in HTML:
```
<html>
<head>
/* hier erfolgt ein Verweis zur Datei formate.css mit den CSS-Eigenschaften */
<link rel=STYLESHEET href="formate.css" type="text/css">
</head>

<body>
<h1>Dieser Titel wird in der Schriftart Georgia in 24 Pixel blau dargestellt</h1>
<p> Dieser Absatz hat die Schriftart Arial und die Schriftgröße 12 Pixel.</p>
</body>
</html>
```

Die Einbindung einer separaten CSS-Datei kann auch mittels @import erfolgen!

@import "formate.css";

Mithilfe von @import können auch weitere CSS-Dateien eingebunden werden:

@import "formate.css; /* Einbindung der CSS-Hauptdatei */

@import url("erweiterung.css"); /* Einbindung einer zweiten CSS-Datei mit Erweiterungen */ usw.

Embedding bei CSS

Prinzip	Vorgehensweise
CSS-Eigenschaften sind **im Kopf der HTML-Datei** zu finden → **CSS-Eigenschaften gelten für ein Dokument**	CSS-Eigenschaften im Kopf der HTML-Datei erstellen

Beispiel

CSS-Eigenschaften im Kopf der HTML-Datei:
```
<html>
<head>
/* hier beginnt der Bereich mit den CSS-Eigenschaften */
<style type="text/css">
h1 {font-size:24px; color:#00F; font-family:georgia;}
p {font-size:12px; font-family:arial;}
</style>
/* hier enden die CSS-Eigenschaften */
</head>

<body>
<h1>Dieser Titel wird in der Schriftart Georgia in 24 Pixel blau dargestellt</h1>
<p> Dieser Absatz hat die Schriftart Arial und die Schriftgröße 12 Pixel. </p>
</body>
</html>
```

Bei Linking und Embedding stehen die Stylesheets in geschweiften Klammern { }. Vor der ersten Klammer erfolgt die Angabe, auf welchen HTML-Tag, z. B. h1 oder p, die folgenden Stylesheets angewendet werden sollen. Diese Angabe ist optional.

Inline-Styles bei CSS

Prinzip	Vorgehensweise
CSS-Eigenschaften werden dem jeweiligen **HTML-Befehl direkt hinzugefügt** → **CSS-Eigenschaften gelten nur für ein HTML-Element** → **Inhalt und Formatierung werden vermischt**	• HTML-Tag öffnen, dem eine oder mehrere CSS-Eigenschaften hinzugefügt werden sollen • CSS-Eigenschaften direkt in den Tag schreiben
Beispiel	

Einbindung in HTML:
```
<html>
<head><title> HTML-Datei mit Inline-Styles </title></head>

<body>
<h1 style="font-family:georgia;"> Dieser Titel wird in der Schriftart Georgia dargestellt.</h1>
<p style="font-family::arial; font-size:12px;"> Dieser Absatz hat die Schriftart Arial und die Schriftgröße 12 Pixel. </p>

</body>
</html>
```

Welche Methode eignet sich wann am besten?

Linking: Bei umfangreichen Internetangeboten mit vielen Dateien.

Embedding: Bei Internetangeboten mit wenigen Seiten, wenn zusätzlich für die einzelnen Seiten unterschiedliche Styles benötigt werden.

Inline-Styles: Als Ergänzung zu Linking oder Embedding, wenn zusätzlich besondere Styles z. B. zur Positionierung eines einzelnen Bildes in einer Datei verwendet werden.

Grußkarte: Aufgabenstellung und Hinweise

Anhand der folgenden Grußkarte soll die Anwendung einfacher CSS-Eigenschaften zur Text- und Tabellengestaltung erläutert werden.

Vorgaben

Hintergrundfarbe der Seite	Hellgrau: #CCC
Hintergrundfarbe der Tabelle	Hellgrün: #3F9
Gesamtmaß Tabelle	Breite: 600 Pixel, Höhe: 400 Pixel, kein Rahmen
Abmessungen aller Zellen	Breite: 300 Pixel, Höhe: 200 Pixel
Rahmen um Tabellenzellen	Durchgezogene Linie, 1 px, Farbe: #C06
Schrift innerhalb der Tabellenzellen	Palatino Linotype, 20 px, fett, Farbe: #C06 Textausrichtung: mittig
Bilder	Blume_g1.jpg Blume_g2.jpg

Aufgabe:

Erstellen Sie zunächst eine HTML-Datei mit einer Tabelle, die zwei Spalten und zwei Zeilen enthält.
Achtung: Nehmen Sie bitte keine Maßangaben oder Farbgestaltungen in HTML vor!
Nachfolgend finden Sie einige wichtige CSS-Eigenschaften zur Text- und Tabellengestaltung. Suchen sie eigenständig nach den hier passenden CSS-Eigenschaften und versuchen Sie, diese mithilfe von Embedding in das HTML-Dokument einzubinden.

Die Auflösung erfolgt weiter hinten – nicht spicken ;-).

16.2.3 Text- und Tabellengestaltung mit CSS

In diesem Abschnitt wird die Verwendung von CSS zur Text- und Tabellengestaltung exemplarisch vorgestellt. Eine umfassende Auflistung sämtlicher Befehle und Anwendungsmöglichkeiten ist in der einschlägigen Literatur und im Internet zu finden.[1]

selfhtml: de.selfhtml.org
CSS4You: www.css4you.de

In den folgenden Tabellen sind einige Styles aufgelistet, die häufig zur Formatierung von Texten und Tabellen benötigt werden.

FONT-STYLES (Schrift-Eigenschaften)			
CSS	**Beschreibung**	**Werte**	**Beispiel**
font-size	Schriftgröße	Längenangabe: pt, in, em, px oder Prozentangabe	12 Punkt: { font-size:12pt; } 12 Pixel: { font-size:12px; } 80 % der Standardgröße des Browsers oder eines vorher festgelegten Wertes: { font-size: 80%; }
font-family	Schriftart(en)	Schriftart/-familie	{ font-family: arial, helvetica; }
font-weight	Schriftgrad, z. B. normal oder fett	normal, bold	{ font-weight: bold; }
font-style	z. B. kursiver Text	italic, oblique	{ font-style: italic } oder {font-style: oblique }

TEXT-STYLES (Text-Eigenschaften)			
CSS	**Beschreibung**	**Werte**	**Beispiel**
text-align	horizontale Textausrichtung	left, right, center, justify	Ausrichtung rechts: { text-align: right; } Blocksatz: { text-align: justify; }
vertical-align	vertikale Textausrichtung	baseline, top, bottom, middle, text-top, text-bottom und Längen- oder Prozentangabe	Ausrichtung am oberen Textrand (nicht in Tabellen): { vertical-align: text-top; } Ausrichtung mittig: { vertical-align: middle; } Ausrichtung 40 % über der Grundlinie: { vertical-align: 40 %; }

---

[1] Diese Styles kann man u. a. in der Online-HTML-Referenz von Stefan Münz unter dem Namen https://wiki.selfhtml.org/wiki/Startseite finden. Dort sind auch sämtliche HTML-Tags und viele Beispiele zu finden.

TEXT-STYLES (Text-Eigenschaften)			
text-decoration	hebt einen Text hervor, z. B. durch Unterstreichen, Durchstreichen o. Ä.	none, underline, overline, line-through	Keine Hervorhebung: { text-decoration: none; } Unterstreichung: { text-decoration: underline;}
TABLE-STYLES (Tabellen-Eigenschaften)			
CSS	Beschreibung	Werte	Beispiel
table	Abmessungen der Tabelle	width, height	Tabellenbreite und -höhe: table {width: 400px; height: 200px; }
td	Abmessungen der Tabellenzelle	width, height	Zellenbreite und -höhe: td { width: 200px; height: 100px; } Den Breiten- und Höhenangaben der Tabellenzelle können noch weitere Angaben, wie z. B. die Hintergrundfarbe, Schriftart und -größe o. Ä. hinzugefügt werden.
border	Dicke, Art und Farbe des Tabellenrahmens	Dicke: px, pt usw. Art: solid, none, double, dashed, dotted usw.	Rahmen 2 Pixel, durchgezogene Linie, Blau: { border: 2px solid #0000FF; } Kein Rahmen: { border: none; }

Grußkarte: Anwendung und Erläuterung der CSS-Eigenschaften

Nachfolgend werden zwei Lösungsmöglichkeiten zur Anwendung geeigneter CSS-Eigenschaften für die Umsetzung der Grußkarte vorgestellt.

Vorschlag 1	Vorschlag 2
Separate Tabellen- und Textgestaltung: • Hintergrundfarbe der Seite • Tabellen- und Zellenabmessungen inkl. Hintergrundfarbe • Textgestaltung	Gemeinsame Tabellen- und Textgestaltung: • Hintergrundfarbe der Seite • Tabellen- und Zellenabmessungen inkl. Hintergrundfarbe sowie Textgestaltung

Vorschlag 1	Vorschlag 2

Umsetzung in HTML und CSS:
`<html>`
`<head>`
`<meta http-equiv="Content-Type" content="text/html; charset=utf-8" />`
`<title>Grußkarte - Vorschlag 1</title>`
`<style type="text/css">`
body{
    background-color:#CCC;
    }
table{
    width:600px;
    height:400px;
    background-color:#3F9;
    }
 	
td{
    width:300px;
    height:200px;
    text-align:center;
    vertical-align:middle;
    border:solid 1px #C06;
    }
p{
    font-family:Palatino Linotype;
    font-size:20px;
    font-weight:bold;
    color:#C06;
    }
}
`</style>`
`</head>`
`<body>`
`<table>`
`<tr>`
`<td><p>` Ein Blumengruß `</p>`
`</td>`
`<td><img src="Blume_g1.jpg" alt="Blume" /></td>`
`</tr>`
`<tr>`
`<td><img src="Blume_g2.jpg" alt="Blume" /></td>`
`<td><p>`von mir für Dich! `</p>`
`</td>`
`</tr>`
`</table>`
`</body>`
`</html>`
	Umsetzung in HTML und CSS:
	`<html>`
	`<head>`
	`<meta http-equiv="Content-Type" content="text/html; charset=utf-8" />`
	`<title>Grußkarte - Vorschlag 1</title>`
	`<style type="text/css">`
	body{
	    background-color:#CCC;
	    }
	table{
	    width:600px;
	    height:400px;
	    font-family:Palatino Linotype;
	    font-size:20px;
	    font-weight:bold;
	    color:#C06;
	    background-color:#3F9;
	    }
	td{
	    width:300px;
	    height:200px;
	    text-align:center;
	    vertical-align:middle;
	    border:solid 1px #C06;
	    }
	`</style>`
	`</head>`
	
	`<body>`
	`<table>`
	`<tr>`
	`<td>`Ein Blumengruß`</td>`
	`<td><img src="Blume_g1.jpg" alt="Blume" /></td>`
	`</tr>`
	`<tr>`
	`<td><img src="Blume_g2.jpg" alt="Blume" /></td>`
	`<td>`von mir für Dich!`</td>`
	`</tr>`
	`</table>`
	`</body>`
	`</html>`

Die beiden Lösungen unterscheiden sich dadurch, dass die Formatierung der Schrift im linken Vorschlag separat vorgenommen und im rechten Vorschlag in die Formatierung der Tabelle mit eingefügt wurde.

16.2.4 CSS-Selektoren

Sollen auf einer Internetseite mehrere Elemente des gleichen Typs, z. B. Textabsätze oder Tabellen, verwendet werden, so ist dies mit den zur Verfügung stehenden HTML-Befehlen, nachfolgend als Typselektoren bezeichnet, nicht mehr möglich. Denn z. B. dem Typselektor table kann nur eine feste Größe (Breite und Höhe) zugeordnet werden. Befinden sich mehrere Tabellen auf der Seite, müssten alle gleich groß sein. Daher gibt es in CSS unterschiedliche Möglichkeiten, HTML-Elemente so zu formatieren, dass eine eindeutige Zuordnung zwischen der Formatierung und dem jeweils angesprochenen Seitenelement, z. B. mehreren Tabellen, möglich ist. Dadurch wird es ermöglicht, übersichtliche und gut strukturierte Internetseiten zu erhalten. Diese Formatierungen werden durch unterschiedliche CSS-Regeln vorgenommen. Jede CSS-Regel besteht dabei aus zwei Teilen: dem **CSS-Selektor** und dem **Deklarationsblock**. Der Deklarationsblock kann dabei aus mehreren Deklarationen, z. B. Angaben zur Schriftart, -größe oder -farbe, bestehen.

```
Selektor {
        Deklaration 1;
        Deklaration 2;
        ...
        }
```

CSS-Selektor: Filterung der HTML-Elemente einer Website mithilfe von Suchmustern = bestimmte Elemente, z. B. alle Links a, werden ausgewählt und (im Deklarationsblock) mit einer festgelegten Formatierung versehen.
Deklarationsblock bei CSS: Menge von CSS-Eigenschaften, die einem Selektor zugeordnet sind.

Ziel für die Erstellung der Website für die Bäckerei „Backfrisch" ist es, für die Formatierung aller Seitenelemente stets die passenden Selektoren zu wählen, die einen möglichst einfachen, übersichtlichen und gut nachvollziehbaren Seitenaufbau ermöglichen. Daher ist es hilfreich, wenn Sie sich zunächst einen Überblick über gängige Selektoren verschaffen.

Nachfolgend werden gängige CSS-Selektoren und deren Anwendungsmöglichkeiten vorgestellt.

16.2.4.1 Universalselektor

Der Universalselektor
- gilt für alle Elemente der Internetseite und ist keinem bestimmten Element zugeordnet,
- schließt alle HTML-Tags ein,
- wird mit einem Sternchen * gekennzeichnet,
- sollte oben als erster Selektor stehen,
- wird automatisch auf alle passenden HTML-Elemente angewendet.

Beispiel	Erläuterungen

* {
   color: #00F;
 }
	Die Schriftfarbe der gesamten Seite wird als Blau (00F) festgelegt.
	 Alle Texte bleiben so lange blau, wie kein nachfolgender Selektor eine andere Schriftfarbe festlegt.

16.2.4.2 Typselektor

Ein Typselektor
- gilt für das bzw. die genannte(n) HTML-Tag(s),
- wird durch die jeweiligen HTML-Bezeichnungen gekennzeichnet, z. B. p oder table oder h2 usw.,
- wird automatisch auf die passenden HTML-Elemente der Seite angewendet.

Beispiele	Erläuterungen

p {
   font-family: verdana;
   font-size: 12px;
   color: #333;
 }
	Alle Textabsätze, die mit \<p\> Text \</p\> gekennzeichnet sind, werden automatisch in Verdana, 12 Pixel, Dunkelgrau dargestellt.

h2 {
   font-family: georgia;
   font-size: 24px;
   font-weight:bold;
   color: #F00;
 }
	Alle Überschriften, die mit \<h2\> Überschrift \</h2\> gekennzeichnet sind, werden automatisch in Georgia, 24 Pixel, fett und rot dargestellt.

16.2.4.3 Individualformat – ID-Selektor

Ein ID-Selektor
- ist ein Individualformat, das nur einmal je Internetseite benutzt werden sollte (Individualität),
- wird von einer Raute #, z. B. #textblau, eingeleitet,
- Name ist frei wählbar (keine Umlaute und Sonderzeichen, darf nicht mit einer Ziffer beginnen),
- kann einem bestimmten HTML-Tag zugeordnet werden (z. B. h1#titel),
- muss im zugehörigen HTML-Element mit id="Selektorname" aufgerufen werden.

Beispiele	Erläuterungen

#titel {
    font-family: verdana;
    font-size: 30pt;
    color: #333;
}
oder
h1#titel {
    font-family: verdana;
    font-size: 30pt;
    color: #333;
}
 	
Aufruf im HTML-Quellcode:
<h1 id="titel"> Hier steht eine Überschrift </h1>
	Die Überschrift h1, in der id="titel" aufgerufen wird, wird in Verdana, 30 Punkt, Farbe Dunkelgrau dargestellt.
	
	Achtung: Rufen Sie den ID-Selektor nur einmal je Internetseite auf!

16.2.4.4 Klassenselektor

Ein Klassenselektor
- wird von einem Punkt . eingeleitet,
- Name ist frei wählbar (keine Umlaute und Sonderzeichen, darf nicht mit einer Ziffer beginnen),
- kann einem bestimmten HTML-Tag zugeordnet werden (z. B. td.navi, h2.oben),
- muss im zugehörigen HTML-Element mit class="Selektorname" aufgerufen werden.

Beispiele	Erläuterungen

.navi {
    width: 150px;
    height: 450px;
    background-color: #9CF;
}
oder
td.navi {
    width: 150px;
    height: 450px;
    background-color: #9CF;
}
 	
Aufruf im HTML-Quellcode:
<td class="navi"> Diese Tabellenzelle hat einen hellblauen Hintergrund und die Maße 150 Pixel x 450 Pixel </td>
	Die Tabellenzelle td, in der class= "navi" aufgerufen wird, hat die Abmessungen (150 x 450) Pixel und die Hintergrundfarbe Hellblau.
	
	Achtung: Ein Klassenselektor kann mehrmals auf einer Internetseite aufgerufen werden!

16.2.4.5 Pseudoklasse

Eine Pseudoklasse
- ist eine vordefinierte Klasse,
- wird von einem Doppelpunkt : eingeleitet,
- ist einem HTML-Tag fest zugeordnet,
- hat einen feststehenden, nicht frei wählbaren Namen,
- kommt am häufigsten bei Links (z. B. als a:visited) zum Einsatz.

Beispiele	Erläuterungen
1. **Pseudoklassen bei Links** a:link{color:#333;} a:visited{color:#333;} a:hover{color:#0F0;} a:active{color:#0F0;}	1. Link im Originalzustand und, wenn er bereits angeklickt wurde: Dunkelgrau (333). Link beim Darüberfahren mit der Maus und beim Anklicken: Grün (0F0).
2. **Pseudoklasse Kind-Elemente** li:first-child {color:#F00;} li:last-child {color:#00F;}	2. Das erste Kind-Element, hier der erste Eintrag einer Liste, wird in Rot dargestellt. Das letzte Kind-Element, hier der letzte Eintrag einer Liste, wird in Blau dargestellt.

Praktische HTML-Übung 7: Ergebnisliste „NRW-Sportler des Jahres"

Inhalte:
Anwendung von
- einfachen CSS-Regeln
- Typselektoren
- Embedding

16.2.4.6 Ausgabemedium mit CSS angeben

Neben der Anwendung der o. g. Selektoren ist eine Angabe möglich, für welches Ausgabemedium, z. B. für den Bildschirm, den Druck oder auch die computergesteuerte Sprachausgabe o. Ä., ein Selektor oder eine komplette CSS-Datei bestimmt sein soll.

Medium	CSS-Regel	Beispiel
alle Medientypen	media ="all"	\<link rel="stylesheet" media="all" href="alle.css">
computergesteuerte Sprachausgabe	media ="aural"	\<link rel="stylesheet" media="aural" href="hoeren.css">
Druckmedium (wenn z. B. der Inhalt einer Webseite ausgedruckt werden soll)	media ="print"	\<link rel="stylesheet" media="print" href="drucken.css">
Bildschirmanzeige	media ="screen"	\<link rel="stylesheet" media="screen" href="bildschirm.css">

Vgl. diese LS, 16.4.3.3

**Klassen und Individualformate ermöglichen die Vorgabe eigener Normen.
Eine Klasse (class) kann auf einer Webseite mehrfach, ein und dasselbe Individualformat (id) sollte jedoch nur einmal verwendet werden.**

Welche Formate für welchen Zweck?

Nun stellt sich die Frage, für welche Formatierungen und Positionierungen auf der Webseite welche Selektoren Anwendung finden sollen.

Für mehr Übersichtlichkeit im CSS-Code gilt eine einfache Grundregel:

Individualformate (id) zur Formatierung einzelner, individueller Elemente, z. B. für eine spezielle Überschrift, einmalig je Seite nutzen.

Klassen und deren Formate (class) können zur Formatierung mehrerer Inhalte je Seite genutzt werden.

Erstellen Sie sich für die Umsetzung des Webauftritts von der Bäckerei „Backfrisch" zunächst eine Übersicht dazu, welche Formatierungen Sie mit welcher Art von CSS-Selektor vornehmen möchten, z. B.: „Für welche Elemente nutze ich IDs und wo sollen Pseudoklassen verwendet werden?" So erhalten Sie später eine gut strukturierte CSS-Datei mit einem einheitlichen und gut nachvollziehbaren Aufbau.

Nutzen Sie in der CSS-Datei unbedingt Kommentare, um den Aufbau auch für Dritte transparent zu gestalten.

Verschiebungen im Browserfenster vermeiden

Verschiebungen im Browserfenster sind in der Regel darauf zurückzuführen, dass in CSS <u>nicht alle</u> Positionierungseinstellungen exakt vorgenommen wurden.

Das heißt auch, dass nicht angegebene Werte keinesfalls automatisch auf „0" stehen. Hier kann es hilfreich sein, zunächst als allgemeines Element einen Universalselektor * zu definieren, welcher die Abstände „0" aufweist.

* { padding:0px;
   margin: 0px;
}
	oder	* { padding:0;
		   margin: 0;
		}

Achtung! Auch die Einrückungen bei Listen werden hierdurch auf Null gesetzt!

16.2.5 Internetseite mit CSS in Bereiche aufteilen

Vgl. diese LS 16.11.11 HTML-Dokumente gliedern

Das Layout einer Internetseite wird quasi nach dem Baukastenprinzip umgesetzt: Mehrere Bereiche fester oder variabler Größe werden als Blöcke neben-, unter- und ineinander gesetzt und bilden so die einzelnen Elemente einer Internetseite.

Diese Bereiche sind einerseits die semantischen HTML5-Seitenelemente, wie z. B. header, nav, main, article und footer, sowie andererseits allgemein Blockelemente, sog. Division, die mit dem HTML-Befehl **<div> Text </div>** (div ist die Abkürzung für das englische Wort division = Bereich) als zusätzliches Block-Element eingefügt werden können.

div (division): Block oder Box zur Zusammenfassung und Aufbewahrung eines oder mehrerer Elemente einer Webseite.

CSS bietet nun die Möglichkeit, die Größe der einzelnen HTML5-Seitenelemente und der Blöcke festzulegen und sie auf der Webseite an beliebigen Stellen zu platzieren.

Durch die Entkopplung von Layout (Aufbau), Formatierung und Formatangaben (z. B. Schriftarten, Textauszeichnungen, Hintergrundbilder und -farben) wird der Quelltext sehr übersichtlich und der Seitenaufbau leichter verständlich.

> **HTML zur Definition der Seitenelemente, CSS für deren Platzierung und Formatierung.**

16.2.5.1 HTML-Seitenelemente: Aufbau und Eigenschaften

Jedes Seitenelement zur Gestaltung und zum Aufbau einer Webseite hat formal die gleiche Struktur und unterscheidet sich lediglich in den Abmessungen.

Schematischer Aufbau eines Seitenelements

Bereich	Bezeichnung	Eigenschaften	Anmerkungen
Inhaltsbereich		width, height Breite und Höhe Inhaltsbereich	• Angabe in Pixel **px** oder in Prozent **%**
Innenabstand	padding	padding-top: Innenabstand oben padding-left: Innenabstand links padding-right: Innenabstand rechts padding-bottom: Innenabstand unten	• Angabe in Pixel **px** oder in Prozent **%** • nur **padding**, dann gilt die Angabe für alle Innenabstände
Rahmen	border	border-top: Rahmenlinie oben border-left: Rahmenlinie links border-right: Rahmenlinie rechts border-bottom: Rahmenlinie unten none: kein Rahmen solid: durchgezogen double: doppelt durchgezogen dashed: gestrichelt	• Angabe in Pixel **px** oder in Prozent **%** • nur **border**, dann gilt die Angabe für alle Rahmenlinien • z. B. **border:10px solid #000;** Rahmenbreite 10 Pixel, durchgezogene Linie, Rahmenfarbe Schwarz (#000)
Außenabstand	margin	margin-top: Außenabstand oben margin-left: Außenabstand links margin-right: Außenabstand rechts margin-bottom: Außenabstand unten	• Angabe in Pixel **px** oder in Prozent **%** • nur **margin**, dann gilt die Angabe für alle Abstände

Beispiel: Kopfbereich der Website

CSS-Code	header in HTML

header
{
width:1000px;
height:150px;
padding-top:10px;
padding-left:10px;
padding-right:10px;
padding-bottom:20px;
border:20px solid #C33;
margin:10px;
background-color:#CCC;
}
	`<header>`
	
	Kopfbereich mit Abstand innen und außen und einem Inhaltsbereich von 1000 Pixeln Breite sowie 150 Pixeln Höhe hellgrauem Hintergrund und rotem Rahmen.
	
	`</header>`

Kopfbereich mit Abstand innen und aussen und einem Inhaltsbereich von 1000 Pixeln Breite sowie 150 Pixeln Höhe hellgrauem Hintergrund und rotem Rahmen.

Platzbedarf eines Seitenelementes auf der Webseite:

Breite = Außenabstand links + Rahmen links + Innenabstand links + Breite Inhalt + Innenabstand rechts + Rahmen rechts + Außenabstand rechts

Höhe = Außenabstand oben + Rahmen oben + Innenabstand oben + Höhe Inhalt + Innenabstand unten + Rahmen unten + Außenabstand unten

16.2.5.2 HTML-Seitenelemente: Farben und Hintergrundbilder

Jedes Seitenelement kann eine Hintergrundfarbe bzw. ein Hintergrundbild erhalten. Die Hintergrundfarbe bzw. das Hintergrundbild hinterlegt lediglich den Inhaltsbereich und den Innenabstand (padding), der Außenabstand (margin) ist immer transparent. Ferner können farbige Rahmen genutzt werden.

CSS-Code	article in HTML	Ansicht im Browser
article { width:500px; height:500px; padding:10px; background-image: url(muscheln.jpg); font-size:20px; font-family:Verdana; text-align:center; }	`<article>` ` ` ` ` ` ` Inhaltsbereich mit Hintergrundbild. `</article>`	Inhaltsbereich mit Hintergrundbild.

> **Praktische HTML-Übung 8: Formatierte Seitenelemente zum Seitenlayout nutzen**
>
> **Inhalte:**
> - CSS-Selektoren anwenden
> - Einfaches Websitelayout mit HTML-Seitenelementen

16.2.5.3 Absolute und relative Positionierung von Seitenelementen

Das Layout einer Internetseite mithilfe von HTML-Seitenelementen erfordert eine gezielte absolute oder relative Platzierung der Elemente neben- bzw. ineinander.

Die absolute Positionierung bietet die Möglichkeit, die Seitenelemente jeweils an einer festen Stelle der Internetseite zu positionieren. Die Angabe der Position erfolgt dabei in Pixel, gemessen vom oberen linken Rand des Bildschirmfensters. Die relative Positionierung ermöglicht die Ausrichtung der Seitenelemente relativ zu den Abmessungen des Browserfensters bzw. zu weiteren Seitenelementen.

Absolute Positionierung	
Erläuterung des Prinzips	**Notwendige CSS-Befehle**
• Platzierung jedes Seitenelements an einer festen Position auf der Internetseite. • Die Angabe der Position erfolgt mit einer festen Maßeinheit, z. B. Pixel. • Die Position wird als Abstand vom Seitenrand (von oben, links, rechts oder unten) angegeben. • Fest positionierte Elemente, die ineinander verschachtelt sind, überdecken sich vollständig, sodass Inhalte verdeckt werden können.	/* absolute Positionierung */ **position: absolute;** /*Abstände von links und oben */ **left: 100px;** **top: 0px;**

Beispiellayout einer Internetseite mit absoluter Positionierung:

Das Layout einer Internetseite besteht aus insgesamt drei Seitenelementen gemäß der nachfolgenden Abbildung.

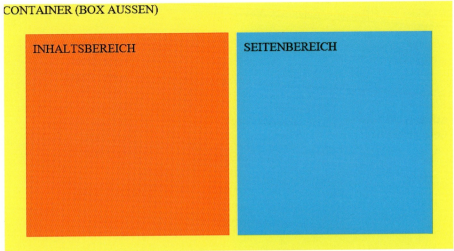

Beispiel: Verschachtelte Seitenelemente, absolut positioniert

Abmessungen der einzelnen Seitenelemente

container (äußere Box als DIV-Element)	Gesamtmaße Breite: 600 Pixel, Höhe: 320 Pixel Abstände vom Bildschirmrand: von links: 0 Pixel, von oben: 0 Pixel Hintergrundfarbe: #FF6
main (linkes Seitenelement)	Gesamtmaße Breite: 240 Pixel, Höhe: 240 Pixel Innenabstand: 10 Pixel Abstände von links: 30 Pixel, von oben: 40 Pixel Hintergrundfarbe: #F63
aside (rechtes Seitenelement)	Gesamtmaße Breite: 240 Pixel, Höhe: 240 Pixel Innenabstand: 10 Pixel Abstände von links: 310 Pixel, von oben: 40 Pixel Hintergrundfarbe: #0CF

Umsetzung in HTML und CSS

In HTML werden die Boxen ineinander verschachtelt. Mithilfe von CSS erhalten sie ihre Maße und ihre Position.

HTML-Quellcode	CSS-Datei

```<html>```
```<head>```
```<link rel="stylesheet" href="pos_absolut.css" type="text/css" />```
```<title>LS5_1 Beispiel: Absolute Positionierung</title>```
```</head>```
```<body>```
```<div id="container">``` BOX AUSSEN
  ```<main>``` LINKE BOX ```</main>```
    ```<aside>``` RECHTE BOX ```</aside>```
```</div>```
```</body>```
```</html>```
 	
Achtung: Beachten Sie, dass die Innenabstände zur Gesamtbreite hinzugezählt werden müssen!
	#container
	{
	  width: 600px;
	  height: 320px;
	  background-color:#FF6;
	  position: absolute;
	  left: 0px;
	  top: 0px;
	}
	main
	{
	  width: 220px;
	  height: 220px;
	  padding:10px;
	  background-color:#F63;
	  position:absolute;
	  left:30px;
	  top:40px;
	}

HTML-Quellcode	CSS-Datei

Beispiel:
Ein Seitenelement, das am Bildschirm die Gesamtbreite 400 Pixel und die Gesamthöhe 200 Pixel mit einem Innenabstand von 20 Pixel nach allen Seiten haben soll, muss also in CSS mit width: 360px; height: 160px; angelegt werden, denn
 	
(400 – 2*20) Pixel = 360 Pixel
(200 – 2*20) Pixel = 160 Pixel
	aside
	{
	  width: 220px;
	  height: 220px;
	  padding:10px;
	  background-color:#0CF;
	  position:absolute;
	  left:310px;
	  top:40px;
	}

Praktische HTML-Übung 9: Eine Website mit CSS für das Druckmedienforum erstellen

Inhalte:
- CSS-Selektoren anwenden
- Websitelayout mit absolut positionierten Seitenelementen
- article

Relative Positionierung	
Erläuterung des Prinzips	**Umsetzung in CSS und HTML**

• Platzierung jedes Seitenelements an einer relativen Position auf der Internetseite.
• Die Angabe der Position erfolgt in Abhängigkeit von der eigentlichen Position im Textfluss der Seite.
• Die Position wird als Abstand von der Ursprungsposition angegeben.
• Relativ positionierte Elemente, die im Textfluss ineinander verschachtelt sind, machen einander Platz, sodass alle Inhalte sichtbar bleiben.
	header{
	position: relative;
	top: 20 %;
	left: 20 %;
	}
	
	→ dieses Seitenelement ist jeweils 20 % von oben und vom linken Seitenrand platziert.

Positionierung zweier Textblöcke – Vergleich von absoluter und relativer Positionierung:
Zwei Textblöcke sollen versetzt auf einer Internetseite platziert und dabei ineinander verschachtelt werden. Ziel ist, dass weiterhin alle Inhalte aus beiden Textblöcken sichtbar bleiben.

Welche Positionierung eignet sich hier besonders gut?

	Vorgaben	
Block 1	Breite: 300 Pixel, Höhe: 200 Pixel Innenabstand: 10 Pixel Hintergrundfarbe: 3F6 Schrift: Tahoma, 14 Pixel, Zeilenabstand 130 %	
	Absolute Positionierung: Position: absolut 0 Pixel von links und 0 Pixel von oben	**Relative Positionierung:** Position: relative 0 % von links und von oben Hintergrundfarbe: 3F6
Block 2	Breite: 300 Pixel, Höhe: 60 Pixel Innenabstand: 10 Pixel Schrift: Courier New, 14 Pixel	
	Absolute Positionierung: Position: absolut 50 Pixel von links und 70 Pixel von oben	**Relative Positionierung:** Position: relative 10 % von links und 0 % von oben
	Umsetzung	

CSS-Code	**CSS-Code:**<pre>*{
	    margin:0px;
	    padding:0px;
	}
	#boxunten{
	    font-family: Tahoma;
	    font-size: 14px;
	    background-color: #3F6;
	    padding: 10px;
	    height: 200px;
	    width: 300px;
	    position: absolute;
	    left: 0px;
	    top: 0px;
	    line-height: 130%;
	}
	#boxoben{
	    padding: 10px;
	    height: 60px;
	    width: 300px;
	    font-family: Courier New;
	    font-size: 14px;
	    background-color: #3CC;
	    position: absolute;
	    left: 50px;
	    top: 50px;
	}</pre>
		CSS-Code:<pre>*{
		    margin:0px;
		    padding:0px;
		}
		#boxunten{
		    font-family: Tahoma;
		    font-size: 14px;
		    background-color: #3F6;
		    padding: 10px;
		    height: 200px;
		    width: 300px
		    line-height: 130%;
		    position: relative;
		    left: 0%;
		    top: 0%;
		}
		#boxoben{
		    padding: 10px;
		    height: 60px;
		    width: 300px
		    font-family: Courier New;
		    font-size: 14px;
		    background-color: #3CC;
		    position: relative;
		    left: 10%;
		    top: 0%;
		}</pre>

Lernsituation Webauftritt – Planung, Konzeption, Umsetzung | 5.1

HTML-Code	`<div id="boxunten">` Dies ist die untere Box. Sie wurde absolut positioniert. Bei der absoluten Positionierung verdeckt die obere Box den Text in der unteren Box.` ` `<div id="boxoben">` Diese Box liegt oben.` ` Da sie absolut positioniert wurde, verdeckt sie den Text in der unteren Box. `</div>` Dieser Text ist dann nicht mehr sichtbar.` ` Planen Sie die absolute Positionierung so, dass keine wichtigen Inhalte verdeckt werden! `</div>`	`<div id="boxunten">` Dies ist die untere Box. Sie wurde relativ positioniert. ` ` `<div id="boxoben">` Diese Box liegt oben. Da sie relativ positioniert wurde, bleibt der Text in der unteren Box sichtbar. `</div>` Dieser Text ist weiterhin sichtbar, da der Text in der unteren Box der oberen Box Platz macht.` ` `</div>`
Umsetzung		
Ergebnis		
Fazit	Bei der absoluten Positionierung zweier ineinander verschachtelter Boxen überdeckt die eine Box den Text der anderen Box, wenn die Positionsangaben dies so fordern. Bei der relativen Positionierung zweier ineinander verschachtelter Boxen macht der Text an der Stelle Platz für die zweite Box, wo diese in den HTML-Code eingefügt wird.	

Absolut positionierte Elemente haben feste Abstände vom Browserfenster. Die Abstände beziehen sich auf den gesamten Seitenaufbau.
Relativ positionierte Elemente beziehen sich mit ihren Abständen nur auf die Elemente, die vor ihnen auf der Seite zu finden sind, also z. B. die darüberliegende Box im HTML-Code.

Positionierung mit Float

Die Positionierung mit Float bietet die Möglichkeit, dass Seitenelemente sich umfließen. Dies kennen Sie bereits aus dem Druckbereich, wenn ein Text ein Bild umfließt.

Die CSS-Anweisung **float (**von engl. schwimmen, schweben) stellt die Möglichkeit dar, dieses Umfließen zu bewerkstelligen.

Wird ein Element mithilfe des Befehls float formatiert, so geschieht Folgendes:

- Das mit float formatierte (kurz: gefloatete) Seitenelement wird automatisch in ein Blockelement (eine Box) umgewandelt.
- Die anderen Seitenelemente umfließen das mit float formatierte Element.

- Die Anordnung des gefloateten Elements erfolgt direkt nach dem Blockelement, das diesem vorausgeht.
- Floats sind aus dem Fluss der HTML-Datei herausgenommen – sie können über andere Elemente herausragen.

Ende des Umfließens?

Meist ist es so, dass nicht alle Seitenelemente die gefloateten Elemente umfließen sollen. Zu diesem Zweck gibt es die Anweisung *clear*, welche das Umfließen beendet, z. B. wird mit *clear: left;* das Umfließen des links positionierten Elementes beendet.

HTML-Datei	CSS-Datei
`<html>`	main{
	float:left;
`<head>`	width:300px;
`<link href="formate.css" rel="stylesheet" type="text/css">`	height:300px;
`</head>`	padding:10px;
	background-color:#F0C;
	font-family: verdana;
`<body>`	font-size: 10pt;
`<main>`	}
Dies ist der Text, der im Inhaltsbereich steht. ` ` Der INHALTSBEREICH befindet sich links und wird von dem Text in der zweiten Box, Aside, die gleich nebenan folgt, umflossen. `</main>`	aside{ float:left; width:100px; height:300px; padding:10px;
`<aside>`	background-color:#CCC;
Dies ist der Text, der im SEITENBEREICH steht. ` ` Diese Box umfließt die links stehende Box auf der rechten Seite. `</aside>`	font-family: verdana; font-size: 10pt; }
`<footer>`	footer{
Dies ist der Text, der unten im FUSSBEREICH steht. ` ` Diese Box umfließt die erste Box nicht mehr, da das Umfließen aufgehoben wurde. `</footer>` `</body>`	clear:left; width:300px; height:50px; padding:20px; background-color:#CFC; font-family: verdana;
`</html>`	font-size: 10pt; }

Dies ist der Text, der im Inhaltsbereich steht. Diese INHALTSBEREICH befindet sich links und wird von dem Text in der zweiten Box, Aside, die gleich nebenan folgt, umflossen.

Dies ist der Text, der im SEITENBEREICH steht. Diese Box umfließt die links stehende Box auf der rechten Seite.

Dies ist der Text, der unten im FUSSBEREICH steht. Diese Box umfließt die erste Box nicht mehr, da das Umfließen aufgehoben wurde.

Ansicht im Browser

Dieser Abschnitt ist lediglich ein Auszug aus den vielfältigen Möglichkeiten zur Gestaltung des Seitenlayouts mithilfe der gezielten Positionierung von Boxen. Für den tieferen Einstieg empfehlen sich die bereits zuvor genannte Fachliteratur und eine Vielzahl von Online-Tutorials.

http://de.html.net/tutorials/css/
www.w3schools.com/css/
www.echoecho.com/css.htm

Behalten Sie die technischen Möglichkeiten der Seitengestaltung mittels HTML und CSS im Hinterkopf, wenn Sie sich dem Screendesign für den Webauftritt von der Bäckerei „Backfrisch" zuwenden. Überlegen Sie bereits in der Entwurfsphase „was ist technisch machbar?", „was erscheint kompliziert in der Umsetzung?"

Praktische HTML-Übung 10: Eine Internetseite für einen Dekoshop erstellen

Inhalte:
- CSS zur relativen Positionierung nutzen
- Websitelayout mit verschachtelten Seitenelementen

16.3 Barrierefreies Webdesign

Die Bäckerei „Backfrisch" steht allen Menschen offen und bietet einen barrierefreien Zugang zu den Ladenlokalen. Aus diesem Grund ist es besonders wichtig, dass auch der Internetauftritt den Anforderungen des barrierefreien Webdesigns genügt.

Um allen Menschen den Zugang zur Informationstechnik zu ermöglichen, die etwa zur Bedienung von Internetseiten oder öffentlichen Automaten erforderlich ist, trat am 27. April 2002 die **Verordnung zur Schaffung barrierefreier Informationstechnik nach dem Behindertengleichstellungsgesetz**, kurz **BITV**, in Kraft. Diese Verordnung gilt für Auftritte im Internet und im Intranet sowie für alle grafischen Programmoberflächen, die öffentlich zugänglich sind, z. B. bei Fahrkartenautomaten der Bahn.

www.bmi.bund.de → Gesetze und Verordnungen

Diese Verordnung soll dazu beitragen, Barrieren im Leben beeinträchtigter Menschen wie Menschen mit Farbfehlsichtigkeit, Blinden und Gehörlosen auch bei der Benutzung des Internets abzubauen.

Im Folgenden sind einige Bereiche aufgelistet, die für barrierefreies Webdesign besonders wichtig sind. Die vollständige Verordnung inklusive aller Anlagen kann im Internet auf den **Seiten des Bundesministeriums des Innern** eingesehen werden und steht darüber hinaus zum Download bereit.

Element der Webseite	Anforderungen laut BITV	Bedingungen laut BITV
Audios und visuelle Inhalte	Äquivalente Inhalte bereitstellen, die den gleichen Zweck/die gleiche Funktion erfüllen.	• Für alle Bilder, Grafiken, Audio- und Video-Inhalte muss ein äquivalenter Text bereitgestellt werden. • Inhalte von Videodateien müssen zusätzlich als zusammenfassende Audiodatei vorliegen. • Grafische Hyperlinks müssen zusätzlich als Texthyperlinks vorliegen.
Texte und Grafiken in Farbe	Farbige Text- und Grafikinhalte müssen auch bei der Betrachtung in Graustufen verständlich sein.	• Farblich dargestellte Elemente müssen auch ohne Farbe verfügbar sein. • Bilder müssen so kontrastreich angelegt sein, dass eine Betrachtung in Graustufen alle Bildinformationen erkennen lässt.
Stylesheets, Scripte usw.	Das Internetangebot muss auch ohne die Aktivierung von Scripten und die Unterstützung von Stylesheets nutzbar sein.	• Alternativangebot ohne dynamische Inhalte und Stylesheets bereitstellen oder dynamische Inhalte auf andere Weise zugänglich machen. • Die Eingabebehandlung sämtlicher Scripte muss vom Eingabegerät unabhängig sein. Jeder Nutzer muss z. B. das Eingabeformular sehen und ausfüllen können – unabhängig von seinen Systemvoraussetzungen.
Bewegte Inhalte	Der Nutzer muss zeitgesteuerte Inhalte kontrollieren können.	• Bewegte Inhalte vermeiden. • Abschaltung bzw. Einfrieren der Bewegung bei bewegten Inhalten ermöglichen.
Inhalts- und Orientierungselemente	Bereitstellung von Informationen zum Kontext und zur Orientierung.	• Frames mit Titles versehen. • Eindeutige Beschriftung der Navigationselemente. • Sitemap bei umfangreichen Angeboten. • Aufteilung umfangreicher Informationen in mehrere Blöcke.

Accessibility, Usability und Validierung für barrierefreies Webdesign

Barrieren auf Internetseiten abzubauen bedeutet, die **Zugänglichkeit** für alle Personengruppen zu gewährleisten. Diese Zugänglichkeit wird mit dem englischen Begriff **Accessibility** beschrieben und ist die Voraussetzung dafür, dass der Inhalt der angebotenen Website von jedem Besucher gelesen bzw. erfasst werden kann. Dazu hat das **W3C** (World-Wide-Web-Konsortium) Richtlinien entwickelt: die Web Content Accessibility Guidelines (WCAG).

www.w3.org/TR/WCAG10

Eine der Grundvoraussetzungen dafür stellt, neben der bereits angesprochenen Verordnung BITV, die **Usability** (engl. Brauchbarkeit, Benutzbarkeit, **Bedienbarkeit**) dar. Wenn der Nutzer nicht weiß, wie er die angebotene Seite nutzen bzw. auf welchem Weg er an die gewünschten Informationen gelangen kann, so steht er, auch ohne dass weitere gesundheitliche Beeinträchtigungen vorliegen, vor einer unüberwindbaren Barriere.

www.webaccessibility.de/
http://www.barrierefreies-webdesign.de/richtlinien/wcag-2.0-erfolgskriterien/

Wie lässt sich Usability gewährleisten?

Ein bekannter Usability-Forscher, der Amerikaner Jakob Nielsen, versucht die Usability insbesondere dadurch zu gewährleisten, dass er Nutzer der gewünschten Zielgruppe vorab als Testpersonen des jeweiligen Webangebotes einsetzt und die dabei auftretenden Schwierigkeiten und Probleme gezielt erfasst und analysiert.

Zur Erfassung wird auch spezielle Software (sog. Eye-Tacking-Systeme) am Markt angeboten, die bei Zielgruppentests die Augenbewegungen der Nutzer verfolgt und durch die Blicklenkung Probleme aufzeigt sowie Handlungsempfehlungen zur Optimierung der Benutzbarkeit der Internetseite liefert.

Einen weiteren Schritt auf dem Weg zum barrierefreien Webdesign stellt die **Validierung** des Webangebotes dar. Diese bezieht sich im Wesentlichen auf die Überprüfung des Quellcodes nach Vorgaben des W3C, welches auch die W3C-Zugangsrichtlinien für Webinhalte 1.0 beinhaltet.

Web-Accesibility:	Barrierefreier Zugang zu Internetseiten.
Web-Usability:	Benutzerfreundlichkeit und Bedienbarkeit von Webseiten.
Validierung nach W3C:	Überprüfung von Internetseiten anhand festgelegter Richtlinien des W3C.

16.4 Struktur, Design und Layout von Webseiten

Die Internetseite für die Bäckerei „Backfrisch" soll einerseits ansprechend aussehen, andererseits funktional und leicht zu bedienen sein. Um diesen Ansprüchen zu genügen, ist eine gezielte Planung und Umsetzung der Struktur sowie des Layouts und Designs der Einzelseiten sowie eine gute Verknüpfung der Seiten untereinander notwendig.

Dieser Abschnitt beschäftigt sich im Wesentlichen mit der Struktur, dem Layout und der Gestaltung von Internetseiten. Unabhängig davon, ob es sich um Druck- oder Digitalprodukte handelt, ist es wichtig, Gestaltungselemente sinnvoll einzusetzen und geeignete Gestaltungsprinzipien gezielt auszuwählen.

Vgl. LS 3, 9.3.2 und 11 und LS 4, 12

16.4.1 Struktur und Aufbau einer Webseite

Komplexe Technologien, zu denen auch Internetseiten gehören, müssen vielfältige Anforderungen erfüllen.

Eine ideale Internetseite ...

Übersichtlichkeit, Struktur und Funktionalität, Layout und Design sowie Navigationsstrukturen spielen dabei eine wichtige Rolle.

Um all diese Aspekte zu berücksichtigen, stellen sich bereits bei der Planung erhöhte Anforderungen an den Designer, denn eine schöne, aber wenig übersichtliche Webseite ist nur etwas für Internetprofis, die aufgrund ihrer Erfahrung fast immer den richtigen Button betätigen und zum gewünschten Ziel gelangen. Für alle anderen gilt:

Wer sich auf der Internetseite nicht zurechtfindet und die Übersicht verliert, wechselt zu einem anderen Angebot!

Daher soll zunächst ein Blick auf das „große Ganze" sowie in die Besonderheiten des Aufbaus einer Einzelseite und der Verknüpfung der Seiten untereinander erfolgen.

16.4.1.1 Interface-Design

Das Interface-Design beschäftigt sich mit der Aufgabe, Internetseiten so zu strukturieren und zu entwickeln, dass die gewünschte Zielgruppe alle erforderlichen Informationen leicht finden und jederzeit die Übersicht behalten kann. Die Benutzeroberfläche, das Interface, bildet damit die Schnittstelle zwischen dem Benutzer und der Technologie hinter der Internetseite. Diesen Bereich nennt man auch die **Mensch-Maschine-Kommunikation**.

Interface: Schnittstelle zwischen Mensch und Technologie.

Das Interface-Design bezieht sich natürlich nicht nur auf die Erstellung von Internetseiten, sondern spielt auch bei zahlreichen anderen Benutzeroberflächen, z. B. bei Handys, Apps, Computerspielen, an Bank- und Fahrkartenautomaten, eine entscheidende Rolle.

Aufgabe des Interface-Design
Gutes Interface-Design bedeutet:
Ein einheitliches und übersichtliches Layout zu entwickeln, welches der Nutzer intuitiv bedienen kann ohne den Überblick zu verlieren.

Grundregeln für das Interface-Design

Wessen Seite ist das?
(Firmen)Name und Logo sichtbar und stets an der gleichen Stelle platzieren. Name zusätzlich in Titelleiste (HTML-Code) integrieren.

Einheitliche Bedienungselemente erleichtern die Suche
Einheitliche Navigationselemente verwenden (z. B. gleiche Buttons unterschiedlicher Farbe oder Beschriftung), Navigationsleisten klar hervorheben und immer an der gleichen Stelle platzieren.

Vgl. LS 3, 9.3.2

Übersichtlichkeit im Layout
Grundlayout der für alle Seiten bebehalten und wichtige Seitenelemente, wie Logo , Navigationsleisten und Kontaktangaben immer an der selben Stelle anordnen.

Wo bin ich gerade?
Eine eindeutige Navigationsstruktur entwickeln und den jeweiligen Stadtort (Link in Navigation) deutlich hervorheben sowie immer einen Link zurück zur Homepage und – bei langen Seiten – Sprungmarken zurück zum Seitenanfang anbieten.

Schneller Zugriff auf gesuchte Informationen
ELange Ladezeiten vermeiden --> Überprüfen Sie die Dateigrößen von Bildern, Videos und Animationen.

www.web-coach.org
• Gestaltung
• Checkliste
www.drweb.de/magazin/die-ultimative-usability-checkliste/

Die Website mehrfach testen
Testen Sie ihre Internetseite selbst und lassen sie Mitglieder der Zielgruppe testen. Zur Erleichterung des Websitetests stehen erprobte Checklisten zur Verfügung.[1] Auch ein Test mittels Eyetracking kann hilfreich sein.

Gutes Interface-Design bedeutet: Übersichtlichkeit, gezielte Benutzerführung, Funktionalität und einfache Bedienbarkeit.

Achten Sie bereits in der Planungsphase der Website für die Bäckerei „Backfrisch" darauf, wichtige Seitenelemente, wie z. B. das Logo und den Firmenschriftzug sowie die Navigationselemente, auf jeder Seite deutlich erkennbar an derselben Stelle zu platzieren.

16.4.1.2 Page-Design

Das **Page-Design** ist ein Unterbereich des Interface-Designs und bezeichnet den konkreten Aufbau und das Layout jeder **Einzelseite** innerhalb des Internetauftritts. Darunter fallen die Bereiche Typografie, Platzierung von Text, Grafik- und Bildelementen, Formatvorgaben (Stylesheets), Seitenlänge, Farbwahl u. Ä.

Beim Surfen auf einer Website sieht der Nutzer immer nur eine Einzelseite des Gesamtangebotes. Daher ist es wichtig, dass jede Einzelseite eine Einheit bildet.

Page-Design: Planung und Layout jeder Einzelseite einer Internetpräsenz.

---
[1] Checkliste zum Websitetest in: Ralf Lankau, Webdesign und -publishing, Projektmanagement für Websites

Bei der Planung stellen sich vor allem die folgenden Fragen:

Vgl. diese LS, 16.4.3

Wie teile ich die Seite auf?
Visuelles Informationsmanagement: Das Grundlayout jeder Seite muss auf den ersten Blick erkennbar sein und eine ausgewogene Seitenaufteilung beinhalten.

Wo platziere ich Elemente, an denen das Auge „hängen bleibt"?
Der obere (Kopfbereich = Header) und der linke bis mittlere Bereich (Inhaltsbereich = Content) erhalten besondere Aufmerksamkeit. Dort sollten alle wichtigen Elemente, wie Logo, Name, Hauptnavigation und wesentliche Inhalte angeordnet werden. Wir sind es gewohnt, zunächst von links nach rechts und dabei von oben nach unten zu lesen, und übertragen diese Gewohnheit auch auf die Wahrnehmung von Internetseiten.

Vgl. LS 3, 8.4.3

Welche Schrift und welche Farben soll ich wählen?
Lesbarkeit besonders beachten und thematisch passende Farben wählen, die zudem eine kontrastreiche Bildschirmdarstellung ermöglichen!

Wie lang darf der Text bzw. der Seiteninhalt sein?
Lesen am Bildschirm ermüdet, daher gilt: Alles möglichst kurz fassen. Am besten ist es, wenn der Nutzer nicht oder nur wenig scrollen muss.

Vgl. diese LS, 15.7

Gutes Page-Design bedeutet: Thematisch passende Farb-, Schrift- und Bildwahl, Layout im Raster, gezielte Platzierung der Inhalte und angemessener Umfang.

Jede Einzelseite des Webangebotes von der Bäckerei „Backfrisch" muss für sich stehen können, also auch ohne die anderen Seiten einen Sinn ergeben. Berücksichtigen Sie dies unbedingt beim Page-Design.

16.4.1.3 Navigationsstrukturen (Site-Design)

Auch das **Site-Design** stellt einen Unterbereich des Interface-Designs dar. Das Site-Design beinhaltet die Struktur und Funktionalität einer gesamten Internetpräsenz. Es gibt an, wie die einzelnen Seiten miteinander verknüpft sind (Link-Struktur) und wie der Informationsfluss auf den Seiten gesteuert wird.

Es gibt viele Möglichkeiten, Internetseiten miteinander zu verknüpfen. Einige gängige Navigationsstrukturen werden im Folgenden aufgeführt.

Navigationsstrukturen

Die **Buchstruktur** ist eine **lineare Struktur**, bei der die Seiten der Reihe nach aufeinander folgen. Jede Seite ist nur mit der vorhergehenden und der nachfolgenden Seite verbunden.

Anwendungsmöglichkeit:
Die Buchstruktur bietet sich z. B. an, wenn die Website ein reines Lernmodul beinhaltet, bei dem ähnlich wie in einem Lehrbuch ein Lerngebiet in einer festen Reihenfolge bearbeitet werden soll.

Bei der **jumplinearen Struktur** kann von der Hauptseite auf jede Unterseite gesprungen werden. Zusätzlich sind die Unterseiten linear miteinander verknüpft. Es ist wenig Interaktion möglich.

Anwendungsmöglichkeit:
„Kiosksystem", z. B. Fahrpläne, Fahrkartenautomat[1]

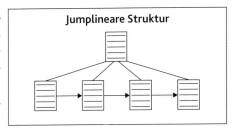

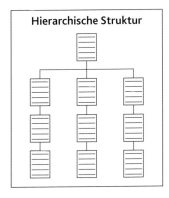

Bei der **hierarchischen Struktur** folgt auf die Homepage eine beliebige Anzahl von Inhaltsseiten (erste Ebene). Die Seiten der nachfolgenden Ebenen sind jeweils nur mit der Seite verbunden, die sich in der Hierarchie direkt darüber bzw. darunter befindet. Nebeneinander liegende Seiten haben keinerlei Verbindung, es sind quasi mehrere parallel liegende Buchstrukturen.

Anwendungsmöglichkeit:
Diese Struktur eignet sich, wenn die Website Angebote zu verschiedenen Themen enthält, die nicht direkt miteinander in Zusammenhang stehen, aber innerhalb der Unterthemen eine feste Seitenreihenfolge vorliegen soll.

Im Gegensatz zur hierarchischen Struktur wird bei der **Baumstruktur** jede Unterseite der Homepage, sofern eine weitere Ebene gewünscht wird, noch einmal in zwei oder mehr Unterseiten unterteilt.

Anwendungsmöglichkeit:
Die Baumstruktur eignet sich am besten für Internetseiten mit verschiedenen Themenbereichen, die nicht unmittelbar zusammenhängen. Durch die größere Anzahl an Verzweigungen können mehr Informationen angeboten werden als bei der hierarchischen Struktur.

Nachteil:
Um in einen anderen Themenbereich (Ast) zu gelangen, muss man immer wieder zur Homepage zurück.

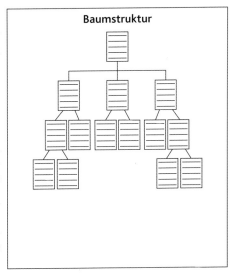

---

1 Kiosksystem: Computeranlagen zur Nutzung im öffentlichen Bereich (z. B. Fahrkartenautomat, Spieleterminal) mit Informationen zu einem begrenzten Bereich/Themengebiet.

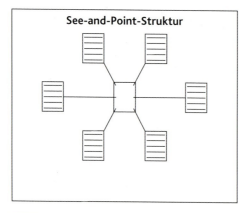

See-and-Point-Struktur

Bei der **See-and-Point-Struktur** gibt es nur eine Hauptseite, die sämtliche Links enthält. Beim Anklicken eines jeden Links bleibt die Hauptseite bestehen und der Link öffnet sich in einem separaten Fenster.

Anwendungsmöglichkeit:
Die See-and-Point-Struktur ist z. B. für Reiseführer oder kleine Kiosksysteme geeignet, wo sich die einzelnen Bilder und Inhalte als nähere Erläuterung öffnen. Auf vielen Internetseiten ist die komplette Navigationsstruktur in Form einer **Sitemap** zu finden.

Sitemap: Übersicht über die Navigationstruktur einer kompletten Website zur Orientierung und Benutzerführung.

Welchen Umfang soll das Webangebot von der Bäckerei „Backfrisch" haben? Legen Sie zunächst den Umfang fest und entscheiden Sie sich dann anhand des Umfangs und der beabsichtigten Inhalte für eine geeignete Navigationsstruktur. Zeichnen Sie diese in einer Sitemap auf.

16.4.2 Screendesign

Die Website von der Bäckerei „Backfrisch" soll die Besucher schon allein durch ihre Gestaltung neugierig auf das Angebot machen. Doch die schönste Website erfüllt nur dann ihren Zweck, wenn sie einfach zu bedienen ist und den Blick des Nutzers zu den wichtigsten Inhalten lenkt. Daher ist ein gutes Screendesign erforderlich.

Im Folgenden werden die Aufgaben des Screendesigns und die Möglichkeiten der Planung und Strukturierung von Bildschirmangeboten erläutert.

Das Screendesign beschäftigt sich mit den Anforderungen an die Gestaltung und das Layout von Bildschirmoberflächen jeglicher Art, wie z. B. Internetseiten, Automaten, Handys.

Screen: Bildschirm oder Mattscheibe.
Screendesign: Gestaltung von Bildschirmoberflächen bei Internetseiten, Programm- und Multimediaoberflächen usw.

Bevor die Bildschirmoberfläche gestaltet werden kann, müssen folgende Fragen geklärt werden:
1. Für wen soll die Website erstellt werden? (ZIELGRUPPE)
2. In welchem Bereich soll die Website eingesetzt werden? (EINSATZBEREICH)

Vgl. LS 6, 19.1.2

Einsatzbereiche von Webseiten

Einsatzbereich	Mögliche Inhalte
Information	Lexika, Kataloge, Datenbanken, Skripte, Firmenprofile
Kommunikation	Newsgroup, Forum, Schwarzes Brett, Chatroom
Werbung	Produktwerbung, Imagewerbung, Kundenbefragungen

Einsatzbereich	Mögliche Inhalte
Lernen	Motivation und Aktivierung, Lernspiele, Kommunikationsforen
Spielen	Reaktions-, Abenteuer-, Strategie- oder Logikspiele
Erleben	Virtuelle Realität, Filme und Animationen
Verkaufen	Sonderangebote, E-Shop

Webseiten enthalten meist nicht nur einen dieser Bereiche, sondern die gezielte Verknüpfung mehrerer Bereiche. So bieten z. B. Hersteller technischer Geräte wie Drucker o. Ä. häufig Informationen und Support für bereits verkaufte Geräte oder neue Produkte und Dienstleistungen an. Dies stellt besondere Anforderungen an das Layout und die Benutzerführung, damit der Benutzer immer weiß, was ihn wann erwartet und wie er dorthin gelangt.

16.4.2.1 Aufgaben des Screendesigns

Aufgabe des **Screendesigns** ist es, digitalen Produkten einerseits ein ansprechendes Äußeres zu verleihen sowie andererseits Übersichtlichkeit und Orientierung zu gewährleisten.

Das Screendesign verknüpft die drei Bereiche Interface-, Page- und Site-Design.

Dem Interface kommt im Screendesign eine übergeordnete Rolle zu, da der Benutzer von dem eigentlichen Inhalt z. B. einer Internetseite erst dann profitiert hat, wenn er diesen effektiv nutzen kann. Effektive Nutzung bedeutet in diesem Zusammenhang, nützliche Werkzeuge zur Verfügung zu haben, die einen Zugang zum Inhalt ermöglichen.

Nach einem Klick auf den Link zu einer Speisekarte muss sich auch tatsächlich eine Speisekarte öffnen, also nicht nur eine kurze Information, die besagt, dass das betreffende Restaurant über eine umfangreiche Speisekarte verfügt.

Die Schlüsselrolle des Interface beim Screendesign hat der Design-Theoretiker Gui Bonsiepe mithilfe der nebenstehenden Grafik veranschaulicht.

Wie ein Handwerker benötigt also auch der Benutzer einer Internetseite ein Werkzeug, um die gewünschte Handlung ausführen zu können.

16.4.2.2 Grundelemente des Screendesigns

Was nützen gut strukturierte und übersichtliche Inhalte, wenn wichtige Grundelemente wie etwa die Möglichkeit einer Kontaktaufnahme fehlen? Oder vor lauter Struktur die Motivation zum Verweilen auf der Internetseite auf der Strecke bleibt?

Das Screendesign kann nur dann seiner Aufgabe gerecht werden, wenn Funktion und Ästhetik eng miteinander verzahnt werden. Vor diesem Hintergrund werden am Beispiel einer Webseite des Mode- und Lifestyleherstellers ESPRIT die wesentlichen Elemente des Screendesigns und ihre jeweiligen Funktionen vorgestellt.

5.1 | Lernsituation Webauftritt – Planung, Konzeption, Umsetzung

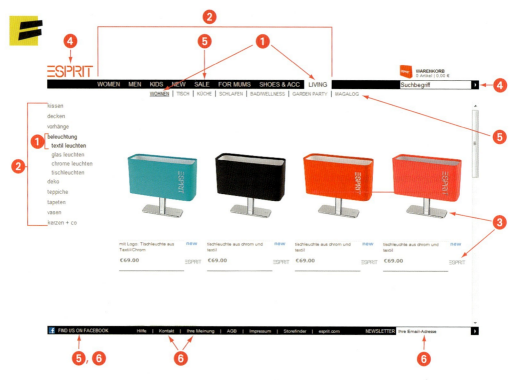

Webseite aus dem Webshop des Unternehmens „ESPRIT"

Grundelemente	Beschreibung
1. Orientierung Hilft dem Benutzer, sich zu orientieren	**Wo bin ich gerade?** Bei ESPRIT wird durch schwarze Balken oben und unten gekennzeichnet, dass der Benutzer sich im Bereich Living und dort in Wohnen → beleuchtung → textil leuchten befindet.
2. Navigation Hilft dem Benutzer, sich auf der Website zu bewegen	**Wie komme ich weiter?** Bei ESPRIT befindet sich oben die Hauptnavigation und links auf der Seite ein weiteres Navigationsmenü.
3. Inhalt Liefert dem Benutzer Informationen in Text und Bild	**Was finde ich vor?** Bei ESPRIT stehen die Bilder im Vordergrund, Texte dienen der Erläuterung.
4. Screenlayout Gibt der Seite eine Struktur	**Habe ich den Überblick?** Bei ESPRIT ist das Logo immer links oben platziert. Auch der obere Balkenbereich bleibt immer gleich und verleiht der Seite eine feste Struktur.
5. Motivation Bewirkt, dass der Benutzer die Website gerne benutzt	**Was motiviert mich zum Bleiben?** Bei ESPRIT motiviert der Button Magalog unter „Living" in der oberen Navigationsleiste sowie der aktuelle Ausverkauf unter der Rubrik „Sale".
6. Interaktion Gibt dem Benutzer die Möglichkeit, in das System einzugreifen bzw. Kontakt herzustellen	**Kann ich aktiv werden?** Bei ESPRIT besteht über die Links „Kontakt" und „Ihre Meinung" die Möglichkeit zur Kontaktaufnahme. Auch ein Newsletter kann abonniert, ESPRIT auf Facebook kontaktiert und im Inhalt der Seite gesucht werden.

Wählen Sie eine beliebige deutsche Firmenwebsite zur Analyse aus und untersuchen Sie diese nach folgenden Kriterien:

1. Welche Zielgruppe wird mit der ausgewählten Website angesprochen?
2. Sind alle wichtigen Elemente des Screendesigns vorhanden? Benennen und zeigen Sie die vorhandenen Elemente anhand eines Screenshots.
3. Tragen die Struktur und der Aufbau der Website dazu bei, dass der Nutzer/Besucher
   a) sich auf der Website gut zurechtfindet? Wenn ja bzw. nein, wodurch?
   b) für das Angebot/die Inhalte interessiert wird? Wenn ja, mithilfe welcher Inhalte?

16.4.2.3 Planung des Screenlayouts

Wichtige Grundelemente müssen auf einer Webseite nicht nur vorhanden sein, sondern auch so angeordnet werden, dass sie, vor dem Hintergrund des Interface-Designs, eine übersichtliche und ansprechende Aufteilung der Webseite gewährleisten.

Formate

Unterschiede zwischen Druckprodukten und Webseiten

Im Gegensatz zu den viel genutzten Hochformaten im Druckbereich, häufig aus der DIN-A-Reihe, liegt im Webbereich für die Desktop- und Tabletdarstellung zunächst ein **Querformat** vor, bedingt durch das Querformat der Bildschirme. Smartphones werden eher mit einer Darstellung im Hochformat (Portrait) genutzt. Die Größe des jeweiligen Formates wird am Bildschirm durch die Bildschirmauflösung bestimmt.

Vgl. LS 4, 14

Gängige Bildschirmformate

Handelsübliche Monitore nutzen sind mit den Seitenverhältnissen 4:3, 5:4 und 16:9 im Querformat erhältlich. Einige wenige können in das Hochformat gedreht werden.

> Im Internet dominiert das Querformat, im Druckbereich und bei der Smartphonenutzung das Hochformat.

Das Umdenken vom Hoch- auf Querformat für den Webauftritt erfordert eine andere Anordnung der Gestaltungselemente wie Texte und Bilder. Auch ergeben sich andere Spaltenlängen und -breiten. Daher lässt sich ein bestehendes Druckprodukt, z. B. eine Broschüre, nicht einfach auf eine Internetseite übertragen.

Medienspezifische Besonderheiten

Im Web kommen ferner noch einige medienspezifische Besonderheiten hinzu, die nur im digitalen Bereich Anwendung finden. Dazu gehören einerseits der mögliche Einsatz von Videos und Animationen auf der Webseite, andererseits führt die Notwendigkeit von Navigationselementen zu einer ganz anderen Benutzung des Mediums.

Bei einem Buch oder einem Katalog blättere ich von Seite zu Seite weiter, auf einer Website kann ich gemäß der Navigationsstruktur teilweise in einer beliebigen Reihenfolge durch das Angebot surfen, ohne zu sehen, in welcher Unterebene ich mich gerade befinde.

Abhängigkeit zwischen Inhalt und Design

Für die Planung des Screendesigns ist es wichtig zu wissen welche Inhalte in welchem Umfang (Textmenge, Bilder, Videos usw.) auf der Internetseite untergebracht werden sollen. Des Weiteren ist zu überlegen, wie sich die Inhalte für die mobile Version ändern sollen (weniger Bilder, kürzere Texte, andere Navgationsstruktur). Mithilfe von Blindtexten und Platzhaltern für Bilder, Logos usw. kann der Seitenaufbau dann simuliert und verfeinert werden.

„Der Inhalt bestimmt das Design": Umfang und Art des Inhalts frühzeitig klären, um eine Designvorlage zu erstellen.

16.4.2.4 Gestaltgesetze bei Webseiten

Die Berücksichtigung der Gestaltgesetze ist auch bei Internetseiten von besonderer Bedeutung, um die Orientierung des Besuchers zu ermöglichen und einzelne Seitenelemente klar voneinander abzugrenzen bzw. in einen Zusammenhang zu setzen.

Nachfolgend finden Sie einige Beispiele für die Anwendung der Gestaltgesetze.

Gestaltgesetz	Anwendungsbereich	Beispiel
Gesetz der Nähe	Navigationselemente: → Die Navigationselemente oben auf der Seite http://tischlerteam-essen.com sind alle in einer Reihe, also nahe beieinander zu finden und gehören zusammen. → Zusätzlich findet das **Gesetz der Geschlossenheit** durch klare Abgrenzung der beiden Seitenbereiche Navigation und Inhalt Anwendung.	
Gesetz der Ähnlichkeit	Navigationselemente: → Die stylistisch gleichen Elemente in der Navigation von www.delveaux-mediendesign.de gehören jeweils zusammen.	
Figur-Grund-Gesetz	Klare Abgrenzung zwischen Seiteninhalt und -hintergrund. → Die Seite von Jazzdiskurs in Rostock http://www.jazzdiskurs.de bietet, neben einem interessanten Layout, eine klare Abgrenzung zwischen Vorder- und Hintergrund.	

 Fertigen Sie mehrere Entwürfe (mindestens drei) der Startseite von der Bäckerei „Backfrisch" an. Erstellen Sie dazu zunächst als Hilfsmittel für Ihre Scribbles eine geeignete Vorlage mit den Seitenverhältnissen der tatsächlich zur Verfügung stehenden Bildschirmfläche.

 Schauen Sie vor dem Entwurf des Webauftritts für die Bäckerei „Backfrisch" noch einmal auf die Kundenvorgaben, um bereits beim ersten Entwurf alle wesentlichen Elemente zu berücksichtigen. Treffen Sie jetzt bereits eine Entscheidung, an welcher/-n Stelle(n) die Haupt- und ggf. Unternavigationsleiste(n) platziert werden soll(en).

16.4.3 Raster im Layout von Webseiten

Ebenso wie bei Druckprodukten ist auch bei Internetseiten ein durchgängiges und verständliches Layout wichtig. Dies kann mithilfe von Rastern erreicht werden.

Ein **Gestaltungsraster** dient der **Ausrichtung von Text und Bildelementen** innerhalb eines Satzspiegels im Printbereich und auf der Bildschirmoberfläche im Bereich der Internet- und Multimediaanwendungen. Es bildet daher die wesentliche Grundlage für das Layout einer Seite und soll gewährleisten, dass eine **durchgängige Gestaltung der Einzelseiten** vorliegt, die für den Nutzer deutlich erkennbar ist und die **Orientierung auf der Seite** erleichtert.

Vgl. LS 8, 24.3

> **Gestaltungsraster legen den Grundstein zur Orientierung und Benutzerführung auf einer Webseite.**

16.4.3.1 Gestaltungsraster für den Bildschirm

Rastersysteme ermöglichen es auf einfache Weise, die Grundelemente des Screendesigns auf jeder Seite an der gleichen Stelle – z. B. die Navigationsleiste stets am linken Rand, das Logo links oben, den Verweis zum Impressum im unteren Bereich der Seite – anzuordnen. Wird der Grundaufbau stringent verfolgt, so erleichtert dies die Orientierung und Benutzerführung erheblich.

> **Wichtige Grundelemente der Webseite immer an der gleichen Stelle anordnen!**

Bei der Anwendung von Rastern für den Bildschirm wird zwischen **festen** und **flexiblen** Rastersystemen unterschieden, je nachdem, ob das Raster mit festen Abmessungen arbeitet oder sich flexibel an die jeweilige Seitengröße anpassen soll.

Für beide Anwendungen gilt:

> **Je detaillierter das Raster, desto variabler ist es!**

16.4.3.2 Rastereinteilung

Bei CD-ROM-Produktionen, Bildschirmanwendungen an Terminals usw. steht im Vollbildmodus die gesamte Bildschirmfläche für das Gestaltungsraster zur Verfügung. Bei Webseiten und Programmoberflächen müssen die Pixel abgezogen werden, welche für die Menüleisten des Browsers und Scrollbalken erforderlich sind. In der Höhe sind dies schnell zwischen 150 und 200 Pixel, während in der Breite ca. 40 bis 60 Pixel meist ausreichen.

Die **Rastereinteilung** ist die Einteilung einer Internetseite in einzelne Rasterzellen oder -spalten. Die Bildschirmanwendung wird somit entweder an einem **Gitternetz** oder an einer Einteilung in gleich große **Spalten** ausgerichtet. Die Breite und Höhe der einzelnen Rasterzellen bzw. -spalten sollte dabei möglichst ein Vielfaches der Zahl 10 sein, um eine einfache und saubere Rastereinteilung zu ermöglichen.

> **Rasterzelle: Kleinste Einheit des Gestaltungsrasters.**

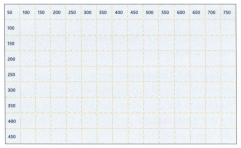

Beispiel eines 50er-Rasters mit 15 x 9 Rasterzellen   *12-spaltiges Seitenlayout mit Zwischenräumen: Spaltenbreite z. B. 60 Pixel, Abstand 20 Pixel*

Bei der Seitenaufteilung und Platzierung der Elemente im Raster werden mehrere Rasterzellen zu einem **Rasterfeld** zusammengefasst. Innerhalb der Rasterfelder werden dann die einzelnen Elemente der Webseite, z. B. Bilder und Navigationsleisten, platziert.

Rasterfeld: Fläche mit mehreren Rasterzellen.

Internetseiten werden mit unterschiedlichen Ausgabemedien wie z. B. mit einem normalen Computerbildschirm, dem Display eines Laptops oder Tablet-PCs und zunehmend auch mit Smartphones betrachtet.

Möchte man für die gängigen Ausgabemedien jeweils ein passendes Layout anbieten, so gibt es mehrere Möglichkeiten, feste bzw. flexible Rastersysteme zur Seitengestaltung einzusetzen.

Rastereinteilung: Aufteilung der Bildschirmfläche in Rasterzellen oder Rasterspalten.

Im Folgenden werden verschiedene Möglichkeiten der Seitengestaltung mit flexiblen und festen Rastern vorgestellt sowie Vor- und Nachteile bei der Entwicklung und Anwendung aufgezeigt.

16.4.3.3 Festes Raster

Mithilfe eines festen Rasters können Sie ein Seitenlayout mit festen Größenangaben erstellen, das für eine bestimmte Ausgabeform, z. B. die Bildschirmdarstellung, optimiert ist. Die Webseite wird zu diesem Zweck entweder in viele gleich große Rasterzellen oder modular mit einem mehrspaltigen Gestaltungsraster unterteilt.

Für ein **mehrspaltiges Gestaltungsraster fester Breite** hat sich das **960 Grid System** bewährt, da die Bildschirmauflösung (1 024 x 768) Pixel sich inzwischen als gängige Mindestgröße etabliert hat. Damit steht, nach Abzug der Scrollbalken und Fensterränder, eine effektive Bildschirmbreite von mindestens 960 Pixeln zur Verfügung, die in eine feste Spaltenanzahl unterteilt werden kann. Des Weiteren kann das **1 200 Grid System** ab einer Bildschirmbreite von 1 280 Pixeln genutzt werden.

Lernsituation Webauftritt – Planung, Konzeption, Umsetzung | 5.1

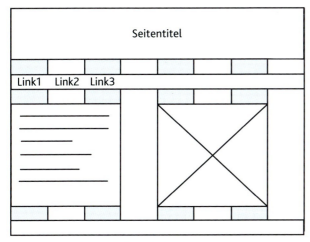

8-spaltiges Seitenlayout: Breite 80 Pixel je Spalte

960 oder 1200 Grid System: Rastersystem, basierend auf einer Gestaltungsrasterbreite von 960 bzw. 1200 Pixeln zur variablen Rastereinteilung der Bildschirmoberfläche.

Festes Gestaltungsraster im 960 Grid System	
Vorteile	**Nachteile**
• gleicher Seitenaufbau bei allen Seiten • feste Spaltenbreite • viele unterschiedliche Spaltenbreiten möglich (960 ist u. a. durch 2, 3, 4, 6, 8, 12, 16 usw. teilbar)	• feste Seitengröße • keine Anpassung des Layouts bei unterschiedlichen Bildschirmgrößen

Software mit Rastersystem zur Website-Erstellung, basierend auf 960 Grid: http://960.gs

Layoutvorlagen aus Softwaresystemen zur Erstellung von Internetseiten mit dem 960 Grid System:

4-spaltige Layoutvorlage nach dem 960 Grid System *5-spaltige Layoutvorlage nach dem 960 Grid System*

Legen Sie ein Raster für den Webauftritt von der Bäckerei „Backfrisch" fest und überlegen Sie, ob die Anwendung des 960 oder 1200 Grid Systems geeignet ist.

16.4.3.5 Platzierung im Raster

Studien haben gezeigt, dass bestimmte Bereiche einer Webseite mehr Beachtung finden als andere. Bei der Platzierung der Seitenelemente sollten diese Ergebnisse berücksichtigt werden, um die Aufmerksamkeit der Besucher auf die wesentlichen Inhalte zu lenken.

Viel Beachtung	Mäßige Beachtung
Mäßige Beachtung	Wenig Beachtung

Aufmerksamkeitsschema eines Bildschirmfensters

Das Aufmerksamkeitsschema zeigt, dass dem mittleren und linken oberen Bereich der Webseite eine besondere Beachtung zuteil wird und die Bereiche links unten und rechts oben noch eine mäßige Aufmerksamkeit erzielen. Selten hingegen schaut der Besucher in den rechten unteren Bereich. Für die Platzierung der Seitenelemente bedeutet dies, dass die wesentlichen Seiteninhalte im mittleren Bereich zu finden sein sollten.

 Layout im Raster: Platzieren Sie zuerst die Navigationselemente. Ordnen Sie danach alle weiteren Elemente im verbleibenden Nettoraum.

Navigationsleisten am linken Rand entsprechen der Leserichtung (von links nach rechts). Navigationsleisten im oberen Bereich orientieren sich an gängigen Anwendungsprogrammen. Ferner führen sie zu einem breiteren Inhaltsbereich, sodass eine Aufteilung in drei Spalten (z. B. Text, Bild und News) problemlos möglich ist.

Vgl. LS 2, 3.3.2

Der rechte untere Bereich kann z. B. für die Platzierung eines Links zum Impressum genutzt werden, da dieser Link zwar auf der Seite vorhanden sein muss.

 Überlegen Sie, mit welchem Rastersystem sich Ihre Entwürfe für den Webauftritt von der Bäckerei „Backfrisch" am ehesten umsetzen lassen und welche Alternativen zur Verfügung stehen.

TIPP: Berechnen Sie die Seitenaufteilung genau, bevor Sie mit der Umsetzung beginnen, um unschöne Verschiebungen im Browserfenster zu vermeiden.

 Beachten Sie bei der Aufteilung der Webseite, dass Sie nicht zu viele Rasterfelder oder -spalten anlegen, um die Übersichtlichkeit innerhalb der Grundstruktur der Seite zu bewahren.

Prinziplayout am Beispiel zweier Webseiten

Unten sehen Sie zwei Firmenwebseiten, deren Layout gängigen Prinzipien der Seitenaufteilung entspricht.

Webseite der Firma Gretsch-Unitas, http://www.g-u.com
mit Hauptnavigation links

Webseite der Firma Halloren, www.halloren.de
mit Hauptnavigation oben

Übung zur Seiteneinteilung mit festen Rastersystemen

Eine einfache Webseite soll **eine** Navigationsleiste mit insgesamt sechs Menüpunkten enthalten. Ferner sind auf jeder Seite ein Text- und ein Bildelement vorgesehen. Zusätzlich soll Raum für das Firmenlogo und den Firmenschriftzug sowie die notwendigen Kontaktangaben sein.

1. Teilen Sie eine Webseite mit den Abmessungen (960 x 720) Pixel (Endformat) mittels geeigneter fester Rastersysteme ein. Machen Sie insgesamt drei Vorschläge mit unterschiedlichen Rasterzellen- bzw. Rasterspaltengrößen.
2. Erstellen Sie für jedes Raster zwei Prinziplayouts, welche die Navigationsleiste und die vorgegebenen Inhaltselemente enthalten.
3. Begründen Sie die Platzierung der Seitenelemente vor dem Hintergrund des Aufmerksamkeitsschemas.

15.7 Typografie im Web

Am Bildschirm gelten andere Regeln für den Einsatz von Schriften als im Druckbereich. Dies hängt zum einen damit zusammen, dass die Bildschirmauflösung sehr niedrig ist, nämlich 72 bzw. 96 dpi. Zum anderen stehen dem Nutzer weder alle Schriftarten noch alle Textauszeichnungen zur Verfügung. Zudem können nicht alle Schriftgrößen in HTML und CSS umgesetzt werden. Vor diesem Hintergrund werden zunächst die Schriftfamilien und Schriftarten vorgestellt, die sich besonders gut für den Einsatz am Bildschirm eignen, sowie die Möglichkeit, Zusatzschriften mittels CSS in eine Website einzubinden. Ferner erfolgt ein Blick auf die Lesbarkeit und das Layout von Texten.

Im Internet ist die Schriftauswahl eher gering, im Druckbereich sehr vielfältig.

15.7.1 Schriftarten und Schriftfamilien für das Web

Serifenschriften

Im Druckbereich finden bei Zeitungen, Zeitschriften und Broschüren häufig Serifenschriften, allen voran Times, Anwendung. Für den Bildschirm sind Serifenschriften jedoch nur bedingt geeignet, da die Serifen nicht, wie im Druckbereich, den Lesefluss fördern, sondern eher behindern. Dies hängt damit zusammen, dass die Schriften aufgrund der niedrigen Bildschirmauflösung stark gerastert werden und sich bei den Serifen ein sogenannter Treppeneffekt ergibt: Die Serifenschrift erscheint besonders an den Unterlängen unsauber, abgehackt oder auch leicht unscharf. Soll unbedingt eine Serifenschrift Anwendung finden, sollte in jedem Fall eine Schrift ausgewählt werden, die eine relativ starke Strichstärke aufweist und nicht zu filigrane Serifen enthält.

Als Serifenschrift ist besonders die Schriftart Georgia für den Bildschirm geeignet. Die Strichstärke ist zwar ähnlich wie bei Times New Roman, doch die Serifen sind dicker und brechen daher optisch nicht so leicht weg.

SPORTART   **SPORTART**
Times New Roman   *Georgia*

> Serifenschriften eignen sich nur bedingt zum Einsatz auf Internetseiten, da die Serifen bei der geringen Bildschirmauflösung optisch wegbrechen.

Serifenlose Schriften

Vgl. LS 4, 15.4

Erste Wahl für Texte am Bildschirm sind die serifenlosen Linear-Antiquas. Zwar werden auch die serifenlosen Schriften am Bildschirm durch die geringe Auflösung aufgerastert, doch fällt dies im Wesentlichen bei Buchstaben mit starken Rundungen wie O, P und R sowie auch etwas an den Schrägen, z. B. bei A und X, ins Gewicht.

SPORTART   **SPORTART**
Arial   *Verdana*

SPORTART
Century Gothic

> Serifenlose Schriften eignen sich besonders gut für den Einsatz auf Internetseiten, da ihre geraden Kanten auch bei geringer Bildschirmauflösung noch deutlich und klar erkennbar sind.

Bildschirmschriften

Einige Schriften, sowohl aus dem Bereich der serifenlosen als auch der Serifenschriften, wurden von den Entwicklern für den Einsatz am Bildschirm optimiert. Dazu zählen u. a. die bereits zuvor erwähnten Schriften Georgia und Verdana sowie Myriad und Minion von Adobe.

SPORTART   **SPORTART**
Myriad   *Minion*

Bildschirmschriften sind für Internetseiten besonders gut geeignet.

Webfonts versus Systemschriften

Früher war die Schriftgestaltung für Webdesigner sehr stark eingeschränkt, da viele Schriften nicht auf den Computern der Nutzer installiert waren und somit nicht angezeigt werden konnten.

Die Lösung, insbesondere für den Fließtext, boten Systemschriften, die auf jedem Computer verfügbar sind.

Systemschriften: Auf allen Computern verfügbar, jedoch geringe Schriftvielfalt.

Inzwischen hat die Beliebtheit sog. **Webfonts** unter den Webdesignern stark zugenommen, da diese einen Weg aus dem typografischen Einerlei im Bereich der Webseitengestaltung aufzeigen. Neben den Systemschriften und gängigen mitgelieferten Schriften der Programme und Betriebssysteme kann nun eine Vielzahl weiterer Schriftarten im Internet genutzt werden.

Webfont: Schriftart, die für die Bildschirmdarstellung optimiert wurde. Muss separat geladen werden.

Webfonts sind bereits von vielen Schriftarten erhältlich und in speziellen Schriftformaten verfügbar.

Webfont-Format	Erläuterung	Browser-Unterstützung
EOT	• Embedded-OpenType®-Format • für schnelles Laden der Schrift im Web optimiert • integrierte Komprimierung • funktioniert ausschließlich mit dem Internet Explorer	Internet Explorer ab Version 5.5
OTF und TTF	• Open True Type Fonts • TrueType Fonts • für die Darstellung von Druckschriften am Bildschirm geeignet	• Safari ab Version 3.1 • Google Chrome ab Version 4.0 • Opera ab Version 10 • Mozilla Firefox ab Version 3.5 • Internet Explorer ab Version 9
WOFF	• Web-Open-Font-Format • Standardformat für Schriften auf Webseiten • breite Browserunterstützung • integrierte Komprimierung • Meta-Daten können hinterlegt werden	**Standard-Browser:** • Firefox ab Version 3.6 • Internet Explorer ab Version 9 • Safari ab Version 5.1 • Google Chrome ab Version 5.0 • Opera ab Version 11.1 **Mobile Browser:** • iOS Safari ab Version iOS 5 • Mobile Opera ab Version 11.0 • Android ab Version 4.4

Übersicht gängiger Webfont-Formate

Webfonts einbetten

Die Einbindung kann entweder als Resource mithilfe des Befehls **@font-face** oder direkt erfolgen.

I. Ressource

@font-face: CSS-Regel zur exakten Angabe einer Schriftart inklusive der URL, unter welcher die Schriftartdatei zu finden ist.

Schritt für Schritt zur Webfont	Erläuterung
1. Schrift als Webfont aus dem Internet laden	Im Internet gibt es diverse kostenfreie und kostenpflichtige Anbieter von Webfonts. Zu den bekannten Anbietern mit einer Vielzahl kostenloser Schriftarten zählen u. a. Google Webfonts und Fontsquirrel.
2. Schrift auf dem Server ablegen	Laden Sie die zusätzliche Schrift auf einen Server, am besten dorthin, wo sich auch Ihre Internetseite befindet!
3. Mehrere Schriftformate anbieten	Stellen Sie die Schrift für Ihre Internetseite in unterschiedlichen Formaten (z. B. .woff, .ttf) zur Verfügung, damit sie von allen gängigen Browsern angezeigt werden kann.

4. Schrift mit CSS in mehreren Formaten (für alle gängigen Browser) in die Internetseite einbinden	@font-face {
	 font-family: 'schriftname';
	 src:
	     url('schriftpfad.eot') format('eot'),
	     url('schriftpfad/.woff') format('woff'),
	     url('schriftpfad.ttf') format('truetype');
	 }

5. Internetseite laden und Umsetzung überprüfen	Nutzen Sie die neue Schrift in den gewünschten CSS-Selektoren und prüfen Sie deren tatsächliche Verfügbarkeit im WWW.

Google Webfonts: www.google.com/webfonts
Fontsquirrel: www.fontsquirrel.com/

Fahrplan zur Nutzung von Webfonts

Zusätzliche Schriftarten für eine Internetseite nutzen

Die Schriftart **Armata** soll für den Fließtext einer Internetseite verwendet werden. Da Armata nicht zu den gängigen Schriftarten der Betriebssysteme gehört, muss sie den Nutzern der Website separat zur Verfügung gestellt werden.

Dies geschieht wie folgt:
1. Die Schrift Armata wird z. B. von der Seite www.fontsquirrel.com/ aus dem Internet geladen und in dem Ordner „Schriften" auf dem Webserver abgelegt.
2. Die Einbindung in die CSS-Datei geschieht dann so:

```
@font-face {
font-family: 'ArmataRegular';
src: url('Armata-Regular-webfont.eot');
src: url('Armata-Regular-webfont.eot?#iefix') format('embedded-opentype'),
   url('Armata-Regular-webfont.woff') format('woff'),
   url('Armata-Regular-webfont.ttf') format('truetype'),
   font-weight: normal;
   font-style: normal;
}
```

3. Die Schriftart kann nun ganz normal in den unterschiedlichen Selektoren der CSS-Datei für den Fließtext genutzt werden, z. B.:

```
/* Klassenselektor für den Fließtext auf der Seite */
.text {
font-family:Armata;
font-size:14px;
}
```

II. Direkte Einbindung
Die direkte Einbindung erfolgt entweder im Head der HTML-Datei durch einen Link zu Goggle oder mithilfe von **@import** direkt im CSS-Code.

Direkte Einbindung von Webfonts:
1. Im Kopf der HTML-Datei: z. B. <link href='http://fonts.googleapis.com/css?family =Rubik+One|Kalam' type='text/css'>
oder
2. Direkt im Stylesheet mit @import: z. B.
@import url('http://fonts.googleapis.com/css?family=Kalam');

Auch hier kann die Schriftart nun ganz normal in unterschiedlichen CSS-Selektoren genutzt werden.

Die typografische Gestaltung mit Webfonts kann wesentlich zur guten Lesbarkeit, Übersichtlichkeit und vor allem Benutzerfreundlichkeit einer Internetseite beitragen.

Wählen Sie für den Fließtext der zu gestaltenden Website der Bäckerei „Backfrisch" entweder eine geeignete Systemschrift aus, die sowohl am PC als auch am Mac zur Verfügung steht, oder stellen Sie einen geeigneten Webfonts zur Verfügung. Kombinieren Sie dies mit einer thematisch passenden Schrift, z. B. ebenfalls als Webfont für den Titel, die Navigation und eventuell für weitere Bereiche außerhalb des Fließtextes.

**Die verwendeten Schriften sollten einen deutlichen Schriftkontrast aufweisen. Dies kann gelingen, wenn Sie eine Serifenschrift mit einer serifenlosen Schrift kombinieren.
Verwenden Sie daher auch niemals zwei Schriften aus einer Schriftfamilie zusammen auf einer Internetseite.**

15.7.2 Layout von Texten im Web

Texte sind am Bildschirm viel schlechter lesbar als in Druckprodukten, sodass der Leser sich stärker konzentrieren muss, um den Inhalt zu erfassen.

Lesen am Bildschirm
Die Augen bewegen sich beim Lesen ständig, um jedes Wort einer Zeile zu erfassen. Am Ende der Zeile springen sie zurück an den Zeilenanfang der nächsten Zeile. Befindet sich dieser an anderer Stelle als zuvor, z. B. bei zentriertem oder rechtsbündigem Text, ist dies am Bildschirm schwer zu erfassen. Ferner stören unterschiedliche Wortabstände, wie beim Blocksatz üblich, den Lesefluss am Bildschirm deutlich stärker als bei Druckprodukten.

Verwenden Sie linksbündigen Flattersatz statt Blocksatz, vermeiden Sie zentrierte und rechtsbündige Fließtexte!

Das Querformat des Bildschirms verleitet dazu, lange formatfüllende Textzeilen anzubieten. Dies strengt den Leser jedoch zu sehr an. Hier kann eine gute Strukturierung mit Absätzen und Zwischenüberschriften Abhilfe schaffen. Sehr lange Texte sollten zum Download angeboten werden.

Grundregeln für die Textgestaltung am Bildschirm
- sehr kurze und zu lange Zeilen vermeiden
- 35 bis 55 Zeichen je Zeile sind optimal
- maximal 10 bis 25 Zeilen je Textblock
- Textblöcke in Absätze mit Leerzeilen unterteilen
- Zwischenüberschriften zur Gliederung und Auflockerung benutzen
- Zeilenabstände von 130 % bis 150 % sind am Bildschirm gut lesbar

Zeilenlänge 80 Zeichen, Zeilenabstand 100 %   *Zeilenlänge 40 Zeichen, Zeilenabstand 100 %*

Zeilenlänge 80 Zeichen, Zeilenabstand 140 %   *Zeilenlänge 40 Zeichen, Zeilenabstand 130 %*

Je länger die Zeile, desto größer der erforderliche Zeilenabstand – mindestens 130 %!

15.7.3 Möglichkeiten zur Textgestaltung mit CSS

CSS bieten viele Möglichkeiten der Textgestaltung, angefangen von der Angabe der Schriftgröße über die Angabe der Zeilenhöhe bis hin zur Angabe von Wort- und Zeichenabständen in Textblöcken und Möglichkeiten des Texteinzugs.

> **Nutzen Sie CSS für die Schriftgröße und für Zeilen-, Zeichen- und Wortabstände!**

Absolute und relative Angabe der Schriftgröße
Für die Festlegung der Schriftgröße kann die Angabe sowohl absolut, auf das jeweilige Gerät bezogen in Pixeln, als auch relativ in den Einheiten em oder rem erfolgen.

> **Nutzen Sie CSS für die Schriftgröße und für Zeilen-, Zeichen- und Wortabstände!**

> **Einheiten für die Schriftgröße:**
> - Pixel: Schriftgröße orientiert sich an der Pixeldichte des Ausgabegerätes
>   → klein bei hoher Auflösung.
> - Prozent: Schriftgröße orientiert sich prozentual an der Basisschriftgröße.
> - em: Schriftgröße orientiert sich an der Schriftgröße des Elternelements.
> - rem: Schriftgröße orientiert sich an der Schriftgröße des Wurzelelementes html.

Die Angabe in Pixeln empfiehlt sich daher weniger, da bei einer hohen Auflösung, aufgrund der geringen Pixelgröße, eine Schrift auf kleiner Fläche schnell unlesbar werden kann.

em	rem
- bezieht sich auf die Basisschriftgröße des Elternelementes (übergeordnetes Element) - Schriftangaben in verschachtelten Styles beziehen sich stets auf das am nächsten übergeordnete Element - VORSICHT bei zu starker Verschachtelung (Kaskadierung)! - wird von allen gängigen Browsern unterstützt.	- bezieht sich auf Basisschriftgröße des HTML-Elementes - Basisschriftgröße meist 16 Pixel - Schriftangaben, auch in verschachtelten Styles, beziehen sich immer auf die Basisschriftgröße - wird nicht von allen Browsern unterstützt
Beispiel 1: /* Schriftgröße für das Dokument */ /*1em entspricht 16px */ **body {** **font-size:1 em;** **}** /* Schriftgröße header entspricht 24px */ **header {** **font-size:1.5 em** **}**	**Beispiel 1:** /* Schriftgröße für das Dokument */ /*1em entspricht 16px */ **body {** **font-size:1 rem;** **}** /* Schriftgröße header entspricht 24px */ **header {** **font-size:1.5 rem** **}**

em	rem
Beispiel 2: /* Schriftgröße für das Dokument auf 62,5%, entspricht 10px, setzen*/ **body {** **font-size:62.5%;** **}**	**Beispiel 2:** /* Schriftgröße für das Dokument auf 62,5%, entspricht 10px, setzen*/ **body {** **font-size:62.5%;** **}**
/* Schriftgröße header entspricht 24px */ **header {** **font-size: 2.4em** **}**	/* Schriftgröße header entspricht 24px */ **header {** **font-size: 2.4 rem** **}**
/* Schriftgröße Absatz p im header */ /* entspricht 0.5x24px = 12px */ **header p {** **font-size: 0.5em** **}**	/*ACHTUNG! */ /* Schriftgröße Absatz p im header */ /* entspricht 0.5x10px = 5px */ **header p {** **font-size: 0.5 rem** **}**

Berücksichtigen Sie unbedingt die Angabe der Zeilenhöhe bei der Textgestaltung der Website der Bäckerei „Backfrisch"!

15.7.4 Textgrafiken und Download von Textdateien

Textgrafiken
Textgrafiken bieten sich zum einen an, wenn in Überschriften oder zur Beschriftung von Navigationselementen Schriften verwendet werden sollen, die nicht oder nur in Verbindung mit hohen Kosten als Webfonts zur Verfügung stehen wie z. B. einige gebrochene Schriften (Frakturen) auf Geschichtsseiten. Auch bei sehr großen Schriftgrößen ist eine Textgrafik sinnvoll, damit die Schrift noch grafisch nachbearbeitet werden kann, sodass die Kanten am Bildschirm glatter und ebenmäßiger wirken.

Textgrafiken für ungewöhnliche Schriftarten und große Schriftgrößen im Titelbereich!

Textblöcke des Fließtextes sollte man jedoch niemals als Grafik abspeichern, da die Inhalte von Suchmaschinen nicht erfasst werden können.

Download von Dokumenten

Vgl. LS 11, 21.5.2

Lange Texte oder Text-Bilddokumente wie Bedienungsanleitungen, Aufsätze, Referate, Abschlussarbeiten, Studienunterlagen usw. sollten aufgrund ihrer Länge nicht vollständig auf Internetseiten veröffentlicht werden. Hier bietet sich eine Kurzbeschreibung des jeweiligen Inhaltes an, mit der Möglichkeit, das gesamte Dokument anschließend herunterzuladen. Soll das Dokument nach dem Download noch weiter bearbeitet werden, ist ein offenes Textformat wie .doc zu wählen.

Formate und Archive zum Download und Packen von Dokumenten

Dateiart	Dateiendung	Besonderheiten
Office-Datei	.doc	• Datei kann verändert werden • Seitenlayout bleibt nicht bestehen • relativ große Dateien
PDF-Datei	.pdf	• Datei kann nicht verändert werden • Seitenlayout bleibt bestehen • komprimierte Dateigröße

Soll eine Datei zum Download angeboten werden, so muss sie natürlich auf dem Server bereitliegen, auch ein entsprechender Hyperlink auf der Internetseite ist notwendig. Es ist auch möglich, zwei Versionen einer Datei anzubieten: eine für die Bildschirmdarstellung und eine für den Download zum späteren Ausdruck.

Bieten Sie die Liste mit Zusatzstoffen der Bäckerei „Backfrisch" zusätzlich als druckoptimierte Version zum Download an. Prüfen Sie ferner, welche weiteren Dokumente, wie z. B. einen Flyer mit dem gesamten Produktangebot, Sie noch zum Download anbieten können.

8.5 Farben am Bildschirm

Neben dem Layout der Webseite und dem Textlayout spielen beim Page-Design als Bereich des Screendesigns Farben eine wesentliche Rolle.

8.5.1 Farbspektrum und Farbraum

Innerhalb des Spektrums des sichtbaren Lichts kann der Mensch theoretisch 16.777.216 Farben wahrnehmen, jedoch längst nicht alle voneinander unterscheiden und behalten.

Farbanzahl	Wahrnehmungsfähigkeit
16 000 000 Farben/Farbtöne	sind theoretisch, aber nicht praktisch wahrnehmbar
192 000 Farbtöne	sind für den Menschen unterscheidbar
10 000 Farbtöne	sind am Bildschirm wahrnehmbar
200 Farbtöne	haben einen Namen
7 Farbwerte	kann das Kurzzeitgedächtnis aufnehmen

Vgl. LS 3, 8.2

Bildschirme arbeiten mit dem RGB-Farbraum und können, entweder 16,7 Millionen Farben (24 Bit) im **Farbmodus True Color** darstellen oder arbeiten noch mit einem zusätzlichen Alphakanal von 8 Bit für die Transparenz.

8.5.2 Farbkontraste am Bildschirm

Für den Farbeinsatz am Bildschirm ist eine kontrastreiche Darstellung erforderlich, die eine klare Abgrenzung zwischen Vorder- und Hintergrund (Figur-Grund-Gesetz) ermöglicht. Dazu bieten sich z. B. Farbkontraste wie der Hell-Dunkel-Kontrast und der Simultankontrast als Bunt-Unbunt-Kontrast an.

Vgl. LS 3, 9.3.2

Welch ein Kontrast	Welch ein Kontrast	Welch ein Kontrast	Welch ein Kontrast
Welch ein Kontrast	Welch ein Kontrast	Welch ein Kontrast	Welch ein Kontrast
Welch ein Kontrast	Welch ein Kontrast	Welch ein Kontrast	Welch ein Kontrast

Farbkontraste am Bildschirm: Geeignete und ungeeignete Farbkombinationen

Die Farbkombinationen der oberen und mittleren Reihe sind im Wesentlichen für die Bildschirmdarstellung geeignet. Lediglich der weiße Hintergrund bietet einen zu starken Leuchteffekt. Pastelltöne und Unbunttöne eignen sich besonders gut als Hintergrundfarbe. Die Farbkombinationen in der unteren Reihe sind für die Bildschirmdarstellung ungeeignet, da sie entweder nicht kontrastreich genug sind oder zu Flimmereffekten im Auge, z. B. bei Rot-Blau und Rot-Grün, führen.

Vermeiden Sie:

- **Farbverläufe im Hintergrund,**
- **farbige Strukturen und Muster im Hintergrund,**
- **Kombination von Farben ähnlicher Helligkeit, z. B. Magenta und Grün,**
- **die Farbkombinationen Rot-Blau, Blau-Grün, Rot-Cyan, Magenta-Grün,**
- **weiße Hintergründe,**
- **dunkle Hintergründe mit viel Fließtext.**

Vgl. LS 3, 8.4.3

Farbkontraste wie der Farbe-an-sich-Kontrast und der Komplementärkontrast führen zu einer farbenfrohen bzw. leuchtenden Darstellung und sind nur an den Stellen der Webseite geeignet, wo die Lesbarkeit nicht im Vordergrund steht.

Nun geht es um die richtige Farbwahl für die Bäckerei „Backfrisch": Welche Farben passen besonders gut zur Bio-Bäckerei? Stellen Sie insgesamt drei Farbkombinationen zusammen, die Ihnen passend erscheinen, und testen Sie diese im Layout.

Beachten Sie dabei auch die Gewichtung der einzelnen Farben.

Webseite der Getränkemarke now: www.drinknow.de/drink-now/sunny-orange.html

8.5.3 Farbdarstellung im Internet

Webfarben

Farben, die auf Internetseiten Verwendung finden, werden innerhalb des HTML- bzw. CSS-Quellcodes mit **hexadezimalen Farbwerten** (Ziffern 0 bis 9 und Buchstaben A bis F), oder alternativ in CSS auch im RGB-Code, angegeben. Die Angabe der Farbwerte im Hexadezimalcode erfolgt sechsstellig.

Jede Farbangabe setzt sich aus den Farbwerten der drei Grundfarben Rot, Grün und Blau zusammen. So ergibt sich ein sechsstelliger Hexedezimal-Code, dem zusätzlich ein #-Zeichen vorangestellt wird. Z. B. #0000FF für die Farbe Grün.

Eine Kombination der folgenden Farbwerte bezeichnet dabei die websicheren Farben. Dies sind Farben, die in allen Browsern und mit allen Betriebssystemen identisch dargestellt werden.

Hexadezimal code	00	33	66	99	CC	FF
Dezimal (RGB-Code)	0	51	102	153	204	255

Farbangabe #330000 (Dunkelrot)--> Farbe websicher, Farbangabe #366399 (Taubenblau) --> Farbe nicht websicher

Der Bereich der Webfarben umfasst 216 Farben, je sechs Rot-, Grün- und Blautöne: 6 x 6 x 6 = 216 Webfarben.

Farbdarstellung mit CSS3

CSS bietet allgemein die Möglichkeit, Farben sowohl als Hexadezimalcode als auch mithilfe des RGB-Codes zu definieren. In CSS3 ist es zusätzlich möglich, Farben im HSL bzw. HSV-Farbraum, also mittels Farbton, Sättigung und Helligkeit, anzugeben.

Darüber hinaus kann die Angabe auch in RGBA oder HSLA erfolgen. Das „A" bezeichnet in diesem Fall den Alphakanal, der die Opazität angibt. Daneben kann die Opazität separat angegeben werden. Doch Vorsicht: HSL- und HSV-Angaben sowie Alphaeffekte funktionieren in vielen älteren Browsern nicht.

5.1 Lernsituation Webauftritt – Planung, Konzeption, Umsetzung

 Farbangaben in CSS3: Mittels RGB-Code sowie als HSL-, HSV- Notation möglich. Durch Hinzufügen einer vierten Stelle im Farbcode (RGBA oder HSLA) oder separat als Opazität kann ein Alphakanal angegeben werden.

 Farbangaben in CSS und CSS3

Hexadezimal (CSS)	RGB (CSS)	RGBA (CSS3)	HSL (CSS3)	HSLA (CSS3)
1. Stelle: Rotanteil 2. Stelle: Grünanteil 3. Stelle: Blauanteil (jeweils von 00 bis FF)	1. Wert: Rotanteil 2. Wert: Grünanteil 3. Wert: Blauanteil (jeweils von 0 bis 255)	4. Stelle: 0.0 bis 1.0 → Opazität = Trübung, Grad der Undurchlässigkeit → Niedrig: transparent → Hoch: undurchlässig	1. Wert: Farbe im Farbkreis (0 bis 360) 2. Wert: Sättigung (0% = farblos bis 100% = Vollton) 3. Wert: Helligkeit (0% = schwarz bis 100% = weiß)	4. Stelle: 0.0 bis 1.0 → Opazität = Trübung, Grad der Undurchlässigkeit → Niedrig: transparent → Hoch: undurchlässig
background: #0FF; (verkürzte Schreibweise von #00FFFF)	background: rgb (0,255,255);	background: rgba (0, 255, 255, 0.5)	background: hsl (50, 10%, 80%);	background: hsla(50, 10%, 80%, 0.3)
color: #009;	color: rgb(0, 0, 153)	color: rgba(0, 0, 153, 1.0)	color: hsl(300, 100%, 50%)	color: hsla(300, 100%, 50%, 1.0)
Text	Text	Text	Text	Text

Separate Angabe der Opazität

Die Opazität, z.B. für ein Hintergrundbild, kann auch separat zum Farbcode mit einem eigenen Code angegeben werden.

Im Folgenden werden beide Möglichkeiten, Transparenz bei Bildern zu erzeugen, einander gegenübergestellt.

Opazität separat

1. CSS-Code
   ```
   div{
   background: #9CF;
   opacity: 0.5;
   width: 400px;
   height: 200px;
   color: #006;
   font-family: calibri;
   font-weight: bold;
   font-size: 20pt;
   text-align: center;
   vertical-align: middle
   }
   ```

2. Bildschirmdarstellung

→ Schrift wird ebenfalls transparent

Opazität in der Farbangabe

1. Bildschirmdarstellung

```
div {
background: rgba (153,
204, 255, 0.5);
width: 400px;
height: 200px;
color: #006;
font-family: calibri;
font-weight: bold;
font-size: 20pt;
text-align: center;
vertical-align: middle;
}
```

2. Bildschirmdarstellung

Durchsichtigkeit

→ Schrift wird nicht transparent

HSL-Farbangaben werden in der Regel von folgenden Browsern unterstützt: Internet Explorer 9+, Google Chrome, Apple Safari, Firefox und Opera 10+.

Ziel ist eine Ausweitung der Farbgestaltung auf Internetseiten, z. B. durch übereinanderliegende transparente Bereiche und eine intuitive Farbgestaltung.

Verwenden Sie für die Hintergrundgestaltung von der Bäckerei „Backfrisch" möglichst nur websichere Farben und entscheiden Sie sich im Vorfeld, ob Sie CSS3 zur Farbgestaltung nutzen möchten. Wägen Sie alle Vor- und Nachteile für den Nutzer ab.

Indizierte Farben

Indizierte Farben findet man z. B. beim Dateiformat GIF. Das GIF verwendet zur Speicherung der Farbigkeit eines Pixels einen Index. Dieser Index ist mit einer mitgespeicherten Farbpalette verbunden (also vergleichbar mit „Malen nach Zahlen"). Verschiedene Paletten haben jedoch unterschiedliche Farben für den gleichen Index.

Die Codierung der Farben erfolgt hexadezimal. Die sechsstellige Farbangabe (z. B. FF 00 FF für Magenta) codiert mit dem ersten Paar den Rotwert, mit den folgenden Paaren den Grün- und Blauwert. Ausgehend von der additiven Farbmischung steht 0 für keine Lichtenergie und F für volle Lichtenergie. Dabei kann leicht zwischen RGB und hexadezimal umgerechnet werden.

Ein Farbwert hat die Werte R200, G128 und B80. Dieser dezimale Wert lautet in hexadezimaler Schreibweise: C88050.

RGB nach hexadezimal:
200 : 16 = 12,5 (12 = 1. Wert, entspricht C); 200 − (12 x 16) = 8 (2. Wert) = C8
128 : 16 = 8; 128 − (8 x 16) = 0 = 80
80 : 16 = 5; 80 − (5 x 16) = 0 = 50

Hexadezimal nach RGB:
1. Wert des Paares x 16 plus den 2. Wert:
C x 16 = 200; 192 + 8 = 200
8 x 16 = 128; 128 + 0 = 128
5 x 16 = 80; 80 + 0 = 80

Je nach Farbpalette (auszuwählen in Photoshop bei „Für Web speichern") erhält das Bild ein entsprechendes Aussehen.

HTML und CSS
Die **Seitenbeschreibungssprache HTML**, Hypertext Markup Language, bildet die Grundlage jeder Webseite. Die Befehle der Seitenbeschreibungssprache werden als **Tags** bezeichnet und stehen zwischen spitzen Klammern. Alle Befehle einer Webseite bilden zusammen den **Quelltext** oder **Quellcode** der Seite. HTML legt die Grundstruktur der Seite und deren Inhalte fest. **Cascading Stylesheets (CSS)** dienen der Formatierung und Platzierung der Seiteninhalte.

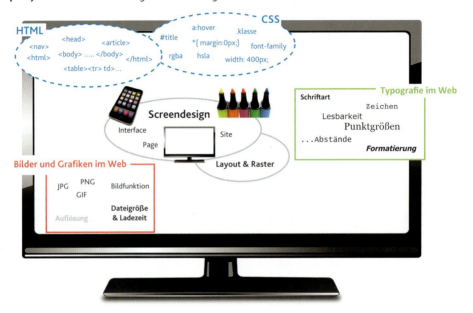

CSS können in einer externen Datei oder direkt in der jeweiligen Webseite definiert werden und sorgen für ein einheitliches Erscheinungsbild in unterschiedlichen Browsern. Mit HTML5 und CSS3 gibt es erweiterte Möglichkeiten der Seiten- und Farbgestaltung, die jedoch noch nicht durchgängig von allen Browsern unterstützt werden.

Screendesign
Im Vergleich mit Druckprodukten bieten Webseiten erweiterte Möglichkeiten der Präsentation, stellen damit jedoch auch erhöhte Anforderungen an das Layout und die Struktur: Webseiten müssen übersichtlich, funktionell und leicht zu bedienen sein (**Interface-Design**). Darüber hinaus sind eine passende Farb- und Schriftwahl und ein gezieltes Layout jeder Einzelseite (**Page-Design**) von großem Nutzen. Schließlich spielt auch die Navigationsstruktur eine wichtige Rolle (**Site-Design**). Diese drei Bereiche sind eng miteinander verzahnt.

Analog zum Druckbereich sollte auch die Webseite auf einem **Raster** aufbauen.

Typografie im Web
Bezogen auf die Typografie eignen sich **Systemschriften** am besten für den Fließtext, da sie auf allen Systemen vorhanden sind. Gut lesbar sind davon jedoch nur **serifenlose Schriften und spezielle Bildschirmschriften**.

1. HTML & CSS
a) Der Quellcode einer Internetseite muss bestimmte Elemente enthalten, damit die Seite im Browser angezeigt werden kann. Des Weiteren ist die Verwendung weiterer Grundelemente wichtig, um einen für möglichst viele Browser gültigen Code zu erhalten.
Überprüfen Sie das folgende Grundgerüst einer Internetseite auf Vollständigkeit. Erklären Sie kurz das Ergebnis Ihrer Überprüfung und ergänzen Sie ggf. fehlende Elemente.

Grundgerüst	Erläuterungen und Ergänzungen
<html>	
<head> </head>	
<body> <p> Dies ist der Text meiner Internetseite </p> </body>	
</html>	

b) Sie arbeiten im Team an einer Internetseite. Manchmal geschieht dies gemeinsam und teilweise arbeiten die einzelnen Teammitglieder alleine weiter.
Wie kann gewährleistet werden, dass jedes Teammitglied immer im Bilde ist, wenn es in den Quellcode blickt, um daran weiterzuarbeiten? Machen Sie mindestens zwei geeignete Vorschläge und erklären Sie diese kurz.

c) Eine Internetseite soll nach den neuesten Vorgaben von W3C in der DTD-Variante **strict** erstellt werden.
Erläutern Sie, welche Anforderungen an das HTML-Dokument gestellt werden.

d) Was ist ein Hyperlink und welche Funktionen kann er innerhalb eines HTML-Dokumentes einnehmen?

e) Was verbirgt sich hinter der Abkürzung CSS und welche Bedeutung hat CSS bei der Erstellung von Internetseiten?

f) CSS arbeitet mit Selektoren:
   I. Erklären Sie, was ein CSS-Selektor ist und welche Vorteile er mit sich bringt!
   II. Erklären Sie die folgenden CSS-Selektoren anhand je eines Beispiels (12 P)!

Selektor	Erklärung	Beispiel
Typselektor		
Klassenselektor		
Universalselektor		

2. Typografie im Web

Texte sind am Bildschirm schlechter lesbar als bei Druckprodukten. Darüber hinaus stehen dem Webdesigner nicht automatisch alle Schriftarten für die Bildschirmdarstellung zur Verfügung.

a) Eine größere Textmenge soll für das Internet so aufbereitet werden, dass sie gut am Bildschirm lesbar ist. Geben Sie an, welche Schriftarten sich zur Bildschirmdarstellung besonders eignen und welche Schriftgrößen günstig sind.

b) Was muss, neben Schriftart und -größe, im Layout von Texten für Webseiten beachtet werden? Nennen Sie mindestens vier Kriterien.

c) Teilen Sie die folgenden Schriftarten unter dem Aspekt „Eignung für den Fließtext zur Bildschirmdarstellung" in drei Gruppen und Begründen Sie Ihre Zuordnung!
Arial, Georgia, Tahoma, Times New Roman, Calibri, Century Schoolbook, **Verdana**, Myriad pro, *FreestyleScript*, Minion pro

geeignet	bedingt geeignet	ungeeignet

Begründungen: | Begründungen: | Begründungen:

d) Die Firma „Schöne Schreibwaren", gegründet im Jahr 1970, hat die Hausschrift „Castellar MT"

SCHÖNE SCHREIBWAREN

und möchte diese auch auf der Internetseite und auf der firmeninternen Multimedia-CD verwenden.
Wie kann sichergestellt werden, dass die Schrift in allen Browsern und auch auf der Multimedia-CD angezeigt wird?
Nennen Sie mindestens zwei Lösungsmöglichkeiten!

3. Screendesign

Eine Website wird durch ihren Aufbau, ihre Struktur und das Layout der Einzelseiten bestimmt. Eine gezielte Verknüpfung dieser Bereiche ist die Voraussetzung für einen gelungenen Webauftritt.

a) Nennen Sie drei verschiedene Navigationsstrukturen, die bei Websites Anwendung finden, mithilfe je einer Skizze und erläutern Sie diese, inkl. möglicher Anwendungsbeispiele, kurz.

b) Benennen Sie alle Grundelemente des Screendesigns und überprüfen Sie, ob untenstehende Website alle Elemente enthält. Beschriften Sie dazu den Screenshot und benennen Sie ggf. fehlende Elemente.

c) Sowohl im Druck- als auch im digitalen Bereich finden Gestaltungsraster Anwendung. Erläutern Sie in jeweils einem Satz, was man unter einem Gestaltungsraster versteht und wozu es im Wesentlichen dient.

d) Zum Layout von Internetseiten können feste Rastersysteme genutzt werden. Nennen Sie jeweils zwei Vor- und Nachteile von festen Rastersystemen und untermauern Sie diese anhand von Beispielen.

4. Farben im Web

Eine passende Farbdarstellung trägt wesentlich zum Erscheinungsbild eines Webauftritts bei.

a) Die Farbangabe im Quellcode einer Internetseite erfolgt häufig mithilfe von Hexadezimalcodes.
  I. Ordnen Sie den folgenden RGB-Farbwerten die passenden Hexadezimalwerte zu:

255 0 255	0 0 255	255 0 0

II. Erklären Sie den Unterschied zwischen den folgenden Farbangaben:
#CFC und #CCFFCC

III. Nennen Sie mindestens drei Möglichkeiten, wie die Farbangabe auf der Internetseite erfolgen kann. Informieren Sie sich in diesem Zusammenhang auch über die Möglichkeit der Farbangabe ohne Farbcodes.

b) CSS3 bietet erweiterte Möglichkeiten der Farbgestaltung. Erklären Sie die folgenden Farbangaben und nennen Sie Vorteile und mögliche Probleme, die bei der Anwendung auftreten können.
   I. background-color: hsla(0, 100%, 50%, 0.5);
   II. rgba(255, 0, 0, 0.5);

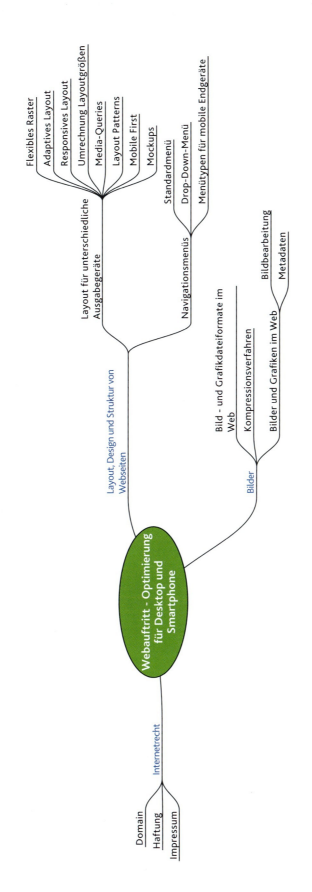

5.2 Webauftritt – Optimierung für Desktop und Smartphone

Das italienische Restaurant „Viva Italia" in Langenberg ist seit 15 Jahren in der Jugendstilvilla „Villa Amber" beheimatet. Der Schwerpunkt liegt auf der gehobenen italienischen Küche. Pizza sucht man auf der Speisekarte daher vergebens. Das sehr gediegene Ambiente war bisher auf eine ältere Zielgruppe zwischen 45 und 75 Jahren zugeschnitten. 2016 wurde das Restaurant komplett umgestaltet und in die Hände der Tochter Carlotta Scoretti übergeben. Auch die Speisekarte wurde verändert und stärker auf eine jüngere Zielgruppe, die die gehobene italienische Küche zu schätzen weiß, ausgerichtet.

Frau Scoretti möchte diese Zielgruppe auch über das Internet ansprechen und plant daher einen Webauftritt des Restaurants mit Bildern der Räumlichkeiten und von ausgewählten Speisen, aktuellen Hinweisen sowie den Speise- und Getränkekarten.

Da die jüngere Zielgruppe verstärkt mobile Endgeräte, wie Smartphones und Tablets, nutzt, soll der Webauftritt sowohl für den Desktop-Computer als auch für die Smartphone-Darstellung optimiert werden. Diesen Auftrag soll Ihre Agentur ausführen.

Frau Scoretti würde gerne die Domain www.viva-italia.de nutzen. Darüber hinaus möchte sie sichergehen, dass alle notwendigen Angaben im Impressum und in den Hinweisen zum Datenschutz vorhanden sind.

Das erwartet Sie in dieser Lernsituation:

- flexibles Raster
- Layoutentwicklung für unterschiedliche Ausgabegeräte
- adaptives und responsives Layout
- Layout-Patterns
- Mobile First
- Navigationsmenüs für Desktop und Mobile
- Bildformate und Bildbearbeitung für das WWW
- Hinweise zum Impressum und Datenschutz

16.4.4 Layout für unterschiedliche Ausgabegeräte

Soll ein Webauftritt für unterschiedliche Ausgabegeräte, wie z. B. den Desktopcomputer und mobile Endgeräte, wie das Smartphone, optimiert werden, so ist dies bereits bei der Entwicklung des Screen-Layouts zu berücksichtigen. Die Darstellung der Inhalte muss dabei den jeweiligen Geräteeigenschaften entsprechen. D. h., die Benutzerfreundlichkeit und die Bedienbarkeit sollten stets im Vordergrund stehen.

Im Folgenden werden zunächst unterschiedliche Möglichkeiten der Layoutplanung sowie deren Besonderheiten und Einschränkungen vorgestellt.

16.4.3.4 Flexibles Raster

Ist eine Internetseite in fester Größe angelegt, so kann dies dazu führen, dass sie entweder zu groß für den Bildschirm anderer Ausgabegeräte, wie z. B. Tablet oder Smartphone, ist, sodass umfangreiches Scrollen erforderlich wird, um alle Inhalte zu sehen, oder sie erscheint auf einem großen Bildschirm so klein, dass der Hintergrund mehr Platz einnimmt als der eigentliche Seiteninhalt. Lösungen bieten hier flexible Rastersysteme.

Ein Raster ist immer dann flexibel, wenn es sich an veränderte Anforderungen anpasst. Die Anpassung kann einerseits durch eine unterschiedliche Aufteilung verschiedener Seiten des gleichen Ausgabeformats erfolgen. Andererseits kann die Anpassung der Seitenaufteilung durch verschiedene Ausgabeformate (Bildschirm, Tablet, Smartphone) und Ausrichtungen (Hoch-/Querformat) der Seiten notwendig werden.

Bei Internetseiten ist in der Regel dann ein flexibles Raster notwendig, wenn Inhalte auf unterschiedlichen Ausgabegeräten angezeigt werden sollen und sowohl die Ausrichtung als auch der zur Verfügung stehende Platz variieren.

16.4.4.1 Adaptives Layout

Beim adaptiven Layout wird für unterschiedliche Ausgabegeräte jeweils ein separates Layout erstellt. Es existieren anschließend mehrere Versionen des Webauftritts mit unterschiedlicher Rastereinteilung, aber **fester** Größe. Der zur Verfügung stehende Platz wird dabei nicht immer vollständig genutzt.

Adaptives (engl. anpassungsfähig) Layout:
Erstellung mehrerer separater Seitenlayouts fester Größe (Pixel) mit flexibler Rastereinteilung

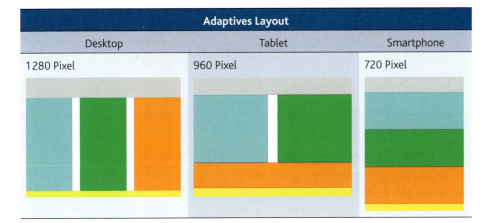

Adaptives Layout für drei Ausgabegeräte
Das Seitenlayout springt immer dann um, wenn der Platzbedarf für das nächstgrößere Layout nicht mehr ausreicht.

16.4.4.2 Responsives Layout

Beim responsiven Layout wird für unterschiedliche Ausgabegeräte ebenfalls jeweils ein separates Layout erstellt. Es existieren anschließend mehrere Versionen des Webauftritts mit unterschiedlicher Rastereinteilung, aber **variabler** Größe. Alle Seiteninhalte passen sich dabei prozentual dem zur Verfügung stehenden Platz an, sodass dieser optimal genutzt werden kann.

Responsive (engl. reagierend) Layout:
Erstellung mehrerer, separater Seitenlayouts variabler Größe (Prozent %) mit optimaler Platzausnutzung

Responsives Layout für drei Ausgabegeräte
Das Seitenlayout passt sich der Bildschirmgröße flexibel an.

16.4.4.3 Umrechnung fester in flexible Layoutgrößen

Um ein Seitenlayout von festen Pixelwerten, z. B. des adaptiven Layouts, in ein flexibles responsives Layout mit prozentualen Größenangaben zu überführen, muss eine Umrechnung von Pixeln in Prozente erfolgen.

Umrechnung Pixelwerte in Prozentwerte

Layout mit Pixelwerten
Container: (1200 x 900) Pixel

HEADER (1200 x 120) Pixel				
ARTCLE 360 x 720	60	ARTICLE 360 x 720	60	ASIDE 360 x 720
FOOTER (1200 X 60) Pixel				

Umrechnung in Layout mit Prozenten
Die Seite ist von einem Container, auch Wrapper genannt, umgeben. Dessen Breite und Höhe entsprechen jeweils 100 %.

Breite: 1 200 Pixel entsprechen 100 %, Höhe: 900 Pixel entsprechen 100 %

HEADER	Breite: 1200/1200 • 100 % = 100 % Höhe: 120/900 • 100 % = 13,333333333 %
ARTICLE	Breite: 360/1 200 • 100 % = 30 % Höhe: 720/900 • 100 % = 80 % Außenabstand rechts: 60/1 200 • 100 % = 5 %
ASIDE	Breite: 360/1 200 • 100 = 30 % Höhe: 720/900 • 100 = 80 %
FOOTER	Breite: 1200/1200 • 100 % = 100 % Höhe: 60/900 • 100 % = 6.666666667 %

Aus Gründen der Genauigkeit müssen möglichst alle (viele) Nachkommastellen aufgeführt werden.

Des Weiteren müssen auch Seitenelemente fester Größe, wie z. B. Bilder und Grafiken, in Prozentwerte umgerechnet werden.

Umrechnung Bildgrößen

Ein Bild in obigem Layout mit einer Seitenbreite von 1 200 Pixeln hat die Abmessungen (400 x 400) Pixel.

CSS-Code mit Pixeln:	CSS-Code mit Prozentwerten:

img{
 width:400 px;
 height:400 px;
 }
	img{
	 width: 33.333333333 %;
	 height: auto;
	 }

Die Angabe „auto" bei der Höhe ist erforderlich, um Verzerrungen des Bildes zu vermeiden.

> **Layoutelemente und Seiteninhalte anpassen:**
> Die Größen aller Layout-Elemente und festen Seiteninhalte, wie z. B. Bilder, müssen in **Prozentwerte umgerechnet werden.**

> Überlegen Sie, ob sie bei „Viva Italia" auf festgelegte Layouts mit festen Größenangaben setzen möchten, die bei Bedarf umspringen, oder ob eine flexible Anpassung der Seiteninhalte mit sich flexibel ändernden Proportionen gewünscht ist.

16.4.4.4 Media-Queries

Nächster Schritt ist es, die Anpassung der Seiteninhalte an das jeweilige Ausgabegerät zu ermöglichen. D. h., die verschiedenen adaptiven oder responsiven Seitenlayouts an der vorgegebenen Stelle, dem **Breakpoint**, umzuschalten, wenn der Platz für das größere Layout nicht mehr ausreicht.

> **Breakpoint (engl. Bruchstelle):** Unterbrechungs- bzw. Umschaltstelle, an der eine Layoutgröße in eine andere Layoutgröße mit festen oder flexiblen Abmessungen umgeschaltet wird

Die Umschaltung ist mithilfe sog. **Media-Queries** im CSS-Code möglich.
Diese CSS-Regeln setzen die erforderlichen Breakpoints und ermöglichen dem Anwender einerseits die Angabe, für welches Ausgabegerät die jeweiligen CSS-Angaben gelten sollen. Andererseits enthalten sie auch Angaben dazu, bei welcher Bildschirmgröße ein Layout in ein anderes umgeschaltet wird.

Eigenschaft	Erläuterung	Anwendung Media Queries
width	Breite innerhalb des Browserfensters	@media (width:480px) { ... }
min-width	Breite innerhalb des Browserfensters, die minimal vorhanden sein muss	@media (min-width:300px) { ... }
max-width	Breite innerhalb des Browserfensters, die maximal vorhanden sein darf	@media (max-width:480px) { ... }
device-width	Breite des Mediums (z. B. Smartphone-Bildschirm, Monitorgröße etc.)	@media (device-width:480px) { ... }
orientation	beschreibt, wie das Gerät gehalten wird: Querformat (landscape) oder Hochformat (portrait)	@media (orientation:landscape) { ... }

Auflistung wichtiger Eigenschaften zur Abfrage mit Media Queries

Anwendungsbeispiele für Media Queries

https://www.mediaevent.de/css/mediaqueries.html

Ziel	Umsetzung in CSS

CSS-Regeln (hier body, header und footer) sollen für die Bildschirmanzeige (screen) nur dann angewendet werden, wenn der Ausgabebildschirm eine Maximalbreite von 700 Pixeln hat.	@media only screen and (max-width:700px) {
	body { background-color:#CCC; }
	header { width:100 %; }
	footer { width:100 %; }
	}

CSS-Regeln (hier footer und nav) sollen nur für die Bildschirmanzeige und dann nur angewendet werden, wenn die Mindestbreite des Screens 1200 Pixel beträgt.	@media only screen and (min-width:1200px) {
	footer {
	width:100 %;
	}
	nav {
	width:20 %;
	background-color:#CCC;
	}
	}

Ziel	Umsetzung in CSS

CSS-Regeln (hier body) sollen nur für die Bildschirmanzeige und nur dann angewendet werden, wenn das Gerät im Hochformat gehalten wird.	`@media only screen and (orientation: portrait) {`
	`  body {`
	`    background-color:#CCF;`
	`  }`
	`}`

Grundsätzlich stellt sich jedoch bei allen Anpassungsmöglichkeiten die folgende Frage:
„Soll die Website für die Computer- und Smartphone-Darstellung auf denselben Basisinhalten beruhen oder soll eine separate Mobilversion mit deutlich reduzierten Inhalten angeboten werden?"

Die Beantwortung dieser Frage hängt von mehreren Faktoren ab:

- Vollständigkeit
- Übersichtlichkeit
- Seitenaufteilung
- optimale Platzausnutzung
- Bedienbarkeit
- kurze Ladezeit

Graceful Degration

Mithilfe der Media-Queries erfolgt in der Regel nicht nur eine Umschaltung in eine andere Layoutgröße, sondern meist ist auch eine Veränderung des Screenlayouts. Im Sinne der Übersichtlichkeit und Bedienbarkeit geht damit häufig auch eine Reduktion der Seiteninhalte (*Graceful Degradation*), bedingt durch den geringeren Platz bei Tablet oder Smartphone, einher.

Graceful Degradation (engl. ansprechender Abbau, zierliche Verringerung):
Schrittweise Reduktion des Aufbaus und der Inhalte einer Website durch moderate Anpassung an eine kleinere Bildschirmgröße

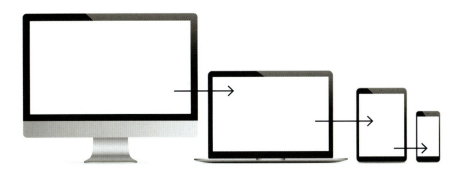

Dabei ist zu überlegen, ob sich das Layout grundsätzlich ändern soll, um alle Seitenelemente optimal auf der neuen Fläche zu platzieren oder ob, im Sinne des Corporate Designs, nur wenige Änderungen im Seitenaufbau vorgenommen werden sollen und damit ggf. die Benutzerfreundlichkeit beeinträchtigt wird.
Im Folgenden werden daher einige Möglichkeiten der Umstrukturierung von Seiteninhalten für unterschiedliche Ausgabegeräte vorgestellt.

16.4.4.5 Layout-Patterns

Die Umstrukturierung der Seiteninhalte erfordert häufig ein neues Screenlayout für die neue Bildschirmgröße. Für die Entwicklung unterschiedlicher Screenlayouts wurden bereits einige Mustervorlagen, sog. Layout-Patterns, entwickelt, die eine Hilfestellung bieten können.

Layout-Pattern: Mustervorlage für die Darstellung und Strukturierung von Inhalten auf unterschiedlichen Ausgabegeräten

Es gibt zahlreiche Layout-Patterns, von denen die gängigsten im Folgenden vorgestellt werden.

Gängige Layout Patterns:
1. Tiny Tweaks
2. Mostly Fluid
3. Column Drop
4. Off-Canvas-Layout

Tiny Tweaks

- einspaltiges Layout für alle Ausgabegeräte
- Layout passt sich in der Breite an die Breite des Ausgabegerätes an

- **Vorteile:**
  - sehr einfach zu erstellen
  - Seitenlayout bleibt (fast) gleich
- **Nachteile:**
  - Seite kaum gegliedert
  - für umfangreiche Inhalte nicht geeignet

Modeblog „Modewunsch"
Desktop-Version | Tablet-Version | Smartphone-Version

Mostly Fluid

- mehrspaltiges Layout für (fast) alle Ausgabegeräte
- Layout passt sich in der Breite an die Breite des Ausgabegerätes an

- **Vorteile:**
  - Seitenaufbau (fast) immer gleich
  - Umschaltung nur für schmale Smartphones
- **Nachteil:**
  - viel Weißraum (freie Hintergrundfläche) rechts und links bei breiten Bildschirmen

Column Drop

- variables Layout mit einer oder mehreren Spalten
- Layout passt sich in der Breite an die Breite des Ausgabegerätes an
- Spalten werden nach unten umgeklappt Hier: dreispaltig ➔ zweispaltig ➔ einspaltig)
- Spaltenbreite der Layoutelemente bleibt lange erhalten

- **Vorteil:**
  - Bildschirm wird immer voll ausgenutzt
- **Nachteil:**
  - ständige wechselnde Bildschirmaufteilung

5.2 | Lernsituation Webauftritt – Optimierung für Desktop und Smartphone

„Klavierfestival Ruhr"
Desktop-Version | Tablet-Version | Smartphone-Version

Off-Canvas-Layout

- gleiches, mehrspaltiges Layout für alle Ausgabegeräte
- wichtige Hauptinhalte immer sichtbar
- Weitere Inhalte werden parallel geladen und außerhalb des sichtbaren Bereichs (Off-Canvas) oben/seitlich/unten abgelegt.
- Off-Canvas-Elemente werden auf Anforderung des Benutzers (Klick usw.) geladen.
- wird häufig bei APPs (Applications) genutzt

- Vorteile:
    - Der Bildschirm wird immer voll ausgenutzt.
    - Es muss nur ein Layout erstellt werden.
    - benutzerfreundlich, da kaum Scrollen erforderlich
    - Wichtige Inhalte sind immer sichtbar.
- Nachteil:
    - nur für geübte Benutzer geeignet → ausgelagerte Elemente (Off-Canvas) müssen aktiviert bzw. sichtbar gemacht werden

Off-Canvas-Technik: Zusätzliche Inhalte, z. B. Sidebars oder weitere Navigationsmenüs, werden rechts und/oder links vom Hauptinhalt im unsichtbaren Bereich platziert und nur bei Bedarf durch Klick geladen.

Überlegen Sie, welche der vorgestellten Layout-Patterns für die Website von „Viva Italia" besonders geeignet sind. Beziehen Sie in Ihre Überlegungen mit ein, ob Sie eher Wert auf ein (fast) durchgängig gleiches Layout legen, oder ob Ihnen die Ausnutzung der gesamten Bildschirmfläche sinnvoller erscheint.

16.4.4.6 Mobile First

Viele Webseiten, wie z. B. die Fahrplanauskunft der Deutschen Bahn, werden vermehrt oder gar hauptsächlich mit mobilen Endgeräten, wie Smartphones oder Tablets aufgerufen. Der Entwurf einer Webseite erfolgt jedoch häufig zunächst als Desktop- und anschließend als (abgespeckte) mobile Version.

http://www.lukew.com/resources/mobile_first.asp

Der bekannte Webdesigner Luke Wroblewski verfolgt jedoch seit vielen Jahren einen anderen Ansatz: **Mobile First**. Er plädiert dafür, eine Website zunächst für mobile Endgeräte zu optimieren und davon ausgehend die Desktopversion zu erstellen. Dies hätte den Vorteil, dass die Inhalte im Fokus stünden, die für alle Nutzer, egal welche Endgeräte sie zur Verfügung hätten, wichtig seien.

Mobile First: Das Layout einer Website wird zunächst für mobile Endgeräte entwickelt und davon ausgehend für weitere Endgeräte, wie den Desktop-Computer, erweitert.

Im Sinne der optimalen Platzausnutzung und kurzer Ladezeiten ist dies ein wichtiger Ansatz. Mobile First arbeitet nach dem Prinzip *„Progressive Enhancement"*, also von klein nach groß.

Progressive Enhancement (engl. fortlaufende Erweiterung): Sukzessive Erweiterung der Inhalte einer Website durch Hinzufügen von Text-, Bild- und Navigationselementen für die jeweils nächstgrößere Bildschirmgröße

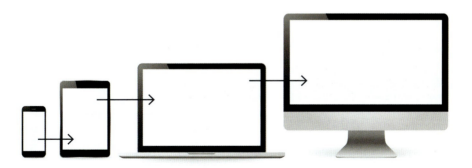

Als angenehmer Nebeneffekt kann dieser Ansatz sicherlich dazu beitragen, überflüssige Inhalte, die die Aufmerksamkeit des Benutzers vom Wesentlichen ablenken, erst garnicht in die Desktopversion zu integrieren. Auch hier gilt, wie so oft im Design: *„Weniger ist mehr!"*

Vorteile	Nachteile
• Fokussierung auf das Wesentliche • kurze Ladezeiten, da weniger Daten • übersichtlich • benutzerfreundlich	• stark reduzierte Desktopversion kann langweilig wirken • höherer Entwicklungsaufwand

„Mobile First"

Die Desktop-Version von „BIO ZU DIR" ist ebenso schlicht aufgebaut, wie die mobile Version. Lediglich das Navigationsmenü ist direkt sichtbar, da mehr Platz zur Verfügung steht.

16.4.4.7 Mockups

Steht die Idee zum Seitenaufbau, so empfiehlt es sich, erste Entwürfe der Website, sog. Mockups, als Mustervorlagen für das weitere Vorgehen anzufertigen. Entweder ausgehend von der Desktop-Version oder gemäß dem Mobile-First-Ansatz.

Mockup (engl. Modell, Atrappe): Skizze als Mustervorlage für den Websiteentwurf

Mockups

Legen Sie für „Viva Italia" zunächst grundsätzlich fest, ob Sie mit dem Entwurf der mobilen Version starten möchten (Mobile First), oder ob die Desktopversion als Grundlage dienen soll. Fertigen Sie im Vorfeld auf jeden Fall Entwürfe der Website als Modell (Mockup) für die unterschiedlichen Layouts an.

Neben dem Aufbau einer Webseite haben die Navigationselemente eine besondere Bedeutung. Wie viele Elemente sollen wo und wie platziert werden?
Der folgende Abschnitt gibt einen Überblick über Navigationsmenüs und deren Aufbau, sowie einen kleinen Einblick in mögliche Quellcodes.

16.4.5 Navigationsmenüs

Navigationselemente auf Internetseiten stehen nur selten alleine, sondern sind vielmehr häufig zu Navigationsmenüs/-leisten zusammengefasst. Bei der Anlage einzelner Links, die lediglich nebeneinander platziert sind, ist es schwierig, einen logischen Zusammenhang zwischen den einzelnen Links eines Menüs/einer Navigationsleiste herzustellen.

16.4.5.1 Standard-Navigationsmenü mit Listenelementen

In einem ersten Schritt ist es daher sinnvoll, zusammengehörende Navigationselemente sowohl optisch als auch logisch zu einem Navigationsmenü zusammenzufassen. Aus diesem Grund finden HTML-Listen als Grundlage für Standard-Navigationsmenüs Anwendung.

Vertikale Navigationsleiste
Elemente einer Liste werden standardmäßig untereinander gesetzt. Daher ist die Umsetzung einer vertikalen Navigationsleiste besonders einfach.

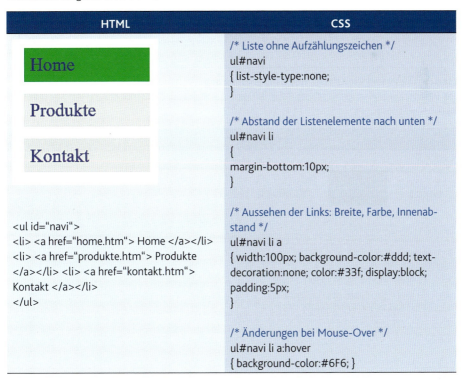

Horizontale Navigationsleiste
Einfache horizontale Leiste
Bei horizontalen Navigationsleisten kommt der float-Befehl zum Einsatz, um die Menüelemente nebeneinander zu positionieren.

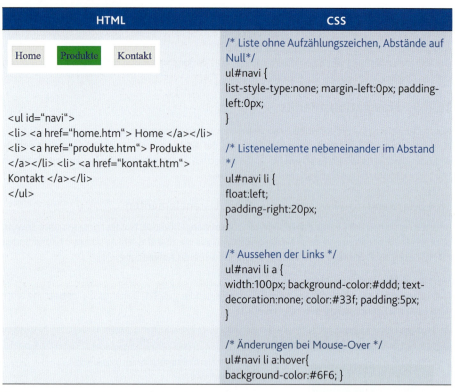

HTML	CSS

`<ul id="navi">`
`<li> <a href="home.htm"> Home </a></li>`
`<li> <a href="produkte.htm"> Produkte </a></li> <li> <a href="kontakt.htm"> Kontakt </a></li>`
`</ul>`
	`/* Liste ohne Aufzählungszeichen, Abstände auf Null*/`
	`ul#navi {`
	`list-style-type:none; margin-left:0px; padding-left:0px;`
	`}`
	
	`/* Listenelemente nebeneinander im Abstand */`
	`ul#navi li {`
	`float:left;`
	`padding-right:20px;`
	`}`
	
	`/* Aussehen der Links */`
	`ul#navi li a {`
	`width:100px; background-color:#ddd; text-decoration:none; color:#33f; padding:5px;`
	`}`
	
	`/* Änderungen bei Mouse-Over */`
	`ul#navi li a:hover{`
	`background-color:#6F6; }`

Horizontale Navigationsleiste mit Größenänderung
Bei diesem Beispiel ist beim Mouse-Over-Effekt zusätzlich eine Größenänderung des Navigationslements eingefügt.

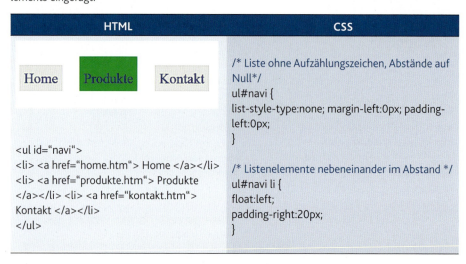

HTML	CSS

`<ul id="navi">`
`<li> <a href="home.htm"> Home </a></li>`
`<li> <a href="produkte.htm"> Produkte </a></li> <li> <a href="kontakt.htm"> Kontakt </a></li>`
`</ul>`
	`/* Liste ohne Aufzählungszeichen, Abstände auf Null*/`
	`ul#navi {`
	`list-style-type:none; margin-left:0px; padding-left:0px;`
	`}`
	
	`/* Listenelemente nebeneinander im Abstand */`
	`ul#navi li {`
	`float:left;`
	`padding-right:20px;`
	`}`

HTML	CSS

	/* Aussehen der Links */
	ul#navi li a {
	width:100px; background-color:#ddd; text-decoration:none; color:#33f; padding:5px;
	}
	
	/*Änderungen bei Mouse-Over */
	ul#navi li a:hover {
	background-color:#6F6;
	padding-top:15px;}

16.4.5.2 Einfaches Drop-Down-Menü

Drop-Down-Menüs sind auf vielen Webseiten zu finden und ein wichtiger Standard, um umfangreiche Navigationsstrukturen umsetzen zu können.

> **Drop-Down-Menü (Drop-Down = engl. herunterfallen, hinabfallen):** Navigationsmenü mit (nach unten oder seitlich) ausklappbaren Navigationspunkten

Zur Realisierung eines Drop-Down-Menüs sind mehrere, ineinander verschachtelte, HTML-Listen erforderlich: Eine Liste für die Hauptnavigation und jeweils eine weitere für jedes Untermenü. Das Untermenü wird erst dann dargestellt, wenn ein Mouse-Event erfolgt, z. B. durch Mouse-Over oder einen Mouseclick.

Drop-Down-Menü

HTML	CSS

`<div id="navigation">`
`<!-- Hauptnavigation -->`
`<ul>`
`<!—Hauptnavigation – erster Navigationspunkt -->`
`<li class="topmenu"> <a href=" "> Home </a>`
   `<!-- Unternavigation - Drop-Down1 -->`
   `<!-- untergebracht in Listenelement der Hauptnavi -- >`
   `<ul>`
   `<li class="submenu"><a href="start.htm">` Startseite `</a></li>`
   `<li class="submenu"><a href="wir.htm">` Über uns `</a></li>`
   `</ul>`
`</li>`
	`#navigation{`
	`font-size:12px;`
	`font-weight:bold;`
	`font-family:verdana;}`
	
	/* Liste ohne Aufzählungszeichen, Abstände auf Null setzen*/
	`#navigation ul{`
	`list-style-type:none;`
	`margin-left:0px;`
	`padding-left:0px;}`
	
	/* Listenelemente des Topmenüs (topmenu) nebeneinander im Abstand von 20 Pixeln*/
	`#navigation ul li.topmenu{`
	`float:left;`
	`margin-left:20px;`
	`padding-left:20px; }`

HTML	CSS

`<!—Hauptnavigation – zweiter Navigationspunkt -->`
`<li class="topmenu"> <a href=" "> Produkte </a>`
`   <!-- Unternavigation - Drop-Down2 -->`
`   <ul>`
`   <li class="submenu"><a href="felgen.htm"> Felgen </a></li>`
`   <li class="submenu"><a href="reifen.htm"> Reifen </a></li>`
`   </ul>`
`</li>`
`<!—Hauptnavigation – dritter Navigationspunkt -->`
`<li class="topmenu"> <a href="kontakt.htm"> Kontakt </a></li>`
`</ul>`
`</div>`
	`/* Aussehen, Abmessungen der Links im Topmenu */`
	`.topmenu a{`
	`float:left;`
	`width:120px;`
	`text-decoration:none;`
	`background-color:#ddd;`
	`color:#33f;`
	`padding:5px; }`
	
	`/* Unternavigation unsichtbar, wenn noch kein MouseOver erfolgt */`
	`.topmenu ul{`
	`  display:none;}`
	
	`/* Abmessungen, Aussehen und Positionierung der Elemente */`
	`/* der Unternavigation */`
	`.submenu a{`
	`  font-size:12px;`
	`  text-decoration:none;`
	`  width:120px;`
	`  background-color:#CFF;`
	`  position:relative;`
	`  clear:both; }`
	
	`/* Veränderung des Aussehens des Topmenüs bei Mouse-Over */`
	`#navigation a:hover{`
	`  color:#4C4C4C;`
	`  background-color:#fdb;}`
	
	`/* Unternavigation wird bei Mouse-Over über Element des Topmenüs sichtbar */`
	`.topmenu:hover ul {`
	`  display:block;`
	`  z-index:50;}`
	
	`/* Änderung der Hintergrundfarbe beim Mouseover über die Elemente des Submenüs */`
	`.submenu:hover a{`
	`background-color:#fff;}`

Praktische HTML-Übung 11: Einfaches Drop-Down-Menü

Inhalte:
- Navigation mit verschachtelten Listenelementen als Drop-Down-Menü
- Z-Index

16.4.5.3 Navigationsmenü für mobile Endgeräte

Mithilfe von gut strukturierten und verständlichen Navigationsmenüs ist es möglich, das Angebot einer Website schnell und gezielt zu erfassen.

Durch den Vormarsch der mobilen Endgeräte wurde es notwendig, auch im Bereich der Navigation im Internet neue Wege zu beschreiten – die Menüs mussten den Endgeräten und deren Benutzungsmöglichkeiten angepasst werden.

Im Folgenden erfolgt daher ein Vergleich von Navigationsmenüs für Desktop-Computer und zur mobilen Nutzung. Anschließend erfolgt ein kurzer Überblick über einige gängige Darstellungs- und Nutzungsarten von Navigationsmenüs für mobile Endgeräte.

Vergleich: Desktop-Menü versus mobiles Menü

Desktop	Mobile
Navigationsmenü (fast) immer **direkt sichtbar**	Navigationsmenü teilweise **nicht direkt sichtbar** z. B. erst ≡
HOVER-Effekt möglich und **sinnvoll**	**HOVER-Effekt** nicht sinnvoll/möglich
oft **mehrere Navigationsmenüs**	in der Regel nur **ein Navigationsmenü**

Select-Menü

Menüs in der mobilen Smartphone-Darstellung sind in der Regel vertikal angelegt. Ein gutes Beispiel dazu ist das sog. „Select-Menü".

Ein Select-Menü ist ein Menü, bei dem die Navigationspunkte in einer Auswahlliste untergebracht sind, die sich beim Anklicken öffnet. Es bietet sich an, wenn viele Navigationspunkte benötigt werden, die wenig Platz auf dem Bildschirm belegen sollen.

Beispiel	Vor-/Nachteile
	**Vorteile:** • benötigt wenig Platz • aufgeräumte Bildschirmdarstellung • leicht erweiterbar **Nachteile:** • aufwendig in der Bedienung • auslesen mit Skriptsprache, z. B. PHP oder Javascript, erforderlich

Tab-Menü

Ein Tab-Menü ist ein Menü, das mithilfe weniger, aussagekräftiger Icons aufgebaut ist. Diese Art der Navigation ist dann sinnvoll, wenn nur wenige Navigationspunkte aufgeführt werden sollen, zu denen sich leicht verständliche Icons nutzen lassen.

Beispiele	Vor-/Nachteile
	**Vorteile:** • Menü mit Icons („Ein Bild sagt mehr als tausend Worte") • aufgeräumte Bildschirmdarstellung – platzsparend • leicht bedienbar **Nachteile:** • Verständlichkeit (nicht für alle Nutzer selbsterklärend) • Anzahl der Navigationspunkte begrenzt (Erweiterbarkeit eingeschränkt)

Off-Canvas-Menü

Ein Off-Canvas-Menü ist ein Menü, das zunächst unsichtbar ist und bei Aktivierung von der Seite oder von oben hereinfährt.

Beispiele	Vor-/Nachteile
Home Über uns Produkte Shop Kontakt Anfahrt	**Vorteile:** • Menü verdeckt keinen Inhalt • viele Navigationspunkte möglich • leicht durch weitere Off-Canvas-Menüs erweiterbar **Nachteile:** • Menü nicht sofort sichtbar • geübte Nutzer wichtig

Hamburger-Icon in der mobilen Navigation

Ein Hamburger-Menü ist ein Icon, das z. B. aus drei oder vier untereinanderstehenden Strichen besteht. Das Hamburger-Icon ist meist oben links oder rechts auf der mobilen Webseite angeordnet. Das eigentliche Navigationsmenü öffnet sich dann, wenn man das Icon berührt. Das Menü fährt dann entweder von der Seite oder von oben herein.

Beispiele	Vor-/Nachteile
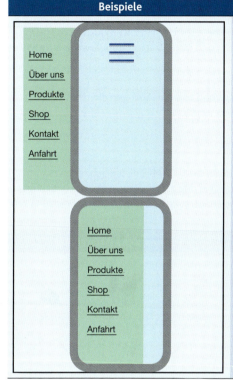	**Vorteile:** • schlichtes Icon • aufgeräumte Bildschirmdarstellung – platzsparend • ansprechende Startseite mit Bildern und Text auch in der mobilen Version • allgemeine Verständlichkeit durch starke Verbreitung • problemlos erweiterbar **Nachteile:** • unscheinbar → nicht für alle Nutzer direkt auffindbar • Navigationsmenü kann erst nach Aktivieren des Hamburger-Icons erreicht werden.

Praktische HTML-Übung 12: Navigationsmenü für Desktop und Mobile

Inhalte:
- Horizontale und vertikale Navigationsmenüs für Desktop und Mobile
- Menü hinter Symbol, z. B. Hamburger-Icon, verstecken

Entscheiden Sie zunächst, wie viele Navigationspunkte für die Hauptnavigation von „Viva Italia" erforderlich sind und ob eine Unternavigation (Submenü) gewünscht wird. Entscheiden Sie sich vor diesem Hintergrund für eine geeignete Navigationsstruktur für die Desktop- und die mobile Version. Überlegen Sie zusätzlich, ob alle Navigationspunkte der Desktopversion auch in der mobilen Version notwendig sind.
Wägen Sie ab, welche Vor- und Nachteile für ein zunächst verborgenes Menü sprechen.

Die Struktur der Website für den Desktop-Computer und die mobilen Endgeräte wird durch die Auswahl der Layouts und Navigationsmenüs festgelegt. Diese orientiert sich einerseits an den Abmessungen der Endgeräte sowie andererseits an den unterzubringenden Inhalten.

Zu diesen Inhalten gehören, neben Texten, auch zahlreiche Bild- und Grafikelemente. Nicht nur die Auswahl geeigneter Bildmotive, sondern auch das Dateiformat, die Dateigröße und die gezielte Bearbeitung und Kennzeichnung der Bildelemente spielen dabei eine wesentliche Rolle und sollen in den folgenden Abschnitten im Mittelpunkt stehen.

17 Bilder

Bilder, wie sie zahlreich auf Internetseiten, aber auch bei anderen digitalen Produkten oder in Druckprodukten Anwendung finden, sollten stets gezielt nach ihrem **Verwendungszweck** ausgewählt werden.

Ein Bild kann als Abbild oder zur Visualisierung von Zusammenhängen dienen.

Abbilder spiegeln die Realität wider. Dies können auf einer Internetseite z. B. Fotos von Gebäuden, Personen oder auch von Speisen sein.

Bilder zur Visualisierung von Zusammenhängen tragen dazu bei, Abläufe und logische Zusammenhänge besser zu verstehen. Auf einer Internetseite kann dies z. B. im Rahmen einer Handlungsanweisung bei einem Kochrezept oder aber bei der Erläuterung des Aufbaus einer Maschine sehr hilfreich sein.

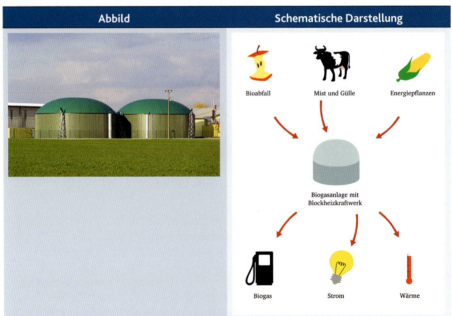

Fotos der Fermenter einer Biogasanlage. Dort entsteht das Biogas.

Schematische Darstellung des Prinzips einer Biogasanlage mit dem Fermenter in der Mitte

Die fotografische Abbildung zeigt das Erscheinungsbild eines Fermenters. Die schematische Darstellung verdeutlicht den Prozess der Biogasherstellung und -nutzung.

Jedes Bild erfüllt eine Funktion. Überlegen Sie daher vor der Bildauswahl, welche Funktion ein Bild jeweils erfüllen soll.

Bildfunktion	Erläuterung
Dekoration	Bilder dienen als Schmuckelemente.
Interpretation	Bilder machen den zugehörigen Text verständlicher.
Repräsentation	Bilder liefern Abbilder der Personen und Objekte, die im Text beschrieben wurden, z. B. bei Firmenpräsentationen eine Abbildung der Geschäftsführung und der Mitarbeiter.
Organisation	Bilder dienen als Handlungsanweisung, z. B. bei Aufbauanleitungen und Gebrauchsanweisungen.
Empirische Funktion	Ein Bild bzw. eine Bildreihe veranschaulicht Dinge, die die menschliche Wahrnehmung sonst nicht erfassen kann, z. B. die exakten Flügelbewegungen von Vögeln.

17.1 Bild- und Grafikformate für Webbilder

Neben der Bildfunktion ist die Dateigröße einer Bilddatei ein wichtiges Kriterium für den Bildeinsatz. Dauert das Laden der Bilder auf einer Webseite zu lange, wird die Geduld der Besucher über das normale Maß hinausgehend strapaziert. Dies kann dazu führen, dass der Besucher den Vorgang abbricht und zu anderen Internetangeboten wechselt.

Die folgenden Zeiten sollen als Anhaltspunkt dafür dienen, welche Ladezeiten in der Regel als akzeptabel empfunden werden und ab wann die Toleranzschwelle deutlich überschritten wird. Hierbei handelt es sich jedoch nicht um feste Kenngrößen, sondern vielmehr um Zeiten, die das subjektive Empfinden einer größeren Gruppe der Internetnutzer widerspiegeln.

Ladezeit	Reaktion
bis 1/10 Sekunde	Benutzer nimmt die Ladezeit nicht bewusst wahr
bis 1 Sekunde	Benutzer hält die Ladezeit für angemessen
bis 10 Sekunden	Benutzer wird langsam ungeduldig, toleriert die Wartezeit jedoch dann, wenn die Inhalte für ihn eine besondere Bedeutung haben
mehr als 10 Sekunden	Der Benutzer bricht den Vorgang in der Regel ab und wechselt zu anderen Angeboten

Vor diesem Hintergrund ist es besonders wichtig, die Dateigrößen der Bilddateien auf einer Webseite möglichst klein zu halten – maximal 200 KB je Webseite sind ein guter Richtwert.

Je kleiner die Dateigröße, desto kürzer die Ladezeit der Webseite.

Allgemeines zu Webgrafiken

Im Folgenden werden Ihnen daher die gängigen Datenformate vorgestellt, die bei Bildern auf Webseiten genutzt werden können.

Vgl. LS 8, 17.5

Dies sind im Wesentlichen die Dateiformate GIF, JPEG und PNG. Bilder und Grafiken dieser drei Dateiformate können ohne **Plug-in** direkt im Browser angezeigt werden.

Alle drei Formate sind pixelorientierte Bitmapformate, die speziell für den Einsatz im Internet entwickelt wurden. Im Vergleich zu gängigen Bildformaten aus dem Druckbereich wie TIFF weisen sie durch spezielle Kompressionsverfahren eine relativ geringe Dateigröße auf.

5.2 | Lernsituation Webauftritt – Optimierung für Desktop und Smartphone

Die Dateigröße aller Bilddateien auf einer Webseite sollte 200 KB nicht überschreiten.

Je nach Art und Farbumfang einer Grafik/eines Bildes findet ein anderes Format Anwendung. Am gebräuchlichsten sind die beiden Formate GIF und JPEG, aber das PNG-Format setzt sich immer mehr durch.

Neben diesen drei Formaten finden u. a. noch die vektororientierten Grafikformate SWF und SVG bei Internetseiten Anwendung. Leider konnten sich diese Formate im Internet bisher nicht durchsetzen, sie können nur mit einem speziellen Plug-in im Browser angezeigt werden.

Da Bitmapdateien im Vergleich zu Vektorgrafiken sehr groß sind, erscheint es zunächst wenig einleuchtend, warum im Internet, wo die Dateigröße direkt mit der Ladezeit der Webseite zusammenhängt, ausgerechnet Bitmapformate den Vorzug erhalten sollten. Ein näherer Blick auf die Eigenschafen von Bitmap- und Vektorgrafiken liefert die Lösung:

**Vektorformate für Linienzeichnungen, Illustrationen und Schriften.
Bitmapgrafiken für Fotos, Farbverläufe, weiche Kanten und Schatteneffekte.**

Besonderheiten der Dateiformate für Webgrafiken

GIF	
Historie	• GIF: Graphics Interchange Format • Entwicklung 1987 von der Firma CompuServe
Farben	• Maximal **256 Farben** möglich (8 Bit). • **Transparenz:** Eine Farbe kann als transparent (vom Browser nicht anzuzeigen) definiert werden (z. B. Hintergrund, dann wirkt das Bild wie freigestellt). • mehrere Grafiken in einer Datei abspeicherbar **(animated GIFs)**. • **Dithering:** Pixeln wird eine Zwischenfarbe zugewiesen. Dadurch können Farben, die nicht in der Farbpalette der 256 Farben vorhanden sind, simuliert werden. Die Anzahl der darstellbaren Farben, aber auch die Dateigröße steigt.
Formate	**GIF87a** (erste Version ohne Animationsmöglichkeit) • **non interlaced:** Zeilenweise Übertragung. • **interlaced:** Blockweise (etappenweise) Übertragung. Die Bilder erscheinen direkt vollständig, aber zunächst unscharf (pixelig) und werden dann immer schärfer. **GIF89a** • non interlaced und interlaced • Animation (animated GIF möglich)
Kompression	• verlustfreie Kompression (lossless compression) • Farbreduktion und LZW-Kompressionsverfahren

Das GIF-Format eignet sich für Abbildungen mit Farbflächen oder scharfen Kanten, wie z. B. Logos und Strichgrafiken.

JPEG/JPG	
Historie	• JPEG: Joint Photographic Expert Group • 1992: Entwicklung von JPEG • 2001: Entwicklung von JPEG 2000

JPEG/JPG	
Farben	• True Color (24 Bit, 16,7 Millionen Farben)
Formate	• **JPEG:** Dateiformate für Fotos, zeilenweiser Bildaufbau. • **JPEG 2000:** Höhere Kompression als bei JPEG bei gleicher Bildqualität durch anderes Kompressionsverfahren, zeilenweiser Bildaufbau. • **Progressives JPG:** Direkt komplette Bildübertragung mit niedriger Auflösung, die danach schrittweise erhöht wird (ähnlich interlaced bei GIF).
Kompression	• Verlustbehaftete Kompression (lossy compression). • **Konvertierung in anderen Farbraum** (Y Cb Cr) und Zusammenfassung von Farben nebeneinanderliegender Pixel **(Farbsubsampling).** • **DCT-Kompression** (verlustbehaftet) kombiniert mit **Huffman-Kodierung** (verlustfrei). • **Wavelet-Transformation** bei JPEG 2000. • Kompression zwischen ca. 50 % bis 80 % empfehlenswert. • Verluste der Bildinformation in den ersten und letzten 10 % am größten. • Optische Kontrolle mehrerer Varianten erforderlich. • Kompression erfolgt entweder sequenziell, in einem Schritt oder progressiv in mehreren Durchgängen.

Das JPEG-Format eignet sich für Fotos und Grafiken mit weichen Kanten und vielen Farbübergängen.

PNG	
Historie	• PNG: Portable Network Graphics • entwickelt ab 1995 von Thomas Boutell
Farben	Von 8 Bit bei PNG-8 bis zu 48 Bit Farbtiefe
Formate	**PNG-8:** 8 Bit = 256 Farben **PNG-24:** • 24 Bit = 16,7 Millionen Farben (True Color) • zusätzlich bis zu 8 Bit für einen eigenen Kanal für Transparenzen (z. B. Schatteneffekte in Graustufen oder Farbe) • Alphakanal • transparenter Hintergrund möglich
Kompression	• verlustfreie Kompression (lossless compression) • **Deflate-Algorithmus**

Bei Bildern mit sehr wenigen Farben und einfachen Mustern können mit der GIF-Komprimierung kleinere Dateien als mit der PNG-8-Komprimierung erstellt werden. Optimierte Bilder daher immer im GIF- und PNG-8-Format anzeigen, um die Dateigrößen zu vergleichen.

Das PNG-8-Format eignet sich für Abbildungen mit Farbflächen oder scharfen Kanten, wie z. B. Logos und Strichgrafiken.

Das PNG-24-Format eignet sich für Halbtonbilder und Fotos sowie für Schatten- und Transparenzeffekte.

17.2 Kompressionsverfahren für Grafikdateien

Zur Verringerung der Dateigröße werden Kompressionsverfahren eingesetzt. Grafik- und Bilddateien, die meist sehr große Dateigrößen haben, müssen zwangsläufig komprimiert werden, wenn sie auf Internetseiten verwendet werden sollen. Dazu gibt es eine Reihe von leistungsstarken Kompressionsverfahren, die jedoch teilweise einen Qualitätsverlust mit sich bringen.

Kompressionsverfahren: Verfahren zur Verdichtung bzw. Verringerung von Daten.

Die Kompression der Daten erfolgt vor dem Speichern. Bei der Ausgabe der Daten erfolgt die Dekomprimierung.

17.2.1 Verlustfreie Kompression

Bei der verlustfreien Kompression bleibt der Informationsgehalt der Datei bestehen. Alle Daten bleiben erhalten und werden lediglich durch spezielle Verfahren effizienter abgelegt und verwaltet, um Speicherplatz einzusparen.

Verlustfreie Kompression: Verringerung der Dateigröße ohne Qualitätsverlust.

Einige wesentliche verlustfreie Verfahren für die Kompression von Grafiken, Bildern und Texten werden im Folgenden vorgestellt.

Verfahren	Arbeitsweise	Formate
LZW	• Entwickelt von Lempel, Ziv (LZ77) und Welch (LZW). • Speichert häufig vorkommende Zeichenfolgen in einer Indextabelle ab. • Jede Zeichenfolge erhält eine Tabellenadresse mit Angabe der Spalten- und Zeilennummer, in der sie zu finden ist. • Arbeitet zeilenorientiert. • Tabelle muss nicht mit übertragen werden, da jeder Index eindeutig zuzuordnen ist. | Wort/Satz	Zeichen	Index
ABRACADABRA	A	0
	B	1
	C	2
	D	3
	ABRA	4 | Aus **ABRACADABRA** wird dann: **4 2 0 3 4** **Anwendung:** Identische Farben in Bildern (Farbflächen), viele gleiche Zeichenfolgen/Wörter innerhalb einer Textdatei usw.	GIF, TIFF, ZIP Als LZ77: PNG

Verfahren	Arbeitsweise	Formate
Huffman-Kodierung	<ul><li>Entwickelt 1952 von David A. Huffman.</li><li>Basiskodierung, wird oft mit verlustbehafteten Verfahren kombiniert.</li><li>Aufteilung einer Datei in mehrere Ebenen.</li><li>Häufig vorkommende Zeichen/Werte erhalten kurze Codes, seltener auftretende lange Codes.</li><li>Codes werden in einer Tabelle abgelegt.</li><li>Kodierung auf Bitebene (mit 0 und 1).</li><li>Es entsteht ein sog. Huffman-Baum mit den wichtigsten Bits oben und weniger wichtigen in den unteren Ästen.</li><li>Tabelle muss mit übertragen werden.</li></ul>	u. a. JPEG, MP3, MPEG, ZIP, GZIP
	ABRACADABRA Das Wort ABRACADABRA hat insgesamt 11 Buchstaben, die sich wie unten dargestellt verteilen. Daraus ergibt sich dann z.B. die folgende Codierung nach Huffman. | Zeichen	Häufigkeit	Codierung
A	5	0
B	2	100
R	2	101
C	1	110
D	1	111 | **Anwendung:** Text- und Bilddateien mit häufig wiederkehrenden, aber nicht direkt hintereinanderliegenden gleichen Farbwerten/Zeichen.	
RLE	<ul><li>Run Length Encoding = Lauflängenkodierung.</li><li>Wiederholt nacheinander vorkommende Zeichen.</li><li>Farbwerte werden ersetzt.</li><li>Ersatz: Zeichen und Anzahl der Wiederholungen.</li></ul>Aus **FFFFFFFFCCCCBBBBCCCC** wird mit RLE-Kodierung: **8F4C4B4C** **Anwendung:** Identische Farben in Bildern (Farbflächen), viele gleiche Zeichen hintereinander (z. B. Leerzeichen), gleichbleibende Zahlenfolgen	u. a. TIFF

Verlustfreie Kompressionsverfahren bieten sich insbesondere bei häufig wiederkehrenden Zeichen, Zeichenfolgen oder Farbwerten an. Dabei können, je nach Struktur des Dokuments, Kompressionsraten von 1:2 bis 1:50 erreicht werden.

> **Verlustfreie Kompressionsverfahren für Texte, Zahlen und Grafiken mit einheitlichen Farbflächen bzw. vielen gleichen Zeichen anwenden!**

17.2.2 Verlustbehaftete Kompression

Hierbei ändert sich der Informationsgehalt der Datei. Die verlustbehafteten Kompressionsverfahren machen sich zunutze, dass Menschen nicht alle tatsächlich vorhandenen Farbinformationen sehen oder alle Töne hören können.

> **Verlustbehaftete Kompression: Verringerung der Dateigröße mit Qualitätsverlust.**

Der Qualitätsverlust ist, wenn die Datei nicht zu stark komprimiert wird, kaum zu bemerken. Einige gängige verlustbehaftete Kompressionsverfahren werden im Folgenden vorgestellt.

Verfahren	Arbeitsweise	Formate
DCT	• Diskrete Kosinus-Transformation. • Bild wird in Blöcke von 8 x 8 Pixeln zerlegt. • Für die Einzelblöcke werden Frequenzen ermittelt → hohe Frequenzanteile = viele Details (Farbunterschiede). • Hohe Frequenzanteile werden herausgefiltert, da das Auge diese Details nicht wahrnehmen kann. • Bereits bei geringen Kompressionsraten von 1:25 bis 1:35 kann es zu Artefakten im Bild kommen.	JPEG
Wavelet-Transformation	• Weiche Kanten und Konturen entstehen schon bei geringer Kompression. • Relativ gute Bildergebnisse auch bei hohen Kompressionsraten. **Anwendung:** Bilder und Zeichnungen jeglicher Art (Fotos, Grafiken und Strichzeichnungen).	JPEG 2000
Fraktale Kompression	• Bild wird in Bereiche eingeteilt. • Zu kleinen Bereichen wird ein größerer Bereich im Bild gesucht, der diesem ähnelt. • Es werden keine Farbinformationen, sondern ein kleines Abbild des Originals abgespeichert. • Aus dem Abbild wird das dekomprimierte Bild gewonnen. • Gute Bildqualität bis zu einer Kompression von ca. 1:35. • Bei starker Kompression schlechte Bildqualität. **Anwendung:** Fotos und Schwarz-Weiß-Grafiken.	FIF (Fractal Interchange Format)

> **Artefakt: Digitaler Fehler durch „Sprünge" = starke Farbverfälschung im Bild.**

Verlustbehaftete Kompressionsverfahren bieten sich insbesondere bei Fotos und detailreichen Grafiken an. Dabei können, je nach Struktur des Dokuments, Kompressionsraten von ca. 1:10 bis 1:200 erreicht werden.

17.3 Bilder und Grafiken im Web

Bilder und Grafiken, die im Internet verwendet werden sollen, müssen zunächst in ein Dateiformat für Webbilder übertragen werden. Dazu ist es wichtig, die Bilddatei gezielt für das Internet zu bearbeiten und zu speichern. Ferner ist es im Sinne des Copyrights und des Rechts am eigenen Bild sinnvoll, auch die eigenen Bilddateien jeweils mit eindeutigen Informationen zu Ort, Datum und Urheber der Bilddatei zu versehen. Ziel für den Einsatz im Internet ist eine kleine Datei mit guter Bildqualität und eindeutigen Informationen zum Copyright und den Bildmotiven.

17.3.1 Bildbearbeitung für das Web

Zunächst erfolgt ein Blick in die Bildbearbeitungsoptionen des Programms Adobe Photoshop und dessen Möglichkeiten, Bilder für die Verwendung im Internet zu optimieren.

Vorgehensweise:

- Bild **mit hoher Auflösung** (300 dpi) **einscannen** oder **fotografieren** und auf den Computer übertragen.
- **Bild bearbeiten:** Tonwertkorrektur, Retusche usw.
- Bildauflösung **auf 72 dpi** reduzieren.
- Option **Datei –> Für Web speichern** in Photoshop auswählen.
- **4-fach-Anzeige** auswählen, um verschiedene Bildqualitäten direkt miteinander vergleichen zu können.
- **Dateiformat auswählen:** gif, jpg oder png und speichern.

JPG-Datei unterschiedlicher Qualitäts- und Kompressionsstufen

Die Originaldateien hatten eine Dateigröße von ca. 200 KB. Ausgehend davon wurden zwei verschiedene Kompressionsstufen maximaler und niedriger Qualität ausgewählt. Bereits bei maximaler Qualität reduziert sich die Dateigröße um ca. 60 %. Bei niedriger Qualität wird die Dateigröße zwar um ca. 98 % verringert, doch auch die Qualität leidet stark. Hier lassen sich schon starke Weichzeichnungseffekte und auch starke Artefakte erkennen. Sie eignen sich deshalb nicht für den Einsatz auf der Webseite.

Grafik mit Farbflächen

 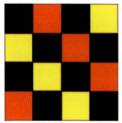 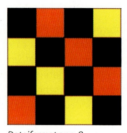 

Originaldatei, *Dateiformat GIF,* *Dateiformat png-8,* *Dateiformat jpg, niedrige*
TIFF-Format, 650 KB *4 Farben* *4 Farben* *Qualität 10 (2,46 KB)*
  (880 Byte ≈ 1 KB) *(981 Byte ≈ 1 KB)*

- Die Original-Datei im TIFF-Format hatte eine Größe von 650 KB. Komprimiert ergeben sich sowohl im GIF-Format als auch bei PNG-8 Dateigrößen von knapp 1 KB bei ähnlicher Qualität. Diese starke Kompression ist möglich, da die Grafik nur insgesamt drei Farbtöne enthält. Bei GIF und PNG-8 reicht also eine Farbpalette mit vier Feldern aus.
- Die Farben sind bei GIF und PNG nicht mehr so leuchtend wie in der Originaldatei und die Kanten erhalten einen leichten Weichzeichnungseffekt.
- Das JPG-Format erzeugt bereits bei niedriger Qualität eine mehr als doppelt so große Datei von sehr schlechter Qualität. Insbesondere in den roten Farbflächen lassen sich deutliche Artefakte erkennen.

17.3.2 Metadaten für Bilddateien

Die Bäckerei „Backfrisch" möchte Bilder der Räumlichkeiten und des Warenangebots auf der Website veröffentlichen. Daneben ist es gut möglich, dass das eine oder andere Bild auch in den Druckprodukten, wie z. B. der Angebotskarte oder einer Werbebroschüre, verwendet werden soll.

Bei einer größeren Bildauswahl ist es immer sinnvoll, jedes Bild eindeutig zu kennzeichnen: Was ist auf dem Bild zu sehen? Wann wurde es von wem aufgenommen? Soll das Bild auf der Website oder für ein Druckprodukt verwendet werden?

Bei Bilddateien hängt deren technische Verwendbarkeit in unterschiedlichen Medien u. a. wesentlich vom Dateiformat, von der Auflösung und von der Dateigröße ab. Anhand dieser Daten lassen sich Bilder den einzelnen Anwendungsbereichen schon gut zuordnen. Wünschenswert sind jedoch weitere Angaben, z. B. zu den verwendeten Kameraeinstellungen und zum genauen Inhalt bzw. Verwendungszweck einer Bilddatei. Diese Zusatzdaten werden als **Metadaten** bezeichnet.

Im Zuge der Digitalfotografie enthält jede Bilddatei bereits **technische Metadaten**, diese werden automatisch von der Kamera geliefert. Daneben gibt es **inhaltliche Metadaten**, die vom Anwender hinzugefügt werden können.

Metadaten: Technische und inhaltliche Zusatzinformationen zur näheren Kennzeichnung einer Datei. Neben Bilddateien können z. B. auch Video-, Office- oder Webdateien Metadaten enthalten.

Im Folgenden finden Sie die wichtigsten Informationen zu den unterschiedlichen Metadatenformaten in Kurzform.

1. EXIF – automatisch gelieferte technische Metadaten

Bilder, die mit einer Digitalkamera aufgenommen werden, verfügen über einen Header mit technischen Bildinformationen, den **EXIF-Metadaten**. Das EXIF-Format basiert ursprünglich auf dem TIFF-Format, findet jedoch auch im Header von JPG- und RAW-Dateien Anwendung.
Die Metadaten enthalten z. B. Informationen zum Aufnahmedatum, zur verwendeten Kamera, zum genutzten Objektiv, zu Brennweite, Lichtempfindlichkeit und Belichtungszeit während der Aufnahme.
Des Weiteren werden GPS-Informationen im Header abgelegt, sofern die verwendete Kamera diese abspeichern kann.

Beispielinhalte aus einer EXIF-Datei (Auszug)

File-Size	2691031
Mime-Type	Image/jpeg
COMPUTED.Height	2304
COMPUTED.Width	3072
Hersteller	CASIO Computer
Modell	EX-Z19
Speicherzeitpunkt	2011:12:19 18:47:04
Belichtungsdauer	10/800
Blende	10400/1000
Sensorempfindlichkeit (ISO)	64
Exif-Version	0221
Erfassungszeitpunkt	2011:12:19 18:47:04
Digitalisierungszeitpunkt	2011:12:19 18:47:04

usw.

2. IPTC – inhaltliche Metadaten alten Standards

IPTC-Metadaten basieren auf dem **IIM** (Information Interchange Model) und wurden vom IPTC, dem International Press Telecommunications Council, in den 1990er-Jahren entwickelt.
Sie ermöglichen die Integration inhaltlicher Beschreibungen in eine Bilddatei, wie z. B. Informationen zum abgebildeten Motiv, zum Aufnahmeort, zur Umgebung, zum Anlass.
Inzwischen hat das IPTC nur noch bedingt Einfluss auf die Weiterentwicklung des Standards, da Adobe, aufgrund der Marktführerposition mit dem Bildbearbeitungsprogramm Adobe Photoshop, wesentlichen Einfluss auf die Umsetzung nimmt.
Das IPTC und Adobe haben zwar gemeinsam einen Nachfolger, „IPTC Core", als Weiterentwicklung des Ursprungsformats vorgestellt. Dieser bildet jedoch die Grundlage des erweiterten Metadaten-Standards **XMP**, der besonders an die Adobe-Anwendungen angepasst ist und von Adobe kontrolliert wird.

IPTC-Daten sind in vier Hauptgruppen aufgeteilt:
1. **IPTC-Kontakt:**
   Kontaktdaten des Fotobesitzers (meist Fotograf/Agentur)
2. **IPTC-Bild**
   Erstellungsdatum, Genre, Ort, Land usw.
3. **IPTC-Inhalt**
   Überschrift, Beschreibung des Bildes, Stichwörter, IPTC-Themencodes usw.
4. IPTC-Status
   Titel, Art des Jobs, Anbieter, Quelle, Copyright, Nutzungsbedingungen usw.

3. XMP – ein umfassender moderner Metadaten-Standard
Bei **XMP** (Extensible Metadata Platform) handelt es sich um einen von Adobe entwickelten Standard, der von allen passenden Adobe-Programmen unterstützt wird. Ziel ist ein einheitlicher Metadatenstandard als IPTC Nachfolger, auf den beispielsweise Bildarchive, Bildbetrachter, Bildeditoren und Content Management Systeme gleichermaßen zugreifen können. Dies soll einen einheitlichen Workflow ermöglichen. XMP ermöglicht neben der **Einbettung inhaltlicher Metadaten (Embedded XMP)** in eine Bilddatei auch das Abspeichern dieser Zusatzinformationen in einer zusätzlichen Datei, dem sog. **Sidecar** (engl. Seitenwagen). Ein großer Vorteil ist dabei die Medienunabhängigkeit dieses Metadatenstandards, da er viele Dateiformate, wie JPEG, GIF, PNG, TIFF, WAV, MP3, AVI, MPEG, MOV, AI, PSD, PDF, PS, EPS und HTML unterstützt.

Auflistung gängiger Metadaten-Standards

Vorschaubilder und GPS-Daten (wenn vorhanden) bei EXIF-Dateien immer aktualisieren, damit dem Betrachter nur die Informationen zur Verfügung stehen, die auch von Ihnen beabsichtigt sind.

Entscheiden Sie sich, wie viele Bilder welcher Größe sie für die Layout-Varianten Desktop und Mobile verwenden möchten. Überlegen Sie in diesem Zusammenhang auch, welche Bildmotive für die mobile Version verzichtbar sind, um die Ladezeit zu verkürzen und den Bildschirm nicht zu überladen.

Am Ende spielt bei jeder Art der Veröffentlichung von Inhalten auch immer die rechtliche Seite eine entscheidende Rolle. Angaben zum Impressum und Datenschutz sind z. B. Pflicht bei der Veröffentlichung einer Website. Doch was gehört wo hinein und welche weiteren Fallstricke können lauern? Näheres hierzu im folgenden Abschnitt zum Thema „13.3 Internetrecht".

13.3 Internetrecht

Frau Scoretti hat Sie gebeten, alle mit der Internetseite zusammenhängenden rechtlichen Fragen zu klären. Sie will so vermeiden, dass sie mit Schadensersatzforderungen konfrontiert wird.

Es existiert im eigentlichen Sinne kein „Internetrecht": Das sogenannte Internetrecht setzt sich aus mehreren Rechtsgebieten zusammen. Ein Teil dieser Rechtsgebiete wird in den weiteren Lernsituationen dieses Buchs noch genauer erläutert. Deshalb sollen an dieser Stelle nur kurze beispielhafte Darstellungen einiger Gesetze erfolgen.

Bürgerliches Gesetzbuch (BGB)
Wenn es beispielsweise um den Vertrieb von Waren und Dienstleistungen geht, findet das Schuldrecht des Bürgerlichen Gesetzbuchs (BGB) Anwendung.

Der FC Schalke 04 verkauft Fanartikel über seinen Fanshop. Die Grundlagen von Vertragsabschlüssen und die Gewährleistungsrechte des Käufers gelten wie bei einem „normalen" Kauf in einem (realen) Geschäft. Hinsichtlich der Rückgaberechte von Waren gibt es besondere Rechte für den Käufer, die aber ebenfalls im BGB geregelt sind.

Gesetz gegen den unlauteren Wettbewerb (UWG)

Bei Werbung im Internet greift in bestimmten Fällen das Gesetz gegen den unlauteren Wettbewerb (UWG).

Vgl. LS 14, 13.5

Nach dem Abschluss eines Mobilfunkvertrags im Internet erhält der Kunde Werbemails, ohne dass ihm die Möglichkeit gegeben wird, dem E-Mail-Versand zu widersprechen.

Urhebergesetz (UrhG), Kunst- und Urhebergesetz (KUG)

Das Urheberrecht (UrhG) und das Recht am eigenen Bild (KUG) sind dann von Bedeutung, wenn es beispielsweise um die Veröffentlichung von Bildern von Personen oder das Herunterladen von Fotos und Grafiken geht. Des Weiteren existieren strafrechtsrelevante Tatbestände wie beispielsweise das Verbot von Kinderpornografie u. v. m.

Vgl. LS 3, 13.1, LS 7, 13.4

13.3.1 Die Domain

Auch die Rechtsfragen rund um die Wahl der Domain sind einem Rechtsgebiet zugehörig, das nicht spezifisch für das Internet geschaffen wurde. Letztendlich ist eine Domain im kommerziellen Bereich eine **Firma** (also der Name eines Unternehmens), die wiederum in der Regel in einer Wortmarke sichtbar wird. Das „Domain-Recht" ist deshalb in Bezug auf Unternehmen im **Handelsgesetzbuch** (HGB) und im **Markenrecht** (MarkenG) verankert. Für Privatpersonen gilt das **Namensrecht** des § 12 BGB.

Vgl. LS 1, 1, LS 3, 13.2

> **§ 12 BGB Namensrecht**
>
> *Wird das Recht zum Gebrauch eines Namens dem Berechtigten von einem anderen bestritten oder wird das Interesse des Berechtigten dadurch verletzt, dass ein anderer unbefugt den gleichen Namen gebraucht, so kann der Berechtigte von dem anderen Beseitigung der Beeinträchtigung verlangen. Sind weitere Beeinträchtigungen zu besorgen, so kann er auf Unterlassung klagen.*
>
> **§ 17 HGB**
>
> *(1) Die Firma eines Kaufmanns* (Anm.: hiermit sind alle Unternehmen gemeint, die ein Gewerbe betreiben) *ist der Name, unter dem er seine Geschäfte betreibt und die Unterschrift abgibt. (...)*
>
> **§ 37 HGB**
>
> *(1) Wer eine nach den Vorschriften dieses Abschnitts ihm nicht zustehende Firma gebraucht, ist von dem Registergericht zur Unterlassung des Gebrauchs der Firma durch Festsetzung von Ordnungsgeld anzuhalten. (...)*
>
> **§ 15 MarkenG**
>
> *(1) (...)*
> *(2) Dritten ist es untersagt, die geschäftliche Bezeichnung oder ein ähnliches Zeichen im geschäftlichen Verkehr unbefugt in einer Weise zu benutzen, die geeignet ist, Verwechslungen mit der geschützten Bezeichnung hervorzurufen.*
> *(3) (...)*
> *(4) Wer eine geschäftliche Bezeichnung oder ein ähnliches Zeichen entgegen Absatz 2 oder 3 benutzt, kann von dem Inhaber der geschäftlichen Bezeichnung (...) auf Unterlassung in Anspruch genommen werden. (...)*

Grundsätzlich wird eine Domain in Deutschland bei der DENIC (**De**utsches **N**etwork **I**nformation **C**enter) registriert. Die DENIC ist keine Behörde, sondern eine Genossenschaft. Die Dienstleistung der DENIC liegt ausschließlich in der Registrierung einer Domain. Sie teilt dem Antragsteller auch mit, ob eine Domain bereits existiert. Es gilt der Grundsatz „first come, first served". Das bedeutet, dass derjenige, der einen freien Namen gefunden hat, ihn bei der DENIC als Second-Level-Domain registrieren kann. Die DENIC übernimmt jedoch nicht die Verantwortung bei gegebenenfalls auftretenden Verletzungen von Marken- und Namensrechten. Der Kunde muss der DENIC versichern,

Vgl. LS 2

Vgl. LS 3, 13.2

dass er die kennzeichenrechtlichen Vorgaben geprüft hat und einhält. Es kann somit durchaus passieren, dass eine Domain vergeben wird, bei der Namens- bzw. Markenrechte Dritter verletzt werden. Benutzt jemand eine Domain, die das Kennzeichen eines anderen Unternehmens oder ein ähnliches Zeichen enthält, schafft er dadurch eine Verwechslungsgefahr. Somit kann er nach dem Markengesetz auf Unterlassung in Anspruch genommen werden. Selbst wenn jemand unter einer Firma ein Gewerbe betreibt oder den identischen Namen eines „Promis" trägt und diesen als Domain registrieren lässt, kann er sich nicht sicher sein, dass er seine Domain behalten darf. Die Rechte bezüglich der Domain des berühmten „Namensvetters", sei es ein Unternehmen oder eine Person, werden von der Rechtsprechung als vorrangig angesehen. Dies gilt in vielen Fällen sogar für ähnlich lautende Domains, die zu Verwechslungen führen könnten. Deshalb sichern sich große Unternehmen auch gleich eine ganze Reihe von Domains, die nur leicht von der eigentlichen Firma abweichen.

Der Internetauftritt der Deutschen Bahn AG ist unter verschiedenen Domains zu erreichen: www.bahn.de, www.diebahn.de, www.deutsche-bahn.de usw.

Die Stadt Heidelberg hat ein Unternehmen auf Unterlassung verklagt, das die (zum Registrierungszeitpunkt noch freie) Domain „heidelberg.de" bei der DENIC registrierte und nutzte. Das beklagte Unternehmen betreibt eine Datenbank mit Informationen über die Region Rhein-Neckar. Die Stadt Heidelberg argumentierte, die Domain „heidelberg.de" werde unweigerlich mit der Stadt Heidelberg in Verbindung gebracht und jeder erwarte unter der Domain „heidelberg.de" Informationen über die Stadt Heidelberg. Sie sah sich somit in ihren Namensrechten verletzt und bekam vor dem Landgericht Mannheim Recht.

Die Herausgeberin der 14-tägig erscheinenden Frauenzeitschrift „Freundin" ist Inhaberin der gleichnamigen Domain www.freundin.de. Sie verklagte die Inhaberin der Domain „www.freundin-online.de", die dort keine Inhalte vorhielt, sondern die Domain seit mehreren Jahren als sogenannte „Baustellenseite" führte.
Die Klägerin klagte auf Löschung der Domain „www.freundin-online.de", weil sie ihre Markenrechte verletzt sah. Das Landgericht München I bejahte die geltend gemachten Unterlassungsansprüche und den Löschungsanspruch hinsichtlich der Domain „www.freundin-online.de". Es stützte seine Entscheidung dabei nicht auf die der Klägerin zustehenden Registerrechte, sondern begründete das Urteil mit dem Titelschutz aus der Zeitschrift „Freundin".

Durch die Rechtsprechung wird auch das sogenannte Domain-Grabbing eingeschränkt.

Ein Anhänger des BVB 09 lässt die Domain „schalke04.de" registrieren, um diese für den FC Schalke 04 zu sperren. Dieses Vorgehen ist nicht zulässig, da zunächst die Namens- bzw. Markenrechte des erfolgreicheren Ruhrgebietsvereins verletzt werden. Zudem erfolgt die Registrierung missbräuchlich „auf Vorrat" zwecks eines Verkaufs.

13.3.2 Haftung für Inhalte

Jeder Betreiber einer Internetseite muss sich mit der Frage beschäftigen, inwieweit er für Inhalte, die sich auf seiner Seite befinden, haftet. Die Antworten und die Rechtsgrundlagen liefert hier das **Telemediengesetz (TMG)**.

Man muss zunächst zwischen **eigenen und fremden Inhalten** unterscheiden. In Bezug auf die **eigenen Inhalte** ist **immer** eine Haftung gegeben. Diese kann auch mit einem entsprechenden Vermerk in Form eines Haftungsausschlusses (Disclaimer) nicht verhindert werden.

§ 7 TMG Allgemeine Grundsätze

(1) Diensteanbieter sind für eigene Informationen, die sie zur Nutzung bereithalten, nach den allgemeinen Gesetzen verantwortlich.

Mit „Diensteanbieter" sind hier die Betreiber von Internetseiten gemeint. Die allgemeinen Gesetze sind die bereits oben erwähnten.

Auf seiner Internetseite stellt ein Schüler im Rahmen eines Blogs in unregelmäßigen Abständen Fotos von Personen ein, die er auf Musikkonzerten kennengelernt hat. Er schmückt seine Berichte zudem mit Grafiken, die er sich von anderen Seiten herunterlädt. Der Schüler ist hier für die Urheberrechtsverletzung verantwortlich und haftet auch dafür.

Für die **fremden Informationen**, die ein Seiten-, Foren- oder Blogbetreiber speichert, ist er nach dem Wortlaut des Telemediengesetzes TMG zunächst einmal nicht verantwortlich. Das gilt allerdings nur so lange, wie der Seitenbetreiber keine Kenntnis von der rechtswidrigen Handlung erlangt hat und danach unverzüglich (d. h. ohne schuldhaftes Zögern) tätig wird, um die rechtswidrige Information zu entfernen oder zu sperren.

§ 7 TMG Allgemeine Grundsätze

(2) Diensteanbieter im Sinne der §§ 8 bis 10 sind nicht verpflichtet, die von ihnen übermittelten oder gespeicherten Informationen zu überwachen oder nach Umständen zu forschen, die auf eine rechtswidrige Tätigkeit hinweisen. Verpflichtungen zur Entfernung oder Sperrung der Nutzung von Informationen nach den allgemeinen Gesetzen bleiben auch im Falle der Nichtverantwortlichkeit des Diensteanbieters nach den §§ 8 bis 10 unberührt. (...)

§ 8 TMG Durchleitung von Informationen

(1) Diensteanbieter sind für fremde Informationen, die sie in einem Kommunikationsnetz übermitteln oder zu denen sie den Zugang zur Nutzung vermitteln, nicht verantwortlich, sofern sie
1. die Übermittlung nicht veranlasst,
2. den Adressaten der übermittelten Informationen nicht ausgewählt und
3. die übermittelten Informationen nicht ausgewählt oder verändert haben.
Satz 1 findet keine Anwendung, wenn der Diensteanbieter absichtlich mit einem Nutzer seines Dienstes zusammenarbeitet, um rechtswidrige Handlungen zu begehen.

Ein in einem Forum von Studenten bewerteter Professor fühlte sich in seinen Rechten verletzt und nahm das Portal u. a. auf Beseitigung eines Beitrages über ihn sowie auf künftige Unterlassung in Anspruch. Er unterlag mit seiner Klage in zweiter Instanz (vgl. oben § 8 Abs. 1 Nr. 2 TMG): Eine Haftung des Diensteanbieters für fremde Inhalte setzt die Kenntnis hierüber voraus. Hier hätte der Professor sich zunächst an den Anbieter von „meinProf.de" wenden und diesen über den (seiner Auffassung nach beleidigenden) Beitrag informieren müssen. So wäre der Anbieter in die Lage versetzt worden, den Vorgang zu überprüfen, und hätte Gelegenheit gehabt, diesen zu beseitigen.

Setzt hingegen der Betreiber einer Seite einen Link auf eine andere Seite mit rechtsradikalen und volksverhetzenden Inhalten und distanziert sich davon nicht, so ist er nach § 8 Abs. 1 Nr. 3 TMG haftbar, weil es sich bei der Volksverhetzung und der Verbreitung nationalsozialistischer Symbole nach dem StGB um einen strafrechtsrelevanten Tatbestand handelt.

Insgesamt ist festzuhalten, dass der in der Regel auf jeder Internetseite angefügte Haftungsausschluss eher rechtsbekundenden (deklaratorischen) Charakter hat, denn das TMG gilt unabhängig davon, ob der Haftungsausschluss nochmals am Ende einer Seite explizit aufgeführt wird.

13.3.3 Impressum

Schließlich muss sich der Betreiber einer Internetseite durch das Anfügen eines Impressums kenntlich machen.

> **§ 5 TMG Allgemeine Informationspflichten**
>
> *(1) Diensteanbieter haben für geschäftsmäßige, in der Regel gegen Entgelt angebotene Telemedien folgende Informationen leicht erkennbar, unmittelbar erreichbar und ständig verfügbar zu halten:*
> *1. den Namen und die Anschrift, unter der sie niedergelassen sind, bei juristischen Personen zusätzlich die Rechtsform, den Vertretungsberechtigten (...),*
> *2. Angaben, die eine schnelle elektronische Kontaktaufnahme und unmittelbare Kommunikation mit ihnen ermöglichen, einschließlich der Adresse der elektronischen Post,*
> *3. soweit der Dienst im Rahmen einer Tätigkeit angeboten oder erbracht wird, die der behördlichen Zulassung bedarf, Angaben zur zuständigen Aufsichtsbehörde,*
> *4. das Handelsregister, Vereinsregister, Partnerschaftsregister oder Genossenschaftsregister, in das sie eingetragen sind, und die entsprechende Registernummer,*
> *(...)*

Raster im Webdesign
Flexible Raster ermöglichen die Anpassung der Website an das jeweilige Ausgabemedium. Dies kann entweder durch das Umspringen von einem in ein anderes festes Layout (**Adaptive Layout**), abhängig von der jeweiligen Bildschirmgröße oder durch flexible Anpassung der Seiteninhalte an jede beliebige Bildschirmgröße (**Responsive Layout**) erfolgen.

Layout für unterschiedliche Ausgabegeräte
Sowohl das Format als auch die Anordnung der einzelnen Seitenelemente weichen im Layout für die verschiedenen Ausgabegeräte, wie Computerbildschirm und Smartphone, mehr oder weniger stark voneinander ab. Dies ist einerseits abhängig vom Inhalt sowie andererseits vom gewählten **Layout-Pattern**.
Das Umschalten zwischen den verschiedenen Layouts erfolgt mithilfe von **Media-Queries**. Entscheidend für die **Mockup-Erstellung** ist, ob der Ansatz **Mobile First** verfolgt oder mit der Desktopversion begonnen werden soll.

Navigationsmenüs
Navigationsmenüs basieren immer auf **HTML-Listen**, die mithilfe von CSS horizontal oder vertikal angelegt werden und auch als Drop-Down-Menü ausgeführt sein können. Im mobilen Bereich sind die Menüs teilweise zunächst hinter einem Icon versteckt und können bei Bedarf angezeigt werden.

Bilder im Web
Bilder und Grafiken müssen in einem webtauglichen Dateiformat vorliegen. Gängige Browser unterstützen die **Dateiformate GIF, JPEG und PNG**. Bei diesen Grafikformaten wird die Datei beim Speichern mit oder ohne Verluste komprimiert, sodass relativ kleine Dateien entstehen.

Internetrecht

Domain:
Registrierung bei der DENIC (first come, first serve).
Marken- und Namensrechte müssen trotz Registrierung beachtet werden.

Domain-Recht		
MarkenG: Marken und geschäftliche Bezeichnungen von Unternehmen oder deren Dienstleistungen und Produkten	HGB: Firmenrecht bei Unternehmen	BGB: Namensrecht bei Privatpersonen

Haftung für Inhalte:
Eigene Inhalte: Immer Haftung gegeben.
Fremde Inhalte: Keine Haftung, Ausnahme bei absichtlicher Zusammenarbeit mit dem Ziel einer rechtswidrigen Handlung.

1. **Adaptive und responsive Layout**
   a) Nennen Sie die wesentlichen Unterschiede zwischen dem adaptive und dem responsive Layout.
   b) Die untenstehenden Layouts einer Internetseite sollen mithilfe mehrerer Seitenelemente realisiert werden. Zunächst soll die Optimierung für zwei Ausgabemedien, den Computerbildschirm und das Smartphone, mithilfe des **responsive Webdesign** erfolgen.

I. Layout Desktopversion

Bilderleiste		
Titel		
Navigation		
Bilder	Text	News
Fußbereich		

II. Layout Smartphone-Darstellung

Bilder
Titel
Navigation
Text
News
Fußbereich

Berechnen Sie <u>alle</u> erforderlichen Maße für die Bildschirm- und die Smartphone-Version und tragen Sie diese in die nachfolgenden Tabellen ein.

5.2 | Lernsituation Webauftritt – Optimierung für Desktop und Smartphone

	Zu I. Bildschirmlayout
Container	Maximale Breite: 1300 Pixel, Höhe: 1000 Pixel
Layoutbereiche im Container mit Pixelangaben (Umrechnung erforderlich) ACHTUNG! 1300 Pixel entsprechen in der Breite 100%, 1000 Pixel entsprechen in der Höhe 100%	
Bilderleiste	1280 x 200 Pixel (Endmaß)
Titel	1280 x 100 Pixel (Endmaß) Innenabstand: 10 Pixel
Navigation	1280 x 60 Pixel (Endmaß) Innenabstand: 10 Pixel Außenabstand oben: 10px
Box: Bilder (links)	320 x 540 Pixel (Endmaß) Außenabstand oben: 10px
Box: Text (mitte)	640 x 540 Pixel (Endmaß) Innenabstand: 10 Pixel Außenabstand oben: 10px
Box: News (rechts)	320 x 540 Pixel (Endmaß) Innenabstand: 10 Pixel Außenabstand oben: 10px
Box: Footer (Fußbereich)	1280 x 60 Pixel (Endmaß) Innenabstand: 10 Pixel

	Zu II. Smartphonelayout
Container	Maximale Breite: 500 Pixel Höhe: 800 Pixel
Layoutbereiche im Container mit Pixelangaben (Umrechnung erforderlich) ACHTUNG! 500 Pixel entsprechen in der Breite 100%, 800 Pixel entsprechen in der Höhe 100%	
Bilder	480 x 160 Pixel (Endmaß)
Box: Titel	480 x 40 Pixel (Endmaß) Innenabstand links, rechts: 5 Pixel
Box: Navigation	480 x 40 Pixel (Endmaß) Innenabstand links, rechts: 5 Pixel
Box: Text	480 x 320 Pixel (Endmaß) Innenabstand links, rechts: 5 Pixel
Box: News	480 x 200 Pixel (Endmaß) Innenabstand: 5 Pixel
Box: Footer (Fußbereich)	480 x 40 Pixel (Endmaß)

2. Mobile First
a) Erläutern Sie die Bedeutung von „Mobile First" im Zusammenhang mit der Entwicklung von Internetseiten.
b) Mobile First arbeitet nach dem Prinzip **„Progressive Enhancement"** – was bedeutet dies?
c) Nennen Sie mindestens je zwei Vor- und Nachteile des „Mobile-First-Ansatzes".

3. Navigation
a) Nennen Sie mindestens fünf Eigenschaften, die ein gutes Navigationsmenü aufweisen sollte.
b) Bei vielen Navigationspunkten werden häufig Drop-Down-Menüs genutzt. Nennen Sie jeweils zwei Vor- und Nachteile, die die Verwendung von Drop-Down-Menüs mit sich bringt!
c) Vergleichen Sie die Darstellung und den Aufbau der Navigationsmenüs von Internetseiten, die sowohl eine Desktopversion als auch eine mobile Version (keine APP) anbieten.

4. Farben und Bilder im Web
Für Nutzung im Internet ist es erforderlich, Bild- und Grafikdateien zu komprimieren. Zu diesem Zweck stehen unterschiedliche Dateiformate und Kompressionsverfahren zur Verfügung.
a) Erläutern Sie den Unterschied zwischen verlustbehafteter und verlustfreier Kompression anhand je eines Beispiels.
b) Erläutern Sie den Huffman-Algorithmus anhand des Beispiels **ABBA**.
   I. Erstellen Sie dabei zunächst die Häufigkeitstabelle.
   II. Bilden Sie nun den Huffman-Baum und die Codetabelle und erläutern Sie Ihr Vorgehen.
c) Ergänzen Sie die folgende Tabelle

Dateiformat	Art der Kompression	Kompressionsverfahren	Farbanzahl	Anwendung
png-8		Deflate-Algorithmus		
	verlustbehaftet		16,7 Mill.	
gif	verlustfrei			Grafiken, Farbflächen mit glatten Kanten

5. Internetrecht
Beurteilen Sie folgende Sachverhalte:
a) Ein Seitenbetreiber setzt einen Link auf eine Seite, auf der man Musik kostenlos herunterladen kann.
b) Die arbeitslose Rechtsanwältin Katja G. versucht mit zweifelhaften Methoden, Dienstleistungen in Form von Abos an Internetnutzer zu verkaufen. Dies wird dadurch erreicht, dass die Nutzer plötzlich, ohne es gewollt zu haben, durch versteckte Klauseln in nicht wahrnehmbaren AGB einen (kostenpflichtigen) Vertrag abschließen. Zahlen die Nutzer die geforderten Abo-Gebühren nicht, werden diese mit Mahnungen drangsaliert. Liegt hier ein rechtsgültiger Vertragsabschluss vor?
c) Beurteilen Sie folgenden Sachverhalt: Ein Betreiber einer Internetseite hat sich die Domain „telecom.de" registrieren lassen. Die Deutsche Telekom will die Nutzung dieser Domain untersagen.
d) Warum kann es passieren, dass Sie bei der DENIC eine freie Domain registrieren können, aber dabei trotzdem eine Verletzung von Namens- oder Markenrechten anderer Personen oder Unternehmen vorliegen kann?

6 Anzeige und Großflächenplakat

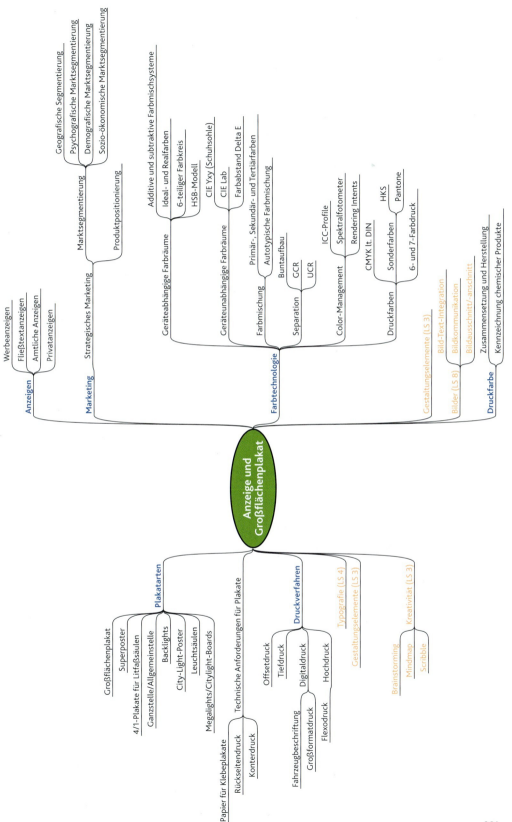

6 Anzeige und Großflächenplakat

Sie möchten mit Ihrer Agentur an einem Pitch teilnehmen, bei dem es um die Erteilung eines Auftrags zur Gestaltung einer vierfarbigen Zeitschriftenanzeige und eines Plakats geht. Die Plakate sollen hierbei von der *Druckfabrik GmbH* gedruckt werden.

Die Anzeige soll im Rahmen der Werbekampagne für die italienische Modemarke „Pazzo!" (übersetzt: verrückt) in verschiedenen Zeitschriften und Zeitungen erscheinen. Die Marke und deren Produkte sind in einigen europäischen Staaten im modischen und mittelpreisigen Bereich angesiedelt und sollen nun auch auf dem deutschen Markt eingeführt werden. „Pazzo!" wünscht eine zielgruppenorientierte Gestaltung und Präsentation der Mode und der Marke. Die Plakataktion soll in Innenstädten und vor Einkaufszentren die Akzeptanz von „Pazzo!" bei der entsprechenden Zielgruppe erhöhen. Wichtig ist dem Unternehmen die Darstellung der aktuellen Mode sowie die Information über die nächstgelegene Möglichkeit, Pazzo!-Kleidung zu erwerben.

18 Anzeigen

Bei der Schaltung einer Anzeige stellt sich im Vorfeld die Frage: „Wer möchte was für wen?" Dabei kann die Aufgabe darin liegen, ein Produkt vorzustellen, die Verkaufszahlen für ein Produkt zu erhöhen, eine Dienstleistung anzubieten oder etwas bekannt zu geben – dies vor allem im amtlichen oder privaten Bereich.

Haben Sie die Frage nach dem Ziel der Anzeige geklärt, bleibt noch, sich mit den Faktoren Flächenaufteilung, Randgestaltung, Farbe, Typografie, Bildwahl sowie der Wertigkeit der Anzeigenelemente zu beschäftigen. Im Folgenden werden einige Anzeigenarten vorgestellt.

18.1 Werbeanzeigen

Werbeanzeigen wollen verkaufen – ob ein oder mehrere Produkte dargestellt werden oder ob es sich um eine Dienstleistung handelt. Daher muss sich die zu erstellende Anzeige von allen anderen unterscheiden.

Diese Unterscheidung gelingt in erster Linie durch die Produktabbildung bzw. einen optischen **Blickfang**.

Ein Bild spricht den Betrachter immer zuerst an.

Diese **Aktivierung** des Betrachters muss innerhalb von Sekundenbruchteilen funktionieren – denken Sie daran, wie kurz die Betrachtungszeit einer Seite beim Durchblättern einer Zeitschrift ist!

Zur Aktivierung können die Vorzüge des Produkts visualisiert, eine im Zusammenhang mit dem Produkt oder der Dienstleistung stehende Situation dargestellt oder ins Gegenteil verkehrt werden.

Sie können mit dem **physikalischen Reiz** arbeiten, indem Sie kräftige Signalfarben verwenden oder Kontraste einsetzen. **Emotionale Reize**, z. B. das Kindchenschema, sprechen das Gefühl des Betrachters an. Der **kognitive Reiz** setzt sich mit dem Erinnerungsvermögen, der Wahrnehmungsfähigkeit und der Erkenntnisfähigkeit auseinander. Der kognitive Reiz darf überraschen und den Betrachter in eine ungewohnte Situation bringen.

Eine Werbeanzeige setzt den vollständigen Einsatz des **AIDA-Prinzips** voraus.

Nicht zuletzt muss der Betrachter alle Möglichkeiten zur Aktion besitzen, d. h., er muss sich weiter informieren (Internet, E-Mail, Telefon) oder den Absender (Adresse) leicht ersehen können.

Gelungene Aktivierung

Auf Anzeigen oder Plakaten etablierter Marken wie z. B. McDonald´s fehlen Adressangaben völlig. Ist dies bei „Pazzo!" auch denkbar? Wie sähe der Fall bei einer völlig unbekannten bzw. bei einer regional bekannten Marke aus? Diskutieren und begründen Sie Ihre Entscheidung.

18.2 Fließtextanzeigen

Im Gegensatz zur Werbeanzeige mit Bild, Grafik und Text muss die **Fließtextanzeige** nur mit Text, allenfalls mit einem Signet oder einem kleinen Bild auskommen. Abgerechnet wird sie nach der Anzahl der Wörter.

Die Fließtextanzeige steht im Spaltenfluss. Die Schriftart entspricht der des inhaltlichen Fließtextes und kann durch Auszeichnung, z. B. bold oder italic, hervorgehoben werden.

Fließtextanzeigen werden nach Rubriken geordnet geschaltet. Darunter fallen Anzeigen für Verkäufe oder Gesuche, Nachhilfe, Dienstleistungen usw. Die Abgrenzung zur nächsten Anzeige erfolgt durch eine Leerzeile, einen Trennstrich oder einen Rahmen.

Bonn-Beuel: gut geschnittenes Eckhaus mit Garage + Garten, 130 m² Wfl., Nachmittagssonne auf Terrasse, 5 Zimmer, 3 Bäder + Gäste-WC, Kelleraußentreppe, sofort frei, 186 000,–, Muster Immobilien IVD, 0228-123456, www.mimmo.de

BN-Buschdorf, Eckhaus, 4 Zi., K, D, 2 Bäder, WC, Grund 173 m², aus '82, 199 000,– €. www.immobilien.de / Bonn 123456

Fließtextanzeigen

18.3 Privatanzeigen

Privat- oder Familienanzeigen finden Sie als Grußanzeige, Dankanzeige oder Bekanntmachung. Die bekanntesten Bereiche sind Geburts-, Hochzeits- und Traueranzeigen. Sie stehen in Zeitungen in einer gesonderten Rubrik.

Beispiele für Privatanzeigen, Bildquelle: General-Anzeiger Bonn

Rahmenelemente wie der schwarze Trauerrand, passende Abbildungen, wie Kreuz, Baby, Storch, Trauringe oder Rosen, sowie **Schmuckelemente** in Form von geschwungenen Linien bestimmen dabei den Charakter der Anzeige.

Die Farbigkeit dieser Anzeigen ist durchgängig in Schwarz-Weiß oder Graustufen gehalten.

18.4 Amtliche Anzeigen

Amtliche Anzeigen dienen der Information über Ausschreibungen aus dem öffentlichen Bereich, Bekanntmachungen von Städten und Gemeinden oder firmenrechtliche Neuigkeiten wie Neueinträge, Veränderungen oder Löschungen aus dem Handelsregister.

14.8 Plakatarten

Ein Plakat ist ein Informations- und Kommunikationsträger, der dem Betrachter in möglichst kurzer Zeit eine Botschaft übermittelt. Dabei liegt die Betrachtungszeit für ein Plakat im Sekundenbereich. Denken Sie an die Standorte für Plakate und an die Betrachtungssituationen: aus dem fahrenden Pkw oder Bus. Viele Plakate stehen an Parkplätzen oder in Einkaufsstraßen. Fast in allen Betrachtungssituationen sind wir in Eile, lenken ein Fahrzeug oder unterhalten uns. Daher muss die Werbebotschaft eines Plakats in Sekundenbruchteilen übertragen werden.

Wortbedeutung „Plakat":

Aus dem französischen Stammwort „plaquer" (belegen, bekleiden) hervorgegangen ist das Substantiv „placard" (Tür, Wandverkleidung; aber auch Anschlagzettel, Aushang).

Das französische Synonym für das deutsche Wort Plakat heißt „affiche". Der englische Begriff „Poster" wird abgeleitet vom Verb „to post" = anschlagen.

Welche Elemente (Text, Bild, Grafik) soll das Plakat enthalten? Was ist wichtiger: Die Produktabbildung und das Logo oder lange Adressangaben sowie weiterführende Informationen?

Die Gestaltung eines Plakates folgt Aussagen wie „**Kiss – Keep it short and simple**", „**Reduce to the max**" oder „**Weniger ist mehr**". Diese Aussagen stehen in direktem Zusammenhang mit den oben angeführten Betrachtungsgewohnheiten für Plakate. Das bedeutet: Ein Plakat muss sofort wirken! Es bleibt also auf Großflächenplakaten nur Platz für die prägnanten Elemente Bild und Text – Produkt und Headline bzw. Logo.

An nebenstehendem Beispiel für ein Großflächenplakat ist zu erkennen, dass die Hauptaussage des Plakates schon ausreichend ist und keine weitere Unterstützung benötigt:

Zu viele Elemente auf einem Plakat verwirren den Betrachter nur und erschweren die Wahrnehmung bzw. die Erfassung der wesentlichen Aussage. Das gilt auch für den Text: Das Beispiel besteht zwar aus Text- und Bildelementen, die Hauptaussage bleibt jedoch optisch prägnant und hervorgehoben.

Prägnante Hauptaussage

Als Faustregel gilt: Der Text eines Großflächenplakats sollte noch aus ca. 30 m Entfernung ohne Anstrengung gelesen werden können!

Beziehen Sie bei der Plakatgestaltung die Sehgewohnheiten der Menschen mit ein. Ein Plakat ist ein „optischer Zwischenfall"! Beachten Sie die Signalwirkung eines Plakats durch Farb- und Bildwahl. Zögern Sie nicht, bekannte Farbkontraste einzusetzen, z. B. gelber Hintergrund und schwarze Schrift für eine hervorragende Fernwirkung.

Darüber hinaus erfassen wir bekannte Muster bzw. gelernte (Seh-)Situationen (z. B. Blickrichtung von oben links nach unten rechts) besser als Unbekanntes. Doch genau diese Muster können **ins Gegenteil** verkehrt werden, wie das Beispiel zeigt: Einen Ball fressenden Löwen sieht man halt nicht alle Tage.

Aktivierung durch ungewohnte Aussage

Drucken Sie Ihren Entwurf auf DIN A3 aus und befestigen Sie ihn in einiger Entfernung an der Wand. Schätzen Sie die Wirkung und die Größenverhältnisse der Gestaltungselemente ab.

Im Folgenden werden sowohl hinterleuchtete als auch nassklebende Plakatarten erläutert.

14.8.1 Großflächenplakat

Ein Großflächenplakat im Format 356 x 252 cm wird auch als 18/1-Plakat (18 einzelne Bogen im Format DIN A1) bezeichnet, obwohl die (Ein-)Teilung des Plakats heute in 4, 6, 8 oder 9 Teilen erfolgt. Die einzelnen Bogen werden bei der Plakatierung zusammengesetzt.

Beim Entwurf des Plakats ist diese Teilung zu berücksichtigen, da die einzelnen Plakatteile leicht überlappend und nicht Stoß auf Stoß geklebt werden. Der Überlappungsbereich liegt zwischen 5 und 20 mm. Wichtige Bildteile oder Plakatelemente wie Texte mit kleineren Schriftgraden sollten daher nicht an den Teilungsgrenzen platziert werden. Darüber hinaus sollte ein genügend großer Kleberand eingehalten werden.

Legen Sie beim Entwurf bzw. bei der Gestaltung am Bildschirm die Einteilung des Plakats zugrunde. Achten Sie darauf, dass die Nahtstellen nicht durch sensible Elemente wie Augen, Mund oder feine Buchstaben laufen.

Das Großflächenplakat ist mit ca. 190 000 Anschlagflächen deutschlandweit der am weitesten verbreitete Werbeträger und wird an Straßen, Plätzen, Fußgängerzonen und Parkplätzen vor Einkaufsmärkten eingesetzt. Buchbar sind Plakatflächen meist in **Dekaden**, also im Rhythmus von 10 Tagen.

14.8.2 Superposter

Ein Superposter weist das Format 526 x 372 cm auf und wird an beleuchteten Hauswänden angebracht. Es besteht aus 40/1-Bogen und wird im Nassklebeverfahren zusammengesetzt.

14.8.3 4/1-Plakat für Litfaßsäule

Eine Litfaßsäule wird auch als Ganzsäule oder Ganzstelle bezeichnet, wenn sie nur von einem Werbetreibenden benutzt wird. Die nutzbare Plakatfläche beträgt für 4/1-Bogen 119 x 168 cm und für die weitere mögliche Größe von 6/1-Bogen 119 x 252 cm.

Die Litfaßsäule ist nach ihrem Erfinder, dem Berliner Drucker Ernst Theodor Amandus Litfaß, benannt, der 1854 in Berlin die erste Säule dieser Art aufstellte. Mittlerweile gibt es sie – neben der klassischen Variante zum Bekleben – auch als Magnet- oder City Light Säule.

Beispiel Litfaßsäule *Beispiel Magnetsäule* *Beispiel City Light Säule*

Ganzstelle und Allgemeinstelle:
Im Gegensatz zur Ganzstelle, die nur von einem Werbetreibenden belegt wird, wird die Allgemeinstelle von mehreren Werbern benutzt. Allgemeinstellen können Tafeln oder Litfaßsäulen sein, auf denen mehrere Plakate gleichzeitig angebracht sind.

Nassklebeverfahren

Zur Vorbereitung auf die Klebung werden die Plakate in Wasser eingeweicht und anschließend im nassen bzw. feuchten Zustand plakatiert.

Das Papier muss reißfest bleiben, damit es zur leichteren Plakatierung auf dem Werbeträger noch verschoben werden kann. Darüber hinaus darf sich das Papier nicht allzu weit durch die Aufnahme von Wasser ausdehnen. Hierbei ist auch die Laufrichtung zu beachten: Da sich das Papier quer zur Laufrichtung stärker ausdehnt, müssen alle Plakatbogen die gleiche Laufrichtung aufweisen.

Das Flächengewicht für Plakatpapiere liegt bei ca. 110 bis 120 g/m^2.

Da für die Klebung Klebekanten vorgesehen sind, muss das Papier ausreichend opak sein, darf also an diesen Stellen nicht durchscheinen. Daher sind vor allem Papiere mit einem Oberflächenstrich geeignet (Affichenpapier), nicht jedoch Bilderdruck-, Chromo-, Glanz- und Kunstdruckpapiere.

14.8.4 Backlights

Backlight-Plakate werden hinter Glas in beleuchteten Vitrinen aufgehängt. Da das Papier in der Vitrine durchleuchtet wird, muss es eine geringe Opazität besitzen. Dabei darf es jedoch keine Wolkigkeit aufweisen (sichtbare Verteilung des Papierstoffs).

Im Gegensatz zum City Light Poster sind Backlight-Plakate kleiner (ca. 69 x 102 cm). Die Backlights werden mit Rahmen und Leuchtmitteln, z. B. LEDs, angeboten und finden ihren Einsatz häufig für Kinoplakate.

14.8.5 City Light Poster (CLP)

CLPs weisen das Format 118,5 x 175 cm auf. Sie werden in beleuchtete Vitrinen an Bushaltestellen oder Informationsanlagen gehängt. Im Gegensatz zu Großflächenplakaten muss die Anlieferung, ebenso wie bei Backlight-Plakaten, in einem Stück und ungefalzt erfolgen, da die Falzlinien den hochwertigen Eindruck zerstören würden. Informieren Sie sich beim Fachverband Aussenwerbung e.V. über aktuelle Zahlen und Fakten rund um die Plakatwerbung.

www.faw-ev.de
www.wall.de
www.awk.de

City Light Poster am Einsatzort Haltestelle
Bildquelle: Wall AG©

14.8.6 City Light Poster-Säulen (CLS)

Beispiel für eine City Light Säule
Bildquelle: Wall AG©

CLS sind verglaste und hinterleuchtete Ganzstellen bzw. Ganzsäulen, die sich teilweise auch drehen können. Das Format der Plakate beträgt 118,5 x 175 cm und 118,5 x 350 cm. Dabei beträgt die sichtbare Fläche nach der Befestigung ca. 115 x 171 bzw. 115 x 343 cm.

14.8.7 Megalights/City Light Boards (CLB)

CLBs sind hinterleuchtete und durch Glas geschützte Vitrinen für Großflächenplakate, welche mit einem Wechselmechanismus ausgestattet sind. Dies ermöglicht eine Belegung durch mehrere Kunden.

Beispiel für ein City Light Board. Bildquelle: Wall AG©

Neben der Gestaltung sind auch technische Richtlinien wie Bedruckstoffqualität und Farbechtheit bei der Herstellung von Plakaten vor allem für die Außenwerbung zu beachten. Bedenken Sie dabei die Umwelteinflüsse wie Wind, Regen und Sonne, denen die Plakate ausgesetzt sind!

Papier-Anforderungen für hinterleuchtete Plakate
Für City Light Poster sollte zweiseitig gestrichenes Offsetpapier mit mindestens 135 g/m² verwendet werden. Für Mega Light oder City Light Boards muss ein Papier mit mindestens 150 g/m² gewählt werden.

19 Marketing

Eine Anzeige wie die von „Pazzo!" ist immer in eine größere Werbestrategie eines Unternehmens eingebunden. Um eine Anzeige wirkungsvoll zu gestalten, muss sie natürlich schlüssig in diese Strategie eingebunden werden. Deswegen müssen Sie sich mit der Zielgruppendefinition und der Positionierung der Marke „Pazzo!" zunächst genauer befassen, um die richtigen Entscheidungen bei der Anzeigengestaltung zu treffen.

Marketing bezeichnet alle auf den Markt bezogenen Aktivitäten eines Unternehmens, also das Bestreben, durch seine Produkte und Dienstleistungen Kundenbedürfnisse optimal zu befriedigen und so seine Umsatz- und Gewinnziele zu erreichen.

Marketing findet im Unternehmen auf zwei Ebenen statt. Die erste Ebene stellt das **strategische Marketing** dar. Hier werden grundsätzliche Entscheidungen bezüglich der marktgemäßen Ausrichtung des Unternehmens und seiner Leistungen getroffen. Man spricht hier von **Marktbearbeitungsstrategien**.

Die zweite Ebene ist das **operative Marketing**, also das Ergreifen von gezielten und konkreten Maßnahmen bezogen auf den Absatz von Produkten und Dienstleistungen. Diese konkreten Maßnahmen finden sich im sogenannten **Marketing-Mix** wieder.

Vgl. LS 14, 19.2

19.1 Strategisches Marketing

Die **Marktbearbeitungsstrategien** sind, wie bereits oben dargestellt, dem strategischen Marketing zuzuordnen. Zwei dieser Strategien werden im Folgenden erläutert.

19.1.1 Produktpositionierung

Ein zentraler Aspekt bei der Neueinführung eines Produkts oder einer Dienstleistung ist die Positionierung am Markt **(Konkurrenzanalyse)**. Hierbei werden die Merkmale gleichartiger Produkte oder Dienstleistungen verglichen. Ziel ist hierbei, eine **Marktposition** festzulegen und ein Produkt oder eine Dienstleistung im Gesamtmarkt einzuordnen. Dabei erkennt man, ob es in der Position, in der man sich am Markt etablieren will, Mitbewerber gibt und ob man sich genügend von diesen abgrenzt. Ist die Abgrenzung sehr deutlich vorhanden, ergibt sich ein sogenannter komparativer Konkurrenzvorteil, im englischen Sprachgebrauch auch **unique selling position** (USP) genannt. Auf diese Weise kann das Unternehmen z. B. erkennen, ob ein Produkt oder eine Dienstleistung am Markt Erfolg haben kann oder ob es an der entsprechenden Marktposition bereits zu viele Mitbewerber gibt.

Die unten stehende Matrix zeigt die Marktpositionen von Wettbewerbern, also unterschiedlicher Modemarken, die sich bereits am Markt etabliert haben:

	exklusiv		
klassisch	Chanel Escada, Boss, Joop Hilfiger Betty Barclay	 Esprit	S. Oliver **Pazzo!** Street One H & M, Primark	**jung**
	preisgünstig		

19.1.2 Marktsegmentierung

Um einen gezielten Einsatz der Marketinginstrumente zu ermöglichen, wird ein Markt in mehrere Teilmärkte aufgeteilt. Diese Aufteilung nennt sich **Marktsegmentierung**. Mit der Festlegung des zu bearbeitenden **Marktsegments** bestimmt man somit die Käufergruppe (**Zielgruppe**), die man mit dem Produkt oder der Dienstleistung und den damit verbundenen verkaufsfördernden Maßnahmen erreichen will.

Für die Marke „Pazzo!" ist die Marktsegmentierung unter anderem wichtig, damit die Mode nach den ästhetischen Bedürfnissen der Zielgruppe gestaltet werden kann und sich der Preis an deren Budget innerhalb des verfügbaren Einkommens für Mode orientiert. Entscheiden Sie sich deshalb für eine geeignete Segmentierungsstrategie.

Ein Marktsegment muss immer **intern homogen** und **extern heterogen** sein.

Interne Homogenität

> Intern homogen: Innerhalb eines Marktsegments reagieren die Käufer in gleicher Weise auf Marketingmaßnahmen, z. B. auf Preisgestaltung, Produktgestaltung oder Mediennutzung.

Ein Mobilfunkunternehmen segmentiert den Markt nach dem Lebensalter, weil es einen besonderen Tarif auf den Markt bringen will, mit dem das Versenden von SMS besonders kostengünstig ist. Diese Leistung soll vor allem Jugendliche und junge Erwachsene ansprechen, weil diese häufig das Kommunikationsmittel SMS nutzen.

Externe Heterogenität

> Extern heterogen: Ein Segment grenzt sich bezogen auf die Merkmale der Käuferschicht zu anderen Segmenten hin deutlich ab.

Ein Automobilhersteller segmentiert den Markt nach dem Familienstand (Singles, Paare, Familien), um die Fahrzeuge auf den Bedarf der entsprechenden Käuferschichten abzustimmen, denn die Bedürfnisse einer Familie, was die Eigenschaften eines Kfz betrifft, grenzen sich in der Regel von denen eines Singles ab. Die Segmente sind somit extern heterogen.

Es gibt unterschiedliche Möglichkeiten, einen Markt zu segmentieren:

- geografisch
- demografisch
- sozio-ökonomisch
- psychgrafisch

19.1.2.1 Geografische Marktsegmentierung

Eine Marktsegmentierung nach geografischen Kriterien wird vorgenommen, wenn das Kaufverhalten aufgrund von sozialen und ökonomischen Merkmalen wie

- soziale Schicht,
- Einstellungen oder
- Einkommen

mit den Wohnorten von Zielgruppen zusammenhängt oder die Leistungen eines Unternehmens sich nur auf ein bestimmtes Gebiet konzentrieren.

Ein Sportgeschäft in Gelsenkirchen will mit einer Zeitungsanzeige über Sonderangebote informieren. Die Zielgruppe ist auf die Bevölkerung der Stadt begrenzt, weil in den benachbarten Städten andere Sportgeschäfte existieren, die deren lokale Märkte bedienen. Die Anzeige erscheint deshalb lediglich in den Lokalteilen der in Gelsenkirchen erscheinenden Zeitungen.

> In Städten und Regionen mit hoher Arbeitslosigkeit, wie z. B. im Ruhrgebiet oder in Ostdeutschland, haben die Einwohner andere Konsumgewohnheiten als in Städten und Regionen mit hohen Durchschnittseinkommen (z. B. Hamburg). Auch Lebensgewohnheiten und Einstellungen sind häufig vom Wohnort abhängig (Städte vs. ländliche Regionen). Entsprechend müssen die Maßnahmen des operativen Marketing (wie angebotene Waren und Dienstleistungen, Werbung, Vertrieb usw.) auf das jeweilige Gebiet abgestimmt werden.

Eine in der Praxis häufig angewandte geografische Marktsegmentierung ist die Unterteilung Deutschlands in sogenannte **Nielsen-Gebiete**:

Nielsen-Gebiete
Gebiet 1: Hamburg, Bremen, Schleswig-Holstein, Niedersachsen
Gebiet 2: Nordrhein-Westfalen
Gebiet 3a: Hessen, Rheinland-Pfalz, Saarland
Gebiet 3b: Baden-Württemberg
Gebiet 4: Bayern
Gebiet 5: Berlin
Gebiet 6: Mecklenburg-Vorpommern, Brandenburg, Sachsen-Anhalt
Gebiet 7: Thüringen, Sachsen

Man findet die Nielsen-Segmentierung beispielsweise bei der Nutzung von Großflächen-Werbung. Hier kann man mithilfe der Nielsen-Segmentierung die Belegung und Kosten der Plakatwerbung in bestimmten Nielsengebieten planen. Dies ist deshalb von Bedeutung, weil eine bestimmte Belegung von Großflächen empfohlen wird (in der Regel eine Fläche auf 3 000 Einwohner). Da die einzelnen Nielsengebiete unterschiedlich dicht besiedelt sind, entstehen somit in diesen (geografischen) Marktsegmenten unterschiedlich hohe Kosten.

Des Weiteren führen Unternehmen eine geografische Marktsegmentierung durch, wenn sie ihre Leistungen nur in einem begrenzten Raum anbieten wollen oder können. Die Zielgruppe wird hierbei z. B. vom Wohnort der potenziellen Nachfrager bestimmt.

19.1.2.2 Segmentierung nach demografischen Kriterien

Die Segmentierung nach demografischen Kriterien bezieht sich auf die Bestimmung von Zielgruppen mithilfe der Kriterien
- Alter,
- Geschlecht und
- Familienstand.

Diese Segmentierung ist insofern sinnvoll, als dass Bedürfnisse, Kaufverhalten oder Mediennutzung durch o. g. Kriterien beeinflusst werden. Die Produkte und Dienstleistungen von Unternehmen müssen somit hierauf abgestimmt werden. Auch der Einsatz und die Gestaltung von Medien, beispielsweise für Werbung, müssen unter Beachtung der demografischen Merkmale der Zielgruppe geplant werden.

19.1.2.3 Segmentierung nach sozio-ökonomischen Kriterien

Sozio-ökonomische Kriterien setzen sich aus soziografischen und ökonomischen Kriterien zusammen.

sozio-ökonomische Kriterien	
soziografische Kriterien	ökonomische Kriterien
• Schulbildung • Berufsausbildung • Beruf	• Einkommen • Vermögen • Verschuldung

Soziografische und ökonomische Kriterien hängen eng zusammen, denn die Schulbildung und die Berufsausbildung beeinflussen das Einkommen und somit auch das Vermögen. Deshalb werden diese zusammengefasst. Die Bedeutung dieser Segmentierungskriterien für die Zielgruppenbestimmung zeigt folgendes Beispiel:

Die Produkte eines Automobilherstellers im Premium-Segment richten sich an besser Verdienende. Zeitungsanzeigen werden besonders in der Frankfurter Allgemeinen Zeitung (FAZ) und in der Süddeutschen Zeitung (SZ) geschaltet: Diese Zeitungen werden bevorzugt von besser verdienenden Lesern mit höherem Bildungsabschluss gelesen.

19.1.2.4 Segmentierung nach psychografischen Kriterien

Psychografische Kriterien berücksichtigen in der Persönlichkeitsstruktur einer Person begründete, grundlegende Einstellungen, Meinungen und Interessen. Diese können genetisch veranlagt oder im Laufe des Lebens durch das soziale Umfeld, also durch Familie, Freunde oder Beruf, gelernt und verändert worden sein.

Segmentierung nach Lebensstil-Kriterien

Eine Methode ist in diesem Zusammenhang die Segmentierung nach **Lebensstil-Kriterien**. Diese ist durch bestimmte Verhaltenseigenschaften einer Zielgruppe wie z. B. Freizeitverhalten, Einkommen, Konsumverhalten oder Einstellungen zur Arbeit, Beruf und Familie gekennzeichnet Man spricht deshalb auch von einem hybriden (=gemischten, gekreuzten) Segmentierungsansatz. Insofern fließen hier auch demografische und sozio-ökonomische Kriterien ein.

Eine weitverbreitete Methode der Marktsegmentierung nach Lebensstil-Kriterien ist die **Sinus-Milieu-Analyse**. Die Sinus-Milieu-Analyse wird seit Beginn der 1980er-Jahre von führenden Markenartikel-Herstellern für das strategische Marketing, die Produktentwicklung und die Kommunikation genutzt. Auch Medienunternehmen (z. B. TV-Sender) und Werbeagenturen nutzen diese Art der Segmentierung für die Optimierung ihres Media-Einsatzes.

Die Sinus-Milieu-Analyse ist präziser als eine reine Zuordnung nach Einkommen, weil innerhalb der jeweiligen Einkommensschichten unterschiedliche Lebensweisen und Einstellungen gegeben sind. Dies wiederum hat Einfluss auf das Konsumverhalten und die Mediennutzung. So können genauere Eingrenzungen der Zielgruppen vorgenommen werden, um Produkte und Werbekampagnen gezielter auf eine Zielgruppe zuzuschneiden.

Der verheiratete selbstständige Handwerksmeister mit zwei Kindern, der einen großen Handwerksbetrieb führt, ist der gleichen Einkommensschicht wie eine ledige kinderlose Akademikerin in leitender Position eines großen Unternehmens zuzuordnen. Beide fahren ein Automobil der oberen Mittelklasse, die Anforderungen hieran sind jedoch unterschiedlich. Der Handwerksmeister fährt einen Audi A6, weil er Platz für die Familie benötigt, die Akademikerin fährt einen Porsche Boxter. Der Handwerksmeister ist Abonnent einer regionalen Tageszeitung, die Akademikerin liest die „Süddeutsche Zeitung".

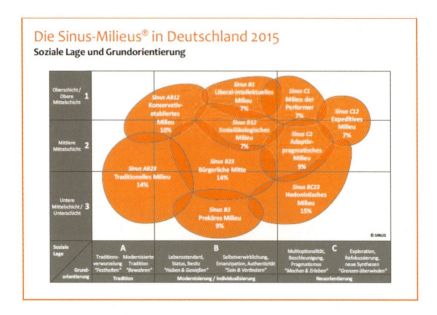

Die einzelnen Sinus-Milieus gruppieren Personen, die sich in ihrer Lebensauffassung und Lebensweise ähneln. Bildquelle: Sinus Sociovision©, Heidelberg

Die Abgrenzung der einzelnen Milieus wird durch die sogenannte **strategische Landkarte** dargestellt. Sie werden dort durch eine Werteachse (Ordinate) und eine Schichtachse (Abszisse) bestimmt.

Die Werteachse ist in die Bereiche „Tradition" „Modernisierung/Individualisierung" und „Neuorientierung" eingeteilt. Das bedeutet, je weiter rechts ein Milieu angesiedelt ist, desto moderner sind die Werteorientierungen der Personen, die diesen Milieus zugeordnet sind.

Die Schichtachse gibt die Zugehörigkeit zu einer sozialen Schicht wieder. Diese wird durch Eigenschaften wie Einkommen und Bildung bestimmt. Je höher ein Milieu auf der Abszisse steht, desto höher ist auch die soziale Schicht, der die Mitglieder des entsprechenden Milieus angehören.

 Im hedonistischen Milieu findet man eine moderne Grundorientierung und eine niedrige soziale Schicht. Es befindet sich deshalb in der strategischen Landkarte unten rechts.

Kurzcharakteristika der Sinus-Milieus

Konservativ-etabliertes Milieu

Konservativ-etabliertes Milieu
Das erfolgsorientierte und standesbewusste klassische Establishment. Liebt exklusiven Konsum. Erhebt Exklusivitäts- und Führungsansprüche und folgt einer klaren Verantwortungsethik. Bildungs-, kultur-, erfolgs- und leistungsorientiert, schätzt traditionelle Werte wie Ordnung und Disziplin.

Liberal-intellektuelles Milieu

Liberal-intellektuelles Milieu
Die aufgeklärte, liberale Bildungselite mit ausgeprägtem Bewusstsein von sozialer Verantwortung. Geprägt von postmateriellen Werten und vielfältigen intellektuellen Interessen. Strebt Nachhaltigkeit und Gerechtigkeit ebenso an wie Leistung, Genuss und Selbstverwirklichung.

Milieu der Performer

Milieu der Performer
Die effizienzorientierte, mobile Leistungselite mit global-ökonomischem Denken. Multioptional, fortschritts- und leistungsorientiert. Konsum- und Stil-Avantgarde mit hoher IT- und Multimedia-Kompetenz, klarem Selbstbestimmungsstreben und einem Hang zum Risiko. Anspruchsvoller Konsum.

Expeditives Milieu

Expeditives Milieu
Die ambitionierte kreative und digitale Avantgarde, stets auf der Suche nach neuen Erfahrungen. Sehr mobil und online sowie offline gut vernetzt. Streben nach Erfolg, Weiterbildung und Distinktion, aber auch nach Spaß und Genuss.

Bürgerliche Mitte

Bürgerliche Mitte
Der bürgerliche Mainstream mit hoher Leistungs- und Anpassungsbereitschaft. Generelle Akzeptanz der gesellschaftlichen Ordnung. Verfolgt den Ausbau und Erhalt des sozialen Status, sehr sicherheits- und harmonieorientiert. Hohe Wertschätzung von Familie und Gemeinschaft. Streben nach Lebensqualität.

Adaptiv-pragmatisches Milieu

Adaptiv-pragmatisches Milieu
Die pragmatische, moderne junge Mitte der Gesellschaft. Nutzenorientiert und zielstrebig, zugleich hedonistisch orientiert. Strebt einerseits nach größtmöglicher Flexibilität, andererseits aber auch nach Sicherheit und einem festen Platz in der Gesellschaft. Moderner Lifestyle.

Sozialökologisches Milieu

Sozialökologisches Milieu
Das ökologische und soziale „Gewissen der Gesellschaft". Große Affinität zu Nachhaltigkeit, Genuss und Sinnlichkeit. Grundwerte: Globalisierungs-Skeptiker, Political Correctness, Gerechtigkeit, soziale Verantwortung, Bildung und Toleranz.

 Traditionelles Milieu	**Traditionelles Milieu** Die genügsame, Sicherheit und Ordnung liebende Kriegs-/Nachkriegsgeneration. Verankert in Tradition und Bewährtem. Schätzt Werte wie Pflicht, Verlässlichkeit und Treue. Religion spielt oft eine zentrale Rolle.
 Prekäres Milieu	**Prekäres Milieu** Die sozial benachteiligte, Teilhabe suchende bildungsferne Schicht. Geprägt von Zukunftsängsten und Ressentiments gegenüber der restlichen Gesellschaft, von geringen Aufstiegsperspektiven und einer reaktiven Grundhaltung. Kompensationsversuch durch „Anschluss Halten" im Konsumbereich.
Hedonistisches Milieu	**Hedonistisches Milieu** Die unkonventionelle, moderne Unterschicht/untere Mittelschicht mit hoher Spaß- und Erlebnisorientierung. Lebt im Moment, widersetzt sich den Verhaltenserwartungen der Leistungsgesellschaft; strebt nach Action, Freiheit, extremen Erfahrungen und „Coolness". Eher spontaner Konsum.

Quelle: SINUS Markt- und Sozialforschung GmbH, Heidelberg

 Die einzelnen Milieus bieten Informationen und Entscheidungshilfen bei der Abstimmung des Bekleidungssortiments der Marke „Pazzo!" sowie mögliche von Ihrer Agentur zu organisierende Werbemaßnahmen in Bezug auf die Zielgruppe.

Segmentierung nach Werthaltungen

Bei der Segmentierung nach Lebensstil-Kriterien, also der Sinus-Milieu-Analyse, sucht man nach bestimmten gleichartigen Verhaltensmerkmalen von Zielgruppen und versucht, daraus Erkenntnisse bezüglich der Reaktion auf Werbebotschaften oder Produktbedarfe abzuleiten, ohne dabei nach den Ursachen für diesen Lebensstil zu suchen. Diese Methode wird hauptsächlich beim Einsatz von TV-Werbung angewendet. Eine wichtige Frage, die so beispielsweise beantwortet werden kann, ist: Wo platziere ich meine Werbung am besten, damit diese von meiner Zielgruppe wahrgenommen werden kann?

 Es soll Werbung für einen Energie-Riegel gesendet werden. Zielgruppe sind Outdoor- und Trendsportler wie Kletterer, Mountainbiker, Snowboarder, Windsurfer oder Kiter. Welche TV-Formate schauen sich diese Personen an?

Je ähnlicher sich zum Beispiel das Publikum eines bestimmten TV-Formates und die zu erreichende Zielgruppe in ihren Werteorientierungen sind, desto „offener" sind diese für die Werbebotschaften und desto stärker ist der Impact (die Auswirkung) auf die Kaufbereitschaft.

Quelle: http://www.tns-infratest.com/Kernkompetenzen/brand-communication_Semiometrie.asp,abgerufen am 25.04.2016

Das Marktforschungsinstitut *TNS Infratest* hat in einer groß angelegten, repräsentativen und anonymen Befragung Personen 210 Begriffe bewerten lassen:

Mithilfe der Bewertung dieser Begriffe soll ein Rückschluss auf die Werthaltung einer Person gezogen werden. Diese Vorgehensweise basiert auf der Erkenntnis, dass Zeichen (also auch Begriffe) für jede Person eine bestimmte Bedeutung haben und insofern auch emotionale Reaktionen hervorrufen. Die von den befragten Personen zugeschriebenen Bewertungen eines Begriffs wiederum basieren auf der Werthaltung einer Person.

Das ist Paul

Paul

- ist männlich
- ist mittleren Alters
- hat eine gehobene Bildung
- hat ein höheres Einkommen
- ist verheiratet
- hat zwei Kinder

➔ **Und Paul fährt Mercedes!**

 TNS Infratest
Semiometrie Inside
© TNS 2016

Das ist Mark

Genau wie Paul, ist Mark

- männlich
- mittleren Alters
- hat eine gehobene Bildung
- hat ein höheres Einkommen
- ist verheiratet
- hat zwei Kinder

➔ **Aber Mark fährt BMW!**

 TNS Infratest
Semiometrie Inside
© TNS 2016

Quelle: TNS Infratest 2016

Gleiche Demografie, aber unterschiedliche Wertewelten

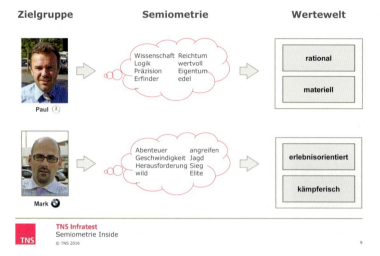

Diese Vorgehensweise heißt **Semiometrie**: Man zieht einen Rückschluss aus der Bewertung von Begriffen (also Zeichen) auf die Werthaltung einer Person. Je nach Werthaltung eines Untersuchungsteilnehmers ergeben sich sogenannte überbewertete (als positiv empfundene) und unterbewertete (als negativ empfundene) Begriffe.

 Semiometrie ist die Messung von Werthaltungen auf der Basis der Semiotik.

Diese im Rahmen der Befragung verwendeten Begriffe sind in einem zweidimensionalen Raum vier Polen zugeordnet (**Basismapping**). Die befragten Personen stellen dabei den Bevölkerungsquerschnitt dar und sind somit **repräsentativ**.

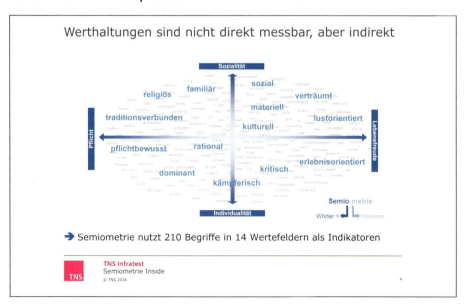

Quelle: TNS Infratest 2016

Das Wort „Herausforderung" hat einen starken Bezug zu den beiden Polen „Individualität" und „Lebensfreude". Es liegt im Basismapping deshalb unten rechts und gilt auch als Begriffsfeld, das von Trendsportlern stark besetzt ist.

Bei der Auswertung der Befragung konnten dann mehrere „Begriffsbündel" identifiziert werden, die immer wieder von mehreren befragten Personen überbewertet (also positiv bewertet) wurden. Man kann daraus schließen, dass Personen mit gleicher Werthaltung auch immer wieder bestimmte Begriffe überbewerten. Auf diese Weise ergibt sich ein sogenanntes **Wertefeld**. Hinter einem Wertefeld stecken Personen mit gleicher Werthaltung, die eine Zielgruppe bilden, auf die dann Produkte, Dienstleistungen oder Werbemaßnahmen abgestimmt werden können.

Eine Vielzahl der befragten Personen hat Begriffe überbewertet, die einer familiären Werthaltung zuzuordnen sind. Das Wertefeld „familiär" wird hierbei durch die folgenden Begriffe gebildet:

Wertefeld	Begriffe
familiär	Kindheit, Friede, Treue, mütterlich, Eigentum

Nochmals zur Klarstellung: Es ist hier nicht von Bedeutung, welche *konkreten* Personen die Begriffe überbewertet haben. Wichtig ist, dass es offensichtlich eine Bevölkerungs*gruppe* gibt, die eine familiäre Werthaltung hat. Beispiel: Wertefelder von IKEA-Kunden:

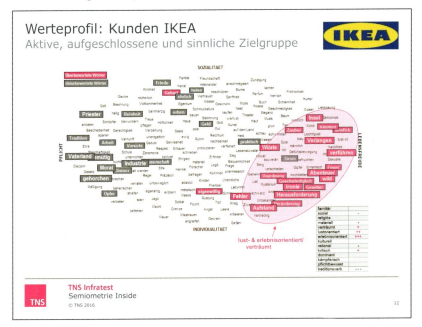

Quelle: TNS Infratest 2016

Neben der Bewertung der Begriffe werden im Rahmen der jährlich aktualisierten Befragung noch weitere Daten erhoben: Die befragten Personen machen zusätzliche Angaben zu ihrem TV-Konsum und zur Markennutzung.

TV Konsum:
Die befragten Personen machen Angaben zum Konsum von 110 Fernsehformaten, also wie oft z. B. die „Tagesthemen" gesehen werden.

Markennutzung:
Die befragten Personen nennen zudem aus verschiedenen Produkt- bzw. Dienstleistungsbereichen Marken, die sie bevorzugen, weniger bevorzugen oder auch gar nicht nutzen.

Aus einem ausgefüllten Fragebogen einer Person kann man somit eine bestimmte Werthaltung in Zusammenhang mit Markennutzung und TV-Konsum stellen. Hieraus ergeben sich aus Sicht der Produktpolitik und der Mediaplanung interessante Erkenntnisse.

Das Ziel ist somit, einen Zusammenhang zwischen der Werhaltung, Markennutzung und TV-Konsum herzustellen. So kann man etwa prüfen, ob die regelmäßigen Zuschauer einer Sendung und diejenigen, für die eine Marke infrage kommt, ähnliche Wertesysteme haben und worin ggf. diese Ähnlichkeit besteht. Es werden für beide Zielgruppen nur die überbewerteten Begriffe angezeigt. Dies lässt sich beispielsweise an IKEA-Kunden zeigen:

Werteprofil: Kunden IKEA
Aktive, aufgeschlossene und sinnliche Zielgruppe

	Kunden IKEA
familiär	
sozial	--
religiös	
materiell	--
verträumt	+
lustorientiert	++
erlebnisorientiert	+++
kulturell	
rational	--
kritisch	+
dominant	
kämpferisch	
pflichtbewusst	
traditionsverbunden	- - -

- Kunden von IKEA erweisen sich als ausgeprägt erlebnis- und lustorientierte Zielgruppe.
- Es handelt sich um spontane, dynamische und aktive Menschen, die das Leben genießen, die eigenen Träume leben und offen für neue Herausforderungen sind.
- Die verträumte Grundhaltung steht zudem für Intuition, Idealismus und Sinnlichkeit.
- Traditionelle Werte werden dagegen deutlich abgelehnt. Dieser Personenkreis sucht lieber nach neuen Erfahrungen als starr an bewährten Verhaltensweisen und Ritualen fest zuhalten.
- Entsprechend werden Unternehmen und Marken geschätzt, die für Modernität, Dynamik, Emotionen und Individualität stehen.
- In der Kundenansprache sollten diese Aspekte daher eine wichtige Rolle spielen.
- Das beginnt bereits beim Sprachstil, in dem mit der Zielgruppe kommuniziert wird, geht über die Gestaltung von Werbemitteln bis hin zur Auswahl passender Media-Umfelder.
- Fokussierte Markenführung bedeutet letztlich, sämtliche Aktivitäten systematisch und konsequent auf die spezifische Wertewelt der anvisierten Zielgruppe auszurichten!

Charakterisierung von Zielgruppen über die Wertefelder anhand eines Indexsystems:
+ = 2 überbewertete Begriffe - = 2 unterbewertete Begriffe
++ = 3 überbewertete Begriffe -- = 3 unterbewertete Begriffe
+++ = 4+ überbewertete Begriffe --- = 4+ unterbewertete Begriffe

TNS Infratest
Semiometrie Inside
© TNS 2016

Quelle: TNS Infratest 2016

Die Semiometrie kann wichtige Erkenntnisse bei der Mediaplanung liefern. So ist es für ein Unternehmen möglich,

- die Werthaltungen seiner Zielgruppen zu identifizieren und TV-Werbung in den Fernsehformaten zu senden, die von der Zielgruppe gesehen werden,
- den Inhalt der Werbebotschaft und die Gestaltung der Werbeträger auf die Werthaltungen der Zielgruppe abzustimmen,
- die Marktposition der eigenen Marken innerhalb der Wertefelder zu analysieren und die Marken im Umfeld der Wettbewerber (im gleichen oder in einem anderen Wertefeld) zu positionieren.

20 Farbtechnologie

Für die Anzeigen- bzw. Plakatgestaltung – wie für alle anderen Drucksachen – ist die Kenntnis über Farbe von entscheidender Bedeutung. Gelieferte Dateien, Digitalfotografien oder eingescannte Vorlagen in Form von Dias oder Fotos liegen meist nicht im Farbraum des Ausgabegerätes vor und müssen spätestens vor dem Druck angepasst werden.

Je genauer diese Anpassung aufgrund der folgenden Informationen im Umgang mit Farbe erfolgt, desto eher entspricht die Reproduktion der Vorlage.

20.1 Geräteabhängige Farbräume

Die im Herstellungsprozess verwendeten Farbmischsysteme **RGB** (additiv) und **CMYK** (subtraktiv) sind jeweils an ihre Ein- und Ausgabegeräte gebunden und damit geräteabhängig.

Scanner
Jeder Scanner scannt die gleiche Vorlage mit anderen Farbwerten ein. Das liegt an der Bauart des Scanners – Flachbett oder Trommelscanner – bzw. den verwendeten Komponenten wie CCD-Elemente oder Photomultiplier, der Qualität und dem Alter der Lichtquelle oder den dichroitischen (halbdurchlässigen) Spiegeln und Farbfiltern im Trommelscanner. Nicht zuletzt liegt es an der Qualität des Analog-Digital-Wandlers und der Scansoftware, die letztendlich den Farbwert des jeweiligen Pixels berechnet. Das Gleiche gilt für die Digitalkamera.

Monitor
Trotz Kalibrierung und Profilierung von Monitoren stellt jeder Monitor die gleiche Bilddatei unterschiedlich dar. Die Geräteabhängigkeit entsteht durch die Technologie des Monitors, die verwendeten Bauteile, die Hintergrundbeleuchtung sowie Alter des Monitors.

Drucker
Neben dem Hersteller – wie beim Scanner oder Monitor auch – sind vor allem Technologie, Farbe und Bedruckstoff die Komponenten, welche zur Geräteabhängigkeit von CMYK führen.

Öffnen Sie die gleiche Bilddatei auf verschiedenen – am besten nebeneinanderstehenden – Monitoren und beurteilen Sie den Farbeindruck. Farbstiche der Monitore lassen sich erkennen, wenn Sie einen neutralen, grauen Hintergrund einstellen und die Wirkung vergleichen.

20.1.1 Additive und subtraktive Farbmischsysteme

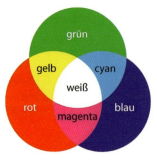

Additive Farbmischung

Subtraktive Farbmischung

Die Grundfarben der additiven Farbmischung sind die **Hauptspektralbereiche** des Spektrums Rot, Grün und Blau (RGB). Hier werden Lichtfarben gemischt. Dieses Farbmodell wird für die Technik von Monitor, Scanner, Digitalkamera und Beamer verwendet. Werden diese Farben in einem Punkt zusammengeführt, addieren sich die Helligkeitswerte zu Weiß. Entsprechende Farbmischungen ergeben sich, wenn nur zwei Grundfarben der additiven Farbmischung addiert werden.

Die Grundfarben der subtraktiven Farbmischung sind die Mischfarben erster Ordnung der additiven Farbmischung: Cyan, Magenta und Gelb. Hier werden sogenannte Körperfarben zur Farbdarstellung verwendet: Druckfarbe, Tinte, Toner usw. Werden diese Farben in einem Punkt zu jeweils gleichen Teilen zusammengemischt, ergibt sich theoretisch Schwarz (dazu jedoch mehr in Abschnitt 20.1.2). Entsprechende Farbmischungen ergeben sich, wenn nur zwei Grundfarben der subtraktiven Farbmischung gemischt werden.

20.1.2 Ideal- und Realfarben

Die im Folgenden dargestellten Abbildungen zeigen die Ideal-Remission von Cyan, Magenta und Gelb.

 Remission = Diffuses Zurückstrahlen von Licht.

Analog zum 6-teiligen Farbkreis müssten, um ein reines Cyan zu erhalten, nur der blaue und der grüne Farbbereich (von 380 bis 575 nm) einerseits zu 100 % remittieren (= das aufgestrahlte weiße Licht zurückstrahlen) und andererseits in ihren Wellenlängen exakt voneinander getrennt sein. Der rote Farbbereich müsste zu 100 % absorbiert (= verschluckt) werden.

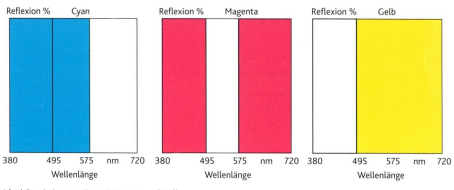

Ideal-Remission von Cyan, Magenta und Gelb

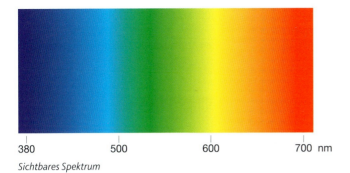

Sichtbares Spektrum

Wie in obiger Abbildung zu sehen ist, können die einzelnen Spektralbereiche jedoch nicht ohne Weiteres exakt voneinander getrennt werden: Die Übergänge sind fließend. Trotzdem werden von der CIE (Commission internationale de l'éclairage) folgende Zuordnungen vorgenommen:

Innerhalb des sichtbaren Spektrums von ca. 380 bis 780 nm liegt Rot zwischen 625–740 nm, Grün zwischen 520–565 nm und Blau zwischen 450–500 nm. In den Randbereichen liegen die ultravioletten bzw. infraroten Spektralanteile.

Ein Nanometer (nm) ist ein milliardstel Meter (0,000000001 m).

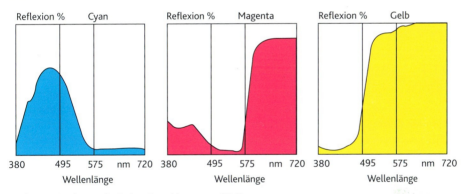

Real-Remissionskurven der Farben Cyan, Magenta und Gelb

Die tatsächlichen Zusammenhänge werden wiederum am Beispiel der Farbe Cyan dargestellt: Im Gegensatz zur Ideal-Remission verdeutlicht die obige Abbildung, dass die Wellenlängen im Bereich zwischen 380 und 575 nm nicht zu 100 % remittiert werden. Der Bereich, der von der Kurve nicht ausgefüllt wird, bestimmt die Verschwärzlichung der Farbe (je weniger Lichtenergie, desto dunkler). Darüber hinaus wird auch im Rotbereich Lichtenergie von der Druckfarbe remittiert. Diesen Anteil bezeichnet man als Nebenremission. Der Lichtenergieanteil der Nebenremission erhöht (im Vergleich zur Ideal-Remission) die remittierte Lichtenergie und lässt die Farbe somit heller erscheinen. Die Farbe wird verweißlicht.

Die unzureichenden spektralen Eigenschaften der Druckfarben CMY erlauben es daher nicht, ein reines Schwarz zu erzielen. Deshalb wird Schwarz als vierte Farbe gedruckt (ein weiterer Vorteil ist der insgesamt geringere Farbverbrauch).

Vgl. diese LS, 20.6

1. Legen Sie im Farbwähler von Photoshop die Farbe C100, M100 und Y100 an und füllen Sie eine beliebig große Fläche in einer neuen Datei.
2. Legen Sie die Farbe K100 an und füllen Sie damit einen Auswahlbereich in der zuerst erstellten Fläche.
3. Vergleichen Sie die Wirkung.

20.1.3 6-teiliger Farbkreis

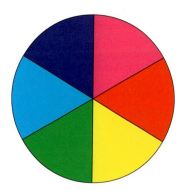

Der 6-teilige Farbkreis enthält die Grundfarben der additiven sowie der subtraktiven Farbmischung. Dabei ergeben sich drei gegenüberliegende Farbpaare – die Komplementärfarben. Um sich die Komplementärfarben leichter merken zu können, hier eine kleine Hilfe: Schreiben Sie sich die Farben so, wie Sie sie im Sprachgebrauch nennen (RGB bzw. CMY), untereinander und gegenüber. Die Erstgenannten (Rot und Cyan) ergeben ein Komplementärpaar usw.:

6-teiliger Farbkreis

R – C
G – M
B – Y

20.1.4 HSB-Modell

Im Photoshop-Farbwähler findet sich das HSB-Modell, welches den 6-teiligen Farbkreis um die Komponenten Helligkeit und Sättigung erweitert. Die Abkürzung steht für **H = Hue (Farbton)**, **S = Saturation (Sättigung)** und **B = Brightness (Helligkeit)**. Das menschliche Empfinden für Farbe kann auf diese drei Eigenschaften begrenzt werden.

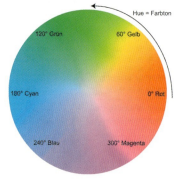
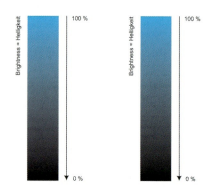

HSB-Modell

Welche Farbe hat eine Rose?
Rosenrot, Glutrot, Blutrot, Feuerrot ... wären mögliche Antworten. Der Mensch bedient sich gerne bekannter Gegenstände, um Farbe zu beschreiben. Weitere Beispiele sind Flaschengrün oder Meeresblau. Auch Marken dienen zur sprachlichen Kommunikation von Farben: Postgelb, Coca-Cola-Rot usw. Dies hilft dem Gestalter bei der Arbeit jedoch kaum. Auch Korrekturangaben des Kunden wie „Machen Sie das Blau bitte etwas maritimer." sind kaum umzusetzen, da jeder Mensch durch seine Prägung und Lebenserfahrung und nicht zuletzt durch den physikalischen Aufbau des Auges Farbe unterschiedlich wahrnimmt bzw. empfindet. Ein Farbeindruck kann jedoch präziser durch die Eigenschaften des HSB-Modells beschrieben werden: Farbton = Rot, Gesättigtes Rot oder eher weniger, Hellrot oder eher Dunkelrot. Nutzen Sie diese Möglichkeit bei der Kommunikation mit dem Kunden und untereinander.

Der HSB-Wähler kann zum eigenständigen Definieren einer Farbe eingesetzt werden (die Umsetzung der Werte erfolgt in RGB oder CMYK) sowie zum intuitiven Verändern einer Farbangabe in RGB- oder CMYK-Werten. Das HSB-Modell wird auch zur Farbdefinition in CSS-Stylesheets (hier HSL = Hue, Saturation, Luminance) verwendet.

H, S und B können unabhängig voneinander verändert werden. Diese voneinander unabhängige Veränderung betrifft nur den HSB-Wähler. Vergleichen Sie parallel die Farb- und Helligkeitswerte im LAB-Modell, die sich entsprechend verändern. Der Farbton (H) wird durch eine Winkelangabe von 0–360° (in Photoshop von +180 bis –180°) angegeben. Dabei entsteht alle 60° ein Farbwechsel (s. 6-teiliger Farbkreis). Rot liegt per Definition bei 0°, Gelb bei 60°, Grün bei 120°, Cyan bei 180°, Blau bei 240° und Magenta bei 300°.

Ein Farbton bezeichnet eine im Spektrum vorkommende Farbe.

Die Sättigung bezeichnet den Grad der Buntheit einer Farbe. Je weiter die Sättigung an den Rand des Modells geschoben wird – und damit von der Grauachse entfernt ist –, desto gesättigter (bunter) ist sie. Nähert sie sich jedoch der Grauachse (Helligkeitsachse) an, verliert die Farbe an Buntheit und wird zunehmend unbunter. Die Sättigung wird in Prozent angegeben.

Die Helligkeit (Brightness) wird auch in Prozent angegeben. Dabei verläuft sie von 0 % = Schwarz zu 100 % = Weiß. Per Definition ist die Helligkeit die Stärke der (Licht-)Remission, die ins Auge fällt.

1. Legen Sie für Anzeige und Plakat eine harmonische Auswahl von drei Farben fest, welche z. B. für Hintergrund, Schriftfarbe oder grafische Attribute eingesetzt werden können.
2. Verändern Sie die Farben mit dem HSB-Modell. Dabei entsteht eine gleichmäßige Farbreihe, wenn nur jeweils ein Faktor (H, S oder B) verändert wird. Hilfe bei der Festlegung von Farbharmonien bietet auch das Programm Illustrator mit der Farbhilfe oder die Website: https://color.adobe.com/de/create/color-wheel/

20.2 Farbmischung

Die soeben vorgestellten Farbmischsysteme benötigen Sie, um eigene bzw. vom Kunden gewünschte Farben zu erzeugen. Nutzen Sie dazu die Farbmischer in Bildbearbeitungs- und Layoutprogrammen. Die meist verwendeten Farbmischsysteme sind RGB und CMYK für Digital- und Printmedien. Darüber hinaus benötigen Sie Kenntnisse über das Zusammenspiel beim Farbenmischen zur Bildbearbeitung.

Die Bildbearbeitung in Form von Tonwertkorrektur oder Veränderung der Gradationskurven wird im RGB-Modus durchgeführt, da dort mehr Farbwerte zur Verfügung stehen.

20.2.1 Primär-, Sekundär- und Tertiärfarben

Licht- und Körperfarben werden in immer neuen Verhältnissen gemischt. Die Bezeichnung als Primär- oder Sekundärfarbe ist abhängig vom Farbmodell.

 Die Primärfarben der subtraktiven Farbmischung entsprechen den Sekundärfarben der additiven Farbmischung.

Somit gilt im subtraktiven Farbmodell Cyan als reine Farbe, also als Primärfarbe. Im additiven Farbmodell jedoch als Sekundärfarbe, da Cyan aus blauen und grünen Anteilen besteht (s. 6-teiliger Farbkreis). Werden zwei Farben gemischt, so spricht man von einer Sekundärfarbe.

Bei einer Mischung von drei Farben spricht man von einer Tertiärfarbe. Ein Beispiel dafür ist Braun.

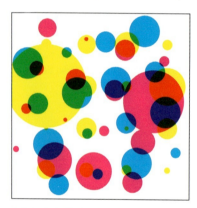

Autotypische Rasterung

20.2.2 Autotypische Farbmischung

Im Druck kommt es zur sogenannten autotypischen Farbmischung – einer Kombination aus additiver und subtraktiver Farbmischung.
Überlagern sich gelbe und cyanfarbige Rasterpunkte, so ergibt sich der Farbeindruck Grün (subtraktiv).

Nebeneinander liegende Rasterpunkte, die sich nicht überschneiden, remittieren jeweils entsprechende Wellenlängenanteile. Hier ergibt sich der Farbeindruck (additiv) erst durch die unterschiedliche Reizung der Farbrezeptoren im Auge und die Umsetzung im Gehirn. Treten beide Farbmischungen, wie z. B. beim Offsetdruck, gleichzeitig auf, spricht man von autotypischer Farbmischung. Die autotypische Farbmischung im Druck funktioniert nur aufgrund der Verwendung von **lasierenden**, also durchscheinenden Druckfarben.

20.3 Geräteunabhängige Farbräume

Geräteunabhängige Farbräume ordnen einer Farbe drei Koordinaten im Raum (z. B. L, a und b) zu. Sie sind also rein mathematisch definiert und können nicht durch ein Gerät dargestellt werden. Die Umsetzung dieser Farbkoordinaten erfolgt später im Workflow in eine geräteabhängige Farbe (z. B. CMYK).

Das ColorSync-Dienstprogramm auf dem Apple Macintosh hilft, einen Eindruck des Begriffs *Farbraum* zu erhalten: Dort werden die Farbkoordinaten eines ICC-Farbprofils dreidimensional dargestellt. Für PC-Nutzer empfiehlt sich das Programm CHROMiX ColorThink.

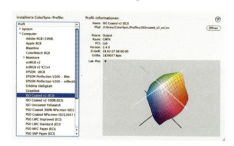

20.3.1 CIE Yxy

In der Vergangenheit gab es viele Versuche, Farbe allgemeingültig zu beschreiben, etwa von Goethe oder H. Munsell. Jedoch blieb die Wahrnehmung der Farbe immer auf das Ausgabegerät beschränkt.

1931 fasste die **CIE** (Commission internationale de l'éclairage) Versuchsergebnisse zusammen, welche aus Farbversuchen mit Testpersonen entstanden. Dabei wurden Testpersonen Farbkärtchen vorgelegt. Der Farbeindruck sollte mit Lichtfarben nachgestellt werden. Durch unterschiedliche Regulation der Lichtfarben (in Form von Farbfiltern) versuchte man, Rückschlüsse auf die Wirkungsweise bzw. die Empfindlichkeit unserer drei Zapfenarten im Auge zu ziehen. Die Empfindlichkeit der Zapfen wurde durch Kurven dargestellt (vgl. folgende Abbildung). Diese Normspektralwertkurven drücken die Empfindlichkeiten der Zapfen in Bezug zur Wellenlänge aus. Die vorgelegten Farbkarten waren ca. 3,5 cm breit, sodass sich aus einem Meter Entfernung ein Betrachtungswinkel von 2° ergab.

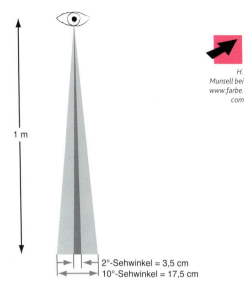

H. Munsell bei www.farbe.com

2°- und 10°-Beobachter

Ausgehend von den Bedingungen des Normalbeobachters legte die CIE als Basis für ein internationales farbmetrisches System drei Spektralfarben als Primärvalenzen fest:

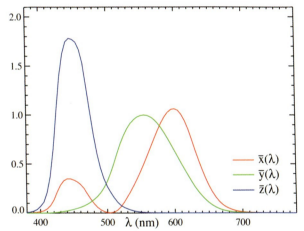

Spektrale Empfindlichkeitskurven: CIE 1931 (Normalbeobachter)

Rot   R = 700,0 nm
Grün G = 546,1 nm
Blau B = 435,8 nm

Bei der spektralfotometrischen Farbmessung wird der Reflexionsgrad (R) gemessen. Er gibt Auskunft darüber, wie viel Licht bei einer bestimmten Wellenlänge von der Vorlage remittiert wird.

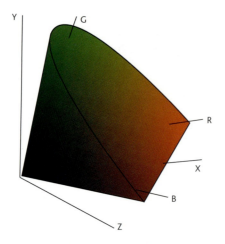

Darstellung der Normfarbwerte XYZ als dreidimensionales System

Auf Grundlage des gemessenen Reflexionsfaktors werden drei Farbwerte errechnet, die **CIE-Normfarbwerte X, Y und Z**. Diese Normfarbwerte kennzeichnen den Farbreiz bzw. die Farbempfindung des Menschen. Die zur Berechnung der Farbwerte benötigten Informationen sind in den drei Normspektralwertfunktionen $\bar{x}$, $\bar{y}$ und $\bar{z}$ enthalten. Sie beschreiben die Farbwahrnehmung des Normalbeobachters. Grundlage hierbei ist die zur Messung verwendete Lichtart.

Der zweite Schritt ist die Verarbeitung des Farbreizes durch Auge und Gehirn. Die drei Normfarbwerte X, Y und Z kennzeichnen eine Farbe eindeutig. Wenn zwei Farbproben gleiche Normfarbwerte aufweisen, sind die Farben gleich.

Die CIE erkannte, dass die Normfarbwerte unanschaulich sind und keine Vorstellung vom Farbton und der Helligkeit der Farbe vermitteln. Die CIE entwarf daher die **CIE-Normfarbtafel ("Schuhsohle")**, deren Koordinaten die **Normfarbwertanteile x und y** sind. Die Farbkoordinaten x und y werden durch den Hellbezugswert (oder auch den Normfarbwert) Y ergänzt, der die Helligkeit angibt. Damit entsteht ein Farbraum mit den Koordinaten Yxy. In ihm wird der Farbort einer Farbe durch drei Werte festgelegt. Aus den Normfarbwerten können die Normfarbwertanteile wie folgt berechnet werden:

$$x = X : (X + Y + Z) \quad \text{und} \quad y = Y : (X + Y + Z)$$

Y liegt zwischen 0 für Schwarz und 100 für Weiß. Entsprechend lässt sich ein dritter Farbwertanteil z errechnen:

$$z = Z : (X + Y + Z)$$

Der Farbwertanteil z wird aber gar nicht gebraucht, weil die Summe x + y + z immer gleich 1 ist. Die Angabe von x und y reicht aus, weil sich z aus x und y ergibt:

$$z = 1 - (x + y)$$

Damit sind die ursprünglichen drei Farbwerte auf nur noch zwei Farbwertanteile reduziert. Das hat einerseits den Vorteil, dass eine grafische Darstellung in einem Koordinatensystem möglich ist. Andererseits können zwei Farbanteile aber nicht die gleiche Information besitzen wie drei Farbwerte. Das ist der Nachteil der „Schuhsohle": Die dargestellten Koordinaten können jeweils einen unterschiedlichen Hellbezugswert aufweisen. Um die Farbe eindeutig zu kennzeichnen, muss daher Y mit angegeben werden.

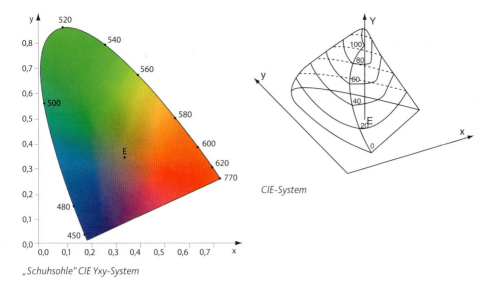

„Schuhsohle" CIE Yxy-System

CIE-System

Der Punkt E bezeichnet mit den Koordinaten 0,33 x und 0,33 y den Unbuntpunkt – durch ihn verläuft die Helligkeitsachse von Schwarz nach Weiß. Der Spektralzug enthält die Farben des Spektrums von 380 nm bis ca. 780 nm. Die Verbindung von Blau und Rot wird als Magenta- oder Purpurlinie bezeichnet. Die Anordnung der Farben entspricht wieder dem 6-teiligen Farbkreis.

Normvalenzsystem und „Schuhsohle" verdienen als erste den Begriff Farbsystem, da eine bestimmte Farbe durch drei räumliche Koordinaten festgelegt wird.

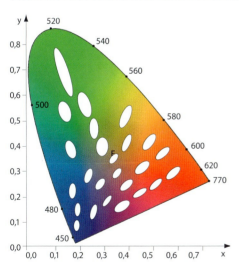

MacAdam-Ellipsen

Der Nachteil dieses Farbsystems ist jedoch, dass es nicht gleichabständig ist: Ein Sprung von einer Farbkoordinate zu einer anderen ergibt einen bestimmten Wechsel des Farbeindrucks. In bestimmten Bereichen der Schuhsohle ist dies jedoch nicht der Fall. Dies fand in Versuchen der Amerikaner **MacAdam** heraus. In nebenstehender Abbildung sind ellipsenförmige Bereiche zu sehen, innerhalb denen der Mensch – trotz unterschiedlicher Koordinaten – keinen Farbwechsel empfindet. Die CIE überprüfte daraufhin ihr Modell und wiederholte den Versuch von 1931 mit größeren Farbkarten und einem Sehwinkel von 10°. Aus diesen Ergebnissen entstand das CIE-Lab-System.

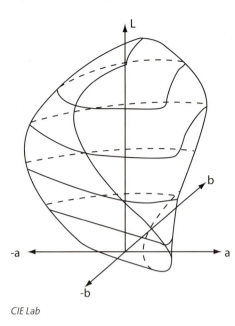

CIE Lab

20.3.2 CIE Lab

Das CIE-Lab-System beruht auf drei Achsen: einer Helligkeitsachse (L) und den beiden Farbachsen a (von Rot nach Grün) und b (von Gelb nach Blau).

Farbton, Helligkeit und Sättigung sind hier besser abzulesen als bei der Schuhsohle.

Dieses Farbsystem findet seinen Einsatzbereich z. B. als **Referenzfarbraum** beim Color-Management oder bei der Ermittlung von Farbverschiebungen (Delta E).

20.3.3 Farbabstand Delta E

Mit dem griechischen Buchstaben Delta wird die Veränderung bezeichnet – E = Error, hier also der „Farbfehler". In der Druckvorstufe bzw. in der Kontrolle von Farbe im Druck wird der Delta-E-Wert eingesetzt, um die Unterschiedlichkeit von zwei Farbproben darzustellen. Die Messung erfolgt mit einem Spektralfotometer. Als Messwert erhält man eine Farbkoordinate (Lab-Wert).

Die Farbabstände werden nach folgenden Formeln berechnet:

$$\Delta L^* = L^*_{ist} - L^*_{soll}$$
$$\Delta a^* = a^*_{ist} - a^*_{soll}$$
$$\Delta b^* = b^*_{ist} - b^*_{soll}$$
$$\Delta E^*_{ab} = \sqrt{\Delta L^{*2} + \Delta a^{*2} + \Delta b^{*2}}$$

Quelle: Heidelberger Druckmaschinen AG

www.bvdm-online.de
www.fogra.org
http://farbatlas.com/help/deutsch/basesofcalculation_formulary.htm

Seit Erscheinen des aktuellen Medienstandards 2016 gilt eine neue Farbabstandsformel, bzw. ein neues Messverfahren. Hinweise bitte Nachlesen im Medienstandard. Download unter: www.bvdm-online.de

Informieren Sie sich ebenfalls zu diesem Thema unter: www.fogra.org
http://farbatlas.com/help/deutsch/basesofcalculation_formulary.htm

Dabei kann der Sollwert im Proof oder in der Bilddatei gemessen werden. Der Istwert bezieht sich z. B. auf den Fortdruck. Im Gegensatz zur **Densitometrie**, in der „nur" der Rastertonwert (integrale Dichte) und die Volltondichte eines Farbfeldes gemessen werden können, kann hier auch in Mischfarben – also mitten im Bild – gemessen werden.

Die gemessenen bzw. errechneten Werte können folgendermaßen eingeordnet werden:

ΔE zwischen 0 und 1	normalerweise nicht sichtbare Abweichung
ΔE zwischen 1 und 2	sehr kleine Abweichung; nur von einem geschulten Auge erkennbar
ΔE zwischen 2 und 3,5	mittlere Abweichung; auch von einem ungeschulten Auge erkennbar
ΔE zwischen 3,5 und 5	deutliche Abweichung
ΔE über 5	starke Abweichung

Quelle: Heidelberger Druckmaschinen AG

Lernsituation Anzeige und Großflächenplakat | 6

Zur Vorlage beim Kunden und auch zur eigenen Kontrolle müssen Sie einen Digitalproof anfertigen. Dazu benötigen Sie einen Proofdrucker, der über einen RIP (Raster Image Processor) angesteuert wird. Der Proofer ermöglicht zum einen die kostengünstige Kontrolle vor dem Druck. Zum anderen hat er die Aufgabe, die Druckbedingungen zu simulieren.

Soll Ihr Prüfdruck farbverbindlich sein, muss laut MedienStandard Druck zwingend der CMYK Medienkeil der FOGRA auf dem Proof platziert werden. Ein rechtsverbindlicher Proof, auch Kontraktproof genannt, trägt außerdem einen Aufkleber mit dem Prüfprotokoll der Farbmessung des Medienkeils.

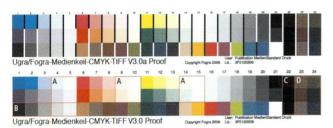

Vgl. zu Medienkeil und weiteren Kontrollelementen für Prepress und Press: www.fogra.org

Vgl. zu farb- und rechtsverbindlichen Proofs: www.cleverprinting.de

Vgl. zu MedienStandard Druck: www.bvdm-online.de

Wenn ein Proof für ein bestimmtes Druckverfahren farbverbindlich sein soll, müssen die gemessenen CIE-Lab-Farbwerte des Medienkeils auf dem aktuellen Proof mit entsprechenden Referenzfarbwerten für die Bedingungen des jeweiligen Druckverfahrens (Download bei der FOGRA) oder den Messwerten eines standardisiert erstellten Referenzdrucks übereinstimmen bzw. dürfen Abweichungen (Delta-E-Wert) innerhalb eines Toleranzbereiches nicht überschreiten.

20.4 Druck nach ISO 12647-2:2013

Die ISO-Norm 12647-2 beschreibt Parameter, Messmethoden und -bedingungen für den Vierfarben-Offsetdruck auf den acht neuen Papierkategorien.

CMYK
Erfolgt der Druck nach ISO 12647-2, ist damit der vierfarbige Druck mit CMYK (auch **Prozessfarben** genannt) gemeint. Die farbige Datei wurde in die Druckfarben Cyan, Magenta, Gelb (Yellow) und Schwarz (Key) aufgesplittet. Der Fachausdruck für die Erstellung der sogenannten Farbauszüge ist **Separation**.

vgl. zur aktuellen ISO 12647-2:2013: www.eci.org

Für den vierfarbigen Druck liegen nun vier Druckplatten vor, welche jeweils den Anteil des Gesamtbildes in ihrer Farbe tragen. Im Druck werden die vier Einzelfarben wieder zum farbigen Bild zusammengefügt.

Die Abkürzung K steht für Schwarz:
„Key" = engl. für Schlüssel (Schlüsselfarbe, Schwarz spielt eine Schlüsselrolle im Vierfarb-Druck). Ebenso der Anfangsbuchstabe von Kontrast, da Schwarz den Kontrast des Druckbildes verstärkt.

20.5 Sonderfarben

Um einen bestimmten Farbeindruck zu erzielen, werden Anteile von CMYK gemischt. Soll jedoch ein bestimmter Farbton – z. B. für ein Firmenlogo – gedruckt werden, können auch sogenannte Sonderfarben zum Einsatz kommen. Sonderfarben werden nicht mehr aus Anteilen von CMYK gemischt, sondern direkt als fertiger Farbton gedruckt. Die gängigsten Sonderfarben, welche im Druck Verwendung finden, sind HKS und Pantone.

20.5.1 HKS

HKS ist die Abkürzung für die Druckfarbenhersteller Hostmann-Steinberg Druckfarben, Kast + Ehinger Druckfarben und H. Schmincke & Co. Die Farben werden dabei fertig gemischt an die Druckerei geliefert.

Vorteile für den Kunden sind: Fertigung von nur einer Druckplatte anstelle von mehreren, weniger Farbverbrauch, Stabilität bei der Farbdarstellung der gewünschten Farbe, z. B. der Hausfarbe. Für verschiedene Papiere gibt es verschiedene Farbmischungen: HKS E (Endlospapier), HKS K (Kunstdruckpapier), HKS N (Naturpapier) und HKS Z (Zeitungspapier). Vergleichen Sie hierzu auch die unterschiedlichen CMYK-Anteile z. B. für HKS 6 im Farbwähler von Indesign für die Mischungen K, N und Z. Zur Darstellung und Kommunikation der Farben sind Farbfächer zu erwerben. HKS sichert dabei die Verständigung über Farbtöne zwischen Mediengestalter und Druckerei. Sämtliche HKS-Farben können fertig gemischt bezogen oder aus verschiedenen Grundfarben sowie Schwarz und Weiß gemischt werden.

20.5.2 Pantone

Im Gegensatz zu HKS bietet das amerikanische Farbsystem Pantone nur eine Farbmischung pro Sonderfarbe an. Diese wird im Fächer auf gestrichenem und ungestrichenem Papier dargestellt, sodass die Wirkung verglichen werden kann.

Pantone versucht also nicht, wie HKS, einen möglichst gleichen Farbeindruck auf unterschiedlichen Bedruckstoffen durch unterschiedliche Mischungsverhältnisse zu erzielen, sondern kommuniziert durch den Pantone-Fächer die unterschiedliche Wirkung einer Farbe auf unterschiedlichen Bedruckstoffen.

20.5.3 6- und 7-Farbendruck

Die Verwendung der subtraktiven Grundfarben CMY und K bietet nur einen begrenzten Farbumfang (der für die meisten Drucksachen vollkommen ausreichend ist). Um den Farbumfang zu erweitern, kann der Vierfarbdruck um zwei bzw. drei Sonderfarben erweitert werden. Im 6-Farbendruck werden zusätzlich zu CMYK noch Grün und Orange eingesetzt. Das sogenannte Hexachrome-Verfahren (hexa = sechs) wurde von Pantone entwickelt. Es kann aber nur mit entsprechender Software eingesetzt werden, da die beiden Zusatzfarben nicht in Form einer Sonderfarbe, also für Flächen, Logos usw. verwendet werden, sondern zur Ergänzung von CMYK im Bild.

Im 7-Farbendruck sorgen zusätzliche Sonderfarben in Rot, Grün und Blau für einen vergrößerten Farbumfang.

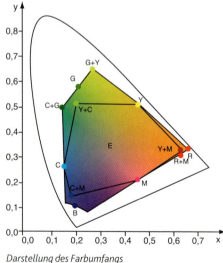

Darstellung des Farbumfangs für den 6- und 7-Farbendruck

Wünscht der Kunde die Verwendung von Sonderfarben für seinen Auftrag, ist dieser Wunsch mit der Druckerei bzw. dem Verlag abzustimmen. Oft kann in vierfarbigen Drucksachen keine zusätzliche Sonderfarbe für eine einzige Anzeige eingeplant werden. Die Umsetzung muss dann in den entsprechenden CMYK-Werten der Prozessfarben erfolgen.

20.6 Separation

Für den Druck ist die Zerlegung der farbigen Datei in die sogenannten Farbauszüge notwendig. Die Farbauszüge entsprechen dem Inhalt der jeweiligen Druckplatten. In der Druckvorstufe können die Inhalte der Farbauszüge z. B. über die Separationsvorschau in Indesign oder die Ansicht der Kanäle in Photoshop dargestellt werden.

Bei der Bildbearbeitung spricht man von Separation, wenn eine Bilddatei von RGB in CMY(K) umgewandelt wird. Das entspricht der Modusänderung im Menü „Bild" in Photoshop.

20.6.1 Buntaufbau

Vgl. diese LS, 20.1.1 und 20.1.3

Beim Buntaufbau werden alle Farben nur aus Anteilen von Cyan, Magenta und Yellow aufgebaut. Schwarz fehlt vollständig. Daher werden auch dunkle Bildbereiche sowie Text aus CMY aufgebaut. Selbst in der Verwendung von jeweils 100 % kann kein reines Schwarz erzielt werden.

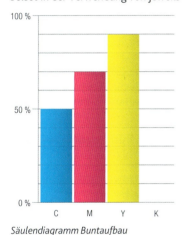
Säulendiagramm Buntaufbau

Theoretisch ergeben CMY zu jeweils 100 % Schwarz. Die Praxis weicht jedoch von dieser Idealvorstellung ab, aufgrund der Unzulänglichkeit von Realfarben (Druckfarben) zu Idealfarben.

Um ein RGB-Bild in CMY zu separieren, ohne dass Schwarz Verwendung findet, geht man wie folgt vor:

In den Einstellungen für den Arbeitsfarbraum CMYK definiert man „Eigenes CMYK". Dort wählt man die Separationsart GCR und stellt für den Schwarzaufbau „keine" ein. Bestätigen und Dialogfeld schließen.

Ändert man jetzt den Modus von RGB nach CMYK und betrachtet die Kanäle, sind nur die CMY-Kanäle mit Information gefüllt.

Nachteile des Buntaufbaus sind der relativ hohe Farbverbrauch und die nicht gesättigten Tiefen.

20.6.2 Unbuntaufbau (GCR = Grey Component Replacement)

Der Unbuntaufbau ist das gängigste Separationsverfahren. Hier wird in CMY und K separiert. Die Abkürzung GCR ist Programm: Der Anteil der sogenannten Graukomponente (der Anteil der Farben, der ein neutrales Grau ergibt) wird durch Schwarz ersetzt.

Der Anteil des Schwarzaufbaus kann nur bei GCR variiert werden (s. Farbeinstellungen GCR in Photoshop).

Säulendiagramm Unbuntaufbau

Beim Unbuntaufbau kommt Schwarz also als vierte Druckfarbe im Bild hinzu. Die Anteile von CMY werden im Bereich der Graukomponente reduziert und dadurch Schwarz generiert. Vorteil ist ein geringerer Farbverbrauch. Eine stabilere Farbbalance wird dadurch erreicht, dass der oder die Drucker/-in relativ wenig Farbauftrag in den Buntfarben hat und den Farbaufbau des Bildes mit der Druckfarbe Schwarz steuern kann.

Mit der UCA (Under Color Addition) kann der gewünschte Effekt (Ersetzung der Graukomponente durch Schwarz) zumindest in den Tiefen wieder etwas rückgängig gemacht werden, d. h., in den Tiefen wird zusätzlich zum Schwarz wieder mehr Farbe in den Buntanteilen CMY geführt. Dies ergibt sattere Tiefen.

Die Separation in Photoshop gilt nur für Bilddaten beim Moduswechsel von RGB (oder LAB usw.) in CMYK, nicht für später im Layoutprogramm angelegte Farbflächen mit einem frei gewählten CMYK-Farbton!

Vgl. auch Medienstandard, Bundesverband Druck und Medien: www.bvdm-online.de

Jedoch entsprechen gleiche Anteile von CMY nicht einem neutralen Grauton. Dies funktioniert nur bei der additiven Farbmischung (RGB). Überprüfen Sie dies, indem Sie für CMY jeweils 20 % im Photoshop-Farbwähler anlegen. Füllen Sie eine größere Fläche mit dieser Farbe: Sie bemerken einen leichten Rotstich. Die sogenannte **Graubalance** ist nicht gegeben.

Sehen Sie sich dazu noch einmal die Realkurven von CMY an: Cyan remittiert in geringerem Maße als M und Y. Daher ist der Cyananteil immer leicht zu verstärken, um ein neutrales Grau zu erreichen.

Diese Kenntnis steckt natürlich auch in Photoshop. Benutzen Sie das Wissen um die Graubalance außerdem zur Farbkorrektur in Photoshop (z. B. im Dialogfeld Farbbalance).

20.6.3 UCR (Under Color Removal)

Die Unterfarben-Entfernung wirkt sich nur in den neutralen Dreivierteltönen bzw. Schattenpartien des Bildes aus. Dabei erfolgt wie beim GCR die Ersetzung der Graukomponente – jedoch nur in den Tiefen. Im Gegensatz zum GCR ist der Schwarzaufbau beim UCR nicht steuerbar. Das farbige Bild wird in den Lichtern, Viertel- und Mitteltönen nur aus CMY aufgebaut. Erst in den Tiefen kommt Schwarz hinzu – daher spricht man auch vom sogenannten „Skelettschwarz" oder „kurzem" Schwarz. Die Separationsart ergibt brillante und farbgesättigte Bilder.

20.7 Color-Management

Durch den Einsatz eines durchgängig praktizierten Color-Managements kann standardisiert, wiederholbar und qualitativ hochwertig produziert werden. Unterschiedliche Farbräume haben unterschiedliche Farbumfänge. Daher müssen diese bei der Bildbearbeitung berücksichtigt und angepasst werden. Grundlage sind die Informationen über die Farbumfänge in den ICC-Farbprofilen. Ziel ist es, größere Farbumfänge (z. B. RGB; Monitor, Digitalkamera) in die meist kleineren Farbumfänge (z. B. CMYK; Druckmaschine) eines Ausgabegerätes umzuwandeln – und nicht ein gleiches Aussehen einer Bilddatei auf allen Medien zu erhalten.

Welche Arbeitsfarbräume in Ihrem Workflow verwendet werden, müssen Sie in den Farbeinstellungen der verwendeten Programme einstellen.

Farbumfänge von sRGB, eciRGB und IsoCoated

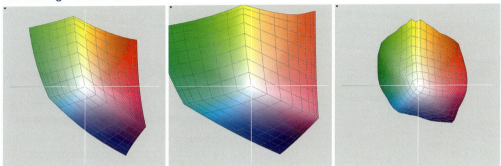

Farbumfang sRGB   *Farbumfang eciRGB*   *Farbumfang IsoCoated*

Der Medienstandard Druck des Bundesverbands Druck und Medien e. V. gibt Auskunft darüber, welche Farbprofile bzw. Arbeitsfarbräume je nach Workflow eingestellt werden müssen.

Simulieren Sie das Aussehen Ihrer Bilddaten im Druck über die Funktion „Softproof" im Menü „Ansicht" in Photoshop. Über „Proof einrichten" (vgl. folgende Abbildung) wählen Sie die Druckbedingung und steuern die Simulation (vgl. Softproof-Handbuch der Fogra). Benutzen Sie im gleichen Menü die Funktion „Farbumfangwarnung" und machen Sie damit die Bildbereiche sichtbar, die nicht im Zielfarbraum liegen.

www.bvdm-online.de

Anschließend transformieren Sie in Photoshop über das Menü „Bearbeiten –> in Profil umwandeln" Ihre Bilddaten von Ihrem RGB-Arbeitsfarbraum in das gewünschte CMYK der Druckbedingung oder belassen die Bilddaten im RGB-Modus und konvertieren erst beim Export der PDF-Druckdatei in CMYK.

Die oben beschriebene Arbeitsweise wird auch als „**Early Binding**" bezeichnet: Sie legen sich schon früh auf ein Ausgabemedium und damit auf ein bestimmtes CMYK fest. Die Separation kann auch erst beim Export ins PDF (z. B. in InDesign) erfolgen. Bei dieser Variante, dem „**Intermediate Binding**" können sowohl RGB- als auch CMYK-Informationen in der Layoutdatei vorliegen, die dann gemeinsam in den gewünschten Farbraum transformiert werden. Erfolgt die Separation erst in der Druckerei, also kurz vor der Produktion, spricht man vom „**Late Binding**". Dabei überlassen Sie der Druckerei die Verantwortung, in den druckspezifischen Farbraum zu konvertieren.

www.clever printing.de

20.7.1 ICC-Profile

Ein ICC-Profil charakterisiert die Farbdarstellungseigenschaften eines Ein- oder Ausgabegerätes, vergleichbar mit einem unverwechselbaren Fingerabdruck.

Bei RGB-Farbräumen (Matrixprofil) liegt die Farbrauminformation in Form von RGB-Werten vor. Bei CMYK-Farbräumen (LUT-Profil; LUT = Color-Look-up-Table) ist sie in Form einer Charakterisierungstabelle mit den Farbkoordinaten XYZ und CIE Lab gespeichert.

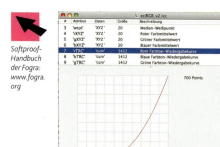

Softproof-Handbuch der Fogra: www.fogra.org

Sog. TRC (Tonwertreproduktionskurven) sorgen dafür, dass gleiche Anteile von RGB neutral erscheinen.

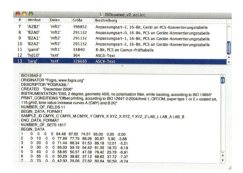

In CMYK-Profilen liegt die Farbinformation in Form einer LUT bzw. CLUT (Color-Look-up-Table) vor. Hier sind die CMYK-Werte des Testcharts als XYZ- und CIE-Lab-Werte gespeichert.

Durch die ICC-Profile sind die Farbdarstellungseigenschaften eines Gerätes bekannt. So kann bereits in der Druckvorstufe das spätere Aussehen im Druck simuliert werden.

Ein ICC-Profil dient zur Transformation von Farbwerten von einem Quellfarbraum (z. B. dem sRGB einer Digitalkamera) in einen Zielfarbraum (z. B. dem PSOcoated_v3-Farbraum für den Offsetdruck). Die Konvertierung erfolgt beim Apple Macintosh über die Betriebssystemkomponente ColorSync. ColorSync verwaltet die Farbprofile und beinhaltet den „Farbrechner", die CMM (Color Matching Method = Farbkonvertierungsmethode).

Vgl. diese LS, 20.7.3

Um vom Quell- in den Zielfarbraum zu konvertieren, bedient sich ColorSync eines medienneutralen Farbraumes: XYZ (RGB-Profile) oder CIE Lab (CMYK-Profile). Da dieser neutrale Farbraum Quell- und Zielfarbraum „verbindet", wird er auch als „Profile-Connection-Space" (PCS) bezeichnet. Die CMM kommt dann zum Einsatz, wenn ein CMYK-Wert nicht in der LUT vorhanden ist. Der dem RGB-Wert des Quellprofils am ehesten entsprechende CMYK-Wert muss dann neu berechnet werden. Die Berechnung erfolgt unter Zuhilfenahme des entsprechenden Rendering Intents.

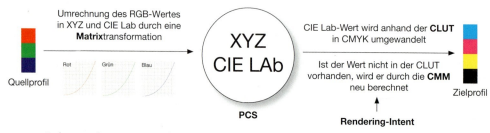

Farbumwandlung von RGB nach CMYK

> Die Umwandlung von CIE Lab in CMYK erfolgt durch die B2A0-Funktion im CMYK-Farbprofil (vgl. dazu mit Doppelklick auf z. B. das IsoCoated-Profil). Suchen Sie in den Einträgen des Profils nach der entsprechenden Funktion. Unter dem Eintrag „targ" (Target) finden Sie die CMYK- bzw. XYZ- und CIE-Lab-Werte.

ICC-Profile werden von Druckereien zur Verfügung gestellt, können selbst hergestellt oder im Internet geladen werden. Auf der Homepage der Europäischen Color Initiative stehen die aktuell von der Fogra (Forschungsgesellschaft Druck e. V.) erstellten ICC-Profile zum Download bereit.

www.eci.org

Zur Herstellung von ICC-Profilen ist eine Color-Management-Software sowie ein Spektralfotometer notwendig. Um das ICC-Profil eines Monitors zu erzeugen, lässt die Color-Management-Software auf dem Montitor definierte Farbfelder ablaufen, die vom Spektralfotometer gemessen werden.

Vgl. diese LS, 20.7.2

Die Ergebnisse werden mit einer Referenzdatei verglichen und daraus das ICC-Profil errechnet.

Spektralfotometer

Ein Eingabe-Profil für Scanner entsteht, indem ein Testchart eingescannt, von der Software farbmetrisch analysiert und mit der Referenzdatei verglichen wird.

Ausgabeprofile für Drucker oder Druckmaschine werden hergestellt, indem ein gedrucktes Testchart mit dem Spektralfotometer ausgemessen und mit der Referenzdatei verglichen wird. Mitgelieferte Referenzdateien enthalten die XYZ- und CIE-Lab-Werte der einzelnen Testchartfelder für die jeweilige Druckbedingung bzw. den Bedruckstoff.

Der Vorgang der ICC-Profilherstellung heißt im Allgemeinen „Profilierung". Er ist nicht mit der Kalibration von Bildschirm oder Drucker zu verwechseln! Bei der Kalibrierung werden Ein- und Ausgabegeräte optisch so eingestellt, dass ein problemloses Arbeiten mit ihnen möglich ist. Beispielsweise kann ein Bildschirm im Kontrollfeld „Monitore" anhand der Parameter Helligkeit, Kontrast, Farbtemperatur, Bildschirmgeometrie, Bildwiederholrate usw. eingestellt werden. Bei MAC OS ist hierbei zu beachten, dass das Ergebnis dieser optischen Einstellung auch als ICC-Profil abgespeichert wird. Es ist aber nur aufgrund subjektiver Einstellungen und nicht anhand messtechnischer Erfassungen entstanden.

20.7.2 Spektralfotometer

Ein Spektralfotometer ist ein Farbmessgerät. Hierbei wird der Farbort ermittelt und anhand von Koordinaten (XYZ oder Lab) ausgegeben. Die Messung erfolgt unter normierten Bedingungen: Lichtart D 50 oder D 65 sowie mit einem Betrachtungswinkel von 2° oder 10°.

> **D 50 und D 65 sind Normlichtarten. Die Bezeichnung D steht für Daylight, also Tageslicht, die Ziffer gibt die Farbtemperatur an. 50 steht als Abkürzung für 5 000 Kelvin (K), 65 für 6 500 Kelvin.**

Das bei der Messung empfangene Licht wird in seine spektralen Anteile zerlegt. Photodioden mit einer Schrittweite von ca. 10–20 nm werden je nach spektraler Verteilung angeregt. Die erzeugte elektrische Spannung wird über einen A/D-Wandler in digitale Impulse umgewandelt und das Ergebnis auf dem Display dargestellt.

Die erfassten Farbkoordinaten, welche in den medienneutralen Systemen XYZ oder CIE Lab dargestellt werden können, sind abhängig von der verwendeten Lichtart sowie dem Beobachtungswinkel.

20.7.3 Rendering Intents

Ein **Rendering Intent** ist eine Umrechnungs-Absicht, die angibt, wie von einem Quell- in einen Zielfarbraum umgerechnet wird. Vier Rendering Intents werden unterschieden:

1. Perzeptiv (wahrnehmungsgemäß)
2. Absolut farbmetrisch
3. Relativ farbmetrisch
4. Sättigungsorientiert

Bundesverband Druck und Medien e. V. (bvdm): www.bvdm-online.de

Bei Verwendung von „**Perzeptiv**" wird der Quellfarbraum proportional in den (meist kleineren) Zielfarbraum eingepasst. Das führt zu einer Farbverschiebung, welche jedoch vom Betrachter als wahrnehmungsgemäß gleich empfunden wird.

Laut dem Medienstandard Druck des Bundesverbands Druck und Medien e. V. ist das Rendering Intent „Perzeptiv" bei der Umwandlung von RGB nach CMYK, also bei stark unterschiedlichen Farbumfängen, einzusetzen. Bei Verwendung dieses Rendering Intents werden auch Farben, die innerhalb des Zielprofils liegen, verschoben, also verändert.

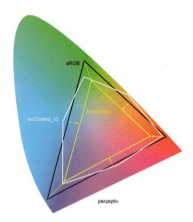

Rendering Intent: Perzeptiv

Die Funktion des Rendering Intent „Absolut farbmetrisch" wird im Englischen als „Clipping" bezeichnet. Dies bedeutet, dass die nicht darstellbaren Farben des Quellfarbraumes „abgeschnitten" werden. Der Nachteil hierbei ist, dass sämtliche Farben eines Farbtons durch die nächste darstellbare Farbe ersetzt werden. Somit kann es zu gleichfarbigen Flächen im Zielzustand kommen, wo vorher noch Farbunterschiede deutlich sichtbar waren. Beim Rendering Intent „**Absolut farbmetrisch**" wird der Weißpunkt des Zielfarbraumes simuliert – (vgl. S. 415 Proof-Bedingung beim Softproof anpassen: Haken bei „Papierfarbe simulieren" gesetzt). Farben, die in Quell- und Zielfarbraum gleichermaßen vorkommen, werden nicht verändert. Dieses Rendering Intent wird laut Medienstandard Druck beim Proofen eingesetzt, wenn nicht auf Auflagenpapier geproft wird.

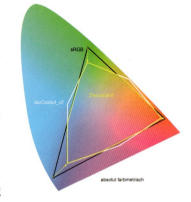

Rendering Intent: Absolut farbmetrisch

Lernsituation Anzeige und Großflächenplakat | 6

Die gezielte Umrechnung von einem Quell- in einen Zielfarbraum anhand von ICC-Profilen unter Verwendung von Rendering Intents nennt man Gamut Mapping (Gamut: engl. „Farbraum", Map: engl. „Landkarte").

Beim Rendering Intent „**Relativ farbmetrisch**" werden nicht darstellbare Farben wie beim Rendering Intent „Absolut farbmetrisch" abgeschnitten. Der Weißpunkt wird unabhängig vom Papierweiß des Zielzustandes auf reines Weiß (jeweils 0 % C, M, Y und K) gesetzt. Das Rendering Intent „Relativ farbmetrisch" sollte zur Umrechnung bei ähnlich großen Farbräumen verwendet werden. Verwenden Sie „Relativ farbmetrisch" z. B. bei der Umwandlung von sRGB nach IsoCoated_V2 oder PSOCoated_V3. Die Ergebnisse werden besser sein als mit „Perzeptiv".

Der Einsatz des Rendering Intents „**Sättigungsorientiert**" erhöht den Sättigungswert einer Farbkoordinate auf den größtmöglichen Wert ohne Rücksicht auf eine annähernd originalgetreue Farbdarstellung. Diese Einstellung wird z. B. für Grafiken aus dem Office-Bereich oder Screenshots verwendet, um sie plakativ darzustellen.

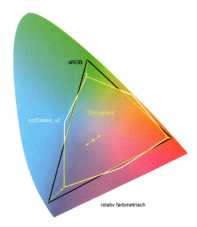

Rendering Intent: Relativ farbmetrisch

Konvertieren Sie RGB-Bilddaten nach CMYK in Photoshop über den Befehl „In Profil umwandeln", damit Sie das geforderte Rendering Intent auswählen können.

Entscheiden Sie sich bei der Bildbearbeitung für ein Rendering Intent anhand des von Ihnen gewählten Workflows (vgl. hierzu den Medienstandard Druck des Bundesverbands Druck und Medien e. V.).

20.7.4 Verwaltung und Einsatz von ICC-Profilen

Die ICC-Profile werden (MAC-spezifisch) von der Systemerweiterung ColorSync verwaltet und den Bildbearbeitungs- und Layoutprogrammen zur Verfügung gestellt. Dabei übernimmt ColorSync auch die Funktion des Transformierens vom Quell- zum Zielfarbraum. Verantwortlich dafür ist die CMM, die Color Matching Method oder auch Color Matching Module. Die ICC-Profile werden in der ColorSync-Library abgespeichert.

Rendering Intent: Sättigungsorientiert

www.bvdm-online.de

In den Farbeinstellungen der Bildbearbeitungs- und Layoutprogramme finden sich Dialogfelder, in denen die Verwendung von passenden ICC-Profilen eingestellt wird. Passen Sie diese Ihrem Workflow bzw. Ihren zu erstellenden Medienprodukten an!

Uneinheitliche Farbeinstellungen führen zu unterschiedlichen Farbdarstellungen in Bildbearbeitungs- und Layoutprogramm. Folgendes Beispiel soll dies verdeutlichen:

Der Hintergrund eines fotorealistischen Bildes wird mit 100 % Cyan ausgefüllt (z. B. der Himmel). Im Layoutprogramm wird dieses Bild platziert. Erhält der Bildrahmen nun ebenfalls 100 % Cyan als Flächenfarbe – um den Hintergrund zu verlängern –, unterscheiden sich am Bildschirm die beiden Farbtöne trotz gleicher Farbwerte. Dies liegt an den unterschiedlichen Arbeitsfarbräumen für CMYK in den verwendeten Programmen.

Eine konsistente Farbdarstellung über mehrere Programme hinweg bietet beispielsweise die Farbsynchronisation in den Suite-Farbeinstellungen in Adobe Bridge oder die manuelle Einstellung gleicher ICC-Profile in den Farbeinstellungen der einzelnen Programme.

21 Druckverfahren

Zur Auswahl von geeigneten, der Aufgabenstellung entsprechenden Druckverfahren sind einige grundlegende Kenntnisse nötig. Im Folgenden wird ein kurzer Überblick über die Hauptdruckverfahren sowie die Druckprinzipien gegeben. Tiefer gehende Erläuterungen zu den Druckverfahren finden Sie bei den entsprechenden Lernsituationen.

Siehe auch: Industrieverband Papier- und Folienverpackung e. V. (IPV e. V.) www.ipv-verpackung.de

Um den guten Namen des Unternehmens im wahrsten Sinne des Wortes zu transportieren, können Sie Ihrem Kunden zusätzlich den Einsatz einer bedruckten Tragetasche aus Papier oder Kunststoff (Polyethylen) vorschlagen. Beachten Sie bei der Wahl des Tragetaschenmaterials die Zielgruppe sowie das Image von „Pazzo!". Ziehen Sie jedoch ausdrücklich auch umwelttechnische Überlegungen bei der Wahl des Materials heran.
Die Pazzo!-Tasche ist mit einer szenischen Modedarstellung sowie einem passenden Schriftzug zu versehen. Die farbliche Gestaltung passen Sie bitte Ihren bisherigen Überlegungen zu Anzeige und Plakat an.
Tragetaschen unterliegen keiner Norm. Die Formate, Formen und Tragemöglichkeiten (Schlaufe, Schlauch, Kordel usw.) wechseln mit dem verwendeten Material, dem Design sowie praktischen Überlegungen (Haltbarkeit, Gewicht des Transportgutes usw.). Grundlegende Informationen über Formate und Formen sowie eine Preisübersicht erhalten Sie direkt bei den Herstellern im Internet.

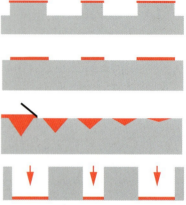

Hochdruck:
Die bildübertragenden Stellen liegen erhöht. Nur sie nehmen Farbe an und geben diese an den Bedruckstoff oder einen Zwischenträger weiter.

Flachdruck:
Die druckenden und nichtdruckenden Elemente liegen fast auf einer Ebene.

Tiefdruck:
Die bildführenden Stellen liegen vertieft unter den nichtdruckenden Stellen.

Durchdruck bzw. **Siebdruck:**
Dieser Druck funktioniert wie eine Schablone, die an den druckenden Bildstellen Farbe hindurchlässt.

Um Informationen auf den Bedruckstoff zu übertragen, ist Druck nötig. Dieser wird mittels verschiedener Prinzipien ausgeübt:

Flach gegen Flach	Flach gegen Rund	Rund gegen Rund (direkt)	Rund gegen Rund (indirekt)
Druckform und Druckkörper sind flach.	Druckform ist flach, der (Gegen-)Druckkörper ist ein Zylinder.	Druckform und Gegendruckkörper sind rund.	Von der Druckform erfolgt der Druck über ein Gummituch auf den Bedruckstoff; der Gegendruckkörper ist auch hier rund.

21.1 Offsetdruck

Abhängig von der Aufgabenstellung werden die meisten Anzeigen und Plakate im Offsetdruck oder im Tiefdruck hergestellt. Der im Folgenden vorgestellte Offsetdruck bietet sich als Druckverfahren für vielfältige Druckerzeugnisse an. Vergleichen Sie den Offsetdruck im Hinblick auf Ihre Aufgabenstellung mit anderen Druckverfahren und beurteilen Sie den Einsatz nach Auflage, Wahl des geeigneten Bedruckstoffes, Farbigkeit sowie Kostenfaktoren.

Der Offsetdruck basiert auf der physikalischen Gegebenheit, dass farbannehmende Materialien Wasser abstoßen und wasserannehmende Materialien Farbe abstoßen. Dies erkannte schon 1789 Alois Senefelder, der die Lithografie erfand. Senefelder zeichnete auf einem präparierten Stein (Solnhofener Schiefer) mit fetthaltiger Tusche. Der Offsetdruck ist eine technische Weiterentwicklung der Lithografie, den Ira W. Rubel (USA) und Caspar Hermann (Deutschland) etwa zeitgleich Anfang des 20. Jahrhunderts entwickelten.

Eine Offsetdruckform weist farbannehmende (lipophile, fettfreundliche) und wasseranziehende (hydrophile, wasserfreundliche) Stellen auf, die fast auf einer Ebene liegen.

Eine Offsetdruckplatte besteht im Wesentlichen aus einer Aluminiumschicht (wasseranziehend) mit einer lichtempfindlichen und farbanziehenden Kunststoffschicht. Bei der Belichtung und chemischen Behandlung der Druckplatte bleibt die Kunststoffschicht als informationsübertragende Schicht in Form des zu belichtenden Bildanteils bestehen.

Druckende Stellen einer Offsetdruckplatte = lipophil, aber hydrophob (fettanziehend, aber wasserabstoßend).

Nichtdruckende Stellen einer Offsetdruckplatte = hydrophil, aber lipophob (wasseranziehend, aber fettabstoßend).

Die Offsetdruckplatte wird zuerst gefeuchtet. Dabei sammelt sich der dünne Wasserfilm an den nichtdruckenden Stellen. Danach wird die gesamte Druckplatte mit Farbwalzen eingefärbt. Die Farbe bleibt allerdings nur an den druckenden, lipophilen Stellen haften, die vorher den Wasserfilm abgestoßen haben.

Prinzip Offsetdruck

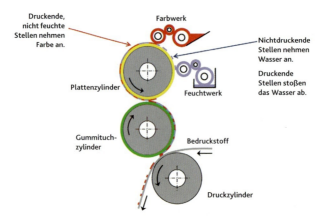

Prinzip Offsetdruck

 Der Offsetdruck bzw. Flachdruck funktioniert, weil die Nichtbildstellen bei der Feuchtung Wasser annehmen und danach die fettige Druckfarbe nicht mehr annehmen. Bei den Bildstellen ist es umgekehrt: Sie stoßen den Wasserfilm weitestgehend ab und nehmen dafür die Druckfarbe an.

Der Druck erfolgt nach dem Einfärben der Druckform (Offsetdruckplatte) zuerst auf ein Gummituch – das Druckbild wird vor dem eigentlichen Druck auf das Gummituch „abgesetzt" (engl.: „off set"). Danach erst erfolgt der Druck auf den Bedruckstoff. Durch Einsatz des Gummituchs werden Unebenheiten des Bedruckstoffs ausgeglichen.

Die Druckform ist beim Offsetdruck immer seitenrichtig. Das Abbild auf dem Gummituch ist seitenverkehrt und auf dem Bedruckstoff wiederum seitenrichtig.

Zwei Arten von Offsetdruckmaschinen kommen zum Einsatz: Bogen- und Rollen-Druckmaschinen. Mit Bogenoffset-Druckmaschinen werden Bogenformate von 37,0 x 52,0 cm bis 151 x 205 cm bedruckt.

Die Kapazität einer modernen Bogenoffset-Druckmaschine liegt bei bis zu 18 000 Bogen pro Stunde. Möglich ist die Anordnung von bis zu 15 Modulen (Druckwerken), sodass z. B. sechs Farben im Schöndruck (Bedruckung der Vorderseite) und nach Wendung in der Maschine weitere sechs Farben im Widerdruck (Bedruckung der Rückseite) gedruckt werden können. Anschließend können drei Lackwerke sowie die Trocknung den Druck komplettieren.

Informationen sind auf …
- … der Druckform seitenrichtig
- … dem Gummituchzylinder seitenverkehrt
- … dem Druckzylinder mit dem Bedruckstoff seitenrichtig

Die Auflage liegt im Bogenoffsetdruck im Bereich von ca. 1 000 bis ca. 800 000 Exemplaren.

Rollenoffset-Druckmaschinen verarbeiten Rollenware, die den Maschinen „endlos" zugeführt wird. Dabei werden Druckgeschwindigkeiten von bis zu 60 000 Umdrehungen pro Stunde erreicht.

21.2 Hochdruck/Flexodruck

Druckform für den Hochdruck

Letter

Wie bereits kurz vorgestellt, übertragen die erhobenen Stellen der Hochdruckform die Farbe auf den Bedruckstoff. Schon Gutenberg druckte mit den von ihm erfundenen beweglichen Lettern im Hochdruck seine Bibeln. Für im Hochdruck/Buchdruck gedruckte Bücher wurden Bleilettern oder ganze, in Blei gegossene Zeilen eingesetzt.

Ein Erkennungsmerkmal für dieses Druckverfahren ist eine leichte, jedoch fühlbare Prägung auf der Rückseite des Druckes, da sich die Metalllettern beim Druckvorgang leicht eindrücken. Optisch kann mit dem Fadenzähler ein geringer Quetschrand um die einzelnen Buchstaben erkannt werden – hier wird die Farbe beim Druckvorgang über den eigentlichen Druckbereich der Form herausgequetscht.

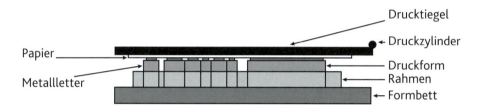

Prinzip des Hochdrucks

Heutzutage ist der **Flexodruck** die moderne Form des Hochdrucks. Er erlaubt das Bedrucken von Papier, Pappe, Karton, Metall, Kunststoff und Glas. Er wird vornehmlich im Verpackungsdruck, aber auch in geringem Maße im Zeitungsdruck eingesetzt. Er bietet auch gute Möglichkeiten zur Herstellung von Brötchentüten, Eintrittskarten, Etiketten usw. Auch ist er für Eindrucke von Adressen in bereits vorgedruckte Prospekte, einfache Mailings, Abreißkalender – und sogar für Lottoscheine – geeignet. Ein weiteres Einsatzgebiet für den Flexodruck ist die Bedruckung von Tragetaschen aus Polyethylen oder Papier.

Die Druckform im **Flexodruck** ist eine Fotopolymerplatte, welche auf einem Metalluntergrund aufgebracht ist. Die Platte wird im Negativverfahren belichtet und die nicht belichteten Stellen ausgewaschen. So bleiben die hochstehenden, farbführenden Teile stehen. Waren im Flexodruck bisher nur geringe Rasterweiten von bis zu 48 L/cm möglich, können durch die Einführung von Computer-to-Plate (digitale Belichtung der Fotopolymerplatten) und entsprechenden Druckplatten Rasterweiten bis zu 60 L/cm – vergleichbar zum Offsetdruck – gefahren werden. Die flexiblen, druckenden Teile reagieren leicht auf zu hohen Druck – somit kommt es im Flexodruck zu einer höheren Tonwertzunahme als z. B. im Offsetdruck.

Beachten Sie den erhöhten Tonwertzuwachs des Flexodrucks bei der Gestaltung der Tragetasche!

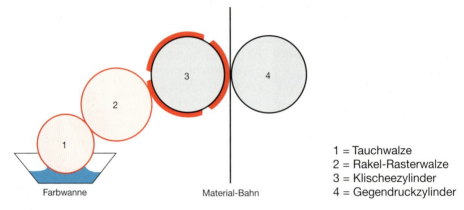

1 = Tauchwalze
2 = Rakel-Rasterwalze
3 = Klischeezylinder
4 = Gegendruckzylinder

Flexodruck mit Tauchwalze

Die Näpfchen des Rasterwalze nehmen die Farbe aus dem Kammerrakelsystem auf, überschüssige Farbe wird abgerakelt, so wird stets eine dosierte Farbmenge an die Druckform abgegeben. Um auf unterschiedliche Anforderungen reagieren zu können, gibt es unterschiedliche Walzen mit unterschiedlichen Näpfchentiefen.

Eine Rasterwalze hat nichts mit den benötigten Rasterpunkten des Druckverfahrens zu tun. Ihre feinen „Poren" oder „Näpfchen" werden als „Raster" bezeichnet.

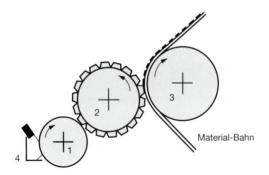

1 = Rasterwalze
2 = Klischeezylinder
3 = Gegendruckzylinde
4 = Kammerrakel

Flexodruck mit Kammerrakel

Die jetzt eingefärbte seitenverkehrte Druckform überträgt die Farbe auf den Bedruckstoff. Die im Flexodruck verwendeten Farben sind sehr schnell trocknend, sodass die Farbe bereits im darauffolgenden Druckwerk getrocknet ist.

Zum Einsatz kommen Bogen- und Rollendruckmaschinen. Die Geschwindigkeit der Mehrfarben-Rollendruckmaschinen liegt bei bis zu 7 m/s.

21.3 Tiefdruck

Beim Tiefdruck liegen die druckenden Bildstellen in einer Vertiefung. Diese Vertiefungen werden mit einem Diamantstichel in die Druckform – einen Zylinder mit einer Kupferhaut (die sogenannte Ballardhaut) – hineingebracht. Der Diamantstichel, der die Näpfchen in den Druckzylinder sticht, hat die Form einer Pyramide. Unterschiedliche Tonwerte lassen sich durch unterschiedlich tiefe und damit auch unterschiedlich breite Näpfchen erreichen – je nach Eintauchtiefe des Stichels in die Kupferhaut.

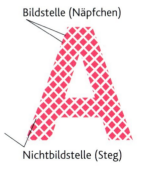

Dabei besteht die Druckform aus druckenden und nichtdruckenden Stellen. Die druckenden Stellen sind die Näpfchen, die nichtdruckenden Stellen sind die Stege.
Im industriell eingesetzten Tiefdruck, dem Rakeltiefdruck, werden die Näpfchen mit Druckfarbe „geflutet". Die Rakel rakelt die überstehende Farbe wieder ab. Dabei dienen die Stege als Auflage der Rakel, damit sich diese nicht durchbiegt und zu viel Farbe abnimmt.

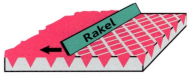

Überschüssige Farbe wird abgerakelt

Aus diesem Grund besitzen auch Volltonflächen im Tiefdruck immer noch einen feinen Steg.

Das Druckprinzip ist hier **rund gegen rund**. Der Gegendruck erfolgt durch den sogenannten „Presseur". Eine Tiefdruckform kann bis zu 4 Meter breit sein. Die Geschwindigkeiten liegen bei bis zu 60 000 Umdrehungen des Zylinders pro Stunde.

Der Tiefdruck ist im Gegensatz zum Offsetdruck ein direktes Druckverfahren, sodass die Druckform seitenverkehrt ist.

Die Druckformherstellung ist beim Tiefdruck sehr aufwendig und damit teurer als im Offsetdruck. Aufgrund der Größe der Druckform und der Druckgeschwindigkeiten ist der Tiefdruck daher nur für hohe Auflagen ausgelegt!

Im Gegensatz zu den übrigen Hauptdruckverfahren ist im Tiefdruck die Darstellung von echten Halbtönen – vor allem in den Dreivierteltönen – möglich. Die Druckfarbe ist relativ dünnflüssig und der Bedruckstoff saugfähig, sodass die Druckfarbe ineinander verläuft.

21.4 Digitaldruck

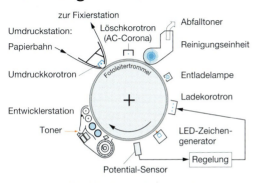

Prozessschritte des elektrofotografischen Druckprozesses

Bei der Plakatherstellung wird der Digitaldruck vor allem für Einzelstücke oder kleinste Auflagen eingesetzt (bis ca. 100 Stück). Die Anwendung des Digitaldrucks erfolgt u. a. für Spezialpapiere oder Selbstklebefolien, die im Außenbereich eingesetzt werden. Die verwendeten Farben weisen eine hohe Lichtechtheit auf. Im Digitaldruck sind Bahnbreiten bis zu 1,50 m im vierfarbigen Tintenstrahldruck möglich.

Beim Digitaldruck werden die zu druckenden Informationen direkt vom Rechner in die Druckmaschine übertragen. Im Gegensatz zu den herkömmlichen Druckverfahren besteht die Druckform – bei den elektrofotografischen Verfahren – aus einer Fotoleitertrommel. Diese wird bei jeder Umdrehung neu bebildert. Man spricht auch von einer „dynamischen Druckform".

Die Bebilderung bei jeder neuen Umdrehung ermöglicht dem Digitaldruck, bei jedem Druckvorgang neue bzw. geänderte Daten zu drucken. Eingesetzt wird dies z. B. beim „personalisierten Drucken", indem bei jedem Datensatz eine neue Adresse eingedruckt wird.

21.4.1 Elektrofotografie

Das elektrofotografische Verfahren ist das gängigste Digitaldruckverfahren. Im Mittelpunkt steht eine sogenannte Fotoleitertrommel: Auf eine positiv geladene Trommel wird im ersten Bebilderungsschritt ganzflächig eine Ladung von negativ geladenen Elektronen aufgebracht. Eine LED (Light Emitting Diode), seltener ein Laser, neutralisiert im zweiten Schritt an den Stellen, die zur Bebilderung benötigt werden, die Elektronen. Zurück bleibt ein „latentes Bild".

Latent = unsichtbar vorhanden. Der Begriff stammt aus der Filmbelichtung: Ein belichteter, aber noch nicht entwickelter Film weist ein latentes Bild auf.

Im dritten Schritt wird ein Toner aufgebracht. Die Tonerteilchen weisen eine ebenfalls negative Ladung auf und verbinden sich so mit den „elektronenfreien" positiven Stellen der Trommel.

Dann wird das seitenverkehrte Bild auf den Bedruckstoff übertragen. Dazu befindet sich hinter dem Bedruckstoff eine starke positive Ladungsquelle, welche die Tonerteilchen auf den Bedruckstoff zieht.

Die Fixierung des Toners erfolgt bei ca. 150 °C.

Die Trommel wird vom restlichen Toner gereinigt und eine neue, ganzflächige Ladung aufgebracht.

Dieser Prozess erfolgt bei jeder Umdrehung der Trommel. Daher können auch nach jedem Druck neue Daten gedruckt werden. Dieses dynamische Drucken ermöglicht personalisiertes und individualisiertes Drucken.

Ein Beispiel für **personalisiertes Drucken**: Ein vom Aufbau her gleiches Mailing in Briefform wird bei jedem Druck mit einer neuen Adresse und Anrede versehen.

Ein Beispiel für **individualisiertes Drucken**: Bei einem vom Grundaufbau her gleichen Prospekt eines Reisebüros werden nicht nur die persönlichen Daten geändert, sondern auch auf die Belange der Adressaten eingegangen. So erhält ein Kunde ein Reiseprospekt mit Reisen ans Meer, ein weiterer Kunde ein Prospekt mit Informationen zu Städtereisen. Ausgetauscht werden im Inhaltsteil nur Text- und Bildmaterial. Die Informationen zu den unterschiedlichen Wünschen der Kunden stehen aus Umfragen und persönlichen Gesprächen zur Verfügung.

21.4.2 Large-Format-Printing (Tintenstrahltechnologie)

Neben elektrofotografischen Drucksystemen wird die Tintenstrahltechnologie für **Großformat-Drucke** (Large-Format-Printing) eingesetzt. Dabei wird der Begriff Large-Format-Printing für Drucke von 0,6 m bis 2 m angewendet. Ab einer Druckbreite von 2 m spricht man auch vom Wide-Format-Printing. Der Einsatzbereich liegt hier bei Großflächenplakaten, Werbebannern an Hauswänden, Ausstattungen für Messen, Werbetransparenten und Fahrzeugbeschriftungen.

Ein großer Vorteil liegt darin, dass ab einer Auflage von einem Exemplar produziert werden kann. Mittlerweile sind fast alle Materialien (Textilien, Vinyl, Laminat, Wellpappe, Holz, Aluminium, Blech, Keramik, Hartschaumplatten, Glas oder Fliesen) mit einer hohen Lichtechtheit der Farben bedruckbar.

Außerdem gibt es für großformatige Anwendungen eine Vielzahl von Befestigungsmöglichkeiten und innovativen Aufstellern für den Innen- und Außenbereich, sodass eine optimale Positionierung der Drucke am POS (Point of Sale) gewährleistet ist.

Large-Format-Printer kann man nicht nur anhand ihrer Größe unterscheiden, sondern auch nach der Art und Anzahl der verwendeten Farben.

Für verschiedene Bedruckstoffe kommen unterschiedliche Farben zum Einsatz: Unterschieden wird zwischen wasserbasierenden Tinten, Solvent-Tinten mit organischen Lösemitteln und umweltfreundlichen UV-härtenden Tinten. Letztere finden durch die sofortige Polymerisation auf vielen verschiedenen unbeschichteten Materialien Verwendung.

www.largeformat.de

High-End-Geräte arbeiten mit einer Auflösung von bis zu 1440 x 2880 dpi. Entscheidend für die Druckqualität sind außerdem die Faktoren Tintentröpfchengröße und Tintenpositionierung. Halbtöne lassen sich beim Tintenstrahldruck mithilfe variabler Punkt- bzw. Tropfengrößen darstellen. Darüber hinaus können Form und Position der Tintentröpfchen gesteuert werden. In Verbindung mit zusätzlichen Tinten (Hellcyan, Hellmagenta, Grau) können gleichmäßige Farbabstufungen dargestellt werden. Optisch führt dies zu einer höheren Bildauflösung, obwohl die physikalische Auflösung des Drucksystems unverändert bleibt.

Ein Bereich des Large-Format-Printing ist die Fahrzeugbeschriftung bzw. -folierung. Grundlage jeder Fahrzeugbeschriftung ist eine Ansicht des zu beschriftenden Fahrzeugs. Dabei sind die Zeiten eines einfachen Schriftzuges auf der Autotür vorbei: Die komplette Fahrzeugkarosserie wird in die Gestaltung miteinbezogen. Dabei muss vor Rundungen, Ecken, Fenstern und Rückspiegeln nicht Halt gemacht werden.

www.ccvision.de
www.mr-clipart.de

Waren bis vor Kurzem nur Vektorinformationen (Logo, Text, Grafiken) zu verarbeiten, welche dann aus Folien geschnitten/geplottet wurden, sind heute Folierungen möglich, die ein Fahrzeug vollständig bedecken. Auf diese Folien können auch fotorealistische Abbildungen gedruckt werden.

Um den Bekanntheitsgrad der Marke „Pazzo!" zu steigern, soll ein Smart beschriftet bzw. mit einer Fahrzeug-Folierung versehen werden. Entwerfen Sie eine passende Fahrzeug-Gestaltung, bei der Sie Ihre bisherigen Überlegungen miteinbeziehen.

Beachten Sie folgende technische Grundlagen:

Bei Folierungen bzw. Anwendungen mit fotorealistischen Bildern ist eine Bildauflösung von 80 bis 150 dpi im Originalformat ausreichend. Als Dateiformat für farbige Pixelbilder ist ein CMYK-EPS geeignet.	
Für Logos, Grafiken oder Texte bieten sich als Dateiformat EPS, AI, PDF und CDR an.	
Texte sind grundsätzlich in Pfade zu konvertieren.	**Text Text**
Bild- oder Vektordateien sollten im Format 1:1 oder in einem entsprechenden Verhältnis, z. B. 1: 10, angelegt sein.	

Beachten Sie einen evtl. Beschnitt bei Folierungen o. Ä. von mindestens 5 mm.	
Die Dateien sollten direkt im CMYK-Farbmodus angelegt werden. Vor der Verwendung von Sonderfarben (HKS, Pantone, RAL) empfiehlt sich die Rücksprache mit dem Drucker.	
Vermeiden Sie bei Folienplotts zu viele Ankerpunkte.	 1) Zu viele Ankerpunkte für eine einfache Form. 2) So wenig Ankerpunkte wie möglich verwenden.
Ein Plotter schneidet nur dort, wo sich auch eine Vektorlinie befindet. Daher müssen dickere Linien, welche nur über die Strichstärke definiert wurden, unbedingt in der gewünschten Breite angelegt sein. (Tipp: Stellen Sie die Datei auf Pfadansicht um und Sie sehen, wo der Plotter schneidet.)	 1) Linie mit Strichstärke verbreitert. 2) Linie in Fläche umgewandelt.
Ähnliches gilt für Überlappungen: Diese müssen unbedingt entfernt oder die Flächen einzeln angelegt werden.	 1) So soll es aussehen. 2) So wird geschnitten . 3) Form muss zusammengefügt werden.
Achten Sie darauf, dass die Schriftgröße für Folienplotts ca. 10 mm Höhe nicht unterschreiten sollte, da die Buchstaben sonst ausbrechen könnten bzw. sich nicht korrekt vom Trägermaterial lösen.	

 Entscheiden Sie sich anhand Ihrer Gestaltungsüberlegungen für einen Folienplott oder eine Folierung und die damit verbundenen technischen Vorgaben.

22 Druckfarbe

Da Sie als Mitarbeiter/-in der *Druckfabrik GmbH* Ihre Kunden umfassend beraten, müssen Sie schon im Planungsgespräch auf die Qualität Ihrer Produkte hinweisen. Je nach Einsatz der Plakate unterliegen diese unterschiedlichen Qualitätsanforderungen. Bestimmen Sie Einsatzort und -zeit der Plakate und wählen Sie die entsprechende Qualität der Druckfarben (z. B. die Wollskala-Stufe) aus.

Betrachtet man den Standort von Plakaten, wird man schnell erkennen, dass an die Druckfarbe besondere Anforderungen gestellt werden, da sie Wind und Wetter und vor allem dem Tageslicht ausgesetzt sind.

http://drucker.berufschule.com/?p=2337

Druckfarben für den Plakatdruck müssen daher eine hohe Lichtechtheit gegenüber dem im Tageslicht enthaltenen Anteil an UV-Strahlen aufweisen. Die UV-Strahlen lösen in den Farbpigmenten chemische Prozesse aus, die zum Verblassen der Farben führen. Die Lichtechtheit wird in der **Wollskala** festgehalten.

> Sind mehrere Farben (z. B. CMYK) am Druckprozess beteiligt, gilt für den gesamten Druck die Stufe derjenigen Farbe mit der geringsten Lichtechtheit.

Beim Nassklebeverfahren müssen die Farben alkaliecht sein, da die verwendeten Klebestoffe meist alkalische Bestandteile enthalten. Da die Plakate eingeweicht werden und außerdem dem Regen ausgesetzt sind, dürfen die Farben nicht verlaufen oder auswaschen. Bei der Verwendung von Lacken ist darauf zu achten, dass die Klebung nicht beeinträchtigt wird.

22.1 Zusammensetzung und Herstellung von Druckfarbe

Obwohl Mediengestalter gewöhnlich nicht die Druckfarbe aussuchen, sind für die Plakatherstellung Kenntnisse über die Eigenschaften der verwendeten Druckfarbe erforderlich – je nach Einsatz des Plakates.

Druckfarbe besteht aus drei Hauptbestandteilen:

- Farbmittel
- Binde- und Lösemittel
- Hilfsstoffe bzw. Additive

Als Farbmittel für Offsetdruckfarben werden Farbpigmente verwendet. Farbpigmente sind unlösliche Farbkörper. Ihr Anteil an der Druckfarbe beträgt 10–30 %. Farbstoffe, also gelöste Farbmittel, werden im Offsetdruck nicht verwendet.

Für schwarze Druckfarbe werden Rußteilchen verwendet, deren Größe zwischen 10 und 100 nm beträgt. Für die Buntfarben werden organische Verbindungen benutzt, für Weiß Titanoxide. Metallfarben, sogenannte Bronzen, enthalten feinste Metallplättchen. Silberbronzen werden vornehmlich aus Aluminium und Goldbronzen aus Messing hergestellt.

> **Organische Chemie:** Komplexe Kohlenstoffverbindungen.
>
> **Anorganische Chemie:** Chemische Elemente, Verbindungen ohne Kohlenstoff sowie einfache Kohlenstoffverbindungen.

Binde- und Lösemittel sind ein weiterer Bestandteil der Druckfarbe. Die Bindemittel umhüllen die Farbmittel (Dispersion = feine Verteilung der Farbpigmente im Bindemittel) und befestigen diese nach der Trocknung auf dem Bedruckstoff. Da es sich bei Bindemitteln meist um feste Stoffe wie Harze handelt, werden sie in Lösemitteln gelöst. Die Verbindung aus Binde- und Lösemitteln nennt man Firnis.

Um den Druckfarben bestimmte Eigenschaften zu geben, werden Hilfsstoffe hinzugefügt, welche die Konsistenz, die Scheuerfestigkeit oder die Trocknung beeinflussen.

Zur Herstellung der Druckfarbe werden alle Bestandteile fein miteinander vermischt (= dispergiert). Die Dispersion erfolgt nach dem Vormischen in einem Dreiwalzenstuhl oder einer Rührwerkskugelmühle.

Im Dreiwalzenstuhl werden die Farbbestandteile miteinander durch die Rotation und Seitwärtsbewegung der Walzen vermischt. In der Rührwerkskugelmühle übernehmen diese Aufgabe kleine Stahlkugeln.

Bei der Trocknung von Druckfarbe wird diese fest und kann nicht mehr durch äußere Einflüsse verschmiert werden. Grundsätzlich wird zwischen der physikalischen und der chemischen Trocknung unterschieden.

Physikalische Trocknung

Wegschlagen
Dünnflüssige Lösemittelbestandteile aus der Firnis dringen in den Bedruckstoff ein und die auf der Oberfläche verbleibenden festen Bestandteile des Bindemittels verankern die Farbpigmente auf dem Bedruckstoff. Wegschlagende Farben werden häufig im Zeitungs-Rollenoffset eingesetzt. Sie werden auch Coldset-Farben genannt, da zu ihrer Trocknung keine Hitze nötig ist.

Verdampfen
Heatset-Farben benötigen die Einwirkung von Wärme zur Trocknung. Vorteil der Heatset-Farben ist im Gegensatz zu den Coldset-Farben ein hoher Glanz.

Verdunsten
Die eingesetzten Lösemittel sind leichtflüchtig und verdunsten bei Raumtemperatur ohne zusätzliche Wärmeeinwirkung. Einsatz vor allem im Tiefdruck.

Chemische Trocknung

Im Gegensatz zur physikalischen Trocknung werden die Moleküle der Farbbestandteile hierbei verändert.

Oxidative Trocknung
Durch Oxidation mit Sauerstoff vernetzen sich die Bindemittel und werden fest.

UV-Trocknung
Hier werden die Druckbogen vor der Auslage durch einen UV-Trockner geführt. Die Bestrahlung mit UV-Licht regt aktive Bestandteile der Farbe an, wodurch sich langkettige Moleküle bilden. Dieser Vorgang wird als Polymerisation bezeichnet.

Eigenschaften der Druckfarbe

„Panta Rei" – Alles fließt. So auch die leicht pastöse Druckfarbe. Die fließtechnischen Eigenschaften von Druckfarbe werden in der Rheologie (Lehre vom Fließen und Verformen) beschrieben.

Konsistenz ist der Sammelbegriff für die rheologischen Eigenschaften.

Die Viskosität beschreibt den Grad der Flüssigkeit einer Druckfarbe. Je dickflüssiger die Druckfarbe, desto höher ihre Viskosität. Die Viskosität kann mit einem Spachtel geprüft werden: Je schneller die Druckfarbe vom Spachtel gleitet, desto weniger viskos ist sie.

Die Viskosität der Druckfarbe entsteht nicht nur durch ihre Inhaltsstoffe, sondern ist auch von der Temperatur und dem Bewegungszustand der Farbe abhängig. Als Beispiel hierfür gilt, dass Druckfarbe in der Farbdose relativ dick ist, während sie sich sehr dünn und geschmeidig im Farbwerk der Druckmaschine verhält. Druckfarbe kann also ihre Viskosität ändern. Diese Eigenschaft nennt man Thixotropie.

Die Zügigkeit (engl. „tack") der Druckfarbe beschreibt, wie klebrig bzw. zäh eine Druckfarbe ist. Die bekannteste Probe für die Zügigkeit ist die Fingerprobe:

Nehmen Sie etwas Druckfarbe zwischen Daumen und Zeigefinger und bewegen Sie die Finger langsam auseinander. Bilden sich lange Fäden, dann ist die Zügigkeit der Druckfarbe hoch – es ist eine „lange" Farbe. Reißt die Farbe direkt ab, handelt es sich um eine „kurze" Farbe mit geringem Tack.

Weitere Eigenschaften von Druckfarbe sind verschiedene Echtheiten und Festigkeiten. So muss die Druckfarbe resistent gegenüber allen weiteren Verarbeitungsschritten wie Lackierung oder Kaschierung sein.

Für den Plakatdruck ist vor allem die **Lichtechtheit** von Druckfarbe wichtig. Die Lichtechtheit wird anhand der Wollskala beschrieben. Die Wollskala entstand ursprünglich aus einem Testverfahren für Stoff- bzw. Wollfarbe: Je länger verschiedene Wollfäden unter UV-Licht-Bestrahlung nicht ihre Farbe veränderten bzw. nicht ausbleichten, desto lichtechter waren sie.

Wollskala

Stufe	Bewertung	Strahlung (Tage)
WS 1	sehr gering	5
WS 2	gering	10
WS 3	mäßig	20
WS 4	ziemlich gut	40
WS 5	gut	80
WS 6	sehr gut	160
WS 7	vorzüglich	250
WS 8	hervorragend	700

Soll das Plakat für die Dauer von einem Monat plakatiert sein, empfiehlt sich für die verwendete Druckfarbe ein Wollskala-Faktor von 4–5 (es empfiehlt sich immer, eine Stufe höher zu wählen, da z. B. im Sommer die Strahlungsintensität höher als im Winter ist).

Erkundigen Sie sich bei Ihrer Druckerei nach dem Wollskala-Faktor der verwendeten Druckfarbe oder fordern Sie vom Farbhersteller ein Informationsblatt an.

Die verwendete Druckfarbe muss „tesafilmfest" sein. Das heißt, dass die Druckfarbe unter einer evtl. aufkaschierten Schicht (etwa bei der Befestigung im Leuchtrahmen) nicht „ausbluten", also zerlaufen darf.

Rückseitendruck

Bei der Plakatierung darf das überklebte Plakat nicht durchscheinen. Dafür ist in erster Linie das verwendete Papier zuständig, jedoch können die Plakate auch auf der Rückseite mit einer formatfüllenden Fläche bedruckt werden, um ein Durchscheinen zu verhindern. Dabei sollte beachtet werden, dass der Rückseitendruck nur notwendig ist, wenn das Motiv ihn erfordert (z. B. freie Stellen, Weißraum). Der Rückseitendruck sollte bis ca. 50 % aufgerastert sein, damit die klebetechnischen Eigenschaften des Papiers nicht beeinflusst werden.

Konterdruck
Backlight-Plakate – also CLP, Megalight und CLB-Plakate – benötigen auf der Rückseite immer einen zwei- bis dreifarbigen **Konterdruck**, also das gleiche Motiv gekontert auf der Rückseite, damit die beleuchteten Plakate eine optimale Farbwirkung bzw. Brillanz erzielen.

22.2 Kennzeichnung chemischer Produkte

Farbe ist ein chemisches Produkt und somit zumindest in der EU kennzeichnungspflichtig. Ziel der Kennzeichnungspflicht ist, die mit den Farben verbundenen Risiken für Mensch und Umwelt erkennbar zu machen. Neben einer gültigen Kennzeichnung – z. B. laut Gefahrstoffverordnung[1] der Bundesanstalt für Arbeitsschutz und Arbeitsmedizin – gibt es vom Farbhersteller für jede Druckfarbe ein Sicherheitsdatenblatt, welches folgende Angaben enthält:

- Hersteller
- Verwendungszweck/Einsatzbereich
- Farbzusammensetzung (z. B. Hinweis auf organische und/oder anorganische Pigmente)
- Hinweise auf mögliche Gefahren
- Erste-Hilfe-Maßnahmen (z. B. bei Augenkontakt)
- Maßnahmen zur Brandbekämpfung (z. B. Einsatz von Löschschaum statt Wasser)
- Maßnahmen bei unbeabsichtigter Freisetzung (z. B. starkes Lüften)
- Handhabung und Lagerung
- Hinweise zum persönlichen Schutz (z. B. Hautkontakt)
- physikalische und chemische Eigenschaften
- Stabilität und Reaktivität
- Angaben zur Toxikologie
- Angaben zur Ökologie
- Hinweise zum Transport und zur Entsorgung
- zugrundeliegende Vorschriften (z. B. Gefahrstoffverordnung)

Hersteller und Lieferanten von chemischen Produkten sind verpflichtet, ihren Kunden ein entsprechendes Sicherheitsdatenblatt mitzuliefern.

www.bmub.bund.de/ Vgl. auch zu Fragen des betrieblichen Umweltschutzes die Plattform www.umweltschutz-bw.de/index.php?lvl=403

Im Dezember 2007 wurde das deutsche Chemikaliengesetz an neue, europaweite Regelungen angepasst. Durch die sogenannte „REACH-Verordnung"[2] wurde das Chemikalienrecht in der Europäischen Union grundlegend neu geordnet und vereinheitlicht. Hauptziel ist es, bestehende Wissenslücken hinsichtlich möglicher Stoffrisiken zu schließen und so einen verantwortlicheren Umgang mit Stoffen zu ermöglichen. Erreicht werden soll vor allem eine Erhöhung des Schutzes von Arbeitnehmern und Verbrauchern.

---

[1] Die Gefahrstoffverordnung sieht vor: 1. Kennzeichnung von Gefahrstoffen auf der Verpackung, 2. Vorhandensein eines Sicherheitsdatenblattes, 3. Erstellen einer betriebsinternen Anweisung für den Umgang mit Gefahrstoffen und Schulung der Mitarbeiter.

[2] REACH steht für die EG-Verordnung: **R**egistration, **E**valuation, **A**uthorisation of **CH**emicals (Registrierung, Bewertung und Zulassung von Chemikalien).

Neben Farbe, verschiedenen Lösemitteln und Reinigern, die alle entsprechend gekennzeichnet sein müssen, gibt es eine Vielzahl von Kennzeichen und Schildern, die auf mögliche Gefahren bzw. Verbote, aber auch auf Hilfe hinweisen. Einige sind an Schilder aus dem Straßenverkehr angelehnt: So sind z. B. Verbotszeichen rund mit roter Farbgebung.

Verbotszeichen = rot	Warnzeichen = gelb/schwarz
Gebotszeichen = blau	Rettungszeichen = grün

Schilder und Kennzeichen			
Schutzhandschuhe tragen		Sicherheitsschuhe tragen	
Gehörschutz tragen		Atemschutz tragen	
Augenschutz tragen		Schutzhelm tragen	
Nichts abstellen oder lagern		Rauchen verboten	
Kein Feuer, offenes Licht oder Rauchen		Warnung vor ätzenden Stoffen	
Warnung vor radioaktiven Stoffen		Warnung vor feuergefährlichen Stoffen	
Warnung vor giftigen Stoffen		Warnung vor elektrischer Spannung	
Warnung vor explosionsfähiger Atmosphäre		Arzt	
Krankentrage		Notdusche	

Schilder und Kennzeichen			
Augenspüleinrichtung		Rettungsweg	
Rettungsweg		Rettungsweg	
Erste Hilfe			

Anzeigen

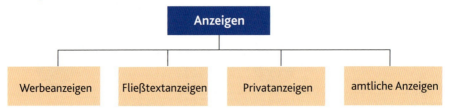

Nach der Auswahl und formatgerechten Positionierung wird entsprechend der bestimmten Zielgruppe ein Entwurf gefertigt. Bilder, Farben und Schrift sind hierbei anzupassen.

Marketing

Farbtechnologie

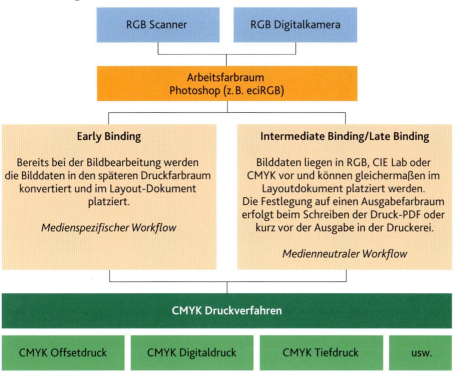

Plakate

Bedenken Sie, dass ein Plakat grundsätzlich andere Elemente als eine Anzeige enthält. Dies liegt vor allem daran, dass die Sehgewohnheiten für Plakate andere sind als die bei einer Anzeige: Plakate sehen wir im Vorbeifahren, Anzeigen können wir in Ruhe beim Durchblättern einer Zeitung oder Zeitschrift betrachten.

Daher sollte ein Plakat nur die wesentlichen, für die geforderte Aussage wichtigen Elemente enthalten. Überraschen Sie den Betrachter mit ungewöhnlichen Situationen, die erst auf den zweiten Blick zu entschlüsseln sind – oder verlassen Sie sich auf Bewährtes und achten Sie auf eine klare Gliederung und die Einhaltung der üblichen Blick- und Leserichtung. Plakate setzen Zeichen und gestalten unsere Umwelt mit. Lassen Sie von einem Plakat Signale in Form von kräftigen Farben und plakativen – also weithin sicht- und leserlichen Schriften – ausgehen.

Platzieren Sie an den Nahtstellen eines Plakates keine sensiblen Elemente.

Korrespondierend zur Verwendung bzw. dem Einsatz des Plakats kann das Druckverfahren gewählt werden: Vom Offset- bis zum Digitaldruck.

1. **Anzeige**
a) Wodurch unterscheiden sich die verschiedenen Anzeigenarten?
b) Gestalten Sie aus der Werbeanzeige in 1c eine Fließtextanzeige mit der Spaltenbreite 45 mm, Höhe 55 mm.
c) Gestalten Sie eine Anzeige im Format 89 x 94 mm mit folgendem Inhalt: RESTAURANT WINZERSTUBE, ORIGINAL WINZERGERICHTE, WEINE AUS EIGENEM ANBAU, GEEIGNET FÜR FEIERLICHKEITEN ALLER ART, WEINPROBE, MOSELSTRASSE 71, 56068 KOBLENZ, TEL.: 0261

12345, FAX: 0261 67891. Beachten Sie dabei folgende Kriterien: Schrift, Farbe, Aufteilung, Bild, Weißraum und Rand (Abgrenzung zu anderen Anzeigen).

Behalten Sie die Größe von 89 x 94 mm sowie den vollständigen Inhalt bei.

2. Strategisches Marketing

a) Für einen Anbieter hochwertiger Uhren ist eine großangelegte Werbekampagne zu konzipieren. Hierzu soll der Markt nach Lifestyle-Kriterien segmentiert werden.
- Erläutern Sie die „strategische Landkarte" im Rahmen der Sinus-Milieu-Analyse.
- Wählen Sie aus der strategischen Landkarte die relevanten gesellschaftlichen Leitmilieus aus und begründen Sie Ihre Auswahl.
- Beschreiben Sie die Konsequenzen hinsichtlich der Erstellung eines Mediaplans, der Gestaltung eines Werbeflyers sowie der Bild- und Textauswahl einer Zeitschriftenanzeige.

b) Suchen Sie aus verschiedenen Zeitschriften Werbeanzeigen heraus, schneiden Sie diese aus und ordnen Sie diese Anzeigen den gesellschaftlichen Sinus-Milieus zu.

c) Wählen Sie drei Modelle eines beliebigen Automobilherstellers und ordnen Sie diesen eine Marktposition zu. Erstellen Sie hierzu auch eine geeignete Matrix.

d) Beschreiben und unterscheiden Sie das strategische und operative Marketing am Beispiel eines Sportartikelherstellers. Erläutern Sie in diesem Zusammenhang die Bedeutung der Entscheidungen, die der Hersteller auf der Ebene des strategischen Marketings fällen muss.

e) Warum muss ein Marktsegment intern homogen und extern heterogen sein?

3. Farbtechnologie

a) Beschreiben Sie die Geräteab- bzw. -unabhängigkeit von RGB/CMYK bzw. CIE Lab anhand unterschiedlicher Faktoren.

b) Berechnen Sie den S- und B-Wert einer Farbe, die im RGB-Modus angelegt wurde. Der Helligkeitswert wird berechnet mit: (maximaler Farbwert/255) x 100 %
Der Sättigungswert wird berechnet mit:
((maximaler Farbwert – minimaler Farbwert)/maximaler Farbwert) x 100 %

c) Definieren Sie den Farbbereich Blau im HSB-Modell sowie als Nanometer-Angabe im Spektrum.

d) Wodurch ist die autotypische Farbmischung möglich?

e) Ein Farbton hat im Buntaufbau die folgenden Werte: C 70, M 40 und Y 30. Separieren Sie diesen Farbton für den Unbuntaufbau so, dass die gesamte Graukomponente durch Schwarz ersetzt wird. Notieren Sie den Gesamtfarbverbrauch vorher und nachher.

f) Berechnen Sie anhand von frei gewählten Angaben den Farbabstand Delta E.

g) Beschreiben Sie die Herstellung von ICC-Profilen für Ausgabegeräte (Monitor und Drucker).

h) Welche Eigenschaften haben die vier Rendering Intents?

4. Druckverfahren

a) Nach welchen Druckprinzipien können Druckmaschinen – gleich welchen Verfahrens – eingeteilt werden?

b) Welches Druckverfahren gehört zu den sogenannten NIP-Verfahren (Non-Impact-Verfahren), also zu den anschlaglosen/kontaktlosen Druckverfahren?

c) Ordnen Sie folgenden Auflagenhöhen und Produkten jeweils ein passendes Druckverfahren zu:
- 50 Speisekarten DIN A4, 4/4-fbg.
- 5 000 Flyer, 6-Seiter, Wickelfalz, 4/4-fbg.
- 75 000 Kataloge, 200-Seiter, 4/4-fbg.
- Tageszeitung, 180 000 Exemplare

d) Zu welchem Zweck wird im Tief- und Flexodruck eine Rakel verwendet?

e) Welchen Vorteil besitzt der Digitaldruck gegenüber den Druckverfahren ohne Fotoleitertrommel?

5. Plakat

a) Welche Formate weisen Großflächenplakat, City-Light-Poster und Superposter auf?
b) Welche Informationen können aufgrund der Sehsituation auf Großflächenplakaten, welche auf hinterleuchteten CLP abgebildet werden?
c) Welche Regeln sollten bei der Plakatgestaltung beachtet werden?
d) Warum ist bei manchen Plakaten ein Hintergrunddruck in Form einer Rasterfläche, bei anderen ein Konterdruck notwendig?
e) Neben Eyecatchern wie Headline und Bild finden sich auf Plakaten oft prägnante Slogans wieder. Entwerfen Sie zu den folgenden Begriffen je einen passenden Slogan. Anregungen finden Sie auf www.slogans.de.
- Katzenfutter
- Digitalkamera
- Druckerei
- Super-Kraftstoff für Kfz

f) Anzeigen und Plakate enthalten verschiedene Elemente. Visualisieren Sie im Scribble-Stil eine Anzeige und ein Plakat, indem Sie die folgenden Symbole verwenden:

g) Unterscheiden Sie die beiden Plakatbeispiele anhand folgender Faktoren: Bildpositionierung/Bildwahl/Bildausschnitt, Seitenaufteilung, Inhalt/Wertigkeit, Blickführung.

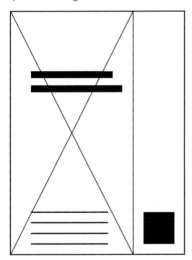 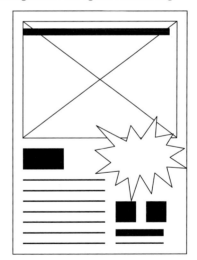

6. Druckfarbe

a) Aus welchen Komponenten besteht Druckfarbe?
b) Welche Eigenschaft der Druckfarbe wird durch den Tack angezeigt?
c) Erläutern Sie den Begriff „Lichtechtheit".
d) Erklären Sie die grundlegende Funktionsweise des Siebdruckverfahrens.
e) Welche Vor- und Nachteile hat der Digitaldruck gegenüber dem Offsetdruck?
f) Beschreiben Sie die notwendigen Schritte von der Aufladung der Fotoleitertrommel bis hin zum fertigen Druck.

7 Handzettel/ Konzertkarte/ Sektglas

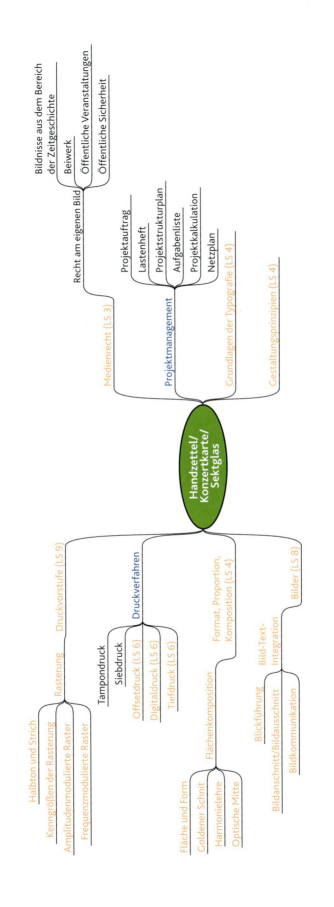

7 Handzettel/Konzertkarte/Sektglas

In der Oper laufen die Vorbereitungen zu den „Mozartwochen". 14 Tage lang wird es vier Konzerte mit Werken von Mozart geben. Ihre Agentur hat den Auftrag erhalten, hierfür die Konzertkarten (Eintrittskarten), einen Handzettel mit Kurzinformationen zu den Aufführungen und Terminen sowie den Schriftzug für ein Sektglas zu gestalten. Aufgeführt werden das Requiem, die Zauberflöte, vier Hornkonzerte und das Violinkonzert. In den Pausen wird jeweils ein Sektempfang stattfinden. Die verwendeten Sektgläser sollen hierfür den Schriftzug „Mozartwochen" als Aufdruck erhalten. Dieser Schriftzug soll auch in die Gesamtgestaltung integriert werden. Die Ausführung der Drucksachen erfolgt in Schwarz-Weiß. Das Format für Konzertkarte und Handzettel ist frei wählbar.

13.4 Recht am eigenen Bild

Da die Konzertkarte und der Handzettel Fotos von Personen (Musiker, Publikum usw.) beinhalten sollen, müssen Sie prüfen, ob die Verwendung rechtlich unbedenklich ist.

Will man Fotos von Personen in Zeitschriften, Zeitungen oder anderen Medien veröffentlichen, sind bestimmte rechtliche Rahmenbedingungen zu beachten. Das Gesetz, das diesen Rahmen vorgibt, ist das **Gesetz betreffend das Urheberrecht an Werken der bildenden Künste und der Photographie**, das **Kunsturhebergesetz (KUG)**. Das Urheberrecht ist vor vielen Jahren aus dem KUG als eigenständiges Gesetz (Urhebergesetz) ausgegliedert worden. Insofern täuscht die Bezeichnung dieses Gesetzes etwas über seinen Inhalt hinweg. Grundsätzlich gilt nach dem KUG, dass für die Veröffentlichung eines Fotos eine Genehmigung der dort abgebildeten Person(en) vorliegen muss. Somit ist zu prüfen, ob die Rechte der auf der Konzertkarte abzubildenden Personen verletzt werden.

§ 22 KUG (Recht am eigenen Bild)

Bildnisse dürfen nur mit Einwilligung des Abgebildeten verbreitet oder öffentlich zur Schau gestellt werden. Die Einwilligung gilt im Zweifel als erteilt, wenn der Abgebildete dafür, dass er sich abbilden ließ, eine Entlohnung erhielt. Nach dem Tode des Abgebildeten bedarf es bis zum Ablaufe von 10 Jahren der Einwilligung der Angehörigen des Abgebildeten. [...]

Die allgemeine Regelung im § 22 Abs. 1 KUG wird allerdings von einigen Ausnahmen eingeschränkt. Diese Ausnahmen werden in § 23 KUG geregelt:

§ 23 KUG (Recht am eigenen Bild, Ausnahmeregelungen)

(1) Ohne die nach § 22 erforderliche Einwilligung dürfen verbreitet und zur Schau gestellt werden:
  1. Bildnisse aus dem Bereiche der Zeitgeschichte;
  2. Bilder, auf denen die Personen nur als Beiwerk neben einer Landschaft oder sonstigen Örtlichkeit erscheinen;
  3. Bilder von Versammlungen, Aufzügen und ähnlichen Vorgängen, an denen die dargestellten Personen teilgenommen haben;
  4. [...]

Prüfen Sie, ob es sich bei der Nutzung der Fotos für die Konzertkarte und den Handzettel um eine Ausnahmeregelung des § 22 KUG handelt (Schranken des § 23 KUG) und eine Verwendung ohne Einwilligung der abgebildeten Personen ggf. möglich ist.

Diese Schranken des § 23 KUG werden im Folgenden anhand von Beispielen genauer erklärt.

13.4.1 Bildnisse aus dem Bereich der Zeitgeschichte

Mit **Bildnissen „aus dem Bereiche der Zeitgeschichte"** (§ 23 I Ziff. 1 KUG) sind Abbildungen von Personen gemeint, die öffentlich bekannt, also **Personen der Zeitgeschichte** sind. Man unterscheidet hier **relative** und **absolute** Personen der Zeitgeschichte.

Eine **relative Person der Zeitgeschichte** ist eine Person, die nur *vorübergehend* in der Öffentlichkeit steht. Diese Personen dürfen im Zusammenhang mit dem Ereignis, aufgrund dessen sie im Interesse der Öffentlichkeit stehen, fotografiert und veröffentlicht werden.

Die Kassiererin „Emmely", die durch ihre fristlose Entlassung wegen des Einlösens eines von einem Kunden vergessenen Pfandbons in Höhe von 1,30 € bekannt wurde, wird bei der Wiederaufnahme ihrer Tätigkeit als Kassiererin bei ihrem alten Arbeitgeber fotografiert.

Allerdings gilt trotz dieser in § 23 I 1 KUG beschriebenen Schranke des § 22 KUG eine Einschränkung („Schranke der Schranke"): Werden nämlich durch die Abbildungen der fotografierten Person deren Grundrechte verletzt, ist eine Veröffentlichung der Bilder nicht rechtmäßig. Diese Einschränkungen finden sich jedoch nicht im KUG, sondern im **Grundgesetz (GG)**. Denn obwohl in Artikel 5 I GG die Pressefreiheit garantiert wird, so gibt Artikel 5 II GG den Hinweis auf höher stehende Rechte, nämlich die Rechte auf die freie Entfaltung der Persönlichkeit sowie die körperliche (und damit auch psychische) Unversehrtheit **(Persönlichkeitsrechte)**. Diese Persönlichkeitsrechte sind in den Artikeln 1 und 2 GG zu finden, sie „schlagen" somit den Grundsatz der Pressefreiheit, der in Artikel 5 I GG geregelt ist. Diese Einschränkung gilt ebenfalls für alle weiteren Ausnahmen, die das KUG als **Schranken** des grundsätzlichen Rechts am eigenen Bild vorsieht.

Diese Schranken sind auf den Folgeseiten (13.4.2– 13.4.4) erläutert.

Zu den **absoluten Personen der Zeitgeschichte** hingegen zählen Personen, die *ständig* im Fokus der Öffentlichkeit stehen, also beispielsweise Politiker, Schauspieler oder bekannte Sportler. Nach einem Urteil des **Bundesgerichtshofes (BGH)**, mit dem die Richter auf ein entsprechendes Urteil des **Europäischen Gerichtshofs für Menschenrechte** reagiert haben, dürfen auch diese in der Regel nur dann ohne ihre Einwilligung in Zeitschriften oder Zeitungen abgebildet werden, wenn die Abbildung im Zusammenhang mit einem **Ereignis der Zeitgeschichte** steht und mit der Abbildung ein angemessenes Informationsinteresse verbunden ist. Dieses Ereignis der Zeitgeschichte ist immer dann anzunehmen, wenn die Personen im Kontext ihrer Tätigkeit oder ihrer Funktion abgebildet werden.

Es ist nicht zulässig, einen bekannten Fußballtrainer beim Jogging in seiner Freizeit zu fotografieren und in einem Lifestyle-Magazin abzubilden, weil hier kein mit seiner Funktion oder seiner Tätigkeit zusammenhängendes Informationsinteresse besteht.

Zulässig hingegen ist, ihn im Zusammenhang mit einem Bericht über ein potenzielles Engagement bei einem Bundesligaverein beim Verlassen des Vereinsgeländes zu fotografieren.

Artikel 1 GG [Menschenwürde; Grundrechtsbindung der staatlichen Gewalt]

(1) Die Menschenwürde ist unantastbar. Sie zu achten und zu schützen ist Verpflichtung aller staatlichen Gewalt.

> **Artikel 2 GG [Allgemeine Handlungsfreiheit; Freiheit der Person; Recht auf Leben]**
>
> *(1) Jeder hat das Recht auf die freie Entfaltung seiner Persönlichkeit, soweit er nicht die Rechte anderer verletzt und nicht gegen die verfassungsmäßige Ordnung oder das Sittengesetz verstößt.*
>
> **Artikel 5 GG [Meinungs-, Informations-, Pressefreiheit; Kunst und Wissenschaft]**
>
> *(1) Jeder hat das Recht, seine Meinung in Wort, Schrift und Bild frei zu äußern und zu verbreiten und sich aus allgemein zugänglichen Quellen ungehindert zu unterrichten. Die Pressefreiheit und die Freiheit der Berichterstattung durch Rundfunk und Film werden gewährleistet. Eine Zensur findet nicht statt.*
> *(2) Diese Rechte finden ihre Schranken in den Vorschriften der allgemeinen Gesetze, den gesetzlichen Bestimmungen zum Schutze der Jugend und in dem Recht der persönlichen Ehre.*

Eine bekannte Schauspielerin wird „oben ohne" mit einem Hochleistungs-Teleobjektiv in ihrer Wohnung fotografiert und das Bild in der einschlägigen Boulevardpresse veröffentlicht. Hier werden die Persönlichkeitsrechte der Schauspielerin verletzt.

13.4.2 Beiwerk

Eine weitere Schranke des § 22 KUG bilden Fotos, auf denen Personen als sogenanntes **Beiwerk** abgebildet sind (§ 23 I Ziff. 2 KUG).

Im Katalog eines Reiseveranstalters sind Personen zu erkennen, die sich am hoteleigenen Pool aufhalten. Das Hauptmotiv der Abbildung ist der Pool und sind nicht die abgebildeten Personen.

13.4.3 Öffentliche Veranstaltungen

Auch Personen, die an öffentlichen Veranstaltungen teilnehmen, müssen akzeptieren, dass sie ohne ausdrückliche Genehmigung fotografiert und beispielsweise in einer Tageszeitung veröffentlicht werden (§ 23 I Ziff. 3 KUG).

Im Anschluss an den Derbysieg gegen den BVB im Jahr 2013 wird eine Gruppe feiernder Fans des FC Schalke 04 fotografiert und das Foto in einer Tageszeitung veröffentlicht.

13.4.4 Öffentliche Sicherheit

Zudem regelt § 24 KUG, dass die Veröffentlichung von Bildern, die einen Beitrag zur öffentlichen Sicherheit leisten, erlaubt ist.

> **§ 24 KUG (Recht am eigenen Bild; Ausnahmeregelungen bei öffentlichem Interesse)**
>
> *Für Zwecke der Rechtspflege und der öffentlichen Sicherheit dürfen von den Behörden Bildnisse ohne Einwilligung des Berechtigten sowie des Abgebildeten oder seiner Angehörigen vervielfältigt, verbreitet und öffentlich zur Schau gestellt werden.*

Die Polizei veröffentlicht Fahndungsfotos von mutmaßlichen Straftätern.

Es gilt jedoch bei den in den Kapiteln 13.4.2 bis 13.4.4 erläuterten Tatbeständen, ebenso wie bei der Veröffentlichung von Fotos einer Person der Zeitgeschichte, immer der Grundsatz der Wahrung der Persönlichkeitsrechte der abgebildeten Personen nach Art. 1 und 2 GG.

23 Projektmanagement

Eine gründliche Planung und Vorbereitung ist in Ihrer Agentur die Voraussetzung für die gelungene Abwicklung eines Auftrages. Es müssen zunächst umfangreiche Planungen erfolgen, damit
- der mit dem Auftrag befasste Mitarbeiter sich einen Überblick über die zu erledigenden Aufgaben verschaffen kann,
- die notwendigen betrieblichen und personellen Kapazitäten optimal eingesetzt werden können,
- die einzelnen Teilleistungen (z. B. bearbeitete Bilddaten, erstellte Grafiken) zum richtigen Zeitpunkt zur Verfügung stehen und keine Leerlaufzeiten entstehen.

Ein Auftrag, der von Kunden an eine Agentur vergeben wird, wird in der Medienbranche im täglichen Sprachgebrauch meist als **Projekt** bezeichnet. Der Begriff des Projekts ist jedoch enger gefasst und weist in der Regel ganz bestimmte Merkmale auf, die die Planung, Organisation und Durchführung im Gegensatz zu einem „normalen" Auftrag deutlich erschweren. Im Folgenden werden wichtige Merkmale eines Projekts am Beispiel einer Werbekampagne zur Eröffnung eines Biergartens dargestellt.

Erarbeiten Sie die Projektplanung zur Erstellung der Printmedien für die „Mozartwochen".

Ein Projekt verfolgt ein fest vorgegebenes Ziel.

Eine Werbeagentur erhält den Auftrag, die Neueröffnung eines Biergartens durch geeignete Werbemaßnahmen bekannt zu machen, damit möglichst viele Gäste am Eröffnungstag erscheinen.

Ein Projekt ist einmalig.

Das ausführende Projektteam hat in der Vergangenheit noch nie eine Eröffnungswerbung für einen Biergarten ausgeführt. Allen Bedingungen und Vorgaben liegen keine oder nur sehr geringe Erfahrungswerte zugrunde.

Ein Projekt unterliegt begrenzten Ressourcen.

Es wird vom Auftraggeber, also vom Pächter des Biergartens, ein Budget vorgegeben, das ausgeschöpft werden kann. Da in der Regel ein Angebotspreis kalkuliert wurde, ist auch der Kostenrahmen für die Selbstkosten der Dienstleistung festgelegt. Der Auftragnehmer (also die Werbeagentur) muss mit dem ihm zur Verfügung stehenden Personal und der vorhandenen Betriebs- und Geschäftsausstattung den Auftrag abwickeln.

Ein Projekt hat einen Anfangs- und einen Endzeitpunkt.

Mit der Auftragsübergabe beginnt die Laufzeit des Projekts. Da die Werbemaßnahmen für den Biergarten zu einem festgelegten Termin beginnen müssen, ist auch ein Ende des Projekts festgelegt. Alle über diesen Zeitraum hinausgehenden Leistungen, wie etwa Erinnerungswerbung oder Werbung für einen Jazz-Abend o. Ä., gehören nicht mehr zu dem Projekt.

7 | Lernsituation Handzettel/Konzertkarte/Sektglas

Ein Projekt ist komplex.

Dieses Projekt weist eine Vielzahl von zusammenhängenden Problemen und Teilaufgaben auf, die koordiniert werden müssen.

23.1 Projektauftrag

Der Projektauftrag kommt im Bereich der Medienbranche in der Regel von außen, also von einem Kunden, der eine bestimmte Leistung in Auftrag gibt. In großen Unternehmen werden auch innerbetriebliche Projekte durchgeführt. Der Auftraggeber des Projekts ist hier häufig die Geschäftsführung oder der Vorstand. Projektziele sind hier z. B. die Optimierung von Fertigungsprozessen, der Aufbau einer neuen Betriebsstätte oder die Entwicklung eines neuen Produkts. Im Folgenden stehen jedoch Projekte *externer* Institutionen oder Personen in der Rolle eines Kunden im Vordergrund der Erläuterungen.

Um vorab die in einem ersten Gespräch zur Auftragsübergabe vereinbarten Rahmenbedingungen zu verschriftlichen, werden diese in das **Projektauftragsformular** aufgenommen (s. BuchPlusWeb). Der Inhalt dieses Formulars hat verbindlichen Charakter.

Projektauftrag[1]	
Projektname	Eröffnungswerbung Biergarten
Projektleitung	Christian Dittmar
Projektziele • Sachziel • Kostenziel • Terminziel	Erstellung und Umsetzung eines Mediaplans für den Eröffnungstag Gesamtbudget: 5 000,00 € netto Beginn der Kampagne: 05.05.2013
Termine	• Vollständige Angebotskalkulation: 05. März • Vorbesprechung/Scribble: 15. März • Zwischenpräsentation: 15. April • Übergabe: 02. Mai
Unterschrift	Auftraggeber Auftragnehmer

[1] Alle Textpassagen, die sich auf diese Eröffnungswerbung beziehen, sind mit dem Beispiel-Icon gekennzeichnet.

Mit dem Projektauftrag wird das **Lastenheft** erstellt. Es listet die Eigenschaften der Leistungen auf, die im Rahmen des Projekts erbracht werden sollen. Das Lastenheft basiert auf den im Projektauftragsformular gesammelten Auftragsdaten. Es dient der Spezifizierung der Sachziele des Projekts, also der Festlegung der Anforderungen an das Projektergebnis. Das Lastenheft ist somit bei **externen Projekten** die Kundenvorgabe, bei **unternehmensinternen Projekten** die Vorgabe der vorgesetzten Instanz. Es beschreibt das **„Was"** und das **„Wofür"**.

Auszug aus dem Lastenheft für das Projekt „Eröffnungswerbung Biergarten":

…

Der Auftragnehmer erstellt einen Mediaplan für die Eröffnungswerbung des Biergartens.
Das Budget für die zu treffenden Maßnahmen beträgt 5 000,00 €.
Die Dienstleistungen und das Ambiente des Biergartens sollen in der Kampagne herausgestellt werden.
Es soll ein Internetauftritt erstellt werden. Hier soll über eine Bannerwerbung, die in geeigneten Internetauftritten ortsansässiger Unternehmen positioniert wird, auf den Eröffnungstag hingewiesen werden.

…

23.2 Kick-off-Meeting

Das **Kick-off-Meeting** (aus dem Englischen: kick-off = Anstoß) ist ein erstes Treffen, also die Auftaktveranstaltung zum Projektstart, in dem es um die Klärung der grundsätzlichen Vorgehensweise, der Aufgabenverteilung, der benötigten Mittel (Ressourcen) und den Zeitplan geht. Es dient also als „Gründungsversammlung" der Projektgruppe.

23.3 Pflichtenheft

Aus den Kundenanforderungen des Lastenhefts ergibt sich das Pflichtenheft: Die Anforderungen werden in betriebliche Prozesse „übersetzt". Es handelt sich hierbei um Prozessanweisungen, die die technische Umsetzung betreffen. Zudem werden Details festgelegt, die das **„Wie"** beschreiben. Diese Details werden in der Regel vom Kunden bestätigt, z. B. im Rahmen eines Re-Briefings.

Anforderung des Lastenhefts (verkürzt):

Erstellung einer Werbekampagne für ein großes Möbelgeschäft mit einem Maximalbudget von 100 000,00 €.

Konkretisierung der Kundenanforderung im Pflichtenheft (verkürzt):
- Produktion und Gestaltung einer Zeitungsanzeige, die dreimal wöchentlich im Textteil einer regionalen Tageszeitung erscheint.
- Produktion und Sendung eines Radiospots, Platzierung ganztägig vor den Nachrichten zur vollen Stunde in einem Lokalsender.

23.4 Projektstrukturplan

Der Projektstrukturplan ordnet zunächst die einzelnen **Teilaufgaben**, die im Rahmen der Projektdurchführung erledigt werden müssen, den **Hauptaufgaben** zu. Die Hauptaufgaben bilden sogenannte **Cluster**, die aus gleichartigen Teilaufgaben bestehen. Das Gliederungskriterium ist deshalb der **inhaltliche Zusammenhang** der Teilaufgaben und liefert keine Aussage über den chronologischen Ablauf, also die Reihenfolge der zu erledigenden Teilaufgaben.

Die Agentur hat sich für die Produktion eines Flyers und eines Internetauftritts entschieden. Hierbei sind folgende Aufgaben zu erledigen:

Akquise	Fremdleistungen beziehen	Produktion	Übergabe
Kundengespräch/ Scribble	Grafik vom Grafiker	Bildbearbeitung	Präsentation
Fertigungskosten kalkulieren	Anfrage Druckerei, Grafiker, Fotograf	Grafiken nachzeichnen	
Angebot erstellen	Fotos vom Fotografen	Internetseite programmieren	
		Flyer gestalten (Satz)	

23.5 Aufgabenliste

Die **Aufgabenliste** zeigt, in welchem chronologischen Zusammenhang die einzelnen Aufgaben stehen. Es müssen also Vorgänger- und Nachfolgeaufgaben innerhalb des Gesamtprojekts festgelegt werden. Dem liegt zugrunde, dass bestimmte Teilaufgaben erst *nach* der Erledigung bestimmter anderer Aufgaben ausgeführt werden können. Die Aufgabenliste dient also der Planung der richtigen **Reihenfolge der Aufgaben** untereinander.

Aufgabenliste, aufgeschlüsselt:

Nr.	Aufgabe	Vorgänger	Dauer (Tage)
1	Kundengespräch, Scribble	–	1
2	Fertigungskosten kalkulieren	1	1
3	Anfrage/Angebot Druckerei, Grafiker, Fotograf	1	2
4	Angebot erstellen, Kundengespräch	2, 3	1
5	Fotos vom Fotografen	4	2
6	Grafiken vom Grafiker	4	5
7	Bildbearbeitung	5	1
8	Grafiken nachzeichnen	6	4
9	Internetseite programmieren	7, 8	2
10	Flyer gestalten (Satz)	7, 8	2
11	Abschlusspräsentation	9, 10	1

Eine Aufgabe, die mehrere inhaltlich sehr ähnliche Teilaufgaben enthält, nennt man **Sammelvorgang**. Ein solcher Sammelvorgang liegt in diesem Beispiel in Form der Einholung von Angeboten für Fremdleistungen vor. Man fasst hier also mehrere Aufgaben zusammen, damit die Aufgabenliste nicht zu lang wird. Auch der später zu erstellende Netzplan wird so weniger detailliert und komplex. Die Dauer des Sammelvorgangs wird hierbei durch die Aufgabe bestimmt, die die längste Dauer aufweist.

Der Rücklauf des Angebots auf die Anfrage der Druckerei dauert aufgrund des höheren Aufwands länger:

Angebot Fotograf: ein Tag

Angebot Grafiker: ein Tag

Angebot Druckerei: zwei Tage

Dauer des Sammelvorgangs: zwei Tage

Häufig können die Aufgaben auch erst hintereinander abgearbeitet werden. In diesem Fall wird die Dauer der Einzelvorgänge aufsummiert:

Ein Mitarbeiter bearbeitet die Anfragen für die Fotos, die Grafiken und den Druck. Die Anfrage für den Druck kann erst nach Eingang der Angebote des Grafikers und des Fotografen erstellt werden:

Anfrage Fotograf, Grafiker: zwei Stunden

Anfrage Druck: zwei Stunden

Dauer des Sammelvorgangs: vier Stunden = 0,5 (Arbeits-) Tage

23.6 Projektkalkulation

Die Projektkalkulation unterscheidet sich nicht wesentlich von der Kalkulation eines (einfachen) Gestaltungs- oder Druckauftrags. Darüber hinaus gibt es jedoch zwei Schwierigkeiten bei der Kalkulation eines Projekts:

- Zum einen besteht eine größere Komplexität im Vergleich zu einem „normalen" Auftrag. Es müssen ggf. mehr Fremdleistungen eingekauft werden und die Vielfalt der eigenen Produktionsleistung ist in der Regel höher.
- Zum anderen ist ein Projekt von dem betreffenden Betrieb zuvor noch nicht ausgeführt worden (sonst wäre es nach den oben beschriebenen Merkmalen kein Projekt). Man hat somit keine oder nur wenig Vorerfahrungen oder Kalkulationsbausteine aus bereits durchgeführten Aufträgen, auf die man zurückgreifen kann. Das erschwert die Kalkulation erheblich, weil Dauer und Umfang des Leistungserstellungsprozesses nur abgeschätzt werden können.

Eine gängige Methode ist die Verrechnungssatzkalkulation. Hierbei wird die Dauer der einzelnen Aufgaben geschätzt und mit einem Stundensatz multipliziert. Die Summe der Kosten aller Einzelaufgaben ergibt dann die Kosten des Projekts. Die Kalkulation von Leistungen soll an dieser Stelle jedoch noch nicht vertieft werden.

Vgl. LS 1, 6.2.1

	Dauer (Std.)	Verrechnungssatz (in €)	Kosten (in €)
Aufgabe 7	8	40,00	320,00
Aufgabe 8	32	50,00	1 600,00
Aufgabe 9	16	40,00	640,00
Fremdleistungen			1 000,00
Selbstkosten			**3 560,00**

23.7 Netzplan

Um die betrieblichen und externen Ressourcen (Personal, technische Kapazitäten, Fremdleistungen) planen zu können und den Ablauf des Projekts zu optimieren, muss nach der Erstellung der Aufgabenliste das Projektteam einen Überblick erhalten,

- zu welchem Zeitpunkt ein Arbeitsschritt begonnen werden muss,
- zu welchem Zeitpunkt ein Arbeitsschritt beendet sein muss, damit ein anderer Arbeitsschritt beginnen kann,
- wo ggf. Puffer- oder Leerlaufzeiten vorhanden sind,
- wann das Projekt beendet ist.

Hierfür wird ein sogenannter **Netzplan** erstellt, der diese Informationen enthält.

7 | Lernsituation Handzettel/Konzertkarte/Sektglas

Beispiel eines Netzplans (bezogen auf die Eröffnungswerbung für den Biergarten):

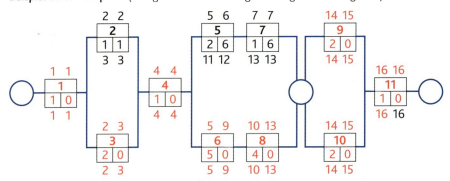

Die rot gekennzeichneten Aufgaben stellen den „kritischen Pfad" dar. Dieser ist weiter unten erläutert.

Erläuterung zum Netzplan:
Eine Aufgabe wird in einem Feld dargestellt, das verschiedene Informationen enthalten muss:

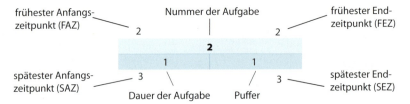

FAZ – Frühester Anfangszeitpunkt

Dies ist der früheste Zeitpunkt, an dem die Aufgabe beginnen kann. *Wohlgemerkt gerechnet vom Anfangszeitpunkt des Projekts!* Der Beginn der Aufgabe ist dabei abhängig von der Erledigung vorhergehender Aufgaben.

FAZ Aufgabe 1:	1. Tag
Dauer:	1 Tag
FAZ Aufgabe 2:	2. Tag

Der FAZ berechnet sich also wie folgt:

FAZ = FAZ der Vorgängeraufgabe + Dauer der Vorgängeraufgabe
oder
FAZ = FEZ der Vorgängeraufgabe + 1

Die **Dauer** gibt hierbei Auskunft über den Zeitraum, innerhalb dessen die Aufgabe bearbeitet wird.

$FAZ_2 = FAZ_1 + Dauer_1$ $FAZ_2 = FEZ_1 + 1$
$FAZ_2 = 1 + 1$ $FAZ_2 = 1 + 1$
$FAZ_2 = 2.\ Tag$ $FAZ_2 = 2.\ Tag$

Die Notwendigkeit der FAZ-Berechnung zeigt sich insbesondere bei parallel zu bearbeitenden Aufgaben, deren Erledigung für eine oder mehrere Folgeaufgaben notwendig ist. Hier bestimmt die Aufgabe oder Aufgabenfolge mit der **längsten** Bearbeitungsdauer den FAZ der Folgeaufgabe. Der FAZ gibt in diesem Fall Auskunft darüber, dass sich der Startzeitpunkt der Folgeaufgabe verschiebt, obwohl ggf. mehrere Vorgängeraufgaben bereits fertiggestellt sind.

Vor Beginn der Aufgaben 9 und 10 müssen die Aufgaben 7 und 8 erledigt werden.

FAZ der Aufgabe 7:	7. Tag	FAZ der Aufgabe 8:	10. Tag
Dauer der Aufgabe 7:	1 Tag	Dauer der Aufgabe 8:	4 Tage
FAZ Aufgaben 9 und 10: 14. Tag			

Der FAZ einer oder mehrerer Aufgaben (hier 9 und 10) wird somit von der Vorgängeraufgabe bestimmt, die am spätesten fertig wird. Dies ist hier die Aufgabe 8.

$FAZ_{10} = FAZ_8 + Dauer_8$
$FAZ_{10} = 10 + 4$
$FAZ_{10} = 14. Tag$

FEZ – Frühester Endzeitpunkt

So bezeichnet man den Tag innerhalb eines Projekts, an dem eine Aufgabe frühestens beendet sein kann.

Aufgabe 3		
FAZ	Dauer	FEZ
2. Tag	2 Tage	3. Tag

Der früheste Endzeitpunkt berechnet sich aus dem frühesten Anfangszeitpunkt, addiert mit der Dauer der Aufgabe. Da am Tag des FAZ bereits einen Tag an der Aufgabe gearbeitet wird, muss man die Dauer, die man zum FAZ addiert, um einen Tag, also den Wert „1" (= 1 Tag) vermindern.

> **FEZ = FAZ + [Dauer – 1 (Tag)]**
> (Die eckigen Klammern wurden hier nur zur Verdeutlichung gesetzt.)

FEZ = 2 + (2 – 1)
3. Tag

SEZ – Spätester Endzeitpunkt

Dies ist der Zeitpunkt, an dem eine Aufgabe spätestens beendet sein muss, damit sich der Beginn der Folgeaufgaben nicht verzögert. Der SEZ berechnet sich aus dem SAZ der Folgeaufgabe, abzüglich einem Tag.

Vor dem Beginn der Aufgabe 4 müssen die Aufgaben 2 und 3 erledigt werden.

	FAZ	Dauer	FEZ	SEZ
Aufgabe 2:	2. Tag	1 Tag	2. Tag	3. Tag
Aufgabe 3:	2. Tag	2 Tage	3. Tag	3. Tag

Die Fertigstellung der Aufgabe 3 nimmt die längste Zeit in Anspruch. Spätestens zum FEZ der Aufgabe 3 muss die Aufgabe 2 erledigt sein. Um „pünktlich" fertig zu sein, muss die Aufgabe 3 somit nicht am FEZ enden, sondern kann auch zu einem späteren Zeitpunkt fertiggestellt werden. In diesem Beispiel reicht es also aus, die Aufgabe 2 erst am 3. Tag zu beenden, obwohl sie auch früher beendet werden könnte.

Da jedes Projekt aus einer Reihe hintereinander geschalteter Aufgaben besteht, muss man für die Ermittlung der SEZ eine sogenannte **Rückwärtsterminierung** durchführen. Das bedeutet, dass man vom SEZ der letzten Aufgabe ausgehen muss, um die SEZ der jeweiligen Vorgängeraufgaben berechnen zu können.

Geht man davon aus, dass die letzte Aufgabe des Projekts optimalerweise am FEZ erledigt sein soll – dieses ist schließlich das Ziel der Terminplanung des Netzplans –, ist der FEZ der letzten Aufgabe gleich ihrem SEZ und somit auch ihr FAZ gleich dem SAZ. Das bedeutet, dass man zunächst mithilfe der **Vorwärtsterminierung** den FAZ (und somit gleichzeitig den FEZ) als Basisdaten zur Feststellung der SAZ und SEZ ermitteln muss.

> SEZ = SAZ der Nachfolgeaufgabe – 1 Tag

Von Aufgabe 11 ausgehend soll für Aufgabe 10 der SEZ berechnet werden:

$SEZ_{10} = SAZ_{11} - 1$
$SEZ_9 = 16 - 1$
$SEZ_9 = 15.\ Tag$

Der SEZ von Aufgabe 10 ist somit der 15. Tag.
Würde sich die Dauer der Aufgabe 10 um einen Tag auf den 16. Tag verlängern, könnte die Aufgabe 11 erst am 17. Tag beginnen.

SAZ – Spätester Anfangszeitpunkt

Hier handelt es sich um den Zeitpunkt, an dem eine Aufgabe spätestens begonnen werden muss, damit sie zum SEZ fertiggestellt ist. Ein späterer Anfangszeitpunkt würde den SEZ hinauszögern und somit zu einer Verzögerung des Gesamtprojekts führen.

> SAZ = SEZ der gleichen Aufgabe – [Dauer – 1 (Tag)]

Der SAZ von Aufgabe 3 berechnet sich wie folgt:

$SAZ_3 = SEZ_3 - (2 - 1)$
$SAZ_3 = 3 - (2 - 1)$
$SAZ_3 = 2$

Der SAZ der jeweiligen Aufgabe zählt als Arbeitstag mit, sodass von der Dauer die Zahl 1 (= 1 Tag) subtrahiert werden muss.

Puffer

Der **Puffer** ist die Dauer, um den sich eine Aufgabe verzögern könnte, ohne dass sich die Gesamtdauer des Projekts verzögert. Ein Puffer ist ein Zeitpolster zwischen dem FEZ und dem SEZ, das sich dadurch ergibt, dass andere parallel zu bearbeitende Aufgaben mehr Bearbeitungszeit benötigen.

Für Aufgabe 2 ergibt sich folgender Puffer:

FEZ	Puffer	SEZ
2. Tag	1 Tag	3. Tag

> Puffer = SEZ – FEZ

Der Puffer berechnet sich somit wie folgt:

$Puffer_2 = 3 - 2$
$Puffer_2 = 1$

Sammelvorgang

Ein **Sammelvorgang** fasst mehrere zusammengehörige Einzelvorgänge zu einem einzigen Vorgang zusammen. Im Rahmen des Beispiels könnte man die Aufgaben 3 und 4 zum Sammelvorgang „Kalkulation" zusammenfassen und zur besseren Übersicht als *einen* Vorgang darstellen. Aufgrund der geringen Komplexität dieses Beispielsprojekts ist das hier nicht notwendig.

Meilensteine

Für bestimmte Phasen eines Projekts werden im Netzplan sogenannte **Meilensteine** gesetzt. Diese Meilensteine kennzeichnen folgende Abschnitte innerhalb eines Projekts:

Anfangsmeilenstein

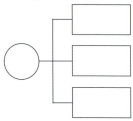

Der Anfangsmeilenstein kennzeichnet den Beginn einer oder mehrerer Aufgaben, die keinen Vorgänger haben.

Endmeilenstein

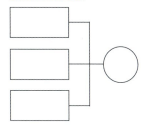

Der Endmeilenstein kennzeichnet das Ende einer oder mehrerer Aufgaben, die keinen Nachfolger haben.

Binnen-Meilenstein

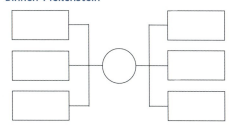

Der Binnen-Meilenstein wird dann gesetzt, wenn mehrere Aufgaben auf mehrere Aufgaben folgen.

> **Meilensteine sind in der Projektplanung und -überwachung Schlüsselereignisse, die zur Fortsetzung des Projektablaufs erreicht werden müssen.**

Ein **Richtfest** kennzeichnet die Beendigung mehrerer Aufgaben, wie bei einem Hausbau. Erst nach dem Richtfest können weitere Aufgaben durchgeführt werden. Insofern ist ein Richtfest ein Meilenstein.

Kritischer Pfad

Der **kritische Pfad** verläuft durch die Aufgaben, die jeweils bei parallel zu bearbeitenden Aufgaben den spätesten SEZ haben, denn diese Aufgaben haben keinen Puffer. Eine Verzögerung dieser Aufgaben hat eine Verzögerung des gesamten Projekts zur Folge.

Im Netzplan verläuft der kritische Pfad durch folgende Aufgaben:

1 – 3 – 4 – 6 – 8 – 9/10 – 11

7 | Lernsituation Handzettel/Konzertkarte/Sektglas

Formulieren Sie nun zum Projekt „Mozartwochen" einen Projektauftrag und erstellen Sie einen Projektstrukturplan mit Aufgabenliste, Projektkalkulation und Netzplan.

21.5 Tampondruck

Sicherlich haben Sie sich bis hierhin schon Gedanken über das Druckverfahren für den Handzettel und die Konzertkarten gemacht. Für hohe Auflagen bietet sich der Offsetdruck an. Bei geringen Auflagen empfiehlt sich der Digitaldruck – mit dem Vorteil, in kurzer Zeit Exemplare nachdrucken zu können. Doch auch die Sektgläser für den Sektempfang müssen mit dem Schriftzug „Mozartwochen" versehen werden. Dazu bieten sich die im Folgenden vorgestellten Druckverfahren Tampondruck oder Siebdruck an. Gehen Sie zur weiteren Bearbeitung des Auftrages davon aus, dass 1000 Sektgläser bedruckt werden sollen.

Der Tampondruck ist ein indirektes Tiefdruckverfahren. Eine flexible Tampondruckform aus Silikonkautschuk nimmt die Farbe von einer Tiefdruckform auf und überträgt sie auf das zu bedruckende Material. Dabei passt sich der verformbare Tampon der Oberfläche des zu bedruckenden Gegenstandes an – egal, ob diese eine runde, nach innen gewölbte oder strukturierte Oberfläche aufweist. Sogar das Bedrucken einer Walnuss-Schale – z. B. mit einem Logo – ist möglich. Auch spielen raue Oberflächen keine Rolle. Es kann 1- bis 5-farbig gedruckt werden. Bei Kleinauflagen ist die Tampondruckmaschine in kurzer Zeit für neue Aufträge gerüstet. Neben der Möglichkeit, nahezu jede Form zu bedrucken, sind auch das Hineindrucken in Vertiefungen und die Wiedergabe feiner Schriften weitere Vorteile des Tampondrucks.

Tampondruckmaschine
Bildquelle: TOSH Italien und GFB Köln

Der Farbauftrag ist nicht so hoch wie beim Siebdruck, sodass je nach verwendeter Farbe, Untergrund und Verwendung eine kürzere Haltbarkeit gegeben ist. Oft findet der Tampondruck Verwendung bei der Bedruckung von Werbeartikeln wie Kugelschreibern, Tassen, Gläsern, Feuerzeugen o. Ä. – gerade auch in geringer Stückzahl. In der vorangegangenen Abbildung sind Tampons aus Silikonkautschuk zu sehen. Von Vorteil ist der weiche Silikonkautschuk und der geringe Anpressdruck gerade für das Bedrucken von dünnwandigen Gläsern. Im Gegensatz zum Siebdruck kann – je nach Qualitätsanforderung – beim Tampondruck oft nicht genügend Farbe auf den Gegenstand gedruckt werden, da die Farbaufnahmekapazität des Tampons begrenzt ist. Die Farbschichtdicke ist zu gering, um einer hohen Beanspruchung zu genügen bzw. Motive deckend zu drucken. In diesem Fall ist es sinnvoller, auf den qualitativ höherwertigen Siebdruck umzusteigen.

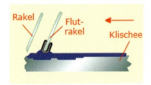
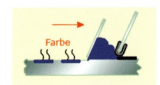
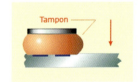

Funktionsschema Tampondruck
Bildquelle: TOSH Italien und GFB Köln

Obwohl die Gestaltung der Drucksachen in Schwarz-Weiß erfolgen soll, sollten Sie sich an dieser Stelle kurz Gedanken über die farbliche Ausarbeitung des Sektglases machen. Beachten Sie bei der Herstellung der Druckdatei für das Sektglas Folgendes: Möchten Sie die Farbe Weiß auch hier einsetzen, muss Weiß als eigenständige Volltonfarbe (Sonderfarbe) definiert sein, damit für die Bedruckung eines transparenten Glases die entsprechende Druckform erstellt werden kann.

21.6 Durchdruck/Siebdruck

Der Siebdruck ist ein sehr vielseitiges Druckverfahren. Nahezu alle Materialien (Metall, Papier, Stoff, Keramik) und auch Formen können bedruckt werden. Obwohl es auch Rotations-Siebdruckmaschinen gibt, die vor allem für den Druck von Tapeten eingesetzt werden, ist es im klassischen Printbereich eher ein Druckverfahren, welches für kleinere Auflagen eingesetzt wird.

So wird der Siebdruck beispielsweise für den Druck von Plakaten oder grafischen Kunstdrucken bis ca. 500 Stück genutzt. Außerdem werden Verkehrsschilder, CDs, Textilien (T-Shirts, Tragetaschen usw.) und Keramik (Fliesen) bedruckt.

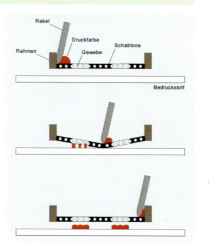

Beim Durchdruck wird die Farbe durch ein feinmaschiges Sieb hindurchgepresst. An den zu druckenden Bildstellen ist das Sieb durchlässig. An den Nichtbildstellen ist das Sieb beschichtet, sodass keine Farbe hindurchgelassen wird. Wie die nebenstehende Abbildung zeigt, wird die Druckform, welche in einen Rahmen eingespannt ist, mit Farbe geflutet. Eine Rakel streicht über die Druckform und presst die Druckfarbe an den offenen Stellen auf den Bedruckstoff. Die Stärke der Siebfäden sowie die Maschenweite beeinflussen den Farbauftrag und die Farbschichtdicke. Diese Darstellung weicht allerdings in Bezug auf die Siebfeinheit von der Realität ab: Gängige Siebfeinheiten betragen zwischen 70 und 180 Fäden pro Zentimeter. Im Vergleich zum Durchmesser eines menschliches Haares sind die Fäden eines 120er-Gewebes nur etwa halb so dick. Je feiner der Bedruckstoff, desto höher ist die Anzahl der Fäden zu wählen.

Schematische Darstellung des Siebdruckverfahrens

Faustregel: Rasterweite des Bildes x 4 = Siebfeinheit (Fäden pro cm)

Die Druckform – das Sieb – wird in folgenden Arbeitsschritten hergestellt:
1. Beschichtung mit einer lichtempfindlichen Kopierschicht,
2. Belichtung eines Positivfilms auf das Sieb (der Positivfilm schützt die später zu bedruckenden Stellen),
3. Auswaschen der unbelichteten Stellen (an den belichteten Stellen ist die Kopierschicht gehärtet).

Herstellung einer Direktschablone mit Flüssigschicht

Im Siebdruck können kaum feine Strukturen, sondern nur grobere Raster und Flächen gedruckt werden. Im Gegensatz zum Offsetdruck mit einem abbildbaren Tonwertumfang von ca. 3–97 % liegt der Siebdruck bei einem Tonwertumfang von 25–75 %. Der Farbauftrag im Siebdruck ist ca. 15-mal stärker als im Offsetdruck.

Durch die sehr zähflüssige Siebdruckfarbe und den hohen Anteil an Farbpigmenten können nahezu alle Oberflächen deckend bedruckt werden, was sich natürlich auf die Lebensdauer des Druckbildes auswirkt. Merkmal des Siebdrucks sind die durch das Sieb gezackten Ränder des Motivs.

Im Vergleich zum Tampondruck, der ebenso für die oben aufgezählten Materialien und Formen verwendet werden kann, wird in farbigen Flächen ein wesentlich ruhigeres Druckbild erzeugt. Siebdruckfarben sind häufig lösemittelhaltige Farben, die langsam trocknen.

 Bestimmen Sie die geeigneten Druckverfahren für Handzettel, Konzertkarte und Sektglas nach den Ihnen vorliegenden Informationen.

 ### Das Recht am eigenen Bild

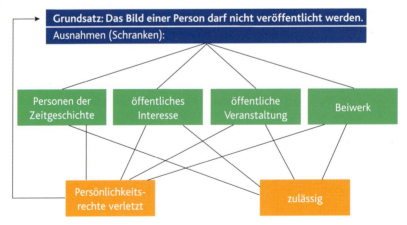

Projektmanagement

Merkmale eines Projekts:
- Einmaligkeit
- fest vorgegebenes Ziel
- begrenzte Ressourcen
- Anfangs- und Endzeitpunkt
- Komplexität

Phasen des Projekts:
- Erteilung eines Projektauftrags
- Kick-off-Meeting
- Erstellung eines Pflichtenhefts
- Erstellung eines Projektstrukturplans
- Zusammenstellung einer Aufgabenliste
- Durchführung der Projektkalkulation
- Erstellung eines Netzplans

FAZ = FAZ der Vorgängeraufgabe + Dauer der Vorgängeraufgabe
FEZ = FAZ + [Dauer – 1 (Tag)]
SAZ = SEZ der gleichen Aufgabe – [Dauer – 1 (Tag)]
SEZ = SAZ der Nachfolgeaufgabe – 1 Tag
Puffer = SEZ – FEZ

Druckverfahren

Einsatzgebiete		
Tampondruck	Siebdruck	
verschiedene Körper	planliegende Bedruckstoffe	verschiedene Körper
Beleuchtungskörper, Gläser, Werbeartikel, Elektronikbauteile, Spielzeug, Haushaltsartikel usw.	Papier, Karton, Pappe, Holz, Metall, Stoff, Glas, Kunststoff	Gläser, Werbeartikel, Behältnisse aller Art
Beschriftungen auf Maschinenteilen, Kugelschreibern, Bällen, Glühbirnen, usw.	Werbeschilder, Verkehrsschilder, Gläser, Großformatplakate, Beschriftungen auf Maschinenteilen, Taschen, usw.	

1. Medienrecht

a) Heidi Klum wird häufig in verschiedenen Situationen mit ihren Kindern fotografiert. Diese Fotos werden dann in entsprechenden Illustrierten veröffentlicht. Erläutern Sie, warum Heidi Klum deutlich auf diesen Fotos erkennbar ist, ihre Kinder hingegen mit einem Balken im Gesicht unkenntlich gemacht werden.

b) Im Lokalsportteil der Tageszeitungen werden die Berichterstattungen von Spielen oder Wettkämpfen mit Fotos von den Sportlern ergänzt. Prüfen Sie, nach welchen Gesetzestatbeständen die Veröffentlichung dieser Fotos rechtens ist.

c) Das nebenstehende Foto zeigt die Einkaufsstraße einer Stadt und ist im Internetauftritt dieser Stadt zu finden. Beurteilen Sie, ob die Abbildung der Personen auf dem Foto rechtens ist.

2. Projektmanagement

a) Welche Aufgabe haben Meilensteine im Projektmanagement?
b) Erstellen Sie einen Netzplan zur untenstehenden Aufgabenliste:

Nr.	Aufgabe	Vorgänger	Dauer (Tage)
1	Musik digitalisieren und konvertieren	–	2
2	Fotos scannen	–	1
3	Texte verfassen	–	4
4	Videoaufnahmen machen	–	3
5	Texte layouten	3	2
6	Videos einfügen und konvertieren	4	3
7	Dateien komprimieren	1, 2, 5, 6	1
8	Präsentationssoftware erstellen	1, 2, 5, 6	2
9	Präsentation zusammenstellen	7, 8	2
10	Abschließende Tests	9	2

3. Druckverfahren

a) Betrachten Sie die Abbildung des Siebdruckverfahrens auf Seite 453: Wo hat der Bedruckstoff Kontakt mit dem Sieb? Wie wird der geringe Abstand des Siebs zum Bedruckstoff genannt und wozu dient er?

b) Welche Druckprinzipien sind im Siebdruck möglich? Vergleichen Sie die Möglichkeiten mit dem Offsetdruck.

8 Geschäfts- und Jahresberichte

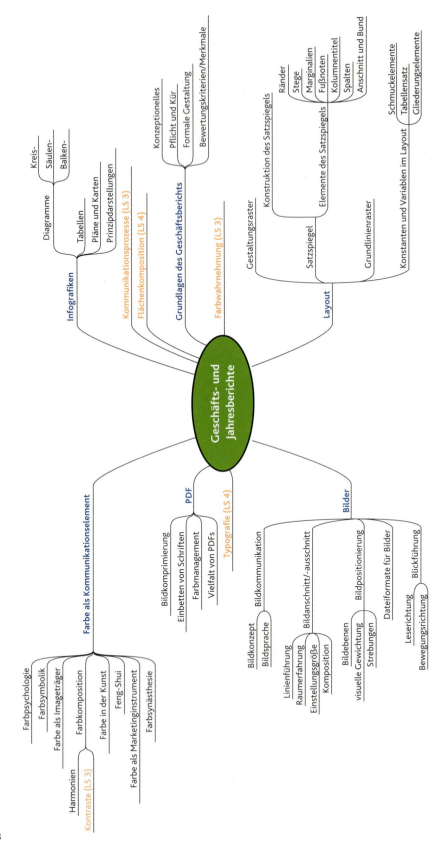

8 Geschäfts- und Jahresberichte

Das „KAUFHAUS SINNESLUST" mit Sitz in Köln will als AG an die Börse gehen.

Die Produktpalette der Firma beinhaltet neben Damen- und Herrenoberbekleidung auch Wohnaccessoires sowie Drogerieartikel aus dem Wellnessbereich. Das Konzept des „Kaufhaus Sinneslust" orientiert sich an fernöstlicher Feng-Shui-Philosophie und hat sich dem Prinzip der ökologischen Nachhaltigkeit verschrieben. Diese Idee wird auch über das Innenraumdesign des Kaufhauses transportiert: Jede Ebene des fünfstöckigen Gebäudes ist einem der fünf Elemente Holz – Feuer – Erde – Metall – Wasser gewidmet und im entsprechenden Farbklima sowie affinen Materialien gestaltet. Das Produktsortiment ist im höheren Preissegment angesiedelt, primäre Zielgruppen nach **Sinus-Milieus** sind das konservativ-etablierte und das liberal-intellektuelle Milieu sowie das Milieu der Performer.

LS 6, 19.
1.2.4

Sie haben den Auftrag erhalten, für den Börsengang einen Geschäftsbericht zu gestalten, der gleichermaßen als Imagereport fungieren soll. Das Unternehmen liefert Ihnen neben den erforderlichen Wirtschafts- und Eckdaten die zu verwendenden Texte. Diese dürfen redaktionell nicht verändert werden. Grundelemente des Corporate Design (CD) in Form von Logo, Hausschrift und Hausfarbe liegen ebenfalls bei, Bilder sind selbst zu erstellen. Die Bildsprache soll das Konzept und die Philosophie des Mutterhauses widerspiegeln – dies kann motivisch oder abstrakt erfolgen, eine Darstellung der Filialen ist in jedem Fall nicht erwünscht. Die Veröffentlichung soll neben der gedruckten Ausgabe auch als PDF generiert werden und auf einer für die Zukunft geplanten Homepage des Kaufhauses als Download bereitgestellt werden.

Das geschlossene Format des Berichtes darf ein DIN-A5-Format nicht überschreiten, Zwischenformate sind möglich. Hoch- oder Querformat ist frei wählbar.

10.6 Geschäftsbericht

„Der Geschäftsbericht ist der Händedruck eines Unternehmens."[1]

Zu den wichtigsten Faktoren bei der Gestaltung eines Geschäftsberichts zählen:

- Infografiken
- Lesefreundlichkeit des Inhaltes
- visuelles Gesamtkonzept = Layout
- Farbklima
- Bildsprache

Sie machen den oben zitierten „Händedruck" eines Unternehmens aus und werden im Rahmen dieses Kundenauftrags erläutert.

Aus dem Dienstleistungsangebot zweier Werbeagenturen:
„Ein gelungener Geschäftsbericht? Hier wird die Pflicht zur Kür, werden bloße Fakten zu starken Imagebotschaften, avancieren Zahlen zur lebendigen Unternehmensidentität. Wir entwickeln grafische und textliche Konzepte für Geschäftsberichte, die mehr sein dürfen als bloßes Zahlenwerk. Mit aussagekräftigen Bildern und emotionalen Botschaften erarbeiten wir ein erfolgreiches

---
[1] Olaf Leu, Professor em. für Corporate Design an der FH Mainz

Kommunikationsmedium, das sein Geld und Ihre Energie, die Sie dafür verwenden müssen, wert ist. Es verschwindet bei Ihren Zielgruppen nicht in Schubladen, sondern hinterlässt einen emotionalen Eindruck."[1]

Um ein glaubwürdiges Bild zu vermitteln, muss sich die Identität eines Unternehmens in allen Bereichen spiegeln. Die daraus formulierte Corporate Identity ist die Basis aller strategischen, kommunikativen und personalpolitischen Aktivitäten. Unternehmen werden als Ganzes wahrgenommen. Weder die Botschaft noch das Erscheinungsbild oder das Verhalten können daher unabhängig voneinander entwickelt werden.

Viele Werbeagenturen präsentieren sich und ihr Tätigkeitsprofil in derart hochwertiger Ausdrucksweise. Analysieren Sie die Aussagen im Hinblick auf die oben genannten Gestaltungsfaktoren für Geschäftsberichte.

10.6.1 Von der Pflicht zur Kür

Aktiengesellschaften sind gesetzlich dazu verpflichtet, ihrer jährlichen Informationspflicht nachzukommen. *Wie* dies erfolgen soll, ist nicht vorgeschrieben. Die meisten Unternehmen wählen die Form des Geschäftsberichts.

Demzufolge sind Bedeutung und Herausforderung an den Geschäftsbericht sehr hoch. Analysten verschaffen sich anhand des Geschäftsberichts einen ersten Überblick – nicht ohne Einfluss auf die spätere Unternehmensanalyse.

Entscheidend ist der erste Eindruck. Wie im „wirklichen" Leben fällt in Bruchteilen von Sekunden die Entscheidung, ob der Jahresbericht ansprechend, schlecht, interessant, amüsant oder langweilig ist. Wie also lassen sich Inhalte/Fakten vermitteln und gleichzeitig Emotionen wecken?

Vgl. LS 3, 4.5.1.2

Geschäftsberichte gelten als wesentlicher Bestandteil eines Firmenauftritts. Sie visualisieren als Teil der Corporate Communication die Unternehmenskultur und seine Philosophie. Die gestalterische Konzeption hängt dabei maßgeblich am Corporate Design des Unternehmens.

Geschäftsberichte verkörpern eine Ambivalenz zwischen Image und Information, denn die Funktion von Geschäftsberichten hat sich in den letzten Jahren verändert. Lange Zeit bestand ihre Aufgabe im (bloßen) Verkünden von gesetzlich vorgeschriebenen Informationen in Form von durch Wirtschaftsprüfer kontrollierten Zahlenkolonnen, die Aufschluss über die wirtschaftliche Situation eines Unternehmens gaben.

Finanztechnische Aufstellungen treten heutzutage gegenüber imagebildenden und imagefördernden Aspekten zurück.

Durch vermehrte Börsengänge von Unternehmen und die Entwicklung am Neuen Markt vollzog sich ein grundlegender Wandel hinsichtlich der Funktion von Geschäftsberichten. Man erkannte, dass der Wert eines Unternehmens durch sogenannte „facts and figures", also auch durch immaterielle und nicht in Zahlen zu vermittelnde Werte repräsentiert und kommuniziert wird.

Der Geschäftsbericht bietet daher die Möglichkeit, wirtschaftliches Datenmaterial gestalterisch und ästhetisch ansprechend zu „verpacken". Dies geschieht auch mit der Zielsetzung, sich auf dem Investmentmarkt von anderen abheben zu können und gelingt umso besser, je mehr er sich von den vielen „**Me-too-Produkten**" der Financial Communication durch aussagekräftige, authentische, individuelle und visuelle **Kommunikationsstrategien** abhebt.

---

[1] Quelle: http://www.gestaltungswerk.de/content/leistungen/klassische_medien/geschaeftsbericht/index_ger.html
Letzter Zugriff: 18.04.2016

Lernsituation Geschäfts- und Jahresberichte | 8

> **Imageförderung sollte in jedem Fall glaubhaft, transparent und inhaltlich fundiert sein.**

Rubriktitelseiten aus den Geschäftsberichten 2015 (oben) und 2016 (unten) der BDWM Transport AG: Die Imagebereiche Kundenzufriedenheit, Mitarbeiterorientierung und Innovationen stehen im Fokus der Ressourtvorstellungen. Die Bildsprache transprotiert diese Kundennähe.

http://www.bdwm.ch

Mit dem Bedeutungswandel hat sich auch das Selbstverständnis der Unternehmen hinsichtlich des **Annual Reports** geändert: Sie nutzen ihre Jahresbilanzen zunehmend zur Imageförderung und als **Marketinginstrument**, mit dem sie sowohl ihre Geschäftspartner, ihre Kunden als auch ihre eigenen Angestellten von der Qualität und Nachhaltigkeit ihrer Corporate Identity überzeugen wollen. Wichtig ist in diesem Zusammenhang ein „intelligentes" Design, welches die **Dramaturgie** eines guten Theaterstücks besitzen sollte – reine Informationen sind langweilig, zu viel **Veredelungstechnik** und „Tam-Tam" wirken unseriös.

10.6.2 Formale Gestaltung von Geschäftsberichten

Für Geschäftsberichte gibt es keine Formvorschriften bezüglich der Aufmachung und grafischen Gestaltung. Wovon also hängt die Gestaltung und das Aussehen eines Geschäftsberichts ab? Von der Größe eines Unternehmens oder der Branche?

Das Unternehmen Vorwerk ist nicht an der Börse und braucht nicht auf die Bewertung seitens der Banken Rücksicht zu nehmen. Entsprechend kreativ und witzig präsentieren sich auch die Jahrespublikationen.

http://
newsroom.
vorwerk.de/
publikationen/
publikationen/

Größe und Branche spielen hier eine untergeordnete Rolle, Form und Inhalt werden vor allem durch das Kommunikationskonzept des Unternehmens bestimmt. Je mehr in diesem Zusammenhang die Funktion der **Imagebildung** an Bedeutung gewinnt, desto wichtiger werden die formalen Eigenschaften eines Geschäftsberichts. Sie kommunizieren symbolisch und bildhaft Eigenschaften des Unternehmens, die sich über Sprache nicht unmittelbar erschließen. Imagebildung im Sinne von Glaubwürdigkeit und Vertrauen wird nicht in erster Linie durch Vermittlung kognitiver Informationen transportiert, sondern suggestiv:

> „Wenn es gelingt, die Aufmerksamkeit des Lesers zu gewinnen, dann bietet sich eine einmalige Chance, ihm etwas von der Denkweise und Stimmung im Unternehmen zu vermitteln. Auf diese Weise lässt sich der Prozess der Imagebildung aktiv steuern."[1]

Der Gestalter steuert diesen Prozess der Imagebildung, indem er den Einsatz sprachlicher und visueller Zeichen so konzipiert, dass durch sie ein symbolischer Gehalt transferiert wird. Auf diese Weise kommunizieren symbolische Ausdrucksphänomene das Typische eines Unternehmens und sind zur Imagebildung unerlässlich.

Der erste Eindruck

Dem ersten Eindruck folgt das erste Urteil – und zwar in Bruchteilen von Sekunden! Die Kommunikationstheorie vernachlässigt oftmals diesen Zeitfaktor. Dabei laufen Meinungsbildungsprozesse in der Regel eher über Sinneskanäle als über die kognitive Ebene ab. Man fühlt die Qualität des Papiers, bemerkt intuitiv das Format und die Farbgebung, schaut auf das Titelbild, blättert ein wenig, nimmt Bilder und Zeichnungen wahr und liest ein oder zwei Sätze – und in diesem Moment steht das Urteil fest.

Wer einen Geschäftsbericht gestalterisch konzipiert, sollte sich diesen Prozess der Urteilsfindung bewusst machen. Denn bei der Vielzahl von jährlichen Publikationen kann dem einzelnen Geschäftsbericht naturgemäß nur wenig Zeit gewidmet werden. Es ist also dieser erste Eindruck, der darüber entscheidet, ob Interesse geweckt wird und ob die Bereitschaft entsteht, weiterzulesen und sich auf das Unternehmen und seine Philosophie einzulassen.

Der erste Eindruck gleicht einem **Schlüsselreiz**, der den Kommunikationsprozess unmittelbar und nachhaltig beeinflusst. Denn vermittelt der erste Eindruck ein positives Bild vom Unternehmen, so wird sich dieser „Bonus" auch bei der späteren Bewertung des Datenmaterials auswirken.

---

[1] Klaus Rainer Kirchhoff, in: Olaf Leu (Hrsg.): Geschäftsberichte richtig gestalten. Frankfurt a. M., 2004

Die Titelblätter aus vier Geschäftsberichten der BDWM Transport AG: Der erste Eindruck assoziiert Kundenorientierung, Mitarbeiterorientierung und Infrastruktur – die Skills des Unternehmens.

10.6.3 Bewertungskriterien[1] zur gestalterischen Qualität von Geschäftsberichten

Qualitätskriterien dienen nicht nur der Qualitätssicherung im Sinne von Bewertung, dem Gestaltenden dienen sie als Leitlinien für die Idee und Konzeption der Gestaltung.

Angemessenheit
- *Erster visueller Eindruck:* Wiedererkennbarkeit des Unternehmens und der Publikationsaufgabe.
- *Visuelle Leselogik:* Prägnanz, Klarheit und Übersichtlichkeit der Gliederung.
- *Branchenauthentizität:* Klare Zuordnung des Auftritts zur Branche.
- *Repräsentation:* Vermittlung einer visuell getragenen, inhaltlichen Idee (der Geschäftsbericht wird seiner kommunikativen Funktion als Imageträger gerecht).
- *Corporate Identity:* Die visuelle Umsetzung der Unternehmenspersönlichkeit ist nachvollziehbar.

---

[1] Die im Folgenden angeführten Kriterien basieren auf einer Studie des Corporate Communication Institute (CCI) der Fachhochschule Münster: www.cci.fh-muenster.de. (Stand: 16.04.2016)

Gesamteindruck
- *Zusammenspiel von Titelseiten und Inhaltsseiten/Titel:* Erzeugung von Aufmerksamkeit und Einstimmung auf den Inhalt (die Umschlaggestaltung dient der dramaturgischen und motivischen Überleitung zu den Inhaltsseiten).
- *Eigenständigkeit:* Originalität und Wiedererkennungswert.
- *Gliederung:* Erkennbare Systematik und klare visuelle Organisation; Orientierung mithilfe erkennbarer Gestaltungskoordinaten, konstante Informationsanordnung (z. B. Rubriken, Marginalien, Seitenzahlen, Zusammenfassungen) und durchdachte Navigation.
- *Allgemeine Gestaltungsqualität:* Alle gestalterischen Elemente sind konzeptionell eingebunden.

Typografie
- *Lesequalität:* Lesbarkeit und Leseatmosphäre, ermüdungsfreies Lesen durch die richtige Anwendung der mikro- und makrotypografischen Kriterien; ästhetischer Gesamteindruck der Kolumnen.
- *Tabellen:* Typografische Aufbereitung der Tabellen, Lesequalität der Ziffern, adäquate Zifferngröße und Ausrichtung, Tabellensatz.
- *Mikro- und Makrotypografie:* Schriftschnitt, Schriftgröße, Spationierung, Zeilenlänge, Durchschuss; Verwendung von Schriftfamilien und -systemen.
- *Typografische Proportionen:* Harmonie von Grund- und Auszeichnungsschriften, Wahl der richtigen Schriftgröße, spannungsvolle Stilkontraste, ausgewogenes Verhältnis von Schrift, Satz und Weißraum.

Bildsprache
- *Qualität der Fotografien und/oder Illustrationen:* Perspektive, Schärfe und Unschärfe, Licht und Schatten, Farbe oder Schwarz-Weiß, Bildanschnitt und -ausschnitt.
- *Ausdruckskraft und Unternehmensbezogenheit:* Kommunikative Qualität der Bilder, Kontextbezug, zielorientierte Vermittlung von Information oder Emotion, eigenständige und glaubwürdige Bildsprache, klare Vermittlung der Kommunikationsziele.
- *Durchgängigkeit:* Erkennbare Konstanten beim Bildmaterial, Ganzheitlichkeit, durchdachte Wahl von Bildgröße und Bildfunktion (übergeordnete und illustrative Bildebene).

Layout
- *Bild-Text-Integration:* Klare Blickführung durch Gestaltungsraster, Systematik und visuelle Gewichtung, Berücksichtigung kultureller Wahrnehmungsphänomene, ästhetische und funktionale Integration von Text, Bild und Informationsgrafik.
- *Emotionale Qualität:* Dramaturgie der Konzeption, spannungsvoller Seitenaufbau, ästhetisches Zusammenspiel aller gestalterischen Elemente.

Informationsgrafik
- *Qualität:* Wahrnehmungsfreundliche und informative Gestaltung von Tabellen, Diagrammen und Organigrammen.
- *Aussagekraft und Unternehmensbezogenheit:* Klare Vermittlung der Kommunikationsziele, schlüssiger Kontextbezug, kongruente Gestaltung der Informationsgrafiken hinsichtlich der Unternehmensphilosophie.

Farben
- *Farbklima:* Durchgängig funktional und ästhetisch durchdachtes Farbsystem, konsequente und zielorientierte Umsetzung.
- *Angemessenheit:* Die Hausfarben (Corporate Colours) sind erkennbar und konstant eingesetzt.
- *Funktion:* Systematisierung, Organisation durch Farbelemente und/oder Farbkodierung.

Herstellung und Verarbeitung

- *Materialqualität:* Beschaffenheit des Druckstoffes (Opazität, Stabilität, haptische Qualität, Oberfläche, Volumen, Struktur, Eignung als Druckträger).
- *Buchbinderische Verarbeitung:* Funktionale und ästhetische Qualität der Bindung; Steigerung des Gesamteindrucks durch Druckveredelungen wie Lackieren, Stanzen, Prägen, Laminieren.
- *Druckqualität:* Passgenauigkeit, Registerhaltigkeit, Farbführung; Grad der möglichst geringen Wellenbildung.

Diese Kriterien entsprechen weitestgehend den Themengebieten dieser Lernsituation und werden im Folgenden eingehender erläutert.

Vgl. diese LS, Mindmap

8.4 Farbwahrnehmung

8.4.1 Farbempfinden

Farben wirken – automatisch, unbewusst und von Geburt an. Sie können Stimmungen beeinflussen, Emotionen auslösen und als Indikator Stimmungen anzeigen. Sie wecken Assoziationen und setzen Trends. Dadurch sind sie im Bereich Werbung und Marketing ein wichtiges Kommunikationselement.

> Bei der konzeptionellen Gestaltung müssen Farben zielorientiert und bewusst eingesetzt werden. Wenn Sie als Gestalter/-in mit dem vorliegenden Geschäftsbericht das Image des „Kaufhauses Sinneslust" transportieren möchten, greifen Sie bei der Wahl und Komposition der Farben neben einem gewissen Maß an Intuition auch auf kulturelle Tradition im Sinne einer Symbolik zurück!

Inwieweit allerdings eine tatsächliche Verbindung zwischen der Farbe und den ihr zugeschriebenen Assoziationen und Symboliken besteht, ist gemessen an den Auswirkungen auf die Psyche des Betrachters nur sehr schwer festzustellen. Die individuellen Empfindungen sind trotz kultureller Gemeinsamkeiten zu diffus, als dass man eine feststehende Zuordnung treffen könnte.

Grundlagen der Farbwahrnehmung

Das visuelle Merkmal Farbe wirkt innerhalb einer gestalterischen Arbeit besonders intensiv. Von innen heraus, selbstständig und meist unbewusst, beeinflussen **Farben** die menschliche Wahrnehmung. Sie können Gefühle auslösen, Stimmungen verändern und Verhaltensweisen konditionieren (z. B. rote Ampel = Stopp). Farben sind ein wichtiges Gestaltungselement, um Assoziationen zu wecken und Emotionen zu steuern.

Das Farbempfinden des Menschen wird, neben den kulturellen Prägungen und Konventionen, von biologischen Aspekten und individuell geprägten Farbwahrnehmungen beeinflusst. Es ist jedoch nicht ohne Weiteres feststellbar, welcher Aspekt im Einzelnen in welchem Maße an der Farbwahrnehmung beteiligt ist.

Kulturelle Farbwahrnehmung

Innerhalb eines Kulturkreises ist die Farbwahrnehmung durchaus ähnlich. Man kann demnach als Gestalter/-in – ähnlich wie bei den Gestaltgesetzen – mit einem existierenden „**Farbkonsens**" agieren, auch wenn es einzelne Individuen gibt, die stark vom Durchschnitt abweichen. Farben haben in unterschiedlichen Kulturkreisen verschiedene Bedeutungen. Diese Farbbedeutungen werden von einer Generation an die nächste weitergegeben und gehören in den Bereich der Symbolwirkung von Farben.

Die Farbe Weiß symbolisiert im westlichen Raum Reinheit und Vollkommenheit, im asiatischen Kulturraum hingegen den Tod. Daher wird ein aus Asien stammender Mensch eher ein ungutes Gefühl und oder eine düstere Stimmung verspüren, wenn er von viel Weiß umgeben ist, während Europäer dabei eher an einen feierlichen Anlass wie z. B. Hochzeit oder Taufe denken werden. Asiaten heiraten daher niemals in Weiß und würden auch keine weißen Elektrogeräte kaufen.

Solche und ähnliche kulturell bedingten Unterschiede in der Farbwahrnehmung müssen bei der Gestaltung unbedingt Berücksichtigung finden. Dies gilt insbesondere für eine zunehmend global ausgerichtete Unternehmenskultur und eine Distribution im World Wide Web.

Biologische Farbwahrnehmung

Die biologischen Grundlagen beziehen sich auf den Sehvorgang und die Reizweiterleitung zum Gehirn. Hier sind Unterschiede in der Wahrnehmung insbesondere durch Farbenfehlsichtigkeit bedingt feststellbar. Wissenschaftlichen Studien zufolge sind 8 % der Männer, aber nur 0,4 % der Frauen farbenfehlsichtig. Diese Relativität von Farbe sollten Gestalter/-innen bei Diskussionen über Farbnuancen oder Farbkompositionen berücksichtigen.

Ein einfacher, nicht quantitativer Test zur Bestimmung von Farbenfehlsichtigkeit lässt sich mit den sogenannten **Ishihara-Tafeln** durchführen. Die Tafeln zeigen verschiedene Ziffern vor einem Hintergrund, die beide aus unterschiedlich farbigen Farbtupfen zusammengesetzt werden. Sättigung und Helligkeit der Farbpunkte sind dabei gleich, nur der Buntton der Punkte variiert. Die Anordnung der Farben ist so gewählt, dass nur der Farbsehtüchtige die richtige Zahl erkennt.

http://www.sehtestbilder.de/

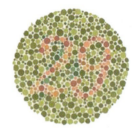

Ishihara-Farbtafeln zur Erkennung von Wahrnehmungsdefiziten: Farbsehtüchtige erkennen die Zahlen „47" und „29" (Farbfehlsichtige sehen links die Zahl „17", rechts gar keine Zahl) Weitere Bildtafeln zum Farbsehtest nach Ishihara finden Sie auf der website sehtestbilder.de.

Benannt wurden sie nach dem japanischen Augenarzt Shinobu Ishihara, der diesen Test 1917 erstmals beschrieb.[1]

Individuelle Farbwahrnehmung

Darüber hinaus führen die unterschiedlichen **Erfahrungen** jedes Menschen zur Entwicklung einer individuellen Farbwahrnehmung. Jeder ist durch seine Umwelt, Familie, Freunde, Schule usw. anders geprägt. Dies wird bereits dann deutlich, wenn verschiedene Personen ihre Lieblingsfarbe benennen sollen: Bei Jugendlichen ist Schwarz sehr beliebt, während in der älteren Generation von Männern häufig Blau oder Braun und von Frauen oft Rot oder dem Rot verwandte Töne wie Pink, Lila usw. als Lieblingsfarbe genannt werden.

Farbempfinden = Zusammenwirken von biologischen Sehvorgängen, kulturellen Einflüssen und persönlichen Wahrnehmungen.

---

[1] Vgl. Shinobu Ishihara: Tests for colour-blindness. Handaya, Tokyo, Hongo Harukicho, 1917.

8.4.2 Farbsymbolik

Farbsymbolik gängiger Farben

Farben sind in der Lage, unbewusst Assoziationen auszulösen. Diese **Farbassoziationen** sind zwar nicht bei allen Menschen gleich, lassen jedoch Tendenzen erkennen.

Farbassoziationen gängiger Farben

Aufgrund der Farbassoziationen kann eine Unterteilung in warme und kalte Farben erfolgen.

Kalte Farben:	**Warme Farben:**
Blau	Gelb
Grün	Orange
Türkis	Rot
	Braun

Die Farbe **Violett** kann sowohl warm als auch kalt wirken, je nach Rot- und Blauanteil.

> Vorsicht vor Verallgemeinerungen und Klischees im Bereich der Farbsymbolik!

Die oben angeführte Symbolik gängiger Farben sollte auf keinen Fall als geschlossene Definition verstanden werden! Das Ziel einer solchen Klassifizierung ist es lediglich, gewisse assoziative Grundtendenzen einer durch Konvention und/oder Kulturkreis bedingten Symbolwirkung einer Farbe festzuhalten, die bei der Konzeption eines Medienproduktes berücksichtigt werden sollten. Die vorgenommene Zuordnung dient dabei als idealtypische Orientierung und erhebt nicht den Anspruch auf Vollständigkeit.

Klar ist, dass Farbe nicht isoliert betrachtet und geplant werden kann, sondern immer kontextbezogen (inhaltlich). Darüber hinaus ist sie von den insgesamt eingesetzten syntaktischen Mitteln abhängig.

8.4.4 Farbe als Imageträger

Farben transportieren Wertigkeiten und Status. Ausschlaggebend für die tradierten kulturellen Bedeutungen im Sinne von kostbar oder minderwertig war das Kriterium der Verfügbarkeit farbgebender Substanzen: War der farbgebende Stoff in großen Mengen als natürliche Farben in der Umwelt vorhanden oder war er selten und seine Erzeugung teuer?[1]

Aufgrund des Mangels an rotem Farbstoff war Rot im alten Ägypten den Pharaonen vorbehalten und galt nicht nur bei den Ägyptern als sehr kostbar und edel: Auch im europäischen Mittelalter gab es eine Kleiderordnung, nach der es nur Adeligen vorbehalten war, rote Gewänder zu tragen. Wer unstandesgemäß Rot trug, wurde hingerichtet. Die Geschichte der roten Textilfarbe vom echten violetten **Purpur** bis zum unechten Purpurrot ist eine Geschichte des Luxus.

In vielen Kulturen wurden Stände im Sinne einer Abgrenzung durch Farben gekennzeichnet. Farbwirkungen über kulturelle Prägung sind jedoch veränderlich und von der jeweiligen Kultur abhängig. Dabei spielen neben Kultur und Tradition auch die jeweiligen Lebensumstände eine Rolle hinsichtlich der Wertigkeit: Kein Wunder, dass Grün bei einem Volk, das in der Wüste lebt, das Leben symbolisiert.

Erstellen Sie Stimmungs-Farbcollagen, sogenannte „**Moodcharts**", die innerhalb des Entwurfsprozesses als Visualisierungshilfe dienen, zu folgenden Imagebegriffen:

esoterisch	**extravagant**	**traditionell**
technisch	**spießig**	**erogen**

8.4.5 Farbsynästhesie

Der Begriff Synästhesie stammt aus dem Griechischen und ist eine Zusammensetzung aus „syn" = zusammen und „aisthesis" = Wahrnehmung.

Synästhesie bezeichnet die Fähigkeit, Sinnesqualitäten zu vermischen. Bestimmte Menschen sind in der Lage, **Sinnesreize** im Gehirn nicht nur an einer Stelle zu verarbeiten, wie die meisten Menschen, sondern mehrere Sinneszentren gleichzeitig zu aktivieren. Diese **neurologischen Verknüpfungen** der Wahrnehmung sind am häufigsten beim farbigen Erleben von Klang (dem sogenannten „**Coloured Hearing**") zu beobachten, wobei die Reizwahrnehmung nur in eine Richtung funktioniert: der Synästhetiker kann zwar den Ton C mit Rot verbinden, nicht aber beim Sehen der Farbe Rot den Ton C hören.

Eine weitere Form ist die Verknüpfung von

Farben zu Buchstaben und Ziffern:

Grün für die Zahl sechs, Blau für den Buchstaben A.

---

[1] Sehr anschaulich und detailliert hierzu ist das Buch „Wie Farben wirken. Farbpsychologie, Farbsymbolik, kreative Farbgestaltung" von Eva Heller, Rowohlt Verlag, 4. Aufl., 2008

Untersuchungen haben ergeben, dass Frauen sehr viel häufiger als Männer über synästhetische Fähigkeiten verfügen. Die Ausformungen der Synästhesie sind dabei individuell einzigartig, sie werden von jeder betroffenen Person anders erlebt und über die Jahre hinweg gleichbleibend empfunden. Zwar lassen sich dadurch keine einheitlichen Tabellen über derlei Sinneskopplungen erstellen, trotzdem gibt es innerhalb der **Farbphysiologie** bestimmte Wirkungen von Farben, die sich über alle fünf Sinne erfassen lassen.

Bei der Gestaltung des Geschäftsberichts für das „Kaufhaus Sinneslust" ist es demzufolge erforderlich, die physiologische Wirkung der Farben zielorientiert und fachkompetent in die Gestaltung einzubringen.

Übersicht über die physiologische Wirkung von Farben[1]

	Hören	Fühlen	Riechen/Schmecken
Rot	laut, kräftig	fest, warm-heiss	süß, kräftig, aromatisch
Rosa	zart, leise	fein	süßlich, mild
Orange	laut, Dur	trocken, warm	herzhaft
Braun	dunkel, Moll	trocken, schlammig	modrig, muffig
Ocker	volltönend, rund	sandig, bröckelig, warm	säuerlich-neutral
Goldgelb	Fanfare, Dur	glatt, seidig, warm	kräftig
Gelb	gellend, Dur	glatt, leicht feucht	sauer, frisch
Grün	gedämpft	glatt-feucht, kühl	sauer, saftig
Türkis	weich, fern	glatt, wässrig, kalt	frisch-salzig
Blau	fern, Flöte, Violine	glatt, nicht fühlbar, kalt	geruchlos, frisch
Ultramarin	dunkel, tief, Moll	samtig	herb-bitter
Violett	traurig, tief, Moll	samtig	narkotisch, schwer-süß
Flieder	schwach, verhalten	weich	süßlich-herb
Purpur	kraftvoll, getragen	glatt-samtig	süßlich-künstlich

10.5 Farbe

Im Folgenden wird die Bedeutung der **Farbe als visuelles Merkmal** hinsichtlich ihrer syntaktischen Qualität beleuchtet.

10.5.1 Farbe als Marketinginstrument

Die psychologischen und physiologischen Wirkungen von Farben spielen in der Farbgestaltung von Medienprodukten und der Entwicklung von Marketingstrategien eine wesentliche Rolle. Denn Farbe transportiert neben Bedeutungen auch eine oftmals intuitiv bewertete **Qualität**.

Es folgt daher eine Übersicht über Möglichkeiten, Farbe gezielt als Kommunikationsmittel mit werblicher Absicht einzusetzen, frei nach dem Motto „**colour sells**".

---

[1] Nach Martina Nohl: Workshop Typografie & Printdesign. dpunkt Verlag, Heidelberg, 2003.

Semantische Farbgebung

Im Rahmen der semantischen Farbgebung wird Farbe nach dem Kriterium der inhaltlichen Passgenauigkeit ausgewählt und angewendet. Dabei geht es um eine möglichst hohe Übereinstimmung zwischen der symbolischen, psychologischen und physiologischen Wirkung der Farbe und dem zu gestaltenden Produkt.

Hierzu zählt der große Bereich der **Verpackungsgestaltung**. Abgeleitet aus der natürlichen, „gesunden" Farbigkeit unserer Lebensmittel beispielsweise adaptieren wir Informationen über Frische, Qualität und andere wichtige Eigenschaften. So lassen wir uns bei der Wahl einer Verpackung meist unbewusst von deren Farbigkeit lenken. Unsere Kaufentscheidung wird dabei durch die physiologische Wirkung von Farben (s. o.) massiv beeinflusst.

Testen Sie sich selbst:
Welche Farbigkeit hat die Verpackung für entkoffeinierten Kaffee und in welcher befindet sich die stärkste Röstung?

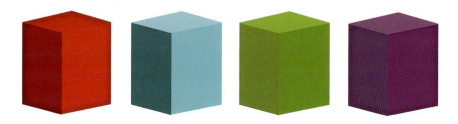

Welche Verpackung enthält frische Vollmilch, welche Buttermilch und welche würden Sie im Regal stehen lassen?

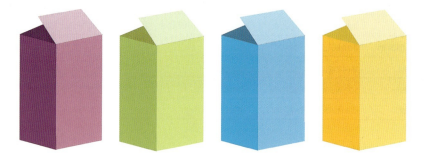

Point of Sale

Der Ort, an dem die Kaufentscheidung für eine Verpackung letztendlich fällt – der sogenannte **Point of Sale** –, bildet die Schnittstelle zur farblichen Gestaltung von Geschäftsräumen. Innerhalb des **Shop-Designs** müssen einerseits logistische Probleme wie die einer ausreichenden Orientierung mithilfe von Farbleitsystemen gelöst werden. Andererseits gilt es, die Aufmerksamkeit der Kunden auf bestimmte Elemente (Saisonware, Sonderflächen) zu lenken.

Farbe ist auch ein wesentliches Element, um ein Ambiente oder Klima zu schaffen, welches auf die avisierte Zielgruppe einladend wirkt und sie (nebenbei) zum Kaufen verführt. Das Farbklima eines Kaufhauses transportiert in der Regel, mit welcher Art von Geschäft und Warensortiment es der Kunde zu tun hat – Billig- und Massenware, Hochpreissegment oder Lifestyle. Es versteht sich für Gestalter/-innen von selbst, die entsprechenden Medienprodukte, also auch den Geschäftsbericht, affin zu gestalten.

Ästhetische Farbgebung

Ästhetik ist innerhalb der Gestaltung ein gerne und manchmal inflationär verwendeter Begriff, der ursprünglich als „die Lehre von der Gesetzmäßigkeit und der Harmonie in Natur und Kunst" definiert ist und landläufig im Sinne von geschmackvoll, ansprechend und stilvoll verwendet wird. Derart definiert, werden Farben entweder intuitiv (aus einem kulturellen Kontext heraus) passend zum Produkt ausgewählt oder man folgt dem allgemeinen „Mainstream", d. h., man recherchiert und vergleicht, was andere gemacht bzw. welche Farbgebung sie bei ähnlich gelagerten Gestaltungsprodukten eingesetzt haben. Damit ist man zwar auf der sicheren Seite, innovative Gestaltungsansätze sind hier aber meist nicht zu erwarten, es sei denn, der Mainstream wird ganz bewusst ins Gegenteil verkehrt, um Aufmerksamkeit und Wiedererkennungswert zu erzeugen.

Beispiel Autowerbung: Im Hochpreissegment geht es um die Attribute Sicherheit, Luxus, (unauffällige) Eleganz und Seriosität. Mercedes wirbt mit einer Renaissance-Antiqua und der Farbe Silber für Schrift und Automobil. Zudem ist die Sättigung der gesamten Bildsprache reduziert. Vergleichen Sie unter diesem Aspekt die gängigen Anzeigen diverser Autofirmen.

> Was allgemein als geschmackvoll oder innerhalb einer bestimmten Zielgruppe als stilvoll angesehen wird, ist immer auch aktuellen Trends unterworfen!

10.5.2 Farbkompositionen

Bei der Komposition von Farben geht es wie bei den Flächenkompositionen um gestalterische Merkmale und Determinanten wie visuelle Gewichtung, Harmonie, Dynamik und Kontrast – nur eben bezogen auf das Gestaltungselement Farbe.

Vgl. LS 3 und LS 4

Die Vielschichtigkeit und Komplexität des Phänomens Farbe wird über deren drei Merkmale **Farbton – Helligkeit – Sättigung** bestimmt und ermöglicht eine Vielzahl von Kombinationen und Kompositionen.

1. Legen Sie sich in einem Vektorprogramm einen 12- bzw. 24-teiligen Farbkreis in CMYK an.
2. Geben Sie jedem Farbton eine Farbbezeichnung aus dem Bereich der Mode.
3. Erstellen Sie bei Bedarf Nuancen durch Aufhellung, Abdunklung oder Brechung mit einer Gegenfarbe.

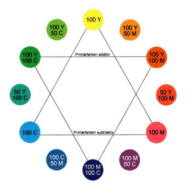

Hat Farbe ein visuelles Gewicht?

Eindeutig ja, denn auf den Betrachter wirken Bildelemente, die in hellen Farben angelegt wurden, leichter als Elemente, die überwiegend dunkel gehalten sind. Die Tatsache, dass dunkle Farben vom Betrachter im Allgemeinen als schwer empfunden werden, wird auch bei der Gestaltung von Produkten berücksichtigt.

Blickführung durch Farbe

Durch den gezielten Einsatz von Farbe können Gestalter/-innen den Blick des Betrachters beeinflussen. Helle und klare Farbflächen lenken den Blick auf sich, sie fungieren somit als „Eyecatcher". Untersuchungen zufolge werden Bildelemente, die in hellen oder hochgesättigten Farben gehalten sind, länger betrachtet als ein Bildelement in sehr dunklen oder nur sehr schwach gesättigten Farben. Farbe kann somit auch eine inhaltlich gewollte Gewichtung oder Hierarchie unterstützen (oder konterkarieren).

Wie bereits innerhalb der Auszeichnungsmöglichkeiten von Schrift thematisiert, kann Farbe auch zur Betonung oder Akzentuierung eingesetzt werden. Solche **Akzentfarben** sollten im Qualitätskontrast zu anderen Farbflächen stehen und sparsam eingesetzt werden.

Farbe ist relativ

Farbe wirkt immer im Umfeld der sie umgebenden Fläche, d. h. in ihrem Zusammenhang. Der Fachbegriff, der dieses Phänomen beschreibt, ist der **Simultankontrast**. Darunter versteht man, wie eingangs beschrieben, die Stellung einer Farbe zu einer weiteren Farbe sowie die Subjektivität des Phänomens Farbe, die jedes Individuum anders wahrnimmt.

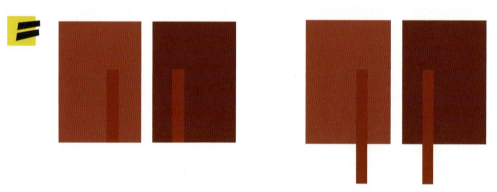

Abb. 1 und 2:[1] Links sind deutliche Helligkeitsunterschiede bei den schmalen Balken zu erkennen. Fast könnte man meinen, der rechte Balken hätte die gleiche Farbe wie die linke Fläche. Erst die Auflösung rechts zeigt, dass beide Balken die gleiche Farbe aufweisen.

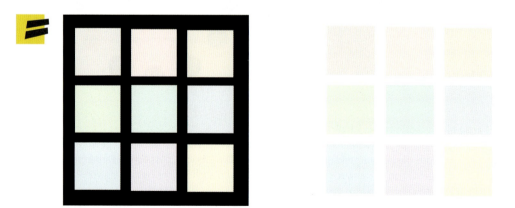

Abb. 3 und 4:[1] Auch wenn es nicht so aussieht – es handelt sich bei beiden Abbildungen jeweils um dieselben Pastellfarben. Kann man sie rechts noch hinsichtlich ihrer farbigen Ausrichtung klar definieren, ist dies links nurmehr schwer möglich. Wie bereits im Zusammenhang mit den Gestaltgesetzen erläutert, wirken die Flächen auf schwarzem Hintergrund zudem größer.

Benachbarte Töne beeinflussen die Wahrnehmung. Dies ist abhängig von der Farbe und der Helligkeit. Gleich große Objekte bzw. Texte wirken im Zusammenhang verschiedener Hintergrundfarben mal größer, mal kleiner.

Nachdem Sie sich bei der Konzeption des Geschäftsberichts für das „Kaufhaus Sinneslust" für eine bestimmte Anzahl von Farben entschieden haben, erstellen Sie eine Reihe von Moodcharts und testen Sie ihre Farberscheinung auf unterschiedlich farbigen oder unbunten Untergründen.

Farbkomposition meint immer auch Farbkommunikation. Farben im Dialog können einander gegenseitig verstehen, ergänzen und verstärken oder aber sich gegenseitig stören. Man spricht dann von Farbharmonien, Kontrasten oder Disharmonien. Letztere können, geschickt eingesetzt, allerdings auch das gestalterische Salz in der Suppe sein.

Farbharmonie
Unter Harmonie im Allgemeinen versteht man Einklang und Übereinstimmung. Sie impliziert eine gewisse Ruhe und ein angenehmes Gefühl. Farbharmonien werden als angenehm empfundene Kombination von Farbtönen bezeichnet. Dabei bleibt es zwar bis zu einem gewissen Grad vom Betrachter abhängig, was als angenehm empfunden wird, Farbharmonien liegen jedoch immer eine oder mehrere Gemeinsamkeiten zugrunde.

Bunt-Unbunt-Harmonie
Jede einzelne Farbe harmoniert immer mit Weiß, Schwarz oder einem Grauwert. Aufgehellte Pastellfarben harmonieren mit Weiß, gedeckte (abgedunkelte) Farben harmonieren mit Schwarz und gesättigte (klare) Farben harmonieren am ehesten mit einem in der Helligkeit abweichenden Grauwert. Bei der Auswahl der Grauwerte ist das Phänomen des Simultankontrastes zu beachten.

Diese Flächenkomposition in Bunt-Unbunt-Harmonie ergibt sich aus einzelnen Farbanteilen des Bildes, die mit der Photoshop-Pipette definiert wurden.

---

[1] Nach Josef Albers: „Interaction of Colors". DuMont Verlag, Köln, 1970.

Ton-in-Ton-Harmonie

Farbtöne in gleichmäßigen Abstufungen ihrer selbst zu Weiß, Schwarz oder Grau werden als sehr harmonisch wahrgenommen. Dabei sollte man auf ausreichende Abstände zwischen den Farbnuancen achten, damit die Abstände nicht zu marginal und monochrom erscheinen. Mischungen zwischen zwei Farbtönen gleicher Helligkeit oder Sättigung gelten ebenfalls als harmonisch. Liegen diese Farben im Farbkreis nebeneinander, so sind sie hinsichtlich ihrer Zuordnung ambivalent, da sie auch als Nachbarschaftsharmonie definiert werden können.

Die ruhige Abendstimmung dieser Landschaft wird durch die Ton-in-Ton-Harmonie unterstützt.

Nachbarschaftsharmonie

Hier ist entweder die Stellung im Spektrum oder Farbkreis das Kriterium der Zuordnung, oder aber die Natur mit ihren Farbkombinationen dient als Vorbild für eine Zusammenstellung von Farben in kleinen Farbtonschritten. Erstreckt sich die Nachbarschaftsharmonie über einen größeren „Winkelbereich" des Farbkreises, wird der Eindruck der Harmonien expressiver und grenzwertiger. So können Harmonien je nach Polarisierung der Zusammenstellungen auch Bestandteil von Kontrasten sein.

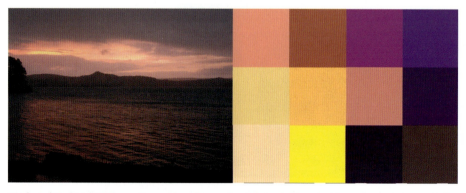

Die fast „kitschige" Wirkung dieses Abendhimmels wird durch die polarisierend zusammengestellte Nachbarschaftsharmonie generiert bzw. forciert. Dabei sind einige Töne wie Gelb und Violett derart weit voneinander entfernt, dass sie zum Komplementärkontrast werden.

Farbkontrast

Für Gestalter/-innen sind Kontraste ein zentrales Gestaltungsprinzip, welches die verschiedensten Funktionen erfüllen kann:

Vgl. LS 3, 8.4.3

- Spannungsreichtum
- Orientierung durch Unterstützung der Blickführung
- Aufmerksamkeit im Sinne eines „Eyecatchers"
- Einheitlichkeit im Sinne eines „roten Fadens"
- Akzentuierung

Farbkontraste sind dabei nie getrennt von anderen Layoutelementen wie Form, Schrift, Weißraum und Bildsprache zu betrachten und zu konzeptionieren!

Strategien für die Farbgestaltung

„Gute Farbgestaltung lässt sich mit gutem Kochen vergleichen … auch ein gutes Kochrezept verlangt wiederholtes Kosten. Und das beste Probieren hängt ab von einem Koch mit Geschmack."[1]

Im Sinne des oben genannten Rezeptes sind die Kenntnisse über die Zusammenhänge von Farbordnungen, Farbwirkungen, Farbsymbolik und deren physiologische und psychologische Wirkung nur die Zutaten und die Kompositionsmöglichkeiten von Farbe das Rezept, auf dessen Grundlage die Gestalter/-innen „kochen".

Durch die aktive Auseinandersetzung mit Ihrer gestalteten Umwelt, d. h. der Analyse von gut und weniger gut gemachten Print- und Nonprintprodukten, schulen Sie Ihre eigene Wahrnehmung. Nur so entwickeln Sie ein ästhetisches Feingefühl, welches dem „Koch mit Geschmack" entspricht. Im Internet gibt es hierzu viele interaktive Experimente und Informationsseiten.

www.vorwerk.com/de/html/publikationen.html
www.erco.com/news/de/de_frameset_news.htm
www.designmuseum.de/

10.5.3 Farbe in der Kunst

Dieser kurze Abstecher in den Bereich bildender Kunst erhebt nicht den Anspruch, epochal oder stilgeschichtlich umfassend zu sein. Innerhalb des gestalterischen Einsatzes von Farbe in Medienprodukten wie z. B. Geschäftsberichten soll hier der Wandel im Verständnis von Farbe als (künstlerisches) Ausdrucksmittel verdeutlicht werden.

Farbe kann einen Darstellungswert oder einen Eigenwert haben. Unter **Darstellungswert** versteht man die Reduktion von Farbe auf ihre Abbildungsfunktion im realistischen und materialgerechten Sinne. **Eigenwert** von Farbe meint die reine Wirkungsweise von Farbe weit über die Abbildhaftigkeit hinaus.

---

[1] Autor unbekannt

Vgl. diese LS, 8.4.4

Symbolfarbe

Die christliche Malerei des Mittelalters betonte den Eigenwert der Farbe im Sinne eines festgelegten **Farbkodex**. Der höchste symbolische Rang fällt mit dem höchsten Materialwert zusammen, sodass Gold als Verkörperung der Allmacht Gottes an erster Stelle steht. So ist der Goldgrund der Darstellung von der Geburt Christi sowohl Lichtsymbol als auch materieller Träger der Motivik. Die Farb-Ikonografie der Gewänder für die Darstellung von Jesus und Maria änderte sich innerhalb der Gotik von Rot zu Rotblau.

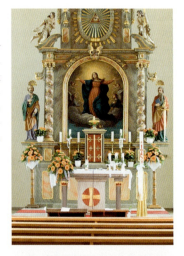

Lokal- oder Gegenstandsfarbe

Farbe hat eindeutig Darstellungswert. Der künstlerische Umgang mit Farbe diente primär einer möglichst naturalistischen Abbildung der Wirklichkeit im Sinne einer detail- und materialgetreuen Darstellung.

Albrecht Dürer beispielsweise genoss bereits zu Lebzeiten ein hohes Ansehen, sodass er in seinem berühmten Selbstbildnis sein künstlerisches Selbstverständnis zum Ausdruck brachte. Es zeigt neben Aspekten wie Komposition, Bild- und Formensprache auch die ganze Brandbreite seines Könnens hinsichtlich der Umsetzung von Licht mit Farbe.

Albrecht Dürer: Selbstbildnis im Pelzrock (1500)

Erscheinungsfarbe

Mit Erfindung der Fotografie geht die **Entwicklung der Moderne** einher, in der die rein naturalistische Abbildung ihren künstlerischen Reiz verliert und Farbe zunehmend eine andere Funktion erhält. Die französischen **Impressionisten** (franz. „impression" = Eindruck) wandten sich der freien Natur und der atmosphärischen Wirkung des Lichts zu. In ihren Bildern entspricht der Farbeinsatz der situativen „Impression" vor Ort. Innovativ war der Einsatz von kleinsten Farbpunkten, die sich im Auge des Betrachters zu einer nuancierten Einheit zusammenfügen.

Claude Monet: Le Parlement, Coucher de Soleil (1904)

Ausdrucksfarbe

Die expressionistische Stilrichtung wiederum war eine Reaktion auf den Impressionismus und gab dem Ausdruckswert reiner Farben und prägnanter Konturen in reiner Flächenmalerei eine neue Bedeutung. Maßgeblich war für die **Expressionisten** die Darstellung vom inneren Erleben des Künstlers.

Innerhalb des Futurismus wurde Farbe zudem verwendet, um Bewegung und Dynamik zu inszenieren. Das Aufkommen bewegter Bilder und die Faszination von Technik und Motorisierung visualisierten Künstler wie Boccioni durch Auflösung des Bildraums in dynamische Farb- und Formsegmente, die in Boccionis Fall auch Geräusche vermitteln kann.

Umberto Boccioni: La strada lubra nella casa (1911)

Absolute Farbe

Infolge der Schrecken des Ersten Weltkrieges sollte die Kunst im alltäglichen Leben eine neue Relevanz erhalten. Bereits im Expressionismus angelegte Abstraktionstendenzen wurden weiterentwickelt zu einer gänzlich ungegenständlichen Malerei, die die Realität nicht mehr abbilden oder nachahmen, sondern verändern wollte. Die Abstraktion wurde somit zum Utopie-Träger für eine bessere Welt.

In der Folge entwickelten sich Stilrichtungen wie der niederländische Konstruktivismus und die De-Stijl-Bewegung. Deren Künstler wollten bei der Schaffung ihrer Werke jegliche individuelle Willkür eliminieren, in dem sie auf alles verzichteten, was motivisch geprägt war. Das Ergebnis waren Kompositionen, in denen Farbe neben Form und Fläche rein formalen Charakter erhält und somit in ihrer Wirkung absolut ist.

Theo van Doesburg: Conta-composite XIII (1925/26)

10.5.4 Farbe im Feng-Shui

Gemäß dem Briefing orientiert sich das Konzept des „Kaufhauses Sinneslust" an der fernöstlichen Feng-Shui-Philosophie. Im Folgenden sollen die Grundzüge der aus China stammenden Lehre zur Harmonisierung von (Wohn-)Räumen und Bauvorhaben unter dem besonderen Aspekt der Farbigkeit erläutert werden.

Wörtlich übersetzt bedeutet Feng-Shui „Wind und Wasser" und bezieht sich im weitesten Sinne auf Berge, Täler und Wasserläufe, deren Form und Größe, Ausrichtung und Höhe von der Wechselwirkung mächtiger Naturkräfte bestimmt werden.

Feng-Shui hat seine Wurzeln in der chinesischen Sicht des Universums, wonach alle Dinge fünf Grundelementen zugeordnet werden können (Feuer, Metall, Erde, Holz und Wasser) und mit positiver oder negativer Energie aufgeladen sind. Die fünf Elemente bilden eine tragende Säule der Feng-Shui-Praxis.

Ziel des Feng-Shui ist es, durch die Gestaltung des Umfeldes Harmonie zwischen dem Menschen und seiner Umgebung herzustellen.

Die fünf Elemente

Wie die einzelnen Elemente ineinander übergehen und sich ineinander wandeln, beschreibt der „Zyklus der Entstehung": Ebenso wie der Geburt das Wachstum und dem Frühjahr der Sommer folgt, folgt dem Osten der Süden, dem Holz das Feuer und so fort. Die Energie, welche als **Chi** bezeichnet wird, sollte immer im Fluss von einem Element zum anderen sein, da nur dort Harmonie entstehen kann, wo die Zyklen harmonisch ablaufen.

- Holz ernährt das Feuer
- die Asche des Feuers ernährt die Erde
- aus der Erde wird Metall gewonnen
- die Mineralien der Erde machen das Wasser lebendig
- Wasser ernährt die Pflanzen, aus denen Holz entsteht
- Holz ernährt das Feuer usw. …

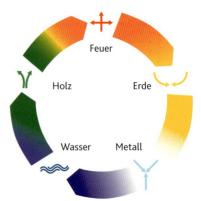

Im Normalfall ist das System ausgeglichen. Ist dies nicht der Fall und der Energiefluss gestört, soll durch Feng-Shui diese Harmonie wiederhergestellt werden, zerstörerische Zyklen sollen erkannt und aufgehoben werden.

Wirkung von Farben im Feng-Shui

Blau	(Element Wasser) steht für innere Ruhe, Stabilität und den Lebensweg.
Rosa	ist die Farbe der Zufriedenheit und der seelischen und geistigen Balance. Auch die Begriffe „Selbstachtung" und „Selbstbewusstsein" gehören zu diesem Farbklang.
Rot	(Element Feuer) wird mit Dynamik, Stärke und Motivation assoziiert. Es kann aber auch unangenehme Erregungs- und Angstzustände auslösen.
Orange	gilt als lebendige, optimistische Farbe und fördert die Kommunikation, bewirkt jedoch bei manchen Menschen Nervosität.
Gelb	(Element Erde) wird mit Einheit und Ganzheit in Verbindung gebracht und fördert die harmonischen Beziehungen.
Grün	(Element Holz) deutet man im Feng-Shui als die Farbe des Wachstums, der Entwicklung und der inneren Harmonie. Die Farbe wirkt sowohl beruhigend als auch belebend.
Weiß	(Element Metall) heißt Neubeginn, Reinheit und Wahrheit. Die Energie von Weiß ist allerdings niedrig, sodass sie auch Stagnation bewirken kann.
Braun	steht für Stabilität und Sicherheit, wirkt bisweilen jedoch auch vitalitätshemmend.
Naturtöne	bedeuten im Feng-Shui Sicherheit, Ganzheit und Einklang. Sie begünstigen zwischenmenschliche Beziehungen.

24 Layout

Als Layout wird die Seitengestaltung von Medienprodukten im Print- und Nonprintbereich bezeichnet. Gemeint ist die am Briefing orientierte, **zielgerichtete Anordnung von Elementen** wie Bild, Text, Logo, Grafiken und grafischen Gestaltungsmitteln auf einer Seite bzw. einer Fläche.

24.1 Satzspiegel

Wenn Geschäftsberichte mit ihren nüchternen Informationen und Zahlen als Marketinginstrument eingesetzt werden und ästhetisch wirken sollen, dann müssen Texte, Anmerkungen, Titel und Bilder auf einer Seite entsprechend inszeniert werden. Der nicht bedruckte Weißraum fungiert quasi als Rampenlicht für den Text, den er umgibt. Doch wie breit muss dieser im Rahmen eines Geschäftsberichts sein? Wie erstellt man einen Satzspiegel? Und welche Elemente gliedern die Seite zur besseren Orientierung und Lesbarkeit?

Die Definition der **Proportionen zwischen Text- und Randbereich** ist die Erstellung des Satzspiegels. Sie sollte sowohl in Abhängigkeit zur jeweiligen Drucksache stehen (Umfang der Seiten, Format und Bindungsart sowie Einsatz und Anzahl der Bildmittel) als auch zur Lesefunktion.

Unter dem Begriff „Satzspiegel" versteht man die Festlegung einer Nutzfläche auf dem ausgewählten Papierformat, die mit Text und Bildern ausgefüllt werden soll. Anders ausgedrückt: der Bereich, der auf einer Seite bedruckt wird.

Klassische Literatur und Belletristik werden (zumeist) konzentriert gelesen und benötigen viel Weißraum, um den Text entsprechend von der Umgebung abzuheben, wobei die Seitenaufteilung hier immer von der Wirkung einer Doppelseite aus erstellt werden muss. Diesen klassischen Satzspiegel kann man entweder über die **Diagonalkonstruktion** entwickeln oder in einem **Proportionsverhältnis** mathematisch ausdrücken. Für welchen Weg man sich entscheidet, ist letztlich eine Frage der subjektiven Favorisierung, die Ergebnisse sind äquivalent:

Der Satzspiegel ist auf beiden Seiten symmetrisch am Bund gespiegelt. Die inneren Ränder – Bundsteg genannt – sind dabei halb so breit wie die Randstege. Das Gestaltgesetz der Nähe erzeugt somit Geschlossenheit und Zusammenhalt der beiden Seiten. Der untere Rand – Fußsteg genannt – ist doppelt so groß wie der Kopfsteg (oben), da hier meist die Seitenzahlen platziert werden.

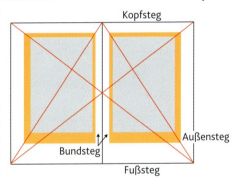

Der Vorteil der Diagonalkonstruktion besteht darin, dass die Seitenverhältnisse des Satzspiegels mit denen des Blattes immer übereinstimmen und zudem bei der Methode mit variablem Satzspiegel die Größe selbst festgelegt werden kann. Bei Bedarf können die Ränder entlang der Diagonalen vergrößert oder verkleinert werden.

In Zahlen ausgedrückt:

Satzspiegel : Papierbreite = 2 : 3
Bund: 2 Teile
Kopf: 3 Teile
Außen: 4 Teile
Fuß: 5–6 Teile

Satzspiegel : Papierbreite = 5 : 8 (Goldener Schnitt)
Bund: 2 Teile
Kopf: 3 Teile
Außen: 5 Teile
Fuß: 8 Teile

Zeitungen und Zeitschriften benötigen keinen klassischen Satzspiegel, hier kann der Rand – ähnlich wie bei Sachbüchern – zugunsten der Abbildungen schmal bleiben. Oftmals werden Bilder hier auch randabfallend eingesetzt, d. h., sie laufen über den Rand hinaus und werden im Layout mit einem Beschnitt von 3 mm platziert, um beim Druck Blitzer und Passungenauigkeiten zu vermeiden.

8 | Lernsituation Geschäfts- und Jahresberichte

Man unterscheidet grundsätzlich den einfachen Satzspiegel für einseitige Drucksachen und den doppelseitigen Satzspiegel für mehrseitige und beidseitig bedruckte Formate.

Vgl. diese LS, 24.3

Auch sollte im Satzspiegel von vornherein definiert werden, wie viele Spalten die jeweilige Drucksache enthalten soll. Diese müssen registerhaltig angelegt sein, damit die Zeilen der Vorder- und Rückseite deckungsgleich und nebeneinander auf gleicher Höhe sind. Diese **Registerhaltigkeit** erreicht man durch Anlage eines Grundlinienrasters im jeweiligen Zeilenabstand, sodass die Grundlinien auf Vorder- und Rückseite aufeinander liegen. Wird zudem eine Einteilung in Zeilen und Spalten vorgenommen, so spricht man von einem **Gestaltungsraster**.

Besorgen Sie sich verschiedene Geschäftsberichte, z. B. durch Recherche im Internet, und analysieren Sie den Aufbau des jeweiligen Satzspiegels.

24.2 Gliederungselemente des Satzspiegels

Zum Satzspiegel gehören neben dem Mengentext auch die Rubriken und evtl. vorhandene Fußnoten. Außerhalb des Satzspiegels stehen hingegen Seitenzahlen und Marginalien. Bei lebenden Kolumnentiteln kommt es auf die Positionierung an, ob sie innerhalb oder außerhalb des Satzspiegels stehen.

Um den Satz eines Druckformats zu erleichtern, bieten verschiedene Layoutprogramme die Möglichkeit, sogenannte Musterseiten mit allen wiederkehrenden Elementen anzulegen:

1. Satzspiegel und Randeinstellungen,
2. Spaltenbreite,
3. Stegbreite,
4. Kolumnentitel,
5. vertikale und horizontale Hilfslinien,
6. die Position der (automatischen) Seitenzahl,
7. Überschriften,
8. Grundlinienraster und
9. sich wiederholende Elemente, wie z. B. ein Logo.

Was auf einer Musterseite angelegt wird, ist auf allen Seiten gleich positioniert. Das spart natürlich viel Arbeit und hat zudem den Vorteil, dass die Elemente trotzdem individuell verschoben, inhaltlich modifiziert oder gelöscht werden können.

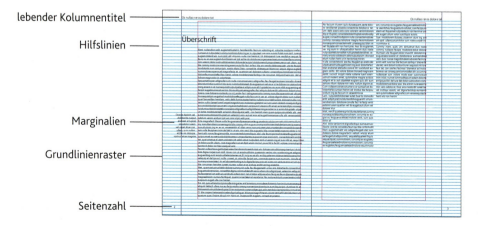

Fußnoten

Die Fußnoten sind Erläuterungen bzw. Hinweise zum Fließtext, die zum einen nicht immer von allen Lesern gelesen werden, zum anderen können sie den Lesefluss unterbrechen. Daher werden die im Grundtext zu erläuternden Begriffe mit einer Zahl versehen, diese wird am Ende der Seite wiederholt, sie bildet die Fußnote. Fußnoten stehen meist am Fuß der Seite, gehören jedoch in den Satzspiegel. Sie haben meist dieselbe Schriftart wie der Grundtext und werden 1 bis 2 Schriftgrade kleiner gesetzt. Die optische Trennung vom Grundtext erfolgt in der Regel durch einen entsprechenden Leerraum und waagerechte Linienstücke. Soweit möglich, stehen Fußnoten immer auf der gleichen Seite wie die dazugehörigen Verweise im Text.

Seitenzahl

Die Seitenzahl dient zusammen mit einem Inhaltsverzeichnis in erster Linie der Orientierung und dem exakten Auffinden der Seiten. Sie wird auch als Pagina, Kolumnenziffer oder toter Kolumnentitel bezeichnet, z. B. wenn sie zusammen mit einem auf allen Seiten gleichbleibenden Seitentitel steht. (Dieser wird deswegen „tot" genannt, weil damit keine zusätzliche Aussage gemacht wird.) Seitenzahlen werden in der Regel in der Grundschrift gesetzt, oftmals modifiziert im Hinblick auf Schriftgröße oder -schnitt, sie sollten prinzipiell jedoch ihrer Funktion angemessen gestaltet werden.

Lebender Kolumnentitel

Der lebende Kolumnentitel zählt im Gegensatz zum toten Kolumnentitel zum Satzspiegel. Er verändert sich je nach Kapitel und dient durch zusätzliche Aussagen zu Autor und Werk oder Informationen wie Kapitelüberschriften der Orientierung.

Die Gestaltung des Kolumnentitels sollte nach Möglichkeit einfach und dezent sein und auf keinen Fall mit dem Haupttitel konkurrieren.

Die Position des Rubriktitels ist selbstverständlich frei wählbar, wobei er meist oben positioniert wird. Wichtig ist aber, dass der lebende Kolumnentitel immer an gleicher Stelle positioniert wird, damit das Auge beim Blättern unterstützt wird.

Marginalien

Ähnlich wie Fußnoten dienen Marginalien dazu, Detailinformationen und Anmerkungen zum Text aus dem Haupttext herauszunehmen und sie separat in einer Spalte am Rand zu platzieren.

Der Begriff „Marginalien" ist aus dem lateinischen „margo" abgeleitet, was übersetzt „Rand" bedeutet.

Mit Marginalien sind somit **Randbemerkungen** gemeint. Sie stehen seitlich des jeweiligen Textblocks, meist in kleinerem Schriftgrad. Marginalien gehören, im Gegensatz zu Fußnoten, nicht zum Satzspiegel.

Sollen Marginalien im Sinne von Stichwörtern einen schnellen Überblick über die Textteile daneben geben, muss die erste Zeile „hängend" an den Text angebunden werden, d. h., die erste Marginalienzeile steht in der gleichen Zeile wie die erste Bezugszeile im Haupttext. Da Marginalien sehr platzintensiv sein können in Bezug auf die Breite des Außenrandes, empfiehlt es sich, schon vor der Erstellung des Satzspiegels abzuklären, ob Marginalien vorkommen oder nicht.

Gestalterisch können sich Marginalien vom Haupttext durch einen anderen Schriftschnitt abheben. Sie sind in der Regel in der Größe der Grundschrift oder 1–2 pt kleiner gesetzt. Hinsichtlich der Satzart sollten sie sich mit ihrer bündigen Satzkante an den Satzspiegel lehnen, damit sie nicht gegen den Text „flattern". Wegen der Kürze der Zeilen kommt für Marginalien nur der Rausatz infrage.

24.3 Gestaltungsraster

Es kann für die Erstellung von Geschäftsberichten kein Rezept verteilt werden, da alle gestalterischen Entscheidungen zusammenhängen und somit Teil einer übergeordneten Konzeption sind. Um Beliebigkeit und Subjektivität zu vermeiden, müssen stimmige Formen zur Vermittlung der von Unternehmen und Gestalter definierten Kommunikationsziele gefunden werden. So ist z. B. die Anordnung von Textelementen und Bildern auf einer Seite und der dabei entstehende Freiraum (im Sinne von Weißraum) wichtig für den Ausdruckswert. Daher sollten Sie den Geschäftsbericht auf der Grundlage eines Gestaltungsrasters erstellen.

Gestaltungsraster dienen dem standardisierten Gestalten und Layouten mehrerer Seiten, die die gleiche Grundeinteilung erhalten sollen. Im Sinne eines Satzspiegel-Schemas wird das vorhandene Format durch vertikale und horizontale Hilfslinien in gleichartige Flächen zerlegt. Die so entstehenden **Modul-Zellen** bieten auf der einen Seite ein einheitliches Grundlayout über alle Seiten hinweg, sind auf der anderen Seite aber variabel bei der Positionierung von Text- und Bildelementen. Das Raster übernimmt also lediglich eine Hilfsfunktion bei der Komposition und Flächenaufteilung.

Mögliche Gestaltungsraster

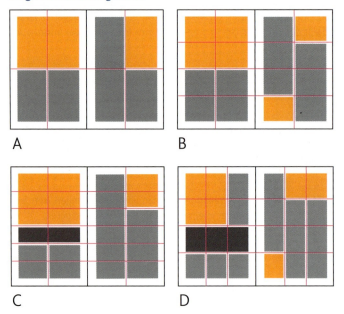

A Vertikal und horizontal symmetrisch in vier Blöcke pro Seite aufgeteilt – eine sehr grobe Unterteilung, die schnell an ihre gestalterischen Grenzen stößt.

B Durch die Verdoppelung der horizontalen Einheiten ergeben sich acht Blöcke pro Seite – für die Positionierung von Bildern ergeben sich so deutlich mehr Variationen.

C Nach wie vor zweispaltig, aber mit sechs horizontalen Zellen ergibt dies 12 Blöcke pro Seite – durch die feinere Rasterung können Eyecatcher wie die Headline besser positioniert werden.

D Zwölf Blöcke aus einer 3 x 4 Rasterung ermöglichen eine Vielzahl unterschiedlicher Bildformate und Textblöcke – die feine Modularisierung gewährleistet hinsichtlich des Layouts trotzdem ein einheitliches Erscheinungsbild.

Vorteile von Gestaltungsrastern

Gestaltungsraster haben neben gestalterischen Aspekten auch praktische Gründe. Gerade in Agenturen werden Kundenaufträge und Workflows im Team bearbeitet und entwickelt. Somit gewährleisten Gestaltungsraster die Einheitlichkeit der grafischen Umsetzung, unabhängig von der Anzahl und den persönlichen Vorlieben der Beteiligten. Zudem ermöglicht die konsequente Nutzung von Gestaltungsraster und Grundlinienraster die notwendige Registerhaltigkeit bei mehrseitigen Medienprodukten. Als registerhaltig bezeichnet man die symmetrische Anordnung und Position der Zeilen auf Vorder- und Rückseite.

Nachfolgend eine Doppelseite in Anlehnung an das Gestaltungsraster der Zeitschrift PAGE, bei dem das zugrunde liegende 7er Gestaltungsraster sehr flexibel ist. Die Arbeit stammt aus einem schulischen Projekt einer Mediengestalter-Unterstufe „Mein Portfolio in der PAGE". Die Schüler haben in Anlehnung an das Layout der Zeitschrift PAGE ein eigenes Portfolio entwickelt. Die vorliegende Arbeit stammt von Jeannie Hicks (Klasse MG5 des Walter-Gropius-Berufskollegs in Bochum).

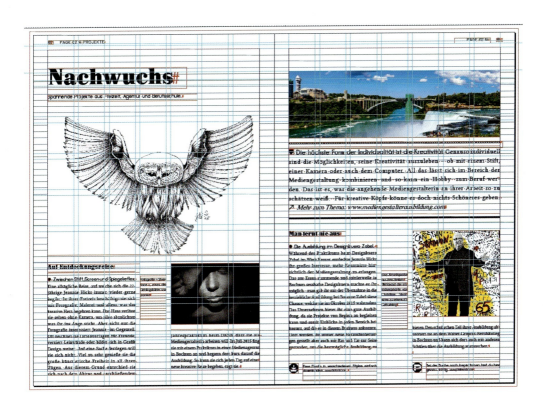

Ein gutes Gestaltungsraster sollte so kleinteilig sein, dass es beim Layouten größtmögliche Flexibilität in der Anordnung von Bild- und Textelementen bietet, aber im fertigen Medienprodukt kaum sichtbar ist.

Gestaltungsraster im Responsive Webdesign

Responsive Webdesign (RWD) ermöglicht es, Websites für unterschiedliche Ausgabegeräte zu optimieren. Die Website basiert dabei auf einem flüssigen Gestaltungsraster, mit dessen Hilfe Größenunterschiede zwischen ähnlichen Displaygrößen ausgeglichen werden können. An bestimmten Punkten bricht das Layout jedoch um, und verändert deutlich seine Struktur. Das ist notwendig um auch Größenunterschiede zwischen verschiedenen Geräteklassen (z. B. Tablet und Smartphone) aufzufangen. Dieser Punkt, der sog. Breakpoint, wird mithilfe der CSS-Technologie der Media Queries realisiert.

Neben dem Layout behandelt das Thema „Responsive Design" auch die Grafiken und Inhalte einer Website. Auch hier muss für die notwendige Flexibilität gesorgt werden, was häufig eine größere Herausforderung darstellt als das eigentliche Layout. Auch Themen wie Performance-Optimierung, Touch-Screen-Design und Retina-Optimierung gehören zu diesem sehr umfangreichen Themenkomplex.

Quelle: Jonas Hellwig im Interview zu „Gestaltung & Code"

Zuletzt aktualisiert am 16.10.2015

Grundlinienraster

Wie bereits erwähnt, ist die Ausrichtung der Textblöcke an einem Grundlinienraster die Voraussetzung für die Registerhaltigkeit des Layouts. Mithilfe von Grundlinienrastern, die auf dem Zeilenabstand der Grundschrift aufgebaut sind, kann man eine Vereinheitlichung aller typografischen Elemente erzielen. Dies beeinträchtigt jedoch keineswegs die Variationsbreite des zugrunde liegenden Gestaltungsrasters.

Hier das Beispiel des vorliegenden Buchlayouts:

24.4 Konstanten und Variablen im Layout

Innerhalb der Anordnung der zur Verfügung stehenden Elemente einer Seite unterscheidet man zwischen den sogenannten Konstanten, also den wiederkehrend gleichbleibenden Elementen eines Layouts, und den je nach Anlass ausgewählten variablen Elementen eines Layouts.

24.4.1 Gliederungselemente

Die nachfolgend aufgeführten Gliederungselemente gehören zum Bereich der **Makrotypografie**. Sie sollten als konstante Elemente eingesetzt werden, um einen einheitlichen Gesamtauftritt des Layouts zu gewährleisten.

Absätze

Absätze dienen der semantischen Gliederung von Texten im Hinblick auf Sinnabschnitte. Durch Absätze wird die Lesbarkeit eines Textes erhöht, da Orientierungspunkte am Ende eines Absatzes oder durch Negativeinzüge am Anfang des Absatzes entstehen.

In Geschäftsberichten sollten die Absatzeinheiten überschaubar bleiben, wobei sich eine Absatzlänge von 5 bis 15 Zeilen empfiehlt.

> Für die Absatzgliederung bieten sich zwei oft verwendete Elemente an:
> Einzüge und Abstände.

Einzüge

In der Regel wird ein neuer Absatz (wie hier) durch einen geringfügigen **Einzug der ersten Zeile** gekennzeichnet. Das klassische Maß des Einzugs am Absatzanfang ist dabei ein Geviert in der Größe des verwendeten Schriftgrades, wodurch optisch ein weißes Quadrat entsteht, was als angenehm zu Lesen empfunden wird. Erscheint dies optisch zu wenig, kann der Einzug auch größer gewählt werden – kleiner als ein Geviert sollte er jedoch nicht sein, da es sonst zu marginal und damit leicht wie ein gestalterischer Fehler aussehen könnte. Prinzipiell sollte die Breite des Einzugs der Spaltenbreite angepasst sein.

Das Gegenstück ist der negative Einzug, auch **hängender Einzug** genannt. Dieser ist zwar seltener in der Anwendung, aber von hohem gestalterischen Reiz. Der negative Einzug ermöglicht zum Beispiel den Rubrikeneinzug um einen Gedankenstrich. Eine Variation des negativen Einzugs ist seine Ausbreitung über mehrere Zeilen.

Absätze, die unmittelbar nach einer Überschrift folgen, erhalten keine Einzüge.

Abstände
Neben Einzügen können auch Abstände zwischen den Absätzen zu einer Gliederung verwendet werden. Sehr stark trennend wirkt eine Leerzeile zwischen Absätzen, was sich negativ auf die Geschlossenheit des Gesamttextes auswirken kann. Der Vorteil von Leerzeilen zur Gliederung ist der Aspekt der Auflockerung: lange Texte werden so in verdauliche (und attraktive) „Häppchen" zerlegt. Bei der Größe des Abstandes sollte man auf die Gewährleistung der Registerhaltigkeit achten, diese kann bei Verwendung einer halben Leerzeile außer Kraft gesetzt werden.

Rubriken
Der **Titelbogen**, auch Titelei genannt, ist so etwas wie der Auftakt eines Buches oder der Vorspann beim Film. Er soll Spannung erzeugen, neugierig machen und den Leser zum Weiterlesen verleiten.

Der Titelbogen enthält folgende Elemente:

Der **Schmutztitel** soll zum Haupttitel überleiten und diesen schützen. Der Schmutztitel beinhaltet den Titel des Buches, den Verfasser, optional auch das Signet des Verlages. Die Rückseite des Schmutztitels (also Seite 2) bleibt leer, man nennt dies **Vakatseite**.

Der **Haupttitel** ist die wichtigste Seite innerhalb des Titelbogens. Der Haupttitel beinhaltet den Titel des Buches, Untertitel, Verfasser und den Verlag mit Erscheinungsjahr.

Das **Impressum** ist auf der Rückseite des Haupttitels. Es enthält Angaben zum Verlag, z. B.: Druckerei, Illustratoren, sonstige Hersteller, Übersetzung, Nachdruck, Copyright. Der Schriftgrad sollte klein gewählt werden, meist wird eine Schriftgröße von 6 pt verwendet.

Der **Dedikationstitel**, auch Widmungstitel genannt, kommt nur vor, wenn das Buch jemandem gewidmet wird. Der Dedikationstitel sollte nicht aufdringlich sein, sondern dezent gehalten werden.

Das **Vorwort** ist eine Einleitung zum eigentlichen Text. Es wird der Schriftgrad der Grundschrift verwendet, häufig kursiv gesetzt. Umfasst das Vorwort nur eine Seite, bleibt die Rückseite leer (Vakatseite).

Das **Inhaltsverzeichnis** kann vor oder nach dem Vorwort stehen, Seite 7 und 9 können also auch vertauscht sein. Ebenso kann das Inhaltsverzeichnis erst am Ende des Buches sein, in diesem Fall wird vorne ein Verweis darauf platziert.

Prinzipiell gilt für den Titelbogen: Bei Taschenbüchern und sonstigen Druckwerken kleineren Umfangs kann der Titelbogen aus Gründen der Wirtschaftlichkeit in „abgespeckter" Version zum Einsatz kommen. Es versteht sich für den professionellen Gestalter von selbst, dass Schriftart und typografische Gestaltung passend zum Inhalt sind und sich wie ein roter Faden durch das gesamte Werk ziehen. Bei der Titelei gibt es mit Ausnahme des Vorwortes keine Schlusspunkte.

Zwischenüberschriften
Mit Zwischenüberschriften, auch Sublines genannt, lassen sich Textabschnitte in einzelne Themenblöcke gliedern. So hat der Leser einerseits den Vorteil oder die Möglichkeit, gewisse Textpassagen auszulassen, andererseits kann man über die Gestaltung und Position der Zwischentitel den Betrachter zum Lesen reizen – sie fungieren quasi als Eyecatcher.

Zwischentitel kommen meist bei Zeitungen, Zeitschriften, Dissertationen, Büchern und Geschäftsberichten vor.

Zwischenüberschriften sollten sich hinsichtlich der Gestaltung vom Grundtext abheben. Dabei beeinflusst die Art des Kontrastes den Ausdruckswert. Man kann hier mit allen bekannten Arten der Auszeichnung und der Absatzgliederung arbeiten.

24.4.2 Schmuckelemente

Initialen

> Initialen sind Anfangsbuchstaben am Beginn von Kapiteln oder Abschnitten. Sie sind meist größer als die Grundschrift und haben neben textstrukturierender Funktion auch einen schmückenden Charakter.

Als Initialen kann man Buchstaben mit einem anderen Schriftschnitt aus der gleichen Familie, aber auch aus anderen Schriftstilen verwenden. Früher wurden für Initiale oft recht aufwendig ornamental oder figurin anmutende **Zierbuchstaben** gestaltet.

Die Größe der Initiale ist keiner Regel unterworfen, ebeno wenig wie die Anzahl der Zeilen, über die sie sich erstrecken kann. Die Initiale muss aber folgende Kriterien erfüllen, um die Verbindung zum Text zu gewährleisten:
- Die Initiale muss mit dem linken Textrand bündig abschließen, d. h. eine virtuelle Achse bilden.
- Geht sie über mehrere Zeilen, so muss sie mit der untersten Zeile optisch in Schriftlinie stehen.
- Der Abstand zwischen Text und Initiale muss so ausgeglichen werden, dass der Text weder eingeengt wird noch eine störende Lücke entsteht.
- Initialen sollten sich immer in das Gesamtlayout integrieren. Ihre Anwendung sollte dabei auf die Kennzeichnung von Eingangsabsätzen beschränkt bleiben, da sie nur bei sparsamer Anwendung wirken.

Sie sollten zudem so gestaltet sein, dass sie den Lesefluss nicht stören. Diesbezüglich gibt es folgende Möglichkeiten:

Als Initialen kann man Buchstaben mit einem anderen Schriftschnitt aus der gleichen Familie aber auch aus anderen Schriftstilen verwenden. Früher wurden für Initiale oft recht aufwendig ornamental oder figürlich anmutende Zierbuchstaben gestaltet.

herausgestellt

Als Initialen kann man Buchstaben mit einem anderen Schriftschnitt aus der gleichen Familie aber auch aus anderen Schriftstilen verwenden. Früher wurden für Initiale oft recht aufwendig ornamental oder figürlich anmutende Zierbuchstaben gestaltet.

hineingestellt

Als Initialen kann man Buchstaben mit einem anderen Schriftschnitt aus der gleichen Familie aber auch aus anderen Schriftstilen verwenden. Früher wurden für Initiale oft recht aufwendig ornamental oder figürlich anmutende Zierbuchstaben gestaltet.

andere Schriftart

Als Initialen kann man Buchstaben mit einem anderen Schriftschnitt aus der gleichen Familie aber auch aus anderen Schriftstilen verwenden. Früher wurden für Initiale oft recht aufwendig ornamental oder figürlich anmutende Zierbuchstaben gestaltet.

grafische Variation

Als Initialen kann man Buchstaben mit einem anderen Schriftschnitt aus der gleichen Familie aber auch aus anderen Schriftstilen verwenden. Früher wurden für Initiale oft recht aufwendig ornamental oder figürlich anmutende Zierbuchstaben gestaltet.

Wortinitiale

Vgl. LS 4, 12.4

Rapport
Werden Schmuckelemente seriativ, also wiederholend, auf der Basis ein- und desselben Musters eingesetzt, so spricht man von einem Rapport. Was im Alltag das Tapetenmuster, können im Bereich eines Rapports innerhalb des Layouts neben Zierlinien auch Ornamente oder Piktogramme sein. Sie können, auf einem Hintergrundbalken mehrfach hintereinander gesetzt, im Sinne von Bändern eingesetzt werden und dienen somit der Gliederung oder Abgrenzung von Seitenelementen. Der Rapport von Schmuckelementen kann zudem die Funktion von Leitelementen innerhalb der Rubriken übernehmen.

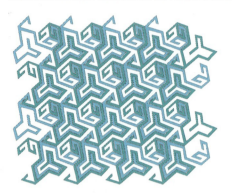 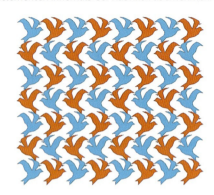

Rapporte lassen sich gut mithilfe der Kombinatorik entwickeln. In Anlehnung an Maurits Cornelis Escher (1898–1972), dem bedeutendsten niederländischen Grafiker des 20. Jahrhunderts, spielt der Rapport der rechten Abbildung mit dem Figur-Grund-Verhältnis. Rapporte dienen in der Regel als gestalterisches Element im Sinne von Farb- und Formgebung und nicht der Illustration von Inhalten. Prinzipiell sollten Rapporte unterstützende Funktion innerhalb einer zielorientierten Gestaltung haben und keinesfalls zu viel Eigendynamik erzeugen oder gar Selbstzweck sein.

Texturen
Flächen können durch Texturen belebt werden, seien es Oberflächenbeschaffenheiten verschiedenster Materialien oder generierte geometrische Muster. Werden Materialien wie Holz und Metall künstlich in ihrer Oberfläche verändert, z. B. poliert oder gestrahlt, so nennt man diese bearbeiteten Flächen „Fakturen" (lat. „facere" = machen).

Überlegen Sie, inwieweit und in welcher Form Sie Texturen der „Fünf Elemente" als Gestaltungselemente für den beauftragten Geschäftsbericht einbringen können.

Tabellensatz

Gerade in den Medien der Unternehmenskommunikation übernehmen Tabellen eine wichtige Rolle. Sie sind quasi das „Herzstück" des Geschäftsberichts und müssen somit als gestalterische Herausforderung innerhalb des Gesamtkonzepts verstanden werden.

Egal, ob Sie Textinformationen gliedern, in einem Geschäftsbericht Zahlen auflisten oder die Werte, die zu einer Excel-Grafik gehören, darstellen wollen: Tabellen sind ein Mittel, um Texte und/oder Zahlen in eine übersichtliche Form zu bringen. Dabei ist vor allem auf eine optische Gliederung zu achten, die es dem Leser ermöglicht, sich schnell und mühelos in der Tabelle zurechtzufinden.

Aber auch wenn Dekodierbarkeit und Funktionalität bei Tabellen im Vordergrund stehen, muss die grafische Gestaltung und Darstellung nicht automatisch langweilig aussehen, sondern sollte – der CI des Unternehmens entsprechend – charakteristisch und ästhetisch zugleich sein.

Tabellen sollten so einfach wie möglich angelegt werden. Anhand der vorliegenden Daten wird definiert, wie die Matrix aus Reihen bzw. Zeilen und Spalten angelegt werden kann. Dabei sollte Ähnliches nach Möglichkeit auch benachbart stehen. Für den gestalterischen Prozess des Entwurfs ist es wichtig, dass die Tabellenkonzeption von der Systematik her so angelegt ist, dass sie auf alle erforderlichen Tabellensituationen übertragbar, funktional, handhabbar und variabel ist.

Elemente einer Tabelle

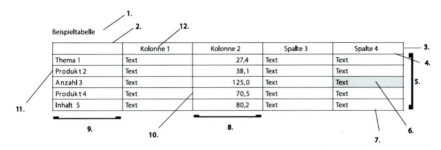

Eine Tabelle besteht normalerweise aus den folgenden **Elementen**:
1. Tabellentitel
2. Kopflinie
3. Tabellenkopf
4. Halslinie: Begrenzt den Tabellenkopf, in dem die Funktion der einzelnen Spalten definiert ist. Sie wird **Lineatur** genannt und ist die wichtigste und unverzichtbarste Linie innerhalb der Tabelle.
5. Tabellenfuß/Tabellenkörper: Bildet sozusagen das „Korsett" für den Inhalt. Je nach Gestaltung des Rahmens unterscheidet man zwei Tabellenarten – die offene Tabelle (besteht lediglich aus einer Halslinie) und die halboffene Tabelle (besteht aus Hals- und Fußlinie).
6. Tabellenzelle
7. Fußlinie
8. Spalte/Kolonne
9. Vorspalte/Legende
10. Trennlinie/Unterteilungslinie (hier: vertikal)
11. Randlinie
12. Spaltentitel

Gestaltungsgrundsätze von Tabellen

> Zur optischen Gliederung von Tabellen stehen die Elemente Linie, Satzart, Schrift, Weißraum und Abstand sowie Tonwert oder Farbe innerhalb von Flächen zur Verfügung.

Aufgrund des funktionalen Charakters einer Tabelle sollten diese Elemente bewusst, sparsam und in Einklang mit dem Gesamtkonzept des Layouts eingesetzt werden. Prinzipiell kann man sagen, dass nur diejenigen formalen Elemente in einer Tabelle verwendet werden sollten, welche deren Nutzen unterstützen.

Linien haben in der Tabelle eine Ordnungsfunktion. Die Linienstärke sollte dabei dem Schriftgrad angepasst sein, d. h. sich an der Strichstärke der Buchstaben orientieren. Längslinien sind vielfach überflüssig, weil die Kolonnen durch die Anordnung des Textes eine vertikale Gliederung in sich bilden. Horizontale Linien sind für den optischen Zusammenhalt der gesamten Tabelle sehr viel wichtiger.

Hinsichtlich der **Satzart** gilt die Empfehlung: Wählen Sie nie Blocksatz in der Tabelle. Linksbündiger Flattersatz eignet sich am besten. Der Text in den Tabellenkopfzellen sollte zentriert, die Reihentitel in der Vorspalte linksbündig ausgerichtet stehen. Sollte bei den Zahlenwerten kein Dezimalkomma vorkommen, sollten die Zahlen rechtsbündig ausgerichtet werden, damit Einer, Zehner usw. untereinander stehen.

Man sollte bezüglich der **Schrift** mit möglichst wenig unterschiedlichen Schriftgraden und -größen auskommen. Innerhalb des Tabellenkopfes empfiehlt es sich, eine Auszeichnung durch einen stärkeren Schriftgrad oder -schnitt vorzunehmen. In der Regel eignen sich serifenlose besser als Antiqua-Schriften. Wo Platz knapp ist, sollte man auf eine schmal laufende Schrift achten.

Vgl. LS 4, 15.5.1

In einer Tabelle sollten keine Schriften verwendet werden, die Mediävalziffern besitzen. Geeignet für den Satz von Tabellen sind Schriftarten, die **Tabellenziffern** verwenden. Bei Tabellenziffern ist die Dicke bei jeder Ziffer gleich breit, sodass die Zahlen korrekt untereinander stehen.

Die **Schriftgröße** in der Tabelle muss nicht zwangsläufig die der Grundschrift sein, sollte aber auch nicht größer sein. Ein Schriftgrad unter 7 pt sollte vermieden werden.

Bei der Gliederung von Tabellen mithilfe von Flächen gilt wie so oft: „Weniger ist mehr!"

Der **Abstand zwischen Text und Linien** sollte mindestens ein Halbgeviert betragen. In der Vertikalen müssen Zeilenabstände optisch ausgeglichen sein, d. h. so, dass die einzelnen Textzeilen optisch zusammenhalten und nicht so, dass einzelne Zeilen näher bei der Linie stehen. Der Zeilenabstand ist eher knapp zu halten, dafür kann man nach jedem Absatzzeichen mehr Raum geben.

Der **Weißraum** sorgt für die Eleganz der Tabelle, denn generell vermitteln großzügig angelegte Tabellen neben mehr Übersichtlichkeit auch eine entsprechende Souveränität. Daher sollte der linke Abstand des Textes zur Linie größer sein als der optische Zeilenabstand. Auch sollten die Texte optisch nicht an der Linie kleben. Tabellen sollten dem Gestaltungsraster angepasst und einheitlich zum Rand hin ausgerichtet werden. Sind verschiedene Tabellengrößen erforderlich, empfiehlt sich eine Gruppierung, z. B. nach horizontaler Ausdehnung (ganzseitig, über zwei Spalten bzw. über eine Spalte).

Setzen Sie nicht mehr als eine **Akzentfarbe** ein und beachten Sie bei der Wahl der Tonwerte, dass diese nicht zu dunkel wirken dürfen. Beachten Sie bei der **farblichen Ausgestaltung** der Tabelle auch das Druckmedium: Zeitungsoffsetdruck etwa hat einen höheren Tonwertzuwachs, sodass farbige Hintergründe leicht zulaufen und der Kontrast zwischen Text und Hintergrund nicht mehr gegeben ist. Das Gleiche gilt auch für die Hinterlegung einer Tabelle mit einem Hintergrundbild. Auch dieses sollte in ausreichender Weise abgesoftet sein, um die Lesbarkeit nicht zu gefährden.

Bei kleineren Tabellen ist die **optische Abgrenzung** der Kolonnen meist überflüssig, da sich durch die typografische Ausrichtung der Zahlenwerte am Dezimalkomma eine ausreichende Gliederung ergibt. Kommen in der Tabelle viele Reihen vor, empfiehlt es sich, z. B. jede zweite Zeile mit einer aufgerasterten Farbfläche zu unterlegen. Diese Art der Darstellung wird auch „**Zebraformular**" genannt. Damit wird das Auge des Lesers durch die Tabellenzeile geführt und Zahlenwerte können leichter zugeordnet werden.

	Beispiel-Spaltentitel 1	Beispiel-Spaltentitel 2	Beispiel-Spaltentitel 3	Beispiel-Spaltentitel 4
Thema 1				
Thema 2				
Thema 3				

Spaltentitel quer- und hochstehend

Oft kommt es vor, dass die Breite der Spalte nicht den **Titel der Tabellenspalte** fassen kann. Eine Lösung wäre hier, den Text **um 90°** zu **kippen**, damit der Text von unten nach oben lesbar ist. Der Spaltentitel kann auch in einem Winkel von weniger als 90° gedreht werden. Generell sollten lange Spaltentitel schon beim Layout berücksichtigt werden, indem die Spaltenbreite entsprechend groß gewählt oder ein kürzerer Titel gefunden wird.

17.4 Bild-Text-Integration

Wie kombiniert man beim Layout von Geschäftsberichten Bild- und Textelemente so, dass sie einerseits spannungsreich genug sind, um die Aufmerksamkeit des Betrachters zu binden, andererseits für einen inneren, sachlogischen Zusammenhalt der Elemente sorgen?

Martina Nohl hat dieses Problem in ihrem Buch „Workshop Typografie & Printdesign"[1] sehr anschaulich dargestellt:

„Eine gut gestaltete Seite ist wie eine wohldurchdachte Sitzordnung bei einer gelungenen Feier: Jedes Element muss zu seinem Recht kommen, niemand darf ausgeschlossen werden, alle sollen sich optimal unterhalten können. Sehen Sie sich als Gestaltende in der Position des Gastgebers ..."

Noch nie war es so einfach wie heute, mithilfe digitaler Medien Bilder herzustellen und zu verbreiten. Bilder sind auf dem besten Wege, das Kommunikationsmedium Nummer Eins zu werden. Der Spruch „ein Bild sagt mehr als tausend Worte" gewinnt an Bedeutung – macht damit aber auch deutlich, dass gerade Gestalter/-innen die Sprache der Bilder kennen und anwenden müssen, um erfolgreich mit den Kunden bzw. den Betrachtern zu kommunizieren.

17.4.1 Bildkommunikation

Durch unseren tagtäglichen Gebrauch bildhafter Botschaften sind wir im Umgang mit der Grundgrammatik der visuellen Kommunikation geübter, als uns bewusst ist. Kommunikation entsteht nicht nur verbal, sondern auch nonverbal über Blicke und Gestik. Auf Bilder übertragen, liegt diese nonverbale Komponente der Kommunikation in Achsen, Bilddiagonalen und daraus resultierenden Blickrichtungen, die inhaltliche Tendenzen unterstützen oder bewusst negieren können. Bilder sollen in erster Linie Emotionen auslösen, wobei diese je nach Produkt sowohl durch abstrakte als auch durch konkrete Abbildungen erzeugt werden können. Bilder stellen einerseits etwas Konkretes dar, wirken aber andererseits auf das Unterbewusste des Betrachters, indem sie Assoziationen und Stimmungen hervorrufen.

Bilder kommunizieren mit dem Rezipienten auf zweifache Weise:

- **Sie informieren und werden in ihrer Bildaussage rational wahrgenommen.**
- **Sie vermitteln Stimmungen und werden in ihrer Bildaussage emotional verarbeitet.**

Um für ein Bild gesteigerte Aufmerksamkeit zu erlangen, sind folgende Reize innerhalb des Wahrnehmungsprozesses zuständig:

- physische Reize (große, farbige Bildelemente)
- emotionale Reize (Personenabbildungen im Sinne von Sympathieträgern, Detailaufnahmen)
- überraschende Reize (ein gegen inhaltliche oder formale Erwartungen verstoßendes Motiv)

---

[1] Martina Nohl: Workshop Typografie & Printdesign. dpunkt Verlag, Heidelberg, 2003

Die Schwierigkeit (und die Kunst) des Gestalters besteht also darin, bei der Bildwahl die Balance zwischen „Information" und „Emotion" zu finden. Eine bewusst eingesetzte Bildsprache ist demnach nicht nur als „Corporate Imagery" Teil vieler Corporate Identities, sondern auch bzw. gerade deshalb für Gestalter/-innen ein wichtiges Gestaltungselement, deren Grundregeln im Sinne einer „Grammatik" sie beherrschen müssen, wollen sie mit ihrer Gestaltung beim Rezipienten ankommen. Diese „Grammatik" der **Bildsprache** wird im Folgenden näher erläutert.

17.4.2 Bildausschnitt/-anschnitt

Formatgestaltung

In der Regel wird die Formatgestaltung von der Formatbegrenzungsmaske der jeweiligen Kamera bestimmt, mit welcher Sie Ihre Bilder aufnehmen. Bei gängigen Kleinbildformaten ist dies in der Regel ein Rechteck im Seitenverhältnis von 2:3. Dieses vorgegebene Format liegt der Seitengestaltung zugrunde, kann aber bewusst aufgebrochen werden.

Quadratische Formate gelten als neutral in Bezug auf die Bildaussage. Durch ihre identischen Seitenverhältnisse wirken Quadrate spannungsarm und statisch. Sie eignen sich für Motive mit einem strengen Bildaufbau und einer Betonung der Mitte.

Querformate gelten als ruhig. Die Waagerechte assoziieren wir in der Regel mit Gleichgewicht und Ausgeglichenheit. Ein extremes Panorama-Querformat strahlt Weite und Stabilität aus, bei dem der Betrachter nur passiver Zuschauer ist.

Hochformate wirken im Vergleich dazu eher spannungsgeladen und aktiv. Durch die Betonung der Vertikalen wird eine unterschwellige Dynamik erzeugt, die durch die Analogie zur Bewegungsrichtung fallender Objekte zustande kommt. Dies hat mit unseren visuellen Grunderfahrungen im Zusammenhang mit der Schwerkraft und dem Zug nach unten zu tun. Durch extreme Hochformate kann die Dynamik bis ins Labile gesteigert werden.

Linienführung – Führungslinie

Die Linienführung ist ein wichtiges Gestaltungselement. Linien können verbinden, trennen oder die Blickführung und damit die Aussage der Bildkomposition bestimmen. Linien lenken den Blick des Betrachters und „führen" ihn gezielt zu zentralen Bildelementen. Diese „Führungslinien" fokussieren ein Bildelement im Blickzentrum des Betrachters. Sie sind in der Regel **grafische** (wirkliche) **Linien**, sogenannte **faktische Achsen**, im Bild in Form von Konturen, Horizontlinien oder Schatten und entstehen somit durch Form und Richtung der abgebildeten Elemente oder durch Farb- und Helligkeitskontraste.

Analysieren Sie die Art der Linienführung (horizontal, vertikal, diagonal) und zeichnen Sie die Führungslinien ein. Beschreiben Sie zudem die Charakteristik der Linienführung.

Virtuelle Linien, auch **virtuelle Achsen** genannt, sind imaginäre Linien, die der Betrachter eher unbewusst aus den Beziehungen zwischen Bildkomposition und Bildinhalt schließt. Sie erzeugen, unterstützen oder negieren eine bestimmte Bewegungsrichtung im Bild. Im Bereich der Gestaltung bewegter Bilder wird in diesem Zusammenhang von **Bewegungs- und Blickvektoren** gesprochen, deren ästhetische Ausdruckskraft sich aber auch für die flächige Bildgestaltung nutzen lässt. Dazu erfahren Sie mehr unter dem Aspekt Blickführung.

Raumerfahrung

Bilder sind auf den zweidimensionalen Raum aus Höhe und Breite beschränkt. Und doch streben wir als „Raumwesen" danach, eine zweidimensionale Bildfläche so zu gestalten, dass ein räumlicher Zusammenhang bzw. ein dreidimensionaler Eindruck beim Betrachter entsteht, wir versuchen permanent, räumliche Bezüge herzustellen. Diese Raumerfahrungen lassen sich gestalterisch sowohl mit grafischen als auch mit fotografischen Mitteln auf verschiedene Arten erzeugen.

Raumwirkung durch Bildebenen

Der Bildraum gliedert sich in **Vorder-, Mittel- und Hintergrund**. Durch das Verhältnis der Bildebenen zueinander wird eine bestimmte Tiefenwirkung erzeugt. So bezieht die Vordergrundebene (z. B. in Form von Ästen oder Torbögen als Rahmen) den Betrachter mit in den Bildraum ein und sorgt gleichzeitig für die Einschätzung der Proportionsverhältnisse. Der Bildmittelgrund verbindet die Ebenen miteinander. Er ist in der Regel die Ebene des Motivschwerpunktes, während der Hintergrund das Bild vervollständigt. Die Tiefenwirkung kann durch diagonale oder schräge Linien verstärkt werden.

Beispiel für eine typische Gestaltung eines Bildraumes mit Vorder-, Mittel- und Hintergrund. Der Reiz dieser Aufnahme liegt auch in der Verwendung starker Hell-Dunkel-Kontraste, die die Räumlichkeit verstärken, sowie im Spiel mit Formkontrasten und den dadurch entstehenden Bewegungslinien.

Raumwirkung durch Überschneidung

Wenn sich zwei Flächen im Bild überschneiden, schließen wir aufgrund unserer Seherfahrung daraus, dass sie hintereinander liegen müssen.

Raumwirkung durch perspektivische Verkürzung

Alle geradlinig und parallel verlaufenden Senkrechten treffen sich auf der Horizontlinie (eigentlich im Unendlichen) in einem imaginären Fluchtpunkt. Die entfernteren Objekte erscheinen perspektivisch kleiner und verzeichnet bzw. verkürzt.

Raumwirkung durch Luftperspektive

Aufgrund der dazwischen liegenden Luftschichten, die wir als Dunst wahrnehmen, erscheinen Objekte der Hintergrundebene zunehmend heller und verblaut. Allgemein werden aus dieser Erfahrung heraus helle bläuliche oder grünliche Flächen als weiter entfernt und im Gegenzug dunkle oder auch warmtonige Flächen als weiter vorne liegend interpretiert.

Bildausschnitt und Einstellungsgröße

Die Ausdruckskraft und das Kommunikationsziel eines Bildes werden durch den Bildausschnitt festgelegt. So kann man die Wirkung oder sogar die inhaltliche Aussage einer Bildvorlage verändern, indem man durch einen neuen Bildausschnitt oder einen **Bildanschnitt** andere Schwerpunkte setzt.

Anlegemanöver in der Bretagne. Wassersport ist Teamarbeit – wie würde man bei der linken Bildvorlage visualisieren, dass sich ein Teammitglied ausklinkt? Zum Beispiel so wie auf dem Ausschnitt rechts.

Durch die extreme **Vergrößerung eines Bildausschnittes** lässt sich die Wirkung dahingehend verändern, dass neue Formen sichtbar werden oder sich Muster und Strukturen ergeben, die dem der Vorlage zugrunde liegenden Motiv nur schwer zugeordnet werden können.

Zur Beschreibung eines Bildausschnittes sind die **Einstellungsgrößen** aus dem Bereich der filmischen Gestaltungsmittel sehr hilfreich. Die folgende Aufstellung hat exemplarischen Charakter und erhebt somit keinen Anspruch auf Vollständigkeit:

A   B   C   D   E

A   Halbtotale
Die Halbtotale ist näher am Geschehen als die Totale (ohne Abb.). Hier werden Menschen als wichtige Elemente im Bild wahrgenommen und von Kopf bis Fuß innerhalb ihres Handlungsumfeldes gezeigt; die Körpersprache ist ebenfalls gut zu sehen. Die Halbtotale hat einführenden Charakter.

B   Halbnah
Die Halbnaheinstellung fokussiert die Person – man sieht sie etwa von den Knien an; die Beziehungen von Figuren zueinander sind ebenso gut beobachtbar wie die kommunikative Situation in Form von Gestik und Mimik. Das Handlungsumfeld spielt kaum noch eine Rolle.

C   Amerikanische
Ausgehend von den menschlichen Proportionen zeigt die Amerikanische die Person vom Kopf bis zur Hüfte – in Anlehnung an das Westernklischee vom Revolverhelden beim Duell, der idealtypisch bis zum Revolverhalfter bzw. bis zu den Knien zu sehen ist. Auch hier sind Gestik und Mimik der Person gut zu sehen.

D   Nahaufnahme
Diese Einstellung entspricht etwa dem Brustbild einer Person. Im Film wird sie häufig dann gewählt, wenn sich die Aufmerksamkeit auf die Mimik der Personen konzentrieren soll, z. B. bei einer Kommunikationssituation. Die Gestik der Person ist dabei eher sekundär.

E   Großaufnahme

Diese Einstellung zeigt den Kopf einer Person von der (meist angeschnittenen) Stirn bis zum Hals bzw. Schulteransatz – die Wahrnehmung des Betrachters wird dadurch ganz auf die Mimik konzentriert. Bildausschnitte dieser Art erzeugen durch die fehlende Distanz ein enges, fast intimes Verhältnis zwischen Person und Betrachter. Sie eignen sich daher insbesondere für die Darstellung von Gefühlen und Empfindungen mit dramatischer Ausdruckskraft.

Innerhalb des zu entwickelnden Geschäftsberichts für das „Kaufhaus Sinneslust" müssen Sie eine Auswahl von Bildern erstellen und entscheiden, welche bestimmten inhaltlichen Aspekte dargestellt werden sollen.

Welche Bildausschnitte und Einstellungsgrößen wählen Sie für folgende Themen?
- Neues Vorstandsmitglied
- Lage des Kaufhauses
- Wellnessprodukte
- Warenträger

Bildformat/Komposition

Hinsichtlich der Positionierung der Bildelemente im Bildformat gelten im Prinzip die gleichen Regeln wie bei der allgemeinen Flächenkomposition. Auch hier tragen die angewandten Gestaltungsprinzipien wie Symmetrie, Asymmetrie, Rhythmus oder Kontrast stark zu deren Wirkung bei.

Vgl. LS 4, 12.9.2

Bei der Konzeption und der Bearbeitung zu erstellender Bildvorlagen sollten diese Prinzipien und Regeln stets zielorientiert gemäß den Anforderungen des Kundenauftrags eingehalten werden.

Abb. links: Steht das Hauptobjekt/Motiv zentriert in der Mitte, wirkt das Bild ruhig, ausgewogen und erzeugt ein Gefühl von Sicherheit – es wirkt aber auch langweilig.

Abb. Mitte und rechts: Die asymmetrischen Bildaufteilungen hingegen wirken dynamischer, spannungsvoll und interessant, da das Hauptmotiv nicht im Zentrum positioniert ist.

Ergänzen und Reduzieren

Aufgrund unserer Seherfahrungen sind wir in der Lage, fehlende Teile eines Bildmotivs im Gehirn zu komplettieren. Dieses Phänomen ist an anderer Stelle als **„Gesetz der Erfahrung"** definiert und erläutert worden. Prägnante Merkmale eines Objekts oder einer Form reichen häufig aus, um von einem Ausschnitt auf das Ganze zu schließen.

Vgl. LS 3, 8.3.2.5

Das Gesetz der Erfahrung war für die Menschen in der Steinzeit mitunter lebenswichtig: Die hinter einem Busch hervorlugende Schwanzspitze eines Raubtieres reichte zum Erkennen desselben aus – der Fluchtreflex benötigt nicht erst die gesamte Silhouette des Tieres um ausgelöst zu werden.

Dieses Wahrnehmungs-Phänomen wird vor allem im Bereich der Logogestaltung gezielt eingesetzt. Aber auch bei der Bestimmung des Bildausschnitts ermöglicht das Gesetz der Erfahrung eine Reduktion auf zentrale Elemente mit dem Ziel, den Betrachter interaktiv in die Gestaltung und deren Dramaturgie mit einzubeziehen.

 Weder die Blätter noch die Blüten sind durch eine geschlossene Kontur definiert – wir ergänzen das Bild aus der Erinnerung heraus, vielleicht sogar mit einem positiven Gefühl verknüpft.

 Übung zum Gesetz der Erfahrung:
Was sehen Sie wirklich? Was glauben Sie zu sehen?

17.4.3 Blickführung

Blick- und Leserichtung
Vielen Bildern liegt eine inhaltliche Blickrichtung zugrunde – besonders dann, wenn Personen abgebildet sind, die selbst in eine bestimmte Richtung schauen. Kulturell bedingt entspricht die gewohnte Blickrichtung der Leserichtung von links nach rechts und determiniert damit auch unsere Wahrnehmung.

Welches Bild gefällt Ihnen spontan besser? Welcher Mann sehnt sich nach seiner Familie?

Die inhaltliche Blickrichtung wird in der Regel durch die Linienführung im Bild unterstützt. Dieses Prinzip kann natürlich bewusst durchbrochen werden, um gezielt Aufmerksamkeit und Prägnanz zu erzielen.

Bewegungsrichtung

In Zusammenhang mit Führungslinien und Strebungen innerhalb eines Bildes erscheint es stringent, dass Objekte, die in der Realität beweglich sind, diese Dynamik auch auf den „eingefrorenen" Zustand ihres Abbildes übertragen. Bestimmte Bewegungsrichtungen werden als natürlich empfunden und innerhalb unseres Kulturkreises homogen interpretiert. So werden entsprechend der Lesegewohnheit Bewegungsrichtungen nach links mit „zurück", „ankommen" und „Vergangenheit" assoziiert, solche nach rechts mit Assoziationen wie „vorwärts", „abfahren" und „Zukunft".

Testen Sie Ihre Wahrnehmung: Welcher Segler beginnt seinen Tagestörn – der linke oder der rechte?

Im Zusammenhang mit Linienführung tauchte der aus dem Filmbereich entlehnte Begriff der **Bewegungsvektoren** als gestalterisches Mittel der Blickführung bereits auf. Solche Bewegungsvektoren sind gestalterisch besonders interessant, wenn sie unserer Sehgewohnheit im Sinne von Lesegewohnheit entgegenstehen. Dieser Kontrast verleiht der Gestaltung mehr Spannung. So wirkt eine von links unten nach rechts oben ansteigende Diagonale aufsteigend. Von links oben nach rechts unten wirkt sie abfallend.

In nebenstehender Abbildung wird der Berg aufgrund seiner Diagonalrichtung als ansteigend interpretiert, die Wanderer jedoch laufen diametral zum Bewegungsvektor.

Bilder mit einer Blick- oder Bewegungsrichtung, die sich inhaltlich auf benachbarte Headlines, Copytexte oder andere Layoutelemente bezieht, sollten auch auf sie ausgerichtet sein. Anderenfalls wird die Blickführung des Betrachters verwirrt.

Zum Beispiel führt eine nach rechts blickende Person, die auf dem Umschlag/dem Deckblatt eines Geschäftsberichts platziert ist, den Betrachter in die Broschüre hinein. Wenn sie aber nach links zum Bund hin blickt, wird der Blick des Betrachters in die falsche Richtung gelenkt.

Selektive Schärfe und Unschärfe
Selektive Schärfe ist ein weiteres Mittel, um inhaltlich oder formal zentrale Elemente zu betonen. Fokussierte Elemente werden als (inhaltlich) im Vordergrund stehend interpretiert, nicht fokussierte als Hintergrund bzw. sekundäre Bildelemente. Daher kann durch den gezielten Einsatz von Schärfe und Unschärfe ein Bild strukturiert werden.

Liegen dem Kundenauftrag bereits Bildvorlagen zugrunde, so können diese nachträglich über die elektronische Bildverarbeitung selektiv unscharf gestellt werden. Photoshop ermöglicht dies z. B. mithilfe verschiedener Weichzeichnungsfilter, wie der sogenannten Bewegungsunschärfe oder dem Gaußschen Weichzeichner.

17.4.4 Bildpositionierung im Layout

Im Laufe Ihres Entwurfsprozesses und der Konzeptionierung des Geschäftsberichts müssen Sie hinsichtlich des Layouts gestalterische Entscheidungen zur Positionierung Ihrer Bilder innerhalb des Gestaltungsrasters treffen.

Hinsichtlich der Bildpositionierung im Layout sollten Sie in Ihrer Konzeptionierung die folgenden Aspekte berücksichtigen:

Ästhetische und funktionale Integration
Hinsichtlich der Bildpositionierung unterscheidet man zwei Formen der Bild-Text-Integration.

Erstens die **übergeordnete Bildebene**, die die inhaltliche Ebene zu einer eigenständigen, ästhetischen Gesamtaussage im Sinne der Imageförderung erweitert. Bilder dieser Art sollten innerhalb von Geschäftsberichten gruppiert und akzentuiert eingesetzt werden. Diese gliedernde Wirkung erleichtert dem Leser einerseits das konzeptionelle Verständnis und trägt andererseits wesentlich zur Dramaturgie des Gesamtkonzeptes bei. Dazu sollte die übergeordnete Bildebene in einem klaren Rhythmus gegliedert sein.

Zweitens die **illustrierende Ebene**: Sie ist rein funktional auf die visuelle Erläuterung vorhandener Textinhalte ausgerichtet. Sie hat in diesem Sinne dokumentarischen Charakter. Häufig werden Bilder der illustrativen Ebene als eine Art Zusatzinformation innerhalb der Marginalspalte platziert. Inhomogenes Bildmaterial sollte gestalterisch dem zugrunde liegenden Bildkonzept angepasst werden. So kann man durch Format- und Farbveränderung Zuordnungen treffen. Bildunterschriften sollten hinzugefügt werden, um die Bedeutung der Bilder im Kontext zu klären.

Visuelles Gewicht

Als Teil der visuellen Grundwahrnehmung haben Bildelemente je nach ihrer Helligkeit, Farbe, Sättigung, der Strebung zentraler Führungslinien und Größe für uns eine Gewichtsempfindung – ein visuelles Gewicht.

Ein für die Bildaussage wichtiger Bildbereich (**Hauptelement**) sollte optisch stärker ins Gewicht fallen als der Rest (**Nebenelemente**). Dies erreicht man u. a. durch die Anwendung von Gestaltungsprinzipien, wie z. B. Kontrast und Asymmetrie, und durch den Einsatz der bereits im Vorfeld thematisierten visuellen Merkmale (Form, Farbe, Helligkeit, Größe, Richtung, Textur, Anordnung, Tiefe, Bewegung).

Vgl. LS 3, 10.4.1

Hell-Dunkel-Verhältnis
Bei der Integration von Bild und Text auf der Gesamtfläche streben dunkle Bilder, dem Gesetz der Schwerkraft folgend, nach unten – sie geben einer Seite einerseits Stabilität, sorgen unter Umständen aber auch für eine gewisse statische Ausstrahlung. Helle Bilder hingegen schweben förmlich nach oben – hier gilt es zu beachten, dass diese nicht virtuell aus dem Bildformat ins Off abdriften.

Strebungen im Bild
Bei der Positionierung von Bildern auf einer Seite sollte man auf die im Vorfeld bereits thematisierten Führungslinien eines Bildes achten. Diese beanspruchen Platz für das Bild, damit sich die Blick- und Bewegungsrichtung weiter entfalten kann.

Aktive und passive Bilder
Bilder vermitteln Emotionen – sie können durch dynamische Linien und kräftige Farben „laut" im Sinne von aktiv sein. „Laute" Bilder drängen sich in den Vordergrund und benötigen daher weniger Fläche als passive, ruhige Bilder. Durch die Anwendung des Quantitätskontrastes kann hier ein visuelles Gleichgewicht erzeugt werden.

Einheitliche Bildsprache
Zur Umsetzung eines **Bildkonzepts** bedarf es eines einheitlichen, im Stil homogenen Bildmaterials. Dabei geht es um die konstante Anwendung einer Bildsprache, die stilistisch und technisch aus einer Hand kommt.

Ein gutes Bildkonzept lebt von formalen und inhaltlichen Bezügen und Sinneinheiten zwischen den verwendeten Bildern!

Übung zur Bildpositionierung im Layout:

Angenommen, Sie würden zur Unterstützung der Funktion „Imageförderung" folgende Bilder aus dem Fashion-Bereich im Gestaltungsraster Ihres Layouts positionieren. Wo würden Sie welches Bild platzieren? Dabei stehen Ihnen mehrere Doppelseiten zur Verfügung – es geht bei dieser Übung um eine begründete Positionierung der Bilder auf Basis der oben genannten Regeln.

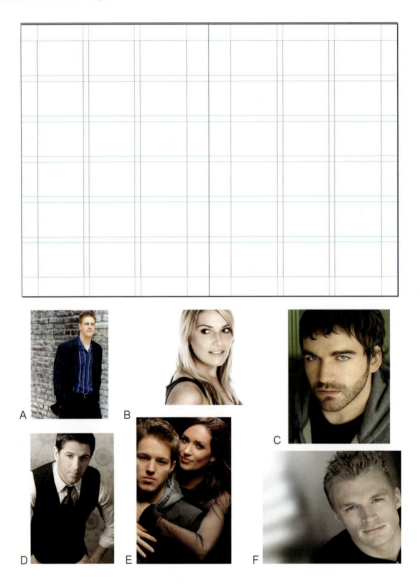

Überlagerung von Bild und Text

Werden Texte mit Bildern hinterlegt, müssen bestimmte Aspekte beachtet werden, damit der Text einerseits lesbar bleibt und andererseits das Bild erkennbar und wirksam ist:

- Texte in einen abgesofteten Rahmen stellen. Dabei sollten dessen Ränder an Bildkanten oder Achsen ausgerichtet sein, um eine gewisse Integration zu gewährleisten.
- Das Hintergrundbild: Es sollte hinsichtlich seiner Motivik und Struktur nicht zu unruhig und kleinteilig sein und im Tonwert zur Textfarbigkeit und zum Grauwert des Textes genügend Kontrast aufweisen.
- Für die Bildaussage wichtige Bereiche sollten nicht mit Text überlagert werden. Dies gilt insbesondere für Personen- und Portraitaufnahmen.

- Positiv-Negativ-Effekt: Eine Zweiteilung des Textes in helle und dunkle Partien ist immer dann sinnvoll, wenn der Bildhintergrund über starke Hell-Dunkel-Partien verfügt und die Lesbarkeit erhalten bleiben soll. Der Positiv-Negativ-Effekt eignet sich besonders gut für Headlines mit Eyecatcher-Funktion. Hier sollten Sie darauf achten, dass die „Nahtstelle" nicht direkt durch die Buchstaben geht, sondern durch Wortabstände getrennt wird.

17.5 Bild- und Grafikformate

Bei Ihrer Bildrecherche für die Bearbeitung des Kundenauftrags können Sie entweder auf bereits vorhandenes Bildmaterial (aus dem Internet oder Datenbanken) zurückgreifen oder Sie erstellen selber die notwendigen Bilder. In jedem Fall müssen Sie wissen, welches Dateiformat von welchem Programm unterstützt wird und wo die Unterschiede hinsichtlich der Anwendungsmöglichkeiten liegen.

Will man Bilddateien zwischen verschiedenen DTP-Programmen transportieren, so steht eine Vielzahl verschiedener Dateiformate zum Im- und Export zur Verfügung. Die Auswahl des Dateiformats ist dabei abhängig vom **Verwendungszweck** des Bildes.

- Welche Inhalte – Text-, Grafik-, Sound- oder Videoformate – sollen gespeichert werden?
- Wie hochauflösend wird das Medienprodukt, in dem das Bild verwendet wird?
- Ist es für die Bildschirm- oder Druckausgabe bestimmt?
- Soll das Bild freigestellt werden oder benötigt es Transparenzen?

Dateiformate für Bilder im Printbereich
In der Regel werden fotografische Bilder in Form von Pixelbildern gespeichert. Sie setzen sich aus einer Matrix von einzelnen Bildpunkten (Pixeln) zusammen, deren Anzahl mit der Auflösungsfeinheit (72 dpi für Web; 300 dpi für den Druck) steigt. Im Kontext des Geschäftsberichtes werden im Folgenden die gängigsten Dateiformate für Bilder im Printbereich erläutert.

Die gängigsten Dateiformate für Bilder im Überblick:

BMP (Bitmap)	Im Windowsbereich verbreitetes Bildformat ohne Kompression mit bis zu 24 Bit Farbtiefe und dementsprechend bis zu 19,7 Mio. Farben. Dieses Format wird im Allgemeinen für pixelorientierte Grafiken verwendet. Photoshop definiert ein Bitmap als ein Schwarz-Weiß-Pixelbild mit 1 Bit Datentiefe.
TIFF	Das TIFF-Format (Tagged Image File Format) wurde von Aldus, Microsoft und Hewlett Packard entwickelt. Es speichert Bilder wahlweise mit verlustfreier LZW-Kompression und beherrscht die gängigen Farbmodi RGB, CMYK, Graustufen und Schwarz-Weiß mit den entsprechenden Farbtiefen. Aufgrund seiner Plattformunabhängigkeit ist es zu einem gängigen Austauschformat in der professionellen Bildbearbeitung geworden. Bei TIFF-Formaten ist das Mitspeichern von Alphakanälen, Ebenen und Pfaden möglich. Es ist speziell für die Einbettung der Farbseparation und Farbprofile von gescannten Rastergrafiken optimiert. Ein Grund für die Etablierung von TIFF im DTP-Bereich ist die Unterstützung von CMYK, verschiedener Farbräume sowie von Transparenzen und Ebenen. Das Format ist für die Einbettung von ICC-Profilen und damit uneingeschränkt für die Druckausgabe geeignet. TIFF hat sich trotz der Komplexität seiner Eigenschaften, die nur bedingt vollständig von allen Programmen unterstützt werden, als Standard für Bilder mit hoher Qualität etablieren können.

PSD	Das programmspezifische Dateiformat PSD (Photoshop Data) speichert kompressionsfrei in verschiedenen Datentiefen und Farbmodi; beim Speichern bleiben alle Ebenen, Pfade und bis zu 24 Alphakanäle erhalten. Daher sollte man ein Bild immer so lange als PSD-Format abspeichern, bis die Bildbearbeitung abgeschlossen ist.
JPEG	Das JPEG-Format (Joint Photografic Experts Group) eignet sich als Dateiformat für alle Farb- oder Graustufenpixelbilder, die komprimiert werden sollen. Hier gibt es verschiedene Qualitätsstufen besserer (hoch) oder schlechterer (niedrig) Bildqualität, wobei es bei Letzteren oft zu sichtbaren Datenverlusten in Form von **Artefakten** (fleckige Bildstellen, die durch die Komprimierungsfunktionen entstehen) kommen kann. Die Datentiefe bei JPEGs beträgt bis zu 24 Bit, wobei Alphakanäle und Transparenzen in diesem Format nicht möglich sind. JPEG-Dateien sind das typische Bildformat für das Web, da die Dateigrößen durch die Komprimierung sehr gering sind. Auf Wunsch ist ein sogenannter **Interlaced-Modus** verfügbar, der das Bild im Web in mehreren Durchgängen aufbaut. Dies ist insofern benutzerfreundlich, da der Betrachter sofort eine Interaktion bemerkt – das Bild ist sofort präsent, baut sich aber erst schrittweise auf.
EPS	Das EPS-Format wurde 1987 gemeinsam von Adobe und den Softwareherstellern Aldus und Altsys veröffentlicht. Es wurde entwickelt, um Grafik-Dateien direkt im PostScript einzubinden (encapsulate) und ist daher sehr eng mit der Seitenbeschreibungssprache PostScript verbunden. Mit PostScript wird die Ausgabe von komplexen Seiten auf Laserdruckern und Belichtern ermöglicht. EPS-Dateien werden in der PostScript-Sprache abgespeichert und fügen sich daher perfekt in den PostScript-Workflow ein, da Encapsulated PostScript-Dateien (EPS) erst bei der Belichtung oder bei der Ausgabe in die Datenübertragung integriert werden. Aus diesem Grund enthalten EPS-Dateien neben den bloßen Bildinformationen noch präzise Angaben über ihre Ausgabegröße, die sog. Bounding Box. Ein wesentlicher Vorteil von PostScript und damit auch EPS besteht in der Unabhängigkeit der beiden Formate in der Beschreibung vom späteren Ausgabegerät. Ganz gleich ob die fertigen Daten belichtet oder gedruckt werden soll, das Resultat ist immer identisch. Beide Formate sind demnach prädestiniert für den Austausch zwischen unterschiedlichen Ausgabemedien

8.3 Wahrnehmungspsychologie

Die Vielfalt der Sinne nutzen
Die optische Gestaltung von Medien soll die Aufmerksamkeits- und Behaltensrate bei den Betrachtern erhöhen und ihre Neugier wecken. In der Lernpsychologie unterscheidet man anhand von vier verschiedenen **Wahrnehmungstypen**, wie Menschen optimal Informationen aufnehmen und lernen können:

Vgl. LS 3, 8.1

- Der **visuelle Typ** lernt am besten durch Beobachten und Sehen.
- Der **auditive Typ** lernt durch Hören und Sprechen.
- Der **haptische Typ** muss die Dinge buchstäblich „be-greifen" oder sie „er-fühlen".
- Der **olfaktorisch-gustatorische Typ** lernt am besten durch Riechen und Schmecken, er muss gewissermaßen „seine Nase in die Dinge stecken".

Auf Basis dieser vier verschiedenen Lerntypen haben Untersuchungen ergeben, dass der Mensch je nach Einsatz seiner verschiedenen Sinnesorgane eine unterschiedliche Behaltensrate aufweist:

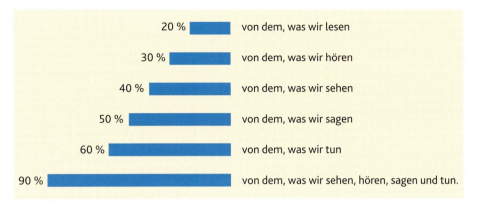

Quelle: managerSeminare, Heft 67, Bonn 2003

Bei der Präsentation von relativ abstrakten Daten in Form von Zahlenvergleichen, wie beim Geschäfts- und Jahresbericht, ist es besonders wichtig, das Material so aufzubereiten, dass möglichst viele Wahrnehmungskanäle angesprochen werden.

Denken in Bildern

„Ein Bild sagt mehr als tausend Worte" ist keine bloße Phrase, sondern bezieht sich auf die Tatsache, dass die meisten Menschen in Bildern denken. Mithilfe von Bildern lassen sich selbst schwierige Informationen leichter erfassbar machen. Dementsprechend müssen dargebotene Informationen visuell aufbereitet werden, um begreifbar zu sein. Fakten müssen vom Gehirn entschlüsselt werden können, um sie zu verarbeiten und zu speichern.

Vgl. LS 3, 8.2.3

27.4 Infografiken

Die Visualisierung von Statistiken, Zahlen- und Sachbezügen sowie Informationen erfolgt gestalterisch mithilfe von Infografiken. Sie dienen der grafisch aufbereiteten Informationsübermittlung.

Grundsätzliches zur Konzeption von Infografiken
- Text und Grafik sollten eine Einheit bilden.
- Jede Grafik braucht eine Überschrift zur schnellen Information und Orientierung.
- Getreu dem Motto „Traue nie einer Statistik, die du nicht selbst gefälscht hast" sind Angaben zu Autor und Quelle unerlässlich.
- Es sollte immer hinterfragt werden, ob eine Grafik prinzipiell notwendig ist. Gibt der Inhalt überhaupt genug her oder ist hinsichtlich der fraglichen Thematik bloß gestalterische „Petersilie" in Form eines visuellen Elements vonnöten?
- Gestalterisch muss jede Grafik für sich sprechen, d. h., sie braucht einen eindeutigen Form-, Farb- und Bildkodex. Dabei ist weniger wie so oft mehr! Zu viele grafische Gags überlagern das originäre Ziel der Visualisierung.

Einsatz von Farbe

Farbige Infografiken sind in der Regel einfacher zu entschlüsseln als schwarz-weiße. Eine vierfarbige Infografik ist immer ein Blickfang. Dabei sollten zur Erleichterung der Lesbarkeit überwiegend gebrochene Farben eingesetzt werden. Im Rahmen des CD versteht es sich nahezu von selbst, dass es eine farbliche Abstimmung sowohl der einzelnen Infografiken zueinander als auch zum gesamten Erscheinungsbild gibt.

Farbe kann auch hier akzentuieren oder Orientierung schaffen. Mit Farbe kann man Kurven unterscheiden, Flächen abgrenzen, Hintergründe aufhellen und eine freundliche Atmosphäre schaffen.

Schwarz-Weiß-Infografiken

Diese besitzen einen stark dokumentarischen Charakter, sie wirken glaubwürdig. Man sollte viel Weißraum einsetzen, damit unterschiedliche Elemente sich voneinander absetzen. Sollen Flächen sich voneinander abheben, sollte man unterschiedliche Grautöne anlegen. Dabei sind Tonwerte Schraffuren vorzuziehen, da sie leichter unterscheidbar sind als Schraffuren, diese können zudem leicht flimmern.

27.4.1 Tabellen

Vgl. diese LS, 24.2

Tabellen sind zur Vergleichbarkeit von Textmaterial übersichtlicher und günstiger als Fließtext, da sie über Trennelemente wie Weißraum oder den Einsatz von Linien eine klare Orientierung und Strukturierung der Inhalte ermöglichen. Tabellen werden dann zu Infografiken, wenn sie mit grafischen Elementen oder Bildern illustriert werden. Dies fördert eine schnelle Informationsvermittlung und ist ggf. sogar international verständlich.

27.4.2 Diagramme

Während Bilder anschauliche oder abstrakte Darstellungen gegenständlicher Sachverhalte sind, handelt es sich bei Diagrammen um abstrakte Darstellungen von Zahlenmaterial, mit denen Verhältnisse oder Zeitreihenentwicklungen anschaulich aufbereitet werden können.

> Die Erstellung von Diagrammen wird durch den Einsatz von Software wesentlich erleichtert. Tabellenkalkulationsprogramme (z. B. Excel) sowie Zusatzmodule in Grafikprogrammen (Freehand, Illustrator) ermöglichen es, Zahlenmaterial in den Rechner einzugeben, der dann auf Basis dieser Daten ein entsprechendes Diagramm erstellt. Aus gestalterischer Sicht lassen derartige Diagramme aber oft zu wünschen übrig und sollten in jedem Fall nachbearbeitet werden.

Die gängigsten Diagrammarten werden im Folgenden erläutert.

Kreisdiagramme

Diagramme in Kreisform, auch **Kuchen- oder Tortendiagramme** genannt, sind ideal zur Veranschaulichung von **Anteilsverhältnissen**, meist in Prozent. Der Anteil einzelner Größen am Gesamtwert wird durch die Größe der entsprechenden Kreisausschnitte wiedergegeben. Dabei entsprechen 360° Kreisradius einem 100 %-Anteil.

> Hinsichtlich der Gestaltung gilt die Faustregel: Maximal sechs Anteilssegmente in einem Diagramm darstellen! Das Kommunikationsziel einer schnellen Orientierung für den Betrachter ist sonst nicht zu realisieren.

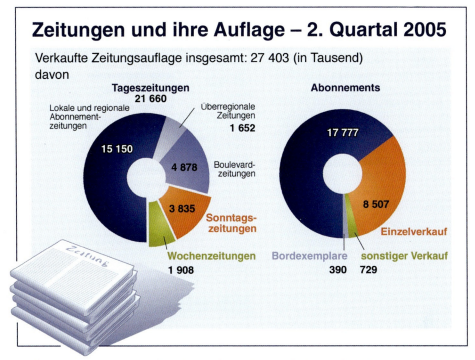

Abbildung zweier Kreisdiagramme: Durch die exponierte Stellung werden bestimmte Rubriken betont.

Die Segmenteinheiten sollten nicht zu klein gebildet werden. Hilfsweise können Sie kleinere Teileinheiten zu Gruppen zusammenfassen und diese dann als eine Einheit darstellen.

Wichtig für die Interpretation eines Kreisdiagramms (wie auch bei allen anderen Diagrammarten) ist eine deutliche Bezeichnung der Segmentinhalte. Zur Unterscheidung der einzelnen Sektoren können Tonwerte und Farbflächen benutzt werden.

Aufgrund unserer kulturell bedingten Lesart empfiehlt es sich, das Wichtigste bei 12 Uhr zu positionieren.

Balken- und Säulendiagramme

Grundlage dieser Diagrammarten ist ein Koordinatensystem, welches die Infografik strukturiert. Dabei sind die **Säulen vertikal** und die **Balken horizontal** angeordnet. Säulendiagramme eignen sich vor allem zur Veranschaulichung von **Größenverhältnissen und Bestandsstrukturen**. Mit ihnen kann z. B. ein Vergleich von Umsätzen verschiedener Unternehmen oder eines Unternehmens in verschiedenen Zeiteinheiten dargestellt werden.

Wichtig bei der gestalterischen Konzeption ist es, dass alle Säulen an der Basis gleich breit sind. Sonst wird aus der Säulen- eine Flächendarstellung, was zu Verzerrungen und sogar zu Manipulationsmöglichkeiten führen kann. Auch sollte der Abstand zwischen den einzelnen Säulen maximal der Säulenbreite selbst entsprechen, da sonst die optische Vergleichbarkeit für den Betrachter eingeschränkt ist.

Niemals mehr als acht Säulen/Balken gleichzeitig in einem Diagramm darstellen! Auf jeden Fall ist auch hier eine eindeutige Bezeichnung, nach Möglichkeit mit verschiedenfarbiger Unterlegung, erforderlich.

Sollen mehrere Säulen oder Balken hintereinander stehen, so sollten sich diese gestalterisch klar voneinander abgrenzen. Auf den Einsatz von 3-D-Effekten ist zugunsten der Prägnanz zu verzichten.

Ein **Balkendiagramm**, bei dem die generierten Daten über die Differenz zwischen dem Lebenseinkommen eines Studienabsolventen und einer Person mit Ausbildungsabschluss ohne Studium nach Fachbereichen durch Balken Auskunft geben. Die farbige Codierung ermöglicht die Zuordnung nach Geschlecht.

Bei einem Doppel-Balkendiagramm werden verschiedene Größen in einem Vergleich gegenübergestellt. Dabei werden zwei Vergleichsdatenreihen untereinander und in horizontal unterschiedlicher Ausrichtung als Balkendiagramme visualisiert. Die Farbcodierung erleichtert die Zuordnung der Studienergebnisse, wobei der direkte Blickkontakt der jungen Frau im abgesofteten Bildhintergrund das Ergebnis der Studie (Frauen essen gesünder) unterstützt.

Oft wird für diese Form der Balkendiagramme auch der Begriff Schmetterlingsdiagramm verwendet. Bekanntestes Beispiel dürfte hier die Bevölkerungspyramide sein, die die Altersstruktur eines Landes visualisiert.

Kurven- und Liniendiagramme

Diese Diagrammarten eignen sich vor allem zur Darstellung von **Entwicklungen in einem zeitlichen Ablauf** und zur Visualisierung von **Prozessen und Trendentwicklungen** wie Umsatzentwicklungen, Entwicklung von Marktanteilen oder Kostenentwicklung in einer bestimmten Abteilung.

Damit der Betrachter einen möglichst wirklichkeitsnahen Eindruck des dargestellten Inhalts erhält, sollte man den Maßstab so wählen, dass die Kurve die durch die Koordinatenachsen vorgegebene Fläche möglichst gut ausfüllt. Dabei wird in der Regel der erste Zahlenwert mit dem Nullpunkt des Koordinatenkreuzes gleichgesetzt. Ein Zusammenstauchen oder Dehnen der Proportionen verfälscht die Aussagekraft des Inhalts.

Wichtig ist, dass jede Achse eindeutig bezeichnet ist und dass bei Darstellung mehrerer Zeitreihen auch jede einzelne Kurve eine eigene Bezeichnung trägt. Die Unterscheidung kann optisch auch durch die Verwendung unterschiedlicher Linienarten (durchgehend, gestrichelt, gepunktet usw.) hervorgehoben werden.

Nicht mehr als vier Linien (Zeitreihenentwicklungen) gleichzeitig einsetzen, da sie sonst unübersichtlich wirken. Vorteilhaft ist in solchen Fällen auch der Einsatz von Flächendiagrammen.

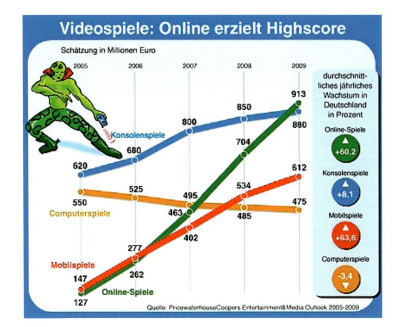

8 | Lernsituation Geschäfts- und Jahresberichte

 Analysieren Sie die folgende Infografik im Hinblick auf die verwendeten Diagrammarten, die Bildmotive und die Gestaltung. Bewerten Sie zudem die Qualität der Infografik.

27.4.3 Pläne und Karten

Um dreidimensionale (Lebens-)Räume erfahrbar und erfassbar zu machen, werden Karten und Pläne eingesetzt. Sie dienen in erster Linie der **Orientierung** und der Simulation einer Bewegung im optionalen Raum (bei einer Autokarte z. B. „fahren" Sie die Route mit dem Finger auf der Karte „schon mal ab"). Thematische Karten bieten zudem die Möglichkeit, bestimmte Inhalte zu fokussieren (z. B. Wetterkarte) und räumliche Phänomene miteinander in Beziehung zu setzen.

Karten und Pläne sind in der Regel nach bestimmten Kriterien konzipiert, um die Realität in die Fläche zu „übersetzen".

Maßstabsgerechte Verkleinerung
- **Reduktion und Stilisierung** – die Fülle an Details wird auf die Kernelemente reduziert.
- **Verebnung** – sozusagen das Diktat der Fläche – Höhen und Tiefen werden ggf. reliefartig dargestellt, in der Regel jedoch wird die Welt zur Scheibe.
- Erläuterung durch **farbliche Codierung** – bei Straßenkarten z. B. sind Bundesstraßen in der Regel gelb gekennzeichnet, Flüsse blau und mit Namen versehen, Ortschaften rötlich und je nach Einwohnerzahl mit fett geschriebenem Namen.
- **Icons** – zur Kennzeichnung von Kirchen, Sehenswürdigkeiten oder Krankenhäusern werden allgemein verständliche Zeichen verwendet.

Ereignisraumkarten
Werden **topografische Karten** eingesetzt, um einen bestimmten Ort hervorzuheben oder ein spezielles Ereignis zu visualisieren, so ist es sinnvoll, dem Betrachter das nähere Umfeld des Ortes oder Ereignisses darzustellen, um die räumliche Beziehung zu verdeutlichen.

Gemäß vorliegendem Kundenauftrag soll der Geschäftsbericht für das „Kaufhaus Sinneslust" auch verkaufsfördernd wirken. Halten Sie es für sinnvoll, den Hauptsitz des Unternehmens in Form eines Lageplans zu visualisieren?

Vgl. LS 3, 10.4.1

Die bereits im Vorfeld thematisierten grafischen Variablen Größe, Farbe, Form, Richtung und Helligkeit stehen Gestalter/-innen zur Konzeption analoger Zeichen bei der Gestaltung von thematischen Karten zur Verfügung.

27.4.4 Prinzipdarstellungen

Prinzipdarstellungen ermöglichen die **Veranschaulichung abstrakter oder tatsächlicher Inhalte** wie z. B. Strukturen oder Prozesse. Prinzipdarstellungen werden in zwei Kategorien unterteilt:

Sachbilder

Ein Sachbild unterscheidet sich von einer realistischen Darstellung durch seine Didaktisierung, da es einen bestimmten Erkenntniszuwachs beim Betrachter anstrebt.

Abb. oben: Der Kreislauf des Herstellungsprozesses von Zucker grafisch hoch anschaulich visualisiert.

Abb. unten: Die Explorationszeichnung veranschaulicht die Komplexität des menschlichen Auges.

Prozessgrafik

Der Name ist quasi Programm – Prozessgrafiken zeigen die Zusammenhänge von Dingen oder Abläufen als dynamischen Prozess. Die grafische Veranschaulichung hält Prozesse sozusagen an, um Strukturen zu verdeutlichen, die z.T. für das menschliche Auge so nicht wahrnehmbar sind.

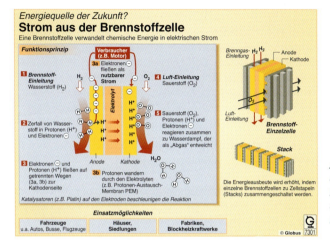

Abb. oben: Die Funktionsweise einer Brennstoffzelle. Wichtig ist hier die Abstraktion der Atome und die formale Reduktion der „Elektronenwanderung".

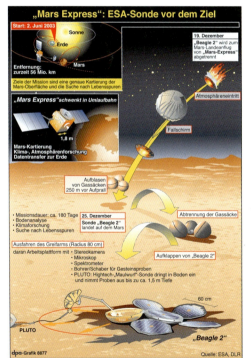

Abb. unten: Ähnlich wie bei kartografischen Infografiken erfolgt hier zunächst eine Orientierung für den Betrachter mithilfe von Ereigniskarten, die Landung der Sonde wird in zeitlichen Abfolgen veranschaulicht.

Analysieren Sie den Kundenauftrag des „Kaufhaus Sinneslust" bezüglich der Anwendungsmöglichkeiten von Prinzipdarstellungen innerhalb des Geschäftsberichts.

26 PDF (Portable Document Format)

Das PDF hat als crossmedial lesbares Austauschformat eine Art Siegeszug in der Druckvorstufe angetreten und ist mittlerweile aus dem programm- und plattformübergreifenden Datenaustausch nicht mehr wegzudenken.

Unter www.cleverprinting.de finden Sie einen praxisorientierten Ratgeber zum Thema PDF und Color-Management.

Ihren Geschäftsbericht werden Sie in einem Layoutprogramm wie z. B. Adobe Indesign fertigen. Möchten Sie Ihren Geschäftsbericht als „offene Datei" an die Druckerei liefern, müssen Sie sämtliche Schriften, Grafiken und Bilddateien mitliefern. Dafür gibt es innerhalb der Programme praktische Sammelfunktionen, jedoch bedeutet die Lieferung von offenen Daten für die Druckerei einen Mehraufwand, da diese Daten einzeln geprüft, Bildverknüpfungen wieder hergestellt und Schriften nachgeladen werden müssen. In einer PDF-Datei sind jedoch alle Elemente eingebettet. Hinzu kommt die Möglichkeit, PDF-Dateien zu komprimieren.

PDF ist also ideal für die Weitergabe von Daten zwischen Kunde und Druckerei. Darüber hinaus bietet Acrobat viele Möglichkeiten, die PDF-Datei auf Fehler zu überprüfen.

Das Portable Document Format wurde von Adobe auf der Grundlage von Postscript entwickelt. Im Gegensatz zur Postscript-Datei, welche erst durch einen RIP interpretiert werden muss, kann die PDF-Datei nach der Erstellung direkt am Bildschirm angezeigt werden.

Zur Darstellung einer PDF-Datei ist der kostenlose Adobe Reader notwendig, den es auch als Plug-in für verschiedene Internetbrowser gibt. Für die professionelle Handhabung zum Bearbeiten, Prüfen und Korrigieren ist das Programm Adobe Acrobat Professional unverzichtbar. Mit Adobe Acrobat Professional wird auch das Programm Acrobat Distiller ausgeliefert. Der Distiller erstellt die PDF – über den Umweg einer zuvor aus dem Layoutprogramm gespeicherten Postscript-Datei.

Ein PDF stellt den Seitenaufbau mit allen Seitenelementen wie Text, Bild und Grafik sowie allen Druckzeichen dar. Die Eigenschaften der Elemente, z. B. Pixel-, Vektoren oder Schrifttypen, bleiben erhalten. Darüber hinaus kann die PDF Zusatzfunktionen wie interaktive Elemente (Hyperlinks, Schaltflächen usw.), Kommentare und Korrekturangaben enthalten – die aber in der Druckdatei nicht mehr enthalten sein dürfen.

PDF wird auch als **Dokumentenaustauschformat** bezeichnet, da in Layoutprogrammen erstellte Dokumente als PDF-Datei einfacher zur Kommunikation zwischen Kunde und Mediengestalter genutzt werden können, als die Dokumente der Layoutprogramme selbst (da der Kunde meist nicht über die entsprechende Software verfügt). Hinzu kommt der Sicherheitsgedanke: Durch die Passwort-Verschlüsselung geschützte PDF-Dokumente können nicht mehr manipuliert werden.

Dabei besitzt PDF die Fähigkeit, hochauflösende Daten für den Druck sowie niedrig aufgelöste Daten für Internetanwendungen (z. B. elektronische Bücher – E-Books) herzustellen. Jedoch sind von PDF keine Wunder zu erwarten: Eine falsch angelegte Datei im Layout- oder Illustrationsprogramm sowie Bilder mit zu geringer Auflösung oder unbrauchbarem Farbmodell sind auch hier nicht ohne Weiteres zu korrigieren. Daher sollte bereits vor der Erstellung von PDF-Dateien ausgabegerätkonform gearbeitet werden.

Die Möglichkeiten in Acrobat sind sehr vielfältig. Öffnen Sie eine beliebige PDF-Datei und verschaffen Sie sich einen ersten Überblick.

26.1 PDF-Erstellung aus Indesign

Aus jedem Layoutprogramm können mittlerweile PDF-Dateien exportiert werden. Am Beispiel von Adobe Indesign werden die Einstellungsparameter für eine PDF/X-1a vorgestellt. Diese eignet sich grundlegend für den Druck von vierfarbigen Drucksachen.

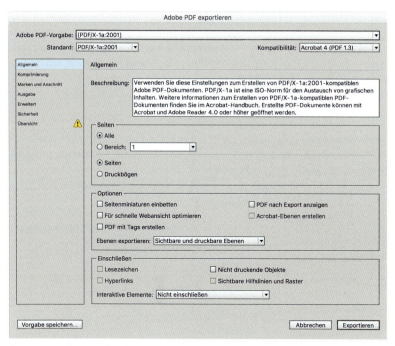

Quelle: Adobe Systems GmbH©

Der Exportdialog von Indesign führt durch unterschiedliche Einstellungen. In der Einstellung „Allgemein" werden die PDF/X-Version sowie der Seitenbereich festgelegt. Im Normalfall wird eine Druck-PDF als Einzelseiten-Datei exportiert, da das Ausschießprogramm der Druckerei die Einzelseiten entsprechend ihrer Seitennummerierung platziert.

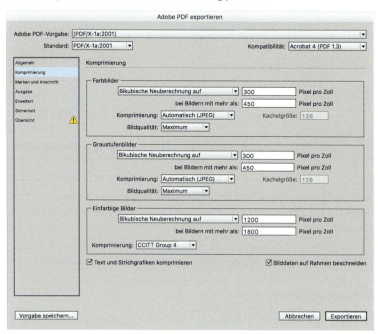

Quelle: Adobe Systems GmbH©

Die Komprimierung der Bilddaten wird hier auf 300 ppi heruntergerechnet. Diese Option macht dann Sinn, wenn bereits in Photoshop nicht-destruktiv gearbeitet und die Auflösung des Bildes nicht verändert wurde. Bei der Platzierung einer Bilddatei in Indesign wird diese meist skaliert platziert und somit ändert sich die effektive Auflösung des Bildes – und damit hat diese oft eine höhere Auflösung als benötigt. An dieser Stelle wird die Auflösung auf die geforderten 300 ppi für den Offsetdruck im 60er-Raster korrekt berechnet.

Vergleichen Sie hierzu die Verknüpfungsinformationen einer Bilddatei in Indesign.

Die bikubische Neuberechnung sorgt dafür, dass zur Bildinterpolation alle umliegenden Pixel eines neu zu berechnenden Pixels in die Berechnung mit einbezogen werden. Die Bildqualität sollte auf „Maximum" stehen, ggfs. auf „Hoch" eingestellt werden.

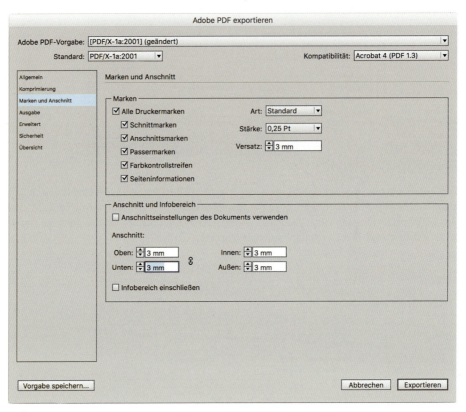

Quelle: Adobe Systems GmbH©

vgl. hierzu auch www.cleverprinting.de

Zur optischen Kontrolle sollten die Druckermarken ausgewählt werden. Zur Positionierung der Dokumentseiten in einem Ausschießprogramm sind sie nicht zwingend notwendig – diese erfolgt anhand des sog. Boxmodells von PDF-Dateien.

Der Anschnitt wurde hier mit 3 mm entsprechend der Vorgabe des Medienstandards des Bundesverbands Druck und Medien eingestellt. Ebenso gehört es sich laut Medienstandard, dass die Druckzeichen außerhalb des Anschnittbereichs beginnen. Der Versatz der Druckzeichen entspricht demnach dem Anschnittsbereich.

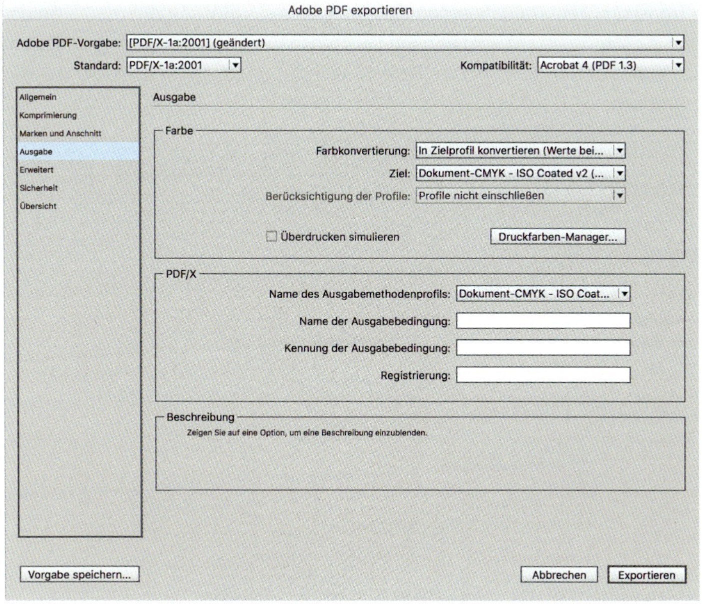

Quelle: Adobe Systems GmbH©

Bei der Ausgabe wird im Bereich Farbe die Farbkonvertierung eingestellt. PDF/X-1a erlaubt nur CMYK und/oder Sonderfarben. Mit „In Zielprofil konvertieren (Werte beibehalten)" werden alle Farben, die nicht CMYK oder Sonderfarben entsprechen in die gewünschte Ausgabebedingung (Ziel) konvertiert. Somit ist es möglich in Indesign RGB-Bilddaten zu platzieren, die erst bei der Erzeugung der PDF für die Druckbedingung in das entsprechende CMYK konvertiert werden. Die Ausgabebedingung – hier: IsoCoated_v2 – ist gleichzeitig auch im Bereich PDF/X das Ausgabemethodenprofil, also der sogenannte Output-Intent. PDF/X-1a schließt, wie oben ersichtlich, die Farbprofile der Bilder nicht ein, sondern definiert über den Output-Intent generell die „Ausgabe-Absicht" für diese PDF-Datei.

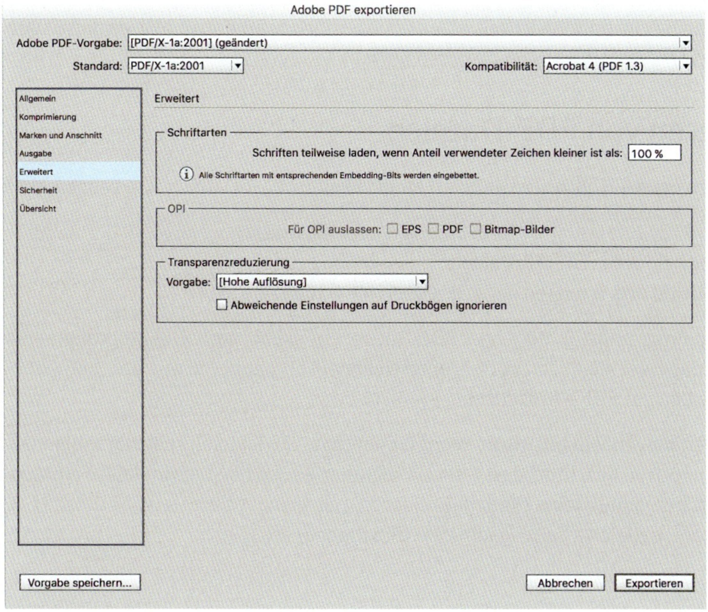

Quelle: Adobe Systems GmbH©

PDF/X-1a erlaubt keine Transparenzen. Daher werden diese mit hoher Auflösung reduziert – an der Stelle der Transparenz (z. B. Schlagschatten) wird anhand der Transparenz und des Untergrundes ein neuer Farbton errechnet – und der entsprechende Bereich in Pixel umgewandelt, selbst bei der Verwendung von Vektorgrafiken.

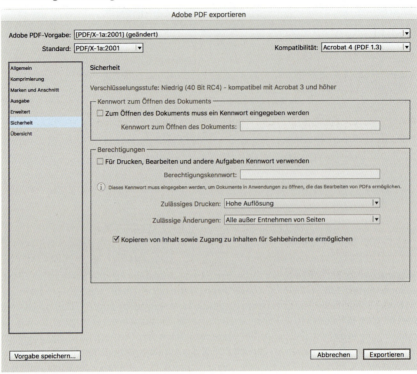

Quelle: Adobe Systems GmbH©

Unter „Sicherheit" ist keine Einstellmöglichkeit erlaubt. Sie ist auch nicht notwendig, da diese Datei schließlich in der Druckerei weiterverarbeitet werden muss.

26.2 Generieren von PDF-Dateien

Die für den Printbereich hauptsächlich verwendeten Möglichkeiten, PDF-Dateien zu erzeugen, sind:

- Exportieren aus dem Layoutprogramm (z. B. InDesign oder Illustrator),
- als PDF drucken, mithilfe eines Druckertreibers,
- Erzeugen einer PS-Datei und Erzeugen der PDF-Datei mit Acrobat Distiller.

Mittlerweile sind viele Programme in der Lage, PDF-Dateien zu exportieren. Die Programme der Adobe-Familie bieten dabei vor allem den Vorteil, untereinander kompatibel zu sein bzw. kompatible Routinen zum Schreiben der PDF einzusetzen.

Auch aus Office-Anwendungen wie Microsoft Word lassen sich PDF-Dateien speichern. Bei PDF-Dateien aus Word ist jedoch zu beachten, dass Office-Programme ausschließlich im RGB-Farbraum arbeiten und auch darüber hinaus keine Merkmale einer PDF/X-kompatiblen Datei besitzen (z. B. Anschnitt, Output-Intent, definierte Seitengeometrie (Boxmodell) etc.).

Darüber hinaus steht der sogenannte PDF-Writer als Druckertreiber zur Verfügung. Für drucktechnische Anwendungen ist er jedoch nicht zu empfehlen, da er – in Verbindung mit dem Grafikmodell der Betriebssysteme Apple Macintosh und Windows – nicht postscriptfähig ist. Der Distiller arbeitet hingegen voll postscriptbasiert – und damit kompatibel zum Raster Image Prozessor (RIP) des Ausgabegerätes – und garantiert daher eine optimale Qualität. Praxisorientiert ist auch der Export einer PDF aus dem Layoutprogramm (z. B. InDesign) mit anschließender Kontrolle oder Spezifizierung als PDF/X in Acrobat.

Jedoch ist eine PDF-Datei meist nur so gut wie die zuvor erzeugte Datei im Layoutprogramm, respektive die PS-Datei. Layout- oder technische Fehler in den Bereichen Platzierung, Farbe, Überfüllung usw. bleiben in der PDF-Datei bestehen.

Zeitgemäß ist der Export einer PDF direkt aus dem Layoutprogramm und die anschließende Überprüfung in Acrobat Pro.

26.3 PDF/X-Standards

PDF ist nicht gleich PDF! Das müssen auch Druckdienstleister immer wieder feststellen. Durch häufig auftretende Fehler in gelieferten PDF-Dateien (wie RGB-Bilddaten statt CMYK und fehlende Schriften) sowie Anlieferung von PDF-Dateien, welche Formularfelder oder auch Multimediainformationen enthielten, wurden die Stimmen nach einem Standard für belichtungsfähige PDF-Dateien laut. In Zusammenarbeit mit der ECI (European Color Initiative), dem Bundesverband Druck und Medien und verschiedenen Dienstleistern im Medienbereich wurde **PDF/X** entwickelt (X steht für Exchange, also Austausch).

Dabei geht es um einheitliche Vorgaben, wie eingebettete Schriften und Bilddaten, eine definierte Seitengeometrie (das Format sowie der Anschnitt müssen korrekt angelegt sein; diverse Exportfilter aus Office-Programmen definieren keine korrekte Seitengeometrie), Angaben zur Überfüllung (Trapping), LZW-Kompression von Bilddaten (Tiffs) ist nicht erlaubt (JPG- und ZIP-Komprimierung sind erlaubt) sowie eine definierte Ausgabebedingung (Output-Intent), die die PDF-Datei erfüllen muss, damit sie PDF/X-kompatibel ist.

Die Bildauflösung als Qualitätskriterium ist keine Bedingung des PDF/X-Standards, da PDF-Dateien für unterschiedliche Ausgabemedien bzw. -bedingungen angelegt werden können, die wiederum Bildmaterial mit unterschiedlicher Auflösung benötigen.

Drei unterschiedliche PDF/X-Standards sind zurzeit in der Verwendung. Jeder ist auf eine bestimmte Aufgabe abgestimmt. Somit ist z. B. PDF/X-4 nicht der beste Standard, weil er der neueste ist.

PDF/X-1a erlaubt die Verwendung von CMYK und Sonderfarben, während RGB und CIE Lab verboten sind. Ebenen und Transparenzen sind ebenfalls verboten. Daher ist PDF/X-1a der Standard, wenn die Druckerei eine vierfarbige (CMYK) PDF benötigt.

In einer PDF/X-3-Datei sind neben CMYK und Sonderfarben auch die medienneutralen Farbräume RGB oder CIE Lab erlaubt. Medienneutrales Arbeiten bedeutet, dass die erzeugte PDF für alle Ausgabemedien im Print- und Non-Print-Bereich verwendbar ist – sie muss nur gegebenenfalls vor der jeweiligen Ausgabe konvertiert werden. Bei Verwendung medienneutraler Farbmodelle wird davon ausgegangen, dass der Druckdienstleister die PDF-Dateien farblich auf sein Ausgabegerät hin konvertiert. Dieser Vorgang muss aber von der Druckerei ausdrücklich gewünscht sein. Ebenen und Transparenzen sind auch hier verboten.

PDF/X-4 erlaubt alle Farbmodelle. Ebenen und Transparenzen sind hier erlaubt, bzw. werden beibehalten. Bei Verwendung von PDF/X-4 muss die Druckerei jedoch über die Adobe PDF Print Engine (APPE) als RIP (Raster Image Processor) verfügen.

Das Ebenen und vor allem Transparenzen in PDF/X-1a und PDF/X-3 nicht erlaubt sind bedeutet nicht, dass die Layoutdatei nicht über solche verfügen darf. Hier ist alles erlaubt, was das Programm bietet. Ebenen und Transparenzen werden beim Export reduziert.

Erstellen Sie eine Datei mit einer Transparenz und exportieren Sie sie in PDF/X-1a sowie in PDF/X-4. Mit dem Inhaltsbearbeitungswerkzeug in Acrobat Pro können in der X-1a-Datei die Teile der Transparenz nur mit dem Hintergrund verschoben werden (die Transparenz wurde mit dem Hintergrund verrechnet [reduziert]). Bei der X-4-Datei hingegen ist die Transparenz losgelöst vom Hintergrund zu verschieben (die Transparenz bleibt erhalten). Vgl. die folgende Abbildungen:

Ursprüngliches Aussehen   *PDF/X-1a: Transparenz wurde reduziert*   *PDF/X-4: Transparenz wird beibehalten*

Bei Einsatz einer PDF/X-4-Datei ist es Aufgabe des RIP (APPE) die Transparenz zu reduzieren, bzw. an der Stelle der Transparenz einen neuen Farbton zu errechnen. Wichtig ist bei der Auswahl der korrekten PDF/X-Version auf jeden Fall die Absprache mit der Druckerei.

Um sicherzugehen, dass die PDF-Datei ohne Probleme belichtbar ist, empfiehlt sich der Preflight-Check in Acrobat Pro. Beim Preflight-Check (der Ausdruck kommt aus der Fliegerei, wo die Piloten vor jedem Start anhand einer Checkliste durchgehen, ob das Flugzeug startklar ist) werden u. a. folgende Faktoren der PDF-Datei überprüft: verwendetes Farbmodell, Seitenformat, verwendete Farbprofile, Bildkompression und eingebettete Schriften. Hierzu können vielfältige Prüfroutinen ausgewählt und auf Wunsch die Datei direkt korrigiert werden.

Hilfreich sind auch die Kontrollfunktionen wie z. B. Überdrucken und Separation – in der Ausgabevorschau können die einzelnen Farbauszüge sowie das Überdrucken von Elementen dargestellt werden.

Geschäftsberichte

*Hinsichtlich der Konzeptionierung von Geschäftsberichten gibt es die **Pflicht** und die **Kür**.*

Pflicht meint die Darstellung von Wirtschaftsdaten in Zahlen, Diagrammen und Tabellen. Die Kür besteht einerseits darin, diese nüchternen Daten möglichst anschaulich zu präsentieren (z. B. Infografiken) und andererseits neben der Information auch Emotion, d. h. die Wertvorstellungen des Unternehmens zu kommunizieren. Der Geschäftsbericht bietet daher die Möglichkeit, wirtschaftliches Datenmaterial gestalterisch und ästhetisch ansprechend zu „verpacken", etwa durch psychologisch wirkungsvolle Farbgestaltung, gutes Bildmaterial und ein gelungenes Gestaltungsraster.

Parameter der Gestaltung von Geschäftsberichten

Pflicht Wirtschaftsdaten in Zahlen | Diagrammen | Tabellen kommunizieren			
Farbgestaltung • Veränderung der Wahrnehmung • Steuern von Emotionen • Symbolwirkung • Synästhesie	**Layout** • Gestaltungsraster • Satzspiegel • Gliederungselemente • Schmuckelemente	**Bildkonzept** Bildsprache erzeugt Stimmung (physische, emotional, überraschend) syntaktisch durch: Bildausschnitt/-anschnitt | Raumerfahrung | Einstellungsgröße | Blickführung **Wichtig = einheitliche Bildsprache**	**Infografik** Tabellen Diagramme Pläne und Karten Prinzipdarstellungen

PDF

Immer mehr Unternehmen nutzen das Internet zur Publikation ihrer Geschäftsberichte. PDF ist als eigenständiges Dateiformat dafür in besonderem Maße geeignet. Ursprünglich zum Datenaustausch entwickelt, dient eine PDF-Datei heute vor allem der Publikation von Drucksachen sowie der Präsentation in elektronischen Medien. Von Vorteil sind neben der Plattformunabhängigkeit die Einbettung von Hyperlinks, Audio- und Videodaten sowie Formularelementen. PDF bietet hervorragende Komprimierungs- und Sicherheitsoptionen an, durch die der Datenaustausch wesentlich vereinfacht wird.

1. Farbassoziation und -symbolik

a) Welche Farbkombinationen und -harmonien passen jeweils zu den folgenden Themen?
- Kinder
- Kreditinstitut
- Black Metal Band

Begründen Sie Ihre Entscheidungen.

b) Ordnen Sie den folgenden Begriffen jeweils eine Farbe zu:
- Gefahr
- Energie
- Neid
- Wachstum
- Reinheit
- Trauer

2. Infografik

a) Welche der drei unten stehenden Abbildungen kommt Ihnen persönlich am meisten entgegen, wenn es um die Erfassung von Daten geht? Begründen Sie!

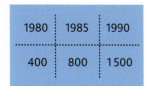 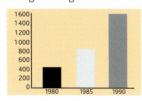 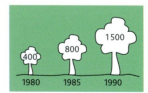

b) Beschreiben Sie mit eigenen Worten die Einsatzmöglichkeiten der verschiedenen Diagrammtypen.

c) Setzen Sie den nachfolgenden Text in zwei unterschiedlichen Infografiken um. Legen Sie dazu jeweils eine saubere Skizze an.

> *Stuttgart-Kemnat-VD.* In der Druckindustrie herrschen folgende Verhältnisse bei der Anzahl der Mitarbeiter und der Anzahl der Firmen: Es gibt 8572 Firmen mit nur 1 bis 9 Beschäftigten, 3298 Firmen haben 10 bis 49 Mitarbeiter, und es gibt 447 Firmen, die jeweils 50 bis 99 Mitarbeiter beschäftigen. Das Mittelfeld von 100 bis 499 Arbeitern oder Angestellten wird durch 340 Firmen vertreten. Im ganzen Bundesgebiet gibt es nur 28 Unternehmen, die 500 bis 999 Mitarbeiter entlohnen. Die 14 Firmen, die über 1000 Beschäftigte haben, stellen die Großunternehmen der Druckindustrie dar. Aus diesen Zahlen wird die typische, mittelständische Struktur der Druckindustrie deutlich.

3. **Bild- und Grafikformate**
   Erläutern Sie Vor- und Nachteile der Verwendung von tif und jpg.
4. Analysieren Sie den **Geschäftsbericht** 2014 der BDWM Transport AG hinsichtlich der Aspekte Layout, Gestaltungsraster, Typografie, Bildkonzept, Bildeinsatz und Farbklima.

Lernsituation Geschäfts- und Jahresberichte | 8

Bildquelle: BDWM Transport AG

5. Erläutern Sie wesentliche Elemente des **Tabellensatzes** aus selbigem Geschäftsbericht.

Bildquelle: BDWM Transport AG

6. Welche Bedeutung hat die **Einstellungsgröße** von Bildausschnitten? Argumentieren Sie hinsichtlich der Verwendungsbereiche.
7. Durch welche formalen Mittel lässt sich eine **Raumerfahrung** auf einem zweidimensionalen Bildträger erzielen?
8. Erläutern Sie drei Arten von **Schmuckelementen** in Texten.

521

9 Kalender

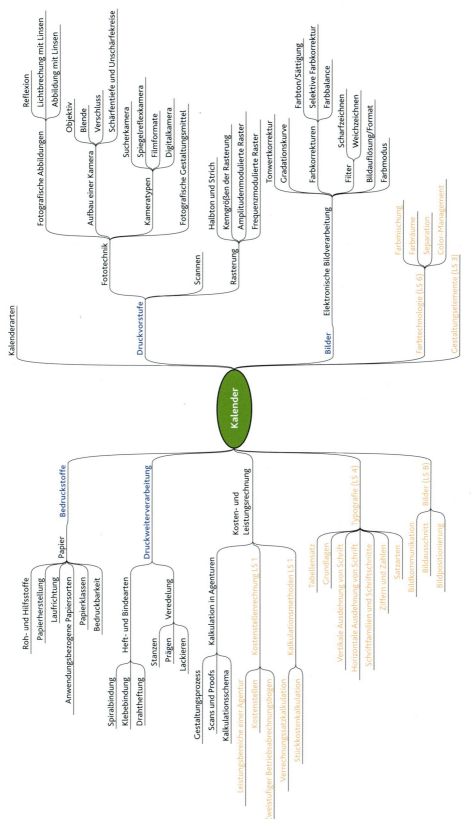

9 Kalender

Ihre Agentur hat von der Stadtverwaltung den Auftrag zur Gestaltung eines Kalenders erhalten. Thema: „Bauwerke meiner Stadt". Die Fotos für den Kalender müssen von Ihrer Agentur selbst angefertigt werden. Die Stadtverwaltung wünscht eine Platzierung des Stadtwappens auf jeder Kalenderseite. Dabei ist die Position des Wappens freigestellt, eine Modifizierung als Wasserzeichen, Graustufenabbildung o. Ä. ist möglich.

Folgende Vorgaben sollen eingehalten werden:
- Format: DIN A3, Hochformat
- Umfang: 12 Blätter mit Kalendarium und ein Titelblatt, Rückblatt aus Pappe
- Farben: 4-farbig, einseitig (4/0)
- Papier: 160 g/m² Bilderdruckpapier matt gestrichen
- Bindeart: freigestellt

Für die verschiedensten Zielgruppen und Gelegenheiten gibt es die unterschiedlichsten **Kalenderarten**: Kleine Terminkalender, die in jede Hosentasche passen, Wochenplaner, die aufgeklappt auf dem Schreibtisch stehen oder liegen können, Kalender in Form einer Visitenkarte oder Wandkalender in einer Vielzahl von Varianten: Tages-, Monats- und Jahreskalender.

Tageskalender haben ein Blatt für jeden Tag im Jahr. Auf der Rückseite der Blätter finden sich oft Sprüche, Horoskope, Kochrezepte oder Witze.

Monatskalender zeigen meist eine der Jahreszeit angepasste oder eine thematische Abbildung und das Kalendarium des jeweiligen Monats. Sie bestehen aus einem Deckblatt, den zwölf Monatsblättern und einem Rückblatt. Sie sind an der Oberseite meist mit einer Spiralbindung o. Ä. und einem Aufhänger versehen.

Tagesabrisskalender

Monatskalender

Monatskalender

Jahreskalender bestehen meist nur aus einem Bogen und zeigen eine Jahresübersicht inklusive aller bundeseinheitlichen Feiertage sowie oft auch der Mondphasen. Je nach Größe des Kalendariums lässt hier meist nur der Rand eine Gestaltung zu.

Jahreskalender 2017

Der Begriff „Kalender" stammt aus dem Lateinischen und bedeutet Schuldenverzeichnis. Die Schulden waren in den Kalenden, d. h. den ersten Tagen im Monat, zu bezahlen.

Neben dem technischen Einsatz zur Terminplanung und Koordination können Kalender auch als Wandschmuck, hochwertige Werbegeschenke oder Präsente eingesetzt werden.

Entscheiden Sie sich für eine Zielgruppe (hochrangige Persönlichkeiten, Bürger der Stadt, Touristen ...), welche den Kalender „Bauwerke meiner Stadt" erhalten soll, und richten Sie die Gestaltung des Kalenders nach dem Verwendungszweck (Werbegeschenk, Präsent ...) aus.

27.2 Fototechnik

Die Fotos für den Kalender werden von Ihrer Agentur selbst erstellt.

Die Fototechnik umfasst die technischen Bauelemente und Module einer Kamera, die zur Erstellung von fotografischen Bildern notwendig sind, sowie deren unterschiedliche Einsatzbereiche und Möglichkeiten, Fotos mithilfe der Aufnahmetechnik zu gestalten.

Die Bereiche

- fotografische Abbildungen,
- Aufbau einer Kamera,
- Kameratypen und
- fototechnische Gestaltungsmittel

werden im Folgenden näher vorgestellt und bieten einen Überblick über die Fototechnik.

27.2.1 Fotografische Abbildungen

Fotografieren bedeutet nichts anderes als „Abbilden von Objekten". Für die reine Abbildung ist nicht unbedingt eine aufwendige Kamera notwendig. Ein einfacher, dunkler Kasten, versehen mit einem Loch, ist in diesem Fall ausreichend. **Mithilfe einer Lochkamera werden grundlegende fotografische Abbildungsgesetze verdeutlicht, die auch für jede moderne Kamera gelten.**

Die Idee zur Abbildung von Gegenständen mithilfe eines dunklen Kastens wurde erstmals im 13. Jahrhundert umgesetzt. Dieser Vorläufer der heutigen Kameras wurde als „**Camera obscura**" (lat. Camera = Kammer, obscura = dunkel) bezeichnet.

Die Möglichkeit der Abbildung durch eine Camera obscura wurde von Astronomen früher gerne zur Beobachtung von Sonnenflecken und Sonnenfinsternissen genutzt, um nicht mit bloßem Auge in das helle Sonnenlicht schauen zu müssen.

Eine Camera obscura kann leicht selbst gebaut werden, indem man einen geschlossenen, innen schwarz gefärbten Kasten nimmt und mit einem kleinen Loch versieht. (Die Camera obscura wird daher auch „Lochkamera" genannt.)

Die Abbildung von Gegenständen mit der Camera obscura funktioniert wie folgt:

Befindet sich die Camera obscura in einem hellen Raum, kreuzen sich die Lichtstrahlen, die von den Gegenständen im Raum außerhalb der Camera obscura zurückgeworfen (reflektiert) werden, in der winzigen Öffnung, dem Loch. Auf der anderen Seite des Loches treten die Lichtstrahlen wieder aus und projizieren auf die gegenüberliegende Wand, die **Bildebene**, innerhalb der Camera obscura ein spiegelverkehrtes und auf dem Kopf stehendes Bild.

Prinzip der Camera obscura:
Erzeugung einer spiegelverkehrten Abbildung durch Bündelung der vom Gegenstand reflektierten Lichtstrahlen.

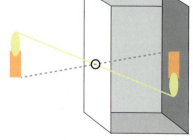

Prinzip der Camera obscura

Was heißt es eigentlich genau, dass der abgebildete Gegenstand Licht „reflektiert"? Geschieht dies bei jedem Gegenstand auf die gleiche Weise?

27.2.1.1 Reflexion

Reflexion = Zurückwerfen von Lichtstrahlen nach dem Auftreffen auf einen Gegenstand, eine Person usw.

Die Art der Reflexion ist davon abhängig, wie die Oberfläche des Gegenstandes beschaffen ist – eher rau oder eben und glatt. Daher unterscheidet man zwischen diffuser Reflexion (Remission) und direkter Reflexion.

Direkte Reflexion

Bei der direkten Reflexion geht man davon aus, dass ein Lichtstrahl auf eine ideal glatte Fläche, wie z. B. einen Spiegel, trifft. Er wird dann nach dem Grundsatz

Eintrittswinkel = Austrittswinkel

direkt reflektiert, d. h. in einem festen Winkel und in eine zuvor bestimmbare Richtung.

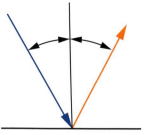
Direkte Reflexion

Diffuse Reflexion (Remission)

Bei der diffusen Reflexion trifft der Lichtstrahl auf eine raue Oberfläche und wird in verschiedene Richtungen reflektiert.

Die meisten Oberflächen sind nicht ideal glatt, sondern reflektieren zumindest einen Teil des einfallenden Lichtes diffus.

Erst durch die Reflexion von Lichtstrahlen können wir Gegenstände und Farben erkennen. Helle Farben, wie z. B. Gelb, reflektieren das Licht stärker als dunkle Farben, wie z. B. Dunkelblau. Bei der Farbe Schwarz werden alle Lichtstrahlen absorbiert (verschluckt).

Licht wird meist diffus und fast nie direkt reflektiert!

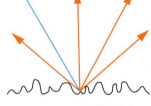
Diffuse Reflexion

Bei der Camera obscura werden die Lichtstrahlen nach der Reflexion gebündelt, um eine möglichst scharfe Abbildung zu erzeugen. Das Bild wird umso schärfer, je kleiner das Loch ist, da die Lichtstrahlen dann besonders gut gebündelt werden.

Der Nachteil ist, dass durch ein kleines Loch nur wenige Lichtstrahlen in das Innere der Camera obscura gelangen, sodass die Abbildung leicht zu dunkel werden kann.

Bei heutigen Kameras ist die Blende mit dem Loch der Camera obscura vergleichbar. Mit der Camera obscura war es nicht möglich, eine ausreichend helle und dennoch scharfe Abbildung zu erzeugen. Mitte des 16. Jahrhunderts fand man heraus, dass sich Lichtstrahlen mithilfe geschliffener Glaslinsen auch bei größeren Eintrittsöffnungen bündeln lassen und so ein helleres und trotzdem scharfes Bild erzeugt werden kann.

27.2.1.2 Lichtbrechung mit Linsen

Eine Linse ist ein optisches Element mit zwei Flächen zur Lichtbrechung, mindestens eine davon muss gekrümmt sein.

Bei der Verwendung einer **Linse** wird ein Bild trotz einer Blende mit einer größeren Öffnung noch scharf, da die Krümmung der Linse dafür sorgt, dass die Lichtstrahlen nicht gerade durch die Linse hindurch gehen, wie beim Loch der Camera obscura, sondern von der Linse gebrochen werden.

Brechung: Richtungsänderung des Lichtstrahls.

Je nachdem, wie das Licht gebrochen werden soll, sind bestimmte Linsenarten notwendig, die hinsichtlich ihrer Krümmung unterschieden werden: Nach außen gewölbte Linsen werden als **konvex**, nach innen gewölbte Linsen als **konkav** bezeichnet. Sind beide Seiten einer Linse gleichartig gekrümmt, wird dies durch die Vorsilbe „bi" gekennzeichnet. Ist eine Seite einer Linse gerade (nicht gekrümmt), so wird diese Seite als **plan** bezeichnet.

Linsenarten

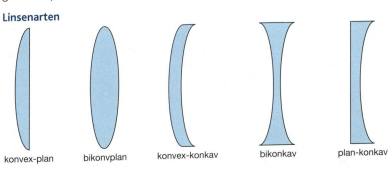

konvex-plan   bikonvplan   konvex-konkav   bikonkav   plan-konkav

 Mindestens eine Fläche der Linse ist konvex oder konkav gekrümmt.

Konvexe Linsen, auch Sammellinsen genannt, sind in der Mitte dicker und führen die Lichtstrahlen durch Brechung zusammen. Konkave Linsen, auch Zerstreuungslinsen genannt, sind dagegen in der Mitte dünner und brechen die Lichtstrahlen so, dass diese auseinanderstreben.

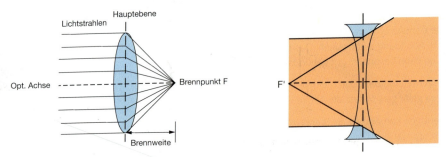

Sammellinse mit Brennpunkt   *Zerstreuungslinse mit virtuellem Brennpunkt*

Im fotografischen Prozess finden hauptsächlich Sammellinsen Anwendung, wobei Objektive aus einer Kombination von Sammel- und Zerstreuungslinsen bestehen können, jedoch im Ergebnis als Sammellinse wirken müssen.

Sammellinse	Linse mit nach außen gewölbter Oberfläche (konvex), die das Licht sammelt und in ihrem Brennpunkt zusammenführt
Zerstreuungslinse	Linse mit nach innen gewölbter Oberfläche (konkav), die das Licht zerstreut

 Jede Sammellinse hat einen Brennpunkt und eine Brennweite.

Brennpunkt	Punkt, in dem sich zuvor parallele Lichtstrahlen nach der Brechung durch die Linse schneiden
Brennweite	Abstand zwischen Hauptebene (= Mitte der Linse) und dem Brennpunkt

Innerhalb einer Kamera sorgt ein Linsensystem dafür, dass die zu fotografierenden Objekte weitgehend scharf abgebildet werden.

Im Folgenden wird erklärt, wie ein Objekt mittels einer Linse abgebildet werden kann.

27.2.1.3 Abbildung mit Linsen

Funktionsweise

Die Lichtstrahlen werden vom Objekt meist diffus reflektiert, treffen auf die Linse der Kamera und werden von der Linse gebrochen. Die gebrochenen Lichtstrahlen treffen sich hinter der Linse auf einer Ebene – der **Bildebene** – wieder. Die Bildebene enthält die komplette Abbildung des Objektes, indem sich die reflektierten und gebrochenen Lichtstrahlen eines jeden Objektpunktes in einem gemeinsamen **Bildpunkt** treffen. Alle Bildpunkte zusammen ergeben die Bildebene.

Bildebene	zur Linse parallele Ebene, die alle Bildpunkte des Objektes enthält
Bildpunkt	Punkt der Abbildung, in dem sich alle reflektierten Lichtstrahlen eines Objektpunktes treffen

Zur Veranschaulichung des Abbildungsprinzips mit Linsen ist nachfolgend der Strahlengang von zwei Lichtstrahlen, die vom obersten Punkt des zu fotografierenden Objektes diffus reflektiert werden, dargestellt. Diese Lichtstrahlen werden nach der Reflexion von der Linse gebrochen und treffen sich in einem gemeinsamen Bildpunkt auf der Bildebene. Für alle anderen Lichtstrahlen, die vom Objekt reflektiert werden, gilt das gleiche Abbildungsprinzip.

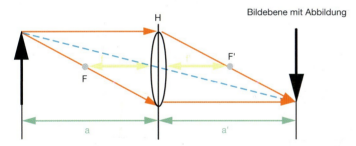

Abbildung eines Punktes mit einer Linse im Maßstab 1:1

Erläuterung:
- **Brennpunkte F** und **F'** mit **Brennweite f**
- Abstand zwischen Objekt und Linse = **Gegenstandsweite a**
- Abstand zwischen Linse und Bildebene = **Bildweite a'**
- **Hauptebene H**

> Jeder Punkt eines Objektes hat einen entsprechenden Bildpunkt auf der Bildebene.
> Ziel der Abbildung mit Linsen ist eine helle und scharfe Abbildung des Objektes.

Scharfe Abbildung in unterschiedlichen Abständen?

Die Abbildung eines Objektes ist nur dann scharf, wenn sich alle Lichtstrahlen, die von einem Punkt des Objektes reflektiert werden, tatsächlich in einem Bildpunkt auf der Bildebene treffen. Dies ist nur dann gewährleistet, wenn das Objekt einen bestimmten Abstand von der Linse hat. Befindet sich das Objekt jedoch in einem anderen Abstand, soll also aus näherer oder weiterer Entfernung fotografiert werden, kommt es bei Benutzung von ein und demselben Linsensystem zu einer unscharfen Abbildung.

Zur Veranschaulichung ist nachfolgend einmal der tatsächliche Verlauf der Lichtstrahlen mit der tatsächlichen Bildebene (schwarz) dargestellt und ebenso die erforderliche Position der Bildebene (grau) für ein scharfes Bild, wenn sich der Abstand zwischen Objekt und Linse ändert.

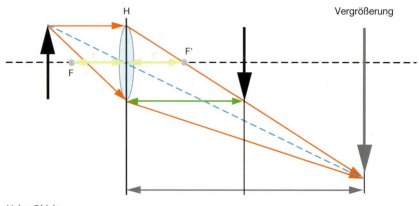

Nahes Objekt

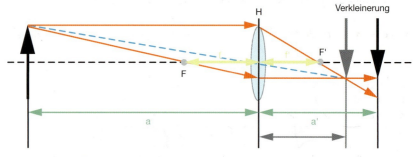

Weit entferntes Objekt

Ein Objekt wird nur dann scharf abgebildet, wenn alle Lichtstrahlen, die von einem Punkt des Objektes reflektiert werden, sich in genau einem Punkt der Bildebene treffen.

Für eine scharfe Abbildung müsste die Bildebene also je nach Fotografierabstand entweder nach vorne oder nach hinten versetzt werden (siehe graue Pfeile). Dies ist jedoch in der Praxis nicht möglich, da die Kamera eine feste Baugröße hat und der Film bzw. der CCD-Chip sich in einem festen Abstand zum **Objektiv**, dem Linsensystem, befindet. Daher muss eine andere Lösung gefunden werden, um Objekte in verschiedenen Abständen vom Objektiv scharf abzubilden.

27.2.2 Aufbau einer Kamera

Wie ist eine Kamera aufgebaut und durch Änderung welcher Größen lassen sich Objekte in verschiedenen Abständen vom Linsensystem scharf abbilden?

Jede Kamera ist im Prinzip wie eine erweiterte Camera obscura aufgebaut, mit einem Linsensystem aus konkaven und konvexen Linsen zur Lichtbrechung. Sie besteht aus einem **Gehäuse**, dem **Objektiv**, welches das Linsensystem beinhaltet, einem **Verschluss** und einer **Blende** zur Steuerung der Belichtung. Je nachdem, ob es sich um eine digitale oder analoge Kamera handelt, werden die Abbildungen auf einem Film oder Speicherchip abgebildet.

27.2.2.1 Objektiv

Das **Objektiv** der Kamera dient dazu, möglichst randscharfe und unverzerrte Bilder aus verschiedenen Abständen zum Objekt zu erstellen. Zu diesem Zweck sind im Objektiv mehrere Linsen, Sammel- und Zerstreuungslinsen, hintereinander gesetzt oder fest zusammengebaut. Die verwendeten Linsen bestehen aus unterschiedlichen Glassorten und sind unterschiedlich geformt.

Objektive sind entweder als Wechselobjektive mit fester **Brennweite** erhältlich oder als Zoomobjektive fest in eine Kompaktkamera eingebaut, sodass sich verschiedene Brennweiten variabel einstellen lassen. Hierbei wird die Brennweite dadurch verändert, dass eine Verschiebung von Linsen oder auch Linsengruppen gegeneinander erfolgt und/oder der Abstand zwischen den Linsen(-gruppen) variiert wird.

Je nach Abstand des zu fotografierenden Objekts oder der Größe des zu fotografierenden Bildausschnitts kommen Objektive mit verschiedenen Brennweiten(-bereichen) zum Einsatz.

Die Brennweite bestimmt, wie viel vom Objekt auf das Bild kommt.

Durch die Veränderung der Brennweite ändert sich auch der **Abbildungsmaßstab**, sodass die Objekte, je nach Änderung der Brennweite, entweder größer oder kleiner abgebildet werden.

Je größer die Brennweite, desto größer der Abbildungsmaßstab und desto kleiner der Blickwinkel.

Für unterschiedliche Brennweiten stehen im Wesentlichen Normal-, Tele- und Weitwinkelobjektiv zur Verfügung. Des Weiteren gibt es Spezialobjektive, wie z. B. Makroobjektive, für besondere Einsatzbereiche und Zoomobjektive, die die Eigenschaft mehrerer Objektive vereinen.

Objektiv	Normal	Tele	Weitwinkel
Einsatzbereich	bildet die Objekte so ab, wie sie gesehen werden • geringe Linsenzahl → hohe Lichtstärke → hohe Abbildungsqualität	holt die Objekte aus der Ferne heran • langes Objektiv → große Brennweite	ermöglicht das Fotografieren eines größeren Ausschnitts • kurzes Objektiv → kleine Brennweite
Technik	= 50 mm	> 50 mm	< 50 mm bzw. < 35 mm
	Normalobjektiv 50 mm	*Teleobjektiv 80 mm*	*Weitwinkelobjektiv 35 mm*
Brennweite	• Zoomobjektive, z. B. bei Kompaktkameras, vereinen die drei Objektivarten Weitwinkel-, Normal- und Teleobjektiv. • Makroobjektive ermöglichen Aufnahmen mit sehr geringem Abstand zum Objekt.		

Welche Aufnahmen planen Sie für den Kalender und welche Objektive sind dafür notwendig?

27.2.2.2 Blende

Die Blende ist die Öffnung des Objektivs. Sie beschneidet die einfallenden Lichtstrahlen. Der Nachteil dabei ist, dass durch die Beschneidung der einfallenden Lichtstrahlen insgesamt weniger Licht durch die Linse fällt, sodass ein dunkleres Bild entsteht.

Normalerweise wählt die Kamera die Blendenöffnung automatisch entsprechend den Lichtverhältnissen, sie lässt sich jedoch auch manuell einstellen. Dabei gilt:

Je größer die Blendenzahl, desto kleiner die Blendenöffnung und desto geringer die Lichtmenge, die auf den Film oder den Sensor der Digitalkamera fällt.

Die Blendenzahl wird mit dem Faktor k auf dem Objektiv angegeben.

Blendenzahl k = Objektivbrennweite : Blendendurchmesser

Blendenzahlen   1,4   2,8   4,0   5,6   8,0   16,0

Die mögliche Blendenzahl ist vom verwendeten Objektiv abhängig. Die minimal mögliche Blendenzahl ist bei Teleobjektiven relativ groß, sodass die Blende sich dort nicht sehr weit öffnen lässt. Bei Weitwinkelobjektiven lassen sich sehr kleine Blendenzahlen einstellen, die Blende also weit öffnen, sodass viel Licht einfällt. Daraus folgt für den Zusammenhang zwischen Brennweite des Objektivs und Öffnung der Blende:

Je kleiner die Brennweite, desto größer die Blendenöffnung.

27.2.2.3 Verschluss

Für ein gutes Bild ist es entscheidend, dass jeweils die richtige Lichtmenge auf den Film oder den Speicherchip zur Bildspeicherung fällt. Zu diesem Zweck ist die Kamera mit einem **Verschluss** ausgestattet. Bei Öffnung des Verschlusses gelangt Licht auf den Chip. Wird der Verschluss lange geöffnet, gelangt viel Licht auf den Chip = lange **Belichtungszeit**, bei kurzer Öffnung wenig Licht = kurze Belichtungszeit. Bei der Fotografie mit Objektiv sind die Belichtungszeiten sehr kurz (Sekundenbruchteile).

Wie viel Licht und damit welche Belichtungszeit für welches Bild erforderlich ist, hängt von der Blendenzahl (Öffnung der Blende), der eingestellten Empfindlichkeit und den Lichtverhältnissen beim Fotografieren ab.

Belichtungszeit: Zeit, während der der Verschluss einer Kamera geöffnet ist.

Gängige Verschlusstechniken:

- Zentralverschluss
- Schlitzverschluss
- Elektronischer Verschluss bei einigen Digitalkameras

> **Verschluss:** Lichtundurchlässiges, mechanisches Element einer Kamera zur Steuerung der Belichtung.

Übersicht gängiger Verschlussarten

Verschluss	Technik	Ort	Verschlusszeit	Anwendung
Zentral	kurvenförmige, federnde Lamellen öffnen und schließen sich	in der Kamera oder im Objektiv zwischen vorderer und hinterer Linsengruppe	1 s, ½ s, ¼ s usw. bis 1/500 s oder 1/1 000 s	Groß- und Mittelformatkameras, Kompakt- und Sucherkameras
Schlitz	zwei Jalousien (Verschlussvorhänge) bewegen sich senkrecht oder waagerecht	in der Kamera, direkt vor der Filmebene	1 s bis 1/8 000 s	Kleinbildkamera mit Wechselobjektiv, meist Spiegelreflexkamera
Elektronischer Verschluss	Auslesen des CCDs bei der Digitalkamera = elektronische Belichtungssteuerung ohne mechanische Verschlusstechnik		%	Digitalkameras

Lassen sich Blende und Verschluss bei Ihrer Kamera einstellen?
In welchem Bereich sollten die Blendenzahlen und Verschlusszeiten liegen, wenn Sie
a) einen laufenden Hund,   b) ein historisches Bauwerk in Ihrer Stadt
fotografieren möchten?

27.2.2.4 Schärfentiefe und Unschärfekreise

Die Wahl eines geeigneten Objektivs ermöglicht die scharfe Abbildung von Objektiven in verschiedenen Abständen von der Kamera. Insgesamt ist es jedoch nicht möglich, alle Objekte auf einem Bild scharf abzubilden. Nur die Objekte, die sich in einem festen, optimalen Abstand zur Kamera befinden, können scharf abgebildet werden. Objekte auf demselben Bild, die weiter entfernt oder näher liegen, werden meist unscharf abgebildet, z. B. der Baum weit hinter der Kuh auf der Wiese.

Die unscharfe Abbildung ergibt sich, da die Punkte dieser Objekte nicht mehr als Punkte auf der Bildebene abgebildet werden, sondern kleine Kreisflächen, sogenannte **Unschärfekreise** entstehen.

Sie möchten ein Reiterstandbild vor dem Hintergrund des zurückliegenden Schlosses fotografieren. Mit dem Objektiv der Kamera visieren Sie das Reiterstandbild an und stellen es scharf. Das Schloss im Hintergrund wird nur unscharf abgebildet. Dies ist auch nicht weiter schlimm, da es nur als Kulisse dienen soll und eine leicht unscharfe Abbildung nicht störend wirkt, während das Reiterstandbild deutlich zu erkennen sein soll.

Ein technisch unscharfes Bild erscheint nicht in allen Fällen auch für das menschliche Auge unscharf. Unschärfekreise bis zu einer gewissen Größe können vom menschlichen Auge nicht wahrgenommen werden und sind daher fototechnisch akzeptabel. Überschreiten die Unschärfekreise jedoch den nicht wahrnehmbaren Bereich, wird die Unschärfe im Bild deutlich.

Die Blende, welche die Lichtstrahlen beschneidet, sorgt dafür, dass diese Unschärfekreise nicht zu groß werden. Sie legt also durch ihre Öffnung den Bereich fest, in welchem die Objekte, je nach verwendetem Objektiv, noch ausreichend scharf abgebildet werden können. Dieser Bereich wird als **Schärfentiefe** bezeichnet.

Schärfentiefe (Tiefenschärfe): Motivbereich, der auf einem Bild ausreichend scharf abgebildet wird.

Bei großer Blendenöffnung ergibt sich ein großer Unschärfekreis und damit eine geringe Schärfentiefe, bei kleiner Blendenöffnung entsprechend ein kleiner Unschärfekreis und eine große Schärfentiefe.

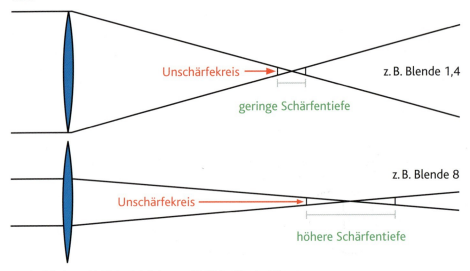

Unschärfekreise und Schärfentiefe bei unterschiedlicher Blendenöffnung

Je kleiner die Blendenöffnung, desto größer die Schärfentiefe.

Die Lichtstrahlen bilden bei kleiner Blendenöffnung einen sehr schlanken Lichtkegel, der dafür sorgt, dass die Unschärfekreise erst in einem relativ großen Abstand von der Kamera den Bereich der wahrnehmbaren Unschärfe erreichen. Allerdings ist bei kleiner Blendenöffnung eine deutlich längere Belichtungszeit erforderlich.

Dadurch werden bewegte Objekte trotz großer Schärfentiefe des Bildes unscharf abgebildet (**Bewegungsunschärfe**), während die stillstehenden Objekte auch bei langer Belichtungszeit scharf bleiben.

Die Blende kann zur Gestaltung des Bildmotivs eingesetzt werden.

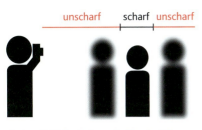
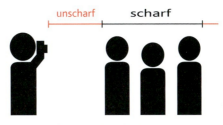

Vgl. diese
LS, 27.2.4

Geringe Schärfentiefe, große Blendenöffnung   Hohe Schärfentiefe, kleine Blendenöffnung

Je größer der Aufnahmeabstand, desto größer die Schärfentiefe.

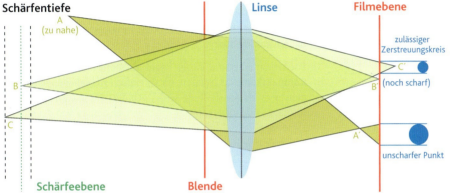

- Das **Objekt A ist zu nah an der Linse**, sodass es **unscharf abgebildet** wird. Der **Unschärfe- oder Zerstreuungskreis ist zu groß**. Objekt A liegt damit außerhalb der Schärfentiefe.
- Das **Objekt B** hat den **optimalen Abstand** von der Linse, da es genau in der Schärfeebene liegt, und **wird scharf abgebildet**.
- Das **Objekt C** liegt eigentlich etwas zu weit von der Linse entfernt, befindet sich jedoch noch innerhalb der Schärfentiefe, sodass bei der Abbildung zwar ein **kleiner Unschärfekreis** entsteht, sich für den Betrachter jedoch **noch gerade ein scharfes Bild** ergibt.

27.2.3 Kameratypen

Ausgehend von einem prinzipiell gleichen Grundaufbau gibt es zwei verschiedene Kameratypen. Ein Großteil der Kameras verfügt über einen Sucher. Der Sucher ermöglicht dem Fotografen, genau festzulegen, was auf das Foto kommen soll. Dieser Kameratyp wird als **Sucherkamera** bezeichnet.

Einen weiteren Kameratyp stellen **Spiegelreflexkameras** dar.

27.2.3.1 Sucherkameras

Der Sucher besteht aus einem kleinen Loch oberhalb oder seitlich des Objektivs. Hinter dem Loch befindet sich noch ein Rahmen zur Bildbegrenzung. Bei Einwegkameras besteht der Sucher nur aus einem einfachen Plastikrahmen, während aufwendige Modelle ausgefeilte optische Systeme mit Linsen enthalten.

Sucherkamera

Das zu fotografierende Objekt wird bei der Sucherkamera nicht durch das Objektiv, sondern durch eben diesen Sucher betrachtet. Dadurch besteht die Gefahr, Gegenstände mit abzubilden, die versehentlich vor das Objektiv gelangen, durch den Sucher jedoch nicht sichtbar sind, wie z. B. Finger oder Bänder der Kameratasche. Außerdem kann es zu sogenannten **Parallaxenfehlern** kommen.

Parallaxenfehler: Unterschiede zwischen Sucherbild und Aufnahme im Nahbereich.

Durch den Sucher sieht man z. B. den Kopf eines Menschen, auf dem Film ist jedoch nur der Körper zu sehen.

Bei digitalen Sucherkameras lässt sich dieser Fehler vermeiden, da man auf dem Display erkennen kann, was auf den Speicherchip gelangt, und die Möglichkeit hat, die Aufnahme entsprechend anzupassen.

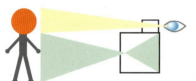

Parallaxenfehler bei Sucherkameras

Zusätzlich kann man im Sucher der Kamera die Ausdehnung der Schärfentiefe nicht erkennen, sodass es unbemerkt zu unscharfen Bildern kommen kann.

Sucherkameras sind in der Regel aus dem Kleinbildbereich als **Kompaktkameras** bekannt, da sie einfach zu bedienen und preisgünstig in der Anschaffung sind. Doch auch für alle anderen Filmformate sind Sucherkameras erhältlich, also quasi von der kleinen „Spionagekamera" bis hin zur Kamera für Großformate.

Bei den Kompaktkameras erfolgt eine automatische Einstellung der Belichtung und Scharfstellung, während bei den hochwertigen Sucherkameras (z. B. die Leica M8) von Hand fokussiert wird.

Einfache Sucherkameras, sog. **Fixfokuskameras**, arbeiten mit nur einer Brennweite, meist **Weitwinkel**. Bei hochwertigen Modellen kann das Objektiv gewechselt werden, **Kompaktkameras** verfügen häufig über ein **Zoomobjektiv**.

Vorteile	Nachteile
meist preiswert	Objektiv meist nicht wechselbar
einfach zu bedienen	Parallaxenfehler im Nahbereich
geräuscharm	Ausdehnung der Schärfentiefe nicht erkennbar

27.2.3.2 Spiegelreflexkameras

Bei der **Spiegelreflexkamera** blickt man direkt durch das Objektiv auf das zu fotografierende Objekt, es gibt keinen separaten Sucher. Ein Parallaxenfehler im Nahbereich wird damit vermieden.

Beim Fotografieren mit der Spiegelreflexkamera wird das durch das Objektiv einfallende Licht von einem Spiegel reflektiert. Der Spiegel befindet sich hinter dem Objektiv, lenkt die Lichtstrahlen ab und wirft sie vollständig auf eine Mattscheibe.

Spiegelreflexkamera

Mattscheibe: Mattierte Glas- oder Kunststoffscheibe zur Überprüfung der Schärfeeinstellung.

Die Mattscheibe und der Film befinden sich in gleichem Abstand zum Spiegel, sodass ein Bild, das beim Fokussieren scharf auf der Mattscheibe abgebildet wird, auch bei weggeklapptem Spiegel ein scharfes Bild auf dem Film ergibt.

Oberhalb der Mattscheibe befindet sich ein Pentaprisma (Dachkantprisma = dachförmig geschliffenes Prisma zur Lichtbrechung), welches dafür sorgt, dass der Fotograf das Bild seitenrichtig und aufrecht, anstatt spiegelverkehrt und auf dem Kopf stehend sieht.

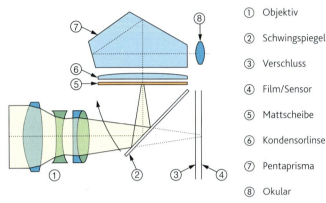

① Objektiv
② Schwingspiegel
③ Verschluss
④ Film/Sensor
⑤ Mattscheibe
⑥ Kondensorlinse
⑦ Pentaprisma
⑧ Okular

Funktionsweise einer Spiegelreflexkamera

Im Moment der Aufnahme wird der Spiegel hochgeklappt, der Verschluss geöffnet und das Licht fällt direkt vom Objekt durch das Objektiv auf den Chip.

Die Konstruktion der Spiegelreflexkamera ermöglicht es dem Fotografen, sowohl den zu fotografierenden Ausschnitt als auch die Ausdehnung der Schärfentiefe genau zu erkennen.

Vorteile	Nachteile
exakte Schärfenkontrolle	teuer in der Anschaffung
exakter Bildausschnitt	komplizierte Bedienung, wenn ohne Vollautomatik
Objektiv wechselbar	unterschiedliche Verschlüsse, es existiert kein Standard

Durch die Möglichkeit, das Objektiv zu wechseln, ist die Spiegelreflexkamera vielseitig einsetzbar und findet insbesondere im Profibereich, aber auch bei ambitionierten Hobbyfotografen Anwendung.

27.2.3.3 Digitalkameras

Digitalkameras sind in verschiedenen Ausführungen entweder als Spiegelreflexkamera oder als Sucherkamera erhältlich. Die Bilddaten werden auf ein Speichermedium zur Bildaufzeichnung, den **CCD-Speicherchip** (kurz: Chip), übertragen.

Bildaufzeichnung auf CCD-Sensoren

Die meisten Digitalkameras enthalten **CCD-Flächensensoren**. Dies sind Speicherchips auf Siliziumbasis, die aus einer Vielzahl von Fotozellen, den **CCD-Sensorelementen**, bestehen. Die CCD-Sensorelemente sind entweder quadratisch und reihenweise untereinander in Zeilen und Spalten angeordnet oder sie haben eine achteckige Form (Super CCD von Fujifilm) und sind diagonal angeordnet.

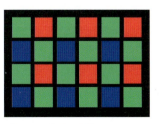

Schematische Darstellung CCD-Flächensensor

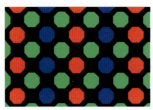

Schematische Darstellung Super-CCD

Jedes Pixel (jedes Sensorelement) verfügt über einen Farbfilter in einer der drei Grundfarben des Lichts: Rot, Grün oder Blau. Dabei sind insgesamt jeweils ein Viertel der Sensorelemente mit roten und blauen und die Hälfte mit grünen Farbfiltern versehen. Dies entspricht der Verteilung der unterschiedlichen Zapfenarten im menschlichen Auge. Bei der Bildaufzeichnung steht für das gerade erfasste Pixel also nur eine der drei Grundfarben zur Verfügung. Enthält der fotografierte Bildpunkt eine Mischung aus mehreren Farben, z. B. Gelb oder Grau, so wird die fehlende Farbinformation durch Interpolation aus den benachbarten Pixeln als Mittelwert erzeugt. Dies hat negative Auswirkungen auf die Bildqualität.

Die Anzahl der Sensorelemente variiert mit der Größe des Speicherchips. Ultrakompakte Digitalkameras (sehr kleine Baugröße) mit kleinen Speicherchips weisen ca. 3 bis 6 Millionen Sensorelemente auf. Kompaktkameras verfügen über bis zu 9 Millionen Sensorelemente, sogenannte SLR-Kameras verfügen über ca. 4 bis 10 Millionen Pixel. Digitalrückteile für Mittelformatkameras, z. B. für Kameras vom Typ Hasselblad, verfügen über Speichermedien mit bis zu rund 22 Millionen Sensorelementen.

Die Hersteller geben die Anzahl der Sensorelemente als **Megapixel** an. Dieser Wert ist jedoch nicht ganz realistisch, da die Anzahl der vorhandenen Sensorelemente zwar mit der Angabe des Herstellers übereinstimmt, sich jedoch Sensorelemente am Rand des Speichermediums befinden, die nicht zur Bilderfassung genutzt werden können: Eine Kamera mit tatsächlich nutzbaren 4 915 200 Sensorelementen wird z. B. als 5,2 Megapixel-Kamera bezeichnet.

Formate bei Digitalfotografie

Unten stehende Tabelle gibt einen Überblick, bei welchen Sensorgrößen sich welches Bildformat im Offsetdruck im 60er-Raster (Bildauflösung 300 ppi) jeweils erreichen lässt. Unabhängig von den Angaben in der Tabelle sind mögliche Vergrößerungen auf Papier (Papierabzug). Hier genügen für ein Format von 40 x 60 cm schon ca. 4–6 Megapixel.

Megapixel	Sensorgröße (ca.)	Endformat guter Qualität (Offsetdruck 60er-Raster)
8	3 456 x 2 304	30 x 20 cm (ca. DIN A4)
10	3 872 x 2 592	33 x 22 cm
12	4 288 x 2 848	36 x 24 cm
16	4 928 x 3 264	42 x 28 cm
36	7 360 x 4 912	60 x 40 cm

Zoom

Vgl. diese LS, 17.6

Ein gutes **Zoomobjektiv** ermöglicht die Aufnahme weit entfernter Bildmotive. Wichtig ist, dass es sich um einen optischen Zoom handelt, da dieser im Objektiv der Kamera durch Verschiebungen im Linsensystem erreicht wird und dadurch keine Qualitätsverluste mit sich bringt. Der digitale Zoom hingegen vergrößert einen Bildausschnitt bei gleichbleibender Auflösung lediglich, sodass die Bilder schnell pixelig oder verrauscht aussehen.

Einfache Kameras verfügen lediglich über einen 3- bis 4-fachen optischen Zoom, Super-Zoom-Modelle haben hingegen einen mehr als 10-fachen optischen Zoom.

Übersicht gängiger Flash-Speicherkarten

Speichermedium	Besonderheiten
CompactFlash-Card (CF) Typ I: 42,8 x 36,4 x 3,3 mm Typ II: 42,8 x 36,4 x 5,0 mm	• Speicherkapazität: 1 GB bis 256 GB • sehr robust • gutes Verhältnis zwischen Preis und Speicherkapazität
Memory Stick micro 12,5 x 15 x 1,2 mm	• Speicherkapazität bis 32 GB • relativ schnelle Datenübertragung • teuer
Secure Digital Memory Card (SD-Card) SD: 32 x 24 x 2,1 mm MiniSD: 20 x 21,5 x 1,4 mm MicroSD: 11 x 15 x 1 mm	SD-Card: • Speicherkapazität: 8 MB bis 2 GB SDHC-Card: • Speicherkapazität: 4 GB bis 32 GB SDHX-Card: • Speicherkapazität: 48 GB bis max. 2 TB MiniSD-Card: • Speicherkapazität: 8 MB bis 8 GB MicroSD-Card: • Speicherkapazität bis 256 GB • kleinster Flash-Speicher der Welt
xD-Picture-Card 20 x 25 x 1,7 mm	• Speicherkapazität bis 2 GB (bis 8 GB in Entwicklung) • niedrige Schreib- und Lesegeschwindigkeiten • wird nicht mehr hergestellt

Welche Speicherkapazität benötigt wird, hängt von der Auflösung der Kamera und der Zahl der Bilder ab, die auf einer Speicherkarte gespeichert werden sollen. Beim Kauf einer Kamera ist leider häufig nur eine Karte mit geringer Speicherkapazität enthalten (z. B. 2 GB). Für eine Vielzahl an Urlaubsfotos bzw. für professionelle Fotografen ist eine Speicherkapazität von mindestens 32 GB und höher erforderlich.

Fehler im Bild
Durch den Einsatz digitaler Speicherchips zur Bildaufzeichnung kommt es in der Digitalfotografie häufig zu Bildfehlern, z. B. durch Blooming, Rauschen, defekte Pixel oder ein nicht beabsichtigtes Kontrastverhalten.

Fehlerbezeichnung	Ausprägung	Abbildung
Blooming (von engl. „bloom" für Blüte)	Überblenden, wenn sehr helle und dunkle Bildbereiche aneinandergrenzen. Um die hellen Bildbereiche herum entstehen Ausblühungen. **Ursache:** Jede Fotozelle des Chips kann nur eine begrenzte Ladung aufnehmen. Entsteht durch helle Bereiche mehr Ladung, wird sie an die Nachbarzellen weitergegeben.	
Hot-Pixel	Defekte Pixel in einzelnen Zellen. Treten immer an derselben Stelle im Bild auf. Sind besonders in dunklen Bildbereichen auffällig. **Ursache:** Defekt im Speicherchip.	
Moiré	Regelmäßige, unerwünschte Musterbildung **Ursache:** Überlagerung von Rasterpunkten. Das feine Raster der Zellen auf dem Chip überlagert sich mit einer Art Raster beim Objekt (z. B. kleinkarierter Stoffbezug eines Sessels).	
Rauschen	Unregelmäßiges Pixelmuster. Helle oder dunkle Bildpunkte in dunklen Bildbereichen oder auf einfarbigen Flächen. **Ursache:** Fehlladungen des Speicherchips. Kann auch durch lange Belichtungszeiten entstehen.	

Display

Digitalkameras verfügen über ein Display, auf dem das Bild während und nach dem Fotografieren angezeigt wird. Dies hat den Vorteil, dass es kaum zu Parallaxenfehlern bei Aufnahmen im Nahbereich kommt.

Dennoch zeigen viele Kameras nicht das gesamte aufgezeichnete Bild, sondern lediglich den wesentlichen Ausschnitt des Bildes. Eine exakte Kontrolle des fotografierten Bildmotivs ist daher nur am Computer möglich.

Vorteile Digitalkamera	Nachteile Digitalkamera
direkte Bildkontrolle möglich	geringe Ausstattung bei digitaler Sucherkamera
Bild liegt digital für Weiterverarbeitung vor	schlechtere Bildqualität als bei Kleinbildfilm
Digitalkamera kann an Fernseher oder Computer angeschlossen werden	kurze Brennweiten durch kleine Aufnahmechips
misslungene Aufnahmen können gelöscht werden	oft harte Kontrastgrenzen im Bild ohne weiche Übergänge

27.2.4 Fototechnische Gestaltungsmittel

Mit jeder Kamera kann gestaltet werden, indem technische Einstellungen wie z. B. das Aufnahmeformat, die Brennweite, die Belichtungszeit gezielt eingestellt werden und dadurch das Bild beeinflussen.

Welches Filmformat für welche Bildwirkung?

Gängig ist ein Rechteckformat, das entweder im Hoch- oder Querformat angewendet werden kann. Einige Kameras, wie vom Typ Hasselblad, arbeiten jedoch auch mit quadratischen Formaten, wie dem Mittelformat.

Das Bildformat unterstützt die Bildwirkung, indem Querformate gegenüber Hochformaten eher passiv und schwer wirken und Quadrate Ausgewogenheit symbolisieren.

Vgl. LS 8, 17.4.1

Des Weiteren ist auch die Auflösung der Digitalkamera von besonderer Bedeutung für die Bildgestaltung, da geringe Auflösungen nicht so viele Details aufnehmen können wie höhere Auflösungen.

> **Je höher die Auflösung desto mehr Details können abgebildet werden.**

Welche Brennweite unterstützt welche Bildwirkung?

> **Lange Brennweiten (Teleobjektive) verdichten ein Bild, kurze Brennweiten (Weitwinkelobjektive) öffnen es.**

Durch die Wahl der Brennweite entscheidet der Fotograf, wie die räumlichen Verhältnisse und die unterschiedlichen Größenverhältnisse zwischen dem Vorder-, Mittel- und Hintergrund wiedergegeben werden sollen. Bei gleichem Aufnahmeabstand beeinflusst eine Brennweitenänderung zusätzlich die Schärfentiefe.

> **Teleobjektive zeigen die Objekte groß und mit geringer Schärfentiefe, Weitwinkelobjektive erhöhen die Schärfentiefe.**

Kurze Brennweiten lassen sich am besten dann einsetzen, wenn die Wirkung des Raumes bzw. der Umgebung im Vordergrund steht, wie bei Landschaftsaufnahmen. Lange Brennweiten sind dann sinnvoll, wenn das Augenmerk auf dem Hauptmotiv und dessen deutlicher Abbildung liegt sowie um Zusammenhänge zwischen entfernten Details herzustellen.

Welche Blende für welche Aufnahmen?

Auch durch die Wahl der Blende beeinflusst der Fotograf die Schärfentiefe im Bild und kann die Wahrnehmung des Betrachters steuern.

Mit einer kleinen Blende und der damit einhergehenden großen Schärfentiefe können entfernte Bilddetails in einen Zusammenhang gestellt und insgesamt eine natürliche Wiedergabe der Bildmotive erzielt werden. Eine große Blende, also eine geringe Schärfentiefe, lenkt hingegen den Blick des Betrachters auf wenige Details und bewirkt, dass unerwünschte Bildelemente stark in den Hintergrund treten.

> **Kleine Blende (große Schärfentiefe) für natürliche Motivwiedergabe – große Blende (geringe Schärfentiefe), um wichtige Details in den Vordergrund zu rücken.**

kleine Blende = hohe Schärfentiefe   große Blende = geringe Schärfentiefe

Wie viel Zeit und Licht für welche Bildwirkung?

Die Belichtung eines Bildes wird über die **Verschlusszeit** = Belichtungszeit gesteuert, dabei gilt für die Bildwirkung:

> **Kurze Belichtungszeiten halten den Augenblick fest – Bewegungen werden angehalten. Lange Belichtungszeiten zeigen Bewegungen im Bild.**

Der 100-Meter-Lauf bei einer Meisterschaft wird einmal mit einer kurzen Verschlusszeit von 1/1 000 Sekunde fotografiert und erweckt den Eindruck, als stünden die Läufer. Eine Verschlusszeit von 1/15 Sekunde hingegen lässt die Bewegung der Läufer erkennen, führt jedoch auch zu Bewegungsunschärfe.

kurze Verschlusszeit = Bewegung eingefroren   lange Verschlusszeit = Bewegung unscharf

Doch nicht nur die Belichtungszeit, sondern auch die Belichtung an sich beeinflusst die Bildwirkung. Während für die naturgetreue Wiedergabe bei der Belichtung die Tonwerttreue im Vordergrund steht, können auch gezielte Über- und Unterbelichtung die Bildwirkung verändern.

Ein wichtiges Gestaltungsmittel im Bereich der Belichtung ist der **Blitz**. Direkt eingesetzt erzeugt er ein eher hartes Licht und es kommt vermehrt zu Spiegelungen und starken Schlagschatten. Indirekt verwendet, z. B. mit einer hinten am Blitz befestigten Pappe, an die Decke gerichtet oder unter Verwendung spezieller Schirme (Aufheller), kann das Licht abgesoftet und der Schlagschatten deutlich verringert werden.

Direkter Blitz

Indirekter Blitz zur Decke

Indirekter Blitz gegen Aufheller

Aufbau mit Aufheller

Auch Mehrfachbelichtungen, entweder durch zweifache Belichtung des gesamten Bildes oder nur einzelner Bereiche, tragen zur Bildgestaltung bei. Im ersten Fall entstehen ineinander übergehende Bilder, die sich teilweise überlagern. Im zweiten Fall setzt sich das Gesamtbild nachher aus unterschiedlichen Teilbereichen zusammen.

Die Doppelgängerbelichtung, bei welcher dieselbe Person zweimal auf dem Bild zu sehen ist, stellt ein klassisches Beispiel für den Einsatz der Mehrfachbelichtung dar.

Wenn die Kamera über einen Vorblitz als „Rote-Augen-Funktion" verfügt, benutzen Sie diesen unbedingt beim Fotografieren von Personen. Der Rote-Augen-Effekt lässt sich dadurch zwar nicht ganz verhindern, da dies nur dann möglich ist, wenn Blitz und Objektiv etwas weiter voneinander entfernt sind. Dies ist bei Kompaktkameras aufgrund der Baugröße nicht der Fall.

Bildwirkung mit Filtern verändern

Einfache Filterfunktionen, z. B. zum Ausblenden von Reflexionen (Reflexionsfilter), müssen bereits zum Zeitpunkt der Aufnahme eingesetzt werden. Dazu werden entsprechende Filter vor dem Objektiv angebracht. Die Verwendung eines Filters führt jedoch zu einer Verschlechterung der Abbildungsleistung des Objektivs, da ein Teil des einfallenden Lichtes vom Filter absorbiert wird. Je nach Auswahl des Filters muss die Belichtungszeit daher entsprechend verlängert werden.

Es ist sinnvoll, gestalterische Filterfunktionen wie den Weichzeichnungseffekt erst in der elektronischen Bildnachbearbeitung anzuwenden.

27.3 Scannen

Sollten die Bilder für Ihren Auftrag nur als Foto oder Dia, man spricht hier von Aufsichts- bzw. Durchsichtsvorlagen, vorliegen, müssen diese digitalisiert werden.

Für den Digitalisierungsvorgang steht in den meisten Betrieben ein Flachbettscanner zur Verfügung. In klassischen Druckvorstufenbetrieben wird oft ein höherwertiger Trommelscanner eingesetzt, welcher im Gegensatz zum Flachbettscanner in einer höheren Auflösung sowie Farbtiefe scannen kann.

Grundsätzlich erfassen Scanner beider Bauarten jeden Punkt der Vorlage und übertragen die über die Lichtabtastung (Scan) gewonnenen analogen Informationen in eine digitale Form, sprich ein Pixelbild.

27.3.1 Scanvorgang Flachbettscanner

Ein Flachbettscanner, der in der Druck- und Medienvorstufe eingesetzt werden soll, sollte über eine Durchlichtfunktion (die Begriffe Durchsicht und Durchlicht sind synonym zu gebrauchen) zum Einscannen von Dias sowie über eine Auflösung von mindestens 4 800 ppi verfügen. Kostengünstige Geräte arbeiten oft mit einem Plug-in für Photoshop. Für qualitativ hochwertige Scans sollte der Scanner über ein eigenständiges und konfigurierbares Scanprogramm verfügen.

Hat ein Scanner eine Auflösung von 4 800 x 9 600 ppi, kann man aus dieser Angabe Folgendes entnehmen: Der Scanner erkennt auf einem Inch 4 800 einzelne Bildpunkte (Pixel). Dies ist meist gleichzusetzen mit der optischen Auflösung. Der zweite Wert ist doppelt so hoch, da der Flachbettscanner in Vorschubrichtung meist doppelt getaktet ist. Aufpassen sollte man bei extrem hohen Auflösungsangaben, hier könnte es sich um interpolierte Werte handeln, d. h., dass Bildinformation zusätzlich hinzugerechnet wird.

Das Funktionsprinzip eines Scanners soll am Beispiel eines Flachbettscanners dargestellt werden.

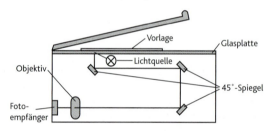

Flachbettscanner im Querschnitt

Eine Lichtquelle mit rein weißem Licht (Kalt-Kathoden-Fluoreszenzlampenlicht oder LEDs) tastet die Vorlage zeilenweise ab. Das von der Aufsichtsvorlage remittierte Licht wird über ein Spiegelsystem und eine Optik auf das lichtempfindliche Bauteil, die CCD-Zeile, gelenkt. Für jede Grundfarbe (RGB) ist eine Sensorleiste vorhanden, deren Sensoren mit einem Rot-, Grün- oder Blaufilter bedampft sind. Jeder Filter lässt nur seine Eigenfarbe hindurch. Dadurch wird das remittierte Licht in seine Hauptspektralanteile zerlegt. Ein Analog/Digital-Wandler wandelt die analogen Lichtsignale anschließend in digitale Signale um.

CCD (Charge-coupled Device – ladungsgekoppeltes Bauteil, Halbleiter) funktioniert grundsätzlich wie eine Photovoltaik-Solarzelle: Je mehr Licht darauf fällt, desto mehr Elektronen (negativ geladene Teilchen) werden erzeugt.

27.3.2 Ein- und Ausgabeauflösung

Sobald Bilder in digitaler Form vorliegen, spielt neben dem Format, dem Dateiformat und dem Farbmodus auch die Auflösung eine große Rolle.

Vgl. diese LS, 17.6

Rasterweite (lpi) x Qualitätsfaktor x Skalierungsfaktor = Scanauflösung

Rasterweite
Liegt die Angabe der Rasterweite noch in lpcm vor, muss in lpi umgerechnet werden, indem die Rasterweite mit 2,54 multipliziert wird.

Beispiel:
60 lpcm x 2,54 = 152,4 lpi

Qualitätsfaktor
Der Qualitätsfaktor liegt je nach Rasterweite zwischen 1,4 und 2. Der RIP des Ausgabegerätes interpretiert die durch die Seitenbeschreibungssprache Postscript übermittelten Bilddaten und berechnet aus jeweils 2 Pixeln in der Breite und der Höhe den Tonwert eines Rasterpunktes. Dies wird durch den Qualitätsfaktor berücksichtigt. Praktischerweise kann jedoch jeweils der Wert 2 angenommen werden.

Skalierungsfaktor
Im Scanprogramm wird grundsätzlich das neue Format schon vor dem Scannen angegeben. Der Scan hat dann z. B. 300 ppi im Endformat. Wird der Scan jedoch 1:1 ausgeführt und soll später vergrößert werden (z. B. im Bildbearbeitungs- oder Layoutprogramm), muss das gescannte Bild in einer höheren Auflösung vorliegen.

Beispiel:
152,4 lpi x 2 (QF) x 2 (SF) ≈ 600 ppi
Skalierungsfaktor 2 = 200/100 (200 %)

Grundsätzlich sollten die errechneten Endwerte gerundet werden. Dann errechnet sich auch der allgemein bekannte Wert von 300 ppi für Bilddaten im Maßstab 1:1, die später im 60er-Raster im Offset-Druckverfahren gedruckt werden.

Welche Scanauflösung für welche Vorlage?

Neben den oben erläuterten Faktoren ist auch die Vorlagenart entscheidend für die Wahl der korrekten Scanauflösung. Folgende Vorlagenarten können unterschieden werden:

- Strichvorlagen (Vorlagen mit der Farbtiefe von 1 Bit = Schwarz und Weiß ohne Zwischentöne, z. B. Text, Tuschezeichnung, Unterschrift.),
- Halbtonvorlagen (Durchsichtsvorlage: z. B. Dia, Aufsichtsvorlage: z. B. Foto),
- gerasterte Vorlagen/bereits gedruckte Vorlagen (Anzeige, Farbausdruck usw.),
- dreidimensionale Objekte.

Strichvorlagen sollten mit 800–1 200 ppi eingescannt werden bzw. mit der 3- bis 6-fachen Auflösung gegenüber dem Halbtonbild. Durch die höhere Auflösung können Rundungen, z. B. bei einzuscannendem Text, ohne Treppeneffekte bei der späteren Ausgabe wiedergegeben werden, da die Scanauflösung ähnlich der Ausgabeauflösung ist. Ideal wäre ein Strichscan mit der Ausgabeauflösung des Ausgabegerätes. Dagegen spricht aber häufig die zu hohe Dateigröße.

Die Scanauflösung von Halbtonvorlagen kann nach den beschriebenen Rechenverfahren durchgeführt werden und ist abhängig vom Qualitätsfaktor, Skalierungsfaktor, der Ausgabeauflösung bzw. der Rasterweite beim Druck.

Müssen bereits gedruckte Vorlagen eingescannt werden, ergibt sich die Gefahr eines Moirés: Die Rasterpunkte ergeben mit der Anordnung der Pixelstruktur ein störendes geometrisches Muster. Um einem Moiré beim Scannen vorzubeugen, kann im Scanprogramm die sogenannte Entrasterungsfunktion angewählt werden. Dabei muss der Wert der Rasterweite eingegeben werden, um das Moiré durch eine leichte Unschärfe zu entfernen.

Vgl. diese LS, 27.1

17.6 Elektronische Bildverarbeitung (EBV)

Generell sollten selbst erstellte Digitalfotos bzw. Scans sowie vom Kunden gelieferte Bilddateien nachbearbeitet werden, da perfekte Fotos oder Scans nur selten vorkommen – trotz hervorragender Digitalkameras und Scanner. Weil Sie für Ihren Kunden hohe Qualität produzieren wollen, kommen Sie nicht umhin, die Qualität Ihrer Bilddaten zu kontrollieren und zu optimieren.

Zu den grundlegenden Arbeitsschritten der EBV gehören:

- Tonwertkorrektur (Tonwertkorrektur und/oder Gradationskurven)
- Farbkorrektur
- Scharfzeichnen/Weichzeichnen bzw. Anwendung diverser Filter
- Kontrolle der Auflösung bzw. des Formates
- Änderung des Farbmodus

Im Folgenden werden diese Arbeitsschritte vorgestellt und die praxisnahe Anwendung erläutert.

17.6.1 Tonwertkorrektur

Die Tonwertkorrektur dient der Optimierung von Tonwertumfang und Kontrast. Dabei erfolgt meist eine Neuverteilung der im Bild vorhandenen Tonwerte über den gesamten Tonwertumfang. Hierbei ist es wichtig zu verstehen, dass keine Farben, sondern Tonwerte verändert werden.

Schauen Sie sich in einem RGB-Bild die einzelnen Kanäle an: Sie werden feststellen, dass jeder Kanal für sich genommen nur aus Graustufen bzw. Helligkeitsinformationen, sprich Tonwerten besteht. Ausgehend von einem Bild mit 8 Bit Datentiefe pro Kanal bedeutet das, dass jedes Pixel pro Kanal 256 mögliche Tonwerte aufweisen kann. Da wir uns im additiven RGB-Farbmischsystem befinden, bedeutet ein Tonwert von 0 keine Lichtenergie bzw. Schwarz, ein Tonwert von 255 volle Lichtenergie bzw. Weiß. Aktivieren Sie nacheinander die einzelnen Kanäle, addieren sich die Helligkeitsstufen bzw. Tonwerte der einzelnen Kanäle und werden als Mittelwert im Composite-Kanal zusammengefasst (und dann natürlich farbig dargestellt).

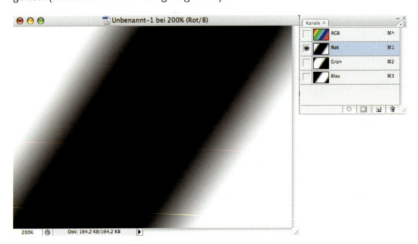

Die Tonwertkorrektur sollte nur im RGB-Modus durchgeführt werden. Hier geht es nämlich darum, vor allem Weiß- und Schwarzpunkt korrekt zu setzen. Aus diesen Tonwertinformationen wird dann beim Moduswechsel in CMYK aus den drei Kanälen der Schwarzkanal zuerst berechnet. Je genauer also die Tonwertkorrektur im RGB-Bild erfolgt, desto stimmiger ist das Ergebnis bei der Separation.

Das Histogramm ist das Werkzeug der Tonwertkorrektur. Es zeigt die Verteilung und die Anzahl der einzelnen Tonwerte über den Tonwertumfang an. Die x-Achse stellt alle Tonwertstufen von 0 (Schwarz) bis 255 (Weiß) dar. Auf der y-Achse wird dargestellt, wie viele Pixel im Bild jeweils einer der Tonwertstufen entsprechen.

Die vorhergehende Abbildung zeigt ein Histogramm, welches im Bereich der Lichter und Tiefen keine Informationen aufweist. Tatsächlich wirkt dieses Bild etwas flau – ihm fehlt der Kontrast. Die Korrektur erfolgt, indem der linke Regler nach rechts hin verschoben wird, bis an die Stelle, an der ein nennenswerter Tonwertanteil zu erkennen ist. Damit wird den Pixeln der Tonwert 0 (Schwarz) zugewiesen. Mit dem rechten Regler verfährt man, indem man ihn zur Mitte hin verschiebt. Die hellsten Pixel bekommen so den Tonwert 255 (Weiß). Damit wird eine Neuverteilung der Tonwerte über den gesamten Tonwertumfang erreicht. Dies wird als Tonwertspreizung beschrieben.

Ein Bild wirkt dann knackig und lebendig, wenn der mögliche Kontrastumfang optimal ausgeschöpft ist. Das heißt, die hellsten Stellen des Bildes sollten auch wirklich weiß sein und nicht nur hellgrau, die dunkelsten Bildstellen wirklich schwarz und nicht matschig-trüb dunkelgrau.

Mit dem linken Regler (Tiefen) bestimmen Sie den Schwarzpunkt des Bildes, mit dem rechten Regler (Lichter) bestimmen Sie den Weißpunkt des Bildes. Der Regler in der Mitte (Gammaregler) bestimmt letztendlich die sogenannte Grundhelligkeit des Bildes. Er legt fest, welche Pixel einen mittleren Tonwert von 128 erhalten. Ziehen Sie ihn nach dem Setzen von Weiß- und Schwarzpunkt nach links, hellen Sie das Bild auf (die hellen Tonwerte überwiegen nun). Ziehen Sie ihn nach rechts, dunkeln Sie das Bild ab (die dunklen Tonwerte überwiegen nun). Schwarz- und Weißpunkt bleiben davon unberührt.

Das Histogramm bietet die Möglichkeit, die Tonwertkorrektur im Composit-Kanal (RGB) durchzuführen (s. Abb.). Führen Sie die Korrektur jedoch nacheinander in den einzelnen Kanälen durch, können Sie auch einen eventuell vorhandenen Farbstich entfernen. Verzichten Sie auf die Auto-Tonwertkorrektur. Sie bringt oft nur mäßige Ergebnisse.

Bei der Tonwertkorrektur können Tonwertabrisse im Bild entstehen. Da der RGB-Farbraum mehr Tonwertabstufungen pro Farbe zulässt, als das menschliche Auge wahrnehmen kann, fallen diese normalerweise nicht auf. Werden die Tonwertsprünge jedoch zu groß, macht sich das im Bild störend bemerkbar. Dies ist übrigens der Grund, warum hochwertige Scanner und das Camera-Raw-Format mit einer Datentiefe von 16 statt nur 8 Bit pro Farbkanal arbeiten. So entstehen sehr viel feinere Tonwertabstufungen, deren Verlust durch Korrekturen dem Auge dann wirklich nicht mehr auffällt.

Kontrollieren Sie Ihre Bilddaten nach der Tonwertkorrektur auf diesen Effekt, der auch als Posterisation bzw. Banding bezeichnet wird. Durch fehlende Tonwerte können Verläufe nicht mehr exakt dargestellt werden. Dabei kommt es immer auf das Bild an, ob der Effekt sichtbar wird oder nicht.

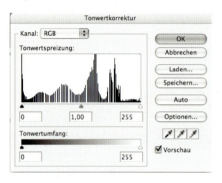 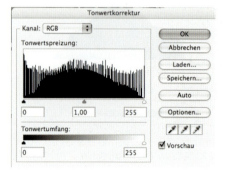

Tonwertabrisse im Histogramm aus Adobe Photoshop®
Bildquelle: Adobe Systems GmbH®

Eine Besonderheit bei der Tonwertkorrektur stellen sogenannte High-Key- und Low-Key-Bilder dar: Sie sollten nicht durch eine kompromisslose Tonwertkorrektur nach den bereits vorgestellten Verfahren bearbeitet werden, da dann die Tonwerte des entsprechenden Bildes völlig verfälscht dargestellt werden.

Beispiele für High-Key-Bilder sind Aufnahmen im Schnee, die vor allem Tonwerte im Lichter- und Vierteltonbereich, jedoch keinen richtigen Schwarzpunkt aufweisen. Low-Key-Bilder dagegen sind z. B. Nachtaufnahmen bzw. Aufnahmen von Sonnenuntergängen. Sie weisen viele dunkle Tonwerte auf, besitzen aber keinen richtigen Weißpunkt (außer evtl. einigen Spitzlichtern).

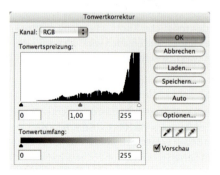 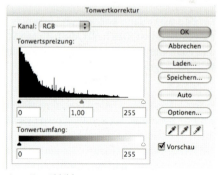

High-Key-Abbildung   *Low-Key-Abbildung*
Histogramme aus Adobe Photoshop®
Bildquelle: Adobe Systems GmbH®

Der Regler Tonwertumfang ist eigentlich dazu gedacht, den Tonwertbereich so einzugrenzen, dass im Druck keine Tonwertabrisse in den Lichtern entstehen. Auch weiße Bildstellen müssen im Druck noch einen ganz feinen Rasterton behalten, sonst sieht das Ergebnis aus, als hätte es ein „Loch". Umgekehrt dürfen die dunkelsten Stellen des Bildes nicht einfach vollflächig mit Schwarz „zugedruckt" werden, sondern es dürfen nur Rasterpunkte erzeugt werden, die eben noch ein wenig Papierweiß durchlassen (je nach Papier und Druckverfahren 92 % – 96 %). Mittlerweile regelt das allerdings meistens der RIP bzw. die Farbeinstellungen in Photoshop. Diese Funktion können Sie jedoch z. B. dazu verwenden, ein Bild abzusoften.

Abbildungen aus Adobe Photoshop®
Bildquelle: Adobe Systems GmbH®

Um die Auswirkung bei der Änderung des Tonwertumfangs darzustellen, zeigen die Abbildungen eine extreme Veränderung des Tonwertumfanges. Im linken Bild wurde das Bild abgesoftet, indem der Tonwert 0 auf 128 gelegt wurde. Die Informationsanzeige bestätigt: Aus 100 % wurden 50 %. Die umgekehrte Änderung wird im rechten Bild gezeigt.

Die Änderung des Tonwertumfanges (Tonwertreduktion) ist nicht das Gegenteil der Tonwertspreizung, wie die folgenden drei Abbildungen zeigen. Daher können Korrekturen mit der Tonwertspreizung nicht durch die Tonwertreduktion rückgängig gemacht werden.

Die obige Abbildung zeigt eine extreme Tonwertspreizung. Der Schwarzpunkt wurde von 0 auf 128 gelegt.

Der gleiche Verlauf nach der Korrektur: Es fehlen 128 Tonwerte, da alle Tonwerte ab 128 durch 0 ersetzt wurden. Die Folge sind hier natürlich Tonwertabrisse, da sich hier 128 Tonwerte auf 256 mögliche Positionen verteilen.

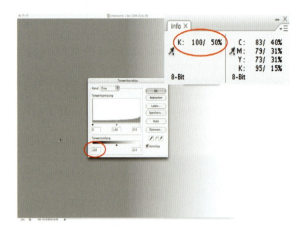

Der Screenshot zeigt es: Durch eine nachträgliche Änderung des Tonwertumfanges werden die Tonwerte nicht wieder neu verteilt, sondern abgeschwächt (s. Information). Die Anzahl und Verteilung der Tonwerte bleibt aber bestehen.

17.6.2 Gradationskurve

Oft müssen Bilddateien in unterschiedlichen Tonwertbereichen bearbeitet werden, z. B. nur in den Lichtern, wobei die Mitteltöne und Tiefen unberücksichtigt bleiben sollen. Für diese Aufgaben können Sie die Gradationskurve etwas differenzierter als die Tonwertkorrektur einsetzen: Sie erlaubt voneinander unabhängige Tonwertkorrekturen in allen Tonwertbereichen.

Gradation bedeutet „Steigung". Daraus wird auch die Funktion der Gradationskurve abgeleitet: Durch eine Veränderung der Steigung wird eine Änderung des Tonwertes erreicht.

Beachten Sie bei nachstehenden Abbildungen die unterschiedlichen Farbmodi (s. Kanal) und die daraus erfolgende Verteilung der Tonwertbereiche für Ein- und Ausgabewerte (je nach Belieben können Sie auch die Anzeige von Tonwert nach Prozent im unteren Bereich des Dialogfeldes ändern). Dabei werden auf der x-Achse generell die Eingabewerte (so ist der Tonwert zurzeit) und auf der y-Achse der Ausgabewert (so wird der Tonwert nach der Korrektur sein) dargestellt.

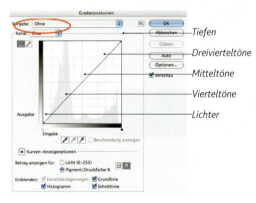
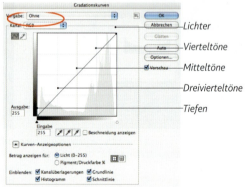

Die Gradationskurve wird beim Öffnen immer zuerst als Diagonale (Steigung = tan 45° = 1) dargestellt, sodass noch keine Korrektur der Tonwerte erfolgt ist. Erst nach der Bearbeitung, sprich nach Änderung der Steigung in den zu bearbeitenden Bereichen, ändern sich die Tonwerte. Praktisch ist hier die Vorschau sowie das einblendbare Histogramm. Ausgehend von einem Graustufenverlauf werden im Folgenden einige klassische Beispiele zur Verwendung der Gradationskurve vorgestellt.

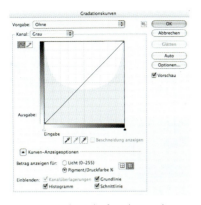 

8-Bit-Graustufenverlauf vor der Korrektur

Aufhellen

Der Screenshot zeigt: Durch Ziehen der Gradationskurve nach unten werden die Tonwerte vor allem in den Mitten aufgehellt. Schwarz- und Weißpunkt bleiben unverändert. Vergleichen Sie die Anzeige: Der Originalwert von 61 % wird in der Ausgabe zu 40 %.

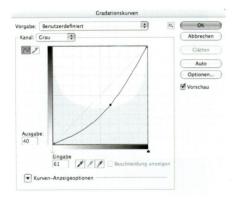 

Abdunkeln

Der Screenshot zeigt: Durch Ziehen der Gradationskurve nach oben werden die Tonwerte vor allem in den Mitten abgedunkelt. Schwarz- und Weißpunkt bleiben unverändert. Aus 40 % werden 60 %. Entsprechend verändern sich die restlichen Tonwerte prozentual mit, wobei die Auswirkung im Mittelton am stärksten ist.

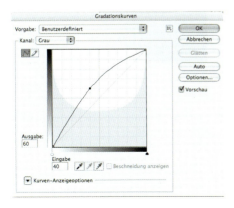 

Kontrast erhöhen (1)

Der Screenshot zeigt: Schwarz- und Weißpunkt wurden bei diesem Beispiel verändert. Alle Werte unter 20 % wurden auf 0 % gesetzt, alle Werte ab 80 % auf 100 %. Diese Korrektur können Sie anwenden, um aus flauen Bildern „knackige" Bilder zu erstellen. Zwar wurde aus Ansichtsgründen dieses Beispiel etwas übertrieben, der Effekt wird so aber sehr deutlich. Probieren Sie es aus! Geeignet ist diese Korrektur vor allem bei Schwarz-Weiß-Abbildungen.

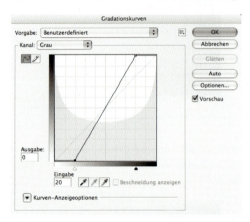

Kontrast erhöhen (2)

Der Screenshot zeigt: Schwarz- und Weißpunkt bleiben bei diesem Beispiel unverändert. Durch die S-Kurve werden die hellen Tonwerte weiter aufgehellt, die dunklen Tonwerte weiter abgedunkelt, im Mitteltonbereich wird die Kurve etwas aufgesteilt. Dadurch erreichen Sie einen ähnlichen Effekt wie im vorhergehenden Beispiel, vermeiden jedoch den Tonwertverlust in den Lichtern und Tiefen. Die Umkehrung dieser S-Kurve bewirkt natürlich eine Kontrastverminderung.

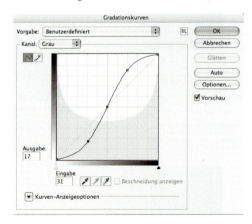

Kontrast vermindern

Der Screenshot zeigt: Schwarz- und Weißpunkt wurden auch bei diesem Beispiel verändert, jedoch in umgekehrter Weise. Dadurch vermindert sich der Kontrast drastisch.

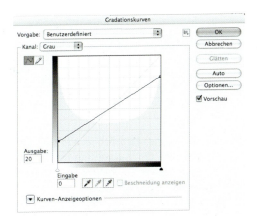

17.6.3 Farbkorrekturen

Nach der korrekten Tonwertverteilung optimieren Sie nun die Farbgebung eines gesamten Bildes oder einzelner Bildteile eines Kalendermotivs (z. B. die Farbe einer Hauswand). Wählen Sie aus den folgenden Korrektureinstellungen die passende aus.

17.6.3.1 Farbton/Sättigung

Über diesen Befehl im Menü „Anpassen" können einzelne Farbbereiche eines Bildes herausgefiltert und verändert werden. Farbton/Sättigung bietet sich zum Umfärben bei relativ konsistenten Farbbereichen an: Augenfarbe ändern, Produkt umfärben usw.

Original

Leichte Farbänderung des Spielzeugs. Der zu verändernde Bereich wurde vorher mit einer Auswahl eingegrenzt, um die Augenfarbe nicht zu verändern.

17.6.3.2 Selektive Farbkorrektur

Die selektive Farbkorrektur bietet sich an, um Farbbereiche eines Bildes zu verändern. Beispielsweise kann der Magentaanteil in den Rottönen unabhängig von anderen Farben beeinflusst werden. Ein weiterer klassischer Bereich für die Verwendung der selektiven Farbkorrektur ist die Reduzierung von Schmutzfarben. So kann z. B. aus den Rottönen die Komplementärfarbe Cyan entfernt werden.

17.6.3.3 Farbbalance

Vgl. LS 6
20.1.2

Die Farbbalance oder auch Graubalance ist das Werkzeug, um einen Farbstich im Bild auszugleichen. Um die Arbeitsweise zu verdeutlichen, wurde hier eine CMYK-Datei mit den Werten 20/20/20/0 für CMYK angelegt. Gleiche Farbanteile im subtraktiven Farbmodell ergeben einen Rotstich. Der Rotstich kann nur durch einen stärkeren Cyananteil ausgeglichen werden. Beachte: Nicht Rot minus, sondern Cyan plus führt hier zum Ziel. Zudem muss nur ein Kanal verändert werden und nicht zwei (Rot ergibt sich aus Magenta und Gelb).

Gleiche Farbanteile (20/20/20/0) in CMYK ergeben einen Rotstich.

Durch die Farbbalance ergibt sich wieder ein neutrales Grau (22/18/18/0).

17.6.4 Filter

Filter sind eine weitere Möglichkeit der digitalen Bildbearbeitung. Sie dienen entweder dazu, Spezialeffekte zu erzielen oder Bilder in ihrer Schärfe zu verändern. Optimieren Sie Ihre Bilddateien hinsichtlich der Schärfe und wählen Sie dazu den geeigneten Filter aus. Betrachten Sie das Bild beim Scharfzeichnen immer bei einem Zoom von 100 %.

17.6.4.1 Scharfzeichnen

Mit dem Scharfzeichnen-Filter können Bilder, die unscharf aufgenommen wurden, nachträglich geschärft werden. Ob und in welchem Maße eine Scharfzeichnung erforderlich ist, hängt einerseits von der Aufnahme, andererseits vom Motiv ab: Ein wolkenreicher Himmel wird durch die Scharfzeichnung eher zu grobkörnig, während ein unscharf aufgenommenes Haus mehr Kontur bzw. Schärfe erhält.

Photoshop arbeitet mit fünf Scharfzeichnen-Filtern:

- Konturen Scharfzeichnen
- Scharfzeichnen
- Selektiver Scharfzeichner
- Stärker Scharfzeichnen
- Unscharf Maskieren

Nur beim Selektiven Scharfzeichnen sowie bei der Unscharf Maskierung können Einstellungen vorgenommen werden. Bei den restlichen Filtern müssen Sie die Photoshop-Vorgaben akzeptieren.

Der Name „Unscharf Maskieren" verwirrt. Der Begriff stammt noch aus der Lithografie bzw. Reprofotografie, als noch mit Film gearbeitet wurde. Eine leicht unscharfe Kopie des Filmnegativs wurde über das Original gelegt und nochmals belichtet. Durch diese Maske hindurch wurden die Konturen nachbelichtet und der Kontrast damit verstärkt. Die gleiche Wirkung hat der Filter heute in Photoshop: Der Kontrast entlang von Tonwerttrennungen wird erhöht. Der Filter sucht nach Pixeln, deren Tonwert sich um einen definierbaren Schwellenwert von seinen Nachbarpixeln unterscheidet. Der Tonwert der benachbarten Pixel wird um einen angegebenen Wert erhöht und damit der Kontrast verstärkt. Darüber hinaus kann der Radius des Bereichs festgelegt werden, mit dem jedes Pixel verglichen wird. Je größer der Radius, desto größer der Bereich der Filterwirkung.

Der Filter „Selektiver Scharfzeichner" bietet mittlerweile noch umfangreichere Einstellmöglichkeiten als „Unscharf Maskieren".

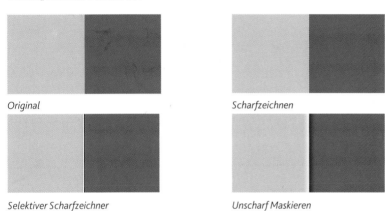

Original   *Scharfzeichnen*

Selektiver Scharfzeichner   *Unscharf Maskieren*

Die Abbildungen zeigen – in starker Vergrößerung – die Wirkungsweise bei den unterschiedlichen Verfahren. Generell kann der Scharfzeichnungseffekt durch Kontrasterhöhung beobachtet werden. In beiden Filtern gibt die Stärke die Intensität des Tonwertes an, um den der Kontrast erhöht wird. Radius legt die Anzahl der Umgebungspixel fest, die in die Neuberechnung miteinbezogen werden. Schwellwert legt fest, ab welchem Tonwertunterschied der Filter beginnt zu wirken.

In der Praxis sollten Sie beachten, dass Sie die Schärfe bei einer Monitoransicht von 100 % beurteilen. Da bei der Rasterung mehrere Pixel in einen Rasterpunkt umgerechnet werden, geht Information verloren. Daher darf der Radius (Wirkbereich) oft ruhig etwas größer gewählt werden.

17.6.4.2 Weichzeichnen

Die Weichzeichnungsfilter in Photoshop kehren generell die Arbeitsweise des Scharfzeichnen-Filters um: An Kanten wird der Kontrast gemildert. Dazu können Sie verschiedenste Weichzeichnungs-Filter auswählen. Probieren Sie die Möglichkeiten aus! Den Weichzeichnen-Filter können Sie einsetzen, um z. B. Bildteile gezielt weichzuzeichnen, damit der wichtige Bildteil scharf und damit dominant wirkt. Auch können fotografische Effekte wie die Tiefenschärfe damit nachträglich in Bilder hineingearbeitet werden.

9 | Lernsituation Kalender

Original

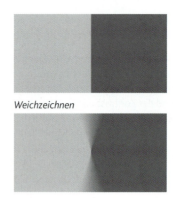

Weichzeichnen

Gaußscher Weichzeichner mit 10 Pixel Radius

Radialer Weichzeichner

17.6.5 Bildauflösung/Format

Im Menü „Bildgröße" können Sie nun das Format und die Auflösung Ihres Bildes bestimmen. Entscheidend ist für die Bildgröße nicht die Angabe der Breite und Höhe in Pixeln, sondern auch die Angabe, in welcher Auflösung das Bild vorliegt. Dazu lassen Sie sich bitte noch einmal die Angabe ppi (Pixel pro Inch) auf der Zunge zergehen: Auf einem Inch, sprich 2,54 cm, besitzt das Bild bei 72 ppi 72 Bildpunkte und bei 300 ppi eben 300 Bildpunkte. Daher variiert natürlich auch die Größe eines Pixels bei unterschiedlichen Auflösungen – und damit das Format des Bildes.

www.sourceforge.net/projects/image enlarger

Nebenstehende Abbildung zeigt, dass das Bild eine Auflösung von 72 Pixeln pro Inch besitzt. Das Bild besitzt eine Breite von 144 Pixeln. Da auf einem Inch 72 Pixel untergebracht werden können, müssen 2 Inch verbraucht werden, um alle Pixel des Bildes darstellen zu können.

> Versuchen Sie Bilder mit der Software „Smilla Enlarger" zu vergrößern und beurteilen Sie den Unterschied zu anderen Bildbearbeitungsprogrammen.

2 Inch = 2 x 2,54 cm = 5,08 cm. Das entspricht auch der Anzeige in Photoshop.

Vergleich:

144 Personen wollen in eine Straßenbahn einsteigen. Jeder Wagen fasst 72 Personen. Also benötigt man 2 Wagen, um alle Personen unterzubringen.

Die Auflösung wurde für den Offsetdruck im 60er-Raster auf 300 ppi geändert. Beachten Sie dabei, dass Sie das Häkchen bei „Bild neu berechnen mit" lösen. Damit ist die Auflösung mit dem Dokumentformat verknüpft. Das Bild behält seine Pixel. Schließlich sollen keine neuen Pixel interpoliert werden, da für die beste Qualität mit dem vorhandenen Pixelmaterial gearbeitet werden muss.

Jetzt können 300 Pixel auf 1 Inch verteilt werden. Daher benötigen 144 Pixel nur ca. ein halbes Inch.

144 Pixel: 300 Pixel/Inch = 0,48 Inch

0,48 Inch x 2,54 cm = 1,22 cm (s. Anzeige)

Vergleich:

144 Personen wollen in eine Straßenbahn einsteigen. Jeder Wagen fasst 300 Personen. Also benötigt man nur einen Wagen, der ca. zur Hälfte gefüllt ist.

Achten Sie auf diese Vorgehensweise bei der Bildbearbeitung, da Sie Bilddaten mit 300 ppi Auflösung für den Offsetdruck benötigen. Arbeiten Sie beim 60er-Raster mit einer geringeren Bildauflösung, bekommt der RIP des Ausgabegerätes nicht genügend Bildinformationen, um den Tonwert für einen Rasterpunkt zu ermitteln.

Vgl. diese LS 27.3.2

17.6.6 Farbmodus

Zum Schluss Ihrer Bildbearbeitung stehen Sie vor der Wahl des korrekten Farbmodus. Der abschließende Weiterverarbeitungsprozess, sprich das eingesetzte Druckverfahren, sollte bekannt sein, um möglichst genau in den Ausgabe-Farbumfang (Gamut) zu separieren. Behilflich sind dabei die ICC-Farbprofile (vgl. Separation).

www.eci.org

Ein Sonderfall ist jedoch die Umwandlung in ein Duplex. Dazu verwerfen Sie die Farbinformationen Ihres Bildes und wandeln sie in Graustufen um. Damit erhalten Sie die Option „Duplex freigegeben".

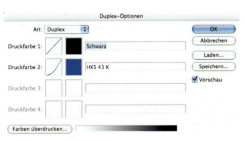

Original Graustufen-Bild

Beachten Sie bei der Erstellung eines Duplex, dass Schwarz weiterhin die bildbestimmende Farbe ist. Schwächen Sie die Sonderfarbe über die Gradationskurve (s. Abb.) ab.

Sie können Duplexbilder (Schwarz plus eine Sonderfarbe) z. B. für zweifarbige Drucksachen einsetzen, bei denen – neben Schwarz – die Hausfarbe eines Unternehmens eingesetzt werden soll.

Entsprechend bieten Triplex- bzw. Quadruplex-Bilder die Verwendung von mehreren Sonderfarben in einem Bild.

Duplex mit o. a. Einstellung

Nachdem Sie sich Gedanken um die Bildqualität gemacht haben, steht nun der Satz des Kalendariums an. Dabei helfen Ihnen die folgenden Informationen. Vielleicht fügen Sie dem Kalendarium auch einmal Angaben über die Mondphasen hinzu?

Je nach Zielgruppe und Verwendung des Kalenders können die Abbildungen der Mondphasen unterschiedlich eingesetzt werden, z. B. in den Bereichen Astrologie, Esoterik, Pflanzen- und Gartenfreunde sowie Gesundheit und Wellness.

Folgende Symbole für die Mondphasen gelten im Kalendarium:

www.mond
kalender-
online.de
http://ephe
meriden.com
www.mond.
de

○	Vollmond (hell leuchtend)	●	Neumond (dunkel, nicht zu sehen)
☾	abnehmender Mond	☽	zunehmender Mond

Übertragen Sie die Typo-Informationen auf das Kalendarium und kombinieren Sie diese mit den Informationen über Schriftarten. Suchen Sie für den Monatsnamen sowie das Kalendarium zum Thema passende bzw. dem Zweck dienliche Schriftarten aus.

Vgl. LS 4, 15.1.2

Tabellen

LS 8, 24.4.3

Layoutprogramme bieten oft hervorragende Möglichkeiten, Tabellen anzulegen. In einem Textrahmen kann eine beliebige Tabelle erstellt und über umfangreiche Optionen gestaltet werden. Auch der Import von Excel-Tabellen erfolgt schnell und einfach.

Je nach Layout des zu gestaltenden Kalenders können Sie die Wochentage in die Tabellenkopfzellen oder in die Vorspalte schreiben. Die Zahlenangaben können mittig untereinander gesetzt werden.

Beachten Sie, dass ein Kalender ein präzises Instrument zur Zeiteinteilung bzw. zur Planung und Koordination darstellt. Möchten Sie diese Funktion herausstellen, sollten Sie dem Satz des Kalendariums besondere Aufmerksamkeit widmen, indem Sie es übersichtlich und klar strukturiert anlegen (Schrift- und Farbwahl sowie Abstände beachten).

Steht eher der künstlerische Aspekt im Vordergrund, unterstreichen Sie diesen, indem Sie mehr Gewicht auf den Bildanteil des jeweiligen Kalenderblattes legen und eher einer einfachen Zahlenreihe von 1 bis 31 den Vorzug geben.

Lernsituation Kalender | 9

Montag	Dienstag	Mittwoch	Donnerstag	Freitag	Samstag	Sonntag
		1	2	3	4	**5**
6	7	8	9	10	11	**12**
13	14	15	16	17	18	**19**
20	21	22	23	24	25	**26**
27	28	29	30	31		

Montag		6	13	20	27
Dienstag		7	14	21	28
Mittwoch	1	8	15	22	29
Donnerstag	2	9	16	23	30
Freitag	3	10	17	24	31
Samstag	4	11	18	25	
Sonntag	**5**	**12**	**19**	**26**	

Vergleichen Sie die Lesbarkeit der beiden oben dargestellten Beispiele und verwenden Sie Ihren Favoriten für Ihr Layout.

Die Wahl, ob Sie die Wochentage ausschreiben oder mit Mo, Di, Mi ... abkürzen, bleibt Ihnen überlassen. Hier können auch die Kalenderwochen mit eingebunden werden.

Auch die Darstellung des Kalendariums in einer Zahlenreihe ist möglich. Achten Sie darauf, dass das Kalendarium nicht in Konkurrenz zum Bildanteil steht – dazu haben Sie die Möglichkeit, den Text des Kalendariums aufzurastern und beispielsweise nur die Sonntage als Orientierungspunkte mit 100 % Tonwert in der von Ihnen gewählten Farbe stehenzulassen.

Generell sollten Sonn- und Feiertage hervorgehoben bzw. ausgezeichnet werden. Dies erleichtert dem Betrachter die Orientierung und teilt das Kalendarium optisch ein. Die Auszeichnung kann z. B. durch die Verwendung eines fetten Schriftschnittes und/oder durch eine entsprechende Farbgebung erfolgen. Die Farbgebung bietet vielfältige Möglichkeiten: Im sonst schwarzen Text können besondere Tage rot oder in der Hausfarbe (hier evtl. Farben der Stadt) hervorgehoben werden.

Ein Vorteil bei dieser Anordnung der Tage ist die platzsparende Darstellung. Somit bleibt eine entsprechend große Fläche für die Abbildung, die inklusive Weißraum genutzt werden kann.

Kalendernormen

Wenn Sie den Kalender mit einer Einteilung der **Kalenderwochen** versehen möchten, beachten Sie bitte folgende Vorgaben:

Das Jahr umfasst jeweils 52 oder 53 Kalenderwochen (KW), wobei es bei den Wochen-Nummerierungen verschiedene Variationen gibt. Die erste Woche des Jahres ist

- die, in die der 1. Januar fällt (Excel-Funktion „Kalenderwoche"),
- die erste vollständige Woche des Jahres oder
- die erste Woche, in die mindestens vier Tage des neuen Jahres fallen (ISO 8601).

Die deutschsprachige Kalender-Industrie hält sich ausnahmslos an die internationale Norm ISO 8601, die als letzten Tag der Woche den Sonntag bestimmt. Als Kalenderwoche 1 eines Jahres gilt also die Woche, in die der 4. Januar fällt.

Das Deutsche Institut für Normung e. V. empfiehlt, dass der **Montag als erster Tag der Woche** zählt: DIN 1355 (1974), DIN EN 28601 (1993). Damit liegt nicht mehr der Mittwoch, sondern der Donnerstag in der Wochenmitte. Nach den vorgenannten Normen hat das Jahr 53 Kalenderwochen, wenn es mit einem Donnerstag beginnt oder endet.

Dadurch soll vermieden werden, dass die letzte Kalenderwoche des vergangenen Jahres zugleich die erste Kalenderwoche des neuen Jahres ist.

- Kalenderwoche (KW) 52, 2012: Montag, 24. Dezember 2012 bis Sonntag, 30. Dezember 2012
- Kalenderwoche (KW) 1, 2013: Montag, 31. Dezember 2012 bis Sonntag, 6. Januar 2013

Wenn Ihr Kalender internationale Verwendung finden soll, beachten Sie bitte Folgendes: In weiten Teilen der Welt (z. B. Nordamerika, Australien) hat sich die Tradition des Juden- und Christentums erhalten, den Sonntag als ersten Tag der Woche zu rechnen. Im Portugiesischen werden die Wochentage außer Samstag und Sonntag durchgezählt, wobei der Montag der zweite und der Freitag der sechste Tag ist. Dies bedeutet, dass der Samstag (Sabbat) als siebter Wochentag gerechnet wird. Ebenso ist es in Japan. In den islamischen Ländern wird ebenfalls der Sonntag als erster Tag der Woche gerechnet.

In ISO 8601 werden Zahlen- und Datumsangaben international gültig beschrieben. Seit September 2006 gilt die Schreibweise 2012-09-23 für beispielsweise den 23.09.2012. In Deutschland gilt zusätzlich die DIN 5008, die die korrekte Schreibweise regelt.

Auch bei einem Kalender, der einen Schwerpunkt auf den Bildanteil legt, können die Wochentage in einem Rahmen untergebracht sein, der noch Platz für Markierungen oder Eintragungen wie Termine erlaubt. Den Feiertagen, Jahreszeiten oder dem Thema entsprechend können die Rahmen auch mit Abbildungen ausgeschmückt werden, hierbei ist jedoch darauf zu achten, dass der Einsatz von Abbildungen nicht die Lesbarkeit bzw. die Übersichtlichkeit des Kalendariums erschwert.

27 Druckvorstufe

Als Druckvorstufe oder als Prepress/Premedia werden sämtliche Arbeitsschritte vor dem Druck bzw. vor der Ausgabe bezeichnet. In diesem Bereich werden Bild- und Textdaten erfasst und bearbeitet sowie das Layout erstellt. Damit die Gestaltung im späteren Ausgabeprozess auch umsetzbar ist, sind Kenntnisse über das eingesetzte Druckverfahren sowie den Herstellungsprozess der Druckform notwendig.

27.1 Rasterung

Nach der Gestaltung des Kalenders sollten Sie sich Gedanken über die weiteren Verarbeitungsschritte machen. Dazu gehört auch die Wahl der korrekten Rasterweite, in der Ihr Kalender gedruckt werden soll.

Jedes Produkt, welches in den Hauptdruckverfahren Offset-, Hoch-, Tief- und Durchdruck gedruckt wird, benötigt die Aufteilung eines Bildes durch einen Raster, um Halbtöne – also ineinander übergehende Verläufe – simulieren zu können. Da im Druck nur die Möglichkeit besteht, Information oder keine Information wiederzugeben, wird das Bild in feine Rasterpunkte zerlegt. Die Simulation von Halbtönen gelingt durch eine entsprechende Rasterweite sowie durch einen entsprechenden Betrachtungsabstand.

27.1.1 Halbton und Strich

In der Druckvorstufe werden zwei Vorlagenarten unterschieden: Halbtonvorlagen und Strichvorlagen. Eine Halbtonvorlage ist z. B. ein Schwarz-Weiß-Foto, Farbfoto oder ein Dia: Diese bestehen aus feinen, weich ineinander übergehenden Tonwerten.

Diese können so im Druck nicht wiedergegeben werden, da nur Flächen gedruckt werden können. Die Lösung besteht darin, das Bild in viele kleine Flächen von variabler Größe aufzuteilen: die Rasterpunkte.

Strichvorlagen hingegen sind Vorlagen, die nur aus zwei Tonwerten (Farbtiefe 1 Bit) bestehen, z. B. Schwarz und Weiß. Diese beiden Töne sind exakt voneinander getrennt. Beispiele für Strichvorlagen sind Texte und Tuschezeichnungen. Strichvorlagen müssen nicht gerastert werden, hier wird an den bildgebenden Stellen Vollton (100 % Flächendeckung) gedruckt.

Im Zusammenhang mit den Vorlagenarten ist auch die Beschaffenheit der Druckvorlagen bzw. Dateien wichtig. Je nach Verwendbarkeit eines Dias, Fotos, einer Datei oder einer gedruckten Vorlage wird unterschieden in:

Reprounfähig	Die Vorlage ist so weit durch äußere Einflüsse wie Alterung, Transportschäden/Versandschäden, Flüssigkeitseinwirkung (Regen, Kaffee …) beschädigt, dass sie nicht mehr reproduziert/eingescannt bzw. weiterverarbeitet werden kann. Dies gilt im digitalen Bereich auch für nicht lesbare Dateiformate.
Reprofähig	Reprofähige Vorlagen können mit geringem Aufwand reproduziert werden: kleine Bildretuschen (Ausbesserung eines Kratzers), Umformatierung des Dateiformates, Farbmodus-Wechsel usw.
Reproreif	Reproreife Vorlagen können ohne zusätzliche Korrekturen verwendet werden.

27.1.2 Kenngrößen der Rasterung

www.techkon.de

Ein Raster kann nach Tonwert, Rasterweite, Winkel und Punktform beurteilt werden. Im Hinblick auf die Herstellung des Kalenders wird die Rasterung im Folgenden auf den Offsetdruck bezogen. Die Qualitätssicherung in der Druckvorstufe und im Druck, z. B. die Überprüfung von Rastertonwert und Dichte (Farbschichtdicke), kann durch die Densitometrie erfolgen.

Rasterpunkt und Tonwert

Unterschiedliche Tonwerte werden durch unterschiedlich große Rasterpunkte dargestellt. Der Rastertonwert wird in Prozent angegeben.

Im nebenstehenden Beispiel wird ein Tonwertverlauf simuliert. Dabei haben die Mittelpunkte der Rasterpunkte alle den gleichen Abstand zueinander: Die Rasterweite ist abhängig vom Bedruckstoff und vom Betrachtungsabstand. Die Rasterweite wird in Linien pro Zentimeter (in Deutschland) bzw. in Lines per Inch (international) angegeben.

Rasterweite

Die Wahl der Rasterweite ist abhängig vom Betrachtungsabstand. Durch die Rasterpunkte wird der Halbtoneffekt der Vorlage simuliert. Dies kann nur erreicht werden, wenn die Rasterpunkte bei einem Betrachtungsabstand von 30 bis 40 cm (bei gängigen Drucksachen, wie Flyer, Broschüren usw.) vom menschlichen Auge nicht mehr getrennt voneinander aufgelöst werden können.

Die Rasterweite ist auch vom Bedruckstoff abhängig. Je saugfähiger das Papier, desto grober muss die Rasterweite gewählt werden: Im Zeitungsdruck werden Rasterweiten von ca. 48 L/cm eingesetzt. Im Akzidenzdruck (Flyer, Broschüren usw.) hingegen wird im 60er-Raster gedruckt.

Je größer die Rasterweite ist, desto höher ist auch der Effekt des Tonwertzuwachses. Da Zeitungspapier sehr saugfähig ist, kann kein 60er-Raster eingesetzt werden, hier wäre der Tonwertzuwachs zu hoch. Vergleichen Sie zur Wechselwirkung von Rasterweite (Rasterfrequenz) und Tonwertzuwachs die Tonwertzunahmekurven im Medienstandard Druck.

Grobe Rasterweiten (unter 48er-Raster) können auch als Stilmittel eingesetzt werden.

Vgl. LS 6, 20.2.2

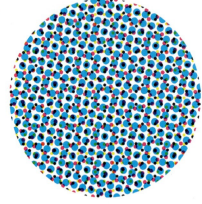

Vgl. diese LS, 27.1.3

Rasterwinkel

Betrachten Sie einen Druck mit dem Fadenzähler. Die Rasterpunkte jeder Druckfarbe sind in unterschiedlichen Winkeln zueinander angeordnet. Wäre die Rasterwinkelung für jede Farbe gleich, würden alle Rasterpunkte übereinander gedruckt. Die Folge wäre, dass die autotypische Farbmischung nicht mehr möglich wäre.

Laut Prozess-Standard Offsetdruck des BVDM (Bundesverband Druck und Medien) liegen die Winkel bei C 15°, M 75°, Y 90° und K 45° bzw. müssen die Farben C, M und K mindestens 30° auseinander liegen, Y liegt im Abstand von 15° zu einer anderen Farbe. Daher ergibt sich für den Offsetdruck die typische Rosettenform, wie sie in der nebenstehenden Abbildung zu sehen ist.

Die Winkel sollen mindestens 30° auseinander liegen, damit kein Moiré entsteht. Ein Moiré ist ein störendes Muster, welches sich durch die Überlagerung verschiedener geometrischer Formen ergibt.

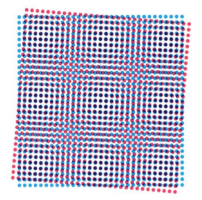
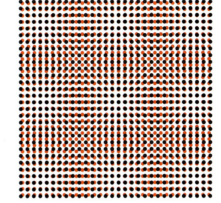

Moiré durch Verdrehung des Rasters

Die stärkste Farbe Schwarz liegt auf dem am wenigsten auffälligen Winkel 45°. Die schwächste Farbe Yellow liegt auf dem auffälligsten Winkel 0°/90°.

Jedoch liegt die Farbe Yellow nur im Abstand von 15° zu Cyan und Magenta. Die Folge ist, dass Yellow mit diesen beiden Farben ein Moiré ergibt. Deutlich wird es, wenn die Farbauszüge dieser drei Farben als Film übereinander gelegt werden. Im Druck ist dieses Moiré nicht mehr sichtbar, da Yellow die schwächste Farbe ist.

Der Winkel von 0° bzw. 90° ist für das menschliche Auge sehr auffällig, da wir von Natur aus an runde Formen und nicht an geometrisch konstruierte Muster gewöhnt sind (Prägung aus der Evolution des Menschen).

Besteht eine Drucksache nur aus einer Farbe, so ist auch diese Farbe in dem am wenigsten auffallenden Winkel von 45° zu drucken. Beachten Sie diese Information für die Gestaltung mit einfarbigen Bildern und vergleichen Sie dazu diese beiden Abbildungen:

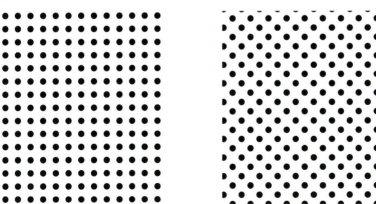

Welche Winkelung wirkt für das Auge angenehmer?

Bei Duplex-Bildern wird Schwarz im Winkel von 45°, die zweite Farbe bzw. die Sonderfarbe im Winkel mit 30° Abstand gedruckt.

Die Rasterpunkte können unterschiedliche Punktformen annehmen. Normalerweise wird der runde oder der elliptische Punkt verwendet:

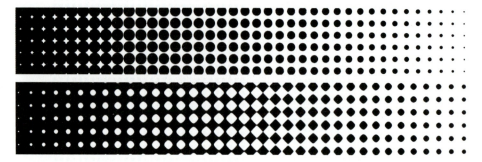

Im Tiefdruck eingesetzter Punkt:

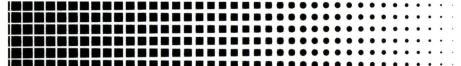

27.1.3 Amplitudenmodulierte Raster (AM-Raster)/RIP

Wenn von Raster die Rede ist, geht es um die Aufteilung des Druckbildes in Rasterpunkte. Diese Aufteilung erfolgt durch den **RIP**, den **Raster Image Processor** (Rasterbild-Rechner), welcher jedem Ausgabegerät (Filmbelichter, Druckplattenbelichter, Laserdrucker o. Ä.) vorgeschaltet ist. Raster werden durch ein Rasterprogramm erzeugt, welches auf dem RIP-Rechner läuft.

Hardware- und Software-RIP

Der Hardware-RIP ist ein Rechenbaustein, welcher direkt im Ausgabegerät (z. B. Laserdrucker) eingebaut ist. Außer der Anzeige auf einem Display am Drucker erlaubt der Hardware-RIP dem Benutzer kaum, Informationen zu erhalten. Diese beschränken sich auf Online/Offline-Status, gedruckte Seiten, Format usw.

Ein Software-RIP ist ein eigenständiger Computer, auf welchem ein RIP-Programm läuft. Über einen Bildschirm hat der Benutzer vielfältige Möglichkeiten, auf den Druckauftrag zuzugreifen: Änderung der Rasterwinkelung, Stoppen oder Starten des Belichtungsauftrages, Konfiguration der Rastereinstellungen usw.

Die Aufgaben eines RIP

1. Er fungiert als Interpreter: Der RIP empfängt die Seitenbeschreibungssprache Postscript, welche vom Druckertreiber erstellt wurde, und übersetzt sie in die Maschinensprache, d. h., er übersetzt die Postscript-Befehle und steuert damit das Ausgabegerät.
2. Ausgehend von der Interpretation der Postscriptdatei erzeugt der RIP zunächst eine Bytemap (Seitenansicht mit Halbtondaten) und überführt diese danach in eine Bitmap, durch Berechnung der einzelnen zu belichtenden Rels (= Recorderelemente) – und damit der Rasterpunkte oder Volltonflächen.

Rasterpunkte treten zum ersten Mal bei der Berechnung im RIP auf. Vorher besteht die Bildinformation aus Pixeln – die Rasterung erfolgt erst bei der Ausgabe auf Druckplatte.

Leider ist bei der Übersetzung der Dialogfelder in Photoshop der Fehler unterlaufen, dass EPS- oder PDF-Dateien beim Öffnen nicht in eine Pixelstruktur umgerechnet (gerendert), sondern „gerastert" werden. Verzeihen Sie Photoshop diesen „Fehler" – es sind nach wie vor Pixel. Trotzdem kann es dadurch zu Missverständnissen kommen.

Zurück zum amplitudenmodulierten Raster: Je größer der Rasterpunkt, also je höher der Rastertonwert, desto höher die Amplitude. Das folgende Bild veranschaulicht die Amplitudenmodulation:

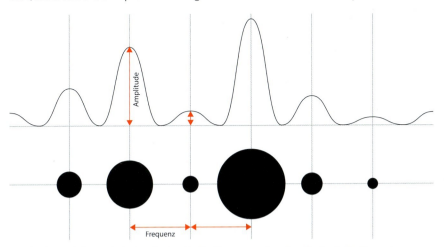

Amplitudenmodulierung: hohe Amplitude = dunkler Tonwert, geringe Amplitude = heller Tonwert

Die unterschiedlichen Höhen der Amplituden ergeben unterschiedliche Tonwerte der Rasterpunkte. Die Frequenz, also der Abstand von Raster(mittel)punkt zu Rastermittelpunkt, bleibt gleich.

Der AM-Raster wird am häufigsten verwendet.

In der nebenstehenden Abbildung sind am Beispiel eines AM-Rasters noch einmal die einzelnen Kenngrößen der Rasterung dargestellt:

Die Rasterzellen sind immer gleich groß, nur der Inhalt, sprich der Rasterpunkt, verändert seine Größe.

Dabei bleibt die Farbschichtdicke im Druck gleich.

Wie entsteht ein Rasterpunkt?

Belichter (Recorder) arbeiten mit sogenannten Rasterzellen. Da die zu belichtende Bilddatei generell eine Farbtiefe von 8 Bit aufweist (256 Tonwerte pro Pixel), muss auch ein einzelner Rasterpunkt aus bis zu 256 Belichtungen aufgebaut werden. Daher besteht in diesem Fall eine Rasterzelle aus 16 x 16 Recorderelementen (Rels).

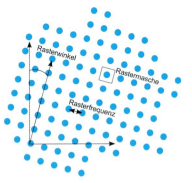

Die Belichtung mehrerer Rels (oder Dots entsprechend der Auflösung des Ausgabegerätes) ergibt einen Rasterpunkt. Mit der dargestellten Rasterzelle können 16 x 16 = 256 Tonwerte dargestellt werden. Abhängig vom Tonwert in der Bilddatei werden unterschiedlich viele Rels belichtet.

Anzahl der darstellbaren Graustufen =
(Belichterauflösung (dpi) : Rasterweite (lpi))² + 1

Die Anzahl der darzustellenden Graustufen lässt Rückschlüsse auf die Größe der Rasterzelle zu. Müssen z. B. mehr als 100 Graustufen dargestellt werden, muss die Rasterzelle aus mindestens 10 x 10 Rels bestehen.

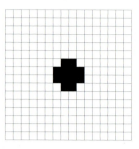

Rasterzelle aus 16 x 16 Rels

Der RIP fasst auf der Basis von Postscript zur Berechnung eines Rasterpunktes die Tonwertstufen von vier im Quadrat nebeneinanderliegenden Pixeln einer Bilddatei zusammen und errechnet den Mittelwert. Dazu muss die Bilddatei unbedingt in einer ausreichenden Auflösung (z. B. 300 ppi) vorliegen. Sind weniger Pixel vorhanden – z. B. bei einer Bilddatei aus dem Internet mit 72 ppi –, kommt es zu einem deutlich sichtbaren Qualitätsverlust durch die Rasterung.

Für die Pixeltonwerte 137, 160, 210 und 197 (ausgehend von 256 möglichen Werten in einer Bilddatei mit der Farbtiefe 8 Bit) ergibt sich folgende Berechnung:

$$(137 + 160 + 210 + 197) : 4 = 176$$

Wenn man davon ausgeht, dass 0 = Schwarz und 255 = Weiß ist, folgt daraus ein Rastertonwert von ca. 31 %, d. h., bei einer Rasterzelle mit 16 x 16 Rels werden 79 Rels belichtet.

Wie erfolgt die Winkelung eines Rasterbildes?

Durch die Einstellung der Rasterwinkel auf 0°, 15°, 45° und 75° werden Moirés weitestgehend vermieden. Postscript als Seitenbeschreibungssprache ist jedoch nicht unbedingt in der Lage, moiréfreie Winkel zu erzeugen.

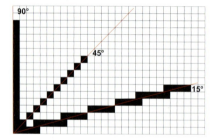

Rationale und irrationale Winkel

Ähnlich verhält es sich beim RIP – er muss „nur" die Rels der Rastermatrix entsprechend füllen.

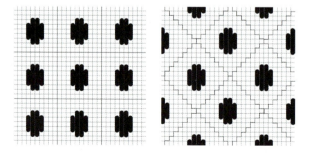

Es ist also für den RIP – genauso wie für uns – relativ einfach, die Rels bzw. die daraus entstehenden Rasterpunkte in einem Winkel von 0° oder 45° anzuordnen. Wie an der obigen Abbildung zu sehen ist, hat der RIP die Rasterzellen für den 45°-Winkel einfach gedreht, sodass die Ecken jeder Rasterzelle mit den Feldern der Belichtermatrix übereinstimmen (die Feinheit der Belichtermatrix ergibt sich aus der Auflösung des Gerätes). Alle Rasterzellen weisen eine identische Form und die gleiche Anzahl von Rels auf. Diese Winkel nennt man **rationale Tangentenwinkel**, da ihr Tangens als Funktion zweier ganzer Zahlen ausgedrückt werden kann. Müssen gleiche Tonwerte dargestellt werden, muss der RIP diese Rechenleistung nur einmal ausführen und kann Rasterzellen gleicher Tonwerte duplizieren.

Versuchen Sie die gleiche Übung einmal mit den Winkeln von 15° und 75°. Zeichnen Sie den Winkel auf kariertem Papier ein und füllen Sie alle Kästchen aus, die von der Winkellinie berührt werden. Das Ergebnis wird nicht mehr so gleichmäßig sein wie bei den beiden vorhergehenden Winkeln.

Die gleichen Probleme hat der RIP bzw. Postscript: Hier schneiden die Ecken der Rasterzellen die Belichtermatrix nicht in einheitlicher Weise. Die Rasterzellen weisen unterschiedliche Formen und eine unterschiedliche Anzahl Rels auf. Diese Winkel nennt man **irrationale Tangentenwinkel**. Um diese Problematik zu umgehen, gibt es die Möglichkeit, die Winkel auf den nächstmöglichen rationalen Winkel zu legen. Durch dieses **RT-Screening** ist jedoch die notwendige Winkelgenauigkeit nicht mehr gegeben.

Eine höhere Winkelgenauigkeit erlaubt die Methode der **Superzelle**. Eine Superzelle ist eine Matrix von Rasterzellen. Dabei liegen die Ecken der Superzelle – wie bei den rationalen Winkeln – auf den Ecken der Rels, die Ecken der einzelnen Rasterzellen jedoch nicht.

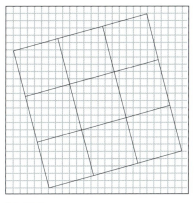

Superzelle

27.1.4 Frequenzmodulierte Raster (FM-Raster)

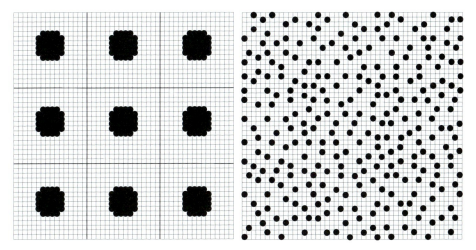

Die Abb. links zeigt einen amplitudenmodulierten Rasterpunkt und die Abb. rechts den gleichen Tonwert als frequenzmoduliertes Raster.

Beim frequenzmodulierten Raster werden die zu belichtenden Rels nach dem Zufallsprinzip (stochastisch) verteilt.

9 | Lernsituation Kalender

Die Stochastik ist die Lehre der Häufigkeit und Wahrscheinlichkeit.

Im Gegensatz zum AM-Raster werden bei allen Tonwerten konstant große „Punkte" erzeugt: je nach darzustellendem Tonwert mehr oder weniger. Während beim AM-Raster (bei gleichem Tonwert) der Inhalt jeder Rasterzelle gleich ist, werden beim FM-Raster die zu belichtenden Rels auch in Rasterzellen mit gleichem Tonwert immer wieder neu und unterschiedlich verteilt.

Folgende FM-Verfahren werden unterschieden:

1. Gleiche Größe, variable Abstände
2. Variable Größe und Abstände

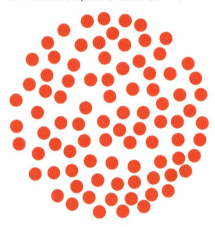
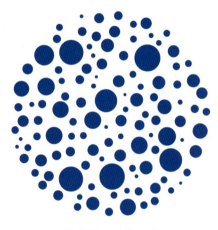

gleiche Größe, variable Abstände   *variable Größe und Abstände*

Die Entscheidung für AM- oder FM-Raster bestimmt auch die Wahl des Dienstleisters: Nicht jedes Druckvorstufen- oder Druckunternehmen bietet FM-Raster an. Der Einsatz von FM-Rastern empfiehlt sich für sehr hochwertige Druckerzeugnisse (Kunstblätter, Hochglanz-Firmenbroschüren, Kunstkalender). Ihre Stärke liegt in der hervorragenden Darstellung von Verläufen und feinen Details sowie der Moiréfreiheit. Die Gefahr der Moirébildung durch die Rasterpunkte des AM-Rasters besteht z. B. bei Textilien mit feinen Stoffen und Strukturen.

25 Bedruckstoff Papier

Die Wahl des Bedruckstoffes ist entscheidend für die Wirkung des Druckproduktes sowie dessen Aussage und Verwendungszweck: Eine Tageszeitung auf Hochglanzpapier sähe bestimmt edel aus, entspräche jedoch weder dem eingesetzten Druckverfahren noch dem Zweck und der Verwendungsdauer. Das Hausprospekt einer Bank oder eines Unternehmens spiegelt hingegen nicht das hohe Ansehen und die Qualität der Produkte wider, wenn es auf ungestrichenem, maschinenglattem Papier gedruckt wird.

Recherchieren Sie nach Papierherstellern. Oft können Sie von diesen Musterkataloge erhalten. Wählen Sie anhand der Muster und der folgenden Begleitinformationen den passenden Bedruckstoff für Ihren Kalender.

Papier ist der am häufigsten verwendete Bedruckstoff in der Druckindustrie. Der Hauptrohstoff zur Papierherstellung ist Holz.

Der Begriff „Papier" leitet sich von der afrikanischen Papyruspflanze ab, die vor allem am Nil ihre Verbreitung findet. Übereinandergelegte und gepresste Rindenstreifen der Papyruspflanze ergeben Papyrus – einen Bedruckstoff, der schon aus dem Altertum bekannt ist.

25.1 Rohstoffe und Hilfsstoffe

Die folgende Tabelle gibt einen Überblick über Rohstoffe, die zur Papierherstellung verwendet werden.

Rohstoffe	Holz		Einjahrespflanzen (Getreidestroh, Schilf, Baumwolle usw.)	Hadern (Lumpen, Leinen, Hanf usw.)	Altpapier	Füllstoffe (Kaolin, Calciumcarbonat, Titandioxid usw.)
Verarbeitung	mechanisch		chemisch	chemisch	chemisch/mechanisch	Recyclingverfahren	
	Stamm	Schnitzel	Schnitzel				
Faserprodukt	Holzschliff (Holzstoff)	Refiner-Schliff	Zellstoff		reine Zellulosefaser	Recyclingfaser	
	Primärfaser					Sekundärfaser	
Endprodukte mit dominierendem Faseranteil	Zeitungspapier, Zeitschriftenpapier, Faltschachtelkarton, Schreib-/Druckpapier		Schreibpapier, Druckpapiere (gestrichen, ungestrichen), Sackpapier		Banknotenpapier, Dokumentenpapier, Hartpost	Zeitungspapier, einfache Pappen, Faltschachtelkarton	Füllstoffanteil bis zu 30 %
	holzhaltige und mittelfeine Papiere		holzfreie Papiere				

Quelle: Handbuch der Printmedien. Hrsg. v. Helmut Kipphan, Springer Verlag, Heidelberg 2000, S. 125.

Wichtige Holzarten für die Papierherstellung sind Nadelhölzer wie Tanne, Fichte und Kiefer sowie die Laubhölzer Buche und Pappel. Sie zeichnen sich vor allem durch lange Fasern aus, die dem Papier die notwendige Festigkeit geben.

Mit dem Begriff „Hadern" werden Baumwollprodukte bezeichnet. Die bekanntesten Produkte aus Hadern sind Geldscheine.

Zur Unterstützung des Recyclings wird verstärkt Altpapier in den Kreislauf zur Papierherstellung eingebracht. (Produkte wie Zeitungspapier werden vollständig aus recyceltem Papier hergestellt.) Während die neu zugeführten Holzbestandteile als **Primärfasern** bezeichnet werden, wird die zugeführte Menge an Altpapier als **Sekundärfaser** bezeichnet.

Die Hauptbestandteile von Holz sind Zellulose, Hemizellulose und Lignin. Zellulose ist der Hauptbestandteil der Holzzellwände. Die Hemizellulose bildet das Gerüst der Zellwände. Lignin ist ein eingelagerter Stoff, welcher den Zellwänden ihre Festigkeit gibt.

Lignin hat die Eigenschaft, sich bei Lichteinwirkung zu verfärben: Papier, welches Bestandteile von Lignin enthält (z. B. Zeitungspapier), vergilbt.

Jedoch besteht Papier nicht nur aus den o. a. pflanzlichen Grundstoffen. Hinzu kommen Füllstoffe, Farbstoffe sowie Bindemittel und Leimstoffe. Erst diese Hilfsstoffe machen den sogenannten Halbstoff (Papierbrei ohne Hilfsstoffe) zum Ganzstoff, der in die Papiermaschine eingebracht wird.

Die fertige Papiermasse besteht zu ca. 30 % aus Hilfsstoffen. Die Füllstoffe haben die Aufgabe, den Weißgrad des Papieres zu erhöhen, die Oberflächenbeschaffenheit zu verbessern sowie die Opazität – die Lichtundurchlässigkeit – zu steuern.

Als Füllstoffe werden Silikate (Porzellanerde), Sulfate (Bariumsulfat), Karbonate (Kreide) und Oxide (Titanoxid) eingesetzt. Diese zeichnen sich durch einen hohen Weißgrad aus. Wenn der Papiermasse ein zu hoher Anteil an Füllstoffen zugesetzt wird, kann dies später beim Druck zum sogenannten „Rupfen" des Papiers führen: Kleine Pigment- und Faserteile können beim Durchlauf durch die Walzen der Druckmaschine aus dem Papier herausbrechen.

25.2 Papierherstellung

Die Aufbereitung von Holz kann auf mechanische und chemische Weise erfolgen. Das Ergebnis wird als **Halbstoff** bezeichnet.

Mechanischer Aufschluss

Beim mechanischen Aufschluss werden Holzstämme unter Wasserzugabe in einem sogenannten Refiner zu **Holzschliff** zermahlen. Sämtliche Bestandteile des Holzes bleiben beim mechanischen Aufschluss erhalten. Darunter fallen auch die **Inkrusten**: Lignine und Harze, welche die Qualitätseigenschaften des Papiers herabsetzen. Aus der mechanisch gewonnenen Papiermasse (Holzstoff) werden minderwertige Papiere, z. B. Zeitungspapiere, hergestellt.

Chemischer Aufschluss

Durch den chemischen Aufschluss von Holz erhält man **Zellstoff**. Zu kleinen Hackschnitzeln verarbeitetes Holz wird in sauren oder alkalischen Lösungen gekocht. Der Vorteil beim chemischen Aufschluss liegt darin, dass die Fasern in ihrer vollständigen Länge erhalten bleiben. Inkrusten werden fast vollständig herausgelöst, sodass aus chemisch aufgeschlossenem Zellstoff hergestelltes Papier kaum vergilbt.

Beim **Sulfitverfahren** werden die Hackschnitzel von Nadelhölzern in einer sauren Lösung gekocht. Dieses Verfahren ist nicht für harzreiche Holzarten geeignet. Beim **Sulfatverfahren** werden die Hackschnitzel in einer alkalischen Lösung gekocht. Dieses Verfahren ist für fast alle Holzarten geeignet.

Bleichung und Mahlung

Damit der noch bräunliche Holzstoff (mechanischer Aufschluss) und der Zellstoff (chemischer Aufschluss) weiß werden, müssen sie gebleicht werden. Ein Bleichungsmittel ist z. B. Sauerstoff.

Der getrocknete Zellstoff wird unter Wasserzugabe in einem Stoffauflöser (Pulper) in eine Suspension (Wasser-Stoff-Gemisch) umgewandelt. Anschließend erfolgt eine Mahlung im Refiner. Dabei wird in **schmierige** (quetschende) und **rösche** (schneidende) Mahlung unterschieden, die jeweils kurze oder lange Fasern ergeben können.

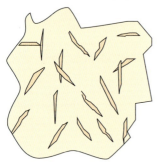

rösche Mahlung, kurz, eignet sich für alle Arten von Hygienepapieren

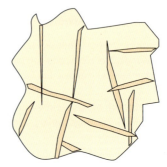

rösche Mahlung, lang, eignet sich für Druckpapiere

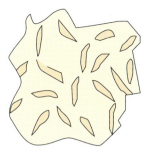
schmierige Mahlung, kurz, eignet sich für Transparentpapiere

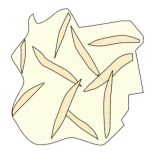
schmierige Mahlung, lang, eignet sich für Schreibmaschinen-, Zeichen- und Druckpapiere

Sieben und Walzen

Unter Zugabe der Hilfsstoffe wird der Halbstoff zum **Ganzstoff**, der auf die Siebpartie der Papiermaschine aufgebracht wird. Dort wird dem Papier der Wasseranteil entzogen. Durch die rüttelnde Siebbewegung verfilzen die Fasern und geben dem Papier seine Festigkeit.

Im Glättwerk der Papiermaschine wird die Papierbahn über Glättwalzen geführt. Das so hergestellte Papier wird auch als **maschinenglatt** bezeichnet, wenn es keine weitere Veredelung erfährt. Darüber hinaus kann das Papier **satiniert** werden. Satinagewalzen sind hochglanzpolierte Stahlwalzen, welche die Papierbahn durch hohen Druck und Reibung weiter glätten.

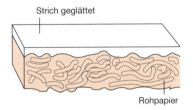

Zusätzlich kann die Papierbahn **gestrichen** werden. Das Streichen des Papiers in speziellen Streichmaschinen dient der Veredelung der Oberfläche. Als Streichmasse werden Weißpigmente verwendet, die auch als Füllstoffe zur Herstellung des Ganzstoffes eingesetzt werden. Durch den Strich wird die Oberfläche des Papiers geschlossen. Die Körnigkeit der aufgetragenen Pigmente wirkt sich auf die Oberflächenanmutung aus: Je feiner die Pigmente, desto glänzender, je gröber, desto matter erscheint die Oberfläche.

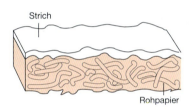

25.3 Laufrichtung

In der Papiermaschine wird die Papiermasse durch verschiedene Bereiche geführt:

1. Stoffauflauf
2. Siebpartie
3. Pressenpartie
4. Trockenpartie
5. Aufrollung

Wenn die Papiermasse beim Stoffauflauf in die Papiermaschine eingebracht wird, besteht sie zu ca. 98 % aus Wasser. In der Siebpartie wird das Wasser nach und nach entzogen. Dabei verfilzen sich die Papierfasern und richten sich gleichzeitig in der Bewegungsrichtung des Siebes aus.

Dadurch entsteht die Laufrichtung des Papiers. Orthogonal (im Winkel von 90°) zur Laufrichtung liegt die **Dehnrichtung**. Ferner wird das Papier zweiseitig, d. h., die „Siebseite" ist nicht so glatt wie die „Filzseite". Das ist auch ein Grund, weshalb die Druckpapiere gestrichen werden.

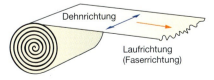

Die Laufrichtung des Papiers ist vor allem bei der Weiterverarbeitung zu beachten. Generell sollte die Laufrichtung immer parallel zum Bund liegen – etwa für Bücher oder Broschüren.

Die Laufrichtung für den Kalender sollte waagerecht bzw. parallel zum Bund liegen.

Die Laufrichtung kann auch durch die Bezeichnungen **Schmalbahn** und **Breitbahn** angegeben werden. Liegen die Papierfasern parallel zur langen Seite des Bogens, spricht man von Schmalbahn. Bei Breitbahn liegen die Papierfasern parallel zur kürzeren Seite des Bogens.

Ein Schmalbahn-Bogen kann folgendermaßen gekennzeichnet werden: <u>70</u> x 100 mm. Dabei wird die schmalere Seite durch Unterstreichen gekennzeichnet. Auch gilt die Bezeichnung: 70 x 100 SB.

Umgekehrt bei einem Breitbahn-Bogen: <u>100</u> x 70 mm oder 100 x 70 BB.

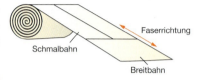

Bogen als Schmal- oder Breitbahn

Bei einem Breitbahn-Bogen zeigt die Laufrichtung auf die breite Seite des Bogens, bei einem Schmalbahn-Bogen auf die kurze Seite des Bogens.

Die Laufrichtung des Papiers kann durch verschiedene einfache Prüfungen festgestellt werden.

Biegeprobe 1:
Das Papier wird an der langen Seite nach innen gebogen. Ist der Widerstand geringer als an der kurzen Seite, liegt die Laufrichtung parallel zur langen Seite.

Biegeprobe 2:
Das Papier wird an der kurzen Seite leicht nach innen gebogen. Ist der Widerstand an der kurzen Seite geringer als an der langen Seite, liegt die Laufrichtung parallel zur kurzen Seite.

Feuchtprobe:
Wird das Papier an einer Seite der Oberfläche befeuchtet (Schwamm), rollt es sich ein. Die Laufrichtung liegt parallel zur Achse der Aufrollung.

Reißprobe:
Der gleichmäßigere Einriss gibt die Laufrichtung an.

Fingernagelprobe 1:
Wird an der kurzen Seite hindurchgezogen, bilden sich Wellen. Die glatte Seite stimmt mit der Laufrichtung überein. Diese Erscheinung tritt auch bei der **Feuchtprobe** auf, wenn die kurze Seite befeuchtet wird.

Fingernagelprobe 2:
Wird an der langen Seite hindurchgezogen, bilden sich Wellen. Die glatte Seite stimmt mit der Laufrichtung überein. Dies tritt auch bei der **Feuchtprobe** auf, wenn die lange Seite befeuchtet wird.

25.4 Anwendungsbezogene Papiersorten

Grundsätzlich wird zwischen gestrichenen, gussgestrichenen und ungestrichenen Papieren (Naturpapiere) unterschieden. Dabei besitzt das Papier eine Grammatur von 7 bis 150 g/m² (Karton 150–600 g/m², Pappe > 600 g/m²).

Darüber hinaus bietet die Stoffzusammensetzung eine Unterscheidungsmöglichkeit:

- holzhaltig,
- holzfrei,
- hadernhaltig (gefärbt, ungefärbt) oder
- altpapierhaltig (gefärbt, ungefärbt).

Ungestrichene Papiere/Naturpapiere:

Offsetpapier	sehr dimensionsstabil, d. h. maßhaltig auch bei hoher Feuchtung im Offsetdruck, Oberflächenleimung
Laserdruckpapier	hohe Tonerhaftung auf der Oberfläche
Recyclingpapier	Papiere, die zu 100 % aus Altpapier hergestellt wurden, dabei können Papierfasern bis zu fünf Mal in den Stoffkreislauf eingebracht werden
Werkdruckpapier	voluminöse holzfreie oder leicht holzhaltige Papiere, die vor allem für Bücher eingesetzt werden
Chromoersatzkarton	Oberseite: holzfrei, gute Bedruckbarkeit; Unterseite: mehrere Lagen aus holz- oder altpapierhaltigen Schichten, Einsatz: für einfache Verpackungen

Gestrichene Papiere:

Chromopapiere	einseitig gestrichen, Einsatz: vorwiegend für Etiketten.
LWC-Papiere	Light Weight Coated: zweiseitig gestrichenes Druckpapier, holzhaltig, flächenbezogene Masse von bis zu 72 g/m², Rollenoffset- oder Tiefdruck, für mehrfarbige Zeitschriften und Illustrierte mit hohen Auflagen
Bilderdruckpapier	beidseitig gestrichen, für Druckarbeiten mit mittlerer bis hoher Qualität; geeignet für Kataloge, Kalender, Broschüren, Flyer usw.
Kunstdruckpapier	Gestrichene Papiere für höchste Qualitätsanforderungen. Verwendung für hochwertige Drucksachen: Bildbände, Kunstkalender usw. Auf diesem Papier lassen sich hohe Rasterweiten (> 60er) hervorragend wiedergeben.

Gussgestrichene Papiere:

Gussgestrichene Papiere/Kartons	spiegelnde Oberfläche für Etiketten, Faltschachteln, Umschläge usw., für höchste Qualitätsanforderungen

25.5 Papiersubstrate

Vgl. Prozessstandard Offsetdruck bzw. Medienstandard unter www.bvdm-online.de Anhand dieser Einteilung können auch die entsprechenden Farbprofile auf www.eci.org geladen werden.

Laut ISO 12647-2/2013 werden acht neue Papiersubstrate unterschieden:

Bogenoffset und Heatset-Rollenoffset:
Papiersubstrat 1: mehrfach gestrichen, mäßig aufgehellt, 80–250 g (ersetzt alte Papierklassen 1 und 2)

Heatset-Rollenoffset:
Papiersubstrat 2: aufgebessert, gering aufgehellt, 51–80 g (für MWC- und LWC-Papiere)
Papiersubstrat 3: Standard glänzend, gering aufgehellt, 48–70 g (für LWC-Papiere glänzend)
Papiersubstrat 4: Standard matt/halbmatt, gering aufgehellt, 48–70 g (MFC (Machine Finished Coated)- und LWC-Papiere halbmatt)

Bogenoffset und Heatset-Rollenoffset:
Papiersubstrat 5+: Naturpapier holzfrei weiß, stark aufgehellt, 70–250 g (das „+" steht für eine stärkere Aufhellung der Papierfärbung als üblich)

Heatset-Rollenoffset:
Papiersubstrat 6: SC-Papier, gering aufgehellt, hochsatiniert, 38–60 g
Papiersubstrat 7: Zeitungspapier, aufgebessert, schwach aufgehellt, 40–56 g
Papiersubstrat 8: Standard News Print, schwach aufgehellt, 40–52 g, Zeitungspapier für Heatset

Coldset-Rollenoffset:
Papiersubstrat C8: Standard News Print („C" für Zeitungspapier für Coldset)

25.6 Bedruckbarkeit

Eigenschaften des Bedruckstoffes, wie

- Weißgrad,
- Glätte,
- Glanz,

- Gewicht,
- Oberflächenstruktur,
- Lichtechtheit,

- Annahme der Druckfarbe und
- Saugfähigkeit

werden zur Bedruckbarkeit von Papieren gezählt.

> Die Wahl des richtigen Bedruckstoffes ist entscheidend für die Wirkung des Druckproduktes. Weißgrad und Glanz eines Papiers bestimmen u. a., wie edel ein Druckprodukt erscheint. Wählen Sie für Ihren Kalender den passenden Bedruckstoff, der die Wirkung Ihrer verwendeten Bilder unterstützt. Beziehen Sie in Ihre Überlegungen auch die Zielgruppe mit ein.

Die Eigenschaften der Bedruckbarkeit nehmen Einfluss auf den Lauf des Papierbogens bzw. der Papierbahn durch die Druckmaschine:

- Einreißfestigkeit,
- Bruchlast,

- Feuchtdehnung,
- Neigung zu Bahnrissen, z. B. beim Rotationsdruck.

28 Druckweiterverarbeitung

Die Weiterverarbeitung (Postpress) ist der letzte Produktionsschritt bei der Herstellung von Druckerzeugnissen, der sich jedoch bis in die Druckvorstufe auswirkt. Bereits in der Planung müssen Weiterverarbeitungsmöglichkeiten bekannt sein und produktorientiert eingesetzt werden: Welche Maschinen sind im weiterbearbeitenden Betrieb vorhanden, welche Falzarten müssen z. B. beim

Ausschießen berücksichtigt werden, wie werden die Druckbögen später zusammengeführt, welche Veredelungsart schützt mein Produkt oder wertet es auf?

> Entscheiden Sie im Folgenden, welche Binde- und Veredelungsart für Ihren Kalender am vorteilhaftesten eingesetzt werden kann.

28.1 Heft- und Bindearten

Druckprodukte müssen in irgendeiner Form gebunden werden, es sei denn, es handelt sich um eine Loseblattsammlung, die in Ordnern oder Klemmrückenmappen aufbewahrt wird, oder um Akzidenzen wie Plakate, Visitenkarten usw..

28.1.1 Einzelblatt-Bindesysteme

Vor allem bei Kalendern, welche weiterverarbeitungstechnisch als Blattsammlung bezeichnet werden, ist die **Spiralbindung** die häufigste Bindeform. Sie ermöglicht nicht nur den Zusammenhalt der einzelnen Kalenderblätter, sondern auch ein problemloses Umblättern auf den nächsten Monat. Dies ist bei der Klebebindung oder der Drahtheftung nicht möglich.

Bei der Spiralbindung wird ein Draht aus Metall oder Kunststoff durch die Öffnungen gedreht.

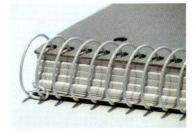
Spiralbindung

Eine durchgehende Spirale wird am Ende mit sich selbst durch Einbiegen der Spiralenden verschlossen. Die eingestanzten Löcher können rund oder ovalförmig sein.

Einzelblatt-Bindesysteme

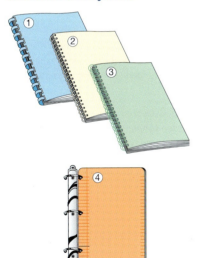

① **Plastkammbindung**
In die vorgestanzten Öffnungen des Blockes wird ein zylindrisch gerollter Kunststoffkamm eingebracht.

② **Spiralbindung**
In die vorgestanzten oder gebohrten Öffnungen des Blockes wird eine Draht- oder Kunststoffspirale eingedreht.

③ **Drahtkammbindung**
In die vorgestanzten Öffnungen des Blockes wird ein zylindrisch gerollter Drahtkamm eingebracht (Wire-o-Bindung).

④ **Bindemechanik**
In die Bügel der Bindemechanik werden zwei-, vier- oder sechsfach seitlich gebohrte Blätter eingeführt (Ordner).

Einzelblattbindesysteme

Bei der **Plastkammbindung** wird ein vorgefertigter Spiralstreifen für die Bindung der Einzelblätter verwendet.

28.1.2 Klebebindung

Wie die Spiralbindung ist auch die **Klebebindung** ein Bindeverfahren, mit dem zuvor zusammengetragene Einzelseiten oder Falzbogen zum fertigen Produkt zusammengefügt werden können.

Die Klebebindung wird für Buchblöcke bzw. mehrlagige Broschüren verwendet.

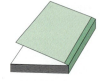

Klebebindung (Softcover)

Das Lumbecken ist die grundlegende Methode für die Klebebindung. Dabei wird der Buchblock aufgefächert. Zwischen die aufgefächerten Seiten gelangt Klebstoff, der die Seiten umhüllt.

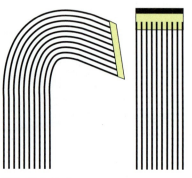
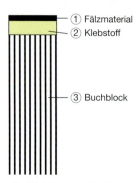

① Fälzmaterial
② Klebstoff
③ Buchblock

Fächerklebebindung   *Blockklebebindung (Rückenfräsprinzip)*

Normalerweise wird der Buchblock am Rücken aufgefräst bzw. angeraut. Auf die Blattkanten wird der Klebstoff aufgetragen und mit einem sogenannten Fälzelstreifen (meist aus Gaze) bedeckt.

28.1.3 Drahtheftung

Die Drahtheftung erfolgt durch den Rücken des Druckproduktes und wird deshalb auch Rückendrahtheftung genannt. Das Druckprodukt wird auch als Rückstichbroschur bezeichnet. Dabei werden meist zwei Klammern durch den Rückenfalz eingebracht. Die beiden Enden der Klammer werden im Innern (Mittelfalz) umgebogen.

Dieses Verfahren ist sehr wirtschaftlich, da die Klammern in Fließstrecken (z. B. Sammelheften mit anschließendem 3-Messer-Automat) schnell eingebracht werden können. Die Rückendrahtheftung erfolgt bei Zeitschriften, Katalogen, Flyern, Broschüren, Booklets usw., die eine relativ geringe Seitenzahl aufweisen.

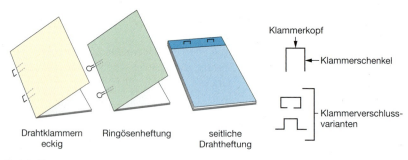

Drahtklammern eckig   Ringösenheftung   seitliche Drahtheftung

Klammerkopf
Klammerschenkel
Klammerverschlussvarianten

Drahthefltung

28.2 Veredelung

Jedes Druckprodukt kann durch Veredelung weiter aufgewertet werden. Neben dem Druck- und „normalen" Weiterverarbeitungsprozess bedeutet dies natürlich auch höhere Kosten. Dennoch bieten sich je nach Beschaffenheit und Zweck des Druckproduktes die Veredelungsverfahren Stanzen, Prägen und Lackieren an.

28.2.1 Stanzen

Beim Stanzen werden beliebige Formen aus dem Bedruckstoff gestanzt. Diese Technik wird meist eingesetzt, um der rechteckigen Form vieler Drucksachen eine werbewirksamere Form zu geben. Im Gegensatz zu einem geraden Schnitt durch eine Schneidemaschine bzw. Schneidevorrichtung wird mit einem Stanzmesser gearbeitet, dessen Form mitunter für jeden Auftrag neu herzustellen ist. Möglich ist auch das Stanzen von runden Ecken oder eines Registers, um das Druckprodukt mit einem Griff an der entsprechenden Stelle aufzuschlagen.

Sonder-Stanzformen werden vor allem für hochwertige Druckprodukte mit geringer Auflage eingesetzt. Wenn sich beim Kalender Bildteile eignen, herausgestanzt zu werden, ermöglicht dies Durchblicke auf das untere Kalenderblatt. So werden Verbindungen oder Sinnzusammenhänge zum nächsten Monat bzw. zur nächsten Abbildung hergestellt.

Weiterhin richtet sich die Wahl einer Stanzung nach dem Gestaltungsziel: Soll die äußere Form erhalten bleiben? Dann bietet sich das Stanzen von **Ausschnitten** an. Beim Stanzen von **Zuschnitten** bleibt die innere Form erhalten bzw. wird der Teil gestanzt, der wegfallen soll, wie die nebenstehende Abbildung verdeutlicht.

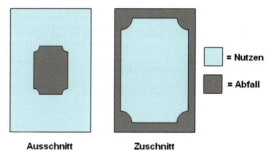

Gestaltungsziele beim Stanzen

Bei einem Kalender zum Abreißen kann die Lochperforation durch Stanzungen durchgeführt werden.

28.2.2 Prägen

Beim Prägen wird ein beliebiges Muster/Relief auf bzw. in den Bedruckstoff geprägt oder aufgebracht. Dabei lassen sich drei Verfahren unterscheiden:

- Blindprägung
- Farbprägung
- Reliefprägung

Bei der **Blindprägung** (Farblosprägung) wird der Bedruckstoff partiell verformt (z. B. leicht erhöhter Schriftzug).

Bei der **Farbprägung** – z. B. Heißfolienprägung – wird mittels eines Prägestempels, Hitze und hohem Anpressdruck eine farbige Folie auf den Bedruckstoff übertragen.

Bei der **Reliefprägung** werden Bedruckstoff und Prägefolienschicht dreidimensional zu einer Hochprägung umgeformt.

28.2.3 Lackieren

Die Lackierung veredelt ein Druckprodukt nicht nur, sie schützt es auch. Gerne eingesetzt werden **Spotlackierungen**. Hierbei wird nicht die gesamte Oberfläche eines Druckproduktes mit einer Lackschicht versehen, sondern nur ein bestimmter Teil (Logo, Abbildung usw.). Die Spotlackierung erfolgt mit Drucklack und wird in einem weiteren Farbwerk der Druckmaschine durchgeführt. Nachteile der Spotlackierung sind eine relativ langsame Trocknung und u. U. ein nicht so hoher Glanzeffekt.

Durch eine partielle Lackierung kann die Fotografie eines Gebäudes aufgewertet werden.

Ein gleichmäßiger, glänzender Lackauftrag auf der gesamten Oberfläche des Druckproduktes erfolgt meist mit **Dispersionslack**. Dispersionslack trocknet durch Wegschlagen und Verdunsten von Wasser, da er mit ca. 50–70 % einen hohen Wasseranteil besitzt. Auch eine Trocknung mit Infrarotlicht ist üblich. Beim Lackieren mit Dispersionslack können höhere Lackschichten aufgebracht werden, Glanz- und Matt-Effekte sowie eine schnelle Weiterverarbeitung durch schnelle Trocknung sind möglich.

UV-Lacke werden für Lackarbeiten mit höchsten Qualitätsansprüchen verwendet. Sie erreichen einen hohen Glanz.

Eine Besonderheit stellen Duftlacke dar: Feinste Mikrokapseln enthalten Duftstoffe, die durch Berührung bzw. Reibung aufplatzen und den Duftstoff freigeben.

Informieren Sie sich bei Farb- und Lackherstellern über Duftlacke: Viele Hersteller versenden Produktproben. Nutzen Sie diesen Service!

6.3 Kalkulation von Agenturleistungen

Mithilfe der in Lernsituation 1 berechneten Verrechnungssätze (DTP, Scanner) und dem Stückkostensatz (Drucker) können Sie die Kosten der einzelnen Produktionsphasen für diesen Kundenauftrag kalkulieren.

Vgl. LS 1, 6.2.1

Schätzen Sie, bevor Sie mit der Produktion beginnen, die hierfür benötigte Bearbeitungsdauer ein und versuchen Sie, diese einzuhalten. Dokumentieren Sie nach Abschluss eines größeren Arbeitsschrittes die benötigte Fertigungszeit und summieren Sie diese am Ende auf.

6.3.1 Kalkulation des Desktop-Publishing (DTP)

Sind mehrere Kostenstellen am Arbeitsprozess beteiligt, müssen die Belegungsdauer und die damit verbundenen Kosten für alle beteiligten Kostenstellen berechnet werden.

Die Inanspruchnahme der Kostenstellen durch den Produktionsprozess kann parallel – in diesem Fall wären mehrere Mitarbeiter gleichzeitig mit einem Kundenauftrag befasst – oder hintereinander erfolgen.

Die Einflussgrößen auf die Bearbeitungsdauer eines Auftrags sind vor allem

- der Umfang des Objekts (Seitenzahl, Format),
- die Anzahl der Freisteller bei der Bildbearbeitung,
- die Qualität der Bildvorlagen,
- die Komplexität der Seite,
- die Komplexität der nachzuzeichnenden Grafiken,
- die Menge der Texte.

Eine **präzise Kalkulation** ist aus folgenden Gründen wichtig: Eine Fehlkalkulation kann einerseits dazu führen, dass ein zu hoher Angebotspreis sich nicht am Markt durchsetzen lässt. Andererseits können mit einem zu niedrig angesetzten Preis die Selbstkosten nicht gedeckt werden.

Je mehr Aufträge bzw. Projekte eine Agentur bereits durchgeführt hat, desto mehr Erfahrungswerte liegen bezüglich der Kalkulation vor. Die Gefahr einer Fehlkalkulation sinkt deshalb mit zunehmender Erfahrung.

> Kosten der Gestaltung = Verrechnungssatz x Bearbeitungsdauersdauer (Agenturstunden)

Verrechnungssatz Kostenstelle „DTP-Arbeitsplatz": 50,00 €
Verrechnungssatz Kostenstelle „Scanner": 40,00 €
Bearbeitungsdauer „Freisteller erzeugen": 5 Stunden
Bearbeitungsdauer „Bild vektorisieren": 10 Stunden
Bearbeitungsdauer „Scannen": 1 Stunde

	Dauer (Std.)	Kosten/Std.	Summe
Gestaltung	15	50,00 €	750,00 €
Scannen	1	40,00 €	40,00 €
Gesamtkosten:			**790,00 €**

Bei der Gestaltung von Druckprodukten werden zwischenzeitlich mit dem Farblaserdrucker **Proofs** ausgedruckt, die zur eigenen Kontrolle und ggf. zur Präsentation beim Kunden benötigt werden. Wie bereits erläutert, können diese Proofs nach Papierformaten (DIN A3 oder DIN A4) kalkuliert werden.

Vgl. LS 1, 6.2.2

Der Angebotspreis wird mithilfe eines **Kalkulationsschemas** errechnet. Da nicht nur die Selbstkosten gedeckt werden sollen, sondern am Ende des Jahres auch noch ein positives Betriebsergebnis, also ein Gewinn, stehen soll, wird auf die Selbstkosten ein **Gewinnzuschlag** „aufgeschlagen". Der Gewinn steht am Ende des Geschäftsjahres für Gewinnausschüttungen an die Gesellschafter oder auch für Erweiterungsinvestitionen (bessere Hardware, zusätzliche Arbeitsplätze usw.) zur Verfügung.

Verleichen Sie auch die vorher kalkulierten **(Vorkalkulation)** und die tatsächlich für den Auftrag angefallenen Kosten **(Nachkalkulation)**.
- Warum sind ggf. Abweichungen entstanden?
- Welche Folgen hat die Abweichung für Ihre Agentur?
- Wie können Sie die ggf. entstandene Kostenabweichung beim nächsten Auftrag verringern?

Kalkulieren Sie mit einem Gewinnzuschlag von 15 %.

Gestaltung, Scannen		
+ Proofs		
= Selbstkosten		
+ Gewinnzuschlag		15,00 %
= Nettoangebotspreis		
+ Umsatzsteuer		19,00 %
= Bruttoangebotspreis		

Kalender			
Tischkalender	**Wandkalender**	**Kunstkalender**	**Tageskalender**
• Spiralbindung • liegend oder als Aufsteller • beidseitig bedruckt	• Spiral- oder Klebebindung • einseitige oder beidseitige Bedruckung	• Spiral- oder Klebebindung • einseitige oder beidseitige Bedruckung	• Klebebindung oder Klammerung • Abreißfunktion • einseitige oder beidseitige Bedruckung

Fotografische Abbildungen		
Camera obscura	**Konvexe Linse**	**Konkave Linse**
• Lochkamera ohne Linse. • Einfache fotografische Abbildungen. • Experimentelle Fotografie.	• Linse ist an einer Stelle nach außen gekrümmt. • Sammellinse = bündelt das einfallende Licht.	• Linse ist an einer Stelle nach innen gekrümmt. • Zerstreuungslinse = streut das einfallende Licht.

Bildgestaltung mit der Kamera
Die Bildwirkung verändert sich durch:
- *Auswahl des Filmformates (Quadrat oder Rechteck),*
- *Objektivwahl anhand der Brennweite,*
- *Steuerung der Schärfentiefe mithilfe der Blende,*
- *gezielte Belichtung mithilfe des Blitzes.*

Scannen und Bildbearbeitung
Die Übertragung von Vorlagen in ein digitales Format geschieht in der Regel durch Scannen. Sowohl gescannte als auch digital fotografierte Bilder müssen nachbearbeitet werden.

Gängige Bildbearbeitungsverfahren:
- *Tonwertkorrektur zur einfachen Veränderung von Helligkeit und Kontrast,*
- *Gradationskurven zur differenzierten Veränderung von Helligkeit und Kontrast,*
- *Filter zur Veränderung der Bildschärfe anwenden (z. B. Scharf- und Weichzeichnungsfilter),*
- *Farbmodus auswählen und anpassen.*

Rasterung
Das Raster spielt nicht nur eine technische Rolle (in Abhängigkeit von Betrachtungsabstand, Bedruckstoff und Druckverfahren), sondern auch eine gestalterische. Das im Offsetdruck laut Prozessstandard Offsetdruck (Bundesverband Druck und Medien) vorgeschriebene 60er-Raster ist für vielfältige Druckprodukte die gängigste und geeignete Wahl.

Bedruckstoff
Die Wahl des Bedruckstoffes ist entscheidend für das Druckprodukt. Er macht die Wirkung des Druckproduktes aus. Der normalerweise verwendete Bedruckstoff ist Papier. Durch unterschiedliche Herstellungsverfahren wird das Papier an die verschiedenen Einsatzzwecke angepasst.

Bindung
Ohne Bindung kommen nur wenige Druckprodukte wie Plakat oder Handzettel aus. Geeignet für Kalender ist meist die Spiralbindung. Kleinere Tageskalender zum Abreißen können auch mit einer Klebebindung versehen werden, die ein einfaches Abreißen ermöglicht.

Veredelung

Durch Veredelungsverfahren wie Lackieren, Prägen und Stanzen wird das Druckprodukt zum einen optisch aufgewertet, zum anderen für die Weiterverarbeitung vorbereitet (z. B. Stanzen der Löcher für die Spiralbindung). Darüber hinaus dient die Veredelung oft zum Schutz des Produktes (Lack, Kaschierung usw.).

Berechnung der für die Kalkulation notwendigen Bezugsgrößen

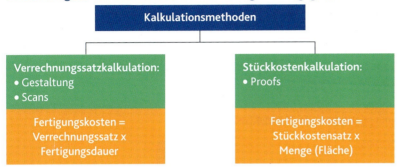

1. Fototechnik

a) Erläutern Sie mithilfe einer Skizze den Aufbau und die Funktionsweise einer Camera obscura.

b) Erklären Sie mithilfe von Skizzen den Unterschied zwischen diffuser und direkter Reflexion.

c) Skizzieren Sie den Verlauf der Lichtstrahlen durch
   - eine Sammellinse,
   - eine Zerstreuungslinse.

d) Ein Objekt soll mit einer Sammellinse abgebildet werden. Skizzieren Sie den Verlauf der Lichtstrahlen zwischen Objekt und Abbildung. Bezeichnen Sie alle Strecken und Strahlen der Skizze.

e) Ordnen Sie den folgenden Objektivarten jeweils eine Abbildung zu:
   1 Weitwinkelobjektiv   2 Teleobjektiv   3 Normalobjektiv

f) Erläutern Sie die folgenden Begriffe: Blende, Brennweite, Schärfentiefe

g) Welcher Zusammenhang besteht zwischen der Blendenöffnung und
   - der Brennweite?
   - der Schärfentiefe?

h) Erläutern Sie die Unterschiede zwischen einer Sucher- und einer Spiegelreflexkamera und geben Sie an, was man unter einem Parallaxenfehler versteht.

i) Welcher Bildfehler liegt bei der Digitalfotografie vor, wenn bestimmte Bildbereiche einzelne kleine, helle Stellen enthalten? Was ist die Ursache für diesen Bildfehler?

2. Scannen

a) Von welchen Faktoren ist die benötigte Scanauflösung abhängig? Nennen Sie mindestens drei Faktoren und erläutern Sie diese in Stichworten.

b) Berechnen Sie die Scanauflösung einer Strichvorlage bei einer Rasterweite von 152 lpi.

c) Ein Farbfoto der Größe 13 x 18 cm soll für die Verwendung in einer Firmen-Broschüre eingescannt und dabei auf 75 % verkleinert werden. Zum Scannen steht ein Scanner mit einer maximalen Auflösung von 1 800 x 3 600 dpi zur Verfügung.
- Berechnen Sie die benötigte Scanauflösung bei einem Qualitätsfaktor von 1,7 und einer Rasterweite von 80 L/cm.
- Welche tatsächliche Scanauflösung wählen Sie bei dem zur Verfügung stehenden Scanner? Begründen Sie Ihre Angabe.

d) Welche Rasterweite ist möglich, wenn eine Vorlage mit 300 dpi und einem Qualitätsfaktor von 1,3 gescannt und dabei auf 150 % vergrößert wird?

3. Bildbearbeitung

a) Histogramm
- Welche Bildinformationen werden in einem Histogramm dargestellt?
- Erläutern Sie das folgende Histogramm mithilfe von Stichworten.

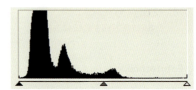

Histogramm
Bildquelle: Adobe Systems GmbH©

b) Das Originalbild in Abb. 1 wirkt etwas dunkel und hat in einigen Bereichen zu wenig Zeichnung. Wie muss die Gradationskurve verändert werden, um ein helleres und dennoch kontrastreiches Bild, wie in Abb. 2, zu erhalten?
Zeichnen Sie einen möglichen Verlauf der Gradationskurve in die bestehende Gradationskurve ein.

  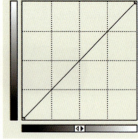

Abb. 1: Original   *Abb. 2: Korrigiertes Bild*   *Gradationskurve*
Bildquelle: Adobe Systems GmbH©

c) Bei der Bildbearbeitung können Filter zur Bildkorrektur eingesetzt werden. Nennen Sie drei bekannte Filter und erläutern Sie deren Einsatzbereiche. Zeigen Sie die Vor- und Nachteile auf.

4. Raster

a) Warum müssen Bilddaten für den Druck gerastert werden?

b) Erläutern Sie den Begriff des amplitudenmodulierten Rasters und berechnen Sie die Anzahl der Rels, die ein Belichter mit maximal 2 540 dpi Auflösung für einen 65%-igen Rastertonwert belichten muss. Dabei ist von der Verwendung eines 60er-Rasters und der Wiedergabe von 256 Tonwertstufen auszugehen.

c) Unterscheiden Sie die rationale und irrationale Tangentenwinkelung und beschreiben Sie jeweils mögliche Vor- und Nachteile.

5. **Papier und Heftung**

a) Bei der Papierherstellung wird Holz zu Halbstoff aufbereitet. Unterscheiden Sie die möglichen Verfahrensschritte und verbinden Sie diese mit dem späteren Bedruckstoff bzw. dessen Einsatzmöglichkeiten.

b) Beschreiben Sie den Unterschied zwischen Rückendrahtheftung und Klebebindung und benennen Sie mögliche Druckerzeugnisse, die mit den entsprechenden Bindearten gefertigt werden.

6. **Kalkulation**

a) Berechnen Sie die Proof-Kosten eines großformatigen Druckers für die jeweiligen Formate bei einem Stückkostensatz von 11,95 €/m^2 :
   - 36 cm x 52 cm
   - 52 cm x 74 cm
   - 72 cm x 102 cm

b) Eine Agentur hat einen Auftrag zur Produktion einer Eintrittskarte erhalten.
   Kalkulieren Sie folgende Leistungen:
   - Bearbeitung einer vom Kunden gelieferten Bilddatei
   - Nachzeichnen einer vom Kunden gelieferten Grafik (Logo)
   - Gestaltung der Karte

   Die Daten werden belichtungsfähig auf einer CD geliefert.
   Es werden folgende Zeiten veranschlagt:

Bildbearbeitung (Freistellung):	2 Stunden
Bearbeitung der Grafik:	3 Stunden
Gestaltung:	5,5 Stunden
Proofs:	3 Stück in DIN A5
Verrechnungssatz:	52,93 €/Std.
Stückkostensatz:	15,00 €/m^2

   Kalkulieren Sie den Bruttoangebotspreis mit einem Gewinnzuschlag von 10 %.

10 Broschüre

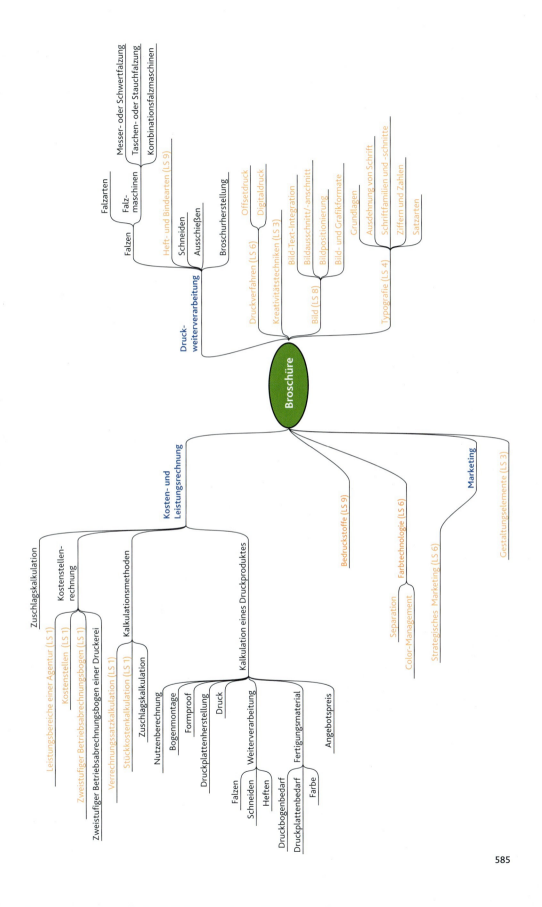

10 Broschüre

Ihre Agentur hat von Shi Well, einem Hersteller von Öko-Wellness-Produkten, einen Auftrag zur Herstellung von 2 000 Werbebroschüren und 500 Plakaten erhalten. Das kostengünstigste Druckverfahren für das Plakat ermitteln Sie anhand der Grenzmengenberechnung. Die Broschüre umfasst 8 Seiten im Format 95 x 210 mm. Der Druck erfolgt laut ISO12647-2. Die Druckfabrik GmbH druckt auf einer Druckmaschine der Formatklasse 0B (570 x 720 mm; Halbformat). Der Rohbogen weist das Format 707 x 500 mm auf. Die Druckplatte das Format 650 x 480 mm. Gedruckt wird zu 2 Nutzen auf dem Druckbogen. Die Wendung erfolgt zum Umstülpen. Die Broschüre wird als Mittenkreuzbruch gefalzt. Die Leistung umfasst die Vorstufe (Mediengestaltung), den Druck und die Weiterverarbeitung. Die Werbebroschüre stellt die komplette Shi-Well-Produktpalette vor. Das Plakat bewirbt ein einzelnes Shi-Well-Produkt und weist auf die Möglichkeit des Kaufs vor Ort hin.

Da die Shi-Well-Produkte ausschließlich direkt vertrieben werden, soll die Werbebroschüre in Apotheken, Reformhäusern, Sauna-Betrieben und Fitnessstudios ausgelegt werden. Das Plakat dient als Eyecatcher am POS (Point of Sale).

Shi Well legt bei der Gestaltung besonderen Wert auf eine harmonische und beruhigende Farbwirkung sowie eine klare, übersichtliche Produktpräsentation, die dem Wellness-Gedanken Rechnung trägt.

Sie sollen dem Kunden alle Leistungen zu einem Gesamtpreis anbieten. Da die *Druckfabrik GmbH* für Sie als Nachunternehmer die Broschüre druckt, kalkulieren Sie gemeinsam mit dem für die Kalkulation zuständigen Mitarbeiter die Druckkosten für die Broschüre und das Plakat.

28.3 Broschurherstellung

Vor der Produktion der Broschüre sind für die Gestaltung wichtige Aspekte zu beachten, denn durch die Art der Weiterverarbeitung (Broschur) müssen die Seiten auf eine genau festgelegte Art und Weise angelegt werden.

Zunächst soll etwas Klarheit in den „Begriffsdschungel" der Druckprodukte gebracht werden. Man kann Druckprodukte anhand verschiedener Kriterien einteilen. Nach dem Verwendungszweck kann man beispielsweise eine Glückwunschkarte oder einen Werbeprospekt unterscheiden. Die Broschüre wiederum ist ein Begriff, der sich durch das Unterscheidungskriterium der **Weiterverarbeitungsart** ergibt. Hier kann man folgende Einteilung vornehmen:

Druckprodukte			
unverarbeitet	verarbeitet		
• Blätter • Bogen • Postkarten • Plakate	gefalzt	gebunden	geheftet
	• Flyer • Landkarten • Broschüren	• Bücher • Kalender	• Broschüren • Akzidenzen bis ca. 80 Seiten

Eine **Broschüre** ist eine Akzidenz. Sie wird nicht wie eine Zeitung oder eine Zeitschrift periodisch produziert, sondern fällt i. d. R. in den Bereich der Werbeprodukte. Die Seitenzahl ist eher gering und liegt zwischen vier und 48 Seiten. Eine Broschüre kann als gefalzter Bogen vorliegen. Sie kann auch gebunden sein, z. B. durch eine Rückendrahtheftung.

> Ein Bogen ist ein Druckbogen. Ein Blatt besteht aus zwei Seiten. Die Seite ist beim gefalzten Endprodukt die kleinste Einheit.

Der Begriff **Broschur** wird im Zusammenhang mit der Weiterverarbeitung verwendet. Dabei wird in einlagige und mehrlagige Broschuren unterschieden.

28.3.1 Einlagige Broschur

Einlagige Broschuren (auch Heft oder Rückstichbroschur genannt) sind meist Blattsammlungen, die miteinander verbunden werden.

Einlagige Broschuren aus mehreren, nicht gefalzten Blättern werden auch als „Blätterbroschur" bezeichnet. Ist ein Produkt mehrmals gefalzt, aber nicht gebunden, spricht man von einem Prospekt.

Einlagige Broschuren können auch entstehen, wenn die zu bindenden Falzbogen zu einem Block ineinander gesteckt (gesammelt) werden, ein Beispiel dafür ist ein Schulheft. Die Bindung erfolgt meist per Rückendrahtheftung. Das Endprodukt wird zuletzt dreiseitig beschnitten.

Einlagige Broschur
Bildquelle: Berufsgenossenschaft Druck und Papierverarbeitung

> Bis DIN A3 spricht man von einem Blatt, über DIN A3 von einem Bogen.

28.3.2 Mehrlagige Broschur

Mehrlagige Broschuren werden hergestellt, indem mehrere einlagige Broschuren (bzw. Signaturen; Signatur = bedruckter Bogen) zum Block übereinander gelegt, zusammengetragen und dann gebunden werden (wie mehrere Schulhefte übereinander). Ein klassischer Vertreter für eine mehrlagige Broschur ist das Taschenbuch. Eine mehrlagige Broschur wird meist klebegebunden. Sie besitzt einen geraden Rücken sowie einen Kartonumschlag.

Von der mehrlagigen Broschur unterscheidet sich das Buch: Ein Buch ist immer zusammengetragen und weist einen festen, überstehenden Buchdeckel auf. Der Buchrücken ist gerundet.

Nach der Gestaltung der Broschüre und der Herstellung von belichtungsfähigen Daten werden die Druckplatten angefertigt. Hierbei sind die jeweils angewandten Techniken der Druckweiterverarbeitung zu beachten. Da es sich bei einer Broschüre um ein mehrseitiges Produkt handelt, gehört dazu zunächst die Überlegung, wie die bedruckten Seiten anschließend gefalzt und zusammengetragen werden sollen. Die Auswahl der Falzart wirkt sich nun darauf aus, auf welche Art und Weise die Einzelseiten auf der Druckplatte angeordnet – ausgeschossen – werden.

Vgl. LS 9, 28

In der Produktion steht das Ausschießen zwar vor dem Falzen, doch ohne die Kenntnis des jeweiligen Falzschemas lässt sich kein Ausschießschema erstellen. Aus diesem Grund erfolgt zunächst ein Überblick über die unterschiedlichen Falzarten und Falztechniken, bevor der Bereich Ausschießen näher erläutert wird.

28.4 Falzen

Als Falzen wird eine spezielle **Falttechnik** bezeichnet, die üblicherweise mit einem Hilfsmittel, dem sogenannten Falzwerkzeug, ausgeführt wird. Insbesondere Druckprodukte kleinerer Formate und/oder geringer Seitenzahl werden ausschließlich gefalzt und nicht geheftet oder gebunden. Typisch hierfür sind gefaltete Flyer und CD-Booklets, auch die Falzung von Briefbögen, passend zum Format normgerechter Briefumschläge ist üblich.

Falzen: Scharfkantiges manuelles oder maschinelles Umbiegen von Papierbahnen oder -bögen mithilfe eines Falzwerkzeugs.

Im Unterschied zum Falten entsteht beim Falzen ein scharfer Bruch des Papiers, der sogenannte Falzbruch, da der Falzvorgang mit einem Hilfsmittel[1] ausgeführt wird.

Alle mehrseitigen Produkte, wie auch die Broschüre von Shi Well, werden gefalzt und anschließend geheftet oder gebunden, um handliche und gut nutzbare Endformate zu erhalten.

28.4.1 Falzarten

Je nachdem, ob das Endprodukt mehr oder weniger Seiten enthält und aus einer ein- oder mehrlagigen Broschur besteht, kommen unterschiedliche Falzarten zur Anwendung. Die gängigsten Falzarten werden im Folgenden vorgestellt.

Welche Falzart eignet sich besonders für die 8-seitige Broschüre für Shi Well und welche Besonderheiten sind dabei zu beachten?

Einbruchfalz
Beim **Einbruchfalz**, der einfachsten Falzart, wird der Papierbogen nur einmal gefalzt.
Ab mindestens zwei Falzbrüchen wird eine Unterscheidung zwischen **Parallel- und Kreuzfalzarten** vorgenommen.

Parallelfalz	Ein bereits einmal gefalzter Bogen wird **parallel** zum vorhergehenden Falz erneut gefalzt. Die Falzbrüche liegen zueinander parallel. Beispiel: Falzung von Geschäftsbriefbögen.
Kreuzfalz	Ein bereits einmal gefalzter Bogen wird **rechtwinklig** zum vorhergehenden Falz erneut gefalzt. Die Falzbrüche liegen der Reihe nach rechtwinklig zueinander. Beispiel: Falzung von Broschüren vor dem Heften.

Parallelfalzungen		
Falzart	**Falzschema**	**Anwendung**
Lagen- oder Einbruchfalz Der Papierbogen wird einmal in der Mitte gefalzt.	4 Seiten	Diverse Kartenarten, wie z. B. Gruß- und Einladungskarten.

---
[1] Früher kam als Hilfsmittel ein Falzbein, eine Art Brieföffner aus Knochen, zum Einsatz.

Parallelfalzungen

Falzart	Falzschema	Anwendung
Parallelmittenfalz Der Papierbogen wird dreimal parallel zueinander gefalzt, sodass zwei Falzbrüche ineinander liegen.	*8 Seiten*	Flyer, Einladungskarten mit abtrennbarer Antwortkarte usw.
Zickzack- oder Leporellofalz Der Papierbogen wird asymmetrisch abwechselnd nach rechts und links parallel zueinander gefalzt, sodass eine Art „Ziehharmonika" entsteht. Die minimale Seitenzahl beträgt hierbei 6 Seiten. Mit jedem Parallelfalz kommen zwei weitere Seiten hinzu.	*6 Seiten*	Geschäftsbriefbogen für DIN-Lang-Umschlag, Flyer und CD-Booklet mit 6 oder mehr Seiten usw.
Wickelfalz Der Papierbogen wird asymmetrisch in eine Richtung parallel zueinander gefalzt – die Seiten werden dabei ineinander gewickelt.	*6 Seiten*	Flyer, diverse Kartenarten, CD-Booklet mit insgesamt 6 Seiten.

Parallelfalzungen		
Falzart	**Falzschema**	**Anwendung**
Fensterfalz Der Papierbogen wird von beiden Seiten gleichmäßig zur Mitte hin gefalzt, sodass der Eindruck eines Fensters mit Fensterläden entsteht.	*Fensterfalz, 2-Bruch*	Diverse Kartenarten, z. B. Einladungskarten.
Beim 3-Bruch-Fensterfalz erfolgt ein zusätzlicher Falz in der Blattmitte. Jede der beiden nach innen liegenden Klappen sollte dabei einen Mindestabstand von 1,5 mm zur Mitte aufweisen, um ein Stauchen beim Falzen zu vermeiden.	*Fensterfalz, 3-Bruch*	

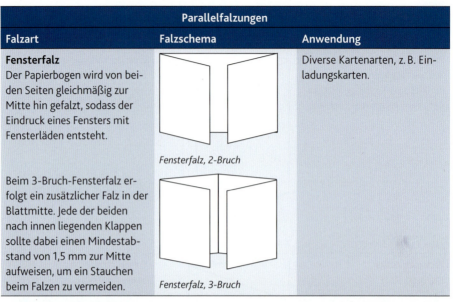

Kreuzbruchfalzungen		
Falzart	**Falzschema**	**Anwendung**
Mittenkreuzfalz Der Papierbogen wird zweifach gefalzt, sodass 8 Seiten entstehen.		Briefbogen (zweifach) für C6-Umschlag, Broschüren, Prospekte usw., mit anschließender Heftung und Beschneidung.
Asymmetrischer Kreuzfalz Der Papierbogen wird zwei- oder mehrfach, jedoch nicht mittig gefalzt.		Besondere Grußkarten, Prospekte usw.

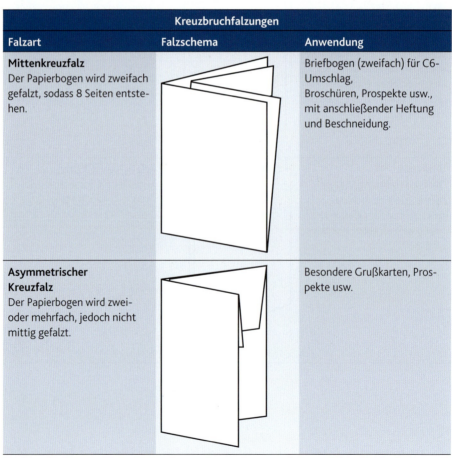

Kombinationsfalzungen

Beispiele für Kombinationsfalzungen

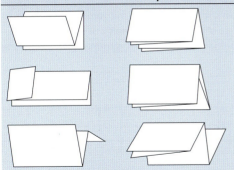

Neben den beschriebenen Standardfalzarten als alleinige Parallel- oder Kreuzfalzung findet eine Vielzahl von Kombifalzarten als Kombination aus Parallel- und Kreuzfalzung, meist für Karten und Prospekte, Anwendung.

Anwendungsbeispiele unterschiedlicher Falzarten

Menükarte – Einbruchfalz

Tischkarte – Einbruchfalz

Beipackzettel – Zickzackfalz

Fächer – Zickzackfalz

Zeitung – Mittenkreuzfalz

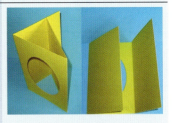

Passepartoutkarte – Wickelfalz

Falzfolge beim Kreuzfalz

Beim Kreuzfalz wird grundsätzlich der gesamte Bogen über die volle Länge oder Breite gefalzt. Der Bogen wird, bei mehrfacher Falzung, immer rechtwinklig zum vorhergehenden Falz gefalzt. Mit dem Einbruchfalz entstehen so zwei Blatt, mit dem Zweibruchfalz vier Blatt, mit dem Dreibruchfalz acht Blatt und mit dem Vierbruchfalz sechzehn Blatt gleicher Größe. Die Falzfolge ist nachfolgender Abbildung zu entnehmen und gilt für den symmetrischen Fall. Bei der **symmetrischen Falzung** verdoppelt sich die Seitenzahl mit jedem Falz.

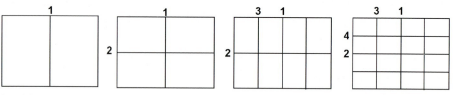

Falzfolge beim symmetrischen Kreuzfalz

Falznummern	Falzart	Blatt	Seiten	Maximales Papiergewicht
1	Einbruchfalz	2	4	180 g/m²
1, 2	Zweibruchfalz	4	8	135 g/m²
1, 2, 3	Dreibruchfalz	8	16	110 g/m²
1, 2, 3, 4	Vierbruchfalz	16	32	80 g/m²

 Achtung: Ein Blatt zählt als zwei Seiten (Vorder- und Rückseite des Blattes)!

Bei **asymmetrischer Falzung** erfolgt die Falzung nur über einen Teil des Bogens, z. B. nur über ein Drittel oder zwei Drittel statt über die Gesamtbreite. Dadurch entsteht ein Falzbogen mit 6, 12 oder 24 Seiten.

28.4.2 Falzmaschinen

Nach der Kenntnis der wichtigsten Falzarten geht es nun um die Auswahl der jeweils geeigneten Falzmaschine.

Die Falzmaschinen wenden unterschiedliche Falztechniken an. Je nach Technik der Falzmaschine können nur bestimmte Falzarten ausgeführt und bestimmte maximale Bogenformate und Papiergewichte verarbeitet werden. Im Bereich der Bogenfalzmaschinen haben sich die beiden Falzprinzipien Messer- oder Schwertfalzung und Taschen- oder Stauchfalzung durchgesetzt.

28.4.2.1 Messer- oder Schwertfalzung

Bei der Messer- oder Schwertfalzung wird der Papierbogen bis zu den Bogenanschlägen geführt und exakt unter dem **Falzschwert** fixiert. Nun drückt das Schwert, auch **Falzmesser** genannt, den Papierbogen zwischen zwei gegenläufig rotierende Walzen, sodass der Bogen gefalzt und anschließend weitertransportiert wird.

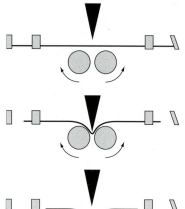

Prinzip der Messer- oder Schwertfalzung

Ältere Schwertfalzmaschinen arbeiten taktgebunden, indem der nächste Papierbogen erst dann bis zum Bogenanschlag geführt wird, wenn das Falzschwert sich wieder in seiner Ausgangsposition befindet. Neuere Schwertfalzmaschinen arbeiten mit einer elektronischen Steuerung, bei welcher der ankommende Bogen die Messerbewegung auslöst.

Vorteile	Nachteile
• hohe Genauigkeit • dünne und dicke Papiersorten gleich gut verarbeitbar • kurze Umrüstzeiten • geringer Platzbedarf	• geringe Falzleistung, da der Bogen erst vollständig gestoppt werden muss • nur Kreuzbruchfalzungen möglich

Falzvorgang für eine Broschüre:
Eine achtseitige Broschüre wird auf einem Rohbogen, dem Buchbinderbogen, angelegt. Dieser wird zweimal symmetrisch mit dem Schwert als Mittenkreuzfalz gefalzt, sodass nach dem Beschneiden ein achtseitiges Endprodukt entsteht. Alternativ erfolgt der Falzvorgang mit der Kombinationsfalzmaschine: Erst Taschenfalzwerk, dann Schwertfalzung.

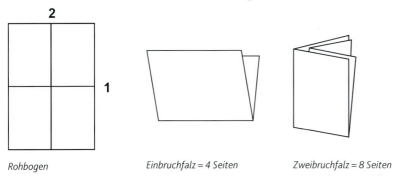

Rohbogen　　Einbruchfalz = 4 Seiten　　Zweibruchfalz = 8 Seiten

Vgl. diese LS, 28.5

28.4.2.2 Taschen- oder Stauchfalzung

Bei der Taschen- oder Stauchfalzung sorgen drei rotierende Walzen und mindestens eine Falztasche im Falzwerk für die Falzung des Papierbogens. Der Papierbogen läuft dabei in die Falztasche, staucht dort, weicht dann nach unten aus, gerät zwischen die beiden unteren Walzen und wird gefalzt.

Enthält das Falzwerk mehrere Falztaschen, so sind diese für Parallelfalzungen parallel angeordnet, für Kreuzfalzungen jeweils im rechten Winkel zueinander. Für Sonderfalzungen können bis zu sechs oder acht Falztaschen in das Falzwerk eingebaut werden. Der Papierbogen überspringt mithilfe von Bogenweichen nicht benötigte Falztaschen, sodass sich mit dem vielseitig einsetzbaren Taschenfalzprinzip unterschiedliche Falzarten kombinieren lassen.

Vorteile	Nachteile
• vielseitig einsetzbar für unterschiedliche Falzarten • hohe Falzleistung • einfacher Aufbau • geringer Verschleiß	• Qualitätseinbußen bei dünnen (kleiner als 40 g/m²) und dicken (größer als 120 g/m²) Papieren • Formatbegrenzung bei dünnen und dicken Papieren

Zu Falzproblemen kommt es meist dann, wenn entweder ein zu dünnes (Quetschfalten oder Risse) oder zu dickes (Brüche) Papier verwendet wird oder die Laufrichtung falsch gewählt wurde. Bei sehr dickem Papier kann eine Rillung oder Perforierung der Bogen, wie sie häufig bei Grußkarten anzutreffen ist, Brüchen vorbeugen.

28.4.2.3 Kombinationsfalzmaschinen

Neben reinen Schwert- und Taschenfalzmaschinen gibt es die sogenannten **Kombifalzmaschinen**, die eine Verbindung zwischen einem Taschenfalzwerk mit anschließender Schwertfalzung herstellen. Diese Maschinen nutzen die Vorteile beider Systeme, indem die ersten Falzungen im Taschenfalzwerk ausgeführt werden, weitere Falzungen, die eine höhere Kraft erfordern, übernimmt das Schwertfalzwerk.

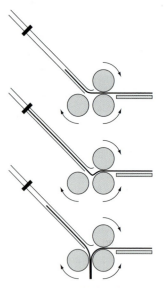

Prinzip Taschen- oder Stauchfalzung

Vorteile	Nachteile
• kompakte Bauweise • geringer Platzbedarf • hohe Falzleistung • große Variationsmöglichkeiten verschiedener Falzarten	• teuer in der Anschaffung

28.5 Ausschießen

Ist das Falzschema der Broschüre bekannt und sind die zur Verfügung stehenden Falzmaschinen für den Weiterverarbeitungsprozess eingeplant, kann aufgrund der Falzfolge das Ausschießschema erstellt werden.

Vgl. diese LS, 28.4.1

Meist werden mehrere Seiten auf einen Druckbogen gedruckt. Dies hat wirtschaftliche, aber auch produktionstechnische Gründe: Bei der Fadenheftung (z. B. Buch) oder der Rückstichheftung (z. B. einlagige Broschur) benötigt man mindestens vier Seiten auf einem Druckbogen, um den Faden bzw. die Drahtklammer durch den Falz zu führen.

Ausschießen bedeutet, die Seiten so auf dem Druckbogen anzulegen, dass sich nach Falzen, Binden und Schneiden die Seiten in der korrekten Reihenfolge und Ausrichtung befinden.

Ein Flyer besteht aus vier Seiten. Das geschlossene Endformat beträgt DIN A4. Zum Einsatz kommt eine Druckmaschine, welche im DIN-A3-Überformat (also inklusive aller Druck- und Seitenzeichen) drucken kann. Somit ist klar, dass pro Druckbogen(-seite) immer zwei Seiten des Flyers gedruckt werden können.

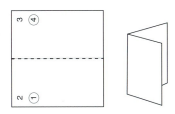

Auf der äußeren Form des Druckbogens liegen die Seiten 4 und 1, auf der inneren Form liegen die Seiten 2 und 3. Bei diesem Beispiel befinden sich die Seitenzahlen im Kreis auf der Rückseite. Es erfolgt nur ein Falz in der Mitte.

Probieren Sie es mit einem Blatt Papier aus: Falten Sie es in der Mitte (dies veranschaulicht den Falzvorgang) und nummerieren Sie die Seiten von 1 bis 4 durch. Dies ergibt das Ausschießschema, nach welchem Sie die Seiten anordnen müssen. Diese Anordnung kann in der Druckvorstufe manuell erfolgen, d. h., Sie legen eine Seite in Druckbogengröße an und positionieren die Einzelseiten des Flyers entsprechend. Wahrscheinlicher ist aber, dass in der Druckerei mit einem Ausschießprogramm gearbeitet wird. Dort kann elektronisch ein Druckbogen nach Kenntnis des Falzschemas aufgebaut werden. Die Einzelseiten des Druckobjekts können nun aus einer gelieferten PDF-Datei positioniert werden.

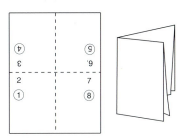

Eine Erweiterung des ersten Beispiels ist die Fertigung eines 8-Seiters. Der Druckbogen kann acht DIN-A4-Seiten fassen.
Dies bedeutet, dass vier Seiten des 8-Seiters auf der Schöndruck- und vier auf der Widerdruckseite gedruckt werden. Das Falzschema bei diesem Auftrag ist ein Kreuzfalz.

Natürlich können mit einer solchen Anordnung auch zwei Flyer von Beispiel 1 auf einem Doppelnutzenbogen gedruckt werden. Dabei liegen die Seiten genauso auf dem Druckbogen. Die beiden Nutzen stehen dann Kopf an Kopf bzw. Kopf an Fuß, sodass dort ein Trennschnitt erfolgen muss.

> **Ziel ist immer, mit möglichst wenig Zeiteinsatz (Montage von Druckbogen) und Materialeinsatz (Herstellung von Druckformen/Druckplatten) ein optimales Ergebnis zu erhalten.**

Beim Ausschießen müssen viele Dinge beachtet werden: Der Bogen muss beim zweiseitigen Druck gewendet werden (siehe Umschlagen, Umstülpen). Neben dem Druckbogenformat und dem Falzschema sind auch die Bindeart und die Art des Zusammenführens der Druckbogen (Sammeln oder Zusammentragen) für das Ausschießmuster wichtig. Darüber hinaus ist die Laufrichtung des Papierbogens zu beachten und für das jeweilige Produkt anzupassen.

28.5.1 Einteilungsbogen/Druckbogen

Die Vorbereitung zum Ausschießen erfolgte früher manuell, heute jedoch auf elektronischem Wege mit sogenannten Ausschießprogrammen. Selbstverständlich gibt es für das Ausschießen bzw. die Weiterverarbeitung bestimmte Regeln, die eingehalten werden müssen: Vorgaben wie Beschnittzeichen, Passmarken, Falzmarken usw. müssen u. a. schon in der Agentur bzw. in der Druckvorstufe berücksichtigt und in die Druckdatei (z. B. PDF) integriert werden, damit diese im Ausschießprogramm korrekt eingesetzt werden kann.

Auf einem Einteilungsbogen bzw. Druckbogen sind alle Seiten mit dem korrekten Format, dem Satzspiegel, allen Montagezeichen wie Beschnitt, Falz und Passkreuze sowie die Anlage angegeben.

In der manuellen Bogenmontage wird ein Einteilungsbogen zum genauen Montieren der einzelnen Farbauszüge (Filme) verwendet.

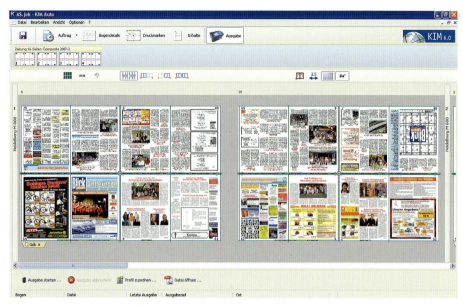

Einteilungsbogen/Druckbogen (Bildquelle: Krupp-Verlag, Sinzig)

Flattermarken

In der digitalen Bogenmontage sind die Einteilungsschemata im Ausschieß-Programm abrufbar. In der digitalen Seitenmontage werden direkt die einzelnen PDF-Seiten mit einer Vorschau positioniert, sodass der Stand des Druckbogens auf der Offsetdruckplatte inkl. aller Elemente sofort optisch kontrolliert werden kann. Folgende Elemente kommen vor:

Flattermarke

Flattermarken (nur bei Büchern oder einer mehrlagigen Broschur) werden auf jedem Druckbogen im Bund zwischen der ersten und letzten Seite als kurze, schwarze Linie mitgedruckt. Beim ersten Bogen steht die Flattermarke am Kopf und wird bei jedem weiteren Bogen um die Höhe der Flattermarke nach unten versetzt.

Dadurch kann nach dem Zusammentragen der einzelnen Broschuren optisch kontrolliert werden, ob sich diese in der korrekten Reihenfolge befinden.

Stege

Die einzelnen Abstände zwischen den Seiten werden als Steg bezeichnet. Man unterscheidet Kopf-, Fuß-, Kreuz-, Bund-, Mittel- und Greifersteg (Greiferrand).

Am Greiferrand bzw. an der Greiferkante wird der Druckbogen von den Greifern der Druckmaschine gehalten, um ihn durch die Druckmaschine zu transportieren. In diesem Bereich müssen – je nach Druckmaschinenmodell – mehrere Millimeter (ca. 10–20 mm) frei vom Druckbild bleiben.

Bund
Der nicht bedruckte Raum zwischen den Satzspiegeln zweier nebeneinanderliegender Seiten wird Bund genannt. Hier erfolgt die Bindung (z. B. Rückendrahtheftung). Zu beachten ist, dass die Laufrichtung des Bogens parallel zum Bund liegt.

Passer
Unter Passer versteht man den korrekten Übereinanderdruck im Mehrfarbendruck. Zur Kontrolle werden die Passmarken bzw. Passkreuze eingesetzt.

Register
Als Register wird der korrekte und deckungsgleiche Druck von Schön- und Widerdruck bezeichnet. Auf Registerhaltigkeit beim Text ist etwa durch Ausrichten der Textzeilen am Grundlinienraster zu achten. Beim Druck müssen die einzelnen Seiten deckungsgleich übereinander gedruckt werden – der Stand der Einzelseiten auf dem Einteilungsbogen für Schön- und Widerdruck muss gleich sein.

Anlage
Eine Druckmaschine besitzt zur korrekten Ausrichtung des Bogens Vordermarken und Seitenmarken. Die Seitenmarke schiebt den Bogen an der schmalen Seite auf seine geforderte Position, eine Vordermarke an der breiten Seite. Nach dem Wenden des Bogens wird die gegenüberliegende Seite des Bogens verwendet bzw. bedruckt. Somit ist sichergestellt, dass immer der gleiche Anlagewinkel des Druckbogens an der Seitenmarke ausgerichtet wird.

Anlagewinkel
Der Anlagewinkel wird von dem Winkel des Bogens gebildet, der an der Seitenmarke und der Vordermarke anliegt. Wichtig sind Anlage und Anlagewinkel zum Ausrichten und Wenden des Bogens. Darüber hinaus muss die Druckanlage mit der Falzanlage übereinstimmen, denn nur so ist ein registerhaltiges Druckprodukt gewährleistet.

Kontrollelemente
Zusätzlich können auf dem Standbogen Kontrollelemente für die Belichtung platziert werden. Dazu gehören u. a. der Ugra/Fogra EPS-Kontrollstreifen sowie die Fogra Druckkontrollleiste. Mit beiden Elementen können je nach Einsatz die Plattenbelichtung oder der Fortdruck kontrolliert werden. Beide Kontrollelemente enthalten dafür Vollton-, Raster- und Diagnosefelder.

www.fogra.org

Wendearten
Umschlagen: Der Bogen wird so gewendet, dass die Vordermarken unverändert bleiben und die Seitenmarke wechselt (Tausch der kurzen Bogenseite). Der Begriff kommt vom Vorgang des Umschlagens einer Buchseite.

Da hier nur die Seitenmarke wechselt, liegt der Bogen nach der Wendung wieder genauso wie beim ersten Druckgang. Dies hat den Vorteil, dass bei der Wendeart Umschlagen alle Seiten einer Drucksache in einer Form aufgebaut werden können, da z. B. bei einem 8-Seiter dort, wo vorher die Seiten 1, 8, 4, 5 lagen, auf der Rückseite die Seiten 3, 6, 2, 7 gedruckt werden. Somit ergibt eine Druckform mit allen acht Seiten beim Umschlagen zwei Nutzen des Druckproduktes.

Ist der Druckbogen doppelt so groß wie die Falzbogengröße, können alle Seiten des Falzbogens auf einer Seite, also in einer Druckform ausgeschossen werden.

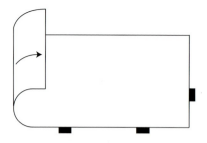
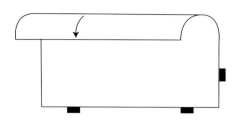

Umschlagen *Umstülpen*

Umstülpen: Der Druckbogen wird so gewendet, dass die Seitenmarke bestehen bleibt, die Vordermarken jedoch wechseln (Tausch der breiten Bogenseite).

Zur Kontrolle Ihres Ausschießschemas können Sie folgende Punkte überprüfen:

1. Die Falzfolge legt das Ausschießschema fest. Falten Sie einen Dummy (Falzmuster) unter Einhaltung des vorgegebenen Falzschemas und benennen Sie danach die Seiten.
2. Der letzte Falz bildet den Bund.
3. Die erste und letzte Seite des Druckproduktes müssen im Bund nebeneinander stehen.
4. Im Bund nebeneinanderliegende Seiten ergeben in der Summe ihrer Seitenzahlen immer die Gesamtanzahl der Seiten plus 1.
5. Bei acht Seiten im Hochformat ist die Falzanlage bei den Seiten 3 und 4.
6. Bei 16 Seiten Hochformat und 32 Seiten Querformat liegt die Falzanlage bei den Seiten 5 und 6.
7. Ungerade Zahlen stehen rechts vom Bund, gerade stehen links.
8. Die innere und äußere Form bzw. Schön- und Widerdruck können durch eine Zahlenreihe ermittelt werden:

1	2	3	4
5	6	7	8

Die äußeren Seitenzahlen bilden die äußere, die inneren die innere Form.

9. Bei der Herstellung eines Dummies ist zu beachten, dass nach dem Falzschema der Falzmaschine gefaltet wird. Dabei müssen die ersten Seiten des Dummies nach unten und nach rechts außen offen sein.

Die Kontrolle des Ausschießschemas kann durch den Dummy erfolgen oder umgekehrt. Sind alle Seiten korrekt ausgeschossen, wird meist ein Formproof auf einem LFP (Large Format Printer) zur Kontrolle der Seiteninhalte sowie der Druckzeichen ausgegeben.

Erstellen Sie für die Broschüre mögliche Ausschießschemata nach den Ihnen vorliegenden Informationen. Achten Sie darauf, möglichst kostengünstig zu arbeiten, indem Sie für Ihren Druckauftrag die zeit- und materialschonendste Alternative finden. Die Plakate müssen natürlich nicht ausgeschossen werden, da ihr Format bereits die gesamte Druckform einnimmt.

28.5.2 Sammeln und Zusammentragen

Beim **Sammeln** werden die einzelnen Falzbogenlagen so ineinander gesteckt, dass sich eine fortlaufende Paginierung ergibt. Das Sammeln erfolgt in sogenannten Sammelheftern (hier fallen die Falzbogen der Reihenfolge nach aufeinander). Sind alle Falzbogen bzw. Signaturen in der korrekten Reihenfolge ineinander gesteckt, kann das Produkt mit der Rückendrahtheftung versehen werden (z. B. bei Zeitschriften).

Beim **Zusammentragen** werden einzelne Falzbogen übereinander gelegt. Um die korrekte Reihenfolge der Falzbogen zu gewährleisten, können die mitgedruckten, im Ausschießprogramm angelegten Flattermarken kontrolliert werden (z. B. Werkdruck).

Sammeln zu Blocks

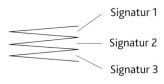

Zusammentragen von Falzbogen = ungebundene Mehrlagenblocks

Zusammentragen von Blättern = ungebundene Blätterblocks

Sammeln durch Ineinanderstecken von Falzbogen = ungebundene Einlagenblocks

28.6 Schneiden

Da nie auf dem Endformat gedruckt wird, müssen alle Druckerzeugnisse (ob Rollen- oder Bogenware) nach dem Druck geschnitten werden, damit weitere Verarbeitungsschritte folgen können. Je nach Produkt wird auch zuerst gefalzt und anschließend geschnitten. Auch Veredelungsverfahren wie Lackieren können vor dem Schneiden erfolgen – z. B. in der Druckmaschine.

Im Rollendruck erfolgt der Schnitt **inline**, d. h., der Schneideapparat ist eine folgende Baugruppe der Druck- und Falzwerke.

Generell wird in **Planschneiden, Schneiden von Bahnen, Beschneiden und Zuschneiden von Deckenmaterial** unterschieden.

Planschneiden	Bahnen schneiden	Beschneiden	Zuschneiden
Schneiden von Druckbogen zu sogenannten Buchbinderbogen – einem nach dem Druck anhand der Schneidemarken beschnittenen Bogen, der danach gefalzt werden kann.	Erfolgt in einer Baugruppe der Rollendruckmaschine. Die breite Rollenware wird nach dem Druck in einzelne Bahnen und/oder Bogen geschnitten.	Beim Beschneiden wird mit dem 3-Messer-Schnitt ein Broschurblock dreiseitig beschnitten.	Pappe oder Karton wird für die Buchproduktion als Deckenmaterial auf Format geschnitten.

Drei Schneideprinzipien werden unterschieden: **Messer-, Scher- oder Berstschnitt.**

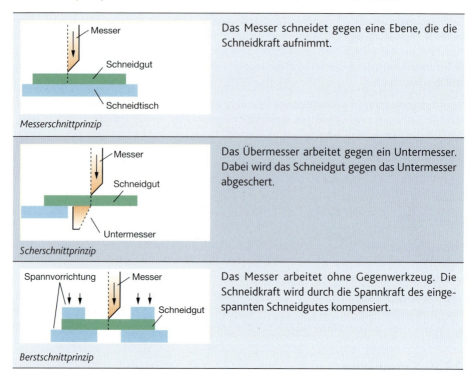

Messerschnittprinzip

Das Messer schneidet gegen eine Ebene, die die Schneidkraft aufnimmt.

Scherschnittprinzip

Das Übermesser arbeitet gegen ein Untermesser. Dabei wird das Schneidgut gegen das Untermesser abgeschert.

Berstschnittprinzip

Das Messer arbeitet ohne Gegenwerkzeug. Die Schneidkraft wird durch die Spannkraft des eingespannten Schneidgutes kompensiert.

Die bekannteste Maschine zum Planschneiden von Druckbogen ist der **Planschneider:**

1. Bedienpult mit Bildschirm
2. Hauptschalter und Sicherheitsschloss
3. Pressdruckeinstellung
4. Messer
5. Schneidleiste
6. Maschinentisch mit Luftdüsen
7. Seitliche Ablagetische
8. Lichtschranke
9. Zweihandschnittauslösung
10. Fußhebel zum Aufsetzen des Pressbalkens
11. Manuelle Maßeinstellung

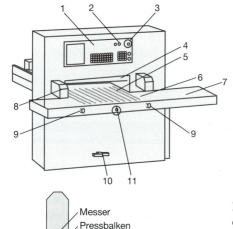

Aufbau eines Planschneiders

Zur Sicherheit des Bedieners kann der Schneidevorgang nur durch gleichzeitiges, beidhändiges Drücken der Schneidetasten ausgelöst werden.

Das Schema zeigt, dass das Schneidgut am Sattel anschlägt, damit die Bogen genau übereinander liegen. Ein Pressbalken fixiert mit hohem Anpressdruck das Schneidgut. Ein Messerbalken fährt mit dem Messer von oben in das Schneidgut und schneidet nach dem Messerschnittprinzip.

Im Planschneider kann der vom Papierhersteller gelieferte Rohbogen auf das Druckbogenformat geschnitten werden. Auch der Trennschnitt von Nutzen auf dem Druckbogen kann auf dem Planschneider erfolgen.

Steht für den Beschnitt der gedruckten Broschüre kein 3-Messer-Automat zur Verfügung, muss der Beschnitt an Kopf, Fuß und der rechten Seite des Druckproduktes auch mit dem Planschneider erfolgen.[1]

> Gerade bei geringen Auflagen wie den 2 000 Broschüren des Kundenauftrags bietet sich dies auch an. Der Vorteil eines 3-Messer-Automaten gegenüber dem Einsatz des Planschneiders liegt in der Anzahl der Schnitte: ein Schneidevorgang gleichzeitig an allen drei Seiten im 3-Messer-Automat gegenüber drei einzelnen Schneidevorgängen beim Planschneider. Die Plakate können normal auf dem Planschneider geschnitten werden.

6.1.4 Kosten einer Druckerei ermitteln

> Der Betriebsabrechnungsbogen der *Druckfabrik GmbH* weist einen ähnlichen Aufbau wie der einer Agentur auf. Jedoch gibt es hier einige Besonderheiten, die durch die betriebliche Struktur und die erstellten Produkte zu erklären sind:

Wie bereits dargestellt, werden die anfallenden Kosten wie Miete, Energie, Abschreibung usw. mithilfe eines Verteilungsschlüssels auf die **Kostenstellen** verteilt. Mithilfe des Verrechnungssatzes der alle Kosten enthält, werden diese dem einzelnen Auftrag zugerechnet.

Vgl. LS 1, 6.1.2

Diese im Stundensatz enthaltenen Kosten sind einem Auftrag nicht direkt zurechenbar. Man nennt sie **Gemeinkosten**. In einer Druckerei hingegen fallen neben diesen Gemeinkosten auch einem Auftrag direkt zurechenbare Kosten an. Diese Kosten entstehen durch Fertigungsmaterialverbrauch (Papier, Farbe, Druckplatten) und nennen sich **Einzelkosten**.

In einer Agentur entstehen in der Regel nur geringe Kosten für Fertigungsmaterial, da die Art der Leistung, sieht man von der CD, auf der die entsprechenden PDF-Dateien gespeichert sind, ab, eher immateriell ist. In einer Druckerei hingegen stellt das **Fertigungsmaterial** einen großen Kostenfaktor in der Kalkulation dar und ist hier somit gesondert zu berücksichtigen.

Neben den **Anschaffungskosten** des Fertigungsmaterials fallen für seine Lagerung Kosten in Form von Miete für das Lager, Zinsen für das angeschaffte Fertigungsmaterial, Energiekosten für Beleuchtung und Heizung des Lagers an (**Materialgemeinkosten**). Darum weist der BAB einer Druckerei in der Regel neben den Fertigungskostenstellen noch eine **Materialkostenstelle** auf.

Neben der Materialkostenstelle finden sich zudem in größeren Druckereien noch die Kostenstellen **AV/TL (Arbeitsvorbereitung/Technische Leitung)**, **Verwaltung** und **Vertrieb**. Sie stellen, ähnlich wie in einer Agentur die Kostenstelle „Sozialräume/Kundenbereich", **Vorkostenstellen** dar. Diese werden auf die Endkostenstellen mittels Umlagesatz umgelegt.
Unter die Arbeitsvorbereitung und die Technische Leitung fallen z. B. Tätigkeiten der Personal- und Produktionsplanung oder auch der Qualitätskontrolle. Diese werden in der Regel von einem Druckermeister ausgeführt. Die Aufgaben der Verwaltung sind weitgehend mit denen vergleichbar, die auch in einer Agentur anfallen.

> Die Druckerei *Druckfabrik GmbH* hat die im folgenden BAB aufgeführten Kostenstellen:

---

[1] Ein interaktives Lernprogramm für den Umgang mit einem Planschneider kann online unter www.polar-mohr.de durchgeführt werden.

Kostenarten	Material	Druck-maschine 1	Druck-maschine 2	Platten-belichtung	Bogen-montage	großfor-matiger Drucker	Falz-maschine	Schneide-maschine	Heft-maschine	AV/TL	Verwaltung	Vertrieb
Einzelkosten												
Fertigungsmaterial	2 230 574,00											
Gemeinkosten												
Löhne und Gehälter		32 514,07	34 335,30	8 793,20	35 860,49	5 808,36	18 792,37	15 973,51	19 731,99	12 078,58	34 466,10	36 369,22
Gesetzl. Sozialkosten		6 665,38	7 038,74	1 802,61	7 351,40	1 190,71	3 852,44	3 274,57	4 045,06	2 476,11	7 065,55	7 455,69
Freiwillige Sozialkosten		519,98	549,13	140,61	574,39	45,66	282,44	273,82	296,56	113,90	513,21	263,38
Summe Personalkosten		39 699,43	41 923,17	10 736,42	43 786,28	7 044,73	22 927,25	19 521,90	24 073,61	14 668,59	42 044,86	44 088,29
Gemeinkostenmaterial		2 152,54	3 228,81	1 326,29	235,18	316,83	295,26	250,97	310,02	659,64	2 814,01	1 525,41
Fremdenergie (Strom, Wasser)		1 016,45	2 086,07	1 405,03	262,78	40,88	573,64	487,59	602,32	820,84	1 156,42	972,45
Instandhaltung, Reparaturen		2 159,19	3 860,25	5 844,07	523,57	3 644,25	1 486,83	1 263,81	1 561,17	1 067,91	2 936,76	2 469,55
Summe Sachgemeinkosten		5 328,18	9 175,13	8 575,39	1 021,53	4 001,96	2 355,73	2 002,37	2 473,52	2 548,39	6 907,19	4 967,41
Raummiete und Heizung		1 981,25	4 755,01	3 804,01	820,33	1 984,75	2 577,26	2 190,67	2 706,12	2 038,17	6 854,97	2 400,77
Kalkulatorische Abschreibung		15 402,67	44 993,69	54 810,49	8 175,27	1 367,91	6 953,82	5 910,75	7 301,51	9 437,09	25 951,99	21 823,26
Kalkulatorische Zinsen		4 004,69	11 698,36	8 906,70	1 063,35	894,62	1 584,88	1 347,15	1 664,12	5 319,34	11 878,17	9 988,46
Fertigungswagnis		1 328,34	2 250,71	1 736,86	1 101,55	1 216,57	652,37	554,51	684,99	527,24	1 449,92	1 219,25
Summe kalkulatorische Kosten		22 716,95	63 697,77	69 258,06	11 160,50	5 463,85	11 768,33	10 003,08	12 356,74	17 321,84	46 135,05	35 431,74
Summe Primärkosten		67 744,56	114 796,07	88 569,87	55 968,31	16 510,54	37 051,31	31 527,36	38 903,87	34 538,82	95 087,10	84 487,44
Umlage TL/AV		3 990,15	6 761,49	5 216,77	3 296,53	972,47	2 182,32	1 856,96	2 291,44			
Umlage Verwaltung		10 988,17	18 619,92	14 366,03	9 078,06	2 678,01	6 009,72	5 113,74	6 310,21			
Umlage Vertrieb		9 761,99	16 542,11	12 762,92	8 065,03	2 379,17	5 339,09	4 543,09	5 606,05			
Summe Gemeinkosten		92 484,88	156 719,59	120 915,58	76 407,94	22 540,19	50 582,44	43 041,15	53 111,56			

Note: Column "Material" shows in first row total Personalkosten etc. values: 25 839,72; 5 297,14; 413,19; 31 550,05; 1 537,84; 1 748,91; 1 485,41; 4 772,16; 2 436,85; 20 756,73; 73 458,61; 2 274,64; 98 926,83; 135 249,04; 7 966,17; 21 937,39; 19 489,39; 184 641,99

6.2.3 Zuschlagskalkulation

Wie stellt die *Druckfabrik GmbH* einen angemessenen Teil dieser Materialgemeinkosten möglichst verursachungsgerecht einem Kunden in Rechnung?

Grundsätzlich wird unterstellt: Je höher der Materialeinsatz im Rahmen eines Auftrags, desto höher auch die hierdurch verursachten Materialgemeinkosten (MGK).

Um für die Kalkulation die **auftragsbezogenen** MGK zu ermitteln, muss berechnet werden, in welchem Verhältnis die MGK zu den **gesamten** Kosten für den Verbrauch von Fertigungsmaterial (eines Jahres) stehen. Dieses Verhältnis wird dann in einem Prozentsatz, dem **MGK-Zuschlagssatz**, ausgedrückt.

	Materialkosten der gesamten Rechnungsperiode (pro Jahr)	MGK-Zuschlagssatz	Materialkosten eines Auftrags
Fertigungsmaterial	3 000 000,00 €		2 000,00 €
Materialgemeinkosten	300 000,00 €	10 %	200,00 €
Materialkosten	3 300 000,00 €		2 200,00 €

$$\text{MGK-Zuschlagssatz} = \frac{\text{Materialgemeinkosten (pro Jahr)} \cdot 100}{\text{Fertigungsmaterial (Verbrauch pro Jahr in €)}}$$

Dieser Zuschlagssatz wird zugrunde gelegt, um bei der **Kalkulation eines Auftrags** die Materialgemeinkosten zu berechnen.

Die **Materialgemeinkosten pro Jahr** finden sich im BAB in der Zeile „Summe Gemeinkosten" in der Kostenstelle „Material".

Diese Methode der Kalkulation nennt sich **Zuschlagskalkulation**, denn die Materialgemeinkosten werden dem Fertigungsmaterial **zugeschlagen**. Durch diese Methode wird erreicht, dass jeder Auftrag seinen Anteil an den gesamten MGK deckt. Alle Aufträge zusammen tragen auf diese Weise die in einem Jahr anfallenden MGK.[1]

Berechnen Sie den MGK-Zuschlagssatz der *Druckfabrik GmbH*, um zu einem späteren Zeitpunkt die Materialkostenkalkulation[1] für die Broschüre bzw. die Plakate durchführen zu können.

6.4 Kalkulation eines Druckprodukts

Kalkulieren Sie nun zunächst die Broschüre. Beachten Sie hierbei die Vorgaben aus dem Kundenauftrag, insbesondere hinsichtlich der Formate der Broschüre der Druckform und des Papiers (Roh- und Druckbogen).

---

[1] BAB siehe nebenstehend.
Für die Auszubildenden mit der Fachrichtung „Beratung und Planung" bietet es sich an, im Lehrbuch „Rechnungswesen für Medienberufe, Band 2" (im Einband abgebildet) die Kalkulation von Druckprodukten weiter zu vertiefen.

Ein Druckprodukt oder eine DVD wird immer mit einer bestimmten **Stückzahl (Auflage)** gefertigt. Während beispielsweise eine Internetseite gestaltet und dann online gestellt wird, entstehen bei Druckprodukten oder DVDs durch die (körperliche) Produktion weitere Fertigungsprozesse. Hierdurch entstehen weitere Kosten. Diese sind von der gedruckten oder gepressten Auflage abhängig. Man unterscheidet in diesem Zusammenhang **auflagenfixe** und **auflagenvariable Kosten**.

Bei der Produktion der Broschüre fallen Kosten für die Vorstufe nur einmal an, unabhängig davon, wie viele Stücke gedruckt werden. Der Druck und die Weiterverarbeitung verursachen hingegen mit steigender Auflagenzahl auch steigende Kosten, weil hierfür eine längere Fertigungsdauer und mehr Material notwendig sind.

Kosten in Abhängigkeit von der Auflagenhöhe	
auflagenfix: • Gestaltung • Bogenmontage • Proofs • Druckplattenherstellung • Rüsten (Einrichten) von Maschinen • Materialzuschüsse, die durch die Einrichtung von Maschinen entstehen • Druckplatten (Material)	**auflagenvariabel:** • Fertigungsmaterial, das bei der Ausführung (Fortdruck) verbraucht wird • Maschinenkosten während der Ausführungsdauer

Grafisch stellt sich dieser Sachverhalt wie folgt dar:

Alternative Auflagenhöhen eines Druckprodukts:

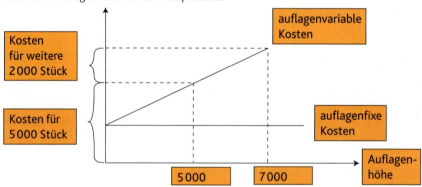

Man erkennt, dass für den Druck der zusätzlichen 2 000 Stück keine weiteren auflagenfixen Kosten entstehen, weil beispielsweise die Druckplatten für diesen Auftrag nur einmal hergestellt werden müssen. Für die Kalkulation der **zusätzlichen** Exemplare müssten somit nur die weiteren auflagen-*variablen* Kosten kalkuliert werden.

Fertigungsprozess einer Broschüre im Offsetdruck

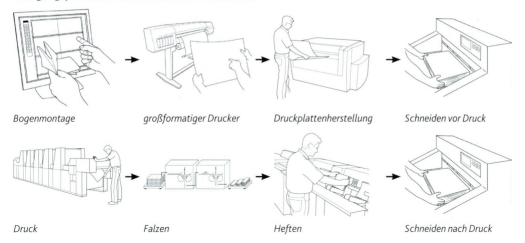

Bogenmontage — *großformatiger Drucker* — *Druckplattenherstellung* — *Schneiden vor Druck*

Druck — *Falzen* — *Heften* — *Schneiden nach Druck*

Die **belichtungsfähigen Daten** in Form der gestalteten Seiten erhält die Druckerei von der Agentur in digitaler Form.

Folglich müssen zunächst ermittelt werden:

- die Fertigungsdauer der Bogenmontage und des Drucks,
- die bedruckte und belichtete Fläche beim Formproof und bei der Druckplattenherstellung und
- die Menge des benötigten Fertigungsmaterials.

Im Anschluss daran werden die so ermittelten Leistungen mit den in der Kostenstellenrechnung berechneten Kalkulationssätzen (Minutensätze, Stückkosten, Materialgemeinkostenzuschlagssatz) kalkuliert.

Berechnen Sie hierzu zunächst mit dem Stundenverrechnungssatz und dem m²-Satz die notwendigen Kalkulationssätze mithilfe der folgenden Daten:

Kostenstelle	Auslastung (Fertigungsstunden/Durchsatzmenge)
Material	gem. Ihrer Berechnung aus 6.2.3
Druckmaschine 1	1 300 Stunden/Jahr
Druckmaschine 2	1 300 Stunden/Jahr
Druckplattenherstellung	2 000 m²/Jahr
Bogenmontage	1 300 Stunden/Jahr
Formproof	2 000 m²/Jahr
Falzen	1 000 Stunden/Jahr
Schneiden	1 000 Stunden/Jahr
Heften	1 000 Stunden/Jahr

Vgl. LS 1, 6.2.1, 6.2.2 sowie 6.2.3

Stundensatz Druckmaschine 1:

$$\frac{92\,484{,}88\ €}{1300\ \text{Std.}} = 71{,}14\ €$$

6.4.1 Nutzenberechnung

Der erste Schritt in der Kalkulation eines Druckauftrags ist die Nutzenberechnung eines Druckbogens. Neben der Auflagenhöhe und dem Umfang des Objekts beeinflusst dieser **Nutzen** verschiedene weitere Produktionsschritte. Der **Druckbogen-Nutzen** bestimmt zunächst, wie viele Seiten eines Exemplars auf einen Druckbogen passen. Zudem sind vom Nutzen die Anzahl der zu bedruckenden Druckbogen (Papierbedarf) und somit auch die Fertigungsdauer abhängig. Insofern geht die Nutzenberechnung allen weiteren Kalkulationsschritten voraus.

Der Druckbogen-Nutzen ist die Anzahl der geschlossenen Endformate (**nicht Seiten!**) eines Objekts, die auf einen Druckbogen passen.

Das geschlossene Endformat DIN A4 passt zweimal auf einen Druckbogen, der Druckbogen-Nutzen ist somit doppelt. Auf der anderen Seite des Bogens werden die Seiten 1 (Rückseite der Seite 2) und 4 (Rückseite der Seite 3) gedruckt und dann in der Mitte gefalzt. Die Seitenzahl pro Druckbogen beträgt in diesem Fall also vier.

Wäre das Endformat des Prospekts DIN A3 (29,7 x 42 cm), hätte der Druckbogen einen einfachen Nutzen.

Druckbogen (31,5 x 44 cm)

Es ist aufgrund einer aus Kostengründen niedrig zu haltenden Fertigungsdauer sinnvoll, eine möglichst hohe Anzahl an Seiten des Endprodukts auf einem Druckbogen zu drucken, also einen möglichst hohen Nutzen zu erzeugen. Dies hängt jedoch auch von der zur Verfügung stehenden Maschinengröße bzw. dem Maschinenformat ab.

Der Nutzen ist auch bei der Frage relevant, wie viele **Druckbogen** aus einem **Rohbogen** erzeugt werden können **(Rohbogen-Nutzen)**. Dieser Aspekt spielt allerdings erst bei der Materialkostenkalkulation eine Rolle.

6.4.2 Druckformherstellung

Unter der **Druckform** sind im Offsetdruck die Druckplatten zu verstehen, mit deren Hilfe die Druckfarbe auf den Druckbogen gebracht wird. Der Prozess der Druckformherstellung besteht aus:

- der Bogenmontage,
- dem Formproof sowie
- der Druckplattenherstellung.

6.4.2.1 Bogenmontage

Der erste Fertigungsschritt, der kalkuliert werden muss, ist die Bogenmontage. Ermitteln Sie hierzu zuerst die Anzahl der zu montierenden Druckformen für ein Format von 48 x 65 cm. Berücksichtigen Sie hierbei die Vorgaben zu Format und Umfang der Broschüre aus dem Kundenauftrag.

Nutzen ermitteln

Die Druckform wird zunächst auf einer Bogenseite (digital) montiert. Bei zweiseitigem Druck (**Schön- und Widerdruck**) werden für jeden Druckbogen grundsätzlich zwei Druckformen montiert, einer für die „Schön-Seite" und einer für die „Wider-Seite". Für jede Seite eines Druckbogens findet somit eine Bogenmontage statt, denn für jede zu bedruckende Seite eines Druckbogens werden in der Regel später auch Druckplatten hergestellt.

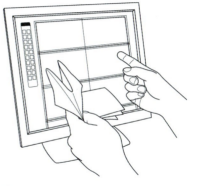

Vgl. diese LS, 28.5

Bogenmontage

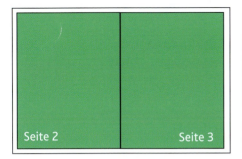
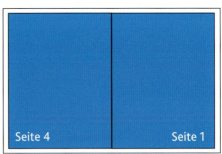

Bogen-Vorderseite *Bogen-Rückseite*

Durch den doppelten Nutzen muss in obigem Beispiel nicht für jede Seite des Exemplars eine eigene Druckform montiert werden. Die Anzahl der zu montierenden Druckformen halbiert sich deshalb im Vergleich zu einem einfachen Nutzen. Analog würde sich die Anzahl der zu montierenden Druckformen bei vier Nutzen vierteln. Die Anzahl der zu montierenden Druckformen berechnet sich somit wie folgt:

$$\text{Anzahl der zu montierenden Druckformen} = \frac{\text{Seiten des Endprodukts}}{\text{Druckbogen-Nutzen}}$$

Sollte bei obigem Beispiel eine Montage zu vier Nutzen möglich sein, wäre es wirtschaftlich sinnvoll, wenn alle Seiten des Exemplars auf einer Bogenseite montiert würden. Das Ergebnis (in Gestalt der benötigten Druckformen) müsste dann nochmals durch zwei dividiert werden. Die gesamte Druckform, also die vier „zusammengehörigen" Druckplatten, könnten in diesem Fall somit für den zweiten Druckgang (Widerdruck) einfach in der Maschine verbleiben. Die zunächst einseitig bedruckten Bogen würden nach dem ersten Druckgang umschlagen oder umstülpt (je nach Anordnung der Seiten, s. oben 28.5.1) wieder in den Einzug eingelegt. Dies spart, zusätzlich zu den eingesparten Druckplatten, Zeit und somit auch Kosten, weil ein Plattenwechsel entfällt. Eine weitere Ausnahme von dieser Rechnung bildet der Druck, bei dem auf einer Druckbogenseite mehrere (identische) Seiten eines Objekts montiert werden.

Druckform für den Druck von einseitig bedruckten Visitenkarten:

Hier ist das Ergebnis gemäß obiger Rechnung 1/16 (montierte Bogen). Es ist allerdings leicht erkennbar, dass für diesen Auftrag eine (ganze) Druckform montiert werden muss.

Kosten der Bogenmontage

Vgl. LS 1, 6.2.1

Wie bereits erläutert, wird hier die **Verrechnungssatzkalkulation** angewandt. Da die Arbeitsschritte im Druck in der Regel durch Arbeitszeitstudien sehr präzise ermittelt worden sind, werden die Verrechnungssätze in einer Druckerei **in Minuten** angegeben. So können die Kosten genauer ermittelt werden, denn bereits geringe Abweichungen bei der Fertigungsdauer können durch die hohen Jahreskosten der Kostenstellen nennenswerte Kostenabweichungen verursachen. Die Einheit einer Stunde ist zu groß und somit zu ungenau. Der Minutensatz der jeweiligen Arbeitsplätze wird aus dem Stundensatz ermittelt:

$$\text{Minutensatz} = \frac{\text{Stundensatz (€/Std.)}}{60\,\text{Min./Std.}}$$

Der Arbeitsvorgang der Bogenmontage gliedert sich in **Rüsten** und **Ausführen**.

- Das Rüsten beinhaltet das Öffnen der Dateien und das Aufrufen des Ausschießschemas – die Vorlage, nach der die Bogen montiert werden.
- Die Rüstzeit fällt bei jedem Auftrag einmal an. Die Ausführung wird von den Rechenvorgängen des Rechners bzw. des Netzwerks bestimmt und läuft weitgehend automatisiert ab.

Die Ausführungszeit für die Bogenmontage ist abhängig von den später herzustellenden Druckplattenformaten. Die Abstufungen der möglichen Druckplattenformate mit den dazugehörigen Ausführungszeiten sind in der folgenden Tabelle dargestellt.

Kalkulieren Sie mithilfe des von Ihnen weiter oben in diesem Kundenauftrag berechneten Verrechnungssatzes die Kosten der Bogenmontage. Das Bogenformat soll 48 x 65 cm betragen.

- Rüsten: 7 Minuten
- Ausführen:

	Bearbeitungszeit je Form (Min.)			
bis Druckplattenformat (in cm)	36 x 52	48 x 65	52 x 74	72 x 102
Text ohne Bilder	3,0	4,0	5,0	6,0
Text mit Farbbildern[1]	5,5	7,5	9,5	11,5

---

[1] Bei einem Text mit Farbbildern fällt eine längere Bearbeitungszeit an, weil die Datenmenge bei Bildern größer ist als bei Text und deshalb der Rechner länger in Anspruch genommen wird.

Kosten der Bogenmontage:
Rüsten = Bearbeitungsdauer (Min.) • Minutensatz (€/Min.)
Ausführen = montierte Bogen • Bearbeitungsdauer (Min.) • Minutensatz (€/Min.)

6.4.2.2 Formproof

Beim Formproof druckt ein großformatiger Drucker einen (Probe-)Druckbogen aus, der identisch mit dem Druckbogen ist, der später in der Druckmaschine gedruckt wird. Der Formproof dient dazu, die digital montierten Seiten zu kontrollieren.

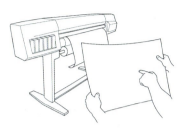

Kosten des Formproof:
Die Kosten des Formproof werden mit der **Stückkostenkalkulation** errechnet.

Berechnen Sie auf der Basis des von Ihnen weiter oben ermittelten m²-Satzes des großformatigen Druckers für die folgenden Formate die Stückkostensätze:

	Formate		
bis Format (in cm)	36 x 52	48 x 65	52 x 74

Kosten der Proofs:
Pro Ausdruck = Stückkosten (€/m²) • Fläche des Formats (m²)

6.4.2.3 Druckplattenherstellung

Im Anschluss an die Bogenmontage und den Formproof wird die Druckplatte hergestellt. Jede Druckplatte druckt nur eine Farbe auf den Druckbogen. Über die Farbmischung wird dann die entsprechende Farbabstufung auf dem Druckbogen erzeugt. Die vier Farben, mit denen im Offsetdruck alle Farben dargestellt werden können, sind Cyan, Magenta, Gelb (Yellow) und Schwarz (**CMYK**). Somit werden vier Druckplatten benötigt.

Um die Druckplattenanzahl eines Auftrags zu errechnen, müssen die gedruckten Farben mit der Anzahl der montierten Bogen multipliziert werden, denn für jede bedruckte Seite eines Druckbogens wird ein Satz Druckplatten benötigt.

Druckplattenherstellung

Druckplattenbedarf = montierte Druckformen • Anzahl der Farben

Kosten der Druckplattenherstellung:
Die Stückkosten je Druckplatte werden wie beim Formproof mit der **Stückkostenkalkulation** kalkuliert.

Kosten je Druckplatte = Stückkosten (in €/m²) • Format der Druckplatte (in m²)

	Formate			
bis Format (in cm)	36 x 52	48 x 65	52 x 74	72 x 102

Berechnen Sie
- auf der Basis des von Ihnen weiter oben berechneten m²-Satzes des Plattenbelichters für das benötigte Druckplattenformat den Stückkostensatz sowie
- unter Berücksichtigung der benötigten Druckplatten und des Stückkostensatzes die Kosten der Druckplattenherstellung.

6.4.3 Druck

Die Kosten des eigentlichen Drucks entstehen durch die Dauer der Nutzung der Kostenstelle. Somit wird hier mit der **Verrechnungssatzkalkulation** kalkuliert.

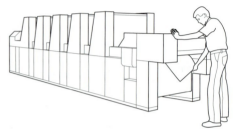

Druck

Die Druckmaschine 1, auf der der Auftrag gedruckt werden soll, weist für den Druck der Broschüre die folgenden Leistungswerte auf:

Druckmaschine 1:	
Maximales Bogenformat:	52 x 72 cm
Maximale Druckleistung pro Std.:	8 000 Druck
Stundensatz:	71,14 €
	Dauer (Min.)
Rüsten:	104
Ausführen/1 000 Druck:	12

Kalkulieren Sie auf der Basis des von Ihnen zuvor berechneten Minutensatzes die Kosten des Drucks für die geforderte Auflage von 2 000 Exemplaren.

Das **Rüsten** beinhaltet das Vorbereiten der Maschine auf den Auftrag sowie die Platten- und den Farbwechsel und ist auflagenunabhängig (**auflagenfix**).

Das **Ausführen** ist der eigentliche Produktionsvorgang, bei dem die für den Kunden bestimmten Exemplare der Broschüre bedruckt werden. Die Ausführungszeit der Druckmaschine ist von der Auflagenhöhe abhängig (**auflagenvariabel**) und in 1 000 Stück (Druckzahl) angegeben.

Die **Druck-Zahl** ist die Anzahl der Bogendurchläufe inkl. Bogen-Zuschuss, die (im Schön- und Widerdruck) gezählt wird.

Berechnen Sie jedoch zuvor den Bogen-Zuschuss, der später aufgrund mangelnder Qualität „aussortiert" werden kann. Die Berechnung hierzu finden Sie unter dem Punkt 6.4.5.1.

Kalkulation der Druckkosten:
Rüsten = Dauer (Min.) • Minutensatz (€/Min.)
Ausführen = Dauer (Min.) • Druckzahl (in Tsd. Stück) • Minutensatz (€/Min.)

6.4.4 Weiterverarbeitung

Nach dem Druck werden die bedruckten Bogen weiterverarbeitet. Im Folgenden werden die Kalkulationsdaten der Weiterverarbeitungsmethoden dargestellt, die für die Broschüre notwendig sind. Hierbei ist zu beachten, dass bei jedem Weiterverarbeitungsvorgang der noch bestehende Zuschuss an Exemplaren „mitverarbeitet" wird. Die Zuschuss-Exemplare nehmen dabei von Vorgang zu Vorgang ab, entsprechend der „Zuschuss-Art" (s. Zuschuss-Berechnung).

Vgl. diese LS, 6.4.5.1

6.4.4.1 Falzen

Ermitteln Sie für die Kalkulation die Anzahl der Falze, die nach dem Trennschnitt der beiden Exemplare (vgl. weiter unten in 12.4.4.2) ausgeführt werden müssen.

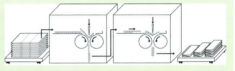
Falzen und Schneiden

Analog zum Druck verursacht das Rüsten der Maschine für den Auftrag auch hier auflagenfixe und für das Ausführen auflagenvariable Kosten:

Rüsten:	15 Min.
Ausführen:	je 1000 Exemplare
1 Bruch	7 Min.
2 Bruch	7,5 Min.
3 Bruch	8 Min.
4 Bruch	8,5 Min.

6.4.4.2 Schneiden

Wenn die Broschüre gefalzt ist, wird sie noch auf das Endformat geschnitten, weil die (unbedruckten) Ränder entfernt werden müssen.

Zudem muss gegebenenfalls der Rohbogen vor dem Druck auf das Druckbogenformat geschnitten werden. Weil das Schneiden vor und nach dem Druck getrennte Arbeitsgänge sind, müsste dann *je* ein Rüstvorgang kalkuliert werden.

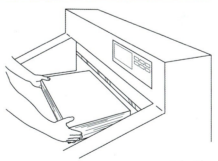
Schneiden

Ermitteln Sie für die Kalkulation die Anzahl der Schnitte, die vor und nach dem Druck der Broschüre ausgeführt werden müssen. Hierfür steht ein Planschneider zur Verfügung. Beachten Sie dabei, dass durch den umschlagenen Druck zunächst ein Trennschnitt durchgeführt werden muss. Zudem muss der Rohbogen auf das Druckbogenformat geschnitten werden. Beachten Sie, dass die Broschüre zum Umschlagen gedruckt wird.

Vgl. diese LS, 28.6

Beim Schneiden bestimmt die Anzahl der Schnitte die entstehenden Kosten mit, deshalb wird mithilfe der **Verrechnungssatzkalkulation** kalkuliert. Auch hier bestehen die Kosten aus einem auflagenfixen und einem auflagenvariablen Teil. Für jeden Schneidevorgang, der von einem anderen Arbeitsgang unterbrochen wird, muss *je* ein Rüstvorgang kalkuliert werden.

Rüsten:	6 Min.
Ausführen je Schnitt:	1 Min./1 000 Exemplare

6.4.4.3 Heften

Am Ende des Fertigungsprozesses wird die Broschüre mit einer Rückendrahtheftung geheftet. Auch hier ist die Dauer der kostentreibende Faktor, sodass mit der Verrechnungssatzkalkulation kalkuliert wird.

Heften

Rüsten:	10 Min.
Ausführen:	86 Min./1 000 Exemplare

6.4.5 Fertigungsmaterial

Für den Druck wird Fertigungsmaterial in Form von

- Papier,
- Druckfarbe,
- Druckplatten und
- Heftdraht (Gemeinkostenmaterial)

benötigt.

6.4.5.1 Druckbogenbedarf

Berechnen Sie den Druckbogenbedarf unter Beachtung der in der Auftragsbeschreibung angegebenen Formate für:

- das Endformat der Broschüre,
- das Druckbogenformat (maximal 48 x 65 cm) und
- das Rohbogenformat (70,7 x 50 cm).

Die Kosten der Rohbogen betragen 268,12 €/1 000 Stück.

Da bei der Produktion in der Regel Ausschuss (Makulatur) anfällt, müssen Zuschüsse bei der Druckbogenkalkulation einkalkuliert werden. Die Makulatur entsteht z. B. beim Einrichten der Maschine oder durch die Entnahme von Kontrollexemplaren beim Fortdruck sowie bei der Weiterverarbeitung.

Kalkulieren Sie zusätzlich zu den Netto-Druckbogen für diesen Auftrag mit folgenden Zuschüssen:	
Einrichtezuschuss:	160 Bogen
Fortdruckzuschuss:	*je* 1,1 % der Netto-Druckbogen für den Schön- und Widerdruck
Falzzuschuss:	1 % der Netto-Druckbogen
Zuschuss für Schneiden:	1 % der Netto-Druckbogen
Zuschuss für Heften:	0,5 % der Netto-Druckbogen

6.4.5.2 Druckplattenbedarf

Berechnen Sie die Anzahl der für den Auftrag benötigten Druckplatten. Die Anschaffungskosten der Druckplatten betragen 3,50 € je Stück.

Die Anzahl der Druckplatten errechnet sich aus der Anzahl der montierten Druckformen (Bogenmontage) und der Anzahl der gedruckten Farben (einfarbig, zweifarbig, vierfarbig, ggf. Sonderfarben).

Druckplatten = montierte Druckformen • Druckfarben

6.4.5.3 Farbe

Der Farbverbrauch hängt ab von

- der Druckdichte sowie
- der Anzahl der zu bedruckenden Druckbogen.

Als Druckdichte wird der Prozentsatz an Farbe bezeichnet, der anteilmäßig auf einem Farbauszug zu finden ist.

Würden alle cyanfarbenen Rasterpunkte sowie Volltonflächen dieser Farbe in einer Ecke des Druckbogens „zusammengeschoben", kann man den Anteil der Farbfläche zum Druckformat und somit die Druckdichte von Cyan bestimmen. 40 % Druckdichte bedeuten in diesem Zusammenhang, dass 40 % des Druckbogens vollflächig mit Cyan bedruckt wäre.

Der Farbverbrauch wird bei kleinen Auflagen (wie bei diesem Auftrag) in der Regel mit der Farbverbrauchstabelle ermittelt:

	Farbmenge in g / Farbkosten in € je 1 000 Druck				
	bis Bogen-format in cm	Druckdichte bis			
		10 %	20 %	40 %	60 %
Schwarz	39 x 28	35 / 0,35	55 / 0,55	90 / 0,90	120 / 1,20
	36 x 52	60 / 0,60	90 / 0,90	145 / 1,45	205 / 2,05
	48 x 65	95 / 0,95	140 / 1,40	235 / 2,35	330 / 3,30
	52 x 74	115 / 1,15	175 / 1,75	290 / 2,90	405 / 4,05
	72 x 102	225 / 2,25	340 / 3,40	565 / 5,65	790 / 7,90
Bunt (je Farbe)	39 x 28	35 / 0,60	55 / 0,90	90 / 1,45	120 / 1,95
	36 x 52	60 / 1,00	90 / 1,45	145 / 2,35	205 / 3,30
	48 x 65	95 / 1,55	140 / 2,25	235 / 3,80	330 / 5,30
	52 x 74	115 / 1,85	175 / 2,80	290 / 4,65	405 / 6,50
	72 x 102	225 / 3,60	340 / 5,45	565 / 9,05	790 / 12,65

Berechnen Sie mithilfe der Farbverbrauchstabelle den Farbverbrauch für den Auftrag. Beachten Sie dabei, dass die kalkulierten Druckbogen im Schön- und Widerdruck bedruckt werden.

6.4.5.4 Angebotsvergleich: Lieferungs- und Zahlungsbedingungen

Durch den Druckauftrag ist der Meldebestand an Druckpapier im Rohbogenformat 480 x 650 mm unterschritten worden. Hierfür sollen zwei Angebote eingeholt werden.

Offsetpapier GmbH

Offsetpapier GmbH, Hauptstr. 12, 44879 Dortmund

Wir machen Druck GmbH
Ernst Kuzorra-Weg 58
45891 Gelsenkirchen

Auftrag vom: 07.04.16

Angebotsnummer: 3764

Kundennummer: 233 40 50

Artikelbezeichnung	Menge (in 1 000 Bg.)	Einzelpreis (netto)	Betrag
Rohbogen: 480 x 650 mm	20	295,80 €	5 916,00 €

Die Lieferung erfolgt frei Haus. Bei Zahlung innerhalb 10 Tagen abzüglich 2 % Skonto. Ab einer Abnahmemenge von 10 Ries 5 % Rabatt.

Kontakt:
Tel.: 02306 / 781926
Fax: 02306 / 781927
Offsetpapier@arcor.de

Bankverbindung:
Postbank Dortmund
IBAN: DE27 4401 0046 0318 0008 00
BIC: PBNKDEFF

Umsatzsteuernummer:
17-478932/265

Format für Druck

Format für Druck, Gewerbering 10, 45883 Recklinghausen

Wir machen Druck GmbH
Ernst Kuzorra-Weg 58
45891 Gelsenkirchen

Auftrag vom	Angebotsnummer	Unser Zeichen	Durchwahl:	Kundennummer
07.04.16	w2001	K-1904		1997

Artikelbezeichnung	Menge (in 1 000 Bg.)	Einzelpreis (netto)	Betrag
Rohbogen: 480 x 650 mm	20	274,87 €	5 497,40 €

Fracht: 1,50 € je Ries.
Bei Zahlung innerhalb 10 Tagen abzüglich 3% Skonto.

Telefon / Fax:
0209 / 3618-0
e-mail:
format@gelsennet.de

Bankverbindung:
Volksbank Ruhr Mitte
IBAN: DE47 4226 0001 0235 4102 09
BIC: GENODEM1GBU

Umsatzsteuernummer:
48-739716/137

Um die Angebote zu vergleichen, werden die Bezugskosten anhand eines **Kalkulationsschemas** ermittelt:

Kalkulationsschema:

Listenpreis
– Rabatt
= Zieleinkaufspreis
– Skonto
= Bareinkaufspreis
+ Versandkosten (Fracht usw.)
Bezugspreis

Rabatt wird einem Kunden in der Regel dann gewährt, wenn er eine größere Menge abnimmt und somit einen größeren Umsatz einbringt (Mengenrabatt). Es kann aber auch vorkommen, dass ein Kundenunternehmen „hart" verhandelt und so einen günstigeren Preis erzielt. **Skonto** wird dann gewährt, wenn der Kunde innerhalb einer bestimmten Frist die Rechnung begleicht. In der Regel wird dem Kunden nach Rechnungsdatum ein **Zahlungsziel** von 30 Tagen eingeräumt. Dies muss jedoch auf der Rechnung bzw. in den **Allgemeinen Geschäftsbedingungen** (AGB) vermerkt sein. Zahlt er früher – normalerweise wird ein Zeitraum von zehn Tagen angegeben – kann er die Rechungssumme um einen bestimmten Prozentsatz (meistens um 2 – 3 %) mindern.

Versandkosten sind Kosten, die durch die Lieferung der Ware entstehen. Sind die Versandkosten im Gesamtpreis inbegriffen, nennt man diese Bedingung der *„Lieferung frei Haus"*. Anderenfalls müssen die Frachtkosten zum Bareinkaufspreis addiert werden, um die **Bezugskosten** zu ermitteln.

Die **Mehrwertsteuer** erscheint auf der Rechnung des Lieferanten und muss mit überwiesen werden. Allerdings ist diese Position beim Vergleich zweier Angebote unerheblich, weil der **gewerbliche Käufer** die an seinen Lieferanten gezahlte Mehrwertsteuer (**Vorsteuer**) mit seiner von Kunden erhaltenen Mehrwertsteuer (**Umsatzsteuer**) verrechnen kann. Er überweist also an das Finanzamt die von Kunden erhaltene Umsatzsteuer abzüglich der an Lieferanten gezahlten Vorsteuer. Diese Vorsteuer stellt deshalb beispielsweise für eine Druckerei, die Papier bei einem Großhändler bestellt, **keinen Aufwand** dar.

6.4.6 Grenzmenge

Das Plakat kann die *Druckfabrik GmbH* im Offset- oder im Digitaldruck ausführen. Neben den technischen und qualitativen Entscheidungsfaktoren sollen auch die Kosten berücksichtigt werden. Es geht also darum, unter Berücksichtigung der Auflage, das kostengünstigste Verfahren zu ermitteln. Wenn nicht zwingende technische Gründe für einen Siebdruck, der fremdvergeben werden müsste, sprechen, sollte der gesamte Auftrag im Unternehmen behalten werden, um eigene Kapazitäten auszulasten.

Kosten des Offsetdrucks:
auflagenfix: 570,41 €,
auflagenvariabel je 1000 Stück: 41,12 €

Kosten des Digitaldrucks:
auflagenfix: 35,80 €,
auflagenvariabel je 1000 Stück: 850,87 €

Um diese Frage zu beantworten, muss man die beiden Kostenverläufe der Druckverfahren miteinander vergleichen und die Menge ermitteln, bei der die Kosten beider Verfahren bei gleichem Papiergewicht und gleichem Druckbogennutzen zunächst gleich hoch sind (**Grenzmenge**).

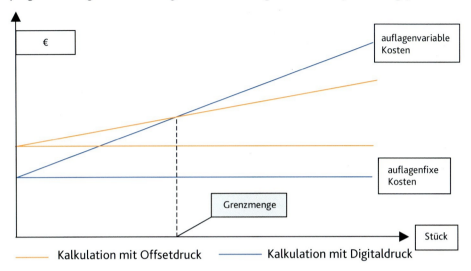

Die **Grenzmenge** ist in dieser Abbildung der Punkt, an dem sich die beiden Kostenfunktionen schneiden. An dieser Stelle sind die Kosten beider Verfahren gleich. Durch den stärkeren Anstieg der auflagenvariablen Kosten des Digitaldrucks ist der Offsetdruck ab einer bestimmten Auflagenhöhe kostengünstiger. Allerdings erzeugt der Offsetdruck höhere auflagenfixe Kosten. Dies hat folgende Gründe:

Eine Digitaldruckmaschine benötigt keine Druckplatten. Der recht aufwändige Prozess der Druckplattenherstellung entfällt deshalb.

Der Platten- und Farbwechsel, der bei einer Offsetdruckmaschine für jeden Auftrag anfällt, findet folglich bei der Digitaldruckmaschine nicht statt. Der Grund hierfür ist, dass beim Digitaldruck die notwendigen Daten, wie bei einem „normalen" Laserdrucker, direkt vom Rechner über das Netzwerk zum Ausgabegerät gelangen.

Allerdings hat die Digitaldruckmaschine eine geringere Fortdruckleistung. Das hat zur Folge, dass der Fortdruck, also der nach dem Einrichten eigentlich vonstatten gehende Druck der Exemplare, mehr Zeit in Anspruch nimmt und folglich mehr Kosten verursacht.

Um die Grenzmenge rechnerisch zu ermitteln, müssen die Selbstkosten in die auflagenfixen und auflagenvariablen Bestandteile aufgeteilt werden. Danach müssen die beiden Kostenfunktionen gleichgesetzt und nach „x" aufgelöst werden. So erhält man die Auflagenhöhe, bei der beide Verfahren kostengleich fertigen.

	auflagenfixe Kosten (in €)	auflagenvariable Kosten je 1000 Stück (in €), x = Auflagenhöhe
Offsetdruck	42,31	249,43 x
Digitaldruck	289,93	82,27 x

Grenzmenge:

$289{,}93 + 82{,}27\,x = 42{,}31 + 249{,}43\,x$
$\Leftrightarrow 247{,}62\,\text{€} = 167{,}16\,\text{€}\,x$
$\Leftrightarrow 1\,481 = x$

In diesem Beispiel ist bis zu einer Auflage von 1 481 Stück der Einsatz der Digitaldruckmaschine kostengünstiger. Der Grund hierfür sind die geringeren auflagenfixen Kosten. Bei großen Auflagen hat die Digitaldruckmaschine allerdings aufgrund der geringeren Fortdruckleistung gegenüber der Offsetdruckmaschine Kostennachteile.

6.4.7 Kalkulationsschema[1]

In der Angebotskalkulation werden alle Kosten zusammengefasst (**Selbstkosten**). Zudem wird ein Gewinnzuschlag auf die Selbstkosten aufgeschlagen, damit nicht nur die Kosten für den Auftrag gedeckt werden, sondern auch ein Gewinn für das Unternehmen entsteht.

Kalkulieren Sie den Bruttoangebotspreis für die Produktion der Broschüre.

Fertigungsmaterial
+ Materialgemeinkosten
= Materialkosten
+ Fertigungskosten Druck
+ Fertigungskosten Gestaltung
= Selbstkosten
+ Gewinnzuschlag 15 %
= Nettoangebotspreis
+ Umsatzsteuer 19 %
= Bruttoangebotspreis

Falzen
Falzarten: Parallelfalzung, Kreuzfalzung oder kombinierte Falzung.

Fertigungsprozess des Druckprodukts

1. **Druckformherstellung**
   - *Bogenmontage*
   - *Formproof*
   - *Druckplattenherstellung*
2. **Druck**
3. **Weiterverarbeitung**
   - *Schneiden vor dem Druck*
   - *Falzen*
   - *Heften (Binden)*
   - *Schneiden nach dem Druck*

---

[1] Kalkulationsschema mit der Kalkulation von Skonto und Rabatt: vgl. „Rechnungswesen für Medienberufe, Band 2" (im Einband abgebildet).

Kalkulationsmethoden

Verrechnungssatzkalkulation:
- Bogenmontage
- Druck
- Falzen
- Schneiden
- Heften

Stückkostenkalkulation:
- Formproof
- Druckplattenherstellung

Zuschlagskalkulation:
- Fertigungsmaterial

4. *Auflagenabhängige und auflagenunabhängige Kosten*
   - *Auflagenfixe Kosten sind von der Auflagenhöhe unabhängig (z. B. Rüsten einer Maschine).*
   - *Auflagenvariable Kosten steigen mit der Auflagenhöhe (z. B. Fortdruck).*

5. *Grenzmenge*
   Auflagenhöhe, ab der der Druck mit einem alternativen Verfahren oder einer alternativen Druckmaschine kostengünstiger ist.

1. Ausschießen
Übertragen Sie Ihre Kenntnisse des Ausschießens auf einen 16-Seiter. Bestimmen Sie die Anzahl der möglichen Druckformen bei entsprechenden Druckbogengrößen:
- Druckbogengröße = Falzbogengröße
- Druckbogengröße = doppelte Falzbogengröße

2. Druck
a) Druckmaschinen mit 8 Farbwerken besitzen in der Regel in der Mitte eine Wendeeinrichtung für den 4/4-farbigen Druck. Welche Wendeart kann innerhalb der Maschine nur zum Einsatz kommen?

b) Warum ist die Druckform im Offsetdruck immer seitenrichtig?

3. Weiterverarbeitung
Auf einem Druckbogen befinden sich zwei Nutzen eines Flyers. Die beiden Nutzen stehen nicht Kopf an Kopf, sondern 20 mm voneinander getrennt auf dem Druckbogen. Berechnen Sie die Anzahl der notwendigen Schnitte auf einem Planschneider, um die Nutzen voneinander zu trennen und die Flyer auf das Format zu beschneiden.

4. Mengen und Größen für einen Druckauftrag berechnen
a) **Bogenmontage:**
Ermitteln Sie die Anzahl der zu montierenden Bogen (Anzahl der Druckformen).

Auftrag 1:
- Produkt: Broschüre, 32-seitig
- Format: DIN A4 geschlossen
- Druck: zweiseitig
- Montage zu vier Nutzen

Auftrag 2:
- Produkt: 4 Plakate (einseitig), DIN A2
- Druckbogenformat: 63 x 88 cm
- Montage mit möglichst hohem Nutzen

Auftrag 3:
- Produkt: Flyer
- Format DIN A4 offen (Wickelfalz)

- Druck zweiseitig zum Umschlagen
- Druckbogenformat 36 x 52 cm

b) Druckplattenherstellung:
Berechnen Sie die Anzahl der Druckplatten

Auftrag 1:
- Produkt: 4 Plakate (einseitig), DIN A3
- Farben: 2-farbig
- Druckbogenformat: 63 x 88 cm
- Montage mit möglichst hohem Nutzen

Auftrag 2:
- Produkt: Broschüre, 16-seitig
- Farben: vierfarbig
- Format: DIN A4 geschlossen
- Druck: zweiseitig
- Montage zu vier Nutzen

c) Druck:
Berechnen Sie die Dauer des Druckprozesses

Auftrag 1:
- Netto-Druckbogenbedarf: 30 000 Stück
- Fortdruckzuschuss (Ausführungszuschuss): 5 % der Netto-Druckbogen
- Druck: zweiseitig
- Rüsten: 120 min.
- Ausführen (Fortdruck): 10 min. je 1 000 Druck (ein Druck = ein Bogendurchlauf)

Auftrag 2:
- Netto - Druckbogenbedarf: 50 000 Stück
- Fortdruckzuschuss (Ausführungszuschuss): 4 % der Netto-Druckbogen
- Druckplattenbedarf: 16 Stück
- Druck: einseitig
- Rüsten: 10 min. je Druckplatte, 20 min. Grundeinrichten (Format einstellen…)
- Ausführen (Fortdruck): 5 min je 1 000 Druck

d) Druckbogenbedarf:

Auftrag 1: Ermitteln Sie den Netto-Druckbogenbedarf:
- Produkt: Broschüre, 32-seitig
- Format: DIN A4 geschlossen
- Druck: zweiseitig
- Montage zu vier Nutzen
- Auflage: 10 000 Stück

Auftrag 2: Ermitteln Sie den Brutto-Druckbogenbedarf:
- Produkt: Broschüre, 16-seitig
- Format: DIN A4 geschlossen
- Montage zu zwei Nutzen
- Druck: zweiseitig

- Plattenbedarf: 8
- Auflage: 5 000 Stück
- Einrichtezuschuss: 30 Bogen je Platte, 40 Bogen für das Grundeinrichten
- Fortdruckzuschuss: 5 %

Auftrag 3: Ermitteln Sie den Brutto-Druckbogenbedarf:
- Produkt: Broschüre, 8-seitig
- Format: DIN A3 offen
- Montage zu zwei Nutzen
- Druck: zweiseitig
- Farben: vierfarbig
- Plattenbedarf: ?
- Auflage: 20 000 Stück
- Einrichtezuschuss: 30 Bogen je Platte, 40 Bogen für das Grundeinrichten
- Fortdruckzuschuss: 5 %

5. Kalkulation
Kalkulieren Sie die folgenden Aufträge:

a) Objekt: Werbeplakat, 1-seitig (Text mit Farbbildern)
   Format: DIN A3 (29,7 cm x 42 cm)
   Auflage: 2 000 Stück

Leistungsdaten der Druckmaschine:

Verrechnungssatz:	2,20 €/Min.
	Dauer (Min.)
Rüsten:	80
Ausführen pro 1 000 Druck:	12

Für den Auftrag laufen beim Ausführen inklusive Zuschuss 2 020 Druckbogen durch die Maschine (2 020 Druck).

b) Objekt: Zeitschrift, 32-seitig
   Auflage: 8 000 Stück
   Netto-Druckbogenbedarf (Druckbogen ohne Zuschuss): 16 000 Stück
   Ausführungs- und Weiterverarbeitungszuschuss: 4,7 %
   Druckplattenbedarf: 16 Stück im Format 72 cm x 102 cm

Leistungsdaten der Druckmaschine:

Verrechnungssatz:	6,32 €/Min.
	Dauer (Min.)
Rüsten:	178
Ausführen je 1 000 Druck:	8,6

Stückkosten der Druckplattenherstellung: 64,08 €/m²

Weitere Angaben:
- Die Druckbogen liegen geschnitten vor.
- Die Bogen liegen bereits digital montiert vor, sodass der Arbeitsprozess mit der Druckplattenherstellung beginnt.
- Die Weiterverarbeitung wird fremdvergeben und vom durchführenden Unternehmen dem Kunden in Rechnung gestellt.

Kalkulieren Sie die Fertigungskosten (Druckplattenherstellung und Druck). Um die Dauer der Ausführung zu ermitteln, berechnen Sie zuvor die Anzahl der Druckbogen, die für den Auftrag durch die Druckmaschine laufen (Druckzahl). Bedenken Sie dabei, dass die Vorder- und Rückseite der Druckbogen bedruckt werden.

c) Objekt: Kalender (Text mit Farbbildern)
   Umfang: 13 Seiten, einseitig
   Endformat: 29,7 cm x 42 cm
   Druck: 1-seitig, 4 Farben
   Auflage: 20 000 Stück

   Netto-Druckbogenbedarf: 260 000 Stück
   Ausführungs- und Weiterverarbeitungszuschuss: 2,9 % auf Netto-Druckbogen
   Rüstzuschuss: 1600 Bogen (werden bei der Ausführungsdauer nicht berücksichtigt)
   Zu montierende Druckformen: 13 Stück
   Druckplattenbedarf: 52 Stück im Format 36 cm x 52 cm
   Weiterverarbeitung: 1,10 € je Kalender

Leistungsdaten der Druckmaschine:

Verrechnungssatz:	0,61 €/Min.
	Dauer (Min.)
Rüsten:	1351
Ausführen je 1000 Druck:	45,2

Leistungsdaten der Bogenmontage:

Verrechnungssatz:	1,04 €/Min.
	Dauer (Min.)
Rüsten:	7
Ausführen pro montiertem Bogen:	5,5

Stückkosten der Druckplattenherstellung: 64,08 €/m²
Stückkosten für den Formproof: 11,95 €/m²

Fertigungsmaterial:
- Bezugskosten der Druckplatten: 3,50 €/Stück
- Bezugskosten der Druckbogen: 50,00 €/1000 Stück
- Farbkosten: 1897,44 €
- Materialgemeinkostenzuschlagssatz: 10 %

Weitere Angaben:
- Die Druckbogen liegen geschnitten vor.
- Netto-Angebotspreis mit einem Gewinnzuschlag von 15 %.

d) Die Offset GmbH erhält eine Anfrage für den Druck einer Zeitschrift. Der Preis, den der Kunde vorgibt, beträgt 6 500,00 € netto. Folgende Auftragsdaten liegen der Anfrage bei:
   Umfang: 40 Seiten
   Endformat: 14,35 cm x 21 cm (geschlossen)
   Druck: 2-seitig, 4 Farben
   Auflage: 5 000 Stück

   Netto-Druckbogenbedarf: 25 000 Stück
   Ausführungs- und Weiterverarbeitungszuschuss: 5,2 % auf Netto-Druckbogen

Rüstzuschuss: 1240 Bogen
Zu montierende Druckformen: 10 Stück
Druckplattenbedarf: 40 Stück im Format 36 cm x 52 cm

Leistungsdaten der Druckmaschine:

Verrechnungssatz:	1,34 €/Min.
	Dauer (Min.)
Rüsten:	870
Ausführen je 1 000 Druck:	24,4

Leistungsdaten der Bogenmontage:

Verrechnungssatz:	1,04 €/Min.
	Dauer (Min.)
Rüsten:	7
Ausführen pro montiertem Bogen:	5,5

Stückkosten der Druckplattenherstellung: 64,08 €/m²
Stückkosten für den Formproof: 11,95 €/m²

Fertigungsmaterial:
- Bezugskosten der Druckplatten: 3,50 €/Stück
- Bezugskosten der Druckbogen: 24,85 €/1 000 Stück
- Farbkosten: 388,32 €
- Materialgemeinkostenzuschlagssatz: 10 %

Weitere Angaben:
- Die Druckbogen liegen geschnitten vor.
- Kosten für die Weiterverarbeitung: 0,20 €/Exemplar

Kalkulieren Sie den Auftrag und prüfen Sie, ob der vom Kunden vorgegebene Preis ausreicht, um einen Gewinn zu erzielen. Berechnen Sie für diesen Fall den Gewinnzuschlag in Prozent.

6. Auflagenfixe und auflagenvariable Kosten
a) Berechnen Sie zu Aufgabe 4.a) die Kosten bei einem Druck von 4 000 und 6 000 Stück.
b) Ermitteln Sie zu Aufgabe 4.d) die auflagenfixen und auflagenvariablen Selbstkosten und kalkulieren Sie den Auftrag für eine Auflagenhöhe von 10 000 Stück.

7. Grenzmenge
a) Folgende Kosten entstehen für einen Druckauftrag bei zwei alternativen Druckmaschinen:

Maschine 1:	
Stundensatz:	184,41 €
	Dauer (Min.)
Rüsten (auflagenfix)	120
Ausführen/1 000 Stück (auflagenvariabel)	11,8

Maschine 2:	
Stundensatz:	274,20 €
	Dauer (Min.)
Rüsten (auflagenfix)	89
Ausführen/1 000 Stück (auflagenvariabel)	5,5

Ermitteln Sie die Grenzmenge, ab der der Einsatz der Maschine 2 vorteilhaft ist.

b) Für einen Auftrag kann mit dem Offset- oder dem Digitaldruckverfahren gearbeitet werden.

	Offset	Digital
auflagenfix	420,48 €	42,75 €
auflagenvariabel	65,13 €	662,73 €

Ermitteln die das kostengünstigere Verfahren.

8. Skizzieren Sie am Beispiel der Fertigung der Broschüre aus dem Kundenauftrag in folgender Weise den Workflow von der Idee bis zum fertigen Produkt:

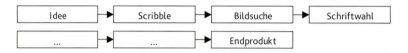

Berücksichtigen Sie dabei folgende Begriffe und beschreiben Sie die jeweiligen Funktionen bzw. Einsatzbereiche: RIP, OPI, Trapping, Ausschießen, Proof, Postscript, Druckertreiber.

11 Multimedia-CD mit Cover und Booklet erstellen

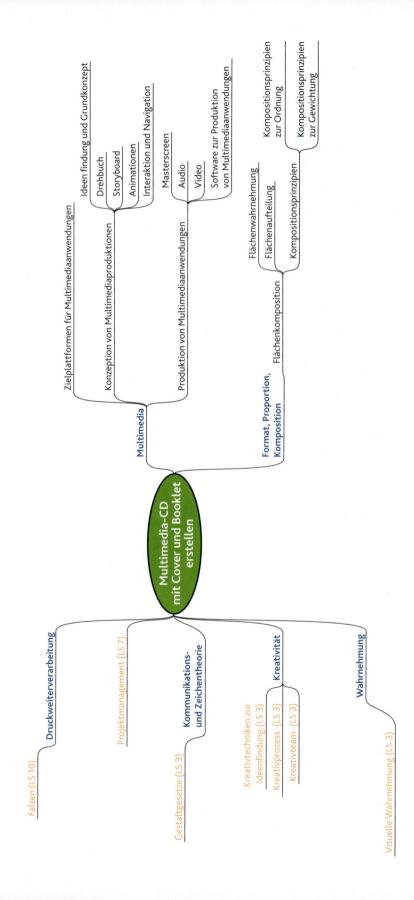

11 Multimedia-CD mit Cover und Booklet erstellen

Der Steinmetzbetrieb **Steindesign GmbH** möchte sich den Kunden mithilfe einer Multimedia-CD näher vorstellen. Die CD soll als Image-CD dienen und im Wesentlichen die Präsentation des Betriebs und die Vielfalt der dort angefertigten Produkte beinhalten. Dies geschieht vor dem Hintergrund, dass viele Verbraucher einen Steinmetzbetrieb auch heute noch hauptsächlich mit der Anfertigung und Gestaltung von Grabsteinen und Gedenktafeln in Verbindung bringen. Die Angebotspalette der **Steindesign GmbH** reicht jedoch von der Fensterbank und der Schreibtischplatte über Waschbecken, Schalen und Vasen sowie Küchenarbeits- und Waschtischplatten bis hin zu Skulpturen, Grabsteinen und Gedenktafeln. Zum Einsatz kommen sämtliche Natursteinarten in vielfältiger Oberflächengestaltung.

Die Multimedia-CD soll einen modernen Unternehmensauftritt beinhalten, der vor allem eine jüngere Zielgruppe anspricht und die vielfältigen Nutzungsmöglichkeiten von Natursteinprodukten im Wohn- und Arbeitsbereich aufzeigt.

Für die CD sollen auch ein passendes Cover sowie ein Booklet in den Standardabmessungen 120 x 120 mm (plus Beschnitt) erstellt werden. Das Cover soll eine Brücke zwischen dem traditionellen Handwerk des Steinmetzes und der modernen Ausrichtung der Steindesign GmbH widerspiegeln. Für die Multimedia-CD und das Booklet stehen bereits ein Text über die Firmengeschichte sowie eine Reihe von Bildern zur Verfügung.

Cover und Booklet sollen in einer Auflage von 1 000 Stück gedruckt werden.

Aufgaben:
- Planung, Konzeption und Erstellung einer Multimedia-CD für die Steindesign GmbH.
- Layout und Gestaltung des Covers, des Booklets und des Einschubs auf der Rückseite (für Slimcase) für die Multimedia-CD der Steindesign GmbH. (Nutzen Sie bestehende Vorlagen aus dem Internet als Vorlage für CD-Cover und -Booklet sowie den rückseitigen Einschub.)
- Auswahl einer geeigneten Papierart und eines passenden Druckverfahrens für Cover, Booklet und Einschub an der Rückseite.
- Auswahl einer geeigneten Falzart und der dazu passenden Falztechnik für das Booklet.

Druckvorlagen für CD-Cover und Booklets:
- http://www.saxoprint.de/service hilfe/druck datenan leitung/druckvor lagen-download.aspx
- http://cd-verpa ckung.com/Booklet-Gestal tung.html

29 Multimedia

Neben den üblichen Druckprodukten, wie Folder, Broschüren und Plakate, nutzen viele Firmen inzwischen verstärkt digitale Medien zur Firmenpräsentation. Zusätzlich zu einem Internetauftritt werden zu diesem Zweck häufig Multimedia-CDs und -DVDs erstellt. Diese bieten den Vorteil, dass sie leicht zu transportieren und flexibel einsetzbar sind. Ferner ist die Datenmenge nicht durch Verbindungsgeschwindigkeiten, sondern lediglich durch die Speicherkapazität des Datenträgers begrenzt, welche insbesondere bei DVDs für diese Zwecke kaum ausgenutzt wird.

Als erster Einstieg in den Themenbereich „Multimedia" soll zunächst ein Blick auf grundlegende Begrifflichkeiten und Funktionen erfolgen.

Der Begriff **Multimedia** setzt sich aus „Multi" (lat. viel) und „Medium" (lat. das Publikum) zusammen, wobei „Medium" im modernen Sinne der „Medien" gebraucht wird. Bei einer Multimediaanwendung handelt es sich also um eine **Kombination verschiedener Medienarten**.

In welche Bereiche lassen sich Medien einteilen? Im Wesentlichen wird zwischen diskreten und kontinuierlichen Medien unterschieden.

11 | Lernsituation Multimedia-CD mit Cover und Booklet erstellen

Diskrete Medien	Kontinuierliche Medien	Multimedia
Information ist abhängig vom Wert, z. B. Texte, Bilder, Grafiken.	Information ist vom Wert und vom Zeitpunkt abhängig, z. B. Animationen, Audios, Videos.	Verknüpfung unterschiedlicher Medien in einem Produkt.

In Multimediasystemen (Multimediaanwendungen) werden diskrete und kontinuierliche Medien miteinander kombiniert.

Multimediaanwendungen enthalten mindestens ein Medium aus jedem der beiden Bereiche. Sie werden vielfältig eingesetzt:

Einsatzbereich	Anwendungsbeispiele
Telekommunikation	Internettelefonie
Unterhaltungselektronik	Filme, Computerspiele, Fitnessanwendungen usw.
Fernsehen und Rundfunk	Interaktive Sendungen, z. B. mit Abstimmungsmöglichkeiten über die Film-/Musikauswahl und Wettbewerbsbeiträge usw.
Verlage	E-Books, Lern-CD-ROMs, Online-Magazine, Image-CDs, Simulationen, interaktive Tafelbilder usw.

Im Vergleich mit anderen Medien bieten Multimediaanwendungen häufig die Möglichkeit der **Interaktion** zwischen dem Benutzer (Mensch) und dem Programm (System). Im Zeitalter der Smartphones und Tablet-Computer gewinnen interaktive Anwendungen für die Benutzung mit Touchscreens an Bedeutung.

Touchscreen: Druckempfindlicher Bildschirm zur Eingabe und Navigation durch Berühren der Bildschirmoberfläche mit den Fingern oder mit speziellen Stiften.

Auch Sprachsteuerung und Spracherkennung zählen zu den Interaktionsmöglichkeiten von Multimediaanwendungen.

Welche Medien aus dem Bereich der diskreten und kontinuierlichen Medien sollen für die Multimedia-CD der Steindesign GmbH genutzt werden? Erstellen Sie eine Auflistung.

29.1 Zielplattformen für Multimediaanwendungen

Multimediaanwendungen können auf unterschiedlichen Zielplattformen vielfältig eingesetzt werden. Reisende können sich z. B. schon vor Beginn des Urlaubs ein Bild vom Hotel und dem ausgewählten Reiseziel machen, Verbraucher können sich über die Produktpalette und Dienstleistungen eines Betriebs informieren, Schüler können Lernspiele zur Unterstützung und Motivation nutzen. Die Wirkung einer neuen Brille oder Frisur lässt sich multimedial simulieren, Museen und Ausstellungen bieten virtuelle Rundgänge an, Videokonferenzen ermöglichen eine flexiblere Arbeitsgestaltung. Nicht zuletzt sind zahlreiche Applikationen, sog. Apps, für die Nutzung diverser Angebote, wie z. B. des Wetterberichtes oder der Fahrplanauskunft, mit dem Smartphone oder Tablet-Computer erhältlich.

Funktion

Multimediasysteme werden dahingehend unterschieden, ob die Anwendung gleichzeitig erstellt und genutzt wird, sogenannte **Echtzeitsysteme** wie Videokonferenzen und Online-Teaching, oder ob die Anwendung zuerst produziert und dann zu beliebiger Zeit an einem beliebigen Ort genutzt werden kann, wie z. B. Lernprogramme.

Orts- und zeitunabhängig nutzbare Multimediasysteme sind am stärksten verbreitet. Diese können hinsichtlich ihrer Funktion verschiedenen Bereichen zugeordnet werden.

Bereich	Erläuterung	Beispiele
Point of Information (POI) Informationssysteme	Systeme zur Informationsvermittlung	Lexika, Kataloge, Online-Dokumentationen, Terminals in öffentlichen Gebäuden
Edutainment Lernsysteme	Schulungssysteme zur Wissensvermittlung mit motivierenden Inhalten	Computer-based Training (CBT), Web-based Training (WBT)
Infotainment Informationssysteme	Informationsvermittlung auf unterhaltsame Art und Weise	Multimedia-Zeitschriften, Online-Magazine, interaktive Museums- und Reiseführer
Point of Presentation (POP) Präsentationssysteme	multimediale Präsentation auf Konferenzen, Tagungen, Messen o. Ä.	Produkt- oder Firmenpräsentation
Point of Sale (POS) Verkaufssysteme	Systeme für den Verkauf oder zur Verkaufsunterstützung	Onlineshops, Buchungssysteme
Simulationen	Veranschaulichung z. B. von technischen Abläufen	technische Abläufe, Kundendialog
Unterhaltung	multimediale Unterhaltung mithilfe von Spielen jeglicher Art	Computerspiele

29.2 Konzeption von Multimediaproduktionen

Die Konzeption einer Multimediaproduktion gliedert sich in mehrere Phasen, angefangen von der Initialisierung über die Erstellung eines Grundkonzeptes bis hin zum Feinkonzept. Das gesamte Phasenmodell umfasst zusätzlich noch die Bereiche Realisierung, Einführung und Nutzung, es wurde von der Firma „Real Vision Gesellschaft für Medien-Software und -Systeme" entwickelt.

6-Phasen-Modell zur Anwendung bei Multimediaproduktionen

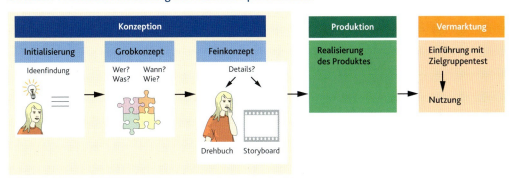

Ausgehend von diesem 6-Phasen-Modell werden zunächst die Kriterien näher beleuchtet, die den Bereich der Konzeption bereffen.

29.2.1 Ideenfindung und Grundkonzept

Vgl. LS 3, 8.3

Am Anfang jeder Produktion, unabhängig, ob es sich um Druck- oder digitale Produkte handelt, sind erste Ideen gefragt. Bei der Konzeption einer Multimedia-CD-ROM steht zunächst im Vordergrund, welchen Mehrwert der Kunde durch die Nutzung der geplanten Image-CD im Vergleich mit bereits vorhandenen Medien, wie z. B. einer Firmenbroschüre oder eines Flyers, erhalten soll und wie sich dieser mittels der CD-Inhalte abbilden lässt. In diesem Zusammenhang ist eine Zielgruppenanalyse von besonderer Bedeutung. Hier bildet das Kundengespräch, kurz Briefing, oder ein detaillierter schriftlicher Kundenauftrag die Grundlage für die erste Phase der Konzeption: die **Initialisierung**.

Nun können erste Ideen entwickelt, gesammelt und überprüft werden.

> Erstellen Sie eine Zielgruppenanalyse für den Einsatzbereich der Multimedia-CD der **Steindesign GmbH** und sammeln Sie erste Ideen für Ihr Konzept. Nutzen Sie dazu geeignete Kreativtechniken.

Vgl. LS 6, 19.1.2

In der zweiten Phase gilt es nun, unterschiedliche Umsetzungen zu erörtern und in einem Exposé in Form eines **Grundkonzeptes** zusammenzufassen. Der Kunde erhält die Möglichkeit, anhand des Exposés die Brauchbarkeit der verschiedenen Ideen zu überprüfen und sich für die Weiterentwicklung einer bestimmten Planung zu entscheiden.

Nach der Entscheidung, welche Ideen weiterverfolgt werden sollen, sind noch einige konzeptionelle Vorüberlegungen notwendig. Diese beinhalten vor allem die folgenden Bereiche:

- Welche Inhalte liegen für die Produktion bereits vor?
- Werden weitere Inhalte – und wenn ja welche – für die Umsetzung benötigt?
- Wie viele Mitarbeiter sind für die Umsetzung des Projekts notwendig?
- Welche Mitarbeiter sollen beteiligt werden?
- Sind weitere organisatorische Rahmenbedingungen zu klären?

> Sichten Sie die gesammelten Inhalte, listen Sie alle vorhandenen sowie fehlende Inhalte auf und erstellen Sie einen ersten groben Arbeitsablaufplan.

An die ersten beiden Phasen schließt sich die letzte der drei Konzeptionsphasen an: In Phase drei soll ein tragfähiges **Feinkonzept** entwickelt werden. Hierbei geht es um die konkrete Planung der Inhalte, sowohl in schriftlicher Form als auch mithilfe von Skizzen.

29.2.2 Drehbuch

Inhaltliche Ideen und technische Einstellungen einer Multimediaproduktion sollten zunächst in schriftlicher Form festgehalten werden. Dies geschieht üblicherweise, genau wie bei Filmproduktionen, gezielt und geordnet mithilfe eines Drehbuches. Das Drehbuch bietet für alle Situationen, in denen Abläufe mit Bewegtbildern enthalten sind, die Grundlage der weiteren Produktion und dient als textlicher Entwurf zur konzeptionellen Präsentation des Inhalts.

Drehbuch: Detaillierte schriftliche Darstellung einer Multimediaproduktion bzw. eines Films.

Aufgaben eines Drehbuches:

- Inhalte erfassen und strukturieren
- Navigationsstruktur planen
- Inhalte modularisieren (unterschiedlichen Bereichen zuordnen)
- Ablauf vereinheitlichen
- Kommunikation im Produktionsteam erleichtern

Drehbücher lassen sich aufgrund ihres Anwendungsbereiches und ihrer Struktur in zwei Hauptgruppen unterteilen:

Art des Drehbuches	Merkmale	Anwendungsbereiche
Klassisches Drehbuch	• lineare Struktur • beschreibt zusammenhängende Geschichte • Handlung und Dialog werden getrennt aufgeführt • Bild-, Ton- und ggf. Kameraeinstellungen werden aufgeführt	Filme, Videos, Animationen
Drehbuch für Produktionen mit Navigationsstruktur	• Hypertextstruktur (nicht linear) • Navigationsstruktur vorhanden • Einteilung in Screens statt in Szenen mit Bild-/Ton-/Kameraeinstellungen	Websites, Lern-CD-ROMs, Spiele, Bedienoberfläche bei Automaten usw.

Unabhängig von der Anwendung und der Struktur eines Drehbuches gilt für jeden einzelnen Screen bzw. jede Szene:
- Von wo kommt der Benutzer?
- Welche Inhalte soll der Screen/die Szene enthalten?
- Wohin kann der Benutzer weitergehen?

Dem Schreiben des Drehbuchs für eine Multimediaproduktion geht daher die **Festlegung der Navigationsstruktur** voraus. Anschließend werden die Inhalte der einzelnen Screens beschrieben.

Im Folgenden werden zwei unterschiedliche Produkte vorgestellt, in denen ein Drehbuch für die Produktion genutzt wird:
A. **Drehbuch für die Produktion einer Animation**
B. **Drehbuch für die Produktion einer Multimedia-CD**

11 | Lernsituation Multimedia-CD mit Cover und Booklet erstellen

 A. Beispiel-Drehbuch einer Animation als Intro für eine Internetseite

Für eine Animation ist keine Navigationsstruktur erforderlich, da immer ein Bild auf das andere im Bewegungsablauf folgt.

Drehbuch der Animation

Bild 1	Strichmännchen 1 und Riegel (verpackt) • Strichmännchen trägt scheinbar schweren, überdimensionierten Fitnessriegel von links ins Bild hinein. Hintergrund: Landschaft mit Wiese und Apfelbaum voller roter Äpfel, Sonnenschein und blauer Himmel
Bild 2	Strichmännchen 1 und Riegel • Strichmännchen 1 lehnt sich erschöpft an den Baum und stellt den scheinbar schweren Riegel ab. Hintergrund: wie zuvor
Bild 3	Strichmännchen 1, Riegel offen • Strichmännchen 1 öffnet die Verpackung, der Fitnessriegel kommt zum Vorschein.
Bild 4	Strichmännchen 1, Riegel offen, Strichmännchen 2, Karren • Strichmännchen 1 beginnt mit dem Verzehr des Riegels. • Strichmännchen 2 kommt von der rechten Seite auf Strichmännchen 1 zu und zieht einen schweren Karren. • Eine Wolke schiebt sich vor die Sonne (etwas dunkler). Hintergrund: wie zuvor, aber ohne Sonne
Bild 5	Strichmännchen 1, Verpackung des Riegels, Strichmännchen 2 • Strichmännchen 1 reckt und streckt sich. • Strichmännchen 2 bleibt erschöpft stehen.
Bild 6	Strichmännchen 1, Strichmännchen 2, Verpackung des Riegels, Karren • Strichmännchen 1 läuft auf Strichmännchen 2 zu.
Bild 7	Strichmännchen 1, Strichmännchen 2, Verpackung des Riegels, Karren • Strichmännchen 1 nimmt Strichmännchen 2 den Karren ab und zieht ihn mit Leichtigkeit zum Apfelbaum. • Die Wolke schiebt sich von der Sonne weg (heller). Hintergrund: wie zuvor, aber mit Sonne
Bild 8	Strichmännchen 1, Strichmännchen 2, Verpackung des Riegels, Karren • Strichmännchen 2 bedankt sich bei Strichmännchen 1. • Strichmännchen 1 zeigt auf die leere Verpackung des Fitnessriegels. Hintergrund: wie zuvor
Bild 9	Strichmännchen 1, Strichmännchen 2, Verpackung des Riegels, Karren • Strichmännchen 1 macht sich nach rechts auf den Weg aus dem Bild. • Strichmännchen 2 schaut Strichmännchen 1 hinterher. Hintergrund: wie zuvor
Bild 10	Schriftzug • Es wird ein Werbeschriftzug zum Fitnessriegel eingeblendet und bleibt stehen. • ENDE Hintergrund: einfarbig

B. Beispiel-Drehbuch der Multimedia-CD-ROM für eine Tischlerei

1. Navigationsstruktur und Anzahl der Screens

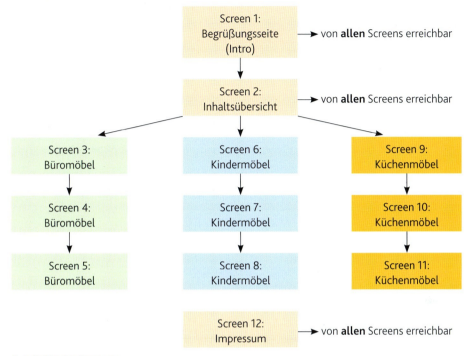

2. Inhalte der Screens

Screen 1: Einleitung (Homepage)*	• Flash-Intro mit Musikhinterlegung als Diashow mit Bildern der Produkte aus den einzelnen Produktbereichen • Bilder werden der Reihe nach ein- und ausgeblendet • Dauer: 5 Sekunden, kann übersprungen werden!
Screen 2: Inhaltsübersicht*	• Kontaktdaten auf jeder Seite unten sichtbar • Übersicht der Angebotspalette • Gruppenbild vom Chef und den Mitarbeitern • Interaktive Schaltflächen zu den drei Themenbereichen Büro-, Kinder- und Küchenmöbel
Screen 3: Büromöbel	• Beschreibung des Bereichs • Abbildung eines Büromöbels links
Screen 4: Büromöbel	• Diashow mit bereits produzierten und verkauften Möbelstücken und Büroeinrichtungen
Screen 5: Büromöbel	• Ansprechpartner mit Bild und Kontaktdaten für den Bereich Büromöbel • Link zu: Einrichtungsplaner für das Büro
Screen 6: Kindermöbel	• Beschreibung des Bereichs • Abbildung eines Kindermöbels links
Screen 7: Kindermöbel	• Diashow mit bereits produzierten und verkauften Einzelmöbelstücken und Kinderzimmereinrichtungen

Screen 8: Kindermöbel	• Ansprechpartner mit Bild und Kontaktdaten für den Bereich Kindermöbel • Link zu: Computerspiel für Kinder
Screen 9: Küchenmöbel	• Beschreibung des Bereichs • Abbildung einer Küchenfront links
Screen 10: Küchenmöbel	• Diashow mit bereits produzierten und verkauften Einzelmöbelstücken und Komplettküchen
Screen 11: Küchenmöbel	• Ansprechpartner mit Bild und Kontaktdaten für den Bereich Küchenmöbel • Link zu: Küchenplaner
Screen 12: Impressum*	• Vorgeschriebene Angaben zum Betrieb inklusive Handelssitz, Steuernummer und Gerichtsstand

* Screen 1 (Homepage), Screen 2 (Inhaltsübersicht) und Screen 12 (Impressum) sind von allen Screens erreichbar!

Vorteile eines Drehbuchs:

- Dient als Denk- und Planungshilfe,
- erfasst Inhalte und Abläufe in Textform zum Nachlesen,
- bildet die Struktur der gesamten Produktion ab,
- fehlende Inhalte in der Planung können leicht erkannt und ergänzt werden.

1. Verfassen Sie ein Drehbuch für die gewünschte Multimediaproduktion „Image-CD Steindesign GmbH".
2. Legen Sie dabei zunächst die Anzahl der Screens und die Navigationsstruktur fest.
3. Notieren Sie dann die geplanten Inhalte und Besonderheiten für jeden Screen.

Das Drehbuch ist der erste Teil des Feinkonzeptes in Phase drei. Es liefert präzise alle geplanten Inhalte und Abläufe.

Den zweiten Teil des Feinkonzeptes in der Phase drei bildet das Storyboard. Dies beinhaltet den visuellen Anteil der Planungen.

29.2.3 Storyboard

Der Begriff Storyboard setzt sich aus den beiden englischen Begriffen „Story" (Geschichte) und „Board" (Brett, Tafel) zusammen. Ursprünglich fanden Storyboards im Bereich von Zeichentrickfilmen Anwendung, indem alle Szenen auf Papier oder Pappe skizziert und anschließend auf einem länglichen Board der Reihe nach an der Wand aufgehängt wurden.

Auch bei Multimediaproduktionen dient das Storyboard zur Visualisierung der Inhalte. Die schriftlich festgehaltenen Inhalte und Abläufe aus dem Drehbuch werden im Storyboard umgesetzt.

Storyboard: Zeichnerische Umsetzung der einzelnen Screens als Layoutvorlage für die Produktion.

In kleineren Multimediaproduktionen ist wegen des geringen Umfangs und der geringen Komplexität nicht unbedingt ein Drehbuch erforderlich, sodass dort das Storyboard sowohl zur Strukturierung als auch zur Visualisierung der Inhalte eingesetzt werden kann.

Storyboardarten

Ein Storyboard dient immer der Visualisierung, kann jedoch noch weitere schriftliche Zusätze, sog. Metaangaben, enthalten. Dies können z. B. Angaben zu Art und Dauer der verwendeten Audiofiles, Größenabmessungen, Kameraeinstellungen und Länge der einzelnen Szenen sein.

> Storyboards unterliegen in der Gestaltung keinem einheitlichen Standard. Passen Sie ein Storyboard immer an den Medientyp und die Zielgruppe, der es präsentiert werden soll, an!

In der Praxis haben sich die folgenden Storyboardarten bewährt:
1. Shootingboard
2. Presentationboard
3. Commercialboard

1. Shootingboard = Skizzenboard

Das Shootingboard ist ein reines Skizzenboard. Hier werden die Bildabfolgen der einzelnen Screens in Form einfacher Strichzeichnungen (Scribbles) dargestellt.

Ein Shootingboard dient in erster Linie dem internen Gebrauch innerhalb des Produktionsteams als Arbeitsgrundlage. Textliche Zusätze sind nicht vorgesehen.

Skizzenboard

2. Presentationboard = Kundenboard

Das Presentationboard dient der Präsentation der Ideen: entweder im großen Produktionsteam oder aber beim Kunden. Dieses Storyboard kann mit Strichzeichnungen oder mit detaillierten Grafiken umgesetzt werden. Es enthält in jedem Fall bereits farbige Darstellungen und ist wesentlich aufwendiger gestaltet als ein Shootingboard. Auch eine Gestaltung des Storyboards am Computer ist denkbar.

Hier soll bereits deutlich zu erkennen sein, in welche gestalterische Richtung der Entwurf geht und welche Farbwirkungen erzielt werden sollen. Textliche Zusätze zur Gestaltung und zur technischen Umsetzung können hinzugefügt werden.

Kundenboard nach einer Idee von Melina Rex, Tamara Schinkel und Jessica Schunk

3. Commercialboard = Werbeboard

Ein Commercialboard dient der realistischen Darstellung der Bildfolgen und enthält alle wesentlichen Schlüsselszenen der Animation bzw. Multimediaproduktion. Es gibt einen Einblick in die Qualität und Gestaltung der Umsetzung und enthält Begleitkommentare zu den einzelnen Sequenzen sowie zum Text- oder Musikeinsatz und auch zum Schnitt zwischen den einzelnen Bildern usw. Der Kunde sowie alle Beteiligten des Produktionsteams erhalten so bereits einen Einblick in Teile des fertigen Produktes und deren Werbewirkung.

Commercialboards werden in der Regel direkt am Computer erstellt. Häufig kommen hierbei auch sog. **Animatics** (von engl. Zeichentrick) zum Einsatz. Diese erwecken die geplante Animation zum Leben und können bereits mit Ton hinterlegt werden. Es ist sinnvoll, ein Commercialboard in Verbindung mit einem Drehbuch zu nutzen.

Animatic: Schnitt und zeitliche Anordnung der einzelnen Storyboardbilder auf einer Zeitachse.

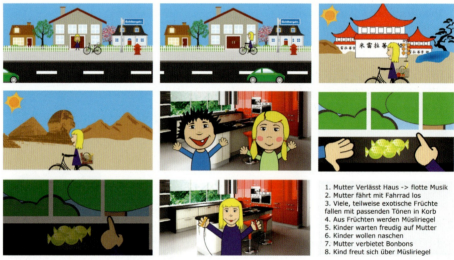

Werbeboard nach einer Idee von Dominik Jahn, Sven Sewcz und Sabrina Waldeit

Diskutieren Sie im Team, welche Art von Storyboard Sie für die Umsetzung der Multimedia-CD für die Steindesign GmbH nutzen wollen.

Storyboardformular

Bevor mit dem Scribblen begonnen wird, sollte eine **Vorlage** entwickelt werden, die als Grundlage für die Storyboarderstellung mit Scribbles und weitere Anmerkungen zur Produktion dient. Diese Vorlage, das sogenannte Storyboardformular, enthält neben leeren Feldern in den Seitenverhältnissen der zu gestaltenden Bildschirmfläche zusätzlich unter jedem Feld noch einen Bereich für Kommentare und Anmerkungen.

Da Bildschirme ein Querformat aufweisen, bietet sich für das Storyboardformular auch ein Querformat an. Je nach Komplexität des Inhalts und der grafischen Darstellung lassen sich unterschiedlich viele, verkleinerte Bildschirmfenster auf dem Storyboardformular unterbringen.

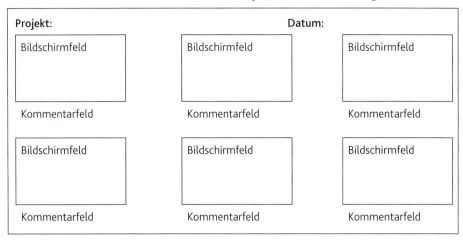

Beispiel für ein Storyboardformular

Vorteile eines Storyboards
- Veranschaulichung der Ideen der beteiligten Gestalter/-innen und Entwickler/-innen.
- Anpassung an die aktuelle Entwicklung mit einfachen zeichnerischen Mitteln.
- Erster visueller Eindruck für den Kunden bezüglich Layout und Struktur.

Entwickeln Sie ein passendes Storyboardformular für die Planung der Multimedia-CD für die **Steindesign GmbH** und beginnen Sie mit dem Scribbeln.

29.2.4 Animationen

Sollen Objekte einer Multimediaanwendung oder auf einer Internetseite bewegt werden, so kommen Animationen zum Einsatz. Das Wort „Animation" stammt vom lateinischen Wort animare = „zum Leben erwecken" und bedeutet, dass etwas belebt, also animiert wird. In der Computertechnik erfolgt die Animierung einer Anwendung durch die Bewegung von einzelnen Grafiken und Bildern.

Animation: Einblendung von Einzelbildern in schneller Abfolge.

Durch die schnelle Abfolge der Bilder hat der Betrachter die Illusion, dass tatsächlich eine Bewegung vorliegt. Dieser Effekt ist den meisten durch Daumenkinos bekannt, auch Zeichentrickfilme arbeiten nach diesem Prinzip.

Bereits bei der Erstellung von Drehbuch und Storyboard ist es wichtig, die Art und Ausprägung der einzelnen Animationen genau zu planen.

Informieren Sie sich über geeignete Animationsprinzipien und Animationsarten zur Umsetzung der Multimedia-CD. Nehmen Sie dazu weitere Quellen zu Hilfe, lassen Sie sich auch von den vielen bestehenden Animationen im Web inspirieren.

29.2.4.1 Animationsprinzipien

Vor der Planung und Umsetzung einer konkreten Animation sollten Sie sich mit gängigen Animationsprinzipien auskennen, mit denen eine Reihe unterschiedlicher Effekte erzielt und natürliche Bewegungsabläufe gezielt nachgebildet werden können.

Die nachfolgend vorgestellten zwölf Animationsprinzipien wurden bereits in den 1930er-Jahren des vorigen Jahrhunderts in den Walt-Disney-Studios entwickelt. Damals bezogen sich die Prinzipien ausschließlich auf handgezeichnete Animationen. Sie haben ihre Bedeutung im Zeitalter der heutigen Computertechnik jedoch keineswegs verloren, sondern lassen sich vielmehr gut auf den digitalen Bereich übertragen.

Animations-prinzip	Funktion	Beispiel
Squash and Stretch	Die bewegten Elemente/Körper sollen elastisch wirken, indem sie sich verformen: **Stauchung** beim Aufprall oder Zusammendrücken, nachfolgende **Streckung**, indem die Ursprungsform wieder erreicht wird.	*Durch das Drücken verformt sich der Ball. Ist das Drücken beendet, kehrt er wieder in seine runde Ursprungsform zurück.*
Anticipation	**Einleitung bzw. Ankündigung** einer Aktion: z. B. Schwung holen, bevor die Aktion beginnt – sonst wirkt die Bewegung steif und unnatürlich. Je schneller die dargestellte Bewegung, desto länger sollte die Ankündigungsphase sein. Aber auch sehr langsame Bewegungen benötigen eine Ankündigungsphase.	*Bevor das Mädchen den Golfball schlagen kann, muss sie erst ausholen.*
Staging	Die Aufmerksamkeit des Betrachters wird auf die richtige Stelle gelenkt, wie auf einer **Bühne**: In ruhiger Umgebung erhalten schnelle Bewegungen den Fokus, in unruhigem Umfeld langsame Bewegungen.	*Die rote Kugel bewegt sich und erhält dadurch und durch ihre Farbgestaltung den Fokus.*
Straight ahead Action	Jeder einzelne Schritt des Bewegungsablaufes muss gezeichnet/definiert werden (**Bild-für-Bild-Animation** → Daumenkino).	

Animations-prinzip	Funktion	Beispiel
Pose-to-Pose Action	Es werden nur Start-, Zwischen- und Zielpunkte des Bewegungsablaufes definiert, die weiteren Positionen werden berechnet bzw. später definiert. Daraus folgt ein **flüssiger Bewegungsablauf.**	
Follow through and overlapping Action	**Bewegungen** enden nur selten abrupt, sondern **pendeln** entweder **langsam aus** <u>oder</u> gehen direkt, quasi **überlappend**, in die nächste Bewegung über.	*Im natürlichen Bewegungsablauf schaukelt das Kind langsam aus, steigt ab und läuft zu Fuß weiter.*
Slow In and Out	Bewegungsabläufe, die natürlich wirken sollen, werden **langsam ein- und ausgeleitet**. Die Trägheit des Objektes gibt an, ob der Bewegungsablauf sehr langsam oder etwas schneller beginnt: Schwere Objekte können nur langsam, leichte deutlich schneller beschleunigt werden.	*Langsamer Aufstieg, schnelle Drehung, Abbremsen und sachte Landung.*
Arcs	Bewegungen sollten auf nicht-linearen Linien, wie **Bögen** usw., verlaufen, um nicht abgehackt oder roboterhaft zu wirken.	*Natürlich wirkender Fischschwarm.* *Unnatürlich wirkender Fischschwarm mit linearer Bewegungslinie.*

Animations-prinzip	Funktion	Beispiel
Secondary Animation	Die sekundäre, also die Nebenanimation, unterstreicht die eigentliche Animation: Wenn wir hochspringen, bewegen sich automatisch zusätzlich, also als Zweitbewegung, die Kleidung oder auch lange Haare usw.	*Hauptanimation: Rückwärtsdrehung, Nebenanimation: Fliegende Haare.*
Time and Spacing	Eine Bewegung braucht **Zeit und Raum**. Je nach Geschwindigkeit und Art der Bewegung (schnell/langsam bzw. gestreckt/gestaucht usw.) entstehen unterschiedliche Zwischenräume zwischen den einzelnen Bildern des Bewegungsablaufes.	
Weight	Auch **Gewicht** kann mithilfe einer Animation **transportiert werden**. Eine sich bewegende Feder wirkt z. B. leicht, ein zu stemmendes Gewicht wirkt schwer.	
Exaggeration	**Übertreibung** kann die Wirkung einer Animation verstärken.	*Die Mimik des Mannes wirkt übertrieben.*

Animations-prinzip	Funktion	Beispiel
Appeal	**Positive Eigenschaften**, die den Betrachter ansprechen. Sowohl gute als auch böse Charaktere wirken ansprechend. Die Authentizität ist wichtig!	*Das Kind wirkt abweisend, aber authentisch.*

Animationen basieren dabei niemals nur auf einem der vorgestellten Prinzipien, sondern beinhalten in der Regel eine Kombination mehrerer Animationsprinzipien.

Suchen Sie sich im Web zwei unterschiedliche Animationen zum Vergleich heraus. Ordnen Sie jeder Animation die passenden Animationsprinzipien zu und untersuchen Sie, wie und ob die jeweilige (Werbe-)Aussage durch die Animationsprinzipien unterstrichen wird!

29.2.4.2 Animationsarten

Computergestützte Animationen können im zweidimensionalen Raum (2D), im dreidimensionalen Raum (3D) oder als 4D-Animation (Position in drei Dimensionen + Ausdehnung) erstellt werden. Da der Computerbildschirm lediglich eine zweidimensionale Fläche aufweist, simulieren spezielle Grafiktools das Raumgefühl bei 3D- und 4D-Animationen.

Für Standardcomputeranwendungen kommen meist 2D-Animationen zum Einsatz.

Im Bereich der 2D-Animationen unterscheidet man die beiden Gruppen **Phasenanimation** und **Pfadanimation**.

Phasenanimation (Frame-by-Frame-Animation)

Prinzip	Anwendung
• Bild-für-Bild-Animation • viele Einzelbilder werden hintereinandergesetzt • jedes Bild, jede Phase, wird einzeln erstellt • je natürlicher der Bewegungsablauf wirken soll, desto mehr Einzelbilder sind erforderlich • für flüssige Bewegungsabläufe werden die Phasen nicht hintereinandergesetzt, sondern überlappen sich leicht • nicht für komplexe Bewegungsabläufe geeignet	• Bewegungsanimation (ähnlich Zeichentrickfilmen) • Buttonanimation mit Farb- oder Bildänderung • oszillierende Effekte

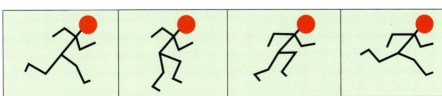

Phasenanimation als Bewegungsanimation in vier Phasen

Phasenanimationen können auch gut als digitale Diashow genutzt werden. In diesem Fall ist ein eher langsamer Bildwechsel sinnvoll, während Bewegungsanimationen im Zeichentrickstil Bildraten von 15 bis 25 Bildern pro Sekunde erfordern.

Pfadanimation (Cel-Animation)

Prinzip	Anwendung
• Vorder- und Hintergrund liegen auf getrennten Ebenen • Objekte im Vordergrund bewegen sich entlang eines zuvor vorgegebenen Pfades über den Hintergrund • Phasen- und Pfadanimation können in einer Anwendung verknüpft werden • für komplexe Bewegungsabläufe **gut geeignet** (wegen Bewegungspfad)	• fließende Bewegungsabläufe • laufende Hintergrundbilder • Textanimationen • Formänderung (Morphing)

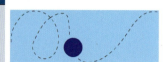

Beispiel für eine Pfadanimation

Für besonders plastische Darstellungen werden die aufwendigeren **3D-Animationen** eingesetzt. Sie ermöglichen eine perspektivische Darstellung und erzeugen ein realistisches Raumgefühl. Dies ist besonders wichtig bei Computerspielen und realen Welten.

Die Erstellung erfolgt mit spezieller 3D- bzw. inzwischen sogar 4D-Software und ähnelt im Ergebnis einem richtigen Film.

3D-Animation

Prinzip	Anwendung
• dreidimensionale (perspektivische) Darstellung von Objekten und Personen • realitätsnahe Darstellung (virtuelle Realität) • 3D-Animationen werden konstruiert, nicht gezeichnet entweder als Polygone (dreidimensionale Vektoren) oder mithilfe sog. Voxels (Volumetric Pixels) aus kleinen Würfeln. • teure Hard- und Softwareausstattung erforderlich	• Werbung • Filme • Simulation technischer Abläufe/Maschinen • 3D-Druck

Beispiel für eine 3D-Animation (die lauffähige Animation finden Sie unter BuchPlusWeb)

29.2.4.3 Dateiformate für 2D- und 3D-Animationen

2D-Animationen finden bei Multimediaproduktionen und bei einfachen Animationen Anwendung. Sie können entweder im GIF-Format oder als Flash-Datei erstellt werden.

Dateiformat	Erläuterung	Anwendung	Dateiendung
GIF (Graphics Interchange Format)	• einfache Phasenanimation von Einzelelementen • mehrere GIF-Bilder werden in schneller Reihenfolge abgespielt • hohe Kompressionsrate • nur 256 Farben möglich • spezielle Programme zur Erzeugung erforderlich (z. B. „GIF-Animator" von Ulead, „ImageReady" von Adobe) • kein Plug-in bei Websites erforderlich	• Werbebanner • animierte Buttons und Logos • einzelne bewegte Elemente (zappelndes Männchen o. Ä.)	.gif

Dateiformat	Erläuterung	Anwendung	Dateiendung
Flash	• entwickelt von Adobe • Produktionsformat für Flash-Dateien • komplexe Phasen- und Pfadanimationen möglich	• komplexe Animationen • digitale Diashow mit Effekten • komplette Websites oder Multimedia-CDs bzw. -DVDs	.fla
SWF (Shockwave Flash)	• Exportformat zum Abspielen von Flash-Dateien • keine Bearbeitung möglich • Plug-in für Websites erforderlich	siehe oben	.swf

Im 3D-Bereich haben sich einige Formate als Standardformate etabliert. Daneben existiert eine Reihe weiterer Formate, oft auch herstellerspezifisch, denn neben den 3D-Modellen werden häufig auch weitere Informationen, z. B. zum Material, zu der Beleuchtung und weitere Szenendaten abgespeichert. Der Aufbau der 3D-Formate ist daher sehr unterschiedlich. Im Zuge des 3D-Drucks und vieler Anwendungen mit virtuellen Realitäten kommen stets neue Formate auf den Markt.

Dateiformat	Erläuterung	Vor-/Nachteile	Dateiendung
STL Standard Transformation Language	Oberfläche wird mithilfe von unterschiedlichen Dreiecken mittels Triangulation dargestellt	+ weit verbreitet + einfacher Aufbau + Industriestandard – große Dateien – Genauigkeit durch Dreiecksannäherung schwierig – keine Farb- und Materialeigenschaften	.stl
OBJ Wavefront Object Format	Dateiformat für die einfache geometrische Darstellung von Objekten mithilfe von Polygonen oder Freiformobjekten	+ gute Kurvendarstellung + kleine Dateien – keine Farbinfos	.obj
PLY Polygon File Format	Dateiformat für die geometrische Darstellung von Objekten und die Speicherung von Zusatzdaten, z. B. Kanten, Farbwerte, Materialien; besteht aus Header und Body	+ kleine Dateien + sehr übersichtlich – umständliche Datenbearbeitung	.ply

DXF Drawing Interchange File Format	CAD-Format, vom Programm AutoCAD erzeugt; viergeteilt in Header (Variablen usw.), Table (Definitionen zur Darstellung der Objekte), Block (Einstellungen) und Entity (Inhalte der Zeichnung)	+ Austausch von 3D-Dateien + arbeitet mit Layern (additive Fertigung möglich) – große Dateien	.dxf
VRML Virtual Reality Modeling Language	Beschreibungssprache für dreidimensionale Welten; arbeitet mit vordefinierten Formen	+ einfache Datenbearbeitung – Viewer erforderlich – große Dateien	.vrml .wrl

Neue semantische Elemente in HTML 5 ermöglichen eine Standardisierung des Aufbaus von Internetseiten.

Animationen sind das Salz in der Suppe einer Multimediaanwendung – also aufpassen mit der Dosierung!

Besprechen Sie, in welchen Bereichen der Multimedia-CD für **Steindesign** Animationen enthalten sein sollen und welcher Umfang angemessen ist.

29.2.5 Interaktion und Navigation

Die Interaktion steht bei Multimediaanwendungen wesentlich mehr im Vordergrund als bei Webseiten. Viele Multimediaanwendungen bieten die Möglichkeit, kleine Veränderungen am System vorzunehmen bzw. in das System einzugreifen. Der Aufbau der muss daher, neben einer übersichtlichen Anordnung, verdeutlichen, ob die Betätigung eines bestimmten Buttons oder Textlinks lediglich die **Navigation** innerhalb des Angebotes oder eine **Interaktion** ermöglicht.

Navigation: Der Benutzer kann innerhalb des Systems zu einem anderen Ort und Inhalt gelangen.

Interaktion: Der Benutzer kann in das System und den Ablauf der Anwendung eingreifen.

Multimediaanwendungen sind, je nach Einsatzbereich und Zielsetzung, unterschiedlich aufgebaut.

Im Folgenden werden daher, in Abhängigkeit vom Interaktionsgrad, sechs mögliche Stufen der Interaktion vorgestellt.

Interaktionsstufen für unterschiedliche Anwendungen

Stufe der Interaktion	Beschreibung	Bemerkung
Lineare Navigation	Anwender kann nur auf vorgegebenen Pfaden navigieren	• keine Interaktion • starke Benutzerführung
Nichtlineare Navigation	Anwender kann frei innerhalb des Angebots navigieren	• keine Interaktion

Stufe der Interaktion	Beschreibung	Bemerkung
Medienkontrolle	Anwender kann in der Anwendung suchen und/oder Bild- und Toneinstellungen vornehmen	• Interaktion • geringer Systemeingriff durch veränderbare Einstellungen
Ein- und Ausgabefunktion	Anwender kann selbstständig Daten eingeben, versenden und ausdrucken, z. B. durch ein E-Mail-Formular und/oder eine Notizzettelfunktion	• Interaktion • mäßiger Systemeingriff durch Hinzufügen eigener Anmerkungen (Notizzettel)
Konfigurationsmöglichkeit	Anwender kann selbstständig eingreifen, z. B. durch Zusammenstellung eigener Lernmodule und Lernpfade	• Interaktion • gehobener Systemeingriff durch eigene Kombination vorhandener Inhalte
Erweiterbarkeit	Anwender kann Inhalte hinzufügen	• Interaktion • starker Systemeingriff, da Möglichkeit der Veränderung des Systems durch eigene Inhalte

29.3 Produktion von Multimediaanwendungen

Die ersten drei Phasen sind geschafft, die Planung der Multimedia-CD für die Steindesign GmbH steht. Ihre nächste Aufgabe: Umsetzung der Multimedia-CD-ROM inklusive Bereitstellung des benötigten Equipments!

Nach der Konzeption (Phasen eins bis drei) folgt die Produktion (Phase vier). Bezogen auf eine Multimediaanwendung bedeutet dies einerseits, den konkreten Aufbau der Screens inklusive sämtlicher Navigationselemente festzulegen. Andererseits ist zu entscheiden, welche Animationen in welchem Umfang verwendet werden sollen und ob Musik- und/oder Sprechsequenzen eingebunden werden sollen.

29.3.1 Masterscreen

Beim Screendesign werden sogenannte Masterscreens eingesetzt. Ein Masterscreen ist eine verbindliche Vorlage für das spätere Layout, im Prinzip ein Template, welches ein einheitliches Erscheinungsbild und eine einheitliche Struktur für alle Seiten der Multimediaproduktion vorgibt.

Mithilfe eines Masterscreens können mehrere Personen gleichzeitig an verschiedenen Inhalten einer Multimediaproduktion arbeiten, da durch genaue Layoutvorgaben eine einheitliche Erscheinung aller Seiten und damit auch eine ähnliche Wirkung auf den Betrachter gewährleistet ist.

Vgl. diese LS, 29.3.5

Der Masterscreen wird nicht mehr gezeichnet, sondern bereits mit der Original-Produktionssoftware erstellt, um spätere technische Probleme beim Layout und bei der Struktur bereits an dieser Stelle erkennen zu können.

Masterscreen: Layoutvorlage für die Produktion einer Multimedia- oder Webanwendung.

Einfacher Masterscreen

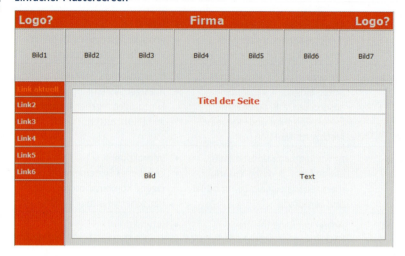

Erstellen Sie einen Masterscreen als Vorlage für den Produktionsablauf beim Projekt **Steindesign GmbH** und verfeinern Sie diesen durch Diskussion im Produktionsteam.

Im Bereich der Produktion einer Multimediaanwendung geht es um die konkrete Umsetzung. Hierzu zählt einerseits die Produktion bzw. die Beschaffung aller benötigten kontinuierlichen Medien, wie Animationen, Audio- und Videodateien, andererseits die Einbettung diskreter und kontinuierlicher Medien in den Masterscreen.

Im Folgenden werden zunächst einige **kontinuierliche Medien** vorgestellt.

29.3.2 Audio

In Multimedia- und interaktiven Anwendungen werden zunehmend **Audiosequenzen** eingebettet. Dies können Musik, Sprache oder einfach Geräusche sein.

Audiosequenzen setzen sich in der Regel aus einer Vielzahl von Tönen und Geräuschen = Schallwellen zusammen. Jeder **Ton** entspricht dabei einer **Schallwelle** mit einer bestimmten Frequenz. Je nachdem, in welchem Bereich die Frequenz der Schallwelle liegt, wird im menschlichen Gehör ein hoher, ein mittlerer, ein tiefer oder auch gar kein Ton erzeugt. Das menschliche Gehör kann diese Schallwellen in einem Frequenzbereich von ca. 16 Hz (tiefes Brummen) bis ca. 20 kHz = 20 000 Hz (hoher Pfeifton) wahrnehmen. Töne, die tiefer oder höher sind, können vom menschlichen Gehör nicht erfasst werden.

Je höher die Frequenz, desto höher der Ton.

Für verschiedene Tonhöhen ist das menschliche Gehör unterschiedlich sensibel. Den mittleren Tonbereich von ca. 700 Hz bis ca. 6 kHz kann das Gehör besonders gut wahrnehmen. Die größte Empfindlichkeit weist es bei ca. 4 kHz auf. Bei höheren und tieferen Tönen nimmt die Empfindlichkeit stark ab.

Der mittlere Frequenzbereich kann vom Menschen am differenziertesten wahrgenommen werden.

Zur Untermalung einer CD-ROM mit Musik oder Geräuschen kann auf Musik und Geräuschearchive mit einer großen Auswahl zurückgegriffen werden. Anders verhält es sich mit Sprechtext, der oft einen großen Anteil bei Multimedia- und interaktiven Anwendungen einnimmt, dieser muss meist selbst produziert werden.

Dies kann entweder in professionellen Tonstudios durch ausgebildete Sprecher/-innen erfolgen oder die Audiosequenzen (der Sound) werden selbst aufgenommen und weiterverarbeitet.

Zur Aufnahme und Weiterverarbeitung von Sound ist einerseits entsprechende Hardware erforderlich, andererseits wird spezielle Software zur Bearbeitung und abschließenden Speicherung in einem zur Anwendung passenden Dateiformat benötigt.

Sprechtext: Textlicher Inhalt, der durch Sprecher/-innen vorgetragen wird.

Insbesondere mit Blick auf barrierefreies Webdesign müssen Sprechtexte in Zukunft deutlich stärker in Multimedia- und interaktiven Anwendungen eingesetzt werden.

Vgl. LS 5, 16.3

29.3.2.1 Mikrofon

Audiosignale sind analoge Signale, die zur Bearbeitung und Nutzung mit Computeranwendungen in digitale Signale umgewandelt werden müssen. Bei der technischen Aufnahme (= Signalaufzeichnung) erfolgt daher zunächst eine Umwandlung des akustischen Tonsignals in ein analoges elektrisches Signal. Dieses wird dann wiederum in ein digitales Signal umgewandelt, damit der Computer es verarbeiten kann. Bei der Wiedergabe erfolgt die Rückumwandlung des digitalen in ein analoges und schließlich in ein akustisches Signal. Dieses Prinzip wird als **Wandlung** bezeichnet.

Mikrofone dienen zur Aufnahme, die Soundkarte zur Verarbeitung und die Lautsprecher zur Wiedergabe von Audiosignalen.

Zunächst erfolgt ein kurzer Blick auf die unterschiedlichen Mikrofone und deren Anwendungsbereiche.

Mikrofon: Sensor, der akustische Signale in elektrische umwandelt.

Es gibt Mikrofone unterschiedlichster Bauart, die nach dem Prinzip ihrer **Signalumwandlung** unterschieden werden. Alle Mikrofone enthalten eine Membran, welche durch die auftreffenden akustischen Schallwellen in Schwingung versetzt wird.

In der Studio- und Computertechnik sind die folgenden Mikrofonarten gebräuchlich:

- dynamische Tauchspulen-Mikrofone
- dynamische Bändchen-Mikrofone
- statische Kondensatormikrofone
- statische Elektret-Kondensatormikrofone

Dynamische Mikrofone sind auf der Bühne gut geeignet, da sie problemlos große Lautstärken aufnehmen können. Sie zeigen jedoch Schwächen im Bereich der Höhen.

Kondensatormikrofone werden meist als Studio- oder Tischmikrofon eingesetzt. Sie können Höhen gut aufnehmen und sind besonders dann geeignet, wenn vergleichsweise leise Signale rauscharm aufgenommen werden sollen. Sie benötigen eine Spannungsquelle, um den Kondensator zu laden (Batterie- oder Phantomspeisung).

Phantomspeisung: Spannung zum Vorspannen der Membran beim Kondensatormikrofon (beträgt 48 V und wird z. B. vom Mischpult geliefert).

Elektret-Kondensatormikrofone haben den größten Marktanteil und werden überall dort eingesetzt, wo Mikrofone kleiner Bauweise und geringer Empfindlichkeit benötigt werden. Dies ist z. B. in Headsets, Mobiltelefonen und Kassettenrekordern der Fall.

Statische Mikrofone sind empfindlicher als dynamische Mikrofone.

Ist die Aufnahme von Sprechtext geplant? Falls ja: Steht ein Mikrofon zur Aufnahme zur Verfügung?

29.3.2.2 Soundkarte

Zur direkten Übertragung der Signale vom Mikrofon in den Computer ist eine Soundkarte mit Mikrofoneingang erforderlich. Durch die Soundkarte kann der Computer als Klangerzeuger genutzt werden. Alle Soundkarten unterstützen den Stereoklang, einige auch den Surround-Klang mit fünf oder sieben Kanälen.

Soundkarte zur Aufnahme, Mischung und Wiedergabe von Audiosignalen im Computer.

Mit analogen Audiosignalen, die z. B. von einem Mikrofon auf die Festplatte des Computers übertragen werden, kann der Computer, der im Dualsystem arbeitet, nicht arbeiten. Die Soundkarte enthält daher einen Analog-Digital-Wandler (A/D-Wandler), welcher die analogen Eingangssignale des Mikrofons in digitale Signale umwandelt. Dies wird als **HD-Recording** (Harddisk Recording = Festplattenaufnahme) bezeichnet.

Vgl. LS 1, 3.1.4.2

Damit digitale Audiosignale dann wiederum über einen Lautsprecher gehört werden können, ist auf der Soundkarte zusätzlich ein Digital-Analog-Wandler (D/A-Wandler) enthalten. Die beiden Wandler werden auch als **Coder** und **Decoder** bezeichnet.

Die Leistungsfähigkeit einer Soundkarte wird durch die **Art der Klangerzeugung** bestimmt. Hierbei unterscheidet man die einfache **FM-Synthese** mittels Frequenz-Modulation und das **Wavetable-Verfahren**.

FM-Soundkarte
Bei der FM-Soundkarte werden die Klänge, ähnlich wie beim Synthesizer, künstlich erzeugt. Dies geschieht durch Programmierung von Wellengeneratoren, Modulatoren und Filtern.

Es überlagern sich Schwingungen unterschiedlicher Frequenz und Amplitude und ein Klang entsteht. Diese Art der Klangerzeugung eignet sich gut für elektronische Musik, ist jedoch weniger dazu geeignet, den Klang akustischer Musikinstrumente wie Geige, Klavier oder Flöte nachzuahmen.

Wavetable-Soundkarte
Eine **Wavetable-Soundkarte** verfügt über einen internen Speicher, in welchem digital gespeicherte Audiosignale verschiedener Musikinstrumente, sogenannte Samples, abgelegt sind. Im Gegensatz zur FM-Synthese, welche die Töne nur nachahmt, ist mit diesem Verfahren eine sehr realistische Wiedergabe von Instrumenten oder Klängen möglich.

Synthesizer-Chip

Wenn mit der Soundkarte MIDI-Dateien wiedergegeben bzw. verarbeitet werden sollen, muss diese über einen Synthesizer-Chip verfügen. MIDI-Dateien enthalten keine Töne oder Klänge, sondern vielmehr die Befehle zur Erzeugung derselben. Mithilfe des Synthesizer-Chips werden die MIDI-Dateien in elektronische Töne umgewandelt und können per Computer wiedergegeben werden. MIDI-Dateien lassen sich zudem in das WAVE-Format umwandeln und von dort aus in andere Dateiformate übertragen.

Welche Soundkarte steht in Ihrem Computersystem zur Verfügung und über welche Ein- und Ausgänge verfügt sie?

29.3.2.3 Lautsprecher

Lautsprecher dienen zur Wiedergabe von Audiosignalen, indem sie elektrische Impulse in Schallwellen umwandeln. Dazu enthält der Lautsprecher eine Membran. Diese verdichtet und entspannt sich, sodass sie in Schwingung versetzt wird. Die Schwingungen werden als Schallwellen an die Umgebung abgestrahlt.

Lautsprecher: Wandler zur Umwandlung elektrischer in akustische Signale (Schallwellen).

29.3.2.4 Soundbearbeitung

Zur Bearbeitung der aufgenommenen Audiosignale, der sogenannten **Samples**, stehen unterschiedliche Möglichkeiten zur Verfügung: Entweder muss ein analoges Audiosignal digitalisiert werden, oder der Klang wird direkt digital über die Soundkarte des Computers erzeugt.

Sampler

Der Begriff Sampler stammt vom englischen Wort „Sample" (Auswahl) und dient dazu, Audiosignale abzutasten und aufzunehmen. Der Abtastvorgang wird als **Sampling** bezeichnet. Ein Sampler ist entweder ein Hardwarebauteil wie die Soundkarte im Computer, ein eigenständiges Gerät oder als Software (Softwaresampling) erhältlich.

Sampling: Digitalisierung analoger Audiosignale durch Abtastung.

Technisch geschieht das Sampling wie folgt:

- Ein Mikrofon liefert Audiosignale,
- der Sampler nimmt die Daten durch digitale Messung in kurzen Zeitabständen auf,
- die Klänge werden in den Computer geladen und können dort bearbeitet werden.

Die digital gespeicherten Audiosignale werden als **Samples** bezeichnet.

Die Qualität des Klangs hängt immer davon ab, wie hoch die Samplingrate (Samplingfrequenz) und die Auflösung (Samplingtiefe) des Sounds sind.

Samplingrate/Samplingfrequenz: Anzahl der Abtastungen eines Signals pro Sekunde.

Die Samplingrate muss für eine gute Aufnahmequalität doppelt so hoch sein wie die Frequenz des Originalsounds.

Gängige Samplingraten von Soundkarten

Samplingrate	Qualität	Anwendung
11 kHz	niedrig	Internet
8 bis 16 kHz	niedrig	VoIP
22 kHz	mittel	Multimedia
44,1 kHz	hoch	Audio-CD
48 kHz	hoch	DAT (Digital Audio Tape) und DVD
96 kHz	sehr hoch	Studio-Qualität

Samplingtiefe: Anzahl der Stufen bei Aufnahme und Digitalisierung eines Sounds.

Je höher die Samplingrate und je größer die Samplingtiefe, desto mehr Lautstärkeunterschiede können erkannt werden und desto besser ist die Qualität der Aufnahme.

Samplingtiefen (Auflösung von Sounds)

Samplingtiefe (Auflösung)	Stufenzahl	Anwendung
8 Bit	256	Internet
16 Bit	65 536	Audio-CD, Multimediaproduktion
24 Bit	16,7 Millionen	DVD, BluRay, Streaming

Samples können sowohl nur einen einzigen Ton umfassen als auch ein sehr langes Musikstück, wie z. B. die einzelnen Titel auf einer Audio-CD.

Sequenzer

Auch über die Soundkarte des Computers können Töne erzeugt und weiterverarbeitet werden.

Ein Sequenzer dient zur synthetischen Klangerzeugung über die Soundkarte. Mithilfe von **MIDI-Sequenzern** können Klänge von 64 bis 128 Instrumenten und deren Arrangements für die Musikproduktion genutzt werden.

MIDI: Musical Instrument Digital Interface. Schnittstellenstandard zum Datenaustausch und zur Erzeugung von Klängen zwischen MIDI-Musikinstrumenten (z. B. Keyboard) und der Soundkarte. (Speichert keine Klänge, sondern beschreibt Töne mittels Steuerbefehlen für die einzelnen Instrumente.)

Meist handelt es sich dabei um ein Computerprogramm (z. B. Ableton Live oder Apple Logic), doch es gibt auch Hardware-Sequenzer (z. B. Akai MPC oder Kawai Q80). MIDI-Klangerzeuger, wie z. B. Keyboards, können direkt an den MIDI-Eingang der Soundkarte angeschlossen und so zum Sequenzer übertragen werden. Der Sequenzer kann mit MIDI bis zu 16 Kanäle und damit die Aufnahme von vielen Instrumenten gleichzeitig, z. B. einer Band oder eines Orchesters, steuern.

Sequenzer: Gerät oder Software zur Aufnahme, Bearbeitung und anschließenden Ausgabe von Musikdaten auf verschiedenen Tonspuren.

29.3.2.5 Audio-Software

Zur Aufnahme und Bearbeitung von Audiodateien werden spezielle Softwareanwendungen benötigt. Dazu zählen der **Audio-Recorder**, der bereits vorgestellte **Sequenzer** sowie eine Reihe von **Audio-Editoren**. Daneben ist passende Software zum Abspielen der Audiofiles, sog. **Audio-Player**, notwendig.

Vgl. diese LS, 29.3.2.4

Audio-Recorder

Zum Aufnehmen von Audiosequenzen, wie Sprache und Musik, ist eine Reihe von Programmen erhältlich. Nachfolgend sind beispielhaft einige kostenlose und kostenpflichtige Programme aufgezählt.

Software für Audio-Recorder

Programm	Unterstützte Formate	Betriebssystem	Besonderheiten
Any Audio Record	MP3, AAC, WAV, MP2, OG-, M4A und WMA	Windows ab WIN XP	Freeware
Audacity	WAV, AIFF, AU, FLAC und Ogg-Vorbis	Windows ab WIN XP MAC OS X	Freeware; Sound kann zusätzlich bearbeitet werden, z. B. durch Mixen, Schneiden und Effekte hinzufügen
Free Audio Recorder	MP3, WMA, WAV, AAC, OGG	Windows ab WIN XP	Freeware

Audio-Editor

Zur Bearbeitung von Audiosequenzen ist eine Reihe von Audio-Editoren erhältlich, von denen nachfolgend einige beispielhaft vorgestellt werden.

Programm	Unterstützte Formate	Betriebssystem	Besonderheiten
Audacity	WAV, AIFF, AU, FLAC und Ogg-Vorbis	Windows ab WIN XP MAC OS X	Freeware; Sound kann zusätzlich aufgenommen werden
Celemony Melodyne 4	WAV, AIFF, SD2, SND, AU	Windows ab WIN 7 MAC ab OS X 10.6.8	kostenpflichtig essential: ca. 100,00 € assistant: ca. 250,00 €
WavePad Audio Editor free	WAV, MP3, OX, GSM, Real Audio, AU, AIF, FLAC, OGG und weitere	MAC OS ab 10.6.6	Freeware (für Windows als kostenpflichtige Version erhältlich)

Bei der Audiobearbeitung gibt es zwei wichtige Bereiche: das **Sample-Editing** und die **Normalisierung**.

Sample-Editing
Damit ist das Schneiden der Audiofiles gemeint. Dies bedeutet, dass Musikstücke gekürzt und Übergänge angepasst werden können, indem Teile aus dem Audiosignal entfernt werden.

Beim Sample-Editing sind folgende Regeln zu beachten:
- Schnitt in rhythmischen Blöcken durchführen. Das heißt: stets am Taktanfang bzw. Taktende oder auf einem Zählzeichen.
- Schnitt durch Nulldurchgänge vornehmen: Im Nulldurchgang liegt der Lautstärkepegel bei 0 dB, d. h., beide Enden des Schnitts haben die gleiche Lautstärke. Wird der Schnitt an anderer Stelle durchgeführt, kommt es leicht zu sogenannten Glitches.
- Nutzen Sie die Funktion „Snap-to-zero-crossing-points" im Audio-Editor zum sicheren Auffinden der Nulldurchgänge.

> **Glitches:** Lautstärkesprünge in Audiodateien (engl.: Pannen), die sich meist als Knacks in der Aufnahme bemerkbar machen.

Normalisierung von Audiodateien
Bei Audiofiles bedeutet Normalisierung: Anpassung der Lautstärke der Audiodateien. Dabei wird ein festgelegter Pegel als Normallautstärke festgelegt und alle Aufnahmen werden für die Wiedergabe an diesen Pegel angepasst. Dies geschieht wie folgt: Die Lautheit jeder Aufnahme wird mithilfe eines komplexen Messverfahrens ermittelt. Dann wird deren Abweichung vom zuvor festgelegten maximalen Pegel bestimmt. Anschließend wird der Pegel innerhalb jeder Aufnahme auf den zuvor festgelegten Pegel angehoben.

> **Pegel** = Lautstärke bzw. Signalstärke eines Audiosignals, gemessen in dB (Dezibel)

Dies ist beispielsweise wichtig, wenn unterschiedliche Lieder nacheinander im Radio übertragen werden und der Hörer keine wesentlichen Lautstärkeunterschiede bemerken soll. Nachteil dabei ist, dass die Dynamik im Musikstück, d. h. die Unterschiede zwischen lauten und leisen Tönen, unter dieser Vereinheitlichung leiden können.

Bei der Normalisierung sind folgende Schritte wichtig:
- Höchsten Pegel eines Audiosignals ermitteln.
- Alle Pegel, die lauten und leisen Töne, des Audiosignals, um denselben Wert anheben, also in einen voreingestellten Lautstärkebereich überführen.
- Auch Störsignale anheben, um das Verhältnis von gewünschten Nutzsignalen zu unerwünschten Störsignalen insgesamt zu verbessern.
- Aussteuergrenze nicht zu hoch setzen, höchstens auf 0 dB.
- Lautstärke nicht über die Aussteuergrenze anheben, sonst kommt es zum Clipping.

> **Aussteuergrenze:** Einstellung des maximalen Aufnahme- oder Wiedergabe-Pegels.

> **Clipping:** Verzerrungen in Audiofiles (engl. to clip = schneiden, kappen), hervorgerufen durch das Abschneiden der Peaks, die über die maximal eingestellte Amplitude (= Aussteuergrenze) hinausgehen.

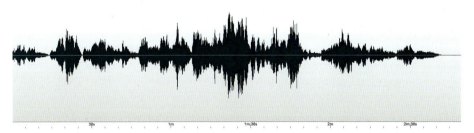
Original Audiosignal

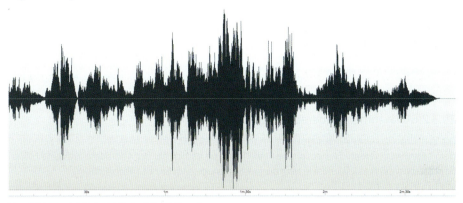
Normalisiertes Audiosignal (Lautstärkeerhöhung)

Über Aussteuergrenze hinweg normalisiertes Audiosignal (Clipping durch abgeschnittene Amplituden)

Clipping Detector 2011.12.10: http://mac. softpedia. com/get/ Audio/ ClippingDe tector.shtml

Für die Audio-CD-Produktion gibt es eine feste Aussteuergrenze, welche die maximale Lautstärke für CDs festlegt. Die Toningenieure müssen diese bereits bei der Aufnahme einhalten, um eine Übersteuerung und damit Clipping zu vermeiden.

Um Clipping in Audiodateien zu erkennen, gibt es sogenannte Clipping-Detektoren.

Bei der Verwendung mehrerer Audiodateien für die Multimedia-CD-ROM, die hintereinander abgespielt werden, ist eine Normalisierung sinnvoll, um den Lautstärkepegel zu vereinheitlichen. Passen Sie auch evtl. vorhandenen Sprechtext entsprechend an und schneiden Sie Störgeräusche heraus. Achten Sie in jedem Fall darauf, dass Sie Glitches und Clipping vermeiden.

Abspielen von Audiodateien

Es eignen sich, je nach Betriebssystem, z. B. die folgenden Audio-Player und noch eine Vielzahl anderer.

Programm	Unterstützte Formate	Betriebssystem	Besonderheiten
Clementine	MP3, Ogg Vorbis, Ogg Speex, FLAC, AAC	WIN ab XP, Linux, MAC OS X	Freeware plattformübergreifend
Winamp Media-Player 5.666	MP3, WAV, MIDI, AIFF und viele weitere	Windows ab WIN XP und MAC OS X	Freeware

Überlegen Sie, ob die Multimedia-CD selbst produzierten Sprechtext oder lediglich eine teilweise oder vollständige Musikhinterlegung mit Audiodateien aus freien oder kostenpflichtigen Musikarchiven enthalten soll.

29.3.2.6 Datenmengenberechnung Audio

Die Datenmenge einer Audiodatei kann mithilfe der Samplingrate (-frequenz) und der Samplingtiefe berechnet werden. Ferner spielt es eine Rolle, ob es sich bei der Audiodatei um eine Mono- oder Stereodatei handelt und wie lang die jeweilige Audiosequenz ist (Abspieldauer).

Mono: von griech. „monos" = allein, einzig
Stereo: von griech. „stereos" = räumlich, ausgedehnt

Bei der Kenntnis o. g. Größen ist die Berechnung der Datenmenge wie folgt möglich:

$$\text{Datenmenge} = \text{Samplingrate [Hz]} \cdot \text{Samplingtiefe [Bit]} \cdot \text{Tonkanäle} \cdot \text{Aufnahmezeit [s]}$$

Eine Lernspiel-CD für Kinder soll Sprach- und Musikaufnahmen enthalten. Insgesamt steht für die Audiodaten ein Speicherplatz von 150 MB zur Verfügung.
Ist dieser Speicherplatz ausreichend, wenn folgende Angaben vorliegen und die Dateien nicht komprimiert werden sollen?
a) Sprache: 15 Minuten, 16 kHz, 16 Bit, Mono
b) Musik: 20 Minuten, 44,1 kHz, 24 Bit, Stereo

Lösung:
a) Sprache: 1 Kanal = Mono
   Berechnung der Datenmenge in Bit
   $\text{Datenmenge}_{\text{Sprache}} = 16\,000 \cdot 1/s \cdot 16\,\text{Bit} \cdot 1 \cdot 15 \cdot 60\,s = 230\,400\,000\,\text{Bit} \mid : 8$

   Umwandlung von Bit in Byte: 8 Bit = 1 Byte
   $\text{Datenmenge}_{\text{Sprache}} = 28\,800\,000\,\text{Byte} \mid : 1024$

   Umwandlung in Kilobyte
   $\text{Datenmenge}_{\text{Sprache}} = 28\,125\,\text{KB} \mid : 1024$

   Umwandlung in Megabyte

Datenmenge$_{Sprache}$ = 27,47 MB

b) Musik: 2 Kanäle = Stereo
Berechnung der Datenmenge in Bit
Datenmenge$_{Musik}$ = 44 100 • 1/s • 24 Bit • 2 • 20 • 60 s = 2 540 160 000 Bit | : 8

Umwandlung von Bit in Byte: 8 Bit = 1 Byte
Datenmenge$_{Musik}$ = 317 520 000 Byte | : 1 024

Umwandlung in Kilobyte
Datenmenge$_{Musik}$ = 310 078,125 KB | : 1 024

Umwandlung in Megabyte
Datenmenge$_{Musik}$ = 302,81 MB

Gesamtdatenmenge = (27,47 + 302,81) MB = 330,28 MB
→ Der Speicherplatz für die Audiodaten ist nicht ausreichend!

29.3.2.7 Dateiformate für Audiodateien und Audio-Reduktionsverfahren

> Wie viele Audiodaten welcher Qualität und Länge soll die Multimedia-CD für **Steindesign** enthalten und wie viel Speicherplatz soll dafür zur Verfügung stehen?
>
> Berechnen Sie den erforderlichen Speicherplatz der unkomprimierten Audiodaten und wählen Sie ein geeignetes Dateiformat zur Audioreduktion und eine geeignete Bitrate aus.

Damit Audiosignale für Computeranwendungen genutzt werden können, müssen sie in Dateiformate übertragen werden, die von der jeweiligen Anwendung verstanden werden.

Insbesondere für die Speicherung von Audiodateien auf mobilen Datenträgern wie diversen Playern, auch für die Datenübertragung im Internet, ist es zusätzlich erforderlich, dass die Audiodateien eine relativ kleine Dateigröße aufweisen, damit eine relativ kurze Ladezeit erreicht wird.

Im Folgenden werden gängige Dateiformate für Audiodateien vorgestellt: zuerst die Formate für unkomprimierte Originaldateien und im zweiten Teil die Dateiformate von Audiodateien, die mit sogenannten Audioreduktionsverfahren komprimiert wurden und insbesondere bei Multimediaproduktionen und im Internet Anwendung finden.

Ausgangsformate für Audiodateien		
Audioformat	**Erläuterung**	**Endung/Anwendung**
WAVE (Wave Form Audio Format)	• entwickelt von Microsoft • unkomprimierte Audiodaten • sehr gute Klangqualität • große Dateien	.wav • Windows Media Player
AIFF (Audio Interchange File Format)	• entwickelt von Apple • Pendant zum WAVE-Format von Microsoft • gute Klangqualität • Musik- und Geräuscharchive bieten häufig AIFF-Dateien an	.aif oder .aiff • Apple Macintosh
MIDI (Musical Instrument Digital Interface)	• Steuerdaten zur Tonerzeugung • dient zur Übertragung von Noten und Sounds • MIDI-Schnittstelle: 15-poliger Anschluss für Keyboard oder Joystick	.mid • Sequenzer

Psychoakustische Effekte

Das menschliche Gehör kann aufgrund psychoakustischer Effekte nur einen Teil der physikalisch aufgenommenen Schallwellen auswerten, sodass bei den meisten Audiosignalen eine Reduktion bestimmter Anteile stattfindet, ohne vom Gehör wahrgenommen zu werden. Diese Reduktionsverfahren werden genutzt, um die Dateigröße der relativ großen Original-Audiodateien durch entsprechende Audioreduktionsverfahren deutlich zu verkleinern.

> **Psychoakustik:** Gebiet der Psychophysik, welches den Zusammenhang zwischen den tatsächlich messbar vorhandenen und den vom menschlichen Gehör wahrnehmbaren Audiosignalen untersucht.

Nutzbare psychoakustische Effekte:
- **Hörschwellenmaskierung:** Töne müssen, abhängig von ihrer Frequenz, eine Mindestlautstärke haben. Wird diese Lautstärke nicht erreicht, kann der Ton nicht wahrgenommen werden.
- **Frequenzmaskierung:** Zwei Töne gleicher Lautstärke sind für den Menschen nur dann hörbar, wenn sie einen deutlichen Frequenzunterschied aufweisen (der etwas tiefere Ton 2,5 kHz/50 dB übertönt den nur wenig höheren Ton 3 kHz/50 dB).
- **Zeitmaskierung:** Folgt ein leiser Ton kurze Zeit (z. B. 5 Millisekunden) später auf einen lauten Ton ähnlicher Frequenz, so kann dieser nicht wahrgenommen werden.

Dateiformate zur Audiokompression

Die Dateiformate komprimierter Audiodateien nutzen u. a. die psychoakustischen Effekte, sodass die Kompression zwar verlustbehaftet, jedoch teilweise nicht vom Menschen wahrnehmbar ist.

Vgl. LS 5.2 17.2.1

Audioformat	Erläuterung	Endung/Anwendung
MP3 (MPEG1 Audio Layer 3)	• ab 1982 entwickelt vom Fraunhofer-Institut • verlustbehaftete Kompression mit MDCT (modifizierte diskrete Kosinus-Transformation) • MDCT nutzt psychoakustische Effekte • anschließend verlustfreie Kompression mit Huffman-Kodierung • Datenkompression bis zu 1:20 bei guter Qualität • Datenraten von ca. 8 bis 320 KBit/s • geringer Qualitätsverlust	.mp3 • Internet • MP3-Player usw.
OGG Vorbis	• verlustbehaftete Audiokompression • lizenzfrei • streamingfähig • besserer Klang als MP3 • teilweise Player zum Abspielen erforderlich	.ogg oder .oga • Internet stream • Archivierung (Rundfunk, Plattenfirmen usw.)
WMA (**W**indows **M**edia **A**udiofile)	• entwickelt von Microsoft • streamingfähig • eingebauter Kopierschutz	.wma • Windows Media Player

Audioformat	Erläuterung	Endung/Anwendung
FLAC (Free Lossless Audio Codec)	• verlustfreie Kompression • lizenzfrei • streamingfähig • Einbettung von Metadaten möglich • deutlich geringere Kompression als MP3 oder OGG • kaum Player verfügbar	flac • Musikarchiv
AAC (**A**dvanced **A**udio **C**oding)	• entwickelt unter Beteiligung der Fraunhofer-Gesellschaft • Nachfolger von MP3 mit verbessertem Codierungsverfahren und besserer Klangqualität • sehr gute Qualität	.mp4, .m4a oder .m4b (Audiobook) • Hörbücher • Online-Musikshops, wie Real Music Store oder iTunes Store

Für Internet- und Multimediaanwendungen wird wegen der guten Qualität bei kleiner Dateigröße meist das MP3-Format genutzt.

Audio-Codecs

Codec: Kunstwort, zusammengesetzt aus (En-)Coder und Decoder, bezeichnet ein Verfahren zur Kodierung und Dekodierung von Dateien.

Audiodateien, die von einer CD oder DVD auf den Computer geladen werden, werden dort zunächst im WAVE-Format abgelegt. Um diese Dateien in das MP3-Format oder das MP4a-Format (z. B. MPEG-4 ALS) zu übertragen, ist eine spezielle Software, der sogenannte **Encoder**, erforderlich.

Encoder: (Software-)System zur Konvertierung einer Datenquelle in ein anderes Dateiformat.

Mithilfe eines speziellen Codecs werden die Daten kodiert und komprimiert. Für den umgekehrten Weg gibt es sogenannte **Decoder**. Diese ermöglichen das Umwandeln, also die Dekompression und das Dekodieren, von z. B. MP3-Dateien in andere Audioformate.

Für beide Bereiche gibt es sowohl einfache, kostenlose Programme (Freeware) als auch sehr komfortable, dann aber kostenpflichtige Versionen.

MP3-Dateien sind um ca. 90 % kleiner als die ursprüngliche Wave-Datei.

Die Qualität einer MP3- oder MPEG-4-Audiodatei ist abhängig von der Datenübertragungsgeschwindigkeit, kurz Bitrate. Dabei reicht für eher getragene Musikstücke mit wenigen Instrumenten eine deutlich niedrigere Bitrate aus als etwa bei Orchestermusik mit viel Dynamik, um die gleiche Qualität zu erzeugen.

Bitrate: Geschwindigkeit der Datenübertragung mit der Maßeinheit KBit/s.

Doch nicht allein die Bitrate ist ein Garant für gute Qualität. So kann auch bei einer vergleichsweise kleinen Bitrate von 128 KBit/s eine gute Qualität erreicht werden, wenn die Audiodatei Musik mit wenigen Lautstärkeänderungen und Instrumenten enthält, da in diesem Fall nicht der komplette Bereich der hörbaren Frequenzen benötigt wird. Für Orchestermusik und große Lautstärkeänderungen ist es jedoch erforderlich, nahezu den kompletten Frequenzbereich zur Verfügung zu haben. In diesem Fall sind mindestens 256 KBit/s sinnvoll.

Die meisten DVD-Player unterstützen inzwischen die variable Bitrate VBR, bei welcher die Bitrate innerhalb eines Musikstücks ständig angepasst wird. Durch VBR kann Speicherplatz eingespart werden.

VBR: Variable Bitrate
ABR: Durchschnittliche Bitrate (durchschnittliche Zielbitrate, von z.B. 120KBit/s, wird festgelegt und innerhalb des Musikstücks minimal angepasst --> Qualität etwas konstanter als bei CBR)
CBR: Konstante Bitrate (feste Bitrate für allen Stellen des Musikstücks --> Qualitätsschwankungen)

Bitraten für unterschiedliche Anwendungen

Klangqualität	Bitrate	Anwendung
Mobilfunk	24 KBit/s	leicht verständliche Sprache
Telefon	56 KBit/s	leicht verständliche Sprache und Geräusche
UKW-Radio	96 KBit/s	Sprache, Musik mit geringem Qualitätsanspruch
hohe Qualität	128 KBit/s	Sprache, Musik mit wenig Dynamik
annähernd CD	160 KBit/s	Musik mit mittlerem Klangspektrum
CD	192 KBit/s	Musik mit breitem Klangspektrum
CD	256 KBit/s	Musik in CD-Qualität
höchste Qualität	320 KBit/s	Musik mit extremer Dynamik und hohen Ansprüchen

29.3.3 Video

Neben Audiosequenzen enthalten Multimediaanwendungen häufig auch Videosequenzen in Form kurzer Videoclips. Deren Speicherbedarf ist deutlich höher als bei Audiodateien, sodass auch dort eine starke Datenkompression erforderlich ist.

Diskutieren Sie bereits bei der Planung der Multimedia-CD, welche Vor- und Nachteile die Verwendung eines Videoclips auf der CD für die **Steindesign GmbH** mit sich bringt.

Video = (lat.) „ich sehe"

29.3.3.1 Videonormen

Videofilme setzen sich ebenso wie Animationen aus einer Abfolge von vielen Einzelbildern zusammen. Ab einer Anzahl (**Bildrate**) von 24 Bildern pro Sekunde entsteht eine ruckfreie Bildbewegung, sodass die Einzelbilder vom Betrachter nicht mehr als solche wahrgenommen werden, sondern fließend ineinander übergehen.

Die Bildrate bei Videoproduktionen muss für eine gute Wiedergabe bei 24 bis 30 Bilder-Frames pro Sekunde liegen.

Frame: Einzelbild eines Videofilms oder einer Animation.
Framerate (Bildrate): Anzahl der Bilder pro Sekunde in fps (frames per second).

In Europa und den USA gibt es vier vorherrschende Videonormen:

- PAL- und PALplus-System
- SECAM-System
- NTSC-Verfahren

Videonorm	Erläuterung	Kenndaten
HDTV (High Definition Television)	• Sammelbezeichnung für alle hoch auflösenden Fernsehformate • weltweiter Einsatz • hohe Auflösung • digitaler Mehrkanalton möglich (Dolby Digital)	• 24 bis 60 Bilder pro Sekunde • 1125 Zeilen pro Bild • Bildfrequenz 50 Hz • Bildseitenverhältnis 16:9 • Standard-Auflösungen: HTDV 720p: (1280 x 720 Pixel), progressiv = Vollbilder HDTV 1080i: (1920 x 1080 Pixel), interlaced HDTV 1080p: (1920 x 1080 Pixel), progressiv
DVB-T2 (Digital Video Broadcasting Terrestrial 2)	• hochauflösender Standard für terrestrische Übertragung • digitales Farbfernsehsystem • 16:9-Format • Videokompression mit: HEVC Videokompression --> hohe Auflösung und gute Tonqualität MPEG-4 AVC • Spezieller Reciever erforderlich	• 50 Bilder pro Sekunde • Bildfrequenz 50 Hz • Bildseitenverhältnis 16:9 • Auflösung Full-HD (1920 x 1080 Pixel)
ATSC 3.0 (Advanced Television Systems Committee)	• in den USA entwickelt und dort sowie im südamerikanischen Raum verwendet • Farbfernsehstandard für Digital-TV • IP-basierte Übertragung möglich	• zeilenweise Übertragung • 30 Bilder pro Sekunde • 60 Bilder/s progressiv • 525 Zeilen pro Bild • Bildfrequenz 60 Hz • Unterstütze Bildformate: SDTV und HDTV

> **Letterbox-Format:** Übertragungstechnik, um 16:9-Breitbildfilme in das normale 4:3-Format zu übertragen. Oben und unten werden schwarze Balken dargestellt.

29.3.3.2 Video-Hardware

Um Videos zu erzeugen und für Computeranwendungen zu nutzen, ist eine gewisse Hardwareausstattung erforderlich. Dazu zählen z. B. ein Camcorder, eine Videokamera oder auch einfach ein Smartphone sowie ein Computer mit geeigneter Software (s. u.) zum Schnitt und zur weiteren Bearbeitung der Videos. Auch für kleine Unternehmen ist es heutzutage problemlos möglich, mit einer minimalen Ausstattung kleinere Filme für die Firmenwebsite zu produzieren und zu bearbeiten.

Videokameras

Camcorder *Smartphone* *Videokamera*

29.3.3.3 Video-Software

Man unterscheidet Video-Software nach ihren Anwendungsbereichen, z. B. zur Bearbeitung und zum Videoschnitt oder zum Abspielen der fertigen Videodateien.

Software zur Produktion von Videodateien

Für die Bearbeitung im privaten und schulischen Bereich sind kostenlose **Freeware-Programme**, wie z. B. der **VLC Media Player** oder das Programm **VirtualDub**, gut geeignet.

Für den **Profibereich** greifen Sie am besten auf kostenpflichtige Programme zurück, da deren Entwicklung ausgereifter und die Funktionalität umfangreicher ist. Hierzu zählen für den Windows PC und den Apple MAC u. a. **Adobe Creative Suite 4 Production Premium** oder **MAGIX Video Deluxe**.

Softwareauswahl zum Abspielen von Videodateien

Zum Abspielen von Videodateien auf dem Computer ist ein Multimedia-Player erforderlich. Für das Abspielen von Videos auf Webseiten sind spezielle Plug-ins erhältlich, die teilweise schon mit den Webbrowsern geliefert werden.

Gängige Multimedia-Player:

- Macgo Mac Media Player (Freeware für MAC OS X 10.6 bis 10.12 Sierra)
- Windows DVD-Player (kostenpflichtig, ca. 15,00 €)
- SM Player (Windows)
- VLC Media Player (Freeware für WIN, MAC OS und Linux)
- Windows Media Player (im Betriebssystem enthalten)
- iMovie (ab MAC OS X 10.9, wird mitgeliefert)

29.3.3.4 Datenmengenberechnung Video

Die Datenmenge einer Videodatei kann mithilfe der folgenden Kenngrößen berechnet werden:

- Größe in Pixeln
- Framerate (Bildrate) in fps
- Farbtiefe in Bit
- Länge in Sekunden

$$\text{Datenmenge} = (\text{Breite} \cdot \text{Höhe})[\text{Pixel}] \cdot \text{Framerate}[\text{fps}] \cdot \text{Farbtiefe}[\text{Bit}] \cdot \text{Länge}[\text{s}]$$

Die Datenmenge einer unkomprimierten Videodatei soll in MB berechnet werden.

Größe: (720 x 480) Pixel
Bildrate: 15 fps
Farbtiefe: 24 Bit
Länge: 20 Sekunden

Lösung:
$\text{Datenmenge}_{Video} = (720 \cdot 480) \text{ Pixel} \cdot 15 \text{ fps} \cdot 24 \text{ Bit} \cdot 20 \text{ Sekunden}$

Berechnung der Datenmenge in Bit
$\text{Datenmenge}_{Video} = 2\,488\,320\,000 \text{ Bit} \mid : 8$

Umwandlung von Bit in Byte: 8 Bit = 1 Byte
$\text{Datenmenge}_{Video} = 311\,040\,000 \text{ Byte} \mid : 1024$

Umwandlung in Kilobyte
$\text{Datenmenge}_{Video} = 303\,750 \text{ KB} \mid : 1024$

Umwandlung in Megabyte
$\text{Datenmenge}_{Video} = 296{,}63 \text{ MB}$

29.3.3.5 Datenformate für Videodateien

Videodateien haben einen hohen Speicherbedarf, sodass die Originaldateien enorme Größen aufweisen. Sollen sie jedoch im Internet oder auf einer Multimedia-CD genutzt werden, so wird eine Reduktion der Dateigröße notwendig, um zu gewährleisten, dass die Daten schnell übertragen werden (Internet) bzw. die Speicherkapazität der CD nicht überschritten wird.

Ähnlich wie bei Bild- und Audiodateien gibt es auch für Videodateien spezielle Codecs zur Datenkompression.

> **Codec:** Algorithmus zur Kompression und Dekompression von Bild-, Audio- und Videodaten.

Multimedia-Player wie Windows Media Player, Real Player und QuickTime Player laden einen passenden Codec aus dem Internet, wenn dieser auf dem Computersystem fehlt.

Videoformate

Videoformat	Erläuterung	Endung/Anwendung
AVI (**A**udio **V**ideo **I**nterleave)	• weitverbreitetes Videoformat für den PC • getrennte Video- und Audiospur • verlustbehaftete Kompression • separate Kompression der Spuren möglich • **Interleaved:** Paketweise Schachtelung von Video- und Audiodaten oder **Non-Interleaved:** Video- und Audiodaten werden hintereinander komplett übertragen • kein Streaming • nicht kompatibel zum MOV-Format von Apple	**.avi** • Bewegtbildsequenzen
MOV (**Mo**vie File Format)	• plattformübergreifendes Videoformat von Apple • getrennte Video- und Audiospur • verlustbehaftete Kompression • nicht kompatibel zum AVI-Format	**.mov** • Bewegtbildsequenzen
M-JPEG (**M**otion-**JPEG**)	• Übertragung des JPEG-Verfahrens auf bewegte Bilder • Kompression jedes Einzelbildes • hohe Datenrate (25 bis ca. 30 MBit/s) • verlustbehaftete Kompression • bis 1:5 fast verlustfrei, 1:20 mit geringen Verlusten möglich • starker Qualitätsverlust bei hoher Kompression • für digitalen Filmschnitt gut geeignet, da Einzelbilder nachbearbeitet werden können • sehr hoher Rechenaufwand	**.avi** • Netzwerkkameras zur Übertragung im Webbrowser • Netzwerkkompatible Multimediaplayer
MPEG (**M**otion **P**icture **E**xpert **G**roup)	• offenes Format zur Video- und Audiokompression • verlustbehaftete Kompression • ausgehend vom Schlüsselbild (Keyframe) werden nur noch Veränderungen zum Vorgängerbild, jedoch keine Einzelbilder gespeichert • Videos können nur an den Schlüsselbildern geschnitten werden • Kompression von Audiosequenzen möglich • Standards: MPEG-2, MPEG-4 und MPEG-H	• **MPEG-2:** Super Video CD, DVD, HDTV, Blu-Ray-Disc usw. • **MPEG-4:** AVI, HD-DVD, HDTV usw. • **MPEG-4 Advanced Video Coding** HDTV, Portable Video (DVB-H und DMB) • **MPEG-H Part 2** HDTV, 4K
WMV (**W**indows **M**edia **V**ideo)	• Video-Codec von Microsoft • Aufbau ähnlich MPEG-4	**.wmv** oder **.asf** • Internet-Streaming

Bei der Kompression von Videodaten wird zwischen räumlicher (Intraframe-Kompression) und zeitlicher (Interframe-Kompression) unterschieden.

Räumliche Kompression (Intraframe-Kompression)	Zeitliche Kompression (Interframe-Kompression)
Reduktion der Dateigröße durch Kompression jedes Einzelbildes, z. B. durch Reduktion der Farbtiefe.	Reduktion der Dateigröße durch Entfernen nicht notwendiger Informationen zwischen Einzelbildern (z. B. keine Übertragung von zum vorangegangenen Bild unveränderten Bildteilen wie dem Hintergrund).

Vgl. LS 5, 17.2

Streaming: Gleichzeitige Übertragung und Wiedergabe von Videodateien über das Internet.

Das Video kann bereits während des Downloads angesehen werden, indem zu Beginn ein Teil des Videos im Zwischenspeicher des Computers abgelegt wird – dieser Vorgang wird als **Puffern** bezeichnet. Während die gepufferten Daten angesehen werden, erfolgt parallel automatisch der Download der fehlenden Daten. Kurze Unterbrechungen oder eine zwischenzeitliche Verlangsamung des Downloads wird durch den Puffer ausgeglichen. Erst wenn der Puffer leer ist, wird das abgespielte Video unterbrochen.

Die Videoformate Windows Media und Real Media verwenden das Streaming-Video-Verfahren.

Je schneller die Internetverbindung des Anwenders, desto besser die Qualität des Streams.

Wenn die Multimedia-CD Videos enthalten soll, liefern Sie geeignete Player direkt mit, um die Funktionalität auf allen typischen Systemen zu ermöglichen!

29.3.4 Software zur Produktion von Multimediaanwendungen

Zur Produktion von Multimediaanwendungen steht eine Reihe von Programmen zur Verfügung. Je nachdem, ob die Anwendung im Internet oder auf CD oder DVD eingesetzt werden soll, kommen verschiedene Programme zum Einsatz. Besonders beliebt sind dabei die Programme Cinema 4D und Adobe Flash.

Programmbezeichnung	Einsatzbereiche
Cinema 4D (Maxon)	• 3D-Software zum Erstellen dreidimensionaler Grafiken und Animationen • Einsatz im Druck- und Screendesign • einfache Bedienbarkeit • stabil und schnell
Adobe Animate CC	• Animationsprogramm und Autorensystem zur Erstellung von interaktiven Websites und Anwendungen für Mobiltelefone, aber auch für Multimedia-CDs usw. • 2D-Animationen • Online- und Offlinebetrieb möglich • HTML5-Standard (Flash wird weiterhin unterstützt)
Tumult Hype	• HTML5-Authoring-Tool • Unterstützung von Web-Fonts • auch gut für Banner und Landingpages geeignet • auch als iBook exportierbar

www.maxon.net

Zur Erstellung der Multimedia-CD für die **Steindesign GmbH** sind die oben genannten sowie natürlich auch weitere Programme geeignet. Falls eines der beiden Programme bereits in Ihrer Agentur vorhanden ist, können Sie darauf zurückgreifen. Ansonsten stellen die Hersteller Testversionen oder eine Reihe von Programmsimulationen auf ihren Websites zur Verfügung, die Ihnen die Auswahl des für Sie geeigneten Programmes erleichtern.

Zu den oben genannten Programmen für die Erstellung von Multimediaanwendungen ist umfangreiche Fachliteratur, sowohl für den Anfängerbereich als auch vertiefende Literatur zu Spezialanwendungen und -themen, erhältlich.

14.7 Flächenkomposition

Neben der Bildschirmoberfläche, auf welcher die Multimediapräsentation der Steindesign GmbH abläuft, müssen Sie auch ein ansprechendes Cover, ein Booklet und ein Inlay gestalten. Insbesondere das Cover steht hier im Vordergrund, da dieses einen ersten Eindruck von den Inhalten der Multimedia-CD vermittelt.

Unabhängig davon, ob ein Druckprodukt – wie z. B. ein CD-Cover, eine Broschüre oder ein Booklet – oder aber die Bildschirmoberfläche bei Internetseiten, Automaten und anderen digitalen Produkten gestaltet werden soll, stellt jedes dieser Medien eine Fläche dar.

Fläche: Kurzform für Flächeninhalt. Zweidimensionales Objekt mit Längenangaben in Breite und Höhe oder als Kreisform.

Vgl. LS 4, 14.2 und 14.6

Jeder Fläche liegt ein Format als Begrenzung der Fläche zugrunde. Dieses Format hat eine bestimmte Form: DIN-Formate und auch Internetseiten bestehen aus Rechtecken, CD-Cover besitzen ein quadratisches Format und Labels zum Aufkleben auf CDs, DVDs und Blu-Rays sind rund.

Bereits das Format einer Fläche, z. B. das Quadrat beim CD-Cover und das Rechteck bei gängigen Bildschirmoberflächen (Screens), besitzt Bedeutung für unsere Wahrnehmung.

In dieser Lernsituation liegt der Fokus auf der Wahrnehmung und Gestaltung **quadratischer Flächen**, da CD-Cover und Booklet dieses Format aufweisen.

14.7.1 Flächenwahrnehmung

Die Wahrnehmung einer Fläche beruht einerseits auf der Wahrnehmung der Form dieser Fläche: Rechtecke wirken im Hochformat aufstrebend, im Querformat ruhend. Quadrate sind symmetrisch und wirken ausgewogen, Kreisformen wirken ruhig und ausgeglichen.

Andererseits spielen die Aufteilung der Fläche in Teil-Bereiche und die Anordnung von Elementen, wie z. B. Text und Grafiken, auf der Fläche eine Rolle bei der Flächenwahrnehmung.

14.7.2 Flächenaufteilung am Beispiel quadratischer Flächen

Wissenschaftliche Untersuchungen haben gezeigt, dass der Betrachter einer leeren Fläche stets versucht, diese bezogen auf das Ausgangsformat gedanklich in Unterbereiche aufzuteilen, um der Fläche auf diese Weise eine innere Ordnung und Struktur zu geben.

Diese wahrgenommene Flächenaufteilung wird im Folgenden am Beispiel der quadratischen Fläche dargestellt. Sie kann im Grundsatz aber auf jede andere symmetrische Flächenform, also z. B. die Rechteck- und die Kreisform, übertragen werden.

Das Quadrat ist symmetrisch, es wirkt ausgeglichen und ausgewogen. Dem Betrachter fällt es daher leicht, die quadratische Fläche vor dem geistigen Auge mithilfe imaginärer Bezugsachsen in Teilbereiche zu gliedern. Für die innere Aufteilung der Fläche sind die waagerechten und senkrechten sowie die diagonalen Teilungen entscheidend.

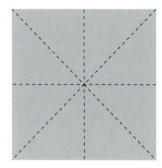

Aufteilung einer leeren, quadratischen Fläche in der menschlichen Wahrnehmung mithilfe imaginärer Linien.

Unterschiedliche Personen sollen ein Blatt in quadratischem Format nach eigenen Wünschen mehrfach falten.
Ein Großteil der Personen wird das Falten gemäß obiger Zeichnung entweder nur senkrecht und waagerecht oder nur diagonal oder als Kombination aus beidem vornehmen, während die wenigsten das Blatt ohne erkennbare Ordnung knicken werden.

Dies liegt darin begründet, dass der menschliche Geist in der Regel versucht, hinter allen Wahrnehmungen eine erkennbare Ordnung zu finden. Wird diese imaginäre Einteilung in der Flächengestaltung aufgegriffen, wirkt die Fläche ausgeglichen, aber auch statisch. Bei der quadratischen Fläche wirken Elemente besonders dann unverrückbar und starr, wenn sie genau im Kreuzungspunkt der imaginären Sehlinien – also exakt in der geometrischen Mitte der Fläche – liegen.

 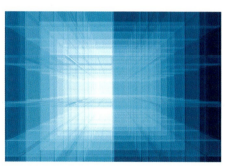

Beispielbilder für eine symmetrische Flächenaufteilung quadratischer Flächen entlang der diagonalen Achsen (links) bzw. der senkrechten und waagerechten Achsen (rechts).

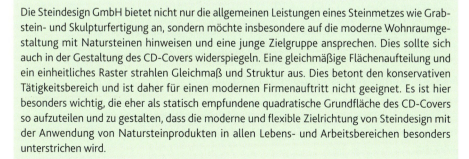

Die Steindesign GmbH bietet nicht nur die allgemeinen Leistungen eines Steinmetzes wie Grabstein- und Skulpturfertigung an, sondern möchte insbesondere auf die moderne Wohnraumgestaltung mit Natursteinen hinweisen und eine junge Zielgruppe ansprechen. Dies sollte sich auch in der Gestaltung des CD-Covers widerspiegeln. Eine gleichmäßige Flächenaufteilung und ein einheitliches Raster strahlen Gleichmaß und Struktur aus. Dies betont den konservativen Tätigkeitsbereich und ist daher für einen modernen Firmenauftritt nicht geeignet. Es ist hier besonders wichtig, die eher als statisch empfundene quadratische Grundfläche des CD-Covers so aufzuteilen und zu gestalten, dass die moderne und flexible Zielrichtung von Steindesign mit der Anwendung von Natursteinprodukten in allen Lebens- und Arbeitsbereichen besonders unterstrichen wird.

Geeignete Kompositionsprinzipien können dazu beitragen, eine statisch und ausgewogen wirkende Fläche zu beleben.

Auch bei einem vorgegebenen Flächenformat kann man die Flächenwahrnehmung des Betrachters durch eine bestimmte Komposition der Elemente manipulieren.

14.7.3 Kompositionsprinzipien

Der gestalterische Aufbau einer Fläche wird als Komposition (lat. „compositio" – Zusammenstellung, Zusammensetzung) bezeichnet. Ähnlich dem Komponisten beim Komponieren eines Musikstücks mit Tönen und Akkorden, können Gestalter/-innen mit Gestaltungselementen, den „Flächenbausteinen", auf der Fläche komponieren.

Komposition: Anordnung und Verbindung von Gestaltungselementen auf einer Fläche nach bestimmten Harmoniegesetzen.

Die einzelnen Elemente einer Komposition werden mithilfe erkennbarer Gesetzmäßigkeiten in Beziehung zueinander gesetzt, z. B. durch Farbgestaltung, Formwahl, Anordnung, Proportion. Mithilfe von Einzelteilen entsteht im Idealfall ein vom Betrachter sofort unbewusst als stimmig empfundenes Ganzes.

Vgl. LS 4, 14.6.1

Die Wahrnehmung der Einzelelemente folgt einigen übergeordneten Grundregeln, die jedoch nicht für alle Menschen gültig sein müssen, sondern sich häufig erst aus dem kulturellen Hintergrund des jeweiligen Betrachters erklären. So spielen z. B. bei der Blickführung einerseits die Wahl der syntaktischen Mittel und andererseits die Lesegewohnheiten des jeweiligen Kulturkreises (im Abendland von links nach rechts) eine besondere Rolle.

Kompositionen, die von vielen Menschen eines Kulturkreises in ähnlicher Weise wahrgenommen werden, folgen übergeordneten Grundregeln – sogenannten **Kompositionsprinzipien**.

Kompositionsprinzip: Grundprinzip zur Ordnung und Gewichtung von Elementen innerhalb einer Fläche mit dem Ziel, bei unterschiedlichen Betrachtern eines Kulturkreises eine ähnliche Wahrnehmung zu erzielen.

Die Kompositionsprinzipien zur Flächengestaltung lassen sich im Wesentlichen in zwei Hauptgruppen aufteilen:

Kompositionsprinzipien zur Ordnung	Kompositionsprinzipien zur Gewichtung
a) Ordnung nach Ausrichtung an Achsen	a) Proportionen
b) Farbe, Form und Größe	b) Gleich- und Ungleichgewicht
c) Gruppenbildung	c) Einheitlichkeit und Wiederholung
	d) Vielfalt und Variation

14.7.3.1 Kompositionsprinzipien zur Ordnung

Flächen werden mithilfe von Einzelelementen wie Formen, Bildern, Typografie usw. gestaltet. Diese Einzelelemente stehen üblicherweise in einem räumlichen oder inhaltlichen Bezug zueinander. Sie sind durch ihre Platzierung, ihre Form oder Farbe sowie durch ihre Kombination voneinander abhängig.

a) Ausrichtung an Achsen

Achsen dienen der Ausrichtung der grafischen Gestaltungselemente und der Typografie auf einer Fläche, sie steuern die Blickführung. Die Achsen können senkrecht, waagerecht oder diagonal verlaufen, sie müssen dabei nicht durch den Mittelpunkt der Fläche verlaufen.

Vgl. LS 4, 14.6.2

Bei einer Flächenkomposition ist daher zunächst zu entscheiden, ob durch die Wahl und Anordnung der Achsen eher ein statischer und ruhiger oder ein dynamischer Flächeneindruck erzielt werden soll.

Achsen geben Richtungen vor und setzen Elemente in einen Zusammenhang:
Vertikale: Statik
Horizontale: Ruhe, Weite
Diagonale: Bewegung, Dynamik

Senkrechte und waagerechte Achsen unterteilen das CD-Cover und erzeugen eine nahezu symmetrische Einteilung. Die Richtung der Schattenbilder gibt dem Blickverlauf des Betrachters eine Kreisrichtung. Passend zum CD-Titel „MusicCircle" werden die eckigen Formen in Kontrast zum kreisförmigen Blickverlauf („circle" = Kreis) gesetzt.

b) Ordnung nach Farbe, Form und Größe

Besonders beliebt und bekannt ist die Ordnung von Elementen nach ihrer Farbe, ihrer Form und ihrer Größe. Gleiche und ähnliche Farben, Größen oder Formen lassen Gemeinsamkeiten erkennen und regen zur Ordnung in Form von „Sortieren" an. Hier findet das **Gesetz der Ähnlichkeit** Anwendung.

Die Ordnung ähnlicher Elemente sollte gezielt erfolgen. Dies kann sehr strukturiert entlang von Linien oder Achsen, Spiralen, Kreisen usw. geschehen, aber auch scheinbar willkürlich nach einem durchdachten Konzept.

Vgl. LS 3, 9.3.2

Ordnungsprinzip: Farbe   *Ordnungsprinzip: Form*   *Ordnungsprinzip: Größe*

Vorteile	Nachteile
Nach Form, Farbe oder Größe geordnete Strukturen sind schnell erfassbar und wirken übersichtlich.	Die Elemente können, je nach Platzierung, zu stark geordnet oder überstrukturiert wirken, es besteht die Gefahr einer als „langweilig" wahrgenommenen Gestaltung.

667

Vgl. LS 3, 10.3.2

c) Ordnung durch Gruppenbildung

Elemente, die sich weder in ihrer Form noch in Farbe oder Größe ähneln, lassen sich durch Gruppierung leicht zusammenfassen. Ebenso gilt dieses Prinzip, wenn viele sehr ähnliche Elemente auf einer Fläche auf bestimmte Bereiche verteilt werden sollen. Zusätzliche farbliche Akzente oder Umrahmungen/Hinterlegungen können die Gruppenbildung unterstreichen. Bei der Gruppenbildung finden das **Gesetz der Nähe** und das **Gesetz der Geschlossenheit** Anwendung.

Ordnungsprinzip: Gruppenbildung entlang einer Linie   *Ordnungsprinzip: Gruppenbildung ähnlicher Elemente*   *Ordnungsprinzip: Gruppenbildung ähnlicher Elemente entlang einer Linie*

Vorteile	Nachteile
• Unterschiedliche Elemente können zu leicht erkennbaren Einheiten zusammengefasst werden. • Ein in mehreren Gruppen gleichzeitig vorkommendes Element kann über eine geeignete Farbgebung gekennzeichnet werden.	Zu viele Untergruppen könnten trotz unterstützender Farbgestaltung zu Unübersichtlichkeit führen.

Bei der Anwendung der Kompositionsprinzipien zur Ordnung empfiehlt es sich, die folgenden Regeln zu beherzigen, um sowohl Überstrukturiertheit als auch zu große Unübersichtlichkeit zu vermeiden.

Regeln zur Anwendung der Ordnungsprinzipien:

- Wenige Achsen festlegen und diese in eine Beziehung zueinander setzen.
- Je nach Flächengröße drei bis maximal fünf Hauptgruppen bilden.
- Klare Trennung der Gruppen voneinander, z. B. durch Abstände, Farbunterschiede oder Linien.
- Wenige Farben kombinieren – diese ggf. mit Tonwertstufen weiter untergliedern.
- Ordnungsprinzipien zu Form, Farbe und Größe mit Ordnungsprinzipien zur Gruppenbildung kombinieren.

„Die Kunst der Komposition besteht darin, die einzelnen Elemente, die dem Maler zur Verfügung stehen, auf dekorative Weise zu ordnen, sodass sie seine Gefühle ausdrücken."
(Henri Matisse, 1869–1954)

14.7.3.2 Kompositionsprinzipien zur Gewichtung

Jedes Element besitzt eine eigene Ausdruckskraft, mit deren Intensität der Gestalter durch unterschiedliche Gewichtung spielen kann.

Auch beim Ordnungsprinzip der Gewichtung müssen die Einzelelemente der Fläche einen Bezug zueinander erhalten. Dieser kann, je nach Gewichtungsprinzip, zur Verstärkung oder Abschwächung der jeweiligen Einzelelemente führen, indem z. B.:
- die Ausdruckskraft einer Farbe durch ihre Komplementärfarbe gesteigert wird,
- große Flächen in Kombination mit kleinen Flächen besonders groß erscheinen,
- dunkle Schrift auf einem hellen Hintergrund besonders zur Geltung kommt,
- Elemente als Form und/oder Farbe wiederholt auftreten oder
- Stabilität oder Instabilität durch die gegenseitige Anordnung von Elementen entsteht.

a) Proportionen

Bereits im alten Orient und in der griechischen Antike beschäftigten sich die Baumeister mit Proportionen und setzten ihr Gesamtbauwerk und die einzelnen Bauteile in ein ausgewogenes Maßverhältnis zueinander.

> **Proportion: Ebenmäßiges Verhältnis der Einzelteile eines Ganzen zueinander.**

Die griechischen Baumeister richteten ihre proportionale Gestaltung an den Säulen aus. Der halbe Säulendurchmesser galt als Grundmaß, alle weiteren Maße bildeten ein Vielfaches dieses Grundmaßes, z. B. die Höhe der Säulen oder die Abmessungen des Bauwerks in Breite und Höhe.

Die Komposition unter Berücksichtigung der Proportionen findet auch in der Flächengestaltung von Druckprodukten Anwendung. Grundsätzlich kann entweder mit ausgewogenen (stimmigen) Proportionen oder alternativ mit als unwirklich empfundenen Größenverhältnissen gearbeitet werden.

Als stimmig empfundene Proportionen   Als ungewöhnlich oder unwirklich empfundene Proportionen

Ungewöhnliche Proportionen, z. B. in der Natur nicht vorhandene Größenverhältnisse, wie ein übergroßer Kopf auf einem normalen Körper, provozieren, wirken markant und können als besonderer Blickfang dienen. Sie sollten jedoch in einen konkreten Bezug gesetzt werden, um dem Betrachter eine Orientierung an den realen Größenverhältnissen zu ermöglichen.

Das dargestellte Produkt wirkt, obwohl es sich in der Realität um Schokoladenbonbons üblicher Größe handelt, besonders groß und symbolisiert damit ein „riesiges" Geschmackserlebnis. Der Genuss des Produkts soll Stärke verleihen. Die überproportional große Darstellung eines einzelnen Bonbons unterstreicht die im Bild nur teilweise sichtbare Werbebotschaft des Herstellers: *RIESEN – das ist kräftiges Schokokaramell mit einer dicken Schicht dunkler Schokolade für langen, intensiven Kau- und Schokoladengenuss (Storck).*

Ungewöhnliche Proportionen in der Werbung für ein Schokoladenbonbon

b) Visuelles Gewicht

Bei der Komposition einer Fläche mithilfe mehrerer grafischer Elemente werden diese mit unterschiedlicher Gewichtung wahrgenommen. Dies ist abhängig von der Form, der Farbe und der Größe der Elemente.

Insgesamt spielen die folgenden Faktoren eine Rolle für das visuelle Gewicht:

Beeinflussender Faktor	Beispiel	
Große Objekte haben ein größeres visuelles Gewicht als kleinere.		
Elemente im oberen Bereich haben mehr Gewicht als weiter unten angeordnete.		
Je dunkler ein Flächenelement, desto stärker sein visuelles Gewicht.		
Elemente, die auf der Spitze stehen, wirken instabil.		

Ferner beeinflussen unser Vorwissen und unsere Neigungen die Wahrnehmung in Bezug auf das visuelle Gewicht: Für einen Fußballfan hat ein Fußball mehr Gewicht als ein Boxsack, für einen Vogelkundler eine Feder mehr als ein Stoßzahn usw.

c) und d) Einheitlichkeit, Vielfalt und Variation

Einheitlichkeit wird in der Gestaltung oft durch Wiederholung gleicher Elemente oder durch Bildung von Sinneinheiten, wie Gruppen usw., erzielt. Sie wirkt schnell langweilig, kann jedoch – gezielt dosiert – manchmal sinnvoll sein.

Einheitlichkeit: Gleichwertige, gleichartige oder homogene Anordnung von Elementen.

Das quadratische CD-Cover stellt bereits eine einheitliche Form dar. Bei der Komposition quadratischer Flächen ist es daher besonders wichtig, durch Variation und Vielfalt Akzente zu setzen.

> Variation und Vielfalt setzen einerseits auf Hervorhebung und Betonung und sorgen andererseits für eine größere Bandbreite in der Flächengestaltung.

Die Flächenkomposition kann durch geeignete Gestaltungsprinzipien, wie z. B. Symmetrie, Kontrast oder Rhythmus, weiter unterstützt werden.

Vgl. LS 3, 12.1 und 12.2

Steine stehen, ebenso wie das quadratische Format, für Beständigkeit. Nutzen Sie die vielfältigen Möglichkeiten der Flächenkomposition, um diese Beständigkeit in ein neues Licht zu rücken und ihr eine moderne, frische Note zu verleihen! Gestalten Sie ein CD-Cover, mit dem die Steindesign GmbH ihrer jungen Zielgruppe verführerisch glänzend präsentiert wird.

Für die Bookletgestaltung greifen Sie bitte auf die Fachinhalte der vorherigen Lernsituationen zurück, in denen das Layout, die Weiterverarbeitung und der Druck von Printprodukten im Vordergrund stehen.

Vgl. LS 7, 21 LS 8, 24 LS 10, 28.4

Multimediaanwendungen

Kontinuierliche Medien	Diskrete Medien
• Animationen • Audiofiles • Videos	• Texte • Bilder • Grafiken

Planung und Produktion

Konzeption	Technik	Cover-/Bookletgestaltung

• Initialisierung
• Organisation
• Drehbuch
• Storyboard
  – Storyboardarten
  – Storyboardformulare
 	
• Animationen
  – Animationsprinzipien
  – Animationsarten
  – Animationsformate
	• Masterscreen/Template
	• Audio
	  – Audiosignale
	  – Aufnahme
	  – Audiobearbeitung
	  – Wiedergabe
	  – Audioformate und Audiodatenreduktion (z. B. MP3)
	
	• Video
	  – Videonormen
	  – Videohardware und -software
	  – Videoformate und Datenkompression
		• Flächenkomposition quadratischer Flächen

1. Multimediaanwendungen
a) Erläutern Sie den Unterschied zwischen diskreten und kontinuierlichen Medien und nennen Sie je zwei Beispiele.
b) Erklären Sie die Begriffe Drehbuch und Storyboard im Zusammenhang mit Multimediaanwendungen.

c) Nennen Sie zwei Bereiche, in denen Storyboards Anwendung finden und erläutern Sie deren Notwendigkeit im jeweiligen Bereich.
d) Beschreiben Sie die folgenden Animationsprinzipien mit eigenen Worten und nennen Sie je eine Anwendungsmöglichkeit:
   I. Exaggeration
   II. Secondary Animation
   III. Arcs

2. Audio

Zur Verarbeitung mit dem Computer und zum Einsatz in Multimedia- und Internetanwendungen müssen analoge Audiosignale digitalisiert werden.

a) In welchem Frequenzbereich liegen die vom Menschen hörbaren Schallwellen?
b) Welche Hardware- und Softwarevoraussetzungen sind erforderlich, wenn ein Sprechtext aufgenommen und in MP3-Format übertragen werden soll?
c) Für welche Einsatzbereiche eignen sich dynamische Mikrofone aus welchem Grund besonders?
d) Erläutern Sie die Begriffe Samplingrate und Samplingtiefe anhand des Beispiels Audio-CD.
e) Bei einer Multimediaproduktion soll Musik hinterlegt werden. Welche Samplingrate (Abtastfrequenz) und welche Samplingtiefe (Auflösung) sind mindestens erforderlich? Erläutern Sie Ihre Angaben.
f) Im Zusammenhang mit der Audiobearbeitung fallen häufig die Begriffe:
   I. Clipping
   II. Glitches
   III. Aussteuergrenze
   Erklären Sie, was damit gemeint ist.
g) Berechnen Sie die Datenmengen folgender Sounddateien in MB:
   I. Sprache: 5 Minuten, 8 kHz, 8 Bit, Mono   II. Musik: 25 Minuten, 22 kHz, 16 Bit, Stereo

3. Video

a) Was verbirgt sich hinter den Abkürzungen PAL, SECAM und NTSC?
b) Videos werden im Internet mit dem sogenannten Streaming-Verfahren übertragen. Erläutern Sie das Streaming-Verfahren und nennen Sie Vor- und Nachteile.
c) Eine Webseite der Größe 720 x 480 Pixel soll auf der Homepage einen Videoclip als Intro im selben Format enthalten. Die Bildrate des Videos beträgt 16 fps. Berechnen Sie die Dateigröße bei einer Abspielzeit von 30 Sekunden und einer Farbtiefe von 24 Bit (Echtfarben).
d) Erläutern Sie den Unterschied zwischen der Intraframe- und der Interframe-Kompression und benennen Sie Vor- und Nachteile.
e) Ergänzen Sie die folgende Tabelle:

Videonorm	Bildseiten-verhältnis	Bildfrequenz	Bilder pro Sekunde	Ländereinsatz
PAL	4:3			
PALplus				D, Europa
NTSC			30	
SECAM		50 Hz		
HDTV			50	

4. Flächenkomposition

a) Eine leere Fläche wirkt anders als eine gestaltete Fläche. Nennen Sie die Merkmale, durch welche die Wahrnehmung einer leeren und einer gestalteten Fläche jeweils beeinflusst wird, und erläutern Sie die Unterschiede.
b) Welche Bedeutung hat der Begriff „Komposition" im Zusammenhang mit Flächengestaltung?
c) Nennen Sie zwei Gruppen, denen Kompositionsprinzipien zugeordnet werden können, und erläutern Sie jede Gruppe anhand von mindestens einem Beispiel.

5. Kombinieren im quadratischen Format

Durch Kombination der Grundformen Quadrat, Rechteck, Dreieck und Kreis soll eine quadratische Fläche gestaltet werden.

Kombinieren Sie mindestens eine der vier Grundformen und den jeweiligen Titel, sodass die gestaltete Fläche als Cover eines Hörbuchs auf CD-ROM dienen kann. Verzichten Sie zu Übungszwecken auf eine Farbgestaltung (Graustufen sind zulässig). Die einzelnen Grundformen dürfen auf einer Fläche mehrfach verwendet werden.

Ⓐ „Planschbär"

Ⓑ „Erfolge planen"

Ⓒ „Glück im Forst"

Ⓓ „Mord im Hafen"

12 Datenbank zur Bucharchivierung

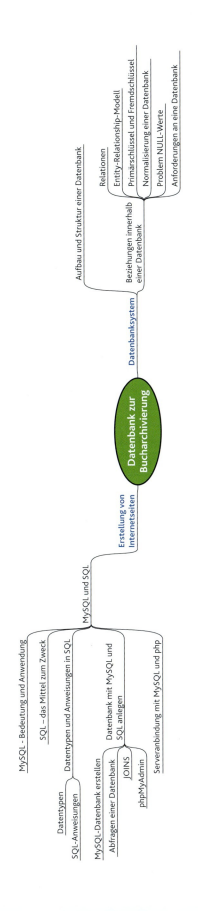

12 Datenbank zur Bucharchivierung

In der Agentur Medienprofi GmbH ist eine Vielzahl von Fachliteratur vorhanden. Diese steht größtenteils direkt in den Büros der Mitarbeiterinnen und Mitarbeiter, teilweise aber auch bei den beiden Geschäftsführern. Die Auszubildenden haben jederzeit die Möglichkeit, vorhandene Literatur auszuleihen. Des Weiteren kommen ständig neue Bücher sowie Bedienungsanleitungen und Beschreibungen der Hard- und Softwareanwendungen hinzu. Selbst den Chefs fehlt inzwischen der Überblick, welche Literatur und sonstige Druckmedien vorhanden sind und an welcher Stelle diese sich gerade befinden.

Ihre Agentur erhält den Auftrag, sämtliche Literatur und Bedienungsanleitungen usw. mithilfe einer Datenbank zu erfassen und zu verwalten, um einen Überblick über die vorhandenen Medien und deren Verbleib zu schaffen.

Aufgaben:
1. Planung einer Bücherdatenbank für die Agentur Medienprofi GmbH,
2. Umsetzung der Bücherdatenbank mithilfe von phpMyAdmin,
3. Überprüfen der Funktionalität der Datenbank durch unterschiedliche SQL-Abfragen.

30 Datenbanksystem

Ziel in dieser Lernsituation ist die allgemeine Datenverwaltung, um eine Büchersammlung übersichtlich abzulegen und alle wichtigen Informationen jederzeit zur Hand zu haben.

Größere Datenmengen, wie hier die Bücherdatenbank, aber auch z. B. Kundendaten oder Mitgliedsdaten, sollten sicher und systematisch verwaltet werden. Dies ermöglicht einerseits einen guten Überblick über den vorhandenen Datenbestand sowie andererseits die Möglichkeit, Daten gezielt vor unberechtigten Zugriffen zu schützen.

Daher kommen immer dann, wenn es darum geht, eine Vielzahl von Daten zu verwalten, **Datenbanksysteme** zum Einsatz. Die Daten, die mit diesen Systemen erfasst werden, können beispielsweise die Patientendaten eines Arztes, die Bestelldaten eines Versandhandels, die Kundendaten eines Providers, eine umfangreiche Bilder- oder Büchersammlung o. Ä. sein.

Ein Datenbanksystem ist wie folgt gegliedert: Es enthält einerseits die **Datenbank**, in welcher die einzelnen Daten abgelegt werden, und andererseits eine Software zur Verwaltung und Handhabung der Daten, das **Datenbankmanagementsystem (DBMS)**.

Datenbank: Sammlung von Daten, auch Objekte genannt, die von einer speziellen Software, dem Datenbankmanagementsystem DBMS, verwaltet werden.
DBMS: Software zum Befüllen und Verwalten einer oder mehrerer Datenbank(en) sowie zur Vergabe von Zugriffsrechten und zur Einhaltung von Sicherheitsstandards.

30.1 Aufbau und Struktur einer Datenbank

Eine Datenbank hat die Aufgabe, die zu einem bestimmten Bereich unbedingt notwendigen Informationen zusammenzutragen. Dies sind z. B. bei einer Adressdatenbank die Namens- und Adressangaben sowie ggf. weitere Kontaktdaten. Eine Datenbank ist tabellarisch aufgebaut und besteht in der Regel aus mehreren **Tabellen**, in denen die vorhandenen Daten, z. B. die Adressdaten der Kunden, strukturiert und geordnet abgelegt werden.

Innerhalb jeder Tabelle der Datenbank bilden die Objekte, die sich in einer Zeile befinden, einen **Datensatz**. Eine einzelne Zelle innerhalb der Datenbanktabelle wird als **Datenfeld** bezeichnet. Die Inhalte, die sich in einer Spalte befinden, gehören thematisch zusammen. Die Spalte erhält einen Namen, der den Inhalt kennzeichnet, ein **Attribut**.

In einer Kundendatenbank sind Name, Vorname, Straße, PLZ und Ort mögliche Attribute des Kunden, wobei in der Spalte „Name" dann z. B. alle Kundennamen untereinander zu finden sind.

DATENBANK KUNDEN

	Spalten der Datenbank (Attribute)				
	Name	Vorname	Straße	PLZ	Ort
Datensatz →					
Datenfeld →					

Prinzipieller Aufbau einer Datenbank

Datensatz:	Strukturierte und geordnete Sammlung von Daten in unterschiedlichen Datenfeldern. Kann verschiedene Datentypen, z. B. Text, Zahlen, Bilder, enthalten.
Tupel:	Synonym für einen Datensatz. Kommt aus der Informatik und steht dort für geordnete Datensammlungen.
Datenfeld:	Kleinste Einheit eines Datensatzes. Enthält immer nur Daten eines Datentyps, z. B. entweder einen Text, eine Zahl oder ein Bild.
Attribut:	Eigenschaft = Bezeichner einer Spalte der Datenbanktabelle, z. B. *Name*.
Attributwert:	Wert eines Attributs, z. B. *Meier* für das Attribut *Name*.

Die Struktur aller Datensätze innerhalb einer Datenbanktabelle ist stets die gleiche, d. h., es liegt innerhalb der Tabelle immer die gleiche Abfolge von Datenfeldern innerhalb der Datensätze vor, z. B. wie hier: Name gefolgt von Vorname, Straße, PLZ und Ort.

30.2 Beziehungen innerhalb der Datenbank

Nach der Kenntnis des prinzipiellen Aufbaus einer Datenbank geht es nun darum, herauszufinden, auf welche Art und Weise die Datensätze innerhalb der Datenbank abgelegt werden können. Dabei spielen die Beziehungen (Relationen) zwischen den einzelnen Objekten innerhalb einer Datenbank eine besondere Rolle.

30.2.1 Relationen – die Beziehungen innerhalb einer Datenbank

In Zusammenhang mit der Datenbank stellt sich als Erstes die folgende Frage:

Was bedeutet der Begriff „Beziehung" im Zusammenhang mit einer Datenbank genau?

Insgesamt geht es bei allen Datenbanken darum, Informationen mithilfe einer Software in Tabellen abzulegen. Es kann sich dabei z. B. um Informationen über Dinge, Personen, Firmen handeln. Entscheidend ist einerseits die Art und Weise, wie diese Informationen abgelegt werden, und andererseits, wie sie zueinander in Beziehung stehen.

Auch hier soll wieder die einfache Kundendatenbank als Beispiel dienen.

Das Datenbankobjekt „Kunde" hat eine Reihe von Ausprägungen (Attribute).

KUNDE
- Name
- Vorname
- Straße
- PLZ
- Ort

Diese Attribute erscheinen in einer zuvor festgelegten Reihenfolge innerhalb der Datenbanktabelle. Dies sieht dann z. B. so aus:

DATENBANK KUNDEN

Name	Vorname	Straße	PLZ	Ort
Meier	Thomas	Hauptstr. 2	45881	Gelsenkirchen
Müller	Hans	Hauptstr. 10	42555	Velbert
Müller	Sieglinde	Kupferdreher Str. 10	45257	Essen
Schulz	Stefan	Grenzstr. 23	45881	Gelsenkirchen
Schmidt	Thomas	Hauptstr. 10	42555	Velbert

Jeder Datensatz innerhalb der Tabelle hat die gleichen Attribute und die gleiche Abfolge dieser Attribute. Lediglich die **Attributwerte** (Inhalte der einzelnen Datenfelder) können unterschiedlich sein, weil z. B. verschiedene Kunden in unterschiedlichen Städten, Straßen wohnen. Die Menge aller Objekte innerhalb der Datenbanktabelle wird also eindeutig und vollständig einerseits durch die Anzahl ihrer Attribute (Grad der Relation) und andererseits durch die Anzahl der Zeilen (Kardinalität) bestimmt. Diesen Zusammenhang nennt man **Relation**.

Relation: Menge von Objekten innerhalb einer Datenbanktabelle, die durch ihre Attributwerte und deren festgelegte Abfolge eindeutig beschrieben wird.
Grad einer Relation: Anzahl der Attribute einer Datenbanktabelle.
Kardinalität: Anzahl der Datensätze innerhalb einer Datenbanktabelle.

Der Grad einer Relation ändert sich nicht. Wird einer Datenbanktabelle eine weitere Spalte hinzugefügt, so wird diese Relation in eine neue Relation überführt. Die Kardinalität einer Datenbanktabelle wird mit jedem neuen Datensatz um eins erhöht und mit dem Löschen eines Datensatzes um eins verringert.

Datenbanken, die auf diese Weise strukturiert sind, nennt man **relationale Datenbanken**. Sie erscheinen für den Anwender stets als Kombination von Tabellen, die entsprechend der eigenen Zugriffsrechte bearbeitet werden können, z. B. durch Einfügen und Löschen von Daten. Weitere Datenstrukturen sind neben den Tabellen nicht erforderlich.

Der Vorteil der Tabellenstruktur liegt insgesamt darin, dass zwar die einzelnen Spalten als Attribute und deren Inhalte als Attributwerte festliegen, die Reihenfolge der Spalten jedoch jederzeit verändert werden kann. Wichtig ist lediglich, dass die Anzahl und die Bezeichnung der Spalten erhalten bleiben.

Datenbankübung

Immer, wenn Sie diese Überschrift sehen, folgt eine praktische Übung zum Thema Datenbanken, passend zum jeweils vorhergehenden Inhalt.

Die ausführliche Aufgabenstellung und weitere Materialien, die zum Bearbeiten der Übung erforderlich sind, finden Sie unter „LS12_Datenbankübungen" im Bereich BuchPlusWeb.

Übung 1: Datenbanklatein

Inhalte:
- Datenbanktabelle
- Bezeichnungen

30.2.2 Entity-Relationship-Modell (ERM)

Eine Datenbank besteht in der Regel aus mehreren Datenbanktabellen. Auch die einzelnen Tabellen müssen dabei in einem Zusammenhang stehen, also eine Beziehung zueinander haben. Diese Beziehungen (Relationen) zwischen den Datenbanktabellen werden mithilfe eines **Entity-Relationship-Modells (ERM)** grafisch veranschaulicht. Es werden dort unterschiedliche Möglichkeiten beschrieben, wie Datenbanktabellen zueinander in Beziehung stehen können. Dies bezeichnet man als **Relationstypen**.

> **Entity:** Einzelnes, individuelles Objekt, das eindeutig von anderen Objekten unterscheidbar ist (Entität).

In der Regel finden folgende Relationstypen Anwendung, die Entitäten zueinander in Beziehung setzen:
- 1 : 1-Relation
- 1 : n-Relation
- n : m-Relation

Relationstyp	Beschreibung	Beispiele
1 : 1	Einem Datensatz in einer Tabelle lässt sich genau ein anderer Datensatz in einer anderen Tabelle zuordnen.	• Jede Person besitzt genau eine Identitätsnummer. Jede Identitätsnummer ist genau einer Person zugeordnet. • Jeder Mensch besitzt genau eine DNA. Jede DNA kann genau einem Menschen zugeordnet werden.
1 : n	Einem Datensatz in einer Tabelle lassen sich mehrere Datensätze in einer anderen Tabelle zuordnen.	• Jede Person hat nur einen Hauptwohnsitz. Mehrere Personen können diesen Wohnsitz als Hauptwohnsitz haben. • Jedes Kind hat nur einen leiblichen Vater. Jeder Vater kann mehrere leibliche Kinder haben.
n : m	Einem Datensatz in einer Tabelle lassen sich mehrere Datensätze in einer anderen Tabelle zuordnen. Dies gilt auch umgekehrt.	• Eine Person kann mehrere Arbeitsstellen haben. An jeder Arbeitsstelle können mehrere Personen arbeiten. • Ein Lehrer unterrichtet mehrere Schüler. Jeder Schüler kann Unterricht bei mehreren Lehrern haben.

Relationstypen im ERM

1 : 1 In einer 1:1-Beziehung ist jeweils genau eine Entität höchstens einer anderen Entität zugeordnet.
1 : n Einer Entität auf der einen Seite der Beziehung (Master) stehen keine, eine oder mehrere Entitäten auf der anderen Seite (Detail) gegenüber.
m : n Auf beiden Seiten können beliebig viele Entitäten in Beziehung zueinander stehen.

Mithilfe des E/R-Modells können derartige Relationen grafisch dargestellt werden:

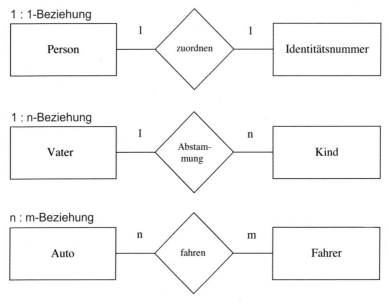

Datenbankübung	Inhalte:
Übung 2: Relationen	• E/R-Modell • Relationen

30.2.3 Primärschlüssel und Fremdschlüssel

Insbesondere in großen Datenbanken kommt es häufig zu Dopplungen von Namen, Straßen und Geburtsdaten oder auch Artikelbezeichnungen usw. Um die Gefahr der Verwechslung von z. B. Kundendaten auszuschließen, ist es wichtig, jeden Datensatz eindeutig zu kennzeichnen. Dies geschieht in relationalen Datenbanken mithilfe des **Primärschlüssels** (**Primary Key**). Jeder Datensatz muss durch einen Primärschlüssel eindeutig identifizierbar sein. Ein Primärschlüssel besteht aus den Inhalten eines oder mehrerer Datenfelder, sodass die eindeutige Kennzeichnung gewährleistet ist. Doch welche Datenfelder eignen sich dazu, als Primarschlüssel zu fungieren bzw. kommen als Schlüsselkandidat infrage?

Wer ist Schlüsselkandidat für den Primärschlüssel?
- Ein Datenfeld oder mehrere Datenfelder in Kombination (zusammengesetzter Primärschlüssel), welche jeden Datensatz eindeutig und unverwechselbar kennzeichnen.
- Datenfelder, die durch den Anwender nicht verändert werden können: Eine Bestellnummer kann sich z. B. ändern, eine Kundennummer bleibt in der Regel dauerhaft bestehen. Die Kundennummer eignet sich daher als Primärschlüssel.
- Die Definition eines zusätzlichen Feldes (Attributes) als spezielles Schlüsselfeld, z. B. eine Identifikationsnummer (ID).

Zur eindeutigen Kennzeichnung der Datensätze in der Datenbank „Kunden" empfiehlt sich das Hinzufügen einer weiteren Spalte = Definition eines zusätzlichen Feldes. Dieses Feld erhält das Attribut **Kundennr** Die Kundennummer wird nur einmal vergeben und kennzeichnet den jeweiligen Kunden eindeutig.

DATENBANK KUNDEN

Kundennr	Name	Vorname	Straße	PLZ	Ort
100001	Meier	Thomas	Hauptstr. 2	45881	Gelsenkirchen
100002	Müller	Hans	Hauptstr. 10	42555	Velbert
100003	Müller	Sieglinde	Kupferdreher Str. 10	45257	Essen
100004	Schulz	Stefan	Grenzstr. 23	45881	Gelsenkirchen
100005	Schmidt	Thomas	Hauptstr. 10	42555	Velbert

Primärschlüssel: Kundennr

> **Primärschlüssel (Primary Key, PK):** Schlüssel zur eindeutigen Identifizierung eines Datensatzes innerhalb einer Tabelle der Datenbank.

Was ist ein Fremdschlüssel?
Ein Fremdschlüssel dient dazu, innerhalb eines Datensatzes in einer Tabelle auf einen Datensatz in einer anderen Tabelle zu verweisen. Durch den Fremdschlüssel werden die Datensätze in unterschiedlichen Tabellen zueinander in Beziehung gesetzt.

> **Fremdschlüssel (Foreign Key, FK):** Schlüssel zur Verknüpfung zweier Datenbanktabellen durch Verweise zwischen den Datensätzen.
> Jeder Fremdschlüssel in einer Datenbanktabelle (Tabelle1) besitzt einen identischen Schlüsselwert in einer anderen Datenbanktabelle (Tabelle2). Dieser identische Schlüsselwert ist Primärschlüssel der Tabelle2.

Die Datenbank „Kunden" wird um die Attribute **Rechnungsnr, Bestelldatum** und **Zahlungsweise** erweitert, die in einer weiteren Datenbanktabelle „RECHNUNGEN" aufgelistet werden. Um jedem Kunden die richtige Rechnungsnummer usw. zuordnen zu können, muss diese zweite Datenbanktabelle „RECHNUNGEN" ein Feld enthalten, das einen Bezug zu den Kundendaten in der ersten Tabelle ADRESSEN herstellt. Dazu bietet sich hier die Kundennummer **Kundennr** an.

DATENBANK KUNDEN (erweitert)
TABELLE: ADRESSEN

Kundennr	Name	Vorname	Straße	PLZ	Ort
100001	Meier	Thomas	Hauptstr. 2	45881	Gelsenkirchen
100002	Müller	Hans	Hauptstr. 10	42555	Velbert
100003	Müller	Sieglinde	Kupferdreher Str. 10	45257	Essen
100004	Schulz	Stefan	Grenzstr. 23	45881	Gelsenkirchen
100005	Schmidt	Thomas	Hauptstr. 10	42555	Velbert

Primärschlüssel

TABELLE: RECHNUNGEN

Kundennr	Rechnungsnr	Bestelldatum	Zahlungsweise
100001	R11002009	01.06.2012	Lastschrift
100001	R23232009	13.07.2012	PayPal
100002	R05062009	03.04.2012	Lastschrift
100003	R45982009	31.10.2012	Kreditkarte
100003	R78902009	20.11.2012	Lastschrift
100004	R00402009	02.01.2012	PayPal
100005	R00062009	02.01.2012	PayPal
100005	R00332009	03.03.2012	PayPal
100005	R67892009	02.12.2012	Kreditkarte

Fremdschlüssel

→ Der Primärschlüssel **Kundennr** dient als Fremdschlüssel in der anderen Datenbanktabelle „Rechnungen". In der Tabelle „Rechnungen" dient **Rechnungsnr** als Primärschlüssel.

30.2.4 Normalisierung einer Datenbank

Die Datensätze innerhalb einer Datenbank sind häufig recht umfangreich, beispielsweise bei einer Mitarbeiterdatenbank: Die Erfassung der kompletten Adress- und Kontaktdaten eines Mitarbeiters erfordert bereits eine Vielzahl von Datenfeldern. Hinzu kommen dann noch berufliche Angaben, wie die Abteilungszugehörigkeit, die Funktion, die Betriebszugehörigkeit usw.

Werden all diese Daten in einer Tabelle untergebracht, so entsteht eine große und umfangreiche Tabelle. Nachteilig daran ist, dass die Datensätze unübersichtlich und wenig strukturiert erscheinen. Des Weiteren können viele doppelte Inhalte vorliegen, z. B. wenn mehrere Mitarbeiter in derselben Abteilung arbeiten und zufällig auch in der gleichen Straße derselben Stadt wohnen.

Aus diesem Grund ist es wichtig, die Datensätze innerhalb einer Datenbank so gut wie irgend möglich zu strukturieren. Dies geschieht im Rahmen der **Normalisierung** der Daten.

Normalisierung: Schrittweise Zerlegung einer Datenbanktabelle in mehrere Untertabellen, die miteinander verknüpft sind.

Ziel der Normalisierung ist die Vermeidung von

- **Redundanzen** = Dopplungen (von lat. redundare = überlaufen, überströmen),
- **Inkonsistenzen** = Widersprüchlichkeit, Unbeständigkeit (von lat. in = gegen, consistere = halten, anhalten),
- **Anomalien** = Abweichungen, Unregelmäßigkeiten (von griech. Vorsilbe a = Verneinung und nomos = Gesetz).

30.2.4.1 Die erste Normalform

Damit ein gezielter Zugriff auf die einzelnen Datenbestände erfolgen kann, ist es notwendig, die Daten innerhalb der Datenbanktabelle entsprechend zu ordnen. Dies bedeutet für die **erste Normalform** (**1NF**) im Speziellen, sie so anzulegen bzw. zu verändern, dass in jedem Datenfeld nur ein Eintrag vorhanden ist, der nicht mehr teilbar ist.

> **Erste Normalform (1NF):** Jeder Attributwert innerhalb eines Datenfeldes der Datenbank (jeder einzelne Eintrag) muss atomar sein.
> → Mehrere Einträge in einer Tabellenzelle sind nicht zulässig (z. B. dürfen nicht zwei unterschiedliche Telefonnummern in einem Datenfeld stehen).

DATENBANK MEDIENPROFI

Die Agentur Medienprofi GmbH hat insgesamt zehn Mitarbeiterinnen und Mitarbeiter. Diese arbeiten entweder im Sekretariat, in der Druckvorstufe oder in der Online-Agentur. Ferner sind sie in unterschiedlichen Projekten eingesetzt.

In der **Datenbank „MEDIENPROFI"** mit zunächst nur einer **Tabelle „MITARBEITER"** werden die folgenden Bereiche unterschieden:

- Name
- Vorname
- Abteilungsnummer (Abt_Nr) → 1: Sekretariat, 2: Druckvorstufe, 3: Online-Agentur
- Abteilungsname (Abt_Name)
- Projektnummer (Projekt_Nr)
- Projektname (Projekt_Name)

TABELLE: MITARBEITER

Name	Vorname	Abt_Nr	Abt_Name	Projekt_Nr	Projekt_Name
Atlas	Heide	1	Sekretariat	100	Abrechnung
Berger	Klaus	3	Online-Agentur	101	Mediahome
Berger	Klaus	2	Druckvorstufe	102, 103	Posterprint, Karten
Dommer	Hilke	1	Sekretariat	104	Korrespondenz
Eckberg	Friedrich	2	Druckvorstufe	104, 102	Korrespondenz, Posterprint
Friedlich	Johann	2	Druckvorstufe	103, 105	Karten, Infograf
Gottlich	Ernst	2	Druckvorstufe	105	Infograf
Hausner	Georg	2	Druckvorstufe	105	Infograf
Iller	Klaus	3	Online-Agentur	101	Mediahome
Jahros	Ralf	2	Druckvorstufe	103	Karten

Diese Tabelle liegt <u>nicht</u> in der ersten Normalform vor, da bei einigen Datensätzen in einem oder mehreren Datenfeldern mehr als ein Attribut wert zu finden ist. Dies betrifft die Spalten Projekt_Nr und Projekt_Name. Des Weiteren tragen zwei Mitarbeiter den Namen Klaus Berger und können so leicht verwechselt werden.

→ **Die Datenbank muss wie folgt verändert werden, um der ersten Normalform zu genügen:**
- Hinzufügen des Attributs Personalnummer (Pnr) in einer weiteren Spalte,
- Aufteilung der Mehrfachinhalte auf weitere Datensätze.

DATENBANK MEDIENPROFI (erweitert gemäß 1NF)
TABELLE: MITARBEITER

Pnr	Name	Vorname	Abt_Nr	Abt_Name	Projekt_Nr	Projekt_Name
201	Atlas	Heide	1	Sekretariat	100	Abrechnung
202	Berger	Klaus	3	Online-Agentur	101	Mediahome
203	Berger	Klaus	2	Druckvorstufe	102	Posterprint
203	Berger	Klaus	2	Druckvorstufe	103	Karten
204	Dommer	Hilke	1	Sekretariat	104	Korrespondenz
205	Eckberg	Friedrich	2	Druckvorstufe	104	Korrespondenz
205	Eckberg	Friedrich	2	Druckvorstufe	102	Posterprint
206	Friedlich	Johann	2	Druckvorstufe	103	Karten
206	Friedlich	Johann	2	Druckvorstufe	105	Infograf
207	Gottlich	Ernst	2	Druckvorstufe	105	Infograf
208	Hausner	Georg	2	Druckvorstufe	105	Infograf
209	Iller	Klaus	3	Online-Agentur	101	Mediahome
210	Jahros	Ralf	2	Druckvorstufe	103	Karten

In der geänderten Tabelle wurden alle Zellen, die nicht atomar waren, in denen in diesem Fall also zwei Attributwerte vorlagen, in zwei Datensätze aufgeteilt. Beim Vorliegen von z. B. drei gleichartigen Werten müsste dieser Datensatz in drei Datensätze aufgeteilt werden.

Ein weiteres Problem in der Datenbankarchitektur stellen Wiederholungsgruppen dar.

Die erste Normalform (1NF) sorgt für atomare Attributwerte.

Datenbankübung

Übung 3: Datenbestand in die erste Normalform überführen

Inhalte:
- Atomare Attributwerte
- Wiederholungsgruppen

30.2.4.2 Die zweite Normalform

Liegen die Daten innerhalb der Datenbanktabelle in der ersten Normalform vor, so geht es anschließend darum, diese Datenbanktabelle in mehrere Untertabellen zu zerlegen und damit weiter zu normalisieren. Nächster Schritt ist die zweite Normalform.

Für die **zweite Normalform (2NF)** gilt:

- Die erste Normalform muss vorliegen.
- Sich wiederholende, redundante und nicht von den Schlüsselkandidaten abhängige Inhalte so weit wie möglich in zusätzliche Tabellen auslagern.
- Tabellen untereinander mithilfe von Primär- und Fremdschlüssel verknüpfen.

Zweite Normalform:
- Erste Normalform muss vorliegen.
- Attribute, die nicht zu den Schlüsselkandidaten zählen, müssen von allen Schlüsselkandidaten voll funktional abhängig sein.

Das heißt: Ein Attribut muss ausgelagert werden, wenn es keinen zwingenden Bezug hat zu dem einen Attribut, das als Primärschlüssel dienen soll, bzw. zu **allen** Attributen, die den zusammengesetzten Primärschlüssel bilden sollen.

Weiter geht es mit dem Beispiel der Agentur Medienprofi!

Ein Blick auf die Attribute der Datenbanktabelle in der ersten Normalform zeigt:

DATENBANK: MEDIENPROFI (1NF)
TABELLE: MITARBEITER

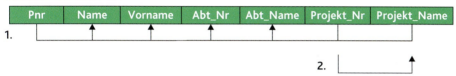

1. Jeder Datensatz ist eindeutig gekennzeichnet durch eine Kombination der Attribute:
   Pnr | Projekt_Nr (zusammengesetzter Primärschlüssel)
   - bei Namensgleichheit zweier Mitarbeiter ist die Personalnummer Pnr wichtig, um einen Mitarbeiter eindeutig zu identifizieren,
   - wenn ein Mitarbeiter an mehreren Projekten beteiligt ist, lässt sich eine eindeutige Zuordnung eines Datensatzes nur vornehmen, wenn das Attribut Projekt_Nr ebenfalls zum Primärschlüssel zählt.

2. Der Projektname (Projekt_Name) ist eindeutig durch die Projektnummer (Projekt_Nr) gekennzeichnet und nicht abhängig von der Personalnummer (Pnr).

Aus diesen Abhängigkeiten ergibt sich:
- Projekt_Name ist nur vom Schlüsselkandidaten Projekt_Nr, nicht jedoch von Pnr funktional abhängig.
- Projekt_Nr und Projekt_Name müssen in eine zweite Tabelle ausgelagert werden, um die zweite Normalform zu erfüllen.

Damit ergibt sich z. B. die folgende Aufteilung gemäß der zweiten Normalform (2NF):

TABELLE: MITARBEITER

Pnr	Name	Vorname	Abt_Nr	Abt_Name	Projekt_Nr
201	Atlas	Heide	1	Sekretariat	100
202	Berger	Klaus	3	Online-Agentur	101
203	Berger	Klaus	2	Druckvorstufe	102
203	Berger	Klaus	2	Druckvorstufe	103
204	Dommer	Hilke	1	Sekretariat	104
205	Eckberg	Friedrich	2	Druckvorstufe	104
205	Eckberg	Friedrich	2	Druckvorstufe	102

Fremdschlüssel

Pnr	Name	Vorname	Abt_Nr	Abt_Name	Projekt_Nr
206	Friedlich	Johann	2	Druckvorstufe	103
206	Friedlich	Johann	2	Druckvorstufe	105
207	Gottlich	Ernst	2	Druckvorstufe	105
208	Hausner	Georg	2	Druckvorstufe	105
209	Iller	Klaus	3	Online-Agentur	101
210	Jahros	Ralf	2	Druckvorstufe	103

Fremdschlüssel

TABELLE: PROJEKTE

Projekt_Nr	Projekt_Name
100	Abrechnung
101	Mediahome
102	Posterprint
103	Karten
104	Korrespondenz
105	Infograf

Primärschlüssel

Die zweite Normalform soll verhindern, dass Attribute nur von Teilen der Schlüsselkandidaten und nicht von allen Schlüsselkandidaten gemeinsam abhängig sind (funktionale Abhängigkeit).

30.2.4.3 Die dritte Normalform

Den vorerst letzten Schritt auf dem Wege der Normalisierung stellt die Überführung der Datenbanktabellen in die dritte Normalform dar. Die **dritte Normalform (3NF)** besagt, dass alle Attribute, die nicht unmittelbar funktional abhängig vom Primärschlüssel sind, ausgelagert werden müssen. Des Weiteren sollte der Primärschlüssel jeder Datenbanktabelle möglichst ein ganzzahliger Wert (Typ Integer) sein, damit die Daten nachher problemlos abgefragt und verarbeitet werden können.

Dritte Normalform (3NF):
- Zweite Normalform muss vorliegen.
- Attribute, die keine Schlüsselattribute sind, dürfen nicht transitiv voneinander abhängig sein.

Ein Blick auf die Attribute der Datenbanktabelle „MITARBEITER" in der zweiten Normalform zeigt:

DATENBANK: MEDIENPROFI (2NF)

TABELLE: MITARBEITER

Pnr	Name	Vorname	Abt_Nr	Abt_Name	Projekt_Nr

1. Jeder Datensatz ist eindeutig gekennzeichnet durch eine Kombination der Attribute: Pnr | Projekt_Nr

2. Der Abteilungsname (Abt_Name) ist nur von der Abteilungsnummer (Abt_Nr) abhängig und damit nur transitiv („über einen Umweg") vom Schlüsselkandidaten Pnr.

   Aus diesen Abhängigkeiten ergibt sich:
   Abt_Name ist nur von Abt_Nr, nicht jedoch von den Schlüsselkandidaten funktional abhängig →
   Abt_Name und Abt_Nr müssen in eine weitere Tabelle ausgelagert werden, um die dritte Normalform zu erfüllen.

3. Ein Blick auf die Beziehungen innerhalb der Datenbank „MITARBEITER" zeigt zusätzlich:

Relationen innerhalb der Datenbank:
- Eine Abteilung hat mehrere Mitarbeiter. Jeder Mitarbeiter gehört nur zu einer Abteilung.
  → 1 : n
- Ein Mitarbeiter kann an mehreren Projekten arbeiten. Jedes Projekt kann mehrere Mitarbeiter haben.
  → n : m

> Eine n : m-Relation stellt für die Datenbankkonstruktion eine unüberwindbare Schlucht dar, die durch eine Brücke überwunden werden muss!
> Als Brücke dient eine Zwischentabelle mit einem zusammengesetzten Primärschlüssel, sodass sich zwei 1 : n-Relationen ergeben.

Als **Zwischentabelle** wird die **Tabelle „MITARBEITER-PROJEKTE"** eingeführt. Dadurch ist gewährleistet, dass Redundanzen vermieden werden: Ein Mitarbeiter, der an mehreren Projekten beteiligt ist, taucht nur einmal in der Mitarbeitertabelle auf. Aus den zwei Tabellen der zweiten Normalform entstehen in der dritten Normalform mit der Brückentabelle dann insgesamt vier Tabellen.

Gemäß der dritten Normalform (3NF) ergibt sich dann die folgende Tabellenstruktur:

DATENBANK MEDIENPROFI (erweitert gemäß 3NF)

TABELLE: MITARBEITER

Pnr	Name	Vorname	Abt_Nr
201	Atlas	Heide	1
202	Berger	Klaus	3
203	Berger	Klaus	2
204	Dommer	Hilke	1
205	Eckberg	Friedrich	2
206	Friedlich	Johann	2
207	Gottlich	Ernst	2
208	Hausner	Georg	2
209	Iller	Klaus	3
210	Jahros	Ralf	2

TABELLE: ABTEILUNG

Abt_Nr	Abt_Name
1	Sekretariat
2	Druckvorstufe
3	Online-Agentur

Die Brückentabelle nimmt die Zuordnung des Mitarbeiters zu den unterschiedlichen Projekten vor. In dieser Tabelle setzt sich der Primärschlüssel aus den beiden Attributen **Pnr** und **Projekt_Nr** zusammen.

TABELLE: PROJEKTE

Projekt_Nr	Projekt_Name
100	Abrechnung
101	Mediahome
102	Posterprint
103	Karten
104	Korrespondenz
105	Infograf

TABELLE: MITARBEITER-PROJEKTE

Pnr	Projekt_Nr
201	100
202	101
203	102
203	103
204	104
205	104
205	102
206	103
206	105
207	105
208	105
209	101
210	103

E/R-Modell der Datenbank „MEDIENPROFI" mit Brückentabelle:
Der jeweilige **Primärschlüssel** der einzelnen Tabellen ist mit **(*)** gekennzeichnet.

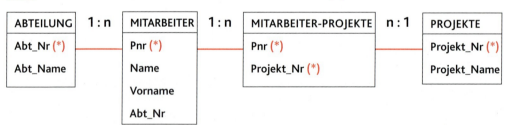

Relationen im E/R-Modell der Datenbank „MEDIENPROFI"

Die dritte Normalform soll verhindern, dass Nicht-Schlüsselattribute voneinander abhängig sind (transitive Abhängigkeit). Jedes Nicht-Schlüsselattribut muss vielmehr direkt vom ganzen Primärschlüssel abhängen.

Datenbankübung

Übung 4: Normalisierung der Datenbank eines Sportvereins

Inhalte:
- Schrittweise Normalisierung von der ersten bis zur dritten Normalform
- Die richtigen Schlüsselkandidaten
- Funktionale und transitive Abhängigkeiten
- Grafische Darstellung des E/R-Modells

30.2.5 Problem NULL-Werte

Ein zusätzliches Problem können sog. **NULL-Werte** darstellen. Ein NULL-Wert bedeutet, dass in einem Datensatz ein bestimmtes Attribut leer bleibt, dieses Datenfeld also keinen Inhalt (Attributwert) hat. Fehlt z. B. die Angabe einer Mobilnummer, weil die betreffende Person kein Handy besitzt, so kann es Probleme bei den Abfragen nach der Mobilnummer und dem Sortieren der Daten geben. Ebenfalls problematisch wird es, wenn eine Person zwei Mobilnummern eintragen möchte.

Um derartige Probleme zu vermeiden, ist es wichtig, diese Informationen zu Beginn des Datenbankentwurfs so weit wie möglich in weitere Tabellen aufzuspalten, sodass in keiner der Tabellen ein leeres Datenfeld vorliegt.

Eine **Datenbank „FRAUENGRUPPE"** soll die folgenden Attribute haben:
- Name
- Vorname
- Straße (Str)
- Hausnummer (Hnr)
- PLZ
- Ort
- Telefon
- Mobil

Diese Attribute werden zunächst in einer **Tabelle „FRAUEN"** untergebracht.

DATENBANK: FRAUENGRUPPE

TABELLE: FRAUEN

Name	Vorname	Str	Hnr	PLZ	Ort	Telefon	Mobil
Meier	Ulrike	Bergstr.	4	42555	Velbert	02052 123456	0170 123456
Müller	Marianne	Hauptstr.	10	45881	Gelsenkirchen	0209 234567	0177 234567, 0172 234567
Schulz	Christine	Hauptstr.	22	42555	Velbert	02052 567899	
Zunder	Mareike	Goldbergstr.	43	45894	Gelsenkirchen	0209 789123	0174 789123

→ Problem: Frau Müller hat zwei Mobilnummern, Frau Schulz keine.
  Einerseits wird die erste Normalform nicht erfüllt, andererseits tritt ein NULL-Wert auf.

→ Lösung: Auslagerung der Mobilnummern in eine **weitere Tabelle**. Das **Attribut ID**, als eindeutige Kennzeichnung für jede der Frauen (Primärschlüssel), wird hinzugefügt.

TABELLE: FRAUEN

ID	Name	Vorname	Str	Hnr	PLZ	Ort	Telefon
01	Meier	Ulrike	Bergstr.	4	42555	Velbert	02052-123456
02	Müller	Marianne	Hauptstr.	10	45881	Gelsenkirchen	0209 234567
03	Schulz	Christine	Hauptstr.	22	42555	Velbert	02052 567899
04	Zunder	Mareike	Goldbergstr.	43	45894	Gelsenkirchen	0209 789123

TABELLE: MOBILNUMMERN

ID	Mobil
01	0170 123456
02	0177 234567
02	0172 234567
04	0174 789123

- Überlegen Sie zunächst, welche Attribute die Bücherdatenbank der Agentur Medienprofi enthalten muss.
- Legen Sie die Struktur einer Datenbanktabelle in der ersten Normalform an.
- Zerlegen Sie die Datenbanktabelle mithilfe des ERM (Entity-Relationship-Modell) gemäß der zweiten und dritten Normalform in Untertabellen.
- Denken Sie daran, für jede Tabelle einen Primärschlüssel festzulegen.
- Vergessen Sie die Fremdschlüssel nicht!
- Bedenken Sie mögliche NULL-Werte!

30.2.6 Anforderungen an eine Datenbank

Bezogen auf den Aufbau, die Struktur und die Funktionalität werden, nach den vorhergehenden Erkenntnissen, gewisse Anforderungen an eine Datenbank gestellt. Diese lassen sich in einigen Grundsätzen zusammenfassen.

Grundsätze für Datenbanken:
1. Eine Datenbank muss eine **überschaubare logische Struktur** aufweisen.
2. Alle **Datensätze** einer Datenbank sind **eindeutig voneinander unterscheidbar**.
3. **Redundanzen** (Dopplungen) sind zu **vermeiden**.
4. Alle Daten müssen in sich **konsistent** sein → **Inkonsistenzen vermeiden**:
    - doppelte Primärschlüssel ausschließen,
    - Fremdschlüssel anlegen,
    - Relationen (Beziehungen) innerhalb der Datenbank anlegen.
5. **Anwendungen** (Applikationen) müssen **datenunabhängig** funktionieren.
6. Die **Entwicklung neuer Anwendungen** muss innerhalb einer bestehenden Datenbank möglich sein.
7. Jedem **Attribut** muss ein **fester Datentyp** zugeordnet sein.
8. **NULL-Werte** sind zu **vermeiden**.

Damit diese Grundsätze eingehalten werden, sind neben einer gezielten Planung und Konzeption auch die Kenntnis geeigneter relationaler Datenbanksysteme sowie das Beherrschen der Grundzüge einer Scriptsprache zur Kommunikation mit der relationalen Datenbank erforderlich.

In den folgenden Abschnitten wird daher mit **MySQL** exemplarisch ein relationales Datenbanksystem vorgestellt sowie die standardisierte Scriptsprache **SQL** in Grundzügen erarbeitet.

16.5 MySQL und SQL

Nach der Planung der Datenbankarchitektur für die Bücherdatenbank der Agentur Medienprofi steht die konkrete Umsetzung der Datenbank an. Dazu ist einerseits die Auswahl eines geeigneten relationalen Datenbanksystems erforderlich. Andererseits benötigen Sie Kenntnisse der Grundzüge einer passenden Scriptsprache zur Kommunikation mit der Datenbank, um z. B. den Aufbau, die Abfrage und die Veränderung des Datenbestandes zu ermöglichen. Im Folgenden erhalten Sie daher einen Einblick in beide Bereiche.

16.5.1 MySQL – Bedeutung und Anwendung

MySQL ist ein relationales Datenbanksystem, das auf Open-Source-Basis[1] entwickelt wurde. Der Grundstein zu MySQL wurde im Jahre 1994 vom schwedischen Unternehmen MySQL AB gelegt, das eine erste Version von MySQL herausbrachte. MySQL AB gehört seit Februar 2008 zu Sun Microsystems.

Die Open-Source-Version von MySQL, der **MySQL Community Server**, ist kostenfrei, arbeitet schnell und zuverlässig und kann bei Bedarf aus dem Internet geladen werden. Daneben existieren eine **kostenpflichtige** Lizenz-Versionen von Sun Microsystems, **MySQL Enterprise** und **MySQL Cluster CGE**, mit monatlichen Updates und umfangreichem technischen Support.

MySQL dient im Wesentlichen zur Verwaltung und Speicherung von Daten, z. B. für Internetanwendungen. Da viele typische Internetanwendungen auf Datenbanken zurückgreifen, hat MySQL in den letzten Jahren zunehmend an Bedeutung gewonnen. Seit dem Jahr 2003 arbeiten MySQL und SAP in der Datenbankentwicklung eng zusammen, um ihre Kompetenzen zu bündeln und als Ziel eine gemeinsame Datenbanktechnologie zu entwickeln, die sowohl den Bereich der firmenspezifischen Lösungen als auch den Internetbereich mit einem Tool abdecken.

16.5.2 SQL – das Mittel zum Zweck

Das Akronym **SQL** ist die Abkürzung für **Structured Query Language** und meint die Scriptsprache SQL, welche den Nutzern und Anwendern einen Zugriff auf die Datenstruktur und die Daten innerhalb der Datenbank ermöglicht. Mithilfe von SQL erfolgt die Definition von Datenbanktabellen, deren Verwaltung und Abfrage. SQL dient quasi als Mittel zum Zweck, um sämtliche Datenbankoperationen durchzuführen.

Die drei bekanntesten freien Datenbanken, die mit SQL arbeiten, sind MySQL, PostgreSQL und MaxDB.

In dieser Lernsituation steht die Kombination von SQL mit MySQL im Vordergrund, da MySQL insbesondere für Webanwendungen genutzt wird.

16.5.3 Datentypen und Anweisungen in SQL

Jede Programmier- oder Scriptsprache, wie hier SQL, arbeitet mit Variablen, denen ein bestimmter Wert zugeordnet wird, und Anweisungen, in denen diese Variablen Anwendung finden.

Die Variablen in SQL sind verschiedenen Datentypen zugeordnet.

Variable: Platzhalter für veränderliche Werte, z. B. Zahlenwerte, Texte
Datentyp: Menge von Objekten oder Wertebereich, den Konstanten und Variablen annehmen können

---

[1] **Open Source**, engl. = offene Quelle: Lizenz für Software, deren Quelltext öffentlich zugänglich ist und offen weiterentwickelt werden darf.

16.5.3.1 Datentypen

Datentyp	Erläuterung	Bezeichnung	Besonderheiten
Integer	ganze Zahlen	INT	kann Werte zwischen -2 147 483 648 und 2 147 483 647 annehmen
Float und Double	Fließkommazahlen = Dezimalzahlen	FLOAT(m,d) DOUBLE(m,d)	einfache Genauigkeit (8 Stellen) doppelte Genauigkeit (16 Stellen)
Zeichenkette	reiner Text oder Kombinationen aus Text, Zahlen und/oder weiteren Zeichen	CHAR	Zeichenkette fester Länge (max. 255 Zeichen)
		VARCHAR	Zeichenkette variabler Länge (max. 255 Zeichen)
		TEXT	für Zeichenketten mit mehr als 255 und maximal 65 535 Zeichen
Datum		DATE( ) YEAR( )	Datum in der Form: 2013-08-01 Jahr in der Form: 2013
Uhrzeit		TIME	Zeit in der Form: 10:05:43
Datum und Uhrzeit	Kombination von Datum und Uhrzeit	DATETIME	Ausgabe in der Form: 2013-08-01 10:05:43
		TIMESTAMP	Ausgabe in der Form: 2013-08-01 10:05:43 → automatische Aktualisierung bei jeder Änderung eines Datensatzes durch MySQL

Zurück zur **Beispieldatenbank „MEDIENPROFI"**. Diese enthält in der dritten Normalform **vier Tabellen** mit insgesamt **sieben Attributen**.

Hier ist die Auswahl der folgenden Datentypen sinnvoll: **Ganze Zahlen** vom Typ **Integer int** für sämtliche Nummern sowie **Zeichenketten variabler Länge** vom Typ **varchar** für die Einträge der Namen und weiterer Bezeichnungen.

Der jeweilige Primärschlüssel ist farbig hinterlegt.

DATENBANK MEDIENPROFI

Datentypen verteilt auf die Datenbanktabellen:

ABTEILUNG (2 Spalten)		
Variable	Datentyp	Erläuterung
Abt_Nr	int	ganze Zahl
Abt_Name	varchar (20)	Zeichenkette variabler Länge mit maximal 21 Zeichen

MITARBEITER (4 Spalten)		
Variable	Datentyp	Erläuterung
Pnr	int	ganze Zahl
Name	varchar (30)	Zeichenkette variabler Länge mit maximal 31 Zeichen
Vorname	varchar (30)	Zeichenkette variabler Länge mit maximal 31 Zeichen
Abt_Nr	int	ganze Zahl

MITARBEITER-PROJEKTE (2 Spalten)		
Variable	Datentyp	Erläuterung
Pnr	int	ganze Zahl
Projekt_Nr	int	ganze Zahl

PROJEKTE (2 Spalten)		
Variable	Datentyp	Erläuterung
Projekt_Nr	int	ganze Zahl
Projekt_Name	varchar (30)	Zeichenkette variabler Länge mit maximal 31 Zeichen

Zusammengehörige Primär- und Fremdschlüssel in zwei unterschiedlichen Datenbanktabellen müssen immer vom selben Datentyp sein!

Listen Sie alle Tabellen Ihrer Bücherdatenbank auf und ordnen Sie jeder Tabelle die passenden Attribute zu. Legen Sie anschließend zu jedem Attribut einen passenden Datentyp inklusive der notwendigen Länge (Zeichenzahl) fest!

Bedenken Sie dabei den Zusammenhang zwischen den Datentypen von Primär- und Fremdschlüssel!

16.5.3.2 SQL-Anweisungen

Im Bereich der SQL-Anweisungen zum Handling und zum Aufbau der Datenbank gibt es keine durchgängigen Standards, da die unterschiedlichen Hersteller teilweise Varianten anbieten. Wichtige Anweisungen sind jedoch in der Regel identisch und werden nachfolgend vorgestellt.

Insgesamt lässt sich der **Befehlssatz** der SQL-Befehle in **drei Gruppen** unterteilen:

Aufgabe	Bezeichnung	Erläuterung
Datendefinition	DDL (Data Description Language)	Definition des Aufbaus und der Strukturen der Datenbank
Datenmanipulation	DML (Data Manipulation Language)	Abfrage und Veränderung von Datensätzen
Datenkontrolle	DCL (Data Control Language)	Berechtigungen erteilen und verwalten

12 | Lernsituation Datenbank zur Bucharchivierung

Nachfolgend werden die wichtigsten SQL-Anweisungen vorgestellt, die zum Aufbau und zur Abfrage einer Datenbank dienen.

Wichtige SQL-Anweisungen

Anweisung	Erläuterung	Beispiele
DDL		
CREATE DATBASE	Datenbank erzeugen/anlegen	**CREATE DATABASE kunden;** → Datenbank kunden anlegen
DROP DATABASE	Datenbank löschen	**DROP DATABASE kunden;** → Datenbank kunden löschen
USE	Datenbank auswählen	**USE kunden;** → Datenbank kunden auswählen
CREATE TABLE	Tabelle erzeugen	**CREATE TABLE adressen;** → Tabelle mit Kundenadressen anlegen
DROP TABLE	Tabelle löschen	**DROP TABLE adressen;** → Tabelle mit Kundenadressen löschen
ALTER TABLE	Tabellenstruktur/-design ändern mit **ADD, RENAME, DROP, MODIFY, CHANGE** usw.	**ALTER TABLE adressen RENAME adressenliste;** → Tabelle mit Kundenadressen von adressen in adressliste umbenennen **ALTER TABLE adressen ADD mobilnr CHAR(15);** → Tabelle adressen mit den Kundenadressen um die Spalte mobilnr erweitern, diese hat den Datentyp CHAR mit einer Länge von max. 16 Zeichen (Zählbeginn bei 0)
CREATE INDEX	Index für bereits vorhandene Tabelle erzeugen	**CREATE INDEX kunden_index ON kunden (name);** → für das Attribut name in der Tabelle kunden wird ein Index mit der Bezeichnung kunden_index angelegt zur besseren Abfrage/Sortierung nach den Kundennamen
DROP INDEX	Index löschen	**DROP INDEX kunden_index ON kunden;** → Index kunden_index wird aus kunden gelöscht
DML		
INSERT	Tabellenzeilen einfügen	*INSERT INTO schueler* *VALUES* *(100, 'Paul','Meier'),* *(133, 'Kordula','Schmidt')* → fügt der Tabelle schueler die beiden obigen Datensätze hinzu

Anweisung	Erläuterung	Beispiele
DML		
SELECT	Datensätze aus Datenbank abfragen	**SELECT name FROM adressen;** → alle Kundennamen aus der Tabelle adressen werden aufgelistet **SELECT * FROM adressen;** → vollständige Adresstabelle aller Kunden wird aufgelistet, das * steht für „alle" **SELECT * FROM adressen WHERE Ort="Gelsenkirchen";** → liefert alle Kunden aus Gelsenkirchen
LIKE	Suche nach vorher festgelegtem Muster durchführen	**SELECT * FROM adressen WHERE Ort LIKE 'Ge%';** → liefert alle Kunden, deren Ort mit 'Ge' beginnt, also z.B. Gelsenkirchen, Gelnhausen, Geldern etc. → Das %-Zeichen steht dabei für beliebige Zeichen in beliebiger Anzahl.
ORDER BY	Datensätze sortiert ausgeben: **DESC** absteigende Sortierung **ASC** aufsteigende Sortierung (ASC ist automatisch voreingestellt)	**SELECT * FROM adressen ORDER BY plz ASC;** → wählt alle Inhalte aus der Tabelle adressen aus und sortiert sie aufsteigend nach der Postleitzahl
DELETE	Datensätze löschen	**DELETE FROM adressen WHERE Name="Berger";** → löscht alle Datensätze mit dem Namen Berger aus der Tabelle adressen
UPDATE und SET	Einträge verändern	**UPDATE adressen SET STR="Poststr. 57", PLZ="42549" WHERE Kundennr==100002;** → ändert die Adressangaben Straße und PLZ des Kunden mit der Kundennummer 100002 in der Datenbank adressen
Sonstige wichtige Angaben		
PRIMARY KEY	Angabe, welches Attribut der Primärschlüssel sein soll	**PRIMARY KEY (Kundennr)** → die Kundennummer dient als Primärschlüssel
AUTO_INCREMENT	automatisch ansteigend	**Kundennr INTEGER UNSIGNED NOT NULL AUTO_INCREMENT,** **Name VARCHAR(30) NULL,** usw. → Attribut Kundennr vom Typ Integer, nur positive Zahlen, darf nicht leer bleiben, Zahlen steigen automatisch an, Attribut Name vom Typ varchar, darf leer sein
NOT NULL, NULL	dieses Feld darf nicht leer / darf leer bleiben	
UNSIGNED	nur positive Zahlen	

16.5.4 Datenbank mit MySQL und SQL anlegen

Nach Kenntnis der grundlegenden Datentypen und der wichtigsten SQL-Anweisungen soll nun eine einfache kleine Datenbank mit MySQL und SQL erstellt und verwaltet werden.

Dabei wird in einem ersten Schritt der grundlegende Aufbau der Datenbank und der Tabellen mithilfe der SQL-Befehle vorgestellt.

In einem zweiten Schritt erfolgt ein Blick auf phpMyAdmin, eine grafische Oberfläche zur einfachen Verwaltung von MySQL-Datenbanken.

16.5.4.1 MySQL-Datenbank erstellen

Zunächst soll eine einfache MySQL-Datenbank mit einigen wenigen Tabellen mithilfe von SQL angelegt werden.

Im Vordergrund steht auf der einen Seite die Anwendung der DDL- und DML-Befehlssätze zum Aufbau der Datenbank sowie die Festlegung der jeweiligen Primärschlüssel, auf der anderen Seite die Festlegung der Attribute, indem ausreichend Variablen mit den passenden Datentypen deklariert werden.

Notwendige Schritte zur Erstellung einer Datenbank:
- Datenbank erzeugen
- Datenbank auswählen
- Tabellen erzeugen
- Attribute mit Datentyp für jede Tabelle anlegen
- Primärschlüssel für jede Tabelle anlegen

Auch hier soll wieder das schon bekannte Beispiel unserer **Mitarbeiterdatenbank** zu Hilfe genommen werden.

In unserem Beispiel wird zunächst die Datenbank erzeugt und ausgewählt. Anschließend werden die erforderlichen vier Tabellen „abteilung", „mitarbeiter", „mitarbeiter-projekte" und „projekte" angelegt. Abspeichern unter *firma.sql*.

Zur besseren Unterscheidung zwischen den SQL-Befehlen und den Bezeichnungen der Datenbank und ihrer Tabellen werden nachfolgend alle Bezeichnungen, wie z. B. *mitarbeiter*, klein und alle SQL-Befehle groß geschrieben. Dies sieht im Quelltext von SQL wie folgt aus:

Datenbankdatei: *firma.sql*
CREATE DATABASE medienprofi; USE medienprofi; CREATE TABLE abteilung(Abt_Nr int UNSIGNED NOT NULL , Abt_Name varchar(20), PRIMARY KEY(Abt_Nr)); CREATE TABLE mitarbeiter(Pnr int UNSIGNED NOT NULL, Name varchar(30), Vorname varchar(30), Abt_Nr int UNSIGNED NOT NULL , PRIMARY KEY(Pnr)); CREATE TABLE mitarbeiter_projekte(Pnr int UNSIGNED NOT NULL, Projekt_Nr int UNSIGNED NOT NULL, PRIMARY KEY(Pnr, Projekt_Nr)); CREATE TABLE projekte(Projekt_Nr int UNSIGNED NOT NULL, Projekt_Name varchar(30), PRIMARY KEY(Projekt_Nr));

Datenbankübung

Übung 5: Datenbank für einen Sportverein anlegen

Inhalte:
- Variablen und Datentypen festlegen
- Nutzung von SQL-Anweisungen aus dem Bereich DDL

16.5.4.2 Abfragen einer Datenbank

Die **Abfrage** der Datenbankinhalte erfolgt stets mithilfe des Befehls **SELECT**, gefolgt von Angaben dazu, welche Attribute wie ausgegeben oder verändert werden sollen.

Nachfolgend werden beispielhaft einige mögliche Abfragen zu der lieb gewonnenen Datenbank *medienprofi* vorgestellt.

Einfache Abfragen

1. Von der Tabelle „mitarbeiter" sollen alle Mitarbeiter ausgegeben werden.
2. Von der Tabelle „mitarbeiter" sollen alle Mitarbeiter ausgegeben werden, die in der Druckvorstufe arbeiten.
3. Von der Tabelle „mitarbeiter" sollen alle Mitarbeiter ausgegeben werden, die in der Online-Agentur arbeiten.

Die Abteilungen sind in der Tabelle „mitarbeiter" mit ihrer Abteilungsnummer Abt_Nr angelegt.

Die SELECT-Anweisungen lauten der Reihe nach:

zu 1.
***SELECT * FROM** mitarbeiter;*
Ausgabe: Alle Mitarbeiter werden untereinander aufgelistet.

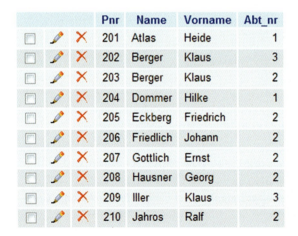

zu 2.
***SELECT * FROM** mitarbeiter **WHERE** Abt_Nr ==2;*
Ausgabe: Hier werden nur die Mitarbeiter aus obiger Tabelle mit der Abteilungsnummer 2 (Druckvorstufe) angezeigt.

zu 3.
***SELECT * FROM** mitarbeiter **WHERE** Abt_Nr ==3;*
Ausgabe: Hier werden nur die Mitarbeiter aus obiger Tabelle mit der Abteilungsnummer 3 angezeigt.

Abfragen mit Sortierung

4. Von der Tabelle „mitarbeiter" sollen alle Mitarbeiter ausgegeben und nach dem Vornamen aufsteigend alphabetisch sortiert werden.
5. Von der Tabelle „mitarbeiter" sollen alle Mitarbeiter ausgegeben und nach der Abteilungsnummer absteigend sortiert werden.

Daraus ergeben sich die folgenden **SELECT-Anweisungen:**

zu 4.
SELECT * FROM mitarbeiter **ORDER BY** Vorname **ASC;**
Ausgabe:

Pnr	Name	Vorname	Abt_Nr
207	Gottlich	Ernst	2
205	Eckberg	Friedrich	2
208	Hausner	Georg	2
201	Atlas	Heide	1
204	Dommer	Hilke	1
206	Friedlich	Johann	2
203	Berger	Klaus	2
202	Berger	Klaus	3
209	Iller	Klaus	3
210	Jahros	Ralf	2

zu 5.
SELECT * FROM mitarbeiter **ORDER BY** Abt_Nr **DESC;**
Ausgabe:

Pnr	Name	Vorname	Abt_Nr
202	Berger	Klaus	3
209	Iller	Klaus	3
210	Jahros	Ralf	2
208	Hausner	Georg	2
207	Gottlich	Ernst	2
206	Friedlich	Johann	2
205	Eckberg	Friedrich	2
203	Berger	Klaus	2
204	Dommer	Hilke	1
201	Atlas	Heide	1

Datenbankübung

Übung 6: Einfache Abfrage und Veränderung des Datenbestandes

Inhalte:
Nutzung von SQL-Anweisungen aus dem Bereich DML:
- Inhalte abfragen und ausgeben
- Inhalte löschen und verändern

16.5.4.3 JOINS

Mithilfe der „normalen" SELECT-Anweisung ist es nicht möglich, die Inhalte mehrerer Tabellen einer Datenbank gleichzeitig abzufragen. Dazu ist eine Verbindung der Tabellen notwendig.

Zu diesem Zweck gibt es sog. **JOINS**. Sie verknüpfen Tabellen miteinander, sodass mithilfe einer etwas veränderten SELECT-Anweisung eine tabellenübergreifende Abfrage möglich wird.

JOIN: Verknüpfung mehrerer Tabellen einer Datenbank zur übergreifenden Abfrage, Gruppierung und Sortierung von Datensätzen.

Zu den wichtigsten JOINS zählen der **INNER JOIN**, auch als EQUIVALENT JOIN bezeichnet, der LEFT OUTER JOIN = **LEFT JOIN** sowie der RIGHT OUTER JOIN = **RIGHT JOIN**.

INNER JOIN

INNER JOIN = EQUIVALENT JOIN
Zur Verbindung von Datensätzen aus zwei Tabellen, in denen mindestens ein gemeinsames Feld denselben Wert hat.

Abfrage der Inhalte aus zwei Tabellen der Datenbank *medienprofi*

Aus den beiden Datenbanktabellen *mitarbeiter* und *abteilung* aus der Datenbank *medienprofi* sollen die Personalnummer, der Name und Vorname sowie der Name der Abteilung aller zueinandergehörigen Datensätze aus beiden Tabellen zu jeweils einem Datensatz zusammengefasst werden.

Das gemeinsame Feld mit demselben Wert ist hier die Abteilungsnummer Abt_Nr, die in beiden Tabellen zu finden ist. Die SQL-Anweisungen aus dem DML-Befehlssatz sehen wie folgt aus:

SELECT mitarbeiter.Pnr, mitarbeiter.Name, mitarbeiter.Vorname, abteilung.Abt_Name FROM mitarbeiter INNER JOIN abteilung ON mitarbeiter.Abt_Nr = abteilung.Abt_Nr;

alternative Schreibweise:

SELECT mitarbeiter.Pnr, mitarbeiter.Name, mitarbeiter.Vorname, abteilung.Abt_Name From mitarbeiter, abteilung WHERE mitarbeiter.Abt_Nr = abteilung.Abt_Nr;

Dies ergibt dann die folgende Ausgabe:

Pnr	Name	Vorname	Abt_Name
201	Atlas	Heide	Sekretariat
202	Berger	Klaus	Online-Agentur
203	Berger	Klaus	Druckvorstufe
204	Dommer	Hilke	Sekretariat
205	Eckberg	Friedrich	Druckvorstufe
206	Friedlich	Johann	Druckvorstufe
207	Gottlich	Ernst	Druckvorstufe
208	Hausner	Georg	Druckvorstufe
209	Iller	Klaus	Online-Agentur
210	Jahros	Ralf	Druckvorstufe

Kurzschreibweise mit Alias:
Solche INNER JOINS können schnell textlich sehr umfangreich werden. Daher empfiehlt es sich, für häufig vorkommende lange Begriffe einen Alias zu vergeben, z. B. *m* statt *mitarbeiter* und *a* statt *abteilung*.

SELECT m.Pnr, m.Name, m.Vorname, a.Abt_Name, FROM mitarbeiter m, abteilung a WHERE m.Abt_Nr = a.Abt_Nr;

- Mit INNER JOINS lassen sich nur Datensätze verbinden, die der JOIN-Bedingung (zwei Felder mit identischen Werten) genügen.
- Datensätze, zu denen nicht in beiden Tabellen ein Feld gleichen Wertes existiert, die also z. B. in einer Tabelle gar nicht vorkommen, können <u>nicht</u> angezeigt werden.
- Die Schlüsselworte INNER bzw. INNER JOIN sind optional.

Datenbankübung

Übung 7: Daten aus zwei Datenbanktabellen ausgeben

Inhalte:

- INNER JOIN
- Kurzschreibweisen in SQL

OUTER JOIN

Wenn ein Datensatz in der zweiten Tabelle kein passendes Gegenstück besitzt, so kann er mit einem OUTER JOIN dennoch angezeigt werden. Der nicht existierende Wert wird dann einfach durch NULL ersetzt.

OUTER JOIN: Ermöglicht die Ausgabe aller angegebenen Datensätze zweier Tabellen, unabhängig davon, ob in beiden Tabellen ein Feld mit dem gleichen Wert vorhanden ist.

Es gibt zwei unterschiedliche OUTER JOINS, den **LEFT OUTER JOIN** und den **RIGHT OUTER JOIN**.

OUTER JOIN	Erläuterung
LEFT OUTER JOIN	Tabelle, aus der alle angegebenen Datensätze angezeigt werden sollen. Wird auf der **linken** Seite ausgegeben.
RIGHT OUTER JOIN	Tabelle, aus der alle angegebenen Datensätze angezeigt werden sollen. Wird auf der **rechten** Seite ausgegeben.

Ausgabe aller angefragten Datensätze einer Konzertdatenbank

Sie möchten jeweils den Titel und die dazugehörige Konzertreihe in einer Tabelle ausgeben. Es sollen in jedem Fall alle Konzertreihen ausgegeben werden, auch wenn dazu noch kein Konzert existiert. Die Konzerte sollen links und die Konzertreihen bei der Ausgabe rechts stehen.
Die Datenbanktabelle *konzerte* wird noch laufend erweitert, während die Konzertreihen bereits feststehen.

DATENBANK: KONZERTREIHEN

TABELLE: *konzerte*

Titel_ID	Titel	Reihe_ID
10	Mozarts Piano-Sonaten Nr. 9 bis 12	1
11	Mozart: Menuette	1
12	Auf Schumanns Pfaden	2
13	Kinderszenen	2
14	Brahms: Klavierstücke Opus 76	2

Titel_ID	Titel	Reihe_ID
15	Balladen und Rhapsodien von Brahms	2
16	Arabesques von Claude Debussy	3
17	Clair de Lune und andere Träumereien von Debussy	3
18	Gymnopédies und Gnosiennes	4

TABELLE: *reihen*

Reihe_ID	Reihe
1	Mozartzyklus
2	Schumann und seine Freunde
3	Claude Debussy
4	Eine Hommage an Eric Satie
5	Ragtimes des 20. Jahrhunderts

Die SELECT-Anweisung mit dem RIGHT OUTER JOIN lautet dann wie folgt:

SELECT k.Titel, r.Reihe FROM konzerte k RIGHT OUTER JOIN reihen r ON k.Reihe_ID = r.Reihe_ID;

Daraus ergibt sich die folgende Ausgabetabelle:

Titel	Reihe
Mozarts Piano-Sonaten Nr. 9 bis 12	Mozartzyklus
Mozart: Menuette	Mozartzyklus
Auf Schumanns Pfaden	Schumann und seine Freunde
Kinderszenen	Schumann und seine Freunde
Brahms: Klavierstücke Opus 76	Schumann und seine Freunde
Balladen und Rhapsodien von Brahms	Schumann und seine Freunde
Arabesques von Claude Debussy	Claude Debussy
Clair de Lune und andere Träumereien von Debussy	Claude Debussy
Gymnopédies und Gnosiennes	Eine Hommage an Eric Satie
NULL	Ragtimes des 20. Jahrhunderts

Die Reihe „Ragtimes des 20. Jahrhunderts" enthält zurzeit noch kein Konzert. Mit dem RIGHT OUTER JOIN wird hier trotz allem die gesamte Tabellenspalte mit allen Konzertreihen und einem NULL-Wert bei den Titeln ausgegeben.

Datenbankübung

Übung 8: Vollständige Datenausgabe mit dem OUTER JOIN

Inhalte:
- LEFT OUTER JOIN
- RIGHT OUTER JOIN

16.5.4.4 Datenbankzugriff mit Serveranbindung

MySQL-Datenbanken werden häufig zur Verwaltung der Inhalte einer oder mehrerer Websites, die auf einem Webserver beim Provider liegen, genutzt. Dazu liegen wesentliche Inhalte der Website in den jeweiligen Datenbanktabellen und werden als Seiteninhalte geladen.

Des Weiteren können Benutzereingaben, wie z. B. neu eingetroffene Bücher und andere Medien, aber auch Kontaktdaten oder Bestellungen aus einem Webshop in die Datenbank übertragen und von dort aus weiterverarbeitet werden.

Für diese Aktionen ist eine Verbindung zum Server mithilfe einer Kombination von MySQL- und PHP-Befehlen erforderlich.

Vgl. LS 13, 16.8.2 PHP

MySQL zur Serveranbindung und zur Kommunikation mit der Datenbank, PHP zur Verarbeitung und Auswertung der Inhalte

1. Verbindung mit der Datenbank aufbauen

Die Verbindung mit der Datenbank innerhalb einer PHP-Datei erfolgt schrittweise wie folgt:

Verbindung mit Datenbanksystem	
I. Aufbau einer Verbindung • Angabe des Servers, auf dem die Datenbank liegt (z. B. localhost) • Angabe des Benutzerkontos für die MySQL-Datenbank (z. B. root) • Angabe des Anmeldekennwortes der MySQL-Datenbank (kann auch frei gelassen werden) **mysql-Befehl:** **mysql_connect ('Servername', 'Benutzername', 'Passwort')**	/*Verbinden mit Server, Benutzerkonto und Passwortangabe */ $verbindung = mysql_connect('localhost', 'root', ''); alternativ: /*Verbinden mit Server, Benutzerkonto und Passwortangabe, deren Inhalte vorher in einer Variable gespeichert wurden */ $db_host="localhost"; $db_user="alle"; $db_password="start"; $verbindung = mysql_connect($db_host, $db_user, $db_password);

II. Überprüfung, ob sich eine Verbindung aufbauen ließ	/* Überprüfung, ob die Verbindung geklappt hat */
	if ($verbindung) {
	echo "Es konnte eine Verbindung hergestellt werden
	";
	}
	
	else
	{
	echo "Fehler! Verbindung konnte nicht hergestellt werden
	";
	}

Datenbank auswählen	

III. Gewünschte Datenbank auswählen (z. B. mitarbeiter_db)
• Angabe des Servers, auf dem die Datenbank liegt (z. B. localhost)
• Angabe des Benutzerkontos für die MySQL-Datenbank (z. B. root)
• Angabe des Anmeldekennwortes der MySQL-Datenbank (kann auch frei gelassen werden)
mysql-Befehl:
mysql_select_db ('Datenbankname', 'Verbindung')
 	
IV. Überprüfung, ob sich eine Verbindung aufbauen ließ
	/*Datenbank mitarbeiter_db auswählen*/
	mysql_select_db ('mitarbeiter_db', $verbindung);
	
	alternativ:
	/*Datenbank mitarbeiter_db in Variable speichern und dann auswählen*/
	$db = 'mitarbeiter_db';
	mysql_select_db ($db, $verbindung);
	
	/* Überprüfung, ob die Verbindung geklappt hat */
	if ($db) {
	echo "Die Datenbank ".$db." Wurde ausgewählt
	";
	}
	
	else
	{
	echo "Fehler! Die Datenbank konnte nicht ausgewählt werden
	";
	}

2. Abfragen innerhalb der Datenbank vornehmen

An dieser Stelle erfolgt die Eingabe der gewünschten SQL-Abfragen. Also, welche Daten aus welcher Datenbanktabelle sie auswählen und auf welche Weise weiter nutzen möchten.

Gewünschte SQL-Abfragen durchführen	

V. Datensätze mit SELECT auswählen
mysql-Befehl:
mysql_query ('SQL-Anweisung', 'Verbindung')
→ mysql_query startet eine Datenbankabfrage
 	
VI. Überprüfung, ob die Abfrage ausgeführt werden konnte
 	
VII. Ausgabe der Datensätze
mysql-Befehle:
mysql_fetch_row ()
→ mysql_fetch_row holt eine Ergebniszeile vom Datenbankserver
 	
mysql_num_fields ()
→ mysql_num_fileds gibt die Anzahl der Spalten eines Datensatzes zurück
 	
mysql_free_result ()
→ Ergebnismenge wird geschlossen und Ressourcen (Speicher) werden wieder frei gegeben
	/*SELECT-Anweisung in Variable auswahl speichern */
	$auswahl = "SELECT * Vorname, Name, Pnr FROM mitarbeiter_db ORDER BY Name";
	
	/* Datenbankabfrage durchführen */
	$abfrage = mysql_query($auswahl, $verbindung);
	
	/* Überprüfung, ob die Abfragee erfolgreich war */
	if (!$auswahl) {
	echo "Fehler! Abfrage konnte nicht ausgeführt werden
	";
	}
	$zeile = mysql_fetch_row($abfrage);
	/* Beginn Ausgabetabelle */
	echo "<table>"
	/* solange ein weiterer Eintrag vorhanden ist, gebe den Datensatz in einer Tabellenzeile aus */
	while($zeile)
	{
	  echo "<tr>"
	  for($i=0; $i > mysql_num_fileds($abfrage);
	  i= I+1;
	  echo "</td>" . $zeile[$i] . "</td>";
	  echo "</tr>"
	}
	echo "</table>"
	mysql_free_result($abfrage);

16.5.4.5 phpMyAdmin zur Verwaltung einer MySQL-Datenbank

Zur einfachen Verwaltung von MySQL-Datenbanken gibt es eine Reihe grafischer Oberflächen. Zu den bekanntesten zählt **phpMyAdmin**, eine freie PHP-Applikation, mit welcher MySQL-Datenbanken administriert werden können. Mithilfe dieser Oberfläche gelingt es auch Einsteigern, Datenbanken sicher zu verwalten.

Die separate Installation und Implementation von phpMyAdmin und MySQL in das jeweilige Betriebssystem ist sehr aufwendig. Darüber hinaus werden für weitere Funktionalitäten, z. B. die Verwendung einer Datenbank im Webbereich, zusätzliche Module, wie z. B. ein Webserver, benötigt.

Doch es gibt eine Lösung, wie alles einfacher und auch für Anfänger problemlos möglich ist. Das Zauberwort heißt **XAMPP**.

> **XAMPP:** Distribution von Apache, MySQL, PHP und Perl mit allen Technologien, die aus programmiertechnischer Sicht für die Erstellung und die Pflege von Webseiten notwendig sind.

Dazu zählen natürlich auch webbasierte Datenbanksysteme, wie MySQL.

www.apachefriends.org/de/index.html

Die Installation ist relativ einfach und mit zahlreichen Hilfetexten unterlegt. Insgesamt sind vier kostenlose Distributionen von XAMPP erhältlich: Je eine für LINUX, WINDOWS, MAC OS X und SOLARIS. Diese können auf der Website von **Apache Friends** kostenlos heruntergeladen werden. Sowohl die Installation als auch die Benutzung, also der Start und die Nutzung im jeweiligen Betriebssystem, werden zusätzlich erklärt.

Es gibt zahlreiche Handbücher, Online-Hilfen und -Dokumentationen zur Arbeit mit phpMyAdmin, SQL und dem Apache Webserver. Finden Sie Ihren persönlichen Favoriten und profitieren Sie von den XAMPP-Angeboten bei Apache-Friends!

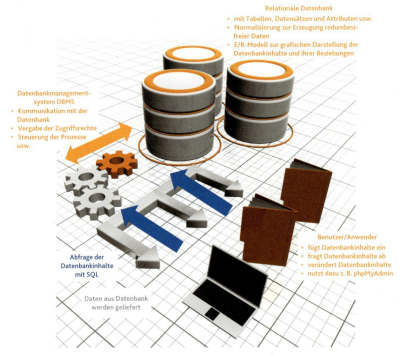

Lernsituation Datenbank zur Bucharchivierung

1. Grundbegriffe Datenbank

a) Was versteht man unter einer Datenbank und wozu dient sie?
b) Nennen Sie mindestens drei unterschiedliche Objekte, die Datenbanken enthalten können.
c) Erklären Sie den Unterschied zwischen einem Datensatz und einem Datenfeld mithilfe einer Skizze.
d) Was bedeutet Entität in Bezug auf Datenbanken?
e) Was ist ein Primärschlüssel und wozu dient er?

2. Beziehungen innerhalb einer Datenbank

Die Daten innerhalb der Datenbank müssen strukturiert und geordnet abgelegt werden, damit bei Bedarf ein gezielter Zugriff erfolgen kann. Dazu stehen mehrere Normalformen zur Verfügung.

a) Das strukturierte Ablegen wird auch als Normalisierung bezeichnet. Erläutern Sie allgemein, was mit diesem Begriff gemeint ist.
b) Gemäß der ersten Normalform muss jedes Attribut innerhalb der Datenbanktabelle atomar sein. Was bedeutet dies genau?
c) Überprüfen Sie, ob die folgende Datenbanktabelle in der ersten Normalform vorliegt. Nehmen Sie ggf. Veränderungen vor.

Name	Vorname	Disziplin	Verein	Bestleistung
Müller	Thomas	100 m	VfL Essen	10,5 s
Schmidt	Hans	100 m 200 m	SuS Bottrop	10,9 s 22,0 s
Meier	Frank	Speer	TV Schalke	68,05 m
Müller	Helge	Kugel Diskus	LG Horst	17,10 m 58,96 m
Schulze	Thomas	100 m	SuS Bottrop	11,2 s
Beckmann	Frank	Kugel	SuS Bottrop	16,86 m
Becker	Michael	Speer	LG Horst	70,20 m
Maier	Fabian	200 m	TV Schalke	22,45 s
Schmidt	Christian	Kugel Diskus	LG Horst	15,50 m 55,30 m

d) In Datenbanken sollen Redundanzen vermieden werden. Was ist hiermit gemeint?
e) Innerhalb einer Datenbank können, nach dem E/R-Modell, die folgenden Beziehungen auftreten:
   I. 1 : 1   II. 1 : n   III. m : n
   Erläutern Sie jede dieser Beziehungen anhand je eines Beispiels und stellen Sie diese mithilfe des E/R-Modells grafisch dar!

3. Datenbank anlegen und abfragen

a) Ihr Chef bittet Sie, die ein- und ausgegangenen Brief- und Paketsendungen in einer Datenbank zu erfassen. In der Datenbanktabelle „Sendungen" sollen die folgenden Inhalte erfasst werden: *Name (Absender oder Empfänger), Art der Sendung (Paket, Brief usw.), Datum,* Eingang/Ausgang. Legen Sie für alle Attribute einen geeigneten Datentyp fest (Begründung erforderlich).
b) Erstellen Sie eine SQL-Anweisung, um alle Sendungen aus der Datenbanktabelle „Sendungen" auszugeben.
c) Verändern Sie die SQL-Anweisung dahingehend, dass nur die Sendungen des Typs „Brief" ausgegeben werden.

13 Kontaktformular und Gästebuch auf der Homepage

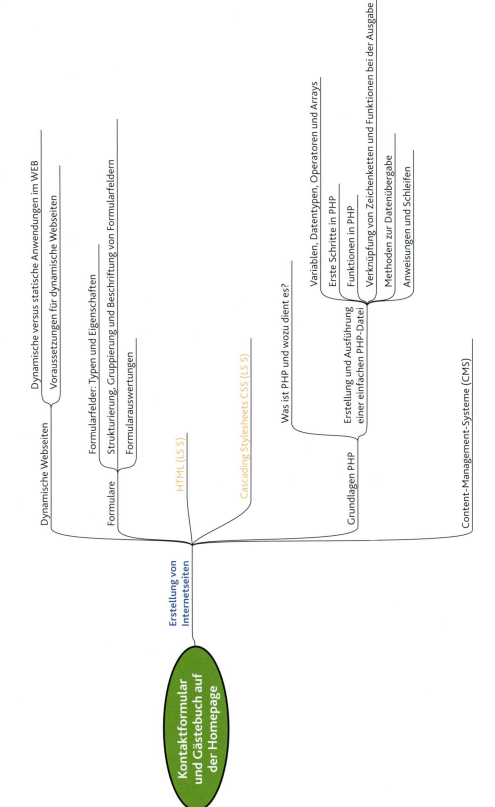

13 Kontaktformular und Gästebuch auf der Homepage

Das italienische Restaurant „Viva Italia" in Langenberg möchte seinen Webauftritt erweitern, um stärker auf die Wünsche der Gäste eingehen zu können. Daher soll neben der Kontaktmöglichkeit mittels einer einfachen E-Mail ein zusätzliches Kontaktformular zur Tischreservierung und für weitere Anfragen angeboten werden. Des Weiteren ist ein Gästebuch geplant, das den Gästen im Anschluss an ihren Besuch eine gezielte Möglichkeit der Rückmeldung zur Qualität, zum Ambiente, zu den Serviceleistungen und auch für weitere Anmerkungen bietet.

Aufgaben:
1. Erstellung eines Kontaktformulars zur Tischreservierung und für weitere Kontaktaufnahme für den Webauftritt von „Viva Italia".
2. Erstellung eines Gästebuches für den Webauftritt von „Viva Italia".

16.6 Dynamische Webseiten

Mit der Planung, den Webauftritt um ein Kontaktformular und ein Gästebuch zu erweitern, werden erweiterte Anforderungen an die technische Umsetzung des Webauftritts für das Restaurant „Viva Italia" gestellt. Neben den bisher genutzten statischen Formatierungs- und Layoutmöglichkeiten mithilfe von HTML und CSS sind nun dynamische Inhalte erforderlich, die ein gezieltes Auslesen der Formularinhalte und eine einfache Handhabung des Gästebuchs ermöglichen.

Das Wort Dynamik stammt vom griech. dýnamis = Kraft und bezeichnet „die Lehre von den Abstufungen und Veränderungen".

Bezogen auf eine Internetseite bedeutet dies, dass diese entweder vollständig dynamisch erzeugt werden kann, indem die Seite erst im Moment des Aufrufs generiert wird. Alternativ werden dynamische Elemente in einzelne Seiten des Internetangebotes, wie z. B. Besucherzähler, die Ausgabe der aktuellen Uhrzeit oder bewegte Elemente, eingefügt.

> **Dynamische Elemente:** Einzelelemente, wie z. B. das Datum, die Uhrzeit oder ein Terminkalender, die beim jeweiligen Aufruf der Seite automatisch aktualisiert werden.
>
> **Dynamische Webseiten:** Webseiten, die in dem Moment komplett vom Server erstellt werden, wenn der Benutzer sie aufruft.

Dynamik im Web ermöglicht:

- Die Internetseite kann auf Benutzereingaben reagieren,
- der Interaktionsgrad des Benutzers steigt,
- die Internetseite wird flexibler.

Unabhängig davon, ob sie lediglich einige Elemente Ihrer Internetseite oder den kompletten Webauftritt dynamisch anlegen, reichen HTML und CSS allein nicht aus. Es sind zusätzliche Programmiersprachen, sogenannte **Scriptsprachen**, erforderlich.

> **Scriptsprachen:** Steuerungssprachen zur Manipulation von Elementen einer Einzelseite oder einer ganzen Website.

Prinzipiell gibt es zwei unterschiedliche Typen von Scriptsprachen: client- und serverseitige Scriptsprachen.

Scriptsprachentyp	Arbeitsweise	Scriptsprachen
clientseitige Scriptsprache	Übertragung und Ausführung des Programmcodes auf dem Computer des Internetnutzers	JavaScript
serverseitige Scriptsprache	Ausführung des Programmcodes auf dem Webserver und Übertragung der fertigen Datei auf den Computer des Internetnutzers	PHP, ASP, Perl (CGI-Scripte)

16.6.1 Dynamische versus statische Anwendungen im Web

Doch welchen Vorteil bieten dynamische Webanwendungen, in welchen Bereichen ist ihre Anwendung sinnvoll und wo sind rein statische Anwendungen mit HTML und CSS völlig ausreichend?

Dynamische Webanwendungen sind dann sinnvoll, wenn

- Internetseiten ständig aktualisiert werden müssen,
- Kontaktformulare oder Fragebögen geplant sind, deren Inhalte weiterverarbeitet werden sollen,
- Datenerfassung und Ausgabe erfolgen sollen, z. B. Besucherzähler, Terminkalender, aktuelles Datum und Uhrzeit,
- eine Anmeldung für die Nutzung der Inhalte gewünscht wird (Log-in) usw.

Statische Internetseiten reichen aus, wenn

- die Inhalte des Webauftritts sich nur selten ändern,
- der Webauftritt einen geringen Umfang hat und leicht zu verwalten ist,
- weder Formulare noch Fragebögen angeboten werden sollen.
- sich verändernde Menüstrukturen angeboten werden sollen, Aufklappmenüs, Buttons usw.,

Wägen Sie im Zweifelsfall ab, ob sich der Mehraufwand, den dynamische Anwendungen in der Erstellungsphase mit sich bringen, nachher durch einen geringen Wartungsaufwand und stets aktuelle Inhalte auszahlt oder ob Sie lediglich eine „Mini-Homepage" etwas „aufrüsten" möchten und Aufwand und Nutzen ins Ungleichgewicht geraten.

16.6.2 Voraussetzungen für dynamische Webseiten

Um dynamische Internetseiten anbieten zu können, sind nicht nur ein gewisses programmiertechnisches Grundwissen, sondern auch eine Reihe technischer Voraussetzungen erforderlich.

Je nachdem welche Anwendungen geplant sind, muss sowohl die Softwareausstattung Ihres Computers als auch der von Ihnen gewählte Internetanbieter einige Grundvoraussetzungen erfüllen. Die wichtigsten Voraussetzungen sind in der nachfolgenden Tabelle aufgelistet.

Bereich	Voraussetzungen
Computer	Arbeitsspeicher RAM mind. 2 GB, Betriebssystem MAC OS X bzw. Windows 7 oder höher
Internetanschluss	DSL-Anschluss ab DSL 3.000
Provider	PHP-, SQL- und Datenbankunterstützung
Software	• Entwicklungsumgebung, mit MySQL, Apache Webserver und PHP-Modul (z. B. XAMPP) • einfacher Editor nach Wahl oder PHPEclipse usw. • alternativ: Content-Management-System, z. B. Joomla!, Typo3

16.7 Formulare

Das Restaurant „Viva Italia" möchte ein Kontaktformular anbieten. Dabei ist es wichtig, dass Sie sich zunächst einen Überblick über den richtigen Aufbau und die unterschiedlichen Eingabefelder eines Formulars verschaffen. Anschließend können Sie dann gezielt einen passenden Formularaufbau für den Webauftritt von „Viva Italia" auswählen. Achten Sie bei der Planung Ihres Formulars auch auf die Benutzerfreundlichkeit und die Barrierefreiheit!

Wer kennt sie nicht, die Kontaktformulare auf vielen Websites, die es dem Nutzer auf einfache Art und Weise ermöglichen, Kontakt mit dem Anbieter aufzunehmen oder Informationsmaterial anzufordern.

Formulare sind nicht nur bei Druckprodukten zur Anmeldung, Gewinnspielteilnahme usw., sondern auch im Web eine große Hilfe: Immer dann, wenn es darum geht, Daten, wie z. B. Adressangaben, einheitlich zu erfassen oder die Kontaktaufnahme für den Nutzer zu erleichtern.

Der größte Vorteil von Formularen im Web ist der problemlose Kontakt zum Anbieter. Der Nutzer kann Fragen stellen sowie Informationen anfordern. Der Anbieter erhält gleichartig aufbereitete Daten, die sich gut bearbeiten und einheitlich abspeichern bzw. in Datenbanken übertragen lassen.

Darüber hinaus hilft die Funktionalität von Formularen dabei, Eingaben des Nutzers einer Website an den Server zu übermitteln (= Kommunikation mit dem Webserver).

16.7.1 Formularfelder: Typen und Eigenschaften

Für Formulare gibt es eine Reihe von Eingabe- und Auswahlfeldern, die je nach Einsatzbereich des Formulars angewendet werden können.

Hier werden daher zunächst das Grundgerüst eines Formulars und anschließend eine Reihe möglicher Eingabe- und Auswahlfelder sowie jeweils ein möglicher Anwendungsbereich vorgestellt.

Aufbau eines Formulars

HTML-Quelltext	Erläuterungen

`<form action="datei.php"`
`method="get"`
`enctype="text/plain">`
 	
`<!-- hier die benötigten Felder,`
`Auswahllisten usw. einfügen -->`
 	
`</form>`
	action: Angeben, welche php-Datei das Formular verarbeiten soll bzw. an welche E-Mail-Adresse es geschickt werden soll
	method: Methode angeben, wie das Formular verarbeitet wird, **get** oder **post**, bei mailto immer post!
	enctype: text/plain eintragen, um formatierten Text zu erhalten

```
<form action="auswertung.php" method="post">
Hier stehen nachher die einzelnen Formularfelder
</form>
```
Erläuterung:
- Die Datei "auswertung.php" dient dazu, die Inhalte der Formularfelder zu erfassen und zu verarbeiten.
- Der Formularversand erfolgt mithilfe der Methode "post"

Einige wesentliche **Elemente**, die häufig in Standardformularen zu finden sind, werden im Folgenden aufgelistet.

Einzeiliges Eingabefeld	
`<input type="text" size="Länge" value="Bitte Name eingeben" maxlength="MaxLänge" name="Name"/>` Bitte Name eingeben	**input type:** Darstellung der eingegebenen Zeichen (text bei sichtbarem Text, password, wenn Text nicht sichtbar sein soll) **size:** Länge des Eingabefeldes in Zeichen, z. B. size="40" **value:** Bereits eingetragener Text **maxlength:** Maximal eingebbare Zeichen, z. B. maxlength="35" **name:** Name für das Formularfeld, z. B. name="Adresse"
Mehrzeilige Eingabefelder	

`<textarea cols="Spalten" rows="Reihen" name="Name">`
Geben Sie hier bitte Ihre Fragen ein!
`</textarea>`
 	
Geben Sie hier bitte Ihre Fragen ein!
	cols: Anzahl der Zeichen pro Zeile eingeben, z. B. cols="30"
	rows: Anzahl der Zeilen eingeben, z. B. rows="5"
	name: Textfeld einen Namen geben

Auswahlliste zur Einfach- oder Mehrfachauswahl	

`<select size="Höhe" name="Name">`
`<option>0 bis 10 Jahre</option>`
`<option>10 bis 17 Jahre</option>`
`<option>18 bis 29 Jahre</option>`
`<option>30 bis 65 Jahre</option>`
`<option>&uuml;ber 65 Jahre</option>`
`</select>`

	`<option>`: Beschriftung des Auswahlkästchens
	`</option>`: Wird so oft wiederholt, dass die Anzahl der Anzahl der Listenelemente entspricht; bei einer Liste mit fünf Auswahlmöglichkeiten demnach fünfmal
	multiple: Wird in select zusätzlich angegeben, wenn mehr als ein Listeneintrag ausgewählt werden kann

Radiobuttons	
`<input type="radio" name="zimmer" value="einzel"/>` Einzelzimmer ` ` `<input type="radio" name="zimmer" value="doppel"/>` Doppelzimmer ` ` `<input type="radio" name="zimmer" value="suite"/>` Suite mit 2 Zimmern ` ` ○ Einzelzimmer ○ Doppelzimmer ○ Suite mit 2 Zimmern	**value:** Kennzeichnung des Buttons für Formularversand **text:** Beschriftung des Buttons **name:** Name der Gruppe, z. B. name="zimmer" Radiobuttons werden in Gruppen angelegt. Von den Elementen einer Gruppe kann immer nur <u>ein einziges</u> ausgewählt werden.
Checkboxen	
`<input type="checkbox" name="interessen" value="Golf" />` Golf ` ` `<input type="checkbox" name="interessen" value="Tennis" />` Tennis ` ` `<input type="checkbox" name="interessen" value="Reiten" />` Reiten ` ` `<input type="checkbox" name="interessen" value="Surfen" />` Surfen ` ` `<input type="checkbox" name="interessen" value="Segeln" />` Segeln ` `	**value:** Kennzeichnung der Checkbox für Formularversand ☐ Golf ☐ Tennis ☐ Reiten ☐ Surfen ☐ Segeln Checkboxen einer Gruppe müssen nicht, aber sollten gleiche Namen haben. Bei Checkboxen können mehrere Boxen ausgewählt werden.
Klickbuttons	

`<input type="button" name="Name" value="Hier geht es weiter" onclick="Aktion"/>`
 	
 oder
 	
 `<button type="button" name="Name" value="Wert" onclick="Aktion">` Beschriftung oder Grafik `</button>`
	Klickbuttons gibt es in zwei Varianten:
	 1. Als einfache Buttons mit Textbeschriftung:
	  [Hier geht es weiter]
	 2. Als frei zu gestaltende Buttons, die entweder beschriftet oder mit einer Grafik versehen werden können
	
	 Nach der Betätigung des Buttons muss eine Aktion erfolgen (separates Fenster öffnet sich, Text erscheint usw.).

Buttons zum Absenden und Zurücksetzen	
`<input type="submit" value="Absenden"/>` `<input type="reset" value="L&ouml;schen"/>`	**submit:** Absenden **reset:** Zurücksetzen

Zur Erstellung eines Formulars ist lediglich normaler HTML-Code notwendig. Für die Verarbeitung und den Versand der eingetragenen Daten ist jedoch eine serverseitige Programmiersprache, z. B. PHP oder Perl als CGI-Script, erforderlich.

Lediglich der einfache Versand eines Formulars per E-Mail kann ohne Programmierung erfolgen, wenn auf dem Computer, von dem aus das Formular versendet werden soll, ein fester E-Mail-Account eingerichtet ist.

Beispiel zum Versand eines Formulars per E-Mail

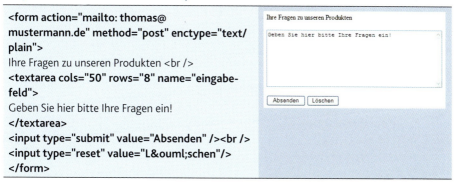

```
<form action="mailto: thomas@
mustermann.de" method="post" enctype="text/
plain">
Ihre Fragen zu unseren Produkten <br />
<textarea cols="50" rows="8" name="eingabe-
feld">
Geben Sie hier bitte Ihre Fragen ein!
</textarea>
<input type="submit" value="Absenden" /><br />
<input type="reset" value="L&ouml;schen"/>
</form>
```

Praktische HTML-Übung 14: Formulare auf Webseiten

Erstellen Sie das folgende Kontaktformular zum Versand per E-Mail an eine frei wählbare E-Mail-Adresse.

Vorgaben zur Größe der Eingabefelder:	
PLZ, Hausnummer	6 Zeichen
Telefon	20 Zeichen
Mehrzeiliges Eingabefeld	60 Zeichen
Weitere Felder	30 Zeichen

Vorlage zu HTML-Übung 11: Formular

16.7.2 Strukturierung, Gruppierung und Beschriftung von Formularfeldern

Formulare bestehen meist aus einer Reihe von Eingabe- und Auswahlfeldern. Prinzipiell lassen sich diese gezielt beschriften und zu Gruppen zusammenfassen. Dies ist einerseits im Rahmen der Barrierefreiheit und andererseits im Hinblick auf die Benutzerfreundlichkeit von besonderer Bedeutung.

Strukturierung und Gruppierung

Es ist sinnvoll, die einzelnen Gruppen, zu denen sich Formularfelder zuordnen lassen, auch in HTML als solche zu kennzeichnen. Dies erleichtert einerseits die spätere Verarbeitung und bietet andererseits auch blinden bzw. sehbehinderten Nutzern eine übersichtliche Struktur im Sinne der Barrierefreiheit, da die Inhalte nun gruppiert vorgelesen werden.

13 | Lernsituation Kontaktformular und Gästebuch auf der Homepage

Der HTML-Tag **fieldset** definiert eine Gruppe, mit **legend** erhält die Gruppe dann eine Überschrift – legend darf nur innerhalb von fieldset und nicht alleine verwendet werden.

> Mit fieldset können mehrere Formularfelder zu einer Gruppe zusammengefasst werden. Mit legend erhält die Gruppe eine Bezeichnung.

Ansicht im Browser

HTML-Quelltext

```
<form action="auswertung.php" method="post">
```

<fieldset>
<legend>Absender</legend>

```
<table width="400" height="120">
 <tr>
    <td> Vorname:</td>
    <td><input type="text" size="30" maxlength="30" name="Vorname"/></td>
 </tr>
 <tr>
    <td>Name:</td>
    <td><input type="text" size="40" maxlength="40" name="Name"/></td>
 </tr>
 </table>
```
</fieldset>

<fieldset>
<legend>Anliegen</legend>
```
<table width="400" height="200">
 <tr>
    <td>Ihr Anliegen:</td>
    <td><textarea cols="30" rows="6" name="Textfeld">
```

```
            </textarea>

        </td>
</tr>
<tr>
    <td>Gew&uuml;nschtes Informationsmaterial</td>
    <td>
<input type="checkbox" name="Infos"/> Konzertprogramm <br />
<input type="checkbox" name="Infos"/> Abonnenten-Club <br />
<input type="checkbox" name="Infos"/> Konzertmenues <br />
    </td>
  </tr>
 </table>
```
</fieldset>
<fieldset>
<legend>Abschicken</legend>
```
<table width="400" height="50">
<tr>
<td>
            <input type="submit" value="Absenden"/>
            <input type="reset" value="L&ouml;schen"/>
</td>
</tr>
</table>
```
</fieldset>
</form>

Beschriftung

Die Beschriftung der einzelnen Formularfelder erfolgt normalerweise einfach in HTML, indem, wie im vorstehenden Beispiel, ein entsprechender Text daneben oder darüber gesetzt wird. Dieser Text hat jedoch keinen logischen Bezug zum Formularfeld, sondern steht einfach separat im Quelltext. Um einen logischen Zusammenhang zwischen dem Formularfeld und dessen Beschriftung herzustellen, verfügt HTML über das Tag **label**.

> Mit Labels wird ein logischer Bezug zwischen einem Formularfeld und dessen Beschriftung hergestellt.

```
<label for="Vorname"> Vorname: </label>
<input type="text" name="vorname" id="Vorname" size="30">
```

- Das Formularfeld erhält zusätzlich eine *id*
- Die Bezeichnung in *<label>* hinter dem Attribut *for* muss exakt der Bezeichnung hinter *id* des Formularfeldes entsprechen
- Groß-/Kleinschreibung beachten!

Insbesondere in Bezug auf die **Accessibility** ist es wichtig, die Inhalte jeder Internetseite und damit verstärkt auch Formulare logisch zu strukturieren, damit jeder Nutzer, auch derjenige mit eingeschränktem oder nicht vorhandenem Sehvermögen, die Inhalte verstehen und nutzen kann.

Eingabeformular mit Label-Beschriftung

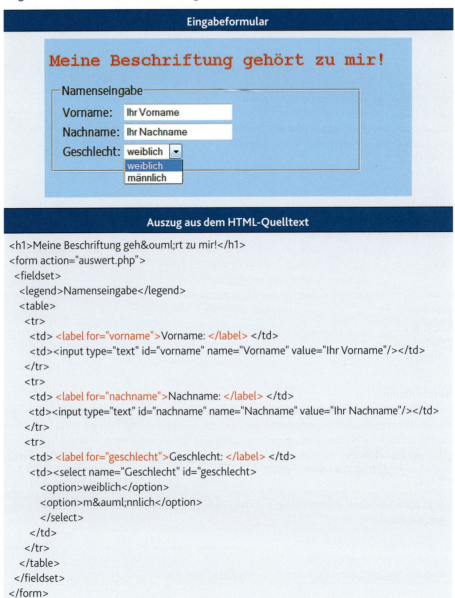

```
<h1>Meine Beschriftung geh&ouml;rt zu mir!</h1>
<form action="auswert.php">
 <fieldset>
  <legend>Namenseingabe</legend>
  <table>
   <tr>
    <td> <label for="vorname">Vorname: </label> </td>
    <td><input type="text" id="vorname" name="Vorname" value="Ihr Vorname"/></td>
   </tr>
   <tr>
    <td> <label for="nachname">Nachname: </label> </td>
    <td><input type="text" id="nachname" name="Nachname" value="Ihr Nachname"/></td>
   </tr>
   <tr>
    <td> <label for="geschlecht">Geschlecht: </label> </td>
    <td><select name="Geschlecht" id="geschlecht">
     <option>weiblich</option>
     <option>m&auml;nnlich</option>
     </select>
    </td>
   </tr>
  </table>
 </fieldset>
</form>
```

16.7.3 Formularauswertungen

Die Verarbeitung und Auswertung der Inhalte aus den Eingabe- und Auswahlfeldern eines Formulars kann mit einer serverseitigen Programmiersprache wie z. B. PHP erfolgen.

16.8 Grundlagen PHP

Die Sprache **PHP (Hypertext Preprocessor)** wurde im Jahre 1984 von Rasmus Lerdorf entwickelt und ist sowohl browser- als auch plattformunabhängig. Das bedeutet, dass sie in jedem Browser und auf jedem Betriebssystem lauffähig ist. Dies hängt damit zusammen, dass PHP zu den sog.

serverseitigen Programmiersprachen gehört und der erstellte Programmcode daher nicht vom Browser auf dem Computer des Anwenders, sondern auf dem Server des Providers, auf welchem die aufgerufene Website liegt, ausgeführt wird.

16.8.1 Was ist PHP und wozu dient es?

PHP ist genau genommen eine Scriptsprache. Im Vergleich mit einer gängigen Programmiersprache, wie z. B. C++, bedeutet dies, dass die fertigen Scripte direkt ausgeführt werden und nicht vorher durch einen Compiler geschickt werden müssen.

Die Scriptsprache PHP dient zur dynamischen Erzeugung und Auswertung einzelner Elemente oder ganzer Seiten im Internet. Dazu gehören z. B. die Auswertung von Formularen und die Erstellung von Gästebüchern.

Bereits am Anfang von PHP stand die Idee, Bausteine zu haben, die es ermöglichen, in eine Datei etwas hineinzuschreiben, eine Datei auszulesen oder Formulare auszuwerten.

Die Umsetzung dieser Idee an unterschiedlichen Stellen einer Webseite wird im Folgenden Schritt für Schritt vorgestellt.

16.8.2 Erstellung und Ausführung einer einfachen PHP-Datei

Zunächst geht es um grundsätzliche Anforderungen für die Arbeit mit PHP, von der Erstellung bis zur Ausführung.

Eine PHP-Datei kann mit einem simplen Texteditor, wie er mit jedem Betriebssystem mitgeliefert wird (z. B. Notepad beim PC), erstellt werden. Daneben sind sowohl die meisten Webeditoren als auch spezielle PHP-Editoren zur Erstellung von PHP-Codes geeignet.

Vor der Ausführung im Browser müssen die PHP-Dateien auf einen Webserver hochgeladen werden.

Schritte zur Erstellung und Ausführung einer PHP-Datei	
1. PHP-Code mit Editor erstellen.	
Verwendung im Internet	**Lokaler Test**
2. Datei per ftp auf Webserver hochladen.	2. Datei lokal im Verzeichnis htdocs abspeichern. Apache Webserver, z. B. im xampp-Control-Panel, starten.
3. Datei von Webserver im Browser aufrufen → Server ist der Webserver, auf dem die Internetseite liegt.	3. Datei lokal im Browser aufrufen → Servername ist hier localhost.
Beispiel: http://www.meinefirma.de/index.php	Beispiel: http://localhost/index.php

PHP-Editoren: Notepad – TextPad – www.textpad.com – Shareware – WIN Eclipse – www.eclipse.org/ – Open Source – WIN, MAC und LINUX XAMPP: www.apachefriends.org/de/xampp.html – WIN, MAC, LINUX

Der PHP-Code wird direkt in eine HTML-Datei geschrieben und befindet sich dort immer zwischen den folgenden Klammern.

```
<?php

?>
```

16.8.2.1 Variablen, Datentypen, Operatoren und Arrays

Jede Programmier- und Scriptsprache, also auch PHP, arbeitet mit Variablen, Datentypen, Operatoren und Arrays.

Variable:	Platzhalter für veränderliche Werte, z. B. Zahlenwert, Text
Datentyp:	Menge von Objekten oder Wertebereich, den Konstanten und Variablen annehmen können
Operatoren:	Vorschriften, die mittels Zeichen oder booleschen Operatoren ausgedrückt werden. Sie dienen z. B. • für mathematische Berechnungen, wie +, –, : usw. • zur Verkettung von Zeichenketten, "Vorsitzende:"."". "<h1>Frau Marlies Mayer</h1>", • zum Vergleich, z. B. ==, <=, >=, != (gleich, kleiner gleich, größer gleich, ungleich).
Array:	Datenfeld, welches die Möglichkeit bietet, in einer Variablen mehrere Daten abzuspeichern.

Variablen

Variablennamen
- sind frei wählbar,
- dürfen keine Umlaute oder Sonderzeichen enthalten,
- dürfen nicht mit einer Zahl beginnen und nicht nur aus Zahlen bestehen.

Erlaubte Variablenbezeichnungen	Unzulässige Variablenbezeichnungen
$name; $vorname; $kind1; $Meier007;	$1name; $123; $öschi;

Datentypen

Wie alle Programmiersprachen arbeitet auch PHP mit Datentypen, jede Variable hat einen bestimmten Datentyp. Dieser muss in PHP, anders als z. B. in SQL, jedoch nicht explizit angegeben werden, sondern wird der Variablen automatisch zugeordnet.

Datentyp	Erläuterung
Integer	ganze Zahlen, z. B. 5, 100, 1700
Double, Float, Real	Fließkommazahlen, z. B. 0.1, 102.45
String	Zeichenketten, z. B. Hallo
Boolean	logische Werte, z. B. TRUE o. FALSE

Arrays

Bei Arrays wird zwischen ein- und mehrdimensionalen Arrays unterschieden. Insgesamt ähnelt jedes Array einer Tabelle. Das eindimensionale hat nur eine Zeile mit einer variablen Anzahl von Spalten, das mehrdimensionale besteht aus mehreren Spalten.

Die einzelnen Elemente, die der Reihe nach im Array abgelegt sind, werden von 0 an aufsteigend durchnummeriert. Jedes Element befindet sich gewissermaßen in einer Zelle, die über ihre Nummer, den Index, angesprochen werden kann.

Array:
- ein- oder mehrdimensionales Datenfeld,
- jede Zelle wird mit einem Index versehen,
- die Nummerierung der Zellen beginnt mit 0,
- wird deklariert, wie jede andere Variable auch (z. B. $zahlen;).

Array mit fünf Elementen vom Typ Integer (ganze Zahlen):

```
$zahl[0]=100;
$zahl[1]=200;
$zahl[2]=400;
$zahl[3]=800;
$zahl[4]=1600;
```

Ausgabe des Inhalts einer bestimmten Zelle
print($zahl[3]); → es wird die Zahl 800 ausgegeben

Assoziative Arrays

Neben den normalen Arrays mit Indexnummern gibt es in PHP auch sog. assoziative Arrays. Bei diesen Arrays können Sie den Index selbst bestimmen, indem Sie eine Zeichenkette (String) als Index definieren. Der Index wird hier als Schlüssel bezeichnet.

```
$status['student'] = 'Studimausi';
$status['beamter'] = 'Staatsdiener';
usw.
```
Ausgabe des Inhalts mit:
print($status['student']);

16.8.2.2 Erste Schritte in PHP

In PHP ist aller Anfang ganz leicht, denn in einer ersten Übung soll es zunächst nur darum gehen, einen einfachen Text auf dem Bildschirm auszugeben.

PHP-Tutorial unter www.php-einfach.de

I. Ein erstes Beispiel mit PHP

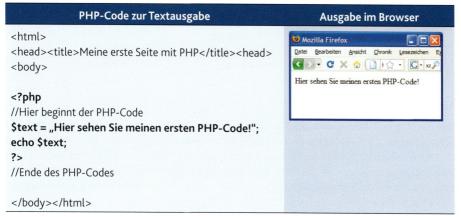

PHP-Code zur Textausgabe	Ausgabe im Browser

`<html>`
`<head><title>Meine erste Seite mit PHP</title><head>`
`<body>`
 	
`<?php`
`//Hier beginnt der PHP-Code`
`$text = „Hier sehen Sie meinen ersten PHP-Code!";`
`echo $text;`
`?>`
`//Ende des PHP-Codes`
 	
`</body></html>`
	Hier sehen Sie meinen ersten PHP-Code!

- Alle Anweisungen in PHP werden mit einen Semikolon ; abgeschlossen.
- Eine Datei, die PHP-Code enthält, wird mit der Endung .php abgespeichert, z. B. text.php.
- Einzeilige Kommentare im Quelltext stehen hinter // einzeiliger Kommentar.
- Mehrzeilige Kommentare werden im Quelltext durch /* mehrzeiliger Kommentar */ eingeschlossen.

II. Befehl und Funktion zur Textausgabe

PHP-Code	Anwendung	Erläuterung
echo	echo $variable; echo "Mein erster PHP-Code";	gibt den Inhalt der Variablen aus gibt den Text „Mein erster PHP-Code" aus
print( )	print($variable); print("Mein erster PHP-Code");	gibt den Inhalt der Variablen aus gibt den Text „Mein erster PHP-Code" aus

Die Textausgabe in vorstehendem Beispiel enthält noch keinerlei Textauszeichnungen oder Formatierungen. Durch Kombination von HTML- bzw. CSS- mit dem PHP-Code zur Textausgabe lässt sich eine Textformatierung vornehmen.

III. Textausgabe mit Formatierung

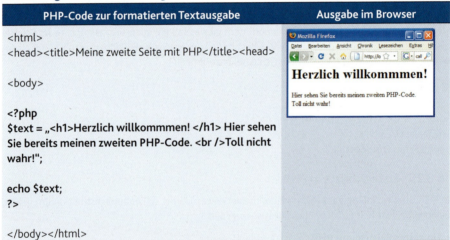

Die benötigten HTML-Tags werden einfach in die Textausgabe mit echo oder print( ) integriert. Ebenso können natürlich auch CSS-Befehle benutzt werden.

HTML-, CSS- und PHP-Quellcodes können miteinander kombiniert, also gemischt werden.

16.8.2.3 Funktionen in PHP

Um die Programmierung übersichtlich und effektiv zu gestalten, bieten alle Programmier- und Scriptsprachen sog. **Funktionen** an, um häufig vorkommende Ausgaben und Berechnungen vorab zusammenzufassen. Dies können die Ausgabe von Datum und Uhrzeit, eine mathematische Formel oder Rechenoperation, die bereits in der Bibliothek der jeweiligen Programmiersprache vordefiniert sind, oder vom Programmierer selbst geschriebene Funktionen für häufig benötigte Anweisungen und Abläufe sein.

Lernsituation Kontaktformular und Gästebuch auf der Homepage | 13

Nachfolgend sind einige besondere Funktionen zum besseren Verständnis vorgestellt. Den kompletten Funktionsumfang können Sie der gängigen Fachliteratur und den PHP-Referenzen im Web entnehmen.

www.
selfphp.de/

Funktionen aus der PHP-Bibliothek

Funktion	Anwendung	Erläuterung
print( )	echo print("Hallo, wie geht es Dir?");	Textausgabe
date( )	echo date("j-m-Y"); z. B. 1-7-2013 oder echo date("j-m-Y G :i :s"); z. B. 1-7-2013 12:37:25 → Formatierte Ausgabe von Datum und Uhrzeit.	d – Tag des Monats, zwei Ziffern mit führender Null j – Tag des Monats ohne führende Null l (kleines „L") – ausgeschriebener Wochentag F – Ausgeschriebener Monat (z. B. „Dezember") G – Stunde im 24-Stunden-Format ohne führende Null („0" bis „23") i – Minuten („00" bis „59") m – Monat mit führender Null („01" bis „12") n – Monat ohne führende Null („1" bis „12") s – Sekunden („00" bis „59") Y – Jahr, vierstellige Ausgabe (z. B. „2013") y – Jahr, zweistellige Ausgabe (z. B. „13")
gmdate( )	echo date("j-M-Y");	wie date( ), aber Ausgabe in GMT-Zeitzone
mail( )	$empfaenger = "hans@muster.de"; $betreff = "Einladung"; $from = "From: Hanne Mustermann <hanne@mustermann.de>"; $text = "Dies ist meine erste E-Mail mit PHP"; mail($empfaenger, $betreff, $text, $from);	Empfänger, Betreff, Absender und der Text der E.Mail werden in Variablen gespeichert und mithilfe der Mail-Funktion versendet. Versenden von E-Mails funktioniert nur auf dem Webserver, nicht lokal auf dem virtuellen Webserver!
fopen( )	fopen("adressenliste.txt", "a+"); → Öffnet die Datei adressenliste.txt und springt an das Ende der Datei.	Öffnet eine Datei auf dem Server und r Datei wird nur zum Lesen geöffnet, der Dateizeiger wird auf den Anfang der Datei gesetzt. r+ Datei wird zum Lesen und Schreiben geöffnet, der Dateizeiger wird auf den Anfang der Datei gesetzt. w Datei wird nur zum Schreiben geöffnet, der Dateizeiger wird auf den Anfang der Datei gesetzt. w+ Datei wird zum Lesen und Schreiben geöffnet, der Dateizeiger wird auf den Anfang der Datei gesetzt.

		a Datei wird nur zum Schreiben geöffnet, der Dateizeiger wird an das Ende der Datei gesetzt (d. h., der Inhalt wird nicht überschrieben, sondern neuer Inhalt am Dateiende hinzugefügt).
		a+ Datei wird zum Lesen und Schreiben geöffnet, der Dateizeiger wird an das Ende der Datei gesetzt (d. h., der Inhalt wird nicht überschrieben, sondern neuer Inhalt am Dateiende hinzugefügt).
fclose ( )	fclose("adressenliste.txt");	Schließt eine Datei.
fgets ( )	$einlesen = fopen ("datei.txt", "r"); **fgets ($einlesen,1024);** → Öffnet die Datei datei.txt und liest die erste Zeile aus. Maximale Zeichenzahl je Zeile hier 1.024.	Datei datei.txt öffnen, Dateizeiger auf den Anfang der Datei setzen (s. o.). Eine Zeile der Datei auslesen (kann beliebig oft wiederholt werden, bis das Ende der Datei erreicht ist).
feof ( )	feof ($einlesen) Alternativ: **!feoef($einlesen)**	Prüft, ob sich der Dateizeiger am Ende der Datei befindet. Gibt true = 1 zurück, wenn zutreffend, bzw. false = 0, wenn nicht. Prüft, ob Dateizeiger nicht am Ende der Datei steht.
fwrite ( )	$adressen = fopen ("adressenliste. txt", "a+"); fwrite ($adressen, $_GET[‚name']); → Öffnet die Datei adressenliste.txt und schreibt an deren Ende den Eintrag aus dem Formularfeld "name" des Eingabeformulars.	Schreibt Daten in eine Datei, und zwar dort, wo der Dateizeiger gerade steht.
preg_replace ( )	$ersetzen = preg_replace("x", " * ", $ersetzen); → Ersetzt jedes x durch das Zeichen *. $ersetzen = preg_replace("/[\ (\)\[\]\{\}]/", "", $ersetzen); → Löscht alle angegebenen Klammern aus dem Text.	Ersetzt bestimmte Zeichen durch andere Zeichen.

PHP-Übung 1: Text, Datum und Uhrzeit

Als erste Übung in PHP sollen kurze Texte sowie das aktuelle Datum und die aktuelle Uhrzeit ausgegeben werden.

Erstellen Sie eine PHP-Datei, die Folgendes im Browser ausgibt:

Speichern Sie die Datei unter dem Namen **U1_php_text.php** und laden Sie sie auf Ihren Webserver oder in das Verzeichnis htdocs des lokalen Computers.

16.8.2.4 Verknüpfung von Zeichenketten und Funktionen bei der Ausgabe

Wenn mehrere Zeichenketten und Inhalte von Funktionen in PHP ausgegeben werden sollen, ist für jede Ausgabe entweder ein separater echo-Befehl oder eine separate print-Funktion erforderlich.

Durch spezielle Operatoren zur Verkettung von Zeichenketten ist es möglich, die gesamte Ausgabe mit einem echo-Befehl oder einer print-Funktion vorzunehmen. Dies spart bei einem umfangreichen Webauftritt eine Menge Speicherplatz, da der Quellcode erheblich verkürzt wird.

Vgl. diese LS, 16.8.2.1

Anzeige von Datum und Uhrzeit:

Der folgende Text soll so wie angezeigt ausgegeben werden:

Guten Tag, heute ist der *aktuelles Datum* **und es ist genau** *aktuelle Uhrzeit*

Folgende Programmierung muss vorgenommen werden:

```
<?php
print("<strong>Guten Tag, </strong> heute ist der ".date('j.m.Y')."
und es ist genau ".date('G:i:s')." Uhr.");
?>
```

Die Verknüpfung der einzelnen Zeichenketten und Funktionen, die ausgegeben werden sollen, erfolgt, indem diese durch Punkte aneinandergereiht werden.

> Bei der Verkettung von Zeichenketten und Funktionen werden doppelte Anführungszeichen bereits innerhalb der Ausgabefunktion verwendet. Daher müssen innerhalb der weiteren Funktionen, z. B. date( ), einfache Anführungszeichen benutzt werden.

```
print ("Textausgabe" . date(' Y ')."Ende der Textausgabe");?>
```

PHP-Übung 2: Zeichenketten bei der Ausgabe verknüpfen

In der zweiten Übung soll die Ausgabe mehrerer Zeichenketten und von Datum und Uhrzeit im Quelltext **innerhalb einer Funktion** *print( )* erfolgen, indem alle auszugebenden Inhalte durch entsprechende Operatoren miteinander verknüpft werden.

Erstellen Sie eine PHP-Datei, die Folgendes im Browser ausgibt:

> **Guten Tag,**
> in diesem Moment ist es genau *aktuelle Uhrzeit*,
> das aktuelle Datum von heute lautet: *aktuelles Datum*

16.8.2.5 Methoden zur Datenübergabe

Etwas komplizierter wird es, wenn Daten von einer an eine andere Datei übergeben werden sollen. Dies ist z. B. dann der Fall, wenn die Inhalte eines Kontaktformulars zur Weiterverarbeitung in einer separaten Datei abgespeichert werden sollen.

PHP unterscheidet zwei Methoden zur Datenübergabe, die Methoden **GET** und **POST**.

- Mit der **Methode GET** werden die zu übertragenden Daten, z. B. die Inhalte der Formularfelder, in der URL übertragen, also für jeden sichtbar an die URL angehängt.
- Mit der **Methode POST** werden die Daten im HTTP-Header übertragen.

Die Übergabe in der PHP-Datei erfolgt mit GET und POST wie folgt:

> $_GET['*Name des formularfeldes*']; bzw. $_POST['*Name des formularfeldes*'];

Formular mit zwei Eingabefeldern auslesen:
Am Beispiel von GET wird eine einfache Formularverarbeitung von zwei Formularfeldern, deren Inhalt anschließend im Browserfenster angezeigt wird, vorgestellt.

Quellcode	Browserdarstellung

1.) HTML-Datei mit Formular
 	
`<html>`
`<head><title>Namen eintragen</title></head>`
`<body>`
Bitte tragen Sie Ihren Namen ein!
`<form name="form_kontakt" method="GET"`
`action="auswert.php">`
` <table width="500" height="450" border="0" cellpadding="5" cellspacing="0">`
`  <tr>`
`   <td align="left" valign="baseline">Vorname</td>`
`   <td valign="bottom">Name</td>`
`  </tr>`
`  <tr>`
`   <td>`
`      <input name="vname" type="text" id="vname" size="30"/>`
`   </td>`
`   <td>`
`      <input name="name" type="text" id="name" size="30"/>`
`   </td>`
`  </tr>`
	Bitte tragen Sie Ihren Namen ein!
	
	Vorname Name
	[_____] [_____]
	[Abschicken] [Löschen]

Quellcode	Browserdarstellung

``
<tr>
  <td><input type="submit" name="Submit"
    value="Abschicken"/></td>
  <td><input name="reset" type="reset"
    value="Löschen"/></td>
</tr>
``	

2.) PHP-Datei zum Auslesen des Formulars ``` <?php print('Hallo'.$_GET['vname'].' '.$_GET['name'].'! <p>Vielen Dank für den Eintrag Ihres Namens'); ?> ```	1. Die **Adresszeile** sieht nach Aufruf der Auswertungsdatei auswert.php z. B. wie folgt aus: **http://localhost/B4_auswert.php?vname=Max&name=Muster** → Die Formulareinträge Max und Muster werden an die eigentliche URL angehängt. 2. Im Browserfenster erscheint Folgendes: Hallo Max Muster! Vielen Dank für den Eintrag Ihres Namens

> GET und POST können gleichwertig verwendet werden. Bei der Übertragung von sensiblen Daten, z. B. dem Passwort beim Log-in, ist POST erste Wahl, da diese nicht sichtbar sein dürfen.

Unstrukturierte Datenübergabe an eine Textdatei

Die Daten aus dem Formular sollen nicht nur im Browser darstellbar sein, sondern für den Empfänger auch zur Weiterverarbeitung, z. B. abgespeichert in einer externen Adressdatei, zur Verfügung stehen.

Vgl. diese LS, 16.8.2.3

Auf einfache Weise ist dies mithilfe der drei **Funktionen fopen( ), fwrite( ) und fclose( )** möglich.

Anhand des Beispiels „Formular mit zwei Eingabefeldern" wird erläutert, wie die Einträge der Formularfelder beim Absenden des Formulars in einer Textdatei gespeichert werden.

Formular mit zwei Eingabefeldern auslesen und Daten in externer Textdatei abspeichern:

Quellcode	Erläuterung

``
<?php
 	
$adressen = fopen ("adressen.txt", "a+");
 	
fwrite ($adressen, $_GET['name']);
fwrite ($adressen, ", ");
fwrite ($adressen, $_GET['vname']);
fwrite($adressen, " --- ");
 	
fclose ($adressen);
 	
echo "Ihre Daten wurden gespeichert.";
 	
?>
``
	• Datei *adressen.txt* wird geöffnet und Dateizeiger an das Ende der Datei gesetzt.
	• Die Funktion fopen( ) wird, da sie noch mehrmals verwendet werden soll, in der Variablen *$adressen* gespeichert.
	• Einträge der Formularfelder *name* und *vname* werden in die Datei *adressen.txt* geschrieben.
	• Datei *adressen.txt* wird geschlossen.
	• Rückmeldung im Browserfenster, dass die Daten gespeichert wurden.

Dieses Beispiel soll nicht nur aufzeigen, dass Daten aus Formularfeldern mithilfe von PHP in externe Dateien außerhalb des Webauftritts übertragen werden können, sondern auch zur weiteren Auseinandersetzung mit diesem Bereich von PHP anregen.

Zu den vielfältigen weiteren Möglichkeiten zählt z. B. die Übertragung per E-Mail mithilfe der Mail-Funktion oder das Ablegen in einer Datenbank.

PHP-Übung 3: Formulareinträge abspeichern

In der dritten Übung sollen die Einträge des nachfolgenden Kontaktformulars in einer Textdatei gespeichert werden.

Der Kunde soll nach dem Absenden die folgende Rückmeldung erhalten:

„Vielen Dank für Ihre Anfrage, wir werden uns in Kürze bei Ihnen melden."

Vorlage PHP-Übung 3 – Kontaktformular

> Entwerfen Sie ein einfaches Formular zur Tischreservierung für das Restaurant „Viva Italia". Überlegen Sie, auf welche Weise Sie die Daten zur weiteren Bearbeitung übertragen möchten.

Strukturierte Datenübergabe an eine HTML-Datei

Im vorigen Abschnitt ist vorgestellt worden, wie Daten an eine externe Datei übergeben und dort hintereinander, lediglich mit Trennzeichen zwischen den Datensätzen versehen, abgespeichert werden können.

Ein Gästebuch, wie das von „Viva Italia", erfordert jedoch eine **strukturierte Datenausgabe**, welche die einzelnen Einträge eindeutig voneinander trennt und für den Benutzer übersichtlich untereinander auflistet.

Wo und wie können die Daten vor der Übergabe strukturiert werden?

- Wo? Strukturierung muss in PHP-Datei erfolgen.
- Wie? Strukturierung z. B. mithilfe einer HTML-Tabelle durch Verknüpfung der mit PHP ausgelesenen Inhalte mit einer HTML-Tabellenstruktur.

Die strukturierte Ausgabe der Daten soll an einem einfachen Beispiel erläutert werden.

Mängelliste Hauptschule Sonnenberg

Die Schülerinnen und Schüler der Hauptschule Sonnenberg müssen mit erheblichen Mängeln im Schulgebäude leben. Diese sind auf die alte Bausubstanz und Beschädigungen durch die Schüler/-innen zurückzuführen. Da der Schule nur zeitweise ein Hausmeister zugeteilt ist, bleiben viele Mängel unentdeckt.

Der Schulleiterin Frau Meiersohn kam daher die Idee, die Schüler um Mithilfe bei der Erkennung der Mängel zu bitten. Zu diesem Zweck soll die Informatik-AG der Schule auf der Schulhomepage ein Eingabeformular entwickeln, welches die Mängeleingabe ermöglicht. Die Inhalte des Formulars sollen anschließend auf der Schulhomepage in Form einer Mängelliste aufgeführt werden.

Eingabefelder des Formulars:
1. Name
2. Vorname
3. Klasse
4. Mangel
5. Ort des Mangels
6. Entdeckt am

Lösung für das Problem ist:
I. HTML-Datei mit Eingabeformular erstellen
   Name der Formularfelder: name, vname, klasse, mangel, ort, datum
II. PHP-Datei zur Strukturierung und Datenübergabe an Schulhomepage

PHP-Datei	Erläuterung

``
<html>
<head><title>Mangel</title></head>
<body>
 	
<?php
$mangeldaten="<table border='0'><tr><td>Name:</td>";
$mangeldaten.="<td>";
$mangeldaten.= $vname." ".$name;
$mangeldaten.= "</td></tr>";
$mangeldaten.="<tr><td>Mangel: </td>";
$mangeldaten.="<td>";
$mangeldaten.= $mangel;
$mangeldaten.= "</td></tr>";
$mangeldaten.="<tr><td>Ort: </td>";
$mangeldaten.="<td>";
$mangeldaten.= $ort;
$mangeldaten.= "</td></tr>";
$mangeldaten.="<tr><td>Endeckt am: </td>";
$mangeldaten.="<td>";
$mangeldaten.= $datum;
$mangeldaten.= "</td></tr></table>";
$mangeldaten.= "<hr>";
$mangeldaten.= "
";
 	
$datei=fopen("B6_mangel.htm","a");
fwrite ($datei, $mangeldaten);
fclose($datei);
echo "Danke. Dein Eintrag wurde in der Määngelliste erfasst";
?>
 	
</body>
</html>
``
	• Tabellenstruktur anlegen und Inhalte der ausgelesenen Formularfelder dort einsetzen. Alles wird in der Variablen $mangeldaten gespeichert.
	• Die Punkte **.** dienen der Verkettung der Zeichenketten und der Variablen.
	
	• Datei B6_mangel.htm öffnen und den Dateizeiger an das Ende der Datei setzen (Dies ist die Datei, mit welcher die Mängel auf der Webseite der Schule angezeigt werden.)
	• Die Inhalte der Variablen $mangeldaten, also die Tabellenstruktur mit den ausgelesenen Inhalten aus dem Formulareintrag, in die geöffnete Datei B6_mangel.htm schreiben
	• HTML-Datei B6_mangel.htm wieder schließen

III. HTML-Datei zur Ausgabe auf der Webseite erstellen

Mängelliste Hauptschule Sonnenberg

Name: Thomas Meier
Mangel: Türklinke ab
Ort: Klasse 5c
Entdeckt am: 04.10.2009

Name: Hanne Hamster
Mangel: Decke bröckelt
Ort: Klasse 7b
Endeckt am: 20.11.2009

Name: Marianne Muster
Mangel: WC defekt
Ort: 2. Etage
Endeckt am: 22.11.2009

Mängelliste in der Browseransicht

Wie viele Dateien werden benötigt, wenn die Ausgabe auf der Webseite erfolgen soll?

Insgesamt sind drei Dateien erforderlich:

1. HTML-Datei mit Formular für den Eintrag,

2. HTML-Datei für die Anzeige aller erfolgten Einträge,

3. PHP-Datei, welche die Formulardaten ausliest, strukturiert und der HTML-Datei, die auf der Webseite zu sehen ist, hinzufügt.

PHP-Übung 4: Daten strukturiert ausgeben

Die Partei „Die Unabhängigen" möchte die Ereignisse während der diesjährigen Kommunalwahl aktuell auf der eigenen Internetseite anzeigen, um die Wähler/-innen zeitnah über Neuigkeiten auf dem Laufenden zu halten. Dazu hat sich der Parteivorstand auf mehrere Stellen im Stadtgebiet mit Internetzugang verteilt.

Mithilfe eines Eingabeformulars sollen die Ereignisse der Kommunalwahl der Reihe nach auf die Internetseite übertragen werden.

Eingabefelder des Formulars:
1. Autor/-in
2. Stadtteil
3. Nachricht

16.8.2.6 Anweisungen und Schleifen

Gerade bei Eingabeformularen kommt es häufig vor, dass der Benutzer einige Felder versehentlich oder absichtlich leer lässt oder mit einem nicht zutreffenden Eintrag versieht. Daher ist es sinnvoll, nach dem Drücken des „Absenden-Buttons" die Eingaben zu überprüfen und den Benutzer ggf. zur Korrektur seiner Eingaben aufzufordern.

Des Weiteren kommt es häufig vor, dass die gleichen Abfragen mehrfach hintereinander durchlaufen werden müssen. Dies ist z. B. dann der Fall, wenn es darum geht, nacheinander mehrere Elemente eines Array auszugeben, bis man beim letzten Element angelangt ist.

IF-Anweisung

Die IF-Anweisung fragt ab, ob eine oder mehrere vorher definierte Bedingungen erfüllt sind. Ist dies der Fall (if), so wird eine bestimmte Anweisung ausgeführt. Ist dies nicht der Fall (else), so wird eine andere Anweisung ausgeführt.

In Kurzform:

```
if (Bedingung)
{
Anweisung 1;
}
else
{
Anweisung 2;
}
```

Beispielcode einer PHP-Datei mit einer IF-Anweisung:

```
<?php
$email=$_GET['email'];
if($email==" "){
print("Sie haben keine E-Mail-Adresse angegeben!");
}
else{
print("Vielen Dank für Ihren Eintrag! <br /><a href='start.htm'> Weiter zur Startseite </a>");
}
?>
```

Wenn das Feld mit der Variablen $email leer ist, wird die erste Anweisung ausgeführt (if), wenn nicht, dann geht es direkt mit der zweiten Anweisung (else) weiter.

Die IF-Anweisung fragt mindestens eine Bedingung ab und führt bei positiver Antwort die Anweisung hinter if, bei negativer Antwort die Anweisung hinter else aus.

Die IF-Anweisung ist eine Einfachverzweigung!

Eine IF-Anweisung benötigt nicht zwingend eine Anweisung mit else, sondern kann auch nur der Abfrage einer Bedingung ohne Alternative dienen. Ist diese negativ, passiert nichts. Ist sie positiv, wird die Anweisung ausgeführt.

PHP-Übung 5: IF-Anweisung anwenden

Für den internen Bereich einer Vereinshomepage ist ein Log-in erforderlich. Dieses fragt lediglich ein Passwort ohne Benutzernamen ab.
1. Erstellen Sie eine Log-in-Seite mit einem kurzen Text und einem Log-in-Feld für das Passwort.
2. Erstellen Sie eine PHP-Datei, die abfragt, ob das korrekte Passwort „sportsfreund" eingegeben wurde. Ist dies der Fall, so soll der Nutzer einen Link zum internen Bereich erhalten, wenn nicht, soll eine Fehlermeldung ausgegeben werden.

Innerhalb einer IF-Anweisung können auch mehrere Bedingungen miteinander verknüpft werden. Dies ist z. B. bei einer normalen Log-in-Prozedur der Fall. Hier muss nicht nur das Passwort oder der Benutzername stimmen, sondern die Kombination aus beiden. Möglich ist jedoch auch die Abfrage, ob die eine oder die andere Bedingung erfüllt ist, usw.

IF-Anweisung mit booleschen Verknüpfungen
Boolesche Verknüpfungen sind logische Verknüpfungen. Zu den am häufigsten verwendeten logischen Operatoren zählen die folgenden:

Boolesche Verknüpfung	PHP	Erläuterung

UND	&&	if(name=="Wenzel"&&vname=="Wendelin")
		{
		…
		}
		→ wenn der Name Wenzel und der Vorname Wendelin ist, dann …

Boolesche Verknüpfung	PHP	Erläuterung

OR	||	if(name=="Wenzel" || name=="Marschner")
		 {
		 ...
		 }
		 → wenn der Name Wenzel <u>oder</u> der Name Marschner ist, dann
		 ...

NOT	!	if(name!"Wenzel")
		 {
		 ...
		 }
		 → wenn der Name <u>nicht</u> Wenzel lautet, dann ...

PHP-Übung 6: IF-Anweisung mit logischen Operatoren

Erstellen Sie für den Sportverein eine Log-in-Seite mit zwei Eingabefeldern. Der Link zur Startseite soll angezeigt werden, wenn Benutzername und Passwort korrekt sind. Andernfalls soll eine Fehlermeldung ausgegeben werden.

Benutzername: tischtennis09

Passwort: sportsfreund

Switch-Anweisung

Die Switch-Anweisung dient der Fallunterscheidung. Sie lässt beispielsweise den Benutzer zwischen mehreren Möglichkeiten wählen. Dies lässt sich damit vergleichen, dass ein Einkäufer die Wahl zwischen mehreren Artikeln hat und schließlich einen Artikel auswählt.

Das Programm wartet auf eine Benutzereingabe und zeigt diesem dann das Ergebnis an.

```
switch(ausdruck)
{
            case wert 1 ausdruck: anweisung_1;
            break;
            case wert 2 ausdruck: anweisung_2;
            beak;
            ....
            case wert n ausdruck anweisung_n;
            break;
            default: anweisung;
            break;
}
```

Die break-Befehle sind wichtig, damit nach Ausführung eines Blocks die Bearbeitung hinter der Switch-Anweisung weitergeht.

Fehlten die breaks, würden alle folgenden Blöcke, die eigentlich hinter anderen case-Marken stehen, ebenfalls ausgeführt. Die case-Marken sind also lediglich Einsprungpunkte.

Die default-Marke bezeichnet einen Block, der ausgeführt wird, wenn der Wert des Ausdrucks keiner der Konstanten entspricht. Sie kann weggelassen werden.

Formulareintrag mit switch-Anweisung kommentieren:
In einem Eingabeformular soll die Angabe des Status mithilfe von Radiobuttons erfolgen. Dabei sind die folgenden Auswahlmöglichkeiten vorgesehen:

- Student
- Arbeiter
- Angestellter
- Beamter
- Unternehmer
- Arbeitssuchend

Mithilfe einer Switch-Anweisung wird bei der Formularauswertung jeweils ein passender Text ausgegeben.

Switch-Anweisung aus PHP-Datei:

```
switch ($_GET['status']){
case "Student":
        echo "Lernen Sie eifrig weiter, die Wirtschaft braucht Sie!";
        break;
case "Arbeiter":
        echo "Tragen Sie weiter zum Wirtschaftswachstum bei, wir brauchen Sie!";
        break;
case "Angestellte":
        echo "Lassen Sie sich von Ihren Vorgesetzten nicht unterkriegen!";
        break;
case "Beamter":
        echo "Seien Sie ein treuer Staatsdiener!";
        break;
case "Unternehmer":
        echo "Leiten Sie Ihre Firma mit Geschick!";
        break;
case "Arbeitssuchend":
        echo "Lassen Sie nicht den Kopf h&auml;ngen, bald gibt es wieder Arbeit!!";
        break;
default:
        echo "Bitte geben Sie Ihren beruflichen Status an";

}
```

Die Switch-Anweisung ermöglicht eine Fallunterscheidung. Sie ist daher eine Mehrfachverzweigung.

PHP-Übung 7: Switch-Anweisung zur Fallunterscheidung

Sie möchten auf Ihrer Homepage das Datum ausgeben. Dieses soll in der folgenden Form dargestellt werden:
Heute ist Montag, der 23. Dezember 2016

Die Anwendung der Funktion date( ); liefert jedoch lediglich die folgende Ausgabe:
Heute ist Monday, der 23. December 2016

```
$wochentag = date("l");
print("Heute ist: ");
print($wochentag."!");
```

Die Ausgabe ergibt dann für einen Montag:
Heute ist Monday!

Bei der Lösung dieses Problems soll die Switch-Anweisung Anwendung finden. Dadurch soll gewährleistet werden, dass das Datum in der gewünschten Form dargestellt wird. Es müssen demnach alle Bezeichnungen der Wochentage und der Monate von der englischen in die deutsche Schreibweise umgewandelt werden.

Schleifen

Schleifen sind ein Teil eines Programms, die mehrfach durchlaufen werden. Die Befehle bzw. Anweisungen innerhalb dieser Schleife werden bei jedem Durchlauf immer wieder erneut ausgeführt.

Die Schleifen müssen so programmiert werden, dass sie bei einem bestimmten Zustand (Bedingung) wieder verlassen werden. Sonst werden sie endlos ausgeführt und das Programm kann nicht mehr beendet werden. Die einfachste Form einer Schleife ist das Hochzählen einer Variablen, bis ein bestimmter Wert erreicht wird (Beispiele unten).

Die while-Schleife
Die while-Schleife ist eine sogenannte Zählschleife.

```
//solange die Anzahl kleiner als 100 ist, wird 1 hinzugezählt
while (Anzahl < 100)
{
Anzahl = Anzahl +1;
}
```

Die while-Schleife wird nur dann durchlaufen, wenn die Bedingung wahr ist. Sie wird so oft durchlaufen, bis die Bedingung falsch wird. In diesem Fall also, bis die Zahl 100 erreicht ist.

Die for-Schleife
Die for-Schleife wird – als Alternative zur while-Schleife – dann bevorzugt, wenn es nicht nur darum geht, eine Bedingung mehrfach auszuführen, sondern wenn zusätzlich eine Variable, z. B. eine Laufvariable, herauf- oder heruntergezählt wird. Hier ist die for-Schleife übersichtlicher!

Doch wie ist eine for-Schleife nun aufgebaut?

Üblicherweise sind in einer for-Schleife drei Angaben nötig:
1. Anweisung, die vor dem Beginn der Schleife ausgeführt wird = **Initialisierung**,
2. **Abbruchbedingung**,
3. Anweisung, die nach jeder Abarbeitung des Blocks ausgeführt wird.

Ausgabe einer Zahlenreihe:

```php
<?php
echo "Die Zahlenreihe lautet: ";
for ($zahl=0; $zahl<5; $zahl++)
{
echo $zahl.";";
            }
echo ", ";
?>
```
→ Die Zahlen 1 bis 5 werden mit Komma getrennt ausgegeben.

PHP-Übung 8: Schleifen

Sie erhalten von einem Kunden die Testdatei „firma.txt" zur Verwendung auf dessen Internetseite. Der Text enthält eine Vielzahl der folgenden Klammern: < und >. Diese Klammern wurden ausschließlich zur Abgrenzung verwendet und haben keine weitere Funktion. Da es sich bei den verwendeten Klammern um Zeichen des HTML-Codes handelt, ist es sinnvoll, diese durch andere Zeichen zu ersetzen – damit kann eine ganze Reihe Sonderzeichen eingespart werden.

Vgl. diese LS, 16.8.2.3

Erstellen Sie ein PHP-Script, welches mithilfe der Funktion **preg_replace()** nach den genannten spitzen Klammern im Text sucht und diese durch senkrechte Trennstriche | ersetzt. Stellen Sie dabei sicher, dass alle Zeilen durchlaufen werden, indem Sie prüfen, wann der Dateizeiger das Ende der Datei erreicht hat.

Erstellen Sie das Gästebuch für den Webauftritt von „Viva Italia", indem Sie die Formulardaten strukturiert abspeichern und ausgeben. Stellen Sie durch geeignete Abfragen sicher, dass alle Formularfelder ausgefüllt sind, wenn die Daten an die Webseite übertragen werden.

Bedenken Sie, dass der neueste Gästebucheintrag immer oben stehen sollte.

16.9 Content-Management-Systeme (CMS)

Viele Internetseiten haben einen ähnlichen Aufbau, sie beinhalten Kontaktformulare, Foren und Gästebücher. Diese immer wiederkehrende Struktur kann beim Entwickeln einer Internetseite mehrfach genutzt werden. Wenn Sie z. B. neben dem Webauftritt für „Viva Italia" noch weitere ähnlich umfangreiche Auftritte mit einer Reihe dynamischer Inhalte planen, ist die Nutzung eines Content-Management-Systems sinnvoll.

Neben der Erstellung und Auswertung von Formularen, Gästebüchern oder ganzen Webauftritten mithilfe von HTML, CSS und PHP gibt es eine Vielzahl von fertigen Systemen, bezeichnet als **Content-Management-Systeme (CMS),** zur Erstellung, Verwaltung und Wartung von Websites. Diese basieren immer auf einer Scriptsprache. Häufig ist dies auch PHP, sodass Sie bei Kenntnis von PHP und zusätzlich mit HTML und CSS in der Lage sind, diese CMS Ihren eigenen Anforderungen anzupassen.

Content-Management: Erzeugung, Aufbereitung, Verarbeitung und Publikation von Inhalten.

Für die Erstellung und Verwaltung von größeren Websites gibt es eine Vielzahl von Content-Management-Systemen wie Wordpress, Typo3, Joomla! oder Drupal.

Die Besonderheit eines Content-Management-Systems liegt in der **Trennung von Inhalt und Design**. Bei der Erstellung einfacher Websites mithilfe von Webeditoren auf der Basis von HTML sind Inhalt und Darstellung im Quellcode miteinander verzahnt, sodass die eigentliche Struktur des HTML-Dokuments nicht erkennen lässt, ob die jeweiligen Inhalte dem Bereich Überschrift, Fließtext oder Bildunterschrift usw. zuzuordnen sind oder wie Tabellen lediglich Layoutfunktion haben. Der Benutzer kann zwar im Browser und Quelltext erkennen, um welche Inhalts- und Layoutelemente es sich handelt, doch eine externe Software kann den vorliegenden Quellcode nicht so auswerten, dass eine eindeutige Unterscheidung möglich ist. An dieser Stelle setzen CMS an.

Prinzipieller Aufbau eines CMS:
- Templates als Layoutvorlagen für den Seitenaufbau.
- Kennzeichnung der Positionen, an denen bestimmte Inhaltselemente eingefügt werden sollen.
- Separate Verwaltung der Inhalte in einer Datenbank.
- Rechtevergabe: Jeder erhält die Berechtigung zur Änderung der Bereiche, für die eine inhaltliche Verantwortung besteht, und kann in andere Bereiche nicht inhaltlich eingreifen.
- Scriptsprache zur Generierung der Seiten: PHP oder weitere, zum Teil systemeigene, wie TypoScript bei Typo3 usw.

CMS: Software zur datenbankgestützten Erstellung digitaler Dokumente, z. B. Webseiten.

Das CMS erledigt die Datenpflege, sodass der Administrator lediglich bei gewünschten Systemänderungen, z. B. Programmierung neuer Scripte oder Vorlagen, die nicht im CMS enthalten sind, ins System eingreifen muss. Insgesamt bieten CMS für umfangreiche Websites wie Internetauftritte großer Firmen, Shopsysteme und Portale viele Vorteile, die den Nachteil der längeren Einarbeitung schnell wettmachen.

Vorteile	Nachteile
• Unterscheidung einzelner Inhaltskomponenten durch Software • gleichen Darstellungen können verschiedene Inhalte zugewiesen werden • gleiche Inhalte können problemlos einer anderen Darstellung/einem anderen Layout zugeordnet werden • Erstellung von Eingabeformularen, welche auch Systemlaien die Eingabe neuer Inhalte ermöglichen, ohne in die Darstellung und das Layout einzugreifen • einfache Verwaltung der Inhalte durch eine Datenbank	• hoher Installationsaufwand • zeitaufwendige Einarbeitung in das gewählte System

Durch die Trennung von Inhalt und Darstellung ist es mit Content-Management-Systemen möglich, Inhalte in unterschiedlichen Dokumentformaten, z. B. als HTML-Datei, PDF-Datei oder Excel-Tabelle auszugeben, da die entsprechenden Formate aus der Datenbank heraus generiert werden und nicht an den Inhalt geknüpft sind.

13 | Lernsituation Kontaktformular und Gästebuch auf der Homepage

PHP: Scriptsprache zur Erstellung dynamischer Internetseiten
- arbeitet mit Variablen, Datentypen, Operatoren und Arrays
- nutzt Anweisungen und Schleifen
- kann Daten auslesen, übergeben und weiterverarbeiten

Contenmanagementsysteme (CMS)
- nutzen eine Scriptsprache, wie z.B. PHP, zum Aufbau und zur Datenverarbeitung
- arbeiten datenbankgestützt
- ermöglichen eine einfache Erstellung und Verwaltung von Internetseiten

Dynamische Webseiten

Formulare
- werden mit HTML angelegt
- können mit fieldset, legend und label geordnet und indiziert werden
- benötigen PHP zur Ausgabe und Verarbeitung der Eingabedaten

1. Funktionen und Arrays

a) Erklären Sie, anhand eines kurzen Anwendungsbeispiels, wozu die Befehle echo und print ( ) in PHP dienen.

b) Erläutern Sie den Unterschied zwischen einem normalen und einem assoziativen Array anhand je eines Beispiels.

c) Erstellen Sie ein Array, welches die Namen aller Monate enthält. Die Indexwerte sollen mit 1 beginnen. Geben Sie die Monate mit der zugehörigen Zahl anschließend untereinander im Browser aus.

d) Erstellen Sie ein Array, welches als Schlüssel die Buchstaben von „A" bis „Z" verwendet und als Inhalt die Zahlen von 65 an. Dies ist übrigens der zugehörige ASCII-Code für alle Buchstaben.

e) Erstellen Sie ein PHP-Script zur Anzeige von Wochentag, Datum und Uhrzeit in deutscher Schreibweise im Browser.

2. Formulare erstellen und auswerten

a) Welche Bedeutung haben die folgenden Tags im Zusammenhang mit HTML-Formularen?
   I. Label
   II. Fieldset
   III. Legend

b) Erstellen Sie eine HTML-Datei mit dem folgenden Formular unter Benutzung von Label, Fieldset und Legend und geben Sie die eingetragenen Daten anschließend im Browser wie folgt aus.

Hallo **Max Mustermann**
Dies sind Ihre Adressdaten:
Goldbergstr. 5, 45894 Gelsenkirchen

Wir erreichen Sie unter: **0209-12345** oder **max@mustermann.de**

Vielen Dank für Ihnen Eintrag!

c) Um auch in der Schule wichtige Gedanken stets gesichert notieren zu können, möchten Sie auf Ihrer Homepage einen digitalen Merkzettel einfügen.
Legen Sie den Merkzettel mithilfe von HTML und CSS als kleines Formular an und ermöglichen Sie die Speicherung der Eintragungen in eine Textdatei auf dem Server mithilfe von PHP.

d) Für den Zugriff auf den Terminplan Ihrer Agentur sollen ein einheitlicher Zugangsname (mitarbeiter) und ein einheitliches Passwort (termine0815) verwendet werden.
Erstellen Sie das zugehörige Eingabeformular.

Überprüfen Sie die korrekte Eingabe von Zugangsname und Passwort mithilfe einer IF-Anweisung.

Bei falscher Eingabe des Passworts soll die Fehlermeldung "**Falsches Passwort**" und beiei falschen Zugangsdaten die Fehlermeldung "**Fehler bei der Eingabe**" im Browser ausgegeben werden.

e) Die Tischtennisabteilung der Vereins "Ballfreunde Resse e.V." möchte den internen Bereich der Internetseite durch einen Benutzernamen (tischtennis) und ein Universalpasswort (sportsfreund) sichern.
I. Erstellen sie das folgende Eingabeformular

```
┌─Zugangsdaten Tischtennisabteilung Ballfreunde Resse e.V.──────────────────┐
│ Benutzername: [           ]      Login: [           ]      [ Login ]      │
└───────────────────────────────────────────────────────────────────────────┘
```

II. Erstellen Sie eine PHP-Datei zum Login, die folgende Meldungen ausgibt:
> *"Login erfolgreich!"* - bei korrekter Eingabe von Benutzername und Passwort
> **"Bitte geben Sie einen Benutzernamen ein"** - bei leerem Eingabefeld
> **"Bitte geben Sie den richtigen Benutzernamen ein."** - bei falschem Benutzernamen
> **"Bitte geben Sie ein Passwort ein"** - bei leerem Eingabefeld
> **"Bitte geben Sie das richtige Passwort ein."** - bei falscher Passworteingabe

14 Werbekampagne

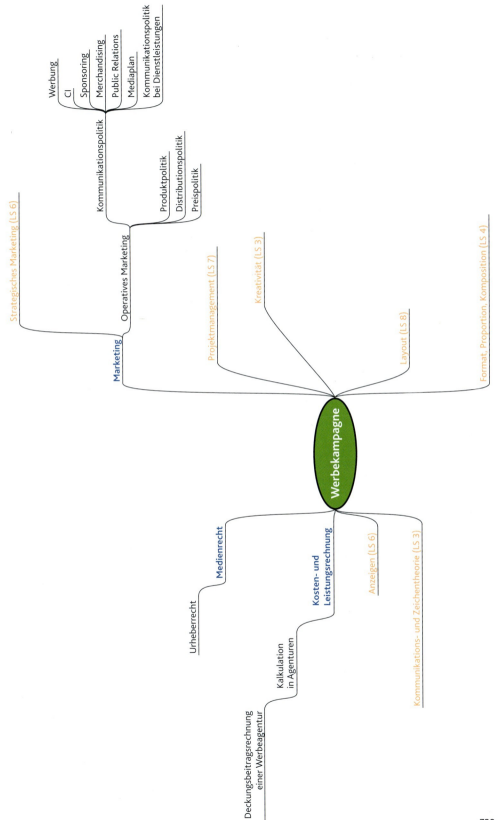

14 Werbekampagne

Die Sportiv GmbH betreibt in einem südlichen Vorort der Stadt Dortmund ein Fitnessstudio im oberen Preissegment mit ca. 1 000 Mitgliedern. Im hart umkämpften Markt für Fitness-Dienstleistungen soll die Mitgliederzahl auf 1 500 gesteigert werden. Hierzu ist ein Um- und Ausbau der Anlage erfolgt. Zudem sind neue Leistungen in das Programm aufgenommen worden, auch ein neues Logo für die Marke soll für ein frisches Auftreten sorgen. Durch diese Maßnahmen soll eine deutliche Abgrenzung zu den immer stärker in den Markt drängenden Fitnessstudio-Ketten erzielt werden, die mit einer aggressiven Preisstrategie im Billigsegment den Markt bearbeiten.

Als Zielgruppe sollen höhere Einkommensschichten angesprochen werden. Das (junge) hedonistische und das prekäre Milieu sollen den großen Ketten überlassen werden, die mit Angeboten ab 15,99 € werben. Das traditionelle Milieu und die Bürgerliche Mitte sollen ebenso weniger im Fokus stehen.

Der Umbau und die damit verbundene Neueröffnung sollen zudem mit einem „Tag der offenen Tür" bekannt gemacht werden. Auf diese Weise sollen auch die neuen Leistungen und das neue Dienstleistungskonzept präsentiert werden.

Weitere Aufgaben zum Mitarbeiterbriefing

19.2 Operatives Marketing

Prüfen und bewerten Sie die Marketing-Maßnahmen hinsichtlich der Zielgruppenauswahl, der Produktpolitik und der Preispolitik. Machen Sie ggf. hierzu Optimierungsvorschläge.

Erstellen Sie zudem, unter Einbeziehung Ihrer Vorschläge, einen Mediaplan zur Bekanntmachung des Eröffnungstags.

Bewertungstabelle

Die konkreten Maßnahmen der Absatzstrategie sind das operative Marketing, auch als **Marketing-Mix** bezeichnet. Dieser besteht aus

- der **Produktpolitik**,
- der **Preispolitik**,
- der **Kommunikationspolitik** und
- der **Distributionspolitik**.

19.2.1 Produkt- und Dienstleistungspolitik

Im Rahmen der Produkt- und Dienstleistungspolitik muss geklärt werden, welche Leistungen angeboten werden sollen und wie sie gestaltet werden, welche Zusatzleistungen angeboten werden und wie die Produkte und Dienstleistungen bezeichnet werden sollen (Markenpolitik).

Produkt- und Dienstleistungsangebot

Die Sportiv GmbH bietet folgende Leistungen an:

- traditionelles gerätegestütztes Training,
- eine moderne Functional Area,
- ein Kursprogramm, das vermehrt auch auf Kampfsportkurse und Selbstverteidigung (Boxen, Krav Maga) und neuere Fitnesstrends ausgerichtet ist (wie Crossfit, Kettlebell-Training),
- einen Wellnessbereich mit Sauna, Solarium und Whirlpool,
- einen Shop, in dem verschiedene Sportartikel rund um den Bereich Fitness- und Kampfsporttraining angeboten werden,
- einen Gastronomiebereich.

Traditionelles Gerätetraining

Moderne Functional Area

Kettlebell-Training

Wellnessbereich

Crossfit

Crossfit

Die Gestaltung des **Produktprogramms** bzw. des Sortiments muss sich den ständig wandelnden Marktbedingungen anpassen, weil der **Produktlebenszyklus**, also die Zeit, in der ein Produkt auf dem Markt Erfolg hat, in der Regel nicht unbegrenzt lang ist.

Ein Unternehmen muss somit immer Leistungen in seinem Programm haben, die den notwendigen Gewinn erwirtschaften und einen hohen **Marktanteil** am Gesamtmarkt für ein bestimmtes Produkt aufweisen **(Milchkühe, Cash Cows)**. Nur so können die neuen Produkte, die entwickelt und auf dem Markt eingeführt werden **(Fragezeichen)**, finanziert werden. Die neuen Produkte und Dienst-

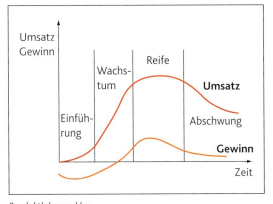
Produktlebenszyklus

leistungen **(Produktinnovationen)**, die Zuspruch von den Käufern finden, sind die Stars. Die **Stars** haben, was die Umsatz- und Gewinnerwartungen betrifft, ein hohes Wachstumspotenzial (**Marktwachstum**). Am Ende des Produktlebenszyklus oder bei einer misslungenen Produktinnovation wird die Produktion eingestellt, es erfolgt eine **Produktelimination** der sogenannten „**Armen Hunde**" **(Poor Dogs)**, also der **Problemprodukte**.

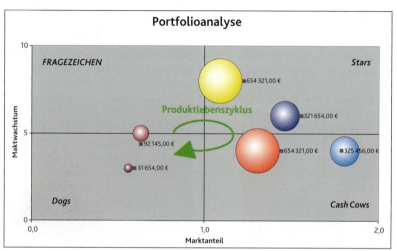

Portfolioanalyse

Diskutieren Sie Ergänzungen des Leistungsprogramms der Sportiv GmbH in Bezug auf die fokussierte Zielgruppe. Prüfen Sie hierbei insbesondere die „Lebensphasen" der angebotenen Fitnesskurse im Produktlebenszyklus.

Markenpolitik

Vgl. LS 3

Durch die Kennzeichnung von Produkten und Dienstleistungen mit bestimmten Marken wird die Absicht verfolgt, Produkte aus der Anonymität herauszuheben, sie von Konkurrenzangeboten unterscheidbar zu machen und bestimmte Informationen als Kaufentscheidungshilfe zu übermitteln (z. B. Anwendungsbereich, Haltbarkeit, Frische, Qualitätsmerkmale). Die Markierung eines Produkts erfolgt durch bestimmte produktbezogene Merkmale wie:

- den Namen,
- verwendete Zeichen,
- das Design,
- eine Kombination dieser Elemente.

Man kann unterschiedliche Arten von Markenpolitik unterscheiden:

Einzelmarkenstrategie	Ein Unternehmen stellt seine Produkte nur unter einer Marke her.	
Dachmarkenstrategie	Eine Marke bezeichnet mehrere Produkte eines Unternehmens. *Nivea* und *Tesa* sind in diesem Fall die Dachmarken. *Beiersdorf* ist die Geschäftliche Bezeichnung für den Konzern Beiersdorf.	
Multimarkenstrategie	Ein Unternehmen (z. B. Volkswagen Konzern) stellt Produkte her, die unterschiedliche Produktmarken haben (VW, Skoda, Audi, Seat usw.).	

Vgl. zur Multimarkenstrategie das Beispiel „Volkswagen-Konzern" in LS 3, 13.2

Marke der Sportiv GmbH:

Die Sportiv GmbH führt ihre Firma als Marke (geschäftliche Bezeichnung), und zwar als Einzelmarke, weil das Unternehmen alle seine Dienstleistungen unter dieser Marke anbietet.

19.2.2 Preispolitik

Bei der Preispolitik stellt sich die zentrale Frage, welcher Preis für ein Produkt auf dem Markt erzielt werden soll (Preisgestaltung). Drei weitverbreitete Preisstrategien sind:

- psychologische Preise,
- Rabattgewährung,
- Preisdifferenzierung.

Psychologische Preise

Der Kunde soll den Eindruck erhalten, besonders preiswert zu kaufen, indem der Verkaufspreis knapp unter einem „runden" Preis liegt, z. B. 19,95 € statt 20,00 €. Solche psychologischen Preise findet man vor allem bei Konsumgütern.

Psychologische Preisgestaltung der Sportiv GmbH:

Ein Jahres-Fitnessabonnement bei der Sportiv GmbH kostet 59,90 € pro Monat.

Rabattgewährung

Mengenrabatte	werden für die Abnahme einer großen Menge gegeben.
Treuerabatte	werden an langjährige Kunden gewährt. Wird der Bezug von Waren für ein Jahr zugrunde gelegt, spricht man von einem Bonus.
Sonderrabatte	werden aus besonderen Anlässen gegeben: • Geschäftseröffnung (Einführungsrabatt), • Geschäftsjubiläum (Jubiläumsrabatt), • Räumung des Lagers (Ausverkaufsrabatt), • jahreszeitliche Absatzschwankungen (Saisonrabatt).

Überlegen Sie, welche Preisdifferenzierungen die Sportiv GmbH vornehmen könnte.

Preisdifferenzierung

Preisdifferenzierung bedeutet, dass das gleiche Produkt unterschiedlich hohe Preise hat.

Arten der Preisdifferenzierung

räumlich	Die Preise werden unterschiedlicher Kaufkraft, unterschiedlich intensivem Wettbewerb oder unterschiedlichem Kaufverhalten in einer bestimmten Region angepasst (z. B. Medikamente und Autos im Ausland, Benzin an Autobahnen).
zeitlich	Die Preise werden an verschiedenen Zeitpunkten (z. B. Urlaubsreisen in der Hoch- oder Nebensaison, Textilien zu bestimmten Jahreszeiten) aufgrund unterschiedlich hoher Nachfrage vom Anbieter angepasst.
sozial	Die Preise sind für verschiedene soziale Gruppen unterschiedlich, um z. B. Käuferschichten, die eine geringere Kaufkraft aufweisen, den Bezug einer Leistung zu erleichtern (Schülerfahrkarten, Schüler- und Studententarife bei Zeitschriften-Abos, kostenlose Gehaltskonten für Schüler und Auszubildende). Allerdings werden in der Regel die sozialen Preisdifferenzierungen häufig aus wirtschaftlichen Gründen gewährt (siehe unten stehendes Beispiel).

Schüler oder Studenten sollen bereits in jüngerem Alter von einer Leistung überzeugt werden, die sie später, wenn sie ein Einkommen beziehen, weiter vom gleichen Unternehmen in Anspruch nehmen sollen, wie beispielsweise mit ermäßigten Handyverträgen, günstigen Kleinwagen bestimmter Automarken.

19.2.3 Distributionspolitik

Hier ist die Entscheidung zu treffen, auf welchem Absatzweg das Produkt zum Käufer gelangen soll. Grundsätzlich existieren zwei Möglichkeiten:

- der **direkte Absatzweg oder**
- der **indirekte Absatzweg.**

Beim direkten Absatzweg erwirbt der Kunde die Leistung direkt vom Produzenten oder Dienstleister. Es existieren somit keine Zwischenhändler (Groß- oder Einzelhandel), die die Leistungen zunächst vom Hersteller beziehen und dabei mit Gewinnzuschlag weiterverkaufen (indirekter Absatzweg). Der Zwischenhändler übernimmt dann für den Hersteller wichtige Vertriebsaufgaben wie die

Schaffung von Verkaufsflächen, Orte in Kundennähe, Beratung, Service bei Mängeln. Der direkte Absatzweg zählt durch den unmittelbaren Kundenkontakt des Herstellers zum sogenannten **Direct Marketing**.

Beispiele für den direkten Absatzweg:
- Verkauf von Mode in Outlet-Stores von Herstellern direkt an den Endverbraucher
- Herausgabe eines Bankdarlehens an den Darlehensnehmer
- Verkauf von Autos über herstellereigene Niederlassungen

Beispiele für den indirekten Absatzweg:
- Automobilhersteller – Kfz-Einzelhändler (Autohaus) – Endverbraucher
- Lebensversicherung – Bankfiliale einer Partnerbank – Versicherungsnehmer
- Molkerei – Genossenschaft – Lebensmitteleinzelhandel – Endverbraucher

> **Distributionspolitik der Sportiv GmbH:**
>
> Diskutieren Sie, ob die Sportiv GmbH Nutzungsverträge über ortsansässige Sportgeschäfte verkaufen soll. Skizzieren Sie hierzu ein Geschäftsmodell.

19.2.4 Kommunikationspolitik

19.2.4.1 Verkaufsförderung

Verkaufsförderung umfasst **zeitlich begrenzte Aktionen**, die zum Ziel haben, bei nachgelagerten Vertriebsstufen und (potenziellen) Endkunden von Produkten und Dienstleistungen durch zusätzliche Anreize Absatzsteigerungen zu bewirken. Hierfür werden genutzt:

- Schulungen und Konferenzen für Zwischenhändler oder Handelsvertreter bei der Einführung neuer Produkte und Dienstleistungen,
- Messen,
- Verteilung von Proben und Mustern von Produkten am POS (Point of Sale), also im Einzelhandelsgeschäft,
- spezielle Zonen innerhalb der Einzelhandelsgeschäfte, in denen Produkte durch vom Hersteller eingesetztes Verkaufspersonal mithilfe gezielter Kundenansprache angeboten werden.

19.2.4.2 Persönlicher Verkauf

Der persönliche Verkauf ist durch den direkten Kontakt zwischen Verkaufspersonal und Kunden gekennzeichnet. Dies ist vor allem im Einzelhandel der Fall (wenn keine Selbstbedienung besteht). Auch selbstständige Handelsvertreter und beim Hersteller oder Großhandel angestellte Handlungsreisende treten mit den Kunden in direkten Kontakt. Sie haben eine Beratungsfunktion und nehmen ggf. Bestellungen der Kunden auf.

> **Der persönliche Verkauf und die Verkaufsförderung zählen zu den Instrumenten des Direct Marketing. Dieses ist gekennzeichnet durch die direkte Kontaktaufnahme mit Endverbrauchern. Insbesondere das Direct Mailing – auch häufig verwendet in Form von sogenannten Newslettern – hat sich stark verbreitet. Der Vorteil des Direct Marketing ist die direkte Kontaktaufnahme mit der gewählten Zielgruppe. Dies verursacht geringe Streuverluste.**

> Diskutieren Sie, ob, und wenn ja welche, Maßnahmen des Direct Marketing für die Sportiv GmbH infrage kommen. Erstellen Sie hierzu ein Grobkonzept.

19.2.4.3 Corporate Identity und Corporate Design

Vgl. LS 3, 9.6

Mit einer Corporate Identity versucht das Unternehmen, ein für den Kunden einheitliches Erscheinungsbild nach außen zu erreichen.

 Gestalten Sie das Logo der Marke.

19.2.4.4 Öffentlichkeitsarbeit/Public Relations (PR)

Öffentlichkeitsarbeit bezeichnet die planmäßige, systematische und wirtschaftlich sinnvolle Gestaltung der Beziehung zwischen Unternehmen und einer nach Gruppen gegliederten Öffentlichkeit (z. B. Kunden, Aktionäre, Lieferanten, Arbeitnehmer, Institutionen, Staat) mit dem Ziel, bei diesen Teilöffentlichkeiten Vertrauen und Verständnis zu gewinnen bzw. auszubauen.

Wichtige Instrumente der Öffentlichkeitsarbeit sind:

- Pressekonferenzen,
- Anzeigen,
- Public-Relations-Veranstaltungen (z. B. Vorträge, Tage der offenen Tür, Filmvorführungen, Jubiläumsfeiern, Ausstellungen),
- Pressemitteilungen, Werkszeitschriften, Kundenzeitschriften, Aktionszeitschriften usw.,
- Stiftungen (für Forschung, Wissenschaft, Kunst und Sport),
- redaktionelle Beiträge in Fachzeitschriften, Zeitungen usw.

19.2.4.5 Sponsoring

Mit dem Sponsoring will ein Unternehmen erreichen, dass es bei verschiedenen Ereignissen präsent ist. Hierfür zahlt das Unternehmen einen Preis an den jeweiligen Veranstalter. Als Gegenleistung kann das Unternehmen bei den Veranstaltungen die verschiedenen Mittel der Kommunikationspolitik einsetzen, also z. B. Werbung (Banden- oder Trikotwerbung beim Fußballspiel) oder Verkaufsförderung (Autogrammstunden in den Geschäftsräumen des Unternehmens). Sponsoring ist somit kein eigenständiges Instrument der Kommunikationspolitik, sondern eher ein Hilfsmittel, um diese Instrumente einzusetzen.

19.2.4.6 Merchandising

Merchandising ist der Verkauf von Produkten, die gleichzeitig Werbeträger sind.

- Schlüsselanhänger
- Schalke-Trikots im Fan-Shop
- Robinson Club T-Shirts
- Aufkleber des Urlaubsorts

 Machen Sie Vorschläge zu Merchandising-Maßnahmen der Sportiv GmbH.

19.2.4.7 Werbung

Werbung, häufig auch als **Absatzwerbung** bezeichnet, ist die Beeinflussung von Kaufverhalten durch vom Verkäufer durchgeführte und gesteuerte Kommunikation mit den potenziellen Kunden, die über Kommunikationsmedien verbreitet wird. Für die Auswahl der Medien und deren Koordination wird ein **Mediaplan** erstellt. Dieser wird in großen Unternehmen von einer speziellen (Marketing-)Abteilung oder von einem externen Dienstleister, einer **Werbeagentur**, erstellt.

Ziele der Werbung

Werbung soll neue **Bedürfnisse** wecken. Mit wachsendem Wohlstand verwenden Verbraucher einen immer größeren Teil ihrer Einkommen für Güter des gehobenen Bedarfs (hochwertige technische Gebrauchsgüter wie elektrische Küchengeräte, Kühltruhen, Autos, Urlaubsreisen, Luxusgüter).

Werbung hat die Aufgabe, den Wunsch nach den betreffenden Erzeugnissen in dem infrage kommenden Käuferkreis zu wecken und zu einem echten **Bedarf** zu machen.

Grundsätzlich hat Werbung die folgenden Aufgaben:

- Sie macht ein Produkt, das von einem Unternehmen neu auf den Markt gebracht wird, bei den potenziellen Käufern bekannt (**Einführungswerbung**).
- Zudem soll sie Stammkunden erhalten, indem das betreffende Unternehmen oder eine bestimmte Ware immer wieder in Erinnerung gebracht wird (**Erinnerungswerbung**).

Wirkung von Werbung

Die Wirkung der Werbung lässt sich wie folgt darstellen:

A	**A**ttention: Aufmerksamkeit erwecken
I	**I**nterest: Interesse wecken
D	**D**esire: Den Wunsch erzeugen, das Produkt/die Dienstleistung zu beziehen
A	**A**ction: Erwerb des Produkts/der Dienstleistung

Um die ersten drei Phasen (AID) entfalten zu können, sind die Werbemaßnahmen so auszuwählen, dass sie wirkungsvoll und gleichzeitig aus Kosten-Nutzen-Sicht wirtschaftlich sind. Hierzu wird ein **Mediaplan** erstellt, um die Maßnahmen zu planen und aufeinander abzustimmen.

Vgl. LS 6, 19.1

Werbemaßnahmen, die in den Mediaplan aufgenommen werden, müssen auf die Zielgruppe abgestimmt werden, was eine vorhergehende Analyse z. B. der **Fernsehgewohnheiten** erfordert (welcher Sender wird zu welcher Zeit gesehen?) oder auch der **Lesegewohnheiten** in Bezug auf Zeitschriften und Zeitungen. Erst dann kann die zeitliche Platzierung und Gestaltung von Werbespots oder Zeitungsanzeigen (**Werbemittel**) erfolgen.

Grundsätzlich sollte die Werbebotschaft durch mehrere Kommunikationskanäle transportiert werden (**Crossmedia-Strategie**). Auf diese Weise soll sichergestellt werden, dass sie die gewünschten Empfänger auch erreicht. Zudem wird beabsichtigt, dass die Zielgruppe durch die verschiedenen Kanäle immer wieder mit der Werbebotschaft konfrontiert wird (Erinnerungsfunktion). Wichtig ist hierbei, dass die Gestaltung der Werbung in sich stimmig und einheitlich ist. Dies kann durch die Verwendung von Logos sowie einer einheitlichen Farbgestaltung erfolgen. Auch immer gleiche akustische Impulse (Jingles, Musik) oder wiederkehrende Merkmale bei der verbalen Kommunikation (Werbeslogans, gleiche Sprecherstimme in Radio und TV) sind hierbei wichtig.

> Crossmedia ist eine Werbestrategie, bei der mehrere Kommunikationskanäle genutzt werden, um die gewünschten Empfänger einer Werbebotschaft zu erreichen.

Zudem muss beachtet werden, **wo** die Leistung eines Unternehmens angeboten werden soll, also ob das Angebot für einen lokal begrenzten Raum (z. B. Sonderangebote eines örtlichen Einzelhandels) oder deutschlandweit gelten soll (z. B. Werbung eines Telekommunikationsunternehmens für einen neuen DSL-Tarif).

Eine Media-Agentur schaltet deutschlandweit für einen Automobilhersteller des Luxussegments eine Anzeige in einer Finanz-Fachzeitschrift, die von besser verdienenden Lesern bezogen wird.

Zudem ist zu berücksichtigen, dass eine Werbekampagne bei den Verbrauchern immer in Vergessenheit gerät, wenn sie nicht ständig damit konfrontiert werden. Für die Planung der Maßnahmen ist somit von großer Bedeutung, dass diese nur dann wirken, wenn sie in einer angemessenen Dichte präsentiert werden.

Plakatwerbung ist nur dann wirksam, wenn der Verbraucher die Werbebotschaft immer wieder wahrnehmen kann. Über diese „Wiederholung" und die ständige Konfrontation mit der Botschaft entstehen erst die Behaltensprozesse. Über eine Stadt verteilte Großflächenwerbung mit geringer räumlicher Dichte hat somit, auch wenn sie an stark frequentierten Stellen präsentiert wird, wenig Wirkung.

Diese zeitliche Dichte der Maßnahmen, also die Häufigkeit bezogen auf einen bestimmten Zeitraum, muss mit zunehmender Dauer der Kampagne erhöht werden. Dies ist vergleichbar mit einem Endspurt bei einem Mittel- oder Langstreckenlauf. Nur so gelangt eine Werbebotschaft in die Wahrnehmung und in das Gedächtnis der Empfänger.

Die Kampagne eines Autohauses, die für einen Präsentations-Sonntag im Zusammenhang mit der Einführung eines neuen Modells wirbt, beginnt mit einer hohen zeitlichen Dichte an Werbebotschaften mit unterschiedlichen Werbemitteln. Gegen Ende der Kampagne erscheinen nur noch vereinzelt Werbebotschaften in entsprechenden Medien. Die Werbemittel, in die zu Beginn viele finanzielle Ressourcen geflossen sind, verlieren an Wirkung, weil die Empfänger der Werbebotschaft zum Ende hin nicht mehr häufig genug an den Präsentations-Sonntag erinnert werden.

Für die Präsentation des Mediaplans wird häufig ein Balkendiagramm erstellt, das den chronologischen Einsatz der Maßnahmen visualisiert.

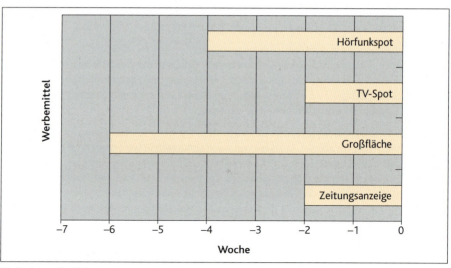

Mediaplan, grobes Schema

19.2.4.8 Kommunikationspolitik für Dienstleistungen

Für das Marketing, hier insbesondere für die Kommunikationspolitik, ist von großer Bedeutung, ob es sich bei der anzubietenden Leistung um ein Produkt oder eine Dienstleistung handelt. Ein **Produkt** hat einen tendenziell eher **materiellen** Charakter, während eine **Dienstleistung** vorwiegend **immaterielle** Bestandteile aufweist. Der Kunde kann sich ein präsentiertes Produkt somit anschauen, es berühren oder auch riechen und schmecken. Die Leistung wird in der Regel durch Übergabe des Produkts erfüllt.

Die Dienstleistung unterliegt einem komplexeren Prozess. Zunächst kann der Anbieter einer Dienstleistung kein fertiges Produkt darstellen. Er kann lediglich eine sogenannte **Bereitstellungsleistung** visualisieren. Will der Kunde die angebotene Dienstleistung beziehen, folgt der **Leistungserstellungsprozess**, in dem die Dienstleistung ausgeführt wird. Am Ende des Prozesses steht das **Leistungsergebnis**.

Darstellbare Elemente des Dienstleistungsprozesses der Sportiv GmbH:

Bereitstellungsleistung	Leistungserstellungsprozess	Leistungsergebnis
Einrichtung und Personal der Sportiv GmbH (Fitnessgeräte, Rezeption, Sauna, Fitnesstrainer usw.)	Erstellung von Trainingsplänen, Trainingsberatung, Saunaaufgüsse, Betrieb der sanitären Anlagen usw.	gesteigerte körperliche Leistungsfähigkeit, erhöhtes Wohlbefinden, Freude am Sporttreiben und Kommunikation

Im Gegensatz zu einem Produkt ist bei einer Dienstleistung der Kunde sehr stark am Leistungserstellungsprozess beteiligt, denn dieser ist der notwendige (externe) Faktor, mit dem eine Dienstleistung erst zu einem Leistungsergebnis führt.

Für das Leistungsangebot der Sportiv GmbH bedeutet dies, dass die Kunden regelmäßig das Fitnessstudio besuchen und trainieren müssen, um ihr Wohlbefinden und ihre Fitness zu verbessern. Es müssen somit folgende Besonderheiten bei der Kommunikation der Dienstleistungen beachtet werden:

- Es kann kein Produkt visualisiert werden.
- Man kann bei einer Dienstleistung jedoch die Bereitstellungsleistung (das Gebäude, die Einrichtung, das Personal, Qualifikationen des Personals) darstellen.
- Auch das Leistungsergebnis kann dargestellt werden. Dies können u. a. zufriedene, körperlich leistungsfähige Kunden sein (im Fall von Finanzdienstleistungen der vermögende Rentner, der gut vorgesorgt hat, oder die zufriedene Familie, die ihr Eigenheim finanziert hat).
- Logos und CI haben größere Bedeutung als bei Waren, weil mit ihnen die Bereitstellungsleistung stärker in die Wahrnehmung der Kunden gerückt werden muss.
- Die Kunden müssen dazu bewegt werden, die Leistung regelmäßig zu nutzen, sonst können sie nicht von der Dienstleistung überzeugt werden.

6.3.2 Kalkulation eines Mediaplans in Werbeagenturen

Sie haben in einem ersten Kundengespräch folgende Maßnahmen in die engere Auswahl genommen:

- Großflächenwerbung (Plakate)
- Zeitungsanzeigen
- Radiowerbung
- Postwurfsendungen
- Internetwerbung

Entscheiden Sie, welche Kommunikationsmaßnahmen in den Mediaplan aufgenommen werden sollen. Erstellen Sie neben der zeitlichen Ablaufplanung eine Kalkulation, in der Sie für die Sportiv GmbH die Maßnahmen gegliedert und mit Preisen versehen darstellen.

(Im BuchplusWeb findet sich ein Kalkulationsformular im Excelformat zum Download.)

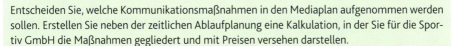

> Grundsätzlich sind bei der Kalkulation aller Werbeaktionen die **Produktion** (des Spots oder des Druckprodukts) und die **Verbreitung** (Sendung, Belegung der Fläche, Versand usw.) zu berücksichtigen.[1] Die (Eigen-)Leistungen, die durch Ihre Agentur erbracht werden, wie beispielsweise die Planung der Werbemaßnahmen, die Gestaltung der Printprodukte usw., werden mit **48,00 €/Std.** kalkuliert. Berechnen Sie auf die **Gesamtkosten** einen Gewinnzuschlag von 10 % (= Nettoangebotspreis).

Für die Darstellung eines Crossmedia-Konzepts wird von der beauftragten Agentur ein **Mediaplan** erstellt. Dieser enthält in Bezug auf die geplanten Maßnahmen

- die Zusammenstellung,
- die zeitliche Abfolge,
- die Häufigkeit,
- eine Übersicht über die Preise,
- einen Gesamtpreis.

Hierbei wird natürlich nicht die eigentliche Kalkulation im Detail, insbesondere nicht der Gewinnzuschlag, offengelegt. Dieser wird direkt in die Preise der einzelnen Maßnahmen „eingerechnet". Oben die interne Kalkulation der Agentur, unten die Kalkulation für den Kunden:

Selbstkosten für Gestaltung eines Flyers (Eigenleistung):	5 Agenturstunden • 48,00 € = 240,00 €
Druck der Flyers, 10 000 Stück (Fremdleistung):	100,00 €/1 000 Stück = 1 000,00 €
Verteilungskosten durch 6 Aushilfen (Fremdleistung):	50,00 €/Aushilfe = 300,00 €
Gesamtkosten der Maßnahme:	**= 1 540,00 €**
Gewinnzuschlag 10 %:	+ 154,00 €
Gesamtpreis der Maßnahme (Kundenpräsentation):	**= 1 694,00 €**

Selbstkosten für Gestaltung eines Flyers (Eigenleistung):	264,00 €
Druck der Flyers, 10 000 Stück (Fremdleistung):	1 100,00 €
Verteilungskosten durch 6 Aushilfen (Fremdleistung):	330,00 €
Gesamtkosten der Maßnahme:	**1 694,00 €**

Neben der Präsentation erhält der Kunde eine schriftliche Ausfertigung des Mediaplans.

---

[1] Die Kosten ändern sich natürlich fortlaufend. Für aktuelle Konditionen suchen Sie die Internetauftritte der Anbieter auf oder holen Sie ggf. Angebote telefonisch ein. Sie können natürlich auch noch weitere Anbieter eines Werbeträgers in den Mediaplan aufnehmen. Auch hier hilft Ihnen der **Etat-Kalkulator** weiter.

Lernsituation Werbekampagne | 14

> Die Kundenpräsentation des Mediaplans enthält
> - die zeitliche Abfolge und die Häufigkeit der Werbemaßnahmen (z. B. Balkendiagramm),
> - die gegliederte (z. B. tabellarische) Darstellung der Preise der geplanten der Werbemaßnahmen.
>
> Die Preise werden hierbei ohne Mehrwertsteuer ausgewiesen.

Städtewerbung: Großflächenwerbung (Plakate)

Die Kosten der Großflächen sind abhängig von ihrer **Belegung** (Einwohnerzahl im Verhältnis zur Großfläche) und damit verbunden mit der Einwohnerzahl der entsprechenden Stadt bzw. der Bevölkerungsdichte des jeweiligen Nielsen-Gebietes. Zudem beeinflusst die Belegungsdauer die Kosten. Die Preise werden je Dekade (10 Tage) angegeben.

Vgl. LS 6, 19.1

Kosten für Großflächenwerbung eines gesamten Nielsen-Gebiets pro Dekade in Städten von 50 000 bis 100 000 Einwohnern:

Nielsen I (Schleswig-Holstein, Hamburg, Niedersachsen, Bremen):
  ca. 200 000,00 €
Nielsen II (Nordrhein-Westfalen): ca. 390 000,00 €

Das Fitnessstudio der Sportiv GmbH befindet sich im Nielsen-Gebiet II (NRW). Ein Dienstleister, bei dem Plakatwerbung gebucht werden kann, hat Ihnen für die infrage kommenden Städte folgendes Angebot gemacht:

	Einwohner	Gesamtflächen (in Stück)	Kosten je Fläche und Dekade in €
Bochum	378 596	1 382	122,90
Dortmund	584 412	2 143	111,79
Witten	99 126	282	117,07

Für weitere Daten, auch in Bezug auf Allgemeinstellen (Säulen), Superposter und andere Alternativen der Städtewerbung vgl. www.promedia.org

Um einen optimalen Effekt bezüglich der Kontakte mit dem Werbeträger zu erzielen, werden von den Dienstleistern, die Plakatwerbung ausführen, Belegungsempfehlungen vorgegeben. Diese liegen bei 3 000 bis 4 000 Einwohnern pro Belegungsfläche (1 : 3 000 bis 1 : 4 000).

Für Gelsenkirchen errechnen sich somit folgende Kosten:

Belegungskosten für Gelsenkirchen (1 : 3 000):

$$\text{Anzahl der Belegungsflächen} = \frac{262\,063 \text{ Einwohner}}{3\,000 \text{ Einwohner/Fläche}}$$

= 88 Flächen (ganzzahlig aufgerundet)

Gesamtkosten = 118,89 €/Fläche • 88 Flächen

= 10 462,32 €

Es können auch gezielt Einzelflächen an bestimmten Punkten einer Stadt, z. B. an großen Kreuzungen oder Fußgängerzonen, belegt werden. Hierfür fallen dann entsprechend höhere Belegungskosten an, am Hauptbahnhof in Bochum beispielsweise bis zu 40,00 € pro Fläche und Tag.

Für den Druck (4/0 c) sind folgende Kosten zu kalkulieren:

Druck

auflagenfixe Kosten	auflagenvariable Kosten je 100 Stück
2 100,00 €	168,00 €

Gestaltung und DTP-Realisation, die Sie in Ihrer Agentur durchführen (Eigenleistung): *zusätzlich* 5 Agenturstunden (zusätzliche auflagenfixe Kosten).

Zeitungsanzeigen

Die Faktoren, die die **Anzeigenkosten** beeinflussen, sind die Auflage der Zeitung, die Anzeigengröße und der Teil der Zeitung, in dem die Anzeige erscheinen soll. Ggf. spielt auch der Tag, an dem die Anzeige erscheinen soll, eine Rolle. Die Anzeigenkosten berechnen sich nach der Länge (in mm) und der Anzahl der Spalten, also der Breite, die die Anzeige einnimmt. Eine Spalte einer Zeitung ist ca. zwischen 42–44 mm breit. Die Gesamtbreite einer Seite beträgt in der Regel 7 Spalten, die Gesamthöhe 445 mm. Zudem fallen Kosten für die Gestaltung der Anzeige an.

Darstellung einer Zeitungsseite (mit 7 Spalten)

Es müssen nun folgende Entscheidungen getroffen werden:
- Wann und wie oft soll die Anzeige erscheinen?
- Wie groß soll sie sein (Anzahl und Länge der Spalten)?

Die Anzeigen sollen in den Lokalteilen im redaktionellen Teil (nicht im Anzeigenteil) der WAZ oder der Ruhr-Nachrichten als Eckfeldanzeige erscheinen. Wählen Sie unter Berücksichtigung der Zielgruppe und des Budgets eine Zeitung aus. Nehmen Sie für die Entscheidung den qualitativen Tausenderpreis (weiter unten erläutert) zu Hilfe.

Da das Fitnessstudio am Stadtrand zur Nachbarstadt Witten liegt, sollen auch Anzeigen in Witten in die Entscheidung einbezogen werden.

	Verbreitungs-gebiet	verbreitete Auflage je Ausgabe	mm-Preis s/w (Eckfeldanzeige) je Spalte in €
Westdeutsche Allgemeine Zeitung, Westfälische Rundschau	Dortmund	112 155	3,95 (Ortskundenpreis)
	Witten	19 175	1,81
Ruhr-Nachrichten	Dortmund	81 358	4,79
	Witten	6 537	1,05

Für Textteilanzeigen muss ca. mit dem dreifachen mm-Preis im Vergleich zur Eckfeldanzeige kalkuliert werden. Für Anzeigen in den Stadtteil-Nachrichten, die speziell über die jeweiligen Stadtbezirke berichten, kann man hingegen mit $1/3$ der Anzeigenkosten rechnen. Der Ortskundenpreis ist der Anzeigenpreis, den ortsansässige Unternehmen bezahlen.

Für farbige Anzeigen berechnen die Verlage zusätzliche Kosten. Eine Zusatzfarbe kostet 25 % Aufpreis auf den mm-Preis. Für drei Zusatzfarben (z. B. CMY) werden 40 % Aufpreis berechnet.

Anzeigenpreis = Anzahl der Spalten • Spaltenlänge • mm-Preis

Zweispaltige Anzeige, mm-Preis: 4,00 €, Spaltenlänge: 100 mm
Anzeigenpreis für eine einmalige Erscheinung:
2 Spalten • 100 mm/Spalte • 4,00 €/mm = 800,00 €

Tausender-Kontaktpreis (TKP)
Um einen möglichst optimalen Einsatz des Werbebudgets im Rahmen des Mediaplans zu gewährleisten, müssen die zur Verfügung stehenden finanziellen Mittel ökonomisch eingesetzt werden. Am Beispiel einer Tageszeitung bedeutet dies, dass das werbende Unternehmen eine große Reichweite der Werbebotschaft erzielen muss. Das wiederum hängt davon ab, wie viele Leser eine bestimmte Zeitung lesen und wie groß der **Zielgruppenanteil an der Gesamtleserschaft** ist. Um also verschiedene Werbeträger zu vergleichen wird berechnet, wie hoch die Kosten einer Anzeige in Bezug auf die **Erreichung von 1 000 Personen** der Zielgruppe sind.

WAZ (inkl. Westfälische Rundschau)			
Stadt	verbreitete Auflage	Leser pro Exemplar	Anteil der Zielgruppe
Dortmund	112 155	2,5	10 %
Witten	19 175	2,5	15 %

Ruhr-Nachrichten			
Stadt	verbreitete Auflage	Leser pro Exemplar	Anteil der Zielgruppe
Dortmund	81 258	2,5	15 %
Witten	6 537	2,5	20 %

Die Gestaltung der Anzeige nimmt 5 Agenturstunden in Anspruch (Eigenleistung Ihrer Agentur).

Quantitative Reichweite

Die quantitative Reichweite umfasst die Anzahl der Personen, die mit dem Medium in Kontakt kommen (z. B. Zuschauer/Hörer pro Stunde, Leser pro Ausgabe). In Bezug auf die beiden Zeitungen, in denen die Anzeige erscheinen soll, ist somit nicht die verbreitete Auflage, sondern die Anzahl der Leser pro Exemplar (das sind z. B. die in einem Haushalt oder an einem Arbeitsplatz befindlichen Personen) relevant.

Quantitative Reichweite = verbreitete Auflage • Leser pro Exemplar

 Quantitative Reichweite einer Anzeige in der WAZ im Lokalteil von Gelsenkirchen:
Quantitative Reichweite = 45 064 Stück • 2,5 Leser/Stück
= 112 660 Leser

Qualitative Reichweite

Die qualitative Reichweite bezeichnet die **Personenanzahl der Zielgruppe**, die mit dem Medium in Kontakt kommen.

Qualitative Reichweite = quantitative Reichweite • Anteil der Zielgruppe an Nutzern eines Mediums

 Qualitative Reichweite (Fortsetzung des Beispiels oben):
Qualitative Reichweite = 112 660 Leser • 10 %
= 11 266 Leser

Quantitativer Tausender-Kontaktpreis

Der quantitative Tausenderpreis ist der Anzeigenpreis pro tausend Leser der Zeitung.

$$\text{Quantitativer TKP} = \frac{\text{Belegkosten des Mediums (z. B. Anzeigenpreis)} \cdot 1000}{\text{quantitative Reichweite}}$$

 Quantitativer TKP (Fortsetzung des Beispiels oben):
Belegungskosten: 2 500,00 €

$$\text{Quantitativer TKP} = \frac{2\,500{,}00\,€ \times 1000}{112\,660\ \text{Leser}}$$

= 22,19 €/1 000 Leser

Qualitativer Tausender-Kontaktpreis

Der qualitative Tausenderpreis berücksichtigt, dass nicht alle Leser der Zeitung zur Zielgruppe gehören. Deshalb wird hier die **qualitative Reichweite** in der Berechnung berücksichtigt:

$$\text{Qualitativer TKP} = \frac{\text{Belegkosten des Mediums} \cdot 1000}{\text{qualitative Reichweite}}$$

Qualitativer TKP (Fortsetzung des Beispiels oben):

$$\text{Qualitativer TKP} = \frac{2\,500{,}00\ €\cdot 1000}{11\,266\ \text{Leser}}$$

$$= 221{,}91\ €/1\,000\ \text{Leser}$$

Radiowerbung

Bei Radiospots entstehen Kosten durch die Produktion und die Ausstrahlung.

Die **Sendekosten** richten sich nach der durch den Spot in Anspruch genommenen Sendezeit. Sie wird in Sekunden abgerechnet. Einflussfaktoren auf die Kosten der Ausstrahlung sind zudem die Häufigkeit der Sendung und die Tageszeit, zu der der Spot gesendet wird: Eine Sendung zur Berufsverkehrszeit, in der viele Autofahrer Radio hören, ist z. B. teurer als zu anderen Zeiten. Es ist somit die Entscheidung zu treffen, ob man zu einer günstigen Zeit wenige oder zu einer teuren Zeit viele Hörer erreichen will. Zudem ist auch hier die Zielgruppe wieder relevant: So sind beispielsweise die Hörer von *1LIVE* eher der jüngeren Bevölkerung zuzuordnen. Die Lokalsender haben tendenziell ein gemischtes Publikum, weil dort Themen besprochen und Musik gesendet werden, die im Bereich des Senders von allgemeinem Interesse sind. Für ein ortsansässiges Unternehmen bieten sie eine geeignete Werbeplattform.

Sendekosten lokaler Sender:

Montag – Freitag Preise in €/sec (je Spot)	06:00 – 10:00	10:00 – 13:00	13:00 – 15:00	15:00 – 18:00	18:00 – 20:00	20:00 – 06:00
98,5 Radio Bochum*	8,00	7,00	5,30	5,50	4,10	0,70
Radio 91,2 Dortmund*	13,00	7,90	8,90	3,60	12,65	3,10
Radio Ennepe Ruhr (Ennepe-Ruhr-Kreis)*	4,70	3,80	3,70	4,00	2,50	0,60

Montag – Freitag Preise in €/sec	06:00 – 07:00	07:00 – 08:00	08:00 – 09:00	09:00 – 10:00	10:00 – 16:00	16:00 – 17:00	17:00 – 18:00
1LIVE NRW	91,00	145,00	104,00	77,00	70,00	79,00	51,00
WDR 2 NRW	52,00	94,00	67,00	51,00	34,00	34,00	32,00

* gerundet über die Stunden

Sendung *eines* Spots von 10 Sekunden um 10:00 Uhr
Sendekosten = 7,20 €/sec • 10 sec = 72,00 €

Die **Produktionskosten** setzen sich aus Sprecherhonorar und Studiokosten zusammen. In der Regel richten sich diese Kosten nach der Dauer des Spots. Folgende Sätze sind für die Kalkulation zugrunde zu legen:

Produktionskosten für eine Spotlänge von 30 Sekunden	
ein Sprecher	1 100,00 €
zwei Sprecher	1 550,00 €

Für den Einsatz von Musik aus dem Archiv des Studios fallen bei lokaler Ausstrahlung nochmals 500,00 € an. Bei abweichenden Spotlängen reduzieren oder erhöhen sich die Kosten entsprechend.

Postwurfsendungen/Printprodukte

Postwurfsendungen haben insofern eine sehr hohe Effektivität, als dass sie die Adressaten immer erreichen. Der Nachteil sind hierbei die, im Vergleich zu normalen Haushaltseinwürfen, hohen absoluten Kosten. Die Chance, dass eine Postwurfsendung in einem Haushalt geöffnet wird, ist jedoch sehr hoch. Ein weiterer Vorteil gegenüber herkömmlichen Prospekten, die in die Briefkästen geworfen werden, ist der, dass man sich ggf. Daten beschaffen kann, die darüber Aussagen ermöglichen, welche Haushalte zur Zielgruppe gehören. Die Streuverluste können somit gering gehalten werden. Der qualitative Tausenderpreis ist deshalb häufig niedriger als bei „normalen" Haushaltseinwürfen.

Die Kosten der Postwurfsendungen setzen sich zusammen aus den Produktionskosten des versendeten Druckprodukts (Flyer, Prospekt o. Ä.) und den Verteilungskosten. Die **Verteilungskosten** sind abhängig vom Verteilungsgebiet (Ballungsräume, Zwischenbereiche, Landbereiche). In Ballungsgebieten, in denen eine hohe Bevölkerungsdichte vorliegt, sind die zurückzulegenden Strecken zwischen den Haushalten kleiner als in dünn besiedelten Gebieten. Zudem steigen die Kosten mit zunehmendem Gewicht der einzelnen Sendung.

Im infrage kommenden Stadtbezirk sind ca. 29 000 Haushalte registriert. Sie sind den sogenannten „Zwischenbereichen" zuzuordnen.

Preise für Postwurfsendungen an alle Haushalte mit Tagespost pro 1 000 Stück

Gewicht	Tarif A	Tarif B	Tarif C
bis 20 g	56,00 €	69,00 €	76,00 €
bis 30 g	76,00 €	89,00 €	96,00 €
bis 40 g	87,00 €	100,00 €	106,00 €
bis 50 g	98,00 €	110,00 €	116,00 €

Tarifzone A: Ballungszentren, Ballungsräume und Großstädte
Tarifzone B: Zwischenbereiche
Tarifzone C: Landbereiche
Die einkommensstärkeren Haushalte liegen tendenziell in den südlichen Stadtteilen.

Für die Produktionskosten (Gestaltung, DTP-Realisation, Druck) gilt die folgende Preisliste (der Druck ist hierbei eine Fremdleistung):

Produktionskosten eines Flyers

	auflagenfixe Kosten in €	auflagenvariable Kosten je 1 000 Stück in €
Flyer, 4/4-farbig, 170 g/m², DIN A4 (offen), Gewicht: 10,6 g	250,00	23,00

Der Anteil für Gestaltung und DTP-Realisation (Eigenleistung Ihrer Agentur) wird zusätzlich mit 6 Stunden kalkuliert (auflagenfixe Kosten).

Kosten für die Produktion von 2 000 Prospekten (4-seitig):
3 128,00 € + 48,00 €/Std. • 15 Std. + 2 • 56,00 € = 3 960,00 €

Onlinewerbung

Zur Werbung im Internet wird ein Werbebanner oder ein Link auf eine Seite gesetzt, mit dem der Besucher der Seite durch Anklicken auf die entsprechende Seite weitergeleitet wird. Hierbei ist zu beachten – wie bei den anderen Werbeträgern auch, welche Internetseiten die Zielgruppe häufig besucht. Ferner unterscheidet man zwei Abrechnungsvarianten.

Abrechnung pro Seitenaufruf/Bannereinblendung

Der Inhaber der Internetseite, auf der das Werbebanner erscheint (Bannereinblendung), erhält dafür ein Entgelt. Dieses ist davon abhängig, wie oft die Seite aufgerufen wird **(Page Impressions/Ad Impressions)**. Die Kosten werden in der Regel pro 1 000 Klick (TK), also pro 1 000 Besucher abgerechnet. Hierbei ist es somit nicht von Bedeutung, ob das Banner wirklich angeklickt wird. Üblicherweise liegt die Anklick-Rate im Bereich von einem halben Prozent. Bei 200 Seitendarstellungen wird also höchstens einmal das Werbebanner angeklickt.

In der Regel wird vom Kunden ein Maximalbudget oder eine maximale Klick-Zahl festgelegt. Das Banner bleibt dann so lange auf der Seite, bis dieses Budget durch die Summe der Seitenaufrufe erreicht ist. Man kann jedoch auch ein Maximalbuget festlegen und dann die maximal zu erzielende Klick-Zahl ermitteln, die man für dieses Budget erhält.

Maximal gewünschte Seitenaufrufe: 50 000
Kosten/TK: 10,00 €

Kosten = 50 000 Klick • 10,00 €/TK
     = 50 000 Klick • 0,01 €/Klick
     = 500,00 €

Maximalbudget: 500,00 €

$$\text{Klick-Zahl} = \frac{500{,}00\ \text{€}}{0{,}01\ \text{€/Klick}}$$

     = 50 000 Klick

Abrechnung nach Banner-Klicks

Bei dieser Variante wird nur die Anzahl der tatsächlichen Banner-Klicks mit nachfolgender Weiterleitung auf die Seite des Werbenden abgerechnet (click-through oder ad-click). Hier liegen die Kosten pro Klick natürlich höher als bei der oben beschriebenen Abrechnungsmöglichkeit.

Finden Sie Seiten, die für die Zielgruppe relevant sind. Gehen Sie für die Kalkulation des Budgets von Kosten/TK von 60,00 € für die Abrechnung nach Bannereinblendung und 0,50 €/Klick für die Abrechnung nach Banneraufrufen aus.

Informationen über die Anzahl der Page Impressions in bestimmten Zeiträumen bei verschiedenen Internetseiten finden Sie bei: http://ausweisung.ivw-online.de/

Eigenleistung Ihrer Agentur

Die Gestaltung der Seite, die Informationen zur Neueröffnung der Sportiv GmbH enthält, wird nach der Bearbeitungsdauer abgerechnet. Sie beträgt hierfür acht Stunden.

Das Werbebanner (ohne Animation, 120 x 600 Pixel) soll pauschal mit 200,00 € berechnet werden.

6.3.3 Deckungsbeitragsrechnung in Werbeagenturen

Da das derzeitige Auftragsvolumen nicht allzu groß ist, wollen Sie diesen Auftrag unbedingt bekommen. Kalkulieren Sie Ihre Leistungen deshalb mit einem Rabatt von 10 %, den Sie der Sportiv GmbH ggf. gewähren würden. Erstellen Sie hierfür eine **Deckungsbeitragsrechnung**. Die Maßgabe hierbei ist, dass ein Teil der Overhead-Kosten gedeckt wird.

Zur Vertiefung für Auszubildende mit der Fachrichtung „Beratung und Planung": Deckungsbeitragsrechnung für andere Betriebe der Medienbranche, in: „Rechnungswesen für Medienberufe, Band 2".

Verwenden Sie hierzu das folgende Kalkulationsschema:

Umsatzerlös
– Fremdkosten
– direkte Personalkosten
= Deckungsbeitrag I
– Overhead
= Deckungsbeitrag II
– Akquisitionskosten
= Auftragsergebnis

Erläuterung des Kalkulationsschemas:

Für eine Werbeagentur kann es zur Auftragskalkulation vorteilhaft sein, die Kosten in einer anderen Weise zu strukturieren, als bisher in den vorangegangenen Kapiteln beschrieben. Die Agenturkosten werden hierfür aufgeteilt in

- Fremdkosten,
- direkte Personalkosten und
- Overhead.

Vgl. LS 1, 6.1

Die Fremdkosten sind Kosten für Leistungen, die eine Werbeagentur von externen Dienstleistern, also Druckereien oder Zeitungen, in denen Anzeigen geschaltet werden, bezieht. Zur Kalkulation der **direkten Personalkosten** für die Agenturleistungen, also die **Eigenleistungen,** werden nur die Entgeltkosten je Stunde der mit dem Auftrag befassten Mitarbeiter/-innen eingerechnet. Dieses Stundenentgelt enthält also nur den Bruttolohn inkl. der gesetzlichen Sozialkosten für die Mitarbeiter/-innen. Insofern ist das Stundenentgelt kleiner als der gesamte Agenturstundensatz von 48,00 €. Der Gemeinkostenanteil des Agenturstundensatzes ist im **Overhead** enthalten. Dies sind beispielsweise die Personalkosten, die nicht durch eine kundenbezogene Arbeit entstehen, die Sachgemeinkosten und die kalkulatorischen Kosten wie Miete, Zinsen und Heizkosten.

Für die **Deckungsbeitragsrechnung** werden also die Gemeinkosten in Form des Overhead aus dem Verrechnungssatz der Agentur „herausgerechnet". So erhält man die **direkten Personalkosten** für einen Auftrag.

Die direkten Personalkosten und die Fremdkosten sollten in jedem Fall durch den Umsatzerlös des Auftrags gedeckt sein. Ohne den Auftrag würden die Direktkosten nicht entstehen. Sollten diese nicht gedeckt sein, würde die Agentur nicht einmal die Kosten „verdienen", die ausschließlich durch den Auftrag ausgelöst würden.

Weitere Angaben zur Gesamtkalkulation im Ordner zu Kap. 14

Die Deckungsbeitragsrechnung zeigt hier, inwieweit der geplante Umsatzerlös nach Abzug der projektbezogenen Kosten (Deckungsbeitrag I) den **Overhead** deckt. Bei einem positiven Deckungsbeitrag I würde es somit vorteilhaft sein, einen Auftrag anzunehmen, auch wenn am Ende der Rechnung ein negatives (Gesamt-)Auftragsergebnis stehen würde. Ein positiver Deckungsbeitrag II deckt dann auch die durch Pitchings entstehenden Akquisitionskosten. Hier sind auch die Kosten inbegriffen, die durch nicht erfolgreiche Pitchings anfallen. Diese müssen von von allen Aufträgen mitgetragen werden. Anderenfalls würden sie ungedeckt bleiben.

13.5 Werberecht

> Die Sportiv GmbH erwägt, Haushalte per Telefon und per E-Mail über die Neueröffnung zu informieren. Prüfen Sie die Rechtmäßigkeit dieser Maßnahmen.

Da Werbung einen wesentlichen Einfluss auf das Kaufverhalten von Konsumenten hat und es immer wieder Missbrauchsfälle von Werbung gibt, setzt ein rechtlicher Rahmen dem Einsatz und der Gestaltung von Werbung Grenzen: Das **Gesetz gegen den unlauteren Wettbewerb (UWG)**.

> Sie haben bereits in anderen Kundenaufträgen Erfahrungen im Umgang mit Gesetzestexten gesammelt. Versuchen Sie, mithilfe des Gesetzes gegen den unlauteren Wettbewerb (UWG) die aufgeworfenen Fragen zu klären. Die relevanten Auszüge finden Sie auf Buchplus.

Operatives Marketing (Marketing-Mix)
Produktpolitik:
- *Der Produktlebenszyklus besteht aus Einführungs-, Wachstums-, Sättigungs- und Degenerationsphasen.*
- *Das Produkt- und Dienstleistungsportfolio eines Unternehmens besteht in der Regel aus „Fragezeichen", „Stars", „Milchkühen" und „armen Hunden".*
- *Markenstrategien: Einzel-, Dach- und Multimarken.*

Preispolitik:
- *Rabatte: Mengen-, Treue- und Sonderrabatte*
- *Preisdifferenzierungen: räumlich, zeitlich, sozial*
- *Psychologische Preisgestaltung*

Distributionspolitik:
- *direkter Vertrieb: Verkauf direkt vom Hersteller*
- *indirekter Vertrieb: Verkauf über Zwischenhändler (Groß- und Einzelhandel)*

Kommunikationspolitik:

Kommunikationspolitik						
Verkaufs-förderung	persön-licher Verkauf	Corporate Identity und Corporate Design	Öffentlich-keitsarbeit (PR)	Sponsoring	Merchandi-sing	Werbung

Werberecht

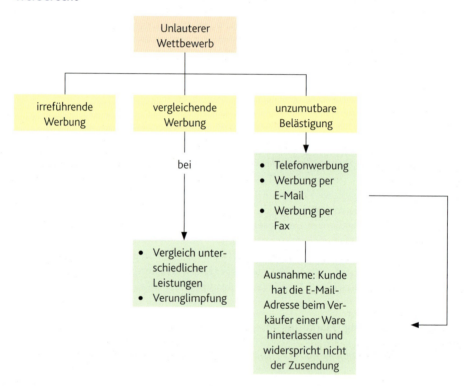

1. Operatives Marketing

Ein Modell eines Autoherstellers droht nach der Cash-Cow-Phase zum „armen Hund" zu werden. Um den Produktlebenszyklus zu verlängern, soll im Rahmen der Produktpolitik ein besonderes (Fremd-)Finanzierungsangebot gemacht werden. Eine Niederlassung will daraufhin eine regionale Werbekampagne starten.

a) Beschreiben Sie die Phasen des Produktlebenszykluss mithilfe der Portfolioanalyse (Vier-Felder-Matrix). Erläutern Sie in diesem Zusammenhang die Begriffe „Produktinnovation" und „Produkt-elimination".

b) Die Niederlassung beauftragt eine Werbeagentur, einen Mediaplan zu erstellen. Folgende Werbeträger und Werbemittel sollen eingesetzt werden:
 • Radiowerbung in einem Regionalsender, Dauer: 30 Sekunden
 • Großfläche, Belegung: 1 : 4 000, Dauer der Belegung: 2 Dekaden

Die Kosten stellen sich wie folgt dar:

Großfläche:

Belegungskosten:	
Einwohner	Kosten je Fläche und Dekade
388 869	122,90 €
(Anzahl der Belegungsflächen immer ganzzahlig aufrunden)	

Kosten für die Produktion der Plakate:	
Auflagenfixe Kosten	Auflagenvariable Kosten je Plakat
12 000,00 €	14,50 €

Radiowerbung:

Sendekosten: Montag – Freitag	06:00 – 10:00	10:00 – 13:00	13:00 – 15:00	15:00 – 18:00	18:00 – 20:00
Preise in €/sec	6,20	4,20	4,00	5,00	2,20

Die Spots sollen an zehn Werktagen vor und die ersten fünf Werktage ab Start der Aktion täglich sechsmal vor den Nachrichten zur vollen Stunde gesendet werden. Die Zielgruppe sind berufstätige, männliche Personen.

Kosten für die Produktion des 30-Sekunden-Spots:
3 000,00 €

Kalkulieren Sie die Kosten für die o. a. Maßnahmen. Begründen Sie Ihre Entscheidung bezüglich der Auswahl der Sendezeiten für den Radiospot. Erläutern Sie in diesem Zusammenhang den Begriff der Reichweite und beziehen Sie diesen in Ihre Argumentation ein.

2. Kosten von Werbung

Berechnen Sie für zwei alternative Sendezeiten eines Regionalsenders den TKP für einen Radio-Werbespot (30 Sek.). Der Spot soll stündlich vor den Nachrichten gesendet werden.

Sendezeit 06:00 – 10:00 Uhr		Sendezeit 13:00 – 16:00 Uhr	
Sendekosten:	83,00 €/sec	Sendekosten:	38,00 €/sec
Bruttokontaktsumme (quantitative **Stunden**reichweite)	520 000	Bruttokontaktsumme (quantitative **Stunden**reichweite)	312 000
Anteil der Zielgruppe:	30 %	Anteil der Zielgruppe:	30 %
Qualitative Reichweite:		Qualitative Reichweite:	
Quantitativer TKP:		Quantitativer TKP:	
Qualitativer TKP:		Qualitativer TKP:	

3. Werberecht

a) Herr B. buchte online eine Reise und musste für diesen Zweck seine E-Mail-Adresse angeben. Seit der Buchung erhält er von einem Reiseveranstalter ständig Werbung per E-Mail.

b) Ein Lebensmittel-Discounter wirbt in einem Prospekt für einen DVD-Player. Als Frau M. eine halbe Stunde nach Öffnung des Geschäfts einen dieser DVD-Player kaufen möchte, ist keiner mehr vorhanden.

c) Herr R. erhält ein Fax, auf dem zu lesen ist, dass ihm ein Gewinn zusteht. Voraussetzung ist, dass er eine kostenpflichtige Hotline anruft, die 1,87 €/Min. kostet.
d) Ein Automobilkonzern wirbt in einem Werbespot damit, dass ein bestimmter Fahrzeugtyp seiner Hauptmarke in der ADAC-Pannenstatistik auf Platz 1 liegt. Während des Spots fährt dieser an einem liegengebliebenen und gut erkennbaren Modell eines Mitbewerbers vorbei.
e) Ein Telekommunikations-Dienstleister druckt auf einem Flyer auch die Tarife seiner Mitbewerber ab, die allesamt teurer sind als die eigenen Tarife.

4. Dienstleistungsmarketing
Ordnen Sie die folgenden Begriffe den unten stehenden Kategorien zu:

Bereitstellungsleistung	Leistungserstellungsprozess	Leistungsergebnis

Betriebsstätte einer Kfz-Werkstatt – Schaufenster eines Herrenmodegeschäfts – Personal einer Bank – Haare schneiden – Postschalter – Beratungsgespräch – durchgeführte Inspektion – wartendes Taxi am Flughafen – Wartezimmer beim Arzt – Reinigung der Straße – Fuhrpark eines Transportunternehmens – Bahnhofsgebäude – gereinigte Straße – Entspannung in der Sauna

5. Onlinewerbung
Der Betreiber einer Internetseite bietet Ihnen zwei Abrechnungsarten für die Einrichtung eines Banners auf seiner Homepage an:
Monatspauschale (30 Tage): 150,00 €   Preis pro TK: 25,00 €
Ab wie vielen durchschnittlichen Klicks pro Tag ist die Abrechnung mittels Monatspauschale günstiger?

6. Zulässige Nutzungen
Für ein Schulfest soll eine Schülerband einige Songs bekannter Bands spielen. Es werden Essen und Getränke verkauft. Der Verkaufserlös kommt dem Förderverein der Schule zugute.
Prüfen Sie, unter welchen Voraussetzungen für die Veranstaltung eine Genehmigung bei der GEMA einzuholen ist. Ausführungen zu diesem Thema finden Sie auf Buchplus.

7. Deckungsbeitragsrechnung einer Werbeagentur
Eine Werbeagentur hat einen Auftrag mit einem Umsatz von 45 000,00 € erhalten, bei dem die folgenden direkten Kosten anfallen:

Kostenart	Kosten in €
Fremdkosten	10 400,00
Direkte Personalkosten	14 900,00
Reisekosten	500,00

Der Gemeinkostenzuschlagssatz für den Overhead auf die direkten Personalkosten (dieses Auftrags) beträgt 120 %. Die gesamten kalkulierten Akquisitionskosten eines Geschäftsjahres betragen 120 000,00 €. Da der Auftrag 2 % des kalkulierten Jahresumsatzes darstellt, soll dieses Projekt auch 2 % der gesamten Akquisitionskosten tragen. Kalkulieren Sie den Auftrag und entscheiden Sie, ob das Projekt durchgeführt werden soll.

Bildquellenverzeichnis

Fotos

A.C. Nielsen GmbH, Frankfurt a. M.: S. 392
Achta design, Dortmund: S. 212 (Achim Böhmer)
Adobe Systems GmbH, München: S. 513, 514, 515, 516, 546, 547, 548, 549, 550, 551, 552, 553.1, 553.2, 582.1, 582.4
AKG-images GmbH, Berlin: S. 230.2, 476.2, 476.3, 477.1, 477.2
Alaska Seafood Marketing Institute, Juneau, USA: S. 153.2, 153.3
August Storck KG, Berlin: S. 669.4
Apple Deutschland GmbH, München: S. 743.1
Baier & Schneider GmbH & Co, Heilbronn: S. 152.3
BDWM Transport AG, Bremgarten, Schweiz: S. 520, 521, 461.1–461.4, 463.1–463.4
Beiersdorf AG, Hamburg: S. 743.2
Berufsgenossenschaft Energie Textil Elektro Medienerzeugnisse, Köln: S. 587
Bildungsverlag EINS GmbH, Köln: S. 32, 33, 34.1, 38, 39.1, 206.1, 206.7, 208.4, 208.5, 208.6, 213, 313.1, 313.2, 313.5, 314, 370, 403, 473.1, 474.1, 474.2, 478, 482, 534, 535.1, 535.2, 535.3, 537.2, 538, 543, 562, 563, 564, 565, 566, 591.2, 591.7
Bonner Zeitungsdruckerei und Verlagsanstalt H. Neusser GmbH, Bonn: S. 382, 384
Christian Reif, Mülheim-Kärlich: S. 28, 34.2, 36.2, 43.2, 104.2, 404, 406, 407, 408, 409, 412, 415, 416, 418.2, 418.3, 518, 559, 572.2, 572.3, 572.4, 572.5, 573.1, 573.2, 584
Christine Erhardt: S. 423.1
Daniela Werth, Bochum: S. 132, 145, 147.1, 147.2, 149.1, 149.2, 149.3, 155, 158, 159, 160, 161, 162, 163, 164, 165, 166, 167, 169, 170, 171, 172, 173, 174, 175.1, 175.2, 188, 189, 190, 191.1, 191.2, 191.3, 191.4, 207, 219, 221, 224, 225, 226, 227, 228, 247, 261, 438, 468, 470.1, 470.2, 471, 479, 483, 484, 487, 488.1, 488.2, 488.3, 488.7, 492, 493, 494, 495, 496, 497, 498
Deko-Trend Strakeljahn GmbH, Osnabrück: S. 387
Dell GmbH, Frankfurt a. M.: S. 53.1, 53.2
dpa Picture-Alliance GmbH, Frankfurt am Main: 506.1, 509.2, 507.1, 510.1, 510.2, 511.1, 511.2
Dr. Joachim Schuhmacher, Konstanz: S. 139.1, 139.2

Druckerei Landquart AG, Landquart Schweiz: S. 575.1
Esprit Retail B.V. & Co. KG, Ratingen: S. 318
Fotolia.com: S. 14 (Yuri Arcurs), 25 (Dino Ablakovic), 26 (Gudellaphoto), 30 (Christopher Elwell), 35 (Martin Wagner), 36.1 (NorGal), 39.2 (Maciej Mamro), 41.1 (kotomiti), 41.3 (Claudiu), 42.1 (Evgeny Trofimov), 42.2 (Eva Kahlmann), 43.1 (marc Dietrich), 45.1 (euthymia), 45.2 (Klaus Eppele), 45.3, 45.4 (Michael Ransburg), 46.3 (tradigi), 49.2 (lassedesignen), 56 (Albo), 71.1 (Sven Hoffmann), 71.2 (Berlin), 71.3 (Kai Koehler), 71.4 (Anne Kathrin Figge), 71.5 (Berlin), 71.6 (Berlin), 84 (Eva Kahlmann), 94.1 (Georgios Alexandris), 100.1 (Thomas Reicher), 100.2 (Zsolt Biczó), 100.3, 100.4 (Andreas John), 103, 104.1 (goce risteski), 105 (Carl Achim Königsberg und Pb), 107 (arrow), 126 (Aloysius Patrimonio), 129 (rubysoho), 135 (Marcin balcerzak), 140 (Kiyoshi Takahase Segundo), 146 (Pablo_hernan), 148.3 (Andres Rodriguez), 148.4 (Andreas Gradin), 149.5 (Dark Vectorangel), 180.1 (laurent vella), 180.2 (tuncay colak), 182 (Marcin balcerzak), 191.5, 198 (Falko Matte), 208.1 (Alex Bramwell), 208.2 (Blaz Kure), 208.3 (janrysavy), 210 (Al Rublinetsky), 230.1 (Matteo Giuffrida), 262 (Sean Gladwell), 313.3 (Andrew Williamson), 313.4 (Andrew Doran), 341.1 (Biletskiy Evgeniy), 341.2 (pololia), 341.3 (Syda Productions), 349 (Style-Photography), 353 (123levit), 354.3 (mpfphotography), 354.4 (stringerphoto), 360.1, 360.2 (blumer1979), 360.3 (blankstock), 362.1 (LianeM), 362.2 (thingamajiggs), 376 (treenabeena), 394.2 (Thomas Reinold), 395.1 (Günter Menzl), 395.2 (Hubertus Blume), 395.3 (alphaspirit), 395.4 (violetkaipa), 395.5 (kzenon), 395.6 (drubig-photo), 395.7 (contrastwerkstatt), 396.1 (Roger Jegg), 396.2 (Tim-Fabian Klöck), 396.3 (Thomas Reinold), 440 (Falko Matte), 445 (Qujas), 456 (PDU), 457 (Daniel Padavona), 488.4 (Peregruzkia), 488.5 (Dean Pennala), 488.6 (xygo), 500.1 (Randy McKown), 500.2 (Amir kaljikovic), 500.3, 500.4 (CURAphotography), 500.5 (Vibe Images), 500.6 (CURAphotography), 522 (naftizin), 524.1 (Andre Bonn), 524.2 (George Pchemyan), 524.3 (Tobias marx), 531.1, 531.2 (Aleksandrs Pcelovs), 531.3

(Marius Hainal), 533.1 (Alexander Zhiltsov), 533.3 (Martin Mühlbacher), 535.4 (Klaus Rademaker), 536.2 (Julien Jandric), 540.1 (Thaut Images), 542.1, 542.2 (Michael S. Schwarzer), 542.3 (Björn Stüllein), 542.4 (Thaut Images), 591.3 (styleuneed), 591.4 (bogopicture), 591.5(Dleonis), 591.6 (Astock), 625 (Yevgen Timashov), 635.1 (Tatjana Russita), 638.1 (Alexander Rochau), 638.2 (Spuno), 638.3 (Alex Motrenko), 638.4 (Nicole Effinger), 639.1 (Inga Nielsen), 639.2 (q-snap), 639.3 (Danu), 639.4 (Yuri Arcus), 639.5 (Reiulf Gronnevik), 640.1 (Stefan Balk), 640.2 (Franz Pfluegl), 640.3 (Andy Short), 640.4 (Fotofrank), 641 (godfer), 642.2 (Androm), 660.1 (Frog), 660.2 (L_amica), 660.3 (Dieter Brockmann), 665.2 (jean luc Bohin), 665.3 (AndreasG), 667.2 (Michael Kempf), 667.3 (Orlando Florin Rosu), 667.4 (Isis Ixworth), 668.1 (Stephanie Bandmann), 668.2 (Krabata), 668.3 (O.M.), 669.1 (Petrouche), 669.2 (Theresa Martinez), 669.3 (Doreen Salcher), 670.1 (Eric Isselee), 670.2 (Oliver Anlauf), 670.3 (gwt52hkxd8z), 670.4 (Rafał Olechowski), 670.5 (i3alda), 670.6 (Wilm Ihlendfeld), 670.7 (psdesign1), 674 (styleuneed), 704 (nabihaali), 706 (kebox), 738 (diego cervo), 741.1 (Alen Ajan), 741.2 (boggy), 741.3 (kzenon), 741.4 (Damirkol), 741.5 (kzenon), 741.6 (kzenon)

Gretsch-Unitas GmbH Baubeschläge, Ditzingen: S. 325.1

Halloren Schokoladenfabrik AG, Halle/Saale: S. 325.2

Herber Urmersbach/Mediengestaltung, Dortmund: S. 232

Hewlett-Packard GmbH, Stuttgart: S. 46.1, 46.2

Istockphoto.com: S. 41.2 (urfinguss)

Jens Sohnrey, Clagiraba, Australien: S. 420, 421, 425.1, 472

Juli Gudehus, Berlin/Cornelsen Verlag, Hamburg: S. 205

Kantar Deutschland GmbH, München: S. 397, 398, 399, 400

Kolja Kunstreich Mediendesign, Wuppertal: S. 151.1, 151.3, 151.4, 152.1, 154

Krupp Verlags GmbH, Sinzig: S. 596.1

Lotto Rheinland-Pfalz, Koblenz: S. 385

Mario Pricken, Klosterneuburg, Österreich: S. 187.1

Markus Wäger, Dornbirn, Österreich: S. 233, 243

Mauritius images GmbH, Mittenwald: S. 380

Medienpädagogischer Forschungsverbund Südwest (LFK, LMK): S. 125.1, 125.2

MEV Verlag GmbH, Augsburg: S. 532

Naturkost Schniedershof, Wachtendonk: 354.1 und 354.2

Nestle Deutschland AG, Frankfurt a.M.: S. 152.4

NET-TEC internet solutions, Haina: S. 508

News aktuell GmbH, Hamburg: S. 505, 507.1

Nicole vom Hove, Velbert: S. 116, 117, 118, 124, 270, 271, 273, 274, 279, 292, 302, 303, 307, 336, 337, 355, 356, 357, 358, 360.4, 361, 369, 557.3, 558, 560, 563, 582.2, 582.3, 635.2, 636, 665.1, 697, 698, 711, 712, 713, 714, 716, 719, 720, 723, 724, 725, 726, 728, 736.2, 737

Nova Development Cooperation, Calabasas, USA: S. 97.1, 97.2, 136.1, 136.2, 141

Pelikan Vertriebsgesellschaft mbH & Co. KG, Hannover: S. 175.3

Photocase Addicts GmbH, Berlin: S. 149.4, 149.6, 246

ScanDisk Corporation, Milpitas, USA: S. 539.3, 539.4

shutterstock.com: 350.1, 350.2, 350.3, 350.4, 350.5, 350.6, 350.7, 350.8, 350.9

Sinus Markt- und Sozialforschung GmbH, Heidelberg: S. 394.1

Sparkasse Hochsauerland, Brilon: S. 667.1

Stadt Essen: S. 283

Swisscom AG, Bern, Schweiz: S. 151.2, 156

TCO Certification, Stockholm: S. 50.1, 50.2

TOSH, Italien/Gesellschaft für Beschriftungstechnik mbH, Köln: S. 451, 452

TRAPP DESIGN 2016 - Made with REDAXO CMS (mapodile - stockphoto): 354.1 und 354.2

TÜV SÜD Product Service GmbH, München: S. 50.3

Undine Freund, Eberswalde: S. 423.2

Universität Stuttgart sowie Aperto GmbH, Stuttgart: 176.1–176.3, 177, 178.1–178.3

Vaillant GmbH, Remscheid: S. 152.2

Volkswagen AG, Wolfsburg: S. 199

Wall AG, Berlin: S. 388, 389

Wikimedia Foundation, Inc., San Francisco, USA: S. 199.5, 229, 402.1, 402.2, 423.3, 453, 454, 476.1, 533.2, 539.1, 539.2, 540.2, 540.3, 540.4

WWF Deutschland, Berlin: S. 150.1
Zweites Deutsches Fernsehen (ZDF), Mainz:
S. 206.2, 206.3, 206.4, 206.5, 206.6

Zeichnungen/Karikaturen

Abraham Games, London: S. 152.5
Angelika Brauner, Hohenpeißendorf/
Bildungsverlag EINS GmbH, Köln: S. 40.4, 47,
48, 49.1, 52.1, 52.2, 55.1, 55.2, 57, 58.1, 58.2, 58.3,
58.4, 66.4, 138, 153.1, 248.1, 424.1, 424.2, 425.2,
425.3, 526, 527, 528, 529, 530, 536.1, 537.1, 544,
570, 571, 572.1, 575.2, 575.3, 576, 600, 629

Coverfotos
Daniela Werth, Bochum: 3, 4, 6, 7
Fotolia.com: 5 (Africa Studio)
Shutterstock.com: 1 (Bohbeh), 2 (baranq)

Bildungsverlag EINS GmbH, Köln: S. 101.1, 101.2,
148.1, 148.2, 231, 577, 592, 594, 617
Birgitt Biermann-Schickling, Hannover/
Bildungsverlag EINS GmbH, Köln: S. 137
Kornelia Hasselbach, Köln/BildungsverlagEINS
GmbH, Köln: S. 187.2
Thomas Nölleke, Dortmund: S. 66.1, 66.2, 66.3,
73, 605, 607, 609, 610, 611, 612

Bibliografie/Weiterführende Literatur

Böhringer, Joachim/Bühler, Peter u. a.: Kompendium der Mediengestaltung, Berlin, Springer Verlag, 2000

Fries, Christian: Mediengestaltung, München, Fachbuchverlag Leipzig im Carl Hanser Verlag, 2002

Grandt, Anke: Visualisierte Kommunikation – Grafische Elemente, Typografie und Layout, Europa Lehrmittel, Haan-Gruiten, 2012

Khazaeli, Cyrus Dominik: Crashkurs Typo und Layout, Hamburg, Rowohlt Taschenbuch Verlag, 1998

Kupferschmid, Indra: Buchstabenkommenseltenallein – Ein typografisches Handbuch, Universitätsverlag Weimar, 2000

Leu, Olaf (Hg.): Geschäftsberichte richtig gestalten, Frankfurt a. M., 2004

Lewandowski, Pina/Zeischegg, Francis: Visuelles Gestalten mit dem Computer, Hamburg, Rowohlt Taschenbuch Verlag, 2002

Nohl, Martina: Workshop Typografie und Printdesign – ein Lern- und Arbeitsbuch, Heidelberg, dpunkt.verlag GmbH, 2003

Paasch, Ulrich/Moritz, Christian u. a.: Informationen verbreiten – Medien gestalten und herstellen, Verlag Beruf und Schule, Itzehoe, 2004

Radtke, Susanne P./Pisani, Patricia/Wolters, Walburga: Handbuch Visuelle Mediengestaltung, Berlin, Cornelsen Verlag, 2001

Schuler, Günter: Digital gestalten – erste Hilfe in Typo, Farbe und Layout, Hamburg, Rowohlt Taschenbuch Verlag, 2005

Links

www.designguide.at/typographie.html

www.typolexikon.de

www.brillux.de

www.farbenundleben.de

www.newsaktuell.de

www.gestaltungswerk.de

www.medialink.net

www.grafikland.com

www.agenturtschi.ch

www.cleverprinting.de

www.bvdm-online.de

www.designtagebuch.de

Sachwortverzeichnis

@font-face 328
@import 290

A

Absätze 485
Abschreibung, kalkulatorische 69
Absolute Farbe 477
absolute Personen der Zeitgeschichte 441
Abstraktionsgrad 148
Abteilungen 24
Accessibility 311, 715
Achse 161
Achsen
– faktisch 492
– virtuell 492
Achsenbezüge 222
Acrobat Distiller 512
Adaptives Layout 345
Adressierung 107
Adressklassen 114
– dynamische 118
– statische 118
AIDA-Prinzip 382
Aktiengesellschaft 21
Aktivierung 382
Akzentfarben 472
Akzidenz 212, 586
Amplitudenmodulierte Raster (AM) 564
Amtliche Anzeigen 384
Analog/Digital-Wandler 544
Anfangsmeilenstein 451
Animatics 636
Anlage 597
Anlagewinkel 597
Annual Reports 462
Annuität 62
Anschaffungskosten 601
Anstrich 233
Anwendungsprogramme 54
Anzeigenkosten 752
appellativ 152
Arbeitstisch 56
Arbeitsvorbereitung 601
arme Hunde (Poor Dogs) 742
Arrays 718
Artefakte 502
assoziative Arrays 719
Ästhetik 157
Asymmetrie 222
Attribut 677
Attributwerte 678

Audio 646
Audio-Editor 651
Audio-Recorder 651
Audiosesquenzen 646
Audio-Software 651
auditiv 147
auflagenfixe Kosten 752
auflagenvariable Kosten 752, 610
Auflösung 544, 546
Aufmerksamkeitswert 154
Aufsichtsvorlagen 543
Auge 135
auschformat 512
Ausdrucksfarbe 477
Ausführen 608
Ausgabegeräte 46
Ausgabevorschau 518
Ausschießen 594
Ausschießschema 594
ausschließliches Recht 200
Ausstellungsrecht 194
austauschformat 512
Auszeichnungsarten 254
Auszeichnungsschriften 232
autotypische Farbmischung 406

B

Balken- und Säulendiagramme 505
barrierefreies Webdesign 310
Basismapping 398
Bedürfnisse 747
Befehlssatz 693
Beiwerk 442
Belegung 751
Beleuchtungsstärke 57
Belichtungszeit 532
Bereitstellungsleistung 749
Bestandteile der Buchstaben 233
Beteiligungsfinanzierung 60
Betriebsabrechnungsbogen 67
Betriebssystem 54
Bevölkerungsdichte 751
Bewegungsrichtung 497
Bewegungs- und Blickvektoren 493
Bewegungsunschärfe 534
Bild
– aktiv 499
– passiv 499
Bildauflösung 556
Bildaufzeichnung 537
– Zoom 538

Bildaussage 500
Bildausschnitt 494
Bildausschnitt/-anschnitt 492
Bildebenen 493, 529
Bilder 362, 491
Bildformat 495
Bildfunktion 363
Bildkommunikation 491
Bildkonzept 499
Bildmarke 150
Bildnisse „aus dem Bereich der Zeitgeschichte" 441
Bildpositionierung im Layout 498
Bildpunkt 529
Bildrate 658
Bildschirm 46
Bildschirmarbeitsplatz 55
Bildschirmarbeitsverordnung 55
Bildschirmschriften 326
Bildsprache 492
Bild-Text-Integration 497, 498
Bild- und Grafikformate 501
Binnen-Meilenstein 451
Bitmap 501
Bitrate 657
BITV 310
Blende 532
Blickfang 382
Blickfeld 138
Blickführung 221, 472
Blickrichtung 496
Blick- und Leserichtung 496
blinder Fleck 137
Blitz 543
Blocksatz 255
Blog 123
Blu-ray 39
BMP 501
Brainstorming 184
Breakpoint 347
Brennpunkt 528
Brennweite 528
Broschur 586
Broschüre 586
Brotschriften 232
Browser 105
Buchstabenmarke 151
Bund 597
Bundsteg 479
Buntaufbau 413
Buntheit 405
Bunt-Unbunt-Harmonie 473
Bürostuhl 56

C

Cache 33
Cache-Hierarchie 34
Camera-Raw-Format 548
Cascading Style Sheets 287, 288
Cash Cows 741
CCD 544
CCD-Flächensensoren 537
CCD-Sensorelemente 537
CD 39
Chat
– Chatiquette 124
– Chatroom 124
CIE 407
CIE Lab-System 410
Cinema 4D 663
Client 95
Client-Server-Konzept 96
Clipping 652
Cloud-Computing 106
Cluster 445
CMM 419
CMS 734
CMYK 401, 411
Coder 648
Color Matching Method 419
ColorSync 406
Coloured Hearing 468
Column Drop 350
Commercialboard 636
Composite-Kanal 546
Content-Management-Systeme 734
Corporate Behaviour 179
Corporate Communication 175, 178, 460
Corporate Design 175, 460
Corporate Identity 175
Corporate Image 175, 179
Crossmedia 747
CSS 288, 331
CSS-Selektor 296

D

Darlehensfinanzierung 61
Datagramm 113
Dateiformate für Audiodateien 655
Dateiformate für Bilder im Printbereich 501
Datenbank 676
Datenbankmanagementsystem 676
Datenbank-Relationen 677
Datenbanksystem 676
Datenfeld 677
Datenmengenberechnung 654
Datenpaket 113
Datensatz 677
Datentypen 691, 718
Datenübergabe 724
Daumennagelskizze 188
DBMS 676
DCT 368
Decoder 648
Dedikationstitel 486
Deflate-Algorithmus 365
Dehnrichtung 571
Dekade 751
Deklarationsblock 296
dekodiert 146
DENIC 373, 374
Denotat 146
Design Manual 177
Deutsches Patent- und Markenamt, DPMA 200
Dezibel 58
Diagramme 504
dichroitischen (halbdurchlässigen) Spiegeln 401
Dickte 248
Dienstleistung 748
DIN 16 518 234
DIN 476 214
DIN 5008 213
DIN-A-Reihe 214
DIN-Formate 213
Direct Marketing 745
direkter Absatzweg 744
Disclaimer 374
Dithering 364
Divisionskalkulation 77
DNS 118
DOCTYPE 268
Dokumentenaustauschformat 512
Dokumenttyp-Deklaration 268
Domain 118, 373
– Second-Level-Domain 120
– Subdomain 120
– Top-Level-Domain 119
Domain-Recht 373
dpi 46, 249
Drahtheftung 576
Dramaturgie 462
dritte Normalform 686
Drop-Down-Menü 11, 357
Drucker 51, 401
Druckform 606
Druckformherstellung 606
Druckkontrollleiste 597
Druckplattenherstellung 609
DTD 268
Duplex-Bild 564
Durchdruck 453
Durchlicht 544
durchschnittliche Kapitalbindung 71
Durchschuss 253, 256
Durchsicht 544
Durchsichtsvorlagen 543
DVI-Schnittstelle 42
dynamische Webseiten 708

E

Ebene, illustrierend 499
E-Books 512
EBV 546
Echtzeitsysteme 629
Eigenkapital 60
Eigenwert der Farbe 476
Einführungswerbung 747
Eingabegeräte 44
Einstellungsgröße 494
Einteilungsbogen 595
Einzelkosten 601
Einzug 486
– negativer 486
Einzüge 485
Elektrofotografie 426
Embedding 290
Endkostenstellen 72
Endmeilenstein 451
Entwicklung der Moderne 476
Ereignis der Zeitgeschichte 441
Ereignisraumkarten 509
Ergonomie 54
Erinnerungswerbung 747
Erscheinungsfarbe 476
erste Normalform 682
Euklid 229
EXIF-Metadaten 371
extern heterogen 390

F

Fahrzeugbeschriftung 427
faktische Achsen 222, 492
Fakturen 488
Falzbruch 588
Falzen 587
Falzfolge 592
Falzmesser 592
Falzschwert 592
Falztechnik 592
Falzung 592
Fantasie 185
Farbassoziationen 467
Farbbalance 554
Farbe 468
Farbe in der Kunst 475
Farben am Bildschirm 333

Farbensehen 137
Farbharmonie 473
Farbkodex 476
Farbkompositionen 471
Farbkontrast am Bildschirm 333
Farbkontraste 173
Farbkorrektur 546
Farbmischsystem 405
Farbmodus 557, 546, 333
Farbordnungen 475
Farbphysiologie 469
Farbraum 333
Farbspektrum 333
Farbstich 547, 554
Farbsubsampling 365
Farbsymbolik 467, 475
Farbsynästhesie 468
Farbsystem 409
Farbtemperatur 417
Farbtiefe 661, 46
Farbwahrnehmung 465
Farbwirkungen 468, 475
Faxbogen 212
FAZ2 448
Feng Shui 477
Fertigungsmaterial 601
Fertigungsstunden 74
Fertigungszeit 74
festes Raster 322
Festwertspeicher (ROM) 29
FEZ1 448
Fibonacci-Reihe 229
fieldset 714
Figur-Grund-Verhältnis 172
Filter 554
Firma 17
Firnis 430
Fixation 251
Flachbettscanner 544
Flachdruck 420
Flattermarke 596
Flattersatz 256
flexibles Raster 344
Flexodruck 423
Fließtextanzeige 383
FM-Soundkarte 648, 43
FM-Synthese 648, 43
Foren 123
Format 556
Formate 492
– quadratische 492
Formproof 609
Formulare 710
Formularfelder 710
for-Schleife 733
Fotorezeptoren 137
Fovea 139

Fragezeichen 741
fraktale Kompression 368
freie Benutzung 195
Fremdenergie 69
Fremdschlüssel 680
Frequenzmaskierung 656
Frequenzmodulierte Raster
 (FM-Raster) 567
Führungslinie 492
Funktionen in PHP 720
Fußnoten 481
Fußsteg 479

G

Gamma 547
Gamut 557
Ganzsäule 386
Ganzstelle 386
Ganzstoff 571
GCR 413
Gedächtnis 142
Gefahrstoffverordnung 432
Gehälter 69
Gehirn 135, 140
Gehirnhälfte 141
Generieren von PDF-Dateien 516
geräteabhängige Farbräume 401
geräteunabhängige Farbräume
 406
geschäftliche Bezeichnung 198
Geschäftsausstattung 69, 179
Geschäftsberichte 459
Geschäftsbriefbogen 212
Geschäftsführer 20
Geschlossenheit der Form 172
Gesetz der Ähnlichkeit 667
Gesichtsfeld 138
Gestaltgesetze 157
Gestaltungsprinzipien 222
Gestaltungsraster 177, 321, 482
Gestaltungsrichtlinien 179
GET 724
Geviert 248
Gewinnrücklagen 60
Gewinnzuschlag 579
GIF 364
gleichabständig 409
Gliederungselemente 480
Glitches 652
GmbH 19
Goldener Schnitt 229
Gradationskurve 550
Grafikkarte 41
Graubalance 414, 554
Graustufen 546
Grauwert 252
Grenzmenge 616

Großaufnahme 495
Großflächenwerbung 749
Großformat-Drucke 426
Grundhelligkeit 547
Grundlinie 248
Grundlinienraster 484
Grundlinienrasters 480
Grundmietzeit 65

H

Haarlinien 233
Haftungsausschluss 374
haftungsbeschränkte Unterneh-
 mergesellschaft 20
Halbnah 494
Halbton 561
Halbtonvorlage 545
Halbtotale 494
Handelsregister 17
hängender Einzug 486
Hardware-RIP 564
Hauptaufgaben 445
Hauptstrich 233
Haupttitel 486
Hausschrift 177
HD-Recording 648
Helligkeitsachse 409
Hexachrome 412
High-Key 548
Hippocampus 141
Histogramm 547
HKS 412, 407, 176
Hochdruck 420
Holzschliff 570
Hörschwellenmaskierung 656
HSB-Modell 404
HTML-Quellcode 266
HTTP 110
Huffman-Kodierung 367
hydrophob 421
Hyperlink 281
Hypertext 110

I

IaaS 107
ICC-Farbprofil 557
ICC-Profil 416
ICC-Profile 416
ICMP 113
Icon 148
Ideal- und Realfarbe 402
ID-Selektor 297
IF-Anweisung 729
Ikonizitätsgrad 148
Imagebildung 462
IMAP 111
Impressionisten 476

769

Impressum 486
Inch 556
Index 148
Indikativ 152
Infografiken 503
Informationssuche 127
Initialen 151, 487
Inkrusten 570
Inline-Styles 291
INNER JOIN 698
Instandhaltung 69
Instant Messaging 124
Instanz 23
Interaktion 644
Interface 312
Interframe Kompression 663
interlaced 364
Interlaced-Modus 502
Internet-Telefonie 125
Internet-Werbung 749
intern homogen 390
Intraframe Kompression 663
IP-Adresse 114
IPv6 115
Ishihara-Tafeln 466

J
Jahreskalender 525
JOINS 698
JPEG 363, 364, 365, 502
JPEG 2000 365
JPG 364

K
Kalibration 417
Kalkulationsmethode 73
Kanal 546
Kapitälchen 244
Karten
– Eintrittskarte 217
– Karteikarte 217
– Kartenformate 217
– Postkarte 217
– Visitenkarte 217
Kategorie 99
Kegelhöhe 248
Kerning 251
Klassenselektor 298
Klassifikation der Schriften 232
Klebebindung 576
Kleinmaterial 69
kodiert 146
Kolumnentitel 481
Kombifalzmaschinen 594
Kombinatorik 226
kombinierte Bild-/Wortmarke 151
Kommanditisten 19

Kommunikationskompetenz 146
Kommunikationsstrategien 460
Komplementäre 19
Komplementärfarbe 404
Komposition 220, 666
Kompression 366
– verlustbehaftete 368
Konnotat 147
Konterdruck 432
Kontrast 172, 224, 472, 546, 547
– Farb- 172, 475
– Form- 172
– Linien- 172
– Qualitäts- 172, 472
– Quantitäts- 172
Kontrollelemente 597, 704
Kopfstandmethode 185
Kopfsteg 479
Kostenstellen 67
Kostenstellenrechnung 67
Kreativität 179
Kreativteam 181
Kreisdiagramme 504
kritischer Pfad 451
Kundenboard 635
Kurven- und Liniendiagramme 506

L
L1-Cache 34
L2-Cache 34
L3-Cache 34
label 715
Large-Format-Printing 426
Lärm 58
Laserdrucker 53
Lautstärke 58
Layout 478, 485
– Konstanten 485
– Variablen 485
Layout-Patterns 350
Layout von Texten im Web 329
LCD-Monitore 47
Leasing 61
lebender Kolumnentitel 481
Lebensstil-Kriterien 393
LEFT JOIN 698
legend 714
Leistungsergebnis 749
Leistungserstellungsprozess 749
Lesbarkeit 246
Letterbox-Format 660, 664
Leuchtdichte 58
Lichter 547
Lichtverhältnisse 57
Ligaturen 233
Limbisches System 140

Linienführung 492
Link 281
– intertextuell 281
– intratextuell 282
Linking 290
Linse 527
– Sammellinse 528
– Zerstreuungslinse 528
lipophil 421
Liste
– Aufzählungs- 275
– Definitions- 276
– nummeriert 276
– verschachtelt 277
Lithografie 421
Lizenz 194
Logo 145, 150
Logo-Anordnungsprinzipien 152
Logokriterien 153
Lohn 69
Lokal- oder Gegenstandsfarbe 476
Lok-Prinzip 152
Low-Key 548
Luftperspektive 493
Lumbecken 576
LZW 366

M
MacAdam 409
MAC-Adresse 43
Makrotypografie 485
Mannstunde 74
Mannstundensatz 74
Marginalien 481
Marke 150, 198
Markengesetz 200
Markenidentität 150
Markenrecht 198
Markenregister 200
Marketinginstrument 462
Marketing Mix 389, 740
Marktanteil 741
Marktbearbeitungsstrategien 390
Marktposition 390
Marktsegmentierung 390
Marktsegments 390
Marktwachstum 742
Maßsysteme 248
Materialkostenstelle 601
Maus 45
Mediaplan 750
Media-Queries 347
Mediäval- oder Minuskelziffern 257
Mediäval- und Versalziffern 256

Medienrecht 191
Meilensteine 451
Mengenrabatt 744
Mensch-Maschine-
  Kommunikation 312
Merchandising 746
Metadaten für Bilddateien 370
Me-too-Produkte 460
MGK-Zuschlagssatz 603
Mikrotypografie 246
Milchkühe 741
Mindmapping 142, 187
Mittellängen 247
Mobile First 353
Mockups 354
Modulor 230
Moiré 545
Monatskalender 524
Monitor 401
Monitordarstellung 155
Mono-spaced-Fonts 251
Moodcharts 468
morphologische Matrix 185
Mostly Fluid 350
Multimedia-Anwendung 627
Multimedia-Systeme 628
Muster 226
Musterseiten 480
MySQL 691

N
Nachbarschaftsharmonie 474
Nahaufnahme 494
Navigation 644
Navigationsmenüs 355
Navigationsstrukturen 314
Nebenremission 403
Nervensystem 140
Nervenzellen 140
Netzhaut 137
Netzwerk 92
Netzwerkarchitektur 95
Netzwerkcomputer 95
Netzwerkkarte 43
Netzwerktopologie 94
neurologische Verknüpfungen 468
Newsgroups 123
Nickname 124
Nielsen-Gebiete 392
non interlaced 364
Normalbeobachter 407
Normalisierung 682
Normalisierung von
  Audiodateien 652
Normbriefbogen nach DIN 5008
  216

Normfarbwert 408
Normspektralwertkurve 407
NULL-Werte 689
numerischer Zeilenabstand 253
Nutzen 606
Nutzungsdauer 61
Nutzungsrechte 194

O
Ober-, Mittel- und Unterlänge
  248
Objektiv 530, 531
Off-Canvas 350
OLED 49
OLED-Monitor 49
Operatoren 718
optische Auflösung 544
optische Massenspeicher 39
optische Maus 45
optische Mitte 228
optischer Zeilenabstand 253
optische Täuschungen 168
Organigramm 23
Originalität 154, 464
OSI-Schichtmodells 108
Output-Intent 515
Overhead 758

P
PaaS 107
Page-Design 313
Page Impressions 757
Pagina 481
Pantone 176, 408, 412
Papierkategorien 574
Papierqualität 213
Parallaxenfehler 536
Passer 597
PDF 512
PDF-Erstellung aus Indesign 512
PDF/X 517
Peer-to-Peer-Konzept 96
Peripheriegeräte 44
Permutation 226
Personalkosten 758
Personen der Zeitgeschichte 441
Persönlichkeitsrechte 441
perspektivische Verkürzung 493
Pfadanimation 641
Phasenanimation 641
Photomultiplier 401
PHP 716
phpMyAdmin 704
Piktogramm 149
Ping 117
Plakat 384

Plakatwerbung 392
Pläne und Karten 509
Planungsgrundlage 74
Plastkammbindung 575
Plug-In 363
PNG 365
Point of Sale 470
POP3 111
Positionierung des Logos 220
POST 724
Postscript 566
Postwurfsendungen 749, 756
PPI 556
Prägnanz 157
Prägnanztendenz 171
Preisdifferenzierung 744
Presentationboard 635
Primärkosten 73
Primärschlüssel 680
Primary Key 680
Prinzipdarstellungen 510
privater Netzwerkbereich 116
Privat- oder Familienanzeigen
  384
Produktlebenszyklus 741
Produktnähe 153
Produktprogramm 741
Produkt- und Dienstleistungs-
  politik 740
progressives JPG 365
Projekt 443
Projektstrukturplan 445
Proportionalschriften 251
Proportionen 669
Proportionen, harmonische 229
Proportionsverhältnis 231, 479
Protokollfamilie 108
Protokollstapel 108
Provider 105
Prozessfarben 411
Prozessgrafik 511
PSD 502
Pseudoklasse 299
Psychoakustik 656
psychologische Preise 743
Puffer 450
Punkt 161
Punzen 233
Purpur 468, 469

Q
Quadruplex 558
qualitative Reichweite 754
Qualitätsfaktor 545
quantitative Reichweite 754
Quelltext 266

R

Rabattgewährung 744
Radiowerbung 755
Rahmenelemente 384
RAL 176
randabfallend 479
Randstege 479
Rapport 226, 488
Raster im Webdesign 321
Rasterpunkt 545, 557, 562
Rasterweite 545
Rasterwinkel 566
Rasterzellen 565
Raumerfahrung 493
Raumklima 58
Rausatz 256
rechte Gehirnhälfte 141
Redundanzen 682
Referenzfarbraum 410
Referenzwert 152
Register 597
Registerhaltigkeit 480, 597
Reichweite 754
Reize 491
Relation 678
relationale Datenbanken 678
relative Positionierung 305
Rendering Intent 418
responsives Layout 345
RGB 401
RGB-Modus 547
Rhythmus 224
RIGHT JOIN 698
RIP 549, 545, 244, 557, 564
RLE 367
Rohlayout 190
ROM 29
Routing 113
RT-Screening 567
Rubriken 486
Rückwärtsterminierung 449
Rüsten 608

S

SaaS 107
Sachbilder 510
Sammeln 599
Sammelvorgang 446
Sample-Editing 652
Sampler 649
Samples 649
Sampling 649
Satzarten 255
Satzspiegel 479
Scanauflösung 46
Scanner 45, 401
Schärfentiefe 534

Schleifen 729, 733
Schlüsselreiz 462
Schmuckelemente 384, 487
Schmuckfarbe 176
Schmutztitel 486
Schneiden 599
Schön- und Widerdruck 607
Schriftart 232
Schriftcharakter 249
Schriftfamilien und -schnitte 243
Schriftgrößen 248
Schriftklassifikation 234
Schriftlage 244
Schriftmischung 245
Schub-Prinzip 152
Schwarfzeichnen 546
Schwarzaufbau 414
Schwarzpunkt 547
Schwertfalzung 592
Screendesign 316, 317
Screenlayout 319
Scribble 188
Scriptsprachen 709
Sehgrube 139
Sehleistung 139
Sehreiz 136
Sehvermögen 139
Sehvorgang 135, 137
Seitenzahl 481
Sekundärkosten 73
Selbstfinanzierung 60
Selbstkosten 67, 73, 618
selektive Farbkorrektur 554
selektive Schärfe 498
semantische Typografie 151
Semiometrie 398
Semiotik 146, 147
Sender 146
Separation 411, 413, 557
Sequenzer 655
Seriation 225
Serifen 233
Shootingboard 635
Shop-Designs 470
Sicherheitsdatenblatt 432
Siebdruck 420
Simultankontrast 472
Sinnesreize 468
Sinneswahrnehmung 134
Sinus-Milieu-Analyse 393
Skalierbarkeit 155
Skalierungsfaktor 545
Skizzenboard 635
SMAP 111
SMTP 111
Social Communities 125
Software 53

Software-RIP 564
solidarisch 18
Sollwert 74
Solvent-Tinten 427
Sonderfarbe 558
Sonderfarben 176, 411
Sonderrabatte 744
Soundkarte 648, 42
Soziale Netzwerke 125
Sozialkosten 69
Sozialversicherung 69
Spationieren 252
Spektralfotometer 417
Spektrum 136
Spiegelreflexkamera 536
Spiralbindung 575
Sponsoring 746
SQL 691
SQL-Anweisungen 693
Stäbchen 137
Star-Prinzip 151
Stars 742
Stauchfalzung 593
Steckkarten 41
Stege 596
Steigung 550
Stilisierung 149, 190
Stilrichtung 477
Storyboard 634
Storyboardarten 635
strategische Landkarte 394
Streaming 663
Strichbreite 244
Strichdicken-Achse 233
Strichstärken 244
Strichvorlage 545
strukturierte Datenausgabe 727
Stückkosten 77
Stundenlohn 69
Stundensatz 74
Styleguide 177
Styleguides 179
Sucherkamera 535
Suchmaschinen 127
suggestiv 152
Sulfatverfahren 570
Superzelle 567
Switch-Anweisung 731
Symbol 149
Symmetrie 222
Symmetrie/Asymmetrie 172
Synthesizer-Chip 649

T

Tabellen 278
– zellen verbinden 279
Tabellensatz 488

Tageskalender 524
Tags 272
Taktrate 27
Tampondruck 452
Tangentenwinkel 567
Tastatur 44
Tausender-Kontaktpreis 754
TCO 50
TCO Certified 50
TCP/IP 108
TCP/IP-Schichtmodell 108
Team 181
Technische Leitung 601
Teilaufgaben 445
Telemediengesetzes 375
Textgestaltung 331
Textgrafiken 332
Texturen 488
TFT-Flachbildschirm
– Bildschirmauflösung 50
– Bildschirmdiagonale 50
TFT-Monitor 47
Tiefdruck 420, 425
Tiefen 547
TIFF 501
Tiny Tweaks 350
Titelbogen 486
Ton-in-Ton-Harmonie 474
Tonwertabrisse 548
Tonwerte 546
Tonwertkorrektur 546
Tonwertreduktion 549
Tonwertspreizung 547
Tonwertumfang 546
Touchscreen 628
Transportschicht 112
Treuerabatte 744
Triebwagen-Prinzip 152
Triplex 558
Trocknung 430
Trommelscanner 544
True-Color 333
Typ 502
– auditiv 502
– haptisch 502
– olfaktorisch-gustatorisch 502
– visuell 502
Typografie 231
Typografie im Web 325
Typselektor 297

U
übergeordnete Bildebene 498
Überschneidung 493
Übersicht leitergebundener
    Übertragungsmedien 98
Übertragungsmedien 98

UCA 414
UCR 414
Ugra/Fogra EPS Kontrollstreifen
    597
Umlage 72
Umrechnung Layoutgrößen 346
Umschlagen 597
Umstülpen 598
unbeschränkt 18
unechte Kapitälchen 244
Universalselektor 297
unmittelbar 18
Unschärfekreise 533
Unterfarbenreduzierung 414
Unterschneidung 251
unwesentliches Beiwerk 196
Urhebergesetz 191
Urheberpersönlichkeitsrecht 192
Urheberrecht 191
Usability 311
USB 3.1 Super Speed Plus 36
USB-Standards 36
UV-härtende Tinten 427

V
Vakatseite 486
Variablen 718
Vektorgrafik 155
Verbreitungsrecht 194
Veredelungstechnik 462
Verkehrsgeltung 200
Verpackungsgestaltung 470
Verrechnungssatz 74
Verrechnungssatzkalkulation 73
Versalhöhe 248
Versalziffern 257
Verschluss 532
Vertrieb 601
Vervielfältigungsrecht 194
Verwaltung 601
Vexierbilder 158
VGA-Schnittstelle 42
Video 658
Viertelton 548
virtuelle Achsen 222, 493
virtuelle Linien 493
Visitenkarte 212
visuelle Gewichtung 220
visuelle Merkmale 171
visuelles Gewicht 499
visuelle Wahrnehmung 135
visuelle Zeichen 147
VoIP 125
Vollamortisationsleasing 65
Vollständige Handlung 264
Vorder-, Mittel- und Hintergrund
    493

Vorkostenstelle 72, 601
Vorlagenart 545
Vorlagenarten 561
Vorwärtsterminierung 450

W
W3C 311
Wahrnehmung 143
Wahrnehmungspsychologie 502
Wandlung 647
Wavelet-Transformation 368
Wavetable 648, 43
Webfonts 327
Weblog 123
Weichzeichnen 546, 555
Weißpunkt 547
Weißraum 159
Weiß- und Schwarzpunkt 547
Wendearten 597
Werbeanzeigen 382
Werbebanner 426
Werbeboard 636
Werbemittel 747
Werk 191
Werksintegrität 192
Werkverbindung 193
Wertefeld 399
while-Schleife 733
Wide-Format-Printing 426
Wiederbeschaffungskosten 70
Wiedererkennungswert 154
Wirkung 475
– physiologisch 475
– psychologisch 475
Wollskala 429, 431
Workstation 95
Wortmarke 151

X
XAMPP 704

Z
Zapfen 137
Zeichensystem 146
Zeilenabstand 253, 256
Zeilenlänge 253
Zeitmaskierung 656
Zeitungsanzeige 749
Zellstoff 570
Zentralrechnerkonzept 95
Zielgruppe 390
Zinsen, kalkulatorische 70
Zinssatz, kalkulatorischer 71
Zusammentragen 599
Zuschlagskalkulation 603
zweite Normalform 684
Zwischenüberschriften 486

Vorstellung der Autoren

Christian Reif
Jahrgang 1971, absolvierte zunächst eine Ausbildung als Druckvorlagenhersteller mit dem Schwerpunkt Reprofotografie. Anschließend studierte er von 1993 bis 1999 Kommunikationstechnologie Druck an der Bergischen Universität Gesamthochschule Wuppertal. An die nachfolgende Selbstständigkeit schloss sich von 2001 bis 2003 das Referendariat an der Julius-Wegeler-Schule, Berufsbildende Schule Koblenz, an. Seit 2003 unterrichtet er im Bereich Druck und Medien an dieser Schule. Weiterhin ist Herr Reif Mitglied in verschiedenen IHK-Prüfungsausschüssen mit dem Schwerpunkt Medienvorstufe.

Nicole vom Hove
studierte, nach einer einjährigen Praxisphase, von 1989 bis 1995 Elektrotechnik an der Rheinisch Westfälischen Technischen Hochschule (RWTH) Aachen. Dort gestaltete und layoutete sie Studienmaterialien in der Druckerei der Fachschaft Elektrotechnik. Nach der Referendarzeit, am Berufskolleg Kluse in Mülheim an der Ruhr, arbeitete sie von 1997 bis 1999 im Medien- und Kommunikationszentrum der Westfälischen Hochschule Gelsenkirchen. Sie konzipierte und gestaltete webbasierte Lernangebote. Seit 1999 unterrichtet Frau vom Hove am Berufskolleg für Technik und Gestaltung in Gelsenkirchen im Bereich Druck und Medien bei den „Mediengestaltern für Digital und Print". Ferner unterrichtet sie in den Abteilungen Informationstechnik und Elektrotechnik. Weiterhin ist sie Mitglied im Prüfungsausschuss der IHK Westfalen Nord.

Daniela Werth
Jahrgang 1965, studierte nach einer einjährigen Praxisphase im Bereich Visuelles Marketing von 1987 bis 1993 Gestaltungstechnik und Deutsch an der Gesamthochschule-Universität Essen. Von 1993 bis 1995 absolvierte sie das Referendariat am Hans-Sachs-Berufskolleg in Oberhausen. Seit 1996 unterrichtet sie am Walter-Gropius-Berufskolleg der Stadt Bochum in den Bildungsgängen Farbtechnik und Raumgestaltung, Fachoberschule für Gestaltung, Gestaltungstechnische Assistenten Medien und Kommunikation sowie im Bereich Druck und Medien bei den Mediengestaltern für Digital- und Printmedien, Schwerpunkt: Mediengestaltung. Weiterhin ist Frau Werth in der Lehrerausbildung als Fachseminarleiterin für Gestaltungstechnik an den Studienseminaren Dortmund und Hagen (Berufskolleg) tätig.

Johannes Beste
Jahrgang 1968, absolvierte zunächst von 1988 bis 1990 eine Ausbildung zum Bankkaufmann. Im Anschluss daran studierte er die Fächer Wirtschaftswissenschaften und Sport für das Lehramt der Sekundarstufe II an der Universität Dortmund. Das anschließende Referendariat führte er am Hellweg Berufskolleg in Unna (1995–1997) durch. Seit Beendigung des Vorbereitungsdienstes unterrichtet er am Cuno Berufskolleg II in Hagen, hier mit dem Schwerpunkt der Berufe im Bereich der Digital- und Printmedien. Im Rahmen dieser Arbeit ist Herr Beste auch Mitglied im Prüfungsausschuss des SIHK Hagen. Seit 2002 ist er zudem in der Lehrerausbildung als Fachleiter am Studienseminar Dortmund tätig.